Comentario de la
Santa Biblia

Comentario de la
Santa Biblia

Tomo II
Job a Malaquías

Adam Clarke, Ll.D., F.S.A.

Compendiado de la obra original en ocho volúmenes
por Ralph Earle, M.A., Th.D.

cnp

CASA NAZARENA DE PUBLICACIONES
Lenexa, Kansas (U.S.A.)

Copyright © 1967
Beacon Hill Press of Kansas City

Originalmente publicado en inglés con el título:
Clarke's Commentary
By Baker Books
A Division of Baker Publishing Group
Grand Rapids, Michigan 49516 USA
All rights reserved.

Publicado por
Casa Nazarena de Publicaciones
Kansas City, Missouri 64131
Primera impresión en español, 1974
Reimpresión (edición de bolsillo), 2014

TOMO 1 (PAPERBACK), ISBN 978-1-56344-731-0
TOMO 2 (PAPERBACK), ISBN 978-1-56344-732-7
TOMO 3 (PAPERBACK), ISBN 978-1-56344-733-4
SET (PAPERBACK), ISBN 978-1-56344-730-3

Traductor: Lucía C. G. de Costa y Adam Sosa
Redactada por Sergio Franco

DIGITAL PRINTING

PROLOGO DE LOS EDITORES

La Casa Nazarena de Publicaciones, consciente de su responsabilidad en servir a los evangélicos del mundo hispano, presenta en tres tomos condensados la voluminosa obra del Dr. Adam Clarke en la esperanza de que se considere una contribución a la larga lista de "instrumentos de preparación" para servir más dedicadamente a Dios y más adecuadamente al mundo cristiano de hoy.

La trayectoria que nos hemos trazado, nos obliga a exponer el plan editorial nuestro: primero, el *Comentario Popular* de Binney-Steele con énfasis sobre el estudio bíblico —propio para predicadores locales y obreros cristianos que apareció hace 7 años; segundo, el *Comentario de Clarke*, una fuente de exégesis bíblica propia para pastores, teólogos, y otros estudiantes serios de la Biblia que vio la luz primera en 1974. En el futuro se espera publicar un comentario de orden inspiracional que establezca el equilibrio entre el intelectualismo humanista y el emocionalismo crudo. Ahora mismo se está preparando este nuevo Comentario que se llevará cuando menos unos diez años en producir. Estos tres volúmenes de Adam Clarke han tomado la mejor porción de ocho años que, dicho sea de paso, no es mucho tiempo comparado con otros proyectos de envergadura.

No deja de resaltar, sin embargo, la visión de dos instituciones que hicieron posible este proyecto. Por un lado el Departamento de Misiones Mundiales que subvenciona las actividades de la División de Publicaciones Latinas y por el otro el Dr. M. A. Lunn, gerente general de la Casa Nazarena de Publicaciones quien aprobó la inversión financiera que hizo posible esta publicación. La vida de una institución se reconoce por sus productos y desde 1946 hemos desarrollado una imagen de seriedad, de eficiencia, de cortesía y de un sentido de humanidad.

Además, la supervisión total de la traducción, revisión y adaptación de este *Comentario de Clarke* se puso en manos del Dr. Sergio Franco, cuya experiencia de muchos años como redactor de publicaciones y de libros de la Casa Nazarena de Publicaciones lo capacitó para un trabajo de primera clase —exacto, castizo, conciso en su interpretación y altamente popular. Todo esto está envuelto en un paquete nítido que se llama el *Comentario de Clarke*.

Por tanto *El Comentario de Adam Clarke* que aquí reseñamos servirá como una columna más de apoyo cristiano al edificio del protestantismo hispano que a la vez que sostenga tradiciones, credos y costumbres ayude a los estudiantes de la Biblia a presentarse como obreros aprobados que no tienen de qué avergonzarse y que trazan bien la Palabra de Verdad.

Por la Casa Nazarena de Publicaciones
H. T. Reza, Ejecutivo de la División
de Publicaciones Latinas

PREFACIO A LA EDICION
EN CASTELLANO

CON VERDADERO BENEPLACITO y agradecimiento a Dios ofrecemos al conglomerado evangélico de habla hispana la edición en castellano del magno comentario de la Biblia escrito por Adam Clarke. Esta edición está siendo publicada en tres tomos, a saber:

> Tomo I   Antiguo Testamento (Génesis a Ester)
> Tomo II   Antiguo Testamento (Job a Malaquías)
> Tomo III Nuevo Testamento

La importancia de este Comentario es singular, no sólo por su tamaño (más de cinco mil páginas a máquina en su edición compendiada), sino también por su naturaleza y estilo.

* * *

Este Comentario no sólo data del principio del arminianismo wesleyano, y por cierto es el único comentario exegético en castellano de esa persuasión teológica, sino que también y como un corolario de lo anterior, nos imparte algo del calor evangélico del gran movimiento wesleyano.

Como todos los grandes movimientos de la historia, el wesleyanismo llevó grabadas muy hondo las características de su fundador. Wesley fue al mismo tiempo un hombre erudito y un hombre santo. Entre la pléyade de grandes hombres que el wesleyanismo produjo se nota esta notable combinación, ya sea que hablemos del evangelista por excelencia, Jorge Whitefield; de Francis Asbury, el misionero incansable; del anti-esclavista Guillermo Wilberforce; del penólogo Juan Howard, y seguramente del himnólogo y predicador Juan Newton. Lo mismo puede decirse de Adam Clarke.

Clarke* fue el teólogo bíblico (y Richard Watson el teólogo sistemático) del metodismo en su primer siglo. Este *Comentario* fue la obra en que él vació todos los conocimientos y deducciones de su mente enciclopédica y formidable, pero al mismo tiempo todas las convicciones y devoción de un corazón piadoso. Esta combinación —de orientalista y lingüista bíblico, y pastor itinerante por 33 años— se echa de ver en sus exposiciones. Al leerlas acuciosamente uno siente que un momento está a los pies de un minucioso exégeta bíblico, y al siguiente que está ante el púlpito de un pastor evangélico.

Pero esta perspectiva es indispensable para el éxito ópimo en el estudio bíblico. Hay que recordar que la Biblia reserva sus mejores tesoros para quien la discierna espiritualmente. La teología bíblica no es una disección intelectual, sino la búsqueda por un corazón piadoso de la verdad, guiado por el Espíritu.

---

* Una breve reseña de su vida aparece en las páginas IX-X.

Además, esta característica le da a este Comentario una utilidad universal y permanente. Eliminado ya todo el material anticuado, lo que ahora ofrecemos es una exposición detallada y erudita de la Biblia por un solo teólogo que hizo toda la obra y que por lo tanto tuvo una perspectiva global, como debe ser, pues la Biblia es una toda. Comentarios de este nivel de erudición, frutos de toda la vida de un sabio, probablemente no volverán a aparecer. Clarke laboró casi 40 años en esta obra, incluyendo 15 en su revisión después de la primera edición.

Dada la importancia de esta obra, no se escatimó esfuerzo alguno para presentarla al público de habla hispana en su mejor vestimenta posible. Hemos seguido el triple criterio de claridad, sencillez y exactitud. También procuramos conservar el estilo tradicional de expresión de la época en que fue escrito, sin sacrificar las pautas antes mencionadas.

Al leer minuciosamente la obra —lo cual se ha hecho dos veces en su totalidad— uno se persuade de la excelente labor de los traductores, ambos cristianos argentinos de formación similar a la del comentarista, a quien atinadamente han traducido. La Dra. Lucía C. G. de Costa aúna a sus estudios filológicos una larga carrera de enseñanza de griego y teología, así como de diversos escritos de esas índoles. El Dr. Adam Sosa es el más prolífico traductor del inglés al español en nuestro siglo. En él también la experiencia y la devoción se combinan. En cada caso se han compenetrado del pensamiento del inmortal Clarke.

Ahora, el conocimiento y comprensión que de la Palabra de Dios logró alcanzar ese comentarista mediante el estudio de una vida, encuentra un nuevo mundo de utilidad al poder circular entre los cristianos de habla hispana alrededor del mundo.

En el mismo espíritu de devoción y gratitud a Dios del autor y de los traductores, los editores ofrecemos esta obra, fruto de ocho años de labores, con el deseo y la oración de que Dios mismo se digne usarla para "perfeccionar a los santos para la obra del ministerio, para la edificación del cuerpo de Cristo," a fin de que "a El sea la gloria por los siglos de los siglos. Amén".

Sergio Franco

PREFACIO A LA EDICION COMPENDIADA

El monumental comentario de Adam Clarke de la Santa Biblia ha sido una obra clásica de consulta por más de un siglo, y ha sido usado ampliamente por personas de todos los grupos evangélicos. Tanto los arminianos como los calvinistas han reconocido lo esmerado y autorizado de su erudición.

Clarke dio principio a su trabajo en el comentario el 1 de mayo de 1798. Como frecuentemente hacen los comentaristas de nuestro día, Adam Clarke principió su trabajo con el Nuevo Testamento, del cual escogió el Evangelio de Mateo. Para el fin de ese año había terminado su exposición de los primeros dos evangelios, y en noviembre de 1799 había escrito sus notas sobre los cuatro evangelios. Sin embargo, no fueron publicados sino hasta diez años después.

Finalmente, en 1809 apareció un Prospecto, que logró que 1,600 personas se suscribieran para una copia de la obra. La primera edición en 1810 de 11,000 ejemplares se agotó rápidamente, bajo el título de *El Nuevo Testamento de Nuestro Señor y Salvador Jesucristo.*

En marzo de 1825 Adam Clarke le escribió a un amigo: "Por algún tiempo he estado sufriendo mucho de los ojos; no creo que la vista me durará mucho. Durante todo el invierno he escrito varias horas por día, y varias horas durante la noche. Bajo tal carga mis ojos han fallado. Pero quiero terminar el comentario."

Y el *Comentario* quedó terminado el 28 de marzo de 1825, "a las ocho de la noche". Clarke le escribió a un conocido: "Escribí sobre mis rodillas las últimas líneas del último versículo del último capítulo de Malaquías. Así terminé la tarea en la que he estado dolorosamente ocupado por más de treinta años." Todo el comentario, en ocho grandes tomos, fue publicado en 1826. El comentarista pasó el resto de su vida revisando cuidadosamente su obra, tarea que terminó en enero de 1832. Unos cuantos meses después, el 25 de agosto de 1832 Adam Clarke partía a recibir su recompensa eterna.

El *Comentario* se publicó en inglés en seis volúmenes. En este compendio no hemos cambiado las palabras de Adam Clarke, sino sólo en los casos en que era necesario modernizar el idioma o abreviar, cuando era imprescindible. En unos cuantos casos hemos insertado una palabra, en paréntesis, para completar el sentido. De esta manera hemos dejado que el gran sabio hable por sí mismo. Pero gran parte del material, que ya es anticuado, o ajeno a las necesidades del lector de nuestro día, ha sido eliminada.

Ralph Earle

RESEÑA DE LA VIDA
DE ADAM CLARKE

Adam Clarke nació en Moybeg en el condado de Londonderry, Irlanda. Desgraciadamente no se hizo anotación legal alguna de su nacimiento. Poco antes de su muerte, Clarke le contó a Samuel Dunn, un amigo suyo, que su madre le había dicho que él había nacido en 1760, pero su padre había fechado su nacimiento en 1763. Generalmente se acepta la fecha de 1762. Su padre era de origen inglés, y estudió en las grandes universidades de Edinburgo y Glasgow y de ellas había recibido su Maestría en Artes. Su madre era escocesa. Como habría sido de esperarse, la disciplina del hogar fue estricta.

La influencia del padre, John Clarke, le dio al hogar una atmósfera inglesa y clásica. Sus dos hijos, Adam y Tracy trabajaron en el campo de la familia, tarea que alternaban todos los días yendo a la escuela. Cada uno le informaba al hermano lo que había aprendido ese día en la escuela.

El ejecutor literario de Adam Clarke describe una fase de la niñez de Adam Clarke:

Adam fue un niño apático, y cumplió ocho años de edad antes de "poder reunir vocales y consonantes". En cierta ocasión, después de haber tratado en vano de memorizar cierto trozo, arrojó desesperado el libro; entonces, las amenazas de su maestro y las burlas de sus condiscípulos, como que le sacaron de su letargia: sintió como que algo se había desencadenado en su interior; en un momento su memoria fue perfecta. "¡Vaya!" se dijo a sí mismo, "¿seré acaso toda la vida un tonto y el objeto de insultos de mis amigos?" Y acto seguido, recogió el libro, leyó el trozo, lo repitió sin cometer un solo error, y siguió adelante con una facilidad que nunca había tenido antes. Pronto la lectura se volvió su principal dicha, y empezó a retirarse a un bosque cerca de la escuela, allí leía las obras de Virgilio y se deleitaba con los dibujos que las ilustraban. También se entretenía haciendo himnos, y versificando los salmos de David, y otras porciones del Libro Santo. Pronto dominó toda la mitología clásica y varias biografías, así como el diccionario de ese entonces.

A los seis años de edad Adam tuvo una conversación con otro niño acerca de los castigos eternos. La conversación terminó con el arrepentimiento de ambos niños. Adam se lo contó a su madre, quien lo estimuló a vivir una vida cristiana. Ella era una devota mujer presbiteriana que pasaba el domingo leyendo, orando y cantando con sus hijos.

Después Adam fue enviado a una escuela de canto. Aquí también le enseñaron a bailar, de lo cual él dijo en años posteriores que había tenido mala influencia moral en su vida.

En 1777 unos predicadores metodistas visitaron la parroquia en la que vivía la familia Clarke. Adam, quien era ya un jovencito, cayó bajo profunda convicción y se retiró al campo abierto. Allí luchó en oración hasta que quedó exhausto. Finalmente, ya desesperado, se levantó para irse. Repentinamente le pareció oír una voz que le decía: "Apela a Jesucristo." Regresando a su sitio de oración invocó a Jesucristo. Inmediatamente sintió paz y un gozo supremo. Su oscuridad se había vuelto luz.

También experimentó un despertamiento intelectual. Principió a estudiar astronomía y filosofía, razonando que ambas eran una ayuda a la religión.

Adam, que siempre había sido un joven serio, persuadió a su familia a celebrar culto familiar dos veces al día, lo que resultó en que muchos de sus familiares se hicieron metodistas. Pronto principió a visitar de casa en casa, y de aldea en aldea, orando por la gente y exhortándola en sus hogares.

En 1782 predicó su primer sermón, basado en I Juan 5:19. Causó tan favorable impresión que Juan Wesley supo de ello. El resultado fue que lo enviaron a la escuela de Kingswood, cerca de la ciudad de Bristol. Un mes después, Wesley lo mandó llamar a esta ciudad y pronto Adam Clarke, de veinte años de edad, fue nombrado predicador itinerante de un distrito importante que tenía 31 ciudades y aldeas. El joven predicador utilizó su tiempo de la mejor manera posible, pues leía sin cesar mientras su caballo lo llevaba de aldea en aldea. Durante el invierno frecuentemente tuvo que dormir en un granero, y en otras ocasiones sus cultos fueron interrumpidos por truhanes. A menudo predicó al aire libre, aun en casos en que el suelo estaba cubierto de nieve.

Durante un pastorado de tres años en las islas Norman, dedicó todo su tiempo disponible al estudio del Antiguo Testamento en hebreo, el Pentateuco Samaritano, las Escrituras Siríacas, la Vulgata Latina y la Septuaginta, colección incluida en la Políglota de Walton, de la cual él compró un ejemplar por diez libras esterlinas.

En 1788 Adam Clarke se casó con Mary Cooke, quien le sobrevivió un año. Tuvieron seis hijos y seis hijas.

Después de ser superintendente del Circuito de Bristol por un año, Clarke fue enviado a Dublín en 1790. Al siguiente año murió Juan Wesley, y en su testamento, nombró a Adam Clarke como uno de los siete albaceas de su propiedad literaria.

Pronto Clarke estaba ministrando en Manchester, Liverpool y Londres. Durante ese período principió su ilustre carrera de escritor. También participó en el trabajo de la Sociedad Bíblica Británica y Extranjera. La Universidad de Aberdeen le confirió el título de Doctor en Letras, y la Academia Real Irlandesa lo recibió como miembro, en reconocimiento de sus escritos profundos. Tres veces fue elegido presidente de la Conferencia Británica del Metodismo.

Su obra más extensa fue su comentario. Cuando lo terminó, en 1826, escribió: "He trabajado solo por casi veinticinco años antes de que el manuscrito fuese enviado a la prensa; y quince años han transcurrido desde su impresión hasta que llegó al público: de esta manera se han consumido casi cuarenta años de mi vida." Clarke falleció en agosto de 1832. Casi hasta el fin estuvo ocupado revisando su gran comentario.

PREFACIO GENERAL
por *ADAM CLARKE*

Desde muy joven tomé como lema para mi vida el texto de Proverbios 18:1: "Su deseo busca el que se desvía, y se entremete en todo negocio." Habiéndome convencido de que la Biblia era la fuente de donde se han derivado todos los principios de la verdadera sabiduría que se encuentran en el mundo, mi deseo de comprender adecuadamente su gran designio, y compenetrarme del significado de todas sus partes, me hizo separarme de todo esfuerzo que no conducía, por lo menos indirectamente, a la realización de este fin. A medida que investigaba y me interiorizaba de las diferentes ramas del conocimiento humano, de acuerdo a como mis limitados medios me lo permitían, usé cada estudio como una contribución al objeto de mi esfuerzo, procurando hacer de todas las cosas un instrumento para la información de mi propia mente, con el fin de que, de acuerdo a como la Providencia Divina creyera conveniente emplearme, yo estuviera mejor preparado para enseñar a otros. Al principio comencé leyendo y estudiando, sin escribir casi nada, teniendo por delante sólo mi propia edificación, puesto que entonces no tenía la esperanza de que lo que yo escribiera tuviera suficiente importancia como para captar la atención del público o ser de ayuda alguna para otros. Pero a medida que proseguía, pensé que sería mejor escribir los resultados de mis estudios, especialmente los que tenían relación con la *Septuaginta*, la cual comencé a leer en forma regular en el año 1785, con el fin de familiarizarme más con la fraseología del Nuevo Testamento, puesto que descubrí que esta venerable versión era a la que al parecer los evangelistas y los apóstoles habían recurrido con frecuencia, y de la cual por lo general hacían sus citas. El estudio de esta versión sirvió más para iluminar y ensanchar mi mente que todas las otras obras teológicas que había consultado. Apenas había comenzado este estudio cuando me di cuenta de que los prejuicios en contra de esta versión estaban totalmente infundados, y que era de una ayuda incalculable para obtener un entendimiento correcto del sentido original de las Escrituras. Y me asombra que el estudio de esta versión haya sido descuidado en forma tan general. Cerca de nueve años más tarde, habiéndose debilitado considerablemente mi salud a causa de la intensidad de mi trabajo, y temiendo que me vería obligado a abandonar mi empleo público, me hice el propósito de escribir notas breves sobre el Nuevo Testamento, correlacionando el texto común impreso con todas las versiones y colecciones de manuscritos a los cuales podía tener acceso. Apenas había iniciado esta tarea cuando me convencí de que era necesario hacer otro trabajo previo, a saber, la lectura cuidadosa de los textos originales. Comencé esta tarea, y pronto me di cuenta de que era perfectamente posible leer sin entender. Bajo esta convicción hice la determinación de traducir todo el texto original antes de intentar escribir comentario alguno, de modo que tuviera el texto sagrado más profundamente grabado en mi mente.

Comencé pues la traducción correlacionando el texto original con todas las versiones antiguas y algunas de las modernas, y también con aquellas que pude coleccionar de las copias más auténticas del texto griego. Habiendo empeorado el estado de mi salud, me vi obligado a abandonar totalmente mis estudios, y la obra fue dejada de lado por espacio de casi dos años. Al volver a ella después de que mi salud había mejorado, descubrí que todavía no había terminado todo mi trabajo preliminar. Pude ver claramente que el Nuevo Testamento era una explicación del Antiguo; y para entender tal explicación, sabía que era absolutamente necesario estar bien familiarizado con el texto original. Entonces me hice el propósito de leer, en forma consecutiva, una porción de la Biblia hebrea diariamente. Por consiguiente, comencé a leer el Antiguo Testamento, anotando en los diferentes libros, capítulos y versículos, las cosas que me parecían de mayor importancia, con la intención de que esto fuese un bosquejo para una obra en mayor escala, si acaso le pluguiera a Dios darme vida, salud y tiempo para terminarlo. En este trabajo preliminar empleé un poco más de un año y dos meses, en el cual lapso traduje cada frase en hebreo y en caldeo que se encontraba en el Antiguo Testamento. Sería absurdo pretender que al hacer este trabajo no me encontré con muchas dificultades. Estaba tratando de ilustrar el libro más antiguo y más erudito del universo, repleto de alusiones a artes que están perdidas, a naciones que están extintas, a costumbres que ya no se practican, y llena de impresiones y fraseología que sólo se pueden identificar por medio de la familia de los idiomas asiáticos. A menudo quedaba perplejo ante estas dificultades, pero no podía proseguir hasta no hacer todo lo que estuviera de mi parte para hacer aclarar todo. El frecuente encuentro con estas dificultades me condujo a examinar y comparar detenidamente todos los textos originales, versiones y traducciones que se encuentran en la *London Polyglot,* con otras no incluidas en esa obra. De todas estas versiones —especialmente la *Samaritana,* la *Caldea,* el *Targum,* la *Septuaginta* y la *Vulgata*— recibí la mayor ayuda, si bien es cierto que todas las demás contribuyeron su parte en los casos difíciles.

Tan pronto como hube terminado con este trabajo, comencé mi comentario sobre los cuatro Evangelios, y a pesar del trabajo preliminar que ya había hecho, y mi incansable aplicación a la tarea temprano en la mañana y tarde en la noche, no alcancé el fin del cuarto Evangelio sino hasta dieciocho meses después de haber comenzado. Previamente me había hecho el propósito de entregar lo que hubiera escrito a la imprenta; pero cuando ya tenía todos mis arreglos hechos, inclusive una prueba ya impresa, y la propaganda distribuida, un alza repentina en el precio del papel, la cual yo esperaba de todo corazón que no duraría mucho tiempo, impidió que siguiera adelante con mis planes de impresión. Cuando esta esperanza se hubo desvanecido, comenzó a anunciarse con intensidad otra obra sobre las Escrituras escrita por un amigo mío. Como yo no podía ni siquiera concebir la idea de dar la más remota impresión de oposición a nadie, me hice a un lado, con la determinación de no intentar dividir la atención de la mente del público, ni estorbar la diseminación de una obra de la que podía esperarse que hiciera la mía innecesaria. Esa obra ha estado en circulación ya por bastante tiempo y muchas personas han adquirido ya sus ejemplares. Sin embargo, mi plan todavía no se ha tocado. Y basado en la opinión de muchos amigos juiciosos, y especialmente de mis hermanos en el ministerio, que por mucho tiempo han estado familiarizados con mi proyecto y su progreso, de que el público religioso recibiría con beneplácito una obra con el plan que previamente había yo anunciado, después de mucho pensarlo he hecho mi decisión. Y, en el nombre de Dios, con el sencillo deseo de añadir mi pizca al tesoro, habiendo vuelto a comenzar la revisión y el mejoramiento de mi manuscrito, ahora lo presento al público. Me alegro que la Divina Providencia haya obrado para que la publicación de esta obra se haya pospuesto, ya que los años que han pasado desde mi primera intención de imprimirla me han ofrecido una oportunidad más amplia para reconsiderar y corregir lo que había hecho antes y así mejorarla considerablemente.

Si se me preguntara cuál es mi propósito específico en poner esta obra ante el mundo religioso, en un tiempo cuando abundan obras de similar naturaleza, simplemente contestaría que yo también deseo hacer un poco de bien, y hacer mi contribución para ayudar a los hombres a comprender mejor la Palabra de Dios. Las páginas que preceden probarán que no estoy en hostilidad a ningún trabajo de esta clase; he detenido el mío hasta donde la prudencia me ha indicado. Mi vida está llegando a su fin; lo que haga en este respecto debo hacerlo pronto, o abandonar el proyecto para siempre. Esto último haría con gusto, pero me he comprometido con el público por demasiado tiempo y en un grado demasiado profundo como para dejarme llevar por mis sentimientos en este asunto. Otros están haciendo mucho para dilucidar las Escrituras; a todos ellos les deseo la bendición de Dios. Yo también quiero expresar mi opinión sobre los Oráculos divinos y hacer aunque sea un poquito en ese sentido. Deseo ayudar a mis compañeros en la viña para guiar a los hombres a Aquel quien es la fuente de toda excelencia, bondad, verdad y felicidad; magnificar su ley y honrarla; mostrar la maravillosa provisión hecha en sus Evangelios para la rehabilitación y salvación de un mundo pecador; probar que el gran designio de Dios es hacer felices a sus criaturas; y que una salvación tal que le cabe a Dios dar, y que el hombre necesita recibir, está al alcance de todo ser humano.

CONTENIDO

TOMO II: ANTIGUO TESTAMENTO

(JOB A MALAQUIAS)

EL LIBRO DE

JOB

Este es el libro más extraordinario en la totalidad del Código Sagrado: aunque escrito bajo la misma inspiración y con referencia al mismo fin, la salvación de los hombres, es tan distinto a cualquier otro libro de la Biblia, que parece no tener nada en común con ellos, pues aun la construcción del lenguaje, es distinta al de la Ley, los Profetas y Libros Históricos. Excepto los dos primeros capítulos y los diez últimos versos que son mera prosa, todo el resto es poético; todo Job puede reducirse a hemistiquios, forma en que están escritos los otros libros poéticos de la Biblia: por lo tanto puede ser propiamente llamado un poema; aunque los doctos no han decidido clasificarlo entre los géneros épico o dramático. La poesía genuina es como una vertiente que desciende y arrasa: como un diluvio, irresistible, salta todas las barreras, va excavando su propio lecho, impulsa troncos y rocas delante de sí y se extiende hacia lo profundo y hacia lo ancho de toda la planicie. Tal es realmente la poesía con que el lector se encontrará en este peculiar y sorprendente libro.

En cuanto al libro de Job, podemos decir con la mayor evidencia que es un poema y del más elevado rango; los temas que trata son de lo más grandioso y sublime; usa las imágenes más puras y apropiadas expresadas con un lenguaje sumamente feliz y vigoroso, impartiendo instrucción en las cosas divinas como en las humanas, las más ennoblecedoras y útiles, abundando en preceptos de la mayor pureza y elevación, reforzados por argumentos fortísimos y concluyentes e ilustrados por ejemplos sumamente naturales e igualmente llamativos.

Todos estos puntos aparecerán en la manera más lúcida posible para todo lector atento del libro, quien podrá ver su gran finalidad: aprenderá en él que Dios tiene caminos por todas partes: que el malvado, aunque domine por un tiempo, jamás podrá terminar próspero y feliz; y que el justo, aunque oprimido por los sufrimientos y las calamidades, no será olvidado por Aquel en cuyas manos están los santos y para quien sus vidas son preciosas; que en este mundo, ni los malvados son finalmente castigados, ni los justos finalmente recompensados; que los juicios de Dios son grandes y profundos y sus caminos inescrutables; pero el resultado de todo es para la gloria de su sabiduría, gracia y la felicidad eterna de quienes confían en El. Este es el gran propósito del libro.

CAPITULO 1

Carácter de Job (1). Su familia (2). Sus bienes (3). Cuidado de su familia (4, 5). Satanás lo acusa ante Dios de ser persona egoísta que sólo le servía por la esperanza de las recompensas materiales (6-11). Se permite a Satanás despojarle de sus hijos y propiedad (12-19). Notable resignación y paciencia de Job (20-22).

1. *En tierra de Uz*. Este territorio está situado en Idumea, o tierra de Edom, en la Arabia Petrea, abarcando un distrito muy extenso. *Llamado Job*. El original es *Aiyob*. De la Vulgata tomamos *Job*, no muy distinto de la forma *Iob* de la Septuaginta. El nombre significa "desconsolado" o "el que llora".

2. *Perfecto y recto*. "Completo" en cuanto a su mente y corazón, y "estricto" o "correcto" en cuanto a su comportamiento moral. *Temeroso de Dios*. Le tenía en con-

tinua reverencia. *Apartado del mal*. Apartándose o evitándolo.

3. *Su hacienda era siete mil ovejas*. La versión Caldea dice, mil, para cada uno de sus hijos. *Tres mil camellos:* mil para cada una de las hijas. Quinientas yuntas de bueyes para él y quinientas asnas para su esposa. Así divide el Targum los bienes de este hombre eminente.

Y muchísimos criados. "Un gran patrimonio." La palabra *abunddah*, se refiere principalmente a producción agrícola, incluyendo toda clase de labores de campo con el ganado y también la descripción de los sirvientes. *Más grande que todos los orientales*. Era más importante que cualquier otra persona de esa región en sabiduría, fortuna y piedad.

4. *Hacían banquetes en sus casas, cada uno en su día*. Aquí debe interpretarse como un festejo de cumpleaños. Cuando llega-

1

ba el de uno de ellos, invitaba a sus hermanos y hermanas a festejarlo con él; y todos
observaban la misma costumbre.

5. *Habiendo pasado en turno los días del
convite.* A fin de año, cuando ya todos habían celebrado su día, parece que el piadoso
padre los reunía a todos para que la familia
completa pudiera realizar una festividad al
Señor ofreciendo holocaustos como sacrificio
por los pecados de toda clase, de presunción,
comisión o ignorancia. Podemos considerar
este acto como una costumbre general entre
las personas piadosas de aquellos tiempos remotos.

*Blasfemado contra Dios en sus corazo-
nes.* Según la mayoría de los intérpretes, el
verbo *barach*, en este libro, significa tanto
"bendecir" como "maldecir"; y el nombre
Elohim, significa el verdadero Dios, pero
también falsos dioses, y grandes o poderosos.
La razón por la cual Job ofrecía esos sacrificios, parece haber sido la siguiente: en un
país donde la idolatría estaba en su apogeo,
él creía que era posible que sus hijos, en
medio de las diversiones hubieran dado lugar
a pensamientos idólatras o hubieran realizado
cualquiera de los ritos paganos. Por lo tanto,
esas palabras pueden interpretarse de la siguiente manera: "Es posible que mis hijos
hayan bendecido a los ídolos en sus corazones."

6. *Un día vinieron a presentarse delante
de Jehová los hijos de Dios.* Todas las versiones y desde luego todos los críticos están
perplejos por la frase *los hijos de Dios;
beney haeloim,* literalmente, "hijos del Dios,"
o "hijos de los dioses". La Vulgata dice
simplemente "hijos de Dios". La Septuaginta, "los ángeles de Dios". Pero, ¿qué vamos
a hacer con la totalidad del relato? El número de exposiciones es interminable. Para
mi criterio, el señor Peters nos presenta una
que me parece ser la más sencilla y prudente: "Las Escrituras nos presentan a Dios como hablarían de El seres humanos. Entonces,
como los reyes trataban sus asuntos de
mayor importancia en un concilio o asamblea solemne, así también le plugo a Dios
presentarse como si estuviera celebrando un
sínodo; como si promulgara los decretos de
su providencia ante una asamblea de sus santos ángeles. En el caso de Job, tenemos aquí
la celebración de una gran asamblea tal como
la que se realizara en tiempos de Acab, I Reyes 22."

Vino también Satanás. Esta palabra *también,* tiene gran énfasis en el original; *hassatan,* "el Satanás," o "el adversario". San
Pedro, en su primera epístola, cap. 5:8, con
toda claridad hace referencia a este pasaje y
comprueba plenamente que *hassatan,* que él
traduce literalmente "el adversario," no es
sino "el diablo" o príncipe de los malos
demonios, a lo cual él agrega otras palabras a
manera de explicación. En las Escrituras se
mencionan muchos demonios; pero la pala-

bra "Satanás" o "diablo," jamás se encuentra en plural en los originales del Antiguo y
del Nuevo Testamento. De aquí, razonablemente inferimos que todos los malos espíritus están bajo el gobierno de un jefe, el
diablo, quien es más poderoso y malvado
que el resto.

7. *De rodear la tierra y de andar por
ella.* La traducción de la Septuaginta es curiosa: "Habiendo rodeado la tierra y andado
sobre todo lo que está debajo del cielo, he
llegado aquí." San Pedro, como ya se ha
dicho, en el verso 8 hace referencia a esto:
"Sed sobrios y velad; porque vuestro adversario el diablo, como león rugiente, anda
alrededor buscando a quien devorar."

8. *¿No has considerado a mi siervo Job?*
Literalmente, "¿Has puesto tu corazón sobre
mi siervo Job?" ¿Has observado cuidadosamente su conducta, mientras andabas rugien-
do, buscando a quién devorar?

9. *¿Acaso teme Job a Dios de balde?* Has
hecho que le convenga ser ejemplar en su
conducta: de esta aseveración Satanás da sus
razones en lo que sigue inmediatamente.

10. *¿No le has cercado alrededor a él?* Lo
has fortificado con picas y lanzas. Lo has
defendido como si estuviera dentro de un
cerco inexpugnable. Es objeto de tu cuidado
especial; y no está expuesto a las pruebas
comunes de la vida.

11. *Pero extiende ahora tu mano.* Dispára-
le el dardo de la pobreza y de la aflicción en
contra de él. *Y verás si no blasfema contra ti
en tu misma presencia.* "Si él no bendecirá a
tu apariencia." Solamente te bendecirá en
proporción a los bienes temporales que le
dispenses; de acuerdo a la providencial y
graciosa aparición y manifestación de tu poder a su favor. La máxima exacta de un gran
hombre de estado, *Sir* Robert Walpole: "Cada hombre tiene su precio."

13. *Y un día.* No hay duda que se refiere
a una de las conmemoraciones de cumpleaños ya mencionadas.

14. *Y las asnas paciendo cerca de ellos.*
Las asnas que parecen haber sido más domes-
ticadas y de mucho más valor que otros
animales tanto por su leche como por su
trabajo.

15. *Y acometieron los sabeos.* Solamente
la Vulgata entiende que se hace referencia a
un pueblo. La Septuaginta, la Siríaca y la
Arábiga entienden que se trataba de una partida de merodeadores.

16. *Fuego de Dios cayó del cielo.* Aunque
por *fuego de Dios* podría entenderse un fuego grande y tremendo, sin embargo es más
natural suponer que se refiere a un rayo.
Pues, como el trueno era considerado la voz
de Dios, el rayo era el fuego del Señor.

17. *Los caldeos hicieron tres escuadro-
nes.* Los *caldeos* habitaban ambas márgenes
del Eufrates cerca de Babilonia que era su
capital. También se mezclaban con tribus

errantes de árabes y vivían del saqueo. Se dividieron en *tres bandas,* para poder obrar con mayor rapidez en sitiar, saquear y ahuyentar los tres mil camellos; probablemente los montaron y se alejaron a galope.

19. *Y un gran viento vino del lado del desierto.* Aquí hay otra prueba de la influencia del "príncipe de la potestad del aire".

¡Qué perjuicios no causaría si con este tremendo agente no estuviera constantemente bajo el control del Todopoderoso! Parece que dirigió cuatro diferentes corrientes, las que soplando contra los cuatro lados o esquinas de la casa, la derribaron completamente y arruinaron a todos los que estaban adentro.

20. *Rasgó su manto.* El romperse las ropas, rasurarse o arrancarse los cabellos, arrojarse polvo o ceniza sobre la cabeza y sentarse en el suelo eran actos por los que se expresaba un dolor intenso. Al recibir estas nuevas, Job sin duda sintió la amargura de la angustia, cuando, en adición a la pérdida de todos sus bienes, supo que había sido privado de sus diez hijos por una muerte violenta. *Adoró.* Se postró; todo su cuerpo sobre el suelo con su rostro en el polvo.

21. *Desnudo salí del vientre de mi madre.* Nada tenía en cuanto a bienes terrenales cuando vine a este mundo; no podré tener menos al salir de él. *Y desnudo volveré allá.* Como salí del seno de mi madre destituido de posesiones terrenales, así volveré; es decir, a la tierra sobre la cual ahora estaba postrado.

22. *En todo esto no pecó Job.* No dio lugar a ninguna acción, pasión o expresión ofensiva a su Creador.

Me parece claro que Job vivió después de la promulgación de la ley por las muchas referencias a los ritos y ceremonias instituidas por Moisés. En el cap. 1:5, se nos dice que Job santificaba a sus hijos, y se levantaba de mañana y ofrecía holocaustos por cada uno de ellos. Esta era una ordenanza general de la ley, según podemos ver en Lv. 9:7.

Parece que Job pensaba que sus hijos podían haber pecado por ignorancia, o bien, secretamente: y, en consecuencia era necesario hacer los debidos sacrificios a Dios para evitar su ira y castigo. Por lo tanto ofrecía los holocaustos ordenados por la ley en los casos de pecados cometidos por ignorancia. Véanse las ordenanzas pertinentes en Lv. 4:1-35; 5:15-19, y particularmente, Nm. 15:24-29.

CAPITULO 2

Los hijos de Dios nuevamente se presentan ante El; Satanás viene también, acusando a Job de ser persona cuya estabilidad estaba a punto de ser sacudida si su cuerpo era sometido a severas aflicciones (1-5). Recibe permiso para afligir a Job y lo hiere con una sarna maligna (6-8). Su esposa lo ultraja (9). El la reprende piadosamente (10). Sus tres amigos van a visitarle y a condolerse con él (11-13).

3. *Para que lo arruinara sin causa.* Me pediste que te permitiera destruir a un hombre cuyos pecados no demandaban un juicio tan severo. La palabra original significa "tragar" o "devorar"; y sin duda San Pedro tiene en cuenta este término en el lugar ya citado en el verso 7 del capítulo precedente: "vuestro adversario el diablo, como león rugiente, anda alrededor buscando a quien devorar —buscando a quien pueda tragar o engullir".

4. *Piel por piel.* Es decir, que el hombre se desprenderá de todo lo que tiene en el mundo con tal de salvar su vida.

5. *Blasfema contra ti en tu misma presencia.* Literalmente, "Si no te bendecirá en tu cara". V.l.e.s. Cap. 1:11.

6. *Mas guarda su vida.* Tienes permiso para afligir su cuerpo; pero contra su vida, no tendrás poder.

7. *Una sarna maligna.* "Con una inflamación maligna." Los intérpretes aún no se han puesto de acuerdo sobre lo que era este desorden diabólico. Algunos piensan que se trataba de la lepra; que ésa era la causa por la que vivía solo y tenía su habitación en un lugar inmundo, no en la ciudad, o al aire libre: y la razón por la que los amigos lo mantuvieron "desde lejos," v. 12, era porque la enfermedad era infecciosa. El hecho de que se rascara con un tiesto indica que la enfermedad estaba acompañada de una intolerable picazón, característica de la viruela.

9. *Entonces le dijo su mujer.* Traducimos *barech Elohim vamuth,* "Maldice a Dios, y muérete". Se supone que el verbo *barach* incluye las ideas de bendecir y de maldecir; pero no es claro que tenga este último significado en los escritos sagrados aunque algunas veces se traduzca de esa manera. Aquí parece ser una fuerte ironía. Job estaba terriblemente afligido y aparentemente se moría de esa enfermedad ulcerosa; con todo, su alma estaba llena de gratitud hacia Dios. Su esposa, desprovista de la salvación que su marido poseía le espetó ese irónico reproche. "Maldice a Dios y muérete" — ¡vaya! bendícele por su bondad, mientras está destruyendo todo lo que tienes. ¡Bendícele por su sostén, mientras te está arrojando y destruyendo! Sigue bendiciéndole, y muérete.

10. *Como suele hablar cualquiera de las mujeres fatuas has hablado.* Hablas como una incrédula; como alguien que no tiene el conocimiento de Dios, de la religión o de la vida futura.

11. *Y tres amigos de Job.* El primero era *Elifaz temanita.* Elifaz era uno de los hijos de Esaú; y Temán, de Elifaz, Gn. 36:10-11. Temán era una ciudad de Edom, Jer. 49:7-20; Ez. 25:13; Amós 1:11-12. *Bildad suhita.* Súa era hijo de Abraham y de Cetura; y su posteridad es reconocida entre los orien-

tales. *Zofar naamatita.* Es muy probable que proviniera de Naama que limitaba a Edom por el sur y que cayera en suerte a la tribu de Judá, Jos. 15:21-41. Estas circunstancias prueban que Job debe haber residido en la tierra de Edom y que todos sus amigos vivían en la Arabia Petrea o en los países cercanos. Tenemos por lo menos pruebas indirectas de que algunos de estos pueblos orientales tenían una cultura elevada; tal era el caso de los temanitas, Jer. 49:7, donde reza: "Acerca de Edom. Así ha dicho Jehová de los ejércitos ¿no hay más sabiduría en Temán?, ¿se ha acabado el consejo en los sabios?, ¿se corrompió su sabiduría?" Es evidente que los habitantes de estos distritos eran famosos por su sabiduría; y los dichos de los tres amigos de Job prueban que su reputación de doctos se apoyaba sobre fundamento muy sólido.

12. *Cada uno de ellos rasgó su manto.* Ya en frecuentes ocasiones he señalado e ilustrado con citas del pasado, los actos realizados para expresar profundo dolor; tales como envolverse con cilicio, cubrirse el rostro, echarse polvo o cenizas sobre la cabeza, sentarse en la tierra, etc.; acciones significativas comunes a todas las naciones.

13. *Así se sentaron con él en tierra por siete días.* Estaban atónitos ante el cambio sin precedentes que se había efectuado en las circunstancias de este hombre tan eminente; no podían reconciliar la situación del momento con cosa alguna en la historia de la Providencia divina. *Los siete días* aquí mencionados constituyen el período señalado para lamentación. Los israelitas hicieron duelo por Jacob durante siete días, Gn. 50:10. Los hombres de Jebes hicieron duelo por el mismo período por la muerte de Saúl, I S. 31:13; I Cr. 10:12. Y Ezequiel se sentó en el suelo con los cautivos de Quebar y se lamentó con ellos durante siete días, Ez. 3:15. El sabio hijo de Sirach dice en el Eclesiástico: "Siete días lamentarás por el que ha muerto" (22:12). Era tan calamitoso el estado de Job, que ellos lo consideraban como hombre muerto; y siguieron lamentándose por él, durante el lapso prescrito.

Porque veían que su dolor era muy grande. Esa es la causa por la cual no podían hablarle: creían que estaba sufriendo por haber cometido grandes pecados y viendo que sufría tanto no querían agregar a su desgracia diciéndole invectivas o reproches. Job mismo fue quien rompió el silencio.

CAPITULO 3

Job maldice el día de su nacimiento y lamenta haber visto la luz (1-12). Describe el imperio de la muerte y sus habitantes (13-19). Deplora haber sido designado para vivir en medio de tristezas, porque las calamidades que temía le sobrevinieron (20-26).

1. *Después de esto abrió Job su boca.* Después de los siete días de lamentación y no habiendo esperanza de alivio, se describe a Job maldiciendo el día de su nacimiento. Aquí comienza la parte poética del libro. *Pereza el día.* El día de su nacimiento. Encontramos una execración similar en Jeremías 20:14-18, y en otros lugares; pero esto no es prueba de que lo hayan tomado uno del otro sino que era la costumbre común de la mentalidad asiática, su lenguaje y sentimiento en ocasiones semejantes.

3. *Varón es concebido.* La palabra *harah* significa "concebir"; pero parece que en este lugar debe tomarse en el sentido de dar a luz, pues es imposible que el momento de la concepción pudiera haberse sabido o publicado.

4. *Sea aquel día sombrío.* El sentido corresponde a nuestra expresión "sea borrado del calendario". *Y no cuide de él Dios desde arriba.* "Que El no lo requiera" ... que no lo considere esencial para completar los días del año; y por lo tanto agrega, *ni claridad sobre él resplandezca.* Si debe ser una parte de la duración, que no se distinga por la luz del sol.

5. *Aféenlo tinieblas y sombra de muerte.* "Deshónralo o véngalo," *de gaal,* "vindicar, vengarse"; de aquí *goel,* el pariente más cercano, con derechos a redimir una herencia y vengar la muerte de un consanguíneo matando al asesino. Que este día sea acosado, atrapado y destruido. *Repose sobre él nublado.* "Que las nubes más densas hagan en él su morada." *Que lo haga horrible como día caliginoso.* Dejando de lado la puntuación, podríamos traducirlo en la siguiente manera: "Que la más densa nube haga sobre él su morada y la amargura de un día lo llene de terror."

6. *Ocupe aquella noche la oscuridad.* Yo creo que el Targum ha acertado el sentido de todo este versículo: "Que las tinieblas se apoderen de esa noche; que no sea reconocido entre las festividades del año; que no sea computado en el número de los meses del calendario."

7. *¡Oh, que fuera aquella noche solitaria!* "Que esa noche sea pesada, opresiva y destituida de bien como roca desnuda de vegetación." *¡Que no viniera canción alguna en ella!* La palabra *renanah* significa cualquier movimiento animado, tal como la vibración de los rayos de la luz o la viva modulación de la voz en una alegre cantinela.

8. *Maldíganla los que maldicen el día.* Que lo maldigan aquellos que aborrecen el día; "los que se aprestan para despertar al Leviatán". Es decir, que maldigan el día de mi nacimiento los que odian la luz del día, tales como los adúlteros, asesinos, ladrones y los bandidos, aquellos para cuyas prácticas la noche les es más conveniente; y que lo maldigan quienes, cansados de la vida como yo,

estén bastante desesperados como para provocar al leviatán, al cocodrilo, para hacerlos pedazos.

9. *Oscurézcanse las estrellas de su alba.* Estas estrellas pueden tener referencia a los planetas Venus, Júpiter, Marte y Mercurio, tanto como a las estrellas más esplendorosas. *Espere la luz.* Se representa a las tinieblas como que esperan la brillantez de la estrella de la tarde, pero quedan desilusionadas; y luego esperan la aurora, pero igualmente en vano.

12. *¿Por qué me recibieron las rodillas?* ¿Por qué fui mecido sobre las rodillas? ¿Para qué me amamantaron los pechos?

13. *Pues ahora estaría yo muerto.* En ese caso estaría insensible; *reposaría* —sin estas abrumadoras perturbaciones; *dormiría* —inconsciente del mal; *tendría descanso* —fuera del alcance de la calamidad y las tristezas.

14. *Con los reyes y con los consejeros de la tierra.* Estos poderosos agitadores del mundo están inmóviles en sus sepulcros, después de la vida de conmoción que han encauzado entre los hombres: la mayor parte de ellos han sido perturbadores de la paz mundial. *Que reedifican para sí ruinas.* Quienes erigen mausoleos, monumentos funerarios, pirámides sepulcrales para impedir que sus nombres sean echados al olvido, mientras sus cuerpos están pudriéndose.

15. *O con los príncipes que poseían el oro.* Caudillos o poderosos que amontonaron el oro, llenaron sus casas de plata, dejaron todo atrás y no reservaron para sí más que los lugares vacíos en los que hicieron su última morada y donde ahora duermen su polvo exento de preocupaciones, jornadas penosas y expectativas perturbadoras.

16. *Por qué no fui escondido como abortivo.* Un aborto al principio del embarazo, apenas perceptible para la misma madre; en este caso, no hubiera vivido, no hubiera llegado a tener la forma de un ser humano.

17. *Allí los impíos dejan de perturbar.* En el sepulcro, los opresores de los hombres terminan de herir, vejar y causar calamidades a sus congéneres y a sus subordinados. *Allí descansan los de agotadas fuerzas.* Aquellos que quedaron exhaustos por las crueldades y opresión de los mencionados arriba.

18. *Allí también reposan los cautivos.* Los que fueron esclavos, sintiendo todas las angustias y apenas probando las alegrías de la vida, callan juntos en sus sepulcros: y ya no oyen más la voz del tiránico, inflexible e implacable capataz que era más terrible que la misma muerte.

19. *Allí están el chico y el grande.* Hombres de toda clase y condición están igualmente unidos en el sepulcro y reducidos por fin al polvo común de la tierra; no hay diferencia alguna entre el esclavo y el libre.

20. *¿Por qué se da luz?* ¿Por qué se le concede la vida a quien es incapaz de gozarla o de realizar sus funciones?

21. *Que esperan la muerte.* La buscan como fin de todas sus miserias; y desean más la separación de la vida que los amantes del oro una copiosa mina.

22. *Que se alegran sobremanera.* Literalmente: "Se regocijan con gozo y se alegran cuando encuentran el sepulcro."

23. *Que no sabe por donde ha de ir.* Que ignora lo que está ante él en ambos mundos, pero está lleno de temores y temblor en lo que concierne a ambos. *¿Y a quién Dios ha encerrado?* Dejándole sin manera de escapar y no permitiéndole ver un paso delante de él. Encontramos un pasaje exactamente paralelo a éste en Lm. 3:7, 9. *Me cercó por todos lados y no puedo salir. Cerró mis caminos con piedra labrada.*

24. *Vienen mis suspiros.* Algunos creen que tiene referencia al estado ulcerado del cuerpo, boca, manos, etc., de Job. Deseaba alimento, pero sus manos no podían llevarlo a la boca y lo que llegara a ésta, no podía masticarlo. Pero quizá sea más natural suponer que deseaba expresar que el suspirar le quitaba todo el apetito y le servía en lugar de alimento. Encontramos el mismo pensamiento en el Sal. 42:3: "Fueron mis lágrimas mi pan de día y de noche." *Mis gemidos corren como aguas.* Mis lamentos son semejantes al ruido de la corriente cuando murmura o los ímpetus del torrente crecido.

25. *Porque el temor que me espantaba.* Literalmente, "el temor que yo temía"; o "temía un temor," como dice al margen, Mientras estaba en prosperidad, pensaba que la adversidad podría sobrevenirme, y tenía un terror de ello. Tenía miedo de perder mi familia y mi propiedad y ambas cosas me han ocurrido.

26. *No he tenido paz.* Si las partes de este texto se leyeran interrogativamente darían un sentido más elástico y bueno: ¿No tenía paz? ¿No estaba seguro? ¿No estuve reposado? No obstante, me vino la angustia.

CAPITULO 4

Elifaz responde; acusa a Job de impaciencia y de desesperación en el tiempo de la adversidad (1-6); asevera que jamás ha perecido un inocente y que los malvados son afligidos por sus pecados (7-11); relata una visión que tuvo (12-16) y lo que le fue dicho en esa oportunidad (17-21).

1. *Entonces respondió Elifaz temanita.* Durante siete días esta persona y sus dos amigos observaron un profundo silencio estando aterrados y confundidos ante la vista de la aflicción sin precedente de Job. Ahora, habiendo contemplado suficientemente su estado angustioso y oído su amarga queja, olvidándose que había ido a consolarlo y no a reprocharlo, pierde su sentimiento de amigo en la arrogancia de censor, tratando de despojarle de su único consuelo al insinuarle que si sus caminos hubieran sido rectos, no habría sido abandonado a semejante desgracia y aflicción; y que si su corazón hubiera poseído la justicia de la cual se había jactado no habría sido derribado tan repentinamente por la adversidad.

2. *Si probáramos a hablarte.* Es como si hubiera dicho, si mis amigos y yo intentáramos razonar contigo aun con indulgencia, porque tendríamos muchas cosas que decir como represión, te sentirías herido y desmayarías; y esto lo deducimos razonablemente por la manera en que tomas tu presente aflicción. Sin embargo, como tú has hablado palabras injuriosas para tu Hacedor, ¿quién puede dejar de hablar? Es nuestro deber ponernos de parte de Dios aunque te causemos dolor a ti que eres nuestro amigo. Este fue un comienzo muy plausible y por cierto lejos de ser insincero.

5. *Mas ahora que el mal ha venido sobre ti.* Ahora que es tu turno en el sufrimiento y de dar el ejemplo de la eficacia de tus principios, en lugar de esto, ahora desmayas. Por lo tanto, o no tenías lo que pretendías o no estás haciendo el uso propio de los principios que recomendaste a otros.

6. *¿No es tu temor a Dios tu confianza?* Creo que Coverdale da con el verdadero significado: "¿Dónde están ahora tu temor de Dios, tu firmeza, tu paciencia y la perfección de tu vida?" Si éstas son genuinas, con toda seguridad que no hay razón para toda esta queja, disgusto y desesperación.

7. *Recapacita ahora.* Recuerda, si es que puedes, una sola ocasión en que Dios haya abandonado a un hombre inocente o le haya dejado perecer. ¿Has oído de algún caso en el que Dios haya dejado que un justo fuera a la destrucción? Si tú hubieras sido hombre correcto, inocente de todo pecado oculto, ¿te abandonaría Dios así, a la malicia de Satanás? ¿O habría permitido que todas las plagas de aflicción y adversidad vinieran en contra de ti?

8. *Los que aran iniquidad.* Forma proverbial de lenguaje tomado de la naturaleza. Cualquier semilla que el hombre ponga en la tierra, producirá su misma especie; porque cada simiente da como fruto su propia semejanza. Así tenemos Pr. 22:8: "El que sembrare iniquidad, iniquidad segará." Y Ga. 6:7-8: "No os engañéis; Dios no puede ser burlado: pues todo lo que el hombre sembrare, eso también segará. Porque el que siembra para su carne, de la carne segará corrupción; mas el que siembra para el Espíritu, del Espíritu segará vida eterna." La misma figura es empleada por el profeta Oseas 8:7 "Porque sembraron viento, y torbellino segarán"; y en su cap. 10:12-13: "Sembrad para vosotros en justicia, segad para vosotros en misericordia. Habéis arado impiedad y segasteis iniquidad." La última parte contiene no sólo la

misma imagen sino casi las mismas palabras usadas por Elifaz.

9. *Perecen por el aliento de Dios.* Como el abrasador y nocivo viento oriental agosta y destruye la vegetación, así perecerá el malvado bajo la indignación del Todopoderoso.

10. *Los rugidos del león.* El rugido del león, el fiero león, el viejo león, el intrépido león, los cachorros de léon, son aquí expresiones que implican toda clase de gobernantes tiranos. El objeto de Elifaz al usar estas figuras es demostrar que aun aquellos que poseen la mayor autoridad y poder como los reyes, gobernantes y príncipes de la tierra cuando llegan a ser malvados y opresores de sus súbditos, son derribados, quebrantados y destruidos por la justicia exasperada del Señor; y sus *leoncillos*, sus hijos y futuros sucesores serán dispersados sin posesiones sobre la faz de la tierra.

11. *El león viejo perece.* En este versículo y en el anterior, la palabra *león* o reemplazante ocurre cinco veces; y en el original las palabras son todas distintas.

12. *El asunto también me era a mí oculto.* Para impartirse mayor autoridad, pretende haber recibido una visión de Dios, por la cual le fue enseñado el secreto de la dispensación divina en la providencia y una confirmación de la doctrina que ahora estaba declarando a Job; la que él aplica en diferente manera de la que fue designada en la comunicación divina. *Mas mi oído ha percibido algo de ello.* El señor Good traduce: "Y con ello, mi oído ha recibido un susurro."

18. *He aquí en sus siervos no confía.* Generalmente se ha creído que este versículo hace referencia a la caída de los ángeles; porque hubo seres celestiales "que no guardaron su dignidad" y que "los ha guardado bajo oscuridad, en prisiones eternas, para el juicio del gran día," Judas 6. *Y notó necedad en sus ángeles.* No "acusa," como algunos citan este pasaje. El *notó* a aquellos que neciamente no conservaron su primer estado. No nota a aquellos que permanecen fieles, en la misma manera, por lo que podemos ver.

19. *¡Cuánto más!* Así dice también la Vulgata. Si los ángeles pueden ser inestables, "¿cómo puede el hombre que habita en tabernáculo terrenal y que pronto debe volver a la tierra, arrogarse la estabilidad?" *¡Y que serán quebrantados por la polilla!* A menudo lo destruye el más leve accidente. "Una mosca, una simiente de uva, o un cabello, pueden matar."

20. *De la mañana a la tarde son destruidos.* En casi cada momento hay un ser humano que viene a este mundo y otro que sale de él. Así son destruidos de la mañana a la noche. *Y se pierden para siempre.* Ellos "pasan"; desaparecen de la "vista"; vuelven al polvo y pronto son olvidados.

21. *Su hermosura, ¿no se pierde?* La belleza personal, la fuerza corporal, la elocuencia poderosa y las distintas prendas intelec-

tuales, se pasan, o son "arrancados de raíz"; jamás vuelven a ser vistos u oídos entre los hombres y su memoria pronto perece. *Y mueren sin haber adquirido sabiduría.* Si sabiduría significa la prosecución del mejor fin por el método más legítimo y apropiado, la gran masa de la humanidad perece sin haberla logrado. Pero si consideramos el asunto desde el punto de vista más cuidadoso, encontraremos que todos los hombres mueren en un estado de comparativa ignorancia. ¡Qué poco sabemos a pesar de nuestros alardeados arte y sabiduría!

CAPITULO 5

Elifaz prosigue demostrando que los malvados son siempre castigados por la justicia de Dios aunque parezcan florecer por un tiempo (1-8). Enaltece la providencia de Dios por la que son disipados los consejos de los malignos y el pobre alimentado y sostenido (9-16); muestra la bienaventuranza de ser corregidos por Dios en los frutos excelentes que produce; exhorta a Job a tener paciencia y sumisión con la promesa de prosperidad temporal y una muerte feliz después de una ancianidad madura y cómoda (17-27).

1. *Ahora, pues, da voces: ¿habrá quién?* Parece ser una fuerte ironía. ¿Puedes esperar socorro? De aquellos cuyos cimientos están en el polvo y que han sido quebrantados por la polilla *¿Y a cuál de los santos te volverás?* ¿A quién de entre aquellos santos (kedoshim) o entre aquellos que como tú dependen de Dios para sostenerse y no pueden hacer bien a menos que estén influidos y guiados por Dios, puedes dirigirte para obtener ayuda?

2. *Al necio lo mata la ira.* "Tonto," "imbécil," y "mentecato," son epítetos dados por Salomón a los pecadores y transgresores de todas clases. Tal paralelismo ha dado lugar a argumentos que mucho infieren de que Salomón fuera el autor de este libro. Las palabras de Elifaz pueden ser consideradas como especie de máxima que la sabiduría y la experiencia de las edades sirvieron para establecer: vgr., la ira de Dios es manifestada solamente contra los malvados e impíos; si tú no fueras uno de ellos, Dios no contendería contigo.

3. *Yo he visto al necio que echaba raíces.* He visto malvados que por un tiempo estaban en prosperidad y llegaron a establecerse en la tierra, pero yo sabía bien, que según cómo Dios trata a los hombres, ellos pronto serían marchitados. Aun me atreví a pronunciar su sentencia; porque sabía, que según la providencia de Dios, era inevitable.

4. *Sus hijos estarán lejos de la seguridad.* Su descendencia no seguirá en prosperidad. "Mal logrado, mal gastado"; lo que se ha alcanzado malamente debe tener la maldición de Dios. *En la puerta serán quebrantados.* Esta es una obvia referencia a una costumbre que a menudo hemos tenido oportunidad de observar: vgr., que en los países orientales, las cortes o tribunales de justicia se realizaban a la puerta de la ciudad; este era el lugar donde asistían los magistrados; y acá se presentaban para obtener justicia el demandante y el acusado.

5. *Su mies.* Sus posesiones, por haber sido adquiridas por medios ilícitos no estarán bajo la protección de la Providencia divina; Dios los abandonará para ser saqueados y destruidos por las hordas errantes medio hambrientas de los bandidos del desierto. *Y los sedientos beberán su hacienda.* En oposición a "hambrientos," o medio hambrientos, mencionado en la cláusula anterior. El que tiene hambre comerá su grano; el sediento su vino y aceite, lo cual se designa con la palabra "hacienda," por razones obvias.

6. *Porque la aflicción no sale del polvo.* Si no hubiera habido causa adecuada, no podrías estar sufriendo de manera tan tremenda. *Ni la molestia brota de la tierra.* No es de meras causas naturales que emergen la aflicción y las pruebas; la justicia de Dios las desata sobre el hombre ofensor.

7. *Así el hombre nace para la aflicción.* "Para la fatiga". Debe trabajar y tener cuidado; y si en el curso de su labor se encuentra con pruebas y dificultades debe levantarse sobre ellas y no hundirse como lo haces tú. *Como las chispas se levantan para volar por el aire.* "Y los hijos de las brasas levantan su vuelo," o "se precipitan hacia arriba," ¿Y quiénes son los hijos de las brasas? ¿No son hombres ardientes, intrépidos, valientes, que se levantan con superioridad sobre todas sus pruebas; combaten contra "la suerte" y los acontecimientos; no sucumben ante dificultad alguna y se elevan sobre el tiempo, la marea, el destino y la fortuna?

8. *Yo buscaría a Dios.* Si yo estuviera en tu lugar, en lugar de perder tiempo, irritando mi alma con quejas inútiles, apelaría a mi Hacedor y, si estuviera consciente de ser inocente, confiadamente le encomendaría mi causa.

9. *El cual hace cosas grandes.* No hay obra, por complicada que sea, que resulte demasiado profunda para que su designio la planee, ni tan estupenda que su poder no pueda ejecutarla. El que es justo siempre está seguro al llevar su causa a Dios y al confiar en El.

11. *Que pone a los humildes en altura.* El distribuye sus bendiciones providenciales tan imparcialmente que la tierra del pobre y la del rico están igualmente asoleadas y regadas; así los ha puesto en un mismo nivel con los señores de la tierra.

13. *Que prende a los sabios en la astucia de ellos.* El contrarresta sus pasos hasta hacer que sus pies caigan en sus mismas trampas y sus malos procedimientos caigan sobre sus propias cabezas.

14. *De día tropiezan con tinieblas.* Obran al mediodía como si el sol se hubiera puesto y sus ojos se hubieran cegado.

16. *Al menesteroso.* El que es "flaco," está gastado, extenuado. *Pues es su esperanza* ... ve lo que Dios está acostumbrado a hacer y espera una repetición de sus actos misericordiosos a su propio favor; y porque Dios trata de este modo con aquellos que confían en El, cierra la boca de la impiedad.

17. *He aquí, bienaventurado es el hombre.* Véase He. 12:5 y Stg. 1:2; Pr. 3:12.

18. *Porque él es quien hace la llaga, y él la vendará.* Así vigorosamente lo tradujo Coverdale: "Porque aunque él hace la llaga, proporciona la medicina; y aunque hiera, sus manos reharán."

19. *En seis tribulaciones te librará.* Los números seis y siete están aquí en lugar de la palabra "muchas".

21. *Del azote de la lengua serás encubierto.* Quizá no haya mal más terrible que *el azote de la lengua:* murmuración, detracción, difamación, calumnia, denigración, chismes, murmuración y falsa acusación son algunos de los términos que empleamos cuando tratamos de expresar la maligna influencia y efectos de ese miembro, que es un "mundo de fuego," encendido en lo más bajo del infierno. Las Escrituras abundan en invectivas y execraciones en contra de semejante maldad. Véase Sal. 31:20; 52:2-4; Pr. 12:18; 14:3; Stg. 3:5-8.

23. *Pues aun con las piedras del campo tendrás tu pacto.* Coverdale traduce el versículo de la siguiente manera: Los castillos de la tierra se confederarán contigo y las bestias del campo te proporcionarán paz.

24. *Sabrás.* Estarás tan satisfecho con la disposición amistosa de tus vecinos, que descansarás seguro en tu cama y no temerás ningún peligro, aunque duermas en "tu tienda" en el campo; y cuando retornes de las excursiones campestres, encontrarás que tu habitación ha sido preservada en paz y prosperidad y que "no te has equivocado" en tu expectación, en tu confianza o en tus aliados.

Una *tienda* es una morada movible formada por estacas, pernos, lona o cuero para ser colocada o armada en cualquier lugar en pocos momentos y desarmada con la misma facilidad. La palabra traducida por *moradas* se refiere a un lugar residencial sólido y permanente. En cuanto a "nada te faltará," no necesito agregar que los jefes árabes que tenían sus castillos o fortalezas, en sus excursiones, frecuentemente moraban en tiendas al aire libre. Y que en tales ocasiones, los vecinos hostiles aprovechaban su ausencia para atacar y saquear sus casas y llevarse las familias y los bienes.

26. *Vendrás en la vejez a la sepultura.* No morirás antes de tiempo; pero partirás de la vida como un huésped bien alimentado; feliz con lo que has conocido y con lo que te has

gozado. *Como la gavilla de trigo.* Pasarás completamente el círculo de primavera, verano, otoño e invierno de la vida y serás sepultado en la tierra como una semilla; ¡de la cual resurgirás a una eterna primavera!

27. *He aquí lo que hemos inquirido.* Lo que te he dicho, es la suma de nuestra sabiduría y experiencia en estos puntos importantes. Estas son máximas establecidas, apoyadas por la experiencia universal. *Conócelo...* entiende, y redúcelo a la práctica *para tu provecho.* Así termina Elifaz, el temanita, "lleno de sabias sentencias y de antiguos ejemplos"; pero los pervirtió miserablemente al aplicarlos al caso y carácter de Job. Sin embargo, contienen muchas verdades sanas de las que el sabio de corazón puede hacer un empleo muy útil y ventajoso.

CAPITULO 6

Job responde y se defiende; muestra que la causa de su queja es la gran aflicción que sufría, por lo cual la vida se le había hecho una carga pesada (1-13). Se queja de que al contrario del consuelo que esperaba de sus amigos, solamente ha recibido los más amargos reproches sobre la suposición de que debía ser un hombre malvado, pues de otro modo Dios no lo hubiera afligido angustiosamente (14-20). Les muestra que ellos nada sabían de su caso y que no le tenían compasión (21-23) y les suplica que, si pueden, le muestren en qué ha ofendido y que él está listo para reconocer y corregir cualquier transgresión (24-30).

2. *¡Oh, que pesasen justamente mi queja y mi tormento!* Job deseaba ser tratado de acuerdo a la justicia; porque él quería que sus pecados, si es que podían probársele fueran pesados contra sus sufrimientos; y si tal cosa no era posible, que sus sufrimientos y sus quejas fueran pesados juntos, y entonces se vería que, aunque las últimas habían sido muy amargas, todavía eran pequeñas al compararlas con los dolores que las ocasionaban.

3. *Pesarían más que la arena del mar.* Esto incluye dos ideas: que su número era demasiado grande para ser contado; o que su peso era excesivo para poder estimarse.

4. *Las saetas del Todopoderoso.* Aquí hay una evidente referencia a heridas infligidas por flechas envenenadas y a la ardiente fiebre ocasionada por ellas produciéndole una sed tan intensa y devoradora que reseca toda la humedad del sistema, detiene la producción salival, espesa e inflama la sangre, causa la pestilencia y termina en manía furiosa, produciendo los delirios más aterradores de los cuales el paciente sólo queda libre por la muerte.

5. *El asno montés.* Parece que Job quisiera expresar esto: Me condenáis por quejarme; ¿lo hago sin causa? El asno silvestre no gemiría y el buey no mugiría si no estuvieran en necesidad.

8. *¡Quién me diera!* Como Job no tenía esperanzas de ser librado de su estado irremediable, angustiosamente ruega a Dios que lo abrevie quitándole la vida.

9. *Que soltara su mano.* Una metáfora tomada de la figura de un arquero que estira bien el arco y luego deja ir la flecha para que pueda llegar a su blanco.

10. *Sería aún mi consuelo.* La expectativa de que rápidamente terminaría conmigo me haría regocijar intensamente. *Si me asaltase con dolor.* El saber que en breve tendría fin a mis miserias me haría soportar el presente con firmeza. *Sin dar más tregua . . .* que El escoja los medios, pues yo no voy a resistir sus designios: El es *santo* y sus decretos deben ser justos.

11. *¿Cuál es mi fuerza?* Nunca puedo suponer que mi fuerza me será restaurada; y, aunque tal cosa fuera posible, ¿tengo alguna perspectiva consoladora de que mi vida termine felizmente? Si yo tuviera alguna esperanza de felicidad futura, bien podría soportar mis presentes enfermedades; pero la condición de mi cuerpo y de mis circunstancias excluyen toda esperanza.

12. *¿Es mi fuerza la de las piedras?* Yo no soy de piedra ni mi carne de bronce para soportar todas estas calamidades. Este es un dicho proverbial que existe en todos los países.

13. *¿No es así que ni aun a mí mismo me puedo valer?* Mi ayuda está dentro de mí; pero ¡ay de mí! eso es perfecta debilidad: "y todo auxilio," todo lo que es real, estable y permanente, "me ha faltado". Mis amigos me han dejado, y estoy abandonado a mí mismo; mis bienes me han sido quitados y he quedado sin recursos. Yo no creo que Job haya dicho o haya pretendido decir como algunos intérpretes lo suponen, "la razón me ha sido completamente quitada". No hay ninguna señal en este capítulo de que él haya perdido el juicio o indicio de que su intelecto haya sido perjudicado.

14. *El atribulado es consolado por su compañero; aun aquel que abandona el temor del Omnipotente.* La Vulgata nos da un sentido mejor en la traducción: "El que retira la misericordia de su amigo ha abandonado el temor de Jehová."

15. *Me traicionaron como un torrente.* Probablemente aquí haya alusión a deslaves de aquella tierra que hacen aparición repentina y en la misma forma cesan; siendo producidos por las lluvias que se precipitan sobre las montañas durante la estación lluviosa, pronto son absorbidos por la sedienta arena sobre la cual corren. Al principio dan la impresión de ser un caudal permanente y la gente les nota con satisfacción y llenan sus tanques o lugares de reserva de agua; pero algunas veces son tan grandes y veloces que arrastran todo lo que está a su paso; y de repente cesan, y ni siquiera hay tiempo para llenar los depósitos. La llegada de los amigos de Job prometía mucha simpatía y consuelo; sus esperanzas fueron reanimadas; pero la conducta de ellos pronto lo convenció que eran médicos sin valor.

16. *Que están escondidas por la helada.* Representa las aguas que algunas veces se congelan repentinamente y su espuma toma la apariencia de la nieve: cuando llega el calor, se derriten rápidamente; y la evaporación producida por el calor es tan fuerte y la absorción tan poderosa de la arena hacen que el agua pronto desaparezca.

18. *Se apartan de la senda de su rumbo.* A veces abandonan sus antiguos canales, y haciéndose cada vez más pequeños se dividen en numerosas corrientes, *van menguando y se pierden* —al final se pierden completamente en la arena.

19. *Miraron los caminantes de Temán.* El pasaje representa las caravanas que llegan de Temán a esos lugares donde se sabía que las corrientes descendían de las montañas; donde los viajeros estaban llenos de esperanzas no sólo de saciar su sed sino de llenar sus botijas; pero al arribar al lugar encuentran que las aguas se han disipado y perdido totalmente: En vano *los caminantes de Sabá esperaron en ellas;* no reaparecieron: *pero fueron avergonzados por su esperanza* de encontrar refrigerio y descanso.

21. *Como ellas sois vosotros.* Es decir, como esos torrentes engañosos para las caravanas de Temán y Sabá. *Pues habéis visto el tormento.* Habéis visto cómo he sido precipitado de mi eminencia a necesidad y miseria, como la corriente que viene de la cima de la montaña, que después se divide, evapora y se pierde en el desierto. *Y teméis.* Estáis aterrados ante la calamidad que me ha sobrevenido; y en lugar de acercaros para consolarme, retrocedéis al ver mi apariencia.

22. *¿Os he dicho yo: traedme?* ¿Por qué os mantenéis apartados? ¿Os he pedido que me traigáis algún presente, o que supláis mis necesidades de vuestros depósitos?

23. *Libradme.* ¿Acaso os pedí que vinierais para vengarme de los destructores de mi propiedad, o para que rescatéis mis bienes de manos de mis enemigos?

24. *Enseñadme.* Mostradme dónde estoy equivocado. Traed argumentos adecuados y convencedme de mis errores: y encontraréis que recibiré alegremente vuestros consejos y abandonaré los yerros de los que me convenzáis.

25. *¡Cuán eficaces son las palabras rectas!* Un argumento bien construido que tiene como base la verdad, es irresistible. *Pero, ¿qué reprende la censura vuestra?* Vuestro razonamiento es defectuoso, porque vuestras premisas son falsas; y vuestras conclusiones no prueban nada, por causa de la falsedad de las premisas de donde provienen. La última cláusula, traducida literalmente diría: "¿Qué

reproche en una reprensión que viene de vosotros? "

26. *Pensáis censurar palabras.* ¿Hay algunas expresiones que en mi apresuramiento y bajo la presión de aflicciones sin precedente yo haya pronunciado y en las cuales me podéis tomar? No podréis encontrar fallas en mi conducta; ¿me haréis ofensor por una palabra? ¿Por qué procurar sacar ventaja sobre un hombre que se queja en la amargura de su corazón, desesperado de la vida y no esperando ya la felicidad?

27. *También os arrojáis sobre el huérfano.* Véis que soy un desamparado como el más miserable huérfano. ¿Hundiríais a uno de ellos? y *caváis un hoyo para vuestro amigo.* —¿Estáis en acecho y tratáis de enredarme en mis palabras?

28. *Si queréis, miradme.* Contempladme; considerad mis circunstancias; comparad mis palabras; y debéis convenceros de que he hablado solamente la verdad.

29. *Volved ahora.* Reconsiderad todo el asunto. No os ofendáis. *Considerar mi justicia en esto* —mi argumento es prueba suficiente de mi inocencia.

30. *¿Hay iniquidad en mi lengua?* ¿No soy un hombre honesto? y si en mi apresuramiento mi lengua hubiera pronunciado falsedad ¿acaso mi conciencia no lo discerniría? ¿Pensáis que un hombre tal como vuestro amigo defendería lo que sabe que está mal?

CAPITULO 7

Job continúa deplorando su estado impotente y afligido (1-6). Debate con Dios lo concerniente a sus aflicciones (7-12); describe el perturbado estado de su mente por sus visiones durante la noche; aborrece la vida (13-16): y, mostrando que es indigno de la consideración de Dios, ruega perdón y una prórroga (17-21).

1. *¿No es acaso brega la vida del hombre?* El hebreo traduce literalmente como sigue: ¿No es una lucha la del miserable hombre sobre la tierra? Coverdale: "¿No es la vida del hombre sobre la tierra una verdadera batalla?"

2. *Como el siervo suspira por la sombra.* Como el hombre que trabaja arduamente en el calor del día desea estar en la sombra o anhela la prolongada oscuridad del anochecer, para descansar de su labor, lograr el salario del día, retirarse a comer y luego irse a descansar.

3. *Así he recibido meses de calamidad.* Pero la noche no es un relevo para mí; sólo es la continuación de mi ansiedad y trabajo. Soy como el asalariado, tengo mi labor indicada para el día. Soy como el soldado acosado por el enemigo: estoy obligado a estar continuamente en guardia, siempre sobre la atalaya, casi sin descanso alguno.

4. *Cuando estoy acostado.* Tengo tan poco descanso que cuando me acuesto deseo que vuelva el día para poder levantarme. Nada puede describir mejor el estado de un hombre bajo aflicción continua, al cual no se le da una tregua, que decir que pasa sus días y noches en constante angustia, completamente impotente para quedar en cualquier postura, está cambiando continuamente su posición en la cama, no encontrando alivio en ninguna parte: así, como él mismo lo expresa, está *lleno de inquietudes.*

5. *Mi carne está vestida de gusanos.* Quizás esto no es una figura, sino literalmente verdad. *Costras de polvo.* Supongo que Job se refiera a las incrustaciones de pus seco que se forman en la superficie de las pústulas en estado de putrefacción; como las costras que caen de la viruela cuando el enfermo está convaleciendo.

9. *Como la nube se desvanece.* Como la nube se disipa, es el suspiro de los que descienden al sepulcro. Como esa nube nunca volverá, así sucederá con los muertos; no volverán a hacer su morada con los vivientes.

10. *No volverá más a su casa, ni su lugar le conocerá más.* No quiere decir que será aniquilado, pero que nunca volverá a ser un habitante de la tierra.

11. *Por tanto, no refrenaré.* Todo es irremediable; por lo tanto me permitiré quejarme.

12. *¿Soy yo el mar o un monstruo marino?* Job estaba circundado y encerrado por insuperables dificultades de diversas clases; estaba enmarañado en una red como una bestia salvaje; cuanto más luchaba, más y más iba perdiendo sus fuerzas y menos probabilidades tenía de desenredarse de su presente situación. El *mar* está encerrado con límites, sobre los cuales no puede pasar; Jer. 5:22; Sal. 104:9; cap. 38:8.

14. *Me asustas con sueños.* No hay duda que Satanás tenía permiso para rondar su imaginación con sueños terroríficos y apariciones espantosas; de modo que tan pronto como se dormía era despertado y alarmado repentinamente por aquellas aterradoras representaciones. Necesitaba del descanso del sueño, pero temía cerrar sus ojos por causa de las terribles imágenes que se presentaban a su imaginación. ¿Podría haber un estado más lastimoso que éste?

16. *Abomino mi vida; no he de vivir para siempre.* La vida, en estas circunstancias, me es odiosa; y aunque deseo tener una larga vida, si la prolongación de mis días me fuera ofrecida con los sufrimientos que ahora paso, declinaría la oferta y rechazaría la dádiva.

17. *¿Qué es el hombre para que lo engrandezcas, y para que pongas sobre él tu corazón?* Dos diferentes ideas han sido deducidas de estas palabras:

1. El hombre no merece tu consideración; de consiguiente, ¿por qué contiendes con él?

2. ¡Cuán asombrosa es tu bondad para que *pongas sobre él* tu corazón —tus mayores afectos sobre una criatura pobre, baja, vil e impotente como es el hombre *(enosh)* para que lo exaltes en mayor grado que todas tus criaturas y lo señales con la mayor dispensación de tu providencia y gracia!

Calmet nos ha dado la siguiente paráfrasis: ¿Qué es el hombre para que Dios se ocupe en examinarlo, probarlo y afligirlo? ¿No es acaso demasiado honor pensar tan seriamente acerca de él? ¡Oh, Señor, yo no soy digno de que Tú te preocupes por mí!

19. *¿Hasta que trague mi saliva?* Se trata de una expresión proverbial que existe entre los árabes hasta nuestros días, casi con el mismo lenguaje. Significa lo mismo que, *"Déjame respirar; dame un momento de tiempo; que sea dueño de un abrir y cerrar los ojos.* Me siento impulsado por mis sufrimientos a continuar mi queja; pero mis fuerzas están agotadas, *mi boca está seca* de hablar. Suspende mis sufrimientos aunque sea nada más el tiempo necesario para tragar mi saliva; para que mi lengua reseca pueda humedecerse para que yo pueda renovar mi queja.

20. *Si he pecado, ¿qué puedo hacerte a ti?* El doctor Kennicott sostiene que estas palabras fueron habladas a Elifaz y no a Dios y que podrían ser parafraseadas de la siguiente manera: "Dices que debo de haber sido un pecador. ¿Y entonces, qué? No he pecado contra ti, oh, espía de los hombres! ¿Por qué me pones por blanco de tus tiros? ¿Por qué he llegado a ser una carga para ti? ¿Por qué más bien no pasas por alto mis transgresiones y perdonas mi iniquidad? ¡Ahora me estoy hundiendo en el polvo! ¡Quizá mañana sea buscado en vano!" Otros consideran que el discurso está dirigido a Dios. Considerado bajo esta luz, el sentido es bastante claro. Los que sostienen esta última aseveración traducen el versículo 20 de la manera siguiente: "Sea que yo haya pecado ¿qué daño puedo hacerte a ti, oh observador de los hombres? ¿Por qué me has puesto por blanco y me has hecho una carga para ti?"

21. *¿Y por qué no . . . perdonas?* Estas palabras están habladas según el estilo de los hombres. Si tienes propósito alguno de salvarme, si yo he pecado, ¿por qué no perdonas mi transgresión ya que ves que soy un moribundo y mañana por la mañana es posible que me busques para hacerme algún bien, pero con toda probabilidad ya no estaré más y todos tus buenos propósitos para conmigo serán inútiles? Si yo he pecado ¿por qué no puedo tener una parte en esa misericordia que fluye tan libremente para todos los hombres?

CAPITULO 8

Bildad responde y reprende a Job por justificarse a sí mismo (1, 2). Muestra que Dios es justo y sólo castiga por la iniquidad y le indica que fue por causa de sus pecados que perdió a sus hijos (3, 4). Declara que si Job se humilla al Todopoderoso, y en efecto es inocente, su cautividad pronto se tornaría y su fin sería en prosperidad (5-7). Apela a los antiguos por la veracidad de lo que dice; toma ejemplos del mundo vegetal para mostrar cuán pronto el malvado será cortado y la esperanza del hipócrita perecerá (8-19). Asevera que Dios nunca ha desechado al hombre perfecto ni ayudado al malvado; y que si Job es inocente su fin será coronado con prosperidad (20-22).

1. *Bildad suhita.* Se supone que fue descendiente de Súa, uno de los hijos de Abraham, y de Cetura; que moraba en la Arabia desierta, llamada en las Escrituras "la tierra oriental". Véase Gn. 25:1-2, 6.

2. *¿Hasta cuándo hablarás tales cosas?* ¿Vas a seguir neciamente acusando a Dios? Tu tremenda aflicción es prueba de que estás bajo su ira; y ésta, manifestada de esta manera, confirma que es por tus pecados que te castiga. *¿Serán como viento impetuoso?* ¿Continuarás respirando una tempestad de palabras?

3. *¿Acaso torcerá Dios el derecho?* Dios te aflige; ¿puede hacerlo por nada? Porque El es justo, también su juicio lo es; y El no puede infligir castigo a menos que haya una causa.

4. *Si tus hijos pecaron contra él.* Sé que tus hijos han sido cortados por un juicio terrible. Pero, ¿no fue porque la transgresión llenó la medida de su iniquidad?

5. *Si buscaras a Dios.* Aunque Dios te ha castigado severamente y te ha quitado tus hijos por un terrible juicio, si ahora te humillas delante de él e imploras su misericordia, serás salvado. A ellos los cortó en sus pecados, pero, a ti, te ha preservado; esto es una prueba de que El espera extenderte su gracia.

6. *Si fueres limpio y recto.* En lo que concierne a tu culpabilidad, no hay duda alguna; porque si hubieras sido un hombre santo y estas calamidades te hubieran ocurrido por accidente o meramente por la malicia de tus enemigos, ¿no hace mucho que ya Dios habría manifestado su poder y justicia a tu favor, castigando a quienes te dañaron y restaurándote la abundancia? *La morada de tu justicia.* Fuertemente irónico. Si tu casa hubiera sido un templo de Dios en el que se hubiera practicado su culto y obedecido sus mandamientos ¿estaría ahora en este estado de ruina y desolación?

8. *Pregunta . . . a las generaciones pasadas.* "De la primera época"; la de los patriarcas.

9. *Pues nosotros somos de ayer, y nada sabemos.* El escritor de este libro probablemente tenía ante sus ojos aquellas palabras de David en su última oración. I Cr. 29:15: "Porque nosotros, extranjeros y advenedizos somos delante de ti, como todos nuestros padres; y nuestros días sobre la tierra, cual sombra que no dura."

10. *No te enseñarán ellos.* ¿No tratarás sus máximas con la mayor reverencia y res-

peto? *¿Y de su corazón sacarán palabras?* —lo que dicen es el fruto de una larga y cuidadosa experiencia.

11. *Crece el junco sin lodo.* La palabra *gome,* que traducimos *junco,* es, sin lugar a dudas, el papiro egipcio, sobre el que escribían los antiguos, y del cual deriva su nombre el actual papel. La Septuaginta interpreta *gome,* por "papiro," en la siguiente manera: "¿Puede el papiro florecer sin agua?" Esta traducción no deja dudas en cuanto al significado del original. Es muy probable que estaban escribiendo sobre la sustancia aquí mencionada mientras hacían esta traducción. *¿Crece el prado sin agua?* Parkhurst supone que la palabra *achu,* que en nuestra versión es *prado,* se refiere a la misma especie de caña que el señor Hasselquist encontró cerca del río Nilo.

12. *Aun en su verdor.* No sabemos bastante de la historia natural de esta planta para poder discernir la fuerza de esta alusión; pero nos damos cuenta que esta planta debe ser muy suculenta y que es de gran tamaño, aunque es de corta vida y se marchita con rapidez: cosa que suponemos ocurre en la época de sequía o cuando se retiran las aguas del Nilo. De cualquier modo, hay una máxima de los agricultores que dice así: "Pronto en sazón, pronto podrido."

13. *Tales son los caminos.* El papiro y la caña florecen mientras tienen abundancia de agua y de limo; pero tan pronto como se retira finaliza su prosperidad; así son el malvado y el profano; aunque al principio parezca poderosa, su opulencia es de corta duración. *Y la esperanza del hipócrita perecerá.* (V.M.) Un *hipócrita,* "un libertino," no tiene religión interior, porque su corazón no es recto para con Dios; solamente tiene esperanza y ésta muere al exhalar su espíritu. Este es el primer lugar donde ocurre la palabra *hipócrita* o el sustantivo *chaneph,* que más bien encierra la idea de corrupción y contaminación que de hipocresía. Un hipócrita es el que lleva sólo máscara de piedad, para servir a propósitos seculares; desea ser tomado por religioso aunque está consciente de que no tiene religión. Tal persona no puede tener esperanzas de nada bueno, porque sabe que no es sincero: pero la persona del texto tiene esperanza; por lo tanto, la palabra original no puede haber sido *hipócrita.* Pero todos los viles, corrompidos y libertinos tienen esperanza; esperan terminar sus iniquidades antes que sus vidas; y, al fin llegar al reino de los cielos. *Hipócrita* es una traducción muy impropia del hebreo.

14. *Su esperanza será cortada.* Tales personas, subyugadas por los fuertes vicios del pecado, esperan inútilmente hasta que el último hilo de la trama de la vida les es cortado; y entonces no encuentran más fuerza en su esperanza que la que hay en los hilos de la telaraña.

15. *Se apoyará él en su casa.* Alude a la araña. Cuando sospecha que su tela, aquí llamada *casa,* es frágil e insegura, se apoya en diferentes partes, recostándose sobre sus patas traseras y tira con sus garfios delanteros para ver si todo está seguro. Si encuentra que cualquier parte está perjudicada, inmediatamente agrega nuevo cordaje a ese lugar y lo asegura fuertemente a la pared. Cuando encuentra que todo está fuerte y seguro, se retira a un agujero en un rincón, suponiendo para sí que todo está en estado de completa seguridad; y, repentinamente la *escoba* barre con el arácnido, su casa y su confianza. El malvado, cuya esperanza está en las posesiones temporales, se fortalece y conserva su casa en reparación; apoyándose en sostenes terrenales; en un instante, como en el caso de la araña, su casa es arrasada por una ráfaga del juicio de Dios y probablemente él mismo queda sepultado debajo de sus ruinas.

16. *Está verde delante del sol.* Se trata de otra metáfora. Se representa al malvado como una planta frondosa, plantada en buen terreno, con todas las ventajas de una buena situación; bien expuesta al sol; sus raíces enmarañándose con las piedras como para darle al árbol mayor estabilidad; pero repentinamente viene un ventarrón y la planta comienza a morir.

18. *Si le arrancaren de su lugar.* ¿No es ésta una clara alusión al traspaso de su patrimonio? Dios se lo quita; llega a ser la propiedad de otro; y al volver a visitarlo, el lugar le dice: "Yo no te conozco, nunca te he visto."

19. *Ciertamente éste será el gozo de su camino.* Nuevamente una fuerte ironía. ¡Aquí está el resultado de todo su regocijo, de sus recreos, juegos y pasatiempos. *¡Y del polvo mismo nacerán otros!* Como en el caso precedente, cuando una planta o árbol se marchita o es cortado, otro puede ser colocado en el mismo lugar; del mismo modo, cuando un derrochador ha malgastado su propiedad, otro pasa a poseer su herencia.

20. *He aquí, Dios no aborrece al perfecto.* Esta es otra de las máximas de los antiguos que Bildad presenta: "Tan seguro, como que él castigará y desarraigará al impío es que él defenderá y salvará al justo."

21. *Aún llenará tu boca de risa.* Quizá sea bueno traducir con el señor Good: "¡Quizá todavía pueda llenar tu boca de risa!" Los dos versos pueden ser leídos como una oración; y probablemente fueron así expresados por Bildad, que habla con menos virulencia que su predecesor, aunque con igual obstinación con respecto a las grandes imputaciones. Es decir, si no fueras un pecador de magnitud, Dios no te hubiera infligido tales calamidades sin precedente.

CAPITULO 9

Job reconoce la justicia de Dios y la pecaminosidad de los hombres (1-3). Alaba su infinito poder manifestado en la tierra y en el cielo (4-10). Sostiene que Dios aflige al inocente tanto como al impío sin tener en cuenta sus obras: ha entregado la tierra en manos del malvado (11-24). Se queja de su infortunio y sostiene su inocencia (25-35).

2. *Ciertamente yo sé que es así.* Reconozco la verdad general de las máximas que habéis propuesto. Dios no castigará finalmente al justo ni el malvado por fin triunfará: y, aunque soy justo ante los hombres y sincero en mi piedad, sé, que comparado con la inmaculada santidad de Dios, toda mi justicia no es absolutamente nada.

3. *Si quisiere contender con él.* Dios es tan santo y su ley tan estricta, que si entrara a juicio con sus criaturas, la más recta de ellas no podría justificarse ante su vista. *Una cosa entre mil.* De mil ofensas de las que puede ser acusado no puede vindicarse ni en una. ¡Cuán poco de lo que él hace aun en el camino de la justicia, verdad y misericordia puede permanecer ante la vista escrutadora de un Dios justo y santo, cuando todos los móviles, sentimientos y objetos tengan que ser escudriñados! Sobre este principio, ante sus ojos, ningún ser viviente puede ser justificado. ¡Oh, cuán necesaria es para el hombre pecador, caído, débil, miserable, la doctrina de la justificación por la fe y la santificación por el Espíritu Santo, por la muerte propiciatoria y mediación de nuestro Señor Jesucristo!

4. *El es sabio de corazón, y poderoso en fuerzas.* Por su infinito conocimiento El escudriña y ve todas las cosas y por su poder infinito puede castigar todos los delitos. El que se rebela contra El va a ser destruido.

5. *El arranca los montes con su furor y no saben.* Parece referirse a los temblores de tierra. Por esas fuertes convulsiones, en un instante son removidos montes, valles, cerros y aun islas enteras; y probablemente se refieran a estas últimas circunstancias, las palabras: *y no saben quién los trastornó.*

6. *Hace temblar sus columnas.* También alude a un terremoto y a ese trémulo movimiento que algunas veces avisa de la aproximación de la catástrofe y del cual ha recibido su nombre esta violenta convulsión de la naturaleza.

7. *El manda al sol.* Lo oscurece con las nubes, con las tinieblas o los eclipses. *Y sella las estrellas.* Como el contenido de una carta metida en un sobre cerrado y sellado de modo que no puede leerse. Algunas veces los cielos se tornan tan negros como el ébano y en ese gran libro de Dios no pueden leerse estrellas, signos o caracteres.

8. *Anda sobre las olas del mar.* Es una imagen sumamente majestuosa. Dios no solamente anda sobre las aguas sino que cuando el mar se eleva en imponentes montañas El

se posa de onda en onda en su omnipotente y esencial majestad. David manifiesta un sentimiento similar, en el Sal. 29:10: "Jehová preside en el diluvio, y se sienta Jehová como rey para siempre." Pero ambos son excedidos en mucho por el salmista, Sal. 18:9-15, muy especialmente en las palabras del v. 10, "voló sobre las alas del viento".

9. *El hizo la Osa, el Orión y las Pléyades, y los lugares secretos del sur.* Las palabras originales están así vertidas por la Septuaginta: "Que hace las Pléyades, las Esperas, la Osa y el Orión y las cámaras del sur."

11. *He aquí que él pasará delante de mí, y yo no lo veré.* El es impenetrable en todas sus obras y en todos sus caminos; y debe de ser así si es Dios y tiene que obrar como Dios; porque su propia naturaleza y sus procedimientos están más allá del descubrimiento humano.

12. *He aquí, arrebatará.* Nunca da pero siempre está prestando: y mientras el don es útil o superado, permite que sea retenido; pero cuando es inútil o mal empleado, lo quita otra vez. *Quién le dirá: ¿Qué haces?* Literalmente: "¿Quién puede obligarlo a restituirlo?"

13. *Dios no volverá atrás su ira.* No vale la pena contender con Dios; no puede ser resistido con éxito; todos sus adversarios perecerán.

14. *¿Cuánto menos le responderé yo?* No puedo contender con mi Hacedor. El es el Dador de la Ley y del Juicio. ¿Cómo me levantaré en juicio delante de El?

15. *Aunque fuese yo justo.* Aunque fuese inocente de todos los crímenes, públicos o secretos, de los cuales me acusáis yo no me atrevería a presentarme ante su santidad inmaculada.

16. *Si yo le invocara y él me respondiese.* Estos sentimientos refutan suficientemente esa calumnia de sus amigos, quienes decían que era presuntuoso, que no tenía nociones de la majestad de Dios y que empleaba expresiones blasfemas contra su soberana autoridad.

17. *Porque me ha quebrantado con tempestad.* La Targum, la Siríaca y la Arábiga tienen este sentido: "El azota poderosamente aún cada cabello de mi cabeza y multiplica mis heridas sin causa." En otras palabras, no hay razón conocida para mí o para cualquier otro hombre por el cual yo deba ser afligido de esta manera durísima. Por lo tanto, es cruel e inconsecuente aseverar que yo sufro por mis pecados.

18. *No me ha concedido que tome aliento.* No tengo tregua en mis aflicciones. Sufro continuamente en mi cuerpo, y mi mente está incesantemente atormentada.

19. *Si habláremos de su potencia, por cierto es fuerte.* La sabiduría, el poder y la influencia humana nada importan delante de

El. *¿Quién me emplazará? ¿Quién sería testigo a mi favor?*, o, ¿quién se atrevería a responder por mí? En esta parte del discurso de Job, desde el v. 11 hasta el v. 24, todos los términos son forenses o jurídicos y están tomados de procesos legales y alegatos realizados en sus puertas o cortes de justicia.

20. *Si yo me justificare.* Dios debe tener alguna razón por su conducta para conmigo y por lo tanto no pretendo justificarme. Pretender hacerlo sería un insulto a su majestad y justicia. Aunque yo soy consciente de no haber cometido los delitos de los cuales me acusáis; y no sé por qué El contiende conmigo; con todo, debe de tener alguna razón que no ha querido explicar.

24. *La tierra es entregada en manos de los impíos.* ¿No es sumamente evidente que los peores hombres poseen la mayor parte de los bienes de este mundo y que los justos rara vez están gozando del poder o de la abundancia? Este era el caso en la época de Job y todavía lo sigue siendo. Por lo tanto, la prosperidad o la adversidad en esta vida no son señas ni de la aprobación ni de la desaprobación de Dios. *Y él cubre el rostro de sus jueces.* "El cubrirá los rostros de sus decisiones." A menudo las Escrituras presentan a Dios haciendo algo que solamente permite que sea hecho. De ese modo, permite que los ojos del juicio sean cegados; de aquí, las falsas decisiones. *¿Quién es? ¿Dónde está?* Si Dios no permite estas cosas, ¿quién es que las ordena?

25. *Más ligero que un correo.* "Que un corredor." El mensajero o correo de pies rápidos que lleva mensajes de un lugar a otro. *Huyeron.* El Caldeo dice: "Mis días son más ligeros que la sombra de un pájaro que vuela."

26. *Pasaron cual naves veloces.* "Barcos de deseo," o "Naves de Ebeh," dice nuestro margen; quizá más correctamente, "naves hinchadas," los barcos con las velas desplegadas por un viento vivaz, marea favorable y las mismas embarcaciones ligeramente cargadas.

27. *Olvidaré mi queja.* Olvidaré o "abandonaré" mi queja. *Dejaré mi triste semblante*, Vulgata: "Cambiaré mi rostro". —Me forzaré a sonreír y procuraré asumir la apariencia de bienestar.

29. *Yo soy impío.* Si yo soy un pecador como vosotros me suponéis, en vano me esforzaría para fingir gozo y cesar de quejarme por mis sufrimientos.

30. *Aunque me lave con aguas de nieve.* Suponiendo que tuviera una cualidad más detergente que el agua común; por cierto que los antiguos la preferían al agua común.

32. *Porque no es hombre como yo.* No puedo contender con El como con un prójimo en una corte de justicia.

33. *No hay entre nosotros árbitro.* Un "censor," "argumentador," o "árbitro," en nuestra ley, uno que media entre ambas partes. En lugar de *lo yesh*, "no hay," quince de los manuscritos de Kennicott y De Rossi, lo mismo que la Septuaginta, la Siríaca y la Arábiga, traducen *lu yesh;* "desearía que hubiera": o bien, " ¡Ojalá hubiera! "

34. *Quite de sobre mí su vara.* Como *shebet* significa no solamente vara sino también "cetro" o insignia de realeza, Job puede haberse referido aquí, a Dios sentado en su majestad en el trono de juicio y esta visión lo aterraba de tal modo que le impedía hablar.

35. *Porque en este estado no estoy en mí.* No me encuentro en condición tal como para contender con mi Juez.

CAPITULO 10

Job está cansado de la vida y alterca con Dios (1-6). Apela a Dios por su inocencia; y alega por la debilidad de su estructura y la forma de su disposición (7-13). Se queja de sus sufrimientos y ora por una tregua (14-20). Describe el estado de los muertos (21, 22).

2. *No me condenes.* No me acongojes en tu ira. *Hazme entender por qué contiendes.* Si estoy afligido por causa de mis pecados, muéstrame en qué consiste mi transgresión. Dios nunca atribula si no es por pecados del pasado, o por probar a sus seguidores; o por hacer una manifestación mayor de su gracia en su sostén y liberación.

3. *¿Te parece bien?* Con seguridad que no puede ser un placer para ti el angustiar a los hijos de los hombres como si despreciaras la obra de tus manos. *Y que favorezcas.* Por mis aflicciones, los acerbos juicios de los malvados aparecerán como que tienen tu confirmación: es decir, que Dios no considera a sus fervientes adoradores; y que no es de ningún beneficio vivir piadosamente.

4. *¿Tienes tú acaso ojos de carne?* ¿Juzgas como lo hace el *hombre?* Aclarado por la cláusula siguiente, *¿Ves tú como ve el hombre?*

5. *¿Son tus días como los días del hombre? Enosh*, "hombre desventurado, miserable". *O tus años como los tiempos humanos; gaber*, "el hombre fuerte". Tú no eres de vida corta como el hombre en su estado actual imperfecto; ni los largos años de la vida de los patriarcas pueden compararse con la tuya.

6. *Para que inquieras.* ¿Es propio de tu infinita dignidad preocuparte tanto por los asuntos y transgresiones de un despreciable mortal? Una palabra hablada en el corazón de la mayoría de los pecadores.

8. *Tus manos me hicieron.* Estás bien familiarizado con la naturaleza del hombre, porque Tú eres su autor. *Y me formaron.* Eres Tú quien ha refinado los materiales con los cuales he sido formado y los has modifi-

cado con esa excelente simetría y orden que hacen su presente estado; de modo tal que la armonía y unión de las diferentes partes *(yachad)*, su disposición y acabado *(sahib)* proclamen igualmente tu sabiduría, pericia, poder y bondad. *Y me deshaces.* "Y me tragas." Generalmente, los hombres se preocupan y estiman las obras en las que se han dado la mayor parte de su tiempo, capacidad y fatigas: pero, aunque Tú me has formado con tan increíble destreza y trabajo, ¡vas a destruirme!

17. *Renuevas contra mí tus pruebas.* Este lenguaje de Job, es casi en su totalidad de terminología forense y se refiere a las causas en los tribunales de justicia. Tú presentas testigos en continua sucesión para confundirme y convencerme. *Como tropas de relevo.* Estoy como estuviera atacado por sucesivas tropas; cuando una compañía se cansa, la otra le sucede en el ataque, de manera que me encuentro hostilizado por persistentes luchas.

CAPITULO 11

Zofar responde a Job y le reprende severamente por su esfuerzo en justificarse a sí mismo: lo acusa de iniquidad secreta y sostiene que Dios le inflige menos castigo que el que merece por su iniquidad (1-6). Muestra que el conocimiento y las perfecciones de Dios son inescrutables y que nadie puede resistir su poder (7-11). Lo amonesta contra la presunción mental y lo exhorta a arrepentirse sobre la base de que su aceptación por Dios aún es posible y que sus últimos días pueden ser felices y prósperos (12-20).

1. *Zofar naamatita.* Acerca de este hombre y sus amigos, véase el cap. 2:11. Es el más despiadado de los acusadores de Job y generalmente habla sin sentimiento o piedad. Excede a todo el resto en una piedad avinagrada. Este capítulo y el vigésimo encierran todo lo que dijo. Era demasiado avieso para hablar mucho en versos medidos.

2. *¿Las muchas palabras no han de tener respuesta?* Algunos traducen "Nada se adelanta con multiplicar palabras". *¿Y el hombre que habla mucho será justificado?* "Un hombre de labios," expresión aplicada a un gran hablador.

4. *Mi doctrina es pura.* "Mis suposiciones."

10. *Si él acometiere.* (V.M.) Quizá Zofar haga referencia al estado anterior de Job, sus pérdidas y aflicciones. Si El acometiere, como lo ha hecho, a tus hijos; *y aprisiona,* como lo ha hecho contigo mismo por esta enfermedad ulcerosa; *y llama a juicio* a bandas hostiles para que invadan tus tierras y lleven tus bienes, ¿quién puede impedirle?

11. *Porque él conoce a los hombres vanos.* "Hombres de falsedad."

12. *El hombre vano será entendido.* El original es difícil e incierto. *Aunque haya*

nacido el hombre como pollino de asna montés. (V.M.) El hombre está lleno de engreimiento y se imagina a sí mismo nacido para actuar como le plazca, para vagar como le venga en gana, sin control y sin tener que rendir cuentas a nadie por sus acciones.

17. *La vida te será más clara que el mediodía.* El resto de tu vida será de prosperidad sin nubes.

CAPITULO 12

Job reprueba la jactancia de sus amigos y les muestra su dureza para con él (1-5); les asevera que aun las tiendas de ladrones prosperan; y que, sin embargo, Dios es quien rige al mundo; una verdad que es proclamada por todas partes de la creación sea entre los animados como entre los inanimados y las revoluciones que ocurren en los países (6-25).

2. *Ciertamente vosotros sois el pueblo.* Sin duda sois los hombres más sabios del mundo; toda la sabiduría se ha concentrado en vosotros; y cuando muráis ¡no se hallará más en la faz de la tierra! Esta es una tremenda ironía.

3. *No soy yo menos que vosotros.* No soy inferior a ninguno de vosotros en entendimiento, sabiduría, ilustración y experiencia. *¿Y quién habrá que no pueda decir otro tanto?* Toda la sabiduría de la cual os habéis jactado consiste solamente en una serie de proverbios que están en las bocas de todas las personas y no son prueba de que quienes los emplean sean sabios y gente de experiencia.

16. *Con él está el poder y la sabiduría.* "Fuerza y suficiencia." Fortaleza y poder brotando de una fuente de potencia infinita e inagotable.

25. *Van a tientas como en tinieblas.* Parece que el escritor hubiera tenido sus ojos en aquellas palabras de Moisés, Dt. 28:28-29: "Jehová te herirá con locura, ceguera y turbación de espíritu; y palparás al mediodía como palpa el ciego en la oscuridad."

CAPITULO 13

Job se defiende contra las acusaciones de sus amigos y los acusa de esforzarse en pervertir la verdad (1-8). Los amenaza con los juicios de Dios (9-12). Suplica por una tregua y expresa una gran confianza en Dios (13-19). Alega con Dios y deplora sus tremendas pruebas y sufrimientos (20-28).

3. *Mas yo hablaría con el Todopoderoso.* "¡Oh que: ... Desearía poder hablar con el Omnipotente!" *Y querría razonar con Dios.* Habla aquí refiriéndose a los procedimientos de los tribunales de justicia. Pretendéis defender la causa de Dios y sois forjadores de mentiras: ¡Ojalá Dios mismo aparecie-

ra! Ante El, podría probar la inocencia del mal del cual ahora me acusáis.

4. *Fraguadores de mentira.* Forjáis argumentos falsos: razonáis sofísticamente y pervertís el derecho y la justicia para sostener vuestra causa.

6. *Oíd ahora mi razonamiento.* Los discursos de este libro han sido concebidos como para ser presentados ante los tribunales con abogados acusadores y defensores. Por ende, la mayor parte de la terminología es forense.

12. *Vuestras máximas son refranes de ceniza.* Vuestros dichos memorables son proverbios de polvo.

14. *¿Por qué quitaré yo mi carne con mis dientes?* Se trata de una expresión proverbial. Arriesgo todo por la justicia de mi causa. "He arriesgado mi vida," I S. 28:21.

15. *Aunque él me matare.* Sólo dependo de Dios; únicamente confío en El. Aunque destruyera mi vida por esta aflicción, esperaré que cuando me haya probado seré como el oro. En el común texto hebreo encontramos *lo ayachel,* "Yo no esperaré"; pero la Vulgata, la Siríaca, Arábiga y Caldea, tienen como lectura "a El," en lugar de "no". Nuestros traductores han seguido la mejor lectura.

22. *Llama luego.* Comienza tú a clamar; y yo responderé por mí mismo; o, primero declararé y defenderé mi propia causa y luego *respóndeme* tú.

23. *¿Cuántas iniquidades y pecados tengo yo?* ¿Cuáles son los cargos específicos en esta acusación? Decir que debo de haber sido un pecador para ser afligido de esta manera, no es decir nada; dime cuáles son mis pecados y dame las pruebas.

24. *¿Por qué escondes tu rostro?* ¿Por qué causa yo no gozo ya de tu aprobación? *¿Y me cuentas por tu enemigo?* ¿Me tratas como si fuese el más vil de los pecadores?

27. *Pones además mis pies en el cepo.* "En una traba," tal como se ataban los pies de los esclavos para evitar que huyeran.

4. *¿Quién hará limpio?* El texto se refiere a la naturaleza corrompida del hombre original.

5. *Ciertamente sus días están determinados.* El término general de la vida humana está establecido por el mismo Dios; en vano son todos los atentados de prolongarla. En todas las naciones se han realizado experimentos para encontrar un elixir que elimine todos los gérmenes de enfermedad y conserve al hombre en perfecta salud; pero todos han fracasado.

13. *¡Oh, quién me diera que me escondieses en el Seol!* Espantosa como es la muerte para otros, yo la consideraré un gran privilegio; para mí será una guarida que me cubra del viento y de la tempestad de esta aflicción y miseria. Que me encubrieses. Esconde mi alma contigo mismo, donde mis enemigos no puedan invadir mi reposo.

14. *Si el hombre muriere, ¿volverá a vivir?* La Septuaginta: "Si un hombre muere, ¿vivirá, habiendo cumplido los días de su vida? Yo aguantaré hasta vivir otra vez." No hay duda que aquí hay una fortísima convicción sobre la seguridad de la resurrección general. *Todos los días de mi edad.* "De mi milicia." *Esperaré hasta que* "venga mi renovación". Esta expresión está empleada para denotar la renovación del brote de la hierba, Sal. 90:5-6, una vez que se ha marchitado, lo cual es en sí mismo, un emblema muy expresivo de la resurrección.

15. *Tendrás afecto.* "Anhelarás con deseo," o "Desearás vivamente la obra de tus manos".

16. *Pero ahora me cuentas los pasos.* "Aunque tú."

17. *Tienes sellada en saco mi prevaricación.* Una alusión a la costumbre de compilar evidencias de transgresiones de estado, sellándolas en una talega para presentarla a los jueces.

20. *Demudarás su rostro.* Probablemente se trate de una alusión a la costumbre de cubrir el rostro de la persona condenada enviándola a la ejecución. Véase el caso de Amán, Est. cap. 7:8.

CAPITULO 14

La brevedad, miseria y pecaminosidad de la vida del hombre (1-4), la ineludible necesidad de la muerte y la esperanza de una resurrección general (5-15). Job lamenta su propia condición y la desventura de la vida del hombre (16-22).

1. *El hombre nacido de mujer.* En el original hay una delicadeza no observada a menudo: *Adam yelud ishah,* "Adán nacido de mujer, corto de días y lleno de temblor".

3. *¿Sobre éste abres tus ojos?* La totalidad de este capítulo está dirigida a Dios solamente; en ninguna de sus partes tiene noción de la presencia de sus amigos.

CAPITULO 15

Elifaz acusa a Job de impiedad por esforzarse en justificarse a sí mismo (1-13). Sostiene el estado abominable y de completa corrupción del hombre (14-16). Y, por su propio conocimiento y observaciones de los antiguos, muestra que los malvados están expuestos a desolación e insinúa que Job tiene por qué temer tales calamidades (17-35).

2. *Proferirá el sabio vana sabiduría.* O mejor dicho, "¿debe el sabio manifestar la ciencia del viento?" Una ciencia sin solidez o certidumbre. *¿Y llenará su vientre de viento solano?* *Beten* traducida por *vientre,* se utiliza para indicar cualquier parte del cuerpo humano; pero es evidente que aquí se refiere a los pulmones y podría también incluir las mejillas. El viento solano es muy tormentoso en el Levante o sea en la parte oriental del Mar Mediterráneo. Por estas palabras, Elifaz parece insinuar que el lenguaje de Job era una perfecta tormenta o tempestad de palabras.

4. *Tú también disipas el temor.* No tienes reverencia hacia Dios. *Y menoscabas la oración.* En lugar de humillarte, y suplicar a tu Juez, pasas el tiempo en denunciar su providencia y en justificarte a ti mismo.

7. *¿Naciste tú primero que Adán?* Traducción literal. ¿Estás en el estado prístino de pureza y de inocencia?

8. *¿Oíste tú el secreto de Dios?* "¿Has escuchado en el concilio de Dios?"

16. *¿Cuánto menos el hombre abominable y vil?* Como en el verso anterior dice "en sus santos no confía," ha parecido tanto a los traductores como a los comentaristas que la palabra original tendría que traducirse "cuánto menos," y no "cuánto más": ¿Cuánto menos pondría El su confianza en el hombre que es vil y abominable en su naturaleza y disipado en sus prácticas pues *él bebe la iniquidad como agua?* El hombre que está bajo el poder de las tendencias pecaminosas comete pecado con tanta vehemencia como el hombre o el camello sedientos tragan el agua. No pueden pensar que ya han bebido bastante.

17. *Escúchame, yo te mostraré y te contaré lo que he visto.* Elifaz está ahora a punto de recitar toda una serie de dichos sabios de los antiguos; todos, bastante buenos en sí mismos; pero, pecaminosamente mal aplicados en el caso de Job.

19. *A quienes únicamente fue dada la tierra.* Con toda probabilidad se refiere a los israelitas que tomaron posesión de la Tierra Prometida de la mano de Dios mismo; a ningún *extraño* se le permitió morar en ella, pues todos debían ser exterminados.

20. *El impío es atormentado de dolor.* Esta es una verdad sumamente potente: una vida de pecado es una vida de miseria; y el que quiere pecar, debe sufrir. El sentido del original es: "se atormenta a sí mismo"; es un verdadero atormentador de sí mismo; y sólo él es el causante de sus propios sufrimientos y de su propia ruina.

22. *El no cree que volverá de las tinieblas.* Si da unos pocos pasos en las tinieblas, espera la daga del asesino.

26. *Corrió contra él.* Calmet ha observado acertadamente que estas palabras se refieren a Dios, quien, como poderoso héroe vencedor, marcha contra el impío, lo sorprende y se apodera de él.

27. *Porque la gordura cubrió su rostro.* Una expresión proverbial que significa: Su ambición no tiene límites.

29. *No prosperará.* La totalidad de lo que sigue hasta el fin del capítulo parece estar dirigido directamente contra Job a quien Elifaz acusa indirectamente de haber sido tirano y opresor.

32. *Será cortado antes de su tiempo.* Creo que la Vulgata le da el verdadero sentido: "Perecerá antes de tiempo; antes que sus días se hayan completado."

34. *La congregación de los impíos.* Job está aquí clasificado entre los impíos de todas clases. La *congregación* o "sociedad" de los tales, será *asolada*, o como "una roca desnuda". Para el significado de la expresión árabe, v.l.e.s. cap. 3:7. *Y fuego consumirá las tiendas de soborno.* Otra insinuación contra Job, de que ha pervertido la justicia y el juicio, y ha recibido cohecho.

CAPITULO 16

Job contesta a Elifaz, y por él, a todos sus amigos, quienes, en lugar de consolarle, se han sumado a sus infortunios: y les demuestra que, si ellos hubieran estado en las circunstancias de él, los habría tratado de distinta manera (1-5). Entra en un conmovedor detalle de sus sufrimientos (6-16). Se consuela a sí mismo con la seguridad de su propia inocencia, de la cual toma a Dios por testigo y pacientemente espera la terminación de todos sus sufrimientos por la muerte (17-22).

3. *Palabras vacías.* Literalmente, "Palabras de aire".

7. *Pero ahora tú me has fatigado.* La Vulgata traduce así: "Pero ahora, mi dolor me oprime; y mis articulaciones son reducidas a la nada."

9. *Su furor me despedazó.* El (Satanás) *crujió sus dientes sobre mí; mi enemigo aguzó sus ojos contra mí.*

10. *Ellos* (los demonios) *abrieron contra mí su boca; contra mí se juntaron todos.*

11. *Me ha entregado Dios al mentiroso* (al maligno) *y. en las manos de los impíos me hizo caer.*

15. *Puso mi cuerno en el polvo.* El *cuerno* era un emblema de poder.

18. *¡Oh tierra! No cubras mi sangre.* Evidentemente es una alusión al asesinato de Abel. Aquí, Job pide justicia contra sus perseguidores.

CAPITULO 17

Job se queja de la injusticia de sus amigos y compara su presente estado de necesidad y dolor con su anterior situación de honra y bienestar (1-6). Dios lo tratará de tal modo que dejará atónitos aun a los justos; los justos, sin embargo, los justos no desmayarán, sino que mantendrán su camino (7-9). Declara que no hay sabio entre sus amigos y que él no tiene esperanzas sino en una muerte rápida (10-16).

1. *Mi aliento se agota.* Más bien, "Mi espíritu está oprimido".

3. *Dame fianza.* Depositad una promesa; exponed vuestra conducta contra la mía y vuestra vida y alma en el evento; que la causa sea presentada ante Dios; que El la juzgue, y mirad si alguno de vosotros será justificado por El, mientras yo soy condenado.

4. *Porque a éstos has escondido de su corazón.* Este discurso está dirigido a Dios; y aquí El está representado como si hiciera lo que en el curso de su providencia, solamente permite que se haga. *Por tanto, no los exaltarás.* Esto fue cumplido exactamente: ninguno de los amigos de Job fue honrado; por el contrario, Dios los condenó a todos ellos; y no fueron recibidos al favor divino hasta que Job presentó sacrificios e hizo intercesión por ellos.

5. *Al que denuncia a sus amigos.* El hombre que espera mucho de sus amigos quedará desilusionado: mientras dependa de ellos los ojos de sus hijos desfallecerán buscando el pan.

6. *El me ha puesto por refrán.* Mis aflicciones y calamidades han llegado a ser tema de conversación general, de modo que mi pobreza y aflicción son proverbiales. "Tan pobre como Job," "tan afligido como Job," son proverbios que han llegado hasta nuestra época y que todavía continúan en uso. *Delante de ellos he sido como tamboril.* "Seré como un horno, o fuego consumidor (Tofet) delante de ellos." Van a tener poca razón para burlarse de mí; cuando vean el fin de la providencia de Dios conmigo; con mi ejemplo, seré como fuego consumidor para ellos y mis falsos amigos serán confundidos.

7. *Mis ojos se oscurecieron.* El llanto continuo perjudica los ojos; y cualquier tipo de enfermedad que debilita el cuerpo, en la misma proporción disminuye la visión.

9. *Proseguirá el justo su camino.* No habrá duda en lo concerniente a las dispensaciones de la divina Providencia. Mi caso ilustrará toda manifestación aparentemente intrincada del gobierno de Dios. *Aumentará la fuerza.* Por lo que me sucedió a mí, cobrará valor, se establecerá más en el Señor y así ganará en fortaleza con cada ráfaga de adversidad. Precisamente éste es un gran servicio que presta el libro de Job. Arroja mucha luz sobre manifestaciones en apariencia parciales de la divina Providencia: y ha sido siempre el gran *libro de texto* de los hombres piadosos en los momentos de persecución y aflicciones.

12. *Pusieron la noche por día.* Estos propósitos y pensamientos son tan tenebrosos que cambian el día en noche. *Y la luz se acorta delante de las tinieblas.* "La luz está cerca del rostro de las tinieblas."

CAPITULO 18

Bildad, en un discurso de acusación apasionada, acusa a Job de impaciencia e impiedad (1-4). Muestra

el pavoroso fin de los malvados y su posteridad; y, aparentemente aplica todo ello a Job, a quien amenaza con el destino más ruinoso (5-21).

2. *¿Cuándo pondréis fin?* Es difícil acertar a quién va dirigido este discurso: siendo en plural, es difícil pensar que sea para Job solamente. Probablemente implique a todos los allí presentes; como si hubiera dicho: Es inútil hablar con este hombre y seguirlo a través de todos sus subterfugios: tened esto en cuenta y, entonces digamos completamente lo que pensamos sin prestar atención a su propia justificación. Debe creerse que este es el plan que siguió Bildad, quien liberalmente descarga su ánimo que estaba lleno del espíritu de rencor y ultraje.

3. *Tenidos por bestias.* Nos tratas como si careciéramos de razón o entendimiento.

5. *La luz de los impíos será apagada.* Algunos piensan que sería mejor traducir el original. "¡Que se extinga la luz del impío!" Tú eres un hombre malo. Has pervertido el entendimiento que Dios te ha dado. Que esa inteligencia, ese don mal empleado, te sea quitado. Desde este versículo al final, todo es una continua invectiva contra Job.

6. *La luz se oscurecerá en su tienda.* Su propiedad será destruida, su casa saqueada, y él y su familia tendrán un fin prematuro. *Y se apagará sobre él su lámpara.* No tendrá posteridad.

18. *De la luz será lanzado a las tinieblas.* Será quitado por muerte violenta. *Y echado fuera del mundo.* El malvado es expulsado en su iniquidad. Esto demuestra que se resiste a salir de este mundo.

CAPITULO 19

Job se queja de la crueldad de sus amigos (1-5). Lamento patético de sus sufrimientos (6-12). Se queja por el olvido de sus familiares, amigos, parientes y aun de su esposa (13-19). Detalla emotivamente sus sufrimientos, pide compasión a sus amigos y desea encarecidamente que sus palabras sean recordadas (20-24). Expresa su esperanza en la futura resurrección (25-27). Y les advierte a sus perseguidores que desistan, para no caer en el juicio de Dios (28, 29).

3. *Diez veces.* No debe tenerse en cuenta la exactitud numérica; *diez veces,* puede estar en lugar de muchas veces, como ya hemos visto. Véase con particularidad, Gn. 31:7. *No os avergonzáis de injuriarme.* Cuando yo gozaba de influencia y prosperidad, erais mis amigos íntimos y parecíais regocijaros con mi felicidad; pero ahora, apenas me conocéis o pretendéis considerarme como un malvado porque me encuentro en el infortunio.

11. *Me contó para sí entre sus enemigos.* Desde el versículo siete al trece, parece hacer alusión a una arremetida de enemigos, batallas, sitios, etc.

14. *Mis parientes se detuvieron.* Literalmente, dice "se marcharon": todos se fueron de mi casa cuando parecía no haber más esperanzas de beneficios.

19. *Mis íntimos amigos.* Los que eran mis mayores confidentes.

20. *Mi piel y mi carne se pegaron a mis huesos.* Mi carne está enteramente consumida y sólo la piel y los huesos me han quedado. *Y he escapado sólo con la piel de mis dientes.* Parece haber sido una expresión proverbial, significando una gran dificultad. He tenido un escape de la muerte tan estrecho como el esmalte de los dientes. Estuve a un pelo de la destrucción.

21. *Tened compasión de mí.* Esta repetición indica un énfasis muy acentuado de la profundidad de su dolor y de que su espíritu estaba agotado por la duración de la severidad de su sufrimiento.

23. *¡Quién diese ahora que mis palabras fuesen escritas!* Job hace alusión a tres clases de escritura practicadas en su época: (1) Escribir en un libro. (2) Grabar con un punzón de hierro, en láminas de plomo. (3) Esculpir sobre grandes piedras o rocas, muchas de las cuales aún se encuentran en distintas partes de Arabia.

25. *Yo sé que mi Redentor vive.* Quiero poner ahora el fundamento de un principio sin el cual ninguna clase de interpretación de este pasaje puede tener ningún valor. He aquí el principio: En este momento, Job estaba bajo la inspiración especial del Espíritu Santo y hablaba proféticamente. Llego a esta conclusión, que la profecía en cuestión no estaba dirigida a señalar el futuro de la prosperidad de Job, sino más bien el futuro de la redención de la humanidad por Jesucristo y la resurrección general de la raza humana.

Yo sé, yadati. Tengo la firme y plena persuasión, *que mi Redentor, goali,* mi "pariente cercano," el que, entre los antiguos hebreos redimía la herencia confiscada que pertenecía a la familia. (Lv. 25:25; Nm. 35:12; Rt. 3:13), pero aquí debe referirse a Cristo, quien verdaderamente tiene el derecho de redención, siendo de la misma sangre, nacido de mujer, carne de la carne y hueso de nuestros huesos. *Vive, chai,* es el Dios viviente, quien tiene las llaves del infierno y de la muerte: el Creador y Señor de los espíritus de toda carne, el principio y sostén de toda vida.

Y al fin se levantará sobre el polvo. Al fin, cuando Dios venga a juzgar. *Se levantará.* "Subirá" o "se pondrá de pie," es decir, para dictar la sentencia en el juicio: o El mismo se levantará del polvo, como algunos han entendido el pasaje al hacer referencia a la resurrección de Cristo de entre los muertos. *Sobre el polvo, al aphar,* "sobre los muertos," o aquellos que han sido reducidos al polvo. Este es el significado de *aphar* en el Sal. 30:9 "¿Qué provecho hay en mi muerte cuando descienda a la sepultura? ¿Te alabará el polvo?" (es decir, los muertos).

26. *Y después de deshecha esta mi piel.* Que es casi todo lo que queda de mi antigua persona, excepto los huesos; véase el v. 20. *Deshecha esta... no el cuerpo. Ellos...* las enfermedades y aflicciones destruyen esta desventurada composición de miseria y corrupción. *En mi carne he de ver a Dios.* Ciertamente, me levantaré de entre los muertos, teniendo un cuerpo renovado y lo veré con ojos de carne y sangre, aunque lo que tengo ahora está casi convertido en polvo; o, yo lo veré en la carne; mi Pariente que participará de mi carne y sangre para poder rescatar la heredad perdida.

27. *Al cual veré por mí mismo.* Tengo un interés personal en la resurreccion, como lo tendré en mi Redentor. *Y mis ojos lo verán.* La misma persona que será la resurrección como también es la vida... *Y no otro.* Y no "un extraño" alguien que no tiene relación con la naturaleza humana; pero *goali,* es mi Pariente redentor. *Aunque mi corazón desfallece dentro de mí.* Aunque aparentemente estoy ahora al borde de la muerte, habiendo llegado el hilo de la vida a extrema delgadez.

28. *Mas debierais decir.* O, "Entonces diréis": ¿*Por qué le perseguimos?* O bien, como dice el señor Good, ¡Cómo le perseguimos! ¡Ay de mí! no estamos convencidos de que hicimos mal. *Ya que la raíz del asunto se halla en mí.* En lugar de *bi* "en mí," *bo,* "en El." es lo que leemos en más de cien de los manuscritos de Kennicott y De Rossi y en varias otras versiones. "Ya que la raíz del asunto se halla en El,"

CAPITULO 20

Zofar responde a Job y detalla ampliamente la desventura de los malvados e hipócritas; demuestra que el regocijo de los tales es breve y transitorio (1-9). Que él está castigado en su familia y en su persona (10-14). Que será despojado de sus riquezas malhabidas y que estará en la miseria aunque resida en medio de la opulencia (15-23). Por fin morirá de muerte violenta y su familia y propiedad, por último, serán destruidas (24-29).

2. *Por cierto mis pensamientos.* Ya se ha observado que Zofar es el más confirmado de los *enemigos* de Job, pues realmente debemos dejar de llamarlos amigos. No pone límite a sus invectivas y viola todas las reglas de la caridad. Un hombre de espíritu tan amargado, en general, debe de haber sido muy infeliz. Según su insinuación, para él Job es el resumen de todo lo bajo, vil e hipócrita. *Por tanto me apresuro.* "Hay sensibilidad en mí y mis sentimientos me hacen replicar."

3. *La reprensión de mi censura he oído.* Zofar asume su antiguo fundamento y no se retracta en absoluto de lo que ha dicho. Como muchos otros de su carácter en la

actualidad, estaba determinado a creer que su juicio era infalible y que no podía estar equivocado.

4. *¿No sabes esto, que así fue siempre?* Esto es una máxima tan antigua como el mundo; comienza con el primer hombre: el malvado sólo triunfará por un breve tiempo; Dios destruirá al que obra con soberbia.

6. *Aunque subiere su altivez hasta el cielo.* Probablemente se refiera al estado original de Adán de cuya caída parece haber hablado, v. 4. Fue creado a la imagen de Dios, pero, por su pecado contra su Hacedor, cayó en desgracia, miseria, muerte y destrucción.

10. *Sus hijos solicitarán el favor de los pobres.* Serán reducidos a un grado tan bajo de pobreza y necesidad que se verán obligados a ser sirvientes de los pobres.

15. *Pero las vomitará.* También esto es una alusión al efecto de los venenos más comunes. Producen náuseas; y a menudo vómitos penosísimos; la naturaleza lucha por arrojar lo que sabe, que si es retenido, será su perdición.

16. *Veneno de áspides chupará.* Ese delicioso bocado, ese tranquilo secreto pecado que te tienta, tan apetitoso y tan deleitante actuará sobre tu vida y tu alma como el veneno de áspid lo haría en la vida de tu cuerpo.

19. *Por cuanto quebrantó y desamparó a los pobres.* Literalmente, *El rompió en pedazos a los olvidados de los pobres.*

20. *Por tanto, no tendrá sosiego en su vientre.* Parece que el sentido fuera, "Nunca quedará satisfecho, tendrá un deseo sin fin por las cosas seculares y nunca podrá obtener lo que codicia".

22. *En el colmo de su abundancia padecerá estrechez.* Es un hermoso refrán. Literalmente es la verdad sobre cada hombre malvado, grande, rico.

23. *Cuando se pusiere a llenar su vientre.* Aquí parece que hubiera una referencia directa a los deseos desordenados de los hijos de Israel en el desierto. Dios hizo llover codornices sobre ellos y con ellas también descendió su ira mientras la carne estaba aún en sus dientes.

24. *Huirá de las armas de hierro.* O bien, "Aunque huya de la armadura de hierro, el arco de bronce lo traspasará".

26. *Fuego no atizado los consumirá.* Como Zofar está demostrando aquí que el impío no puede escapar de los juicios divinos, señala los diferentes instrumentos que Dios utiliza para su destrucción. La "ira" de Dios . . . cualquier azote secreto o sobrenatural. "Armas de hierro." . . . la lanza o algo semejante. El "arco" y su veloz flecha. "Tinieblas" . . . profundo horror y perplejidad. "Un fuego no soplado" . . . un fuego sobrenatural, rayo: tal como el fuego que cayó sobre Coré y su compañía a cuyo exterminio

probablemente aquí se haga una alusión: de aquí las palabras: "Mal le irá con aquel que ha quedado en su tabernáculo."

27. *Los cielos descubrirán su iniquidad y la tierra se levantará contra él.* Otra insinuación, si no me equivoco, a la destrucción de Coré y su compañía. "Y la gloria de Jehová apareció a toda la congregación." Nm. 16:20 y sigs. Y más adelante: "Abrió la tierra su boca." "Se abrió la tierra que estaba debajo de ellos, abrió la tierra su boca, y los tragó a ellos, a sus casas, a todos los hombres de Coré. Y a todos sus bienes . . . Y descendieron vivos al Seol y los cubrió la tierra." Nm. 16:31-33.

28. *Los renuevos de su casa serán transportados; serán esparcidos en el día de su furor.* Una alusión más al castigo de la rebelión de la compañía de Coré, quienes no solamente perecieron ellos sino también sus casas y todos sus bienes. Nm. 16:32.

CAPITULO 21

Job se declara confundido por las dispensaciones de la divina Providencia en su desigual distribución de los bienes temporales; muestra que a menudo el malvado vive larga y prósperamente con su familia, sus ganados y con todos sus bienes; sin embargo menosprecia a Dios y las cosas sagradas (1-16). En otras ocasiones su prosperidad es repentinamente agostada y ellos y los suyos caen en ruinas (17-21). Dios, sin embargo, es demasiado sabio para equivocarse y trata con los distintos casos de acuerdo a su sabiduría: unos más temprano, otros más tarde, van al sepulcro: el fuerte y el débil, el príncipe y el campesino llegan a un fin igual en la vida: pero los malvados son reservados para un día de ira (22-33). Acusa a sus amigos de falsedad en sus pretendidos esfuerzos para consolarlo (34).

2. *Sea esto el consuelo.* "Y que éstas sean vuestras retractaciones." Que lo que voy a decir os induzca a retractaros de lo que habéis dicho y a revocar vuestros falsos juicios. *Nacham* no solamente significa "consolar" sino también "cambiar de parecer, arrepentirse".

4. *¿Acaso me . . . ?* "¡Ay de mí!"

7. *¿Por qué viven los impíos?* Frecuentemente habéis asegurado que los impíos son invariablemente castigados en esta vida; y que los justos son siempre distinguidos por las más poderosas señales de la bondad providencial de Dios; ¿cómo es entonces que muchos impíos viven larga y prósperamente y por fin mueren en paz sin evidencia alguna del desagrado de Dios? Este es un hecho que ocurre diariamente; ¿cómo podéis, entonces, reconciliarlo con vuestros principios?

12. *Al son del tamboril y de cítara saltan.* Ellos "se elevan" o "se levantan," refiriéndose probablemente a los ejercicios de danza campesina. *Toph,* traducido por *tamboril,* puede ser una especie de "tambor," tal como el gongo de los asiáticos. *Kinnor,* puede ser una especie de *arpa. Ugab,* órgano es

un instrumento que en nada se parece al que hoy lleva su nombre. Es posible que se refiera a un instrumento formado por varios tubos desiguales cerrados en un extremo, que al soplarlo en la parte superior produce un sonido agudo y vivaz.

13. *Pasan sus días en prosperidad.* "Envejecen," o se gastan con la ancianidad.

18. *Serán como la paja delante del viento.* El original significa ser "arrastrado por una tormenta furiosa".

19. *Dios guardará para los hijos de ellos su violencia.* Esto está de acuerdo con la declaración de Dios, Ex. 20:5 "Que visito la maldad de los padres sobre los hijos hasta la tercera y cuarta generación de los que me aborrecen". Por supuesto, esto siempre implica que los hijos que reciben tal visitación de Dios, han seguido el ejemplo de los padres.

23. *Este morirá en el vigor de su hermosura.* En este y en los tres versículos siguientes Job demuestra que la desigualdad de la fortuna, los bienes, la salud, fuerza, etc., nada quiere decir en pro o en contra de la aprobación o desaprobación de Dios, puesto que sus posiciones en la vida no indican que sean malos o inocentes.

29. *¿No habéis preguntado a los que pasan por los caminos?* Esta parece ser la respuesta de Job. Consultad a los viajeros que han andado por distintas regiones y ellos os dirán que han visto ambos ejemplos: malvados en gran prosperidad en algunas circunstancias, mientras que otros, repentinamente, son destruidos.

33. *Los terrones del valle le serán dulces.* Quizá sea esto una alusión a la costumbre asiática en la inhumación de los príncipes, religiosos y nobles: elegían para la tumba un valle bien regado en el que hubiese un manantial perpetuo de agua. Esto pretendía ser el símbolo de una resurrección, o bien, de una vida futura y también para disimular en todo lo posible la desgracia de la putrefacción del cadáver.

CAPITULO 22

Elifaz censura a Job por sus esfuerzos de justificar su carácter y dejar establecida su inocencia (1-4). Lo acusa de innumerables transgresiones: la opresión de sus hermanos, crueldad para con los pobres, insensibilidad con los necesitados, falta de caridad para con las viudas y los huérfanos y agrega que por estas razones han venido sobre él, trampas y aflicciones (5-11). Habla de la majestad y justicia de Dios: cómo cortó a los antediluvianos y a los habitantes de Sodoma y Gomorra y las ciudades de la llanura (12-20). Lo exhorta a arrepentirse y reconocer sus pecados, y le promete grandes riquezas y prosperidad (21-30).

2. *¿Traerá el hombre provecho a Dios?* Dios no te aflige porque tú le hayas privado de excelencia alguna.

6. *Porque sacaste prenda a tus hermanos.* Has exigido donde nada se debía, de modo que por tu intervención el pobre no pudo lograr las ropas necesarias.

7. *No diste de beber agua.* En el Oriente, era considerado como una gran virtud el proveer de agua a los viajeros; especialmente en el desierto, donde difícilmente se encontraría una *corriente* y donde los *pozos* eran muy raros. Algunos de los hindúes piadosos tenían la costumbre de permanecer en los caminos públicos con una *girbah* o cuero lleno de agua para dar de beber a los viajeros cansados que estaban muertos de sed.

8. *Pero el hombre pudiente tuvo la tierra.* "El hombre de brazo." Dedos, mano y brazo, son todos emblemas de fuerza y poder. *El distinguido.* Literalmente, "el hombre cuyo rostro es aceptado," el respetable, el hombre de fortuna. Fuiste enemigo del pobre y del necesitado, pero favoreciste y lisonjeaste al rico y al grande.

12. *¿No está Dios en la altura de los cielos?* Por este y los siguientes versículos, parece que Elifaz estaba atribuyéndole a Job, lenguaje o sentimientos pérfidos y blasfemos.

16. *Cuyo fundamento fue como un río derramado.* Los impíos de los días de Noé que tenían abundancia de bienes temporales (v. 18) y que sobrepasaron en sus hechos a todos los malvados anteriores, en efecto, le decían a Dios: "Apártate de nosotros."

18. *Pero sea el consejo de ellos lejos de mí.* Mencionando con sarcasmo las palabras de Job, cap. 21:14, 16.

19. *Verán los justos y se alegrarán.* Ven los juicios de Dios sobre los malvados incorregibles y saben que el Juez de toda la tierra es justo; por eso se regocijan en todas las dispensaciones de su providencia.

29. *Cuando fueron abatidos.* Lo que sigue es casi una versión literal: "Cuando ellos se humillaren, dirás, sed exaltados (o hay exaltación): porque él salvará a los abatidos." El mismo sentir encontramos en las palabras de nuestro Señor: "Porque el que se enaltece será humillado y el que se humilla será enaltecido."

30. *El libertará al inocente.* El texto podría ser traducido: "El librará a cada persona inocente: él (la persona inocente), será librado por la pureza de tus manos"; es decir, como tú amas la justicia, harás justicia.

CAPITULO 23

Job responde; se excusa por su queja; desea defender su causa en la presencia del Todopoderoso de quien sabe que recibiría justicia; pero lamenta no poder encontrarlo (1-9). El, sin embargo, se pone a sí y a su causa en las manos de Dios con la convicción de su inocencia, y de la justicia y la bondad divinas (10-14). No obstante, teme cuando considera la majestad de su Hacedor (15-17).

3. *¡Quién me diera el saber dónde hallar a Dios!* Este versículo y los siguientes podrían ser leídos de la siguiente manera: "¿Quién me hará conocer a Dios para que yo pueda encontrarlo? Iría a su establecimiento (el lugar o manera en que El ha prometido comunicarse); yo expondría detalladamente mi juicio (la causa que deseo que sea probada) ante su rostro; y yo llenaría mi boca con argumentos convincentes y decisivos."

7. *Allí el justo razonaría con El.* Podría "argüir" o "suplicar".

8. *He aquí yo iré.* Estos dos versículos pintan en vívidos colores la perturbación y ansiedad de un alma que busca el favor de Dios.

14. *El, pues, acabará lo que ha determinado de mí.* "Porque él ha designado mi suerte; y como éstos hay multitudes con él." El diversifica los asuntos humanos: apenas hay dos hombres que tienen igual designio de parte de Dios; ni la misma persona tiene siempre la misma clase de vida. El tiene multitud de recursos, medios, riquezas, etc., que emplea al gobernar los problemas humanos.

16. *Dios ha enervado mi corazón.* Postra mi fortaleza, me quita el valor.

17. *¿Por qué no fui yo cortado?* Este verso debe leerse en conexión con el anterior; entonces tendremos el siguiente sentido: V. 16: "Dios ha enervado mi corazón y me ha turbado el Omnipotente." V. 17: "¿Por qué no fui yo cortado delante de las tinieblas, ni fue cubierto con oscuridad mi rostro?" "Porque no es esta profunda noche en la cual estoy envuelto, ni los males que sufro lo que me ha vencido. Sólo me amilana el temor que me inspira la presencia de su Majestad."

CAPITULO 24

Job asevera que hay algunos transgresores cuya maldad no es castigada en esta vida; y particulariza, el injusto y el opresor (1-6); los que son crueles con los pobres (7-13); los asesinos (14); los adúlteros (15); ladrones y saqueadores (16, 17). Sin embargo tienen una porción maldita, morirán y su recuerdo perecerá (18-20). Habla del abuso de poder y del castigo de los opresores (21-24); asegura que lo que ha dicho sobre el asunto no puede ser contradicho (25).

1. *Puesto que no son ocultos los tiempos al Todopoderoso.* El deseo es que Dios señale tiempos que aquellos que son acusados falsamente puedan anticipar con regocijo: y que reciban consuelo sabiendo que, cuando llegue el momento establecido, tendrán un juicio equitativo y su inocencia será declarada públicamente.

2. *Traspasan los linderos.* Antiguamente se colocaban piedras o postes para delimitar la propiedad particular; esto era necesario en las planicies antes que se construyeran vallados y cercas. Los malvados y los codiciosos a menudo removían los mojones hacia la tierra de su vecino para abreviar sus límites y ensanchar los propios. La ley de Moisés declara malditos a los que removieran los lindes de su vecino.

4. *Hacen apartar del camino a los menesterosos.* No les permiten pasar por los senderos habilitados; los obligan a tomar por caminos tortuosos.

9. *Quitan el pecho a los huérfanos.* Arrancan a los niños para poder reducirlos a la esclavitud. *Y de sobre el pobre toman la prenda.* Propietarios inhumanos que imponían sobre sus propiedades rentas exorbitantes que los pobres trabajadores aun extremando sus esfuerzos se veían en la imposibilidad de cumplir en cualquier tiempo; entonces, el insensible malvado, según la frase aquí usada, "les tomaba la prenda," quitándoles la vaca o la cama hasta que pudieran pagar en un plazo estipulado.

10. *Al desnudo hacen andar sin vestido.* Esos crueles y descorazonados opresores se apoderan de las ropas hechas para el uso de la familia o la lana y el lino de los cuales se confeccionan dichas prendas. *Quitan las gavillas.* Quitan el grano tan pronto es cosechado para pagarse la exorbitante renta de sus tierras.

11. *Dentro de sus paredes exprimen el aceite.* De este modo despojados de todo aquello de lo cual dependían para la ropa y la comida, quedan obligados a ser siervos de sus señores, trabajar sus tierras por lo menos posible; o pisar en sus lagares de cuyo producto no se les permitía apagar su sed.

12. *Desde la ciudad gimen los moribundos.* Después de haber mostrado la opresión en el campo, echa una mirada de aquellos que han sido trasladados a las ciudades. Aquí las miserias son demasiado numerosas para ser detalladas. *Pero Dios no atiende su oración.* El objeto de Job era demostrar, en oposición a la equivocada doctrina de sus amigos, que Dios no castiga precipitadamente toda obra mala ni recompensa del mismo modo, todo lo bueno que se hace.

13. *Ellos... son rebeldes a la luz.* Refiriéndose a los malvados. Se rebelan contra la luz de Dios en sus conciencias y también en sus palabras.

CAPITULO 25

Bildad suhita en un desordenado discurso, muestra que el dominio de Dios es supremo, sus ejércitos innumerables y sus providencias se extienden sobre todos (1-3); que el hombre no puede ser justificado ante Dios; que ni aun los cuerpos celestiales pueden ser considerados puros ante sus ojos; mucho menos el hombre que es naturalmente débil y pecaminoso (4-6).

1. *Bildad suhita.* Este es el último ataque a Job; los otros se sintieron frustrados aunque no tuvieron la suficiente humildad como para reconocerlo, pero no volvieron sobre la carga. Bildad tiene poco que decir y eso apenas si tiene que ver con el asunto. Hace unas pocas aseveraciones, particularmente con referencia a lo que Job dijo al comienzo del capítulo precedente sobre sus deseos de aparecer delante de Dios para que pruebe su caso, siendo que él tiene la más absoluta confianza de que su inocencia quedaría completamente comprobada. Por esto, Bildad lo reprende con argumentos que ha usado muy a menudo en la controversia y que también fueron repetidamente refutados, caps. 4:18 y 15:14-16.

Este discurso de Bildad es confuso y no convence y de sus premisas saca falsas conclusiones. En el verso tercero, dice: "¿Tienen sus ejércitos número? ¿Sobre quién no está su luz?" Pero cuán absurda es la conclusión que saca de sus preguntas: "¿Cómo, pues, se justificará el hombre para con Dios? ¿Y cómo será limpio el que nace de mujer?" Esto no está relacionado con las premisas; a pesar de eso, para nosotros la pregunta no es difícil. "Un hombre puede justificarse con Dios," mediante la sangre de Cristo y "el nacido de mujer puede ser limpio" mediante la santificación del Espíritu.

6. *¿Cuánto menos el hombre que es un gusano?* O como dice la Targum: "Cuánto más el hombre, que en su vida es un reptil; y el hijo de hombre, que en la muerte es un gusano."

Así termina Bildad suhita, que trató de hablar de un tema que no entendía; y, habiéndose plantado en mal terreno, pronto quedó confundido en su propia mente, habló en forma incoherente, arguyó sin convencer y abrupta y repentinamente llegó al final. De este modo, los tres amigos quedaron confundidos y Job fue dejado para proseguir su propio camino; ellos no volvieron a molestarle y él prosigue triunfalmente hasta el final del capítulo trigésimo primero.

CAPITULO 26

Viendo Job que sus amigos no pueden seguir sosteniendo sus argumentos sobre la base en que se han colocado, severamente los reprende por su falta de sabiduría y sensibilidad (1-4); muestra que el poder y sabiduría de Dios se manifiestan en las obras de la creación y la providencia; da varias pruebas; y luego agrega que son sólo una pequeña muestra de su infinita destreza e ilimitado poder (5-14).

2. *¿En qué ayudaste?* Parece una especie de ironía.

4. *¿De quién es el espíritu que de ti procede?* El señor Good traduce el versículo así: "¿A quién has saqueado los discursos? ¿Y de quién es el espíritu que sale de ti?" La mordacidad es particularmente severa; y tiene referencia inmediata a los dichos proverbiales que en algunas de las respuestas precedentes fueron dirigidos en contra del exasperado paciente: véanse en caps. 8:11-19; 15:20-35. Por lo tanto, concuerdo completamente con el doctor Stock en considerar el resto de este capítulo como una muestra, irónicamente expuesta por Job, de las arengas del poder y la grandeza de Dios que él razona que sus amigos sacaron de las bocas de otros hombres, para engalanar sus propios discursos con brillo prestado. Sólo que al disertar sobre el mismo tema, él muestra cuánto más allá que ellos es capaz de ir tanto en elocuencia como en elevación.

5. *Los espectros gigantescos se retuercen en angustia, debajo de las aguas y los habitantes de ellas.* (Versión Moderna.) Este texto, según esta versión parece no transmitir significado y el hebreo es oscuro: *harephaim,* "el Rephaim," por cierto no significa *espectros.* Probablemente haya aquí una alusión a la destrucción de la tierra por el diluvio general. Moisés, hablando del estado de la tierra antes del diluvio, dice en Gn. 6:4: "Había gigantes *(nephilim)* en la tierra en aquellos días." Ahora bien: parece que Job quiere significar por *rephaim,* lo mismo que Moisés por *nephilim;* y que ambas palabras se refieren a los antediluvianos, quienes, por sus excesivas y grandes iniquidades fueron arrasados por las aguas del diluvio. ¿Pueden todos aquellos hombres poderosos y sus vecinos, todos los pecadores que se han unido a ellos desde entonces ser rechazados, allí donde están, debajo las aguas por las que fueron judicialmente destruidos?

6. *El Seol está descubierto delante de él.* Seol, el lugar de los muertos o de los espíritus separados está siempre ante sus ojos. "Y el abadón no tiene cobertura" . . . el lugar del "destruidor," donde reina la destrucción y donde moran los que están eternamente separados de Dios. Los antiguos pensaban que el infierno o Tártaro era un gran lugar en el centro o en el fondo de la tierra.

7. *El extiende el norte sobre vacío. Al tohu,* "al vacío inmenso." Encontramos la misma palabra en Gn. 1:2 "La tierra estaba desordenada y vacía," *tohu.*

8. *Ata las aguas.* Hace que se junten las partículas acuáticas que fueron levantadas por la evaporación, de modo que, al condensarse se transformen en las nubes que flotan en la atmósfera, hasta que, al encontrarse con fuertes corrientes de viento o por la agencia del fluido eléctrico, se condensan más aún; entonces, al volverse demasiado pesadas para ser sostenidas en el aire, caen en forma de lluvia, cuando como se describe en este lenguaje poético *las nubes no se rompen debajo de ellas.*

9. *El encubre la faz de su trono.* El gran Agente no es personalmente distinguible. Sin embargo, las palabras pueden tener referencia

a esos oscurecimientos de la faz del cielo y
el ocultamiento del cuerpo del sol cuando la
atmósfera está cargada con densos vapores y
la lluvia comienza a derramarse sobre la
tierra.

10. *Puso límite a la superficie de las
aguas.* Quizás esto sólo tenga referencia al
círculo del horizonte, la línea que pone fin a
la luz y principio a las tinieblas, llamadas
aquí "hasta el fin de la luz y las tinieblas".

11. *Las columnas del cielo tiemblan.* Esta
es probablemente una descripción poética del
trueno o de un temblor.

12. *El agita el mar con su poder.* Aquí
hay una alusión directa al cruce del Mar
Rojo por los israelitas y la destrucción de
Faraón y su hueste. *Hiere la arrogancia suya.*
Rahab. El mismo nombre con el que se llama a Egipto en Is. 51:9 y en otros lugares.
Cuando quiera que Job haya vivido, yo estoy
persuadido de que su libro fue escrito mucho
después de la muerte de Moisés y no antes de
los días de Salomón y posiblemente más
tarde. Cuanto más avanzo en esta obra, más se
profundiza en mí esta convicción.

14. *He aquí, estas cosas son sólo los bordes de sus caminos. Ketsoth,* "los fines" o
"extremidades," "el contorno," un vago di-
seño de su eterno poder y divinidad. *¡Cuán
leve es el susurro que hemos oído! Shemets,*
"un mero murmullo"; admirablemente opuesto a *raam,* "el trueno," mencionado en la
próxima cláusula.

CAPITULO 27

Job sostiene vehementemente su inocencia; está
determinado a mantenerla y evitar toda especie de
mal (1-7). Muestra su aborrecimiento a los hipócritas
describiendo la infamia de su carácter, sus miserias
acumuladas y su desgraciado fin (8-23).

1. *Resumió Job su discurso.* Después de
haber terminado su discurso anterior, parece
que Job hizo una pausa para dar oportunidad a sus amigos de replicar; pero, al encontrar que todos estaban silenciosos continuó su discurso, que aquí es llamado
meshalo, su parábola, su "ponderoso y autorizado discurso": de *mashal,* "ejercer mando,
autoridad, dominio o poder". Y debe darse
por concedido que en este discurso él asume
gran audacia, manifiesta su propio carácter
intachable y trata a sus amigos con poca
ceremonia.

2. *Que ha quitado mi derecho.* ¿Quién ha
desviado mi causa y no ha permitido que se
oyera en juicio donde se me hubiera hecho
justicia, pero me ha abandonado al criterio
áspero y sin caridad de mis enemigos? Parece que en estas palabras de Job hubiera una
gran falta de reverencia; habla con gran irri-
tación por no decir amargura, lo cual no

puede justificarse. Ningún hombre tiene derecho de hablar así de su Hacedor.

3. *Que todo el tiempo que mi alma esté
en mí.* "Mientras viva y conserve mi razón."

5. *Nunca tal acontezca.* "Lejos esté de
mí, que yo os justifique."

11. *Yo os enseñaré en cuanto a la mano
de Dios.* Job sentía que la buena mano de
su Dios estaba sobre él y que por lo tanto
no cometería error en cuanto a su doctrina.

12. *He aquí que vosotros lo habéis visto.* Vuestra propia experiencia de observación os ha demostrado que los justos están
frecuentemente en aflicción y los impíos en
prosperidad. *¿Por qué, pues, os habéis hecho
tan enteramente vanos?* "¿Por qué, entonces, toda esta *cháchara*?" Si nuestro lenguaje
lo permitiera podríamos decir: "envanecien-
do la vanidad".

13. *Esta es . . . la porción del hombre
impío.* En este momento Job va a comenzar
su prometida enseñanza; y lo que sigue es
una descripción de la suerte o porción del
malvado, tiranos, en general aunque la mano
del hombre no caiga sobre ellos. Si bien Dios
no siempre muestra su desagrado contra el
impío reduciéndolo a la pobreza y la aflicción, a menudo lo hace, para que los demás
hombres puedan verlo y en otras ocasiones
parece pasarlos por alto, dejando sus juicios
para *el otro mundo,* con el fin de que los
seres humanos no olviden que hay un día de
juicio y perdición para los impíos, y una
recompensa futura para los justos.

14. *Si sus hijos fueren multiplicados.*
Puesto que se suponía que una familia
numerosa era una prueba de la bendición del
Altísimo, Job muestra que no siempre es así;
porque parte de la descendencia de los malvados *será para la espada,* y otra parte *no se
saciará de pan.*

15. *Los que de él quedaren.* "Sus restos,"
puede tratarse de su persona o de su familia.

16. *Aunque amontone plata.* Aunque ama-
se riquezas en la más grande abundancia,
no gozará de ella. La riqueza que no es
santificada es una maldición a su poseedor.

17. *El justo se vestirá.* El dinero es propiedad de Dios. "La plata es mía y el oro es
mío, dice el Señor"; y aunque por un tiempo las manos de ricos impíos, puedan abusar
de la plata por un tiempo, Dios, en el curso
de su providencia, lo traerá a su debido uso
y a menudo el justo posee la herencia de los
malvados.

18. *Edificó su casa como la polilla.* Con
gran pericia, grandes sacrificios, con gran diligencia; pero la estructura, a pesar de la maestría de la construcción, se destruirá. Para su
propietario, sólo será una habitación temporal, como la que hace la polilla en su estado
de oruga.
Y como enramada que hizo el guarda. Un
cobertizo como el que levanta el cuidador de
la viña para ampararse de los rayos abrasa-

dores del sol, mientras vigila la cosecha de la uva para preservarla del saqueo. En el Oriente, los viajeros han observado que tales puestos o cobertizos están hechos de los materiales más baratos y después que la cosecha o la vendimia han terminado, son abandonados y la lluvia y el viento los destruyen.

19. *Rico se acuesta.* En el sepulcro. *Pero no será recogido.* (Versión Moderna.) Pero no tendrá un entierro respetable entre los hombres, ni se reunirá con los justos en el *reino de Dios. Abrirá sus ojos.* En la mañana de la resurrección. *Y nada tendrá.* Estará completamente perdido por la eternidad.

22. *Dios, pues, descargará sobre él.* O, más bien, la tempestad antes mencionada, lo azotará incesantemente sobre él y no le dará tregua; ni habrá medio de escape de su furia para él.

23. *Batirán las manos sobre él.* Ambos versículos se refieren a la tempestad que arrastrará a los impíos. Por lo tanto, la palabra *Dios* del v. 22, y hombres que se implica aquí deben omitirse. V. 22: "pues descargará sobre él y no perdonará; huyendo de su poder, seguirá huyendo". V. 23: "Batirá las manos sobre él. Y desde su lugar, *les silbará.*" Aquí tenemos una personificación de la tempestad y el actor malvado es *silbado* y arrojado fuera del escenario. Parece que era costumbre de los antiguos aplaudir y silbar a un hombre que se hubiera conducido impropiamente en un cargo público.

CAPITULO 28

Job hace referencia a la explotación de minas con respecto a la refinación del oro y la plata para demostrar la vanidad de la solicitud humana con respecto a la auténtica sabiduría (1); el hierro y otros metales (2); las dificultades de las labores mineras (3, 4); la tierra produce el grano para el pan y debajo tiene piedras de fuego (5). Habla de piedras preciosas y polvo de oro (6); del instinto de las aves y las bestias salvajes para encontrar su camino (7, 8); y de la laboriosidad y esfuerzos afortunados de los hombres en las extracciones mineras y otras operaciones (9-11); pero demuestra que con toda su industria, pericia y perseverancia no pueden encontrar la verdadera sabiduría (12); de la que da la más sublime representación (13-22), y muestra que solamente Dios, que es la fuente de la sabiduría, sabe y puede enseñarla (23-27); y, en qué consiste esta verdadera sabiduría (28).

1. *Ciertamente la plata tiene sus veneros.* Este capítulo es la pieza más antigua y maravillosa de historia natural producida en el mundo y nos proporciona información sumamente importante sobre varios asuntos curiosos; y si fuera posible definir el significado exacto de las palabras en el original, es muy probable que podríamos descubrir alusiones a varias artes utilísimas de las que nos inclinamos a pensar que son inventos recientes o comparativamente modernos. *Y el oro*

lugar donde se refina. Más bien tendría que traducirse, "un lugar para el oro que ellos refinan".

2. *El hierro se saca del polvo.* Este utilísimo metal está escondido en el seno de la tierra y los hombres han descubierto el método de separarlo de su mineral.

3. *A las tinieblas ponen término.* Parece que Job todavía se está refiriendo a la minería y que las palabras de arriba indicaran la perseverante industria de los hombres al penetrar en las entrañas de la tierra para buscar metales y piedras preciosas.

4. *Abren minas lejos de lo habitado.* Este pasaje es muy difícil de interpretar. Algunos creen que se refiere a la minería; otros, a la navegación. *Olvidados, donde el pie no pasa.* Ningún hombre pasa jamás por allí.

5. *De la tierra nace el pan.* O, la tierra, *mimmennah*, "de sí misma," por su propio poder vegetativo "nos envía el pan," o el grano del cual se hace el pan.

9. *En el pedernal puso su mano.* Aún parece referirse a la minería. El hombre pone sus manos sobre la roca, la rompe en pedazos para poder extraer los minerales que contiene. *Y trastornó de raíz los montes.* Excava, trasmina o perfora cuando busca los metales que hay en su interior.

10. *De los peñascos cortó ríos.* Hace canales en las rocas, y allana debajo de tierra para descubrir *venas* de mineral. *Y sus ojos vieron todo lo preciado.* El hunde aquellas armas y hace túneles para descubrir dónde están los preciosos metales.

11. *Detuvo los ríos.* Impide que los surgimientos de manantiales inunden las minas: y desvía ríos y torrentes de su curso para poder sacar a la luz lo que está escondido debajo de sus lechos.

12. *Mas ¿dónde se hallará la sabiduría?* Ahora bien; como estos términos *chochmah*, "sabiduría," y *binah*, "entendimiento" o "discernimiento," son aplicados a menudo en los escritos sagrados con su aceptación común, debemos apelar a lo que Job dice de ellas, para saber su significado en este lugar. En el v. 28, dice: "El temor del Señor es la sabiduría, y el apartarse del mal, la inteligencia." Sabemos que "el temor del Señor" se toma a menudo por la totalidad de esa reverencia religiosa y santa obediencia que Dios prescribe al hombre en su Palabra y que por lo tanto debe a su Hacedor. Por ende de esto la Septuaginta interpreta *chochmah*, "sabiduría" por "adoración divina"; sabiduría... toda religión verdadera... debe venir por revelación divina.

14. *El abismo dice: No está en mí.* Los hombres pueden cavar en las entrañas de la tierra y encontrar, plata y piedras preciosas; pero éstas no van a proporcionarles la felicidad. *Y el mar dijo: No conmigo.* Los hombres pueden explorar países desconocidos, y por medio de la navegación unir las partes más lejanas de la tierra; pero cada viaje y cada placer, proclaman: La verdadera felicidad no está aquí.

15. *No se dará por oro.* La religión genuina y la verdadera felicidad no pueden ser adquiridas con bienes terrenales.

16. *Oro de Ofir.* Cinco veces se menciona el oro en éste y en los vrs. 17 y 19 y cuatro de las ocasiones con diferentes palabras. Voy a considerarlas a todas de una vez. (1) *Segor,* de *sagar, "cerrar".* Oro en la mina o encerrado en el mineral. (2) *Kethem,* de *catham,* "rubricar" o "marcar": el oro puesto en circulación al ser acuñado o estampado con su valor o peso.

17. (3) *Zahab,* de *zahab,* ser claro, brillante o resplandeciente: "el metal sin mancha; el único metal que siempre conserva su lustre". Pero, probablemente aquí quiera decir oro bruñido. (4) *Paz,* de *paz, consolidar,* unido aquí con *Keley,* "vasos, ornamentos, instrumentos"; oro forjado o batido; oro en las formas más finas y en los utensilios más elegantes.

En estos versículos hay siete clases de piedras preciosas mencionadas: ónix, zafiro, diamante, coral, perlas, rubíes y topacio.

22. *El Abadón y la muerte dijeron: Su fama hemos oído.* Abadón, el destructor y su linaje, la muerte. Es el mismo nombre que se le da al diablo en letras griegas. Ap. 9:11 y está traducido por la palabra griega *Apolión;* ambos términos tienen el mismo significado.

23. *Dios entiende el camino de ella.* Y sólo puede ser inculcado por una revelación de El mismo.

25. *Y poner las aguas por medida.* Ha proporcionado exactamente la superficie líquida del mundo a las partes térreas, de modo que pueda haber lugar adecuado para producir por evaporación humedad suficiente para ser atesorada en la atmósfera para el riego de la tierra.

26. *Cuando El dio ley a la lluvia.* Cuando determinó cómo debía producirse. *Y camino al relámpago de los truenos. Kol,* significa voz de cualquier clase; y *koloth* es el plural y es usada para los frecuentes golpes o estrépitos del trueno. *Chaz,* significa: "dentar, mellar," como el borde de las hojas de los árboles; *chazis* debe tener referencia a la forma de zigzag que asume el relámpago al pasar de una nube a la otra.

27. *Entonces la veía él y la manifestaba.* Cuando terminó todas estas operaciones creativas y probó su obra, investigó y vio que todo era bueno, entonces dio la necesaria revelación al hombre.

28. *Y dijo al hombre. Iaadam,* "al hombre," él dijo: Esto probablemente se refiera a la revelación de su voluntad que Dios dio a Adán después de su caída.

CAPITULO 29

Job lamenta su condición del momento y da un conmovedor relato de su anterior prosperidad, cuando tenía propiedad y abundancia, estaba rodeado por una numerosa familia y gozaba de todas las evidencias de la aprobación de Dios (1-6). Habla del respeto que le profesaban los jóvenes (7, 8); y de los nobles (9, 10). Detalla su conducta como magistrado y juez en apoyar al pobre y sojuzgar al malvado (11-17); su confianza, prosperidad general y respeto (18-25).

2. *¡Quién me volviese como en los meses pasados!* Aquí parece que Job estuviera haciendo una apología por sus quejas, recordando su anterior prosperidad que era muy grande, pero que en ese entonces había terminado por completo. Muestra que no le fue quitada por ningún mal uso de sus bienes y describe su comportamiento ante Dios y los hombres y cómo era estimado y honrado por los sabios y los buenos por su justicia, benevolencia y misericordia.

7. *Cuando yo salía a la puerta a juicio.* Los tribunales de justicia sesionaban en las puertas o a la entrada de las ciudades del Oriente; y Job era "supremo magistrado".

8. *Los jóvenes me veían, y se escondían.* Yo tenía la mayor evidencia del respeto de todas las clases de personas.

11. *Los oídos que me oían.* Este y los seis versículos siguientes nos presentan una hermosa exposición de un hombre lleno de benevolencia y caridad, que actúa según los más elevados dictados de estos principios, que hace feliz al miserable de todas las clases por el constante ejercicio de su ilimitada filantropía.

12. *Porque yo libraba al pobre que clamaba.* Parece que esto debe entenderse como refutación de los cargos hechos por Elifaz, cap. 22:5-10, por lo que Job apela a los hechos y al testimonio público.

19. *Mi raíz estaba junto a las aguas.* Es una metáfora tomada de un árbol sano que crece junto a un arroyo donde hay agua en abundancia, el que, por lo tanto, florece en todas las estaciones; sus hojas no se marchitan ni su fruto cae. Véase Sal. 1:3; Jer. 17:8.

24. *Si me reía con ellos, no lo creían.* Tenemos una frase similar: "Las buenas eran demasiado buenas para ser verdad."

CAPITULO 30

Job continúa lamentando el cambio de su antigua posición y el menosprecio que le ha traído su adversidad (1-15). Descripción patética de los sufrimientos de su cuerpo y mente (16-31).

1. *Pero ahora se ríen de mí los más jóvenes que yo.* Compare éste con el cap. 29:8 donde habla del respeto que le habían demostrado los jóvenes en los días de su pros-

peridad. Ahora, que ya no es pudiente, ellos han dejado de ser respetuosos.

2. *¿De qué me serviría la fuerza de sus manos?* Aquí está refiriéndose a los padres de esos jóvenes. ¿Qué me importaba la fuerza de sus manos? Su vejez también ha perecido.

7. *Bramaban entre las matas.* Clamaban entre los arbustos, buscando comida como los asnos silvestres cuando necesitan forraje. *Debajo de los espinos.* "Los zarzales," bajo el matorral, en las partes más espesas de la maleza; ellos se amontonaban como bestias silvestres.

8. *Hijos de viles.* Hijos de *nabal. Más bajos que la misma tierra.* Más bien, "arrojados de la tierra"; personas no aptas para la sociedad civil.

11. *Porque Dios desató su cuerda.* Esta lectura nos lleva a una metáfora tomada de un arquero, que, observando su punta, pone su flecha en la cuerda, le da un apropiado grado de tensión, la nivela y luego al dejarla ir, la flecha vuela a su blanco. El ha soltado la flecha sobre mí; me ha golpeado; y yo estoy herido. *Por eso se desenfrenaron.* Cuando ellos se dieron cuenta que Dios me había afligido, echaron de lado todas las restricciones como caballos desbocados.

12. *A la mano derecha se levantó el populacho.* "Pequeñuelos." *Empujaron mis pies.* Me metieron zancadillas, o ellos, en efecto me atropellaron bajo sus pies.

13. *Mi senda desbarataron.* Destruyen las señales del camino, para que no tenga seguridad al viajar por los desiertos pues desaparecieron los postes indicadores.

24. *Mas él no extenderá la mano contra el sepulcro.* Es como si hubiera dicho: Aunque yo sufra aquí, no sufriré en el futuro. Aunque El agregue golpe tras golpe de modo que destruya mi vida, sin embargo, su desagrado no seguirá más allá del sepulcro.

25. *¿No lloré yo al afligido?* "¿No lloraría, entonces, por el día cruel?"

28. *Ando ennegrecido, y no por el sol.* *Chammah,* que aquí se traduce *el sol,* proviene de una raíz de las mismas letras que significan esconder, proteger, y puede traducirse, "anduve lamentando sin un protector o guardián".

29. *He venido a ser hermano de chacales.* Por mi lamento y mi llanto continuo me parezco a los *tannim,* chacales o hienas. *Y compañero de avestruces.* "A las hijas del lamento," entendiéndose generalmente como una alusión al avestruz; porque tanto la hembra de este animal como el chacal son notables por su grito lastimero y por su afición a los lugares solitarios.

CAPITULO 31

Job hace solemne protesta de su pureza e integridad (1-12); de su benevolencia (13-16); de su caridad

y misericordia (17-23); de su aborrecimiento a la codicia e idolatría (24-32); desea una completa investigación de su caso, confiando que esto resultará en la plena manifestación de su inocencia (36-40).

1. *Hice pacto con mis ojos.* "Yo he cortado" o dividido "el sacrificio pactado con mis ojos". "Mi conciencia y mis ojos son las partes contrayentes; Dios es el Juez y por lo tanto, estoy ligado a no mirar placentera o codiciosamente cualquier cosa que pudiera manchar mi conciencia o deshonrar a mi Dios. *¿Cómo, pues, había yo de mirar a una virgen?* ¿Y por qué me iba a poner a contemplar o a poner mi pensamiento sobre Bethula?" Es muy probable que Bethula aquí signifique un ídolo.

5. *Si anduve con mentira.* Si he sido culpable de idolatría, o de la adoración de un falso dios. La palabra que aquí se traduce por mentira, *shav,* es interpretada por "vanidad," en Jeremías 18:15 (compárese con el Sal. 31:6; Os. 12:11; y Jon. 2:8) de modo que es evidente que todo el discurso de Job es en realidad una defensa de sí mismo de toda disposición y prácticas idólatras.

6. *Mi integridad. Tummathi,* mi perfección; la totalidad de mi vida intachable.

7. *Si mis pasos se apartaron del camino.* Estoy dispuesto a ser examinado hasta lo último . . . por cada paso dado, por cada pensamiento de mi corazón, por cada mirada de mis ojos y por cada acción de mis manos.

9. *Si fue mi corazón engañado acerca de mujer.* La Septuaginta agrega, "esposa de otro hombre".

10. *Muela para otro mi mujer.* Que trabaje en el molino, pulverizando el grano; que era el trabajo más pesado del más insignificante de los esclavos.

17. *Si comí mi bocado solo.* La hospitalidad era una virtud muy prominente entre los antiguos de casi todas las naciones.

24. *En el oro mi esperanza. Zahab,* oro bruñido y *kethem,* oro acuñado. (V.l.e.s. Cap. 28:15-17.)

26. *Si he mirado al sol cuando resplandecía.* En este versículo, Job aclara no haber cometido ese acto idolátrico de adoración que era el más antiguo y en armonía con la razón de cualquier tipo de idolatría: la adoración de los cuerpos celestiales. "Adoración," o acto religioso de "besar las manos," viene del latín, *ad:* a y *oris:* boca.

31. *Si mis siervos no decían.* Creo que en este lugar, la Targum da el mejor significado: "Si los hombres de mi tabernáculo no decían, ¿quién ha ordenado que no nos satisfagamos con su carne?" Mis siervos recibieron toda clase de bondades; vivieron como mis propios hijos y se alimentaron con las mismas viandas que los de mi familia.

33. *Si encubrí como hombre mis transgresiones.* Aquí hay una evidente alusión a la

caída del hombre. Adán desobedeció el mandamiento de su Hacedor y trató de ocultarlo.

34. *Porque tuve temor de la gran multitud.* ¿Acaso fui impedido por la voz de los muchos de ordenar y realizar lo que era justo?

35. *¡Quién me diera quien me oyese!* Desearía poder tener una audiencia completamente imparcial. *He aquí mi confianza es.* "Allí está mi seguridad." Me comprometo, bajo gran castigo, a presentarme ante el tribunal y aceptar las consecuencias. *Que el Omnipotente testificará por mí.* Que El llamará este caso inmediatamente ante sí; y obligará a mi adversario a presentarse al juicio, a presentar sus acusaciones en forma legal para que yo pueda tener la oportunidad de defenderme en la presencia de un Juez que escuchará imparcialmente mi apelación y traerá la causa a un justo término. *Aunque mi adversario me forme proceso.* Que no se contente con vagas acusaciones, sino que redacte "un sumario" conveniente, para que yo pueda saber sobre qué tengo que argüir y encontrar la acusación en forma tangible.

36. *Ciertamente, yo lo llevaría sobre mi hombro.* Estaría contento de comparecer ante la barra como criminal, llevando sobre mi hombro la tablilla sobre la cual está fijada mi acusación.

37. *Yo le contaría el número de mis pasos.* Mostraría a ese adversario los diferentes lugares donde he estado, los oficios desempeñados en mi vida, a fin de que él pudiera seguirme la pista a través de toda mi vida civil, militar y doméstica para lograr evidencias en contra de mí. *Y como príncipe me presentaría ante él.* Aunque llevara mi propia acusación, iría a la presencia de mi juez como *nagid,* "jefe" o comandante soberano y juez del pueblo y del país, y no trataría de evitar que mi conducta fuera investigada aun por mis súbditos más humildes.

38. *Si mi tierra clama.* Parece que aquí Job hace referencia a aquella ley, Lv. 25:1-7, por la cual los israelitas estaban obligados a dar descanso a la tierra cada séptimo año. Con toda conciencia de que él había actuado conforme a esta ley, declara que su tierra no podía clamar en contra de él ni tampoco *sus surcos* podían quejarse.

39. *Si comí su sustancia sin dinero.* Si he comido sus frutos, la he cultivado bien para que los produjera; y esto no ha sido sin dinero, pues he pagado los gastos de la semilla y a los trabajadores.

40. *Aquí terminan las palabras de Job.* Es decir, su defensa contra las acusaciones de sus amigos, pues así se les llama. Volvió a hablar, pero no a ellos; solamente se dirige a Dios, quien llegó para decidir toda la controversia.

CAPITULO 32

Entonces avanza Eliú para expresar su desaprobación tanto de Job como de sus tres amigos —en cuanto al primero, por justificarse a sí mismo y por lo que toca a los demás, por presentar el asunto desde un equivocado punto de vista y no responder satisfactoriamente— y hace una conveniente apología de sí mismo (1-22).

1. *Cesaron estos tres varones de responder a Job.* Suponían que no valía la pena el procurar razonar más con un hombre que procuraba justificarse a sí mismo. La verdad es que ellos fracasaron en convencer a Job de ningún punto, porque argüían con falsos principios; y, como hemos visto, Job les llevó siempre la ventaja. Hubo puntos en los que pudo ser asaltado con éxito; pero ellos los ignoraban. Eliú, mejor conocedor de la naturaleza humana y de la ley divina tanto como del gobierno moral de Dios en el mundo, entra y hace las distinciones debidas; absuelve a Job de sus acusaciones, pero lo condena por su excesiva confianza en sí mismo y por depender demasiado en su justicia exterior y porque, sin darle la debida consideración a su flaqueza e imperfecciones, hace una acusación descuidada de las providencias de Dios, de falta de benignidad en sus tratos con él. Este era el punto especial vulnerable de Job, el cual, Eliú aclara con toda propiedad. *Por cuanto él era justo a sus propios ojos.* La Septuaginta, Siríaca, Arábiga y la Caldea, todas rezan: "porque él era justo ante los ojos de ellos": insinuando que ya habían quedado convencidos de que era un hombre santo y que lo habían acusado tontamente.

2. *Se encendió en ira.* Esto solamente significa que Eliú estaba sumamente excitado y sintió un fuerte y celoso deseo de vindicar la justicia y providencia de Dios contra las difamaciones de Job y sus amigos. *Eliú hijo de Baraquel buzita.* Buz era el segundo hijo de Nacor, el hermano de Abraham, Gn. 22:21. *De la familia de Ram.* Kemuel era el tercer hijo de Nacor y se le llama en Génesis (ver cita anterior) "el padre de Aram," que es el mismo que encontramos con el nombre de Ram. En Jeremías 25:23 leemos de una ciudad con el nombre de *Buz,* que probablemente recibió su nombre de la citada familia; y como está mencionada con Dedán y Tema, sabemos que deben de haber sido ciudades de Idumea, pues las nombradas estaban en ese distrito. *Por cuanto se justificaba a sí mismo más que a Dios.* Literalmente, "él justificaba su alma," *naphhso,* "ante Dios". No solamente defendía la totalidad de su conducta, sino también sus móviles y sus pensamientos.

6. *Yo soy joven.* Entre los asiáticos, el joven nunca hablaba delante de los mayores, especialmente sobre temas de controversia.

7. *Los días hablarán.* Es decir, los hombres deben ser reputados sabios y experimentados en proporción al tiempo que hayan vivido. Los orientales eran notables por su atesoramiento de dichos sabios; verdaderamente, la parte principal de su alardeada sabiduría consistía en máximas y proverbios sobre diversos asuntos.

8. *Ciertamente espíritu hay en el hombre.* "El mismo espíritu está en el hombre miserable, y el hálito de Altísimo lo hace entender." El espíritu mismo está en el hombre como fuente de su existencia animal; y por su exaltación bajo la divina influencia llega a ser capaz de entendimiento y de razón y consecuentemente, de discernir la verdad divina. Aquí se declara que tanto la vida animal como la intelectual, provienen de Dios. Esto parece ser una referencia a la creación del hombre, Gn. 2:7. Cuando dijo esto, Eliú habló con más sentido y sana doctrina que los tres amigos de Job en la totalidad de la controversia.

11. *En tanto que buscabais palabras.* Mientras aquí y allá buscáis palabras. Fina ironía que sin duda sintieron.

12. *No hay de vosotros quien redarguya a Job.* "Refute a Job." Hablaron multitud de palabras pero fueron incapaces de rechazar sus argumentos.

14. *No dirigió.* El no habló una palabra en contra de mí, por lo tanto yo no tengo causa de enojo. Hablaré en pro de la verdad y no porque tenga deseos de vencer o de venganza. *Ni yo le responderé con vuestras razones.* Vuestras pasiones han sido inflamadas por las contradicciones, y habéis hablado neciamente.

16. *Pues, he esperado.* Esperé para oír si ellos tenían algo que contestar a lo que Job decía; y cuando encontré que no tenían qué decir, me aventuré a adelantarme.

17. *Yo también responderé mi parte.* "Yo recitaré mi porción." Hemos visto que el libro de Job es una especie de drama en el cual varias personas tienen que recitar diferentes partes. Es probable que el libro se utilizara de esa manera en los tiempos antiguos, para la instrucción del pueblo. Elifaz, Zofar y Bildad recitaban sus partes y Job les respondía: pero no se llegaba a ninguna conclusión. Eliú, un observador, dándose cuenta de la situación, se adelanta y toma una parte cuando todos los demás habían usado sus argumentos: sin embargo, aunque Eliú habló bien, no fue capaz de cerrar la controversia; y Dios mismo aparece para decidir el caso.

18. *Porque lleno estoy de palabras.* "O de dichos," es decir, máximas sabias y opiniones antiguas.

19. *Mi corazón está como el vino que no tiene respiradero.* Vino nuevo en estado de efervescencia. *Como odres nuevos.* Más bien, "bolsas," hechas de cueros de cabras. Cuando el vino está en estado de fermentación y el cuero no tiene ventilación, estas bolsas están a punto de *romperse;* si son viejas, el vino nuevo las destruye, rompe las viejas costuras y hace pedazos los cueros. Nuestro Señor emplea la misma comparación en Mt. 9:17.

21. *No haré ahora acepción de personas.* Hablaré la verdad sin temor o favor. *Ni usaré con nadie de títulos lisonjeros.* No le daré a ningún hombre epítetos que no sean la descripción de su verdadero estado.

CAPITULO 33

Eliú se ofrece en lugar de Dios para razonar con Job en mansedumbre y sinceridad (1-7). Acusa a Job de expresiones irreverentes (8-12). Justifica la providencia de Dios y muestra los distintos métodos que El usa para atraerse a los pecadores: por sueños y visiones (13-15); por inspiración secreta (16-18); por aflicciones (19-22); por mensajeros de justicia (23); y por el gran sacrificio (24); cómo y de qué redime Dios al hombre y las bendiciones que le imparte (25-30). Se exhorta a Job a escuchar atentamente las enseñanzas de Eliú (31-33).

6. *Heme aquí a mí en lugar de Dios, conforme a tu dicho: de barro fui yo también formado.* El señor Good, y no he visto a ningún otro antes que él, con toda probabilidad, ha dado en el blanco con el verdadero significado: "Heme aquí; soy tu compañero. Yo también fui formado del barro por Dios."

7. *Mi terror no te espantará.* Es una alusión a lo que Job había dicho, cap. 9:34: "Quite de sobre mí su vara, y su terror no me espante." Siendo tu igual no puede imponerte ningún temor hasta el punto de aplastarte, de modo que no puedas tomar tu propia defensa.

8. *De cierto tú dijiste.* Lo que Job dice aquí y en los tres versículos siguientes, contiene en general, citas de las mismas palabras que Job había hablado, o el sentido obvio de ellas.

12. *En esto no has hablado justamente.* Has presentado acusaciones contra los tratos de Dios, pero tú no has podido justificar tus acusaciones; y si no hubiera habido nada en contra de ti, estas palabras irreverentes son muchas pruebas de que tú no estás bien ante los ojos de Dios.

13. *¿Por qué contiendes contra él?* ¿No es inútil contender con Dios? ¿Acaso puede El hacer algo que no sea justo? En cuanto a esperar que te dé las razones por las que trata de esa manera contigo o con algún otro, no debes esperarlas; El es el soberano y no va a ser llamado a juicio por ninguna de sus criaturas.

14. *Sin embargo, en una o en dos maneras habla Dios.* Habiendo hecho la declaración general de que Dios no puede ser llamado a juicio por sus criaturas, para dar una exposición de su conducta, Eliú muestra los medios generales que El utiliza para traer al hombre al conocimiento de sí mismo y de Dios: los declara en las seis circunstancias siguientes en los versos 15-24.

15. (1) *Por sueño −Cuando el sueño cae sobre los hombres.* Por estos medios, muchos han recibido las más saludables amonestaciones. (2) *En visión nocturna −cuando se adormecen sobre su lecho.* Visiones o imágenes presentadas a la imaginación, mientras se está medio dormido, cuando los hombres están entre dormidos y despiertos, o cuando, ya despiertos en la cama, son arrebatados en una profunda contemplación, cuando las tinieblas de la noche han borrado los objetos que rodean al hombre de modo que la mente no pueda distraerse con las cosas terrenales que impresionan los sentidos.

16. *Entonces revela al oído de los hombres.* (3) Por inspiraciones secretas. Un sueño o una visión simplemente considerada puede no resultar en ningún bien; es la apertura del entendimiento y su iluminación lo que hacen al hombre sabio para la salvación.

19. *También sobre su cama es castigado.* (4) Las aflicciones son un cuarto medio que Dios utiliza para despertar y convertir a los pecadores. En las manos de Dios, fueron la causa de la salvación de David como él mismo lo testifica: Sal. 119:67, 71, 75.

23. *Si tuviese cerca de él algún elocuente mediador.* (5) Los mensajeros de justicia; éste es el quinto método, "Si hubiese sobre él un mensajero o ángel intérprete o mediador". *Uno escogido de entre mil* (Versión Moderna). Uno de los jefes, cabeza o maestro.

24. *Que le diga que Dios tuvo de él misericordia.* El ejerce su misericordia hacia el hombre pecador y da orden que se le dé tregua y perdón. (6) *Que halló redención.* Copher, "un sacrificio". Es esto lo que hace eficaces todos los medios precedentes; sin él, serían inútiles y la salvación de los hombres, imposible. Tengo que pensar que la redención del mundo perdido por medio de Jesucristo no queda oscuramente simbolizada en los versos 23-24.

25. *Su carne será más tierna que la del niño.* Será una nueva criatura. *Volverá a los días de su juventud.* Nacerá otra vez, será un hijo de Dios, mediante la fe en Cristo Jesús.

27. *El mira sobre los hombres. Anashim,* malvado, hombre caído. El "les da la luz" para convencerlos del pecado y, si alguno, bajo la luz convincente de Dios, dice: "He pecado, he pervertido el derecho," he abusado de los poderes, facultades, misericordias y ventajas que Tú me diste, buscando descanso y felicidad en la criatura, *y no me ha aprovechado,* "no fue lo mismo para mí," no llegó a lo que yo esperaba, ni suplió mis necesidades:

28. *Dios redimirá su alma.* El hará individualmente con cada pecador arrepentido lo que ha prometido en su palabra para un mundo perdido −librará su alma de ir al abismo del infierno.

29. *He aquí, todas estas cosas hace Dios.* Dios utiliza frecuentemente uno u otro de estos medios, o todos ellos, para atraer a los *hombres, gaber,* hombres de corazón resuelto que están lejos de la justicia, a la santidad y al cielo.

CAPITULO 34

Eliú comienza con una exhortación a los amigos de Job (1-4): imputa a Job de acusar a Dios de obrar injustamente, lo que él muestra que es imposible (5-12); señala el poder y los juicios del Omnipotente (13-30); muestra cómo los hombres deberían dirigirse a Dios y con cuánta irreverencia ha obrado Job (31-37).

5. *Porque Job ha dicho: Yo soy justo.* Job ciertamente había dicho las palabras que le fueron atribuidas por Eliú, particularmente en el cap. 27:2, y sig., pero fue en defensa de su difamado carácter que él declaró su propia justicia, y en un sentido diferente del que Eliú quiso atribuirle. El afirmó que era justo respecto a los cargos que sus amigos le imputaron. El nunca insinuó que siempre había tenido corazón puro y que jamás había quebrantado las leyes de su Hacedor. Es verdad también que él dijo: *Dios me ha quitado mi derecho;* pero es obvio que no quiso culpar a Dios de injusticia; sino mostrar que había tratado con él en forma misteriosa y que no se interponía a su favor, mientras sus amigos lo abrumaban con su difamación y acusaciones.

8. *Y que va en compañía con los que hacen iniquidad.* Job hace "una vereda para andar en compañía," con los obradores de iniquidad; es decir, el presente modo de razonar de Job cuando dice: "Yo soy justo y Dios me ha quitado mi derecho," está de acuerdo al modo de aseveración de los pecadores que dicen: "No hay provecho en servir a Dios."

10. *Lejos esté de Dios.* Más bien: "La maldad, lejos sea de Dios; y la iniquidad, del Todopoderoso." El sentido es sumamente evidente sin paráfrasis.

13. *¿Quién visitó por El la tierra?* ¿Quién es que gobierna el mundo? ¿No es Dios? ¿Quién dispone todas las cosas en el mundo? ¿No es el Todopoderoso por su providencia justa y misericordiosa? El gobierno del mundo demuestra el cuidado, la justicia y la misericordia de Dios.

14. *Si El pusiese sobre el hombre su corazón.* Creo que éste y los siguientes versículos tendrían que leerse así: "Si El pone su corazón sobre el hombre, El reunirá su alma y su aliento a Sí mismo; por cuanto toda carne perecerá conjuntamente y el hombre se volverá al polvo."

17. *¿Gobernará el que aborrece juicio?* El que aborrece el juicio ¿estará bajo obligación? Es absurdo suponer que quien vive sin reglas, quiera imponérselas a los demás.

18. *¿Se dirá al rey: Perverso?* Literalmente, "¿Quién llamará al rey, Belial? ¿Y a los príncipes: Impíos?" Los gobiernos civiles deben ser tratados con respeto; ningún hombre debería de hablar mal del que gobierna su pueblo.

19. *Que no hace acepción.* Si completamente inconveniente es hablar en contra de un rey o gobernador civil, cuánto más referirnos irrespetuosamente a Dios, sobre quien no influyen los caprichos o consideraciones de los humanos y quien considera iguales al rico y al pobre.

23. *No carga, pues, él al hombre.* Parece que el significado fuera el siguiente: El no llamará a juicio al hombre por segunda vez.

25. *El hará notorias las obras de ellos.* El sabe lo que han hecho y lo que se están proponiendo hacer. *Cuando los trastorne en la noche.* En la rotación de una sola noche la plenitud de poder con la cual terminó el día, queda aniquilada. Véanse los casos de Belsasar y Babilonia.

26. *Como a malos los herirá.* En otras ocasiones, El ejecuta sus juicios más abiertamente; y ellos son destruidos de repente a la vista del pueblo.

31. *De seguro conviene que se diga a Dios.* Esta es la exhortación de Eliú a Job: Humíllate ante Dios, y di: He sufrido . . . no ofenderé ya más.

37. *Porque a su pecado añadió rebeldía.* Aseveración aviesa, cruel e infundada que no tenía apoyo en ninguna cosa que Job hubiera dicho o insinuado; y por cierto más severa que cualquiera de las mayores empleadas por sus amigos (así llamados).

CAPITULO 35

Eliú acusa a Job de lenguaje impío (1-4). Ningún hombre puede afectar a Dios por su iniquidad, ni beneficiarlo por su justicia (5-8). Muchos son los afligidos y oprimidos, pero pocos son los que piden la ayuda de Dios; y, por falta de fe, continúan en sus aflicciones (9-16).

2. *¿Más justo soy yo que Dios?* Hubiera sido ciertamente un dicho blasfemo; pero Job nunca dijo eso ni directamente ni por inducción: mucho mejor hubiera sido interpretar las palabras así: "Ante Dios, yo soy justo." Y lo que Job quiso decir, era ciertamente: "No importa lo que vosotros penséis de mí, sé que ante la vista de Dios, soy un hombre justo"; y tenía derecho de asumir este carácter, pues Dios mismo se lo había otorgado.

3. *¿Qué ventaja sacaré de ello?* Es como si le hubiera dicho a Dios: "Mi justicia no te beneficia ni yo encuentro que me ayude a mí tampoco." Es posible que Eliú esté haciendo aquí una declaración general que luego procura ejemplificar: Has estado razonando sobre el provecho que podría proporcionarte y has dicho: "¿Tendré más provecho en la justicia que vivir en el pecado?"

9. *A causa de la multitud.* O más bien, "De entre la multitud" los oprimidos claman, "y se lamentan por el poderío de los grandes". Los ricos malvados oprimen a los impíos pobres; éstos claman por causa de sus opresores; pero no tienen socorro porque no se dirigen a Dios.

15. *Mas ahora, porque . . . no.* Más bien: "Pero ahora, porque cuando está airado no visita." Parece que el sentido de estas palabras fuera el siguiente: Porque la venganza no se ejecuta inmediatamente sobre las malas obras, los corazones de los hijos de los hombres están resueltos a obrar inicuamente. Efectivamente, esta es la acusación que Eliú presenta contra Job.

16. *Por eso Job abre su boca vanamente.* Dios ejecutará su venganza cuando ésta sirva mejor a los fines de su justicia, providencia y misericordia. *Y multiplica palabras sin sabiduría.* Sea que esto pueda aplicarse a Job o no, con toda seguridad estas palabras se aplican severa y generalmente, no sólo a las expresiones de los tres amigos de Job, pero también a las del mismo Eliú. El debate es frecuentemente una contienda de palabras.

CAPITULO 36

Eliú defiende la justicia de Dios y sus procedimientos providenciales y benignos con los hombres (1-9). Promesas de Dios para los obedientes y amenazas a los desobedientes; también promesas a los pobres y afligidos (10-16). Diversas pruebas de la misericordia de Dios con prevenciones y exhortaciones apropiadas (17-33).

3. *Tomaré mi saber desde lejos.* "Desde el lugar distante," significando tanto la remota antigüedad como el cielo. Yo te mostraré que toda la antigüedad y la experiencia están de mi parte.

4. *Contigo está el que es íntegro en sus conceptos.* "La perfección de conocimientos está contigo."

5. *Dios es grande pero no desestima a nadie.* El no censura a nadie por su falta de conocimiento. *Es poderoso.* Literalmente, "El es poderoso en fuerza de corazón," nunca puede ser espantado o alarmado.

6. *No otorgará vida.* No concederá vida al malvado; los tales pierden su derecho a la vida por sus transgresiones. *Dará su derecho.* A los afligidos o "humildes" les hará justicia.

13. *Más los hipócritas de corazón.* "Los perdidos, los impíos." *No clamarán.* Son demasiado obstinados para humillarse aun bajo la poderosa mano de Dios.

14. *Fallecerá el alma de ellos en su juventud.* Exactamente lo que dice el Salmista: "Los hombres sanguinarios no llegarán a la mitad de sus días." Sal. 55-23. Eliú dice literalmente: "Morirán en la juventud de su alma."

20. *No anheles la noche.* Has deseado la muerte (aquí llamada *noche*).

21. *Guárdate, no te vuelvas a la iniquidad.* Es pecaminoso tener tales deseos; es un insulto a la Providencia de Dios. El envía aflicciones; sabe lo que es mejor para ti; pero tú has preferido la muerte a la aflicción, asentando de este modo, tu sabiduría contra la de Dios.

26. *Dios es grande.* El es omnipotente. *Nosotros no le conocemos.* El es *inescrutable. Ni se puede seguir la huella de sus años.* Es *eterno.*

27. *El atrae las gotas de las aguas.* Parece que sencillamente se refiere a la evaporación.

29. *El sonido estrepitoso de su morada.* Por morada, podemos entender la totalidad del firmamento, desde donde El envía la lluvia de su fuerza y el trueno de su poder.

32. *Con las nubes encubre la luz.* "Con el hueco de sus manos oculta la luz," la fuente de la luz, es decir, el sol. *Y le manda no brillar, interponiendo aquéllas.* Temo que esto no sea traducción del original. La antigua de Coverdale es mejor: "Y a su mandamiento vuelve otra vez."

33. *El trueno declara su indignación, y la tempestad proclama su ira contra la iniquidad.* Creo que esto puede traducirse sin forzar ninguna palabra del texto: Su fuerte ruido (o su trueno) proclamará en cuanto a él: un depósito de ira contra la iniquidad.

CAPITULO 37

Eliú continúa exponiendo la sabiduría y omnipotencia de Dios, como se manifiestan en el trueno y el rayo (1-5); en la nube y en la llovizna (6-8); en diversos meteoros; y muestra el fin por el cual son enviados (9-13). Job es exhortado a considerar las maravillosas obras de Dios en la luz, en las nubes, en los vientos, en el calor y en el frío, en la formación de los cielos y en los cambios de la atmósfera (14-22). La perfección de Dios y cómo debe ser reverenciado por sus criaturas (23, 24).

1. *Se estremece mi corazón.* Una consideración apropiada de la majestad de Dios en el trueno y el rayo es suficiente para aterrar al corazón más recio.

2. *Oíd atentamente.* "Oír prestando oído." Las palabras insinúan que en ese tiempo preciso se desató una tormenta eléctrica y los repetidos estruendos resonaban sobre la casa y los relámpagos centelleaban ante sus ojos. La tempestad siguió hasta que terminó Eliú, y el Altísimo habló desde esa tormenta. Véase el principio del capítulo siguiente. *El estrépito de su voz.* El repentino trueno. *Y el sonido que sale de su boca.* El estruendo o continuo sacudimiento ruidoso, golpeando hasta finalizar.

3. *Debajo de todos los cielos lo dirige.* El lo dirigía (al relámpago) de este a oeste bajo todo el cielo en un abrir y cerrar de ojos; y su luz —la reflexión del relámpago, no el rayo, *hasta los fines de la tierra,* de modo que todo un hemisferio parece verlo a la vez.

4. *Después de ella brama el sonido.* Después que se ve la luz se oye el estruendo. *Truena El con voz majestuosa.* "De su majestad." No hay en la naturaleza un sonido más descriptivo o más propio de la majestad de Dios que el trueno. *No los detiene.* Aquí Eliú termina de describir el relámpago y el trueno; y hasta aquí tendría que concluir el capítulo 36. El comienza en 36:29 con el sonido estrepitoso de su morada y termina aquí con el maravilloso trueno de Jehová. *El hace grandes cosas.* Este es el principio de un nuevo párrafo; y se relaciona especialmente con los fenómenos ya mencionados.

7. *Así hace retirarse a todo hombre.* Creo que tiene referencia a la helada; cuando la tierra está endurecida por la intensidad de ese fenómeno, *la mano* (V. Mod.) "trabajo," no puede trabajar en el campo hasta que sople el viento cálido (del sur) por el cual se produce el deshielo. Mientras la tierra está en ese estado de rigidez, *las bestias entran en su escondrijo y se están en sus moradas,* v. 8, algunas de ellas durmiendo en estado de letargo durante el invierno, y otras alimentándose de las provisiones recogidas en el otoño.

11. *Regando también llega a disipar la densa nube.* Quizá sería mejor decir: "La claridad disipa la nube"; o si seguimos nuestra versión, "Al regar la tierra, agota o desagua la densa nube" —la hace derramar su contenido sobre la tierra para que produzca y florezca.

15. *Y hace resplandecer la luz.* Casi todos los críticos de importancia creen que esto se refiere al arco iris.

21. *Mas ahora ya no se puede mirar la luz.* Parece que Eliú alude al insoportable resplandor del sol. ¿Puede hombre alguno mirar al sol cuando brilla en toda su fuerza y un fuerte viento ha limpiado el firmamento de nubes y vapores? Mucho menos puede alguien contemplar la majestad de Dios.

22. *Viniendo de la parte del norte la dorada claridad.* Es ésta una traducción del original interpretada por la casi totalidad de las versiones antiguas y modernas, así, o a este efecto: "Del norte viene el oro."

23. *El es Todopoderoso, al cual no alcanzamos.* Esta es una exclamación muy repentina y sumamente descriptiva de la condición psíquica de Eliú en esos momentos; lleno de solemnidad, admiración y asombro ante su propia contemplación de esta "Primera gran Causa, poco entendida". ¡El Todopoderoso!

No podemos alcanzarlo. *No afligirá.* "No responderá." No nos dará cuenta de ninguno de sus actos. No podemos comprender sus móviles ni los fines que tiene en vista.

CAPITULO 38

El Señor responde a Job desde un torbellino, y lo reta a responder (1-3). Lo convence de ignorancia y debilidad enumerando algunas de sus poderosas obras; particularmente se refiere a la creación de la tierra (4-7). El mar y sus profundidades (8-18). La luz (19-21). La nieve, el granizo, el trueno, el relámpago, la lluvia, el rocío, el hielo y la escarcha (22-30). Las diferentes constelaciones y las ordenanzas del cielo que influyen sobre la tierra (31-33). Muestra su propio poder y sabiduría en la atmósfera, particularmente en el trueno, el relámpago y la lluvia (34-38). Su providencia en lo referente a los animales (39-41).

1. *Respondió Jehová a Job desde un torbellino.* No es *suphah,* como en el capítulo precedente, v. 9; sino *searah,* que significa algo turbulento, tumultoso o violentamente, agitado; y aquí puede significar lo que llamamos una "tempestad", cuyo objeto era llenar la mente de Job, de solemnidad y un sentido pavoroso de la majestad de Dios.

5. *¿Quién ordenó sus medidas?* ¿Quién reajustó sus distancias polar y ecuatorial del centro? *¿O quién extendió sobre ella cordel?* ¿Quién ha formado sus zonas y sus grandes círculos, y ha proporcionado la totalidad de su magnitud y gravedad a la órbita en la cual se había de mover, tanto como su distancia del gran centro alrededor del cual gira?

7. *Cuando alababan todas las estrellas del alba.* Esto puede tener referencia a algunos seres inteligentes que existieron antes de la creación de los cielos visibles y la tierra; y se supone que ésta y la siguiente cláusula aluden a los mismos seres; que por los *hijos de Dios, y las estrellas del alba,* debe entenderse la hueste angelical; pues se supone que fueron los primeros, aunque quizá no los principales, en el orden de la creación.

10. *Y establecí sobre él mi decreto.* Esto se refiere al mandato, Gn. 1:9: "Júntense las aguas que están debajo de los cielos en un lugar."

13. *Y para que sean sacudidos de ella los impíos.* Parece que el significado fuera el siguiente: Tan pronto como la luz de la aurora aparece sobre la tierra, ladrones, homicidas y adúlteros, todos esquivadores de la luz, huyen como bestias feroces a sus guaridas y lugares ocultos.

14. *Y viene a estar como con vestidura.* Al recibir la tierra esas impresiones de la luz y el calor solar, brotan plantas y flores y engalanan su superficie como la más hermosa prenda de vestir lo hace con la persona de la mujer más suntuosamente ataviada.

23. *Que tengo reservados para el tiempo de angustia.* "Al tiempo de rigor," es decir, la estación cuando la tierra está envuelta por la escarcha. *Para el día de la guerra y de la batalla.* A menudo el granizo es empleado como uno de los instrumentos del descontento de Dios contra sus enemigos y los de su pueblo. Probablemente ésta sea una alusión a la plaga de granizo que envió sobre los egipcios. Véase Ex. 9:23.

25. *¿Quién repartió conducto al turbión?* El original puede significar más bien "una nube," o nubes en general donde las aguas están almacenadas.

26. *Haciendo llover sobre la tierra.* Es bien sabido que la lluvia cae copiosamente en las tormentas eléctricas. Primero, se ven los relámpagos, luego se oye el trueno y por fin desciende la lluvia.

31. *¿Podrás tú atar los lazos de las Pléyades?* Las Pléyades forman una constelación bajo el signo de Taurus. Consisten en seis estrellas visibles a simple vista. En una noche clara, una buena vista puede alcanzar a percibir siete, pero con un telescopio, de un golpe pueden contarse rápidamente diez veces más.

32. *A su tiempo las constelaciones.* Por lo general se cree que se refiere a los signos del Zodíaco.

37. *¿Quién puso por cuenta los cielos?* Quizá la palabra *saphar,* comúnmente interpretada *contar,* aquí significa como en la Arábiga, "irradiar," y pueda tener referencia a esos tintes celestiales e inimitables que a veces contemplamos en el firmamento. *Los odres de los cielos.* Las nubes: es una alusión a las *girbahs,* o botellas hechas de cuero en las que se acostumbraba llevar el agua sacada de los pozos.

39. *¿Cazarás tú la presa para el león?* Más bien, la leona, o león fuerte. En las mejores Biblias hebreas, el capítulo 39 comienza con este versículo y lo hace con toda propiedad, porque aquí comienza un nuevo tema, relacionado con la historia natural de la tierra, o el reino animal; mientras que el capítulo anterior se refiere a astronomía y meteorología.

40. *Cuando están echados en las cuevas.* Antes de ser capaces de valerse por sí mismos afuera. *O se están en sus guaridas.* Antes de salir a cazar su presa. Es un hecho que los cachorros de león, antes de haber adquirido la suficiente fuerza y rapidez, están echados y escondidos, para sorprender a aquellos animales a los que, por velocidad, no podrían atrapar en la selva; y por eso el *kephirim,* "cachorro de león," lleva su nombre; la raíz es *caphar,* "cubrir" o "esconder".

41. *¿Quién prepara al cuervo su alimento?* Quizá se haya elegido este pájaro por su apetito voraz y hambre continua de presa que supera a la mayoría de las aves.

CAPITULO 39

Descripción de varios animales: Las cabras mon-
tesas y las ciervas (1-4). El asno montés (5-8). El
búfalo (9-12). El pavo real y el avestruz (13-18). El
caballo de guerra (19-25). El gavilán (26). El águila
y sus polluelos (27-30).

9. *¿Querrá el búfalo servirte a ti?* El animal en cuestión llamado *reim*, es sin duda
"el rinoceronte," que tiene el nombre de uni-
cornio por el único cuerno que tiene sobre la
nariz.

12. *¿Para que recoja tu semilla?* No puedes emplearlo como animal doméstico o para
la agricultura.

13. *Hermosas alas al pavo real.* Creo que
aquí no se refiere al *pavo real;* y que la
palabra hebrea debería traducirse "avestruz"
y el término que se interpreta por *avestruz*
se tendría que verter como en los demás
usos, por "cigüeña" y la palabra *alas* por
"halcón," o "pelícano". El señor Good se ha
aproximado más que nadie tanto al original
como al sentido al traducirlo así: "El ala de
la familia del avestruz es para el aleteo; pero
la de la cigüeña y el halcón es para vuelo."

17. *Le privó Dios de sabiduría.* Acerca de
esta tontería tenemos un relato de los antiguos: "Esconde su cabeza en las cañas y se
siente fuera de la vista de los demás porque
no puede ver."

18. *Se levanta en alto.* "Cuando se levanta
para disparar." Ni vuela ni corre; es un movimiento combinado de ambos; y usando sus
alas como velas, desarrolla gran velocidad.

21. *Escarba la tierra.* "Cava en el valle,"
es decir, en su impetuoso galope, en cada
embestida de su cuerpo, cava montones de
tierra.

25. *Antes como que dice entre los clari-
nes:* ¡Ea! El original es particularmente categórico: *¡Heach!* Un sonido fuerte, en
parte nasal, en parte gutural, exactamente
parecido a la primera nota que emite el caballo cuando relincha.

26. *¿Vuela el gavilán por tu sabiduría?*
Probablemente se refiere al "halcón". Fue
debido a su ligereza que los egipcios lo hicieron emblema del viento en los jeroglíficos.
¿Y extiende hacia el sur sus alas? La mayoría de la familia de los halcones emigra a
regiones cálidas al aproximarse el invierno.

29. *Sus ojos observan de muy lejos.* El
águila era proverbial por la fuerza y claridad
de su vista.

30. *Sus polluelos chupan la sangre.* El
águila no alimenta sus polluelos con alimentos en descomposición, sino con la presa
recién matada de modo que *chupan la sangre; y donde hubiere cadáveres, allí está.*
Estas palabras fueron citadas por nuestro
Señor, "Porque donde quisiera que estuviese
el cuerpo muerto, allí se juntarán las águilas". Mt. 24:28. Sin embargo, es posible que

éste fuera solamente un modo proverbial de
expresión; y nuestro Señor lo adapta a las
circunstancias del pueblo judío que estaba a
punto de caer como presa de los romanos.

CAPITULO 40

Job se humilla ante el Señor (1-5). Dios nuevamente lo desafía por una exposición de su poder y
juicios (6-14). Descripción del behemot (15-24).

1. *Además respondió Jehová.* Es decir, el
Señor continuó su discurso con Job. *Respondió* no se refiere a algo que Job haya dicho
o a pregunta alguna que hubiera hecho.

2. *El que disputa con Dios, responda a
esto.* Que el hombre que se ha hecho tan
libre con Dios y su gobierno responda a lo
que ahora ha oído.

9. *¿Tienes tú un brazo como el de Dios?*
Cada palabra, desde este versículo al final del
14, tiene una maravillosa tendencia a humillar el alma; y no es de extrañar que en la
conclusión de estos dichos, Job haya caído
confundido en el polvo y atribuido la justicia
a su Hacedor.

13. *Encúbrelos a todos en el polvo.* Funde al alto con el bajo, al rico y al pobre en
una ruina común. *Encierra sus rostros en la
oscuridad.* Parece una alusión a la costumbre
de preservar las momias.

15. *He aquí ahora behemot.* Opino que el
animal aquí descrito ya se ha extinguido. El
mamut o elefante antediluviano, por su tamaño, responde a la descripción que hallamos aquí, especialmente en el v. 19: "El es
el principio de los caminos de Dios."

CAPITULO 41

El gran poder de Dios manifestado en el leviatán
del cual da una descripción muy detallada (1-34).

1. *¿Sacarás tú el leviatán?* Parece que se
tratara de una especie de ballena, aunque su
descripción sólo se adapta al cocodrilo o al
caimán. El primero es un habitante natural
del Nilo y otros ríos asiáticos y africanos. Es
un animal dotado de enorme voracidad y
fuerza tanto como de ligereza para nadar.
Ataca a los más grandes animales y aun a los
hombres con la más violenta impetuosidad.
En proporción a su tamaño tiene la boca
más grande de todos los monstruos. La man-
díbula superior está armada con cuarenta
dientes agudos y fuertes y la inferior con
treinta y ocho. *Con anzuelo.* El testimonio
de Herodoto (lib. 2, c. 70) confirma que
cuando menos una especie de cocodrilos eran
cazados con un anzuelo al que le ponían un
cebo.

8. *Pon tu mano sobre él.* El señor Heath traduce: "Asegúrate que has dado en el centro; calcula tu golpe; no cuentes con un segundo golpe."

25. *Y a causa de su desfallecimiento hacen por purificarse.* No hay versión antigua o moderna que parezca haber interpretado este verso; ni se conoce su verdadero sentido.

29. *Tiene toda arma por hojarasca.* Todos estos versos declaran que no puede ser herido con ninguna clase de arma y que tampoco puede ser resistido por fuerza humana.

CAPITULO 42

Job se humilla ante Dios (1-6). El Señor lo acepta; censura a sus tres amigos; y ordena a Job que ofrezca sacrificios por ellos para que los perdone y acepte porque no hablaron lo que era recto en cuanto a su Hacedor (7-9). El Señor cambia la cautividad de Job; sus amigos lo visitan y le traen presentes (10, 11). La opulencia de Job se duplica a lo que antes poseía (12). Su familia también aumenta (13-15). Vive ciento cuarenta años después de sus calamidades y muere (16, 17).

2. *Yo conozco que todo lo puedes.* Tu poder es ilimitado; tu sabiduría, infinita.

3. *¿Quién es el que oscurece el consejo?* Estas son las palabras de Job y son una repetición de lo que dijo Jehová, Cap. 38:2: "¿Quién es ése que oscurece el consejo con palabras sin sabiduría?" Ahora que Job ha oído el discurso del Omnipotente y recibido su regaño, se hace eco de sus palabras: "¿Quién es el que oscurece el consejo con palabras sin sabiduría? ¡Ay de mí, yo soy el hombre!"

8. *Tomaos siete becerros y siete carneros.* Esto nos da la idea de que Job era considerado como un sacerdote, no sólo por su familia sino también por los demás. Ofrecía sacrificios por sus hijos, Cap. 1:15 y ahora tiene que hacer lo mismo acompañado de intercesión a favor de sus tres amigos. Esto es la prueba completa de la inocencia e integridad de Job: no había nada más concluyente de que las acusaciones de los amigos y sus amargos discursos eran tan falsos como malévolos.

10. *Y quitó Jehová la aflicción de Job.* Se dice que Jehová quitó la aflicción de Job cuando él hubo orado por sus amigos: El había sufrido mucho por la falta de bondad de ellos; habían criticado su conducta sin sentimiento ni misericordia; y lo habían hecho irritar en contra de ellos; esto está probado por varias partes de sus discursos. Dios ahora iba a mostrar su misericordia a Job; pero, la misericordia sólo se muestra con los misericordiosos; Job debía perdonar a sus crueles amigos si quería ser perdonado por el Señor.

11. *Una pieza de dinero. Kesitha,* significa un "cordero". Se supone que la pieza de dinero tenía un cordero grabado, pues esa cantidad de oro era precisamente el precio corriente de un cordero. La Vulgata, Caldea, Septuaginta, Arábiga y Siríaca tienen "un cordero u oveja"; de modo que parece que ellas no interpretan la *kesitah* como una pieza de dinero de ninguna clase, sino una oveja o cordero. *Anillo de oro.* Literalmente, "una joya para la nariz".

12. *Y bendijo Jehová el postrer estado de Job.* ¿No fue como resultado de los obsequios de los amigos, un cordero, oveja u otra clase de ganado y la cantidad de oro mencionada, que este acopio de ovejas aumentó con tanta rapidez a catorce mil, sus camellos a seis mil, sus bueyes a dos mil y sus asnas a mil? *Tuvo catorce mil ovejas.* El lector puede remitirse al cap. 1:3 para ver que la propiedad de Job fue exactamente *duplicada.*

13. *Y tuvo siete hijos y tres hijas.* El mismo número que antes.

14. *El nombre de la primera. Jemima.* "Días sobre días." *Cesia,* "Acaci," una bien conocida planta aromática. *Kerenhapuc,* "el cuerno de abundancia".

15. *Les dio su padre herencia entre sus hermanos.* Parece referirse a la historia de las hijas de Zelofehad, dada en Nm. 27:1-8 quienes parecen haber sido las primeras en permitírseles recibir herencia entre sus hermanos.

16. *Después de esto vivió Job ciento cuarenta años.* Ignoramos cuánto había vivido antes de su aflicción.

17. *Y murió Job viejo y lleno de días.* Murió cuando "estuvo satisfecho con su vida"; es lo que implica la palabra *seba.*

EL LIBRO DE

SALMOS

En el idioma hebreo este libro ha sido titulado *Sepher Tehillim*, "Libro de Alabanzas," porque la mayoría de los salmos tienen como objeto las alabanzas al Señor.

No hay duda que los salmos eran cantados en los cultos judíos, acompañados frecuentemente con instrumentos musicales, pues esto se menciona repetidamente en los mismos; de aquí que en la más antigua de las traducciones de los Salmos que poseemos, la Septuaginta, tal como está en lo que se llama Códice Alejandrino, sea titulado "El Salterio," que es una especie de instrumento musical parecido al arpa, según los informes proporcionados por algunos de los antiguos. De este término proviene *Psalterium* de la Vulgata, que proporciona nuestra palabra "Salterio".

En hebreo, al salmo se le llama *mizmor*, de *zamar*, que significa "separar," porque al cantarlo cada palabra queda dividida en sílabas y cada una de éstas responde a una nota musical.

Los hebreos dividen los salmos en cinco libros y esta clasificación es mencionada por varios de los padres primitivos. El origen de esta división no puede indagarse con facilidad; pero como era considerado un libro excelente y comparado por su importancia al mismo Pentateuco, es probable que se haya querido dividirlos en cinco libros pues en este mismo número estaban contenidos los libros de la ley.

LIBRO I. Salmos 1 al 41 inclusive.
LIBRO II. Salmos 42 al 72 inclusive.
LIBRO III. Salmos 73 al 89 inclusive.
LIBRO IV. Salmos 90 al 106 inclusive.
LIBRO V. Salmos 107 al 150 inclusive.

Es la opinión general de los eruditos, que esta colección, como la tenemos en la actualidad, fue realizada mucho después de la muerte de David y se cree generalmente que Esdras fue uno de los coleccionistas y compiladores. En lo que concierne a las inscripciones, tienen escasa autoridad; algunas, no están de acuerdo con el tema de los salmos a los que están adscriptas y no pocas aparecen fuera de lugar. Suponiendo que las personas mencionadas fueran los autores de los salmos que se les atribuye, todavía hay cincuenta y tres que, al no tener asignación, deben ser atribuidos a autores inciertos; aunque es muy probable que algunos de ellos sean obra de David.

Hay suficiente evidencia en las mismas composiciones que los salmos fueron compuestos por diversos autores y en distintas épocas. Su contenido señala muchas veces las ocasiones en las que fueron escritos.

SALMO 1

La bienaventuranza del justo demostrada al esquivar toda apariencia de mal (1). En su práctica piadosa de la ley de Dios (2). Además, esto está representado bajo la metáfora de un buen árbol plantado en buena tierra, bien regada (3). La condición opuesta de los impíos es representada por la figura del tamo arrastrado por el viento (4). El desdichado final de los pecadores y el de felicidad de los justos (5, 6).

1. *Bienaventurado el varón*. Este salmo que no tiene título, ha sido considerado, pero sin razón especial, como prefacio o introducción del libro.

La palabra traducida por *bienaventurado*, realmente tiene la forma del plural "bienaventurados"; o también podría considerarse como una exclamación brotada al contemplar el estado del hombre que ha determinado andar con Dios: "Oh, ¡la bienaventuranza del hombre!" La palabra *haish,* es categórica: "ese hombre"; refiriéndose a aquel que entre mil vive para realizar la finalidad para la que fue creado por Dios.

Que no anduvo en consejo de malos. Este versículo tiene un doble clímax: En primer lugar hay aquí tres personajes, cada uno de los cuales excede al otro en pecaminosidad. (1) El malo, más aún, impío, *reshaim,* de *rasha,* "ser injusto"; el que no hace la justicia debida. (2) Pecadores, *chattaim,* de *chata,* "errar el blanco," "pasar por sobre los límites de lo prohibido," "violar". Este hombre no sólo no hace lo bueno, sino que efectúa lo que es malo. (3) Escarnecedores, *letsim,* de *latsah,* "ridiculizar, escarnecer".

Encontramos el segundo clímax en las palabras (1) andar; (2) estar; (3) sentarse: que indican tres grados de mal en la conducta de esas personas. El impío anda, el pecador se establece y el escarnecedor se sienta en el camino de la iniquidad.

2. *Sino que en la ley de Jehová está su delicia.* Su voluntad, sus deseos, sus afectos, cada móvil de su corazón, cada impulso de su alma están de parte de Dios y su verdad.

3. *Como árbol plantado.* No como el árbol silvestre, sino como el que ha sido cuidadosamente cultivado. *Y su hoja no cae.* Su profesión de verdadera religión es uniforme y sir mancha; y su fe siempre será demostrada por sus obras.

6. *Jehová conoce.* "Aprueba" el camino del justo *tsaddikim,* de *tsadak,* "dar el peso justo": el hombre que da a cada uno lo debido; en oposición a *reshaim,* v. 1, el que niega lo justo a todos.

SALMO 2

Este salmo trata de la oposición manifestada tanto por los judíos como por los gentiles contra el reino de Cristo (1-3). La victoria de Cristo y la confusión de sus enemigos (4-6). La promulgación del evangelio después de su resurrección (7-9). Llamado a todos los potentados y jueces de la tierra a aceptar el evangelio pues la ruina está decretada para aquellos que lo rechacen (10-12).

1. *¿Por qué se amotinan las gentes?* Se ha supuesto que David compuso este salmo después de haber recuperado a Jerusalén del dominio de los jebuseos y de declararla cabecera del reino; II S. 5:7-9. Al enterarse, los filisteos acamparon en el valle de Refaim, cercano a Jerusalén. Josefo dice en *Antiq.* lib. 7, c. 4, que toda Siria, Fenicia y los pueblos guerreros circunvecinos unieron sus ejércitos al de los filisteos para destruir a David, antes que se fortaleciera en su reinado. David, habiendo consultado al Señor, según II S. 5:17-19, les presentó batalla y derrotó completamente a la totalidad de sus enemigos. Por tanto, en primer lugar, podemos suponer que este salmo fue escrito para celebrar la conquista de Jerusalén y la derrota de todos los reyes y jefes de las naciones circundantes. En segundo lugar, inferimos por el uso que los apóstoles hacían de este salmo, según Hechos 4:27, que David era considerado un tipo de Cristo y que la composición que estudiamos celebra las victorias del evangelio.

Las gentes, goyim, las naciones; a quienes por lo general se les denomina "gentiles". *Rage, rageshu;* el crujido de los dientes, la tumultuosa avalancha en conjunto de pueblos crueles e indignados está bien expresada tanto por el sonido como por el significado de la palabra original.

2. *Contra su ungido.* "Contra su Mesías." Pero como tal significa la persona "ungida," primeramente puede referirse a David y en segundo lugar, a Cristo.

4. *El que mora en los cielos se reirá.* Palabras habladas según se expresan los humanos; menospreciará sus mezquinos esfuerzos.

7. *Yo te engendré hoy.* Tenemos la autoridad de San Pablo para aplicar estas palabras a la resurrección de nuestro Señor, "Mi Hijo eres tú; yo te he engendrado hoy" —véase Hch. 13:33; también He. 5:5. "He engendrado" está aquí con el significado de "manifestado, expuesto o declarado"; y es a este sentido que alude evidentemente el apóstol San Pablo en Ro. 1:3-4 cuando habla de "nuestro Señor Jesucristo, que era del linaje de David según la carne, que fue declarado (presentado o decretado) Hijo de Dios con poder, según el Espíritu de santidad".

8. *Pídeme, y te daré.* Aquí se hace referencia a una segunda rama del oficio de Cristo como Salvador del mundo; es decir, su ministerio medianero. Habiendo muerto como sacrificio de expiación y resucitado, ahora hace intercesión por la humanidad.

9. *Los quebrantarás con vara de hierro.* Puede referirse a la nación hebrea, cuyo rechazo final del evangelio estaba previsto, y en cuyo lugar, los gentiles o paganos fueron traídos a la iglesia de Cristo.

10. *Admitid amonestación, jueces.* Más bien, "transformaos," y recibid el evangelio como la ley o base de la ley del país.

11. *Servid a Jehová con temor.* Directiva general para todos los hombres. Temed a Dios con esa reverencia que es debida a su suprema majestad y como *siervos* a sus *señores. Alegraos con temblor.* Si servís rectamente a Dios, no podéis menos que ser felices; pero aseguraos que un continuo temor filial modere vuestro regocijo. Todos debéis por fin presentaros ante el tribunal de Dios; velad, orad, creed, trabajad y conservaos humildes.

12. *Honrad al Hijo, para que no se enoje.* Es notable que la palabra *hijo* (*bar,* vocablo caldeo) no se encuentra en las versiones con excepción de la Siríaca; ni siquiera hay

un término equivalente. La expresión empleada por las versiones Caldea, Vulgata, Septuaginta, Arábiga y Etíope, significa "doctrina" o "disciplina": "Aprovechad la disciplina para que el Señor no se enoje con vosotros."

Este salmo es notable no sólo por su tema, el reinado futuro del Mesías, sino también por el cambio de persona. En el primer verso habla el profeta; en el tercero, los adversarios; en el cuarto y el quinto, la respuesta del profeta; en el sexto, habla Dios; en el séptimo, el Mesías; en el octavo y noveno, Jehová responde; y, desde el décimo al duodécimo, el profeta exhorta a sus adversarios a someterse y obedecer.

3. *Mas tú, oh Jehová, eres escudo.* Como un escudo cubre y defiende el cuerpo de los golpes de un adversario, así Tú me defenderás y me cubrirás de los que se levantan contra mí. *El que levanta mi cabeza.* Tú me restaurarás al estado del cual mis enemigos me han desplazado. Este es el significado de la frase y lo habla proféticamente.

5. *Yo me acosté y dormí.* Quien sabe que tiene a Dios como su Protector puede ir tranquila y confiadamente a su cama.

7. *Tú heriste.* "Tú herirás," "Romper las quijadas" y "los dientes" son expresiones que indican confusión y destrucción de un adversario.

SALMO 3

Sumamente angustiado David se lamenta del número de sus enemigos y los vituperios que le imputan como si Dios le hubiera olvidado (1, 2); sin embargo está seguro de que Dios será su protector (3). Menciona sus oraciones y súplicas y cómo El le ha respondido (4, 5); se mofa de la malicia impotente de sus adversarios y predice la destrucción de ellos (6, 7); le atribuye la salvación al Señor (8).

Se ha dicho que éste es *Un Salmo de David cuando huía de su hijo Absalón.* Véase el relato en II S. 15:1 y sig. Se supone que David lo compuso cuando, obligado a abandonar Jerusalén, pasó por el monte de los Olivos, llorando, con las ropas rotas y polvo sobre su cabeza. Este salmo es bastante adecuado a esas circunstancias, y se arrojan luz recíprocamente. Si la inscripción fuera correcta se probaría que los salmos no están colocados en orden cronológico.

1. *¡Oh Jehová, cuánto se han multiplicado mis adversarios!* Se nos dice que los corazones de todo Israel se iban tras Absalón, II S. 15:13.

2. *No hay para él salvación en Dios.* Estos eran los vituperios de algunos de sus enemigos, entre ellos, Simeí. Tales reproches afectaron profundamente su corazón; y él los menciona con esa nota que ocurre con tanta frecuencia en los salmos, y en éste, por vez primera, *selah.* Mucho se ha dicho sobre el significado de esta palabra; y sólo tenemos conjeturas para guiarnos. La Septuaginta siempre la traduce por *diapsalma,* "una pausa en el salmo". La Caldea en ocasiones la interpreta por *lealmin,* "para siempre". Las restantes versiones la pasan por alto. Puede ser que provenga de *sal,* "levantar o elevar," y puede denotar una elevación particular en las voces de los músicos, cosa que se puede observar muy notablemente en los himnos judíos hasta la época moderna; o puede derivarse de *salah,* "desparramar, divulgar," insinuando que el asunto al cual está relacionado la palabra debe ser difundido, meditado y puesto en consideración por el lector.

SALMO 4

David ruega ser escuchado (1); reconviene a los impíos (2); los exhorta a volver a Dios y hacer la paz con El (3-5). Muestra el efímero empeño de los hombres en la búsqueda de la felicidad, la que él asegura solamente existe en tener la aprobación de Dios (6, 7); se encomienda al Señor y entonces, tranquilamente se entrega al reposo (8).

Parece que este salmo hubiera sido escrito en la misma ocasión que el precedente, es decir, durante la rebelión de Absalón. Debe haber sido un himno de la tarde, cantado por David y su compañía antes de entregarse al reposo. La inscripción dice: "Al músico principal; sobre Neginot." Parece que *Neginot* proviene de *nagan,* "golpear"; y es posible que se refiera a instrumentos como el címbalo, el tambor e instrumentos de cuerda en general.

1. *Tú me hiciste ensanchar.* Estuve en prisión y Tú me sacaste. *Ten misericordia de mí* —continúa obrando en igual manera.

2. *Amaréis la vanidad.* ¡Absalón, el pobre, superficial, ligero de cascos, cara-bonita, cuyos proyectos son todos vanos y sus promesas son todas huecas! *¿Y buscaréis la mentira?* "Lo falso."

3. *Jehová ha escogido al piadoso para sí. Chasid,* el hombre pío, benévolo. Ha señalado a los tales y los ha separado como propiedad suya.

4. *Temblad y no pequéis.* La Septuaginta, de la cual es copia lo que dice San Pablo en Ef. 4:26, traduce así esta cláusula: "Airaos, pero no pequéis." Lo mismo leemos en la Vulgata, la Siríaca, la Etíope y la Arábiga; de modo tal que la palabra original *rigzu* podría interpretarse: Si os enojáis y creéis que tenéis razón para estar airados, no permitáis que vuestro descontento os impulse a actos de rebeldía contra Dios y vuestro rey. *Y callad.* "Quedaos mudos." Guardad silencio; temed el ser hallados luchando contra Dios.

6. *Alza sobre nosotros . . . la luz de tu rostro.* Solamente esto, *la luz de tu rostro*

—tu paz y tu aprobación, constituyen el supremo bien.

7. *Tú diste alegría a mi corazón.* Has concedido a mi alma lo que necesitaba y lo que era mi deseo. Ahora encuentro una felicidad que las cosas terrenales no pueden producir. Tengo paz de conciencia y gozo en el Espíritu Santo; alegría tal en mi interior como no pueden jactarse de tener aquellos que lograron la mayor producción de *grano y vino;* dos cosas en cuya abundancia muchos suponían hallar la felicidad.

8. *En paz me acostaré y asimismo dormiré.* La mayor parte de los hombres se acuestan y duermen diariamente, porque la vida no podría ser preservada sin el descanso y el sueño, pero, ¡ay! ¡cuán pocos son los que descansan en paz! ¡Paz con sus conciencias y paz con Dios!

SALMO 5

David continúa en oración (1, 2); temprano hace sus súplicas a Dios (3). Demuestra el aborrecimiento de Dios hacia los que obran iniquidad (4-6). Su determinación de adorar a Dios y de implorar dirección y apoyo (7, 8). Señala la maldad de sus enemigos (9) y la destrucción que pueden esperar (10); luego manifiesta la felicidad de quienes confían en el Señor (11, 12).

La inscripción de este salmo dice: "Al músico principal; sobre Nehilot. Salmo de David." Como *neginot* podría significar cualquier instrumento tocado con el plectro, instrumentos de cuerda, o algunos como el tambor, el címbalo, etc.; así *nechiloth,* de *chal,* ser "hueco," "soportar hasta el fin," puede indicar cualquier clase de instrumentos de viento tales como la trompeta, el clarín, la flauta.

1. *Escucha, oh Jehová, mis palabras.* Este es justamente un himno matutino como el anterior era el de la tarde. Por la conclusión del último salmo, concluimos que David estaba muy contento y se acostaba y dormía en la paz y en el amor de su Dios. Al abrir sus ojos a la mañana siguiente, no sólo recuerda sino que siente la felicidad de la cual habló; y con su primera reminiscencia medita en la bondad y misericordia de Dios y el glorioso estado de salvación al cual ha sido trasladado.

3. *De mañana oirás mi voz.* Descubre que es bueno comenzar el día con Dios; que las cosas divinas ocupen el primer lugar de sus pensamientos al despertar, pues lo primero que ocupa nuestra mente al despertar por lo general se posesiona del corazón durante todo el día.

4. *El malo no habitará junto a ti.* Como Tú eres santo sólo tienes placer en la santidad; y, en cuanto al *malo* nunca entrará en tu gloria; *lo yegurecha ra,* "el hombre malo jamás morará contigo".

5. *Los insensatos no estarán delante de tus ojos.* Es necio y loco el que se precipita sofocadamente sin ningún galardón, luchando contra el Todopoderoso. Esto es lo que hace el malvado; por lo tanto, cada impío es necio y loco. *Aborreces a todos los que hacen iniquidad.* Algunos pecan *de vez en cuando,* otros *generalmente;* unos pocos, *constantemente* y todavía otros *trabajan* en la maldad con todas sus fuerzas. Estos son los llamados *obradores de iniquidad.* A éstos, aun el Dios de infinito amor y misericordia *aborrece.* ¡Ay! ¡qué *porción* tienen los que hacen *iniquidad!* ¡el aborrecimiento del Dios Todopoderoso!

6. *Los que hablan mentira.* V.l.e.s. Sal. 4: 2. *Al hombre sanguinario y engañador abominará Jehová.* "El hombre de sangres," pues quien tiene espíritu de asesino raramente terminará con un solo derramamiento de sangre.

7. *Por la abundancia de tu misericordia.* David consideraba un inexpresable privilegio el poder asistir al culto de adoración; él sabía que sólo por las infinitas misericordias de Dios, tanto él como cualquier otro hombre podía gozar de tal beneficio. Quien tenga el punto de vista de David sobre este asunto, jamás se ausentará de los medios de gracia. *En tu temor.* Considerando debidamente la infinita santidad de tu Majestad, adoraré, "me inclinaré y postraré" en la más profunda autohumillación. *Hacia tu santo templo.* Si David fue el autor de este salmo como comúnmente se cree, el templo no había sido edificado aún: solamente existía el tabernáculo; y en la cláusula precedente habla de entrar en su casa, lo cual debe haber tenido referencia al tabernáculo. Pero en el templo, en este lugar también puede significar el lugar santísimo ante el cual David debía postrarse mientras estaba en la casa, es decir, el atrio.

10. *Castígalos, oh Dios.* Todas estas declaraciones, aparentemente imprecatorias, deberían ser traducidas en tiempo futuro, pues a él corresponden y las señala como proféticas: "Tú los *castigarás;* Tú los *echarás* fuera."

11. *Pero alégrense todos los que en ti confían.* En igual manera que las anteriores deberían ser traducidas 'estas expresiones, es decir, declarativa y proféticamente: "Todos los que en ti confían se *alegrarán . . . darán voces de júbilo para siempre."*

12. *De tu favor.* Literalmente, "como un escudo, tu favor lo rodeará".

SALMO 6

En este salmo encontramos una deprecación de venganza eterna (1); una petición de misericordia a Dios (2). Esta está reforzada por la consideración de: los sufrimientos del salmista (3); de la misericordia divina (4); las alabanzas y la gloria que Dios dejaría de recibir si los hombres fueran destruidos (5); por su humillación y arrepentimiento (6, 7). Se regocija en Dios por haber logrado éxito en sus ruegos(8, 9); y predice la caída de todos sus enemigos (10).

Este salmo está encabezado por la siguiente inscripción: "Al músico principal; en Neginot, sobre Seminit. Salmo de David"; que la Caldea traduce: "Para ser cantado en Neginot, arpa de ocho cuerdas." Hemos visto que *neginot* probablemente tenga referencia a todo instrumento que emita sonido por pulsación o instrumentos de cuerda en general. Esta composición debía ser cantada con el acompañamiento de ese tipo de música; pero hay uno especificado, es decir, el *sheminith;* así llamado por tener ocho cuerdas. "El músico principal" ha recibido la orden de acompañar el recital del salmo que nos ocupa con el instrumento ya mencionado.

1. *Jehová, no me reprendas.* Este es uno de los "Siete Salmos Penitenciales," y se supone que haya sido escrito durante cierta penosa enfermedad que afligió a David después de su transgresión coñ Betsabé. Implica estar profundamente consciente de pecado y temor del justo desagrado de Dios.

2. *Ten misericordia.* No tengo mérito alguno. Merezco todo lo que siento y todo lo que temo. *Sáname, oh Jehová.* Ningún médico terrenal puede curar mi enfermedad. Mi cuerpo y mi alma están enfermos y sólo Dios puede ayudarme. *Estoy enfermo. Umlal.* "Estoy excesivamente débil"; no puedo tomar alimento y mis fuerzas están exhaustas.

7. *Mis ojos están gastados.* Están marchitos, debilitados, hundidos en mi cabeza.

10. *Se avergonzarán y se turbarán.* ¡Que ellos lamenten sus transgresiones como yo lo he hecho con las mías! ¡Que vuelvan y se conviertan repentinamente! El original sostendrá esta interpretación que es la que está en mayor armonía con los principios cristianos.

SALMO 7

El salmista ora al confrontar la malicia de sus enemigos (1, 2); declara su propia inocencia (3-5); ruega a Dios que Él lo vindique para la edificación de su pueblo (6-8); ora contra la maldad de sus enemigos (9); expresa su fuerte confianza en Dios (10); amenaza a los transgresores con los juicios del Señor (11-13); muestra la conducta a los impíos (14-16); se regocija en la misericordia y la bondad amorosa de su Hacedor (17).

Este salmo está titulado, "Sigaión de David, que cantó a Jehová acerca de las palabras de Cus hijo de Benjamín". La palabra *Sigaión* viene de *shagah,* "vagar," himno errabundo; es decir, un salmo compuesto por David durante sus correrías cuando estaba obligado a esconderse de la furia de Saúl.

En cuanto a Cus el benjamita, es persona desconocida en la historia judía; quizá su nombre sea ficticio y encubiertamente se refiera al mismo Saúl, hijo de Cis, de la tribu de Benjamín. El tema del salmo se apega más a la injusta persecución de Saúl y la inocencia de David que a cualquier otro asunto en la historia de éste último.

1. *Jehová Dios mío. Yehovah Elohai,* palabras que expresan la confianza suprema que un alma pueda depositar en el Ser Supremo.

2. *No sea que desgarren mi alma cual león,* parece que estas palabras aludieran bien a Saúl. Como el león es el rey de la selva, Saúl lo era de su país. De la manera que el animal en su ferocidad, hiere de golpe y despedaza a su presa, David esperaba ser golpeado y destruido por Saúl.

3. *Si yo he hecho esto.* Saúl había acusado a David de ser afecto al reino y de esperar la oportunidad de quitarle la vida a su rey, señor y amigo. En esta apelación a Dios, David hace referencia a estos cargos; les hace frente con indignación y aclara su situación por una firme instancia a su Juez.

4. *Antes he libertado.* Cuando, en el curso de tu providencia, allá en la cueva Tú pusiste su vida en mis manos, yo me contenté con cortar el borde de su vestidura, solamente para poderle demostrar el peligro en que había estado y el espíritu del hombre a quien acusaba de atentar contra su vida; y aun por haber hecho tal cosa mi corazón me molestó porque parecía una indignidad cometida contra el ungido del Señor.

7. *Y sobre ella vuélvete a sentar en alto.* Asciende a tu tribunal; y que, por las dispensaciones de tu providencia, vean quién es inocente y quién es culpable.

11. *Dios está airado contra el impío todos los días.* La traducción del hebreo para esta cláusula de acuerdo a los *puntos* es: "Y Dios está enojado cada día." La versión inglesa parece haber sido tomada de la Caldea, que daría esta interpretación: "Dios es un Juez justo; y en fortaleza está airado todos los días contra el impío." Dice la Vulgata: "Dios es un Juez justo, fuerte y paciente; ¿se enojará todos los días?" La Septuaginta: "Dios es un Juez justo, fuerte y longánime; no manifestará su ira cada día." La Siríaca: "Dios es el Juez de justicia; El no se enoja todos los días." La Arábiga presenta la misma traducción que la Septuaginta. La Etíope: "Dios es un Juez justo, fuerte y paciente; no impondrá tribulación todos los días."

He creído que sería útil presentar este versículo a través de todas las versiones antiguas para podernos asegurar de cuál es la verdadera interpretación, dado que por una parte la evidencia equivale a una afirmación positiva, "Dios está airado todos los días"; y por la otra se presenta con la misma claridad como una negación, "Dios no se enoja todos los días". La totalidad de la evidencia sostiene esta última interpretación. Primeramente, la Caldea falseó el texto al agregar, "con el impío," versión que siguieron nuestros traductores, aunque hayan puesto las palabras en letras cursivas, es decir, como no pertenecientes al texto hebreo. El verdadero sentido del texto puede restaurarse así: *el,* con el signo diacrítico *tsere,* significa "Dios"; *al,* las mismas letras con el *signo pathach,* quiere decir *"no".* Varias versiones lo interpretan de la siguiente manera: "Dios juzga al justo; y no se enoja todos los días."

12. *Si no se arrepiente.* La mayoría de las versiones interpretan, "si no os arrepentís".

13. *Asimismo ha preparado armas de muerte.* Parece que ésta fuese una profecía de la trágica muerte de Saúl. Fue herido por las flechas de los filisteos, y por su penetrante espada sobre la cual cayó, ¡terminando así sus funestos días!

14. *Se preñó de iniquidad.* Todos estos términos sirven para demostrar el abismo de envidia, ira y malevolencia al que la oposición de David había arrastrado a Saúl.

15. *Pozo ha cavado.* La metáfora ha sido tomada de los pozos cavados en la tierra, ligeramente cubiertos por juncos para que no se distingan de la tierra firme; pero un animal apoya sus patas sobre ella, quiebra la superficie y cae en el pozo donde es atrapado. "Todo el mundo está de acuerdo en reconocer la equidad de la sentencia por la que se inflige al *culpable* el castigo que él proyectó para el *inocente*" —Horne.

16. *Caerá sobre su propia coronilla.* Sobre su *cuero cabelludo,* la parte superior de la cabeza.

SALMO 8

Manifestación de la gloria y bondad de Dios por medio de sus obras (1, 2); particularmente en el cielo estrellado (3); en el hombre (4); en la creación de éste (5); en el dominio que Dios le concedió sobre la tierra, el aire, el mar y sus habitantes (6-8); como consecuencia, el nombre de Dios es ensalzado en toda la tierra (9).

Leemos en este salmo la siguiente inscripción: "Al músico principal; sobre Gitit. Salmo de David." Se le ha hecho esta metáfrasis: "Al vencedor, respecto a los lagares." Se supone que este salmo está destinado al tiempo de la vendimia. Es evidente por la referencia que se hace acerca del v. 2 en Mt. 11:25, la cita expresa en Mt. 21:16 y otra mención en 1 Co. 1:27, que este salmo tiene su cumplimiento en nuestro Señor Jesucristo y en la época del evangelio. Los versículos *cuarto* y *sexto* están citados en He. 2:6-9. Véase también 1 Co. 15:27 y Ef. 1:22. En ambos se hace referencia al primero y segundo Adán y también a la primera y segunda creación; y mediante ambos, a la gloria que Dios ha recibido y recibirá. Concierne a Cristo y la redención.

1. *Oh Jehová, Señor nuestro. Yehovah Adoneynu.* "Oh Jehová nuestro apoyo, nuestra morada, nuestro sostén."

2. *De la boca de los niños y de los que maman.* Hemos visto cómo nuestro Señor aplicó estos pasajes a los niños judíos que habiendo visto sus milagros, clamaban en el templo: "¡Hosanna al Hijo de David!" Mt. 21:16. También notamos cómo el *enemigo* y el *vengador* —los *principales sacerdotes* y los *escribas* —estaban ofendidos por estas cosas; y puesto que el salmo concierne totalmente al Señor Jesucristo, es sumamente probable que en ese acto de los niños hebreos, la profecía tuviera su primordial cumplimiento y fuera dejado a los judíos como un testimonio y señal del Mesías al que deberían de haber reconocido cuando nuestro Señor les llamó la atención a las palabras citadas.

4. *¿Qué es el hombre? Mah Enosh,* ¿qué es el desventurado y miserable hombre; el hombre caído, lleno de debilidad, ignorancia y pecado? *¿Para que tengas de él memoria?* Para que hayas puesto tu corazón en él y le guardes continuamente bajo tu misericordiosa mirada. *Y el hijo del hombre. Uben Adam,* y el hijo de Adán, el primer gran rebelde; el hijo caído de un padre semejante.

5. *Le has hecho poco menos que los ángeles.* Indudablemente el original es muy categórico: "Por un poco de tiempo Tú lo hiciste menos que Dios." Véanse estos pasajes ampliamente explicados en las notas sobre He. 2:6.

6. *Le hiciste señorear.* V.l.e.s. lo ya mencionado y las notas de Fil. 2:6-9. *Todo lo pusiste debajo de sus pies.* Aunque la totalidad de la creación irracional fue sujeta a Adán en su estado de inocencia, jamás se dijo literalmente de él, que Dios había puesto todas las cosas debajo de sus pies, o que tendría dominio sobre toda la obra de las manos divinas; pero esto es absolutamente una verdad literal cuando se trata de nuestro Señor Jesucristo; y es a El a quien el apóstol aplica todos estos pasajes de He. 2:6 y sig.

7. *Ovejas y bueyes, todo ello.* Todos los animales domésticos. *Las bestias del campo.* Todos los animales salvajes.

8. *Las aves de los cielos.* Todos éstos fueron dados al hombre en el principio; y aún tiene dominio general sobre ellos; pues así dice el Señor: "El temor y el miedo de vosotros estarán sobre todo animal de la tierra, y sobre toda ave de los cielos, en todo lo que se mueva sobre la tierra, y en todos los peces del mar; en vuestra mano son entregados," Gn. 9:2.

9. *¡Oh Jehová, Señor nuestro!* El salmista concluye como ha comenzado. ¡Jehová nuestro apoyo y sostén! Su nombre es excelso en toda la tierra. El nombre de Jesús es objeto de alabanza en casi todas las partes del mundo habitado; porque su evangelio ha

sido o está en camino de serlo, predicado en toda la tierra.

SALMO 9

David alaba a Dios por los beneficios otorgados a Israel en general y a él mismo en particular (1-6). Se anima en el Señor, sabiendo que El juzgará justamente y será un refugio para el afligido (7-10). Exhorta al pueblo a alabar a Dios por sus juicios (11, 12); ora para recibir misericordia y sostén y agradece a Dios por los juicios que ejecutó sobre los paganos (13-16). Predice la perdición eterna de los impíos (17); ruega por los pobres y necesitados y también contra sus opresores (18-20).

En el texto hebreo la siguiente inscripción encabeza este salmo: "Al músico principal; sobre Mut-labén. Salmo de David." Tanto el título como el salmo han sido tan diversamente interpretados que resultaría tanto penoso como inútil seguir a los diferentes comentadores no sólo antiguos sino también modernos a través de todas sus conjeturas.

1. *Te alabaré, oh Jehová, con todo mi corazón.* Y es sólo cuando *todo el corazón* se dedica a la obra que Dios la contempla con aceptación. *Contaré todas tus maravillas.* "Las numeraré," tarea sumamente difícil; "tus milagros," intervenciones sobrenaturales de tu poder y bondad.

5. *Reprendiste a las naciones.* No sabemos a qué se refiere en particular, pero es probable que sea a los cananeos a quienes Dios exterminó de la faz de la tierra; por eso se dice, *Borraste el nombre de ellos eternamente y para siempre.*

6. *Han quedado desolados para siempre.* Mejor dicho, "El enemigo es desolado para siempre; porque tú destruiste sus ciudades y con ellas borraste su recuerdo". Multitudes de ciudades cananeas fueron destruidas de manera tan completa que no han quedado ni su nombre ni vestigios.

9. *Refugio.* "Lugar elevado," donde sus enemigos no pudieran alcanzarlos ni aun verlos.

15. *Se hundieron las naciones en el hoyo que hicieron.* V.l.e.s. Sal. 7:15.

17. *Los malos serán trasladados al Seol.* "De cabeza al infierno." El original es muy enfático.

20. *Pon, oh Jehová, temor en ellos.* "Oh Señor, ponles un maestro," para que puedan saber que ellos también son criaturas responsables, adquieran sabiduría para salvación y estén preparados para un estado de bienaventuranza. *Conozcan las naciones que no son sino hombres. Enosh;* que los gentiles sean enseñados por la predicación del evangelio que son débiles e indefensos y que tienen necesidad de la salvación que Cristo ha provisto para ellos.

SALMO 10

El salmista se queja a Dios de la opresión que sufren los pobres de parte del hombre malvado a quien describe como aborrecedor de aquéllos (1, 2); orgulloso (3); no busca a Dios (4); indiferente en cuanto a sus juicios (5); seguro de sí mismo (6); blasfemo y engañador (7); procura con astucia y traición destruir al pobre (8-10); y supone que Dios es indiferente a su conducta (11). El salmista ora encarecidamente que Dios preserve al pobre y al humilde y derribe al tirano (12-15). Prevé que su oración ha sido aceptada; que los juicios llegarán y el pobre será liberado (16-18).

1. *¿Por qué estás lejos, oh Jehová?* En la Vulgata y en la Septuaginta este salmo forma parte del precedente; lo mismo sucede con cuatro de los manuscritos de Kennicott y De Rossi. Pertenece al período de la cautividad o al retorno de los prisioneros. Es probable que se refiera a Sambalat y a los otros enemigos de los judíos. Hay gran semejanza entre éste y los salmos 13, 14, 35 y 53. En todos encontramos la misma queja, idéntico sentimiento y casi las mismas expresiones. Aquí se representa a Dios como si estuviera parado a la distancia, contemplando la opresión de su pueblo y, sin embargo, con aparente indiferencia.

8-9. *Se sienta en acecho.* Parece que en éste y en los versículos siguientes hubiera una alusión al espionaje o al establecimiento de espías de la conducta de un hombre; o puede referirse al comportamiento de un asesino o un homicida al servicio de un particular. *Acecha en oculto... en escondrijos... sus ojos están acechando al desvalido... arrebata al pobre trayéndolo a su red.* Es como el cazador que prepara su trampa, cava sus pozos, tiende sus redes y cuando la presa cae, le quita la vida.

10. *Se encoge.* El león se agazapa y encoge a la vez para poder dar el mayor brinco.

16. *Jehová es rey eternamente.* Ha tenido y tendrá el poder supremo.

18. *A fin de que no vuelva más a hacer violencia el hombre de la tierra.* Creo que traduciríamos el hebreo mejor de esta manera: "Para que no pueda contribuir más a ahuyentar al hombre de la tierra." Destruid la influencia del tirano y no le permitáis volver al poder para añadir un acto adicional de opresión a aquellos que ya ha cometido.

SALMO 11

Los amigos de David le aconsejan que huya al desierto para escapar de la furia de Saúl (1-3). Les responde que, habiendo puesto su confianza en Dios, sabiendo que no abandona a quienes confían en El y que castigará a los impíos, está perfectamente convencido de que estará en seguridad (4-7).

La inscripción dice: "Al músico principal. Salmo de David." Por las palabras "músico principal," se hace referencia al director del canto; el director o maestro de banda, el director del coro: pero sabemos que tales palabras han sido traducidas, "Al Conquistador".

1. *En Jehová he confiado; ¿cómo decís?* Parece que algunos de los amigos de David le habían aconsejado de ese modo al ver que Saúl estaba resuelto a destruirlo: "Huye como el ave a tu montaña."

3. *Si fuesen destruidos los fundamentos.* Si Saúl que era el virrey de Dios había desechado su temor y ahora no le interesaban ni la verdad ni la justicia, un hombre justo no tendría la seguridad de su vida. Kimchi supone que esto tiene referencia a los sacerdotes asesinados por Doeg, bajo la orden de Saúl.

4. *Jehová está en su santo templo.* Todavía debe ser buscado y hallado en el lugar donde Él ha puesto su nombre. Aunque los sacerdotes fueron destruidos, el Dios en cuya adoración servían, aún vive y puede ser encontrado en su templo por los verdaderos adoradores.

5. *Jehová prueba al justo.* No los abandona; los prueba, para que demuestren su fidelidad y los aflige para su bien. *Su alma los aborrece.* El malvado será siempre aborrecido por el Señor; y al hombre violento —el destruidor y asesino— *su alma aborrece;* expresión de rara fortaleza y energía; todas las perfecciones de la naturaleza divina abominan a los tales.

6. *Sobre los malos hará llover.* Clara alusión al exterminio de Sodoma y Gomorra. *Viento abrasador.* "El espíritu de terrores."

SALMO 12

El salmista, desposeído del consuelo humano, implora la ayuda de Dios (1); describe el carácter de los que lo acosan y los amenaza con los juicios divinos (2-5); confía en las promesas del Señor y en su protección sobre él y todos los hombres buenos (6-8).

Leemos la inscripción de este salmo como sigue: "Al músico principal; sobre Seminit. Salmo de David." V.l.e.s. el título del Salmo 6. Algunos piensan que este salmo fue escrito cuando Doeg y los zifeos traicionaron a David para que lo aprehendiera Saúl, véase 1 S. 22 y 23; pero es más probable que haya sido escrito durante la cautividad babilónica.

2. *Habla mentira cada uno con su prójimo.* Son falsos y vacíos; dicen una cosa mientras quieren decir otra; no se puede confiar en lo que dicen. *Hablan con labios lisonjeros y con doblez de corazón.* "Con un corazón y con otro corazón." Parece que tuvieran dos; uno para decir palabras lisonjeras, el otro para inventar agravios.

3. *Jactanciosamente. Gedoloth,* "Grandes cosas".

5. *Por la opresión de los pobres.* Parece que esto se refiriera más a las tribulaciones que los israelitas sufrieron durante su cautividad en Babilonia. El Señor se representa a Sí mismo como si estuviera mirando y contemplara la aflicción de su pueblo; y, al escuchar su clamor, decidiera avanzar en su ayuda.

8. *Cercando andan los malos.* La tierra está llena de ellos, *Y la vileza es exaltada entre los hijos de los hombres:* mejor versión sería: "Porque la infamia gana terreno entre los hijos de Adán."

SALMO 13

Este salmo es la expresión de los sentimientos de un alma afligida que anhela de veras el auxilio del Señor. El salmista se queja de su demora (1, 2); ora para recibir luz y consuelo porque se encuentra al borde de la muerte (3); teme los ultrajes de sus enemigos (4); anticipa una respuesta favorable y promete acción de gracias (5, 6).

No hay nada notable en la inscripción. Se supone que este salmo fue escrito durante la cautividad y expresa las oraciones y súplicas de los angustiados israelitas ya agotados por el largo e inhumano cautiverio.

1. *¿Hasta cuándo, Jehová? ¿Me olvidarás?* Las palabras *ad anah,* traducidas *¿Hasta cuándo?,* se repiten cuatro veces en los dos primeros versículos y de inmediato señalan gran melancolía y extrema formalidad de un alma. *¿Esconderás tu rostro de mí?* ¿Hasta cuándo estaré destituido de un claro sentido de tu aprobación?

4. *Para que no diga mi enemigo.* El satánico método acostumbrado de tentar consiste en incitar poderosamente a pecar, cegar el entendimiento e inflamar las pasiones; cuando logra éxito, sale victorioso por insultos y vituperios.

6. *Cantaré a Jehová.* El corazón que tiene un claro sentido del favor divino se torna en alabanzas al Señor. *Porque me ha hecho bien.* "Porque me ha recompensado."

SALMO 14

Sentimientos de ateos y deístas que niegan la doctrina de la Providencia divina. Su carácter: son corruptos, necios, abominables y crueles (1-4). Dios los llena de terror (5); los reprocha por la opresión del pobre (6). El salmista ora por la restauración de Israel (7).

En el título de este salmo no hay nada en particular; solamente es probable que la palabra *ledavid,* "de David," está erróneamente antepuesta, ya que está suficientemente probado por la misma estructura del salmo, que habla de la cautividad en Babilonia.

1. *Dice el necio en su corazón: No hay Dios.* **Nabal**, que traducimos por "necio," significa un hombre superficial, despreciable, un bellaco. Uno que tiene cabeza turbia y corazón sucio, que en su obcecación y locura, dice en su corazón, "No hay Dios". "Y nadie," dice alguien, "sino un *necio* lo diría". La palabra no está tomada en el sentido estricto que hoy damos al término "ateo," es decir el que niega la existencia de un Dios o bien lo confunde con la materia. (1) Ha habido algunos, no muchos, que han negado la existencia de Dios. (2) Hay otros, que sin negar esa existencia en absoluto, desconocen su providencia. (3) Todavía hay otros, y éstos son muy numerosos, que, mientras profesan aceptar las dos cosas, las niegan en sus corazones y viven como si estuvieran persuadidos de que no hay Dios ni castigos ni recompensas.

3. *Todos se desviaron.* No andarán por el camino recto. *A una se han corrompido.* Están "fermentados" y "rancios"; se trata de una metáfora tomada de la leche que primero se fermenta, se vuelve ácida, rancia y ya no sirve. *No hay quien haga lo bueno, no hay ni siquiera uno.* Este no es solamente el estado de la Babilonia pagana sino el de todos los habitantes de la tierra hasta que la gracia de Dios cambie sus corazones. Por naturaleza y a causa de ella, por práctica todos los seres humanos son pecadores y depravados.

5. *Ellos temblaron de espanto.* Se trata aquí de una clara referencia a la historia de las naciones cananeas; quedaron paralizadas de terror al ver a los israelitas y, al aludir a ellos, el salmista les muestra que una destrucción similar vendría sobre los babilonios.

7. *¡Oh, que de Sion saliera la salvación de Israel!* O en forma más literal, "¿Quién de los de Sion dará la salvación a Israel?" La liberación tendría que provenir de Sion; porque solamente Dios era poderoso para hacerlo; pero, ¿a quién haría su instrumento?

SALMO 15

Se contesta una pregunta de suma importancia: ¿Quién es idóneo para formar parte de la iglesia militante? ¿Y quiénes serán finalmente que se unan a la iglesia triunfante? El versículo 1 nos presenta la interrogación, los versos 2-5, la contestación.

1. *Jehová, ¿quién habitará en tu tabernáculo?* La traducción literal de este versículo reza así: "Señor, ¿quién permanecerá en tu tabernáculo? ¿Quién tendrá residencia en el monte de tu santidad?"

2. *El que anda en integridad.* (1) Anda perfectamente. *Y hace justicia.* (2) No queda satisfecho con una vida contemplativa; tiene deberes que realizar. *Y habla verdad en su corazón.* (3) Es un hombre veraz; en él no hay nada falso.

3. *El que no calumnia con su lengua.* "No pisotea con su lengua." (4) Trata a su prójimo con respeto. No dice nada que pueda injuriarle en su carácter, persona o propiedad. *Ni hace mal a su prójimo.* (5) No sólo evita hablar mal, sino también cualquier acción incorrecta contra su vecino. *Ni admite reproche alguno contra su vecino.* (6) La palabra *cherpah*, que aquí se traduce *reproche*, viene de *charaph*, "despojar, desnudar, quitar a alguien sus vestiduras". La aplicación es fácil: por ejemplo, a un hombre de buena reputación se le acusa de haber cometido algo malo; el cuento se agranda y los detractores y murmuradores se encargan de propagarlo; de esta manera el hombre queda despojado de su buena reputación, de la vestimenta de su rectitud, verdad y honestidad. El hombre bueno *no lo admite.* No puede impedir que el detractor dé su mensaje, pero está en su poder no recibirlo: de esta manera puede detenerse el progreso de la maledicencia.

4. *Aquel a cuyos ojos el vil es menospreciado.* (7) Este hombre juzga a los demás por su conducta; no prueba el corazón de ninguno. *El vil*, "el réprobo," el que se ha entregado al pecado; *es despreciado*, es "repugnante," como si estuviera cubierto por la lepra, pues es eso, precisamente lo que indica la palabra. *Honra a los que temen a Jehová.* (8) El verdadero hombre piadoso, mientras tiene en menosprecio al "honorable" libertino, *honra a los que temen al Señor*, aunque éstos puedan encontrarse en la más abyecta pobreza.

El que aun jurando en daño suyo, no por eso cambia. (9) Si alguna vez se encuentra ligado por un solemne juramento para hacer tal o cual cosa y después encuentra que para conservar su palabra sufrirá un gran perjuicio, tiene tal reverencia por Dios y la verdad, que no cambiará, cualesquiera que sean las consecuencias. El hebreo podría traducirse así: "Jura para afligirse, y no por eso cambia"; es la interpretación que nos presenta la Caldea. Ha prometido al Señor que guardará su cuerpo en sujeción; negarse a sí mismo, para no mimar su carne y así tener más qué darles a los pobres.

5. *Quien su dinero no dio a usura.* (10) La palabra *usura* significa interés ilegal o lo que se gana aprovechándose de la necesidad de un semejante en desgracia; ningún hombre temeroso de Dios puede hacerse culpable de semejante cosa. La palabra *neshech*, que se traduce por *usura*, viene de *nashach*, "morder como serpiente"; y aquí debe referirse a esa usura desmedida o devoradora que arruina al hombre que tiene que pagarla. *Ni contra el inocente admitió cohecho.* (11) No da ni recibe soborno para pervertir el juicio o perjudicar al inocente en su causa.

SALMO 16

Generalmente el contenido de este salmo se presenta en la siguiente forma: David que residía entre idólatras, pues había sido obligado a exiliarse por causa de la persecución de Saúl, clama a Dios pidiéndole ayuda; expresa su aborrecimiento de la idolatría y su deseo de unirse nuevamente al pueblo de Dios (1-4); declara su fuerte confianza en Dios quien le ha tratado de manera sumamente generosa (5-7). Luego sigue una notable profecía de la resurrección de Cristo (8-11).

En el hebreo este salmo está titulado *michtam ledavid;* que la Caldea traduce "Correcta Escultura de David". No hay duda alguna que David fue el autor de este salmo. San Pedro en Hch. 2:25-31, se lo atribuye categóricamente. También es probable que sus partes principales hayan tenido alguna alusión a sus circunstancias; pero, que Jesucristo es su principal objetivo surge no solamente de las citas hechas por el apóstol mencionado sino de las circunstancias de algunas de sus partes que jamás pudieron ni podrán aplicarse a David. Estoy convencido después de realizar la más seria y atenta consideración de la totalidad del salmo, que cada uno de sus versículos se refiere en absoluto al Señor Jesucristo.

1. *Guárdame, oh Dios, porque en ti he confiado.* Considero estas palabras como una oración del *hombre* Jesucristo al iniciar su gran obra de expiación, particularmente su pasión en el huerto de Getsemaní. Evidentemente, en ella Jesús habla como hombre y con la más rigurosa propiedad, ya que era la humanidad y no la divinidad que estaba comprometida en el sufrimiento.

Shomreni, "guárdame," presérvame, sostén esta débil humanidad, ahora que estoy por cargar con el castigo merecido por la totalidad de la raza. "Porque en ti he confiado." En mis circunstancias, no puede prevalecer ni la fortaleza humana ni el coraje animal. Es digno de tenerse en cuenta que nuestro Señor aquí emplea el término *Él,* que significa el "potente Dios," expresión notablemente conveniente a la fragilidad de la naturaleza humana que ahora entraba en sus sufrimientos vicarios. Se verá con qué admirable propiedad el Mesías cambia los tratamientos del Ser Divino en esta petición, circunstancia que no podría expresarse en una traducción sin paráfrasis.

2-3. *Dijiste a Jehová: Tú eres mi Señor;* Dijiste a Jehová, el Ser supremo, existente por Sí mismo y eterno: *Tú eres mi Señor, adonai attah,* "Tú eres mi *amparo,* morada o sostén". Como Mesías, o Hijo de Dios, Jesús derivaba su existencia y sostén de Jehová; y el hombre Cristo estaba sustentado por la eterna divinidad que moraba en El sin lo cual no podía haber soportado los sufrimientos por los que pasó ni haber realizado la propiciación de los pecados del mundo; quien habla en este salmo, es el Mesías sufriente, o el Mesías en perspectiva de sus sufrimientos.

No hay para mí bien fuera de ti. A esta cláusula se le han hecho un sinfín de explicaciones. Yo pienso que estas palabras deberían sobreentender la obra que el Mesías estaba realizando para los hombres. Mi bondad, "mi munificencia," no te aprovecha a ti (VM.). Lo que yo estoy haciendo, nada puede agregar a tu divinidad; Tú no estás proveyendo este sacrificio expiatorio para lograr beneficio de él; porque tu gracia se extiende *a los santos* —a todos los espíritus de los justos hechos perfectos, cuyos cuerpos están todavía en la tierra; y a los excelentes, "aquellos nobles o superintendentes," por cuya fe y paciencia heredan las promesas.

4. *Se multiplicarán los dolores de aquellos que sirven diligentes a otro dios.* En el texto hebreo no hay palabra para *Dios;* por lo tanto podría sustituirse tanto por *Mesías* como por *Salvador;* de modo que la totalidad del pasaje tendría referencia a los incrédulos judíos. Ellos no quieren recibir al verdadero Cristo; lo han buscado, y siguen buscando a otro Mesías y sin embargo, ¡cuán ampliamente se han cumplido las declaraciones proféticas que les conciernen! *No ofreceré yo sus libaciones de sangre. Nesech* es una "libación," sea de vino o de agua derramada sobre el sacrificio. *Libaciones de sangre* no es una forma correcta de expresión; mejor dicho es la libación sobre la sangre del sacrificio ya realizado.

5. *Jehová es la porción de mi herencia.* Habla el Mesías. Jehová es la porción de mi herencia; no busco bienes terrenales; solamente deseo hacer la voluntad de Dios.

6. *Las cuerdas me cayeron en lugares deleitosos.* Esto se refiere a la antigua división de la tierra por lotes entre los israelitas, quedando establecida su anchura y longitud por medio de las cuerdas que empleaban para la medición. He alcanzado una rica heredad de espíritus inmortales. *Es hermosa la heredad que me ha tocado.* Una iglesia, innumerable multitud de santos participantes de la naturaleza divina y llenos de toda la plenitud de Dios.

7. *Que me aconseja.* Como hombre, Jesús recibía todo su conocimiento y sabiduría de Dios: Lc. 2:40-52. En él estaban latentes todos los tesoros de la sabiduría y del conocimiento. *Me enseñan mis riñones* (Versión Valera, 1909). *Riñones:* A este respecto dice Parkhurst: "Como los riñones están escondidos en la grasa y su posición en el cuerpo humano es muy interna, a menudo son usados en las Escrituras para referirse a las obras más secretas y a los sentimientos del corazón." Tanto los riñones como la grasa que los rodea siempre debían ser quemados en los sacrificios para indicar que los propósitos y afectos más recónditos del alma deben estar dedicados a Dios. *En las noches.* Es decir, en el tiempo de mi pasión, mis propósitos secretos y determinaciones concernientes a la redención de los hombres me sos-

tienen. "El cual por el gozo puesto delante de él sufrió la cruz, menospreciando la vergüenza"; He. 12:2.

8. *A Jehová he puesto siempre delante de mí.* San Pedro aplica este versículo y hasta el final del 11, a la muerte y resurrección de Cristo. Hch. 2:25 y sig. *Está a mi diestra.* Es decir, tengo constantemente su presencia, aprobación y apoyo. Todo esto, lo habla Cristo como *hombre. No seré conmovido.* Nada puede desviarme de mi propósito; nada podrá impedirme el cumplir la determinación divina en lo que concierne a la salvación de los hombres.

9. *Se alegró por tanto mi corazón.* Inenarrable felicidad en Dios; siempre lleno de la presencia divina; porque le agrada todo lo que hago. *Se gozó mi alma.* "Mi lengua," así llamada por los hebreos (véase Sal. 57:8; 30:12), porque nos ha sido donada para glorificar a Dios y porque es nuestra *gloria,* que sea el instrumento de expresión de nuestros pensamientos por palabras. *Mi carne también reposará confiadamente.* No hay interpretación en la que estas palabras y las siguientes indique que puedan haber sido dichas con referencia a David. Jesús, estando en la cruz y entregando su alma con su vida, vio que su estadía en el sepulcro sería muy breve; exactamente el tiempo suficiente para probar la realidad de su muerte, pero no lo necesario como para que se produjera la corrupción; en el capítulo 2:31 de los Hechos, San Pedro bien lo argumenta.

11. *Me mostrarás la senda de la vida.* Primeramente, yo hallaré el camino hacia fuera de las regiones de la muerte para no morir más. Así Cristo fue el primer fruto de los que durmieron. Anteriormente, varios habían sido levantados de los muertos, pero volvieron a morir. La resurrección de Jesucristo de entre los muertos fue la primera puerta abierta desde el sepulcro a la vida eterna o vidas, *chaiyim,* porque la palabra se encuentra en plural y también con gran propiedad porque la resurrección implica la vida del cuerpo y la racional del alma. *En tu presencia.* "Tu rostro." Toda alma santa, por toda la eternidad gozará de la beatífica visión, es decir, "ve a Dios como El es," porque es semejante a El; 1n. 3:2. A tu *diestra.* El lugar de honor y dignidad; con ese sentido se usa repetidamente en las Escrituras. *Delicias para siempre.* "Adelante; perpetuamente, continuamente." Bien expresado en nuestra traducción con las palabras *para siempre,* en eterna progresión.

SALMO 17

David implora el socorro de Dios en contra de sus enemigos y profesa su integridad y determinación de vivir en la gloria de Dios (1). Ora para recibir apoyo y expresa su firme confianza en Dios (5-9); describe la malicia y crueldad de sus enemigos y ora contra ellos (10-14); recibe una poderosa persuasión de sostén y victoria final (15).

Es sumamente probable que David haya sido el autor de este salmo; y parece haber sido escrito en la época en que Saúl había arreciado su persecución a su más alto grado. Véase I S. 27.

1. *Oye... una causa justa.* Atiende a la justicia de mi causa. "Oh Jehová justo, atiende mi clamor."

3. *Tú has probado.* "Tú me has puesto a prueba," como se hace con los metales, para averiguar su aleación y purificarlos: muy bien expresado en la Vulgata con las palabras "me has probado por fuego".

4. *La senda de los violentos.* Algunos traducen "caminos duros o difíciles".

8. *Guárdame como a la niña de tus ojos.* O "como lo negro de la hija del ojo". *Escóndeme bajo la sombra de tus alas.* Esta metáfora ha tomado su inspiración en la gallina y los polluelos. Véase Mt. 23:37. El Señor dice a sus seguidores en Zac. 2:8, "Porque el que os toca, toca la niña de su ojo". ¡Cuán queridos nos son nuestros ojos! ¡Cuánto ha de amar Dios a sus seguidores!

9. *De mis enemigos que buscan mi vida.* Esta es una metáfora tomada de los cazadores que se sitúan alrededor de una gran parte de la selva impulsando a los ciervos desde todas las partes de la circunferencia hasta que son forzados hacia las redes o trampas colocadas en algunos pasos estrechos especificados. La metáfora continúa en los versículos siguientes.

10. *Envueltos están con su grosura.* El doctor Kennicott, el obispo Horsley, Houbigant y otros, traducen el pasaje de la siguiente manera: "Han cerrado sus trampas sobre mí." Esto continúa la metáfora comenzada en el texto anterior y que seguirá en los dos versículos siguientes.

11. *Tienen puestos sus ojos para echarnos por tierra.* Es la actitud del cazador siguiendo la pista de las pisadas del ciervo, la cierva o el antílope.

12. *Son como león que desea hacer presa.* Creo que aquí, la palabra *león* se usa para manifestar a Saúl en su fuerza, poder de rey y feroz rapacidad.

13. *Levántate, oh Jehová; sal a su encuentro.* Cuando *él* se levante para avalanzarse y despedazarme, levántate Tú, oh Señor; chasquéalo de su presa; hiérelo y derríbalo. *Libra mi alma.* Salva mi vida. *De los malos con tu espada.* Todavía se refiere a Saúl.

14. *De los hombres mundanos.* "Del hombre mortal de tiempo"; claudicadores; hombres que cambian con el tiempo; hombres carentes de principios a excepción de uno: el de asegurar su propio interés secular; y esto también concuerda con lo que sigue —*cuya porción la tienen en esta vida:* quienes nunca

van tras algo espiritual; han permutado el cielo por la tierra y han logrado la porción deseada; porque *su vientre está lleno de tu tesoro.* Su *vientre* —sus apetitos sensuales— es su dios; y cuando sus deseos animales han quedado satisfechos, toman su reposo sin consideración, como las bestias que perecen.

SALMO 18

David expresa su acción de gracia a Jehová (1-3). Relato de los sufrimientos pasados y de las oraciones pidiendo ayuda (4-6). Magnífica descripción de la interposición divina a favor del que sufre (7-15) y de su liberación (16-19). Que esta liberación la recibió en consideración de su justicia (20-24); todo de acuerdo al curso de los equitativos procedimientos de Dios (25-28). Se atribuye a Jehová la gloria de la victoria (29-36); la que se representa como definitiva por la destrucción de todos sus opositores (37-42). Sumisión de los paganos ante estos eventos (43-45). Dios es glorificado por todas estas cosas (46-50).

Título: "Al músico principal. Salmo de David, siervo de Jehová, el cual dirigió a Jehová las palabras de este cántico el día que le libró Jehová de mano de todos sus enemigos, y de mano de Saúl." Con excepción de la primera cláusula, este título está tomado de II S. 22:1.

1. *Te amo, oh Jehová.* El amor siempre permanece sobre el motivo y sobre la razón. El verbo *racham* significa: "amar con todos los sentimientos tiernos de la naturaleza". ¿Por qué debía David amar a Jehová? No solamente porque era infinitamente grande y bueno, poseedor de todas las perfecciones posibles, sino porque era bueno con él; y aquí enumera algunas de las muchas bendiciones recibidas de su amo. *Fortaleza mía.* (1) Me has dado poder sobre mis adversarios y me has capacitado para evitar el mal y hacer el bien.

2. *Jehová, roca mía.* (2) Me baso en El pues es mi fundamento y derivo todo mi bien de Aquel que es la fuente de todo lo bueno. La palabra *sela* se refiere a aquellos escarpados despeñaderos que proporcionan albergue a los hombres y también a los animales salvajes. (3) El era su *fortaleza;* un lugar de potencia y seguridad, en el que podía estar a salvo de sus enemigos. Hace referencia a las inaccesibles alturas del rocoso y montañoso territorio de Judea, donde a menudo ha encontrado refugio de la persecución de Saúl. Lo que tales lugares han sido para mi cuerpo, el Señor ha sido para mi alma.

Mi libertador. (4) El que me hace escapar. En muchas ocasiones estuvo rodeado y a punto de ser capturado, pero todavía el Señor hizo un camino de escape para él —una salida mientras sus enemigos entraban. Estas escapadas eran tan difíciles y remotas que claramente veía la mano del Señor en todas ellas. (5) *Dios mío, Elí,* "mi poderoso Dios,"

no sólo objeto de mi adoración sino el que fortifica mi alma. (6) *Fortaleza mía, tsuri.* Esta palabra es distinta a la del primer versículo. El rabí Maimón ha observado que *tsur,* aplicada a Dios, significa "fuente, principio, origen". Dios no es solamente la fuente de donde emana mi existencia, sino de donde derivan todos mis bienes; *en él,* dice David, *confiaré.* ¿Y por qué? Porque lo conocía como eterna e inagotable fuente de bondad. Esta delicada idea se ha perdido en nuestras traducciones; porque interpretamos dos palabras hebreas de significado muy diferente con un solo término, "fortaleza". (7) *Mi escudo,* mi defensor, el que cubre mi cabeza y mi corazón de modo que yo no sea matado ni herido por los dardos de mis adversarios. (8) *El cuerno de mi salvación* (Vers. Moderna). El *cuerno* era emblema de poder en ejercicio. Esto ya ha sido explicado; v.l.e.s. I S. 2:1. *El cuerno de salvación* significa una salvación poderosa y eficaz. (9) *Mi alto refugio;* no sólo un lugar de defensa, sino uno desde donde puedo ver el campo circundante y descubrir siempre el peligro antes que se me aproxime.

3. *Invocaré a Jehová.* Cuando él pudo darse cuenta de que el objeto de su adoración era tal como lo había señalado en las ya mencionadas nueve particularidades, no es extraño que se resolviera a invocarlo y no es sorprendente que en consecuencia, esperara librarse de sus enemigos; porque, ¿quién podría destruirlo si un Dios tal tomaba a su cargo su salvación?

4. *Me rodearon ligaduras de muerte.* "Los cables o cordeles de muerte." Casi había estado a punto de caer en aquellas trampas o estratagemas, en las que, si se hubiera enredado, hubiera perdido su vida. *Y torrentes de perversidad.* Tropas de malvados se precipitaban sobre él como torrente irresistible; o como las olas del mar empujando hacia adelante la una a la otra en hileras sucesivas; de modo que, pensando que iba a ser sumergido por ellas, estuvo momentáneamente espantado; pero Dios desvió el torrente y él pudo escapar.

5. *Ligaduras del Seol.* "Los cables o cuerdas del sepulcro." ¿No es ésta una referencia a los cables o cuerdas con que bajaban los cadáveres al sepulcro? ¿O los vendajes con que se fajaba a los muertos? Era como si él ya estuviese muerto. *Me tendieron lazos de muerte.* Estuve a punto de caer en el pozo que ellos habían cavado en contra de mí. Para abreviar, yo no era más que un muerto y nada menos que la inmediata intervención de Dios pudo salvar mi vida.

10. *Cabalgó sobre un querubín y voló.* Es decir, el querubín sostuvo y guió la tempestad en la que el Todopoderoso montó como su carroza. Esto concuerda con el ministerio que en otros lugares se atribuye a los querubines. Del mismo modo sostenían el propiciatorio que era peculiarmente el trono de

Dios bajo la administración judía. Se dice expresamente de Dios, "que pone las nubes por su carroza," Sal. 104:3; y "que monta en una ligera nube," en Is. 19:1; de modo que "montar sobre un querubín," "sobre una ligera nube," es montar en la nube como si fuera su carroza, sostenidá y manejada por el ministerio de los querubines.

11. *Puso tinieblas por su escondedero.* Se representa a Dios como si morara en densas tinieblas en Dt. 4:11, Sal. 97:2. Esta manera de presentárnoslo es particularmente adecuada porque las nubes espesas, profundamente cargadas y encapotadas son el presagio de una tempestad y aumentan mucho el terror de su aparición: y la representación que el salmista hace de las nubes, como si se extendieran alrededor del Todopoderoso a manera de tienda es realmente grande y poética. *Oscuridad de aguas.* Los vapores fuertemente condensados en las nubes; que, por el choque de los relámpagos van a precipitarse en torrentes de lluvia.

12. *Por el resplandor de su presencia, sus nubes pasaron.* La palabra *nogah*, significa "resplandor". Va delante de El; el relámpago se ve antes que se escuche el trueno y también antes que descienda la lluvia; entonces, pasa la densa nube. Sus contenidos se precipitan a la tierra y la nube ha desaparecido. *Granizo y carbones ardientes.* Era la tormenta que siguió al relámpago y al estruendo; pues inmediatamente se agrega:

13. *Tronó en los cielos Jehová y el Altísimo dio su voz.* E inmediatamente siguieron el granizo y los carbones de fuego. El versículo anterior mencionaba el relámpago con sus efectos; éste nos informa sobre el trueno y el aumento de la tormenta de granizo y fuego que la siguieron.

14. *Envió sus saetas . . . lanzó relámpagos.* Creo que la última cláusula es una ilustración de la anterior.

15. *Entonces aparecieron los abismos de las aguas.* Debe referirse a un terremoto, pues en estos casos, al agrietarse la tierra, el agua frecuentemente salta por las fisuras, elevándose a menudo a tremendas alturas.

16. *Me sacó de las muchas aguas.* Continúa la alegoría. Las aguas, inundándolo todo, arrastraban a la gente; pero Dios, por su milagrosa intervención, salvó a David. Algunas veces, *aguas*, se emplea para denotar multitudes de gente; y en este lugar, esa palabra también puede haber tenido esa referencia; porque fueron multitudes que se reunieron contra David, pero Dios lo libertó de todos. Esto parece tener apoyo en los versículos siguientes.

17. *Me libraré de mi poderoso enemigo.* ¿No tiene esto referencia a su conflicto con Isbi-benob? "Isbi-benob, uno de los descendientes de los gigantes . . . trató de matar a David; mas Abisai, hijo de Sarvia llegó en su ayuda, e hirió al filisteo y lo mató. Entonces los hombres de David, le juraron, diciendo: Nunca más de aquí en adelante saldrás con nosotros a la batalla, no sea que apagues la lámpara de Israel"; II S. 21:16-17. Parece que en ese tiempo su vida corrió el más eminente peligro y que hubiera caído en manos del gigante si Dios no hubiera enviado a Abisai para socorrerle. *Eran más fuertes que yo.* Casi fue vencido por los filisteos; y su escape demostró ser evidentemente sobrenatural.

18. *Me asaltaron en el día de mi quebranto.* Ellos aprovecharon el momento en que yo estaba más incapacitado para hacerles frente y me atacaron repentina y poderosamente. Hubiera sido derrocado, *mas Jehová fue mi apoyo.* Había quedado casi exhausto por la fatiga del día cuando el gigante se aprovechó de esta superioridad.

19. *Me sacó a lugar espacioso.* Me permitió limpiar el país de mis adversarios, los que antes me tenían encarcelado en cuevas y escondrijos.

20. *Jehová me ha premiado.* David procede a dar las razones por las que Dios se había interpuesto de manera tan maravillosa a su favor. *Conforme a mi justicia.* En lugar de ser enemigo de Saúl, yo era su amigo. Traté justamente con él mientras él procedía injustamente conmigo.

26. *Con el perverso.* El que es deshonesto en su carácter y comportamiento. *Severo serás.* Tú serás con él como él sea contigo. Si él contiende, Tú contenderás con él.

28. *Tú encenderás mi lámpara.* Tú me restaurarás a la prosperidad y darás feliz término a todas mis aflicciones. Por la lámpara de David puede interpretarse el Mesías; no permitirás que se extinga mi descendencia ni que fracase el reino que me has prometido totalmente.

29. *Contigo desbarataré ejércitos.* Puede aludir a alguna victoria importante; la captura de una plaza fortificada, posiblemente Sion, tomada a los jebuseos. Véase el relato en II S. 5:6-8.

30. *Dios, perfecto es su camino.* Su conducta es como su naturaleza, absolutamente pura. *Acrisolada la Palabra de Jehová.* Literalmente, "Acrisolada o probada en el fuego".

31. *Porque ¿quién es Dios sino sólo Jehová?* "Porque ¿quién es Eloha sino sólo Jehová?" Ninguno es digno de adoración sino el Ser existente por Sí mismo, eterno, infinitamente perfecto y misericordioso.

32. *Dios . . . me ciñe de poder.* El ceñidor era una parte muy necesaria en la vestimenta oriental; reforzaba y sostenía los lomos; servía para ajustar las vestiduras cerca del cuerpo y con él las arremangaban cuando viajaban. La fuerza de Dios era para el alma lo que el ceñidor al cuerpo.

33. *Mis pies como de ciervas.* La ligereza de pies era requisito indispensable para el antiguo héroe.

34. *Quien adiestra mis manos para la batalla.* El éxito que he tenido en mi carrera militar se lo debo a la ayuda divina. *Para entesar con mis brazos el arco de bronce.* Todas las versiones traducen esto: "Tú has hecho mi brazo como arco de bronce."

35. *El escudo de tu salvación.* Dios lo defendía en todas las batallas y peligros. *Tu benignidad me ha engrandecido.* "Tu mansedumbre," o "humildad".

40. *Mis enemigos... vuelvan las espaldas.* Tú me has hecho un conquistador completo. Verle las espaldas a los enemigos significaba el triunfo del conquistador, y la vergüenza máxima de los derrotados.

41. *Clamaron.* Los filisteos invocaron sus dioses, pero nadie pudo salvarlos. *Aun a Jehová.* Tales como Saúl, Is-boset, Absalón, los que, profesando adorar al verdadero Dios, clamaron a El durante su oposición a David.

42. *Y los molí.* Dios estaba con él y ellos solamente tenían un brazo de carne.

43. *Las contiendas del pueblo.* Descontento e insurrecciones entre mis propios súbditos, como la revuelta de Absalón, la guerra civil de Abner en favor de Is-boset. *Cabeza de las naciones. Rosh goyim.* "El jefe," o "gobernador de las naciones"; todas las naciones paganas circunvecinas; todas fueron sometidas por David y le pagaron tributo. *Pueblo que yo no conocía.* Las doce tribus eran sus pueblos conocidos; los desconocidos para él eran los sirios, filisteos, idumeos, etc. Todos ellos le sirvieron, es decir, le pagaron tributo.

44. *Al oír de mí.* Sus victorias fueron tan rápidas y espléndidas sobre poderosos enemigos que causaron un terror general entre los pueblos, de modo que varios se sometieron sin lucha.

45. *Los extraños se debilitaron.* "Caerán como las hojas de los árboles en el invierno." *Y salieron temblando de sus encierros.* Los que se habían hecho bandidos y habían tomado posesión de las rocas y lugares fortificados tendrán tanto miedo cuando sepan de mis éxitos que se rendirán a discreción sin soportar el sitio. Quizá todos estos verbos tengan que entenderse en pretérito perfecto, porque David está aludiendo a un reino en quietud, en el que todos los enemigos habían sido sometidos; o, como es el título, "el día que lo libró Jehová de mano de todos sus enemigos".

48. *El que me libra.* Es decir, el que me ha librado y continúa librándome de todos los que se levanten en contra de mí. *Varón violento.* Saúl; se refiere particularmente a él.

49. *Yo te confesaré entre las naciones.* Citado por Pablo en Ro. 15:9; para probar que el llamamiento de los gentiles estaba profetizado y que lo que entonces se estaba reali-

zando era el cumplimiento de aquella predicción.

50. *Grandes triunfos da a su rey.* David era un rey nombrado por Dios quien le favoreció de un modo especial. Literalmente, "El ha magnificado la salvación de su rey". *A su descendencia.* Su "posteridad". De ese modo deben traducirse universalmente las palabras en el Antiguo y Nuevo Testamento. Las versiones, por lo general, son impropias en este punto. *Para siempre. Ad olam:* "para siempre," a través de la creación de todos los mundos creados. *Y más* —la eternidad está más allá del tiempo. Esto muestra que se hace referencia a otro David con otra clase de posteridad y otro tipo de reino. De la familia de David vino el hombre Cristo Jesús; su posteridad son los verdaderos cristianos; su reino, del cual ellos son súbditos, es espiritual. Su gobierno perdurará a través de las edades.

SALMO 19

Los cielos y su hueste proclaman la majestad de Dios (2-6); la excelencia y perfección de la ley divina (7-10); su utilidad (11). El salmista ora por perdón y preservación del pecado (12, 13); y que sus palabras y pensamientos sean santos (14).

1. *Los cielos cuentan la gloria de Dios.* Literalmente, "Los cielos enumeran la gloria del poderoso Dios". *Y el firmamento.* La totalidad del espacio visible; no solamente el que abarca los cuerpos celestiales, sino también el aire, la luz, las lluvias, el rocío.

3. *No hay lenguaje, ni palabra, ni es oída su voz.* Dejemos de lado las partículas expletivas que pervierten el sentido y lo que queda es una tolerable traducción del original: "No lenguaje y no palabras; su voz sin oído. Por toda la tierra salió su voz y hasta el extremo del mundo sus palabras." En Ro. 10:18 Pablo aplica esto como una profecía referente a la propagación universal del evangelio de Cristo; porque Dios dispuso que la luz del evangelio fuese difundida dondequiera que brillen las luminarias celestiales.

5. *Y éste, como esposo que sale de su tálamo.* Por la gloria y esplendor de sus rayos, el sol se compara a un novio engalanado; también a un gigante u hombre fuerte en una carrera, por el poder de su luz y calor.

7. *La ley de Jehová.* Contamos aquí con dos libros de la Revelación divina: (1) Los cielos visibles y la obra de la creación en general. (2) La Biblia, o los escritos divinamente inspirados, contenidos en el Antiguo y Nuevo Testamento. A ellos podemos llamarles, "la ley del Señor," *torah,* de *yarah,* "instruir, dirigir, enderezar, guiar". *Es perfecta. Teminah,* significa perfección, perfecta en sí misma como ley y requiere la perfección en los corazones y vidas de los hombres. *Que*

convierte el alma. Volviéndola al Señor. *El testimonio de Jehová. Eduth, De ad,* "a lo lejos, adelante". Los diversos tipos y decretos de la ley se refieren a asuntos que los sobrepasan y señalan al Cordero de Dios que quita el pecado del mundo. *Es fiel. Neemanah,* son "fieles"; indican las cosas que están más allá de ellos, imparcial, veraz y completamente. Todos dan testimonio a la gran expiación. *Hace sabio al sencillo.* El sencillo es aquel que sólo tiene un objetivo en consideración, está interesado en su alma.

8. *Los mandamientos de Jehová. Pikkudim, de pakad,* "El visitó, cuidó, se preocupó, instituyó para una obligación". Las ordenanzas u órdenes que Dios ha impartido a los hombres para su acatamiento y observancia. *Son rectos. Yesharim, de yashar,* "rectificar, allanar, equitativo, probo". *Que alegran el corazón.* Porque muestran al hombre lo que debe observar, cumplir, cómo debe agradar a Dios y, la ayuda divina que ha de recibir de las visitaciones de Dios contribuirán grandemente a la felicidad del justo —regocijarán su corazón. *El precepto. Mitsvah, de tsvah,* "mandar, dar órdenes, prescribir". *Es puro.* De *barah,* "aclarar, limpiar, purificar". *Que alumbra los ojos.* Le muestra al hombre lo que debe hacer, y lo que debe evitar. Es por los mandamientos de Dios que nos damos cuenta de la extrema perversidad del pecado y la necesidad de la redención.

9. *El temor de Jehová. Yirah, de yara,* "temer, venerar"; a menudo empleado para el conjunto de la adoración divina. La reverencia debida al Ser supremo. *Es limpio. Tehorah, de tahar,* "ser puro, limpio"; no difiere mucho de *barah* (ya mencionada), limpiar, hacer resplandeciente como los cielos. Su objeto es limpiar de toda contaminación, hacer un carácter sin mancha. *Los juicios de Jehová. Mishpatim, de shaphat,* "El juzgó, ordenó, dispuso". Todas las órdenes de Dios, todas sus decisiones; lo que El ha declarado recto y justo. *Son verdad. Emeth, verdad, de am,* "sostener, confirmar, hacer estable y evidente". *Todos justos.* No solamente están de acuerdo con la verdad, sino que son justos, *tsadeku,* dan a "todos lo que es debido". Muestran lo que pertenece a *Dios,* al *hombre* y a *nosotros* mismos. De aquí que la palabra *conjunto, yachday, uniformemente,* sea agregada; o *la verdad y la justicia unidas.*

10. *La que destila del panal.* La miel es dulce; pero en el momento de salir del panal tiene una dulzura, riqueza y sazón, infinitamente superior a las que tenía, después de estar en contacto con el aire.

11. *Tu siervo es además amonestado. Nizhar, de zahar,* "ser claro". Por medio de estas leyes, testimonios, etc., tu siervo está completamente instruido; ve todo con claridad y discierne que en guardarlos hay grande galardón.

14. *Sean gratos los dichos de mi boca.* Ha orado contra el pecado que se practica, los pecados del cuerpo; ahora, contra los pecados de la boca y del corazón. *Redentor mío. Goali,* mi "pariente," aquel que tiene el derecho de redimir la herencia perdida.

SALMO 20

Oración por el rey y sus empresas, para que sus plegarias sean escuchadas, sus ofrendas aceptadas y sus deseos cumplidos (1-4). Expresa confianza en la victoria (5, 6). Vanas esperanzas expuestas; y se hace una súplica por el rey (7-9).

Es sumamente probable que este salmo fuera escrito en ocasión de la salida de David para la guerra; y muy factible que se trate de la que tuvo con los amonitas y sirios que lo atacaron con gran número de caballos y carros de lucha. Véase II S. 10:6-8; I Cr. 19:7. Es uno de los salmos dialogados y parece que se divide de la siguiente manera: Antes de marchar a la guerra, David va al tabernáculo para ofrecer sacrificios. Después de hacerlo, la gente ofrece sus oraciones a favor del rey. Estas se encuentran incluidas en los tres primeros versos; en el cuarto, probablemente habla el sumo sacerdote; en el quinto, David y sus ayudantes; en la última cláusula habla el sumo sacerdote y también en el sexto, después que el holocausto había sido consumido; séptimo y octavo, por David y sus hombres; y el noveno es un coro por toda la congregación.

1. *Jehová te oiga.* David ya había ofrecido su sacrificio y orado. El pueblo ora para que Dios le socorra en el día de tribulación. *El nombre del Dios de Jacob.* Esta es una alusión a la lucha de Jacob con el ángel; Gn. 32:24 y sig. ¿Quién sería ese Angel? Evidentemente, nadie más que el *Angel del Pacto,* el Señor Jesucristo.

2. *Te envíe ayuda desde el santuario.* Este era el lugar donde Dios había fijado su nombre, lugar donde debía buscársele y en el cual se manifestaría. Ahora El está en Cristo reconciliando al mundo a Sí. Este es el verdadero santuario donde debemos buscar a Dios.

3. *Haga memoria de todas tus ofrendas.* La *minchah,* aquí mencionada, era la ofrenda de gratitud. *Y acepte tu holocausto.* El *olah* mencionado era un sacrificio de sangre.

4. *Te dé conforme al deseo de tu corazón.* Probablemente, esta era la oración del sumo sacerdote.

5. *Nos alegraremos en tu salvación.* David y sus oficiales dijeron las palabras mencionadas; supongo que inmediatamente después el sumo sacerdote agregó: " ¡Jehová cumpla todas tus peticiones! "

6. *Ahora conozco que Jehová salva a su ungido.* Probablemente estas fueran las pala-

bras sacerdotales después que la víctima del holocausto había sido consumida.

7. *Estos confían en carros.* Las palabras del original son breves y enérgicas: "éstos en carros y los otros en caballos; mas nosotros del nombre de Jehová nuestro Dios tendremos memoria". Se supone que este versículo y los siguientes fueron expresados por David y sus oficiales.

9. *Salva, Jehová.* Ese versículo era dicho por toda la congregación y servía de coro y conclusión a toda la pieza.

SALMO 21

El salmista le da las gracias a Dios por haberle concedido la victoria sobre sus enemigos, lo que había pedido ansiosamente (1, 2). Detalla las bendiciones obtenidas como consecuencia de la victoria (3-7). Predice la destrucción de aquellos que pudieran después levantarse en contra de él (8-12); y concluye alabando el poder de Jehová (13).

1. *El rey se alegra. Melech Meshicha,* "El rey Mesías".

3. *Le has salido al encuentro.* Este verbo significa literalmente "ir adelante," "Te has adelantado con las bendiciones del bien".

6. *Porque lo has bendecido para siempre.* Literalmente, "Tú lo has establecido para bendiciones para siempre". Has hecho al Mesías la Fuente de donde emanarán todas las bendiciones por el tiempo y por la eternidad.

13. *Engrandécete, oh Jehová.* "Exáltate tú, oh Jehová," porque tus criaturas no pueden exaltarte.

SALMO 22

El salmista ora al Señor encontrándose en gran aflicción y angustia (1-3); apela a la habitual bondad de Dios a favor de su pueblo (4, 5); relata los insultos que ha recibido (6-8); menciona la bondad de Dios para con él durante su juventud y por esa razón ahora espera ayuda (9-11); detalla sus sufrimientos y los ultrajes que le sobrevinieron (12-18); ora con la confianza de ser oído y librado (19-24); alaba a Dios y predice la conversión de todas las naciones a la verdadera religión (25-31).

1. *Dios mío, Dios mío, ¿por qué me has desamparado?* Ruego a mi lector referirse a mi nota sobre Mt. 27:46. *¿Y de las palabras de mi clamor? Shaagathi.* La Vulgata, la Septuaginta, Siríaca, Etíope y Arábiga, al igual que la Anglosajona, emplearon términos que podrían traducirse así: "Mis pecados (o mi necesidad) son la causa de que la liberación esté tan lejos de mí." Parece que estas versiones han rezado *shegagathi,* "mi pecado de ignorancia," en lugar de *shaagathi,* "mi clamor," pero ninguno de los manuscritos existentes apoyan esta versión.

6. *Mas yo soy gusano y no hombre.* No puedo ver en qué sentido el Señor podría haber usado estos términos. Pero David bien podría haberlos empleado para expresar su bajeza y carencia de méritos.

7. *Me escarnecen.* Me desprecian por completo; me tienen en nada; me tratan con el más absoluto menosprecio. *Estiran la boca, menean la cabeza.* En el cap. 27:39, Mateo lo aplica a la conducta de los judíos hacia nuestro Señor cuando lo colgaron de la cruz y lo mismo hace con los versículos siguientes.

12. *Me han rodeado muchos toros.* El toro es emblema de la fuerza bruta que cornea y atropella todo lo que se le presenta. Así se comportaron Absalón, Ahitofel y otros que se levantaron en rebelión contra David; lo mismo que los gobernantes judíos que conspiraron contra Cristo. *Fuertes toros de Basán.* Basán era un distrito muy fértil, situado al otro lado del Jordán, donde acostumbraban engordar el ganado, que, como consecuencia de los excelentes pastos llegaba a ser el más grande y gordo del país.

16. *Porque perros me han rodeado.* Esto podría referirse a los gentiles, los soldados romanos y otros que rodearon al Señor en su juicio y también cuando estaba en la cruz. *Horadaron mis manos y mis pies.* Como tipo de nuestro Señor, es posible que David haya pasado por los sufrimientos antes mencionados; pero, la penetración por los clavos de las manos y los pies fue peculiar a nuestro Salvador; por tanto, podemos considerar este versículo como una revelación directa.

17. *Contar puedo todos mis huesos.* Puede referirse a la violenta extensión de su cuerpo cuando todo su peso pendió de los clavos que sujetaban sus manos al madero transversal de la cruz. Al extenderse el cuerpo de esa manera, sobresalieron los huesos principales y se hicieron fácilmente visibles.

18. *Repartieron entre sí mis vestidos.* En ningún sentido podría esto haber sido verdad de David. Esto se realizó cuando el Señor fue crucificado. Los soldados dividieron en cuatro sus vestidos y se los repartieron entre sí. Pero su túnica o ropa interior, que estaba tejida en una sola pieza, fue puesta a sorteo, todos en común acuerdo, pues no quisieron dividirla.

20. *Libra de la espada mi alma.* Libra *napshi,* "mi vida"; sálvame vivo, o resucítame. *Mi única.* (Vers. Valera 1909). El único ser humano desde la creación, que fue producido por el poder del mismo Dios sin la agencia humana.

21. *Sálvame de la boca del león.* Probablemente aquí nuestro Señor incluye la iglesia consigo mismo. El *león* podría significar los judíos; los *búfalos,* los gentiles. Para el *búfalo,* v.l.e.s. Nm. 23:22.

24. *Porque no menospreció.* Quizá podría interpretarse así: Aunque en mi humillación me despreciaron, sin embargo, Dios me ha

recibido en el carácter de víctima a cuenta del pecado; porque por esa humillación hasta la muerte fue realizado el gran sacrificio por el pecado del mundo.

26. *Comerán los humildes.* "Los pobres comerán." En el verdaderamente único Sacrificio habrá provisión para todos los creyentes, a fin de que puedan disfrutar de la plenitud de gozo. Los que antiguamente ofrecían el sacrificio, comían de lo que presentaban. Jesús, el verdadero Sacrificio, es el pan que descendió del cielo; los que comen de ese Pan, jamás morirán.

27. *Todos los confines de la tierra.* El evangelio será predicado a todas las naciones debajo del cielo; *Y todas las familias de las naciones, mishpechoth,* las "familias" de las naciones.

28. *Porque de Jehová es el reino.* El imperio universal del evangelio que en el Nuevo Testamento recibe el nombre del Reino de Dios.

29. *Todos los poderosos de la tierra.* El rico, el grande, el poderoso, aun el príncipe, gobernantes y reyes, abrazarán el evangelio. *Los que descienden al polvo.* Todo moribundo pondrá su confianza en Cristo, y esperará la gloria, sólo mediante el gran Salvador de la humanidad. *No puede conservar la vida a su propia alma.* La Vulgata dice: "y mi alma vivirá para él y mi simiente le servirá". Y con ella concuerdan la Siríaca, Septuaginta, Etíope, la Arábiga y la Anglosajona.

30. *Esto será contado de Jehová hasta la postrera generación.* Serán llamados cristianos por el nombre de Cristo.

SALMO 23

El Señor es el Pastor de su pueblo; por lo tanto, puede deducirse que nada va a faltarle (1). Cómo los guía, alimenta y protege (2, 3). Aun en los mayores peligros pueden confiar en su sostén (4). Su abundante provisión para ellos (5). Pueden tener confianza en su continua misericordia y su eterna felicidad (6).

1. *Jehová es mi pastor.* En este salmo hay dos alegorías admirablemente ajustadas al objeto para el cual fueron producidas. La primera, es la del pastor; la segunda, presenta una gran fiesta ofrecida por un anfitrión de la clase más elevada y sumamente liberal.

2. *En lugares de delicados pastos me hará descansar.* No *pastos verdes,* sino "casas campestres de césped," tales como tienen los pastores en la campiña; lugares donde pueden reposar con seguridad; y *corrales,* construidos para poder albergar tranquilamente el ganado durante la noche. *Junto a aguas de reposo.* "Aguas profundas" que el calor más fuerte no podrán evaporar; no junto a la corriente ondulante de un arroyo superficial.

4. *Aunque ande en valle de sombra de muerte.* Todavía sigue aludiendo al pastor.

Aunque yo, como una de sus ovejas, anduviera por el valle más lúgubre, en la noche más oscura, expuesto a precipicios y animales feroces, no temeré ningún mal bajo la guía y protección de semejante Pastor. El conoce todos los pasos, los peligrosos desfiladeros, los fosos ocultos, los más abruptos despeñaderos en el camino; El me guiará alrededor, aquí y allá y hasta el fin. *Tu vara y tu cayado.* "Tu cetro, vara, enseña" de una tribu, estado mayor; porque es lo que *shebet* significa en las Escrituras. *Y tu cayado,* "tu apoyo o sostén". El primero podría tener referencia al cayado pastoril, el segundo, a alguna especie de descanso o apoyo.

5. *Aderezarás mesa delante de mí.* Aquí comienza la segunda alegoría. Un magnífico banquete provisto por un anfitrión sumamente liberal y benévolo, que no sólo tiene la munificencia para convidarme alimentándome sino también el poder para protegerme; y, aunque esté rodeado de enemigos, me sentaré a esa mesa con toda confianza sabiendo que me recrearé en perfecta seguridad. *Unges mi cabeza con aceite.* Durante las fiestas de los grandes personajes se derramaba aceite perfumado sobre los huéspedes distinguidos. La mujer, de la cual nos relata el evangelio, que derramó el vaso de ungüento de nardo sobre la cabeza del Señor (véase Mt. 26:6-7; Mr. 14:8; Lc. 7:46), solamente actuó de acuerdo a la costumbre de su propio país, cosa que el anfitrión que invitara al Señor había olvidado vergonzosamente.

6. *El bien y la misericordia me seguirán.* Mientras pase por el valle de la vida, tu bondad y tu misericordia me seguirán paso a paso; al ir avanzando, también ellas lo harán. *Y en la casa de Jehová moraré.* "Volveré a la casa del Señor," *por largos días,* o sea, para siempre.

SALMO 24

El Señor es el soberano Gobernante del universo (1, 2). La gran interrogación: ¿Quién es apto para ministrar al Señor en su templo? (3-6). La gloria de Dios en su entrada a su templo, (7-10).

Es probable que este salmo haya sido escrito en ocasión del traspaso del arca, desde la casa de Obed-edom al monte de Sion; y tal vez las interrogaciones sean acerca de la competencia de las personas que debían ministrar el arca: los últimos versículos pueden referirse a la apertura de las puertas de la ciudad para su entrada. Muchas de las expresiones empleadas aquí son casi iguales a las del Salmo 15.

1. *De Jehová es la tierra.* El es su Creador y Gobernador; es su propiedad. *Y su plenitud.* "Todas sus criaturas." —*Targum.* *Y los que en él habitan.* Todos los seres humanos.

3. *¿Quién subirá?* ¿Quién es suficientemente santo para servir en su templo? ¿Quién es digno de oficiar en el lugar santo?

4. *El limpio de manos.* El que tiene una conciencia irreprochable.

5. *El recibirá bendición.* Quizás aluda a Obed-edom en cuya casa estuvo depositada el arca; Dios derramó bendiciones especiales sobre él. *Y justicia.* Misericordia; toda clase de bienes necesarios.

6. *Tal es la generación de los que le buscan.* Esta es la descripción de la gente que vive de tal manera que tiene la aprobación de Dios y en quien se deleita. *De los que buscan tu rostro, oh Dios de Jacob.* Es absolutamente seguro que *Elohey,* "oh Dios," se ha perdido del texto hebreo en la mayor parte de los manuscritos, pero ha sido preservado en dos de los de Kennicott y también en la Siríaca, la Vulgata, la Septuaginta, la Etíope, Arábiga y Anglosajona. "Los que buscan tu rostro, oh Dios de Jacob."

7. *Alzad, oh puertas, vuestras cabezas.* El discurso de los que precedieron al arca, que se dirige a las puertas, en lugar de a sus porteros.

8. *¿Quién es este Rey de gloria?* Estas son las palabras de los que están adentro. ¿Quién es este Rey por quien solicitáis entrada? A lo cual ellos replican: *Jehová el fuerte y valiente, Jehová el poderoso en batalla.* Es Jehová quien ha venido a hacer su morada en esta ciudad imperial: El ha vencido a sus enemigos y concedido salvación a Israel. Para solemnizar aún más la ocasión y dar a aquellos que están afuera una oportunidad de escribir con mayor particularidad a este glorioso Personaje, los que están adentro tardan en obedecer la primera petición y entonces se repite el v. 9.

Alzad, oh puertas, vuestras cabezas, y alzaos vosotras, puertas eternas, y entrará el Rey de gloria. A lo cual se propone una pregunta más específica: *¿Quién es este Rey de gloria?* A lo que se da una respuesta que no admite réplica: *Jehová de los ejércitos* —Aquel que está llegando con innumerables ejércitos.

Tanto entre los antiguos como entre los modernos hay quienes piensan que este salmo habla de la resurrección de nuestro Señor y que es así como debe interpretarse. Es fácil aplicarlo en esta manera: Jesús, al morir, venció al pecado, Satanás y la muerte. Ahora resucita de entre los muertos y como poderoso Conquistador, reclama la entrada en los dominios de la gloria.

SALMO 25

Encontrándose el salmista en gran angustia, clama frecuentemente al Señor (1-5); ora por perdón con la firme confianza de ser escuchado (6-11); muestra la bienaventuranza del justo (12-14). De nuevo implora encarecidamente la divina misericordia; y ruega por la restauración de Israel (15-22).

Este salmo parece referirse al caso de los cautivos en Babilonia que se quejan de la opresión de sus enemigos y ruegan encarecidamente por la misericordia y ayuda de Dios. Es el primero de los llamados salmos acrósticos; es decir, que cada uno de sus versos comienza con una de las letras del alfabeto hebreo siguiendo los sucesivos en su orden común. Hay siete salmos acrósticos: 25, 34, 37, 111, 112, 119 y 145. La letra *vau* falta en el quinto verso, y *koph* en el decimoctavo; *resh* ha sido incluida dos veces, una en lugar de *koph;* y al final se ha agregado un verso íntegro completamente fuera del orden alfabético.

1. *Levantaré mi alma.* Su alma se encontraba abatida y por la oración y la fe trata de levantarla a Dios.

2. *En ti confío.* Dependo de tu infinita bondad y misericordia para mi sostén y salvación. *No sea yo avergonzado.* Esconde mi iniquidad y perdona mi pecado.

3. *Ninguno de cuantos esperan en ti será confundido.* Aunque estaba bastante abrumado, se compadecía de otros que estuvieran en circunstancias similares e intercede a su favor.

4. *Muéstrame, oh Jehová, tus caminos.* Acude a Dios, "el Dios de su salvación" para poder lograr esta *demostración, enseñanza* y *dirección:* y para no malograr su obra "espera en El todo el día". Muchos pierden el beneficio de sus fervorosas oraciones porque no perseveran en ellas.

9. *Encaminará a los humildes. Anavim,* el "pobre," "el afligido".

10. *Todas las sendas de Jehová. Orchoth* significa "caminos" o "huellas" causados por las ruedas de los carros que a menudo pasan por el mismo lugar. La misericordia y la verdad son los caminos por los cuales Dios transita constantemente en su relación con los hijos de los hombres.

13. *Gozará él de bienestar.* "Hábitará en benevolencia" es la lectura marginal de varias versiones. *Su descendencia heredará.* Su posteridad será dirigida hacia Dios por sus piadosos padres; porque Dios ha tenido en cuenta las oraciones de ellos a su favor.

16. *Mírame y ten misericordia de mí.* Probablemente sea ésta la oración de los pobres cautivos en Babilonia, la que continuará en este y en los siguientes versos.

17. *Las angustias de mi corazón se han aumentado.* Los males de nuestro cautiverio, en lugar de alivianarse, parecen haberse multiplicado y amplificado cada uno de ellos.

21. *Integridad y rectitud.* Deseo tener un corazón perfecto y una vida recta.

SALMO 26

El salmista apela a Dios por su integridad y desea ser conducido al examen divino para poder probar su inocencia (1-3); demuestra que ha evitado toda relación con los malvados y se ha asociado con los justos (4-8); ruega para no tener su suerte final con los obradores de iniquidad (9, 10); se propone andar en rectitud delante de Dios (11, 12).

Calmet supone que este salmo y los dos siguientes forman parte de una oda que relata la época de la cautividad, conteniendo las oraciones, súplicas, quejas y resoluciones de los israelitas en Babilonia.

1. *Júzgame, oh Jehová.* Hay tantas aseveraciones categóricas sobre la justicia e inocencia de su autor, en este salmo, que muchos suponen que él escribió para justificarse de algunas de las más severas reflexiones sobre su conducta o acusaciones relativas a complots, conspiraciones, etc. Esto parece apoyar la opinión probable que lo atribuye a David durante su exilio cuando toda suerte de acusaciones falsas se presentaron en contra de él ante la corte de Saúl.

4. *No me he sentado con hombres hipócritas.* "Hombres de mentiras," simuladores, murmuradores. *Ni entré con los que andan simuladamente.* Los "que se ocultan," que traman en las tinieblas, los secretos traidores y conspiradores del estado.

9. *No arrebates con los pecadores mi alma.* ¡Que mi destino eterno no sea arrojado con ellos!

10. *Su diestra está llena de sobornos.* Habla de las personas en lugares públicos que reciben soborno para pervertir el juicio y la justicia.

7. *Oye, oh Jehová, mi voz con que a ti clamo.* Esto es lo más grande que un hombre de sentido común puede esperar: ser oído cuando clama; pero hay multitudes que creen que Dios va a bendecirles sea que *oren o no;* y todavía hay otros, que no son pocos, los que aunque oran indiferentemente y no claman, ¡imaginan sin embargo, que Dios debe escucharlos y lo hará! Dios responderá a los que oran y claman. Quienes no lo hagan, pueden estar seguros que se quedarán sin las bendiciones que tanto necesitan.

8. *Mi corazón ha dicho de ti: Buscad mi rostro.* "A ti, mi corazón, El ha dicho: Busca mi rostro. Tu rostro buscaré, oh Jehová. Oh, corazón mío, Dios te ha mandado que busques su rostro." Entonces, "su rostro buscaré".

10. *Aunque mi padre y mi madre me dejaran.* O más literalmente: "Porque mi padre y mi madre me dejaron; pero el Señor me recogió."

13. *"Hubiera yo desmayado,* excepto que hubiera creído." Las palabras en cursiva fueron suplidas por los traductores, pero lejos de ser necesarias, han estropeado el sentido. Quítense las palabras "Hubiera yo desmayado" y hágase una pausa después del verso y se preservará la elegante figura que presentó el salmista: "Si yo no hubiera creído que voy a ver la bondad en la tierra de los vivientes" . . . ¡Entonces, ay de mí, qué hubiera sido de mí!

SALMO 27

La confianza del justo en Dios (1-3); su ardiente deseo de tener el privilegio espiritual de adorar a Dios en su templo, por las bendiciones espirituales que espera gozar en ese lugar (4-6); su oración a Dios para continuar recibiendo luz y salvación (7-9); su confianza en que aunque sus propios padres lo olvidaran, Dios no lo hará (10). Por eso ruega que le sea enseñado lo recto para ser librado de todos sus enemigos y ver la bondad del Señor en la tierra de los vivientes (11-13); exhorta a los demás a confiar en Dios: a tener buen ánimo y a esperar fuerzas para sus corazones (14).

En el hebreo y en el caldeo se titula simplemente *ledavid.* "A o Para David."

5. *Porque él me esconderá en su tabernáculo.* Haré de su templo mi residencia. *Sobre una roca me pondrá en alto.* El me *fortalecerá* y *establecerá* de tal modo que mis enemigos no podrán prevalecer contra mí.

6. *Luego levantará mi cabeza.* Estamos perfectamente seguros de que seremos liberados de esta cautividad y de ser restaurados en nuestro propio país para poder adorar a Dios en su propio templo. Allí ofreceremos *sacrificios de júbilo,* cantaremos *alabanzas a Jehová* y reconoceremos que sólo es por su poder y misericordia que hemos sido librados.

SALMO 28

Un hombre justo en su aflicción, clama a Dios y se queja de la malicia de sus enemigos (1-4); a quienes describe como impíos y cuya destrucción predice (5). Bendice al Señor por haber prestado oído a sus oraciones y por haberlo consolado plenamente (6, 7); luego ora por el pueblo de Dios (8, 9).

Este salmo es del mismo carácter de los dos anteriores y es sumamente probable que pertenezca al período de la cautividad, aunque algunos lo han vinculado a David y sus persecuciones. En los cinco primeros versículos, el autor ora para recibir apoyo contra sus enemigos los que parecen haber actuado traidoramente con él. En los versículos sexto y séptimo se supone que ha logrado la victoria, y vuelve con canciones de triunfo. El octavo es un coro del pueblo elevado a su rey vencedor. El noveno presenta la oración del rey a favor de su pueblo.

1. *Oh Jehová, Roca mía.* Tsuri, no solamente significa "mi roca," sino también "mi manantial," es decir, la fuente de donde proviene todo lo bueno que poseo.

4. *Dales.* Es igual que "Tú les darás"; equivale a una declaración profética sobre su destino.

8. *Jehová es la fortaleza de su pueblo.* Esta lectura está confirmada por la Septuaginta, la Vulgata, la Siríaca, la Etíope, la Arábiga y la Anglosajona. Tanto el rey como el pueblo son protegidos, sostenidos y salvados por el Señor.

9. *Salva a tu pueblo.* Continúa guardándolo de todos sus enemigos; de la idolatría y de toda clase de pecado. *Pastoréales. Raah,* significa "alimentar" y también "gobernar". Entonces, aliméntalos como el pastor a su rebaño y gobiérnalos como el padre a sus hijos.

SALMO 29

El salmista exhorta a los grandes y poderosos a dar gracias a Dios y adorarle en la hermosura de su santidad por causa de una tempestad que se había desatado (1, 2). Muestra las maravillas producidas por el trueno al que llama la voz de Dios (3-9). Habla de la majestad del Señor (10); e indica que hará bien a su pueblo (11).

En la versión hebrea, se le ha titulado, "Salmo para David". Probablemente haya sido escrito para conmemorar la abundante lluvia que se precipitara en los días de ese rey, después de una sequía que se prolongó tres años; II S. 21:1-10. Todo el salmo describe los efectos producidos por un rayo.

2. *En la hermosura de la santidad.* "Las vestiduras hermosas de la santidad."

3. *Voz de Jehová.* El trueno, llamado de esa manera en Ex. 9:23, 28-29; Job 37:4; Sal. 18:13; Is. 30:30. *Sobre muchas aguas.* Moisés llama las aguas a las nubes que están sobre el firmamento.

4. *Con potencia.* No hay agente, en el universo, tan potente como el fluido eléctrico. *Con gloria.* Ningún sonido en la naturaleza es tan tremendo y majestuoso como el trueno; es el más adecuado para representar la voz de Dios.

5. *Quebranta los cedros.* Arboles muy altos que atraen el rayo de las nubes, causa por la que muchas veces son hechos pedazos.

7. *Derrama llamas de fuego.* El relampagueante y ahorquillado zigzag es la causa del trueno; en una tormenta eléctrica los relámpagos se dispersan en diversas direcciones.

8. *El desierto de Cades.* Estaba en las fronteras con Idumea y Parán. Tal vez esta sea una referencia a alguna terrible tormenta eléctrica ocurrida en ese lugar.

9. *Que hace estar de parto a las ciervas aterradas.* (V.M.) El terror repercute sobre todas las clases de animales; lo que en muchas ocasiones apresura el nacimiento de la cría. *Y desnuda los bosques.* Algunas veces, en las noches más oscuras los hace evidentes por el repentino resplandor; y a menudo los incendia.

10. *Jehová preside en el diluvio.* "Jehová ataca al torrente." *Y se sienta Jehová como rey para siempre.* El gobierna la naturaleza universal.

SALMO 30

El salmista le da las gracias a Dios por haberlo liberado de un gran peligro (1-3); exhorta a los santos a agradecer a Dios al recordar su santidad, porque está pronto para salvar (4, 5). Relata cómo su mente estuvo afectada por una gran prueba y con qué prontitud sobrevino un cambio inesperado (6, 7); menciona cómo y en qué términos suplicó que se le tuviera misericordia (8-10); muestra cómo Dios lo oyó y lo libertó y el efecto que esto tuvo sobre su ánimo (11, 12).

Se dice que este salmo o himno fue compuesto o usado en la dedicación de la casa de David, más bien en la dedicación de una casa o templo; porque la palabra *David* no se refiere a la casa sino al *mizmor*, es decir, al salmo. Pero, ¿de qué templo o casa pudo haberse tratado? Calmet supone que lo hizo David para la dedicación del lugar que edificó en la era de Arauna, después de la terrible plaga que casi asoló al reino; véase II S. 24:25; I Cr. 21:26. Todas las partes del salmo convienen en esto: y lo hacen tan bien, sin concordar con ninguna otra hipótesis, que me siento justificado al modelar mi comentario sobre este único principio.

2. *Me sanaste.* Has quitado la plaga de mi pueblo por la que perecían millares ante mis ojos.

3. *Hiciste subir mi alma del Seol.* Mi pueblo y yo estuvimos a punto de ser cortados; pero Tú nos has perdonado en tu misericordia y nos has concedido una tregua sumamente gloriosa.

4. *Cantad a Jehová vosotros sus santos.* Vosotros, sacerdotes que esperáis en El en su santuario para orar y sacrificar a favor del pueblo, magnificadle por la misericordia que ha mostrado al detener la más destructora plaga.
Celebrad la memoria de su santidad. El Señor dice: "Sed santos, porque yo soy santo." El que ama la santidad es el que puede dar gracias al recordar la santidad divina.

5. *Porque un momento será su ira.* En el texto hebreo hay una elegante precipitación en estas palabras. Presentamos una traducción literal: "Por un momento en su ira. Vive en su favor. En la noche puede morar el llanto; pero a la mañana, llega el regocijo."

6. *En mi prosperidad dije yo: No seré jamás conmovido.* La paz y la prosperidad habían seducido el corazón de David y le habían hecho suponer que su "monte" —su dominio— se erguía tan poderoso que ninguna adversidad podría afectarlo. Deseaba

conocer la potencia física y política de su reino; y, olvidando que dependía de Dios; ordenó a Job que censara al pueblo; lo cual Dios castigó en la manera descrita en II S. 24.

8. *A ti, oh Jehová, clamaré.* Véase su confesión y plegaria, en II S. 24:17.

11. *Has cambiado mi lamento en baile.* Mejor dicho, "en música". No he orado en vano. Aunque merecí ser cortado de la tierra de los vivientes, sin embargo, me has perdonado y me has hecho permanecer entre mi pueblo. *Desataste mi cilicio,* emblema de mi desgracia y miseria y *me ceñiste de alegría,* cuando ordenaste al ángel destruidor que no destruyera a Jerusalén y le dijiste: "Basta ahora; detén tu mano"; II S. 24:16.

SALMO 31

Con firme confianza en Dios en el tiempo de aflicción, el salmista ora encarecidamente para que le sea enviada la liberación (1-5). Expresa su aborrecimiento al mal (6); menciona con gratitud las anteriores intervenciones divinas (7, 8); continúa detallando sus desventuras (9-18); señala los privilegios de los que temen a Dios (19, 20); manifiesta que Dios ha escuchado sus oraciones, a pesar de que él se consideraba perdido (21, 22); exhorta a los santos a amar a Dios y confiar en El, porque guarda a los fieles y paga abundantemente a los que obran con soberbia (23, 24).

2. *Mi roca fuerte.* Las rocas, lugares escabrosos, o las cuevas que había en ellos eran los lugares fuertes en la tierra de Judea.

4. *Sácame de la red.* Me han cercado por todas partes, si no interviene un milagro, no puedo escapar.

5. *En tus manos encomiendo mi espíritu.* "Entonces Jesús clamando a gran voz, dijo: Padre, en tus manos encomiendo mi espíritu," Lc. 23:46. El resto de este versículo no tenía que ver con el Salvador del mundo, por eso, lo omite; pero es adaptable a los que han sido redimidos por el sacrificio de su muerte. En Hch. 7:59 leemos que San Esteban emplea las mismas palabras y fueron casi las últimas que pronunció.

6. *Aborrezco a los que esperan en vanidades ilusorias.* Es decir, he abominado sus caminos. *Mas yo en Jehová he esperado.* Mientras ellos confían en vanidades, cosas vanas (porque un ídolo no es nada en el mundo) y presunciones mentirosas (porque se promete mucho y no se da nada), yo confío en Jehová, que es el Dios todo suficiente, mi Pastor, y, por lo tanto, no me faltará ningún bien.

10. *Mi vida se va gastando en dolor.* Mi vida es una existencia de sufrimiento y angustia a causa de mi pena, mis días se van acortando. *Y mis años de suspirar. Anachah.* Esta es una mera expresión natural de dolor; los mismos sonidos que proceden de una mente perturbada; *¡an-ach-ah!* Con

poca variante, es común a todas las naciones y casi la misma en muchos idiomas.

13. *Porque oigo la calumnia de muchos.* El lector puede encontrar paralelos de este versículo como de los dos precedentes: Jer. 18:18 hasta el fin del capítulo 19 y los diez primeros versos del cap. 20. Esto ha autorizado a muchos a creer que Jeremías es el autor de este salmo.

16. *Haz resplandecer tu rostro sobre tu siervo.* Sólo, que me permitas saber que estoy reconciliado contigo y que te complaces en mí; entonces, venga lo que viniere, todo estará bien. *Sálvame por tu misericordia.* Literalmente, "Sálvame en tu misericordia".

20. *En lo secreto de tu presencia los esconderás.* "Con la cubierta de tu presencia."

21. *En ciudad fortificada.* Si este salmo fue escrito por David, entonces debe referirse a cuando se refugió con Aquis, rey de Gat, que le dio Siclag, ciudad fortificada, para asegurarse él y sus seguidores. Véase I S. 27:6. Quizás el pasaje quiera decir que, bajo la protección de Dios estaba tan seguro como si se encontrase en una ciudad fortificada.

SALMO 32

La verdadera bienaventuranza consiste en tener el perdón de los pecados y la purificación del corazón (1, 2). Sentimiento del salmista al buscar estas bendiciones (3-5). Cómo deben buscarse (6, 7). La necesidad de humildad y la disposición de ser enseñado (8, 9). La miseria del impío (10); la bienaventuranza del justo (11).

El título de este salmo es significativo, *ledavid maskil,* "Salmo de David, impartiendo instrucciones," es decir, un salmo instructivo; así llamado a manera de distinción porque se consideraba que impartía las directivas más elevadas en lo que se refiere a la culpabilidad del pecado, la bienaventuranza del perdón y la santidad, o, en otros términos, la justificación y la santificación. Se supone que fue escrito después de la transgresión de David con Betsabé y después de haber obtenido el perdón.

1. *Bienaventurado aquel cuya transgresión ha sido perdonada.* En este y en el siguiente versículo se mencionan cuatro males: *transgresión, pecado, iniquidad, engaño.* El primero significa pasar sobre un límite, haciendo lo que está prohibido. El segundo, errar al blanco, no haciendo lo que ha sido ordenado; pero a menudo se toma para expresar pecaminosidad, o pecado en el futuro, produciendo transgresión en la vida. El tercero, quiere decir que se ha desviado de su propio curso o situación; cualquier cosa moralmente tergiversada o pervertida. El cuarto, significa fraude, engaño, superchería. Para quitar estos males se mencionan tres actos: perdonar,

cubrir y no imputar. En Ro. 4:6-7, Pablo cita este pasaje para ilustrar la doctrina de la justificación por la fe.

3. *Mientras callé.* Antes que me humillara y confesara mi pecado, mi alma se encontraba en el más profundo horror.

5. *Mi pecado te declaré.* Cuando esta confesión fue hecha completa y sinceramente y yo dejé de encubrir mi maldad, Tú perdonaste la iniquidad de mi pecado.

6. *Ciertamente, en la inundación de muchas aguas.* En las pruebas violentas, en las aflicciones y tentaciones.

7. *Tú eres mi refugio.* Probablemente sea una alusión a la ciudad de refugio. "Me guardarás de angustia." El vengador de la sangre no podrá alcanzarme.

8. *Te haré entender.* Probablemente el Señor le está hablando a David.

mundo y lo hizo; crear al hombre, y lo realizó. Resolvió que en cierta época se manifestaría en la carne y así fue; que debía probar la muerte por todos los hombres y lo hizo; que su evangelio debía ser predicado por todo el mundo y he aquí que ya ha sido diseminado casi por toda la tierra.

13. *Desde los cielos miró Jehová.* Este texto y el siguiente parecen referirse a la providencia de Dios. El ve todo lo que se hace sobre la tierra y sus ojos están sobre todos los hijos de los hombres.

20. *Nuestra alma espera a Jehová.* La totalidad de nuestra vida está empleada en esta bendita obra; no confiamos en nada sino en El; ni en la multitud de hombres armados ni en la fuerza natural; ni en los más veloces animales ni en cosa humana alguna. Confiamos solamente en Dios que es *nuestra ayuda y nuestro escudo.*

SALMO 33

Alabanza al Señor por las obras de su creación (1-9); y por la estabilidad de sus consejos (10,11). La bienaventuranza de la gente que tiene el conocimiento del verdadero Dios, su gracia y providencia (12-15). Vanidad de todos los apoyos terrenales (16, 17). Felicidad de los que temen a Dios y confían en su misericordia (18-22).

Este salmo carece de título en el hebreo y es probable que haya sido escrito sin ocasión particular, sólo como himno de alabanza para celebrar el poder, sabiduría y misericordia de Dios. Sus principales tópicos son: la creación y la providencia; éstas han guiado al salmista a aludir a diferentes pasajes de la antigua historia judía.

1. *Alegraos, oh justos, en Jehová.* Es muy probable que el último versículo del salmo anterior antiguamente haya sido el primero de éste. Como este salmo no tiene título, el verso puede haberse separado con suma facilidad. En el anterior, tenemos la descripción de la felicidad del hombre justificado: en el que tratamos, ha sido enseñado a glorificar a Dios y le alaba por las grandes cosas que ha recibido de El.

2. *Con salterio.* Parece que nuestra traducción nos presentara un tercer instrumento en este lugar al hablarnos de un instrumento de diez cuerdas, *decacordio* cuando en efecto se trata de un mismo instrumento.

10. *Hace nulo el consejo de las naciones.* Parece ser similar a lo que se ha considerado en el segundo salmo: la inutilidad del esfuerzo de los gentiles para impedir la extensión del reino de Cristo en la tierra: y también podría tener referencia a los atentados similares de naciones y hombres impíos para evitar la promulgación del evangelio y la diseminación universal de la verdad.

11. *El consejo de Jehová.* Lo que El ha determinado será hecho. Se propuso hacer el

SALMO 34

David alaba a Dios y exhorta a los demás a hacer lo mismo (1-3); demuestra cómo buscó al Señor y de qué manera lo halló (4-6). Todos son exhortados a gustar y ver la bondad de Dios; con la seguridad de su sostén y consuelo (7-10). Muestra el camino para lograr la felicidad y larga vida (11-16); privilegios del justo y de todos los que sinceramente buscan a Dios (17-22).

El título declara que este es "Un salmo de David cuando cambió su semblante delante de Abimelec, y él lo echó y se fue". Puede encontrarse el relato pertinente en I S. 21. Pero la persona a quien se refiere aquí no es Abimelec; se trataba de Aquis, rey de Gat, a quien en este pasaje se le llama Abimelec, porque era nombre común entre los reyes filisteos.

Este es el segundo de los salmos acrósticos o alfabéticos, vale decir, aquellos en que cada verso comienza con una letra consecutiva del alfabeto hebreo. Pero en este salmo han ocurrido algunos desórdenes. El versículo que comienza con *vau,* y que debería estar entre el quinto y el sexto, falta en su totalidad; el vigésimo segundo está completamente fuera del encadenamiento. Sin embargo, es mi opinión, que este texto (el vigésimo segundo), que ahora comienza con *phe, podeh,* "redime," estuvo originalmente escrito *vepodeh* o con *padah,* como lo interpretan más de cien manuscritos de Kennicott, resultando así *vepodah,* "y redimirá," que encaja admirablemente con la conexión anterior.

2. *En Jehová se gloriará mi alma.* Se "dedicará a alabar" al Señor —considerará que éste es su trabajo principal. *Los mansos.* Los afligidos, de los que David había sido uno.

6. *Este pobre clamó.* "Este atribulado," David.

7. *El ángel de Jehová acampa alrededor.* Más bien consideraría a este ángel a la luz de

un guardián que hace su ronda que tiene como misión especial el cuidar a los que temen a Jehová.

11. *Venid, hijos.* Todos vosotros que seáis humildes, dispuestos a ser enseñados.

18. *Los quebrantados.* El corazón "quebrantado en añicos". *Los contritos de corazón.* "Los de espíritu golpeado." En ambas expresiones está implicado el martillo. Llevará al lector a recordar Jer. 23:29: "¿No es mi palabra como fuego, dice Jehová, y como martillo que quebranta la piedra?" El corazón quebrantado y el espíritu contrito, son las características esenciales del verdadero arrepentimiento.

22. *Jehová redime.* Tanto la vida como el alma de los seguidores del Señor se hallan siempre en peligro, pero Dios continuamente las redime. *Condenados.* "Considerados culpables," es el sentido literal. Serán preservados del pecado y no perderán ni su vida ni su alma.

SALMO 35

Encontrándose en gran estrechez, el salmista ora por su seguridad personal (1-3); y por la confusión de sus enemigos (4-8); expresa su confianza en Dios (9, 10); menciona que él ha sido bueno con aquellos que le han pagado mal por su bien (11-16); apela nuevamente a Dios en contra de ellos (17-26); ruega por los que lo han amparado; y alaba a Dios por sus bondades (27, 28).

1. *Disputa, oh Jehová.* La palabra es usada a menudo en el lenguaje jurídico. Las imprecaciones que encontramos en estos versículos son auténticas. No están dirigidas contra las almas o el bienestar eterno de esos pecadores sino contra sus proyectos y designios de destruir la vida de un inocente; los cristianos más santos pueden dirigir las mismas plegarias contra sus adversarios.

7. *Porque sin causa escondieron para mí su red en un hoyo.* Esta palabra *hoyo* pertenece al segundo miembro de este verso; y su totalidad debería interpretarse de la manera siguiente: Porque sin causa hicieron una red para mí; sin motivo cavaron un pozo para mi vida.

14. *Como el que trae luto por madre.* Como quien está en duelo por su madre. ¡Qué palabras tan expresivas!

15. *Pero ellos se alegraron en mi adversidad.* Es bien sabido cómo David fue burlado e insultado por Simei y otros durante la rebelión de Absalón. *Despreciables.* "Los matones," probablemente asesinos pagados. Por todas partes estaban al acecho para quitarme la vida.

16. *Como lisonjeros, escarnecedores y truhanes.* Parece que estos versículos fueran proféticos del tratamiento que recibiría el Señor Jesucristo.

17. *Mi alma.* "Mi única," Sal. 22:20.

21. *Ensancharon contra mí su boca.* Se quedaron con la boca abierta para expresar su alegría. *Dijeron: ¡Ea, ea, nuestros ojos lo han visto!* Dijeron: *heach, heach;* la última sílaba de cada una de estas palabras tiene un fuerte sonido gutural prolongado, como expresión de triunfo y de insulto simultáneamente. Es la palabra que traducimos: "Ea," v. 25.

25. *¡Le hemos devorado!* "Nos lo hemos tragado."

SALMO 36

Estado miserable del impío (1-4). Excelencia de la misericordia de Dios en sí misma y para con los que le siguen (5-9). Ora por los justos (10); por sí mismo para ser salvo de orgullo y violencia (11); muestra el fin de los obradores de iniquidad (12).

En hebreo, su título es: "Al vencedor, siervo de Jehová, a David." Es uno de los salmos más hermosos de toda la colección.

1. *La iniquidad del impío me dice al corazón.* Es sumamente difícil obtener el sentido de este verso tal como se nos presenta ahora. ¿Cómo puede la transgresión del impío hablar a mi corazón? Pero en lugar de *libbi*, "mi corazón," cuatro de los manuscritos de Kennicott y De Rossi, tienen *libbo*, "El lenguaje de transgresión del malvado está en medio de su corazón. No hay temor de Dios delante de sus ojos". El principio de transgresión, el pecado en el corazón, dice o sugiere a todo pecador: no hay ninguna razón para temer: sigue adelante, no tengas miedo, porque no hay peligro. Obedece a esta sugestión, sigue adelante, actúa impíamente, porque no tiene a Dios *delante de sus ojos.*

5. *Jehová, hasta los cielos llega tu misericordia.* Es decir, Tú eres abundante e infinito en tu misericordia; además, los transgresores deben ser cortados inmediatamente; pero tu paciencia está destinada a conducirles al arrepentimiento. *Y tu fidelidad alcanza hasta las nubes.* A las regiones eternas; sobre todo el espacio visible.

6. *Tu justicia es como los montes.* Montañas excesivamente elevadas. *Tus juicios, abismo grande.* "Los grandes abismos"; tan incomprensibles como el gran caos.

8. *Serán completamente saciados.* "Serán colmados" como la tierra sedienta por la lluvia celestial.

10. *Extiende tu misericordia.* Literalmente: "Alarga tu misericordia." *A los rectos de corazón.* "A la rectitud de corazón"; a aquellos que sólo tienen un fin en vista y que únicamente aspiran a esa meta.

11. *No venga pie de soberbia contra mí.* No permitas que sea pisoteado por los

orgullosos y soberbios. *Y mano de impíos no me mueva.* "Que me haga temblar," o "me haga extraviar".

SALMO 37

Piadosas exhortaciones a los que están en adversidad para que no envidien la prosperidad de los impíos, ya que toda su fortuna es superficial y de breve duración (1-22); en vez de eso, han de poner su confianza en Dios y vivir para su gloria porque ésta es la manera segura de ser feliz en esta vida y en la futura (23-40).

Este es uno de los salmos acrósticos o alfabéticos: pero difiere de los que ya hemos tratado en que tiene dos versos debajo de cada letra; la primera de cada uno es la que muestra la letra alfabética en orden consecutivo.

4. *Deléitate asimismo en Jehová.* Espera de El toda la felicidad y búscala en El. *Las peticiones de tu corazón.* El hombre piadoso jamás se gratifica con un deseo que no puede presentar a Dios en oración.

5. *Encomienda a Jehová tu camino.* "Vuelva tu camino sobre el Señor." *Y él hará.* "Confía en Dios y El actuará para ti."

7. *Guarda silencio ante Jehová.* "Sé mudo." No encuentres faltas con tu Hacedor; El hace bien todas las cosas para los otros, El obrará bien para ti. *Y espera en él.* Y "disponte" a esperar en El; determínate a esperar, o espera en El.

9. *Ellos heredarán la tierra.* La palabra *arets* que encontramos repetidas veces en el salmo debería traducirse por "país" o "tierra," porque es lo más probable que tuviera referencia a la tierra de Judea y este versículo implicaba la promesa de su retorno a ella.

10. *Pues de aquí a poco no existirá el malo.* Predicción de la destrucción de Babilonia. En ese momento ese imperio estaba en su esplendor y los cautivos vivieron para verlo totalmente destruido por Ciro, de manera que no quedó ni la sombra de su pasada grandeza. *Observarás su lugar, y no estará allí.* "Y no está." El gobernante ha sido muerto; la ciudad ha sido tomada; la totalidad del imperio ha caído, ¡en una noche!

11. *Pero los mansos. Anavim,* los "afligidos," los pobres judíos cautivos. *Heredarán la tierra. Arets,* la "tierra" de Judea dada por Dios mismo como heredad a sus padres y a su posteridad para siempre. Véase v. 9.

20. *Y los enemigos de Jehová como la grasa de los carneros.* Este versículo ha ocasionado algunas dificultades a los críticos. Varias versiones lo interpretan así: "Pero los enemigos del Señor, tan pronto como sean exaltados, se desvanecerán; desaparecerán como el humo." Si nos apegamos al hebreo, nos declara que "serán consumidos como la grasa de los carneros". O sea que, tal como la grasa se acaba totalmente en los sacrificios sobre el fuego del altar, ellos serán consumidos por el fuego de la ira de Dios.

21. *El impío toma prestado.* A menudo queda reducido a la indigencia y es obligado a deber a aquellos a quienes antes despreció. *Y no paga.* Porque es un malvado puede negarse a hacerlo; también puede ser por incapacidad, por haber quedado reducido a la miseria. *Mas el justo tiene misericordia.* Porque la ha recibido de Dios, ahora puede mostrarla a los hombres.

22. *Heredarán la tierra. Arets,* el "país," como antes. Véase v. 11.

23. *Por Jehová son ordenados los pasos del hombre. Geber* es la palabra original, que realmente significa "hombre fuerte," "vencedor," "héroe"; y parece que su presencia en este lugar fuera necesaria para demostrar que aun el más poderoso debe ser sostenido por el Señor; pues, de otra manera, su fortaleza y coraje quedarían reducidos a la nada.

24. *Cuando el hombre cayere, no quedará postrado.* El original es breve y enérgico *ki yippol, lo yutal,* que la Caldea interpreta: "Aunque caiga en enfermedad, no morirá." Ni el texto que leemos ni ninguna de las versiones insinúa que se trata de caída en el pecado; se refiere a caída en tribulación o en dificultad.

25. *Joven fui, y he envejecido.* Creo que en todos los casos esto debe ser literal. Yo mismo tengo ahora los cabellos blancos; he viajado por diferentes países y he tenido muchas oportunidades de ver y conversar con gente religiosa de todas las situaciones de la vida; y, hasta donde yo lo he sabido, no he encontrado un solo caso que no sea como este versículo declara.

26. *Tiene misericordia y presta.* "Todo el día es compasivo."

28. *No desampara a sus santos.* "A sus misericordiosos o compasivos"; aquellos que, por amor a Dios y a la humanidad, están siempre listos a compartir lo que tienen con los pobres.

29. *Los justos heredarán la tierra.* Si ésta no es otra promesa de regreso a su propio país para los que se hallaban en cautiverio, debe ser interpretada espiritualmente con referencia a su eterna morada con Dios en la gloria.

31. *Por tanto, sus pies no resbalarán.* Su corazón santificado siempre manda sus *ojos,* su *boca,* sus *manos* y sus *pies.* Los preceptos que gobiernan su conducta *no solamente están escritos en su Biblia,* sino también *en su corazón.*

32. *Acecha el impío al justo, y procura matarlo.* Es similar a lo que dijo en el v. 12: "Maquina el impío contra el justo." Pero en el v. 33, se agrega: "Jehová no lo dejará en sus manos"; El confundirá sus maquinaciones y salvará a sus siervos.

34. *Espera en Jehová y guarda su camino*. Esta es la verdadera manera de esperar en el Señor recomendada por las Escrituras; guardando el camino del Señor ... practicando sus estatutos y viviendo en el espíritu de obediencia. *Cuando sean destruidos los pecadores, lo verás*. Ellos vieron la destrucción del rey de Babilonia, Beltsasar, juntamente con su imperio; y fue como consecuencia de esa devastación que ellos fueron liberados.

35. *Vi yo al impío sumamente enaltecido, y que se extendía como laurel verde*. ¿Acaso no se refiere este texto a Nabucodonosor, rey de Babilonia, y a la visión que tuvo del gran árbol que estaba en medio de la tierra, cuya cabeza llegaba a los cielos? Véase Dn. 4:10 y sig.

36. *Pero él pasó*. Tanto Nabucodonosor como su malvado sucesor, Beltsasar.

37. *Considera al íntegro*. Al que ya ha sido descrito en este salmo: Fijaos en él: es perfecto en su alma porque Dios le ha salvado de todo pecado y lo ha llenado de su amor y su semejanza. Es recto en su conducta; y su fin, no importa cuándo o dónde muera, será de paz, reposo y seguridad para siempre.

SALMO 38

David ora para que Dios tenga misericordia de él y da un emocionante relato de su condición infeliz (1-10); se queja de haber sido abandonado por sus amigos y cruelmente perseguido por sus enemigos (11-16); confiesa su pecado e implora encarecidamente ayuda (17-22).

6. *Estoy humillado*. Mentalmente. *Estoy encorvado* —corporalmente. Estoy completamente afligido y lleno de dolores.

7. *Porque mis lomos están llenos de ardor*. O mejor dicho, enfermedad con fiebre "ardiente".

10. *Mi corazón está acongojado*. "Se agita, palpita," de temor e inquietud. *Me ha dejado mi vigor*. Por no poder alimentarme. *Y aun la luz de mis ojos ... falta*. Apenas puedo discernir las cosas por causa del decaimiento general de mi salud y vigor, lo que particularmente afecta mi vista.

11. *Mis amigos*. Los que profesaban apreciarme; mis amigos, "mis compañeros," que nunca antes habían dejado mi compañía, *se mantienen lejos. Y mis cercanos*. Mis "vecinos," se quedan lejos. Estoy abandonado por todos y ellos se alejan por causa de mi "plaga."

13. *Mas yo, como si fuera sordo*. Estoy consciente de mi culpa; no puedo excusarme; estuve obligado a guardar silencio y soportar sus insultos.

14. *No hay reprensión*. "Argumento" o "justificación"; términos forenses: Fui un hombre acusado en pleno tribunal y no pude defenderme.

17. *Pero yo estoy a punto de caer*. Literalmente, "estoy dispuesto a vacilar". Mi alma está tan inestable, que me es imposible dar un paso en el camino de la justicia a menos que Tú me fortalezcas.

18. *Confesaré mi maldad*. La confesaré con la más profunda humillación.

19. *Porque mis enemigos están vivos*. En lugar de *chaiyim*, "vivos," yo interpretaría *chinam*, "sin causa".

SALMO 39

El salmista tiene cuidado y vigila sus pensamientos, lengua y acciones (1-3). Considera la brevedad e incertidumbre de la vida humana (4-7); ora para ser liberado del pecado (8-11); y para ser protegido y guardado hasta que esté preparado para la otra vida (12, 13).

El título dice: "Al músico principal; a Jedutún. Salmo de David." Se supone que los nombres Jedutún y *Etán* se refieran a la misma persona, I Cr. 6:44 comparado con I Cr. 16:41, nombrado allí entre los hijos de Merari. Se cree que fue uno de los cuatro directores de música, o maestros de banda del templo. Se ha pensado que David al componer este salmo, lo entregó a Jedutún y su compañía para cantarlo. Pero hay otros que suponen que Jedutún sea el autor. Es muy probable que haya sido escrito en igual ocasión que el anterior. Se refiere a una penosa enfermedad que soportó David después de su transgresión con Betsabé.

1. *Yo dije: Atenderé a mis caminos*. Debo ser cauteloso por causa de mis enemigos; mis aflicciones deben hacerme paciente; tengo que tener cuidado con mi lengua para no ofender a mi Dios o dar lugar a que mis enemigos hablen mal de mí.

5. *Diste a mis días término corto*. Mi vida es como un "palmo". *Y mi edad es como nada*. "Como si no existiera ante ti." Todo el tiempo se sume en tu eternidad. *Completa vanidad*. "Todo hombre que existe es vanidad."

6. *En una semejanza de realidad anda*. (VM.) En una "sombra". Solamente es una apariencia de existencia: aparece por un instante y luego se disipa. *Amontona riquezas, y no sabe quién las recogerá*. "Rebusca de continuo." Otra metáfora tomada de la agricultura: el agricultor rastrilla el grano, etc., y, sin embargo, la vida es tan incierta, que ignora ¡quién lo recogerá en el alfolí!

11. *Con castigos por el pecado corriges al hombre. Tochachoth* significa "defensa de un proceso en un tribunal," es decir, "defen-

sa legal". Cuando Dios aparece para sostener la valía y autoridad de su ley contra un pecador Él deshace "como polilla lo más estimado de él"; metáfora tomada del caso de un criminal, el que, por los argumentos de un dictamen y la evidencia irrefutable de testigos, los hechos le condenan, palidece, se ve aterrorizado; le abandona su fortaleza y desmaya ante el tribunal.

13. *Déjame.* No me quites de este estado de prueba y yo me prepararé para la bienaventuranza. A esto llama recobrar sus fuerzas —ser restaurado al favor e imagen de Dios de los que ha caído. Este debería ser el clamor diario de cada espíritu humano: Restáurame a tu imagen, guíame por tu consejo y luego, ¡recíbeme en tu gloria!

SALMO 40

Beneficios de la confianza en Dios (1-3). Bienaventuranza de los que confían en el Señor (4, 5). La terminación de los sacrificios de los judíos en el de Cristo (6-8). Resolución del salmista de publicar la bondad de Dios (9, 10); ora para ser librado de males (11-13); en contra de sus enemigos (14, 15); y a favor de los destituidos (16, 17).

Estoy convencido que este salmo fue escrito por David en la misma época y ocasión que el anterior; con esta diferencia: que en éste magnifica al Señor por haberle impartido la misericordia que procuraba en aquél. Por lo tanto una acción de gracias por su recuperación de la grave enfermedad que lo aquejó y por su restauración al favor divino. Los versículos sexto, séptimo y octavo contienen una notable profecía de la encarnación y sacrificio propiciatorio del Señor Jesucristo; desde el undécimo al final se presenta un nuevo tema que parece haber pertenecido a otro salmo. Es igual al 70: solamente le faltan los dos últimos versos.

1. *Pacientemente esperé a Jehová.* Los dos salmos anteriores eran prueba de la paciencia y resignación con las que David esperó la misericordia divina. *Y oyó mi clamor.* Los ya mencionados salmos muestran cómo oraba y esperaba; éste pone en evidencia su triunfo.

2. *Del pozo de la desesperación.* Literalmente, de "un pozo retumbante," donde nada se oía a no ser los aullidos de las bestias feroces y los sonidos cavernosos de los vientos repercutidos y quebrantados de los escarpados lados y el techo. *Del lodo cenagoso.* Donde cuanto más tiempo permanecía más me hundía y quedaba completamente imposibilitado para salvarme.

5. *Has aumentado . . . tus maravillas.* Aquí parece que el salmista estuviese atónito y desconcertado ante los designios, favores y obras maravillosas del Señor, no en la naturaleza, sino en la gracia; porque lo que ahora tenía en cuenta era la misericordia de Dios para con él.

6. *Sacrificio y ofrenda.* En He. 10:5 y sig., el apóstol cita éste y los dos versículos siguientes y dice: "Por lo cual (el Mesías), entrando en el mundo" —cuando iba a ser encarnado, "dice" —a Dios el Padre, "Sacrificio y ofrenda no quisiste" —nunca fue tu propósito y voluntad que los sacrificios efectuados bajo tu propia ley fueran considerados como sacrificios en expiación por el pecado; sólo debían señalar mi encarnación y muerte propiciatoria: por lo tanto, "me preparaste cuerpo," por el milagroso concepción en el seno de una virgen.

Me preparaste cuerpo. El apóstol toma la cita de éste y los dos versículos siguientes, He. 10:5 y sigs. de la Septuaginta, variando apenas en su interpretación; pero, aunque el sentido general es el mismo, en el hebreo, difiere ampliamente la expresión verbal de la traducción del hebreo y la Septuaginta. Traducimos las palabras de David: *Has abierto mis oídos;* pero, podrían haberse interpretado con mayor propiedad en la siguiente manera: "Mis oídos has barrenado, agujereado"; es decir, Me has hecho tu siervo para siempre para que more en tu propia casa: pues es evidente que la alusión se refería a la costumbre mencionada en Ex. 21:2 y sigs.: "Si comprares siervo hebreo, seis años servirá; mas el séptimo saldrá libre, de balde. Y si el siervo dijere: Yo amo a mi señor, etc., no saldré libre; entonces su amo lo llevará ante los jueces y le hará estar a la puerta o el poste; y su amo le horadará la oreja con lesna, y será su siervo para siempre."

Pero, ¿cómo es posible que la Septuaginta y el apóstol difieran tan completamente del significado del hebreo? El doctor Kennicott nos presenta una conjetura muy ingeniosa a este respecto: supone que la Septuaginta y el apóstol expresan el significado de las palabras según estaban en la copia de la cual fue realizada la traducción griega; y que el presente texto hebreo está adulterado en la palabra *oznayim,* "oídos," que por descuido ha sido escrita *az gevah,* "mas me preparaste cuerpo".

Es interesante notar que todas las ofrendas y sacrificios considerados propiciatorios o de limpieza ofrecidos durante el período de la ley están aquí enumerados por el salmista y el apóstol para mostrar que ninguno de ellos ni todos juntos, podían quitar el pecado y que el gran sacrificio de Cristo era el único que podía hacerlo. Tanto el salmista como el apóstol, en este lugar nos mencionan cuatro clases: sacrificios, ofrendas, ofrenda quemada, sacrificio por el pecado. En cuanto a todos ellos, podemos decir juntamente con el apóstol, que era imposible que la sangre de los toros y de los machos cabríos pudiera quitar el pecado.

7. *En el rollo del libro.* Antiguamente, los libros eran escritos en cueros y luego se enrollaban. Los romanos los llamaban *volumina,* de *volvo,* "yo enrollo"; y, en las sinagogas judías, el Pentateuco aún se presenta

en esta manera. Hay dos cilindros de madera: uno para enrollar y el otro para desenrollar según se avanza en la lectura. Tengo ante mis ojos uno escrito en vitela de unos sesenta y cinco centímetros de ancho por treinta metros con sesenta centímetros de largo. No es fácil tarea enrollar y desenrollar tales manuscritos y para manejarlos hay que ponerlos extendidos sobre una mesa. El que menciono es solamente el Pentateuco; carece de puntuación y cualquier distintivo masorético. El *libro* que aquí se menciona, debe ser el Pentateuco, o los cinco libros de Moisés; porque en la época de David, ninguna otra parte de las Escrituras o de la revelación divina había sido escrita. La totalidad del libro nos habla de Cristo y su realización de la voluntad divina, no sólo en "la simiente de la mujer que aplastaría la cabeza de la serpiente" y que "en su simiente serán benditas todas las naciones de la tierra," sino en todos los sacrificios y ritos alusivos mencionados en la ley.

9. *He anunciado justicia.* Creo que lo mejor es aplicar estas palabras a Cristo y sus apóstoles. Como resultado de que Jesús fue hecho sacrificio por el pecado, el sistema respectivo quedaba abolido, la pared de separación derribada y la puerta de la fe, la doctrina de la justificación por la fe, abierta para los gentiles. Desde entonces, el evangelio ha sido predicado por todo el mundo y las naciones llegaron a conocer la misericordia de Dios; y así, la *justicia*, es decir, la justificación por la fe, fue predicada *en grande congregación* —a judíos y gentiles, en la totalidad del Imperio Romano. *En grande asamblea.* Creo que tanto en este versículo como en el siguiente se alude a los gentiles en oposición a los judíos.

10. *Tu fidelidad.* Implica el exacto cumplimiento de las promesas hechas por los profetas relativas a la encarnación de Cristo y a la apertura de la puerta de la fe a los gentiles. *Tu misericordia.* Muestra el don mismo de Jesucristo que es la prueba más elevada que Dios podía darle de su misericordia a un mundo perdido.

12. *Me han rodeado males sin número.* Esta parte no concuerda con la precedente; podría referirse a una experiencia anterior o debe ser considerada porción de otro salmo escrito en distinta ocasión, en otro tiempo; y si le antepusiéramos los dos primeros versículos del Salmo 70, veríamos que es un salmo tan completo como ése.

15. *Los que me dicen: ¡Ea, ea! Heach, heach.* V.l.e.s. Sal. 35:21.

17. *Aunque afligido.* Profundamente desalentado. *Y necesitado.* "Un mendigo." Alguien completamente destituido en busca de ayuda. *Jehová pensará en mí.* Las palabras empleadas son muy categóricas; *Adonai,* mi sostén, mi apoyo. *Pensará,* "meditará," *en mí.*

SALMO 41

Bienaventuranza del hombre que es misericordioso con los pobres (1-3). El salmista se queja de sus enemigos y ora para recibir ayuda (4-10); bendice a Dios por haber escuchado su oración y haberlo protegido de sus adversarios (11, 12). El salmo termina con una hermosa doxología (13).

3. *Mullirás toda su cama.* Tú la has "levantado, sacudido, movido"; y harás eso con toda su cama —darás un lugar que le sea incómodo— ningún bulto, ninguna desnivelación que le impida dormir.

8. *Cosa pestilencial se ha apoderado de él.* Una "cosa, palabra o pestilencia de Belial ha sido derramada sobre él". No tiene una enfermedad común; es diabólica.

9. *Aun el hombre de mi paz.* O es una profecía directa de la traición de Judas o bien es una parte de las aflicciones de David que nuestro Señor encontró tan similar a la falsedad de su pérfido discípulo, que lo aplica a él: Jn. 13:18. El hombre que me besaba diciéndome: "La paz sea contigo"; y en esta manera daba la señal convenida a mis asesinos de que yo era la persona buscada, para que me apresaran y me llevaran.

El que de mi pan comía. Nuestro Señor aplica estas palabras a Judas que se servía del mismo plato. Véase Jn. 13:18, 26. Es posible que se refiera a Ahitofel, su consejero, el hombre de su paz su primer ministro, el que, bien sabemos, fue el baluarte de la conspiración de Absalón.

10. *Hazme levantar.* Restáurame de esta enfermedad, *y les daré el pago.* Esto también ha sido aplicado a nuestro Señor, quien sabía que tenía que morir, ora que pueda resucitar para desbaratar la malicia de sus enemigos.

13. *Bendito sea Jehová, el Dios de Israel.* Por todas estas circunstancias y eventos para siempre será tributada gloria al nombre del Señor; porque el *recuerdo* de estas cosas jamás perecerá; sino que serán anunciadas de una a otra generación; y así lo ha sido. *Por los siglos de los siglos.* "Desde los tiempos remotos hasta los tiempos ocultos"; desde lo que no tiene principio hasta lo que no tiene fin.

Así finaliza lo que los hebreos llaman el Primer Libro de los Salmos; pues el lector recordará la división que ellos hacen en cinco libros, el primero de los cuales termina con este salmo.

SALMO 42

El salmista suspira vehemente por las ordenanzas de la casa de Dios (1-4); descripción de su profundo desconsuelo (5-7); se atreve a animarse al considerar que el Señor va a presentarse a su favor (8, 9); habla de los insultos de sus enemigos (10); recobra aliento (11).

El título de este salmo es: "Al músico principal. Masquil de los hijos de Coré." Es el primero de los salmos que lleva prefijada esta inscripción y es probable que éstos hayan sido compuestos por los descendientes de Coré durante la cautividad en Babilonia o por alguna persona eminente entre sus sucesores y que fueran empleados por los israelitas como medios de consuelo durante su larga cautividad; y, realmente, la mayoría de los que llevan esa inscripción son salmos de consuelo y los sentimientos que se expresan pertenecen solamente a ese período de la historia judía. La palabra *masquil*, de *sakal*, significa "hacer sabio," "dirigir sabiamente," "impartir instrucción".

1. *Como el ciervo brama por las corrientes de las aguas.* El ciervo se siente casi completamente agotado; casi está cazado; los perros corren en su persecución; él se encuentra abrasado por la sed y en el ardiente calor, con ansiedad desea agua y al llegar a un río se zambulle como su último refugio.

3. *Fueron mis lágrimas mi pan de día y de noche.* He tenido un anhelo tan intenso de las bendiciones espirituales que me he olvidado de tomar el alimento necesario; mi pena ha sido tan grande que no he sentido ningún apetito.

4. *Me acuerdo de estas cosas.* O "me acordaré de estas cosas". Mi alma está deshecha, ha llegado a ser tan débil como el agua al reflexionar en lo que tuve y en lo que he perdido. O bien, "Yo vuelco mi alma sobre mí mismo," en profundo lamento y queja cuando considero estas cosas. Una *multitud* iba a adorar a Dios en culto público; a menudo iba con ellos; pero, ¡ay de mí! , ya no están; ahora sólo unos pocos individuos suspiran por las devastaciones de Sion. Allí celebrábamos nuestros días santos, nuestras fiestas señaladas para conmemorar las maravillosas obras del Señor; ya no tenemos procesiones, ni festividades, ni asambleas gozosas· todo es soledad en Sion, todo es lamento en nuestra cautividad.

5. *¿Por qué te abates, oh alma mía?* No hay razón para desesperarse aunque los tiempos sean malos, Jerusalén esté devastada, nuestros enemigos nos insulten y parezca que nuestra situación es desesperada ante los ojos humanos. Todas las cosas son posibles para Dios. Tenemos la promesa de la restauración; El es tan bueno como es poderoso; nuestra esperanza está en El. *Porque aún he de alabarle.* Por mi liberación de esta cautividad.

6. *Me acordaré, por tanto, de ti desde la tierra del Jordán.* Es decir, desde Judea; emplea ese nombre por tratarse del principal río del país. *Y de los hermonitas.* Los "Hermones," empleándose el plural porque Hermón tiene una doble serranía que se une en un ángulo y se levanta en muchas cumbres. El río Jordán y el monte Hermón eran los puntos más conspicuos de la Tierra Santa. *Desde el monte de Mizar.* "Desde el

pequeño monte." Probablemente se refiera a Sion que era pequeña en comparación con los montes Hermones.

7. *Un abismo llama a otro.* Una ola de angustia se abalanza sobre mí, empujada por otra. Hay algo lúgubre en el sonido del original: *tehom el tehom kore;* algo como "cavernosos crujidos cuelgan en el aire".

9. *Diré a Dios: Roca mía.* Dios, mi fortaleza y mi sostén. *¿Por qué te has olvidado de mí?* Este versículo y el siguiente están malamente encarados en nuestras versiones: "¿Por qué andaré gimiendo como si tuviera una espada en mis huesos por causa de la opresión del enemigo? Mis enemigos me afrentan cada día mientras me dicen: ¿dónde está tu Dios?" Sus reproches son para mi alma como sería una filosa y penetrante espada clavada en mi cuerpo.

11. *¿Por qué te abates?* No hay razón para lanzarse a la desesperación. Dios aparecerá y te librará a ti y a tus hermanos cautivos y pronto se desvanecerán tu suspiro y tu lamento. *Salud de mi rostro.* (VM.) Como el buen estado de salud se demuestra en el rostro, así Dios regocijará tu corazón, sanará tus males espirituales para que tu rostro testifique de tu bienestar interior.

SALMO 43

El salmista ruega a Dios que se ponga de su parte en contra de sus enemigos (1, 2); que envíe su luz y su verdad para guiarle al tabernáculo (3); promete que, si se le conduce allá, será fiel al servicio divino (4); se increpa a sí mismo por su desesperación y se anima (5).

En el hebreo este salmo no tiene título. Evidentemente tiene el mismo tema que el salmo 42, idéntico autor o autores y contiene la parte restante de la queja de los judíos cautivos en Babilonia. En cuarenta y seis de los manuscritos de Kennicott y De Rossi está incluido como parte del salmo ya mencionado.

1. *Júzgame, oh Dios, y defiende mi causa.* Ribah ribi, terminología forense, que bien puede traducirse: "aboga por mi causa," sé mi consejero y abogado. *De gente impía.* Los babilonios. *Y del hombre engañoso e inicuo.* Nabucodonosor.

2. *Pues que tú eres el Dios de mi fortaleza.* Aquí y en otros lugares, el salmista habla personificando al pueblo israelita, que a la sazón se encontraba cautivo en Babilonia. Todavía te reconocemos como nuestro Dios.

3. *Envía tu luz y tu verdad.* Nos encontramos en tinieblas y desesperación, oh, envíanos luz y prosperidad; esperamos el cumplimiento de tus promesas; envía tu verdad; que tu luz me guíe a tu santo monte, a la tierra de mis antepasados; que tu verdad me

conduzca a tus tabernáculos para adorarte allí en espíritu y en verdad.

4. *Entraré al altar.* Cuando tu luz y el giro favorable de los acontecimientos nos dirijan a la tierra de nuestros padres y tu verdad y el cumplimiento de tus bondadosas promesas nos pongan nuevamente frente a las puertas de tus tabernáculos, entonces iremos a tu altar y gozosamente te presentaremos los sacrificios y ofrendas que demanda la ley y nos regocijaremos plenamente en ti.

SALMO 44

El salmista detalla las misericordias de Dios; enseña a su pueblo cómo en los tiempos antiguos les dio la victoria sobre todos sus enemigos (1-8); señala su presente estado miserable (9-16); sostiene que ellos no han apostatado y apela a Dios para comprobar su aseveración (17-22); llama al Señor para que los libre de sus enemigos (23-26).

Este salmo y el 42 tienen el mismo título. Como el anterior, parece pertenecer al tiempo de la cautividad.

1. *Con nuestros oídos hemos oído.* El salmista comienza recordando las maravillosas intervenciones de Dios a favor del pueblo judío, para fortalecer mejor su confianza y establecer una base sobre la cual edificar su expectativa de ayuda adicional.

2. *Tú, con tu mano echaste las naciones.* Los cananeos eran como un árbol malo plantado en buena tierra y producía malos frutos con exuberancia. Dios arrancó a este árbol maleado desde las raíces y en su lugar, plantó a los hebreos como si fueran un buen árbol, una buena viña y les hizo echar raíces y llenar la tierra.

4. *Tú, oh Dios, eres mi rey.* Lo que eras para *ellos*, sé para *nosotros*. Como ellos, nosotros también creemos en ti; hemos pecado y estamos en cautividad, pero nos arrepentimos y volvemos a ti; por lo tanto, *manda salvación a Jacob* porque somos sus descendientes y Tú obraste muchos milagros a favor de ellos.

5. *Por medio de ti sacudiremos.* "Gracias a tus palabras." Literalmente, "Con nuestro cuerno los lanzaremos al aire"; metáfora tomada de la figura de un buey o un toro que está lanzando al aire a los perros que lo atacan. *En tu nombre.* Jehová; el infinito, el omnipotente, el eterno Ser, cuyo poder es irresistible.

No confiaré en mi arco. Como está hablando de lo que Dios había realizado a favor de sus antepasados, las palabras mencionadas deberían leerse en pretérito: "No hemos confiado."

8. *En Dios nos gloriaremos.* Hemos dicho a los paganos cuán poderoso es nuestro Dios. Si Tú no nos libras con tu maravilloso poder, ellos no creerán nuestro relato y conside-

rarán que estamos sujetos a cautiverio por la fuerza superior de sus dioses.

11. *Y nos has esparcido entre las naciones.* Evidentemente hace alusión a la cautividad. Como consecuencia de las guerras triunfantes de los reyes de Asiria y Caldea contra los de Israel y Judá y la dispersión de las tribus bajo Tiglat-Pileser, Salmanasar y Nabucodonosor; los judíos fueron dispersos ̃ror todas las provincias orientales; allí se ׃tablecieron y hasta el presente, allí pueden encontrarse sus sucesores.

12. *Has vendido a tu pueblo de balde.* Alusión a la manera en que los propietarios o soberanos disponían de sus esclavos. En lugar de buscar lucro, nos has regalado a nuestros enemigos.

14. *Nos pusiste por proverbio.* Evidentemente, nos has abandonado y como consecuencia hemos llegado a ser tan miserables que somos un proverbio entre las gentes.

17. *Y no nos hemos olvidado de ti.* Estas son palabras temerarias; deben ser entendidas en un sentido limitado. No hemos apostatado de ti; no hemos caído en la idolatría; y esto era la verdad estricta; desde el tiempo del cautiverio no puede acusarse de idolatría al pueblo judío.

19. *Para que nos quebrantases en el lugar de chacales.* Nos has entregado en manos de una nación feroz, cruel y asesina. Nosotros, como pueblo, estamos en un estado similar al de alguien que se hubiera quedado en un desierto donde no hubiera seres humanos.

20. *Si nos hubiésemos olvidado del nombre de nuestro Dios.* Ese nombre, Jehová, por el cual se distinguía particularmente el verdadero Dios y que implicaba la exclusión de cualquier otro objeto de adoración.

22. *Pero por causa de ti nos matan cada día.* Estamos continuamente expuestos a la muerte por tu causa y la de tu religión; y algunos de nosotros caemos diariamente como sacrificios ante el espíritu perseguidor de nuestros enemigos y continuamente llevamos la vida en nuestras manos. En esa situación estaban los cristianos primitivos y San Pablo aplica esas palabras al caso de ellos en Romanos 8:36.

23. *Despierta; ¿por qué duermes, Señor?* Es decir, ¿por qué pareces como alguien que está durmiendo indiferente a la seguridad de sus amigos?

SALMO 45

El contenido de este salmo por lo general, suele recapitularse de la manera siguiente: La majestad y gracia del reino de Cristo; o epitalamio de Cristo y la iglesia cristiana; deberes y privilegios de su iglesia. El salmo incluye una hermosa descripción de la belleza, vestimenta, bizarría, justicia y verdad del Divino Desposado; la beldad, esplendor y riquezas de la novia, que llegaría a ser la madre de una numerosa y potente prosperidad. El preámbulo se encuentra en el título y en el versículo 1. Descripción y carácter del Esposo (2-9). Plática a la desposada por sus compañeras (10-15). Predicción sobre su numerosa e ilustre descendencia (16, 17).

Este salmo, el 69 y el 80 llevan casi el mismo título: "Al músico principal, o maestro de banda o de aquellos que tocaban instrumentos de seis cuerdas, impartiéndoles instrucciones para los hijos de Coré; un cántico de amor o himno de las vírgenes amadas."* Creo que se trata de un himno nupcial que especialmente tiene referencia a la boda de Salomón con la hija de Faraón y que probablemente haga alusión profética a la conversión de los gentiles.

1. *Rebosa mi corazón palabra buena.* Hierve o burbujea. Metáfora tomada de una fuente en la que el agua brota de esa manera desde la tierra. *Dirijo al rey mi canto.* Literalmente: "Esta obra está dedicada al rey." *Mi lengua es pluma de escribiente muy ligero.* Escribiré y hablaré el asunto divino que tengo ahora en mi corazón tan frecuentemente como el más experto amanuense pueda escribir mientras lo recito.

2. *Eres el más hermoso de los hijos de los hombres.* ¿Quién escribió estas palabras? Parece que todo el salmo, con excepción del primer verso, fue recitado por aquellas a quienes se llama en el título "las vírgenes amadas," o sus compañeras, que comienzan con las perfecciones del desposado y luego describen las de ella. Y después hay una declaración profética concerniente a su descendencia. Por eso, podemos considerar que lo que aquí se presenta fue hablado por las compañeras de la novia. *La gracia se derramó en sus labios.* Probablemente se refiera a su lenguaje o a las palabras amables que decía. Salomón era reconocido por su sabiduría y, en especial, la que manifestaba en su conversación. *Dios te ha bendecido para siempre.* Me temo que en ningún sentido pudo haberse dicho de Salomón; pero es verdad del hombre Jesucristo.

3. *Ciñe tu espada sobre el muslo, oh valiente.* Esta cláusula tendría que traducirse: "Oh héroe, ciñe tu espada sobre tu muslo." Tampoco esto pudo haber tenido referencia a Salomón. Más bien se aplica a Cristo, que es el Rey de reyes y Señor de señores. *Con tu gloria y con tu majestad.* Sé tan guerrero como eres ilustre y majestuoso. La corte de Salomón era espléndida y su persona majestuosa. Pero la sublimidad y gloria de Cristo están por encima de todo.

4. *En tu gloria sé prosperado.* Estas palabras no pueden haber sido dichas de Salomón; sólo son ciertas acerca de Cristo. Su cabalgadura es el próspero progreso de su evangelio sobre la tierra. No utiliza ninguna espada a no ser la del Espíritu. *Y tu diestra*

te enseñará cosas terribles. La Caldea es distinta: "Y el Señor te enseñará a realizar cosas estupendas por tu mano derecha." El significado es: Nada podrá resistirte y los juicios que inflijas a tus enemigos serán terribles.

5. *Tus saetas agudas.* En este lugar las saetas pueden tener referencia a la convicción producida en los corazones humanos por la predicación del evangelio.

6. *Tu trono, oh Dios, es eterno.* "¡Tu trono, oh Dios, es eterno y para siempre!" La palabra Elohim es el *primer* término o *nombre* por el cual el Dios supremo se hizo conocer a los hijos de los hombres. Véase Gn. 1:1; y el apóstol le ha aplicado a Jesucristo este mismo versículo (He. 1:8).

7. *Oleo de alegría.* Es evidente que todas las causas de *lamento, tristeza* y *muerte* llegaron a un fin; porque cuando los antiguos estaban de luto no se ungían.

8. *Mirra, áloe y casia exhalan todos tus vestidos.* Los asiáticos eran muy afectos a los perfumes; todo lo perfumaban, pero especialmente sus vestidos. *Mirra y áloe* son productos bien conocidos; la *casia* es probablemente la corteza o madera del árbol de la canela. *Te recrean.* Refiriéndose a los efectos de los perfumes fuertes que vivifican y regocijan los espíritus.

9. *Hijas de reyes están entre.* Aplicadas a Salomón, estas palabras no ofrecen dificultad. Sabemos que tenía setecientas mujeres, princesas.

10-11. *Oye, hija, y mira.* Aquí tenemos el comienzo de la plática de las damas de honor de la novia dirigidas a ésta; en los versos anteriores se habían dirigido al novio; o, mejor dicho, da una descripción de su persona, cualidades y grandeza. Suponiendo que tengan referencia a la hija de Faraón, significarían: Has llegado a ser la esposa del monarca más grandioso de todo el universo. El debe serlo todo para ti. Por lo tanto, *olvida tu pueblo* —el egipcio y recibe a los israelitas en su lugar; olvida también *la casa de tu padre;* te has unido ahora a una nueva familia. *Y deseará el rey,* Salomón, *tu hermosura* —le complacerás en todos los aspectos. Es justo que obres así, porque él ha llegado a ser *tu señor* —tu supremo gobernador. *E inclínate a él* —sométete con reverencia y cariño a todos sus mandatos.

Si se toma como una alusión a Cristo y el evangelio, es una alocución a los gentiles para que olviden sus costumbres y relaciones idólatras y abracen a Cristo y su evangelio en espíritu de reverencia y sumisión con la promesa de que, si son embellecidos con los dones del Espíritu, el Señor se deleitará en ellos y los recibirá como su pueblo peculiar; que es lo que ha hecho.

12. *Y las hijas de Tiro vendrán con presente.* Los tirios pagarán tributo a tu esposo y contribuirán a todas sus grandes y magníficas operaciones.

---

* Este título difiere del que aparece en la versión castellana, revisión del 60.

13. *Toda gloriosa es la hija del rey en su morada.* En algunos sentidos puede decirse tal cosa de la esposa de Salomón, hija del rey de Egipto; y luego la expresión puede aludir al cultivo de su mente o bien a los ornamentos y pompa de su palacio. Espiritualmente, *la hija del rey* puede tener referencia a la iglesia llena de la mente que estaba en Cristo y adornada con las gracias del Espíritu Santo.

16. *En lugar de tus padres serán tus hijos.* Esta es la tercera parte o declaración profética referente a la numerosa y potente prole resultante de este casamiento. No puede ser alusivo a Salomón ni a la hija de Faraón; pues no hay evidencias de que haya tenido hijos de ella. Se supone que los *hijos* mencionados aquí, sean los apóstoles y sus sucesores en el ministerio cristiano; el establecimiento de iglesias por todo el mundo y, por su intermedio, el nombre de cristiano llega a ser memorial por toda la tierra.

17. *Por lo cual te alabarán los pueblos.* Alabarán al Esposo celestial y cantarán del maravilloso despliegue de su amor para la iglesia, su esposa. Y el uso constante de este salmo en la iglesia cristiana constituye de por sí, un cumplimiento literal de la profecía.

SALMO 46

La confianza en Dios de los creyentes (1-3). Los privilegios de la iglesia (4, 5); sus enemigos y su Ayudador (6, 7). Los juicios de Dios en la tierra (8, 9). El será exaltado entre los paganos y por toda la tierra (10, 11).

En la versión hebrea el título dice así: "Al músico principal; de los hijos de Coré; Salmo sobre *Alamot,* o respecto a las vírgenes," posiblemente se refiera a un coro de doncellas.

1. *Dios es nuestro amparo.* Comienza abrupta pero noblemente; podéis confiar en quien o en lo que os agrade: pero Dios (Elohim) es nuestro refugio *y fortaleza. Nuestro pronto auxilio.* Las palabras son muy enérgicas: "Se encuentra que El es una Ayuda superlativa, más allá de lo que necesitamos en las dificultades."

3. *Aunque bramen y se turben sus aguas. Aguas,* en el lenguaje profético, significa pueblos; y, generalmente pueblos en estado de conmoción política simbolizada aquí por la palabra *bramar.* Por estas fuertes conmociones, los *montes,* es decir, los gobernantes seculares, *temblarán a causa de su braveza* —temblarán de miedo de que estos tumultos populares terminen en subversiones del estado.

4. *Del río sus corrientes.* La Caldea interpreta que el *río* y sus *corrientes* o divisiones aluden a varias naciones que se han de convertir a la fe, alegrando así a la ciudad de Dios, Jerusalén, porque correrán juntas a adorar al verdadero Dios.

7. *Jehová de los ejércitos está con nosotros.* Nosotros, débiles judíos, éramos apenas un puñado de hombres; pero *Jehová de los ejércitos* —el Dios de los ejércitos— estuvo de nuestra parte. *El Dios de Jacob.* El Dios que apareció a Jacob en su aflicción y lo salvó de todas sus angustias, se presentó también para nosotros, sus descendientes, y ha demostrado ampliamente que no se ha olvidado de su pacto.

8. *Venid, ved las obras de Jehová.* Ved imperios destruidos y reengendrados hasta tal punto que es obvia una intervención sobrenatural. Solamente por la mano de Dios podrían haberse realizado semejantes cambios.

9. *Que hace cesar las guerras.* La totalidad del imperio persa quedó tranquilizada por la muerte de Cambises y el establecimiento en el trono, de Darío, hijo de Histaspes. El mismo Dios que por nuestra infidelidad nos entregó en manos de nuestros enemigos y nos impuso una larga y gravosa cautividad y angustias, ahora ha tornado nuestro cautiverio y nos ha levantado los más poderosos amigos y protectores en el mismo lugar donde sufrimos tantas aflicciones.

10. *Estad quietos, y conoced que yo soy Dios.* "Cesad" de provocar a la justicia divina; cesad de murmurar contra las dispensaciones de su providencia.

11. *Jehová de los ejércitos está con nosotros.* Habiendo escuchado estas declaraciones de Dios, la gente grita de gozo y triunfo: "Jehová de los ejércitos, el Dios de los ejércitos está con nosotros; no temeremos lo que puedan hacernos los hombres." *Nuestro refugio es el Dios de Jacob.* El que salvó a nuestros padres lo hará también con nosotros y nunca abandonará a su pueblo en la desgracia.

SALMO 47

Los gentiles son invitados a alabar a Dios como Soberano del mundo (1, 2). Los judíos se regocijan en su bondad para con ellos (3, 4). Todos se unen para alabar su majestad reinando sobre los paganos y reuniendo a los judíos dispersos junto con los gentiles en una sola iglesia (5-9).

Nada hay de notable en el título de este salmo que dice: "Salmo de los hijos de Coré." Probablemente haya sido escrito en la misma época del precedente y nos relata la feliz situación de los judíos cuando volvieron a su propio país. Renuevan sus alabanzas y promesas de obediencia y alaban a Dios por la libertad que han recibido. En el sentido espiritual, parece referirse al llamado de los gentiles para ser hechos participantes de las bendiciones del evangelio con los judíos convertidos.

1. *Pueblos todos, batid las manos.* Magnificad a Dios, judíos y gentiles: los primeros, por haber sido librados de la cautividad de Babilonia; los gentiles, por haber sido llamados a entrar en la libertad gloriosa de los hijos de Dios.

6. *Cantad a Dios. Zammeru:* palabra repetida cuatro veces en este breve verso, lo que muestra al momento la vehemencia y felicidad del pueblo. Son palabras de triunfo y regocijo.

7. *Porque Dios es el Rey de toda la tierra.* No es sólo vuestro Rey, sino el de todo el universo. *Cantad con inteligencia. Zammeru maskil,* "cantad un himno instructivo". Que la melodía y el significado marchen juntos. Que vuestros corazones y mentes se unan a vuestras voces. Entended lo que cantáis; y sentid lo que comprendéis y que vuestro cántico sirva para instruir en justicia a los que lo escuchan.

8. *Reinó Dios sobre las naciones.* Aunque tal cosa es literalmente verdad en el dominio universal de Dios, estas palabras implican mucho más. Dios reinará sobre los paganos cuando, por la predicación del evangelio, sean traídos a la iglesia de Cristo.

9. *Los príncipes de los pueblos se reunieron.* El pueblo elevado, noble, liberal; los que reciben con alegría la palabra de vida; aquellos que, como los bereanos, eran de disposición noble o liberal; ellos, cuando oyeron el evangelio, escudriñaron las Escrituras para ver si estas cosas eran así. En el salmo 110:3 se emplea una palabra semejante; y creo que ambos textos se refieren a la misma clase de gente —los gentiles, que con alegría llegan a su luz y se presentan como ofrenda de buena voluntad al Señor.

Como pueblo del Dios de Abraham. El pueblo del Dios de Abraham son los gentiles, quienes, al recibir el evangelio, son hechos participantes de la fe de Abraham y son sus hijos espirituales.

Porque de Dios son los escudos de la tierra. La Septuaginta nos presenta la siguiente traducción: "los fuertes de la tierra".

SALMO 48

Ornamentos y privilegios de la iglesia (1-8). Deber del pueblo de Dios (9-14).

Título: "Cántico. Salmo de los hijos de Coré." Evidentemente es de la misma naturaleza de los dos anteriores y se refiere al retorno de los judíos de la cautividad; quizás haya sido cantado en la dedicación del segundo templo con el fin de dar gracias a Dios por la restauración de su estado político y el restablecimiento de su culto.

1. *Grande es Jehová.* Este verso debería de seguir al último del salmo precedente porque es la continuación del mismo tema.

En su monte santo. El monte Moriah sobre el que se edificó el templo. La antigua ciudad de Jerusalén, que David les arrebató a los jebuseos, estaba situada al sur del monte de Sion sobre el cual se había construido el templo, aunque es más apropiado que se diga el monte Moriah puesto que es uno de los cerros que componen el monte de Sion. Por lo tanto, el templo estaba al norte de la ciudad como aquí declara el salmista, v. 2: "Hermosa provincia, el gozo de toda la tierra, es el monte de Sion, a los lados del norte, la ciudad del gran Rey."

2. *El gozo de toda la tierra.* Los comentaristas se han encontrado terriblemente confundidos para poder demostrar en qué sentido podría decirse que Sion, o el templo era el gozo de toda la tierra. Si tomamos a ésta como el globo habitable no hay razón por la que jamás haya sido el gozo de toda la tierra; pero si tomamos *col haarets,* como significando "la totalidad de esta tierra" (con exclusión de cualquier otro sentido) la aseveración es clara y fácil de entender por qué el templo era considerado ornamento y gloria de todo el territorio de Judea.

3. *En sus palacios Dios es conocido por refugio.* Todos los que adoran a Dios en espíritu y en verdad encuentran que El es su refugio. Pero esas palabras podrían interpretarse así: Dios es conocido por la defensa de sus palacios; y con este aspecto del tema concuerdan los tres versículos siguientes.

4-6. *Porque he aquí los reyes de la tierra se reunieron.* En muchas ocasiones, muchos de los soberanos vecinos envidiaron la prosperidad de la nación judía y codiciaron las riquezas de su templo; pero no tuvieron ningún poder en contra de ellos sino hasta que la copa de la transgresión judía se llenó. En vano *se reunieron* —confederaron e invadieron la tierra. *Viéndola* —inspeccionaron el lugar; *se maravillaron* ante su bondad y fuerza, *se turbaron* —quedaron llenos de temor; *se apresuraron a huir* por el miedo de ser destruidos, porque *les tomó allí temblor* como *dolor de mujer que da a luz.* Los que llegaron para destruirla se alegraron de poder escapar.

10. *Conforme a tu nombre.* Eres alabado hasta donde eres conocido; y así serás glorificado hasta los fines de la tierra. ¿Y por qué? Porque *de justicia está llena tu diestra.* Continuamente estás dispensando tus bendiciones sobre los hijos de los hombres.

11. *Se alegrará el monte de Sion.* El templo que había sido destruido en su totalidad está restaurado en su grandeza; nuevamente ha sido reparado. *Se gozarán las hijas de Judá.* Alegres de que Tú terminaste su cautividad y derramaste tus juicios sobre sus opresores.

12. *Andad alrededor de Sion.* Considerad la belleza y esplendor del templo, contad las *torres* con las cuales está fortificado.

13. *Considerad atentamente su antemuro.* Mirad los reductos que lo defienden. *Mirad sus palacios.* Ved sus estrados, sus cámaras, altares; haced un registro del conjunto para que podáis contar a vuestros hijos cómo Jerusalén fue edificada en tiempos de aflicción; cómo Dios te restauró a ti y cómo El puso en el corazón de los paganos el deseo de ayudar a edificar, hermosear y adornar el templo de vuestro Dios.

SALMO 49

Todos los hombres están invitados a asistir a las lecciones de sabiduría relativas a la incapacidad de los bienes terrenales para salvar o prolongar la vida; para asegurar la resurrección de los muertos (1-9). La muerte es inevitable (10). Vanas especulaciones de los ricos (11-13); la muerte nos iguala a todos (14). El salmista se anima y fortalece contra la envidia del aparente estado de prosperidad de los malvados que son brutos y mueren como las bestias (15-20).

El título, "Al músico principal. Salmo de los hijos de Coré," no tiene nada de particular.

1. *Oíd esto, pueblos todos.* Los cuatro primeros versos; contienen el exordio o preámbulo del autor recitado en un estilo sumamente pomposo que promete las más profundas lecciones de sabiduría e instrucción.

4. *Inclinaré al proverbio mi oído.* Era el método general de impartir instrucción entre los asiáticos. Empleaban muchas figuras y metáforas para incitar al lector a estudiar profundamente con el fin de averiguar el significado. *Reflexionar profundamente;* y así de este modo enseñaban el empleo, gobierno y destreza de sus mentes.

5. *La iniquidad de mis opresores.* Quizás *akebai,* que traducimos *mis opresores,* debería ser considerado como el plural abreviado de *akebim,* "suplantadores". Entonces el texto se interpretaría de la manera siguiente: "¿Por qué he de temer en los días del mal, aunque la iniquidad de mis suplantadores me alcanzara?"

8. *Porque la redención de su vida es de gran precio.* El precio de su redención es demasiado elevado para ser conseguida con las cosas corruptibles como plata u oro y ha requerido la muerte expiatoria de Cristo. *Y no se logrará jamás.* Esto es muy oscuro y puede aplicarse al rescate que tratarían de lograr las riquezas. Esa redención deber ser infructuosa para siempre por causa del valor del alma. O esta cláusula tendría que agregarse al verso siguiente y leerlo de la manera siguiente: "Y aunque su vida terrenal cese en los tiempos remotos, vivirá a través de la eternidad y no verá corrupción." Este es probablemente "el dicho oscuro" que estaba en el designio del autor expresar en una parábola y dejar a la posteridad la tarea de resolverla.

11. *Su íntimo pensamiento es que sus casas serán eternas.* De este modo por interpolación hemos tratado de remendar esta cláusula para darle significado. En lugar de *kirbam,* su "íntimo pensamiento," la Septuaginta parece haber utilizado una copia en la cual la segunda y tercera letras habrían estado traspuestas, *kibram,* "sus sepulcros"; porque ellos traducen: "porque sus sepulcros son sus moradas para siempre". ¡De modo que 2 ó 3 metros de largo por 1 ó 2 de ancho son suficientes para conservar al conquistador más grande del universo!

12. *Mas el hombre no permanecerá en su honra.* Por rico, sabio u honorable que el hombre sea, debe morir; y si sale de este mundo sin la esperanza de la vida eterna, muere como las bestias.

13. *Sus descendientes se complacen en el dicho de ellos.* Van por el mismo camino; adoptan sus máximas.

14. *Como a rebaños que son conducidos al Seol.* "Seol," el lugar de los espíritus separados. *La muerte los pastoreará.* "¡La muerte los alimentará!" ¡Qué cambio sorprendente! Una vez, participaban de todas las cosas buenas de la vida y solamente su misión era comer y beber; ahora viven en el Seol ¡y la muerte misma los alimenta! ¿Y con qué? Con la condenación.

15. *Pero Dios redimirá mi vida del poder del Seol.* "De la mano del Seol." Es decir, con la más clara construcción: "Yo resucitaré de los muertos y entraré en su gloria; la muerte no tendrá dominio sobre mí."

19. *Y nunca más verán la luz.* Resucitarán; pero nunca verán la luz de la gloria porque para ellos está preparada "la negrura de las tinieblas" para siempre.

SALMO 50

Dios, el Juez soberano, cita a todo su pueblo, jueces y sacerdotes (1-6); les reprocha por su vana confianza en los sacrificios que presentaban (7-13); les muestra la adoración que exige (14, 15); luego entra en detalles particulares sobre su hipocresía, injusticia y unión con los escandalosos transgresores; a quienes en su totalidad amenaza severamente (16-22). La bendición de quien adora rectamente a Dios y anda intachablemente (23).

Leemos en el título "Salmo de Asaf". Son doce los que llevan ese nombre; y con toda probabilidad él fue el autor de cada uno de ellos, porque en los días de David, era persona de elevada reputación y se le considera segundo con respecto al rey como compositor de salmos. "Entonces el rey Ezequías y los príncipes dijeron a los levitas que alabasen a Jehová con las palabras de David y de Asaf vidente" (II Cr. 29:30). Su banda, hijos o compañeros eran también eminentes en los días de David, según lo que nos informa I Cr. 25, y sigs. El mismo Asaf fue uno de los músicos que sonaban címbalos de bronce, nos dice I Cr. 15:19. Y es mencionado con gran respeto en Neh. 12:46: "Porque desde el tiempo de David y de Asaf, ya de antiguo, había un director de cantores para los cánticos y alabanzas y acción de gracias a Dios." La verdad es que se trataba de un profeta: se le llama vidente —alguien en quien moraba el Espíritu de Jehová; de esto deducimos también que su educación y talento natural le capacitaban para componer himnos o salmos en honor del Señor. Las personas capaces de juzgar estableciendo comparaciones entre los salmos de David y los que se le atribuyen a Asaf encuentran notables diferencias de estilo. El de David es más pulido, más fluido, correcto y majestuoso; en tanto que el de Asaf es más rígido y oscuro.

1-6. *El Dios de dioses, Jehová, ha hablado.* Aquí están empleados los nombres principales de Dios: *Él, Elohim, Yehovah, ha hablado.* Los seis primeros versos de este salmo parecen contener una descripción del gran juicio. A su luz, consideraremos la mencionada parte del salmo y mostraremos:

Primero, los preparativos para la llegada del gran juez. "El Elohim, Jehovah, ha hablado, y convocado la tierra," todos los hijos de los hombres. *De Sion, perfección de hermosura* (la belleza que incluye a todas las perfecciones), *Dios ha resplandecido,* vrs. 1-2. (1) Ha enviado a su Espíritu para convencer a los hombres de pecado, de justicia y de juicio. (2) Ha enviado su Palabra.

Segundo, los acompañamientos. (1) Se proclama su proximidad, v. 3: *Vendrá nuestro Dios.* (2) La trompeta anuncia su llegada: *y no callará.* (3) La naturaleza universal será conmovida y la tierra y sus obras serán quemadas: *Fuego consumirá delante de él, y tempestad poderosa le rodeará,* v. 3.

Tercero, los testigos son convocados y reunidos desde todos los ámbitos; unos desde el cielo, otros desde la tierra. (1) Angeles guardianes. (2) Asociados humanos: *Convocará a los cielos arriba, y a la tierra, para juzgar a su pueblo,* v. 4.

Cuarto, la actuación. En lo que respecta a los justos, las órdenes están expedidas: *Juntadme mis santos,* los que han sido salvados de sus pecados y hechos santos, *conmigo.* Y para que la palabra *santos* no pueda ser mal interpretada, se da la explicación: *los que hicieron conmigo pacto con sacrificio;* aquellos que han entrado en unión con Dios por medio de la ofrenda expiatoria del Señor Jesucristo.

Quinto, evento final: todas las huestes angelicales y los redimidos del Señor se unirán en aclamaciones de alabanza ante la decisión del Juez supremo.

7. *Oye, pueblo mío.* Ahora que han sido ampliamente informados en cuanto a la naturaleza y seguridad del juicio final y todavía se encuentran en estado de prueba, Asaf procede a mostrar el peligro al cual están expuestos y la necesidad de arrepentimiento y

enmienda, para que, cuando aquel día llegue, puedan encontrarse entre los que han hecho pacto con sacrificio. Les enseña que el sacrificio con el cual se agrada a Dios es completamente distinto del que se realizaba con bueyes, machos cabríos etc., que es lo que ellos estaban acostumbrados a ofrecer. En resumen: explica aquí que Dios se ha propuesto abrogar esos sacrificios, porque ya no tenían ningún objeto; porque, cuando la gente había comenzado a confiar en ellos, sin mirar a su significado, era el momento de repudiarlos.

8. *No te reprenderé.* No quiero que imagines que te encuentro falta por no haberme ofrecido sacrificios; lo has hecho; has estado *continuamente delante de mí;* pero no los has ofrecido en la manera correcta.

Parece que desde el verso 16 al 22, Asaf se refiriera al rechazo final de los judíos en participar en el verdadero sacrificio del pacto.

16. *Pero al malo.* Los sacerdotes sedientos de sangre, los orgullosos fariseos e ignorantes escribas del pueblo judío.

17. *Pues tú aborreces la corrección.* Todos estos rechazaron el aviso de Dios para su propio perjuicio y rehusaron recibir las instrucciones de Cristo.

23. *El que sacrifica alabanza.* Son las mismas palabras que encontramos en el verso 14 y tendrían que interpretarse en la misma manera "sacrifica alabanza". Jesús es el gran sacrificio eucarístico; ofrecedlo a Dios en vuestra fe y oraciones. *Le mostraré la salvación de Dios.* Lo impulsaré a ver la salvación de Dios; el método de Dios de salvar a los pecadores por Cristo.

SALMO 51

El salmista, con un corazón profundamente arrepentido, ora por la remisión de sus pecados (1-4); los confiesa y deplora amargamente (5-14); declara su voluntad de ofrecer sacrificio, pero está convencido de que Dios prefiere el corazón quebrantado a toda clase de oblaciones (15-17); ora por la restauración de los muros de Jerusalén y promete que entonces, los sacrificios del Señor, serán debidamente celebrados (18, 19).

El título de este salmo es extenso: "Al músico principal. Masquil de David, cuando después que se llegó a Betsabé, vino a él, Natán el profeta."

1. *Ten misericordia de mí, oh Dios.* Sin misericordia, estoy completa y finalmente perdido. *Conforme a tu misericordia.* Notemos la intensificación del sentido por medio de tres expresiones: *Ten piedad de mí; conforme a la multitud de tus piedades; conforme a tu misericordia;* empleadas para expresar la compasión divina. *Borra mis rebeliones.* "Destruye." Aquí hay una alusión a un proceso sumario. El salmista bien sabe qué

contiene; se confiesa culpable, pero ruega que el documento sea anulado.

2. *Lávame más.* "Lávame una y otra vez —que mis lavados se multipliquen."

4. *Contra ti, contra ti sólo he pecado.* Se supone que este versículo muestra la impropiedad de añadir el título arriba mencionado a este salmo. No pudo haber sido compuesto sobre el asunto de Betsabé y el asesinato de Urías; porque con toda seguridad que no podría decirse que esos pecados solamente fueron cometidos contra Dios. *Para que seas reconocido justo en tu palabra.* Quizá, para salvar la propiedad del título, tendríamos que entender el versículo de la siguiente manera: David, siendo rey, no era responsable de rendir cuentas a ninguno de sus súbditos; ni tampoco había autoridad en la tierra por la que pudiera ser juzgado y castigado. En este respecto, solamente Dios era más grande que el rey; y como tal, sólo ante El era responsable.

5. *He aquí, en maldad he sido formado.* Un penitente genuino no va a esconder nada de su situación; ve y se lamenta no sólo por los pecados que ha cometido sino también por la disposición que ha motivado esas acciones. Llora no sólo por la transgresión sino por la mente carnal que es enemistad contra Dios.

6. *He aquí, tú amas la verdad.* Soy el reverso de lo que debería ser. Quieres la verdad en el corazón; pero en mí, nada hay que no sea pecado y falsedad. *Y en lo secreto me has hecho comprender sabiduría.* Me enseñarás a restringir toda tendencia irregular y a obrar de acuerdo a los dictados de la sana sabiduría el resto de mi vida.

7. *Purifícame con hisopo.* "Harás una ofrenda por el pecado a mi favor"; probablemente aluda a la limpieza del leproso: Lv. 14:1 y sigs.

9. *Esconde tu rostro de mis pecados.* Aquí tenemos casi el mismo sentimiento que en el v. 3. Su pecado había estado siempre ante su propio rostro; sabía que los ojos de Dios estaban constantemente sobre él y que su pureza y justicia tendrían que haber estado sumamente exasperadas por el pecado cometido. Por lo tanto, con justo horror por causa de su transgresión, ruega a Dios que vuelva su rostro de ella, que la borre para que jamás pueda volver a verse.

10. *Crea en mí, oh Dios, un corazón limpio.* La reforma no tendría utilidad; mi corazón está completamente corrompido; tiene que ser hecho de nuevo, hecho como era en el principio. Este es exactamente el sentimiento de San Pablo: "Ni la circuncisión ni la incircuncisión sino la nueva criatura"; y la salvación dada bajo la dispensación del evangelio recibe el nombre de "nueva criatura en Cristo Jesús". *Y renueva un espíritu recto dentro de mí.* Un espíritu determinado, constante, firme; llamado en el v. 12, espíritu noble, libre, generoso, magnánimo; que

alegremente se entrega sin reservas a ti; que ya no está atado y degradado por la vileza del pecado.

14. *Líbrame de homicidios.* Esta es una de las expresiones que da mayor colorido a la corrección del título que encabeza este salmo. Aquí puede haber estado pensando en la muerte de Urías y considerando que su sangre clamaba por venganza; y nada sino la misericordia divina podría limpiar esta sangre de su conciencia. La oración de este lugar es encarecida y vigorosa: ¡*Líbrame . . . oh Dios de mi salvación!*

16. *Porque no quieres sacrificio.* Es el mismo sentimiento manifestado en el Salmo 40:6 y sigs.

17. *Los sacrificios de Dios son el espíritu quebrantado.* Tengo el espíritu quebrantado, *ruach nishbarah;* corazón contrito y quebrantado, *leb nishbar venidkeh.* Son palabras muy expresivas. *Shabar* significa exactamente lo mismo que nuestra palabra "hacer pedazos," reducir a astillas; y *dakah,* "golpear hasta afinar," golpear masas de metal hasta hacerlas planchas delgadas. El espíritu quebrantado y el corazón astillado, golpeado y hecho pedazos son los sacrificios que Tú requieres y son los que *no despreciarás.* Estamos autorizados para suponer que ahora Dios resplandeció en su alma, sanó su espíritu quebrantado y renovó y removió su quebrantado y perturbado corazón; y que ahora recibía la respuesta de sus oraciones anteriores. Aquí termina el salmo propiamente ya que en los versos restantes no hay nada similar a lo hallado en esta importantísima composición.

18. *Haz bien con tu benevolencia a Sion.* Evidentemente este verso y los siguientes se refieren a la época del cautiverio, cuando los muros de Jerusalén habían sido derribados y los servicios del templo suspendidos completamente; en consecuencia, mucho después de los tiempos de David; por eso se ha llegado a la conclusión de que ese salmo no fue compuesto por David ni en su época, y que el título debe pertenecer a otro salmo y que fue atribuido inadvertidamente a éste. El cuarto verso también ha sido considerado decisivamente contra este título; pero creemos que la nota presentada sobre ese verso ha debilitado considerablemente si no destruido esta objeción. Durante mucho tiempo he sido de la opinión que sea que el título esté correctamente adscripto o no a este salmo, de todos modos, los dos últimos versos no le pertenecen. El asunto es completamente distinto; y no hay regla de analogía por la cual pueda interpretarse como perteneciendo al salmo, a su tema o a su persona. Creo que originalmente constituyeron un salmo por sí mismo, una especie de oración jaculatoria por la redención de los cautivos de Babilonia, la reedificación de Jerusalén, y la restauración del culto del templo. A esta luz, son muy adecuados y expresivos.

El Salmo 117 está formado solamente por dos versículos y es, una jaculatoria de alabanza que brota de los cautivos que terminaban de volver de Babilonia. Según no menos de treinta y dos de los manuscritos de Kennicott y De Rossi, es un hecho que este salmo fue escrito como parte del 116; lo mismo puede decirse de algunas de las primitivas ediciones. También en este caso, y por causa de su brevedad, ha sido absorbido por el 118, del cual forma el comienzo nada menos que en veintiocho de los manuscritos ya mencionados. En igual manera, yo supongo que los dos últimos versos de este salmo han sido absorbidos por el precedente y que, originalmente constituyeron un salmo por sí. Esta absorción es sumamente fácil, porque algunos salmos, como el 117, carecen de título.

SALMO 52

El salmista señala la malevolencia de un enemigo poderoso y predice su destrucción (1-5). Los justos se regocijarían por esa devastacion (6, 7). La confianza del salmista está apoyada en Dios (8, 9).

El título dice: "Al músico principal. Masquil de David, cuando vino Doeg edomita y dio cuenta a Saúl diciéndole: David ha venido a casa de Ahimelec." La historia a la cual hace alusión es la siguiente: Sabiendo David que Saúl estaba resuelto a destruirlo, fue a refugiarse con Aquis rey de Gat: en este viaje pasó por Nob, que era donde estaba el tabernáculo por esos tiempos y tomó la espada de Goliat; y estando hambriento tomó algunos de los panes de la proposición. Doeg, un edomita al servicio de Saúl estaba en ese lugar y fue con el informe al rey. Inmediatamente Saúl ordenó a Ahimelec que se presentara, le reprochó de ser culpable de conspirar con David y ordenó a Doeg que lo matara juntamente con los demás sacerdotes. Así lo hizo Doeg y cayeron bajo su manto ochenta y cinco personas. En seguida, Saúl envió a destruir a Nob con todos sus habitantes viejos y jóvenes y todas sus pertenencias; solamente escapó Abiatar, hijo de Ahimelec, el que de inmediato se unió a David. El relato total puede hallarse en I S. 21:1-7, 22:9-23.

5. *Por tanto, Dios te destruirá.* Dios mismo se dispondrá a destruirte: "Te arrancará de tu morada"; la destechará, derribará y desenterrará tus cimientos.

7. *En la multitud de sus riquezas.* Literalmente: "en la multiplicación de sus riquezas". Ha logrado tanto, ha esperado más y confía que su felicidad pueda multiplicarse a la medida de sus riquezas. Es lo que sucede con la mayoría de los ricos. *Y se mantuvo en su maldad.* Amó al dinero en lugar de Dios y de este modo su depravación al aumentar, se *mantuvo.*

SALMO 53

Sentimientos de los ateos y deístas que niegan la divina providencia; su carácter: son corruptos, necios, abominables y crueles (1-4); Dios los llena de terror; les reprocha por la opresión del pobre (5). El salmista ora por la restauración de Israel (6).

Título: "Al músico principal; sobre Mahalat. Masquil de David." Algunos traducen la palabra *Mahalat*, "presidente"; otros, "instrumentos de viento". Una flauta o instrumento de viento con agujeros, parece que fuera lo que debe interpretarse. "Al jefe de los tocadores de flauta"; o bien, "Al maestro de banda de flautas".

1. *Dijo el necio en su corazón:* Todo este salmo, excepto unas pocas diferencias sin importancia, es exactamente como el 14; al volverse a este último, el lector encontrará la explicación de su tema. *Hicieron abominable maldad.* En lugar de *avel*, "mal" o "iniquidad," ocho de los manuscritos de Kennicott y De Rossi, tienen *alilah*, "*obra*" que es casi lo mismo que el Salmo 14.

4. *Los que hacen iniquidad.* Antes de *los que hacen* (obradores), setenta y dos de los manuscritos de Kennicott y De Rossi, lo mismo que otras versiones antiguas, anteponen la palabra "todos," "todos los obreros de iniquidad" que es lo que se interpreta en el pasaje paralelo en el Sal. 14. (Y así aparece en la versión castellana, Reina Valera/1960).

5. *Porque Dios ha esparcido los huesos del que puso asedio contra ti; los avergonzaste porque Dios los desechó.* El lector verá al hacer la comparación entre éste y los versículos quinto y sexto del salmo mencionado, que las palabras que tenemos aquí arriba, en su mayoría se han agregado a lo que se decía allá; y parecen ser asestadas contra Babilonia que había saqueado y arruinado a Jerusalén y que ahora, a su turno estaba siendo saqueada y arruinada.

6. *¡Oh, si saliera de Sion la salvación de Israel!* Ya he demostrado que la verdadera traducción debe ser: "¿Quién de entre los de Sion dará la salvación a Israel?" La palabra *salvación*, aquí se encuentra en el plural, significando entonces, "liberación".

SALMO 54

El salmista se queja de que extraños se hayan levantado en contra su vida (1-3); expresa su confianza en Dios de que El lo va a sostener y castigará a sus enemigos (4, 5); por lo que promete sacrificar a Dios (6); habla de su liberación (7).

Título: "Al músico principal; en Neginot. Masquil de David, cuando vinieron los zifeos y dijeron a Saúl: ¿No está David escondido en nuestra tierra?"

Zif era una villa de la parte meridional de Palestina. Al refugiarse David en las montañas de ese país, los zifeos se lo informaron a Saúl. Este, con su ejército fue en su persecución e iba por un lado de la montaña mientras David andaba por el otro. Pero cuando David estaba a punto de caer en las manos de su despiadado perseguidor, llegó un mensajero a Saúl con la novedad de que los filisteos habían invadido a Israel, por lo que abandonó su persecución y volvió para salvar a su país; mientras tanto, David huyó a En-gadi. Véase el relato en I S. 23:19-29. *Neginot*, de *nagan*, "sonar" o "tocar" alguna clase de instrumento, posiblemente se refiera a instrumentos de cuerda como los que se tocaban con el plectro.

1. *Oh Dios, sálvame por tu nombre.* Sálvame solamente por ti; es así como debe interpretarse la palabra *nombre*. El nombre de Dios es a menudo Dios mismo. En ese momento David estaba en un peligro tan inminente de ser capturado y destruido que no quedaban medios humanos para su escape; de modo que si Dios no hubiera intervenido él habría sido destruido.

2. *Oye mi oración.* En su apuro había recurrido a Dios, porque de El solamente, por las razones ya mencionadas tenía que proceder su liberación.

3. *Porque extraños se han levantado contra mí.* Los zifeos. *Y hombres violentos.* Saúl, sus cortesanos y su ejército.

6. *Voluntariamente sacrificaré a ti.* O, "Yo sacrificaré notablemente a ti". No sólo con una disposición voluntaria, sino con mano liberal yo te ofreceré sacrificio.

7. *Porque El me ha librado.* Saúl ahora había huido; había vuelto para salvar sus territorios y mientras tanto David se había escapado a En-gadi. Era enteramente evidente que Dios había obrado esa liberación. *Y mis ojos han visto la ruina de mis enemigos.* No es probable que este salmo haya sido escrito después de la muerte de Saúl; por eso David no podía decir que había visto su deseo; y las palabras podrían traducirse: "Mis ojos han visto a mis enemigos"... Han estado tan cerca que pude percibirlos claramente. De esta manera entienden el texto la mayoría de las versiones. Los he visto y sin embargo no les fue permitido acercárseme. Dios ha sido mi Libertador.

SALMO 55

Estando David en gran peligro y aflicción por la implacable maldad de sus enemigos, clama a Dios para que tenga misericordia de él (1-5); desea tener alas como las palomas para poder volar y descansar (6-8); ora contra sus enemigos y describe su maldad (9-11); habla de un falso amigo que había sido la causa principal de todas sus desventuras (12-14); nuevamente ora contra sus enemigos (15); expresa su confianza en Dios (16-18); describe con mayor amplitud al amigo engañoso (19-21); se alienta en el Señor y predice la destrucción de sus adversarios (22, 23).

Título: "Al músico principal; en Neginot. Masquil de David." Impartiendo instrucción. Es igual que el precedente.

1. *Escucha, oh Dios, mi oración.* La frecuencia de esta petición muestra la tremenda intensidad de esta alma de David.

2. *Clamo en mi oración.* "En mi suspiro"; un sonido gutural, expresión de acentos naturales de angustia. *Y me conmuevo.* Me encuentro en una "conmoción" —estoy sumamente agitado.

3. *Porque sobre mí echaron iniquidad.* Me acusan de crímenes terribles.

4. *Y terrores de muerte sobre mí han caído.* Con frecuencia estoy a la expectativa de que me maten.

5. *Temor.* ¡Qué natural es esta descripción! Está en desgracia —se lamenta— emite un gemido; solloza y suspira; su corazón está lastimado; no espera más que la muerte; esto le produce temor, le causa temblor, todo lo cual termina en esa profunda expectación de la ruina próxima e inevitable que lo aplasta de terror. ¡Nadie describió jamás un corazón herido como David!

7. *Ciertamente huiría lejos.* Escapó; y sin embargo sus enemigos estuvieron tan cerca como para apedrearlo; pero huyó al otro lado del Jordán. II S. 17:22-23.

8. *Del viento borrascoso.* Del viento arrebatador y la tempestad —Absalón y sus partidarios y el pueblo amotinado en general.

9. *Destrúyelos, oh Señor.* "Trágalos" —confúndelos. *Confunde la lengua de ellos.* Que sus consejeros den proposiciones contrarias. Y su oración fue escuchada; Husai y Ahitofel dieron consejos opuestos. Absalón siguió el prescrito por el primero y Ahitofel, sabiendo que la conducta aconsejada por Husai causaría la ruina de la causa de Absalón, se ahorcó. Véase II S. 15-17.

12. *Porque no me afrentó un enemigo.* Parece que en estos tres versos se hiciera alusión a Ahitofel quien aparentemente estuvo desde el mismo comienzo en el fondo de la conspiración.

14. *Y andábamos en amistad en la casa de Dios.* O con apresuramiento; porque los rabinos enseñan que debe caminarse ligero para ir al templo, pero lentamente cuando se sale.

15. *Que la muerte les sorprenda.* Es una predicción de la repentina muerte que sobrevino a todos los cabecillas de la rebelión. Y así sucedió. Ahitofel, al ver que rechazaban su consejo, se ahorcó. Absalón fue derrotado y al huir, quedó colgado por los cabellos de un árbol debajo del cual pasaba su mula; así fue encontrado por Joab quien lo ultimó con tres dardos; y el pueblo que los seguía fue casi exterminado.

Desciendan vivos al Seol. Que desciendan vivos al abismo. ¡Que se los trague la tierra! Y sucedió algo parecido, Absalón y su ejército fueron derrotados; veinte mil rebeldes cayeron en el campo de batalla; y "fueron más los que destruyó el bosque aquel día, que los que destruyó la espada," II S. 18:7-8.

17. *Tarde y mañana y a mediodía oraré.* Tal era la costumbre de los hebreos piadosos. Véase Dn. 6:10. Los hebreos comienzan su día en nuestro atardecer; esa es la razón por la que David hace mención primeramente de la tarde.

19. *Por cuanto no cambian.* Al principio, Absalón, Ahitofel y sus partidarios arrastraron a todos. Parecía haber una deserción general del pueblo; y en los primeros esfuerzos no sufrieron "reveses"; por lo tanto no temieron a Dios. La mayor parte de los que no tienen aflicciones en la vida o tienen pocas, tienen también poca religión. Se sienten autosuficientes y no invocan a Dios.

20. *Extendió el inicuo sus manos.* Una descripción más amplia de Ahitofel. Traicionó a sus amigos y quebrantó el pacto con su rey.

21. *Son más blandos que mantequilla.* Era un perfecto cortesano además de ser un hipócrita profundo y astuto. Sus palabras "eran más blandas que mantequilla y suavizadas más que el aceite," mientras planeaba guerra; y sus expresiones corteses sólo tenían el propósito de engañar y también con objeto de destrucción: eran *espadas desnudas.* Es una descripción literal de las palabras y conducta de Absalón que aprendemos de lo que nos dice el historiador inspirado en II S. 15:2 y sigs. Acostumbraba atender a la puerta; interrogar a las personas que acudían con asuntos de justicia y juicios; arrojaba insinuaciones de que el rey era negligente en los asuntos de estado, y no había provisto de magistrados eficientes para administrar la justicia del pueblo y agregaba que si él fuera juez en el país, el juicio sería realizado para todos. Hacía cortesías al pueblo, los besaba; y de esta manera, "robaba el corazón de los de Israel". Véase el relato en los pasajes mencionados arriba.

especial de Aquis, rey de Gat. *Elem* significa "apretar" o "juntar"; también "una pandilla o cuerpo de hombres". Y *yonath*, de *yanah*, "oprimir," o "afligir" es adecuado aplicado a la paloma porque es tan indefensa y a menudo cae presa de pájaros voraces. Por tanto, es posible que el título no implique más que "oración a favor de sí mismo y de la banda oprimida que le seguía compartiendo sus infortunios en lugares lejanos".

2. *¡Oh Altísimo!* (Versión Moderna). *Marom.* No creo que esta palabra exprese algún atributo de Dios o que verdaderamente en modo alguno esté dirigida a El. Literalmente significa "Desde las alturas" o "desde un lugar elevado"; "Porque las multitudes pelean contra mí desde un lugar elevado"; el lugar de autoridad —la corte y el gabinete de Saúl ("con soberbia," Rev. de 1960).

4. *En Dios alabaré su palabra. Belohim* aquí puede significar "mediante Dios," o "con la ayuda de Dios", *yo alabaré su palabra.* Y, como él tiene razón para decirlo expresa: "En Dios he confiado," y como resultado, *no temeré; ¿qué puede hacerme el hombre?* Este mismo sentimiento está repetido en los versos décimo y undécimo.

8. *Mis huidas tú has contado.* Tú has visto cuán a menudo me he encontrado obligado a cambiar de lugar de refugio. Por donde quiera tratan de cazarme; pero Tú "has contado todos mis escondites" y has visto cuán a menudo he estado en peligro de perder la vida. *Pon mis lágrimas en tu redoma.* Aquí hay alusión a una costumbre sumamente antigua durante mucho tiempo acostumbrada entre los griegos y los romanos de verter en una pequeña redoma las lágrimas derramadas por la muerte de una persona y ofrecerlas sobre su tumba. *¿No están ellas en tu libro?* Tú has llevado cuenta exacta de todas las lágrimas que he derramado por este asunto; y vas a pedir cuenta de cada una de ellas a mis enemigos.

10-11. V.l.e.s. v. 4, donde encontramos las mismas palabras.

SALMO 57

David clama a Dios por misericordia, con la firme confianza de ser escuchado (1-3); describe a sus enemigos como si fueran leones (4); agradece a Dios por su liberación (5); y se propone publicar las alabanzas a Dios entre su pueblo (6-11).

El título dice: "Al músico principal, Altaschith: sobre No destruyas. Mictam de David (o uno que debe ser grabado) cuando huyó delante de Saúl a la cueva." Es muy posible que este salmo haya sido escrito para conmemorar su escapada de Saúl en la cueva de En-gadi donde el rey había entrado sin saber que David se encontraba allí y éste cortó el borde de sus vestiduras. No es im-

SALMO 56

David ora para recibir apoyo contra sus enemigos y describe su maldad (1-6); predice su destrucción (7); expresa su confianza en la misericordia de Dios, espera liberación y promete acción de gracias y obediencia (8-13).

Este salmo tiene un título muy largo: "Al vendedor, sobre la paloma silenciosa en parajes extranjeros: Salmo áureo de David." Si el título es totalmente auténtico, tal vez David aluda a sí mismo y a sus compañeros en él, cuando escapó de manos de los filisteos y en

probable que cuando se dio cuenta de que providencialmente Saúl había caído en sus manos, pudo haber formado una resolución apresurada de quitarle la vida como sus compañeros le aconsejaron, pero que en ese momento le haya llegado la admonición divina: *¡Al tascheth! "¡No destruyas!" "¡No levantes tu mano contra el ungido de Jehová!"* Por eso, en lugar de quitarle la vida, se contentó con cortarle la orilla de su manto para poder demostrarle que había estado en su poder. Cuando, pasado el tiempo compuso este salmo, le dio el nombre con las palabras que había recibido de la amonestación divina. Véase la historia en I S. 24.

1. *Ten misericordia de mí.* Para mostrar su profunda sinceridad lo repite dos veces; él se encontraba en gran peligro, rodeado por enemigos implacables; sabía demasiado bien que sólo Dios era poderoso para librarlo. *Y en la sombra de tus alas.* Metáfora tomada de la pollada de una gallina que se refugia bajo sus alas cuando ve un pájaro voraz; la cría continúa en su escondite hasta que saben que su enemigo ha desaparecido. En una tormenta o durante una tempestad de lluvia, la madre los cubre con sus alas para darles refugio y defensa.

2. *Clamaré al Dios Altísimo.* El es el Altísimo; por lo tanto está sumamente por encima de mis enemigos aunque el príncipe de la potestad del aire sea el jefe de ellos. *Al Dios, lael,* ante el "potente Dios," uno contra quien no prevalecerán ni poderes diabólicos ni humanos. David reconocía su propia debilidad y conocía la fuerza de sus adversarios; por eso, él contempla a Dios con los atributos y características que se ajustaban a su estado de ánimo. *Que lo cumple todo por mí.* (Versión Moderna.) Que *obra* para *mí, gomer,* el que "completa" por mí y llevará todo a feliz término.

3. *Dios enviará su misericordia y su verdad.* Nos hallamos ante una personificación de la *misericordia* y la *verdad.* Ambas son mensajeras que Dios ha enviado desde los cielos para salvarme. Su *misericordia* siempre lo inclina a ayudar y salvar al afligido. Es lo que El ha prometido hacer; y su *verdad* lo compromete a cumplir las promesas o compromisos realizados por la misericordia, tanto a los santos como a los pecadores.

4. *Mi vida está entre leones.* Opino con el doctor Kennicott que estas palabras deberían haberse traducido: "Mi alma mora en lugares agostados."

6. *Red han armado a mis pasos.* Una trampa de las que ponen los cazadores en los lugares en que merodean los animales. *Hoyo han cavado delante de mí.* Otro método de caza para toda suerte de animales. Cavan un pozo y lo cubren con varas débiles y pasto. Como no hay apariencia de peligro, los animales tratan de cruzar y caen quedando atrapados. Saúl cavó pozos y puso trampas a la vida de David; él mismo cayó en una de ellas, especialmente en la cueva de En-gadi; porque él entró en el mismo pozo o cueva donde David y sus hombres estaban escondidos, ¡y su vida le fue perdonada por la generosidad de aquél cuya existencia procuraba!

7. *Pronto está mi corazón.* Mi corazón está preparado para hacer y cumplir tu voluntad. Está *pronto* —ha realizado el más firme propósito mediante su fuerza por la cual yo puedo hacer todas las cosas.

8. *Despierta, alma mía.* Creo que la Siríaca presenta la verdadera interpretación: "Despierta, arpa mía; despierta, salterio y arpa: Yo me levantaré de mañana." Los cinco últimos versos de este salmo son casi iguales a los cinco primeros del Salmo 108. El rabí Salomón Jarchi nos dice que David tenía un arpa a la cabecera de la cama; arpa que sonaba por sí misma cuando el viento norte pasaba por sobre ella; entonces David se levantaba para agradecer a Dios.

9. *Entre los pueblos.* Los israelitas. *Entre las naciones.* La generalidad de los gentiles.

10. *Porque grande es hasta los cielos tu misericordia.* Está tan lejos de toda comprensión y descripción humana como los cielos lo están sobre la tierra. Véase Sal. 35:5-6 donde encontramos casi las mismas palabras.

11. *Exaltado seas sobre los cielos, oh Dios.* Son los mismos sentimientos y palabras que leímos en el verso 5.

SALMO 58

David censura a los malos consejeros y jueces que pervierten la justicia y excitan a los fuertes contra los débiles e inocentes (1-5). Predice su ruina y da una descripción de su naturaleza (6-9). Al ver tal cosa, los justos alabarán la justicia y la providencia del Señor (10, 11).

Parece que el título no tuviera referencia al tema del salmo. Véase la introducción del precedente.

2. *Antes en el corazón maquináis iniquidades.* Hablan maliciosamente y dan malos consejos con sus lenguas. En sus corazones no meditan sino en la iniquidad y aunque sus *manos* manejan las balanzas de la justicia en su uso las transforman en instrumentos de injusticia y violencia. Es la realidad a la cual hace alusión el salmista empleando la figura de la justicia con su balanza, que, si bien son los emblemas de los tribunales, no prevalecen en la práctica de los magistrados y consejeros.

3. *Se apartaron los impíos desde la matriz.* El doctor Kennicott nos dice: "Considero este verso y a los siguientes como la respuesta de Jehová a la pregunta de los dos primeros y que el sexto, séptimo y octavo constituyen la contestación del salmista; y el resto contiene los edictos de Jehová."

4. *Veneno tienen como veneno de serpiente.* Cuando muerden, inyectan veneno en la herida, exactamente como lo hace la serpiente. No solamente lastiman con sus acciones sino también, con su malevolencia envenenan la reputación. Tal es el calumniador y tal su influencia en la sociedad.

8. *Como el caracol que se deslíe.* La Caldea interpreta este verso de la siguiente manera: "Se deslizarán en sus pecados como corren las aguas; como se arrastra el caracol embarrándose en las huellas; como el nacido antes de tiempo o el topo que no ven la luz del sol."

9. *Antes que vuestras ollas sientan la llama de los espinos.* Antes que sean destruidos repentinamente. Será tan breve el tiempo, que se podrá comparar al calor de la primera llama de espinos secos puestos debajo de la olla que no ha tenido tiempo de penetrar por el metal y calentar su contenido.

10. *Se alegrará el justo cuando viere la venganza.* Tendrá una fuerte prueba de la providencia divina. *Sus pies lavará en la sangre del impío.* Esto solamente puede sugerir que la matanza será tan grande y al mismo tiempo tan cercana a la morada del justo que no podrá andar sin que sus pies se manchen con la sangre de los malvados. La Siríaca, la Vulgata, la Septuaginta, Etíope, Arábiga y Anglosajona, rezan "manos" en lugar de *pies.* Todo lo que es de carácter vengativo en este salmo debe ser considerado como totalmente extraño al espíritu del evangelio y no debe imitarse en absoluto, pues estamos en otra dispensación.

11. *Entonces dirá el hombre.* Es decir, el pueblo al ver los justos juicios de Dios, dirá: *Hay galardón* ("fruto") *para el justo.* No ha sembrado en vano su semilla; no ha plantado y regado en vano; recoge el fruto de sus labores; como del fruto de sus acciones.

SALMO 59

El salmista ora para recibir liberación de sus enemigos y describe su desbocada maldad (1-7); profesa una firme confianza en Dios (8-10); habla de la destrucción de sus enemigos (11-15); alaba a Dios por los beneficios ya recibidos y decide confiar en El (16-17).

El título: "Al músico principal; sobre No destruyas. Mictam de David," ya ha aparecido antes y quizá signifique solamente que este salmo debe ser cantado como el 57, es decir, el primero que lleva ese título. Pero aquí se ha agregado algo sobre la supuesta ocasión en que David hizo esta composición: "cuando envió Saúl, y vigilaron la casa para matarlo". Cuando el lector considere cuidadosamente la totalidad del salmo, se convencerá de que el título no corresponde a su contenido. Es sumamente claro que se ajusta a la época de Nehemías, cuando trataba de reedificar los muros de Jerusalén y al principio su empresa era objeto de burla; entonces, tuvo que soportar la oposición de Sanbalat horonita, Tobías amonita y Gesem el árabe que día y noche trataban de hacerle cesar la obra y ponían emboscadas a la misma vida de Nehemías. Cada parte del salmo se ajusta a esto; por lo tanto soy de la opinión de Calmet, que ese salmo es obra de esa época y que pertenece a Nehemías o a Esdras.

1. *Líbrame de mis enemigos, oh Dios.* Una oración muy apropiada para estar en labios de Nehemías cuando trataban de impedir sus esfuerzos para reedificar los muros de Jerusalén, Sanbalat, Tobías y Gesem que eran sus mayores opositores a la obra y procuraban quitar la vida del que Dios había levantado para restaurar y reedificar a Jerusalén. Creo que este salmo fue escrito en esta ocasión y que solamente sobre esta hipótesis se le puede dar una explicación razonable a su contenido.

2. *Los que cometen iniquidad.* Principalmente Sanbalat horonita, Tobías amonita y Gesem el árabe; éstos eran los principales enemigos de los pobres cautivos que regresaban. *Hombres sanguinarios.* Los ya mencionados que procuraban la destrucción de los israelitas y particularmente de ese Nehemías a quien por cuatro veces procuraron meterlo en una emboscada para quitarle la vida. Véase Neh. 6:1-4.

4. *Corren y se aperciben.* No dejan piedra sin dar vuelta para realizar mi destrucción y evitar que edifique.

5. *Y Tú, Jehová Dios de los ejércitos.* Esta era una manera adecuada de considerar a Dios, cuando Israel, un puñado de pobres prisioneros afligidos se encontraba rodeado y oprimido por los jefes paganos ya citados arriba y sus respectivas tribus. Pero Jehová, "Dios de los ejércitos," era el "Dios de Israel"; por esa causa, ellos no tenían por qué temer.

No tengas misericordia de todos los que se rebelan con iniquidad. No favorezcas la causa de esos malvados. Son "cambistas de iniquidad"; andan por todo el círculo del mal; se ejercitan en todas las variedades de atentados. ¡Con cuánta exactitud puede aplicarse esto a los adversarios de Nehemías! Procuraba quitarle la vida por el ataque abierto, ardides, lisonjas, palabras viles, palabras limpias, tretas y emboscadas. No les muestres favor, para que no puedan tener éxito en sus malvados intentos. La oración que tenemos aquí, involucra exactamente el mismo sentimiento que la de Nehemías y que encontraremos en el cap. 4:5 de su libro. "Oye, oh Dios nuestro, que somos objeto de menosprecio y vuelve el baldón de ellos sobre su cabeza . . .; no cubras su iniquidad, ni su pecado sea borrado delante de ti."

6. *Volverán a la tarde.* Cuando las bestias voraces abandonan sus cuevas y andan rondando por las ciudades y las villas, ésos se

acercan a la ciudad para ver si pueden entrar para destruir la obra y a los que están ocupados en ella.

7. *He aquí proferirán con su boca.* Emplean los insultos más bajos y los peores ultrajes. Tratan con sarcasmo, ridículo, calumnia y mentira.

8. *Mas Tú, Jehová, te reirás de ellos.* Se han burlado de nosotros. Dios tornará sus designios e intrigas en ridículo y menosprecio: "te burlarás de todas las naciones".

9. *A causa del poder del enemigo esperaré en ti.* Con esta traducción no puedo encontrar el sentido del pasaje. Pero si en vez de *uzzo*, "su poder," tenemos *uzzi*, "mi fuerza," leeremos "a ti encomiendo toda mi fuerza," como está en los manuscritos de Kennicott y De Rossi.

10. *El Dios de mi misericordia irá delante de mí.* La misericordia de Dios irá "delante de mí". *Dios hará que vea en mis enemigos mi deseo.* La sentencia es breve: "Dios me hará ver lo concerniente a mis enemigos," es decir, cómo los tratará.

11. *No los mates, para que mi pueblo no olvide.* Creo que la Caldea es la que da la verdadera interpretación de este texto: "No los mates repentinamente para que mi pueblo no se olvide. Quítalos de su habitación por tu poder y redúcelos a la pobreza por la pérdida de todos sus bienes."

14. *Vuelvan, pues, a la tarde.* Antes mencionó en el v. 6 que estas personas rondaban la ciudad como bestias voraces, procurando meterse en ella para tomar posesión. Ahora, estando seguros de la protección de Dios y que pronto serían hechos ejemplos públicos, dice: "Vuelvan, pues, a la tarde y ladren como perros," como perros, chacales y otros animales hambrientos, que llegan aullando por los muros de la ciudad para lograr algo que comer y andan de aquí para allá buscando carne, gruñendo porque no están satisfechos, v. 15. Nehemías había reparado todas las brechas, y la ciudad estaba tan bien atalayada día y noche que ya no había peligro de que fueran sorprendidos.

17. *Fortaleza mía, a ti.* Es un sentimiento similar al expresado en el v. 9. Pero las palabras son muy enérgicas: "Fortaleza mía; mi refugio; Dios de mi misericordia."

SALMO 60

El salmista se queja de la desolación que ha caído sobre la tierra; ruega por la liberación (1-5); y se promete triunfar sobre Siquem, Sucot, Galaad, Efraín, Moab, Edom y Filistea, con la ayuda especial de Dios (6-12).

Título: "Al músico principal; sobre Lirios. Testimonio. Mictam de David, para enseñar, cuando tuvo guerra contra Aram-Naharaim y contra Aram de Soba, y volvió Joab, y destrozó a doce mil de Edom en el valle de la Sal." Lo único que tengo que observar aquí es que en el contenido de este salmo no hay nada que se relacione con semejante título. Según éste, debiera ser un canto de victoria y triunfo; en cambio de lo cual la primera parte de él es un tejido de lamentos de desastre y derrota, causados por el abandono divino. Además, no fue Joab quien destrozó a doce mil hombres en el valle de la Sal; fue Abisaí, el hermano de Joab; y no fueron doce mil, sino dieciocho mil los muertos en esa batalla, según leemos en I Cr. 18:12. El valle de la Sal, o pozos de sal, está en Edom. Para reconciliar la diferencia de números se han ideado varios expedientes; pero subsiste la objeción de que el contenido de este salmo y su título están en oposición. Que el salmo lamenta una derrota, es evidente por los tres primeros y los dos últimos versículos.

Este es el último de los seis salmos a los cuales se titula *michtam;* los otros son el 16, el 56, el 57, el 58 y el 59. He dicho algo con relación a este término en la introducción al Salmo 16.

1. *Oh Dios, Tú nos has desechado.* En lugar de ser nuestro general en la batalla, nos has abandonado a nuestra suerte.

3. *Nos hiciste beber vino de aturdimiento.* Nos bamboleamos como ebrios; estamos aturdidos como los que han bebido demasiado vino; pero nuestro aturdimiento ha sido ocasionado por el asombro y el desaliento que han tenido lugar a consecuencia de la opresión de nuestros enemigos, y la situación inestable de la tierra.

4. *Has dado . . . bandera.* "Una señal," algo que podía fijarse en un mástil. *Que alcen.* Que desplieguen. *Por causa de la verdad.* "Del rostro de la verdad"; que ha sido parafraseado así: Si desplegamos la enseña de Israel, y salimos contra estos enemigos que ahora han hecho tan terrible brecha entre nosotros (vrs. 1-3) fue debido a tu verdad —la promesa de victoria que suponíamos nos acompañaría siempre.

6. *Dios ha dicho.* Judá no sólo será vuelta a establecer en Jerusalén, sino que poseerá Samaria, donde está *Siquem,* y la comarca más allá del Jordán, en la cual está situado el *valle de Sucot.* Dividir y medir significa poseer.

7. *Mío es Galaad.* Esta región también estaba al otro lado del Jordán, y *Manasés* y *Efraín* representan a las tribus que formaban el reino de Israel. Todos éstos, después del retorno de la cautividad, formaban un solo pueblo, estando unidos judíos e israelitas. *La fortaleza de mi cabeza.* Será el principal apoyo del nuevo reino, cuando sean enterradas todas las distinciones.

Judá es mi legislador. Esta tribu era la principal de todas las que retornaron del cautiverio; y Zorobabel, que era su jefe, era jefe de esta tribu, y de la familia de David.

Como esta parte de los Salmos parece relacionarse con el retorno de los cautivos de Babilonia y su nueva posesión de la tierra que les pertenecía, el salmista tal vez se refiera no sólo a las promesas de su restauración, sino también a la principal persona bajo cuya supervisión retornaron.

8. *Moab, vasija para lavarme.* Los moabitas serán reducidos a la más baja esclavitud. *Sobre Edom echaré mi calzado.* Conquistaré completamente a Edom, y sujetaré a los edomitas a los oficios más bajos, lo mismo que a los moabitas. *Me regocijaré sobre Filistea.* Juan Hircano subyugó a los edomitas y los hizo circuncidar y profesar la religión judía. Estas palabras parecen predecir su total subyugación.

En un ensayo de una nueva traducción de la Biblia, figura lo que me parece una paráfrasis correcta de los versículos siete y ocho: "Galaad y Manasés se me han sometido; Efraín me proporciona hombres valientes y Judá hombres de prudencia y sabiduría. Reduciré a los moabitas a servidumbre; triunfaré sobre los edomitas y los haré mis esclavos; y los filisteos completarán mi triunfo."

SALMO 61

Oración del salmista por los que han sido desterrados de su propia tierra, y de las ordenanzas de Dios (1, 2). Alaba a Dios por sus pasadas misericordias (3); se propone dedicarse enteramente a su servicio (4, 5). Ruega por el rey (6, 7); y promete cumplir sus votos al Señor cada día (8).

Título: "Al músico principal; sobre Neginot." El verbo *nagan* significa "tañer o tocar un instrumento musical," especialmente de cuerdas. El salmo parece haber sido escrito hacia el final de la cautividad; y los intérpretes más juiciosos lo atribuyen a ese período.

1. *Oye, oh Dios, mi clamor.* En medio de un largo y penoso cautiverio, oprimido por el sufrimiento, rodeado de enemigos crueles y amos insolentes, dirijo a ti, oh Dios, mi humilde plegaria.

2. *Desde el cabo de la tierra. Arets* significa no la "tierra," sino el país, aquí y en muchos otros pasajes. Pero aquí parece referirse a la región más allá del Eufrates, como es el caso también en Sal. 65:5, 8, donde también se la llama "los términos" o "los fines" de la tierra.

4. *Yo habitaré en tu tabernáculo.* La mayor parte de estos salmos que fueron compuestos durante y después del cautiverio, dice Calmet, tienen por autores a levitas y sacerdotes. De ahí que hallemos tan frecuentemente expresado el ardiente deseo de ver el templo; de alabar a Dios allí; de pasar sus vidas en ese lugar, realizando las funciones de su sagrado oficio.

6. *Días sobre días añadirás al rey.* Una expresión enfática. Literalmente: "Sus años serán como las generaciones de este mundo y las generaciones del mundo venidero." Estoy persuadido de que no se refiere a ningún rey terrenal: y que es Cristo, como Mediador, quien "estará para siempre delante de Dios," v. 7.

7. *Estará para siempre delante de Dios.* Literalmente: "Se sentará para siempre delante de los rostros de Dios." Se presentará siempre delante de Dios por nosotros. *Prepara misericordia y verdad para que lo conserven.* Como Mediador, sus ayudantes serán siempre la *misericordia* y la *verdad.* Dispensará la *misericordia* de Dios, y cumplirá así la *verdad* de las diversas promesas y predicciones que precedieron a su encarnación.

SALMO 62

David, en inminente peligro, acude a Dios en busca de ayuda y seguridad (1, 2); indica los designios de sus adversarios (3, 4); alienta a su alma a esperar en Dios (5-8); muestra la vanidad de la confianza en el hombre y en las riquezas (9-10); y concluye afirmando que el poder y la misericordia pertenecen a Dios, y que El pagará a todo hombre según sus obras (11, 12).

El título: "Al músico principal; a Jedutún," puede significar que el salmo fue enviado al que era el jefe o director de la banda de la familia de Jedutún. Parece que Asaf, Jedutún y Hemán eran los principales cantores en la época de David; y que ellos, con sus familias, presidían diferentes departamentos del culto vocal e instrumental en el tabernáculo (I Cr. 25:1 y sgs.).

1. *En Dios solamente está acallada mi alma.* Literalmente: "Ciertamente, mi alma está muda solamente para Dios." Soy súbdito del Dios Todopoderoso. El tiene derecho de cargarme con lo que le plazca; y que lo que me carga es mucho menos de lo que merezco: por consiguiente estoy "mudo" delante de Dios.

3. *¿Hasta cuándo maquinaréis contra un hombre?* La palabra original ha sido traducida de varias maneras: "lanzarse sobre," enfurecerse contra, agitarse, lanzarse contra"; su raíz es *hathath* o *hathah,* "lanzarse violentamente sobre, asaltar". Indica la forma desordenada y desenfrenada en la que esa fue conducida esa rebelión. *Como pared desplomada y como cerca derribada.* Estáis a punto de caer sobre otros y destruirlos; y en la caída seréis destruidos vosotros mismos: "Todos vosotros seréis muertos."

4. *Para arrojarle de su grandeza.* Están consultando para destronarme y para lograrlo se valen de la traición y la falsía: *Aman la mentira.*

7. *En Dios está mi salvación. Al Elohim.* "Sobre Dios está mi salvación"; El la ha tomado sobre Sí mismo.

9. *Vanidad son los hijos de los hombres.*
Beney Adam, literalmente "hijos de Adán," está aquí en oposición a *beney ish,* "hijos de alto grado," literalmente "hijos de la sustancia," o hijos de hombres sólidos. *Adán* era el nombre del primer hombre cuando fue formado de la tierra; *Ish* fue su nombre cuando se unió a su mujer, y fueron una sola carne. Antes, era un hombre incompleto; después, fue el hombre completo. *Enosh* es otro nombre que se da al hombre; pero tiene que ver con su estado bajo, caído, desgraciado: significa propiamente "hombre débil, pobre, afligido, desgraciado".

Pesándolos . . . en balanza. "En las balanzas ascienden." *Serán menos que nada.* Literalmente: "Ambos juntos son vanidad."

10. *No confiéis en la violencia.* No supongáis que mi hijo desnaturalizado y sus partidarios puedan lograr éxito. *Ni en la rapiña; no os envanezcáis.* Si habéis puesto las manos en los despojos de mi casa, no imaginéis que esas riquezas mal habidas prosperarán. Pronto Dios las diseminará a todos los vientos del cielo. Todos los opresores llegan a un fin inesperado; y toda propiedad adquirida por la injusticia tiene en sí la maldición de Dios.

11. *Una vez habló Dios.* Dios se dirigió *una vez* a su pueblo, al dar la ley en el Monte Sinaí. *Dos veces he oído esto.* Salvo algunas de las antiguas versiones, casi todas las versiones, traducciones y comentarios han confundido el sentido y significado de este versículo. La versión fiel es ésta: "Una vez habló Dios; estas dos cosas he oído." ¿Cuáles son esas dos cosas que él ha oído? (1) "Que de Dios es el poder", es decir, El es el origen del poder. (2) Y tuya, oh Señor, es la misericordia es decir, El es la fuente de misericordia. Estas son, pues, las dos grandes verdades que la ley, toda la revelación de Dios, declara en cada una de sus páginas. El es el Todopoderoso; El es el misericordiosísimo; y de ahí la inferencia: El poderoso, justo y santo Dios, el Señor misericordiosísimo y compasivo, ha de juzgar al mundo, y dará a cada cual de acuerdo a sus obras. Es difícil explicar cómo este hermoso significado haya podido ser pasado por alto por casi todos los intérpretes; estos versículos contienen una de las verdades más instructivas de la Biblia.

SALMO 63

El alma de David tiene sed de Dios cuando está ausente del santuario, y anhela ser restaurada a las ordenanzas divinas (1, 2). Expresa su firme confianza en el Altísimo y lo alaba por sus bondades (3-8); muestra la miseria de aquellos que no buscan a Dios (9, 10); y su propia seguridad como rey del pueblo (11).

El título de este salmo es: "Salmo de David, cuando estaba en el desierto de Judá." Es muy probable que fuera escrito cuando David se refugió en el bosque de Haret, en el desierto de Zif, cuando huyó de la corte de Achis.

1. *Dios, Dios mío eres Tú.* El que puede decir esto, y sentirlo, no tiene por qué temer frente a ningún adversario. Tiene a Dios, y en El todo lo que necesita. *De madrugada te buscaré.* Desde el amanecer. Es probable que lo primero que se apodera del corazón por la mañana ocupe el lugar todo el día.

2. *Para ver tu poder y tu gloria . . . en el santuario.* En sus ordenanzas públicas Dios había mostrado a menudo su *poder* en los juicios que ejecutaba, en el terror que suscitaba, y en el despertar de los pecadores; y su gloria en la liberación de los tentados, en el socorro de los afligidos y en la difusión de la paz y el perdón en los corazones de sus seguidores. Dios muestra su *poder* y su *gloria* en sus *ordenanzas;* por consiguiente, no debe ser descuidado el *culto público. Debemos ver a Dios,* dice el antiguo Salterio, *para que El pueda vernos.* En su templo El otorga sus más ricas bendiciones.

3. *Mejor es tu misericordia que la vida. Tu misericordia, chadescha,* "tu efusiva misericordia es mejor," *mechaiyim,* "que vidas: es mejor que" o "buena más allá de," incontables edades de la existencia humana.

7. *Y así en la sombra de tus alas.* Entraré en el secreto mismo de tu presencia, en el lugar santísimo, el asiento de la misericordia, sobre el cual extienden sus alas los querubines. Si el salmista, en su metáfora, no alude a las alas extendidas de los querubines que cubrían el asiento de la misericordia, tal vez haya estado pensando en los pichones que buscan abrigo, protección y calor bajo las alas de sus madres. Véase la misma metáfora en el Sal. 61:4.

10. *Los destruirán a filo de espada.* "Serán derramados por el puño de la espada." Es decir, su sangre será vertida ya sea en la guerra, o por mano de la justicia. *Serán porción de los chacales.* Quedarán insepultos y los chacales se alimentarán de sus cadáveres.

11. *Pero el rey se alegrará.* David llegará al reino, según la promesa de Dios. *Que jura por él.* Era costumbre jurar por la vida del rey. Los egipcios juraban por la vida del Faraón; y José se ajustó a esta costumbre, como se puede ver en Gn. 42:15-16. Pero aquí es posible que se refiera a Dios. El es el Rey, y jurar por su nombre significa someternos a su autoridad.

SALMO 64

El salmista ruega ser guardado de los malignos (1, 2); a quienes describe (3-6); muestra su castigo (7, 8); y el efecto que éste debiera tener sobre los piadosos (9, 10).

Título: "Al músico principal (o conquistador). Salmo de David."

4. *Para asaetear a escondidas.* Acechan,
para poder apuntar con más seguridad y no
errar el blanco. *De repente.* Cuando no hay
miedo porque no se ve a nadie.

5. *Tratan de esconder los lazos.* Ponen
trampas ocultas para atrapar a aquellos a
quienes no pueden matar con un ataque de
frente o una emboscada.

6. *Inquieren iniquidades, hacen una investigación exacta.* La palabra *chaphash,* que en
esta oración se emplea tres veces, como nombre y como verbo, significa "arrancar los
vestidos". Investigan las iniquidades.

7. *Mas Dios los herirá con saeta.* Ellos tratan de tenerme a tiro, para poder disparar-
me; pero Dios disparará contra ellos. Si el
salmo es del tiempo de David, ésta parece ser
una referencia profética a la muerte de Saúl.
Los arqueros lo acosaron y lo hirieron gravemente con sus flechas (I S. 31:3).

8. *Sus propias lenguas los harán caer.* Todos los complots, conciliábulos y maldiciones
que han lanzado contra mí caerán sobre
ellos.

9. *Entonces temerán todos los hombres.*
Trataron de ocultar sus maquinaciones; pero
Dios los castigará de modo que todos lo vean
y reconozcan en su castigo el justo juicio de
Dios. En consecuencia, los impíos temerán y,

10. *Se alegrará el justo,* viendo que Dios
no abandona a los suyos a la malicia de los
malvados.

SALMO 65

Dios es alabado por el cumplimiento de sus promesas y por su misericordia en perdonar los pecados
(1-3). Es alabado por las maravillas que obra en la
naturaleza, que toda la humanidad debe reconocer
(4-8); por la lluvia fertilizante que envía sobre la
tierra y la abundancia que ella produce para los hombres y el ganado (9-13).

Título: "Al músico principal (o conquistador). Salmo. Cántico de David."

1. *Tuya es la alabanza.* Literalmente: La
alabanza es "silenciosa" o "muda" para ti.
Tú sólo eres digno de alabanza.

3. *Las iniquidades prevalecen contra mí.*
Esta no es una traducción justa del original: "palabras inicuas han prevalecido contra mí", o "las palabras de iniquidad son
fuertes contra mí". Toda clase de calumnias
y mentiras han sido propaladas, para sacudir
la confianza en mí y arruinar mi crédito.
Nuestras rebeliones Tú las perdonarás. Sean
cuales fueran nuestras ofensas contra ti, Tú
las perdonarás; *tecapperem,* "Tú harás expiación" por ellas, cuando con sincero arrepentimiento y verdadera fe nos volvamos a ti.

4. *Bienaventurado el que Tú escogieres.*
Esto se dice con referencia a los sacerdotes
que eran escogidos por Dios para ministrar
en el tabernáculo; y a quienes se les permitía
acercarse (Tú ... *atrajeres*) a la divina Majestad con las diversas ofrendas y sacrificios que
presentaban.

8. *Temen de tus maravillas.* Truenos y relámpagos, tormentas y tempestades, eclipses
y meteoros, tornados y terremotos son pruebas, para todos los que habitan aun en las
partes más remotas de la tierra, de que hay
un Ser Supremo que es maravilloso y terrible
en sus actos. Desde este versículo hasta el
final del salmo hay una serie de las más
bellas imágenes poéticas que se puedan encontrar en todo el mundo. *Las salidas de la
mañana.* El levantarse y ponerse del sol, el
crepúsculo matutino y el vespertino, la invariable sucesión del día y la noche todos son
ordenados por ti, y contribuyen a la felicidad y la continuación del hombre y la bestia. O: Todos los que te temen te alaban por
la mañana, cuando van a su trabajo y a la
noche, cuando vuelven al hogar, por tu gran
bondad manifestada en la continuación de
sus fuerzas y en el éxito de sus labores.

9. *Visitas la tierra.* Se representa a Dios
recorriendo todo el globo, y examinando las
necesidades de cada parte y dirigiendo a las
nubes hacia dónde depositar sus ferti-
lizantes aguaceros, y a los ríos hacia dónde
dirigir sus benéficos cursos. *El río de Dios.*
Algunos piensan que esto se refiere al Jordán, mientras la visitación y el riego se refe-
rirían a la lluvia después de una larga sequía.
Pero las nubes pueden ser así denominadas,
ya que son precisamente el origen de los
ríos.

10. *Haces que se empapen sus surcos.* En
el tiempo de la siembra envías aquella medida de lluvia necesaria, a fin de preparar la
tierra para el arado; y luego, cuando han
sido hechos los *surcos, la ablandas con lluvias,* para prepararla para la semilla. *Bendice
sus renuevos.* Literalmente: bendecirás sus
germinaciones —las plantas nacientes.

11. *Tú coronas el año.* Una cosecha plena
y abundante es la corona del año; y esto
surge de la bondad inmerecida de Dios. "Tú
rodeas," como con una diadema.

12. *Los pastizales del desierto.* Aun los lugares que no están cultivados tienen su humedad suficiente, a fin de hacerlos lugares
adecuados para que paste el ganado. Los
términos "desierto" y "soledad," en las Sagradas Escrituras, por lo general significan
lugares deshabitados e incultos, aunque abun-
den en ellos leña, arbustos y pastos. *Los
collados se ciñen de alegría.* Esta metáfora
parece tomada del retozar de los corderos,
los saltos de los cabritos y las danzas de los
pastores y pastoras, en la alegre estación del
verano.

SALMO 66

El salmista exhorta a todos a alabar a Dios por las maravillas que ha obrado (1-4); insta a Israel a considerar sus actos de poder en bien de sus padres (5-7); su bondad en beneficio de ellos mismos (8-12). Resuelve pagar sus votos a Dios y ofrecer los sacrificios que ha prometido (13-15); llama a todos a escuchar lo que Dios ha hecho por su alma (15-20).

3. *¡Cuán asombrosas son tus obras!* (V. M., ¡Cuán temibles son tus hechos!). Considerad las plagas con que afligió a Egipto antes de sacar de su cautiverio a vuestros padres, con las cuales obligó a todos sus enemigos a rendirse. *Se someterán a ti tus enemigos.* Literalmente: "yacerán delante de ti". Esto sucedió notablemente con Faraón y los egipcios. Una y otra vez prometieron dejar ir al pueblo, cuando la mano del Señor fue sobre ellos; y con la misma frecuencia faltaron a su palabra.

9. *El es quien preservó la vida a nuestra alma.* Literalmente: "el que coloca nuestra alma en vidas". Somos guardados vivos, tenemos salud física y sentimos la vida de Dios en nuestros corazones. *Y no permitió que nuestros pies resbalasen.* Nos mantiene firmes en sus testimonios.

10. *Porque Tú nos probaste, oh Dios.* Esta es una metáfora tomada de la fundición y refinación de metales; las aflicciones y pruebas de diversa índole son representadas como un horno en el cual se funde el metal y un crisol en el que se refina.

11. *Nos metiste en la red.* Esto se refiere al caso de los israelitas, cuando, a su salida de Egipto perseguidos por los egipcios, teniendo delante el Mar Rojo, y sin manera de escapar, Faraón dijo: "Encerrados están en la tierra, el desierto los ha encerrado," comparando su estado al de una bestia salvaje en una red.

14. *Cuando estaba angustiado.* Esta es, generalmente, la oportunidad en que se forman las buenas resoluciones y se hacen votos; ¡pero cuán a menudo éstos y aquéllas son olvidados cuando pasan la aflicción y la calamidad!

18. *Si en mi corazón hubiese yo mirado a la iniquidad.* "Si hubiera yo visto iniquidad en mi corazón," si hubiera sabido que la había y la hubiera estimulado.

SALMO 67

El salmista ruega por la extensión del reino de Dios (1, 2); llama a todas las naciones a servirle, porque él juzga y gobierna justamente (3-5); promete prosperidad a los fieles y obedientes (6, 7).

En cuanto al título, v.l.e.s. el Salmo 4, que tiene uno similar. Se supone que fue escrito después del retorno del cautiverio de Babilo-

nia, y que predice la conversión de los gentiles a la religión cristiana. La oración por su salvación es muy dinámica.

1. *Dios tenga misericordia de nosotros.* Esta es casi la misma fórmula de bendición que se emplea en Nm. 6:25.

2. *Para que sea conocido en la tierra tu camino.* Que tu voluntad, los designios de tu gracia hacia los hijos de los hombres, tu manera de reconciliarlos contigo, de justificar a los impíos y santificar a los impuros, sean conocidos de todas las naciones de la tierra.

Cuándo o por quién fue escrito este salmo es algo que no se puede aseverar. Parece una profecía concerniente al llamamiento de los gentiles, la predicación de los apóstoles y la difusión e influencia del cristianismo en el mundo. Es un hermoso trozo devocional; y sería casi imposible leerlo o repetirlo con un corazón frío e impasible.

SALMO 68

El salmista ruega a Dios que se levante, bendiga a su pueblo y disperse a sus enemigos (1-3); les exhorta a alabarle por su grandeza, ternura, compasión y juicios (4-6); describe la grandeza de su marcha cuando salió a redimir a su pueblo (7, 8); cómo dispensó sus bendiciones (9, 10); lo que ha de continuar haciendo en su beneficio (11-13); los efectos de la majestad de Dios (14-18). Lo alaba por su bondad (19, 20); por sus juicios (21-23); relata la forma en que era realizado el culto divino (24-27); cómo se ha de honrar a Dios (28-31). Todos son invitados a cantar sus alabanzas y exaltar su grandeza (32-35).

Es probable que este salmo, o al menos parte de él, haya sido compuesto por Moisés para ser recitado durante la peregrinación de los israelitas (véase Nm. 10:35), y que David haya construido este salmo siguiendo aquel modelo. Tal vez también fuera cantado en la ceremonia del transporte del arca de Quiriatjearim a Jerusalén; o de la casa de Obededom al tabernáculo erigido en Sion.

No sé cómo emprender el comentario de este salmo: es el más difícil de todo el Salterio. Se hace referencia aquí a costumbres que no entiendo del todo; hay palabras cuyo significado no puedo aseverar a mi satisfacción; y alusiones que para mí son inexplicables. Pero tengo la más alta opinión de la composición en sí: es sublime más allá de toda comparación; está construida con un arte verdaderamente admirable; posee toda la dignidad del lenguaje sacro; nadie sino David podría haberlo compuesto.

1. *Levántese Dios.* Estas palabras se entonaban cuando los levitas levantaban el arca sobre sus hombros (véase Nm. 10:35, 36).

4. *Exaltad al que cabalga sobre los cielos.* JAH es su nombre. *Baaraboth,* que traducimos "en los altos cielos," aquí tiene un significado incierto. Probablemente se refiera al melancólico desierto a través del cual Dios, en el carro de su gloria, había guiado a

los israelitas. *JAH es su nombre. Yah,* probablemente una contracción de la palabra *Yehovah.* Puede traducirse "el que existe por sí mismo".

7. *Oh Dios, cuando Tú saliste.* Este versículo y el siguiente se refieren con toda evidencia al paso de los israelitas por el desierto.

9. *Abundante lluvia esparciste.* "Una lluvia de liberalidad." Creo que esto se refiere al maná con el cual Dios refrescó y mantuvo vivos a los cansados y hambrientos israelitas.

10. *Los que son de tu grey han morado en ella.* "Tus criaturas vivientes." ¿Se referirá esto a las codornices que fueron llevadas al campamento de los israelitas y *moraron,* por así decirlo, alrededor del mismo?

11. *Había grande multitud de las que llevaban buenas nuevas. Hammebasseroth tsaba rab:* "Había una gran hueste de predicadoras." Esta es la traducción literal de este pasaje; haga el lector con ella lo que quiera. Pero la publicación de buenas nuevas, o de cualquier acontecimiento grato, correspondía a las mujeres. Ellas eran las que lo anunciaban al pueblo en general; y alude el salmista a esa costumbre universal, que prevalece hasta nuestros días.

15. *Monte de Dios es el monte de Basán.* Este versículo y el siguiente debieran leerse: "¿Es el monte de Basán, el monte escarpado, el monte de Dios? ¿Por qué envidiais, oh montes escarpados?" Este es el monte de Dios en el cual El ha deseado habitar."

17. *Los carros de Dios se cuentan por veintenas de millares de millares.* "Dos miríadas de millares dobladas." ¿No significa esto simplemente cuarenta mil? Una miríada son 10,000; dos miríadas, 20,000; éstas dobladas, 40,000.

18. *Subiste a lo alto.* Cuando el arca hubo llegado a la cima de Sion, y fue depositada en el lugar asignado para ella, los cantores se unieron en el coro que sigue. Esta parece una alusión a un triunfo militar. El conquistador era colocado sobre un carruaje muy elevado. *Cautivaste la cautividad.* Generalmente los reyes y generales cautivos eran atados detrás del carro del vencedor —atados a él, juntos, y caminaban detrás, para adornar el triunfo de aquél. *Tomaste dones para los hombres.* "Y dio dones a los hombres" (Ef. 4:8). En tales ocasiones el conquistador arrojaba dinero a la multitud. *Y también para los rebeldes.* Hasta a los que eran sus enemigos. *Para que habite entre ellos JAH Dios. Yah Elohim,* "el Dios existente por sí mismo" (véase el v. 4). El conquistador que ahora viene a fijar su habitación entre el pueblo conquistado, para organizarlo bajo sus leyes, gobernarlo y dispensar justicia entre ellos. San Pablo aplica muy adecuadamente todo esto (Ef. 4:5) a la resurrección y la gloria de Cristo.

19. *Bendito el Señor; cada día nos colma.* "De beneficios" no está en el texto. Tal vez sería mejor traducir así: "Bendito sea Adonai, nuestro apoyo día tras día, que nos sostiene." O, "Bendito sea el Señor que nos sostiene día por día". O, como la Vulgata, la Septuaginta y la Arábiga: "Bendito sea diariamente el Señor nuestro Dios, que hace próspera nuestra jornada; el Dios de nuestra salvación." La palabra *amas,* que traducimos "colmar" significa "levantar, sostener, soportar," o "llevar una carga por otro". Luego, no sería apartarnos del significado ideal traducir: "Bendito día por día el Señor, que lleva nuestras cargas por nosotros."

20. *Librar de la muerte.* La "salida" o "éxodo" de la muerte —de la tierra Egipto y casa de servidumbre. O tal vez la expresión signifique: La vida y la muerte están en la mano de Dios. "El puede crear y destruir."

22. *De las profundidades del mar.* Todo esto parece referirse a la derrota de los egipcios y el cruce milagroso del Mar Rojo.

27. *Allí estaba el joven Benjamín.* Esta es una descripción de otra parte de la procesión.

28. *Tu Dios ha ordenado.* Este versículo y el siguiente es lo que cantaban.

30. *Reprime la reunión de gentes armadas.* "Las fieras de los cañaverales," según todas las versiones antiguas (y la Versión Moderna) —el cocodrilo o el hipopótamo, emblema de faraón y de los egipcios. Nuestros traductores han confundido el significado.

31. *Etiopía se apresurará a extender sus manos hacia Dios.* En Jerusalén, el día de Pentecostés, había etíopes que, según dice San Hilario, a su regreso a su país proclamaron lo que habían visto, siendo así embajadores de Cristo en su tierra. El eunuco etíope fue uno de los primeros gentiles que recibieron el evangelio. De modo que *príncipes* u hombres importantes vinieron de Egipto, y Etiopía extendió sus manos hacia Dios. El hebreo es muy enfático: "Cush hará que sus manos corran hacia Dios."

34. *Su poder está en los cielos.* Una referencia al estallido, el retumbo y el redoble de truenos y relámpagos.

35. *Temible eres, oh Dios, desde tus santuarios.* El santuario y el cielo. Desde el primero Dios se había mostrado a menudo con esplendor consumidor; véase el caso de Coré y su compañía; del segundo había aparecido a menudo en terrible majestad en tormentas, truenos y rayos. *El da fuerza y vigor a su pueblo.* Por lo tanto, el pueblo que tiene el apoyo de este Dios fuerte e irresistible, debe ser invencible.

SALMO 69

El salmista describe su estado de aflicción y la impiedad de sus adversarios (1-21); declara las miserias

que vendrán sobre sus enemigos (22-28); se explaya
sobre su desgraciada situación, y expresa su confianza en Dios (29-34); profetiza la restauración de los
judíos a su propia tierra y su templo (35, 36).

El título es: "Al músico principal; sobre
Lirios (Shoshannim). Salmo de David." Véase la explicación de éste título en el Sal. 45.
Se supone que este salmo fue escrito *durante la cautividad*, por algún levita divinamente inspirado. Es una hermosa composición, igual a la mayor parte del Salterio.
Parece que varias porciones de él se refieren
a nuestro Señor; a su advenimiento, pasión,
resurrección, el llamamiento de los gentiles,
el establecimiento de la iglesia cristiana y la
reprobación de los judíos. El v. 9 es citado
por San Juan (2:17). El v. 21 es citado por
San Mateo (27:34, 48), por San Marcos
(15:23), por San Juan (19:29), y aplicado a
los sufrimientos de nuestro Señor por el trato que recibió de los judíos. San Pablo cita
el v. 22 como una profecía de la impiedad
de los judíos y del castigo que han de recibir. En el mismo sentido cita también el
v. 23. Nosotros también podemos aplicar en
la misma forma aquellas porciones que el
Nuevo Testamento aplica a nuestro Señor;
con las demás debemos tener cuidado.

1. *Las aguas han entrado hasta el alma.*
Estoy en la más profunda desesperación.
¡Las aguas han roto sus diques y están por
arrastrarme! En los versículos uno, dos, tres,
catorce y quince, el salmista, hablando por
los cautivos de Babilonia, compara su cautiverio a un abismo de aguas, que rompe todos
los diques y está a punto de tragarlos; a un
pantano profundo, en el cual no hay un
fondo sólido donde hacer pie; y a un pozo
en el cual están a punto de ser enterrados
para siempre. Esto es fuertemente figurativo,
y muy expresivo.

3. *Cansado estoy de llamar.* Una patética
descripción de la situación de los pobres cautivos durante casi setenta años.

4. *¿Y he de pagar por lo que no ro-
bé?* Pienso, con Calmet, que ésta es una
especie de expresión proverbial, tal como:
"Pagar justos por pecadores."

9. *Me consumió el celo de tu casa.* El
fuerte anhelo de promover tu gloria absorbió
todos los otros. Este versículo se aplica
muy adecuadamente a nuestro Señor (Juan
2:17).

12. *Los que se sentaban a la puerta.* En
las puertas estaban los tribunales para la administración de justicia.

13. *Yo a ti oraba, oh Jehová, al tiempo
de tu buena voluntad.* Esto parece referirse
al fin de la cautividad, que Jeremías había
dicho duraría setenta años (Jer. 25:11-12).

16. *Benigna es tu misericordia.* La palabra
chesed significa "exuberancia de bondad"; y
la palabra *rachamim*, que traducimos *benigna
misericordia*, significa un afecto como el que
las madres tienen por sus pequeños.

21. *Me pusieron además hiel por comida.* Esto ha sido aplicado a nuestro Señor
(Mt. 27:34).

22. *Sea su convite . . . por lazo.* Las execraciones en éste y en los siguientes versículos
debieran leerse en tiempo futuro, porque son
predictivas, y no en el modo imperativo,
como si fueran resultado del resentimiento
del salmista.

27. *Pon maldad sobre su maldad.* "Da
maldad," esto es, la recompensa de ella, "sobre" o "por su maldad". O, como significa el
original, "perversidad," trata su perversidad
con perversidad.

28. *Sean raídos.* Serán raídos del libro de
los vivientes. Es decir, serán raídos de la
tierra de los vivientes. Serán arrancados de
la vida, que han perdido por su crueldad y
opresión. El salmista está hablando de la
justicia retributiva; y en este sentido deben
ser entendidos todos estos pasajes.

29. *Mas a mí, afligido y miserable.* Literalmente, "estoy aplastado y lleno de dolor
y angustia". De ahí la oración: *Tu salvación,
oh Dios, me ponga en alto.* Mi opresión me
ha aplastado; ¡tu salvación me levantará!

33. *Porque Jehová oye a los menesterosos.* "Los mendigos." Tal vez el salmista se
refiera aquí al caso de los cautivos, muchos
de los cuales estaban reducidos a la situación
más abyecta. *Sus prisioneros.* Los cautivos,
encerrados por los juicios divinos en Caldea,
sin libertades civiles, como reos en una cárcel.

35. *Dios salvará a Sion.* Esto fija el salmo
en el tiempo del cautiverio. No había una
ciudad llamada Sion que les perteneciera a
los judíos en los días de Saúl, cuando suponen que fue escrito el salmo los que lo
consideran obra de David. Fue David quien,
después de ascender al trono, les quitó la
fortaleza de Sion a los jebuseos (II S. 5:7;
I Cr. 11:5). *Reedificará las ciudades de Judá.*
Esto se refiere al retorno del cautiverio,
cuando serían reconstruidas todas las ciudades destruidas y los judíos volverían a poseer
sus perdidas heredades.

SALMO 70

El salmista ruega por la pronta liberación (1); ora
contra aquellos que buscan su vida (2, 3); y por la
bienaventuranza de aquellos que buscan a Dios (3);
urge su pronta liberación (5).

El título en hebreo es: "Al músico principal. Salmo de David, para traer a la memoria." Es casi palabra por palabra una repetición de los últimos cinco versículos del
salmo 40. V.l.e.s. el mismo.

3. *Los que dicen: ¡Ah! ¡Ah! ¡Heach,
heach!* una nota de supremo menosprecio.
V.l.e.s. Sal. 40:15.

5. *Yo estoy afligido y menesteroso.* Soy un pobre mendigo —un mendigo afligido.

SALMO 71

El profeta, en confianza, ruega pidiendo el favor de Dios (1-5); enumera las bondades de Dios para con él desde la juventud hasta la ancianidad (6-9); muestra lo que sus adversarios traman contra él, y ora porque sean confundidos (10-13); promete fidelidad y determina ser un diligente predicador de la justicia aun en la ancianidad (14-19); se siente estimulado por la misericordia de Dios, y prevé la confusión de todos sus adversarios (20-24).

Este salmo no tiene título ni en hebreo ni en caldeo, y la razón es que fue escrito como parte del salmo anterior, como aparece en unos veintisiete de los manuscritos de Kennicott y De Rossi. Compárense los versículos 1, 2 y 3 con sus paralelos, Sal. 31:1-3.

4. *De la mano del impío.* Probablemente su desnaturalizado hijo *Absalón,* llamado aquí *rasha,* "el perverso," debido a que había violado todas las leyes, humanas y divinas. *Perverso y violento.* Probablemente Ahitofel, que era el inicuo consejero de un hijo impío y rebelde.

7. *Como prodigio he sido a muchos.* Soy "como un portento," o "tipo".

9. *No me deseches en el tiempo de la vejez.* El original puede ser parafraseado de esta manera: "No me desecharás hasta el tiempo de la vejez; y según la debilidad de mi carne, no me desampararás."

13. *Sean avergonzados. Serán* avergonzados: éstas son denunciaciones proféticas.

16. *Vendré. Abo,* entraré, esto es, en el tabernáculo, en la fortaleza o *poderío* de *Adonai Jehová,* el supremo Dios, quien es mi Propulsor, Apoyo y Sostén.

19. *Tu justicia . . . hasta lo excelso. Ad marom* —sube hasta el lugar exaltado, llega hasta el cielo.

22. *Asimismo yo te alabaré con instrumento de salterio. Bichli nebel,* "con el instrumento nebel". Cantaré a ti en el arpa; *bechinor,* "con el kinor". Ambos eran instrumentos de cuerdas.

24. *Hablará . . . de tu justicia.* En este salmo, como en otros lugares, la justicia de Dios significa frecuentemente a su justicia, sus juicios, su fidelidad, su verdad, su misericordia. Pocas palabras hay en la Biblia que tengan una mayor importancia general.

SALMO 72

David ruega a Dios por Salomón (1); prescribe el trabajo de Salomón (2); los efectos de su administración (3-7); la extensión de sus dominios (8-11); su misericordia y bondad para con los pobres, y la perpetuidad de su alabanza (12-17). Dios es bendecido por su poder y bondad; y el salmista ruega que toda la tierra sea llena de su gloria (18-20).

Nosotros traducimos "Para Salomón" el título *lishelomoth.* La versión Caldea dice: "Por mano de Salomón, dicho proféticamente". La Siríaca: "Salmo de David, cuando constituyó rey a Salomón." Todas las demás versiones lo atribuyen a Salomón. Pero en la terminación del salmo se lo atribuye a David: "Aquí terminan las oraciones de David, hijo de Isaí." Muy probablemente es un salmo de David, compuesto en sus últimos días, cuando hubo establecido a su amado hijo en el .trono del reino.

1. *Da tus juicios al rey.* Que reciba Salomón tu ley, como el código civil y eclesiástico por el cual ha de gobernar el reino. *Y tu justicia al hijo del rey.* Salomón es llamado aquí *el rey,* porque ahora ocupa el trono judío; y se le llama *hijo del rey* para significar su derecho a ese trono en el cual ahora se sienta.

3. *Los montes llevarán paz.* Tal vez *montes* y *collados* estén empleados en sentido figurado, para significar los príncipes y los pequeños gobernadores. Pero, ¿cuál es el significado de "los collados justicia"? No tiene significado, pues es una falsa división del versículo. La palabra *bitsedakah,* "en justicia," con que termina el v. 3, debiera comenzar el v. 4, y entonces estaría claro el sentido. V. 3: "Los montes y los collados llevarán paz al pueblo." V. 4: "En justicia juzgará a los afligidos del pueblo, salvará a los hijos del menesteroso, y aplastará al opresor."

5. *Te temerán.* En ningún sentido se puede decir esto de Salomón ni de ningún otro hombre: corresponde a Jesucristo, y a El sólo.

6. *Descenderá como la lluvia sobre la hierba cortada.* La palabra que traducimos *hierba cortada,* significa más precisamente "hierba pastada" o "tierra pastada"; pues el rocío nocturno está destinado a restaurar la hierba que ha sido comida en el curso del día.

7. *Florecerá en sus días la justicia.* En todos los días de Salomón no hubo otra cosa que paz y prosperidad, pues "Judá e Israel vivían seguros, cada uno debajo de su parra y debajo de su higuera, desde Dan hasta Beer-seba, todos los días de Salomón" (I R. 4:25).

8. *Dominará de mar a mar.* El mejor comentario de esto, por lo que toca a Salomón, se puede hallar en I R. 4:21, 24. *Hasta los confines de la tierra.* Se ha de referir a la lonja de tierra a lo largo del Mar Mediterráneo, el cual era la frontera de la tierra por ese lado; pero, como las palabras pueden referirse a Cristo, todo puede ser tomado en su máxima latitud y extensión.

9. *Los moradores del desierto.* Es probable que aquí se haga referencia a los habitantes de la costa, que viven de la navegación y la pesca.

10. *Los reyes de Tarsis y de las costas traerán presentes. Michah* significa una ofrenda de gratitud o amistad. *Los reyes de Sabá y de Seba;* ambos son países de Arabia. Del primero vino la reina Sabá a oír la sabiduría de Salomón, llevando grandes dones. *Eshcar* significa "un presente compensatorio, hecho a cuenta de beneficios recibidos".

11. *Todos los reyes se postrarán delante de él.* Lo reverenciarán por su gran sabiduría, sus riquezas, etc. *Todas las naciones le servirán.* Todas las naciones de los alrededores.. Este versículo y el anterior están explicados cabalmente en I R. 10:23-25. Si tomamos estas expresiones al pie de la letra, como referencia a todos los habitantes del globo, no pueden aplicarse a Salomón; pero si las tomamos en la forma en que evidentemente las empleó el escritor sagrado, son literalmente ciertas.

16. *Será echado un puñado de granos.* La tierra será excepcionalmente fértil. Aun un puñado de trigo sembrado en la cima de una montaña crecerá fuerte y vigoroso, y será, en comparación con las cosechas de otros tiempos, como los cedros del Líbano en comparación con los árboles comunes o los arbustos; y así como la tierra producirá abundantemente, serán multiplicadas las personas que han de consumir esa gran producción.

17. *Será su nombre para siempre.* Hasta aquí esto se ha cumplido literalmente. Salomón es celebrado en oriente y occidente, norte y sur. *Benditas serán en él todas las naciones.* Debido a la forma extraordinaria en que fue favorecido por el Altísimo. Bien sé que se cree que todas estas cosas corresponden propiamente a Jesucristo; y, con referencia a El, son todas ciertas, y diez mil veces más que éstas. Pero creo que todas son aplicables propiamente a Salomón.

20. *Terminan las oraciones de David, hijo de Isaí.* Este fue, muy probablemente, el último salmo que escribió.

SALMO 73

El salmista habla de la bondad de Dios para con su pueblo (1); muestra cuánto ha tropezado en la prosperidad de los impíos, y describe el estado de éstos (2-12); detalla el proceso de la tentación y el dolor que experimentó en consecuencia (13-16); muestra cómo fue liberado, y cómo el tremendo cambio de la prosperidad del impío contribuyó a corregir sus propios falsos conceptos (17-22); su gran confianza en Dios y las buenas consecuencias de ella (23-28).

Este es el principio del Tercer Libro del Salterio; y el salmo que tenemos delante lleva el título de "Salmo de Asaf," o "Salmo para Asaf". El título en hebreo es *mizmor leasaph:* "Un salmo de Asaf," y es probable que *Asaf* fuera el compositor, que viviera durante la cautividad babilónica y que publicara este salmo para consolar a los israelitas esclavizados, quienes estaban sumamente afligidos por hallarse en tan tremenda desgracia y miseria, mientras un pueblo mucho más impío y corrompido que ellos gozaba de gran prosperidad y los tenía en cautiverio.

2. *Casi se deslizaron mis pies.* Casi había abandonado mi confianza. Estaba pronto para criticar las dispensaciones de la providencia, y pensé que el Juez de toda la tierra no procedía con justicia.

3. *Tuve envidia de los arrogantes.* Vi personas que no adoraban al Dios verdadero y otras que se entregaban a todos los vicios, que poseían todas las comodidades temporales, mientras los piadosos pasaban por estrecheces, dificultades y aflicciones.

4. *No tienen congojas por su muerte (o ataduras para su muerte).* Muchos de los piadosos tienen dolorosos conflictos en su muerte. Su enemigo trata de hacerlos caer en sus acechanzas; o de conmover su confianza en Dios. Pero los impíos no saben nada de esto. Satanás no los molesta; él está seguro de su presa; están enredados y no pueden romper sus redes; sus conciencias están cauterizadas, no tienen sentido de culpa. Si es que piensan en otro mundo, esperan en esa misericordia que nunca buscaron y de la cual no tienen una noción clara. Tal vez "mueren sin un suspiro ni un gemido; y pasan así tranquilamente como un cordero" —al matadero.

6. *La soberbia los corona (les ciñe el cuello como cadena de oro,* V.M.*).* Tal vez haya aquí una alusión a la función que desempeñaban algunos de ellos. Las cadenas de oro eran insignias de magistrados y funcionarios civiles.

7. *Los ojos se les saltan de gordura.* "Su semblante es cambiado por la gordura" (Versión Caldea). *Logran con creces los antojos del corazón.* Más literal sería: "Sobrepasan los pensamientos de su corazón." Tienen más de lo que esperaban, pero no más de lo que desean.

9. *Ponen su boca contra el cielo.* Blasfeman a Dios, ridiculizan la religión, se mofan de la Providencia, y se ríen de la vida futura. *Y su lengua pasea la tierra.* Hallan defectos en todas las cosas; traicionan la memoria de los justos que están en el cielo, y ridiculizan a los santos que están sobre la tierra. Critican toda dispensación de Dios.

10. *Por eso Dios hará volver a su pueblo aquí.* "Por tanto mi pueblo será convertido, donde hallará abundancia de aguas." Es decir, el pueblo, viendo la iniquidad de los babilonios y sintiendo su mano opresora, se convertirá a Mí, y Yo me los traeré a su propia tierra, donde hallarán abundancia de todo lo necesario para la vida.

15. *Si dijera yo: Hablaré como ellos.* Al fin he descubierto que he razonado incorrectamente, y que tengo en contra mía el testimonio uniforme de todos tus hijos. De gene-

ración en generación ellos han testificado
que el Juez de toda la tierra hace lo bueno.

17. *Hasta que entrando en el santuario* . . . No cabe duda de que este salmo fue
escrito durante el cautiverio. ¿Cómo, pues,
habla el salmista del *santuario*? En Babilonia
no lo había, y hacía tiempo que Jerusalén
había sido destruida. La única manera de
resolver esta dificultad es considerando que
mikdeshey debe tomarse en el sentido de
"lugares santos" —lugares apartados para la
oración y la meditación.

18. *Los has puesto en deslizaderos.* La
fortuna es un deslizadero; pocos son los que
han podido andar por él sin caer.

21. *Se llenó de amargura mi alma.* Las
diferentes opiniones que obtuve sobre este
asunto me confundieron completamente; me
asombró tanto su repentina caída como mi
propia ignorancia. Me sentí como si fuera
una bestia estúpida.

25. *¿A quién tengo yo en los cielos, si no
a ti?* El original es más enfático: "¿Quién
está por mí en el cielo? Y contigo en la
tierra nada he deseado."

26. *Mi carne y mi corazón desfallecen.*
Pronto moriré; y aun mi natural valor me
fallará; y entonces no tendré otro apoyo que
el sobrenatural. Por consiguiente, agrega, *la
roca de mi corazón es Dios.*

SALMO 74

El salmista se queja de la desolación del santuario,
y se queja a Dios (1-3); muestra la insolencia e impiedad de sus enemigos (4-8); ruega a Dios que actúe en
favor de ellos como lo hizo por sus padres, a quienes
salvó por su poder milagroso (9-17); ruega que Dios
se levante y vindique su propio honor contra sus
enemigos y los enemigos de su pueblo (18-23).

El título es *Masquil de Asaf,* o "salmo de
Asaf, para dar instrucción". Es evidente que
este salmo fue escrito en una época en que
el templo estaba en ruinas, Jerusalén quemada y los profetas esparcidos o destruidos.

4. *Tus enemigos vociferan.* Tu pueblo,
que era un pueblo distinto y separado, que
ni hubiera tocado a un gentil, ahora está
obligado a mezclarse con los más profanos.
Sus escandalosas risotadas, sus crueles burlas,
sus insultantes órdenes, se oyen por doquier
en todas nuestras asambleas. *Han puesto sus
divisas por señales.* Han colocado sus estan-
dartes en lugar de los nuestros. Los versículos 5, 6 y 7 dan un correcto relato histórico de los atentados cometidos por los babilonios, como podemos verlo en II Reyes 25:4,
7, 8, 9, y Jeremías 52:7, 18, 19.

8. *Destruyámoslos de una vez.* Su objeto
era aniquilar totalmente la existencia política
del pueblo judío. *Han quemado todas las
sinagogas de Dios en la tierra.* Se supone que
no hubo *sinagogas* en la tierra hasta después

de la cautividad babilónica. ¿Cómo, pues,
pudieron los babilonios quemar ninguna en
Judea? La palabra *moadey,* que traducimos
sinagogas, puede ser tomada en un sentido
más general, y significar cualquier lugar en
que se realizaran asambleas religiosas. Este es
el único lugar en que aparece la palabra
sinagoga en el Antiguo Testamento. En realidad, en cualquier lugar en el cual Dios se
había encontrado con un patriarca o un profeta, y se conservara algún memorial, había
un *moed,* o lugar de reunión religiosa; y
todos esos lugares los habrían destruido los
caldeos, persiguiendo su designio de extinguir
la religión judía y borrar de la faz de la
tierra todos sus memoriales.

13. *Dividiste el mar.* Cuando nuestros padres salieron de Egipto. *Quebrantaste cabezas
de monstruos en las aguas.* Faraón, sus capitanes y todo su ejército se ahogaron en el
Mar Rojo cuando intentaron perseguirlos.

15. *Abriste la fuente.* Partiste la roca en
el desierto, de la cual bebió toda la congregación. *Secaste ríos impetuosos.* Tal vez una
referencia a la división de las aguas del Jordán, para que el pueblo pasara sobre el
fondo seco.

SALMO 75

El salmista alaba a Dios por sus mercedes presentes
(1); el Señor responde y promete juzgar al pueblo
justamente (2, 3); rechaza a los orgullosos y altivos
(4, 5); muestra que toda autoridad procede de El
(6, 7); que El castigará al impío (8); el salmista resuelve alabar a Dios (9); y el Altísimo promete
aplastar a los impíos y exaltar a los justos (9, 10).

El título es "Al músico principal, o conquistador, Al-taschith, no destruyas. Salmo
de Asaf. Cántico". Véase la explicación de
este título Al-taschith en el salmo 57. Este
salmo parece haber sido escrito durante el
cautiverio; y parece ser continuación del
tema del precedente.

1. *Gracias te damos, oh Dios.* Las numerosas manifestaciones de tu providencia y
misericordia muestran que no estás lejos,
sino cerca: *Los hombres cuentan tus maravillas.* Estas palabras serían una terminación
adecuada del salmo anterior, que parece terminar abruptamente. El segundo versículo es
el comienzo de la respuesta divina a la oración de Asaf.

6. *Porque ni de oriente ni de occidente* . . . *viene el enaltecimiento.* Como si el
Señor hubiera dicho, hablando de los babilonios, "Ninguna de las potencias que te rodean podrá ayudarte; ninguna te arrancará de
mi mano. Yo soy el Juez: Yo te humillaré, y
enalteceré a mi pueblo afligido" v. 7.

8. *Lleno de mistura.* Aludiendo a la mezcla de drogas estupefacientes que se daba a
beber a los criminales antes de su ejecución.
Véase el pasaje paralelo a éste en Jer. 25:
15-26.

10. *Quebrantaré todo el poderío de los pecadores.* Pero el poder del justo será exaltado. Todo se cumplió puntualmente: los *pecadores* —los babilonios, fueron quebrantados; los *justos* —los judíos, fueron liberados y *exaltados.*

SALMO 76

El Dios verdadero conocido en Judá, Israel, Salem y Sion (1, 2). Descripción de la derrota que infligió a los enemigos de su pueblo (3-6). Cómo se ha de adorar a Dios (7-9). Debe considerárselo como principal Gobernador: todos los potentados de la tierra están sujetos a El (10-12).

El título, "Al músico principal, sobre Neginot. Salmo de Asaf. Cántico". Véase los títulos de los salmos 4 y 6. Si su autor fue Asaf, no puede haber sido el Asaf que floreció en los días de David, sino algún otro hombre dotado y divinamente inspirado que tenía el mismo nombre, y parece haber compuesto varios salmos más durante el cautiverio.

2. *En Salem está su tabernáculo.* Salem era el nombre antiguo de Jebus, llamada después Jerusalén. Allí fue montado el *tabernáculo;* pero después, cuando se construyó el templo en el Monte Sion, fue allí su habitación. El salmo fue compuesto evidentemente después de la construcción del templo de Salomón.

3. *Allí quebró las saetas del arco.* "Las fieras saetas."

5. *Los fuertes de corazón fueron despojados.* Los soberbios blasfemos, tales como Rab-saque y su amor Senaquerib, el rey de Asiria. *Durmieron su sueño.* Estaban dormidos en su tienda cuando el ángel destructor, el viento sofocante, los destruyó a todos; aquellos sobre quienes pasó no volvieron a despertar.

7. *Tú, temible eres tú.* El hebreo es simple, pero muy enfático: *attah nora attah*, "Tú eres terrible; tú". La repetición de la persona profundiza el significado. *Cuando se encienda tu ira.* Literalmente: "Desde el momento que te aíras." En el momento en que se enciende la ira, en ese momento se ejecuta el juicio.

9. *Los mansos de la tierra.* El pueblo humilde u oprimido de la tierra. Los judíos pobres, ahora totalmente desamparados, y que clamaban al Señor por socorro.

10. *Ciertamente la ira del hombre te alabará.* La furia de Senaquerib sólo servirá para poner de manifiesto tu gloria. Mientras más fuerte sea él, y más amenace, y más débil tu pueblo, más se manifestará tu majestad y misericordia en su destrucción y el sostén de tu pueblo.

Tú reprimirás el resto de las iras. El hebreo tiene un significado un tanto diferente:

"Tú te ceñirás con el resto de la ira." Aun después que hayas enviado esta señalada destrucción sobre Senaquerib y su ejército, continuarás persiguiendo al resto de los perseguidores de tu pueblo; su ira será el motivo de la excitación de tu justicia para destruirlos. Así como un hombre se ciñe con su cinto para realizar mejor su trabajo, así te ceñirás Tú con ira, para poder destruir a tus enemigos.

11. *Prometed, y pagad a Jehová.* Someteos a El, y no olvidéis vuestras obligaciones.

SALMO 77

La ardiente oración del salmista a Dios en tiempo de desgracia (1-4). Los medios que utiliza para excitar su confianza (5-12). Las maravillosas obras de Dios en beneficio de su pueblo (13-20).

El título: "Al músico principal (o conquistador); para Jedutún. Salmo de Asaf." Con referencia a este título podemos observar que tanto Asaf como Jedutún eran cantores célebres en el tiempo de David, y sin duda eran directores de bandas que mucho después de su tiempo seguían siendo llamadas por sus nombres. De ahí que salmos compuestos durante el cautiverio y después tengan antepuestos estos nombres. Pero hay razones también para creer que en el cautiverio de la Babilonia había una persona llamada Asaf. Debe considerarse que el autor habla en las personas de los israelitas cautivos. Pero puede adaptarse al caso de cualquier individuo que esté en dificultades espirituales pasando por una fuerte tentación, o con un sentido del desagrado divino a consecuencia de alguna falta.

2. *Alzaba a él mis manos de noche, sin descanso,* es decir, en oración. Permanecía toda la noche con su voz y sus manos levantadas hacia Dios, sin cesar.

3. *Desmayaba mi espíritu.* Como el verbo está en la conjugación *hithpael*, la frase debe significar: "mi espíritu estaba recargado sobre sí mismo". Deliberadamente se envolvió en esta calamidad.

4. *No me dejabas pegar los ojos.* Literalmente: "Tú guardabas las vigilias de mis ojos" —mi aflicción era tan grande que no podía dormir. *Quebrantado . . . no hablaba.* Esto indica un aumento del dolor y la angustia. Al principio sintió su miseria, y clamó en alta voz. "Las pequeñas dificultades son locuaces; las grandes son mudas."

5. *Consideraba los días desde el principio.* "He calculado"; he contado las diversas dispensaciones de tu misericordia en beneficio de los afligidos, señaladas en la historia de nuestros padres.

6. *Me acordaba de mis cánticos de noche.* No creo que *neginathi* signifique mis cánticos. Sabemos que *neginath* significa al-

gún instrumento musical de cuerdas que se tañía con una púa; pero aquí tal vez pueda ser aplicado al salmo que se tocaba en él. Aunque más bien me parece que el salmista habla aquí de las circunstancias de la composición de la breve oda contenida en los versículos 7, 8 y 9; que probablemente cantaba en su arpa como una especie de endecha, si es que tenía arpa en esa afligente cautividad.

Mi espíritu inquiría. El verbo *chaphas* significa una investigación como la que hace alguien que se ve obligado a desnudarse para hacerla; o a levantar cubiertas, para investigar pliegue por pliegue, o como decimos ahora, no dejar piedra por revolver.

7. *¿Desechará el Señor para siempre? ¿No tendrá fin este cautiverio?*

8. *Para siempre.* "De generación en generación."

10. *Dije: Enfermedad mía es ésta.* El hebreo es muy oscuro, y ha sido traducido de diversas maneras: "Y dije: ¿Es debilidad mía ésta? "

16. *Te vieron las aguas.* ¡Qué hermosa imagen! Representa a Dios acercándose al Mar Rojo; y las aguas, viéndolo, se asustan y corren alejándose de El, dividiéndose a derecha e izquierda para dejarlo pasar. No he hallado nada más majestuoso que esto.

17. *Las nubes echaron inundaciones de aguas.* Según esto, parecería que en el momento del paso del Mar Rojo hubo una violenta tempestad. Una fuerte tormenta de truenos, relámpagos y lluvia.

SALMO 78

Una enumeración de los principales efectos de la bondad de Dios para con su pueblo (1-16); de sus rebeliones y castigos (17-33); su fingido arrepentimiento (34-37); la compasión de Dios hacia ellos (38, 39); sus reincidencias y cómo olvidaron su misericordia (40-42); las plagas que El descargó sobre los egipcios (43-51); la liberación de su pueblo, y la repetida ingratitud y desobediencia de éste (52-58); su castigo (59-64); la ira de Dios contra sus adversarios (65, 66); su rechazo de las tribus de Israel y su elección de la tribu de Judá, y de David para reinar sobre el pueblo (67-72).

El título: "Masquil de Asaf," o "salmo para Asaf, para dar instrucción".

2. *Con una parábola.* (V. M.) O, os daré instrucción con numerosos ejemplos; véase el Sal. 49:1-4, que tiene una gran similitud con éste. El término *parábola,* en sus distintas acepciones, ya ha sido explicado suficientemente; pero aquí *mashal* puede significar "ejemplo" en oposición a *torah,* "ley" o "precepto" (v. 1) (la versión de Valera traduce "proverbios").

4. *No las encubriremos.* En la antigüedad se leía muy poco, pues los libros eran sumamente escasos; por consiguiente la tradición era casi el único, si no el único, medio de preservar el recuerdo de los acontecimientos pasados. Era transmitida de padres a hijos por medio de parábolas o proverbios, y poemas cronológicos. Este mismo salmo es uno de éstos, y debe haber sido muy útil para los israelitas, como medio para transmitir instrucción acerca de su historia antigua y relatar los maravillosos hechos del Altísimo en favor de ellos.

9. *Los hijos de Efraín... volvieron las espaldas.* Esto se refiere a alguna derrota de los efrainitas; y algunos piensan en la que les fue infligida por los hombres de Gat, mencionada en I Cr. 7:21.

12. *El campo de Zoán.* "Tanis" era la capital de Faraón, donde Moisés obró tantos milagros. Estaba situada en el delta, en una de las ramas del Nilo situadas más hacia el este.

18. *Pidiendo comida a su gusto.* "Para sus almas," es decir, "para sus vidas"; porque dijeron en sus corazones que el pan ligero, el maná, no era suficiente para sostener sus fuerzas naturales y preservar sus vidas.

25. *Pan de nobles* (de ángeles, V. M.) *comió el hombre.* "El hombre comió el pan de los fuertes." Comieron un pan tal como sólo podía esperarse en las mesas de los ricos y los grandes; el alimento mejor y más delicado.

26. *Movió el solano en el cielo.* Véase Nm. 11:31.

32. *Con todo esto, pecaron aún.* ¡Cuán asombroso es esto! ¡Ni los atrajeron las mercedes ni los atemorizaron los juicios!

33. *Consumió sus días en vanidad.* Haciéndolos errar cuarenta años por el desierto, esperando en vano el fin de sus penurias y el goce del descanso prometido, que, por su rebelión, habían perdido.

35. *Que Dios era su refugio.* En su aflicción, recordaron que Jehová era su *roca,* la fuente no sólo de su ser, sino de toda bendición; o que era su único Protector. *Y el Dios Altísimo su redentor. Veel elyon goalam,* "Y el Dios fuerte, el Altísimo, su pariente". El que poseía el derecho de redención. La palabra hebrea *goel* corresponde al griego *soter,* "salvador"; y se aplica al Señor Jesucristo, el Dios fuerte, el Altísimo, el Redentor de un mundo perdido. Después de este versículo aparece una nota masorética: "La mitad del libro." Y así ha llegado el lector a la mitad del salterio.

36. *Pero le lisonjeaban con su boca.* Creo que la Vulgata da el verdadero sentido del hebreo: "Le amaban con su boca; y le mentían con su lengua."

38. *Pero él, misericordioso.* Sintiendo por ellos lo que un padre por sus hijos. *Perdonaba la maldad. Yechapper,* "hacía expiación" por su maldad. *Y no despertó todo su enojo.* El castigo fue mucho menor de lo que merecía la maldad.

39. *Se acordó de que eran carne.* Débiles mortales. *Soplo que va y no vuelve.* Creo que esta es una mala traducción que induce a error; como si cuando uno muere terminara su ser, y la muerte fuera un sueño eterno. La traducción debiera ser: "El espíritu se va, y no vuelve." La versión arábiga elimina toda ambigüedad: "Se acordó de que eran carne; y un espíritu que, cuando parte, no vuelve." El ser humano está compuesto de carne y espíritu, o cuerpo y alma; éstos son fácilmente separables y, cuando se separan, el cuerpo vuelve al polvo y el espíritu no vuelve más a animarlo en un estado de prueba.

41. *Y provocaban* (limitaron, V.M.) *al Santo de Israel.* La versión caldea dice: "Y signaron al santo de Israel con una señal." Evidentemente se hace referencia a un insulto a Dios.

44. *Y volvió sus ríos en sangre.* Véase Ex. 7:20.

45. *Envió... moscas... y ranas.* Véase Ex. 8:6, 24.

46. *La oruga... la langosta.* Véase Ex. 10:13.

48. *Entregó sus... ganados.* Véase Ex. 9:23.

49. *Envió... ángeles destructores.* Esta es la primera mención de *ángeles destructores.* No se los menciona en el relato que tenemos de las plagas de Egipto en el libro del Exodo, y no podemos decir qué eran. Un *ángel* o "mensajero" puede ser animado o inanimado; un espíritu desencarnado o un ser humano; cualquier cosa o ser enviado por Dios como instrumento de castigo o ayuda para la humanidad.

54. *Las fronteras de su tierra santa.* "De su lugar santo," es decir, la tierra de Canaán, llamada después *el monte que ganó su mano derecha,* porque era un país montañoso, muy diferente de Egipto, que era una tierra larga y continua de nivel casi perfecto.

60. *Dejó... el tabernáculo de Silo.* El Señor, ofendido con su pueblo, y principalmente con los sacerdotes, que habían profanado su santo culto, entregó su arca en manos de los filisteos. Y tan cierto es que *dejó el tabernáculo de Silo,* que jamás retornó a él. Véase I S. 6:1; II S. 6; I R. 8:1; donde se hace referencia a las diversas mudanzas del arca, y que explican la parte restante de este salmo. Debido a que Dios permitió que los filisteos se apoderasen del arca, se dice en el v. 61: "Y entregó a cautiverio su poderío, y su gloria en mano del enemigo," y en el v. 67, que "desechó la tienda de José, y no escogió la tribu de Efraín"; porque Silo estaba en la tribu de Efraín, el hijo de José; y Dios no permitió que su arca retornara allí, sino que fuera a Kireat-jearim, que estaba en la tribu de Benjamín; de allí, a la casa de Obed-edom; y luego a Sion, en la tribu de Judá, según continúa en el v. 68.

64. *Sus sacerdotes cayeron a espada.* Ofni y Finees, que fueron muertos en la desgraciada batalla contra los filisteos en que fue tomada el arca del Señor (I S. 4:11).

65. *Entonces despertó el Señor.* Parecía no haber tomado en consideración para nada lo que le acontecía a su pueblo, ni la ofensa que parecía caer sobre Sí mismo y sobre su culto con la captura del arca. *Como un valiente. Kegibbor,* "como un héroe" *que grita excitado del vino.* Alguien que al salir a enfrentar al enemigo toma una buena cantidad de vino, para refrescarse y como estímulo adecuado de sus ímpetus animales, *grita* —da la señal para la pelea, impaciente por enfrentar al enemigo y asegurarse la victoria. La idea no está tomada del caso de un ebrio. Una persona en tal estado no estaría en condiciones de enfrentar a un enemigo, y tendría pocas perspectivas de vencer.

66. *Hirió a sus enemigos por detrás.* Esto se refiere a las hemorroides con que afligió a los filisteos. Véase I S. 5:6-10.

67. *Desechó la tienda de José.* V.l.e.s. el v. 60.

69. *Edificó su santuario a manera de eminencia.* El templo de Dios en Jerusalén era el único en la tierra. Y allí *estableció* su arca, para que no saliera más mientras existiera el templo. Antes de esta época estaba en frecuente migración, no sólo en el desierto, sino después, en la tierra prometida. V.l.e.s. el v. 60.

70. *Eligió a David.* Véase el relato en I S. 16:11 y sigs.

SALMO 79

El salmista se queja de la crueldad de sus enemigos y las desolaciones de Jerusalén, y ora contra ellos (1-7). Ruega el perdón y la restauración de su pueblo, y promete gratitud y obediencia (8-13).

El título, "Salmo de Asaf," debe ser entendido como referencia, o bien a una persona de ese nombre que vivió durante el cautiverio, o a la familia de Asaf, o a un conjunto de cantores que llevaba aún el nombre del Asaf que floreciera en días de David; pues con toda probabilidad se trata de un salmo compuesto durante el cautiverio, cuando la ciudad de Jerusalén yacía en ruinas, el templo estaba profanado y el pueblo estaba en cautividad. Algunos piensan que fue compuesto por Jeremías, y lo cierto es que los vrs. 6 y 7 son idénticos a Jer. 10: 25: "Derrama tu enojo sobre los pueblos que no te conocen, y sobre las naciones que no invocan tu nombre; porque se comieron a Jacob, lo devoraron, lo han consumido, y han asolado su morada."

1. *Vinieron las naciones a tu heredad.* Tú las expulsaste e introdujiste a tu pueblo; ellas nos han expulsado a nosotros y ahora toman posesión de la tierra que te pertenece. Han profanado el templo, y reducido a Jerusalén a un montón de ruinas; y han hecho una matanza general de tu pueblo.

2. *Los cuerpos de tus siervos.* Al parecer, en la destrucción de Jerusalén los caldeos no habrían enterrado los cadáveres, sino los habrían dejado para ser devorados por las aves y las bestias de presa. Esta era la más cruel inhumanidad.

4. *Somos afrentados de nuestros enemigos.* Idumeos (edomitas), filisteos, fenicios, amonitas y moabitas, todos se gloriaban en la subyugación de este pueblo; y sus insultos contra ellos iban mezclados con blasfemias contra Dios.

8. *No recuerdes contra nosotros las iniquidades de nuestros antepasados.* No nos castigues por los pecados de nuestros antepasados. *Estamos muy abatidos.* Literalmente: "Estamos muy adelgazados." Quedamos pocos.

9. *Perdona nuestros pecados.* Capper, "sé propicio" o "recibe una expiación" por nuestros pecados.

10. *¿Dónde está su Dios?* Muéstranos dónde estás, levantándote para nuestra redención y para infligir el merecido castigo a nuestros enemigos.

11. *El gemido de los presos.* Los pobres israelitas cautivos en Babilonia, que gimen y lloran por su esclavitud. *Los sentenciados a muerte.* "Hijos de muerte." O bien los que estaban condenados a muerte por causa de sus crímenes, o los condenados a ser destruidos por sus opresores. En ambos sentidos la expresión se aplica a los israelitas: eran hijos de muerte, es decir, dignos de muerte por sus pecados contra Dios; y estaban condenados a muerte o destrucción total por sus enemigos los babilonios.

12. *En su seno siete tantos.* Es decir, que reciban en este mundo lo que merecen por las crueldades que nos han infligido. Que sufran en cautiverio los que ahora nos tienen cautivos. Probablemente ésta sea una predicción.

SALMO 80

Una oración por los cautivos (1-3). Descripción de sus miserias (4-7). Israel comparado con una viña (8-14). Su estado desolado y una oración por su restauración (15-19).

Por el título, véanse los salmos 45, 60 y 69 donde está explicado todo lo material. Este salmo parece haber sido escrito en la misma ocasión que el anterior. Un antiguo manuscrito existente en la biblioteca pública de Cambridge tiene los salmos 80 y 79 como uno solo; el tema es precisamente el mismo, fue hecho en la misma ocasión y probablemente por el mismo autor.

1. *Oh Pastor de Israel.* Continúa el tema del último versículo del salmo anterior. *Que estás entre querubines.* Entre los querubines de la cubierta del arca, llamada el "asiento de la misericordia," era donde aparecía la gloria del Señor, o símbolo de la Presencia divina. *Resplandece.* Restaura tu culto y danos una evidencia de tu presencia ahora, tal como la tuvieron nuestros padres en el primer tabernáculo, y después en el templo construido por Salomón.

2. *Delante de Efraín, de Benjamín y de Manasés.* Se supone que en estas tres tribus estaban representadas la totalidad de ellas. Benjamín incorporada con Judá, Manasés abarcando el territorio al otro lado del Jordán, y Efraín todas las demás.

3. *Restáuranos.* O "conviértenos". Este salmo consta de cuatro partes, tres de las cuales terminan con esta expresión (véanse los vrs. 3, 7 y 19) y una con una expresión similar (v. 14).

5. *Les diste a comer pan de lágrimas.* No tienen paz, ni consuelo, ni nada más que continua pena. *En gran abundancia.* "Triple". Algunos piensan que ésta era una medida usada por los caldeos, cuya capacidad real se desconoce. Otros piensan que significa simplemente "abundancia" o "abundantemente".

8. *Hiciste venir una vid de Egipto.* Esta es una metáfora muy elegante y bien apoyada por doquiera. El mismo símil se usa en Is. 5:1 y sigs.; Jer. 2:21; Ez. 17:5-6; Os. 10:1; Jl. 1:7; Moisés en Dt. 32:32-33; y a menudo la emplea nuestro Señor mismo: Mt. 20:1 sigs.; 21:33 sigs.; Mr. 12:1 sigs. Y esta era la figura común para representar a la iglesia judía. Aquí podemos señalar varias analogías: (1) Esa viña fue llevada de Egipto para ser plantada en terreno mejor y más favorable. (2) Cuando el labrador ha señalado un lugar adecuado para su viña, tala y arranca todos los otros árboles; recoge las piedras, malezas, etc. Así arrojó Dios a las naciones paganas de la tierra de Canaán, para que pudiera establecerse su culto puro, y que no quedara ninguna incitación a la idolatría.

9. *Limpiaste sitio delante de ella.* (3) Una vez limpio el terreno, las vides son colocadas en la tierra a distancias apropiadas. Así cuando Dios desalojó a los paganos, hizo dividir la tierra por sorteo entre las diferentes tribus, y luego entre las diferentes familias que las componían. *E hiciste arraigar sus raíces.* (4) Abrigando, apuntalando y aflojando el terreno alrededor de las plantas tiernas, se logra que arraiguen profundamente en la tierra. Así hizo Dios, mediante especiales manifestaciones de su bondadosa providencia, sosteniendo y protegiendo a los israelitas en Canaán. *Llenó la tierra.* (5) Para multiplicar las vides, el hortelano corta un brote de la planta vieja y lo planta en terreno adecuado. Así Dios, tan cuidadosa, tierna y abundantemente bendijo a los israelitas, que éstos cre-

cieron y se multiplicaron; y con el correr del tiempo, llenaron toda la tierra de Canaán.

10. *Los montes fueron cubiertos.* (6) La viña, cultivada cuidadosamente en suelo adecuado, puede cobrar gran extensión. En la tierra de Judea formaba emparrados bajo los cuales la gente no sólo buscaba abrigo y frescor en tiempos de grandes calores, sino que se dice que aun comían, bebían y vivían al abrigo de su parras. Véase I R. 4:25; Mi. 4:4; I Mac. 14:12.

11. *Extendió sus vástagos hasta el mar, y hasta el río sus renuevos.* El imperio israelita se extendió desde el río Eufrates, al este, hasta el Mar Mediterráneo al oeste.

12. *¿Por qué aportillaste sus vallados?* (7) Cuando se planta una viña, se la cerca para evitar que sea pisoteada. Así protegió Dios a Jerusalén y su templo con brazo poderoso; y ninguno de sus enemigos pudo molestarla mientras gozaron de esa protección. El estar ahora arruinada era prueba de que había sido retirada esa protección.

13. *El puerco montés.* Nabucodonosor, rey de Babilonia, que era un soberano feroz y cruel.

14. *Oh Dios de los ejércitos, vuelve ahora.* Tú nos has abandonado y por consiguiente nuestros enemigos nos tienen en cautividad. Vuelve a nosotros y seremos nuevamente restaurados.

15. *La planta que plantó tu diestra.* Tu culto puro y santo, que tu Omnipotencia había establecido en esta ciudad. *Y el renuevo que para ti afirmaste.* El original es *veal ben*, "y sobre el Hijo que para ti afirmaste". Muchos han pensado que se hace referencia al Señor Jesús.

17. *El varón de tu diestra.* La única persona de quien se puede decir que está a la diestra de Dios como intercesor, es Jesús el Mesías. Que sea El nuestro libertador.

18. *Así no nos apartaremos de ti.* No volveremos a ser *idólatras:* y todos reconocen que los judíos no volvieron a hacerse culpables de idolatría después del retorno de la cautividad babilónica. *Vida nos darás,* porque estamos como muertos.

19. *Oh Jehová, Dios de los ejércitos.* Tú que tienes todo poder en el cielo y en la tierra, estando a tus órdenes las innumerables huestes de ambos mundos. *Restáuranos.* Redímenos de este cautiverio. *Haz resplandecer tu rostro.* Haznos saber que te has reconciliado con nosotros. Sonríe a tus pobres rebeldes, cansados de sus pecados y postrados a tus pies implorando misericordia. *Y seremos salvos.* Del poder y la opresión de los caldeos, de la culpa y la condenación de nuestros pecados, y de tu ira y tu desagrado eterno.

SALMO 81

Una exhortación al pueblo a alabar a Dios por sus beneficios (1-7); y a atender a lo que El ha ordenado (8-10); lamento por su desobediencia (11); las miserias que les sobrevinieron por sus transgresiones (12-16).

El título es el mismo del salmo (13); véase allí. Hay varias opiniones en cuanto a la ocasión y la fecha de este salmo; pero se acepta generalmente que fue escrito para la Fiesta de las Trompetas o se usaba en ella (Lv. 23:24) que se celebraba el día primero del mes Tisri, que era el comienzo del año judío; y en ese día es usado todavía en el culto judío. Puede haber sido usado en la celebración de dicha fiesta, en la Fiesta de los Tabernáculos, el quince del mismo mes de Tisri, la creación del mundo, las fiestas de la luna nueva, o la liberación de los israelitas de Egipto, circunstancias a todas las cuales parece referirse.

1. *Cantad con gozo a Dios, fortaleza nuestra.* Aquí hay mucho significado: como nuestra fortaleza es Dios, conságrese esa fortaleza a su servicio; por consiguiente, ¡cantad con gozo! Esto está dirigido principalmente a los sacerdotes y levitas.

2. *Entonad canción* (el salmo, V. M.) *Zimrah.* Más bien pienso que este era el nombre de un instrumento musical. *Tañed el pandero. Toph;* algún tipo de tambor o tamboril. *El arpa deliciosa. Kinnor.* Un instrumento de cuerdas. *Y el salterio. Nebel.* La cítara.

3. *Tocad la trompeta. Shophar,* una especie de cuerno. En todo caso, un instrumento de viento, así como los dos últimos eran de cuerdas. La fiesta de la *luna nueva* siempre era proclamada al son de trompeta. Por falta de conocimientos astronómicos, los judíos se veían en dificultades para conocer el verdadero tiempo de la luna nueva. Generalmente enviaban a alguien a la cumbre de una colina o una montaña, alrededor del tiempo en que debía aparecer la luna nueva. El primero que la veía debía dar aviso inmediatamente al Sanhedrín; éste interrogaba minuciosamente al mensajero acerca de su credibilidad, y si su información concordaba con sus cálculos. Si todo era hallado satisfactorio, el presidente proclamaba la luna nueva gritando ¡mikkodesh! : "Está consagrado." Esta expresión era repetida dos veces en voz alta por el pueblo; y luego era proclamada por todas partes al son de los cuernos, o lo que se llama aquí trompetas.

4. *Estatuto es de Israel.* Véase el estatuto, Nm. 10:10 y Lv. 23:24.

5. *Oí lenguaje que no entendía.* Todas las versiones, excepto la Caldea, llevan el pronombre en tercera persona, en lugar de la primera. "Oyó lenguaje que no entendió."

7. *En la calamidad clamaste.* Habían clamado por causa de sus cargas y de la crueldad de sus capataces; y Dios oyó ese clamor

y los libertó. Véase Ex. 3:7 y sigs. *En lo
secreto del trueno.* En el Monte Sinaí, donde
se oyó a Dios pero no se le vio. *Junto a las
aguas de Meriba.* Véase este episodio (Ex.
17:1 y sigs.).

8. *Oye, pueblo mío.* Estas son casi las
mismas palabras pronunciadas al dar la ley
(Ex. 20:2).

11. *Israel no me quiso a mí.* No me quisieron por su Dios.

12. *A la dureza de su corazón.* A la obstinada impiedad de su corazón.

13. *¡Oh, si me hubiera oído mi pueblo, si
en mis caminos hubiera andado Israel!* Nada
puede ser más quejumbroso que el original;
el sentido y el sonido van unidos sorprendentemente.

15. *Y el tiempo de ellos sería para siempre.* Esto es, su prosperidad no hubiera tenido fin.

16. *Con lo mejor del trigo.* Literalmente,
"con lo gordo del trigo".

SALMO 82

Una advertencia a los jueces corrompidos (1, 2);
una exhortación a que otorguen justicia sin hacer
acepción de personas (3-5); se los amenaza con el
juicio del Señor (6-8).

Este salmo, que en el título es atribuido a
Asaf, fue compuesto probablemente en el
tiempo en que Josafat reformó los tribunales
de justicia en todos sus dominios; véase
II Cr. 19:6-7, donde él usa casi las mismas
palabras que en el comienzo de este salmo.

1. *Dios está en la reunión de los dioses.* El hebreo debiera traducirse (como en la
V. Moderna) "Dios está presente en la congregación de Dios".

2. *Aceptaréis las personas de los impíos.*
"Levantáis sus rostros," los estimuláis en sus
opresiones.

3. *Defended al débil.* Vosotros sois sus
protectores naturales bajo Dios.

5. *No saben.* Los jueces no están familiarizados con la ley de Dios, sobre la cual debieran fundarse todas sus decisiones. *No entienden.* Son ignorantes y no quieren ser instruidos. *Todos los cimientos de la tierra.* "Todas
las instituciones civiles de la tierra se tamba-
lean."

6. *Vosotros sois dioses.* O, con el prefijo
de *ke*, la partícula de similitud, *keelohim,*
"como Dios".

7. *Pero como hombres moriréis. Keadam,*
"moriréis como Adán," quien cayó de su
elevada perfección y dignidad como lo habéis
hecho vosotros.

8. *Levántate, oh Dios, juzga la tierra.* La
justicia está pervertida en la tierra: toma el
cetro y gobierna Tú mismo. *Porque tú here-*

darás todas las naciones. ¿No contiene este
último versículo una profecía de nuestro Señor, el llamado de los gentiles y la prevalencia del cristianismo sobre toda la tierra?
Así entendieron el pasaje varios de los padres.

SALMO 83

El salmista pide a Dios urgente ayuda contra la
multitud de enemigos confederados que se habían
levantado contra Judá (1-5). Los menciona por
nombre (6-8); señala cómo habían de ser castigados
(9-17); y que ello debía hacerse para la gloria de
Dios (18).

El título: "Cántico. Salmo de Asaf," no
tiene nada de particular. Entre la multitud
de conjeturas relativas a la época y ocasión
de este salmo, la más probable es la que se
refiere a la confederación contra Josafat, rey
de Judá, mencionada en II Cr. 20.

1. *No guardes silencio.* Una fuerte apelación a Dios tan pronto fue descubierta la
confederación.

2. *Rugen tus enemigos.* No son meramente los enemigos de tu pueblo, sino tus enemigos, enemigos de tu culto, tus ordenanzas y
tus leyes. *Alzan cabeza.* Han hecho irrupción
en la tierra de Judea, y acampado en En-
gadi, junto al Mar Muerto (II Cr. 20:1-2).

4. *Destruyámoslos.* Exterminemos a toda
la raza, para que no haya memoria de ellos
sobre la faz de la tierra. Y su plan estaba
bien trazado: ocho o diez naciones se unieron en firme alianza para hacerlo; y habían
guardado su propósito tan en secreto que el
rey de Judá parece no haber oído de él hasta
que su territorio fue invadido y los diferentes cuerpos de la coalición se reunieron en
En-gadi. Nunca antes había estado Judá en
tan grave peligro.

5. *Contra ti han hecho alianza.* "Han hecho un pacto," *berith yachrithu,* "han cortado el sacrificio del pacto". Han muerto un
animal, lo han dividido en dos, y han pasado
entre los pedazos de la víctima; así se han
juramentado a cumplir su propósito.

6. *Agarenos.* Estas gentes habitaban al este de Galaad; y fueron casi destruidos en los
días de Saúl, siendo totalmente expulsados
de su país (I Cr. 5:10), pero luego recobra-
ron su fuerza y consecuencia; aunque no se
sabe dónde habitaron después de su expulsión.

7. *Gebal.* Los *giblitas,* que eran probablemente las personas aquí mencionadas, eran
una tribu de los antiguos habitantes de la
tierra de Canaán, y se los menciona como no
subyugados cuando murió Josué (Jos. 13:
5). Se los llama albañiles o giblitas (I R. 5:
18), y fueron de considerable ayuda para
Hiram, rey de Tiro, en la preparación de la
madera y las piedras para la construcción del

templo. Parecen haber sido prominentes en los días de Ezequiel, quien los menciona como "los ancianos de Gebal y sus más hábiles obreros," que eran constructores de barcos (Ez. 27:9). *Amón* y *Moab* eran los descendientes de los hijos de Lot. Su mal origen es suficientemente conocido. Véase Gn. 19:30 y sigs. *Amalec.* Los amalecitas son bien conocidos como los antiguos e inveterados enemigos de los israelitas. Eran vecinos de los edomitas o idumeos. Los *filisteos.* Estos eran tributarios de Josafat (II Cr. 17:11); pero parece que aprovecharon la ocasión para unirse a la gran confederación contra él. *Los habitantes de Tiro.* Estos probablemente se unirían a la confederación con la esperanza de hacer conquistas y extender su territorio en la tierra firme.

8. *También el asirio se ha juntado.* Los amonitas tal vez consiguieran a estos auxiliares de más allá del Eufrates, contra Josafat, como los habían conseguido antes contra David. Véase II S. 10:16. *Sirven de brazo a los hijos de Lot.* Los amonitas, que parecen haber sido los principales instigadores de esta guerra.

9. *Hazles como a Madián.* Que fueron totalmente derrotados por Gedeón (Jue. 7:21-22). *Como a Sísara.* Capitán del ejército de Jabín, rey de Canaán, que fue totalmente derrotado por Débora y Barac cerca del monte Tabor, junto al río Cisón, y después de haber huido de la batalla fue asesinado por Jael, mujer de Heber ceneo. Véase Jue. 4:15 y sigs.

10. *Perecieron en Endor.* Esto se refiere a la derrota que Gedeón infligió a los madianitas acampados en el valle de Jezreel, al pie del monte Gilboa y cerca de Tabor (Jue. 6:33; 7:1), y por consiguiente en las cercanías de Endor.

11. *Pon a sus capitanes como a Oreb y a Zeeb.* Estos eran los dos jefes de los madianitas, que fueron muertos en la persecución de éstos por los hombres de Efraín, y sus cabezas llevadas a Gedeón al otro lado del Jordán (Jue. 7:24-25). *Como a Zeba y Zalmuna a todos sus príncipes.* Estos eran reyes de Madián que acamparon en Carcor con quince mil hombres, a quienes Gedeón atacó y derrotó allí, tomando prisioneros a los reyes; luego, descubriendo que sus hermanos habían muerto a manos de ellos, los mató a ambos. Véase Jue. 8:10-21.

12. *Heredemos para nosotros las moradas de Dios.* Casi las mismas palabras que pronunció Josafat cuando los confederados iban a atacarlo. Véase II Cr. 20:11.

15. *Persíguelos así.* En éste y los dos versículos siguientes hallamos algunas tremendas execraciones; todo lo cual parece responder a la antigua costumbre de "lanzar execraciones contra el enemigo antes de la batalla". Remitimos al lector al caso de Balaam, contratado por el rey de Moab para maldecir a Israel antes de atacarlo. Véase Nm. 22.

16. *Y busquei. tu nombre.* Sean confundidos en todos sus intentos contra Israel; y vean tan manifiestamente que Tú lo has hecho, que invoquen tu nombre y se conviertan a ti.

17. *Perezcan.* Es decir, en sus presentes intentos. Algunos han objetado las execraciones de este salmo, sin considerarlo debidamente. Ninguna de estas execraciones se refiere a sus almas ni a su estado eterno, sino meramente al fracaso de sus presentes intentonas.

18. *Y conozcan.* Que reconozcan y se conviertan a ti. Aquí no hay malicia; solamente defensa propia.

SALMO 84

El salmista ansía la comunión con Dios en el santuario (1-3). La bienaventuranza de aquellos que disfrutan las ordenanzas de Dios (4-7). Con confianza en Dios, ruega por la restauración de su casa y su culto (8-12).

El título es el mismo del salmo 81, sólo que aquél era para Asaf y éste es para los hijos de Coré. Esta persona fue uno de los jefes de la rebelión contra Moisés y Aarón. Fueron tres: Coré, Datán y Abiram los que se rebelaron; y la tierra se abrió y los tragó a ellos y a sus partidarios (Nm. 16). Los hijos de Datán y Abiram perecieron con sus padres; pero por una especial dispensación de la providencia los hijos de Coré se salvaron. Véase Nm. 26:11. La familia de Coré subsistió en Israel, y según I Cr. 26:1-19 parece que continuaron empleados en el templo, como porteros o guardas de las puertas. Eran también cantores en el templo; véase II Cr. 20:19 (estando emparentados con los hijos de Asaf, II Cr. 26:1). Tal vez este salmo le fuera enviado para que lo cantaran, o quizás uno de ellos fuera el autor.

1. *¡Cuán amables son tus moradas!* En este nombre en plural parecieran estar incluidos todos los lugares en que se realizaban actos de culto divino, en el templo o cerca de él.

2. *Anhela mi alma.* El que habla es un levita que desea ardientemente recuperar su lugar en el templo y su parte en los servicios sagrados.

3. *Aun el gorrión halla casa.* No es muy probable que se permitiera que gorriones, golondrinas o cualquier otra ave anidara y empollara sus pichones en o alrededor de altares que eran mantenidos en un estado de la mayor pureza, y donde ardían fuegos perpetuos para ofrecer sacrificios, quemar incienso, etc. Sin alterar el texto, el absurdo desaparece y el sentido es bueno leyendo la cláusula entre paréntesis: "Mi corazón y mi

carne cantan al Dios vivo (aun el gorrión
halla casa y la golondrina nido para sí, donde ponga sus polluelos) cerca de tus altares,
oh Jehová de los ejércitos." O léase el paréntesis al final: "Mi corazón y mi carne cantan
al Dios vivo cerca de (por) tus altares, oh
Jehová de los ejércitos. Aun el gorrión halla
casa y la golondrina nido para sí donde ponga sus polluelos," pero yo no tengo un lugar
propio, ni de descanso ni para el culto.

4. *Bienaventurados los que habitan en tu
casa.* Los que tienen una habitación tan permanente en tu templo como el gorrión o la
golondrina la tienen donde han construido su
nido.

6. *Lo cambian en fuente, cuando la lluvia
llena los estanques.* El hebreo puede ser traducido de distintas maneras, y todas las versiones lo han entendido en forma diferente.
"Sí, el instructor está cubierto, o revestido
de bendiciones."

7. *Irán de poder en poder.* Progresan de
un grado de gracia a otro, ganando la divina
virtud a través de todos los pasos de su
prueba. *Verán a Dios en Sion.* Dios se les
aparecerá, en la medida en que lo busquen; a
consecuencia de lo cual crecerán en fuerza
espiritual.

11. *Porque sol y escudo es Jehová Dios.*
Para iluminar, vigorizar y calentar; para proteger y defender a aquellos que le prefieren a
El y su culto a todo lo que la tierra pueda
producir. Es notable que ninguna de las versiones traduce *shemesh* por *sol,* como nosotros lo hacemos. Generalmente concuerdan
en la siguiente traducción: "Porque el Señor
ama la misericordia y la verdad, y El dará
gracia y gloria." La Caldea dice: "El Señor es
como un alto muro y un fuerte escudo;
gracia y gloria dará el Señor, y no privará de
bienaventuranza a aquellos que anden en perfección."

SALMO 85

Acción de gracias a Dios por la restauración del
divino favor (1-3); ruego de nuevas misericordias
(4-7); el salmista aguarda una respuesta favorable
plenamente confiado en recibirla (8). Recibe la
seguridad de las mayores bendiciones, y exulta ante
la perspectiva (9-13).

El título de este salmo ya se ha visto antes
(Sal. 42). En cuanto a la época, parece haber sido escrito durante, o aun después, del
retorno de la cautividad de Babilonia. En los
tres primeros versículos, el salmista reconoce
la bondad de Dios al traer de vuelta al pueblo a su tierra; luego ruega a Dios que les
restaure su antigua prosperidad. En espíritu
de profecía, espera en Dios y oye su promesa de hacerlo; y exulta ante la perspectiva
de tamaño bien. Todo el salmo parece también tener alguna referencia a la redención
del mundo por Jesucristo.

1. *Fuiste propicio a tu tierra, oh Jehová.* Literalmente: "Te mostraste contento
con tu tierra." *Volviste la cautividad de
Jacob.* Esto pareciera fijar la fecha del salmo,
después del retorno de los judíos de Babilonia.

2. *Perdonaste la iniquidad.* "Llevaste la
iniquidad." Una alusión a la ceremonia del
chivo emisario.

3. *Reprimiste todo tu enojo.* "Juntaste todo tu enojo." Esto continúa la metáfora del
versículo anterior: "Juntaste todo tu enojo y
lo llevaste con nuestras iniquidades."

8. *Escucharé lo que hablará Jehová Dios.*
El salmista va como un profeta, a consultar
al Señor; y habiendo presentado su petición,
aguarda una respuesta del espíritu de profecía. Está seguro de que la respuesta será
favorable, y habiéndola recibido la comunica
al pueblo. *Porque hablará paz.* Dará prosperidad al pueblo en general, *y a sus santos,*
sus seguidores, en particular. *Para* (pero,
V.M.) *que no se vuelvan a la locura.* No
abusen de la misericordia de Dios volviendo
a pecar contra El.

10. *La misericordia y la verdad se encontraron.* ¿Dónde se encontraron? En Cristo
Jesús. ¿Cuándo se reconciliaron? Cuando El
derramó su vida en el Calvario.

11. *La verdad brotará de la tierra.* Como
consecuencia de esta maravillosa reconciliación, la verdad de Dios prevalecerá entre los
hombres. Sus semillas serán sembradas abundantemente por la predicación de Cristo y
sus apóstoles, para que la religión verdadera
se difunda por el mundo.

13. *La justicia irá delante de él.* Tal vez
este versículo pueda recibir su mejor solución de Ro. 3:25: "A quien Dios puso como
propiciación por medio de la fe en su sangre,
para manifestar su justicia, a causa de haber
pasado por alto, en su paciencia, los pecados pasados." El apóstol emplea este término
para señalar el método de Dios para justificar
o salvar a la humanidad. Y en la predicación
del puro evangelio siempre ha de ir delante
esto: señalar al Señor Jesús y la redención
que hay en su sangre.

SALMO 86

El salmista ruega a Dios su sostén, convencido de
que es misericordioso, bueno, pronto para perdonar,
y que no hay otro como El (1-8); todas las naciones
se inclinarán delante de El por sus obras maravillosas
(9, 10); ruega ser instruido, y promete alabar a Dios
por su gran misericordia (11-13); describe a sus enemigos y apela a Dios (14-16); pide a Dios una señal,
para que sus enemigos sean confundidos (17).

El título atribuye este salmo a David, en
lo cual concuerdan todas las versiones; pero
en su estructura es igual a los atribuidos a
los hijos de Coré; y probablemente haya sido

escrito durante el cautiverio. Es una oración muy adecuada para una persona agobiada por la aflicción, la persecución o la calumnia.

1. *Inclina, oh Jehová, tu oído.* Hablando como los hombres: yo soy tan bajo y tan débil que, a no ser que te inclines a mí, no podrás oírme.

2. *Porque soy piadoso. Ki chasid ani,* "porque soy misericordioso".

5. *Porque tú, Señor, eres bueno.* Fundo mis esperanzas de ayuda en tu bondad, por medio de la cual estás siempre pronto a perdonar. Y las fundo también en tu bien conocido carácter, del cual dan testimonio todos tus seguidores, a saber, que eres "grande en misericordia para con todos los que te invocan".

10. *Porque tú eres grande.* Todopoderoso, infinito, eterno. *Y hacedor de maravillas.* Esto parece una profecía del llamamiento de los gentiles a la fe de Cristo, y la evidencia de su divina misión que darían los milagros que él obraría. *Sólo tú eres Dios.* Sept.: "Tú eres el único, el gran Dios."

11. *Enséñame . . . tu camino.* Instrúyeme en los pasos que debo dar; porque sin tu enseñanza me desviaré. *Afirma mi corazón. Yached lebabi,* "une" todos los propósitos, resoluciones y afectos de mi corazón "juntos", para temer y glorificar tu nombre. Esta es una importantísima oración.

12. *Te alabaré . . . con todo mi corazón.* Cuando mi corazón esté "unido" para temer tu nombre, entonces te alabaré con todo mi corazón.

14. *Conspiración de violentos.* "La congregación de los terribles."

SALMO 87

La naturaleza y los gloriosos privilegios de Sion y Jerusalén (1-3). Ninguna otra ciudad es comparable a ésta (4). El privilegio de haber nacido en ella (5, 6). Sus alabanzas celebradas (7).

El título: "A los hijos de Coré. Salmo. Cántico," no arroja ninguna luz sobre el autor o el significado de este salmo. Empieza y termina tan abruptamente, que muchos han pensado que sea sólo un fragmento de un salmo más largo. Esta opinión es muy plausible. Aquellos que suponen que fue escrito cuando Jerusalén fue reedificada y fortificada, imaginan que debió ser una exclamación del autor al contemplar su belleza y considerar sus privilegios. Si se admite esta opinión, explicaría la aparente brusquedad del comienzo y el final.

1. *Su cimiento está en el monte santo.* Jerusalén estaba asentada sobre las montañas o colinas de Sion y Moria.

4. *Me acordaré de Rahab.* El significado podría ser: *Rahab,* es decir, "Egipto, Babilonia, Tiro, Filistía y Etiopía" no son tan honorables como Jerusalén.

5. *Este y aquél han nacido en ella.* Será un honor para cualquier persona haber nacido en Sion. ¡Pero cuán grande es el honor de haber nacido de lo alto y ser ciudadano de la Jerusalén que procede de arriba!

6. *Jehová contará al inscribir a los pueblos.* "En el registro del pueblo." Cuando tome nota de los que habitan en Jerusalén, tomará nota especialmente de aquellos nacidos en Sion. Esto tiene un fácil sentido espiritual. Cuando Dios tome en cuenta a todos los que profesan ser cristianos, apartará para habitantes de la Nueva Jerusalén a los que nacieron en Sion, los nacidos de nuevo, que han recibido una nueva naturaleza y están capacitados para el cielo.

7. *Y cantores.* Tal vez esto signifique simplemente que el tema de todos los cantores y coristas será: "Todas mis fuentes (mis antepasados) están en ti," y por consiguiente tienen derecho a todos tus privilegios e inmunidades.

SALMO 88

La ardiente oración de una persona profundamente perturbada, abandonada por sus amigos y vecinos, y aparentemente olvidada por Dios (1-8).

Tal vez el complicado título de este salmo podría ser traducido: "Poema para ser cantado al conquistador por los hijos de Coré, antifonalmente, en nombre de una persona afligida; para dar instrucción a Hemán el ezraíta." Hemán y Etán, cuyos nombres se anteponen separadamente a este salmo y el siguiente, son mencionados como nietos de Judá por su nuera Tamar (I Cr. 2:6). Si éstos son las mismas personas mencionadas en I R. 4:31, eran notables por su sabiduría; pues allí se dice que "era mayor la sabiduría de Salomón que la de todos los orientales, y que toda la sabiduría de los egipcios. Aun fue más sabio que todos los hombres, más que Etán ezraíta, y que Hemán, Calcol y Darda, hijos de Mahol" (vrs. 30-31).

5. *Abandonado entre los muertos.* Pienso que significa más bien "despojado entre los muertos". Tanto el v. 4 como 5 parecen aludir a un campo de batalla: los muertos y los heridos se encuentran dispersos sobre la llanura; los saqueadores andan entre ellos, y despojan no sólo a los muertos, sino también a los que parecen mortalmente heridos y que no pueden curarse, y están tan débiles que no pueden resistirse.

Que fueron arrebatados de tu mano. Una alusión a la lista que tiene el general, con los nombres de todos los que componen su ejército, bajo sus respectivos oficiales. Cuando alguien es muerto, es borrado de ese registro, y no se le recuerda más como perteneciente al ejército.

8. *Me has puesto por abominación.* Se ha supuesto que este versículo expresa el estado de un leproso que, debido a la naturaleza contagiosa de su enfermedad, es separado de su familia, es repugnante para todos, y al fin es encerrado en una casa separada, de la cual no sale para mezclarse con la sociedad.

10. *¿Manifestarás tus maravillas a los muertos?* Methim, "hombres muertos". *¿Se levantarán los muertos —Rephaim,* "espíritus que han partido" *—para alabarte?* ¿Alguna vez en esta vida? Los interrogantes en este versículo y los dos siguientes implican las más rotundas negaciones.

11. *Tu verdad en el Abadón* (en el lugar de destrucción, V.M.). La verdad o fidelidad en Dios se refiere tanto al cumplimiento de sus amenazas como al de sus promesas.

12. *La tierra del olvido.* El lugar de los espíritus separados, o el mundo invisible.

13. *De mañana mi oración se presentará delante de ti.* No esperaré hasta la hora acostumbrada para ofrecer mi sacrificio matinal; me presentaré delante de ti mucho antes que los demás lleguen a ofrecer sus devociones.

18. *Al amigo y al compañero.* No tengo consuelo, ni amigo ni vecino que simpatice conmigo. *Mis conocidos... en tinieblas.* "Las tinieblas son mi compañía."

SALMO 89

El salmista muestra la gran misericordia de Dios hacia la casa de David, y las promesas que le ha dado de apoyo y perpetuidad (1-37); se lamenta de que, a pesar de esas promesas, el reino de Judá ha sido derribado y la familia real está casi arruinada (38-45); y ruega ardientemente por su restauración (46-52).

Es muy probable que este salmo fuera compuesto durante el cautiverio. Sobre Etán y Hemán ya hemos visto algo en la introducción al salmo anterior. El título probablemente debiera traducirse: "Para dar instrucción a Etán el ezraíta."

Se divide este salmo en dos grandes secciones: la primera, desde el v. 1 al 37, en la cual el salmista muestra la misericordia de Dios hacia la casa de David, y las promesas que El le ha hecho de apoyo y perpetuidad. La segunda parte empieza con el v. 38, y va hasta el final del salmo. En ella el autor se queja de que, a pesar de esas promesas, el reino de Judá está derrocado y la familia real arruinada, y pide al Señor que recuerde su pacto con esa familia y la restaure del cautiverio.

4. *Para siempre confirmaré tu descendencia, y edificaré tu trono por todas las generaciones.* Y este pacto tenía en vista, indiscutiblemente, a Jesucristo. Esta es la descendencia, o posteridad, que se sentaría en el trono y reinaría por siempre jamás. David y su familia se han extinguido tiempo ha; ninguno de su raza se ha sentado en el trono judío por más de dos mil años: pero el Cristo ha reinado invariablemente desde esa época, y reinará hasta que ponga a todos sus enemigos debajo de sus pies.

6. *Porque ¿quién en los cielos?* Shachak significa las regiones etéreas, todo el espacio visible o ilimitado; el universo. ¿Quién es como Jesús? Aun en su *naturaleza humana* nadie es comparable a él *entre los hijos de los potentados.* El expía el pecado del mundo, y salva hasta lo sumo a todos los que acuden a Dios por medio de El.

7. *Dios temible.* En toda asamblea religiosa debiera descansar sobre la gente la más profunda reverencia por Dios. Donde no es así, no hay verdadera adoración.

8. *Tu fidelidad te rodea.* Tú tienes todavía en vista tus promesas.

10. *Tú quebrantaste a Rahab.* Has destruido el poder de Egipto, habiendo derrotado al rey y a su pueblo cuando trataron de evitar que tu pueblo reconquistara la libertad. *Como a herido de muerte.* En el original toda la cláusula dice: "Tú, como un héroe, has quebrantado a Egipto."

12. *El norte y el sur.* Generalmente se supone que estos cuatro términos significan los cuatro puntos cardinales. *Tabor,* una montaña de Galilea, estaba al oeste del monte *Hermón,* que estaba al otro lado del Jordán, al este de sus fuentes.

14. *Justicia y juicio son el cimiento de tu trono.* El trono —el gobierno de Dios, está fundado sobre la justicia y el juicio. *Misericordia y verdad van delante de tu rostro.* Estos serán los heraldos que anunciarán la venida del Juez. Su *verdad* lo obliga a cumplir todas sus declaraciones; y su *misericordia* se mostrará a todos aquellos que hayan acudido por refugio a la esperanza que se les presenta en el evangelio.

15. *Bienaventurado el pueblo.* "Cuán bienaventurado el pueblo que sabe aclamarte; andará vigorosamente a la luz de tu rostro."

16. *En tu nombre se alegrará.* O: "exultará grandemente."

20. *Hallé a David mi siervo.* Esta es la suma de lo que Dios había dicho en visiones proféticas a sus santos Samuel, Natán y Gad. Aquí el salmista empieza a razonar con Dios acerca de David, su posteridad, y la perpetuidad de su reino, que ahora parece haber fracasado totalmente, ya que el trono ha sido derrocado y todo el pueblo llevado en cautiverio. Pero todas estas cosas pueden tener referencia a Cristo y su reino; porque es seguro que David era un tipo del Mesías.

22. *No lo sorprenderá el enemigo.* Ninguno de sus enemigos podrá prevalecer contra él. Es digno de notarse que David nunca fue derrotado; finalmente venció a cuantos enemigos se levantaron contra él.

25. *Asimismo pondré su mano sobre el mar.* Esto se cumplió literalmente en David. *Mano* significa poder o autoridad; él puso su mano en el mar al vencer a los filisteos, extendiendo su imperio a lo largo de la costa del Mar Mediterráneo. Puede decirse que todas las costas del Mar Rojo, el golfo Pérsico y el Mar de Arabia estaban bajo su gobierno, pues todos ellos pagaron tributo, si no a él, a su hijo Salomón.

27. *Le pondré por primogénito.* Lo trataré como un padre a su hijo primogénito, al cual corresponde una doble porción de sus bienes y honores. *Primogénito* no siempre se ha de entender literalmente en la Escritura. A menudo sólo significa un hijo bienamado o preferido sobre los demás y distinguido por alguna prerrogativa eminente. Así Dios llama a Israel su hijo, su primogénito (Ex. 4:22).

29. *Pondré su descendencia para siempre.* Esto sólo puede aplicarse al David espiritual.

34. *No olvidaré mi pacto.* Mi determinación de establecer un reino espiritual, cuyo jefe será Jesús, el hijo de David, no fallará.

36. *Su trono como el sol.* ¡Espléndido y glorioso! Dispensador de luz, calor, vida y salvación para toda la humanidad.

38. *Más tú desechaste.* Hasta aquí el salmista ha hablado del pacto de Dios con David y su familia, que llevaba a esperar toda clase de prosperidad, y la perpetuación del trono judío; ahora señala lo que le parece una falta a la promesa, y lo que llama en el versículo siguiente "romper el pacto" de su siervo. Dios no puede mentirle a David; ¿cómo es, pues, que su corona ha sido profanada y arrojada por tierra, que el país está en poder de extranjeros y las doce tribus en la más desgraciada y opresiva cautividad?

40. *Aportillaste todos sus vallados.* Permitiste que la tierra fuera despojada de toda defensa; no queda ni un solo baluarte en manos de tu pueblo.

41. *Lo saquean todos los que pasan por el camino.* La tierra está en la condición de una viña cuya cerca está derruida, de modo que todos los que pasan arrancan las uvas, y destrozan las vides. Los caldeos y los asirios comenzaron el saqueo, y los samaritanos por un lado y los idumeos por otro, lo han completado.

52. *Bendito sea Jehová para siempre.* Trátenos como quiera, su nombre merece eterna alabanza: nuestra aflicción, aunque grande, es menor de lo que merecíamos. Con este versículo termina el tercer libro del Salterio, y pienso que ha sido agregado por una mano posterior, a fin de hacer esta distinción, pues todas las Biblias masoréticas tienen algo por el estilo al final de cada libro.

SALMO 90

La eternidad de Dios (1, 2); la fragilidad de la condición del hombre (3-9); los límites generales de la vida humana (10); el peligro de desagradar a Dios (11); la necesidad de considerar la brevedad de la vida, y de recuperar el favor del Altísimo (12); ardiente oración por la restauración de Israel (13-17).

El título de este salmo es: "Oración de Moisés, varón de Dios." La versión Caldea dice: "Oración que Moisés el profeta del Señor pronunció. cuando el pueblo de Israel pecó en el desierto." Todas las versiones lo atribuyen a Moisés; pero es evidente que no puede ser de Moisés el legislador, pues en sus días la edad del hombre no era de setenta u ochenta años como aquí se establece como límite casi universal, ya que Josué vivió ciento diez años, y el propio Moisés ciento veinte. Por consiguiente, el salmo no puede referirse a época tan antigua.

3. *Vuelves al hombre hasta ser quebrantado.* Literalmente: "Volverás al hombre moribundo, *enosh*, al polvo, pero dirás: Volveos, hijos de Adán." Esta parece ser una promesa clara y firme de la resurrección del cuerpo humano, después que ha dormido largo tiempo mezclado con el polvo de la tierra.

4. *Porque mil años delante de tus ojos.* Como si dijera: Aunque de aquí a la resurrección del cuerpo puedan pasar mil (o cualquier número indefinido de) años, cuando hayan pasado, serán *como el día de ayer,* o *como una de las vigilias de la noche.*

5. *Los arrebatas como con torrentes de aguas.* En general, la vida se representa como una corriente; la juventud, como la mañana; la ancianidad, como la tarde; la muerte, como el sueño; y la resurrección como el retorno de las flores en la primavera. Todas estas imágenes aparecen en estos curiosos y notables versículos 3, 4, 5 y 6.

8. *Pusiste nuestras maldades delante de ti.* Cada una de nuestras transgresiones está colocada delante de ti, anotada en tu terrible registro.

9. *Acabamos nuestros años como un pensamiento.* "Consumimos nuestros años como un gruñido."

10. *Setenta años.* Este salmo no pudo haber sido escrito por Moisés, porque el término de la vida humana en sus días era mucho más extenso que el máximo de ochenta años.

12. *Enséñanos de tal modo a contar nuestros días.* Que consideremos profundamente la fragilidad, brevedad e incertidumbre de la vida, para que podamos vivir por la eternidad, relacionados contigo y en paz; que muramos en tu favor, y vivamos y reinemos contigo eternamente.

13. *Vuélvete, oh Jehová; ¿hasta cuándo? ¿Estarás enfadado con nosotros para siempre? Y aplácate.* "Consuélate," regocí-

jate por los que hacen el bien. Glorifícate más bien en nuestra salvación que en nuestra destrucción.

15. *Alégranos conforme a los días.* Tenga tu pueblo tantos años de prosperidad como tuvo de adversidad. Ya hemos sufrido setenta años de una cautividad deprimente.

17. *Sea la luz de Jehová.* Tengamos tu presencia, bendición y aprobación como las tuvieron nuestros padres. *La obra de nuestras manos confirma.* Como ya hemos visto, esto se supone está relacionado con la reconstrucción del templo, que los paganos y los samaritanos querían dificultar.

14. *Por cuanto en mí ha puesto su amor.* Aquí se presenta al Altísimo confirmando la palabra de su siervo. El ha fijado su amor, su corazón y su alma, en mí. *Le pondré en alto.* Lo colocaré fuera del alcance de todos sus enemigos.

15. *Me invocará.* Debe continuar orando; de esta manera vendrán todas sus bendiciones; cuando llama, yo le respondo. *Con él estaré yo en la angustia.* Literalmente: "Yo estoy con él."

16. *De larga vida.* Literalmente: "De largura de días lo saciaré." *Y le mostraré mi salvación.* "Le haré ver (o contemplar) mi salvación."

SALMO 91

La seguridad del hombre piadoso, y su confianza (1, 2). Cómo es defendido y preservado (3-10). Los ángeles de Dios son sus siervos (11, 12); y él hollará el cuello de sus adversarios (13). Lo que dice Dios de los tales y lo que les promete (14-16).

4. *Con sus plumas te cubrirá.* Actuará para contigo como la gallina con sus pollos —te cobijará bajo sus alas cuando aparezcan aves de presa, y también te abrigará de las ráfagas heladas. *Escudo y adarga es su verdad.* Su revelación; su Biblia. Esa verdad contiene promesas para todos los momentos y circunstancias; las cuales serán invariablemente cumplidas para el que confía en el Señor. El cumplimiento de una promesa relativa a la defensa y el sostén es para el alma lo que el mejor escudo es para el cuerpo.

5. *El terror nocturno.* La versión Caldea traduce este versículo: "No temerás a los demonios que andan de noche, ni la flecha del ángel de la muerte que es disparada de día." No tienes por qué temer a una muerte repentina e imprevista.

7. *Caerán a tu lado mil.* Una promesa de protección perfecta y de la más absoluta seguridad.

11. *A sus ángeles mandará cerca de ti.* Los ángeles de Dios tendrán el encargo especial de acompañarte, defenderte y preservarte; y contra su poder no puede prevalecer la influencia de los malos espíritus. *Que te guarden en todos tus caminos.* La senda del deber es el camino de la seguridad.

12. *En las manos te llevarán.* Tendrán el mismo cuidado de ti que tiene una nodriza de un niño tierno y débil; te guiarán —te enseñarán a andar— te levantarán ante los peligros del camino *para que tu pie no tropiece en piedra,* ni recibas ninguna herida, o te veas impedido de proseguir tu camino con seguridad y comodidad.

13. *Sobre el león y el áspid pisarás.* Ni el rey de la selva podrá hacerte mal alguno. Y aun el "áspid," una de las serpientes más venenosas, no podrá herirte.

SALMO 92

El salmista muestra el deber y las ventajas de alabar a Dios (1-3); habla de la grandeza de las obras de Dios (4-6); la caída de los impíos (7-9); la bienaventuranza de los justos (10-14); y todo ello fundado en las perfecciones de Dios.

El título: "Salmo o Cántico para el día de reposo," no da información sobre la época, ocasión y autor.

2. *Anunciar por la mañana tu misericordia. Chasdecha,* "tu abundante misericordia" que me ha preservado durante la noche y me ha traído al comienzo de un nuevo día; *y tu fidelidad cada noche,* que ha cumplido tan ampliamente la promesa de preservarme durante el día. Este versículo contiene un plan general para la oración matutina y vespertina.

12. *El justo florecerá como la palmera.* Muy diferente de los impíos (v. 7) que son como la hierba. Estos tendrán una corta duración; pero aquéllos disfrutarán de una vida larga y útil. También se los compara al cedro del Líbano, una madera incorruptible y de muy larga duración.

13. *Plantados en la casa de Jehová.* Creo que aquí la versión Caldea tiene el verdadero significado: "Sus hijos serán plantados en la casa del santuario del Señor y florecerán en los atrios de nuestro Dios."

14. *Aun en la vejez fructificarán.* Continuarán creciendo en la gracia, y serán fructíferos hasta el final de sus vidas. Es un caso raro hallar un anciano lleno de fe, amor y actividad espiritual.

SALMO 93

El gobierno universal de Dios (1, 2); la oposición a ese gobierno (3, 4); la verdad de los testimonios de Dios (5).

1. *Jehová reina.* Continúa gobernando todo lo que ha creado; y está muy bien capaci-

tado para gobernar todas las cosas, *porque se vistió de magnificencia* ... *se ciñó de poder* —suyo es el dominio, y tiene supremo poder para ejercerlo; y ha ordenado el mundo de tal manera que nada puede salir fuera de orden; todo es gobernado por El. La naturaleza es su agente, o más bien, la naturaleza es la suma de las leyes de su gobierno; las operaciones llevadas a cabo por la energía divina, y los efectos resultantes de esas operaciones.

3. *Alzaron los ríos.* Multitud de pueblos se han confederado contra tu pueblo; y un ejército sigue a otro como las olas del mar.

4. *Jehová ... es más poderoso que el estruendo de las muchas aguas.* Más poderoso que todos los pueblos y naciones que puedan levantarse contra El. *Recias ondas del mar.* Aun los más poderosos imperios no pueden oponérsele; por consiguiente aquellos que en El confían no tienen nada que temer.

5. *Tus testimonios son muy firmes.* Cumplirás tan seguramente tu palabra como conservarás la posesión de tu trono. *La santidad conviene a tu casa.* Tu naturaleza es santa, todas tus obras son santas, y tu palabra es santa; por consiguiente, tu *casa* —tu Iglesia, debiera ser santa.

SALMO 94

Apelación a Dios contra los opresores (1-7). Expostulaciones con los obradores de iniquidad (8-11). Los misericordiosos tratos de Dios con sus seguidores (12-15); y la confianza de éstos en El (16-19). Predicción del castigo de los impíos (20-23).

1. *Jehová, Dios de las venganzas.* Dios es el autor de la "justicia retributiva," así como de la misericordia. A lo que aquí se hace referencia es al simple acto de justicia de dar a todos lo que les corresponde.

2. *Engrandécete.* Ejerce tu poder. *Da el pago a los soberbios.* A los babilonios, que nos oprimen y insultan.

3. *¿Hasta cuándo ... se gozarán los impíos?* Los impíos a menudo gozan de prosperidad; y esto sólo indica de cuán poco valor son las riquezas delante de Dios, cuando las concede a los más despreciables de los mortales.

5. *A tu pueblo, oh Jehová, quebrantan.* Esto era verdad de los babilonios. Nabucodonosor asesinó a muchos; llevó a los demás en cautiverio; redujo a Jerusalén a ruinas; destruyó el templo; saqueó, pilló y destruyó todo el país.

6. *A la viuda ... matan.* Nabucodonosor conducía sus guerras con gran crueldad.

8. *Entended, necios.* Estas son expresiones idénticas a las del salmo 92:6.

9. *El que hizo el oído, ¿no oirá?* Esta es reconocida como una forma incontestable de argumentación. Todo lo que se halle de exce-

lencia en la criatura, debe derivarse del Creador y existir en El en la plenitud de infinita excelencia.

10. *El que castiga a las naciones, ¿no reprenderá?* Vosotros, que sois paganos, y paganos de la clase más abandonada. *El que enseña al hombre la ciencia.* Aquí nosotros anteponemos: *¿No sabrá?* Pero ni el original ni ninguna de las versiones lo tienen. Ni es necesario tampoco, porque o estas palabras contienen una proposición simple: "El es quien enseña al hombre la ciencia," o esta cláusula debe leerse en conexión con el v. 11: "Jehová, que enseña al hombre la ciencia, conoce los pensamientos de los hombres, que son vanidad."

12. *Bienaventurado el hombre a quien Tú ... corriges.* "A quien Tú instruyes," *y en tu ley lo instruyes.* Dos puntos aquí son dignos de nuestra más seria consideración: (1) Dios da conocimiento al hombre: le da entendimiento y razón. (2) Le da una revelación de sí mismo; coloca delante de esa razón y ese entendimiento su divina ley.

13. *Para hacerle descansar.* Aquel a quien Dios instruye es hecho sabio para la salvación; y el que es así enseñado tiene descanso en su alma, y paz y confianza en la adversidad.

15. *Sino que el juicio será vuelto a la justicia.* Si en lugar de *yashub,* "será vuelto," leemos *yosheb,* "se sentará," tenemos el siguiente significado: "Hasta que el justo se siente en juicio, y en pos de El todos los rectos de corazón." En diferentes lugares del profeta Isaías se aplica a Ciro el epíteto de "justo". Véase Is. 41:2, 10; 45:8; 51:5.

16. *¿Quién se levantará por mí?* ¿Quién es el que será el libertador de mi pueblo? ¿Quién vendrá en nuestra ayuda contra estos impíos babilonios?

17. *Si no me ayudara Jehová.* Si Dios no nos hubiera sostenido de una manera extraña aun cuando estábamos bajo su mano castigadora, hubiéramos sido destruidos totalmente. *Pronto moraría mi alma en el silencio..* La Vulgata dice *en el infierno;* la Septuaginta, "en el mundo invisible".

18. *Cuando yo decía: Mi pie resbala.* Cuando me encontraba débil y mi enemigo fuerte. *Tu misericordia, oh Jehová, me sustentaba.* "Me sostenía." Es una metáfora tomada de algo que está cayendo, que es sostenido, enderezado o apuntalado. ¡Cuán a menudo la misericordia de Dios impide así la ruina de los creyentes débiles!

SALMO 95

Invitación a alabar a Dios (1, 2). La razón en que se funda, la majestad y el dominio de Dios (3-5). Invitación a orar a Dios (6). Y las razones en que ésta se funda (7). Exhortación a no actuar como lo habían hecho sus padres, quienes se rebelaron contra Dios, y fueron privados de su favor (8-11).

Este salmo tampoco tiene título, ni en hebreo ni en caldeo; pero la Vulgata, la Septuaginta, la Etíope y la Arábiga lo atribuyen a David, lo mismo que el autor de la Epístola a los Hebreos (cap. 4:3-7).

Houbigant y otros eruditos lo consideran compuesto de tres partes. (1) La parte del pueblo (v. 1 hasta la mitad del v. 7). (2) La parte del sacerdote o profeta, desde la mitad del v. 7 hasta el final del v. 8. (3) La parte de Jehová (vrs. 9-11).

2. *Lleguemos ante su presencia.* "Sus rostros," con *alabanza* (acciones de gracias, V. M.), con "confesión," o "con la ofrenda de confesión".

3. *Porque Jehová es Dios grande.* Aquí el Ser supremo tiene tres nombres: El, Jehová, Elohim. El primero implica su fuerza; el segundo su ser y esencia; el tercero, su relación de pacto con la humanidad. En el culto público éstos son los conceptos que debiéramos abrigar del Ser divino.

6. *Venid, adoremos.* Aquí se usan tres palabras distintas para expresar tres actos diferentes de adoración: (1) *Adoremos,* "inclinémonos"; el supremo acto de adoración por el cual se reconoce la supremacía de Dios. (2) *Postrémonos, nichraah,* "prosternémonos, doblando las piernas debajo del cuerpo," como el perro en presencia de su amo, aguardando solícito recibir sus órdenes. (3) *Arrodillémonos,* "pongamos las rodillas en tierra," colocándonos así en la postura del suplicante.

7. *Porque El es nuestro Dios.* Esta es la razón de este servicio. El ha condescendido en entrar en pacto con nosotros, y nos ha hecho suyos; por consiguiente —somos *el pueblo de su prado.* O más bien como dicen las versiones Caldea, Siríaca, Vulgata y Etíope: "Somos su pueblo, y ovejas del pasto de su mano." Somos suyos, El nos alimenta y gobierna, y su mano poderosa nos protege.

Si oyereis hoy su voz. Este debería ser el comienzo del v. 8, pues empieza lo que se supone es la parte del sacerdote o profeta que ahora exhorta al pueblo; como si dijera: Viendo que estáis en tan buena disposición, no olvidéis vuestras resoluciones ni endurezcáis vuestros corazones, como lo hicieron vuestros padres "en Meriba y en Masah, en el desierto"; el mismo hecho y los mismos nombres mencionados en Ex. 17:7; cuando en Refidim el pueblo murmuró porque no tenía agua; de donde fue llamado *Meriba,* contención o provocación, y *Masah,* tentación.

9. *Donde me tentaron vuestros padres.* Con su insolencia, incredulidad y blasfemia. Me *probaron* —tuvieron plena prueba de mi poder para salvar y destruir. Allí vieron mis obras —vieron que para Dios nada era demasiado difícil.

10. *Cuarenta años.* No hicieron más que murmurar, desconfiar y rebelarse, desde que empezaron su viaje en el Mar Rojo hasta que pasaron el Jordán, un período de *cuarenta* años. *No han conocido mis caminos.* El verbo *yada,* "conocer," se usa aquí, como en muchas otras partes de la Escritura, para expresar aprobación. Conocían muy bien los caminos de Dios; pero no les gustaban; y no anduvieron en ellos.

SALMO 96

Se invita a todos los habitantes de la tierra a alabar al Señor (1-3). Su suprema majestad (3-6). Las tribus de Israel son invitadas a glorificarle (7-9); y a proclamarle entre los paganos (10). Se ordena al cielo y la tierra que se regocijen en El (11-13).

Este salmo no tiene título, ni en hebreo ni en caldeo. En I Cr. 16:7-36 encontramos un salmo muy semejante a éste, compuesto por David cuando llevaron el arca de la casa de Obed-edom. Pero en Crónicas el salmo tiene treinta versículos, y éste es sólo la sección que va del 23 al 33. Es muy probable que esta parte fuera tomada del salmo mencionado para ser utilizada en la dedicación del segundo templo. El salmo 105 es casi igual al de Crónicas, sólo que mucho más extenso.

1. *Cantad a Jehová cántico nuevo.* Un cántico de peculiar excelencia, pues en este sentido se usa repetidamente en las Escrituras el término *nuevo.*

2. *Anunciad de día en día su salvación.* El original es muy enfático: "Predicad el evangelio de su salvación de día en día."

3. *Proclamad entre las naciones su gloria.* Entre los paganos no se conoce al Dios verdadero; como su ser y sus atributos son el fundamento de toda religión, son los primeros temas de instrucción para el mundo gentil. Su *gloria,* su "esplendor y excelencia". *En todos los pueblos sus maravillas.* Declarad también a los judíos sus maravillas, sus "milagros".

4. *Temible sobre todos los dioses.* Creo que las dos cláusulas de este versículo debieran leerse así: "Grande es Jehová, y digno de suprema alabanza. Elohim es temible sobre todo." Dudo de que la palabra *Elohim* sea jamás aplicada, en buena construcción, a los dioses falsos o ídolos. La contracción en el versículo siguiente parece tener ese significado.

5. *Todos los dioses de los pueblos son ídolos. Elohey.* Todos aquellos reputados o adorados como dioses entre los paganos son *elilim,* "vanidades, vaciedades, cosas de nada". En lugar de ser *Elohim,* son *elilim;* no sólo no son dioses, sino que no son nada.

8. *Venid a sus atrios.* Probablemente refiriéndose al segundo templo.

9. *Adorad a Jehová en la hermosura de la santidad.* Creo que *behadrath kodesh* significa "ornamentos santos," como los que usaba el sumo sacerdote en sus oficios. Estos le eran dados para gloria y hermosura; y el salmista lo insta a vestir sus ornamentos sacerdotales, traer su ofrenda, *minchah*, y venir a los atrios del Señor y realizar sus funciones y hacer intercesión por el pueblo.

11-13. Aquí el salmista, en el verdadero espíritu de la poesía, da vida e inteligencia a la naturaleza entera, haciendo que toda ella exulte en el reinado del Mesías, y mostrando la felicidad que llenará la tierra cuando el evangelio sea predicado universalmente.

SALMO 97

El reino de Jehová, su naturaleza y bienaventuranza (1, 2). El atemoriza a los impíos (3-6). Los idólatras serán destruidos (7). La bienaventuranza de los justos (8-12).

Este salmo no tiene título ni en hebreo ni en caldeo. El autor de la Epístola de los Hebreos (cap. 1:6) cita una parte del v. 7 de este salmo, aplicándolo a Cristo. No se sabe con certeza quién fue el autor: tiene mucho del espíritu de las mejores composiciones de David, pero muchos eruditos suponen que fue escrito para celebrar el poder del Señor y su bondad en la restauración de los judíos al regreso de la cautividad babilónica.

1. *Jehová reina.* He aquí una simple proposición evidente por sí misma, un axioma que no requiere prueba: Jehová es infinito y eterno; posee poder ilimitado y sabiduría infalible; como es el Hacedor, debe ser el Gobernador de todas las cosas. Su autoridad es absoluta, y por consiguiente su gobierno es universal. En todo lugar, en toda ocasión y en todo momento, Jehová reina.

2. *Nubes y oscuridad alrededor de El.* A su alrededor debe haber *nubes y oscuridad* —una oscuridad impenetrable; y estamos tan incapacitados de comprenderlo en la eternidad que transcurrió antes que el tiempo fuera, como lo estamos de comprenderlo en la eternidad que ha de venir, cuando el tiempo deje de ser.

Justicia y juicio son el cimiento de su trono. Justicia, *tsedek*, el principio que actúa de acuerdo a la justicia y la equidad; que da a todos lo que les corresponde, y mantiene todas las cosas en equilibrio. Y juicio, *mishpat*, el principio que discierne, ordena, dirige y determina todo de acuerdo con la verdad y la justicia: éstos constituyen *el cimiento de su trono*, es decir, su gobierno y manejo del mundo se rigen por ellos.

3. *Fuego irá delante de El.* Generalmente el *fuego* se representa como el acompañamiento de la aparición del Ser Supremo. En el Sinaí, apareció en medio de fuego, truenos y relámpagos (Ex. 19:16-18). San Pablo nos

dice (II Ts. 1:8) que el Señor Jesús se manifestará desde el cielo con los ángeles de su poder, en llama de fuego; y San Pedro (II P. 3:7, 10, 11), que cuando el Señor venga en juicio, los cielos y la tierra serán destruidos por fuego.

5. *Señor de toda la tierra.* Adon col haarets, Director, Sostén y Apoyo de toda la tierra.

7. *Avergüéncense todos.* Más bien: "Serán confundidos los que se glorían en los ídolos." *Póstrense a Él.* ¿A quién? A Jesús: así lo dice el escritor sagrado (He. 1:6). *Todos los dioses.* "Sus ángeles": así la Septuaginta y Hebreos: "Adórenle todos los ángeles de Dios": palabras que son ciertamente aplicadas al Salvador del mundo por el autor de la epístola.

8. *Oyó Sion, y se alegró.* Toda la tierra de Israel, por tanto tiempo desolada, oyó del juicio que Dios había mostrado entre los enemigos de su pueblo. *Y las hijas de Judá.* Todas las aldeas de la región —Sion como la madre, y todas las aldeas del país como sus *hijas*, regocijáronse en la liberación del pueblo de Dios.

10. *Los que amáis a Jehová, aborreced el mal.* Puesto que éste es incompatible con el amor de Dios por vosotros y con vuestro amor a El. *El guarda las almas de sus santos.* Los *santos, chasidaiv,* "su pueblo misericordioso": sus *almas,* sus vidas, son preciosas ante su vista. El las *guarda* de todo mal y de todo enemigo.

12. *Alegraos, justos, en Jehová.* Es vuestro privilegio estar alegres. Exultad en Aquel por cuyo intermedio habéis recibido la expiación. *Alegraos,* pero que sea en el Señor. *Alabad la memoria de su santidad.* ¿Pero por qué hemos de dar gracias al recordar que Dios es santo? Porque El ha dicho: "Sed santos, porque yo soy santo"; y solamente en la santidad se encuentra la verdadera felicidad.

SALMO 98

Dios es celebrado por sus obras maravillosas (1, 2); por el exacto cumplimiento de sus graciosas promesas (3). La forma en que ha de ser alabado (4-6). La creación inanimada es llamada a tomar parte en este concierto (7, 8). La justicia de sus juicios (9).

En el hebreo se le llama simplemente *mizmor,* salmo. Por su tema este salmo es muy semejante al 96. Probablemente fuera escrito para celebrar la liberación de la cautividad babilónica; pero ha de ser interpretado proféticamente con referencia a la redención del mundo por Jesucristo.

1. *Cántico nuevo.* "Un cántico de excelencia." Dadle la más elevada alabanza. V.l.e.s. Sal. 96:1. *Ha hecho maravillas.* "Milagros," la misma palabra que en el Sal. 96:3. *Su santo brazo.* Su omnipotencia.

2. *Ha hecho notoria su salvación.* Ha libertado a su pueblo de tal manera que se vio que era sobrenatural, y que la confianza de ellos en el Dios invisible no era en vano.

3. *Se ha acordado de su misericordia.* Sus graciosas promesas a sus antepasados. *Y de su verdad.* Cumpliendo fielmente lo que había prometido. Todo esto se cumplió bajo el evangelio.

5. *Con... voz de cántico.* Creo que *zimrah* (que traducimos *salmodia,* V. M.), significa o bien un instrumento musical, o una especie de oda modulada por diferentes voces.

6. *Con trompetas.* Alguna clase de instrumento tubular, sobre la forma y manejo del cual nada sabemos. *Y sonidos de bocina. Shopar,* la palabra usada comúnmente para designar lo que llamamos "corneta" (V. M.).

7. *Brame el mar.* Estas son bellas imágenes poéticas; o, si las tomamos como referencia a la promulgación del evangelio, se puede entender por "mar" todos los pueblos marítimos y las naciones comerciales.

8. *Los ríos batan las manos.* Posiblemente una referencia a los inmensos continentes en que sólo se encuentran grandes ríos.

9. *Porque vino a juzgar la tierra.* Viene a hacer conocer su salvación y a mostrar sus misericordiosos designios a todos los hijos de los hombres. *Juzgará al mundo con justicia.* V.l.e.s. el Sal. 96. Hay una gran similitud entre este salmo y el *Magnificat* de la Bienaventurada Virgen.

SALMO 99

El imperio de Dios en el mundo y la Iglesia (1, 2). El debe ser alabado (3). La justicia y el juicio son su principal gloria (4). El debiera ser adorado como lo hacían los santos de la antigüedad, a quienes respondió graciosamente y los salvó (5-8). Exaltadle porque es santo (9).

En hebreo y caldeo no tiene título; todas las versiones, menos la caldea, lo atribuyen a David.

1. *Jehová reina.* V.l.e.s. el Sal. 97:1. *Temblarán los pueblos.* Establecerán su reino a pesar de sus enemigos; tiemblen los que se le oponen por las consecuencias. *El está sentado sobre los querubines.* Esto se refiere al arca, en cada uno de cuyos extremos había un querubín de gloria; y la *shekaina* o símbolo de la Presencia divina aparecía en la tapa del arca, llamada también "asiento de la misericordia," entre los querubines. El estar sentado entre los querubines implica la gracia y la misericordia de Dios.

2. *Jehová es grande en Sion.* Entre sus adoradores es donde ha manifestado de manera especial su poder y su gloria. Allí es conocido y dignamente magnificado.

3. *Alaben tu nombre grande y terrible.* Confiesen que eres grande y terrible: tiemblen delante de ti. *Él es santo. Kadosh hu.* Y con esto no sólo termina este versículo sino también el 5 y aun el 9. Parece con una especie de coro que se cantaba en forma muy solemne a la terminación de cada una de estas partes. Su santidad —la razón por la cual debe ser exaltado, alabado y adorado.

4. *La gloria del rey.* Si este salmo fue escrito por David, debe significar con esto que él era el virrey o delegado de Dios, y que, aun como rey, Dios era su fuerza, y el modelo según el cual la equidad, el juicio y la justicia debían ejecutarse en Jacob.

5. *Postraos ante el estrado de sus pies.* Refiriéndose probablemente al arca en la cual se manifestaba la gloria divina. A veces se llama a la tierra el estrado de los pies de Dios (Mt. 5:35, Is. 66:1); a veces a Jerusalén; a veces al templo (Lm. 2:1); a veces al tabernáculo (Sal. 32:7), y a veces al arca (I Cr. 28:2).

7. *En columna de nube hablaba con ellos.* Es decir, dirigía todas sus operaciones, marchas y campamentos por medio de la columna de nube. Véase Ex. 33:9.

8. *Tú... les fuiste un Dios perdonador.* Cuando el pueblo había pecado, y estaba por descender sobre ellos la ira, Moisés y Aarón intercedieron por ello, y no fueron destruidos. *Y retribuidor de sus obras.* Dios los perdonó, pero mostró su desagrado ante sus malas obras. Los castigó, pero no los consumió. Esto está ampliamente demostrado en la historia de este pueblo.

9. *Postraos ante su santo monte.* Adoradle públicamente en el templo.

SALMO 100

Se exhorta a todas las naciones a alabar al Señor (1, 2); a reconocerle como el Dios soberano y su creador, y que ellas son su pueblo y rebaño de su prado (3); a adorarle públicamente y agradecer sus mercedes (4). Las razones en que esto se funda: su bondad, su eterna misericordia y su verdad perenne (5).

Este salmo se titula en hebreo *mizmor lethodah,* no "Salmo de alabanza" como en nuestras Biblias, sino "Salmo de confesión, o para la ofrenda de confesión," muy adecuadamente traducido en la versión Caldea: "Alabanza para el sacrificio (u ofrenda) de confesión." La Vulgata, la Septuaginta y la Etíope han seguido este sentido.

1. *Cantad alegres. Hariu,* "exultad, triunfad, saltad de júbilo". *Habitantes de toda la tierra.* No sólo los judíos, sino los gentiles, porque el Señor derrama sus beneficios sobre todos con mano generosa.

2. *Servid a Jehová con alegría.* Es vuestro privilegio y deber estar gozosos en vuestro

culto religioso. La religión del Dios verdadero está destinada a eliminar toda miseria humana y a hacer feliz a la humanidad. Aquel a quien la religión de Cristo no lo ha hecho feliz, no entiende esa religión, o no hace un uso adecuado de ella.

3. *Reconoced que Jehová es Dios.* Reconoced en todas las formas posibles, tanto en público como en privado, que Jehová, el Ser increado, existente por Sí mismo y eterno, es *Elohim*, el Dios que hace pacto con el hombre, de instruirle, redimirlo, amarlo y hacerlo definitivamente feliz.

El nos hizo. El es nuestro Creador y en consecuencia el único que tiene derecho en nosotros y sobre nosotros.

Y no nosotros a nosotros mismos. No puedo convencerme de que ésta sea la lectura correcta, aunque se encuentra en el texto hebreo actual, en la Vulgata, la Septuaginta, la Etíope y la Siríaca. En 26 de los manuscritos de Kennicott y De Rossi, tenemos "y suyos somos". Esta es también la lectura del Targum o paráfrasis caldea, así como de la Políglota Complutense, en ambos salterios impresos en 1477, y en la *Keri*, o lectura marginal, de la mayoría de las Biblias masoréticas. Cualquier persona puede ver, por la naturaleza del tema, que ésta es la lectura genuina.

4. *Entrad por sus puertas con acción de gracias.* Adorad públicamente a Dios, y cuando vengáis a la casa de oración, sed agradecidos por semejante privilegio; y cuando entréis *en sus atrios,* alabadle por permitiros hacerlo. La palabra que traducimos "con acción de gracias," significa precisamente "con la ofrenda o sacrificio de confesión".

5. *Porque Jehová es bueno.* La bondad, la perfecta, eterna oposición a toda maldad, es esencial en Dios. La misericordia y la compasión son modificaciones de su bondad; y así como su naturaleza es eterna, su misericordia, que brota de su bondad, debe ser eterna. Y como la verdad es característica esencial de una naturaleza infinitamente inteligente y perfecta, la verdad de Dios debe perdurar de generación en generación. Lo que El ha prometido tiene que cumplirse, a través de las sucesivas generaciones de los hombres, mientras duren el sol y la luna.

SALMO 101

El tema propuesto: la misericordia y el juicio (1); resolución del salmista en cuanto a su conducta privada (2). Desechará todo mal, interno y externo (3). No soportará la presencia de ninguna mala persona (4); de nadie que calumnie a su prójimo (4, 5). Alentará al fiel y al recto (6); pero a los engañadores, los mentirosos y los fraudulentos los expulsará de la ciudad de Dios (7, 8).

El hebreo y todas las versiones atribuyen este salmo a David. En él se muestran las resoluciones que adoptó cuando ascendió al trono; y es un modelo perfecto según el cual un príncipe sabio debiera regular su conducta y su gobierno.

1. *Misericordia y juicio cantaré.* David podía decir: Las situaciones adversas y prósperas han sido sumamente provechosas para mi alma; por consiguiente, agradeceré a Dios por ambas. O, como ahora había sido llamado probablemente al gobierno de todas las tribus, podría hacer la resolución de que siempre mostraría *chesed,* incesante benevolencia, hacia los rectos; y *mishpat,* ejecutaría el juicio contra los impíos; y haría de la conducta de Dios el modelo de la suya.

2. *Entenderé el camino de la perfección.* La ley de Dios prescribe una forma de vida perfecta; en ese camino perfecto he prometido andar y debo actuar sabiamente a fin de andar por él. *Cuando vengas a mí.* No puedo ni andar en este camino, ni ser sabio para la salvación, a no ser que Tú vengas a mí con tu gracia y tu Espíritu.

Andaré en medio de mi casa. Para la mayoría de las personas es más fácil andar con perfecto corazón en la iglesia, o aun en el mundo, que en sus propias familias. ¡Cuántos hay que son mansos como corderos entre los demás, pero en su casa son como avispas o tigres! El hombre que en medio de las provocaciones familiares mantiene un carácter cristiano, siendo manso, amable y paciente con su esposa, sus hijos y sus sirvientes, tiene un corazón perfecto, y adorna la doctrina de Dios su Salvador en todas las cosas. El original es muy enfático: "Me pondré a andar," tomaré la determinación de andar de esta manera.

4. *Corazón perverso.* Hombres brutales y obstinados no serán empleados míos. *No conoceré al malvado.* No atenderé a ninguna clase de pecadores; y todo lo *malo* será objeto de mi aborrecimiento.

5. *Al que solapadamente infama a su prójimo.* La versión Caldea presenta un notable significado del hebreo: "El que habla con lengua triple contra su prójimo." Es decir, la lengua con la cual hiere a tres personas: (1) al hombre a quien calumnia; (2) a aquel a quien comunica la calumnia, y (3) a sí mismo, el calumniador. Todo calumniador tiene triple lengua, y con cada calumnia infiere estas tres heridas mortales. Tal persona merece ser *destruida.*

6. *Mis ojos.* Mi aprobación. *En los fieles.* Los humildes, rectos seguidores de Dios. *Para que estén conmigo.* Sean mis confidentes y mis consejeros privados.

SALMO 102

El lamentable y miserable estado de los pobres cautivos (1-11); la expectación de la liberación (12-14); la conversión de los paganos (15-18); la terminación del cautiverio (19-22); la gran fragilidad del hombre (23, 24); la invariabilidad de Dios (25-27); la permanencia de la iglesia (28).

El hebreo y casi todas las versiones dan este título a este salmo: "Oración del que sufre, cuando está angustiado, y delante de Jehová derrama su lamento." Parece casi seguro que es la oración de los cautivos en Babilonia cuando, hacia el fin del cautiverio, estaban casi agotados por la opresión, la crueldad y la desgracia. El autor de la Epístola a los Hebreos ha aplicado los vrs. 25, 26 y 27 a nuestro Señor y la perpetuidad de su reino.

1. *Escucha mi oración.* Las partes principales del salmo responden bien al título: es el lenguaje de la más profunda desesperación, y bien dirigido hacia Aquel de quien solamente puede venir la ayuda.

3. *Mis días se han consumido como humo.* Se representa a sí mismo (porque el salmista habla en nombre del pueblo) bajo la noción de un montón de materiales combustibles, colocados sobre un fuego que pronto lo consume; parte elevándose como humo, y quedando el residuo en el hogar como brasas apagadas y cenizas. Los caldeos eran el fuego, y los judíos cautivos, el combustible así convertido en humo y cenizas.

4. *Mi corazón está herido, y seco como la hierba.* Una metáfora tomada de la hierba cortada en el prado. Primero es herida, cortada por la hoz, y luego *secada* por el sol.

6. *Soy semejante al pelícano del desierto.* Puede ser el pelícano o el alcaraván. El original, *kaath*, se menciona en Lv. 11:18, donde se lo describe.

8. *Los que contra mí se enfurecen, se han conjurado contra mí.* Los caldeos están determinados a destruirnos; y se han juramentado para hacerlo.

11. *Mis días son como sombra que se va.* O mejor: "Mis días se van como la sombra."

13. *Te levantarás y tendrás misericordia de Sion.* Mientras está humillado ante el estrado de la misericordia, y orando ardientemente por misericordia, recibe una respuesta de paz; se le asegura, no sólo que serán liberados, sino que el tiempo de la liberación está cercano. *El plazo ha llegado* —los setenta años predichos por Jeremías, habían terminado; y Dios le hizo ver que El siempre recuerda sus promesas.

14. *Tus siervos aman sus piedras.* Aunque en esa época Jerusalén no era más que un montón de ruinas, aun sus escombros eran sagrados a los ojos de los piadosos; porque ésa había sido la ciudad del gran rey.

17. *La oración de los desvalidos. Haarar* de aquel que está en la ruina total, que está enteramente arruinado.

18. *El pueblo que está por nacer.* "Los gentiles, que serán traídos a la salvación por Cristo," como lo expresa la Siríaca en la inscripción de este salmo.

19. *Porque miró desde lo alto.* Me parece que este versículo y los tres siguientes contienen una gloriosa profecía de la encarnación de Cristo, y la unión de los judíos y los gentiles a El.

24. *Dije: Dios mío.* Me parece que este versículo y el siguiente constituyen la forma de oración que los cautivos emplearían antes de su liberación. *Por generación de generaciones son tus años.* Este era un argumento empleado frecuentemente para inducir a Dios a escuchar la oración. Nosotros somos frágiles y perecederos; Tú eres eterno: líbranos, y te glorificaremos.

27. *Pero Tú eres el mismo.* "Tú eres El," esto es, el Eterno. *Tus años no se acabarán.* "No serán completados."

28. *Los hijos de tus siervos habitarán seguros.* Tu iglesia será permanente, porque está fundada en ti; vivirá a través de todas las revoluciones del tiempo.

SALMO 103

Se alaba a Dios por los beneficios concedidos a su pueblo (1, 2); El perdona sus iniquidades y sana sus dolencias (3); redime sus vidas, los corona de misericordia (4); los satisface con cosas buenas, renueva su juventud (5); ayuda a los oprimidos, hace conocer sus caminos, es misericordioso y gracioso y no se enoja para siempre (6-9); su paciencia y su misericordioso perdón (10-12); es un Padre tierno y considerado (13, 14); la fragilidad del hombre (15, 16); la misericordia eterna de Dios y su dominio universal (17-19); todos sus ángeles, sus ejércitos y sus obras son invitados a alabarle (20-22).

La inscripción en el hebreo y en todas las versiones, atribuye este salmo a David; y, sin embargo, muchos de los antiguos creían que se refiere a la época del cautiverio, o más bien a su terminación, en la cual los judíos redimidos dan gracias a Dios por su restauración.

3. *Quien perdona.* Los beneficios son los siguientes: (1) Perdón del pecado. (2) Restablecimiento de la salud: "El que sana todas tus dolencias."

4. *El que rescata.* (3) Preservación de la destrucción. *Haggoel*, propiamente, redención de la vida por el pariente; posiblemente anticipando, en espíritu de profecía, a Aquel que se hizo partícipe de nuestra carne y sangre, para tener el derecho de redimir nuestras almas de la muerte, muriendo en nuestro lugar. (4) Cambio y ennoblecimiento de su estado; tejiéndole una corona "de favores y misericordias."

5. *El que sacia de bien tu boca.* (5) Por la continua comunicación de bienes espirituales y temporales; de modo que el vigor de su mente fuera constantemente sostenido y acrecentado. *De modo que te rejuvenezcas*

como el águila. Se refiere al cambio de las plumas de las aves, que en la mayoría de ellas se produce anualmente, cuando renuevan su plumaje.

12. *Cuánto está lejos el oriente del occidente.* Así como el este y oeste nunca pueden encontrarse en un punto, sino que están y estarán siempre a la misma distancia el uno del otro, así nuestros pecados y su castigo decretado están separados, a una distancia eterna, por su misericordia.

13. *Como el padre se compadece de los hijos.* Este es un versículo muy enfático, y podría traducirse así: "Como las compasiones tiernas de un padre hacia sus hijos, así las compasiones tiernas de Jehová hacia los que le temen."

14. *Porque El conoce nuestra condición.* "Nuestra formación"; la manera en que estamos formados, y los materiales de que somos hechos.

15. *Como la hierba son sus días.* V.l.e.s. Salmos 90:5.

17. *La misericordia de Jehová es desde la eternidad y hasta la eternidad. Chesed* significa más específicamente "la bondad exuberante de Dios". Esto es un atributo de su naturaleza, y debe serlo desde la eternidad hasta la eternidad; y por ende; su justicia *(tsidketh),* su manera misericordiosa de justificar al impío, se extiende de una generación a otra.

SALMO 104

La majestad y el poder de Dios manifestados en la creación de los cielos y la atmósfera (1-3); de la tierra y el mar (4-9); de los arroyos, las fuentes y ríos (10-13); de las verduras y los árboles (14-18); del sol y la luna (19); del día y la noche, y sus usos (20-23); de las riquezas de la tierra (24); del mar, sus habitantes, y sus usos (25, 26); de la providencia general de Dios al proveer alimento para toda clase de animales (27-31); de los temblores y los volcanes (32). Dios es alabado por su majestad, y por todo lo que sus obras nos enseñan (33, 34). Los pecadores serán destruidos (35).

Este salmo no tiene título ni en hebreo ni en caldeo. Es propiamente un poema de las obras de Dios en la creación y el gobierno del mundo; y algunos lo han considerado como una especie de epítome de la historia de la creación, que aparece en el libro del Génesis.

2. *El que se cubre de luz.* Luz, resplandor insufrible, es la vestidura de la divina Majestad. Luz y fuego son generalmente el acompañamiento del Ser supremo, cuando manifiesta su presencia a sus criaturas.

7. *A tu reprensión huyeron.* Cuando Dios separó las aguas que estaban encima del firmamento de las de abajo, e hizo aparecer la tierra seca. El ordenó que se produjera la separación, y las aguas, como si tuvieran vida, se apresuraron a obedecer.

13. *Desde sus aposentos.* Las nubes, como en v. 3.

17. *Allí anidan las aves. Tsippor im,* significa golondrinas, gorriones y toda clase de pájaros; aquí se la opone a la *chasidah* o *cigüeña.* Tal vez se pueda referir a la "garza" que se dice es la primera de todas las aves en construir su nido, y lo construye en los árboles más altos. El significado general es que Dios ha provisto abrigo y sostén para las aves grandes y pequeñas; todas ellas son objeto de su cuidado providencial.

25. *He allí el grande y anchuroso mar.* El original es muy enfático: "Este mismo mar, grande y extenso de manos." Sus aguas, como brazos, envuelven todas las partes terráqueas del globo. Supongo que el salmista tendría a la vista el Mediterráneo cuando escribió estas palabras.

26. *Allí andan las naves.* Al parecer estaba viendo las naves navegando. *Este leviatán.* Puede significar la ballena, o cualquiera de los grandes animales marinos.

30. *Envías tu Espíritu, son creados.* "Son creados de nuevo."

33. *A Jehová cantaré.* Cantaré al Señor "con mis vidas," la vida que ahora tengo y la que tendré después. *A mi Dios cantaré salmos.* "En mi eternidad"; en mi pasar, progresión sin fin.

SALMO 105

Exhortación a alabar a Dios por sus obras maravillosas (1-5); sus bondades para con Abraham, Isaac y Jacob (6-16); con José en Egipto (17-22); con Israel en Egipto (23-25); con Moisés en la misma tierra (26); las plagas enviadas a los egipcios (27-36); la liberación de los israelitas de Egipto (37, 38); como los sostuvo en el desierto (39-43); y los introdujo en Canaán (44, 45).

Hallamos varios versículos de este salmo en I Cr. 16, por lo cual es evidente que David fue el autor de la parte principal del mismo: pero probablemente haya sido ampliado y cantado en la restauración del pueblo de la cautividad babilónica.

2. *Hablad de todas sus maravillas.* "De sus milagros." ¿Quién puede gloriarse de tantos milagros como el cristiano? El cristianismo es un tejido de milagros; y cada parte de la obra de la gracia en el alma es un milagro.

7. *El es Jehová nuestro Dios. Jehová,* el Dios existente por sí mismo y eterno. El es *nuestro Dios,* es nuestra porción; nos ha tomado como pueblo suyo, y nos hace felices en su amor.

El siguiente resumen de la historia de los israelitas presenta pocas dificultades. V.l.e.s. el Salmo 78.

19. *Hasta la hora que se cumplió su palabra.* Esto parece referirse a los sueños del copero y el panadero, según los interpretó

José. *El dicho de Jehová le probó.* Esto parece referirse a la interpretación de los sueños de Faraón, llamados *imrath Yehovah,* "el oráculo del Señor," porque El los envió a Faraón.

25. *Cambió el corazón de ellos.* "Su corazón fue vuelto"; así la Siríaca y la Arábiga.

27. *Puso en ellos . . . sus señales.* Esta es una referencia a las plagas con que Dios afligió a los egipcios.

28. *No fueron rebeldes a su palabra.* En lugar de *velo maru,* "se rebelaron" algunos piensan que debiera leerse *velo shamru,* "no observaron o guardaron su palabra". O podría ser una referencia a Moisés y Aarón; ellos recibieron el mandamiento de Dios y no se rebelaron contra El. No podría referirse a los egipcios, porque ellos se rebelaron contra sus palabras en todo el curso de las transacciones.

33. *Destrozó sus viñas y sus higueras.* Esto no se menciona en Exodo; pero ya se ha dicho antes (Sal. 78:47).

41. *Abrió la peña y fluyeron aguas.* Véase Ex. 17:6.

SALMO 106

Dios es alabado por sus muchas mercedes (1-3). El profeta ora por sí mismo (4, 5). Recapitulación de la historia del pueblo hebreo: de las misericordias de Dios hacia él, y de sus rebeliones (6-39). Los juicios y aflicciones que sus transgresiones les acarrearon (40-42). La misericordia de Dios para con ellos a pesar de sus transgresiones (43-46). Ora por su restauración (47, 48).

Así como parte del salmo anterior se encuentra en I Cr. 16, también el primero y los dos últimos versículos de éste se encuentran en el mismo lugar (vrs. 34-36) y sin embargo, eminentes comentaristas suponen que es una oración de los cautivos en Babilonia, quienes reconocen la misericordia de Dios, confiesan sus pecados, y los de sus antepasados, e imploran al Señor que los reúna de entre los paganos, y los restaure a su propio país.

6. *Pecamos nosotros.* Aquí empieza la confesión; lo que precede es sólo la introducción de lo que sigue: Nuestros antepasados pecaron y sufrieron; nosotros, como ellos, hemos pecado, y sufrimos.

7. *Nuestros padres . . . no entendieron.* No consideraron la operación de las manos de Dios; y en consecuencia no entendieron ni sus designios ni su propio interés. *Junto al mar, el Mar Rojo. Provocaron al yam,* "junto al Mar"; *beyam suph,* "en el mar Suph," o Mar Rojo. Lo provocaron junto a él y en él.

8. *El los salvó por amor de su nombre.* "Por causa de su nombre"; para manifestar su poder, bondad y perfecciones.

10. *De la mano del enemigo.* Faraón.

12. *Entonces creyeron.* Precisamente cuando el milagro estuvo delante de sus ojos.

13. *Bien pronto olvidaron sus obras.* Tres días después, en las aguas de Mara (Ex. 15: 24). *No esperaron su consejo.* Fueron impacientes, y no quisieron esperar a que Dios cumpliera sus designios a su manera.

16. *Tuvieron envidia de Moisés.* Una referencia al caso de Coré y su compañía. *Aarón, el santo.* El ungido, el sumo sacerdote del Señor.

20. *Así cambiaron su gloria.* Es decir, su Dios, que era su gloria; y en su lugar adoraron a un buey. Véase el uso que hace San Pablo de esto (Ro. 1:23).

22. *Maravillas en la tierra de Cam.* A Egipto se le llama la *tierra de Cam,* o *Ham,* debido a que fue poblada por Misraim, el hijo de Cam.

28. *Comieron los sacrificios de los muertos. Methim,* de "hombres muertos". Muchos de los ídolos paganos eran hombres que habían sido deificados después de su muerte.

33. *Hicieron rebelar a su espíritu. Himru,* de *marah,* "rebelar": lo pusieron en un estado rebelde; fue irritado y agriado y perdió el control. *Y habló precipitadamente con sus labios.* Para esta sentencia sólo tenemos dos palabras en hebreo: *vayebatte bisephathaiv* "tropezó o tartamudeó con sus labios," indicando que estaba fuera de sí por la ira. Véase Nm. 20:10-12.

43. *Muchas veces los libró.* Véase el libro de Jueces; es una historia de las rebeliones y las liberaciones de los israelitas.

46. *Hizo asimismo que tuviesen de ellos misericordia.* Esto se aplica especialmente a la cautividad babilónica; porque Ciro les dio su libertad; Darío les favoreció y les concedió privilegios; y Artajerjes envió de vuelta a Nehemías y le ayudó a reconstruir Jerusalén y el templo. Véanse los libros de Esdras y Nehemías.

48. *Bendito Jehová Dios de Israel.* Aquí se expresan a la vez gratitud y confianza; gratitud por lo que Dios ya había hecho, y confianza en que terminaría la gran obra de su restauración. *Desde la eternidad y hasta la eternidad.* "Desde el término escondido hasta el término escondido," desde el comienzo del tiempo hasta el fin del tiempo.

Aquí termina el cuarto libro de los Salmos.

SALMO 107

Acción de gracias del pueblo por la liberación de dificultades y peligros; su estado se compara con el de un viaje a través de un terrible desierto (1-9); al confinamiento en un tétrico calabozo (10-16); a una enfermedad peligrosa (17-22); a una tempestad en el mar (23-32). El salmista insta a los hombres a alabar a Dios por la misericordiosa dispensación de su providencia, al darles lluvia y estaciones fructíferas, después de la aflicción de la sequía y el hambre (33-38); por sostener a los pobres en la aflicción y humillar a los opresores (39-41). El uso que los justos debieran hacer de estas bendiciones (42); y las ventajas que se desprenden de una debida consideración de la misericordiosa providencia de Dios.

Este salmo no tiene título, ni en hebreo ni en ninguna de las versiones. El autor es desconocido; pero probablemente haya sido, compuesto y cantado, lo mismo que los salmos 105 y 106, para la dedicación del segundo templo. Los tres salmos parecen tener el mismo tema. En ellos, el autor ha incluido los actos maravillosos del Señor para con su pueblo; las transgresiones del pueblo contra Dios; los cautiverios y miserias que sufrieron como consecuencia; y, finalmente, la tierna misericordia de Dios para con ellos al sacarlos del cautiverio y restablecerlos en su propia tierra.

Este salmo parece haber sido cantado en partes: Los vrs. 8, 15, 21 y 31 junto con los vrs. 6, 13, 19 y 28 formaban lo que podríamos llamar el estribillo del salmo. Al cantarlos, se unía todo el coro.

4. *Anduvieron perdidos por el desierto.* Aquí empieza la primera comparación: los israelitas en cautividad son comparados con un viajero por un espantoso desierto, deshabitado y árido, agobiado por el hambre y la sed, así como por la fatiga del viaje, v. 5.

8. *Alaben la misericordia de Jehová.* Este es el estribillo de cada parte de este cántico antifonal; véase la introducción.

9. *Porque sacia al alma menesterosa.* "El alma que empuja hacia adelante ansiosamente," tras la salvación.

10. *Algunos moraban en tinieblas.* Aquí empieza el segundo símil, que utiliza para ilustrar el estado de los cautivos en Babilonia, a saber, el de un prisionero en un tétrico calabozo.

13. *Luego que clamaron a Jehová en su angustia.* Este fue el efecto saludable de sus aflicciones: empezaron a clamar a Dios por misericordia y ayuda.

15. *Alaben la misericordia.* Este es el estribillo de la segunda parte, como lo fue de la primera, Véase el v. 8.

16. *Porque quebrantó.* Esta es la razón que se da para agradecer a Dios la liberación de los 'cautivos. No fue una simple liberación; fue hecha de manera que manifestara el poder irresistible de Dios. Él destrozó la prisión y desmenuzó las barras de hierro.

17. *Los insensatos a causa de sus rebeliones.* Esta es la tercera comparación; se compara el cautiverio a una persona gravemente enferma. Nuestra versión no expresa bien esta cláusula: "Los insensatos son afligidos debido al camino de sus transgresiones."

18. *Su alma abominó todo alimento.* Una descripción natural de un hombre enfermo: pierde el apetito, y no tiene deseo de ningún alimento. Véase una imagen similar en Job 33:20.

19. *Pero clamaron.* El efecto producido por la aflicción igual que antes.

21. *Alaben la misericordia.* El estribillo intercalado, como antes.

22. *Ofrezcan sacrificios.* Por su curación debieran ofrecer un sacrificio; ofrecer a Dios la vida del animal inocente, por haberles salvado sus vidas; confesando de esa manera que Dios los había salvado cuando merecían haber muerto; y también *publiquen sus obras con regocijo;* ¿pues quién no se regocijará cuando es librado de la muerte?

23. *Los que descienden al mar en naves.* Esta es la cuarta comparación. Su cautiverio era tan peligroso y alarmante como una tremenda tempestad en el mar para un marinero a merced de los elementos.

26. *Suben a los cielos.* Esta es una descripción muy notable y natural de la situación de un barco durante una tormenta en el mar: cuando el mar parece levantarse como montañas, y el navío parece encontrarse por un momento detenido en el agudo lomo de una ola elevadísima, con un valle de impresionante profundidad entre ella y otra montaña similar, que parece volar en medio del cielo, que puede sumergir a la infortunada barca cuando descienda al valle de muerte allá abajo.

Sus almas se derriten con el mal. Esto es no menos expresivo que descriptivo. La acción de elevar el barco hasta las nubes y precipitarlo en el abismo, parece disolver la misma alma: toda la mente parece derretirse, de modo que no quedan ni sentimientos, ni reflexión, ni impresión, nada más que la aprensión de la inevitable destrucción. Cuando la nave es sacudida entre olas encontradas, que amenazan con hacerla pedazos o aplastarla del todo; cuando "anda de acá para allá, y tropieza como un ebrio," incapaz de mantener un curso seguro, entonces ciertamente *toda su ciencia es inútil;* o, como dice inimitablemente el original, "y toda su habilidad es tragada" —parecen engullidos de golpe por el abismo terrible en el cual el barco está por ser precipitado.

31. *Alaben la misericordia.* El mismo estribillo que antes. Véase el v. 8.

SALMO 108

El salmista se estimula a sí mismo a alabar al Señor por las misericordias que ha recibido (1-5). Implora el divino socorro (6); y alienta al pueblo a que espere su restauración y el goce de todos sus privilegios y posesiones anteriores (7-13).

Este salmo está compuesto de otros dos que ya hemos visto. Los vrs. 1, 2, 3, 4 y 5, son iguales a los vrs. 7, 8, 9, 10 y 11 del salmo 57. Y los vrs. 6, 7, 8, 9, 10, 11, 12 y 13 son iguales a los vrs. 5, 6, 7, 8, 9, 10, 11 y 12 del salmo 60. La opinión de muchos ha sido que·los salmos a que se hace referencia fueron escritos por David y eran aplicables al estado de sus asuntos; y es probable que los cautivos de Babilonia compusieran éste con partes de los otros dos, aplicándolo a su propia situación. Ya terminado, o casi terminado su cautiverio, anticipan y oran por la restauración de su propia tierra, tan amplia como la poseían en los días más prósperos de David.

3. *Entre los pueblos.* Los judíos. *Entre las naciones.* Los gentiles. Dondequiera se cante o lea este salmo, entre judíos o entre gentiles, puede decirse que David canta alabanzas a Dios.

SALMO 109

El salmista habla contra sus inveterados enemigos (1-5). Ora contra ellos y denuncia los juicios de Dios (6-15). La razón en que esto se funda (16-20). Ora por su propia seguridad y salvación, usando muchos argumentos para inducir a Dios a tener misericordia de El (21-31).

El título de este salmo: "Al músico principal. Salmo de David," ya ha aparecido a menudo, y sobre él las versiones no ofrecen nada nuevo. La Siríaca dice que es "un salmo de David, cuando el pueblo, sin su conocimiento, hizo rey a *Absalón;* por cuyo motivo fue muerto: pero para nosotros (los cristianos) detalla la pasión de Cristo". Que contiene una profecía contra *Judas* y los enemigos de nuestro Señor, es evidente según Hch. 1:20. Probablemente en su significado primario (pues ciertamente lo tiene) pueda referirse a *Ahitofel.* Las execraciones debieran ser traducidas en tiempo *futuro,* ya que son meras denunciaciones proféticas del desagrado de Dios contra los pecadores. Así consideradas, no pueden ser causa de tropiezo para nadie. Dios tiene derecho de anunciar los juicios que infligirá a los obreros de iniquidad. Pero tal vez en total sean las execraciones de los enemigos de *David* contra él. Véase el v. 20. *Ahitofel,* que conspiró contra David, y al fracasar se ahorcó, es un excelente prototipo de *Judas* el traidor; probablemente en razón de esto es que *San Pedro* (Hch. 1:20) lo aplicó al caso de *Judas,* como una declaración profética respecto a él, o que al menos podía ser acomodada a su caso.

1. *No calles.* No te estés quieto; levántate y defiende mi causa.

6. *Y Satanás esté a su diestra.* Como la palabra *satanás* significa simplemente "adversario," aunque a veces se la emplea para referirse al espíritu malo *Satanás,* creo mejor conservar aquí su sentido gramatical: "Esté un adversario a su diestra," es decir, sea contradicho y combatido en todos sus propósitos.

7. *Su oración sea para pecado.* Una vez más sugiero al lector que, si éstas no son palabras de los enemigos de David contra él (v.l.e.s. el v. 20) son denunciaciones proféticas contra una persona o un pueblo rebelde y apóstata, endurecido en el crimen, que se niega a volverse a Dios.

8. *Tome otro su oficio.* El original significa literalmente: "superintendencia, supervisión, inspección *de visu*".

20. *Sea este el pago de parte de Jehová a los que me calumnian, y a los que hablan mal contra mi alma.* ¿No es este versículo una clave de todo lo que le antecede? El original, correctamente interpretado, nos da un significado algo distinto: "Esta es la obra de mis adversarios delante del Señor, y de aquellos que hablan mal contra mi alma," o "mi vida". Es decir, todo lo que se ha dicho desde el versículo 6 hasta el 20 consiste en las imprecaciones y agravios de mis enemigos contra mi alma, esforzándose por indisponer con sus imprecaciones al Señor contra mí, para que sus maldiciones tuvieran efecto. Esta, que es una explicación razonable, elimina de este salmo toda dificultad. Por cierto que las maldiciones en él contenidas procederían más probablemente de la boca de un impío que de la de alguien inspirado por el Espíritu del Dios vivo. Tomando las palabras en este sentido, que estoy persuadido es el mejor, y que se puede sacar del original, apoyado por varias de las versiones, nuestra traducción puede quedar tal como está; sólo que el lector debe recordar que en el v. 6 David empieza a relatar cómo sus enemigos lo maldecían, mientras él oraba por ellos.

21. *Y Tú, Jehová... favóreceme.* Mientras ellos lanzan contra mí horribles imprecaciones, y me cargan de maldiciones, Tú actúa en mi favor y líbrame de sus maldiciones. Mientras ellos maldicen, Tú bendice. Este versículo es una prueba más de que la interpretación dada más arriba es correcta.

23. *Me voy como la sombra* que declina —ha pasado mi meridiano de salud y vida; y así como el sol desaparece tras el horizonte, yo estoy por ir debajo de la tierra. *Soy sacudido como langosta.* Cuando los enjambres de langostas se lanzan al vuelo y infestan las regiones en el Oriente, si el viento sopla en ráfagas, los enjambres son agitados y arrojados unos sobre otros, de modo que parecen sacudidos de un lado para otro y de arriba abajo.

25. *Me miraban, y burlándose meneaban su cabeza.* Así fue como Simei trató a David (II S. 16:5-6) y los judíos a nuestro bendito Señor (Mt. 27:39).

28. *Maldigan ellos, pero bendice Tú.* Véase el v. 20. Este versículo es una prueba adicional de lo expuesto con relación a la interpretación recomendada.

SALMO 110

El Mesías está sentado en su reino a la diestra de Dios, y sus enemigos están sometidos debajo de El (1, 2). Naturaleza y extensión de su gobierno (3). Su sacerdocio eterno (4). Su ejecución de justicia y juicio (5, 6). La razón en la cual se funda todo esto, su pasión y exaltación (7).

El hebreo y todas las versiones, excepto la Arábiga, atribuyen este salmo a David: de lo cual no cabe duda, ya que también el Nuevo Testamento se lo atribuye. Tenemos en él la celebración de la coronación de algún gran potentado; pero el tema es tan grande, la expresión tan noble, y el objeto elevado tan por encima de lo que podemos llamar humano, que ninguna historia ha mencionado jamás un príncipe al cual pudiera aplicarse literalmente este salmo. Sólo puede ser aplicado a Jesucristo, a su sacerdocio y gobierno eternos, como Rey de Reyes y Señor de Señores.

1. *Jehová dijo a mi Señor. Jehová* dijo a mi *Adonai.* El mismo Señor, y los apóstoles Pedro y Pablo, confirman que el Señor de David, a quien éste se refiere, es el Mesías. *Siéntate a mi diestra.* Esto implica la posesión de la máxima confianza, poder y preeminencia. *Hasta que ponga a tus enemigos.* Jesús reinará hasta que todos sus enemigos se le hayan sometido.

2. *La vara de tu poder.* El evangelio —la doctrina de Cristo crucificado.

3. *Tu pueblo se te ofrecerá voluntariamente en el día de tu poder.* Este versículo ha sido lamentablemente interpretado. Se ha supuesto que señala a la operación irresistible de la gracia de Dios en las almas de los electos, por medio de la cual se tornan voluntariamente dispuestos a recibir a Cristo como su Salvador. Ahora bien, sea verdadera o falsa, esa doctrina no se encuentra en este texto, ni recibe de él el más pequeño apoyo. Se ha hablado mucho contra la doctrina de lo que se llama el "libre albedrío," por personas que no parecen haber entendido el término. El "albedrío" es un principio libre. Es tan absurdo decir "libre albedrío" como lo es "albedrío ligado"; si no es libre no es "albedrío". La volición es esencial para el ser del alma, y para todos los seres racionales e intelectuales. Esta es la diferencia esencial entre materia y espíritu. Examinemos el texto. Las palabras hebreas significan literalmente: "Tu pueblo principesco, o pueblo libre, en el día de tu poder." Expresan meramente el carácter del pueblo que constituirá el reino de Cristo. *Am nedaboth* es el pueblo de liberalidad —el pueblo principesco, noble y generoso.

En la hermosura de la santidad. "En las espléndidas vestiduras de la santidad." Una alusión al hermoso atavío del sumo sacerdote. *Desde el seno de la aurora.* Como el rocío surge del seno de la mañana, así los

piadosos saldrán de ti. Ellos son *el rocío de tu juventud;* ellos son los vástagos de tu propia natividad. Así como la naturaleza humana de nuestro Señor fue engendrada por la energía creadora de Dios en el seno de la Virgen, los seguidores de Dios son nacidos no de sangre, ni de voluntad de carne, sino del Espíritu divino.

4. *Juró Jehová.* Se ha propuesto muy firmemente, y con toda seguridad cumplirá. *Y no se arrepentirá.* Nunca cambiará ese propósito. *Según el orden de Melquisedec.* Para la elucidación de este punto se ruega al lector ver Gn. 14:18-19.

6. *Juzgará entre las naciones.* David extenderá grandemente su dominio y gobernará sobre los idumeos, moabitas, filisteos, etc. *Las llenará de cadáveres.* Llenará fosos —hará montones de muertos; habrá una inmensa carnicería entre sus enemigos.

SALMO 111

El salmista alaba al Señor y exalta sus obras como grande, honorable, glorioso y magnífico (1-4); su providencia y bondad para con sus seguidores (5-8); la redención que ha concedido a su pueblo (9). El temor del Señor es el principio de la sabiduría (10).

Este es uno de los salmos alfabéticos o acrósticos: pero es distinto de los que ya hemos visto, pues los primeros ocho versículos tienen dos miembros cada uno, y cada miembro comienza con una letra consecutiva del alfabeto hebreo. Pero los dos últimos versículos están compuestos por tres miembros cada uno, caracterizados de la misma manera, lo que hace un total de veintidós miembros o hemistiquios, antecedido cada uno por una letra consecutiva del alfabeto.

1. *Alabaré a Jehová con todo el corazón.* Si pretendemos "cantar la alabanza y gloria de Dios," el corazón, y *todo el corazón,* sin división ni distracción, debe estar empleado en la obra. En la *compañía. Besod,* en la "asamblea secreta" —las reuniones religiosas privadas para la comunión de los santos. *Y congregación, edah,* la "asamblea general" —la congregación pública.

2. *Grandes son las obras de Jehová. Gedolim,* "de vasta magnitud".

5. *Ha dado alimento. Tereph,* "presa". Puede ser una alusión a las codornices del desierto.

6. *El poder de sus obras.* Ellos han visto que estas cosas no suceden en el curso común de la naturaleza; no fue hecho por fuerza ni por poder, sino por el Espíritu del Señor de los ejércitos. Y tuvo que desplegarse el poder de Dios para darles la herencia de los paganos.

8. *Afirmados eternamente.* Nunca podrán fracasar, porque el poder de Dios apoya sus

obras, y su providencia preserva el relato de lo que ha hecho.

9. *Redención ha enviado.* Envió a Moisés a redimirlos de Egipto; varios jueces para librarlos de manos de sus opresores; a Esdras, Nehemías y Zorobabel para librarlos de Babilonia; y al Señor Jesús para redimir a todo un mundo perdido del pecado, la miseria y la muerte.

Santo y temible es su nombre. O "santo y tremendo".

10. *El principio de la sabiduría es el temor de Jehová.* La sabiduría misma comienza con este temor. *Buen entendimiento tienen todos los que practican sus mandamientos.* Agregamos estas últimas palabras para completar el sentido; pero no hay necesidad de este expediente, pues las palabras del original dicen literalmente: "El principio de la sabiduría es el temor de Jehová; buen entendimiento a los hacedores."

SALMO 112

La bienaventuranza del hombre que teme al Señor, tanto en lo que respecta a sí mismo como a su familia (1-3); su conducta hacia su familia, sus vecinos y los pobres (4-9); cómo envidian los impíos su prosperidad (10).

Este es otro de los salmos alfabéticos o acrósticos, bajo el título de Aleluya. Está formado exactamente como el anterior en cuanto a la división de sus versículos. Tiene en total diez versículos: los ocho primeros contienen dos hemistiquios cada uno, que comienzan con una letra consecutiva del alfabeto; los versículos nueve y diez, tres cada uno, lo que hace un total de veintidós. Se entiende que fue escrito después del cautiverio, y probablemente por Zacarías y Hageo: a ellos lo atribuye la Vulgata.

1. *Bienaventurado el hombre que teme a Jehová.* Esto parece ser continuación del salmo anterior: allí se afirmaba que el principio de la sabiduría es el temor de Jehová; y aquí se declara la bienaventuranza del hombre que tiene ese temor.

3. *Bienes y riquezas hay en su casa.* Esto acontece a menudo: un hombre piadoso debe ahorrar tiempo y dinero. Antes de convertirse perdía mucho tiempo y dilapidaba su dinero.

8. *Su corazón está firme.* "Su corazón está apuntalado"; está sostenido por la fuerza de su Hacedor.

9. *Reparte.* Ha esparcido ampliamente su munificencia; ha dado particularmente a los *pobres; su justicia* —sus limosnas, su caridad, *permanece para siempre.* Véase el v. 3. *Su poder será exaltado en gloria.* Logrará influencia sólo mediante su propio valer, y no por la extorsión o la adulación.

10. *Lo verá el impío. Rasha,* "el impío". Algunos piensan que se refiere a Satanás. Es diferente de *reshaim,* "impíos," en la terminación del versículo. *Crujirá los dientes.* De rabia. *Se consumirá.* De envidia, y desesperando de alcanzar un bien similar; porque su *deseo* con referencia a sí mismo y con referencia a aquel que es objeto de su envidia, *perecerá* —se tornará en nada.

SALMO 113

Exhortación a bendecir a Dios por sus excelencias (1-6); y por su gran misericordia hacia los pobres y necesitados (7-9).

Los salmos 113, 114, 115, 116, 117 y 118 forman el gran *Hallel*, y eran cantados por los judíos en sus festividades más solemnes, y particularmente en la Pascua. A ellos hacen referencia los evangelistas Mateo (26:30) y Marcos (14:26) al decir que Jesús y sus discípulos cantaron un "himno" en la Pascua, pues todos los salmos eran considerados como un gran himno de acción de gracias. Este fue compuesto probablemente después del retorno del cautiverio. No tiene más título que *Aleluya*, tanto en hebreo como en las antiguas versiones.

1. *Alabad, siervos.* Probablemente dirigiéndose a los levitas.

3. *Desde el nacimiento del sol.* De la mañana a la noche, estad ocupados siempre en la obra. O puede ser un llamado a toda la humanidad, a que alabe a Dios por sus innumerables mercedes para con el género humano. Alabadle de un confín del mundo hasta el otro. Y por consiguiente, agrega el salmista:

4. *Excelso sobre todas las naciones es Jehová.* El lo gobierna todo, El provee para todos; por lo tanto, démosle alabanza.

5. *¿Quién como Jehová?* Generalmente es imposible llegarse a aquellos que ocupan elevados cargos; son orgullosos y soberbios; o están tan rodeados de magnificencia que los pobres no tienen acceso a ellos; pero Dios, aunque infinitamente exaltado, se humilla aun para contemplar el cielo, y mucho más cuando condesciende en contemplar la tierra y sus habitantes (v. 6).

9. *El hace habitar en familia a la estéril.* Esta es una figura que señala la situación desolada, decreciente de los cautivos en Babilonia, y el cambio feliz que se produjo a su retorno a su propia tierra. Son casi las mismas palabras de Ana (I S. 2:5).

SALMO 114

Los milagros operados en el éxodo de los israelitas de Egipto, en el Mar Rojo y en el Jordán (1-6); y en la peña de Horeb (7, 8).

Este salmo no tiene título. La palabra *Aleluya* se le antepone en todas las versiones, excepto la Caldea y la Siríaca. Parece que fuera un fragmento o una parte de algún otro salmo. En muchos manuscritos es sólo el comienzo del siguiente, constituyendo ambos uno solo en todas las versiones, excepto la Caldea.

1. *Un pueblo de lengua extraña* (V. M.). El idioma de los egipcios en el tiempo de José era tan diferente del de los hebreos, que no podían entenderse entre sí. Véase Gn. 42:23.

2. *Judá vino a ser su santuario.* El estableció su verdadero culto entre los judíos, y los escogió como su pueblo particular.

7. *A la presencia de Jehová tiembla la tierra.* El texto hebreo actual dice *chuli,* ¡"tiembla" oh tierra! en imperativo (así la VM.); pero casi todas las versiones entendieron la palabra en tiempo pasado, como si el salmista estuviera contestando sus propias preguntas de los versículos anteriores.

SALMO 115

Sólo Dios ha de ser glorificado (1-3). La vanidad de los ídolos (4-8). Israel, la casa de Aarón y todos los que temen al Señor son exhortados a confiar en el Señor (9-11). La bondad del Señor para con su pueblo y sus generosas promesas (12-16). Como los muertos no pueden alabarlo, deben hacerlo los vivos (17, 18).

2. *¿Por qué han de decir las gentes?* Esto parece referirse a una época en que los israelitas habían sufrido algunos tristes reveses, de modo que estaban muy abatidos y eran señalados por los paganos.

12. *Jehová se acordó de nosotros.* El nunca nos ha abandonado totalmente a nuestros enemigos. Este versículo tiene un gran énfasis: varias palabras son repetidas para hacer más impresionante el asunto. Doy una traducción literal:

12. "El Señor se ha acordado de todos nosotros; El bendecirá a la casa de Israel; bendecirá a la casa de Aarón. 13. Bendecirá a los que temen en Jehová, a pequeños y a grandes. 14. Jehová añadirá sobre vosotros, sobre vosotros y sobre vuestros hijos. 15. Benditos vosotros de Jehová, Hacedor del cielo y de la tierra. 16. Los cielos de los cielos son del Señor: pero la tierra la ha dado a los hijos de Adán."

SALMO 116

El salmista alaba a Dios por haberlo liberado de su esclavitud, que compara a la muerte y el sepulcro (1-9). Las dificultades por las que había pasado (10, 11). Su gratitud por esas mercedes y resolución de vivir para la gloria de Dios (12-19).

Tampoco este salmo tiene título y su autor es desconocido. Parece haber sido escrito después del cautiverio y ser una acción de gracias a Dios por ese glorioso acontecimiento. El salmista compara ese cautiverio a la muerte," y el "Seol"; y muestra el feliz retorno a la tierra prometida, llamada aquí "la tierra de los vivientes". El pueblo recuerda los votos que habían hecho a Jehová, y se propone cumplirlos. Exultan por poder adorar a Dios en el templo de Jerusalén.

3. *Ligaduras de muerte.* "Cables" o "cuerdas de muerte," aludiendo a los grillos y ataduras de su cautiverio; o a las cuerdas con que se ata a un criminal para llevarlo a su ejecución. *Las angustias del Seol.* "Las estrecheces del sepulcro."

6. *Jehová guarda a los sencillos.* Pethaim, que todas las versiones traducen "pequeños". Los que son mansos y humildes de corazón, que sienten el espíritu de los niños, a éstos los guarda, como guarda a los niños.

8. *Tú has librado mi alma de la muerte.* Has rescatado mi "vida" de la destrucción a que estaba expuesta. *Mis ojos de lágrimas.* Has vuelto mi aflicción en alegría.

9. *Andaré delante de Jehová.* "Me pondré a andar." Estoy determinado a andar.

11. *Todo hombre es mentiroso.* "Todo el hombre es una mentira."

12. *¿Qué pagaré?* "¿Con qué retribuiré?" *Por todos sus beneficios.* "Sus retribuciones," las respuestas que ha dado a mis oraciones y mi fe.

13. *Tomaré la copa de la salvación.* Literalmente: "la copa de salvación, o liberación, levantaré". Aludiendo a la acción de tomar la copa de bendición entre los judíos, al levantar la cual el padre de familia decía: "¡Bendito sea el Señor, Hacedor del mundo, que ha creado el fruto de la vid!"

14. *Ahora pagaré mis votos a Jehová, delante de todo su pueblo.* Probablemente estaba llevando ahora sus ofrendas al templo. Estas palabras se repiten en el v. 18.

15. *Estimada es a los ojos de Jehová.* Muchos han entendido este versículo en el sentido de que "los santos son demasiado preciosos a la vista del Señor para que los entregue ligeramente a la muerte".

17. *Te ofreceré.* Como es muy probable que este salmo celebre la liberación de Babilonia, no es extraño encontrar al salmista tan decidido a realizar los ritos de su religión en el templo de Jerusalén, que había sido incendiado, y ahora estaba reviviendo de sus ruinas, después de haber estado interrumpidos en él los servicios por cerca de ochenta años.

19. *En medio de ti, oh Jerusalén.* Habla como si se encontrara presente en la ciudad, ofreciendo en el templo sus prometidos votos al Señor.

SALMO 117

El salmista convoca a las naciones del mundo a alabar al Señor por su misericordia y bondad, y por el cumplimiento de sus promesas (1, 2).

Este es el salmo más breve de toda la colección; aparece como parte del anterior, en treinta y dos de los manuscritos de Kennicott y De Rossi, y en algunas ediciones antiguas se lo encuentra impreso así.

2. *Porque ha engrandecido sobre nosotros su misericordia. Gabar,* es "fuerte". *Y la fidelidad de Jehová es para siempre.* Sea lo que fuere que haya prometido, El lo cumplirá.

SALMO 118

Exhortación general a alabar a Dios por su misericordia (1-4). El salmista, por su propia experiencia, alienta al pueblo a confiar en Dios, y le muestra las ventajas que esto tiene (5-9); luego describe a sus enemigos y muestra cómo Dios lo capacitó para destruirlos (10-13). El pueblo se regocija con el relato (15, 16). Vuelve a hablar de la ayuda que recibió del Señor; y anhela entrar en el templo, para poder alabar allí al Señor (17-19). Se abre la puerta (20). Ofrece alabanzas (21). Los sacerdotes, etc., reconocen la mano del Señor en la liberación operada (22-24). El salmista ora por prosperidad (25). El sacerdote cumple su tarea, bendice al pueblo y todos se unen en alabanza (26, 27). El salmista expresa su confianza (28). Doxología general o coro (29).

El autor de este salmo muy probablemente fue David, aunque muchos piensan que fue escrito después del cautiverio. Participa del espíritu de David, y muestra en todas sus partes la mano de un maestro. El estilo es grande y noble; el tema majestuoso.

7. *Jehová está conmigo entre los que me ayudan. Por tanto, yo veré mi deseo en los que me aborrecen.* Literalmente: "Miraré entre los que aborrecen." Como Dios está de mi parte, no temo mirarlos a todos ellos en el rostro. He de verlos derrotados.

10. *Todas las naciones me rodearon.* Algunos suponen que esto se refiere a David, al comienzo de su reinado, cuando todas las naciones filisteas vecinas trataron de impedir que él asumiera el reino. Otros suponen que puede referirse a los samaritanos, idumeos, amonitas y otros, que trataron de impedir que los judíos reconstruyeran su ciudad y su templo después de su retorno de la cautividad en Babilonia.

19. *Abridme las puertas.* Abrid las puertas del templo, para que pueda entrar y cumplir mis votos al Señor.

20. *Esta es puerta de Jehová.* Se supone que ésta es la respuesta de los levitas a la solicitud del rey.

21. *Te alabaré.* Ahora está dentro de las puertas y prorrumpe en acciones de gracias

por las mercedes que ha recibido. *Y me fuiste por salvación* —Tú mismo me has salvado de todos mis enemigos.

22, 23. *La piedra que desecharon los edificadores.* Véase una explicación completa de estos dos versículos en el comentario de Mt. 21:42.

24. *Este es el día que hizo Jehová.* Como el Señor me ha llamado al triunfo, este es el día que ha señalado para ese propósito. Esta es una oportunidad de su gracia; yo la aprovecharé para su gloria.

25. *Sálvanos ahora, te ruego.* Estas palabras eran cantadas por los judíos en la fiesta de los tabernáculos, cuando llevaban ramas verdes en las manos; y de *hoshiah nna* viene nuestra palabra *hosanna.* Es lo que cantaban los niños judíos cuando Cristo hizo su entrada pública en Jerusalén. Véase Mt. 21:9.

26. *Os bendecimos.* La respuesta de los levitas al rey.

27. *Jehová es Dios.* El *Yehovah,* "el fuerte Dios Jehová". *Y nos ha dado luz.* "Y El nos alumbrará." Tal vez en ese momento brillara sobre toda la procesión un resplandor divino; prueba de la aprobación de Dios.

29. *Alabad a Jehová* (dad gracias, VM.). Esta es la doxología general o coro. Todos se unen en la acción de gracias, y terminan como empezaron: "Para siempre es su misericordia."

SALMO 119

Las varias excelencias e importantes usos de la ley o la revelación de Dios.

Este es otro de los salmos alfabéticos o acrósticos. Está dividido en veintidós partes, respondiendo al número de letras del alfabeto hebreo. Cada parte está dividida en ocho versículos; y cada versículo comienza con la letra del alfabeto que forma el título de la parte, por ej.: Antes de los ocho primeros versículos está *Alef,* de los ocho segundos, *bet,* y cada versículo empieza respectivamente con esas letras; y así todo el salmo.

No es fácil hacer un análisis general de este salmo; baste decir que en general, trata de los privilegios y felicidad de aquellos que observan la ley del Señor, la cual es presentada mediante diversos nombres y epítetos tendientes a mostrar sus muchas excelencias. Se ofrecen a Dios ardientes ruegos por sabiduría para entenderla, y por gracia para observarla fielmente.

Las palabras que expresan esa revelación que Dios había dado a los hombres entonces, se reconocen generalmente como las diez siguientes: (1) testimonios; (2) mandamientos; (3) preceptos; (4) palabra; (5) ley; (6) caminos; (7) verdad; (8) juicios; (9) justicia; (10) estatutos. Creo que se asevera universalmente que en cada versículo de este salmo se usa una u otra de estas diez palabras, salvo en el v. 122; pero un examen más detenido muestra que ninguna de ellas se usa en el sentido indicado en los vrs. 84, 90, 121, 122, y 132.

Para evitarme repeticiones innecesarias, y al lector, tiempo y molestias, explicaré aquí, de una vez por todas, las mencionadas palabras, que el lector hará bien en recordar.

I. La ley, *torah*, de *yarah*, "dirigir, guiar, enseñar, enderezar o aun, señalar hacia adelante"; porque guía, dirige, e instruye en el camino de la justicia; endereza nuestra senda, muestra lo que es justo y recto, y señala hacia la paz, la verdad y la felicidad.

II. Estatutos, *cukkim*, de *chak*, "marcar, trazar, describir y ordenar"; porque trazan nuestro camino, describen la línea de conducta que debemos seguir, y ordenan lo que hemos de observar.

III. Preceptos, *pikkudim*, de *pakad*, "tomar nota o cuidado de una cosa, atender, tener respeto, designar, visitar"; porque toman nota de nuestro camino, tienen respeto al total de nuestra vida y conversación, supervisan, y nos visitan en todos los intereses y deberes de la vida.

IV. Mandamientos, *mitsvoth*, de *tasvah*, "mandar, ordenar"; porque nos muestran lo que debemos hacer, y lo que no debemos hacer, y nos obligan a obedecer.

V. Testimonios, *edoth*, de *ad;* denota "allende, más lejos, todo el tiempo, dar testimonio". Los ritos y ceremonias de la ley; porque ellos señalan a algo que está más allá de ellos mismos, siendo tipos y representaciones de las buenas cosas por venir.

VI. Juicios, *mishpatim*, de *shaphat*, "juzgar, determinar, regular, ordenar y discernir," porque juzgan en lo concerniente a nuestras palabras y obras; muestran las normas por las cuales debieran regirse; y nos hacen discernir lo bueno y lo malo, y decidir en consecuencia.

VII. Verdad, *emunah*, de *aman*, "hacer firme, constante, establecer, confiar, creer". La ley establecida, firme, confirmada y ordenada en todas las cosas, y segura; que debiera ser creída por la autoridad de Dios, y en la que se debe confiar como infalible testimonio de Aquel que no puede mentir ni engañar.

VIII. Palabra, *dabar*, "discurrir, emitir los propios sentimientos, hablar consecutiva e inteligiblemente". Toda profecía o comunicación inmediata del cielo, así como todo el cuerpo de la revelación divina.

IX. Camino, *derech*, "proseguir, ir, caminar, pisar". El camino que Dios recorre para instruir y salvar al hombre; el camino por el cual el hombre debe andar a fin de estar seguro, y ser santo y feliz.

X. Justicia, *tsedakah*, de *tsadak*, "hacer justicia, dar el peso exacto". Lo que enseña al hombre a dar a todos lo que les corres-

ponde. Esta palabra se aplica a los juicios, testimonios y mandamientos de Dios; ellos son todos justos, dan a todos lo que les corresponde, y exigen de cada cual lo que corresponde.

Las tres palabras que algunos agregan aquí son: (1) Fidelidad, *emunah;* pero véase ésta bajo el No. VII; aparece en el v. 90, pero no utilizada para señalar una característica de la ley de Dios, sino más bien la forma exacta en que Él cumple sus promesas con el hombre.

La segunda es juicio, *mishpat*. Véase ésta bajo el No. VI: ésta ocurre en los vrs. 84 y 121: "¿Cuándo harás juicio?," etc.; pero en estos lugares no se emplea como una de las diez palabras.

La tercera es nombre, *shem* (véase el v. 132): pero ésta no es una característica de la ley de Dios: se refiere simplemente a Él mismo. *Nombre* es como decir *los que te aman a ti*. El obispo Nicholson inserta entre las diez palabras, *promesas;* pero ésta no ocurre en ninguna parte en el salmo.

Podríamos, con mucha más propiedad, agregar una cuarta: *imrah*, de *amar*, "ramificarse, extenderse o difundirse," como las ramas de un árbol; y la cual es empleada a menudo para una palabra hablada, un discurso. Esta se repite a menudo en el salmo, y la traducimos "palabra," sin hacer diferencia entre ella y *dabar*, No. VIII, pero no exactamente lo mismo; *dabar* se aplica más precisamente a historia, relación, descripción y así por el estilo; mientras que *imrathecha*, "tu palabra," puede significar un oráculo inmediato, entregado solemnemente por Dios a su profeta para instrucción de los hombres. Pero las dos palabras aparecen a menudo empleadas como sinónimos, y no sería fácil diferenciar los diferentes matices de significado entre estas dos raíces.

Letra Alef.– Primera división

1. *Bienaventurados los perfectos de camino.* "Oh, la bienaventuranza de los perfectos en el camino." Este salmo empieza en forma parecida al primero. Por perfectos hemos de entender aquellos que creen sinceramente lo que Dios ha hablado, y observan religiosamente todas las reglas y ceremonias de su religión, y cuyas vidas y corazones están gobernados por el espíritu de amor, temor y obediencia. Esto está reiterado en el v. 2.

4. *Muy guardados tus mandamientos. Meod*, "superlativamente, hasta lo sumo". Dios nunca ha dado un mandamiento cuya observancia Él supiera que era imposible.

5. *¡Ojalá fuesen ordenados mis caminos!* "¡Ojalá mi camino sea confirmado para guardar tus estatutos!"

8. *No me dejes enteramente. Ad meod*, "a la total perdición".

Letra Bet.– Segunda división

9. *¿Con qué limpiará el joven su camino? Orach*, que traducimos *camino*, significa

una "huella," un "surco," tal como el que hace la rueda de un carro. Un joven pecador no tiene una senda ancha y transitada; tiene sus pecados privados, sus contaminaciones secretas.

16. *Me regocijaré.* La palabra es muy enfática: *eshtaasha*, "brincaré y saltaré de alegría". Debe exultar en la palabra de Dios como su tesoro, vivir en el espíritu de obediencia como su trabajo, y gloriarse siempre en Dios, que le ha llamado a ese estado de salvación.

Letra Gimel.— Tercera división

17. *Haz bien. Gemol,* "recompensa" a tu siervo. Reciba la recompensa de su fe y sus oraciones, para que la *vida* divina sea preservada en su alma. Entonces guardará tu palabra. De *gamal,* "recompensar," viene el nombre de *gimel,* la tercera letra del alfabeto hebreo, con que empieza cada uno de los versículos de esta parte, comenzando así con su propio nombre. Este es un golpe de ingenio artístico del salmista.

18. *Abre mis ojos. Gal,* "revela a mis ojos," ilumina mi entendimiento, quita el velo que está en mi corazón, y entonces veré las maravillas de tu ley. Las Sagradas Escrituras son bien claras; pero el corazón del hombre está oscurecido por el pecado. No es tanto que la Biblia necesite comentario, como que el alma necesita la luz del Espíritu Santo.

20. *Quebrantada está mi alma.* Nosotros tenemos una expresión similar: "Me parte el corazón." Expresa excesiva ansiedad, tremendo desengaño, amor sin esperanza, angustia acumulada.

23. *Príncipes también se sentaron.* Es muy probable que a menudo, los nobles de Babilonia, con falsas representaciones, trataran de malquistar a los judíos con los reyes del imperio.

24. *Tus testimonios son... mis consejeros.* "Los hombres de mi consejo." Yo me siento con ellos; y considero cada uno de los testimonios que Tú has dado como consejero particular; un consejero cuyo consejo necesito especialmente.

Letra Dálet.— Cuarta división

25. *Abatida hasta el polvo está mi alma.* Sería mejor traducir *napshi,* "mi vida"; y entonces, estar abatida hasta el polvo puede implicar una aprensión ante la muerte inminente; lo cual está más de acuerdo con la petición. *Vivifícame.* Líbrame de descender al polvo.

26. *Te he manifestado mis caminos.* "He enumerado mis caminos"; los he explorado; los he investigado. Y es evidente que había pedido ardientemente perdón por lo que había en ellos de malo; pues agrega: "Y me has respondido."

28. *Se deshace mi alma. Dalaph* significa "destilar, caer como lágrimas de los ojos".

Así como mi desgracia hace destilar lágrimas de mis ojos, la carga abrumadora de mis aflicciones hace decaer mi vida y desleírse.

31. *Me he apegado.* "He sido adherido, encolado a." La misma palabra que en el v. 25.

32. *Correré.* La partícula que traducimos *cuando,* debiera traducirse "porque".

Letra He.— Quinta división

33. *Enséñame, oh Jehová, el camino de tus estatutos.* El entender la referencia espiritual de todos los estatutos de la ley requería una enseñanza que sólo podía venir de Dios.

34. *De todo corazón.* No jugaré con Dios, no dividiré mis afectos con el mundo; Dios los tendrá todos.

38. *Confirma tu palabra.* Cumple las promesas que me has hecho.

Letra Vau.— Sexta división

41. *Venga a mí tu misericordia.* Que pueda yo ver rápidamente el cumplimiento de todas mis oraciones. Que tenga *tu salvación* —una liberación tal como tu grandeza y tu bondad serían dadas a impartir. Que sea conforme a *tu dicho* —tus grandiosas y preciosas promesas.

Letra Zain.— Séptima división

49. *Acuérdate de la palabra.* Tú has *prometido* redimirnos de nuestra cautividad; sobre esa *palabra* hemos edificado nuestra *esperanza. Recuerda* que así has prometido, y *ve* nue así *esperamos.*

50. *Ella es mi consuelo.* Mientras soportábamos nuestro cautiverio, anticipábamos nuestro engrandecimiento; y *tu palabra de promesa* era el *medio* para mantener *vivas* nuestras almas.

51. *Los soberbios se burlaron mucho de mí.* Hemos sido tratados no sólo con *cruel* opresión, sino también con *desprecio,* porque nosotros aún profesábamos *confiar en ti,* el Dios viviente, quien, por causa de nuestras transgresiones se había disgustado mucho con nosotros; *mas no nos apartamos de tu ley.*

52. *Me acordé... de tus juicios antiguos.* Aquí la palabra *juicios* significa tratamientos providenciales; en efecto, buenos tratos; los que Dios había tenido con los hebreos al soportarlos y bendecirlos. Y era el recuerdo de esos juicios lo que le hacía sentirse consolado.

54. *Cánticos fueron para mí tus estatutos.* Durante nuestro cautiverio nuestro consuelo fue el cantar tus alabanzas, y entonar entre nuestros compañeros de cautividad porciones de tu ley y los preceptos que ella contiene.

Letra Chet.— Octava división

57. *Mi porción es Jehová.* Desde el v. 57 hasta el 60 puede verse el progreso de la

obra de la gracia en el corazón humano, desde el primer albor de la luz divina hasta que el alma es colmada de la plenitud de Dios. El autor se ha visto obligado, para poder seguir su plan acróstico, a intercambiar circunstancias, poniendo después, a veces, algo que en el orden de la gracia viene antes; por consiguiente hemos de seguir lo que considero es su orden en relación con la gracia.

59. Primero.— *Consideré mis caminos.* Los examiné seriamente; los volví de arriba abajo; consideré mi conducta desde todos los ángulos. La palabra, tal como aquí se usa, es una metáfora tomada del bordado, donde la figura debe aparecer igual de ambos lados; de manera que la tela debe ser dada vuelta cada vez que se pasa la aguja, para ver que la puntada esté correctamente colocada. Así estrecha y escrupulosamente examina el salmista su conducta; y el resultado fue una profunda convicción de haberse apartado del camino de Dios y de la verdad.

Segundo.— *Y volví mis pies a tus testimonios.* Hecho el descubrimiento que antecede, y hallándose bajo el desagrado de Dios, abandonó todo mal camino, tomó por guía la palabra de Dios, y puso decididamente sus pies en el camino de vida y salvación.

60. Tercero.— *Me apresuré y no me retardé.* Lo hizo con la máxima velocidad; y no juguetéo con sus convicciones, ni trató de ahogar la voz de su conciencia. La palabra original que traducimos *no me retardé*, es notablemente enfática: *velo hithmahmahti* "no estuve cavila que te cavila": estaba decidido, y así lo hice.

58. Cuarto.— Estando determinado en su corazón, nos dice *Tu presencia supliqué de todo corazón.* Descubrió que había pecado; que necesitaba misericordia; que no tenía tiempo que perder; que debía ser importuno; y por consiguiente buscó esa misericordia con toda su alma.

Quinto.— Sintiendo que no merecía más que ira, que no tenía derecho a ningún bien, clama por misericordia en la forma que Dios había prometido concederla: "¡Ten misericordia de mí!" A lo cual lo impulsa solamente la promesa de Dios; por lo cual ruega: *Ten misericordia de mí según tu palabra.*

57. Sexto.— Para mantenerse firme en su presente resolución, se compromete con el Señor: *He dicho que guardaré tus palabras.*

Séptimo.— No busca en vano; Dios se revela en la plenitud de su bendición, de modo que se encuentra en condiciones de exclamar: *Mi porción es Jehová.*

61. *Compañías de impíos me han rodeado. Chebley,* los "cables," "cuerdas" o "lazos" de los impíos.

Letra Tet.— Novena división

66. *Enséñame buen sentido y sabiduría.* "Enséñame (a tener) buen gusto y discernimiento." Hazme ver y conocer la importan-

cia de las cosas divinas, y dame que pueda disfrutarlas.

67. *Antes que fuera yo humillado, descarriado andaba.* Muchos han sido humillados por la aflicción, y han aprendido a conocerse a sí mismos y humillarse delante de Dios, que probablemente sin eso nunca hubieran podido salvarse; después de eso, han sido serios y fieles.

Como en el idioma hebreo no llegan a cuarenta las palabras que empiezan con la letra *tet*, en esta división hay menos variedad que en cualquiera de las anteriores.

Letra Yod.— Décima división

76. *Tu misericordia.* Que mi consuelo y mi felicidad se deriven de la difusión de tu amor y misericordia, *chasdecha,* "tu exuberante bondad," en mi alma.

77. *Tus misericordias.* "Tus paternales y afectuosos sentimientos."

Letra Caf.— Undécima división

82. *Desfallecieron mis ojos.* Mirando hacia arriba, aguardando el cumplimiento de tu promesa, así como mi corazón desfallece anhelando tu presencia.

83. *Como el odre al humo.* Un odre de cuero, de los empleados en los países orientales, colgado al humo pronto debe resecarse y arrugarse. Esto representa el estado exhausto de su cuerpo y mente por la prolongada aflicción física y angustia mental.

85. *Los soberbios me han cavado hoyos.* La Vulgata, la Septuaginta, la Etíope y la Arábiga traducen este versículo así: "Me han recitado fábulas profanas, que no son de acuerdo a tu ley."

Letra Lámed.— Duodécima división

89. *Para siempre, oh Jehová, permanece tu palabra en los cielos.* Tus propósitos están todos señalados arriba, y serán todos cumplidos abajo.

90. *Tu fidelidad.* Aquello que te obliga a cumplir la promesa hecha.

91. *Subsisten . . . hasta hoy.* Este versículo debiera ser leído así: "Todos son tus siervos; por consiguiente, continúan hoy según tus ordenanzas."

96. *A toda perfección he visto fin.* Literalmente: "He visto el fin de todas las consumaciones," como si uno dijera: Todo lo que es de origen humano tiene sus límites y fin, por más extenso, noble y excelente que sea.

Letra Mem.— Decimotercera división

97. *¡Oh, cuánto amo yo tu ley!* Esta es una de las marcas más fuertes de un corazón piadoso y lleno de gracia, vaciado en el molde de la obediencia.

100. *Más que los viejos he entendido.* Dios le había revelado más que a ninguno de sus predecesores, de esa sabiduría oculta que había en su ley. Y esto era literalmente cierto de David, quien habló más plenamente

acerca de Cristo que cualquiera de los que fueron antes de él; o aún de los que le sucedieron.

Letra Nun.— Decimocuarta división

105. *Lámpara es... tu palabra.* Esto está ilustrado por Salomón (Pr. 6:23): "Porque el mandamiento es lámpara, y la enseñanza es luz, y camino de vida las represiones que te instruyen."

107. *Afligido estoy en gran manera. Ad meod,* "en extremo, excesivamente". *Vivifícame.* Líbranos de nuestra servidumbre.

108. *Los sacrificios voluntarios de mi boca.* "Las ofrendas voluntarias que he prometido." O bien: Como estamos en cautividad y no podemos ofrecerte sacrificios, pero lo haríamos si pudiéramos, acepta las alabanzas de nuestra boca y los propósitos de nuestros corazones, en lugar de los sacrificios y ofrendas que hubiéramos traído a tu altar, pero no podemos.

Letra Sámec.— Decimoquinta división

113. *Aborrezco a los hombres hipócritas.* He aborrecido a los *seaphim,* "hombres tumultuosos, violentos".

Letra Ayin.— Decimosexta división

122. *Afianza a tu siervo.* Da una prueba o una prenda de que me ayudarás en momentos de necesidad. O, "Sé fiador de tu siervo". ¡Qué palabra es ésta! Empéñate Tú por mí, para que puedas presentarme salvo en el juicio del gran día. Luego, sosténme y guárdame sin tacha hasta la venida de Cristo. Ni este versículo ni el anterior contienen ninguna de las diez palabras que se refieren a la ley o los atributos de Dios. *Juicio y justicia,* en el v. 121, se refieren a la propia conducta del salmista. El v. 122 no tiene ninguna palabra de esta índole.

126. *Tiempo es de actuar, oh Jehová.* Se ha cumplido el *tiempo* en que has prometido liberar a tu pueblo.

127. *Más que el oro. Mizzabah,* más que el oro "resplandeciente"; oro sin ninguna escoria u óxido. *Y más que oro muy puro. Umippaz,* "más que oro sólido"; oro separado de la escoria, perfectamente *refinado.*

Letra Pe.— Decimoséptima división

130. *La exposición de tus palabras alumbra. Pethach,* "la apertura": cuando abro la Biblia para leer, entra luz en mi mente.

131. *Mi boca abrí y suspiré.* Una metáfora tomada de un animal exhausto en una cacería. Corre, con la boca abierta para aspirar aire fresco; el corazón le late apresuradamente, y su fuerza muscular está casi agotada por la fatiga.

133. *Ordena mis pasos.* "Afírmalos"; no me dejes caminar con paso vacilante o tropezando. *Y ninguna iniquidad se enseñoree de mí. Bi,* "en mí". No tenga otro gobernante que Dios; que el trono de mi corazón lo ocupe El, y ningún otro.

135. *Haz que tu rostro resplandezca.* Dame el sentido de tu aprobación. Hazme saber, por el testimonio de tu Espíritu en mi conciencia, que te has reconciliado conmigo.

Letra Tsade.— Decimoctava división

140. *Sumamente pura es tu palabra.* Es "purificación". No es algo purificado, sino algo que purifica. "Ahora estáis limpios," dijo Cristo, "por la palabra que os he hablado". La palabra de Dios es un fuego que purifica, así como también un martillo que quebranta.

142. *Tu justicia es justicia eterna.* La palabra *tsedek* es una palabra de muy vasto significado en la Biblia. Significa no sólo la justicia y perfección inherentes en la naturaleza de Dios, sino también su manera de tratar a otros; su plan de redención; su método para salvar a otros.

Letra Cof.— Decimonovena división

148. *Se anticiparon mis ojos.* "Ir delante de las vigilias." Antes que el vigilante cante la hora, yo estoy despierto, meditando en tus palabras. Los judíos dividían la noche en tres velas o vigilias, que empezaban cuando para nosotros son las seis de la tarde, y constaban de cuatro horas cada una. Más tarde los romanos les enseñaron a dividirla en cuatro vigilias de tres horas cada una.

Letra Resh.— Vigésima división

154. *Defiende mi causa. Ribah ribi.* "Sé mi abogado en mi jucicio."

156. *Muchas son tus misericordias.* Son *rabbim,* "multitudes". Se extienden a todos los infortunios de todos los hombres.

158. *Veía a los prevaricadores, y me disgustaba.* Literalmente, "era afectado por la angustia".

160. *La suma de tu palabra es verdad. Rosh,* "la cabeza o principio de tu palabra, es verdad". ¿Se refiere esto a la primera palabra del libro de Génesis, *bereshith,* "en el principio"? El lector ilustrado sabe que la raíz de esta palabra es *rash,* o *raash.* Cada palabra que has hablado desde el principio en *Bereshit* (Génesis) hasta el fin de la ley y los profetas, y todo lo que todavía hayas de hablar, debe ser verdad; y todo tendrá cumplimiento a su debido tiempo.

Letra Sin.— Vigésimo primera división

161. *Príncipes me han perseguido.* Esto puede referirse a lo que habían hecho los primeros ministros y los gobernadores de provincias, para indisponer al rey contra los infortunados judíos, a fin de retenerlos todavía en esclavitud. Con referencia a David, la conspiración contra él en la corte de Saúl, y los peligros que corrió a consecuencia de los celos de los señores filisteos mientras se aposentaba entre ellos, son bien conocidos.

163. *La mentira aborrezco.* Tal vez habrían hecho las confesiones que les exigían los caldeos, manteniendo a la vez una firme adherencia a su propio credo, mediante una reserva mental; pero esto, a la vista del Dios de verdad, debía ser *mentira;* sacrificio que, por otra parte, ni siquiera les compraría su liberación de la esclavitud.

164. *Siete veces al día te alabo.* Hemos visto muchas veces que entre los hebreos el número siete expresaba perfección, plenitud; y que a menudo se lo emplea para significar muchos, o un número indefinido (véase Pr. 24:16; Lv. 26:28). Y aquí puede no significar sino que su alma estaba llena del espíritu de gratitud y alabanza, y que muy frecuentemente expresaba de esta manera sus sentimientos gozosos y agradecidos.

Letra Tau.-- Vigésimo segunda división

169. *Llegue mi clamor delante de ti.* Aquí el clamor del salmista por su liberación es personificado, convertido en un ser inteligente y enviado al trono de la gracia a interceder por él.

171. *Mis labios rebosarán alabanza. Tehillah,* un canto de alabanza.

175. *Viva mi alma.* Sea preservada mi "vida" y vivificada mi alma.

Este salmo es de una extraordinaria perfección: dondequiera que uno empiece, le parecerá estar al principio de la pieza; y dondequiera que uno termine, le parecerá terminar con un sentido completo. Y, sin embargo, no es como el libro de los Proverbios, un tejido de sentencias sueltas; es un todo compuesto de muchas partes, y todas aparentemente tan necesarias para la perfección del salmo, como los diferentes caracteres alfabéticos, según los cuales está ordenado lo son, para la formación de un alfabeto completo.

SALMO 120

El salmista, en gran aflicción, clama al Señor por liberación de la calumnia y la difamación (1, 2); muestra el castigo que espera a su perseguidor (3, 4); deplora su necesidad de residir entre los impíos (5-7).

Este salmo, y los que le siguen, hasta el fin del 134, un total de quince, son llamados cánticos graduales; pues así es como se traduce generalmente el título hebreo *hammaaloth,* que procede de la raíz *alah,* "ascender o subir". De ahí *maaloth,* "gradas o escalones para ascender" (I R. 10:19-20; II R. 9: 13). Pero como la palabra puede ser aplicada a toda elevación, algunos han pensado que aquí puede referirse a la elevación de la voz; "estos salmos se cantarían con la más alta elevación de la voz y la música". Otros han pensado que la palabra expresa más bien que el tema de estos salmos es algo de una excelencia peculiar.

1. *En angustia.* Por las causas que luego se mencionan. *A Jehová clamé.* Hice vigorosas súplicas de ayuda. *Y El me respondió.* Contestó mi oración consolando mi alma.

Parece ser una oración de los cautivos en Babilonia por completa libertad; o tal vez el salmista recita la oración que los israelitas habían hecho antes de su liberación.

4. *Agudas saetas.* La versión Caldea dice: "Las fuertes, agudas saetas son como rayo de arriba, con carbones de enebro encendidos en el infierno abajo."

5. *¡Ay de mí, que moro en Mesec!* La versión Caldea dice: "¡Ay de mí, que soy extranjero entre los asiáticos y que moro en las tiendas de los árabes!"

SALMO 121

Resolución de un hombre piadoso (1, 2). Seguridad y prosperidad de los tales, al estar ellos y los suyos bajo la protección constante de Dios (3-8).

Esta parece ser una oración de los judíos en su cautiverio, que solicitan su restauración. Tiene la forma de diálogo.

Vrs. 1 y 2. La persona que adora a Dios habla en los dos primeros versículos: "Alzaré mis ojos . . . vendrá mi socorro."

V. 3. El sacerdote ministrante le contesta: "No dará tu pie al resbaladero, ni se dormirá el que te guarda."

A lo cual el adorador responde que él sabe que "no se adormecerá ni dormirá el que guarda a Israel" (v. 4); pero parece expresar alguna duda sobre si él será objeto de la atención divina.

Vrs. 5 y sigs. Responde el sacerdote, y, en la terminación del salmo le da la más positiva seguridad del favor y la protección de Dios.

1. *A los montes.* Jerusalén estaba edificada sobre un monte; y Judea era un país montañoso.

4. *El que guarda a Israel.* El Ser divino se representa a Sí mismo como un vigilante, que cuida de la ciudad y sus habitantes durante las vigilias de la noche; y que nunca es vencido por el sueño o la modorra.

8. *Tu salida y tu entrada.* Noche y día —en todos tus negocios y empresas; y esto durante todo el curso de tu vida: *para siempre.*

SALMO 122

Satisfacción de un alma llena de gracia en el uso de las ordenanzas de Dios (1, 2). Descripción del gobierno interno de Jerusalén (3-5). Oraciones por su paz y prosperidad (6-9).

En los salmos anteriores hallamos a los pobres cautivos clamando a Dios por su liberación; aquí están dando gracias al descubrir que se les permite retornar a su tierra y a las ordenanzas de su Dios.

1. *Yo me alegré con los que me decían.* Cuando Ciro publicó un edicto para su retorno, el primer objeto de la acción de gracias de los israelitas fue la bondad de Dios al permitirles retornar a sus ordenanzas.

2. *Nuestros pies estuvieron* (están ya, V. M.). Durante setenta años hemos estado exiliados de nuestra tierra; nuestro corazón estaba en Jerusalén, pero nuestros pies estaban en Caldea. Ahora Dios ha puesto fin a nuestro cautiverio, y ya nuestros pies están a las puertas de Jerusalén.

5. *Allá están las sillas del juicio.* Estaban los tribunales públicos, y allí acudía la gente para obtener justicia.

6. *Pedid por la paz de Jerusalén. Shalom* significa a la vez paz y prosperidad.

7. *Sea la paz dentro de tus muros.* Esta es la fórmula de oración que deben usar: "Resida siempre la prosperidad dentro de tus muros, y con todos los que allí residen; y la tranquilidad dentro de tus palacios o lugares altos, entre los gobernadores y mandatarios del pueblo".

SALMO 123

La oración y la fe de los piadosos (1, 2). Desean ser liberados del menosprecio (3, 4).

Este salmo es probablemente una queja de los cautivos en Babilonia por el menosprecio y el trato cruel que recibían. No estamos seguros quién es el autor.

2. *Como los ojos de los siervos.* Aguardamos ahora tus mandamientos, sintiendo la máxima disposición para obedecerlos cuando nos sean dados a conocer.

4. *Los que están en holgura.* Los babilonios, que, habiendo subyugado a los pueblos de todas las naciones vecinas, vivían *en holgura*, no tenían nadie que contendiera con ellos, y ahora se habían tornado indolentes e insolentes, viviendo en el lujo: eran despreciativos y orgullosos.

SALMO 124

Acción de gracias de los piadosos por extraordinarias liberaciones (1-6). El gran peligro en que estaban (7). Su confianza en Dios (8).

En el texto hebreo actual este salmo es atribuido a David; pero dicha atribución no se encuentra en tres de los manuscritos de Kennicott y De Rossi, como tampoco en la Septuaginta, la Siríaca, la Vulgata, la Etíope

y la Arábiga; así como en la mayoría de los antiguos padres, griegos y latinos, quienes no hallaron en sus copias otra inscripción que "Cántico gradual". Fue compuesto mucho después de los días de David; y parece ser, o una acción de gracias por la liberación de la cautividad babilónica, o por alguna notable liberación de algún enemigo poderoso e insidioso, después del retorno a Judea. O, lo que parecería más probable, es una acción de gracias de los judíos por haber escapado a la matanza general tramada por Amán, primer ministro de Asuero, rey de Persia.

1. *A no haber estado Jehová.* Esto puede referirse al plan de Amán contra todo el pueblo judío, en los días de Mardoqueo y Ester, cuando por sus malvados planes todos los judíos dispersos en las provincias babilónicas iban a ser asesinados en un día.

5. *Las aguas impetuosas.* El soberbio Amán casi había desatado sobre nuestras vidas el torrente de la desolación.

7. *Nuestra alma escapó cual ave del lazo del cazador.* Esta es una hermosa figura; muestra a la vez la debilidad de los judíos y la astucia de sus adversarios. Amán les había armado una trampa perfecta; humanamente hablando no tenían perspectivas de escapar: pero el Señor estaba de parte de ellos; y la providencia que indujo a Asuero a pedir el libro de las memorias del reino para que se las leyeran, por cierto que junto con el muy improbable ascenso de Ester al trono de Persia, fueron los medios empleados por el Señor para la preservación de todo el pueblo judío del exterminio. Dios rompió así el lazo y el ave huyó; mientras el cazador fue preso en su propia trampa y fue ejecutado. Véase el libro de Ester, que es probablemente el mejor comentario de este salmo.

SALMO 125

Seguridad de aquellos que confían en Dios (1, 2). La providencia protectora de Dios en beneficio de sus seguidores (3). Oración por los piadosos (4). La mala suerte de los impíos (5).

Este salmo no tiene título; pertenece muy probablemente a la época del cautiverio y ha sido aplicado, con evidente propiedad, a la oposición que Sanbalat el horonita, Gesem el árabe y Tobías el amonita hicieron a los judíos cuando estaban ocupados en la reconstrucción de los muros de Jerusalén y la restauración del templo.

3. *Porque no reposará la vara de la impiedad sobre la heredad de los justos. Vara,* aquí, puede ser tomada como "persecución," o gobierno; de modo que puede ser interpretado así: "A los impíos no les será permitido perseguir siempre, ni gobernar permanentemente."

SALMO 126

El gozo de los israelitas por su retorno de la cautividad, y el efecto que su liberación tuvo sobre los paganos (1-3). La oración que habían elevado (4). La inferencia que sacaban de todo ello (5, 6).

Este salmo no es de David, no tiene título en el hebreo ni en ninguna de las versiones, y ciertamente pertenece al fin del cautiverio.

1. *Cuando Jehová hiciere volver la cautividad.* Cuando Ciro publicó su decreto en favor de los judíos, dándoles libertad para retornar a su tierra y reconstruir su ciudad y su templo. *Seremos como los que sueñan.* Las nuevas fueron tan inesperadas que por un tiempo dudaron de que fuera verdad. Creyeron que era demasiado bueno para ser cierto, y se creyeron víctimas de una ilusión o un sueño.

4. *Haz volver nuestra cautividad.* Esta es, o una repetición de la oración que habían usado antes de su liberación, o una oración por aquellos que aún permanecían en la provincia allende el Eufrates. No todos los cautivos judíos regresaron juntos; volvieron en diferentes momentos, y bajo diferentes caudillos: Esdras, Nehemías, Zorobabel, etc.

6. *Irá andando y llorando que lleva la preciosa semilla.* El significado de esta metáfora parece ser éste: Un pobre labrador ha tenido una cosecha muy mala: la tierra le ha rendido una porción muy escasa de grano y alimento. Ahora ha llegado el momento de la siembra, y promete muy poco. Ahorrando a pesar del hambre, ha apartado un poco de semilla para sembrarla, con la esperanza de otra cosecha; pero la estación es tan mala que casi no tiene esperanza alguna. Lleva todo lo que tiene, su *preciosa semilla*, consigo en su morral; y con corazón angustiado la entrega al surco, regándola literalmente con sus lágrimas, e implorando ardientemente la bendición de Dios sobre ella. Llega la semana señalada para la cosecha, y el grano es muy productivo. Llena sus brazos y sus vehículos con las gavillas, y regresa en triunfo a su gran familia que lo espera, alabando a Dios por las maravillas que ha obrado. Así será con este puñado de israelitas que retornan. Ellos también han de ser sembrados —esparcidos por la tierra; la bendición de Dios será sobre ellos, y su fe y su número aumentarán abundantemente.

SALMO 127

La necesidad de la bendición de Dios sobre toda empresa, sin la cual no puede esperarse prosperidad alguna (1, 2). Los hijos son una herencia del Señor (3, 4). Una esposa prolífera es una bendición para su marido (5).

Las versiones Hebrea, Caldea y Vulgata atribuyen este salmo a Salomón. En la Septuaginta, la Etíope, la Arábiga y la Anglosajona no tiene título, sino simplemente "Cántico gradual". Es muy probable que fuera compuesto para la construcción del segundo templo, bajo Nehemías, y por algún profeta de esa época.

1. *Si Jehová no edificare la casa.* Edificar una casa se emplea en tres sentidos en las Sagradas Escrituras. (1) Edificar el templo del Señor, que era llamado la casa, expresando eminencia. (2) Construir cualquier casa o lugar de habitación. (3) Tener una prole numerosa. *Ben,* "hijo" y *bath,* "hija" y *beith,* "casa" proceden de la misma raíz, *banah,* "edificar"; porque los hijos e hijas construyen una casa. Ahora bien, es cierto que a no ser que la mano de Dios esté sobre nosotros no podemos construir con éxito un lugar de adoración a su nombre. A no ser que tengamos su bendición, no puede ser edificada confortablemente una casa-habitación. Y si su bendición no está sobre nuestros hijos, la casa (la familia) podrá ser edificada, pero en lugar de ser la casa de Dios será la sinagoga de Satanás.

Si Jehová no guardare la ciudad. Cuando los judíos retornaron y comenzaron a restaurar las murallas de Jerusalén, y reconstruir la ciudad, Sanbalat, Tobías y otros conspiraron para impedirlo. Informado de esto, Nehemías estableció guardias y vigilantes. A esto alude el salmista, y dice, en efecto: Aunque vigiléis constantemente, guardéis cada lugar, y os mantuviereis armados para repeler cualquier ataque, recordad, sin embargo, que el éxito de todo depende de la presencia y bendición de Dios. Sin dejar, pues, de ser diligentes, sed fervientes en espíritu, sirviendo al Señor; porque no hay éxito ya sea en empresas espirituales o seculares, sino como consecuencia de la bendición del Todopoderoso.

SALMO 128

Bienaventuranza del hombre que teme al Señor (1). Es bendecido en su trabajo (2); en su esposa e hijos (3, 4); en las ordenanzas de Dios (5); y en una vida larga y numerosa posteridad (6).

Este salmo no tiene título, ni en hebreo ni en ninguna de las versiones. Parece ser una continuación del salmo anterior, o más bien una segunda parte del mismo. El hombre a quien en el salmo anterior se presenta como padre de numerosa prole, aquí aparece sentado a la mesa con su gran familia. Alguien que entra, y ese feliz estado, habla de sus comodidades y le predice a él y a los suyos todo bien posible en lo futuro. ¿Y por qué? Porque el hombre y su familia "temen a Dios y andan en sus caminos".

2. *Cuando comieres el trabajo de tus manos.* No estarás exento de *trabajo*. Traba-

jarás, pero Dios bendecirá y prosperará ese trabajo y tú y los tuyos comerán de él.

5. *Bendígate Jehová desde Sion.* Cada vez que te acerques a El en su casa en oración, con sacrificios y con ofrendas, tendrás su bendición especial. Prosperarás en todas partes y en todas las cosas.

6. *Paz sea sobre Israel.* Esta es la misma terminación del salmo 125.

SALMO 129

Los judíos hacen un relato de las aflicciones por las que han pasado (1-3). Y dan gracias a Dios por su liberación (4). Los juicios que caerán sobre los obreros de iniquidad (5-8).

Este salmo fue escrito después del cautiverio. No tiene título en ninguna de las versiones, ni en el texto hebreo, más que el título general de "Cántico gradual".

1. *Mucho me han angustiad.* Los israelitas habían estado en aflicción o cautividad desde la primera parte de su historia, llamada aquí su *juventud.* Así Os. 2:15: "Cantará como en los tiempos de su juventud, y como en el día de su subida de la tierra de Egipto." Véase Jer. 2:2 y Ez. 16:4.

2. *Mas no prevalecieron contra mí.* Trataron de aniquilarnos como pueblo; pero Dios nos preserva aún como su nación propia.

5. *Serán avergonzados.* Serán confundidos.

6. *Como la hierba de los tejados.* Como en el oriente los techos de las casas eran planos, las semillas de distintas clases que caían sobre ellos germinaban naturalmente; y, debido a la falta de alimentación adecuada, necesariamente se agostaban y secaban.

8. *Ni dijeron los que pasaban.* Aquí hay una referencia a los saludos que cambiaban entre sí los segadores en la época de la cosecha. Hallamos que cuando el amo llegaba al campo, decía a los segadores: "Jehová sea con vosotros," y ellos respondían: "Jehová te bendiga" (Rut. 2:4).

SALMO 130

Oración de un penitente a Dios, con confesión de pecados (1, 2). Confianza en la misericordia de Dios, esperando en El (4-6). Israel es alentado a esperar en el Señor, quien está dispuesto a salvar (7, 8).

Este salmo no tiene nombre de autor, ni en hebreo ni en ninguna de las versiones. Fue compuesto muy probablemente durante el cautiverio; y contiene las quejas de los judíos afligidos, con sus esperanzas por la remisión de aquellos pecados que fueran causa de sus sufrimientos, y su restauración de la cautividad a su tierra. Este es uno de los salmos llamados "penitenciales".

3. *Si mirares a los pecados.* Si señalaras cada desviación, en pensamiento, palabra y hecho de tu santa ley; y si nos llamaras a juicio por todas nuestras infidelidades, de corazón y de vida; ¿quién, oh Señor, podría mantenerse? ¿Quién podría soportar semejante juicio, y quién podría ser absuelto en él? Este es un dicho solemnísimo; y si no tuviéramos la doctrina que aparece en el versículo siguiente, ¿quién podría ser salvo?

4. *Pero en ti hay perdón.* Tú puedes perdonar; a ti pertenecen tanto la misericordia como el juicio.

5. *Esperé yo a Jehová.* La palabra *kavah,* que traducimos "esperar," significa precisamente la "extensión de una cuerda de un punto a otro". Esta es una hermosa metáfora: Dios es un punto, el corazón humano es el otro; y la cuerda extendida entre ambos es el deseo vehemente y creyente del alma. Este deseo, fuertemente extendido del corazón a Dios es la activa y enérgica esperanza que Dios exige, y que logrará éxito.

6. *Más que los centinelas a la mañana.* Creo que el original debiera ser leído en otra forma. La versión Caldea dice: "Más que los que guardan las vigilias de la mañana, para ofrecer la oblación matutina." Esto da un buen sentido y es, tal vez, el verdadero significado.

7. *Espere Israel a Jehová.* ¿Qué *razón* hay para esta *esperanza?* Una doble razón: (1) Porque en Jehová hay misericordia. *Hachesed,* "esa misericordia," el fondo, la esencia de la misericordia. (2) *Y abundante redención con él.* "Esa abundante redención."

8. *El redimirá a Israel.* "El hará expiación por Israel."

SALMO 131

El salmista profesa su humildad, y lo pacífico de su disposición y su conducta (1, 2). Exhorta a Israel a confiar en Dios (3).

Algunos piensan que David compuso este salmo como su propia vindicación, cuando los cortesanos de Saúl lo acusaron de pretender la corona, y de hacer planes y complotar para apoderarse de ella. Otros piensan que fue hecho durante el cautiverio, y que contiene un relato fiel de la forma en que se comportaban los cautivos, bajo el dominio de sus opresores.

1. *Jehová, no se ha envanecido mi corazón.* El principio de la soberbia no tiene lugar en mi corazón; y por consiguiente no aparece en mis ojos la mirada altiva, soberbia y arrogante. Tampoco elevo la vista codiciosamente a la posición de otros, ni la bajo

despreciativamente a la inferioridad o la pobreza de los que están más bajos que yo. Y toda mi conducta prueba esto; porque "ni anduve en grandezas," ni me he asociado con las capas superiores de la comunidad, ni en grandes asuntos, cosas "maravillosas" o *sublimes; demasiado* altas *para mí,* ajenas a mí y que no corresponden a una persona de mi esfera y situación en la vida.

SALMO 132

El salmista ruega que Dios recuerde sus promesas a David (1). Su propósito de llevar el arca del Señor a un lugar de reposo (2-5). Dónde se la halló, y la oración al sacarla de allí (6-9). Las promesas hechas a David y su posteridad (10-12). Dios elige a Sion por habitación, y sus promesas al pueblo (13-17). Todos sus enemigos serán confundidos (18).

Algunos atribuyen este salmo a David, pero sin suficiente fundamento; otros, con más verosimilitud, a Salomón; y otros, a algún autor inspirado, a fines de la cautividad, lo cual es tal vez lo más probable. Se refiere a la construcción del segundo templo y a la colocación en él del arca del pacto. *De cómo juró a Jehová.* Este es el único lugar donde se nos informa que David jurase al Señor acerca de la construcción del templo; pero hallamos que había hecho un propósito firme en cuanto a ello.

3. *No entraré.* Esto debe referirse a la situación del templo; o como diríamos nosotros, no pasaría un día más sin que hallara el terreno sobre el cual construir el templo, y proyectara el plan, y buscara los medios y maneras para ejecutarlo.

5. *El Fuerte de Jacob.* Esta designación de Dios aparece por primera vez en Gn. 49:24.

6. *He aquí en Efrata lo oímos.* Esto puede ser considerado como continuación del juramento de David; como si hubiera dicho: Como había determinado edificar un templo para el arca, y oí que estaba en Efrata, fui y la hallé en los "campos de Jaar" —no del bosque, sino Quiriat-jaar o jearim, donde el arca estaba entonces alojada— y habiéndola encontrado, entró en el tabernáculo (v. 7) y luego, adorando a aquel Dios cuya presencia estaba en ella, lo invitó a levantarse y venir al lugar que había preparado para ella.

8. *Levántate, oh Jehová, al lugar de tu reposo, tú y el arca de tu poder.* Usando la misma expresión que usó Salomón cuando dedicó el templo (II Cr. 6:41-42). Si tomamos los vrs. 6, 7 y 8 no como continuación del juramento de David, sino como las palabras de los cautivos en Babilonia, la explicación sería sencilla y fácil: "Hemos oído, oh Señor, de nuestros padres, que tu tabernáculo estuvo antes largo tiempo en Silo, en la tribu de Efraín. Y nuestra historia nos informa que también estuvo en Quiriat-jearim, los campos del bosque; y después fue llevada a Jerusalén, y establecida allí: pero ahora Jerusalén está en ruinas, el templo destruido y tu pueblo en cautividad. Levántate, oh Señor, y restablece tu habitación en tu santa ciudad."

11. *Juró Jehová.* Así como David le había jurado al Señor, éste le juró a David que establecería su trono y colocaría en él a su posteridad: y San Pedro (Hch. 2:30) nos informa que hablaba del Arquetipo de David.

13. *Jehová ha elegido a Sion.* Por lo tanto, ni Silo ni Quoriat-jearim es el lugar de su reposo.

14. *Este es para siempre... mi reposo.* Aquí se hace referencia sin duda alguna a la iglesia cristiana. Este es el lugar de Dios para siempre.

18. *A sus enemigos vestiré de confusión.* Todo adversario de la causa cristiana será confundido. *Mas sobre él florecerá su corona.* El gobierno del reino de Cristo no tendrá fin. Desde el v. 11 hasta el fin, el salmo se ocupa del David espiritual y su posteridad.

SALMO 133

El consuelo y beneficio de la comunión de los santos (1-3).

Hay diferentes opiniones acerca de este salmo; lo más probable es que presente a los sacerdotes y levitas vueltos de la cautividad y unidos en el servicio divino en el santuario. Este, con el anterior y el que le sigue, parecen formar un todo. En el 132, se invita al Señor a entrar en su templo y derramar su bendición; en el 133 se señala el hermoso orden y la armonía del servicio del templo; y en el 134 todos son exhortados a la diligencia y la vigilancia en el cumplimiento de su deber.

1. *¡Mirad cuán bueno y cuán delicioso!* La unidad es, según esta escritura, algo *bueno* y *delicioso;* y especialmente entre *hermanos* —miembros de la misma familia, de la misma comunidad cristiana y de la misma nación.

2. *Como el buen óleo.* La composición de este ungüento sagrado se puede ver en Ex. 30:23 y sigs.; *mirra excelente, canela aromática, cálamo aromático y aceite de olivas.* La fragancia de esta mezcla debe haber sido muy agradable, y sirve como una metáfora para señalar la exquisita excelencia del amor fraternal. *Desciende sobre la barba.* El aceite fue derramado sobre la cabeza de Aarón tan profusamente como para chorrear por sus vestiduras. Es costumbre en el oriente derramar el aceite sobre la cabeza tan profundamente que alcance a todos los miembros.

3. *Como el rocío de Hermón, que desciende sobre los montes de Sion.* Este no era el

monte Sion de Jerusalén, sino el que es parte de Hermón (véase Dt. 4:48): "el monte de Sion, que es Hermón". Sobre esta montaña el rocío es muy copioso.

SALMO 134

Exhortación a alabar a Dios en su santuario (1-3).

Este es el último de los quince salmos denominados "Cánticos graduales". Está estrechamente conectado con los dos salmos anteriores, y es una exhortación a los sacerdotes y levitas que vigilaban por las noches en el templo, a que fuesen asiduos en alabar al Señor. Parece consistir en dos partes: (1) Una exhortación, probablemente del sumo sacerdote, a aquellos sacerdotes y levitas que montaban guardia en el templo por la noche, a que emplearan su tiempo provechosamente, y celebraban debidamente las alabanzas de Dios (vrs. 1-2). La segunda parte, que está contenida en el v. 3, es la oración de los sacerdotes y levitas por el sumo sacerdote, quien parece estar ahora yendo a su descanso.

1. *Mirad, bendecid a Jehová.* Creo que *hinneh* debiera entenderse aquí en el sentido de "¡tened cuidado!" *Los que estáis... por las noches.* Los que ministraban durante la noche.

2. *Alzad vuestras manos al santuario. Kodesh,* "en santidad". La expresión parece muy similar a la de San Pablo en I Ti. 2:8: "levantando manos santas, sin ira ni contienda".

3. *Desde Sion te bendiga.* Como si dijera: "Aguardaremos a tus órdenes, ve en paz y que Dios derrame sus bendiciones sobre ti." La bendición pronunciada por los sacerdotes era la siguiente: "Jehová te bendiga y te guarde; Jehová haga resplandecer su rostro sobre ti, y tenga de ti misericordia; Jehová alce sobre ti su rostro, y ponga en ti paz" (Nm. 6:24-26).

SALMO 135

Exhortación a alabar a Dios por su bondad y su grandeza (1-5); por sus maravillas en la naturaleza (6, 7); las maravillas que hizo en Egipto (8, 9); en el desierto (10-12); por sus bondades para con su pueblo (13, 14). La vanidad de los ídolos (15-18). Israel, con sus sacerdotes y levitas, es exhortado a alabar al Señor (19-21).

Este salmo está íntimamente conectado con el anterior. Es una exhortación dirigida a los sacerdotes y levitas, y a todo Israel, a publicar las alabanzas del Señor. La conclusión de este salmo es casi la misma del salmo 115; y lo que se dice acerca de los ídolos y los efectos del poder de Dios, parece tomado de allí. Por éstas y otras circunstancias, parece fue escrito después de la cautividad; y pudiera haber sido empleado, según conjetura Calmet, en la dedicación del segundo templo.

1. *Alabad el nombre de Jehová.* Esto podría ser considerado como el título, pues no tiene otro. Tal vez el original *halelu eth shem Yehovah,* debiera traducirse "Alabad el nombre Jehová"; esto es, Alabad a Dios en su infinita esencia de ser, santidad, bondad y verdad.

2. *Los que estáis.* Sacerdotes y levitas. Para lo cual da varias razones.

3. *El es bueno.* He aquí la primera razón para que deba ser alabado; y se agrega una segunda subordinada: *es benigno.* Es correcto reconocer a ese Ser infinito y nuestra dependencia de El.

4. *Porque JAH ha escogido a Jacob.* Esta es una tercera razón. El ha tomado a los israelitas como su pueblo peculiar, "su peculiar tesoro".

5. *Jehová es grande.* Su poder es ilimitado: otra razón. *Mayor que todos los dioses.* Toda clase de seres, idolatrados o no; porque El es la fuente de la existencia. Esta es una quinta razón.

15. *Los ídolos de las naciones.* Este versículo y los siguientes, hasta el fin del 18 son casi palabra por palabra lo mismo que los vrs. 4-6 del salmo 115.

19. *Casa de... bendecid a Jehová.* Véase versículos similares, Sal. 115:9-13.

SALMO 136

Exhortación a agradecer a Dios por sus diversas mercedes para con todos los hombres (1-9); particularmente hacia los israelitas en Egipto (10-12); en el Mar Rojo (13-15); en el desierto (16-20); y en la tierra prometida (21, 22); por la redención de los cautivos de Babilonia (23, 24); y por sus providenciales mercedes para con todos (25, 26).

Este salmo casi no es otra cosa que una repetición del anterior, con el estribillo: "Porque para siempre es su misericordia" al final de cada versículo. Parece haber sido un cántico antifonal; los levitas cantarían la primera parte del versículo, y el pueblo el estribillo. En hebreo no tiene título, como tampoco en ninguna de las versiones. Fue escrito indudablemente después del cautiverio. El autor es desconocido.

1. *Alabad a Jehová, porque él es bueno.* Este sentimiento se repite a menudo: la bondad de la naturaleza divina, como base de confianza y acción de gracias a la vez. *Porque para siempre es su misericordia.* Estas palabras, que son el estribillo de cada versículo, *ki leolam chasdo,* podrían ser tra-

ducidas: "Porque su misericordia es hasta la edad venidera"; o sea, probablemente, si el salmo es profético, ese peculiar despliegue de su compasión, la redención del mundo por el Señor Jesús. Estas mismas palabras fueron prescritas por David como un reconocimiento, que debía ser empleado continuamente en el culto divino (véase I Cr. 16:41); también por Salomón (II Cr. 7:3, 6) y observadas por Josafat (II Cr. 20:21), todos reconociendo que, por rico en misericordia que fuera Dios para con ellos, las muestras más grandes de su bondad estaban reservadas para la era venidera (véase I P. 1:10-12).

2. *Dios de los dioses. Ladonai haadonim.* Como "adonai" significa "director," aquí puede aplicarse, no a los ídolos, porque Dios no es dios de ellos, sino a los sacerdotes y guías espirituales; como Señor de señores puede aplicarse a reyes y magistrados, etc. El es Dios y gobernador sobre todos los gobernadores de la tierra, ya sea en las cosas sacras o en las civiles.

4. *Al único que hace grandes maravillas.* "Milagros."

25. *Da alimento a todo ser viviente.* Por cuya providencia universal es sostenido y preservado todo ser intelectual y animal. El señala a cada ser viviente el alimento adecuado a su naturaleza, es una prueba abrumadora de la providencia, sabiduría y bondad de Dios.

SALMO 137

El estado de desolación y aflicción de los cautivos en Babilonia (1, 2). Cómo eran ultrajados por sus enemigos (3, 4). Su apego a su país (5, 6). El juicio que amenaza a sus enemigos (7-9).

Ni en hebreo ni en caldeo tiene título alguno. Algunos piensan que fue cantado cuando retornaron de Babilonia; otros, mientras estaban allí. Evidentemente fue compuesto durante o a la terminación del cautiverio.

1. *Junto a los ríos de Babilonia.* En su cautividad y dispersión, los judíos acostumbraban celebrar sus reuniones religiosas a la orilla de los ríos. En Hch. 16:13 se hace referencia a esto: allí encontramos a los judíos de Filipos acudiendo "junto al río, donde solía hacerse la oración".

2. *Sobre los sauces... colgamos nuestras arpas.* Los *sauces* eran muy abundantes en Babilonia. Había tantos en las orillas del Eufrates, que Isaías (15:7), lo llamó "torrente o río de los sauces". Este es un cuadro muy conmovedor. Tal vez descansando después del trabajo, y queriendo pasar el tiempo religiosamente, tomaron sus arpas y estaban a punto de cantar uno de los himnos de Sion; pero, reflexionando sobre su patria les invadió una amargura tal que, de común acuerdo desencordaron las arpas y las colgaron en los sauces, dando rienda suelta a su dolor. Algunos de los babilonios, que probablemente asistían a tales reuniones por causa de la música, estando presentes en el momento especificado, deseaban que cantaran uno de los cánticos de Sion: esto está relatado en forma conmovedora.

3. *Los que nos habían llevado cautivos nos pedían que cantásemos.* Esto era tan insultante como irrazonable.

4. *¿Cómo cantaremos cántico de Jehová? ¡Eich! nashir: ¡Oh, cantamos!* ¿Quién no oye el hondo suspiro en el sonido fuertemente gutural del original *¡eich!*, salido como del fondo del corazón? ¿Podemos nosotros, en este estado de esclavitud —nosotros, exiliados, de nuestra patria—, podemos cantar, o estar alegres, en estas circunstancias?

7. *Recuerda... los hijos de Edom.* Según Jer. 12:6; 25:14; Lm. 4:21-22; Ez. 25:12; Abd. 11-14, parece que los edomitas se habían unido al ejército de Nabucodonosor contra sus hermanos los judíos, y que habían sido los principales instrumentos para el arrasamiento de las murallas de Jerusalén.

8. *Hija de Babilonia la desolada.* O "que has de ser desolada," VM. *El pago de lo que tú nos hiciste.* Ciro fue el elegido por Dios para hacer esto, y por consiguiente se le llama *bienaventurado*, como agente de Dios en su destrucción.

9. *Dichoso el que tomare y estrellare tus niños.* Esto es: Tan opresivo has sido para todos los que han estado bajo tu dominación, que has llegado a ser universalmente odiada y detestada; de modo que aquel que sea el último en levantar la mano para destruirte y exterminar totalmente tus habitantes, será considerado *dichoso* —será exaltado como aquel que haya librado a la humanidad de una maldición tan cruel. Estas declaraciones proféticas no son una excitación para que ninguna persona o personas cometieran actos de crueldad y barbarismo; son simplemente declarativas de lo que sucedería en el orden de la providencia y la justicia retributiva de Dios, y la opinión general que en consecuencia se expresaría sobre la cuestión.

SALMO 138

El salmista alaba a Dios por sus mercedes para con él (1-3). Predice que los reyes de la tierra le adorarán (4, 5). La condescendencia de Dios para con los humildes (6). La confianza del salmista (7, 8).

El hebreo y todas las versiones atribuyen este salmo a David, y se supone que lo compuso cuando, liberado de todos sus enemigos, estuvo firmemente sentado en el trono de Israel.

1. *Delante de los dioses te cantaré. Neged Elohim,* "en presencia de Elohim," lo cual significa muy probablemente delante del arca, donde estaban los sagrados símbolos del Ser supremo.

2. *Por tu misericordia.* La "tierna misericordia" has mostrado hacia mí; y por el cumplimiento de tu verdad —las promesas que hiciste. *Has engrandecido tu nombre y tu palabra.* Todas las versiones dicen: "Porque has engrandecido sobre todo el nombre de tu santidad." Has probado que eres todopoderoso en el cielo y en la tierra, y que eres fiel en todas tus palabras. Creo que el original debiera ser traducido: "Has engrandecido tu nombre y tu palabra sobre todas las cosas" o "en toda ocasión".

8. *Jehová cumplirá* (completará, VM.) *su propósito.* Hará lo que falte hacer.

SALMO 139

Un hermoso relato de la omnisciencia de Dios (1-6); de su omnipresencia (7-12); de su poder y providencia (13-16). La excelencia de sus propósitos (17, 18). Su oposición a los impíos (19, 20); con quienes los piadosos no pueden tener comunión (21, 22).

El título de este salmo en hebreo es: "Al músico principal (o Al Conquistador). Salmo de David." Las versiones en general siguen el hebreo. Y, sin embargo, a pesar de estos testimonios, hay evidencias internas de que no fue escrito por David, sino durante o después del cautiverio, pues contiene varios caldeísmos. Véase los vrs. 2, 3, 7, 9, 19, 20 comparados con Dn. 2:29-30; 4:16; 7:28; algunos de éstos serán señalados en los lugares correspondientes.

1. *Oh Jehová, tú me has examinado.* "Me has investigado"; te has familiarizado cabalmente con toda mi alma y mi conducta.

2. *Mi sentarme y mi levantarme.* Aun cosas tan insignificantes y casuales como éstas son continuamente notadas por ti. No puedo ni siquiera sentarme o levantarme, sin que Tú lo veas. *Has entendido mis pensamientos.* "Mi cogitación." Esta palabra en caldeo (véase Dn. 2:29, 30). *Desde lejos.* Desde que empiezan a formarse.

3. *Has escudriñado mi andar. Zeritha,* "avientas, ventilas o tamizas" mis caminos; y *mi reposo, ribi,* mi "lecho". *Te son conocidos.* Tú los atesoras; éste es el sentido de *sachan.* Tú tienes todo el número de mis caminos, y los pasos que doy en ellos.

4. *Aún no está la palabra en mi lengua.* "Aunque *(ki)* no hubiera una palabra en mi lengua, he aquí, oh Jehová, Tú las sabes todas," es decir, Tú conoces todas mis palabras antes que sean pronunciadas, como conoces todos mis pensamientos cuando todavía no se han formado.

5. *Detrás y delante me rodeaste.* "El porvenir y el pasado, Tú me has formado."

7. *¿Adónde me iré de tu Espíritu?* Seguramente *ruach* en este sentido debe ser tomado personalmente, no puede significar aliento o viento; traducirlo así haría ridículo el pasaje. *De tu presencia.* "De tus rostros." ¿Por qué hallamos tan frecuentemente esta palabra en plural cuando se la aplica a Dios? ¿Y por qué tenemos aquí al mismo tiempo su *Espíritu* y sus "apariencias" o "rostros"? Un trinitario diría inmediatamente: "Se refiere a la pluralidad de personas en la divinidad"; ¿y quién puede probar que esté equivocado?

15. *No fue encubierto de ti mi cuerpo.* Mis "huesos" o "esqueleto".

17. *¡Cuán preciosos me son . . . tus pensamientos!* "Tus cogitaciones"; un caldeísmo, como antes. *¡Cuán grande es la suma de ellos!* "¡Cuán fuertemente racionales son los encabezamientos o temas principales de ellos! "

18. *Si los enumero.* Me alegraría poder enumerar tan interesantes particulares: pero son incalculables. *Despierto.* Tú eres mi Gobernante y Protector, noche y día.

19. *De cierto . . . harás morir al impío.* El resto de este salmo no tiene conexión visible con lo que precede. Creo que es más bien un fragmento de algún otro salmo. *Hombres sanguinarios.* "Hombres de sangre," culpables de muerte.

21. *¿No odio, etc.?* Abomino de su conducta.

22. *Los aborrezco por completo.* Su conducta, sus motivos, su oposición a ti, su perfidia y sus propósitos idólatras aborrezco totalmente.

23. *Examíname, oh Dios.* Investiga mi conducta, examina mi corazón, ponme a prueba y examina mis pensamientos.

24. *Camino de perversidad.* "Camino de idolatría o de error." *Guíame en el camino eterno.* "En el camino antiguo" —el camino por el cual anduvieron nuestros padres, que te adoraron.

SALMO 140

El salmista ora contra sus enemigos (1-6); da gracias por la ayuda (7); describe a sus enemigos y vuelve a orar contra ellos (8-11). Su confianza en Dios (12, 13).

El hebreo y todas las versiones atribuyen este salmo a David; y se supone que contiene su queja cuando era perseguido por Saúl.

1. *Del hombre malo.* Saúl, que lleno de envidia, celos y crueldad contra David, a quien tanto él como su reino le estaban tan obligados, trataba de destruirlo por todos los medios.

2. *Maquinan males.* El y sus cortesanos complotan e intrigan contra mi vida.

3. *Aguzaron su lengua.* Emplean su tiempo en forjar mentiras y calumnias contra mí; y de la naturaleza más virulenta.

4. *Líbrame del hombre violento* (V.M.). Otra vez Saúl, quien era obstinado y violento en todas sus medidas, así como era cruel, y estaba inflexiblemente decidido a destruir a David.

5. *Me han puesto lazos.* Andaban a la caza de David como si se tratara de una bestia salvaje.

SALMO 141

El salmista ruega que sean aceptadas sus devociones (1, 2). Que sea capaz de vigilar de tal manera que no ofenda con la lengua; y que sea preservado de iniquidad (3, 4). Su disposición para recibir la amonestación (5). Se queja de desastres (6, 7). Su confianza en Dios, y oración contra sus enemigos (8-10).

Este salmo se atribuye generalmente a David, y se considera que habría sido escrito cuando era perseguido por Saúl. Algunos piensan que lo compuso cuando hizo la resolución de pasarse a Aquis, rey de Gat (véase I S. 27). Se lo considera generalmente como una oración vespertina, y así ha sido usado durante mucho tiempo en los servicios de la iglesia griega.

1. *Jehová, a ti he clamado.* Muchos de los salmos de David comienzan con lamentos; pero no son vulgares quejas o expresiones de desagrado. El estaba frecuentemente en problemas y dificultades, y siempre buscaba ayuda en Dios.

2. *Como el incienso.* Todas las mañanas y las tardes se ofrecía incienso delante del Señor, en el altar de oro, delante del velo del santuario. (Ex. 29:39 y Nm. 28:4). *Como la ofrenda de la tarde.* Minchah, que generalmente se toma por ofrenda de gratitud o sacrificio incruento. La traducción literal del pasaje es: "Sea mi oración establecida por inciensor delante de tus rostros; y la elevación de mis manos por la oblación de la tarde."

4. *No coma yo de sus deleites.* Esto puede referirse a comer cosas prohibidas por la ley, o a la participación en banquetes o fiestas en honor de los ídolos.

5. *Que el justo me castigue.* Este versículo es extremadamente difícil en el original. La siguiente traducción, en la cual concuerdan más o menos la Siríaca, la Vulgata, la Septuaginta y la Arábiga, me parece la mejor: "Que el justo me castigue en misericordia, y me instruya: pero que no unja mi cabeza el aceite de los inicuos. No adornará mi cabeza; pues con todo, mi oración será contra sus obras malas." El aceite de los inicuos puede significar aquí sus suaves palabras lisonjeras; y el salmista insinúa que más bien sufrirá la cortante amonestación del justo que la untuosa charla del adulador.

6. *Serán despeñados sus jueces.* "En las manos de la roca." *Y oirán mis palabras, que son verdaderas* (suaves V.M.). Algunos piensan que aquí hay una alusión al tratamiento generoso que David dispensó a Saúl en la cueva de Engadi, y luego en la colina de Haquila. El versículo podría ser traducido: "Sus jueces han sido despeñados en los lugares rocosos y oyeron mis palabras, que eran suaves."

SALMO 142

El salmista, en gran angustia y dificultad, acude a Dios (1-7).

El título dice: "Instrucción (masquil) de David," o Salmo de David dando instrucción; "Oración que hizo cuando estaba en la cueva".

Dos veces estuvo David en gran peligro en cuevas: (1) En la cueva de Adulam, cuando huyó de Aquis, rey de Gat (I S. 22); (2) cuando estuvo en la cueva de En-gadi, donde se había refugiado de la persecución de Saúl; y éste, sin saber que David estaba allí, entró en la cueva en alguna ocasión necesaria (I S. 24). Si se puede confiar en la inscripción, la cueva de En-gadi es la más probable de las dos para la escena que aquí se presenta.

3. *Tú conociste mi senda.* Cuando Saúl y su ejército estaban alrededor de la cueva en que yo estaba oculto, *Tú conociste mi senda* —que no tenía manera de escapar sino por un milagro: pero Tú no dejaste que ellos advirtieran que yo estaba completamente en su poder.

7. *Saca mi alma de la cárcel.* Saca *naphshi,* "mi vida," de esta cueva en la cual está ahora aprisionada; estando Saúl y sus hombres en posesión de la entrada. *Me rodearán los justos.* "Me coronarán," tal vez queriendo decir que, a la muerte de Saúl, los judíos piadosos se reunirían alegremente para coronarlo rey, convencidos de que Dios, por la forma en que lo había guardado, así lo quería.

SALMO 143

El salmista ora por misericordia e implora juicio (1, 2). Sus persecuciones (3). Su ardiente ruego por liberación (4-9). Ora por el Espíritu vivificador de Dios (10, 11). Y por el desconcierto total de sus enemigos (12).

El hebreo y todas las versiones atribuyen este salmo a David; y la Vulgata, la Septuaginta, la Etíope y la Arábiga añaden que fue escrito cuando la rebelión de su hijo Absalón: y no hay en el salmo nada que positivamente desmienta esta inscripción. Este es el último de los siete salmos llamados "penitenciales".

3. *Me ha hecho habitar en tinieblas.* Literalmente: "en lugares oscuros". Esto puede referirse al hecho de que David buscara refugio en cuevas y cavernas de la tierra, para escapar a la persecución de su hijo.

5. *Extendí mis manos.* Esta es una acción natural. Todo el que está afligido, o bajo la influencia de un fuerte anhelo, naturalmente extiende las manos y los brazos, como para asir la ayuda y obtener socorro. *Como la tierra sedienta,* abrasada y quemada por el sol, anhela la lluvia, así mi alma tiene sed del Dios vivo.

7. *Respóndeme pronto.* "Apresúrate" a responderme. Unas pocas horas, y mi estado será irrecuperable. En poco tiempo mi hijo desnaturalizado puede poner fin a mi vida.

8. *Hazme oír por la mañana tu misericordia.* Esta petición probablemente fuera ofrecida por la noche. David había despachado sus mensajeros en todas direcciones, y ruega a Dios que por la mañana pueda tener alguna buena noticia. *Hazme saber el camino por donde ande.* Absalón y sus secuaces están en posesión de todo el territorio. No sé en qué dirección ir para no caer en sus manos: enséñame con tu especial providencia el camino que debo tomar.

10. *Enséñame a hacer tu voluntad.* "Lo que te place." Ser hallado haciendo la voluntad de Dios es el único estado seguro para el hombre.

SALMO 144

El salmista alaba a Dios por su bondad (1, 2). Exclamaciones relativas a la vanidad de la vida humana (3, 4). Ora contra sus enemigos (5-8); y exalta la misericordia de Dios por las bendiciones temporales disfrutadas por su pueblo (9-15).

El hebreo y todas las versiones atribuyen este salmo a David. Calmet piensa, y con mucha probabilidad, que fue compuesto por David después de la muerte de Absalón, cuando el reino hubo recobrado su paz y tranquilidad. Una comparación de este salmo con el 18, del cual parece una condensación, conservando las mismas ideas y las mismas formas de expresión, no deja duda de que ambos proceden de la misma pluma, y que David fue el autor.

2. *El que sujeta a mi pueblo.* Quien ha reducido, una vez más, a la nación a un estado de leal obediencia. Esto puede referirse a la paz después de la rebelión de Absalón.

4. *El hombre es semejante a la vanidad.* Literalmente: "Adán es semejante a Abel," expuesto a las mismas miserias, accidentes y asesinos; porque en millones de casos las manos de hermanos se levantan para derramar sangre de hermanos.

9. *Cantaré cántico nuevo.* Un cántico de particular excelencia. Volcaré toda mi gratitud, y toda mi habilidad, en su composición. Véase Sal. 33:2-3.

13. *Nuestros graneros, etc.* "Nuestros graneros están llenos." Estas no son oraciones elevadas por David pidiendo tales bendiciones, sino aseveraciones que tales bendiciones estaban ya en posesión. Todas estas expresiones debieran entenderse en tiempo presente. *Decenas de millares en nuestros campos.* "En nuestros corrales o rediles."

14. *Nuestros bueyes estén fuertes para el trabajo.* No sólo tenemos abundancia de ganado, sino que es de la clase más fuerte y vigorosa. *No tengamos asalto.* Tan bien organizada está la policía del reino, que no hay depredaciones, ni ladrones, violadores de domicilio o partidas de merodeadores, en la tierra.

15. *Bienaventurado el pueblo.* "¡Oh, cuán dichosa es la gente! "

SALMO 145

Dios es alabado por su inescrutable grandeza (1, 2); por su majestad y sus actos terribles (3-6); por su bondad y sus tiernas misericordias para con todos (7-9); por su poder y su reino (10-13); por su bondad para los afligidos (14); por su providencia (15-17). Él oye y responde a la oración (18-20). Todos deben alabarle (21).

Este salmo es atribuido a David por el hebreo y todas las versiones. Es el último de los salmos acrósticos; debiera contener, pues, veintidós versículos, respondiendo a las veintidós letras del alfabeto hebreo; pero entre los versículos 13 y 14 falta uno, empezando con la letra *nun,* que se ha perdido de las copias hebreas actuales; se encuentra traducido en las versiones Siríaca, Septuaginta, Vulgata, Etíope, Arábiga y Anglosajona. Es un incomparable salmo de alabanza.

3. *Su grandeza es inescrutable.* Literalmente: "De su poderío no hay investigación." Todo en Dios es ilimitado y eterno.

4. *Generación a generación.* Tus actos creadores y redentores están registrados en tu palabra; pero tus tratos maravillosamente providenciales con la humanidad deben ser transmitidos por la tradición, de generación a generación; porque están ocurriendo continuamente y son, en consecuencia, innumerables.

10. *Te alaben, oh Jehová, todas tus obras.* Al Dios que es bueno con todos. Tus santos. *Chasideycha,* "los objetos de tu compasión"; aquellos que participan de tu gran misericordia (v. 8).

13. *Tu reino es reino de todos los siglos.* No hay época ni pueblo en bien de los cuales no manifieste Dios su benigno poder director. Como este versículo empieza con la letra *mem,* el siguiente en orden alfabético debiera empezar con *nun;* pero ese versículo falta completamente. Sería falso decir que nunca existió, pues sin él el alfabeto no está completo; y es un argumento incontestable para demostrar la forma descuidada en que los judíos han preservado los registros divinos. Un manuscrito existente en el Trinity College, de Dublín, lo tiene en esta forma, supongo que como una corrección, al pie de la página: "El Señor es fiel en todas sus palabras; y misericordioso en todas sus obras." La Septuaginta y la Vulgata son lo mismo que el hebreo que damos arriba.

14. *Sostiene Jehová a todos los que caen.* O los que no pueden mantenerse en pie; los débiles. El los rodea, es su apoyo.

15. *Los ojos de todos esperan en ti.* ¡Qué hermosa figura! Dios es representado aquí como el Padre universal, que provee alimento para toda criatura viviente. *A su tiempo.* La clase de alimento que conviene a cada animal, y a cada una de las etapas de la vida de cada animal.

16. *Abres tu mano.* ¡Qué mano es ésta que contiene todo el alimento que conviene a los deseos y necesidades del universo de las criaturas!

17. *Justo es Jehová.* Debe haber sido la similitud de este versículo con el que debía ser el 14, lo que hizo que éste fuera omitido.

20. *Jehová guarda.* El es el guardador de todos los que le aman. *Mas destruirá a todos los impíos.* Hay algo curioso en el *shomer,* el cuidador o guardián de los piadosos; es *shamid;* el destruidor de los impíos. La primera palabra implica que está guardándolos continuamente; la segunda, que él *hace* que los otros sean destruidos.

SALMO 146

El salmista, lleno de gratitud, se propone alabar perpetuamente a Dios (1, 2); y exhorta a no confiar en el hombre, ni en el más poderoso; para lo cual da sus razones (3, 4). La gran ventaja de confiar en Dios (5). Las mercedes que pueden esperar aquellos que confían en Dios (6-9). El gobierno divino es eterno (10).

Este es el primero de los salmos llamados de *Aleluya,* de los cuales hay cinco, con los que termina el libro. Este no lleva nombre alguno de autor, ni en hebreo ni en caldeo. Probablemente fue escrito después del cautiverio, y puede que se refiera a la época en que Ciro, influido por los enemigos de los judíos, abolió la orden de reconstruir las murallas de Jerusalén, a cuya revocación del edicto real puede referirse el v. 3: *No confiéis en los príncipes.*

7. *Que hace justicia a los agraviados.* A aquellos que sufren violencia o calumnias. Esto puede referirse a los israelitas, que sufrieron mucho por la opresión de los babilonios, y por la calumnia de los samaritanos, que habían predispuesto en su contra al rey de Persia. *Que da pan a los hambrientos.* Indudablemente El alimentó a los cautivos con muchos despliegues de su peculiar providencia. *Jehová liberta a los cautivos.* Y así como os ha sostenido tanto tiempo bajo la cautividad, os sacará también de ella.

9. *Guarda a los extranjeros.* El os ha preservado a vosotros, extranjeros en tierra extraña, donde habéis estado cautivos durante setenta años; y aunque en un país enemigo, El ha provisto para las viudas y los huérfanos tan abundantemente como si hubiera estado en la tierra prometida. *Y el camino de los impíos trastorna.* "Subvierte, hace a un lado."

SALMO 147

El salmista alaba a Dios por sus bondades para con Jerusalén (1-3); muestra su gran misericordia para con los que en El confían (4-6); lo exalta por sus mercedes y su bondad providencial (7-11); por su defensa de Jerusalén (12-15); por sus maravillas en las estaciones (16-18); y su palabra a Jacob (19, 20).

Este salmo, que carece de título en el hebreo, el caldeo y la Vulgata, es atribuido por otras versiones a Hageo y Zacarías. Fue probablemente escrito después del cautiverio, cuando los judíos estaban afanosamente ocupados en reconstruir a Jerusalén, como se puede colegir de los vrs. 2 y 13. Puede ser necesario señalar que todas las versiones, excepto la Caldea, dividen este salmo al final del v. 11, y empiezan uno nuevo con el v. 12. Mediante esta división el número de los salmos en las versiones concuerda con el hebreo; hasta aquí, aquéllas estaban atrasadas en un número.

1. *Es bueno cantar salmos.* Es decente, conveniente y propio que toda criatura inteligente reconozca al Ser supremo: y como El no hace sino bien a los hijos de los hombres, éstos deben hablar bien de su nombre.

2. *Jehová edifica a Jerusalén.* El salmista parece estar viendo las murallas levantarse delante de sus ojos, porque los desterrados de· Israel, aquellos que habían estado en cautiverio, ahora están reunidos para hacer la obra.

3. *El sana a los quebrantados de corazón.* "Los que tienen el corazón hecho añicos."

4. *El cuenta el número de las estrellas.* Aquel cuya sabiduría es tan exacta que puede contar todas las estrellas del cielo, no puede tener dificultad en encontrar y reunir a todos los dispersos exiliados de Israel.

5. *Su entendimiento es infinito.* "De su inteligencia no hay número"; aunque El nu-

mera las estrellas, su entendimiento no tiene número. Es infinito; por consiguiente, puede saber, como las sabe, todas las cosas.

6. *Jehová exalta a los humildes.* Los mansos, los afligidos.

7. *Cantad a Jehová. Enu,* cantad un himno antifonal, cantad en partes, respondiendo uno al otro.

8. *El es quien cubre de nubes los cielos.* Junta todos los vapores, a fin de hacer llover sobre la tierra. Aun la dirección de los vientos, la reunión de las nubes, y el descenso de la lluvia están bajo el cuidado especial de Dios. Estas cosas forman parte de su providencial manejo del mundo. *El que hace a los montes producir hierba.* Después de esta cláusula, la Vulgata, la Septuaginta, la Etíope, la Arábiga y la Anglosajona agregan: "y hierba para el servicio del hombre". Al parecer, un hemistiquio, o medio verso, del hebreo, se ha perdido; el mismo, de acuerdo con las versiones citadas, debía decir, como en Sal. 104:14: "Y la hierba para el servicio del hombre."

11. *Se complace Jehová en los que le temen.* Los que son verdaderamente religiosos. *Y en los que esperan en su misericordia.* Aun el clamor del penitente es agradable en los oídos del Señor. Con este versículo termina el salmo 146 en todas las versiones, excepto la Caldea. Y con el v. 12 empieza el salmo 147. Creo que se trata de dos salmos distintos. Los temas de los mismos no son exactamente iguales, aunque algo semejantes; y es evidente que se refieren a dos períodos diferentes.

13. *Fortificó los cerrojos de tus puertas.* Ha hecho posible que completaras las murallas de Jerusalén. En la primera parte del salmo parece que las murallas estuvieran en construcción; en esta parte, aparecen terminadas, y están por introducirse provisiones en la ciudad, para sostener a sus habitantes.

17. *Echa su hielo.* (Probablemente granizo) como migas.

18. *Enviará su palabra.* Da una orden, sopla el viento del sur; se produce el deshielo; y derretidos el hielo y la nieve, corre el agua donde antes estaban rodeados de hielo.

SALMO 148

El salmista convoca a toda la creación a alabar al Señor. Los ángeles y los cielos visibles (1-6); la tierra y el mar (7); los meteoros (8); las montañas, colinas y árboles (9); los animales, reptiles y aves (10): los reyes, príncipes y hombres fuertes (11); los hombres, mujeres y niños (12, 13); y especialmente a todo el pueblo de Israel (14).

Este salmo no tiene títulos, pero la versión Siríaca lo atribuye a Hageo y Zacarías; y la Septuaginta y la Etíope la siguen. Como

himno de alabanza, es el más sublime de todo el libro.

1. *Alabad a Jehová desde los cielos. Min hashshamayim* significa todo lo que pertenece al cielo, todos sus habitantes; así como *min haarets* (v. 7), significa todo lo que pertenece a la tierra, todos sus habitantes y producciones.

3. *Alabadle, sol y luna.* El significado de ésta y otras apelaciones a la naturaleza inanimada es éste: Toda obra de la mano de Dios participa en tal medida de sus perfecciones, que sólo es necesario estudiarla y conocerla, para que muestre la múltiple sabiduría, poder y bondad del Creador.

7. *Alabad a Jehová desde la tierra.* Así como en la primera alocución convoca a los cielos y todo lo que a ellos pertenece, aquí, en esta segunda parte, convoca a la tierra y todo lo que a ella pertenece. *Los monstruos marinos. Tanninim,* ballenas, marsopas, tiburones y toda clase de monstruos marinos. *Y todos los abismos.* Todo aquello que contiene el mar, el asombroso flujo y reflujo del océano.

9. *El árbol de fruto.* Los árboles frutales de toda clase. *Y todos los cedros.* Toda clase de árboles del bosque.

10. *La bestia.* Todos los "animales salvajes". *Y todo animal.* Todos los "animales domésticos".

13. *Alaben.* Todos los ya especificados, *alaben el nombre de Jehová,* porque El es superior a todos los seres: y *su gloria,* tal como se ve en la creación, preservación y gobierno de todas las cosas está *al,* "sobre" o "por encima" de la *tierra* y los *cielos.* Todo espacio y lugar, así como los seres que en ellos se encuentran, exhiben la multiforme sabiduría y bondad de Dios.

14. *Alábenle.* Jehová es el sujeto de la alabanza de todos sus santos.

SALMO 149

Toda la congregación es invitada a alabar a Dios por sus mercedes (1-3). Sus grandes privilegios (4, 5). Sus victorias (6-9).

Este parece ser un canto de triunfo, después de alguna gloriosa victoria; probablemente en la época de los Macabeos. También ha sido entendido como predicción del éxito del evangelio en las naciones de la tierra. No tiene título, ni en hebreo ni en ninguna de las versiones, ni nombre de autor.

1. *Cantad a Jehová cántico nuevo.* Es decir, como hemos tenido ocasión de señalarlo a menudo, un "cántico excelente," el mejor que podamos entonar. Así se entiende frecuentemente la palabra *chadash,* y así ha sido empleada a menudo por los escritores latinos la palabra *novus,* "nuevo".

3. *Alaben su nombre con danza. Bemachol,* con algún tipo de instrumento de viento, clasificado aquí junto con el *toph,* pandero y la *kinnor,* el arpa. No conozco ningún lugar en la Biblia en que *machol* y *machalath* signifiquen alguna clase de *danza;* constantemente significan algún tipo de instrumento de viento.

4. *Jehová tiene contentamiento en su pueblo.* El agrado o la buena voluntad de Dios está en su pueblo: los ama ardientemente, y los cargará con sus beneficios, mientras sean humildes y agradecidos; pues *hermoseará a los humildes con salvación.*

6. *Exalten a Dios con sus gargantas.* Canten los más sublimes cánticos, con la mayor fuerza compatible con la armonía. *Y espadas de dos filos en sus manos.* Tal vez haya aquí una alusión a la manera en que los judíos fueron obligados a trabajar en la reconstrucción de las murallas de Jerusalén: "Con una mano trabajaban en la obra, y en la otra tenían la espada" (Neh. 4:17).

7. *Para ejecutar venganza entre las naciones.* Esto puede referirse simplemente a su propósito de defenderse hasta el fin si sus enemigos los atacaban mientras estaban reconstruyendo las murallas. *Y castigo entre los pueblos.* Los judíos infieles y traidores: pues hallamos que aun algunos de sus nobles se habían unido a Sanbalat y Tobías (véase Neh. 6:17-19); y también parece que muchos de ellos habían formado con aquellos paganos, alianzas que eran contrarias a la ley (véase Neh. 13:15-29).

9. *Para ejecutar en ellos el juicio decretado.* En Dt. 7:1, Dios promete a su pueblo completa victoria sobre sus enemigos y sobre los paganos. Dios promete reiteradamente tales victorias a su pueblo fiel; y éste es, propiamente hablando, el *juicio decretado,* es decir, predicho.

SALMO 150

Exhortación general a alabar a Dios (1, 2). Con bocina, salterio y arpa (3); con pandero y danza, con cuerdas y flautas (4); con címbalos (5). Todas las criaturas son instadas a unirse en la alabanza (6).

Este salmo no tiene título ni autor ni en hebreo ni en ninguna de las versiones antiguas. Es propiamente el gran coro de todas las voces e instrumentos del templo, a la terminación del gran *Aleluya,* al cual pertenecen los cinco últimos salmos.

1. *Alabad a Dios en su santuario.* En muchos lugares tenemos la palabra compuesta *halelu-yah,* alabad a Jehová; pero éste es el primer lugar en que encontramos *halelu-el,* alabad a Dios, o al Dios fuerte. Alabad a Aquel que es Jehová, el Ser infinito y existente por Sí mismo; y alabad a Aquel que es Dios, *El* o *Elohim,* el gran Dios en pacto con la humanidad, para salvarla para vida eterna. *En su santuario* —en el templo; en cualquier lugar que esté consagrado a su servicio. O, "en su santidad" —a través de su propia influencia en vuestros corazones. *En la magnificencia de su firmamento.* En toda la expansión, hasta los últimos límites de su poder. Como *rakia* es el firmamento o vasta expansión que rodea al globo, y probablemente aquella en que incluidos todos los cuerpos celestes del sistema solar, aquí debe tener ese significado. Alabad a Aquel cuyo poder y bondad se extienden a todos los mundos; y únanse los habitantes de todos esos mundos en gran coro, para que sea universal.

2. *Por sus proezas.* Ya sea que se manifiesten en la creación, el gobierno, la misericordia o la justicia. *Conforme a la muchedumbre de sus grandezas.* Según la multitud de su magnitud o de su majestad.

3. *A son de bocina. Sophar,* de su noble, alegre y majestuoso son; porque el original tiene este significado ideal. *Con salterio. Nebel;* "nabla," un instrumento de cuerdas hueco; tal vez semejante a la guitarra. *Y arpa. Kinnor,* otro instrumento de cuerda, que se tocaba con las manos o los dedos.

4. *Alabadle con pandero. Toph,* tambor, tamboril o tímpano o tambor de los antiguos: un cuero extendido sobre un arco; tal vez algo semejante al pandero. *Y danza. Machol,* un instrumento de viento. Nunca significa *danza;* v.l.e.s. el Sal. 149:3. *Con cuerdas. Minnim,* literalmente "cuerdas puestas en orden"; tal vez un instrumento hueco, de forma triangular, en el cual las cuerdas estarían arregladas de mayor a menor. Esto daba una variedad de sonidos, desde el bajo profundo hasta el más alto. *Flautas. Ugab,* muy probablemente la armónica.

5. *Címbalos resonantes. Tseltselim;* dos platillos huecos de bronce, que al golpearse entre sí producían un tañido agudo. Este instrumento se usa todavía.

6. *Todo lo que respira.* Ya sea haciendo un sonido vocal, o soplando en trompetas, flautas, cuernos, etc. Unanse todos, y pongan toda su fuerza y habilidad en hacer sonar alabanzas a Jehová; y estallen en un ALELUYA universal para cerrar la gran ceremonia. Es evidente que este salmo no tiene otro significado que el de meramente convocar a todas las voces e instrumentos para completar el servicio con un coro total.

De tan peculiar importancia les pareció el libro de los Salmos a nuestro Señor y sus apóstoles, que citaron casi cincuenta de ellos varias veces en el Nuevo Testamento. Casi no hay un estado en la vida humana que no esté claramente señalado en ellos; junto con toda la variedad de experiencias que se encuentra, no solamente entre los judíos piadosos, sino entre los cristianos, es el más profundamente relacionado con las cosas de Cristo.

EL LIBRO DE
PROVERBIOS

Casi no ha habido controversia en lo concerniente al autor o a la autoridad divina de este libro ni entre los judíos ni en la Iglesia Cristiana: todos admiten que fue escrito por Salomón y es la creencia general que lo hizo por inspiración divina.

Se supone que Salomón coleccionó la mayor parte de estos proverbios de los que le precedieron, fueran hebreos o paganos; pero muchos se han opuesto a esta última opinión, aduciendo que es derogatoria a la autoridad del libro. Pero esta suposición tiene poco peso; porque cuanto de verdad se encuentra en o entre los hombres, se originó en Dios y si El empleó a un hombre inspirado para reunir esos rayos de luz y preservarlos para el uso de su iglesia, tiene el derecho de hacerlo y de reclamar lo suyo dondequiera que se encuentre, dándole una nueva autenticación, para hacerla más útil con referencia al fin para el cual fue transmitida originalmente. Dios es "el Padre de las luces" y de El vino toda la verdadera sabiduría, no sólo en sus enseñanzas discursivas sino también en todas sus máximas resultantes para el gobierno y regulación de la vida. Pienso que es muy probable que Salomón no los haya compuesto todos; pero que recogió cada cosa de esta clase que estuviera a su alcance y que se encontrara de acuerdo al Espíritu de verdad —que inspiraba a Salomón en este esfuerzo— y lo condensó en su libro; y así como el Espíritu divino lo dio, la providencia de Dios se encargó de preservarlo para el uso de su iglesia.

El término *proverbio, proverbium*, está compuesto por *pro:* "para" y *verbum*, "palabra, lenguaje o dicho," lo que nos conduce al sentido original del asunto en sí. Era un dicho alegórico "que significaba más de lo que estaba al alcance de los ojos" —un refrán breve en lugar de todo un discurso.

Pero el hebreo *meshalim*, de *mashal*, "dirigir o gobernar," significa una serie o colección de refranes serios, sabios y por lo tanto autorizados, por medio de los cuales debe gobernarse la totalidad de la vida civil o religiosa de un hombre; es decir, dichos que contienen reglas para la conducta humana. O bien, como el Autor divino lo expresa al comienzo del primer capítulo, su propósito es guiar a los hombres a "entender sabiduría y doctrina, para conocer razones prudentes, y para recibir el consejo de prudencia, justicia, juicio y equidad; para dar sagacidad a los simples y a los jóvenes inteligencia y cordura," vrs. 2-4. Ese es el objeto de los proverbios y quizá sería imposible encontrar una definición mejor del motivo y designio de Salomón que el que está contenido en los versículos precedentes.

Este libro ha sido dividido en cinco partes:

1. Se representa a un maestro instruyendo a su discípulo, dándole amonestaciones, directivas, advertencias y estímulos para el estudio de la sabiduría, en los caps. 1-9.

2. Se supone que en esta parte se encuentran los Proverbios de Salomón, correctamente así llamados; pronunciados en sentencias precisas, independientes, generales; desde el cap. 9 al 22:17.

3. En esta parte, el autor nuevamente se dirige a su alumno y le da nuevas amonestaciones para buscar la sabiduría; lo que es seguido por una serie de instrucciones entregadas imperativamente al discípulo, a quien se supone de pie ante él, durante todo este tiempo. Cap. 22:17 hasta el 25.

4. Esta parte se distingue por ser una selección de los Proverbios de Salomón hecha por los hombres de Ezequías. Como la segunda, está compuesta por sentencias precisas, inconexas y se extiende desde el cap. 25 hasta el 30.

5. La quinta parte contiene una colección de sabias reconvenciones e instrucciones dadas por Agur, hijo de Jaqué a sus discípulos Itiel y Ucal, cap. 30. El trigésimo primer capítulo, incluye las instrucciones de una madre cuyo nombre se ignora, a su hijo Lemuel, estando ansiosa por librarlo del vicio, establecerlo en los principios de justicia y verlo casado con una esposa adornada con las mejores cualidades. Estos dos últimos capítulos pueden ser considerados como una especie de Apéndice al libro de Proverbios.

CAPITULO 1

Objeto de los proverbios (1-6). Exhortación a temer a Dios y creer su palabra por el beneficio que se obtiene al hacerlo (7-9); evitar la compañía de los malvados que se enredan en desventuras y ruina (10-19). Personificación de la sabiduría clamando por las calles y lamentándose por ser tratada con menosprecio (20-23). Fin terrible de los que desprecian sus consejos (24-33).

2. *Para entender sabiduría.* Es decir, este es el objeto parabólico en general y el blanco en particular de la presente obra. En este versículo y en los dos siguientes encontramos la definición del término "parábola," y el propósito del autor en la totalidad del libro. El primer versículo es el título y los tres siguientes son una explicación de la naturaleza y objeto de este importantísimo tratado. *Sabiduría, Chochmah* aquí y en cualquiera otra parte de este libro puede significar no solamente esa ciencia divina por la cual se nos capacita para descubrir lo mejor y proseguirlo sino también la totalidad de las enseñanzas celestiales que nos muestran a Dios y a nosotros mismos, nos dirigen a toda verdad y constituyen el todo de la religión verdadera. *Y doctrina. Musar,* la "enseñanza" que revela todas sus partes.

3. *Para recibir el consejo de prudencia. Haskel,* la "consideración" deliberada de los detalles de la enseñanza para poder descubrir su valor. *Y equidad. Mesharim,* "rectitud".

4. *Para dar sagacidad a los simples.* La palabra *simple,* de *simplex,* compuesta por *sine,* "sin," y *plica, "doblez,"* significa exactamente "sencillo y honesto".

5. *Oirá el sabio.* No sólo impartiré estas instrucciones para que puedan servir de provecho a los jóvenes e inexpertos sino también a aquellos que tienen mucha sabiduría y entendimiento.

6. *Dichos profundos. Chidoth,* enigmas o acertijos, muy abundantes entre los asiáticos.

7. *El temor de Jehová.* En los versos precedentes Salomón muestra la ventaja de actuar de acuerdo a los dictámenes de la sabiduría; en los siguientes, señala el peligro de obrar en forma contraria. *El temor de Jehová* significa esa reverencia religiosa que todo ser inteligente, le debe a su Creador. Se dice que este temor o reverencia religiosa es *el principio de la sabiduría, reshith,* el principio, el fundamento, la primera influencia motora engendrada en una conciencia tierna por el Espíritu de Dios. Ningún hombre puede ser realmente sabio si primero no comienza con Dios, quien es la fuente del conocimiento; y quien esté bajo la influencia del temor y amor de Dios aprenderá más en un mes que otros en un año. *Los insensatos desprecian la sabiduría. Evilim,* los malos. Hombres de corazones empedernidos, malas cabezas y peores caminos.

8. *Oye, hijo mío.* Al preceptor se le daba el nombre de "padre" y, entre los judíos, se llamaba "hijo" a los discípulos. Pero en este lugar parece que se hace alusión a los hijos de una familia; el *padre* y la *madre,* tienen la obligación principal y la primera oportunidad, de la instrucción de sus hijos.

16. *Porque sus pies corren hacia el mal.* Todo este verso no está en la Arábiga ni en la Septuaginta.

17. *Porque en vano se tenderá la red ante los ojos de toda ave.* Se representa a los malvados acechando sigilosamente a los inocentes.

18. *Pero ellos a su propia sangre ponen acechanza.* De ninguna manera la construcción indica que sea la sangre de los impíos; sino que tiene referencia a la sangre y vida de los que ellos *acechan* y a quienes les *tienden lazo.*

20. *La sabiduría clama.* Como viene sucediendo con frecuencia a través del libro, en este lugar encontramos a la sabiduría personificada sin otra alusión que a las enseñanzas dadas a los hombres, sea por revelación divina o por la voz del Espíritu Santo en el corazón. Y esta voz de la *sabiduría* se opone al lenguaje seductor de los impíos ya mencionados.

22. *Oh simples. Pethayim.* Los que habéis sido seducidos y engañados.

23. *Volveos a mi reprensión.* A "mi modo convincente de argumentar".

24. *Por cuanto llamé.* Parece que estas palabras y las siguientes tuvieran referencia a las personas descritas en los vrs. 11-19, que se negaron a volverse de los malos caminos hasta que fueron reprimidas por la mano de la justicia; y en este lugar el sabio muestra su condición deplorable.

32. *Porque el desvío de los ignorantes.* Este difícil pasaje parece aludir "al que se confiesa culpable de un crimen y sirve de testigo contra sus compañeros de homicidio"; donde un cómplice salva su propia vida delatando al resto de su banda. A esto se le llama "desvío" o "arrepentimiento," *meshubah;* y de veras que es la persona más indicada para desviarse porque fue uno de los *pethayim,* personas seducidas o engañadas. Y esta evidencia fue dada en contra de ellos cuando estaban en prosperidad, *shalvah,* "seguridad," disfrutando del resultado de su pillaje. Y, al encontrarse así en ese estado de seguridad imaginaria fueron capturados con mayor facilidad y entregados a la justicia.

CAPITULO 2

El maestro promete las mayores prerrogativas a su alumno si sigue los dictados de la sabiduría (1-9). Será feliz en su usufructo (10, 11); será librado de los inicuos (12-15); y de las patrañas de la mujer mala (16-19); será compañero de los buenos y los justos; habitará la tierra con seguridad cuando el malvado sea desarraigado de ella (20-22).

7. *El provee de sana sabiduría. Tushiya.* Hemos encontrado esta palabra sabiduría en Job 11:6; 12:16 y muy especialmente Job 11:6.

12. *De los hombres que hablan perversidades. Tahpuchoth,* asuntos de "subversión"; de *taphach,* "mudar o cambiar el curso de una cosa".

16. *De la ajena que halaga con sus palabras.* La que "suaviza" sus palabras. El original hace alusión al lenguaje voluble, oleoso de una prostituta.

22. *Prevaricadores. Bogedım.* "Los hombres revestidos," los hipócritas, los que actúan con características "prestadas," los que andan bajo un manto.

CAPITULO 3

Exhortación a la obediencia (1-4); a confiar en la providencia de Dios (4-6); a la humildad (7, 8); a la caridad (9, 10); a la sumisión a los castigos del Señor (11, 12); ventaja de la sabiduría en todo lo concerniente a la vida (13-26). No se debe posponer el cumplimiento de deber alguno más allá del tiempo en que debería ser realizado (27, 28). Práctica del amor y la tolerancia fraternal (29, 30). No debe envidiarse al malvado (31, 32). La maldición de Dios está en la casa del impío, pero prosperarán el humilde y el sabio (33-35).

2. *Porque largura de días.* Aquí se prometen tres eminentes bendiciones: (1) largura de días; (2) años de vida; (3) *shalom,* prosperidad; es decir, salud, larga vida y abundancia.

3. *Nunca se aparten de ti la misericordia y la verdad.* Que éstas sean las constantes compañeras de tu vida.

6. *Reconócelo en todos tus caminos.* Comienza, sigue y termina toda obra con Dios. Busca ansiosamente su dirección desde el comienzo; en el progreso, procura su continuo apoyo; de tal modo comienza y continúa que todo redunde en la gloria de Dios; porque ciertamente entonces será para tu bien; porque nunca honramos a Dios sin servirnos a nosotros mismos.

11. *No menosprecies, hijo mío, el castigo de Jehová.* La palabra "musar" significa "corrección, disciplina e instrucción".

12. *Porque Jehová al que ama.* Para animarte a soportar la corrección, sabe que es una prueba del amor de Dios hacia ti; y de este modo muestra que se trata como un padre a su hijo, aun a aquel a quien profesa el mayor afecto. La Septuaginta traduce la última cláusula de la siguiente manera: "Y castiga a todo el que recibe por hijo"; y Hebreos 12:6 cita esta expresión letra por letra.

18. *Ella es árbol de vida.* "El árbol de las vidas," clara alusión al árbol de ese nombre que Dios plantó en el principio en el huerto del Edén.

19. *Jehová con sabiduría fundó la tierra.* Aquí se toma a la sabiduría en su más amplio sentido, es decir, ese infinito conocimiento y maestría que Dios ha demostrado en la creación y composición de la tierra y en la estructura y economía de los cielos.

21. *Guarda la ley y el consejo. Tushiyah,* es la "esencia" o "sustancia" de una cosa; *mezimmah* es la "determinación" o "intención" formada con referencia a algo bueno o excelente. Conocer a Dios como autor de todo bien, es la *tushiya,* "médula" del credo del hombre piadoso; resolverse a actuar de acuerdo con las direcciones de su sabiduría, es el *mezimmah,* "el fin religioso" que procurará el bien para nosotros y la gloria a Dios.

24. *Cuando te acuestes.* En estos versos 23-26, el sabio describe la confianza, protección y seguridad que emanan de un sentido de inocencia.

27. *No te niegues a hacer el bien a quien es debido.* "De sus dueños." Pero, ¿quiénes son? Los pobres.

31. *No envidies al hombre injusto.* ¡Oh cuán hechicero es el *poder!* Todo hombre lo desea; y sin embargo, todos odian a los *tiranos.* Pero, nos preguntamos, si todos tuvieran *poder,* ¿no es verdad que la mayor parte serían *tiranos?*

32. *Su comunión íntima. Sodo, su asamblea secreta;* la gente piadosa se reúne allí y Dios mora con ellos.

33. *La maldición de Jehová.* A tal casa no acude ninguna persona pía, y Dios jamás es huésped allí. *Pero bendecirá la morada de los justos.* El la considera como su *propio templo.* Allí se le adora en espíritu y en verdad; por lo tanto Dios hace que esa casa sea su morada.

34. *Ciertamente él escarnecerá a los escarnecedores y a los humildes dará gracia.* Septuaginta dice: "El Señor resiste al soberbio; pero da gracia a los humildes." Tales palabras están citadas por San Pedro, en su I Epístola 5:5 y por Santiago, cap. 4:6, exactamente como se encuentran en la Septuaginta, exceptuando que en nuestras versiones se emplea la palabra "Dios" en lugar de "el Señor".

CAPITULO 4

El preceptor llama a sus alumnos y les dice cómo fue educado (1-4); detalla las enseñanzas que ha recibido (5-19); exhorta a su discípulo a perseverar en bien hacer y evitar el mal (20-27).

7. *Sabiduría ante todo; Reshith chochmah,* "Sabiduría es el principio." La sabiduría prescribe los mejores fines y medios calculados para su obtención. La *inteligencia* guía a los hombres por los caminos, tiempos,

lugares y oportunidades de poner en práctica las lecciones impartidas por la sabiduría.

13. *Retén. Hachazek,* "amárralo fuertemente", y conserva la presa; haz tal cosa como si fuera por la vida.

17. *Porque comen pan de maldad.* Por el robo secreto. *Y beben vino de robos.* Por el pillaje en los caminos.

18. *Mas la senda de los justos.* El camino de los malvados es tenebroso, oscuro y peligroso; el del justo es· claro, luminoso e instructivo. Una delicada metáfora está encerrada en este versículo. Se refiere al sol levantándose sobre el horizonte y al crecimiento del crepúsculo hasta que vuelven a brillar sus rayos fulgurando en su plenitud sobre la tierra. El original podría traducirse, "yendo e iluminando hacia el día preparado".

23. *Sobre toda cosa guardada, guarda tu corazón.* "Sobre todo lo que se puede guardar," guarda tu corazón. El que sabe algo de sí mismo, reconoce con cuánta facilidad se desvían sus inclinaciones. *Porque de él mana la vida.* "Las corrientes de las vidas."

24. *La perversidad de la boca.* Ten cuidado del lenguaje apresurado, colérico y áspero. *La iniquidad de los labios.* No te deleites ni adquieras el hábito de contradecir y negar; ten cuidado de la calumnia y de la murmuración en contra de tu prójimo.

CAPITULO 5

Ulteriores exhortaciones a adquirir sabiduría (1, 2). Carácter de la mujer licenciosa y las funestas consecuencias de relacionarse con las tales (3-14). Exhortaciones a la castidad y a la templanza (15-21). Fin miserable de los inicuos (22, 23).

4. *Amargo como el ajenjo.* Algo tan extremo en su amargura como la miel en su dulzura.

7. *Ahora pues, hijos, oídme. Banim,* "hijos," jóvenes en general: porque son los que se engañan y desvían con mayor facilidad.

11. *Cuando se consuma tu carne y tu cuerpo.* La palabra *shear,* traducida por "cuerpo," significa realmente los restos, residuos o el remanente de alguna cosa; aquí se aplica para designar al exhalante esqueleto, pútrido por las concomitantes enfermedades del libertinaje. El gemido aquí mencionado pertenece a la clase más exorbitante: la palabra *naham* se aplica a menudo al gruñido del león y al incesante y ronco murmullo del mar.

15. *Bebe el agua de tu misma cisterna.* Que tu propia esposa te satisfaga; y que la esposa reverencie a su marido; y que no le tiente por su desatención o por su desafecto a buscar en otro lugar lo que tiene derecho a esperar pero que no puede encontrar en su casa.

CAPITULO 6

Amonestación en contra de salir de garantía para otros (1-5); contra la pereza, a tomar el ejemplo de la hormiga (6-11); descripción de la persona despreciable (12-15); las siete cosas aborrecidas por Dios (16-19); beneficios de la instrucción (20-23); extensión de los consejos en contra de la mujer mala y especialmente en contra del adulterio (24-33); lo que puede esperarse de los celos (34, 35).

1. *Si salieres fiador por tu amigo.* "Por tu vecino"; es decir, por cualquier persona. Si das fianza para otro, tomas encima de ti su carga, la colocas sobre tus propios hombros; y cuando la otra parte sienta que hay alguien interpuesto entre él y las demandas de la ley y de la justicia sentirá poca responsabilidad. *Si has dado tu mano* (V. M.) o "estrechaste las manos" cuando los labios habían hecho una promesa, era considerado como la ratificación de un compromiso; de esta manera el hombre quedaba atrapado por las palabras de su boca.

3. *Haz esto . . . y líbrate.* Sigue apremiando a aquel de quien has querido ser fiador para que pague a su acreedor; no lo dejes descansar hasta que lo haga, pues es posible que tú tengas que pagar la deuda.

5. *Escápate como gacela.* El antílope. Si has caído en una trampa, escapa si te es posible; lucha y extráete como el antílope atrapado en una red o como lo haría un pájaro apresado en la trampa para librarse de su cautiverio.

6. *Vé a la hormiga, oh perezoso.* La *hormiga* es un animal notable por su previsión, industria y economía.

11. *Así vendrá tu necesidad como caminante.* Es decir, a pasos lentos, pero que con toda seguridad se irán acercando cada vez más. *Y tu pobreza como hombre armado.* Podríamos decir, con furia irresistible; y te encontrarás sin preparación para hacerle frente.

14. *Anda pensando el mal.* Urde intrigas y proyecta cómo darles realización. *Siembra las discordias.* Entre matrimonios tratando de seducir a la esposa y hacerla violar su fidelidad conyugal.

15. *Súbitamente será quebrantado.* Es probable que haga alusión al castigo del adúltero, tal como ser apedreado hasta la muerte.

22. *Te guiarán cuando andes.* Aquí tenemos la personificación de la ley; y se la representa como a una enfermera, maestra y guardiana ocupada en su labor día y noche.

CAPITULO 7

Más exhortaciones a adquirir sabiduría para evitar relaciones impuras (1-5). Carácter de una ramera y su comportamiento con el joven que cae en sus redes (6-23). Amonestación solemne a evitar este pecado (24-27).

2. *Como las niñas de tus ojos.* Como la pupila que se daña con tanta facilidad y es tan necesaria para la visión.

7. *Entre los simples.* Los jóvenes inexpertos e irreflexivos. *Un joven falto de entendimiento.* "Descorazonado." No tuvo sabiduría para discernir el mal proyectado; ni valor para resistir los halagos de la seductora.

11. *Alborotadora y rencillosa.* Jamás está tranquila; siempre vive en agitación.

13. *Con semblante descarado.* "Animó su semblante," asumió el aspecto más digno de confianza que pudo.

14. *Sacrificios de paz había prometido.* Una traducción más literal sería: "Los sacrificios de paz están conmigo." *Los sacrificios de paz* eran ofrendas con el objeto espiritual de realizar la paz entre Dios y el hombre, para cerrar la brecha entre ambos ocasionada por el pecado. *He pagado mis votos.* Parece querer insinuar que ella había hecho un voto por la salud y bienestar del joven; y habiéndolo hecho y teniendo ya preparado el banquete del sacrificio venía a buscarlo para que participara con ella, v. 15.

16. *He adornado mi cama. Arsi,* "mi lecho o canapé"; en contraposición a *mishcabi,* "mi cama" v. 17, el lugar para dormir, como el otro era para reclinarse durante las comidas.

18. *Ven, embriaguémonos de amores.* "Gocémonos en los senos"; y luego agrega "alegrémonos en amores"; "gratifiquémonos el uno al otro con amores; con los mayores deleites".

20. *La bolsa de dinero llevó.* Se fue para hacer negocio en un largo viaje. Parece que es lo que puede sobreentenderse. *El día señalado volverá a su casa.* Es decir, el tiempo calculado para el retorno de su viaje.

CAPITULO 8

Renombre y excelencia de la sabiduría y su método de enseñanza (1-4); asunto de sus exhortaciones (5-12); su influencia entre los hombres (13-21); su antigüedad (22-31); bienaventuranza de seguir sus consejos (32-35); desventura de aquellos que no lo hacen (36).

1. *¿No clama la sabiduría?* Aquí nos encontramos nuevamente con la personificación de la sabiduría. En este capítulo se nos presenta desde un doble punto de vista: (1) Sabiduría, el poder de juzgar rectamente incluyendo el conocimiento de las cosas divinas y humanas. (2) Como atributo de Dios manifestado en las diversas y asombrosas obras de la creación.

2. *En las encrucijadas de las veredas.* "La casa establecida de las veredas." ¿No significa esto la casa de adoración pública?

4. *Oh hombres, a vosotros. Ishim,* hombres de opulencia y poder "quiero llamar"; y no a vosotros solamente, porque mi voz es *al beney Adam,* "a todos los descendientes de Adán"; a la totalidad de la raza humana.

5. *Oh simples. Pethaim,* Vosotros, los que estáis engañados y habéis sido ilusionados y disuadidos con palabras lisonjeras y hermosos discursos. *Vosotros, necios. Kesilim,* vosotros, estúpidos, cuellierguidos, gente insensible.

8. *Justas son todas las razones. Betsedek,* en justicia y equidad, testificando lo que el hombre "debe" a su Dios, a su prójimo y a sí mismo; dándole a cada uno lo que es "debido". Este es el verdadero sentido de *tsadak. No hay en ellas cosa perversa. Ikkesh* tergiversada, que conduce a la contumacia, o por el contrario. *Ni torcida. Niphtal,* tortuosa, enmarañada, o difícil.

9. *Todas ellas son rectas. Nechochim,* derecho, abierto; contra viento y marea se mantiene inamovible.

10. *Recibid mi enseñanza, y no plata.* En el idioma hebreo: "Recibid mi instrucción con preferencia a la plata."

12. *Yo, la sabiduría, habito con la cordura.* Se define a la cordura "como a la sabiduría puesta en práctica"; de modo que, dondequiera se encuentre la verdadera sabiduría, ésta impulsará a la acción y su actividad estará siempre vinculada con la realización de los más elevados fines y con el empleo de los métodos más a propósito. De aquí proviene lo que se ha dado en llamar en este lugar, la *ciencia de los consejos.* "He hallado conocimiento e ingenio."

14. *Conmigo está el consejo. Tushiyah,* "sustancia, realidad, esencia," todas me pertenecen.

15. *Por mí reinan los reyes.* En este versículo y en el siguiente se mencionan cinco grados de poder y autoridad civil: (1) *melachim,* reyes; (2) *rozenim,* cónsules; (3) *sarim,* príncipes, jefes del pueblo; (4) *nedibim,* nobles. Y (5) *shophetim,* jueces o magistrados civiles. En lugar de *shophetey arets,* "jueces de la tierra," se lee: *shophetey tsedek,* "jueces justos," o "jueces de justicia," en ciento sesenta y dos de los manuscritos de Kennicott y De Rossi tanto en los textos como en el margen y en varias de las ediciones antiguas. En esta manera interpretan la Vulgata, la Caldea y la Siríaca e indudablemente debería reemplazar a la otra lectura.

17. *Y me hallan los que temprano me buscan.* No meramente en la mañana temprano, aunque quien lo haga lo encontrará sumamente ventajoso (v.l.e.s. Sal. 4), sino temprano en la vida.

23. *Eternamente tuve el principado.* "Yo tuve derramado el espíritu de sueño," Is. 29:10.

24. *Antes de los abismos. Tehomoth,* antes que fuera formada la caótica masa origi-

nal. Véase Gn. 1:2. *Fui engendrada.* "Producida como por trabajo de angustia."

26. *Ni el principio del polvo del mundo.*
"La primera partícula de la materia."

28. *Los cielos arriba.* "Las regiones etéreas."

30. *Con él estaba yo ordenándolo todo.*
Como un hijo querido.

34. *Velando a mis puertas cada día.* Se
representa a la sabiduría como alguien que
tuviera una escuela para la instrucción de los
hombres y parece indicar la llegada de algunos de los alumnos más adelantados a través
de un intenso deseo de aprender, aun antes
de que se abrieran las puertas y mientras
esperaban su admisión para poder escuchar
cada palabra pronunciada y no perder ni un
acento de las enseñanzas celestiales. Los·tales
son bienaventurados.

36. *Defrauda su alma.* No es Satanás, no
es el pecado propiamente hablando lo que
le hace daño; es él mismo.

CAPITULO 9

La sabiduría edifica su casa, prepara una gran
fiesta, llama a sus convidados y los exhorta a participar de su festín (1-6). Diversas advertencias referentes a la adquisición de sabiduría (7-12). Carácter
y comportamiento de una mujer mala (13-18).

La misma sabiduría que habló en los capítulos precedentes lo hace en este lugar. En la
primera parte se representaba como manifes-
tándose en todas las obras de Dios realizadas
en el mundo natural; habiendo sido todas
realizadas de acuerdo al arquetipo precedente
de una sabiduría infinita. En esta parte, se
presenta a sí misma como un gran soberano
dispuesto a gobernar todo lo que ha construido y que, teniendo una familia inmensa
para abastecer, hizo provisión abundante y
ahora llama a todos a participar.

4. *A cualquier simple.* Que los jóvenes,
incautos y aturdidos presten atención a mis
enseñanzas. *A los faltos de cordura.* Literalmente dice: "el que necesita un corazón"; el
que no tiene ánimo, que es endeble e incons-
tante y desviado fácilmente del santo mandamiento.

5. *Venid, comed mi pan.* Que no recibáis
solamente mis enseñanzas sino que obréis de
acuerdo a mis prescripciones. *Bebed del vino
que yo he mezclado.* Entrad en mis consejos;
pero, no os conforméis con el conocimiento
superficial de cualquier asunto si podéis profundizar.

7. *El que corrige al escarnecedor.* Es decir, a la persona que se burla de las cosas
sagradas.

9. *Da al sabio.* Literalmente, "Da al sabio
y será sabio".

16. *Dice a cualquier simple: Ven acá.* La
insensatez y el placer se encuentran personi-

ficados en este lugar; ambos usan el mismo
lenguaje que la Sabiduría, v. 4. Esta última
dice "a cualquier simple: Ven acá". No, ex-
clama la Insensatez a "cualquier simple: Ven
acá". Si el simple se vuelve a la Sabiduría, su
desatino desaparecerá y se hará sabio; en
cambio, si se torna a la insensatez, sus tinieblas se irán haciendo más y más densas y su
tontería quedará con él. La Sabiduría ha
establecido su escuela para instruir al ignorante: la Insensatez ha abierto la suya en la
próxima casa para poder luchar contra los
objetivos de la Sabiduría.

17. *Las aguas hurtadas son dulces.* Supongo que se trata de una expresión proverbial
cuyo significado implica que "los placeres
ilícitos son más agradables que los legales".
Es sumamente fácil interpretar a qué se refiere; la conducta de las multitudes parece estar
dirigida por este adagio. Sobre él se han edificado todas las relaciones adúlteras de la tierra.

CAPITULO 10

Es imposible presentar el sumario de capítulos
como el que nos ocupa donde casi todos los versículos tienen un tema separado. No pudiendo
nuestra versión común presentar como de costumbre los contenidos, sencillamente dice: "Desde este
capítulo hasta el vigésimo quinto encontramos diversas observaciones sobre virtudes morales y los
vicios opuestos." En este capítulo, el sabio establece por lo general, la diferencia entre el sensato y el
necio, el justo y el malvado, el laborioso y el
holgazán. También habla del amor y del odio, de la
buena lengua y de la detractora o podríamos decir,
del calumniador y el pacificador.

1. *Los proverbios de Salomón.* Algunos
manuscritos antiguos de la Vulgata dicen:
"Segundo Libro de los Proverbios." *El hijo
sabio alegra al padre.* El obispo Lowth llama
antitéticos a los paralelos de éste y de varios
de los capítulos siguientes; cuando en la oración se juntan contrarios conceptos, oposición de palabras y sentimientos; cuando el
segundo hace contraste con el primero; algunas veces en expresión y otras, solamente en
el significado.

7. *La memoria del justo será bendita.*
O "es una bendición". *Mas el nombre de los
impíos se pudrirá.* Esta es otra antítesis.

8. *Mas el necio de labios caerá.* Esta cláusula se repite en el verso décimo.

13. *Mas la vara es para las espaldas del
falto de cordura.* La vara es el instrumento
más poderoso para hacer entrar en razón.

14. *Los sabios guardan la sabiduría.* Ellos
conservan en secreto cualquier cosa que pueda servir para perturbar la paz doméstica o
pública; pero el necio hace chismes de todo
y produce mucha perturbación. Piensa mucho, habla poco y siempre medita antes de
hablar. Esto servirá para tu tranquilidad y la
de tu prójimo.

19. *En las muchas palabras.* Es imposible
hablar mucho y decir solamente la pura verdad, sin, al mismo tiempo no menoscabar el
carácter de un tercero.

20. *El corazón de los impíos es como nada*. Kimat, es poco o nada.

22. *La bendición de Jehová es la que enriquece*. Cualquier cosa que recibamos providencialmente tiene la bendición de Dios y será para nuestro bien.

CAPITULO 11

Paralelo entre las ventajas del justo y sabio en oposición al infortunio del malvado y del necio. Riquezas falsas y verdaderas.

1. *El peso falso es abominación*. Esto tiene alusión a la balanza fabricada engañosamente que tan pronto puede ir para un lado como para el otro, lo cual se logra porque uno de los brazos de la báscula es más extenso que el otro. *Mas la pesa cabal*. La "piedra perfecta," expresión usada en el original porque sin duda las primeras pesas estaban hechàs de piedra; véase la ley, Dt. 25:13-35.

2. *Cuando viene la soberbia*. El orgulloso piensa más de sí que lo que puede hacer cualquier otro; y, como espera ser tratado de acuerdo a lo que se cree valer, cosa que rara vez sucede, se encuentra continuamente mortificado, avergonzado, confundido y se entrega a la indignación. *Mas con los humildes*. El "humilde," el "modesto," en oposición al *soberbio*, mencionado en la primera cláusula. El hombre humilde, solamente busca la justicia; no está esperando encomio o alabanza; y jamás puede sentirse frustrado si no recibe elogios.

9. *El hipócrita con la boca*. Sería más exacto traducir *Chaneph* "infiel" y no "hipócrita". Porque este último se refiere a la persona que pretende ser religiosa. En cambio la primera interpretación alude a quien no cree en la revelación divina y como consecuencia, es profano y vive en corrupción.

13. *En chismes*. El que anda chismeando, el traficante de escándalos.

15. *Con ansiedad será afligido el que sale por fiador de un extraño*. Encontrará que le vienen males sobre males. Véase cap. 6:1.

16. *La mujer agraciada tendrá honra*. La Septuaginta nos presenta la interpretación siguiente: "Una mujer agraciada suscita honor al hombre; pero la que aborrece las cosas justas, es un trono de deshonra." Una buena esposa es la gloria del marido; pero la mala, es su vergüenza. Puesto que así es, ¡cuánto cuidado debe tener un hombre al escoger con quien casarse!

22. *Como zarcillo de oro en el hocico de un cerdo*. Quiere decir que la hermosura en una mujer carente de buena educación y modesto porte, es como un zarcillo de oro en el hocico del marrano.

24. *Hay quienes reparten y les es añadido más*. El Señor bendice la propiedad y multiplica el pan del hombre generoso, que da a los pobres y jamás vuelve su rostro del que se encuentra en desgracia.

25. *El alma generosa será prosperada*. El que da al menesteroso con el verdadero espíritu de caridad logrará cien tantos de la misericordia divina. ¡Cuán maravilloso es el Señor! ¡Da la propiedad, el corazón para emplearla justamente y luego recompensa al hombre por lo que hace a este respecto aunque todo lo que posee proviene de El! *Y el que saciare*. El hombre que distribuye con el espíritu correcto logra más para sí que el pobre que recibe su generosidad. Se comprueba que "es más bienaventurado dar que recibir".

26. *Al que acapara el grano*. Se refiere al que rehúsa venderlo porque espera que haya escasez para establecer su propio precio.

30. *El fruto del justo es árbol de vida*. "El árbol de vidas."

31. *Ciertamente el justo será recompensado en la tierra, etc*. En la Septuaginta, la Siríaca y la Arábiga encontramos la siguiente versión de este versículo: "Y si el justo con dificultad se salva, ¿en dónde aparecerá el impío y el pecador?" Es la manera en que San Pedro lo cita al pie de la letra (I P. 4:18).

CAPITULO 12

Sobre los beneficios de la instrucción y el cultivo de la piedad. La mujer virtuosa. Destino diferente del justo y del injusto. El hombre compasivo. El industrioso. El necio y el sabio. El empedernido. Las excelencias del justo. El indolente se encuentra en necesidad. La justicia conduce a la vida, etc.

1. *El que ama la instrucción*. Musar, disciplina o corrección, *ama la sabiduría*; porque la corrección es el camino a la sabiduría. *Mas el que aborrece la reprensión es ignorante*. Baar, es un oso.

4. *La mujer virtuosa es corona de su marido*. "Una mujer fuerte." Nuestra palabra "virtud" (virtus) se deriva de *vir*, "varón"; y, como el hombre es la más noble de las criaturas de Dios, la virtud expresa lo que es propio del hombre: nobleza, valor y dignidad: y como *vir*, hombre, proviene de *vis*, poder o "fuerza," implica lo que es fuerte y vigoroso en principio.

9. *Más vale el despreciado que tiene servidores*. Creo que la Vulgata expresa el verdadero *sentido* de este verso: "Mejor es el hombre pobre que provee para sí mismo, que el orgulloso destituido de pan." Las versiones por lo general concuerdan con esta interpretación.

10. *El justo cuida de la vida de su bestia*. La misericordia es una de las principales características del hombre santo. En cierta ocasión mientras me hallaba de viaje encontré esta cláusula hebrea en el tablero de anun-

cios de un mesón: la que era tan apropiada que me hizo recordar que debía alimentar al caballo que montaba. *Mas el corazón de los impíos es cruel.* "Violentos, sin misericordia, despiadados."

16. *El necio al punto da a conocer su ira.* Tenemos un proverbio semejante a éste y que servirá para ilustrarlo: "El cerrojo de un necio pronto se cierra."

18. *Hay hombres cuyas palabras. Boteh,* "charlatanería, fanfarrones".

21. *Ninguna adversidad acontecerá al justo.* No, porque todas las cosas obran juntamente para el bien de los que aman al Señor.

CAPITULO 13

Diversas sentencias morales; el hijo sabio; continencia del lenguaje; acerca del pobre rico y del rico pobre; riquezas mal logradas; esperanzas demoradas; malos resultados de rechazar la instrucción; provisión para los hijos; necesidad de corregirlos, etc.

1. *El hijo sabio recibe el consejo del padre.* El hijo que ha tenido enseñanza apropiada sacará provecho de los consejos de su padre; pero aquel a quien se le ha permitido realizar sus propios caprichos se burlará de las represiones de sus progenitores.

3. *El que guarda su boca guarda su alma.* A menudo se ha hecho notar que Dios nos ha dado dos ojos para poder ver mucho; dos oídos para poder escuchar mucho; pero nos ha concedido una sola lengua y ésa, custodiada por los dientes, para indicarnos que debemos hablar poco.

8. *El rescate de la vida del hombre.* En los países donde impera un régimen despótico, un hombre rico a menudo es acusado de un crimen capital y para salvar su vida, aunque en realidad sea inocente, se ve obligado a entregar sus riquezas; pero en tales regiones, los pobres no son molestados.

9. *La luz de los justos se alegrará.* Tendrán la proporción de prosperidad que sea mejor para ellos. *Luz y lámpara* en los dos casos también puede significar posteridad.

10. *Ciertamente la soberbia concebirá contienda.* Quizá no haya contiendas en la vida privada ni guerra entre las naciones que no tengan su origen en el orgullo y la ambición.

14. *La ley del sabio es manantial de vida.* Quizá sería mejor traducirlo: "Para el hombre sabio, la ley es una fuente de vida."

15. *El camino de los transgresores es duro.* Nunca hubo una verdad más real; la mayoría de los pecadores pasan más penas y dificultades para condenar sus almas que las que tienen los justos con todas sus vicisitudes para lograr el reino de los cielos.

24. *El que detiene el castigo a su hijo aborrece.* Vale decir, si lo hubiera *aborrecido,* no podría haberle hecho mayor mal que

el de no corregirle cuando su obstinación y desobediencia lo hacían necesario. Ya nos hemos encontrado con este asunto que es uno de los predilectos de Salomón.

CAPITULO 14

Diversos sentimientos morales. Antítesis entre sabiduría y necedad; distintos resultados de cada una de ellas.

1. *La mujer sabia edifica su casa.* Por su manejo prudente y laborioso aumenta los bienes de la familia, moblaje de la casa, alimento y ropa para sus familiares.

3. *En la boca del necio está la vara de la soberbia.* Las represiones de tal persona son mal juzgadas y fuera de orden y dichas generalmente con tal lenguaje que se las hace no sólo ineficaces sino también desagradables y exasperantes.

6. *Busca el escarnecedor la sabiduría.* En este libro, creo que *escarnecedor* significa el hombre que desprecia el consejo de Dios.

9. *Los necios se mofan del pecado.* Y solamente ellos pueden hacerlo. Pero quien hace del pecado un deporte va a encontrar que no es tal cuando sufra la venganza del fuego eterno.

17. *El que fácilmente se enoja.* "Nariz aplastada": porque cuando un hombre se enoja contrae la nariz.

29. *El que es impaciente de espíritu. Ketsar ruach,* "el corto de espíritu"; el que se irrita fácilmente y en medio de la pasión se agita de tal modo que literalmente queda corto de respiración.

34. *Mas el pecado es afrenta de las naciones.* Estoy seguro de que este no es el sentido del original, *vechesed leummim chattah,* que tendría mejor versión en estas palabras: "Y la misericordia es un sacrificio propiciatorio por el pueblo."

CAPITULO 15

La blanda respuesta. Correcciones útiles. Estabilidad del justo. El espíritu contento. El hombre perezoso. El necio. El codicioso. El impío. El malvado en oposición al justo; al diligente y al hombre que teme al Señor.

1. *La blanda respuesta.* La mansedumbre a menudo desarmará al más furioso excepto cuando éste ha perdido el juicio. Una palabra enojada engendrará otra porque la disposición de un espíritu siempre suscita su propia semejanza en otro: así la bondad, produce bondad y la violencia provoca violencia. La experiencia universal confirma la realidad de este proverbio.

2. *La lengua de los sabios adornará la sabiduría.* Esto es muy difícil de saber: cuándo hablar y cuándo callar; qué decir y qué reservar; cuál es el modo mejor y más adecuado a la ocasión, el tema, las circunstancias y las personas. Todas son dificultades aun para los hombres más sabios.

11. *El Seol y el Abadón. Sheol vaabaddon.* Hades, el mundo invisible, el lugar de los espíritus separados hasta la resurrección y *Abbadon*, lugar de tormento, están siempre bajo el ojo y el control de Dios.

19. *El camino del perezoso es como seto de espinos.* Por su pereza imagina que hay diez mil dificultades que no pueden ser sorteadas en el camino; pero todas son solamente criaturas de su imaginación y a su vez ésta se ha ido formando por su holgazanería.

24. *El camino de la vida es hacia arriba al entendido.* Nos encontramos aquí con una triple antítesis: (1) El camino del sabio y el del necio. (2) Un camino hacia arriba, el otro, hacia abajo. (3) Uno es camino de vida, el otro de muerte.

27. *Alborota su casa el codicioso.* El que está *determinado* a ser rico; *alborota su casa* —es un tormento para sí mismo y para los suyos por su avaricia y estrechez y una maldición para quienes tratan con él... *Mas el que aborrece el soborno.* Cualquiera cosa que se dé para pervertir el juicio.

28. *El corazón del justo piensa para responder.* Su lengua nunca se adelanta a su razón; jamás habla imprudentemente, de ningún modo desacordadamente; porque siempre *piensa*, medita sus pensamientos y palabras.

31. *El oído que escucha las amonestaciones.* Que las recibe con reconocimiento y las obedece. "El consejo es para aquellos que quieren recibirlo"; dice uno de nuestros antiguos refranes.

4. *Y aun al impío para el día malo.* La Caldea traduce la totalidad del versículo de la siguiente forma: "Todas las obras del Señor son para aquellos que le obedecen; y el impío está reservado para el día malo."

6. *Con misericordia y verdad se corrige.* Esto podría ser mal entendido, como si el hombre mostrando misericordia y obrando según la verdad pudiera expiar su propia iniquidad. El texto hebreo no es ambiguo: "Con la misericordia y la verdad, él expiará la iniquidad." Es decir, que El, Dios, por su *misericordia*, al enviar a su hijo Jesús al mundo, "hará sacrificio por la iniquidad" de acuerdo a su *verdad*... la palabra que ha declarado por sus santos profetas desde el principio del mundo.

11. *Obra suya son todas las pesas de la bolsa.* Sin duda es una alusión al *peso oficial* atesorado en una talega en el *santuario*, con el que debían de concordar todas las pesas empleadas en el país para determinar si su medida era justa.

32. *Y el que se enseñorea de su espíritu, que el que toma una ciudad.* Es más fácil dominar al enemigo que está en lo exterior que uno que esté adentro. La historia nos relata de muchos reyes que llegaron a dominar otros países, pero que cayeron esclavos de sus propias pasiones.

33. *La suerte se echa en el regazo.* En lo que concierne a *suerte*, véase Nm. 26:55. No puedo decir hasta qué punto es justo ahora culpar a la suerte por nuestras dificultades después de haber presentado éstas a Dios en ferviente oración y súplica. *Antiguamente*, era legal y eficaz; porque después de haber echado solemnemente la suerte, la decisión se tomaba inmediatamente como decidida por Dios. Pero quienes tienen necesidad imperante de recurrir a la suerte son los que carecen de devoción para orar y de fe para confiar en Dios para tomar una decisión real.

CAPITULO 16

El hombre dispone, pero Dios gobierna. Dios hizo todas las cosas para sí; El aborrece el orgullo. Los juicios de Dios. Administración de los reyes; su justicia, ira y clemencia. El Señor ha hecho todo en peso, medida y proporción debidos. La necesidad produce industria. El hombre paciente. La suerte está bajo la dirección del Señor.

1. *Del hombre son las disposiciones del corazón.* El hombre propone sus deseos; pero Dios responde lo que considera conveniente. Lo primero, es vástago del corazón humano; lo último, la libre volición divina.

3. *Encomienda a Jehová tus obras.* Haz lo que Dios ha ordenado; entonces, comienza, sigue y termina todo en su nombre. *Y tus pensamientos serán afirmados* —estos planes o preparativos, aunque ideados en el corazón, serán establecidos porque están de acuerdo a la voluntad divina.

CAPITULO 17

Contentamiento. El siervo prudente. El Señor prueba los corazones. Los hijos corona de sus padres. Debemos cubrir las faltas del prójimo. No debe menospreciarse al pobre. Evitar litigios y contiendas. Inutilidad de las riquezas para el necio. El buen amigo. El necio puede pasar por sabio cuando guarda silencio.

1. *Mejor es un bocado seco.* La paz y el contentamiento, en especial la paz familiar son superiores a las demás bendiciones.

7. *No conviene al necio la altilocuencia.* Este proverbio es apropiado a aquellos que, cuando hablan en público afectan un refinado lenguaje que no concuerda con su conversación corriente ni con su educación.

8. *Piedra preciosa es el soborno.* Desgraciadamente el soborno *(regalo)*, muchas veces tiene éxito. En la última cláusula hay una

evidente alusión a piedras cinceladas. Adonde quiera que las vuelvan reflejan la luz, son brillantes y hermosas.

12. *Mejor es encontrarse con una osa a la cual han robado sus cachorros.* Es la época en que estos animales se tornan particularmente feroces.

13. *El que da mal por bien.* He aquí una tremenda amonestación. Porque hay tantas personas culpables del pecado de ingratitud y de pagar con los actos de bondad con malignidad, el bien con el mal, no es extraño que encontremos tanta miseria entre los hombres; porque la palabra de Dios no puede fallar, el mal no se apartará de las casas y familias de quienes obran de esa manera.

14. *El que comienza la discordia es como quien suscita las aguas.* Tan pronto como se abre la más pequeña brecha en una represa las aguas de todas partes comienzan a presionar hacia esa abertura; la fuerza llega a ser demasiado grande para poder resistirla de modo que velozmente todo es arrastrado. Así es el principio de las contiendas, desavenencias y pleitos. *Deja, pues, la contienda antes que se enrede.* Al ver hasta dónde puede llegar un altercado es mejor no comenzarlo. Antes "que se mezclen," antes que los espíritus de las partes contendientes lleguen al conflicto, choquen en batalla y comiencen a lanzarse mutuamente censuras y reconvenciones. Cuando usted vea que la disputa llegue a este punto, abandónela inmediatamente.

17. *En todo tiempo ama el amigo.* Tanto en la adversidad como en prosperidad. Y *un hermano,* según los vínculos e intereses de consanguinidad, ha *nacido* para apoyar y consolar a su hermano en desgracia.

18. *Presta fianzas.* Estrechando la mano se concluía y daba por sentado antiguamente un contrato. Véase cap. 6:1.

19. *Y el que abre demasiado la puerta.* Esta expresión "abrir la puerta," puede tener referencia a alardear y decir palabras altaneras tanto como a la tendencia a encender y mantener contiendas.

22. *El corazón alegre constituye buen remedio.* En la Caldea y la Siríaca, en lugar de *gehah,* remedio, leemos *gevah,* el "cuerpo" y así lo traducen. Esto hace que la aposición aquí presentada sea más completa: "Un corazón alegre hace bien al cuerpo; pero el espíritu quebrantado seca los huesos."

23. *Soborno del seno.* De su bolsa; porque los asiáticos acostumbran a llevarla en su seno sobre el cinturón.

CAPITULO 18

El hombre que se separa y busca la sabiduría. El necio y el impío. Sabiduría profunda. Contienda de necios. El chismoso y el holgazán. El nombre del Señor. Orgullo y presunción por causa de las rique-

zas. La impaciencia. El espíritu herido. Influencia de las dádivas. La suerte. El hermano ofendido. Influencia de la lengua. La esposa, un bien de Dios. El verdadero amigo.

1. *Su deseo busca el que se desvía.* El original es difícil y oscuro. En la Vulgata, la Septuaginta y la Arábiga tenemos la siguiente versión: "Quien desee romper con su amigo y busque ocasiones o pretextos, en todos los tiempos será culpable." La versión más aproximada al original es quizá la siguiente: "El que se ha separado buscará la cosa deseada (es decir, el objeto de su deseo) y se meterá (se mezclará) con todas las cosas reales o con todo conocimiento esencial." Encuentra que puede hacer poco progreso en la investigación de las cosas divinas o naturales si tiene mucho que realizar con los asuntos seculares o insignificantes. Por eso, se aparta tanto de las ocupaciones inútiles como de la compañía superficial; y luego entra en el espíritu de solicitud; no se satisface con las observancias superficiales, sino que examina hasta donde es posible, la materia y esencia de las cosas que han sido objeto de su aspiración. A mi modo de ver, ésta es la mejor interpretación.

2. *Sino en que su corazón se descubra.* Es un hecho, que la mayor parte de la gente presuntuosa y necia nunca está satisfecha si está con otros en demostrar su insensatez y vacuidad. Pero este versículo podría interpretarse confirmando el punto de vista del anterior y traducirlo de la manera siguiente: "Pero un necio no encuentra deleite en el entendimiento aunque se hiciera patente."

3. *Cuando viene el impío.* ¿No sería mejor interpretar este versículo en la siguiente manera? "Cuando viene el impío, viene el menosprecio; y con la ignominia, la reconvención".

4. *Las palabras de la boca del hombre.* Es decir, que las palabras doctas de los sabios son como *aguas profundas;* por más que se bombee y extraiga no aparentan disminuir. *La fuente de sabiduría.* Donde haya un sano entendimiento y una mente profunda y bien ilustrada, su sabiduría y consejos fluyen como un raudal incesante *mekor chochmah,* "la vena de la sabiduría," aun expulsando saludables corrientes.

8. *Las palabras del cnismoso.* "Las palabras del susurrador," el entremetido, el quejoso que en todo se mete.

9. *También el que es negligente.* El negligente abandona su trabajo y los materiales caen en ruina: el disipador consume los materiales. Uno y otro son destruidores.

10. *Torre fuerte es el nombre de Jehová.* El nombre de Jehová puede tomarse por el Señor mismo; él es una *torre fuerte,* un refugio, un lugar de absoluta seguridad para todos los que confían en él.

11. *Las riquezas del rico.* V.l.e.s. Capítulo 10:15.

12. *Antes del quebrantamiento.* V.l.e.s. Cap. 11:2 y 16:18.

16. *La dádiva del hombre le ensancha el camino.* Es y siempre ha sido práctica humillante en los países asiáticos el presentar un don u obsequio al personaje con quien hay que entrevistarse. De otra manera no se consigue audiencia, auspicio ni justicia.

18. *La suerte pone fin a los pleitos.* V.l.e.s. cap. 16:33.

19. *El hermano ofendido es más tenaz que una ciudad fuerte.* Casi todas las versiones están de acuerdo con la siguiente lectura: "Un hermano ayudado por otro hermano es como una ciudad fortificada; y sus acuerdos son como las barreras de una ciudad." Coverdale es a la vez claro y sucinto: "La unidad de los hermanos es más fuerte que un castillo y los que se mantienen juntos son como las barreras de un palacio."

21. *La muerte y la vida están en poder de la lengua.* Esto tiene aplicación a todos los hombres. Muchos han perdido sus vidas por causa de su lengua, y otros, por la misma, las han salvado: pero, esta sentencia tiene su mayor fuerza aplicándola a los defensores públicos: de muchas de sus lenguas depende la *vida* o la *muerte.*

22. *El que halla esposa halla el bien.* El matrimonio, con todas sus inconveniencias y perplejidades, es una bendición de Dios; y son pocos los casos en que una esposa de cualquier condición no es mejor que ninguna, porque el celibato es un mal, puesto que Dios mismo ha dicho: "No es bueno que el hombre esté solo."

24. *Y amigo hay más unido que un hermano.* En muchos casos, el amigo verdadero ha demostrado más apego y ha prestado más beneficios que el hermano natural. Algunos aplican este texto a Dios; otros a Cristo; pero esta escritura no tiene tal significado.

CAPITULO 19

Valor de un justo pobre. Las riquezas mantienen amigos. Testigos falsos. Amistades falsas. La ira del rey. El hijo necio. La esposa prudente. Pereza. Compasión para con los pobres. El temor del Señor. El hijo derrochador. Obediencia a los padres.

1. *Mejor es el pobre.* El íntegro pobre siempre es preferido al necio rico o arrogante.

2. *El alma sin ciencia no es buena.* ¿No sería más claro como es más literal decir: "También, no es bueno para el alma estar sin sabiduría"?

10. *No conviene al necio el deleite. Taanug,* vida espléndida, fastuosa, rango, enseres, sientan mal al *necio,* aunque sea un señor por su cuna.

13. *Y gotera continua las contiendas de la mujer.* El hombre que tiene semejante esposa es como el que ha arrendado una casa que tiene mal el techo y por todas sus partes se llueve. No puede sentarse, pararse, trabajar ni dormir sin estar expuesto a que las gotas le caigan encima.

14. *Mas de Jehová la mujer prudente.* Una mujer de criterio; que evite quejarse aunque a menudo tenga razones para hacerlo.

17. *A Jehová presta.* ¡Qué palabras! ¡Dios mismo se hace deudor de todo lo que se dé al *pobre!* ¿Quién no desea avanzar en todo lo posible en esta línea con semejante crédito?

18. *Castiga a tu hijo en tanto que hay esperanza.* Es mejor que el niño tenga que llorar mientras la corrección puede beneficiar su alma, que los padres tengan que llorar después cuando los hijos lleguen a ser mayores y los males ya no tienen remedio.

21. *Muchos pensamientos hay en el corazón del hombre.* El mismo sentimiento está expresado en el cap. 16:1.

CAPITULO 20

Contra el vino y las bebidas alcohólicas. Se deben evitar las pendencias. El holgazán. El hombre justo. Pesas y medidas. El chismoso. El hijo malvado. El rey sabio. La gloria de los jóvenes. La hermosura de la vejez. Beneficio de la corrección.

1. *El vino es escarnecedor.* Engaña por su fragancia, embriaga por su fuerza y vuelve ridículo al borracho. La *sidra,* cualquier bebida fermentada, sea producida por la vid, dátiles o cualquier otra especie de la cual pueda producirse el alcohol.

2. *El terror del rey.* Es casi igual al cap. 19:12.

3. *Honra es del hombre.* Idéntico sentir encontramos en el cap. 19:11.

9. *¿Quién podrá decir: yo he limpiado mi corazón?* Nadie. Pero millares pueden testificar que la sangre de nuestro Señor Jesucristo les ha limpiado de toda maldad. *¿Y limpio estoy de mi pecado?* Sólo el que ha sido justificado gratuitamente por la redención efectuada por Jesús.

10. *Pesa falsa y medida falsa.* Hebreo: "Una piedra y una piedra; una efa y una efa." Una que es el patrón, la otra debajo de él; una para comprar, la otra para vender.

12. *El oído que oye y el ojo que ve.* Todo lo *bueno* que poseemos nos viene de Dios; y no deberíamos emplear nuestros ojos, ni nuestros oídos, ni nada que poseamos, sino en estricta subordinación a su voluntad.

13. *No ames el sueño para que no te empobrezcas.* El sueño es una bendición indescriptible: ¡Pero cuán a menudo se torna en una maldición! Es como la comida; en cierta medida repone y vigoriza el desgaste físi-

co; pero si se excede, sobrecarga y destruye la vida. El amante del sueño es un carácter miserable e insignificante.

14. *El que compra dice: Malo es, malo es.* ¡Qué hábiles son los hombres para desacreditar las bondades de lo que desean comprar, para sacarlo más barato; y después de haber efectuado la ganga y llevado la mercadería, jactarse con los demás de haberla obtenido por mucho menos de su valor!

16. *Quítale su ropa al que salió por fiador del extraño.* Creo que estas palabras tienen el siguiente significado: Que debería de emplearse mayor preocupación en el caso de que un extraño o persona desconocida saliera de fiador en una contingencia; y, que a esa persona habría que tomarle una prenda tal como para impedirle huir de sus obligaciones.

17. *Sabroso es al hombre el pan de mentira.* Tal vez los bienes adquiridos por engaño, especulación, etc., sin el esfuerzo honesto, resulten muy gratos para el hombre sin escrúpulos y holgazán; pero pesa sobre él una maldición y la consecuencia lo demostrará.

20. *Al que maldice a su padre.* Bajo la ley, quien hacía tal cosa estaba condenado a muerte; véase Ex. 21:17; Lv. 20:9; y aquí, dice que *se le apagará su lámpara en oscuridad tenebrosa . . .* que no tendrán posteridad; que Dios los arrancará raíz y ramas.

21. *Los bienes que se adquieren de prisa.* Logrados por especulación; por golpe de fortuna, no en la manera progresiva de comercio en las cuales el dinero sigue en aumento natural. Todas aquellas adquisiciones son de corta vida; las bendiciones de Dios no están sobre ellas; porque no son el producto del trabajo y conducen a la ociosidad, orgullo, fraude y bribonería.

25. *Lazo es al hombre hacer apresuradamente voto de consagración, y después de hacerlo, reflexionar.* Es decir que, si alguien está por hacer un voto precipitado, primeramente tendría que considerar con sumo cuidado la conveniencia o inconveniencia, la necesidad, oportunidad y propiedad. Pero, ¡qué necio es hacer primero el voto y luego averiguar si era correcto hacerlo ante los ojos de Dios!

26. *Sobre ellos hace rodar la rueda.* En su ira, los sacude como la rueda al grano en la era.

27. *Lámpara de Jehová es el espíritu del hombre.* Dios se ha dado una mente, que El ilumina con su propio Espíritu a fin de que el hombre pueda distinguir lo bueno de lo malo; y la conciencia que brota de esto, escudriña los lugares más recónditos del alma.

28. *Misericordia y verdad guardan al rey.* Son las joyas más brillantes de la corona real; y los reyes más manejados por ellas son los que tienen un gobierno más estable.

29. *La gloria de los jóvenes es su fuerza.* Es raro que un joven impresione por ser sabio, docto, etc.; pero todos se complacen en demostrar su fuerza y ser reputados por vigorosos. *Y la hermosura de los ancianos es su vejez.* Ya ellos no afectan más tener fuerzas y agilidad, pero demuestran sabiduría, experiencia, imparten consejos prudentes y son aficionados a ser reputados sabios y se respete su entendimiento y experiencia.

30. *Los castigos que hieren. Chabburoth,* de *chabar,* "unir, juntar". ¿No se referirá a las cicatrices de una herida que va juntando sus labios al sanarse? Al quedar todo unido la herida está sana.

CAPITULO 21

El corazón del rey está en la mano de Dios. Debemos practicar la misericordia y la justicia. La lengua mentirosa. La mujer rencillosa. Castigo del impío. El carente de caridad. La dádiva en secreto. La felicidad del justo. El malvado, rescate del justo. Los tesoros del sabio. El que guarda su lengua. El deseo del perezoso. El testigo falso. La victoria proviene de Jehová.

1. *Está el corazón del rey en la mano de Jehová.* El Señor es el único gobernante de los príncipes. Solamente El puede gobernar y dirigir sus deliberaciones. Pero, aquí tenemos una alusión al método oriental de irrigación. Desde una de las corrientes se excavan varios canales; y al abrir una acequia particular, el labrador puede dirigir el agua hacia el lugar que desee; de esta manera obra el corazón del rey hacia donde lo vuelva; en otras palabras, hacia quien él haya dispuesto demostrar su merced.

3. *Hacer justicia y juicio.* Son las palabras que Samuel dirigiera a Saúl. Véase 1 S. 15:23.

4. *Altivez de ojos.* Evidencia del orgullo, arrogancia y vanidad. *Orgullo de corazón.* Que es de donde provienen la altivez de ojos, etc. *Y pensamiento de impíos.* "La lámpara," la prosperidad y la posteridad de los malvados; *es pecado . . .* es mal en la simiente, mal en la raíz, en las ramas y en los frutos.

9. *En un rincón del terrado.* Un cobertizo levantado en la azotea: *en casa espaciosa; beith chaber,* "casa de mancomunidad"; lo que nosotros llamaríamos casa de huéspedes, o casa ocupada por varias familias.

12. *Considera el justo.* Se entiende este versículo como una alusión a la piadosa preocupación de un hombre justo por una familia impía a quien él procura por medio de sus instrucciones atraer al camino de la sabiduría y la paz.

CAPITULO 22

La buena reputación. El rico y el pobre. El holgazán. Las buenas costumbres inculcadas durante la infancia. La injusticia y sus efectos. La providencia de Dios. La mujer sensual. La necesidad de la corrección oportuna. Exhortación a la sabiduría. No robar al pobre. Evitar la compañía del incorregible. Eludir las fianzas. Ser honesto. El hombre diligente será favorecido.

1. *El buen nombre. Shem,* "un nombre," en lugar de reputación, crédito, fama. Empleado casi en la misma manera que lo hacemos nosotros cuando decimos: "Se ha hecho un nombre."

2. *El rico y el pobre se encuentran. Ashir,* el "pudiente," ya sea en dinero, tierra o propiedad; *rash,* el hombre desprovisto de esas cosas y que vive de su trabajo ya sea como artesano o cultivando la tierra. En lo que a Dios concierne, el rico y el pobre viven juntos y ambos son de mutua ayuda. Sin el pobre, el rico no podría proveerse de los artículos que consume, porque las clases pobres incluyen todas las clases trabajadoras de la sociedad; quienes a su vez, sin los ricos no podrían vender el fruto de sus labores y, en muchos casos, ni aun podrían trabajar.

5. *Espinos y lazos.* Diversas dificultades, pruebas y sufrimientos.

6. *Instruye al niño en su camino.* Es sumamente curiosa la presentación hebrea de esta cláusula: "Inicia al niño a abrir (la boca) de su sendero." *Chanac,* que traducimos "Instruye" o "inicia," también significa "dedicar"; y a menudo es empleado para la consagración de una cosa, casa, o persona al servicio de Dios. Por lo tanto, en primera instancia, dedica tu hijo a Dios; críalo, enséñale como a hijo de Dios a quien El te ha confiado para su cuidado.

14. *Fosa profunda es la boca de la mujer extraña.* En el cap. 23:27, dice: "Porque abismo profundo es la ramera, y pozo angosto la extraña."

17. *Inclina tu oído.* Desde aquí, hasta el final del versículo 21, no encontramos proverbios sino direcciones de cómo sacar provecho de lo que la sabiduría ya nos ha entregado; la naturaleza de la instrucción y el fin por el cual fue impartida.

24. *No te entremetas con el iracundo.* Es asombrosa e inexplicable la influencia que un espíritu tiene sobre otro. Adquirimos hábitos y aprendemos sus maneras, nos saturamos de su espíritu, mostramos sus disposiciones y andamos en las pisadas de aquellos con quienes nos asociamos. No podemos considerarnos demasiado delicados en la selección de nuestra compañía, porque muy pronto tomaremos caminos que pueden ser una trampa para nuestra alma.

27. *Si no tuvieres para pagar.* ¿Puede un hombre dar fianza por más de lo que posee? Si lo hiciera, ¿no está cometiendo fraude ante la misma transacción?

28. *No traspases los linderos antiguos.* No te aproveches al arar o al roturar un campo contiguo al de tu vecino colocando las piedras que los dividen dentro de su terreno para agrandar el tuyo. Que se mantengan como sagradas las antiguas divisiones y los tratos relacionados con ellas. No trates de introducir nuevos dogmas, ni ritos, ni ceremonias en la religión o en el culto de Dios que no estén claramente determinadas en las Sagradas Escrituras.

CAPITULO 23

Sobriedad en las comidas y bebidas especialmente al estar en la mesa de los grandes. No tener compañerismo con el avaro. No traspasar el lindero antiguo. Los niños deben recibir la corrección debida. Evitar la compañía de los bebedores de vino. Obediencia a los padres. Eludir las uniones deshonestas. Consecuencia de una conciencia insensible.

1. *Cuando te sientes a comer con algún señor.* Cuando seas invitado a la mesa de tus superiores, come con moderación. No des la impresión de que en tu casa estuvieras medio hambriento. No comas los bocados exquisitos a los cuales no estés acostumbrado; son engañosos; agradan, pero no son de provecho. Son agradables a la vista, al paladar y al olfato; pero son nocivos para la salud.

4. *No te afanes por hacerte rico.* Que no sea ese tu objetivo. *Sé prudente y desiste.* Tu propio "entendimiento" o "discreción".

6. *De aquel que tiene ojo maligno.* (Versión Moderna.) No comas nunca con un avaro o un codicioso; si es él quien te invita a sus propias expensas estará vigilando cada bocado que lleves a la boca. Esto ha sido bien advertido por el sabio en el versículo siguiente: "Come y bebe, te dirá; mas su corazón no está contigo."

8. *La parte que comiste.* Al recordarlo te culparás a ti mismo por haber aceptado la invitación.

10. *No traspases el lindero antiguo.* V.l.e.s. el capítulo anterior, v. 28. *Ni entres en la heredad de los huérfanos.* No tomes nada que pertenezca a un huérfano. La más grave maldición de Dios pesa sobre quien lo haga.

11. *Porque el defensor de ellos es el Fuerte. Goalam,* su "pariente". Esta palabra alude a la persona que tiene el derecho, siendo cercana por la sangre, de redimir un campo o propiedad enajenado por la familia.

14. *Lo castigarás con vara.* Para Salomón, un punto favorito de disciplina era la corrección apropiada de los niños. Ya hemos notado con cuánta energía trata el asunto.

18. *Porque ciertamente hay un fin.* Hay otra vida; y "tu esperanza" de gozar una bendita inmortalidad "no será cortada".

20. *No estés con los bebedores de vino.* Una buena parte de este capítulo se ocupa en impartir direcciones en cuanto a comida, bebida y convites en general. Primero, el

discípulo recibe indicaciones en cuanto a la manera en que debe conducirse cuando asiste a las comidas de los ricos y los grandes. (2) Con referencia al avaro y su roce con ellos. Y (3) a los pasatiempos públicos en los que generalmente había excesos y relajación.

22. *Y cuando tu madre envejeciere, no la menosprecies.* Advertencia muy necesaria; porque las mujeres ancianas, por lo general son indefensas, ineptas y molestas; pero estas circunstancias no disminuyen el deber de un hijo. Y este deber está confirmado por el mandamiento divino aquí mencionado.

23. *Compra la verdad.* De cualquier modo, adquiere el conocimiento de Dios. Y para hacerlo, no hay demasiada pena, laboriosidad y fatiga. *Y no la vendas.* Una vez adquirida, que nada pueda despojarte de ella.

26. *Dame, hijo mío, tu corazón.* Son las palabras de Dios para todas las almas humanas. Dale todos tus afectos a Dios; de modo que así le ames con todo tu corazón, alma, mente y fuerza.

28. *Y multiplica entre los hombres los prevaricadores.* De esta fuente de mal brota más iniquidad que de cualquier otra causa en todo el sistema del pecado. Las mujeres y las bebidas embriagantes producen millones de transgresores.

29. *¿Para quién será el ay?* Creo que Salomón aquí se refiere a los resultados naturales de la embriaguez. Quizás *oí,* que traducimos por *ay* y *aboi* que se interpreta por *dolor,* sean meros sonidos o vociferaciones comunes entre los borrachos, ya sea por malestar o por los efectos nauseabundos de haber bebido demasiado alcohol. En cuanto a *las rencillas* entre ellos, *las quejas* por diversos asuntos que ni entienden ni están capacitados para debatir; *heridas,* al caerse sin motivo; lo *amoratado de los ojos,* inyectados de sangre por el exceso de la bebida; o bien *negros* o *azules* por las peleas, son los resultados tan comunes y generales de estos líos, porque naturalmente emanan de ellos. De modo que *los que se detienen mucho en el vino* y van buscando la *mixtura* para hacerlo más embriagante, son las personas más señaladas por las circunstancias arriba mencionadas.

31. *No mires al vino.* Que ni su color, olor, la espuma que produce el verterlo te induzcan a beber. No importa de cuán buena clase y puro pueda ser, te será una trampa, porque le estarás sujeto y no tendrás dominio de ti mismo.

33. *Tus ojos mirarán cosas extrañas.* La mala concupiscencia es inseparable de la embriaguez.

CAPITULO 24

No seas envidioso. La casa edificada con sabiduría. Consejo necesario en la guerra. Salvar la vida cuando es posible. Sobre la miel y el panal. El justo que cae siete veces. No debemos alegrarnos ante la desgracia ajena. Ruina del malvado. Temor a Dios y al rey. Prepara tus labores. Descripción del campo del perezoso y la viña del necio.

3. *Con sabiduría se edificará la casa.* Es decir, una familia; asuntos familiares. Véase cap. 9:1.

9. *El pensamiento del necio es pecado.* "El proyecto del necio es transgresión"; o bien, "un mal intento, es pecado"; o quizá más literalmente, "el plan del necio es pecado".

13. *Y el panal.* A menudo he tenido la oportunidad de advertir cuánto mejor es el sabor de la miel en el panal que después de su extracción y exposición al aire. Véase I S. 14:27; Sal. 19:10; Pr. 5:3; 16:24; 27:7; Cnt. 4:11; 5:1.

14. *Así será a tu alma el conocimiento de la sabiduría.* La verdadera religión será para el alma lo que el panal de miel es para tu boca. *Si la hallares tendrás recompensa, y al fin tu esperanza no será cortada.* Esto es precisamente lo mismo que encontramos en el capítulo anterior, v. 18. La palabra *acharith,* en el lugar mencionado se traduce por *un fin,* y en este, por *recompensa;* pero, yo creo que no hay lugar en las Sagradas Escrituras en el que tenga tal acepción; ni tampoco, ese significado pueda traducirse de la raíz *achar,* que siempre se refiere a "detrás, después, extremidad, última parte, tiempo," pero nunca lleva la idea de "recompensa, compensación," o algo semejante. Hay otro estado, o vida y tu expectativa de felicidad en un mundo futuro no será cortada. Todas las versiones lo interpretan de esta manera.

15. *La tienda del justo.* Tsaddik, el hombre que anda irreprochablemente en todos los testimonios de Dios; quien volverá a cada uno lo debido.

El justo. Tsaddik, "el justo," la persona ya mencionada. *Siete veces cae.* Muy a menudo se mete en desgracia porque su lugar de descanso ha sido desbaratado por el malvado, el ladrón, el saqueador del desierto que pone acechanzas con ese propósito, v. 15.

Y vuelve a levantarse. Aunque Dios permite que algunas veces la mano de la violencia estropee su tienda, las tentaciones asalten su mente y las aflicciones derriben su cuerpo, constantemente surge; y cada vez que pasa por el horno, sale más brillante y refinado. *Mas los impíos caerán en el mal.* Y allí quedarán; ya que no tienen un brazo fuerte para sostenerlos.

18. *Y aparte de sobre él su enojo.* El enojo está tomado aquí como su resultado, es decir, el castigo; y su significado es, no sea que le levante el castigo a él y te lo inflija a ti.

20. *Porque para el malo no habrá buen fin.* Acharith. Para el malvado no habrá un

estado futuro de bendición. V.l.e.s. v. 14. *La lámpara de los impíos será apagada;* finalmente cesará su prosperidad y no tendrá descendencia.

23. *También estos son dichos de los sabios.* "Estas también al sabio." Parece que fuera una nueva sección; y quizá lo que sigue pertenezca a otra compilación. Es probable que se trate de fragmentos de refranes coleccionados de los Proverbios de Salomón por los eruditos.

26. *Besados serán los labios.* Lo tratará con cariño y respeto.

CAPITULO 25

Nueva serie de proverbios de Salomón. La gloria de Dios en arcanos. Observaciones concernientes a los reyes. Evitar las contiendas. Lenguaje oportuno. El mensajero fiel. Las golosinas deben tomarse frugalmente. Evitar la confianza. Entretenimientos no gratos para el afligido. Hacer bien a los enemigos. La desventura de morar con una mujer regañona. Necesidad de moderación y autodominio.

1. *También estos son proverbios de Salomón.* Parece que el resto de este libro contiene proverbios compilados por orden del rey Ezequías y fueron agregados al libro anterior como una especie de apéndice, habiendo sido coleccionados de refranes tradicionales de Salomón.

2. *Gloria de Dios es encubrir un asunto.* Esto ha sido interpretado como una referencia a la revelación de la voluntad de Dios en su palabra, en la que hay muchas cosas ocultas en parábolas, alegorías, metáforas, comparaciones. Y es propio de la majestad de Dios, propalar así su voluntad, a fin de que se estudie seriamente para comprenderla, de modo que al descubrir la verdad, sea más apreciada. Y, si es para la gloria de Dios, el encubrir parcialmente sus designios, es gloria de un rey, el escudriñar y examinar esta palabra para poder entender cómo por El reinan los reyes y los príncipes decretan fallos.

3. *Para la altura de los cielos.* La interpretación sencilla de esto es, que las razones de estado, con referencia a muchos actos del ejecutivo, no pueden ser más profundizadas por el común del pueblo que lo serían la altura de los cielos y las profundidades de la tierra.

7. *Sube acá.* Nuestro Señor también se refiere a esto; véase Lc. 14:8.

8. *No entres apresuradamente en pleito.* Meterse en litigios.

11. *La palabra dicha como conviene.* "Sobre sus ruedas." Una observación, prevención, reprobación o consejo que se hace naturalmente, como al descuido, no forzada ni arrastrada, que parece no tener objeto, que se levanta de la misma conversación, aunque

particularmente tenga referencia a un punto, dejará satisfechos a todos. *Manzana de oro con figuras de plata.* Semejante a la refrescante naranja o al hermoso cidro servidos en cestos de plata calados o en filigrana. Los asiáticos son superiores en sus trabajos de plata afiligranada.

12. *Como zarcillo de oro.* Creo que la palabra *nezem,* aquí empleada, se refiere a aros de la nariz con sus pendientes. Agujerean la pared de la ventana izquierda de la nariz y le ponen un aro, como se hace en las orejas.

14. *Falsa liberalidad.* "Obsequio mentido," que se ha prometido, pero nunca fue entregado.

17. *Detén tu pie.* Otro proverbio que sirve para ilustrar lo que sigue: "La excesiva familiaridad engendra menosprecio."

20. *El que sobre el jabón echa vinagre.* La palabra original *nather* es lo que se conoce entre los químicos con el nombre de *natrón* de los antiguos y de las Escrituras; y, en la actualidad, como carbonato de soda. En el Oriente se emplea para el lavado. El doctor Shaw dice que si se le derrama vinagre encima, inmediatamente se levanta una fermentación, que ilustra bien lo que Salomón dice en este lugar: "El que canta canciones al corazón afligido es como el que sobre el jabón echa vinagre": vale decir, "no hay afinidad entre ellos".

22. *Porque ascuas amontonarás sobre su cabeza.* No para consumirlo, sino para ablandarlo y hacerlo que sea bondadoso.

23. *El viento del norte ahuyenta la lluvia.* El margen tiene: "El viento norte trae lluvia." Se dice que el viento norte trae lluvia a Jerusalén porque arrastra los vapores del mar que está situado al norte de ella. *La lengua detractora.* "Una lengua escondida."

24. *Mejor es estar en un rincón.* Véase cap. 21:9.

27. *Comer mucha miel no es bueno.* El que escudriña demasiado en los arcanos, es muy probable que al fin se encuentre desconcertado por ellos. Creo que esto es lo que en realidad significan estas palabras.

CAPITULO 26

El honor no conviene al necio. Corrección y trato adecuado a los tales. Acerca del perezoso. El que interfiere en asuntos que no son de su incumbencia. Débense evitar las contiendas. Acerca de la lengua simuladora y mentirosa.

2. *Como el gorrión.* Como el "gorrión" vuela alrededor de la casa y la "golondrina" emigra a otros países, así una maldición puede revolotear por la vecindad durante un tiempo; pero en breve lapso desaparecerá como pájaro migrante.

6. *Se corta los pies.* Enviar algo por tal persona sería cosa completamente inútil.

8. *Como quien liga la piedra en la honua, así hace el que da honra al necio.* Es completamente desperdiciado. Sin embargo, este es un proverbio difícil; y la versión presentada arroja poca luz sobre el asunto. El hebreo puede traducirse, "Como un trozo de piedra preciosa entre un montón de piedras, así es el que rinde honor a un necio." Sobre esta interpretación, el significado sería: "Es tan inútil arrojar una joya entre un montón de piedras para aumentar su volumen, como dar honor a un necio."

11. *Como perro que vuelve a su vómito.* Véase II P. 2:22.

13. *Dice el perezoso.* Véase cap. 22:13.

16. *Que siete que sepan aconsejar.* Aquí, *siete* solamente indica perfección, abundancia o multitud. A sus propios ojos, es más sabio que una multitud de ellos.

17. *El que pasando.* Este proverbio resulta ser verdad en noventa y nueve casos de cada cien, donde la gente interviene en embrollos familiares, o diferencias entre marido y mujer.

20. *Sin leña se apaga el fuego.* Tanto el que recibe como el que trae cuentos son agentes de discordia. Si en primer lugar no hubiera quien recibiese la difamación, ésta no podría propagarse. De aquí nuestro proverbio, "Quien recibe es tan malo como un ladrón".

22. *Las palabras del chismoso.* Exactamente como el cap. 18:8.

23. *Los labios lisonjeros y el corazón malo.* Labios suaves, espléndidos, brillantes; es decir, los labios que hacen gran profesión de amistad, son como un vaso con un baño de plata sobre metal barato para que parezca de este metal; pero se trata solamente de un cacharro sin valor, y aun el exterior no es puro.

25. *Porque siete abominaciones hay en su corazón.* Quiere decir, que está lleno de inmundicias.

27. *El que cava foso.* Véase salmo 7:15.

28. *La lengua falsa atormenta al que ha lastimado.* El que perjudica a otro lo aborrece en proporción al daño que le ha inferido.

CAPITULO 27

La incertidumbre del mañana. La autoglorificación prohibida. Enojo y envidia. Represión de un amigo. La necesidad nos hace sentir el valor de un suministro. Un buen vecino. Recelo sobre la fianza. Alabanza sospechosa. La mujer rencillosa. Un amigo ayuda a otro. El hombre insaciable. El necio incorregible. Preocupaciones domésticas. Utilidad de los ganados para alimentación y ropas de vestir.

1. *No te jactes del día de mañana.* Véase Stg. 4:13 y sig.

2. *Alábete el extraño y no tu propia boca.* Tenemos un proverbio parecido que reza así: "La propia alabanza no es recomendación."

10. *Tu amigo.* Un antiguo y bien probado amigo es de un valor incalculable. Jamás olvides y abandones a aquel que ha sido amigo de tu familia. Y, cuando llegue el tiempo de adversidad, acude más bien a él que a tu pariente cercano que se conserva a distancia.

12. *El avisado ve el mal y se esconde.* Exactamente lo mismo que el cap. 22:3.

13. *Quítale su ropa.* Igual al cap. 20:16.

14. *El que bendice a su amigo.* Hácese sospechosa la sinceridad de quien alaba y hace demostraciones públicas de agradecimiento hacia un amigo por los favores recibidos.

15. *Gotera continua.* Véase cap. 19:13.

16. *Pretender contenerla es como refrenar el viento.* Es tan fácil evitar el soplido del viento, como la lengua de una regañona; y disimular esta desventurada tendencia de una esposa es tan imposible como calmar una tormenta y evitar que sus sonidos sean oídos. *El aceite en la mano derecha.* No podría ocultar la conducta de tal mujer como no lo lograría con el perfume del aceite fragante con el cual se ha untado las manos.

17. *Hierro con hierro se aguza.* Como el hierro duro, a saber, el acero, producirá mejor filo a un cuchillo cuando éste es debidamente afilado con aquél; así un amigo puede incitar a otro a reflexionar, profundizar y elucidar un asunto que, sin ese estímulo, jamás lo habría realizado.

19. *Como en el agua el rostro corresponde al rostro.* Como el hombre ve su imagen reflejada en el agua al contemplarse en ella, así el hombre sabio y estudioso, generalmente ve lo que está en el corazón de otro, al considerar el tenor de sus palabras y acciones.

23. *El estado de tus ovejas.* Las instrucciones al final del capítulo se refieren especialmente a asuntos pastoriles y agrícolas. No confíes meramente tu ganado a los pastores; cuéntalos tú mismo; fíjate en su condición; mira cómo son cuidados, cuándo y con qué proporción son alimentados.

24. *Porque las riquezas no duran para siempre.* Todos los bienes son transitorios. El dinero y los más elevados honores civiles son de corta duración. El ganado debidamente cuidado puede multiplicarse y continuar de generación a generación. La *corona* misma no es por naturaleza tan permanente.

CAPITULO 28

La timidez del malvado. La rápida sucesión en el gobierno de un país es un castigo para la tierra.

Acerca del pobre opresor del pobre. El justo pobre es preferible al rico malvado. La infructífera conducta del usurero. Es causa de regocijo la prosperidad del justo. Bienaventurado el que siempre es temeroso. El impío que gobierna es una maldición. El asesino generalmente es abominado. El hombre fiel. El juez sobornado. Necesidad de confiar en el propio corazón. El hombre caritativo. Cuando los impíos son levantados, ocurre un mal público.

3. *El hombre pobre y robador de los pobres.* Nuestro Señor ilustra este proverbio de la manera más hermosa en la parábola de los dos deudores, Mt. 18:23.

8. *El que aumenta sus riquezas con usura.* Cobrando intereses ilegales por su dinero; lo presta a personas en gran estrechez financiera para lo que exige un interés exorbitante.

19. *El que labra su tierra.* Véase capítulo 12:11.

20. *El que se apresura a enriquecerse.* Véase cap. 13:11; 20:21.

24. *El que roba a su padre.* La propiedad del padre es tan propia, con referencia al hijo como la de cualquier extraño. Quien roba a sus progenitores, es peor que un ladrón común; al acto de deshonestidad y rapiña agrega ingratitud, crueldad y desobediencia. Tal persona, *compañero es del hombre destruidor:* puede ser considerado como un asesino.

26. *El que confía en su propio corazón es necio.* Porque su corazón, que es engañoso y desesperadamente malo, infaliblemente lo engañará.

CAPITULO 29

No menospreciar la corrección. El rey prudente. El adulador. El juez justo. No contender con un necio. El príncipe que abre sus oídos a los cuentos. El pobre y usurero. El rey piadoso. El siervo insolente. Humillación del orgulloso. El cómplice del ladrón. El temor del hombre. El Señor, Juez justo.

1. *Endurece la cerviz.* Inquebrantable y obstinado.

13. *El pobre y el usurero.* Es difícil asegurar el significado de *techadim,* que puede traducirse *engañoso.* Creo que tiene el mismo significado del cap. 22:2: "El rico y el pobre se encuentran; a ambos los hizo Jehová."

18. *Sin profecía.* El país donde la revelación divina y la fiel predicación de los sagrados testimonios no es atendida ni reverenciada, no está muy lejos de la ruina. *Mas el que guarda la ley es bienaventurado.* Es lo que dijo nuestro Señor: "bienaventurados los que oyen la palabra de Dios y la guardan".

22. *El hombre iracundo levanta contiendas.* Su espíritu las engendra por dondequiera que va. *Y el furioso muchas veces peca.* Su espíritu furioso siempre lo arrastra a extremos y en cada uno de ellos hay transgresión.

23. *La soberbia del hombre le abate.* El orgullo es universalmente despreciado; tales personas están expuestas muy a menudo a grandes mortificaciones.

24. *Aborrece su propia alma. Napsho,* su "vida," porque la ley ultrajada puede en cualquier momento mandarlo a la muerte. Pues oye la imprecación. "La maldición," o conjuro "y no dice nada". No tiene temor de Dios, ni reverencia por un juramento, porque su corazón se ha endurecido por la falacia del pecado.

25. *El temor del hombre pondrá lazo.* ¡Cuán a menudo este temor ha arrastrado a hombres débiles, aunque sinceros en la generalidad de su carácter, a negar a su Señor y a abjurar de su pueblo! Véase el caso de Pedro.

CAPITULO 30

Confesión de fe de Agur (1-6). Su oración (7-9). Acerca de las generaciones impías (10-14). Cosas que nunca se satisfacen (15, 16). Acerca del que desprecia a sus padres (17). Tres cosas asombrosas (18-20). Tres cosas que alborotan la tierra (21-23). Cuatro animales pequeños pero muy inteligentes (24-28). Cuatro cosas que andan bien (29-31). El hombre debe cesar de cometer necedades y contiendas (32, 33).

1. *Palabras de Agur, hijo de Jaqué.* Las palabras *Agur, Jaqué, Itiel,* y *Ucal* han sido consideradas por algunos como nombres propios; por otros, como caracteres descriptivos. Para algunos, *Agur* es Salomón; *Jaqué,* David; e *Itiel* y *Ucal* son epítetos de Cristo.

Parece evidente por lo que se infiere de esta introducción, de los nombres mencionados y del estilo del libro, que este capítulo no fue escrito por Salomón y que fue propuesto para ser diferenciado de su obra por este mismo prefacio que específicamente lo distingue de sus escritos precedentes. Tampoco las palabras de los versículos 2, 3, 8 y 9, pueden aplicarse en absoluto a Salomón; no encajan en parte alguna de la vida de Salomón ni a sus circunstancias. Por lo tanto tenemos que considerarlos como apéndice o suplemento de la colección anterior.

3. *Yo ni aprendí sabiduría.* Nunca he sido alumno de esas escuelas de hombres sabios, ni *conozco la ciencia del Santo, kedoshim,* de los santos o personas santas.

4. *¿Cuál es su nombre?* Muéstrame la naturaleza de este Ser Supremo. Indícame su eternidad, omnisciencia, omnipresencia, omnipotencia; si puedes, concíbelo y descríbelo.

Y el nombre de su hijo. Muchos opinan que Agur se refiere a la segunda y tercera persona de la siempre bendita Trinidad. Es posible; pero ¿quién se aventuraría a basar la prueba de la doctrina más gloriosa sobre un texto como ese, para no decir nada de un autor tan oscuro? La doctrina es verdad, sublimemente verdad; pero son muchas las doctrinas que han sufrido en la controversia por emplear textos inadecuados en su apoyo. Toda persona amante de Dios y de la verdad tendría que ser sumamente cuidadosa en sus selecciones cuando se trata de probar las doctrinas más misteriosas de la Biblia. Jamás citéis nada que no sea claro: No adelantéis nada que no revele. Cuando estemos obligados a gastar un mundo de trabajo crítico para establecer el sentido de un texto al que procuramos sostener en favor de la doctrina que queremos defender, podemos estar seguros de que hemos errado la senda.

5. *Toda palabra de Dios es limpia.* "Todo oráculo de Dios es purificado." Metáfora tomada de la purificación de los metales. Cada cosa que Dios ha pronunciado, toda inspiración recibida por los profetas, es pura, sin mixtura de error, sin escoria. *El es escudo.* Y este oráculo entre los otros: "El es la defensa de todos los que confían en él."

6. *No añadas a sus palabras.* No podéis aumentar más su valor con ningún agregado, que si pretendierais hacerlo con el oro añadiéndole algún otro metal.

7. *Dos cosas te he demandado.* Ambas peticiones están mencionadas en el versículo siguiente.

8. *Vanidad y palabra mentirosa aparta de mí.* (1) Toda ostentación falsa, toda falsa exteriorización de felicidad, cada vana esperanza. Que mi corazón no se incline a ninguna cosa que no sea efectiva, verdadera, estable y eterna. (2) Mentiras, todas las palabras para engañar, pretensiones inútiles, promesas falsas, apoyos dudosos y palabras que chasquean; promesas que, al no cumplirse son como billetes falsos.

Por el sentido del original, estoy persuadido de que aquí Agur suplica contra la idolatría, la falsa religión y la adoración engañosa de cualquier clase.

No me des pobreza ni riquezas. Tenemos aquí tres peticiones: (1) No me des pobreza. Se agrega la razón: No sea que al ser pobre adquiera un espíritu codicioso e impulsado por la necesidad, deshonre a mi Hacedor y tome lo que es de mi prójimo y que para disculpar, esconder o defender mi conducta, *blasfeme el nombre de mi Dios: taphasti,* "yo trato de tomar el nombre de Dios". O jure en falso, tratando de hacerme pasar por inocente.

(2) *Ni riquezas.* Por esta petición también nos presenta la causa: *No sea que me sacie* y me entregue a la vida fastuosa, mime la carne y haga hambrear el alma y de ese modo *te niegue* a ti, que eres la Fuente de todo bien; y, si se me llamara a recurrir a los primeros principios yo dijera: ¿*Quién es Jehová?*

(3) La tercera petición es: *Manténme del pan necesario;* cuyo significado sería, "dame como despojo, mi asignación ordenada de pan," es decir, mi pan cotidiano, una porción suficiente para cada día.

11. *Hay generación.* Viven tales personas en el mundo. En éste y en los tres siguientes versículos, el sabio señala los cuatro grandes males de su época.

Primero: Aquellos que no solamente no honraban sino que maltrataban a sus padres.

12. *Segundo:* Los que eran justos ante su propia opinión, creyéndose puros cuando no lo eran.

13. *Tercero:* Aquellos que estaban llenos de vanidad, orgullo e insolencia.

14. *Cuarto:* Los codiciosos, crueles y tiránicos y en especial los que oprimen a los pobres.

15. *La sanguijuela tiene dos hijas que dicen: ¡Dame! ¡dame!* La palabra *alukah,* que se traduce por *sanguijuela,* no se encuentra en ninguna otra parte de la Biblia. ¿No se tratará de algún nombre propio, como Agur, Jaqué, Itiel y Ucal, perteneciente a alguna mujer tratada por ellos y bien conocida por el público, la cual tenía dos hijas famosas por su ambición y lascivia?

CAPITULO 31

Palabras y profecías del rey Lemuel y la enseñanza de su madre (1, 2). Deben evitarse el libertinaje y el mucho vino (3-7). Manera en que los reyes deben administrar la justicia (8, 9). Elogio de la mujer virtuosa como buena ama de·casa en su frugalidad, prudencia, desvelo y constancia en su labor (10-29). Fragilidad de la belleza (30, 31).

1. *Palabras del rey Lemuel. Dibrey lemuel melech.* "Las palabras a Muel el rey." Así dice la Siríaca; y creo que es la forma en que debe interpretarse, siendo el signo *lamed* el artículo o preposición.

No hay evidencia de que Muel o Lemuel signifique Salomón; parece que este capítulo hubiera sido colocado posteriormente a su época y los caldeísmos que se encuentran en su introducción, son una prueba no delezanble de lo que aseveramos. Si Agur no fue el autor, puede considerarse como otro suplemento al libro de Proverbios. Pero con toda seguridad no fue escrito por Salomón. *La profecía con que le enseñó su madre. Massa,* aquí puede significar "oráculo"; asunto que llega por inspiración divina. Por ésta y otras circunstancias es probable que este capítulo como el precedente hayan sido escritos por el mismo autor.

2. *¿Qué, hijo mío?* En este versículo encontramos dos veces la palabra caldea *bar* en lugar de la hebrea *ben,* hijo. Su construcción es muy elíptica; y, los comentadores, de acuerdo a sus distintos gustos le han insertado palabras y hay quienes le agregaron una oración entera para conciliar el sentido. Quizá Coverdale haya sido quien haya dado más

cerca del blanco que cualquier otro: "Estas son las palabras del rey Lemuel y la lección que su madre le enseñó. ¡Hijo mío, tú, hijo de mis entrañas, oh querido hijo mío!"

Hijo de mis deseos. El hijo que ha nacido como resultado de haber hecho un voto para tener descendencia llevará el apelativo de hijo de los votos de una persona. *Hijo de mis votos.* (Versión Moderna.)

6. *Dad la sidra al desfallecido.* Ya hemos visto que las bebidas embriagantes se daban misericordiosamente a los criminales condenados, para hacerles menos sensible la tortura que tendrían que sufrir al morir. Es lo que fue ofrecido a nuestro Señor; pero El no quiso beberlo.

8. *Abre tu boca por el mudo.* Porque los tales, acusados, no tienen asesores y no pueden alegar por sí mismos. *En el juicio de todos los desvalidos.* Beney chaloph, diversamente traducido, "hijos de paso"... viajeros indigentes; "hijos de desolación"... los que no tienen bienes, o huérfanos. Creo que bien podría tener referencia a los extranjeros que van de una parte a otra o a los que están a punto de perecer por causa de la necesidad o la opresión.

10. *Mujer virtuosa, ¿quién la hallará?* En el original, este versículo y los siguientes forman acróstico, pues cada uno comienza con una letra consecutiva del alfabeto hebreo: v. 10, *aleph;* v. 11, *beth;* v. 12, *gimel;* y así sucesivamente hasta final del capítulo, llevando el último verso, la letra *tau.* Desde aquí hasta la terminación del capítulo tenemos la presentación del carácter de una mujer de genuino valor; primero, en general, vrs. 10, 11 y 12; segundo, en sus partes componentes o individuales, vrs. 13-29; y tercero, la recapitulación del carácter, vrs. 30-31.

I. *Su carácter en general.* (1) Es una *mujer virtuosa* —mujer de poder y fortaleza. (2) Es inapreciable; su *estima sobrepasa largamente a la de las piedras preciosas*... no hay cantidad de piedras preciosas que se igualen con *su* valor.

11. *El corazón de su marido.* (3) Es una esposa intachable. *El corazón de su marido está en ella confiado.* El sabe bien que ella va a preocuparse para que toda la familia tenga la provisión adecuada y que no va a derrochar en absoluto. El *no carecerá de ganancias*... no se sentirá obligado a hacer salidas de rapiña, a expensas de las tribus vecinas para alimentar a la familia.

12. *Le da ella bien.* (4) Constantemente tiene en cuenta la felicidad de su esposo.

13. *Busca lana y lino y con voluntad trabaja.*

II. Esta es la segunda parte en la descripción de su carácter, presentándonos todos sus detalles: (1) No compra la ropa de lana fabricada: procura la materia prima, si se trata de lana, probablemente de la esquila de sus ovejas; si es lino, casi con seguridad que proviene de sus campos; (2) entonces se pone

a trabajar; porque *con voluntad trabaja con sus manos.* Y toda su labor es un servicio alegre porque en ella está su voluntad y su corazón.

14. *Es como nave de mercader.* (3) Ella actúa como los mercaderes. Si ella compra algunas cosas para su familia, vende lo suficiente para pagar de su propia mano de obra.

15. *Se levanta aun de noche.* (4) Es una economista del tiempo.

16. *Considera la heredad, y la compra.* Provee a las necesidades en aumento de su familia. (6) Ella no se priva de las cosas necesarias para la vida; es capaz de lograrse algunas de sus comodidades.

17. *Ciñe de fuerza sus lomos.* (7) Tiene cuidado de su propia salud y fuerzas, no solamente por el trabajo útil, sino también por medio de ejercicios saludables.

18. *Ve que van bien sus negocios.* (8) Se preocupa de fabricar los mejores artículos de su clase y de colocarlos a precio razonable para asegurarse su rápida venta. (9) Es *vigilante* y cuidadosa. Su lámpara no se apaga de noche, cosa que es de gran ventaja para el caso de alarma repentina.

19. *Aplica su mano al huso.* (10) Da el ejemplo de pericia y laboriosidad a sus familiares. Toma la *rueca* en la que está arrollada la lana o el lino; y el *huso* que va enroscando el hilo que ella va torciendo con la mano derecha mientras sostiene la rueca con el brazo izquierdo y a su vez hace girar el hilo con los dedos de la mano izquierda.

20. *Alarga su mano al pobre.* (11) Es sinceramente caritativa.

21. *No tiene temor de la nieve.* (12) No está preocupada por la salud y bienestar de la familia por la llegada del invierno porque ha hecho suficiente provisión de ropa para el frío, en adición a la que llevaban en la temporada veraniega.

Porque todos los de su casa están vestidos de escarlata. (Versión Moderna.) No se trata del color porque éste nada tendría que hacer para resguardarles del frío. Pero *shanin,* de *shana,* "doblar," significa no solamente *escarlata,* así llamado por teñirse dos veces, sino también "vestiduras dobles".

22. *Ella se hace tapices.* (13) Ella tiene tapices, *marbaddim,* que pueden ser tapices, alfombras o cubrecamas; y su propio *vestido* es de lino fino o tela de lino y *púrpura;* este último, probablemente para capa o manto.

23. *Su marido es conocido en las puertas.* (14) Es una esposa cariñosa y siente la respetabilidad y honor de su marido. El es un dignatario en su pueblo y toma su lugar como magistrado en la puerta.

24. *Hace telas, y vende.* (15) *Aquí,* ella es notable por su comercio de vestidos decorativos y magníficos.

25. *Fuerza y honor son sus vestiduras.* (16) Todos los artículos fabricados por ella o bajo su patrocinio tienen una doble perfec-

ción: (A) Son *fuertes*. (B) Son elegantes; *Fuerza y honor son sus vestiduras*.

26. *Abre su boca con sabiduría*. (17) Ahora trata con la dirección moral de su familia. *Y la ley de clemencia está en su lengua*. Esta es la mayor de las perfecciones de esta mujer. Hay muy pocas de las llamadas mujeres de empresa que no se enseñoreen de sus esposos, son despóticas con sus empleados e insolentes con sus vecinos.

27. *Considera los caminos de su casa*. (18) Es una administradora moral: tiene cuidado de que todos se comporten bien; que nadie tenga malas compañías ni adquiera hábitos perniciosos. *Y no come el pan de balde*. (19) Sabe que la pereza conduce a los vicios; por esa causa, cada uno tiene asignado su trabajo y su propia comida.

28. *Se levantan sus hijos y la llaman bienaventurada*. (20) Considera que la buena educación sigue a la influencia divina; y sabe bien que si ella enseña a un niño por el camino en que debe andar, cuando llegue a viejo, no lo abandonará.

29. *Muchas mujeres hicieron el bien*. Sin duda estas son palabras del esposo para testimoniar las excelencias de su señora. Pero quiero decir, que si bien la presente descripción levanta muy alto el carácter de la mujer judía, yo he tenido el privilegio de conocer una que por lo menos, lo alcanzaba: me refiero a la hija del doctor Samuel Annesley, esposa de Samuel Wesley (padre), rector de Epworth en Lincolnshire y madre de los famosos hermanos Juan y Carlos Wesley.

30. *Engañosa es la gracia, y vana la hermosura*. III. Tenemos aquí la *recapitulación* del carácter. (1) *Gracia, chem*, "gracia" en los modales, podría ser *engañosa*, se finge mucha de esta apariencia ingenua para lograr ciertos propósitos seculares o más indignos. (2) La *hermosura, haiyophi*, elegancia de forma, rasgos simétricos, nobleza de porte y rostro hermoso, son todo *hebel*, "vanidad"; (3) pero, "la mujer que teme a Jehová," la que posee verdadera religión, tiene la gracia que armoniza el alma, purifica y perfecciona todas las disposiciones y pasiones y que embellece, un espíritu humilde y tranquilo que, ante los ojos de Dios es de gran precio. *Será alabada*. Es la gracia perdurable, la belleza inmarcesible.

EL LIBRO DE

ECLESIASTES

El libro denominado *Koheleth* o Eclesiastés, ha sido siempre aceptado tanto por judíos como por los cristianos, como escrito por la inspiración del Todopoderoso y ha sido siempre considerado como absolutamente digno de formar parte del canon sagrado. Pero, mientras esto ha sido casi universalmente convenido, ha habido poca unanimidad en lo concerniente a su autor. Tanto en los tiempos antiguos como en los modernos, la gran mayoría lo ha atribuido a Salomón.

Sin embargo, Grotius supuso que fue escrito mucho después de la época de Salomón, mostrando que emplea muchas palabras que carecen de la pureza de la lengua hebraica, términos que se encuentran durante la cautividad y en épocas posteriores, como los que aparecen especialmente en los libros de Esdras y Daniel.

Por lo general, los judíos y San Jerónimo, sostuvieron que el libro era obra de Salomón y fruto de su arrepentimiento al ser restaurado de la idolatría en que había caído como consecuencia de su matrimonio y concubinato con paganas. Otros autores de no menor distinción y que consideran a Salomón como autor del libro que estamos estudiando, creen que lo escribió antes de su caída. No hay prueba en la Historia Sagrada de la rehabilitación del rey al favor de Dios.

También existe la posibilidad de que Salomón, el hijo de David, haya sido autor de la totalidad del material y que un escritor subsecuente lo haya transmitido en su propio lenguaje; si esta opinión fuera aceptada, resolvería todas las dificultades. Establezcamos la suposición de esta manera: Salomón dijo todas las cosas mencionadas en el libro y que son sumamente dignas de su sabiduría; y, después de su época, un escritor divino, quien no menciona su nombre, nos da una fiel versión en su propio lenguaje.

CAPITULO 1

El escritor sagrado muestra la vanidad de todas las cosas de la vida (1-4). Las criaturas cambian continuamente (5-8). No hay nada nuevo debajo del sol (9-11). Quién fue el profeta, su jerarquía y sus investigaciones estudiosas (12-18).

1. *Palabras del Predicador.* Literalmente, "Las palabras de *Choeleth*, hijo de David, rey de Jerusalén". La palabra *Koheleth* es un nombre femenino, que proviene de la raíz *kahal*, copilar, juntar, reunir; y se refiere a "aquella que reúne o junta una congregación"; la Septuaginta la interpreta como "una oradora pública, o la que habla en una asamblea"; de aquí, nuestra traducción por la palabra "Predicador".

2. *Vanidad de vanidades.* Puesto que las palabras son exclamatorias, habría sido mejor traducción: "¡Oh vanidad de vanidades!" Futilidad de futilidades.

5 y 6. Estos versículos están confundidos y divididos erróneamente. La primera cláusula del sexto debería formar parte del quinto verso. "Sale el sol y se pone el sol, y se

apresura a volver al lugar de donde se levanta; tira al sur y rodea al norte."

6. *El viento, va girando de continuo, y a sus giros vuelve el viento de nuevo.* Es evidente, al considerar la cláusula que he devuelto al versículo quinto, que el autor se refiere a la aproximación del sol a los trópicos meridional y septentrional. Todas las versiones están de acuerdo en aplicar la primera cláusula del versículo sexto, al sol y no al viento.

En este lugar, el autor indica dos cosas: (1) El día y la noche observado por la asomada del sol sobre el horizonte; marchando evidentemente de oriente a occidente, donde se oculta bajo el horizonte y da la impresión de que se hubiera perdido durante la noche. (2) Su curso anual a través de los doce signos del Zodíaco, cuando, desde el equinoccio corre hacia el sur al trópico de Capricornio; desde aquí, vuelve hacia el norte, hasta alcanzar el trópico de Cáncer.

7. *Los ríos todos van al mar, y el mar no se llena.* La razón es porque nada le llega ni por ríos ni por lluvia que no haya salido de él: y al lugar de donde vienen los ríos sea

originalmente del mar por evaporacion, o sea por lluvia, allá vuelven; porque el agua que el mar emite por evaporación se condensa en forma de nubes, que a su vez la devuelven en lluvia que se precipita sobre las montañas; y produce corrientes que al unirse forman los ríos, y éstos a su vez corren al mar.

10. *Hay algo.* El original es hermoso. "¿Hay algo de lo cual podemos decir?, ¡miren esto! ¿es nuevo?"

11. *No hay memoria.* Creo que el significado general, es el siguiente: Se han extraviado multitudes de asuntos antiguos, por no haberse archivado; y muchos de los que lo habían sido, se han perdido los archivos. Y lo mismo sucederá con muchos otros.

12. *Yo el Predicador fui rey.* Este es un versículo raro y no admite solución fácil. Literalmente dice: "Yo, Cohelet, he sido rey sobre Israel, en Jerusalén."

13. *Y di mi corazón a inquirir y a buscar.* Mientras Salomón era fiel a su Dios, cultivaba diligentemente su espíritu. Lo probaban su dedicación al estudio de la Historia Natural, la filosofía, poesía, etc. No tenía conocimientos intuitivos provenientes de Dios; pero estaba dotado de capacidad para lograr toda clase de conocimiento útil al hombre. *Este penoso trabajo.* Es la manera de adquirir el conocimiento; para investigar las operaciones de la naturaleza deben entablarse los más arduos debates, iniciar intrincados experimentos y llevarlos a su exacta conclusión. Ha sido establecido por Dios que el conocimiento no pueda adquirirse de otra manera.

14. *He aquí, todo ello es vanidad.* Después de todas las discusiones y experimentos, aun cuando los resultados hayan sido los más satisfactorios, he encontrado solamente una recompensa razonable; pero no es así con el supremo bien mediante el cual solamente el alma puede ser feliz.

15. *Lo torcido no se puede enderezar.* Hay muchas anormalidades y aparentes irregularidades en la naturaleza de las cuales no podemos explicar el porqué; y hay muchos defectos que no podemos reemplazar. Esta es la impresión que causa una visión general de la naturaleza; pero, cuanto más estudiamos e investigamos sus operaciones, más nos convenceremos que se trata de un todo consecutivo y bien ordenado; y que en la cadena de la naturaleza, no hay un solo eslabón roto, deficiente o perdido.

16. *Hablé yo en mi corazón.* Literalmente, "Yo hablé, yo, con mi corazón, diciendo".

17. *A entender las locuras y los desvaríos. Holloth vesichluth.* "Parábolas y ciencia." —Septuaginta. También la Siríaca; casi lo mismo dice la Arábiga. "Lo que eran errores y tonterías." —Coverdale. Quizás esas dos dificultosas palabras podrían ser interpretadas por "alegría" y "sobriedad". Apenas

puedo pensar que se tomen con el mal sentido con el cual las presentan nuestras versiones.

18. *Porque en la mucha sabiduría hay mucha molestia.* Cuanto más nos conocemos, menos satisfechos estamos con nuestros propios corazones; y cuanto más conocemos la humanidad, menos dispuestos estamos a confiar en ella y menos la admiramos. *Quien añade ciencia, añade dolor.* ¿Y por qué es así? Porque independientemente de Dios, los principales objetos de conocimiento son males naturales y morales.

CAPITULO 2

Vanidad de los métodos humanos en las obras de placer, en las plantaciones, edificación, equipos, acumular fortuna, etc. (1-11). La sabiduría es preferible a la necedad (12-14). No obstante hay poca diferencia en los eventos de la vida del sabio y la del necio (15-17). La vanidad de acumular bienes para herederos de quienes se ignora si serán necios o sabios (18-21). Mucha aflicción en el trabajo del hombre (22, 23). Debemos gozar lo que la providencia de Dios nos proporciona (25, 26).

2. *A la risa dije: Enloqueces.* Literalmente, "A la risa dije: ¡Oh loca! y a la alegría: ¿Qué está haciendo ésta?"

3. *Agasajar mi carne con vino, y que anduviese (noheg, "dirigiendo") mi corazón en sabiduría.* No corrí a los extremos.

4. *Edifiqué para mí casas.* Palacio tras palacio; la casa del bosque del Líbano, I R. 7:1, y sigs.; una casa para la reina; el templo, II Cr. 8:1 y sigs.; I R. 9:10, y sigs., además de muchos otros edificios de diversas clases.

5. *Me hice huertos y jardines. Pardessim,* "paraísos". Puede imaginarse de inmediato cuán capacitado estaba Salomón para idear jardines, huertos, viñedos, invernaderos, etc., cuando se recuerden sus conocimientos de historia natural, y que él escribió tratados sobre las plantas y sobre sus propiedades, desde el cedro hasta el hisopo.

7. *Posesión grande de vacas y de ovejas.* Y nos damos cuenta de que necesitaba multitudes de éstas cuando se nos dice que su casa consumía diariamente diez bueyes cebados en establos, veinte de los prados y un centenar de ovejas; además de ciervos, corzos, aves engordadas y otras clases de provisiones.

8. *Tesoros preciados de reyes y de provincias.* (1) Los *impuestos* exigidos a sus súbditos. (2) Los *tributos* pagados por los soberanos vecinos. *Me hice de cantores y cantoras.* Incluyendo los ejecutantes vocales e instrumentistas. Estos podrían llamarse las delicias de los hijos de los hombres. *Y toda clase de instrumentos de música.* Para estas siete palabras tenemos solamente dos en el original, *shiddah veshiddoth.* Todo el mundo recono-

ce el total desconocimiento de estas palabras, dado que son completamente inexplicables.

Sadeh, en hebreo, es una "tierra"; esta palabra está en varias partes de la Biblia. *Sadoth* es *"tierras,"* I S. 22:7. ¿No puede ser que Salomón quisiera decir "tierras y más tierras," o "patrimonios sobre patrimonios," que él había agregado por adquisición a la porción real común?

11. *Y he aquí, todo era vanidad.* Vacuidad. *Y aflicción de espíritu.* Porque prometieron el bien que yo deseaba, pero no pudieron, no realizaron su promesa; y dejaron mi alma descontenta y mortificada.

15. *Como sucederá al necio.* Literalmente, "Como sucede al necio, también me pasa a mí". Hay una belleza peculiar y énfasis en la repetición de *me, mí*.

16. *Porque ni del sabio ni del necio habrá memoria.* La muerte aguarda tanto al sabio como al necio; y, en la mayoría de los casos, ambos son olvidados.

17. *Aborrecí, por tanto, la vida.* "Las vidas," la del sabio, la del demente y la del necio. Todas las etapas de la vida, la del niño, la del hombre, la del erudito.

18. *Aborrecí todo mi trabajo.* Porque, (1) no había respondido al fin para el cual había sido instituido. (2) Porque solamente puedo gozar de sus frutos por un breve lapso. (3) Tendré que dejarlo a otros, y no sé si será un sabio, un bribón o un necio quien lo tomará en posesión.

19. *Sabio o necio.* ¡Ay de mí! Salomón, el más sabio de los hombres, hizo el peor uso de su sabiduría, tuvo trescientas esposas y setecientas concubinas y solamente dejó un hijo que poseyó su patrimonio y su trono y ¡ese hijo único fue el más mentecato de los necios!

21. *Porque hay hombre.* (Versión Moderna.) ¿No estará refiriéndose a sí mismo? Es como si hubiera dicho: "He trabajado para cultivar mi mente en la sabiduría y en la ciencia, en el conocimiento de los hombres y de las cosas, he tratado de establecer la equidad y dispensar justicia. Y ahora tengo que dejar todos los frutos de mi labor a alguien que no ha tenido parte en ella y consecuentemente no puede valorar lo que yo he realizado." ¿No aludirá a su hijo Roboam?

23. *Sus días no son sino dolores.* ¡Qué cuadro de la vida humana cuando el corazón no está lleno de paz y amor de Dios! Todos sus días son tristes, todas sus labores, aflicciones; todas sus noches, desveladas.

25. *Porque ¿quién comerá... mejor que yo?* Pero, en lugar de *chuts mimmenni,* "mejor que yo"; ocho de los manuscritos de Kennicott y De Rossi, como también la Septuaginta, la Siríaca y la Arábiga, interpretan *chuts mimmennu,* "sin él". Y Coverdale traduce: "¿Quién puede comer, beber o lograr cosa alguna para pasarlo sin él?" Creo que aquí tenemos la versión exacta. Nadie

puede disfrutar realmente de los goces de la vida sin la bendición divina. Esta lectura relaciona todas las oraciones: "También he visto que esto es de la mano de Dios: ...porque ¿quién puede comer y gozar de la vida sin él? Porque al hombre que es bueno... Dios le da." (V.M.) Todo lo que tenemos para comer o beber se lo debemos a su liberalidad y es sólo mediante su bendición que podemos disfrutar de lo que poseemos.

26. *Da sabiduría, ciencia y gozo.* (1) Dios da *sabiduría...* el conocimiento de sí mismo, luz para encaminar en el sendero de la salvación. (2) Ciencia... capacidad para discernir el procedimiento de su mano. (3) *Gozo.*

CAPITULO 3

Todas las cosas tienen su tiempo y su hora (1-8). Los hombres son formados en el trabajo (9, 10). Todas las cosas son hermosas en su tiempo (11). Los hombres deben disfrutar agradecidos de los dones de Dios (12, 13). Lo que Dios hace es perpetuo (14). No hay nada nuevo (15). Corrupción del juicio; pero Dios juzgará rectamente (16, 17). El hombre es bestial; los hombres y los animales mueren de la misma manera (18-21). El hombre puede gozar del fruto de su propia labor (22).

1. *Todo tiene su tiempo, y todo... tiene su hora.* Dos observaciones generales pueden hacerse sobre los primeros ocho versículos de este capítulo. (1) Dios gobierna al mundo por su providencia y ha determinado cosas y operaciones particulares a tiempos precisos. Realizadas en su momento, tales cosas pueden resultar con corrección y éxito; pero si descuidamos el tiempo oportuno, pecamos contra esta providencia y somos los autores de nuestra propia infelicidad. (2) Dios ha concedido al hombre esa porción de duración llamada tiempo; el intervalo en el cual se desempeñan todas las funciones de la naturaleza, de los animales y los seres intelectuales; pero, mientras la naturaleza es constante en su curso y los animales fieles a sus instintos, el hombre lo dedica a un sinnúmero de propósitos; pero, muy frecuentemente, a aquello para lo cual Dios jamás hizo el tiempo, el espacio u oportunidad.

11. *Hermoso es su tiempo.* Las obras de Dios están bien hechas; en todas ellas, hay orden, armonía y belleza. Aun la oruga es de una belleza acabada en todos los cambios por los que pasa, cuando se examina cuidadosamente su textura teniendo en cuenta el fin al cual la hará terminar cada cambio. Nada semejante puede decirse de las obras del hombre. Sus más acabadas obras de arte son chapucerías al compararse con la más sencilla manipulación de la naturaleza.

Y ha puesto eternidad en el corazón de ellos. Haolam, ese "tiempo oculto" ...el "tiempo más allá" el presente... eternidad. La traducción correcta de esta cláusula sería la siguiente: "Además, esa eternidad ha colocado El en el corazón de ellos, sin la cual el hombre no podría descubrir la obra que Dios ha realizado desde el principio al fin." Dios ha arraigado profundamente la idea de la eternidad en cada corazón humano; y todo hombre considerado se da cuenta de que todas las operaciones de Dios se refieren a esa duración a perpetuidad. Véase v. 14. Y, solamente en la eternidad el hombre podrá realizar el motivo de Dios en las diversas obras de su creación.

14. *He entendido que todo lo que Dios hace será perpetuo. Leolam,* "por la eternidad"; aludiendo a esa grandiosa consumación de hombres y cosas insinuada en el v. 11. *Sobre aquello no se añadirá.* No podrá producirse ningún nuevo orden de seres animados o sustancias inanimadas. Ya Dios no creará más; el hombre no podrá agregarle nada. *Ni de ello se disminuirá.* Nada puede ser aniquilado; solamente aquel poder que ha creado, puede destruir.

15. *Y Dios restaura lo que pasó.* Es decir, que puede volverlo nuevamente a su propio orden.

21. La palabra *ruach,* que se emplea en este versículo y en el 19, tiene dos significados: "respiración" y "espíritu". Significa espíritu o sustancia incorpórea, en contraposición con la carne, o corporal, I R. 22:21-22 e Is. 31:3. Y significa el espíritu o alma del hombre en Sal. 31:5; Is. 57:16; en este libro, cap. 12:7 y en muchos otros lugares. En el que nos ocupa también se emplea para significar respiración, espíritu o alma de una bestia. Mientras se decía en el v. 19, "y una misma respiración tienen todos," indicando que tanto el hombre como la bestia tienen la misma clase de vida animal; en este verso, se establece una diferencia exacta entre *ruach,* o "alma" del hombre y *ruach,* o "alma" de la bestia: la una va hacia arriba, la otra, hacia abajo. La traducción literal de estas importantes palabras, es la siguiente: "¿Quién considera el *(ruach)* espíritu inmortal de los hijos de Adán, el cual se eleva? es de arriba, *(hi lemalah)* ¿y el espíritu o respiración del animal, el cual desciende?; hacia abajo, hacia la tierra," es decir, que solamente tiende hacia la tierra.

22. *Para el hombre que alegrarse en su trabajo.* No conviertas las bendiciones de Dios en pecado por la perversidad y la queja; haz lo mejor de la vida. Dios endulzará sus amarguras para ti, si eres fiel. Recuerda esto: que la vida es el estado en que se prepara para la gloria; y los males que en ella suceden pueden ser tan santificados que obren para tu bien.

CAPITULO 4

La vanidad de la vida es aumentada por la opresión (1-3); por la envidia (4); por la pereza (5). La desdicha de la vida solitaria y las ventajas de la sociedad (6-12). El muchacho pobre y sabio, mejor que el rey viejo y necio (13). Inconstancia del favor popular (14-16).

1. *Vi todas las violencias. Ashukim* significa cualquier clase de "agravio" que puede recibir el hombre en su persona, propiedad o buena reputación.

2. *Y alabé yo a los finados.* Consideré felices a los que habían escapado de la peregrinación de la vida al lugar donde los malvados cesan de perturbar y donde descansan los fatigados.

3. *Al que no ha sido aún.* Mejor no haber llegado a nacer en el mundo que haber tenido que ver y sufrir tantas desdichas.

4. *Despierta la envidia del hombre.* Si un hombre obra recta y adecuadamente en el mundo, pronto va a ser objeto de la envidia y calumnia de sus vecinos. Por lo tanto, es muy poco el incentivo para hacer el bien y obrar justamente. Esto constituye una parte del vano e inútil sistema de vida humana.

6. *Más vale un puño lleno con descanso.* Parece que éstas fueran las palabras de un holgazán, dichas en defensa de su pereza. O quizás estas palabras encierren una reflexión de Salomón sobre el asunto.

8. *Está un hombre solo y sin sucesor.* Tenemos aquí una caracterización de la avaricia y la codicia. El hombre que es centro de su propia existencia, no tiene esposa, hijo, ni heredero legal, y sin embargo está tan asiduamente dedicado a hacer dinero como si tuviera una gran familia para sostener. Esto no es solamente *vanidad,* exceso de necedad, sino también *duro trabajo.*

9. *Mejores son dos que uno.* Debe preferirse infinitamente la vida matrimonial a la mencionada, porque las razones que siguen al texto son tales que no necesitan explicación.

CAPITULO 5

Reverencia a observarse en el culto divino (1-3). Sobre la fidelidad a nuestros compromisos (4-7). La opresión del inocente (8). El rey depende del producto de la tierra (9). Contra la codicia (10, 11). La paz del trabajador honrado (12). Mal efecto de las riquezas (13, 14). El hombre no puede llevar sus bienes al sepulcro (15-17). Gozar agradecidos las bendiciones de Dios (18-20).

1. *Guarda tu pie.* En el hebreo y demás versiones, este versículo forma parte del capítulo precedente.

Aunque Salomón antes ha sugerido muy brevemente que la única cura contra las vanidades humanas se encuentra en una correcta interpretación de la religión, ahora entra con más detalles sobre asunto tan importante y da algunas excelentes instrucciones en cuanto al correcto comportamiento en el servicio divino, la naturaleza de la oración oral y mental y el peligro de los votos precipitados.

La totalidad del texto podría traducirse en forma más literal de la siguiente manera: "Cuando vayas a la casa de Dios, guarda tus pasos; y acércate más para escuchar que para ofrecer el sacrificio de los necios, porque ellos no tienen ningún conocimiento en cuanto a obrar mal."

3. *Viene el sueño.* Es decir, que, como los sueños son el producto de las preocupaciones del día la multitud de palabras evidencian los débiles esfuerzos de un corazón necio.

4. *Cuando a Dios haces promesa.* Cuando se encuentran en angustias y dificultades, los hombres son capaces de prometer mucho a Dios, si El les concede lo pedido; pero, generalmente se olvidan del voto cuando ha pasado la tribulación.

6. *Ni digas delante del ángel, que fue ignorancia.* Creo que por la palabra *ángel,* solamente debe entenderse el sacerdote que tenía la función de tomar conocimiento de los votos y ofrendas. Véase Lv. 5:4-5. En Mal. 2:7, se le llama al sacerdote, "mensajero de Jehová de los ejércitos".

7. *Donde abundan los sueños . . . las vanidades; mas tú, teme a Dios.* Si por perturbaciones mentales durante el día, o por influencias satánicas, sueñas lo malo, no des lugar a temores irrazonables o presentimientos funestos de que alguna desgracia va a sucederte: teme a Dios. No temas ni a los sueños ni a su interpretación; Dios te cuidará y protegerá.

8. *No te maravilles de ello. Hachephets,* la "voluntad," es decir, la de Dios; que permite que sucedan tales males; porque todas las cosas obran para el bien de los que le aman.

9. *El provecho de la tierra es para todos.* Si la tierra se cultiva adecuadamente, puede producir el alimento para todas las criaturas vivientes; y sin su cultivo; nadie tiene el derecho de esperar el pan. *El rey mismo está sujeto a los campos.* Sin el campo no puede obtener lo necesario para su propia casa; y, a menos que la agricultura sea floreciente, los gastos del estado no podrán sufragarse.

11. *Cuando aumentan los bienes.* Un aumento de bienes, siempre apareja consigo un aumento de gastos por una multitud de empleados; en realidad, el dueño no posee más y probablemente disfrute menos que antes cuando vivía de su pan diario y no podía acumular para el siguiente.

12. *Dulce es el sueño del trabajador.* Su trabajo es un ejercicio saludable. Carece de bienes y de preocupaciones; al no ser perturbado, su sueño es sano y reparador.

13. *Las riquezas guardadas por sus dueños para mal.* Cosa que puede ocurrir por diversas causas: (1) Puede emplearlas mal y perder su fortuna. (2) Puede unirse con un socio desafortunado y perderlo todo. (3) Sus riquezas pueden provocar el deseo de los ladrones;

pueden despojarle de sus bienes y aun de su vida. (4) O bien puede dejarlas a su hijo, quien se torna disipador, lo despilfarra *todo* y arruina su cuerpo y su alma. He visto esto una y otra vez.

14. *Y a los hijos que engendraron, nada les queda en la mano.* Ha sido despojado de sus bienes o por negocios infortunados o por ladrones; y no tiene nada que dejar a sus hijos.

15. *Como salió.* De cualquier modo que sea, nada podrá llevar consigo a la eternidad. Si muere con millones, éstos están muertos para él eternamente; ¡de manera que no sacó verdadero beneficio de sus labores, afanes, ansiedades e inmensa propiedad!

17. *Todos los días de su vida comerá en tinieblas.* Aun sus placeres están amargados por la incertidumbre. Teme por sus bienes; la posibilidad de ser despojado de ellos le llena el corazón de angustias. Pero en lugar de *yochel,* "comerá," *yelech,* "andará," es lo que leemos en varios manuscritos. *El* "anda" en tinieblas . . . no tiene evidencia de salvación. *Con mucho afán y dolor y miseria.* Sus últimas horas son terribles.

CAPITULO 6

Vanidad de las riquezas sin disfrute (1, 2). De los hijos y la ancianidad sin bienes ni goces (3-7). El hombre ignora en qué consiste lo bueno para él (8-12).

2. *El del hombre a quien Dios da riquezas.* Un hombre puede poseer muchos bienes terrenales y sin embargo no poder disfrutarlos.

9. *Más vale vista de ojos que deseo que pasa.* La Vulgata traduce este texto como si fuera una especie de adagio: "Es mejor ver lo que uno anhela que codiciar lo que uno no conoce." Es mejor gozar del presente que alimentarse de vanos deseos para el futuro. Lo que se traduce por *deseo que pasa, mehaloch nephesh,* es "el viajar del alma". La muestra es un estado de inquietud y consecuentemente infeliz.

10. *Lo que es, ya ha mucho que tiene nombre.* El hebreo de este versículo puede traducirse "¿Quién es él que es? Su nombre ya ha sido llamado. Es conocido que él es Adán, y que no puede contender en juicio con Aquel que es más fuerte que él."

12. *Porque ¿quién sabe cuál es el bien del hombre en la vida?* Aquellas cosas que consideramos malas a menudo son buenas.

CAPITULO 7

Valor de un buen nombre (1). Ventajas de la tristeza y la corrección (2-5). Vacuidad de la ale-

gría del necio (6). Sobre la opresión (7). El fin mejor que el principio (8). Contra el apresuramiento de espíritu (9). Comparación entre los tiempos anteriores y los actuales (10). Excelencia de la sabiduría (11, 12). Sobre las dispensas de la Providencia (13-15). Contra los extremos (16-18). La fuerza de la sabiduría (19). El hombre siempre está propenso a pecar y equivocarse (20). Sobre el deber de cuidar nuestras palabras (21, 22). Dificultades para lograr la sabiduría (23-25). La mujer mala es peligrosa (26). Hay pocos que son realmente justos (27-29).

1. *La buena fama.* Ingratas como son las cosas terrenales, sin embargo, hay algunas que todavía son de gran trascendencia, y, entre ellas, el buen nombre. El lugar está bien parafraseado en la siguiente composición:

"Un nombre inmaculado"

Logrado por acciones virtuosas, es más dulce
Que fragante bálsamo, cuyo perfume esparcido
Deleita a los convidados. Bien pueden los tales
Regocijarse ante la cercanía de la muerte y bendecir las horas
Que terminan su fatigosa peregrinación; seguros
De que hasta la carrera de la vida haya terminado, nadie
Puede ser completamente feliz.

2. *Mejor es ir a la casa del luto.* Es más provechoso visitar la casa de duelo que la de fiesta; en la primera, encontramos el lugar propicio para pensamientos y reflexiones serias y profundas edificantes; de la última, salimos a menudo sin un solo pensamiento provechoso o una sólida impresión.

3. *Mejor es el pesar que la risa.* La razón se nos da inmediatamente: "porque con la tristeza del rostro ... *Se enmendará el corazón.* En tales casos, la mayoría de los hombres se prueban a sí mismos ante el tribunal de sus propias conciencias y resuelven allí la corrección de sus vidas.

4. *El corazón de los sabios está en la casa del luto.* El sabio ama las ocasiones de las cuales puede sacar provecho espiritual; por lo tanto prefiere visitar los enfermos y simpatizar con quienes han sufrido desprendimiento por la muerte. *Mas el corazón de los insensatos ...* los festivos, irreflexivos y aturdidos ... prefieren los lugares y tiempos de diversión y esparcimiento.

6. *Como el estrépito de los espinos.* Hacen mucho ruido, una gran llamarada que se extinguen a los pocos momentos. Así de veras, son comparativamente los goces de la vida: estrepitosos, llamativos y transitorios.

7. *La opresión hace entontecer al sabio.* Este versículo ha sido traducido con una buena apariencia de razón: "Ciertamente la opresión dará esplendor al sabio, pero las dádivas corrompen el corazón." La principal diferencia aquí, está en la palabra *yeholel,* la cual, de la raíz de *halal,* significa "resplandecer, irradiar," tanto como "moverse vivamente," estar loco, furioso, se ajusta mejor a este lugar.

8. *Mejor es el fin.* Entonces podremos juzgar todo un asunto y muy especialmente en lo que concierne a los caminos de la divina providencia. Al principio, muy a menudo estamos dispuestos a hacer conjeturas precipitadas y frecuentemente suponemos que todas las cosas están en contra de nosotros y que todo marcha mal.

9. *El enojo reposa en el seno de los necios.* Un sabio, desprevenido, puede sentirlo por un momento: pero no puede quedar en él. Es un fuego que arroja inmediatamente de su pecho. Pero, el *necio* ... el hombre que está bajo el dominio de su propio mal genio, lo conserva y lo mantiene, hasta que toma la forma de mala intención y lo impulsa a buscar la venganza completa de aquellos a quienes él considera enemigos.

10. *¿Los tiempos pasados fueron mejores que estos?* Este es un dicho muy común; y tan necio como corriente. No tiene peso ni es verdad. "En los tiempos antiguos, los hombres eran más religiosos, más abnegados, más ejemplares." Esto es absolutamente falso. Antes había malvados, igual que los hay ahora y la religión estaba fuera de moda. También Dios es el mismo ahora que entonces.

11. *Buena es la ciencia con herencia.* En este capítulo, Salomón introduce muchas observaciones que surgen como si fueran hechas por impugnadores de su doctrina; y como él estaba persuadido de la futilidad de ellas, él las propone en toda su fuerza y luego las combate y destruye. Es necesario tener esto en cuenta; no sea que tomemos las palabras del objetante como si fueran de Salomón; y creer, como lo han hecho algunos, que el sabio se contradice y rebate a sí mismo. En este lugar, uno de los impugnadores, que ha escuchado al sabio en sus declaraciones a favor de la sabiduría, repentinamente lo interrumpe y dice en efecto: "Estoy de acuerdo con la verdad de lo que usted ha dicho. La sabiduría es muy buena en su lugar; pero, ¿para qué sirve la sabiduría sin bienes? Un hombre que tiene un buen patrimonio puede sacar partido de la sabiduría porque le enseñará a administrarlo hasta obtener el mejor provecho."

12. *Porque escudo es la ciencia.* A lo que Salomón responde: Toda sabiduría verdadera es indudablemente una gran ventaja para los hombres no importa de sus circunstancias; y el dinero también es de gran utilidad; pero no puede compararse con la que proporciona la sabiduría. El *conocimiento* divino y humano de las cosas es una gran bendición. El *dinero* es el medio de sostener nuestra vida animal;

la *sabiduría* . . . la religión del Dios verdadero . . . da *vida a aquellos que la tienen.*

13. *Mira la obra de Dios.* La naturaleza de su providencia es tal, que pone el dinero en las manos de pocos: pero la sabiduría está al alcance de todos. El primero, raramente puede lograrse porque Dios lo ha puesto lejos del alcance de la mayoría de los hombres y usted *no puede enderezar lo que él torció;* la última, puede ser obtenida por cada persona que la solicite cuidadosa y seriamente a Dios.

15. *Justo hay que perece.* Esta es otra objeción. Como si hubiera dicho: "Yo también tengo bastante experiencia; no he descubierto ninguna señal de aprobación a la conducta del justo, o de censura a la del impío. Al contrario; he visto justos que perecían mientras estaban trabajando por la obra de la justicia; y al hombre impío en prosperidad y aun con honores, mientras vivía perversamente."

16. *¿Por qué habrás de destruirte?* "Te harás un desolado," de manera que te verás obligado a mantenerte solo; ni te hagas excesivamente sabio, "no pretendas abundancia de sabiduría". En otras palabras y diciéndolo en lenguaje moderno: "No hay necesidad de todo ese velar, ayunar, orar y abnegarse; tú llevas las cosas al extremo." A lo cual responde el hombre de Dios:

17. *No hagas mucho mal ni seas insensato; ¿por qué habrás de morir antes de tu tiempo?* No multipliques la impiedad; no agregues la oposición directa a la piedad al resto de tus delitos. ¿Por qué vas a provocar a Dios para que te destruya antes de tiempo?

19. *La sabiduría fortalece al sabio.* Un sabio, un completo erudito, un hombre de ciencia puede ser más útil para fortificar y defender una ciudad, que diez "príncipes".

20. *No hay hombre justo en la tierra, que haga el bien y nunca peque.* Lo *yechta,* "que no pueda pecar". No hay hombre en la tierra por justo que sea y habituado a hacer lo bueno que no esté expuesto a cometer pecado; y por lo tanto velar y orar, dependiendo siempre del Señor. Pero el texto no dice "el hombre justo comete pecado," sino simplemente que "puede pecar," y así lo han interpretado nuestros traductores en I S. 2:25, dos veces en I R. 8:31, 46 y II Cr. 6:36.

21. *A tu siervo cuando dice mal de ti.* Se burle de ti, habla mal de ti.

22. *Tú también dijiste mal de otros.* Ka-lalta, tú has hablado mal. Has vilipendiado a otros.

25. *Fijé mi corazón.* Yo consideré, *sab-bothi,* yo hice un circuito; yo fijé límites a la tierra que tenía que recorrer y estuve determinado a conocer todo lo que estaba dentro de mi círculo e "investigar," e *inquirir la sabiduría y la razón.* ¿Tiene el hombre razón y entendimiento? Si es así, esa es su obra. Tanto le llama Dios a emplear esas capacidades en esta manera como a creer en el Señor Jesucristo para ser salvo. Para ser eficaz, cada doctrina de Dios está sujeta tanto a la razón como a la fe.

26. *Y he hallado más amarga que la muerte a la mujer.* Después de toda su investigación sobre la "perversidad de la insensatez" y "la necedad del furor," encuentra que no hay nada tan peligroso y fatal como los requiebros de la mujer astuta.

27. *Pesando las cosas una por una.* He comparado una y otra cosa; el hombre con la mujer, su sabiduría con la astucia de ella; la virilidad de él con las zalamerías de ella; su influencia con la ascendencia de la mujer; los poderes de razonamiento del hombre con los artificios y disimulos de ella; y entre mil hombres, he encontrado solamente uno completamente justo, pero entre mil mujeres, ni una sola. Esta es una lamentable descripción de la moral social de Judea en los días del sabio rey Salomón.

29. *He aquí, solamente esto he hallado, que Dios hizo al hombre recto.* No importa qué mal se halle entre los hombres y las mujeres, no proviene de Dios; porque El los hizo justos. Se trata de un versículo muy raro que ha sido traducido de las maneras más diversas.

Yo dudo mucho si la palabra *chishbonoth* debe tomarse en mal sentido. Puede significar la totalidad de artificios humanos, fantasías, inventos, artificios con todos sus productos: artes, ciencias, ardides, planes y todo lo que pueda descubrirse para la destrucción o el mejoramiento de la vida. Dios ha dotado al hombre de facultades maravillosas; y él las ha empleado en las formas más extrañas; y así, unas veces han sido para ayuda y otras para su ruina.

CAPITULO 8

La sabiduría de un hombre hace resplandecer su rostro (1). Acerca del respeto debido a los reyes (2-4). Del que guarda los mandamientos; sobre las desdichas del hombre; de la certidumbre de la muerte (5-8). Sobre el que se enseñorea del hombre para su propio daño (9). El fin del malvado (10). Paciencia de Dios (11, 12). Al impío le irá mal (13). Extraños acontecimientos con el curso de la Providencia (14, 15). Las obras de Dios no pueden ser alcanzadas (16, 17).

1. *¿Quién como el que sabe la declaración?* Pesher, es una palabra puramente caldea, que solamente encontramos en la Biblia, en la parte caldea de Daniel. "La sabiduría del hombre ilumina su rostro." La verdad es que éste saca a relucir todos los estados del corazón. *Y la tosquedad de su semblante se mudará.* Este versículo tendría que leerse en la siguiente forma: "La sabiduría de un hombre iluminará su rostro; y la fuerza de su semblante será duplicada."

2. *Que guardes el mandamiento del rey.* Esta sentencia quedaría mejor si se tradujera: "Yo guardo lo que sale de la boca del rey"; tengo cuidado de no entremeterme en los secretos de estado; y si están en mi conocimiento, los reservo. O bien, soy obediente a los mandatos de las leyes; me siento obligado a cualquier cosa decretada por el rey. *Y la palabra del juramento de Dios.* Has jurado obedecerle; cumple tu juramento porque es un contrato que has hecho en la presencia de Dios. Parece que los príncipes y jefes judíos juraban fidelidad a sus reyes. Parece que es lo que se hizo ante David, II S. 5:1-3; lo mismo que con Joas, II R. 11:17; y a Salomón, I Cr. 29:24.

3. *No te apresures.* Considero que los cinco primeros versículos son instrucciones para los cortesanos y los servidores más inmediatos a los reyes.

11. *Porque no se ejecuta luego sentencia.* Pithgam, una orden o declaración divina. Esto no es hebreo, sino una simple palabra caldea que se encuentra solamente en este lugar y en los libros de Ester, Esdras y Daniel.

14. *Hay justos.* Véase 7:16.

16. *Dediqué mi corazón a conocer sabiduría.* Esta es la réplica del sabio: "He considerado estas aparentes contradicciones. Dios gobierna al mundo; pero no podemos ver las razones de su conducta, ni por qué hace esto, omite aquello, o permite una tercera cosa. Podemos estudiar día y noche y privarnos de descanso y sueño, pero jamás vamos a penetrar en las profundidades que pertenecen al gobierno divino; pero con seguridad que todo es recto y justo."

CAPITULO 9

Ningún hombre sabe por los síntomas del presente, qué le aguarda en el futuro (1). Todas las cosas suceden de la misma manera a todos (2, 3). Comparación entre el estado de los muertos y el de los vivos (4-6). Goza de la misericordia de Dios y vive para su gloria (7-10). La carrera no es de los ligeros ni la batalla de los fuertes (11). El hombre ignora su futuro (12, 13). Relato sobre la ciudad pequeña y el hombre pobre y sabio (14-18).

1. *Los justos y los sabios, y sus obras, están en la mano de Dios.* Esto es una continuación del tema anterior y, en este lugar el sabio extrae su conclusión de todo lo que ha visto y del satisfactoriamente conocido carácter de Dios, que el justo, el sabio y su manejo, están todos en las manos de Dios, protegidos por su poder y seguros en su aprobación: pero que no podemos juzgar por los acontecimientos que ocurren en la vida para decidir quiénes son el objeto del amor o del desagrado de Dios.

2. *Todo acontece de la misma manera a todos.* Muy generalmente, esto es verdad;

pero Dios, a menudo establece una diferencia; y sus fieles servidores pueden dar testimonio de que muchas veces se ha interpuesto a su favor la intervención divina. Pero hay bendiciones generales y males naturales que también lo son y que afectan tanto al justo como al pecador. Pero en este acontecer todo es razonable; los males que están en la naturaleza son el resultado de la caída del hombre; y Dios no va a suspender o alterar sus leyes naturales, para favorecer casos individuales.

4. *Aún hay esperanza para todo aquel que está entre los vivos.* Mientras el hombre vive espera enmendarse y una suerte mejor; y así se va pasando la vida, esperando mejorar y esperando lograr más. *Porque mejor es perro vivo que león muerto.* Supongo que se trataba de un refrán.

6. *También su amor y su odio.* Es evidente que él habla aquí de la ignorancia, falta de poder, etc., de los muertos, solamente con relación a esta vida. Y, aunque ellos no tengan más porción "debajo del sol," esto no sugiere que no la tengan en ninguna otra parte.

7. *Anda, y come tu pan con gozo.* No te acongojes y perturbes por las dispensaciones y misterios de la Providencia; goza de las bendiciones que Dios te ha dado y vive para su gloria; entonces, Dios aceptará tus obras.

8. *En todo tiempo sean blancos tus vestidos.* Los judíos usaban ropas blancas para las fiestas, como emblema de gozo e inocencia. Sé siempre puro y siempre feliz.

9. *Goza de la vida con la mujer que amas.* Cásate con cordura y consérvate fielmente unido a la esposa que has elegido y gózate en la labor de tus manos.

11. *Si no que tiempo y ocasión. Eth,* tiempo u oportunidad; y *pega,* incidente u ocurrencia ... *Acontecen a todos.* Cada hombre tiene lo que podríamos llamar tiempo y ocasión para actuar y su oportunidad para trabajar.

CAPITULO 10

Observaciones sobre la sabiduría y la insensatez (1-3). Respecto a la conducta correcta para con los gobernantes (4). El mérito rebajado y la inutilidad exaltada (5-7). Sobre el que cava pozo y aportilla vallado (8, 9). Empleo de la sabiduría y la experiencia (10). Sobre el charlatán y el necio (11-15). El muchacho rey (16). La corte bien ordenada (17). Sobre la pereza (18). Sobre el banqueteo (19). No hablar mal del rey (20).

4. *Si el espíritu del príncipe se exaltare contra ti.* Si el rey se encoleriza en contra de ti. *No dejes tu lugar.* Humíllate ante él, ese es *tu lugar* y deber.

5. *Error emanado del príncipe.* Los dos versículos siguientes nos indican cuál es el error del gobernante: simplemente es esto: —la injusta distribución de los puestos y el

levantar gente sin mérito a los lugares de confianza y responsabilidad.

8. *Al que aportillare vallado, lo morderá la serpiente*. Mientras está robando la propiedad de su vecino, él mismo puede recibir un perjuicio mayor: al correr las estacas puede ser mordido por una serpiente que hubiera hecho su nido en ese lugar.

9. *Quien corta piedras*. Este verso nos enseña a tener cuidado y precaución. Cualquiera que se ocupe en derribar un edificio viejo corre el riesgo de ser herido por las piedras; y al partir leña han ocurrido muchos accidentes por no tener suficiente cuidado.

10. *Si se embotare el hierro*. Si el hacha ha perdido su filo y su dueño no la afila, tendrá que emplear más fuerzas para hacerla cortar: pero *la sabiduría que es provechosa para dirigir* le enseñará que él tendría que amolar su hacha y ahorrar sus fuerzas.

11. *Si muerde la serpiente antes de ser encantada*. *Belo lachash*, "sin silbido". Como la culebra puede morder antes de silbar, del mismo modo el charlatán, la persona parlera o calumniadora. Sin hablar mal directamente, insinúa cosas que menoscabarán la reputación de su vecino.

14. *No sabe nadie lo que ha de ser*. Un necio charlatán hablará sobre cualquier tema, aunque pueda decir tan poco del pasado como del futuro.

15. *Porque no saben por dónde ir a la ciudad*. Supongo que se trata de un refrán: "No sabe nada; ni siquiera ir hasta la próxima villa."

16. *Tus príncipes banquetean la mañana*. No hacen nada ordenadamente; vuelven la noche en día y el día en noche, duermen cuando tendrían que estar despiertos y hacen esto último cuando es tiempo de reposo, se preocupan más por su dormitorio y los banquetes que por los asuntos del estado.

CAPITULO 11

Da limosna a todos (1-4). El hombre desconoce las obras de Dios (5). Necesidad de diligencia (6). La prosperidad frecuentemente reemplazada por la adversidad (7, 8). Habrá un día de juicio (9, 10).

1. *Echa tu pan sobre las aguas*. Es una alusión a la siembra del arroz; éste debe ser diseminado sobre terreno pantanoso, o tierra cubierta por las aguas y hollado por las patas de los animales: así echa raíz y crece y, después de muchos días se encontrará una hermosa cosecha. Da también a los pobres, que eso es sembrar en buena tierra.

2. *Reparte a siete*. Nunca ceses de dar mientras veas una persona en necesidad y tengas con qué ayudarla. *Porque no sabes el mal*. Los tiempos pueden cambiar de tal manera que tú mismo llegues a necesitar ayuda similar. Haz lo que quisieras que otros hicieran contigo.

3. *Si las nubes fueren llenas de agua*. Actúa como las nubes; cuando están llenas, derraman sus aguas sobre los campos y el desierto. *En el lugar que el árbol cayere, allí quedará*. La muerte no se encuentra a gran distancia; tienes poco tiempo para practicar el bien. Adquiere esa disposición celestial mientras estés aquí; porque después de esta vida no habrá cambios.

4. *El que al viento observa, no sembrará*. El hombre que es demasiado cauto nunca tendrá éxito en ninguna cosa. Si un hombre no ara ni siembra hasta que la temperatura esté de acuerdo a su criterio, con toda probabilidad la época pasará sin que haya realizado cosa alguna; de modo que, si tú eres demasiado diligente en descubrir cuáles son los impostores entre aquellos que profesan estar en necesidad, el que realmente está en el sufrimiento puede padecer, cuando de otra manera tú pudieras haberlo socorrido y su vida se hubiera salvado.

5. *Como tú no sabes... el camino del viento*. Por qué Dios ha permitido que tales personas caigan en necesidad y cómo llegaron a todas sus desgracias, no puedes decirlo, como tampoco podrías explicar cómo su alma se ha unido a su cuerpo.

6. *Por la mañana siembra tu semilla*. En todo tiempo está dispuesto a sembrar la misericordia; comienza en *la mañana*, continúa hasta *la tarde*. Tú ignoras cuál es el objeto más digno; es suficiente que lo sepa Dios; y si el motivo es bueno, Él te honrará y recompensará.

10. *Quita, pues, de tu corazón el enojo*. Toda clase de pasiones violentas.

CAPITULO 12

La juventud debe recordar a su Creador (1). Descripción de la ancianidad y sus enfermedades con las causas de la muerte y la descomposición (2-9). Cómo el Predicador enseñó sabiduría a la gente (10, 11). Instrucciones generales y conclusión de la obra (12-14).

2. *Antes que se oscurezca el sol, y la luz, y la luna y las estrellas*. Vale decir, en la primavera, la plenitud y prosperidad de la vida. *Y vuelvan las nubes*. Las dolencias de la ancianidad, adecuadamente simbolizadas por el invierno; de la misma manera que la primavera representa a la juventud en la cláusula anterior de este mismo verso.

3. *Cuando temblarán los guardas de la casa*. Aquí se compara el cuerpo del hombre a una casa: note la metáfora y su corrección. (1) Temblarán los guardas... las manos se paralizan. (2) *Se encorvarán los hombres fuertes*. Las piernas se debilitan y no pueden soportar el peso del cuerpo. (3) *Y cesarán las muelas porque han disminuido*. Los dientes fueron cayéndose y ya casi se han perdido; los pocos que quedan no son capaces de masticar las sustancias duras o la carne.

Y así terminan. (4) *Y se oscurecerán los que miran por las ventanas.* Los nervios ópticos que reciben las impresiones de las cosas que nos rodean por medio de los diferentes humores del ojo ... *se han oscurecido.*

4. *Y las puertas de afuera se cerrarán.* (5) *Las puertas* ... los labios, que son las puertas por las cuales se cierra la boca. (6) *De afuera se cerrarán. Las puertas* o labios están *cerradas* para impedir que al masticar, la comida se caiga; porque los dientes que antes cumplían con esa función, han ido desapareciendo. (7) *Por lo bajo del ruido de la muela.* Ahora se hace un pequeño ruido al comer, o porque los dientes se han perdido o porque los que quedan no están firmes y no pueden presionarse unos contra otros; y al cerrar la boca para impedir que la comida se vaya fuera, apenas puede oírse el sonido producido al comer. (8) *Cuando se levantará a la voz del ave.* Ya no tiene el sueño profundo de antes; el canto del gallo lo despierta. Y encuentra tantas dificultades para respirar cuando está en la cama que se alegra de que haya terminado la noche para levantarse y encontrar algún relevo. El chirrido del gorrión es suficiente para despertarlo. (9) *Todas las hijas del canto serán abatidas.* La voz es débil y chillona y terminan la alegría y el placer.

5. *Cuando también temerán de lo que es alto.* (10) Al ser tan débil tiene temor de subidas, ascender escaleras, etc., sin ayuda. (11) *Habrá terrores en el camino.* No se atreverán a andar por miedo de encontrarse con algún peligro que no se sientan capaces de repeler, no con agilidad para escapar. (12) *Y florecerá el almendro.* No *florecerá,* sino "caerá". El cabello se cae. El almendro da flores blancas, emblema adecuado de la cabeza canosa. (13) *Y la langosta será una carga.* Ha disminuido tanto la fuerza que aun una cosa tan insignificante como la langosta, o cualquier otro pequeño insecto se transforma en una carga considerable. (14) *Y se perderá el apetito.* Ahora se pierden el gusto y el apetito por las comidas más delicadas a las cuales antes era tan adicto. (15) *Porque el hombre va a su morada eterna. El beith olamo* "a la casa de su edad"; el lugar destinado a recibirle cuando haya terminado toda la carrera de su vida; porque *olam* implica el curso completo o la duración de una cosa. (16) Está partiendo hacia el mundo invisible; y aquí es conocido porque *los endechadores andarán alrededor por las calles.*

6. *Antes que la cadena de plata se quiebre.* Ya hemos visto todas las evidencias exteriores de la ancianidad con todos los achaques que le acompañan; ahora sigue lo que sucederá a su cuerpo para producir lo que se llama muerte, o separación del alma y el cuerpo. (1) *La cadena de plata.* La médula espinal, de la cual, proceden los nervios, como ella misma, del cerebro. De ésta, se dice que *se quiebra.* Como el sistema nervioso comienza a debilitarse un poco antes, en el momento de la muerte está absolutamente debilitado. (2) *Y se rompa el cuenco de oro.* El cerebro contenido en el cráneo. *Roto.* ... incapaz de funcionar. (3) *Y el cántaro se quiebre junto a la fuente.* La *vena cava,* que vuelve la sangre al ventrículo derecho, aquí recibe el nombre de la *fuente,* el "manantial" desde donde brota el agua; adecuadamente aplicado aquí al corazón. (4) *Y la rueda sea rota sobre el pozo.* La aorta, que recibe la sangre de la cisterna, el ventrículo izquierdo y la distribuye por las diferentes partes del sistema. De esto puede decirse como dijimos arriba en cuanto al cerebro, está *roto,* es decir, ha quedado inutilizado.

7. *Y el polvo vuelva a la tierra, como era, y el espíritu vuelva a Dios.* (5) La putrefacción y solución comienzan su obra; toda la masa se descompone y con el proceso del tiempo se transforma en polvo del cual fue originalmente hecho, mientras que el espíritu, *haruach,* "ese espíritu," que Dios en el principio sopló en las narices del hombre, vuelve *a Dios que lo dio.*

8. Esta patética y minuciosa descripción de la ancianidad y la muerte es concluida por el autor con las mismas palabras con que comenzara este libro: *Vanidad de vanidades,* dijo Cohelet, *todo es vanidad.* Ahora que el hombre, la obra maestra de la creación de Dios, el delegado soberano de esta parte del mundo, ha vuelto al polvo, ¿qué queda de permanente o digno de contemplación?

9. *Y cuanto más sabio fue el predicador, tanto más enseñó sabiduría al pueblo.* Y para hacerlo *hizo escuchar* ... escudriñar lo que sería de mayor utilidad. *Y compuso* ... compiló y arregló muchas parábolas, aludiendo probablemente al libro que estuvimos tratando.

10. *Procuró el Predicador hallar palabras agradables. Dibrey chephete,* "palabras de aspiración," palabras de precepto; las que la gente pudiera comprender mejor. Pero las tales no tenían como único objeto agradar a la gente; porque eran *palabras de verdad,* tal como procedieron de Dios y por lo tanto tenían que conducir a El.

11. *Las palabras de los sabios.* Doctrinas de fe, ilustradas por el lenguaje adecuado, son *como aguijones; y como clavos hincados son las de los maestros de las congregaciones,* los "maestros de conjuntos," los que hicieron las mejores colecciones de esta clase, el tema de los cuales era de la naturaleza más sublime.

12. *Ahora, hijo mío, a más de esto, sé amonestado.* Escucha a tales maestros y recibe sus amonestaciones; y no recibas en vano la gracia de Dios. *No hay fin de hacer muchos libros.* Han pasado más de dos mil años desde que estas palabras fueron escritas; desde entonces, se han agregado a aquellos millones de tratados sobre todos los asuntos y temas.

EL CANTAR DE LOS CANTARES DE

SALOMON

El libro que tenemos ante nosotros se titula en el hebreo "El Canto de los Cantos," u "Oda ae las Odas": que podría interpretarse, "La más excelente de todas las Odas"; se trata de una locución común en la lengua hebrea.

Ha habido algunas dudas en cuanto al autor de este libro. Algunos rabinos supusieron que fue obra del profeta Isaías; pero esta creencia nunca mereció consideración. La mayoría, lo han atribuido sin vacilación, a aquel cuyo nombre lleva a: Salomón; y, si el libro de Eclesiastés le pertenece, el que ahora nos ocupa debe seguirle en orden, pues tienen exactamente el mismo estilo, aunque por supuesto, con la diferencia del tema. Ambos parecen haber sido escritos en la misma época y ser obra del mismo autor.

Generalmente se cree que los personajes principales son los novios Salomón y la hija de Faraón con sus respectivos cortejos, es decir, los compañeros del novio y las damas de compañía de la novia.

Durante mucho tiempo he vacilado sobre si debía escribir algo sobre este libro; no porque no creyera entender su principal objeto y significado general, pues en cuanto a esto, realmente no abrigo duda alguna, sino porque no podría interpretarlo como alegoría espiritual representando el amor de Cristo y su Iglesia. Debo confesar que, para mí, esa opinión no tiene fundamento positivo. Por lo tanto, si en modo alguno se interpreta o ilustra, es mucho mejor tomarlo en su significado literal y explicarlo en sentido general. Mi convicción personal y la conclusión a la que he llegado sinceramente, son resultados de exámenes, lectura cuidadosa y severa meditación a intervalos durante casi cincuenta años; sin embargo, aunque pueda ser culpado por unos y compadecido por otros, debo decirlo y decirlo tan sin temor como lo hago guiado por mi conciencia que en esta inimitablemente galana oda hebrea, nada puedo ver sobre Cristo y su Iglesia y nada que sugiera esa interpretación; y nada, que al aplicarlo por *sí*, de esa manera, promueva los intereses de la verdadera piedad.

CAPITULO 1

Amor de la esposa por el esposo (1-5). Ella confiesa su desmerecimiento; desea ser conducida al lugar de los rebaños (6, 7); y es guiada a las cabañas de los pastores (8). El esposo describe a la desposada y muestra cómo proveerá para ella y cuán confortablemente están alojados (9-17).

1. *Cantar de los Cantares.* Canto de extraordinaria excelencia. Véase la *Introducción.*

2. *Si él me besara.* Se refiere al esposo en tercera persona, para testificar su propia modestia y demostrarle mayor respeto.

3. *Tu nombre es como ungüento derramado.* Tu nombre es tan refrescante para mi corazón, como los mejores perfumes esparcidos por una cámara son para los sentidos de los huéspedes.

4. *Atráeme.* Que tenga la completa seguridad de tu amor. *En pos de ti correremos.* Por modestia, sigue hablando en plural, a pesar de que todavía se refiera a sí misma. *El rey me ha metido.* Mi esposo es un poderoso *rey*, no una persona común. *En sus cámaras.* Me ha favorecido dispensándome su mayor confianza. *Con razón te aman.* Los más cabales y perfectos te encuentran digno de su mayor estima.

5. *Morena soy ... pero codiciable.* Es una verdad literal acerca de muchas de las mujeres asiáticas; aunque negras o morenas, son exquisitamente hermosas. *Como las tiendas de Cedar.* Yo soy morena como las tiendas de los árabes.

6. *Porque el sol me miró.* La esposa da ciertas causas por ser de cutis trigueño. "El sol me miró." Estoy tostada por el sol, curtida por el sol; quizás haya sido obligada por celos o disgustos hogareños a permanecer mucho afuera: *Los hijos de mi madre se airaron contra mí; me pusieron a guardar las viñas.*

8. *Si tú no lo sabes.* Parece ser la réplica de las doncellas. Ellas no lo saben con exac-

titud; por eso mandan a la esposa adonde están los pastores para que ellos le proporcionen la información.

9. *A yegua . . . te he comparado.* Una traducción más literal sería: "Te he comparado a mi yegua, en las carrozas o carreras de Faraón"; es así como lo interpretan las versiones. Las yeguas con preferencia a los caballos se empleaban en el Oriente, tanto en las cabalgatas como en los carros.

12. *Mientras el rey estaba en su reclinatorio.* "En su círculo," aludiendo probablemente al círculo de sus amigos en la fiesta de bodas o en una mesa redonda.

15. *Tus ojos son como palomas.* Se supone que la alusión se refiere a la grande y hermosa paloma de Siria cuyos ojos son notablemente bellos.

CAPITULO 2

Descripción del esposo y su amor hacia la esposa (1-9). Delicada representación de la primavera (10-13). El amor de ambos (14-17).

1. *Yo soy la rosa de Sarón.* Sarón es una región muy fértil donde se apacentaba el ganado de David, I Cr. 27:29. Se menciona como lugar de excelencia, en Is. 35:2 y como lugar para ganados, en Is. 65:10. Como en la mayoría de las versiones, quizás hubiera sido mejor traducir: "Yo soy la rosa del campo": El esposo había terminado de llamarla hermosa; ella, con decorosa modestia se refiere a su belleza como nada extraordinario y se compara a una vulgar florecilla del campo. En el entusiasmo de su amor, él niega tal cosa, insistiendo en que ella sobrepasa a las demás doncellas como el lirio a los espinos; véase v. 2.

3. *Como el manzano.* La novia vuelve a sus cumplidos y dice: "Como el manzano entre los árboles silvestres, así es mi amado entre los jóvenes." *Bajo la sombra del deseado me senté.* Llegué a ser su esposa y mi unión con él me hace indescriptiblemente feliz.

8. *He aquí él viene saltando.* Parece ser característico de los brincos de los pastores y señala la exaltación con la que los enamorados corrían hacia sus cónyuges.

16. *Mi amado es mío.* Las palabras de la esposa cuando él entra: "Soy tuya; tú eres completamente mío." *El apacienta entre lirios.* El aroma que le circunda es tan fragante como si hubiera pasado la noche entre las flores más olorosas.

17. *Hasta que apunte el día.* Literalmente: "hasta que el día respire"; hasta la primera aurora que generalmente viene acompañada por brisas refrescantes. *Y huyan las sombras.* Referente al atardecer o a la puesta del sol, en la cual todas las sombras desapa-

recen. *Los montes de Beter.* También puede traducirse "montañas de división," creyendo que se trata de los montes de Bet-horón.

CAPITULO 3

La esposa menciona la ausencia de su esposo, su búsqueda y éxito final (1-5). Descripción del esposo, su lecho, carroza, etc. (6-11).

1. *Por las noches busqué en mi lecho.* Parece que el esposo solamente veía a su esposa durante la noche: y que en la de referencia, él no llegó como de costumbre. Perturbada, la esposa se levantó a buscarlo; interrogó a los guardas de la ciudad y continuó en su búsqueda hasta que por fin lo halló y lo llevó a sus habitaciones, vrs. (2-4).

4. *En casa de mi madre.* Todas las mujeres en el Oriente tienen los departamentos separados a los que nadie puede entrar, sino el esposo. Así hemos encontrado a Isaac llevando a Rebeca a la tienda de su madre, después de hacerla su esposa, Gn. 24:67.

5. *Yo os conjuro.* La misma imprecación del cap. 2:7.

7. *Sesenta valientes la rodean.* Eran los guardas que rodeaban el pabellón del esposo, como centinelas en el lugar por los temores nocturnos. El pasaje debe entenderse literalmente, porque la seguridad y la condición ¹el príncipe requerían una guardia semejante.

9. *De madera del Líbano.* Del cedro que crecía en ese monte. Es muy probable que el original haga referencia a un "lecho nupcial" y no a una *carroza.*

10. *Hizo sus columnas de plata.* Los postes de la cama estaban hechos de plata. *Su respaldo de oro.* Puede referirse a cordones hechos con hebras de oro, o al colchón, que estuviera hecho de tela adornada con oro. *Su asiento de grana.* Casi con seguridad, el dosel. *Su interior recamado de amor.* El cobertor, soberbia obra de bordado efectuado por alguna de las nobles doncellas de Jerusalén, como prueba de su cariño, respeto y amor, obsequio a los esposos, el día de su desposorio.

CAPITULO 4

El esposo describe a su esposa, su persona, sus prendas, castidad y excelencia en general (1-6).

1. *Como manada de cabras.* Porque era negro y suave como el pelo de las cabras de Arabia y Palestina. Las montañas de Galaad estaban del otro lado del Jordán.

2. *Tus dientes como manadas.* Parece que esta comparación se fundara sobre la uniformidad, delicadeza y blancura de las ovejas recientemente esquiladas y lavadas.

3. *Tus labios como hilo de grana.* Tanto los labios como las mejillas son rojos. "Como la porción de **granada**," cortada por la parte que tiene el rojo más hermoso. Su cabello era hermoso, bellos sus ojos, preciosos sus labios y mejillas y su voz placentera y armoniosa.

9. *Prendiste mi corazón. Libbabtini,* "Tú me has robado el corazón," es decir, "me lo has quitado". *Con uno de tus ojos. Beachad meeynavich.* "Aun uno de tus ojos, o una mirada de tus ojos, ha sido suficiente para dejarme absolutamente sin poder; me has vencido completamente."

12. *Huerto cerrado... fuente cerrada, fuente sellada.* Distintas expresiones para indicar la fidelidad de la esposa, o de la reina judía.

CAPITULO 5

El esposo llama a su consorte para que lo reciba (1-3). Ella vacila, pero cuando se levanta, encuentra que él se ha ido; lo busca y es tratada indignamente por los guardias de la ciudad (4-7). Pregunta a las hijas de Jerusalén quienes a su vez la interrogan en lo concerniente a su amado (8, 9). Esto le proporciona la oportunidad de entrar en una delicada descripción sobre su persona y sus talentos (10-16).

1. *Yo vine a mi huerto. Bathi.* "Yo vine, o he venido," debe traducirse en el pasado como todos los verbos de esta cláusula.

7. *Quitáronme mi manto.* Me lo arrancaron rudamente para saber quién era. En el lenguaje oriental, arrancar el velo significa faltar el respeto debido a una mujer.

8. *De amor estoy enferma.* "Estoy sumamente preocupada por su ausencia; y estoy afligida por mi irreflexivo comportamiento para con él."

9. *¿Qué es tu amado más que otro amado?* Esta pregunta proporciona a la esposa una oportunidad para prorrumpir en una descripción sumamente acabada sobre la belleza y perfecciones de su esposo.

10. *Mi amado es blanco y rubio.* Rojo y blanco convenientemente mezclados son indispensables para una tez hermosa; y esto es lo que insinúa: que era el más hermoso entre diez mil personas; ninguna entre ellas podía igualarlo. Literalmente, "El lleva el estandarte entre diez mil".

11. *Su cabeza como oro finísimo.* Tiene la cabeza más hermosa, delicada y majestuosa. Aquí la palabra oro se emplea para significar excelencia. *Sus cabellos crespos.* Ensortijados. *Negros como el cuervo.* Su cabello es negro y brillante.

12. *Sus ojos, como palomas.* Véase cap. 4:1. *Que se lavan con leche.* Lo blanco del ojo, sumamente blanco.

CAPITULO 6

Las compañeras de la esposa preguntan por el esposo (1-3). Descripción de la esposa (4-13).

1. *¿Adónde se ha ido tu amado?* Se supone que estas palabras fueron dichas a la *esposa* por sus compañeras; y en la Hebrea y demás versiones están unidas al capítulo anterior.

2. *Mi amado descendió a su huerto.* Es la respuesta de la esposa a sus compañeras.

4. *Hermosa eres... como Tirsa.* Se supone que son las palabras de Salomón a su esposa. Tirsa era una ciudad en la tribu de Efraín (Jos. 12:24) y capital de ese distrito. Parece que era sumamente hermosa y se encontraba espléndidamente situada, porque Jeroboam estableció allí su residencia antes de la fundación de Samaria; y parece que fue la residencia regular de los reyes de Israel: I R. 14:17; 15:33. Su nombre significa "hermosa" o "deliciosa". *De desear, como Jerusalén.* Se le llama a esta ciudad, "perfección de hermosura," Sal. 48: 2-3; 50:2. De este modo el poeta compara la belleza de la esposa a los dos lugares más hermosos de la Palestina y a la ciudad capital de los reinos de Israel y Judá.

5. *Tu cabello es como manada de cabras.* Véase cap. 4:1.

6. *Tus dientes.* Véase cap. 4:2.

7. *Como cachos de granadas.* Véase capílo 4:3.

8. *Sesenta son las reinas.* Aunque haya sesenta reinas y ochenta concubinas, y esposas secundarias, e innumerables vírgenes en mi harén, sin embargo, tú, mi paloma, mi perfecta, eres *achath,* sola, la única, en quien encuentro mi supremo deleite.

10. *Se muestra como el alba.* La esposa era tan atractiva como la aurora.

12. *Los carros de Aminadab.* Probablemente estas carrozas eran renombradas por su gran rapidez.

13. *Vuélvete, oh sulamita.* Estas palabras parecen dirigirse a la esposa, que ahora queda establecida y reconocida esposa de Salomón. *Como la reunión de dos campamentos.* O "los músicos de los campamentos".

CAPITULO 7

Representación más detallada de la esposa (1-9). Su invitación al esposo (10-13).

1. *¡Cuán hermosos son tus pies en las sandalias!* "Cuán gracioso es tu andar." En el capítulo sexto, el esposo alaba a la sulamita, según nuestro lenguaje, desde la cabeza a los pies. En éste, comienza con una nueva descripción, comenzando de pies a cabeza.

7. *Semejante a la palmera.* Que es notablemente derecha, delgada y elegante.

11. *Salgamos al campo.* Se ha supuesto que el esposo madrugaba todos los días, dejaba la cámara de la esposa y se iba al campo; a menudo la dejaba dormida y recomendaba a las doncellas que no la molestaran hasta que ella se despertara por sí misma. Aquí, la esposa desea acompañarlo y pasar la noche en su casa campestre.

12. *Levantémonos de mañana a las viñas.* Cuando estemos en el campo, tendremos una oportunidad mejor para contemplar los progresos de la vegetación primaveral; y le promete que allí será particularmente cariñosa con él.

CAPITULO 8

Amor de la esposa por el esposo y la naturaleza de ese amor (1-7). La hermana mayor (8-10). La viña de Salomón (11, 12). Confianza mutua de los esposos (13, 14).

1. *¡Oh, si tú fueras como un hermano mío!* La esposa, temiendo que su cariño por el esposo pudiera ser interpretado como excesiva familiaridad, expresa que desearía que fuese un hermano pequeño; para poder tratarlo de la manera más cariñosa y besarlo en las calles sin levantar suspicacias ni ofender a nadie.

5. *Que sube del desierto.* Quizá fueran las palabras de las hijas de Jerusalén, quienes, al ver a la esposa volviendo del campo, apoyada en el brazo de su amado se llenan de admiración al contemplar su excelente porte y belleza.

6. *Brasas de fuego.* "La llama de Dios."

8. *Tenemos una pequeña hermana.* La jovencita, probablemente era hermana de la esposa. *Que no tiene pechos.* Todavía no está en la edad de contraer matrimonio. *¿Qué haremos a nuestra hermana?* ¿Cómo le aseguraremos satisfacción y bienestar, *cuando de ella se hablare?* ¿Cuando alguien la solicita en matrimonio?

9. *Si ella es muro.* Calmet dice que todas estas expresiones tienen el propósito de demostrar que era necesario proveerle de un esposo a esta joven hermana. Porque una mujer sin esposo es como un muro sin torres y sin defensa; puede compararse a una entrada o puerta sin cerradura; y es semejante a una ciudad sin muros.

EL LIBRO DE

ISAIAS

Naba significa no sólo "predecir acontecimientos futuros," sino también "orar," y "suplicar"; y el *nabi,* "profeta," era el que tenía la función, no sólo de "declarar acontecimientos futuros," sino que era el "predicador" general de la época; y como frecuentemente preveía la aproximación de épocas calamitosas, tal era la impiedad del pueblo, empleaba su tiempo en aconsejar a los pecadores que se volvieran del error de sus caminos, y en orar y suplicar fervientemente a Dios que evitara los juicios inminentes: porque tales predicciones, por más positivos que fueran sus términos, eran generalmente condicionales.

En épocas primitivas, los que luego fueron llamados profetas eran llamados "videntes" (I S. 9:9). *Haroeh,* la "persona que ve"; el que percibe mentalmente el designio de Dios. A veces llamados también *chozeh,* el hombre que tiene "visiones," o revelaciones sobrenaturales (I R. 22:17; II R. 17:13). Ambos términos se traducen "vidente" en nuestras versiones comunes. A veces se los llama hombres y mensajeros o ángeles de Dios. Se entendía, en su caso, que todos los profetas de Dios tenían una misión extraordinaria y que su mensaje les había sido dado por inspiración inmediata.

De Isaías, el autor de este libro, se sabe muy poco. Se supone que era de la tribu de Judá y de la estirpe real de David. El mismo dice que era hijo de Amoz, y otros nos dicen que este Amoz era hijo de Joás, y hermano de Amasías, rey de Judá.

Al parecer, Isaías tuvo dos hijos, cuyos nombres eran típicos; uno, Sear-jasub, "un remanente volverá" (cap. 7:3), y el otro, Maher-salal-hasbaz, "el despojo se apresura; la presa se precipita" (cap. 8:3); y es notable que se diga que su esposa era "profetisa".

CAPITULO 1

El profeta, con una osadía y majestad dignas del heraldo del Altísimo, empieza convocando a toda la creación a escuchar lo que dice Jehová (2). Lanza luego una acusación de crasa insensibilidad e ingratitud contra los judíos, comparando su conducta con la de un buey o un asno, los más estúpidos entre los animales (3); esto hace que su culpa aumente (4); grandemente agravada por su menosprecio de los castigos y los juicios de Dios, aunque se han repetido hasta dejarlos casi como a Sodoma y Gomorra (5-9). La mención pasajera de estos lugares ocasiona un discurso a los gobernantes y el pueblo judíos, personificándolos como príncipes de Sodoma y pueblo de Gomorra, que es tan vivo y severo como elegante e inesperado (10). Luego se expone la vanidad de confiar en la realización de ritos y ceremonias religiosas externos (11-15); y se subraya vigorosamente la necesidad del arrepentimiento y la reforma (16, 17) instándose a ello con las más estimulantes promesas así como con las más tremendas amenazas (18-20). Pero como ni unas ni otras producen el efecto adecuado en aquel pueblo que estaba a cargo del profeta, éste lamenta amargamente su degeneración (21-23) y termina introduciendo a Dios, declarando su propósito de infligir juicios tan severos que destruyan a todos los impíos y exciten en los justos, que también habrán pasado por el fuego, una permanente vergüenza y aborrecimiento de todo lo relacionado con la idolatría, la fuente de su desgraciada situación (24-31).

El reino de Judá parece haber estado en condición más floreciente durante los reinados de Uzías y Jotam, que en cualquier otra época después de la rebelión de las diez tribus. El primero recuperó el puerto de Elat, sobre el Mar Rojo, que había sido tomado por los edomitas durante el reinado de Joram. Tuvo éxito en sus guerras con los filisteos y les quitó varias ciudades; lo mismo que contra algunos pueblos de Arabia Desértica, y contra los amonitas, a quienes obligó a pagarle tributo. Reparó y mejoró las fortificaciones de Jerusalén; y tuvo un gran ejército, bien organizado y disciplinado. Prestó no menos atención a las artes de la paz: fomentó mucho la agricultura y la cría de ganado. Jotam mantuvo los establecimientos y mejoras hechos por su padre; agregó a lo que Uzías había hecho para fortificar los lugares fronterizos; venció a los amonitas, que se habían rebelado, y les exigió un tributo más regular y probablemente más elevado. Hacia fines de su período, sin embargo, Peka, rey de Israel, se alió con Rezín, rey de Siria, contra Judá, y comenzaron a poner en ejecución sus designios.

Pero durante el reinado de su hijo Acaz no sólo se perdieron todas estas ventajas, sino que el reino de Judá llegó al borde de la destrucción. Peka, rey de Israel, derrotó al ejército de Acaz, quien perdió en la batalla ciento veinte mil hombres; y los israelitas llevaron prisioneros a doscientas mil mujeres y niños, los que, sin embargo, fueron libertados y devueltos a sus hogares ante el reproche del profeta Obed. Después de esto, según parece, los reyes de Israel y de Siria unieron sus fuerzas y pusieron sitio a Jerusalén; pero no tuvieron éxito en su intento. En esta contingencia, Acaz habría pedido ayuda a Tiglat-pileser, rey de Asiria, quien invadió los reinos de Israel y Siria, y dio muerte a Rezín; pero ahora estaba más en peligro que nunca, de parte de su demasiado poderoso aliado, para obtener cuya indulgencia, así como antes había comprado su ayuda, se vio obligado a despojarse él mismo y su pueblo de toda la riqueza que pudo sacar de su propio tesoro, del templo y del país.

En la época del sitio de Jerusalén, Siria se apoderó de Elat, que nunca más fue recuperado. Asimismo los edomitas, aprovechando la desgracia de Acaz, asolaron a Judea y llevaron muchos cautivos. Los filisteos recuperaron lo que antes habían perdido, y se apoderaron de muchos lugares de Judea, donde se mantuvieron. Por orden del rey se estableció la idolatría en Jerusalén y en toda Judea; y el servicio del templo o fue interrumpido, o se convirtió en un culto idolátrico.

Su hijo Ezequías, inmediatamente después de su ascensión al trono, emprendió la restauración del culto legal de Dios, tanto en Jerusalén como en toda Judea. Purificó y reparó el templo, y celebró una pascua solemne. Mejoró la ciudad, reparó la fortificación, erigió toda clase de almacenes y construyó un nuevo acueducto. En el cuarto año de su reinado, el rey de Asiria, Salmanasar, invadió el reino de Israel, se apoderó de Samaria, y llevó consigo en cautiverio a los israelitas, reemplazándolos por gentes enviadas desde su propio país; y ésta fue la destrucción final de este reino, en el año sexto del reinado de Ezequías.

Este ejemplo alarmante no impidió que Ezequías se negara a pagar el tributo al rey de Asiria, que había sido impuesto a Acaz, lo cual provocó la invasión de Senaquerib en el año catorce de su reinado, un relato de la cual se inserta entre las profecías de Isaías. Después de una grande y milagrosa liberación de tan poderoso enemigo, Ezequías continuó su reinado en paz. Prosperó en todas sus obras, y dejó su reino en estado floreciente a su hijo Manasés —un hijo en todo sentido indigno de tal padre.

2. *Oíd, cielos.* Dios se presenta como entrando en una acción pública o alegando, delante de todo el mundo, contra su pueblo desobediente. El profeta, como heraldo o funcionario encargado de convocar al tribu-

nal, llama a todos los seres creados, celestiales y terrestres, a que asistan y den testimonio de la verdad de su argumento y la justicia de su causa. Con la misma osada figura, Miqueas (6:1-2) llama a los montes, es decir, a toda la región de Judea, para que acuda a él. Con la misma invocación introduce Moisés su sublime cántico: "Escuchad, cielos, y hablaré; y oiga la tierra los dichos de mi boca" (Dt. 32:1).

Crié. La Septuaginta dice: "engendré".

3. *El buey conoce.* Una amplificación de la crasa insensibilidad de los judíos desobedientes, comparándolos con el más pesado y torpe de todos los animales, que con todo, no es tan insensible como ellos.

4. *¡Oh, gente pecadora!* —"Degenerada." *Dejaron a Jehová*— "Se extrañaron". *Se volvieron atrás* —"Le volvieron la espalda".

5. *¿Por qué querréis ser castigados aún?* —"¿En qué parte? "

6. *No están curadas.* El arte farmacéutico en el Oriente consiste principalmente en aplicaciones externas: en consecuencia, las figuras que el profeta usa aquí son tomadas todas de la cirugía.

7-9. *Vuestra tierra está destruida.* La descripción del estado ruinoso y desolado del país en estos versículos no corresponde a ninguna parte de las épocas prósperas de Uzías y Jotam. Concuerda muy bien con la época de Acaz, cuando Judea fue devastada por la invasión conjunta de israelitas y sirios, y por las incursiones de filisteos y edomitas. La fecha de esta profecía se coloca generalmente en los días de Acaz. Pero por otro lado se dice (II R. 15:37), que en los días de Jotam "comenzó Jehová a enviar contra Judá a Rezín . . . y a Peka". Si suponemos que a fines del reinado de Jotam pudo tener lugar alguna invasión por ese lado, yo preferiría referir esta profecía a esa época.

8. *Como enramada en viña.* Un pequeño abrigo temporal cubierto de ramas, paja, césped o materiales semejantes, para protegerse del calor del día y del rocío y el fresco por las noches, para el vigilante que guardaba la huerta o el viñedo en la breve estación en que maduraban los frutos (véase Job 27:18) y se sacaba una vez cumplido su propósito. *Como cabaña.* Después de recogidos los frutos, la cabaña quedaba abandonada, librada a su ruina. Tal era el estado desolado, arruinado de la ciudad.

9. *Jehová de los ejércitos.* Como aquí aparece por primera vez este título de Dios, *Yehovah tsebaoth,* creo adecuado indicar que yo lo traduzco siempre *Jehová Dios de los ejércitos,* tomándolo como una expresión elíptica por *Yehovah Elohey tsebaoth.* Este título significa que Jehová es el Dios o Señor de las huestes o ejércitos. *Como Sodoma fuéramos.* Tan completa y totalmente arruinados como estaban *ésta* y las ciudades de la llanura, de las cuales no se han encontrado vestigios.

10. *Príncipes de Sodoma.* La mención pasajera de Sodoma y Gomorra en el v. anterior sugirió al profeta este fogoso discurso a los gobernantes y habitantes de Jerusalén, caracterizándolos como príncipes de Sodoma y habitantes de Gomorra. Dos ejemplos de un elegante giro semejante se pueden hallar en la Epístola de Pablo a los Romanos 15: 4-5, 12-13.

11. *¿Para qué me sirve?* – "¿Qué he de hacer con ellos?" El profeta Amós ha expresado los mismos sentimientos con gran elegancia (Amós 5:21-24). *Sebo de animales gordos.* Se menciona particularmente el sebo y la sangre, porque en todos los sacrificios ambas cosas eran apartadas especialmente para Dios. El sebo o grasa se quemaba siempre sobre el altar, y la sangre en parte era rociada, en forma diferente en diferentes ocasiones, y en parte derramada al pie del altar. Véase Lv. 4.

12. *Cuando venís a presentaros.* La presentación delante de Dios a que se hace referencia es especialmente la de las tres solemnes festividades anuales. Véase Ex. 23:14. *Hollar mis atrios.* Así divide la sentencia la Septuaginta, uniendo el final del versículo al principio del siguiente: "Para hollar mis atrios no me traigáis más vana ofrenda."

13. *Luna nueva y día de reposo.* "El ayuno y el día de restricción." El profeta Joel (1:14; 2:15) une dos veces el ayuno y el día de restricción. *Atsarah*, "la restricción," se traduce aquí y en otros lugares de nuestras versiones, "asamblea". Ciertos días santos ordenados por la ley se distinguían por una particular prohibición: "ninguna obra de siervos haréis" (Nm. 29:35; Dt. 16:8). Esta circunstancia explica claramente la razón del nombre: "restricción," o "el día de la restricción," dado a esos días.

16. *Lavaos.* Refiriéndose al versículo anterior: "llenas están de sangre vuestras manos"; y aludiendo al lavado legal ordenado para distintas ocasiones. Véase Lv. 14:8, 9, 47.

19. *Comeréis el bien de la tierra.* Referencia al v. 7: no será "comida por extranjeros".

20. *Seréis consumidos a espada.* "Seréis alimento para la espada."

24. *Ea, tomaré satisfacción.* La ira, provocada por un sentimiento de ofensa y afrenta, especialmente por parte de aquellos que por deber y gratitud hubieran debido proceder de otra manera, es una sensación penosa y molesta; y la venganza, plenamente ejecutada sobre los ofensores, quita esa molestia y en consecuencia es agradable y tranquilizadora, al menos por el momento. Ezequiel (5:13) presenta a Dios expresándose en la misma forma: "Y se cumplirá mi furor y saciaré en ellos mi enojo, y tomaré satisfacción."

Este es un ejemplo destacado de la metáfora llamada antropopatía, por la cual, en toda la Escritura se atribuyen a Dios los sentimientos, sensaciones y afectos, las facultades físicas, las cualidades y los miembros de los hombres. La razón de ello es obvia: surge de la necesidad; no tenemos idea de los atributos naturales de Dios, de su pura esencia, de su modo de existencia, de su manera de actuar; por consiguiente, cuando queremos tratar de estos temas, nos vemos obligados a expresarlos por medio de imágenes sensibles.

27. *Con juicio.* "En juicio."

29. *Os avergonzarán las encinas.* Los bosques sagrados eran un apéndice muy antiguo y apreciado de la idolatría. Constituían una parte principal de la religión de los antiguos habitantes de Canaán, y a los israelitas se les había ordenado destruir esos bosques, entre otros monumentos de las falsas religiones. Después, ellos mismos se aficionaron a esa especie de idolatría.

CAPITULO 2

Profecía concerniente al reino del Mesías y la conversión del mundo gentil (1-5). La gran iniquidad e idolatría de los judíos incrédulos (6-9). La terrible consternación que se apoderará de los impíos, que procurarán en vano que las rocas y las montañas los oculten de la presencia de Dios en el día de su juicio (10-17). Destrucción total de la idolatría, como consecuencia del establecimiento del reino del Mesías (18-21). Exhortación a no poner la confianza en el hombre (22).

La profecía contenida en los capítulos 2, 3 y 4 constituye un solo discurso continuo. Los primeros cinco versículos del cap. 2 profetizan el reino del Mesías, la conversión de los gentiles y la admisión de los mismos en dicho reino. Desde el v. 6 hasta el final del cap. 2 se predice el castigo de los judíos incrédulos por sus prácticas idolátricas y su desconfianza de la protección de Dios; y además, la destrucción de la idolatría como consecuencia del establecimiento del reino del Mesías. Todo el cap. 3, más el primer versículo del cap. 4, es una profecía de las calamidades de la invasión babilónica y el cautiverio; con una descripción pormenorizada de la desgracia de las orgullosas y fastuosas hijas de Sion; en 4:2-6 se promete al remanente, los que hayan escapado a esas severas purgas, una futura restauración en el favor y la protección de Dios.

Esta profecía probablemente fue pronunciada en la época de Jotam, o quizás en la de Uzías, ya que se dice que Isaías profetizó en su reinado; época a la cual ninguna de sus profecías es tan aplicable como la de estos capítulos. El v. 7 del cap. 2 y la última parte del cap. 3, señalan claramente a una época en la cual abundaban las riquezas y prevalecían el lujo y los refinamientos. La abundancia de plata y oro sólo podía ser resultado de su comercio, especialmente del que se desarrollaba por el Mar Rojo. Esta circunstancia parece confinar la profecía dentro de los límites antes mencionados, mientras el puerto de Elat estaba en su poder: en tiempo de Acaz se perdió y nunca volvió a recuperarse.

2. _En lo postrero de los tiempos._ "Cada vez que en la Escritura se mencionan los tiempos postreros, se hace referencia a los días del Mesías," dice Kimchi comentando este pasaje. Y _el monte de la casa de Jehová_, dice el mismo autor, es el Monte Moria, sobre el cual estaba edificado el templo. El profeta Miqueas (4:1-4), repitió esta profecía del establecimiento del reino de Cristo, y de su progreso hacia la universalidad y la perfección, con las mismas palabras. Como él no empezó a profetizar hasta los días de Jotam, y ésta parece ser una de las primeras profecías de Isaías, supongo que Miqueas las tomó de aquí.

6. _Porque están llenos._ —"Y multiplican."

7. _También está su tierra llena de caballos._ "Y su tierra está llena de caballos." Esto estaba en abierta contradicción con el mandato de Dios en la ley: "Pero él (el rey) no aumentará para sí caballos, ni hará volver al pueblo a Egipto con el fin de aumentar caballos . . . ni plata ni oro amontonará para sí en abundancia" (Dt. 17:16, 17). Uzías al parecer siguió el ejemplo de Salomón (véase I R. 10; 26-29), quien primero transgredió en estos particulares; él recuperó el puerto de Elat sobre el Mar Rojo, y con él el comercio que en los días de Salomón había acumulado "plata y oro en Jerusalén como piedras" (II Cr. 1:15). Tuvo un ejército de 307,500 hombres en el cual, como podemos inferir por el testimonio de Isaías, una gran parte estaba constituida por carros y caballos.

8. _Además su tierra está llena de ídolos._ Tanto de Uzías como de Jotam se dice (II R. 15: 3-4, 34-35) que hicieron "lo recto en ojos de Jehová," es decir, que mantuvieron el culto legal de Dios, en oposición a la idolatría y todos los cultos irregulares; si bien "con todo eso, los lugares altos no se quitaron, porque el pueblo sacrificaba aún y quemaba incienso en los lugares altos". Difícilmente hubo algún momento en que estuvieran totalmente libres de esa práctica irregular e ilegal que parecen haber considerado como muy compatible con el verdadero culto de Dios. Aun después de la conversión de Manasés, cuando retiró los dioses extraños y ordenó a Judá que sirvieran a Jehová, el Dios de Israel, se agrega: "Pero el pueblo aún sacrificaba en los lugares altos, aunque lo hacía para Jehová su Dios" (II Cr. 33:17). El adorar en los lugares altos, pues, no implicaba necesariamente idolatría; y por lo que se dice de estos dos reyes, Uzías y Jotam, podemos suponer que en su tiempo no se permitió el ejercicio público del culto idolátrico. Luego, los ídolos que aquí se mencionan deben haber estado destinados a un uso privado y secreto.

9. _Se ha inclinado._ —"Será inclinado." Esto tiene relación con el versículo anterior. Se han inclinado ante sus ídolos; por lo cual serán inclinados y humillados bajo la mano vengadora de Dios. _Por tanto, no los perdones._ —"Y tú no los perdonarás."

13-16. _Sobre todos los cedros._ "Y contra todos los cedros." Príncipes, potentados, gobernantes, capitanes, hombres ricos. Estos versículos son un ejemplo notable de esa peculiar manera de escribir que constituye una característica principal del estilo parabólico o poético de los hebreos, y que los profetas emplean tanto, a saber, su manera de presentar las cosas divinas, espirituales, morales y políticas mediante imágenes tomadas de las cosas naturales, artificiales, religiosas o históricas en forma de metáforas o alegorías. De éstas la naturaleza proporciona con mucho la parte más grande y agradable; y toda la poesía recurre principalmente a imágenes naturales como la fuente más rica y vigorosa de ilustración.

Naves de Tarsis. En la Escritura se emplea frecuentemente por metonimia para referirse a los barcos en general, especialmente los que se empleaban para conducir cargas entre países distantes, ya que Tarsis era el mercado más célebre de aquellos tiempos, frecuentado desde la antigüedad por los fenicios y fuente principal de riqueza para Judea y los países vecinos. Los estudiosos parecen estar ahora perfectamente de acuerdo en que Tarsis sería Tartesus, ciudad de España, de donde los fenicios, que fueron los primeros en abrir este tráfico, traían plata y oro (Jer. 10:9, Ez. 27:12), que abundaban en ese país. Tarsis es célebre en la Escritura (II Cr. 8:17-18, 9:21) por el tráfico que Salomón desarrolló con ella, en sociedad con los tirios. Josafat (I R. 22:48; II Cr. 20:36) intentó más tarde renovar ese tráfico.

19-21. _En las cavernas de las peñas._ La región de Judea, montañosa y rocosa, está llena de cuevas, como se ve en la historia de la persecución de David por Saúl. En Engadi, en particular, había una cueva tan grande que David y seiscientos hombres se ocultaron dentro de ella, a los costados, y Saúl entró por la boca de la caverna sin advertir que había gente en ella (I S. 24). Josefo (_Antiq._, XIV:15 y _Guerras de los Jud._ I:16), habla de una numerosa banda de salteadores que, habiendo infestado la región, al ser perseguidos por Herodes con su ejército, se refugiaron en ciertas cavernas casi inaccesibles, cerca de Arbela, en Galilea, donde fueron sometidos con gran dificultad.

20. _A los topos._ Llevarán consigo sus ídolos a las oscuras cavernas, las viejas ruinas o los lugares desolados a los cuales huirán buscando refugio; y así los abandonarán, entregándolos a los animales inmundos que frecuentan dichos lugares, y han tomado posesión de ellos como su habitación natural.

22. *Dejaos del hombre.* No confiéis en él ni en los dioses que ha inventado. Ni él ni ellos pueden salvar ni destruir.

CAPITULO 3

Todo este capítulo, con el primer versículo del siguiente, es una profecía de las calamidades que ocasionarían la invasión babilónica y el cautiverio. Dichas calamidades son presentadas como tan grandes y tan generales, que aun los honores reales en tal estado de cosas están tan lejos de ser deseables, que nadie podría aceptarlos (1-7). Se declara que esta visitación será consecuencia de la profanidad y la culpa del pueblo; por las cuales el profeta los reprende y amenaza (8-15). Ampliación particular de la desgracia de las delicadas y elegantes hijas de Sion, cuya deplorable situación se compara finalmente con su anterior prosperidad y comodidad (16-26).

1. *Al sustentador y al fuerte.* "Todo apoyo y sostén." Hebreo, "el sostén masculino y el sostén femenino": es decir, toda clase de sostén, sea grande o pequeño, fuerte o débil.

Los dos versículos siguientes (2-3) se explican muy claramente en el relato del historiador sagrado del acontecimiento, el cautiverio de Joaquín por el rey de Babilonia, Nabucodonosor: "Y llevó en cautiverio a toda Jerusalén, a todos los príncipes, y a todos los hombres valientes, hasta diez mil cautivos, y a todos los artesanos y herreros; no quedó nadie, excepto los pobres del pueblo de la tierra" (II R. 24:14).

4. *Y les pondré jóvenes por príncipes.* Esto también se cumplió cabalmente en la sucesión de príncipes débiles e impíos, desde la muerte de Josías hasta la destrucción de la ciudad y el templo, y el apresamiento del último de ellos, Sedecías, por Nabucodonosor.

6. *Tú tienes vestido.* "Lo tomé por el vestido." Es decir, le rogará de modo humilde y suplicante. "Diez hombres . . . tomarán del manto a un judío, diciendo: Iremos con vosotros, porque hemos oído que Dios está con vosotros" (Zac. 8:23). Y de la misma manera en Is. 4:1, se usa el mismo gesto para expresar un ruego ardiente y humilde. *Y toma en tus manos esta ruina.* "Y tu mano sostenga."

7. *El jurará aquel día.* "Entonces declarará abiertamente." *Porque en mi casa ni hay pan, ni qué vestir.* "En todo el Oriente," dice *Sir* J. Chardin, "es costumbre reunir una inmensa cantidad de muebles y ropas; pues sus modas nunca cambian". Los príncipes y los grandes están obligados a tener una gran existencia de esas cosas disponibles para regalos en toda ocasión. Igualmente necesaria era una gran provisión de vituallas. Esto explica el significado de la excusa de los quieren que asuma el gobierno. Alega que no tiene con qué sostener la dignidad del cargo, mediante actos de liberalidad y hospitalidad como los que la ley de la costumbre exigía a las personas de rango superior.

9. *La apariencia de sus rostros.* El obispo Lowth dice "la inmutabilidad de sus rostros"; parecen estar determinados a la iniquidad, sus ojos hablan de la impiedad de sus corazones. *Como Sodoma publican su pecado.* Su propensión a la impureza es particularmente legible en sus ojos. *Amontonaron mal para sí.* El pecado de cada cual es contra su propia alma.

13. *Los pueblos.* "Su pueblo."

14. *La viña.* "Mi viña."

15. *Y moléis las caras.* Expresión e imagen fuertes, para denotar la cruel opresión, pero son superadas por el profeta Miqueas (3:1-3).

16. *Y con ojos desvergonzados.* "Y haciendo resaltar falsamente sus ojos con pintura." Hebreo, "falsificando" sus ojos.

17. *El Señor raerá la cabeza.* "El Señor humillará." *Descubrirá sus vergüenzas.* "Expondrá su desnudez." Era una bárbara costumbre de los conquistadores de aquella época desnudar a sus cautivas y hacerlas marchar así. Siempre se menciona esta circunstancia como la parte más dura de la suerte de los cautivos. Nahum (3:5-6), denunciando la suerte de Nínive, la describe con colores muy vivos.

18. *Atavío del calzado.* "Ornamentos de las ajorcas de los tobillos."

20. *Los pomitos de olor.* Las palabras así traducidas significan literalmente "casas del alma," y probablemente se refieran a frascos fuertemente perfumados usados para aspirarlos y contra los desvanecimientos.

23. *Las gasas.* "Los vestidos transparentes."

24. *Quemadura en vez de hermosura.* "Piel quemada por el sol."

26. *Se sentará en tierra.* El sentarse en el suelo era una postura que denotaba duelo y profunda aflicción. El profeta Jeremías (Lm. 2:8) la menciona en primer lugar entre muchas indicaciones de pena.

CAPITULO 4

Los estragos causados por la guerra y las otras calamidades que el profeta ha estado describiendo en el capítulo anterior, se representan como tan terriblemente grandes que habrían quedado siete mujeres para cada hombre (1). La gran bienaventuranza del remanente que será considerado digno de escapar a esos juicios (2-4). Presentación de los privilegios del evangelio mediante alusiones a la gloria y la pompa de la dispensación mesiánica (5, 6).

1. *Siete mujeres.* La división de los capítulos ha interrumpido el discurso del profeta casi en la mitad de la sentencia. "El número de los muertos en combate será tan grande, que quedarán siete mujeres para un hombre."

2. *El renuevo de Jehová.* El renuevo es un título apropiado para el Mesías; y *el fruto de la tierra* significa la gran Persona que surgirá de la casa de Judá, y es sólo una expresión paralela que significa lo mismo o tal vez las bendiciones resultantes de la redención por él obtenida.

3. *Registrados entre los vivientes.* Es decir, cuyos nombres estén en el registro o el rol de las personas; o todo hombre vivo que sea ciudadano de Jerusalén.

4. *Espíritu de juicio.* Significa el fuego de la ira de Dios, con el cual prueba y purifica a su pueblo; reuniéndolo en su horno, a fin de separar la escoria de la plata, los malos de los buenos. La severidad de los juicios de Dios, el furor con que juzga a sus siervos, ha sido presentado por Ezequiel (22:18-22), en su estilo, con imágenes atrevidas y gran fuerza de expresión. Dios los amenaza con juntarlos en medio de Jerusalén, como en un horno, soplar fuego sobre ellos y fundirlos. Malaquías (3:2-3), trata el mismo tema y representa el mismo evento con imágenes similares.

5. *Nube y oscuridad de día.* Esta es una manifiesta alusión a la columna de nube y de fuego que acompañó a los israelitas en su salida de Egipto, y a la gloria que descansó en el tabernáculo (Ex. 13:21; 40:38). El profeta Zacarías (2:5) aplica la misma imagen con el mismo propósito: "Yo seré para ella, dice Jehová, muro de fuego en derredor, y para gloria estaré en medio de ella." Es decir, la presencia visible de Dios la protegerá.

CAPITULO 5

Este capítulo empieza representando, por medio de una hermosa parábola, el tierno cuidado de Dios para con su pueblo, y la indigna correspondencia de éste a su bondad (1-7). Luego el profeta abandona la parábola o alegoría, y en términos claros los reprende y amenaza por su impiedad; particularmente por su ambición (8-10); intemperancia (11), y la falta de atención a las advertencias de la providencia (12). Luego sigue una enumeración de juicios como necesaria consecuencia. Se presentan el cautiverio y el hambre con todos sus horrores (13). El Seol, o sepulcro, como un monstruo voraz, abre sus fauces y traga sus miríadas (14). La desgracia se apodera de todos (15); y Dios es glorificado en la ejecución de sus juicios (16); hasta que todo el lugar queda desolado, convertido en un campo para los rebaños (17). El profeta hace entonces una pausa y regresa a su tema, reprochándoles varios otros pecados, y amenazándolos con ayes y venganza (18-24); después de lo cual resume toda su tremenda denunciación en un sublime y fogoso epifonema o conclusión. Muestra cómo el Dios de los ejércitos, que hasta el momento los ha corregido sin resultado, con inimitable majestad simplemente da un silbido y un enjambre de naciones se apresura a acogerse a su estandarte (25-27). Ellas ejecutan su misión sobre una raza culpable, sin compasión en el cielo ni en la tierra, y dejan la tierra desolada y oscura, sin un rayo de consuelo que alegre la horrenda lobreguez (28-30).

1. *Ahora cantaré por mi amado.* "Cantaré ahora una canción." *El cantar de mi amado* —"Un cántico de amor". *En una ladera fértil*— "En una colina alta y fértil". Heb. "sobre un cuerno hijo del aceite."

2. *Uvas silvestres.* "Bayas venenosas."

7. *Esperaba juicio.* La paronomasia o juego de palabras es muy notable en este lugar: *mishpat, mishpach, tsedakah, tseakah.* Hay muchos ejemplos de esto en los otros profetas, pero Isaías parece particularmente aficionado a ello.

9. *Muchas casas.* Esto se refiere a lo que se dice en el versículo anterior: "¡Ay de los que juntan casa con casa, y añaden heredad a heredad...! Las muchas casas han de quedar asoladas, sin morador las grandes y hermosas. Y diez yugadas de viña producirán un bato (37 litros)." Esto significa la extensión que podrían arar en un día diez yuntas de bueyes.

11. *¡Ay de los que se levantan de mañana!* El profeta Amós tiene un pasaje semejante (6:3-6).

13. *Y su gloria.* "Y los nobles."

17. *Y los corderos.* Significa que sus lujosas habitaciones serán destruidas tan completamente que se convertirán en lugares para pastaje de los rebaños. *Según su costumbre.* "Sin restricción."

18. *Con coyundas de carreta.* "Como una larga cuerda." "Una mala inclinación," dice sobre este lugar Kimchi, según los rabinos "al principio es delgada como un cabello, pero al final es como una gruesa cuerda de carreta".

25. *Se estremecieron los montes.* Probablemente refiriéndose a los grandes terremotos de los días de Uzías, rey de Judá, en el tiempo del profeta o poco antes, registrado como una era notable en el título de las profecías de Amós (1:1) y por Zacarías (14:5).

27. *No habrá... ninguno.* Kimchi ha ilustrado bien esta continuada exageración o hipérbole, como la denomina correctamente, como sigue: "Por la grandeza de su coraje, no se fatigarán al marchar; ni tropezarán aunque avancen a la mayor velocidad; no dormitarán de día ni dormirán de noche; ni se desceñirán su armadura ni se quitarán las sandalias para descansar. Sus armas estarán siempre listas, sus flechas aguzadas y sus arcos tensos. Los cascos de sus caballos son duros como el pedernal. No fallarán ni necesitarán ser herrados con hierro; las ruedas de sus carros se moverán con la rapidez de un torbellino."

CAPITULO 6

Este capítulo, mediante una particular designación de Isaías para la función profética (1-8), introduce, con gran solemnidad, una declaración de todo el tenor de la conducta divina con relación a su pueblo, el cual, por causa de su incredulidad e impenitencia, sería entregado por un largo período a la ceguera judicial y al endurecimiento de corazón (9, 10); y seria visitado con calamidades tales que llevarían a la desolación total de su país, y a su dispersión general (11, 12). El profeta agrega, sin embargo, que pese a sus repetidas dispersiones (bajo los caldeos, los romanos, etc) se conservaría un remanente como semilla de la cual se levantaría un pueblo, en el cual serían cumplidas todas las promesas divinas (13).

Como esta visión parece contener la solemne designación de Isaías para la función profética, muchos intérpretes piensan que debe ser la primera de sus profecías. Pero tal vez no sea así; pues en el título general de sus profecías se dice que Isaías profetizó en la época de Uzías, cuyos hechos, primeros y postreros, registró (II Cr. 26:22), lo cual por lo general es tarea de un profeta contemporáneo; y la frase *en el año que murió el rey Uzías*, probablemente signifique después de la muerte de Uzías, como en 14:28 la misma frase significa después de la muerte de Acaz.

Las ideas de esta visión están tomadas en general de la majestuosidad real, tal como la desplegaban los monarcas orientales; pues el profeta no podía representar la presencia inefable de Dios sino por medio de imágenes terrenas y sensibles. El escenario de la visión está tomado del templo. Dios aparece sentado en su trono encima del arca, en el lugar santísimo, donde se manifestó la gloria sobre los querubines, rodeado por sus servidores. El velo que separaba el lugar santísimo del lugar santo, más hacia el exterior del templo, se supone que ha sido quitado, pues el profeta, a quien se le muestra el todo, está manifiestamente ubicado junto al altar de los holocaustos, a la entrada del templo (compárese Ez. 43:5-6), el cual estaba lleno con las faldas de la vestidura, la expansión y desborde de la gloria divina.

2. *Por encima de él había serafines.* De *seraph*, "quemar". Vio, dice Kimchi, los ángeles como llamas de fuego, para que se mostrara la depravación de esa generación, que no merecía otra cosa que ser totalmente quemada. *Cubrían sus pies.* "En Oriente es una gran señal de respeto cubrirse los pies, inclinarse en la presencia del rey."

3. *Santo, santo, santo.* Este himno, cantado por los serafines divididos en dos coros, uno de los cuales cantaba respondiendo al otro, está compuesto según la práctica del canto alternado que prevalecía en la iglesia judía desde la época de Moisés, cuya oda junto al Mar Rojo fue cantada de esta manera (véase Ex. 15:20, 32), hasta la de Esdras, bajo el cual los sacerdotes y los levitas cantaban alternadamente, alabando a Jehová: "Porque él es bueno. Porque para siempre es su misericordia" (Esd. 3:11).

5. *¡Ay de mí, que soy muerto!* "He quedado mudo." Hay algo sumamente patético en esta queja. Soy hombre de labios inmundos; no puedo decir: ¡Santo, santo, santo! como exclaman los serafines. Ellos son santos, yo no lo soy; ellos ven a Dios y viven, yo lo he visto y debo morir, porque no soy santo. Solamente los de corazón puro verán a Dios, y ellos solamente pueden vivir en su presencia eternamente.

6. *Un carbón encendido.* La palabra de profecía fue puesta en boca del profeta. *Tomado del altar.* Es decir, del altar de los holocaustos, delante de la puerta del templo, sobre el cual ardía perpetuamente el fuego que había descendido del cielo la primera vez (Lv. 9:24; II Cr. 7:1). No debía dejarse que se extinguiera (Lv. 6:12-13).

10. *Engruesa el corazón de este pueblo.* El profeta habla del hecho como si hubiera sucedido realmente, no del propósito y la acción que Dios cumpliría a través de su ministerio. O bien, las palabras pueden ser interpretadas de acuerdo con el moderno hebreo: "Ciertamente oís, pero no entendéis; veis, pero no reconocéis." Viendo que éste es el caso, engruesa el corazón de este pueblo —declara que es torpe e insensato; y quítale los medios de salvación de los cuales ha abusado durante tanto tiempo.

13. *La décima parte.* Este pasaje, aunque algo oscuro y explicado de diversas maneras por los intérpretes, creo que ha sido aclarado en tal forma por el cumplimiento de la profecía, que no queda lugar a duda en cuanto a su significado. Cuando Nabucodonosor hubo llevado en cautiverio a la mayor y mejor parte del pueblo, quedó una décima parte en la tierra, los más pobres, dejados para que fueran viñadores y labradores, bajo Gedalías (II R. 25:12, 22), y los judíos dispersos se reunieron y retornaron a él (Jer. 40:12); pero aun éstos, habiendo huido a Egipto después de la muerte de Gedalías, contrariamente a la advertencia de Dios por boca del profeta Jeremías, perecieron allá miserablemente.

CAPITULO 7

Hallándose el rey de Judá y la familia real sumamente consternados por haber recibido noticias de la invasión de los reyes de Siria e Israel, el profeta es enviado para asegurarles que Dios cumpliría las promesas hechas a David y su casa; de modo que, aunque fueran castigados, no serían destruidos mientras esas profecías estuvieran por cumplirse (1-9). El Señor da a Acaz una señal de que la confederación contra Judá será destruida, señal que indica notablemente la concepción milagrosa del Mesías, que habría de surgir de la tribu de Judá (10-16). Predicción de muy duras calamidades que los asirios infligirían a la tierra de Judea (17-25).

La alianza de Rezín, rey de Siria, y Peka, rey de Israel, contra Judá, se formó en los días de Jotam; y es probable que sus efectos se sintieran ya en la última parte de su reinado (véase II R. 15:37). Sin embargo, aquéllos invadieron juntos el territorio de Judá, con un poderoso ejército, al comienzo mismo del reinado de Acaz, y amenazaron con destruir o derrocar a la casa de David. Hallándose el rey y la familia real sumidos en la mayor consternación al recibir aviso del designio de los invasores, Isaías es enviado a sostenerlos y consolarlos en su angustia, asegurándoles que Dios cumpliría sus promesas a David y su casa. Esto constituye el tema de este capítulo y el siguiente y el principio del noveno.

El capítulo 7 empieza con un relato histórico de la ocasión de esta profecía; y luego sigue (vrs. 4-16) una predicción del fracaso de los designios de sirios e israelitas contra Judá; y desde allí hasta el fin del capítulo, un anuncio de las calamidades que les acarrearía al rey y al pueblo de Judá el hecho de haber procurado la ayuda de los asirios. El capítulo 8 tiene una estrecha conexión con lo que antecede; contiene una confirmación de la profecía antes mencionada acerca de la inminente destrucción de los reinos de Israel y Siria por los mismos asirios. Los vrs. 9 y 10 repiten en general la seguridad de que todos los designios de los enemigos del pueblo de Dios serán al fin desbaratados; vrs. 11 y sgs. admoniciones y amenazas, que incluyen una célebre profecía (cap. 9:1-6) de la manifestación del Mesías, la dignidad trascendente de su carácter, y la universalidad y duración eterna de su reinado.

8. *Sesenta y cinco años.* Pasaron sesenta y cinco años desde el comienzo del reinado de Acaz, cuando fue pronunciada esta profecía, hasta la despoblación total del reino de Israel por Esarhaddon, quien desterró al resto de las diez tribus que había sido dejado por Tiglat-pileser y Salmanasar, y pobló la región con nuevos habitantes.

9. *Si vosotros no creyereis.* Es decir, a no ser que creáis esta profecía de la destrucción de Israel, tampoco vosotros, los judíos, permaneceréis establecidos como un reino y un pueblo; vosotros también seréis visitados por el castigo al mismo tiempo.

14-15. En la época a que se hace referencia, el reino de Judá, bajo el gobierno de Acaz, ha quedado muy reducido. Peka, rey de Israel había dado muerte en Judea a ciento veinte mil personas en un día y había llevado cautivos a doscientos mil, inclusive mujeres y niños, y mucho botín. Para empeorar la situación, el aliado de Peka, Rezín, rey de Siria, había tomado a Elat, una ciudad fortificada de Judá, llevando cautivos sus habitantes a Damasco. En tan crítica coyuntura, no es de extrañar que Acaz temiera que los enemigos que estaban unidos contra él prevalecieran, destruyeran a Jerusalén y el reino de Judá, y aniquilaran la familia de David. Isaías es enviado por el Señor a Acaz, para quitar ese miedo, aparentemente bien fundado, que lo tenía sumido en el dolor y

la incredulidad, y asegurarle que las confabulaciones de sus enemigos no prevalecerían, y que serían totalmente derrotados. Para estimular a Acaz, le ordena pedir una señal o un milagro, que pudiera tener como prueba de que Dios, a su debido tiempo cumpliría las predicciones de su siervo, como se relatan en el contexto. Como Acaz rehusara humildemente pedir señal alguna, se agrega inmediatamente: "Por tanto el Señor mismo os dará señal: He aquí que la virgen concebirá y dará a luz un hijo, y llamará su nombre Emmanuel. Comerá mantequilla y miel." En esta profecía, citada por el evangelista, parecen estar indicadas tanto su naturaleza divina y humana como su concepción milagrosa: Llamará su nombre *Emmanuel* —literalmente "El Dios fuerte con nosotros": palabras similares a aquellas del Nuevo Testamento: "El Verbo era Dios . . . y aquel Verbo fue hecho carne y habitó entre nosotros . . . lleno de gracia y de verdad" (Jn. 1:1, 14). Y "Dios fue manifestado en carne" (I Ti. 3:16). De modo que hemos de entender *Dios con nosotros* en el sentido de Dios encarnado —Dios en naturaleza humana. Esto parece aún más evidente por las palabras del profeta (v. 15): *Comerá mantequilla y miel* —será verdaderamente hombre— crecerá, nutriéndose en la forma natural de los hombres; lo cual se refiere a que estaría con nosotros, es decir, encarnado. A lo cual agrega el profeta: *Hasta que sepa desechar lo malo y escoger lo bueno;* o más bien: "Según su conocimiento, repruebe el mal y escoja el bien"; lo cual es una referencia a su naturaleza divina, y es la misma idea presentada por este profeta (53:11): "Por su conocimiento (el conocimiento de Cristo crucificado) justificará mi siervo justo a muchos, y llevará las iniquidades de ellos." Ahora bien, esta unión de las naturalezas divina y humana es designada como una *señal* o milagro, es decir, como algo que excede la posibilidad de ser producido por la naturaleza. Y esta unión milagrosa habría de operarse por medios milagrosos: *He aquí que la virgen concebirá:* la palabra es muy enfática, *haalmah, la virgen,* la única que jamás haya sido o haya de ser madre de esta manera.

¿Pero cómo podía ser una señal para Acaz algo que iba a suceder tantos centenares de años después? Respondo que lo que el profeta quiere decir está claro: no sólo Peka y Rezín fracasarían en sus intentos contra Jerusalén, en ese entonces, lo cual fue una realidad, sino que Jerusalén, Judea y la casa de David serían preservados, no obstante su estado de depresión y la multitud de sus adversarios, hasta el momento en que una virgen tuviera un hijo. Esta es una circunstancia notabilísima —la casa de David no podría dejar de existir, hasta que una virgen concibiera y diera a luz un hijo— y no dejó de existir; pero cuando tuvo lugar ese hecho increíble y milagroso, ¡el reino y la casa de David se extinguieron! . . .

18. *Egipto . . . Asiria.* Senaquerib, Esaraddon, Faraón-necao y Nabucodonosor, que, uno tras otro, desolaron a Judea.

20. *El río.* Esto es, el Eufrates. *El Señor raerá con navaja alquilada.* Afeitar con navaja alquilada la cabeza, los pies y la barba, es una expresión parabólica que denota la devastación total del país de un extremo al otro; y el saqueo de los habitantes, desde el más alto hasta el más bajo, por los asirios, a quienes Dios empleó como instrumento para castigar a los judíos. En primer lugar, el mismo Acaz compró la ayuda del rey de Asiria contra los sirios, regalándole todos los tesoros del templo, así como los suyos propios. Y Dios mismo tuvo en cuenta a las grandes naciones a las que él empleó como sus mercenarios, y les pagó su salario. Así le pagó a Nabucodonosor, por sus servicios contra Tiro, con la conquista de Egipto (Ez. 29:18-20). Los cabellos son los de rango más elevado en el estado, el vello de las piernas, o de las partes inferiores, es el pueblo común; la barba es el rey, el sumo sacerdote, los de dignidad y majestad muy elevadas.

Los versículos restantes de este capítulo (21-25) contienen una descripción elegante y muy expresiva de una región despoblada, y abandonada, de acuerdo con sus circunstancias y su aspecto: las viñas y los sembrados de trigo, antes bien cultivados, ahora invadidos por malezas y espinas; mucha hierba, de modo que el poco ganado que queda, una vaquilla y dos ovejas, tienen su ración completa y abundante pasto, pudiendo dar leche en abundancia a la magra familia del amo; las muy dispersas personas viviendo no de trigo, vino y aceite, productos del cultivo, sino de leche y miel, dones de la naturaleza, y toda la tierra entregada a las bestias salvajes, de modo que los miserables habitantes se ven obligados a salir armados con arcos y flechas, ya sea para defenderse de las fieras o para procurarse alimentos mediante la caza.

CAPITULO 8

Predicción acerca de la conquista de Siria e Israel por los asirios (1-4). Israel, por haber rechazado el suave arroyo de Siloé, cerca de Jerusalén, es amenazado con ser anegado por el gran río de Asiria, aludiendo manifiestamente con esta vigorosa figura a las victorias de Tiglat-pileser y Salmanasar sobre este reino (5-7). Anuncio de la invasión del reino de Judá por los asirios bajo Senaquerib (8). El profeta asegura a los israelitas y los sirios que sus tentativas hostiles contra Judá serán frustradas (9, 10). Exhortación a no temer a la ira del hombre, sino al desagrado de Dios (11-13). Los juicios que vendrán sobre aquellos que no ponen su confianza en Jehová (14, 15). El profeta procede a alertar a sus compatriotas contra la idolatría, la adivinación y similares prácticas pecaminosas, exhortándolos a buscar dirección en la palabra de Dios, confesando en un hermoso apóstrofe que esa es su propia piadosa resolución. Y para dar fuerza a su consejo y fortalecer la fe del pueblo, les señala a sus hijos, cuyos nombres simbólicos eran

señales o prendas de las promesas divinas (16-20). *Los juicios de Dios contra los que finalmente se muestran impenitentes (21, 22).*

La profecía de este capítulo se relaciona directamente sólo con el reino de Judá: la primera parte de él les promete la liberación de la invasión conjunta de israelitas y sirios; la última parte, desde el v. 17, anuncia la desolación que traerán al reino los asirios. Los vrs. 6, 7 y 8 de este capítulo parecen tomar en cuenta a ambos reinos, Israel y Judá. El pueblo que "desechó las aguas de Siloé," puede referirse a ambos: los israelitas despreciaban al reino de Judá, del cual se habían separado, y al que ahora intentaban destruir; el pueblo de Judá, considerando su debilidad, y desconfiando de las promesas de Dios, reducido a la desesperación, acudía a los asirios por ayuda contra los dos reyes confederados. ¿Pero cómo podía decirse de Judá que se regocijaba en Rezín, y el hijo de Remalías, los enemigos confederados contra él? Esto, pues, debe referirse a Israel. El profeta anuncia la invasión asiria que habría de aplastar a todo el reino de Israel bajo Tiglat-pileser y Salmanasar, y la subsiguiente invasión de Judá por la misma potencia bajo Senaquerib, que los pondría en el peligro más inminente, como una inundación en la que uno apenas puede mantener la cabeza encima del agua. Los dos versículos siguientes, 9 y 10, están dirigidos por el profeta, como súbdito del reino de Judá, a los israelitas y sirios, y quizás a todos los enemigos del pueblo de Dios, asegurándoles que sus intentos contra ese reino serán infructuosos; porque el prometido Emanuel, a quien alude utilizando su nombre para expresar la significación del mismo, "porque Dios es con nosotros," será la defensa de la casa de David, y libertará al reino de Judá de sus manos. Procede luego a alertar al pueblo de Judá contra la idolatría, la adivinación y otras prácticas prohibidas semejantes, a las cuales eran muy inclinados, y que pronto traerían el juicio de Dios sobre Israel. La profecía termina en el v. 6 del cap. 9 con promesas de bendiciones en el futuro, con la venida del gran libertador ya señalado con el nombre de Emanuel, cuya persona y carácter se presentan en los términos más amplios y magníficos.

Y aquí se puede observar que la práctica casi constante del profeta es conectar en forma semejante las liberaciones temporales con las espirituales. De modo que el cap. 11, que presenta el reinado del Mesías, está estrechamente conectado con el 10, que predice la destrucción de Senaquerib. Igualmente, la destrucción de las naciones enemigas de Dios, en el cap. 34, introduce el estado floreciente del reinado de Cristo en el cap. 35. Igualmente, del cap. 40 al 49 inclusive, se relata claramente la liberación del cautiverio de Babilonia, en algunas partes la relaciona claramente con la mayor liberación efectuada por Cristo.

1. *Toma una tabla grande.* Así era como debía registrar la profecía de la destrucción de Damasco y Samaria por los asirios; el tema y la suma de cuya profecía se expresa aquí con gran brevedad en cuatro palabras: *Maher salal has baz;* es decir, "El despojo se apresura, la presa se precipita"; que luego el profeta aplica por nombre a su hijo, el cual se convirtió así en señal del rápido cumplimiento de ella: Maher-salal-hasbaz; *El despojo se apresura, la presa se precipita.* Y eso debía hacerse con la mayor solemnidad, y para excluir toda duda acerca de la real entrega de la profecía antes del acontecimiento, llama testigos que atestiguaran su registro.

4. *Porque antes que el niño.* La profecía, en consecuencia, se cumplió dentro de tres años; cuando Tiglat-pileser, rey de Asiria, atacó a Damasco y la tomó, llevando a sus habitantes cautivos a Kir, y dio muerte a Rezín, y también tomó a los rubenitas y los gaditas, y la media tribu de Manasés, y los llevó cautivos a Asiria (II R. 15:29; 16:9; I Cr. 5:26).

6. *Por cuanto desechó este pueblo.* Las aguas mansas de Siloé, una pequeña fuente y un arroyo en las afueras de Jerusalén, que alimentaban un estanque dentro de la ciudad para el uso de sus habitantes, constituyen una figura adecuada del estado del reino y la casa de David, muy reducida en su aparente fuerza, pero sostenida por la bendición de Dios; y se contrastan hermosamente con las aguas del Eufrates, grande, rápido e impetuoso, imagen del imperio babilonio al cual Dios amenaza con volcar como una poderosa inundación sobre todos esos apóstatas de ambos reinos, como castigo por sus múltiples iniquidades, y su soberbia desconsideración de sus promesas.

8. *Llegará hasta la garganta.* El profeta, dice Kimchi, compara a Jerusalén con la cabeza del cuerpo humano. Así como cuando las aguas le llegan a un hombre hasta la garganta está muy próximo a ahogarse, el que el rey de Asiria llegara hasta Jerusalén era como una inundación que llegaba hasta la garganta —todo el país estaba inundado y la capital estaba en peligro inminente.

9. *Reuníos, pueblos.* "Sabed esto." Dios declara terminantemente por su profeta, a los adversarios aliados de Judá instándolos a escuchar y tomar en cuenta su declaración que todos sus esfuerzos serán vanos.

11. *Con mano fuerte.* Es decir, con una fuerte y poderosa influencia del Espíritu profético.

20. *¡A la ley y al testimonio!* "Al mandamiento y al testimonio." *Porque no les ha amanecido.* "En los cuales no hay oscuridad." Dice Kimchi que ésta era la forma de un juramento: "Por la ley y el testimonio, que tal y tal cosa son así." Ahora bien, si habían pronunciado falsamente este juramento era

porque en ellos no había luz, "iluminación," escrúpulos de conciencia.

21. *Fatigados y hambrientos.* "Afligidos." En lugar de *niksheh,* "afligidos," "angustiados," la Vulgata, la Caldea y la versión de Simaco dicen *nichshal,* "tropezando, bamboleantes de debilidad, prontos a caer" (VM. malparados); un significado que se adapta bien al lugar. *Levantando el rostro en alto* —"Y mirará hacia lo alto".

CAPITULO 9

Este capítulo contiene una célebre profecía del Mesías. Se lo representa bajo la gloriosa figura del sol, o la luz, levantándose sobre un mundo entenebrecido, y difundiendo por doquiera arroja sus rayos, gozo y alegría (1-3). Sus conquistas son asombrosas y milagrosas, como en el día de Madián, y la paz que con ellas logra ha de ser permanente, como lo muestra la incineración de todos los instrumentos de guerra (4, 5). La persona y el carácter de este gran Libertador se presentan entonces en los términos más excelsos que pueda proporcionar el lenguaje humano (6). Se declara que la extensión de su reino ha de ser universal y su duración eterna (7). El profeta predice terribles calamidades que han de sobrevenir a los israelitas por causa de sus muchas impiedades (8-21).

1. *Oscuridad.* "Oscuridad acumulada." *La tierra de Zabulón.* Zabulón, Neftalí, Manasés, es decir, la región de Galilea alrededor del Mar de Genesaret, fueron las partes que principalmente sufrieron en la primera invasión asiria bajo Tiglat-pileser (véase II R. 15:29, I Cr. 5:26). Y fueron las primeras en gozar del privilegio de la predicación del evangelio de Cristo y presenciar sus obras milagrosas entre ellos.

5. *Todo calzado* (VM. armadura) *que lleva el guerrero.* "Las grebas del guerrero armado." Se refiere a la parte de la armadura que cubría las piernas y los pies. La incineración de pilas de armaduras recogidas en el campo de batalla, como ofrenda al dios supuestamente dador de la victoria, era una costumbre prevaleciente entre algunas naciones paganas; y los romanos lo hacían como señal de paz, lo que concuerda perfectamente con el designio del profeta en este pasaje. Una medalla acuñada por Vespasiano al término de sus guerras, tanto domésticas como extranjeras, representa a la diosa de la paz sosteniendo en una mano una rama de olivo y en la otra una antorcha encendida, con la cual pone fuego a un montón de armamentos. Ezequiel (cap. 39:8-10), con su osada manera, describe la quema de las armas del enemigo, a consecuencia de la victoria completa obtenida por los israelitas sobre Gog y Magog.

6. *El principado sobre su hombro.* Esto es, el emblema del gobierno; el cetro, la espada, la llave o algún símbolo semejante, que se llevaba sobre el hombro o pendiente de él. *Padre eterno.* "Padre de la edad eter-

na," o "Padre de la eternidad". *Príncipe de paz*. Príncipe de la prosperidad, Dador de toda bendición.

Esta es una célebre profecía de la encarnación de Cristo, con una enumeración de aquellos rasgos en los que El se relaciona más de cerca con la humanidad como su Salvador; y de otros en los que se muestran su infinita majestad y divinidad. Aparecerá como un niño, nacido de mujer, judío de nacimiento, sujeto a la ley, pero no en la forma de la generación ordinaria. Es un Hijo dado —cuya naturaleza humana, en la cual ha de habitar la plenitud de la Deidad, será producida por la energía creadora del Espíritu Santo en el seno de la Virgen. (Véase Mt. 1:20, 21, 23, 25, y Lc. 1:35, e Is. 7:14 y los respectivos comentarios). Siendo Dios manifestado en la carne, fue *Admirable* en su concepción, nacimiento, predicación, milagros, sufrimientos, muerte, resurrección y ascensión; maravilloso en su persona y maravilloso en sus obras. Es el *Consejero* que expone la ley, muestra su origen, naturaleza y exigencias, instruye, ruega por los culpables; y aparece siempre en presencia de Dios abogando por los hombres. Es el *Dios fuerte;* Dios que esencial y efectivamente prevalece sobre sus enemigos y destruye los nuestros. Es el *Padre* de la eternidad: origen de todo lo creado y causa de la existencia, y particularmente Padre de los espíritus de toda carne. *Príncipe de paz* —no sólo autor de la paz y dispensador de la misma, sino también el que gobierna la paz, cuyo gobierno tiende siempre a la perfección, y produce prosperidad.

10. *Los ladrillos*. "En Oriente los ladrillos," dice *Sir* John Chardin, "son solamente arcilla bien mojada con agua y mezclada con paja, secados al sol". Estos ladrillos son adecuadamente contrastados con la piedra canteada, tan superior en belleza y durabilidad. Con igual propiedad los *cabrahígos* (VM. sicómoros) que, como comenta Jerónimo en este pasaje, son una madera de poco valor, se oponen a los cedros. Con este *mashal*, o lenguaje figurado y sentencioso, se jactan de que les será fácil reparar sus pérdidas presentes, tal vez sufridas como consecuencia de la primera invasión asiria bajo Tiglat-pileser; y llevar sus negocios a una situación más floreciente que nunca.

11. *Los enemigos de Rezín contra él*. "Los príncipes de Rezín contra él." Los príncipes de Rezín, los ex-aliados de Israel, es decir, los sirios, mencionados expresamente en el versículo siguiente, ahora serán excitados en contra de Israel.

12. *A boca llena*. "A ambos lados." ("A dos carrillos").

18. *Porque la maldad*. La maldad rugía como un fuego, destruyendo y devastando la nación: pero será su propia destrucción, al hacer descender el fuego de la ira de Dios, que quemará *cardos y espinos;* es decir, a los propios impíos. Cardos y espinos (VM. zar-

zas y espinos) encendidos son una imagen frecuentemente aplicada en las Escrituras a la furia de los impíos: violenta, pero impotente y de corta duración.

20. *La carne de su brazo*. "La carne de su prójimo." Jeremías tiene la misma expresión: "cada uno comerá la carne de su amigo" (19:9); es decir, se saquearán y destruirán unos a otros. "Manasés a Efraín y Efraín a Manasés"; dos tribus que estaban íntimamente relacionadas por la sangre y la situación como hermanas y vecinas; "y ambas, en medio de sus propias disensiones, se pondrán de acuerdo para saquear a Judá".

CAPITULO 10

El juicio de Dios contra los gobernantes opresores (1-4). El profeta anuncia la invasión de Senaquerib de la destrucción de su ejército. Este poderoso monarca es representado como una vara en la mano de Dios para corregir a su pueblo por sus pecados; y se muestra que sus ambiciosos propósitos, contrarios a sus propias intenciones, están sujetos a los grandes designios de la providencia (5-11). Cumplida su obra, el Todopoderoso toma en cuenta sus impíos alardes (12-14), y amenaza con la total destrucción de su ejército, grandes y pequeños, representados por los espinos y la zarza del bosque (15-19). Esto lleva al profeta a consolar a sus compatriotas con la promesa de esta señalada intervención de Dios en su favor (20-27). Breve descripción de la marcha de Senaquerib hacia Jerusalén y de la alarma y el terror que difundía por doquiera en su rápido avance (28-32). El espíritu y la rapidez de la descripción es admirablemente adecuada al tema. Se ve a las gentes huir llenas de pavor, y el ávido invasor perseguirlas; los gritos de una ciudad se oyen en otra; y un quejido sucede rápidamente a otro, hasta que al fin la vara se levanta sobre la última ciudadela. En tan crítica situación, sin embargo, se renueva a su tiempo la promesa de una interposición divina. Inmediatamente cambia la escena; el brazo levantado de este poderoso conquistador es detenido y bajado por la mano del cielo; el bosque del Líbano (una figura con la cual se señala elegantemente al inmenso ejército asirio), es talado por el hacha de la venganza divina; y tanto la equidad del juicio como la hermosura y majestad de la descripción satisfacen igualmente a la mente (33, 34).

4. *Sin mí*. Es decir, sin mi ayuda; serán tomados cautivos hasta por los cautivos, y serán sometidos aun por los vencidos.

5. *Oh Asiria*. "Ah de los asirios." Aquí empieza una nueva profecía, distinta, que continúa hasta el final del cap. 12; y según parece, por los vrs. 9-11 de este capítulo, fue pronunciada después de la toma de Samaria por Salmanasar, que se produjo en el año seis del reinado de Ezequías; y como en su primera parte predice la invasión de Senaquerib y la destrucción de su ejército, que constituyen el tema de todo este capítulo, debe haber sido pronunciada antes del año catorce del mismo reinado.

15. *Que no es leño*. "Su amo."

16. *Debajo de su gloria*. Es decir, todo aquello de que pudiera jactarse como grande y fuerte en su ejército, expresado después (v.

18) por la gloria de su bosque y de sus campos fértiles.

17. *A brase y consuma . . . sus cardos y sus espinos.* "Abrasará y consumirá sus espinos." Los cardos y espinos son el pueblo común; la gloria de su bosque son los nobles y los de más alto rango e importancia. (Véase l.e.s. el cap. 9:17, y comp. Ez. 20:47). El fuego de la ira de Dios destruirá a grandes y chicos; los consumirá "alma y cuerpo," una expresión proverbial: los consumirá entera y totalmente; y los pocos que escapen serán considerados como escapados del peligro más inminente; "como tizón escapado del fuego" (Am. 4:11).

21. *El remanente volverá . . . al Dios fuerte. El gibbor,* el Dios fuerte o vencedor; el Mesías, la misma persona mencionada en el v. 6 del capítulo anterior.

24. *A la manera de Egipto.* "En el camino de Egipto." Senaquerib, poco después de su retorno de su expedición egipcia, la cual, me imagino, le habrá llevado tres años, sitió a Jerusalén. El profeta lo presenta levantando su vara en su marcha de vuelta de Egipto, y amenazando al pueblo de Dios, como Faraón y los egipcios lo habían hecho cuando los persiguieron hasta el Mar Rojo. Pero Dios, a su vez, levantará su vara sobre el mar, como lo hizo en aquel momento, en el camino de los egipcios; y así como Senaquerib imita a los egipcios en sus amenazas, y viene lleno de furia contra ellos, de la misma dirección, así Dios repetirá la acción realizada anteriormente en Egipto, y derrotará a sus enemigos en forma significativa.

28. *Vino hasta Ajat.* Una descripción de la marcha del ejército de Senaquerib aproximándose a Jerusalén para sitiarla, y del terror y la confusión que se expanden y aumentan en los diversos lugares a medida que avanza; expresados en forma concisa pero diversificada. Los lugares aquí mencionados están todos en los alrededores de Jerusalén; desde *Ajat,* al norte, hasta *Nob* al oeste de ella, lugar desde el cual probablemente podía divisarse el Monte de *Sion. Anatot* estaba a tres millas romanas de Jerusalén, según Eusebio, Jerónimo y Josefo. *Nob* es probable que estuviera aún más cerca. Y según este pasaje de Isaías, parecería que el ejército de Senaquerib fue destruido cerca del último de estos lugares.

29. *Pasaron el vado* (VM. el desfiladero). El desfiladero aquí mencionado es el de Micmas, un paso muy estrecho entre dos colinas escarpadas o rocas (véase I S. 14:4-5) donde un gran ejército podía ser atacado ventajosamente por una fuerza muy inferior.

CAPITULO 11

El Mesías es representado como un delgado retoño de las raíces de un viejo tronco seco, planta tierna que, aunque sumamente débil cuando aparece, no obstante se tornaría poderosa y fructífera (1-4). La gran equidad del gobierno del Mesías (5). Hermosa sucesión de imágenes por medio de las cuales se presentan la gran paz y felicidad de su reinado (6-8). La extensión de su dominio será finalmente la de todo el mundo habitado (9). El profeta, tomando sus imágenes del éxodo de Egipto, predice, en lenguaje majestuoso, la restauración futura de los desterrados de Israel y los dispersos de Judá (es decir, de todas las doce tribus de Israel), de sus varias dispersiones, y también aquel período bienaventurado en que judíos y gentiles se reunirán bajo el estandarte de Jesús y se unirán decididamente en la extensión de los límites de su reino (10-16).

El profeta había descrito la destrucción del ejército asirio bajo la imagen de un bosque frondoso, consistente en árboles florecientes de espeso ramaje y de gran altura, del Líbano mismo coronado de esbeltos cedros, pero derribado y arrasado por el hacha manejada por la mano de algún poderoso e ilustre agente. En oposición a esta imagen, representa a la gran Persona que constituye el tema de este capítulo, como un delgado retoño que brota del tronco de un viejo árbol, derribado, desarraigado y podrido, tierna planta que, tan débil en apariencia, llegará sin embargo a fructificar y prosperar. Este contraste muestra claramente la conexión entre este capítulo y el anterior, expresada, además, por la partícula conjuntiva. Tenemos aquí, pues, un ejemplo notable del método tan común entre los profetas, y particularmente en Isaías, de aprovechar la mención de alguna gran liberación temporal para lanzarse a la exhibición de la liberación espiritual del pueblo de Dios por el Mesías. Para relacionar esta profecía con el Mesías tenemos la autoridad de San Pablo (Ro. 15:12). Así en la última parte de las profecías de Isaías, el tema de la gran redención, y de las glorias del reinado mesiánico, surge de la restauración de Judá por la liberación del cautiverio de Babilonia, y está siempre conectado y mezclado con ésta.

4. *Con la vara de su boca.* "Con el estallido de su boca."

10. *La raíz de Isaí.* "La raíz de Isaí, que permanece." San Juan toma esta expresión de Isaías (Ap. 5:5; 22:16) donde Cristo la aplica a sí mismo. El salmo 110 es un buen comentario de este versículo.

11. *Acontecerá en aquel tiempo.* Esta parte del capítulo contiene una profecía que por cierto aún no se ha cumplido.

15. *Jehová . . . lo herirá en sus siete brazos.* "Lo herirá con una sequía." He aquí una alusión clara al paso del Mar Rojo. Y el que el Señor sacuda su mano sobre el río con su "viento impetuoso" (VM), se refiere a una circunstancia particular del mismo milagro, pues "hizo Jehová que el mar se retirase por recio viento oriental toda aquella noche, y volvió al mar en seco" (Ex. 14:21). La *lengua,* una expresión descriptiva muy a propósito para una bahía tal como la del Mar Rojo. Es el mismo término traducido "ba-

hía" en Jos. 15:2 (VM, margen, "lei 5, y 18:19.

CAPITULO 12

Himno profético de alabanza por las grandes mercedes concedidas a los hijos de Israel en su liberación del gran cautiverio babilónico, y por la redención por medio del Mesías (1-6).

Este cántico, por todo su tenor y por muchas de sus expresiones, parecería mucho más adecuado para el uso de la iglesia cristiana que para los judíos, en cualesquiera circunstancias o en cualquier momento que se considere. Los judíos mismos parecen haberlo aplicado a la época del Mesías. El último día de la fiesta de los tabernáculos sacaban agua en una vasija de oro de la fuente de Siloé, que brotaba al pie del Monte de Sion, fuera de la ciudad; la introducían en el templo por la Puerta de las Aguas, y la derramaban, mezclada con vino, sobre el sacrificio del altar, con gran regocijo. Parecen haber adoptado esta costumbre —pues no está ordenada en la ley de Moisés— como un símbolo de futuras bendiciones, aludiendo a este pasaje de Isaías: "Sacaréis con gozo aguas de las fuentes de la salvación," expresiones que no pueden ser interpretadas como referencia a los beneficios aportados por la dispensación mosaica. Nuestro Salvador aplicó la ceremonia y su intención, a sí mismo y a la efusión del Espíritu Santo, prometida por El y que sería concedida por El. El sentido que se le daban los judíos está claro en el siguiente pasaje del Talmud de Jerusalén: "¿Por qué se le llama el lugar o casa de la extracción?" (porque éste era el término con que se designaba esta ceremonia o el lugar de donde se extraía el agua). "Porque de· allí sacan el Espíritu Santo; como está escrito: Sacaréis con gozo aguas de las fuentes de la salvación."

1. *Aunque te enojaste*. La frase hebrea es exactamente la misma de San Pablo (Ro. 6:17): "Pero gracias a Dios, que aunque erais esclavos del pecado, habéis obedecido de corazón"; es decir, "que aunque, o mientras, erais esclavos del pecado, sin embargo ahora habéis obedecido de corazón la doctrina sobre cuyo modelo fuisteis formados".

6. *Oh moradora de Sion*. No sólo el pueblo judío, al cual habría de ser enviada primero su palabra de salvación, sino también todos los miembros de la Iglesia de Cristo: pues en ellos, y en ella, habita el Santo de Israel.

CAPITULO 13

Dios reunió los ejércitos de su ira contra los habitantes de Babilonia (1-6). Las terribles consecuencias

de esta visitación, y el terror y desaliento de aquellos que son objeto de ella (7-16). Las horribles crueldades que serán infligidas a los babilonios por los medos (17, 18). Total e irrecuperable desolación de Babilonia (19-22).

Este capítulo y el siguiente —menos los cinco versículos finales del último, que pertenecen a un asunto totalmente diferente— contienen una profecía entera, prediciendo la destrucción de Babilonia por los medos y los persas; pronunciado probablemente en el reinado de Acaz, unos doscientos años antes de su cumplimiento. La cautividad de los judíos en Babilonia, que el profeta no predice expresamente, no tuvo lugar plenamente hasta unos ciento treinta años después del pronunciamiento de esta profecía; y los medos, que se mencionan expresamente en el v. 17 como los principales agentes del derrocamiento de la monarquía babilónica, por los cuales los judíos serían libertados de ese cautiverio, eran entonces un pueblo sin importancia.

La primera parte de esta profecía es uno de los ejemplos más hermosos que se pueden dar en el estilo profético de elegancia en la composición, variedad de imágenes, y sublimidad de sentimiento y dicción; la segunda parte consiste en una oda de singular excelencia.

La profecía empieza con el mandamiento de Dios de reunir las fuerzas que El ha destinado a este servicio (vrs. 2-3). Inmediatamente oye el profeta el rumor tumultuoso de las diferentes naciones que se congregan alrededor de su estandarte; las ve avanzar, preparadas para ejecutar la ira divina (vrs. 4-5). Procede entonces a describir las terribles consecuencias de esta visitación, la consternación que se apoderará de aquellos que son objeto de ella; y, poniendo de improviso el discurso en boca de Dios (v. 11), presenta, bajo una variedad de las más asombrosas imágenes, la terrible destrucción de los habitantes de Babilonia que seguirá (vrs. 11-16), y la desolación permanente a la cual está condenada esa gran ciudad (vrs. 17-22).

La liberación de Judá del cautiverio, consecuencia inmediata de esa gran revolución, es presentada entonces sin entrar en muchos detalles ni explicaciones (cap. 14:1-2). Esto introduce, con suma facilidad y la mayor propiedad, el cántico triunfal sobre este tema (vrs. 4-28).

Es introducido un coro de judíos que expresa su sorpresa y asombro ante la súbita caída de Babilonia; y el gran revés de fortuna que ha abatido al tirano que, como sus predecesores, había oprimido a su propio pueblo y arrasado los reinos vecinos. Estos reinos oprimidos, o sus gobernantes, son representados bajo la imagen de los cipreses y los cedros del Líbano, utilizada frecuentemente para expresar cualquier cosa que en el mundo político o religioso es supereminentemente grande y majestuosa; toda la tierra grita de alegría; los cedros del Líbano prorrumpen en un improperio contra el tirano caído, y se jactan de seguridad ahora que él ya no existe.

La escena cambia inmediatamente, y es introducido un nuevo conjunto de personajes. Se abren las regiones de los muertos, y surgen del Hades las sombras de los monarcas desaparecidos, que se levantan de sus tronos para recibir al rey de Babilonia a su llegada; y lo insultan por haber sido reducido al mismo bajo estado de impotencia y disolución que ellos.

Ahora vuelven a hablar los judíos; se dirigen al rey de Babilonia como la estrella de la mañana caída del cielo, como el primero en esplendor y dignidad en el mundo político, caído de su alto sitial; lo presentan jactándose en los más extravagantes términos de su poder y los ambiciosos designios de su gloria anterior, para terminar contrastándolos vigorosamente con su condición actual, baja y abyecta.

Inmediatamente sigue una escena diferente, y una imagen sumamente feliz, como una variación sobre el mismo tema, para mostrar un nuevo aspecto y darle más fuerza. Se introducen ciertas personas que se inclinan sobre el cadáver del rey de Babilonia, que yace desnudo sobre el suelo, entre los muertos comunes, justamente después de haber tomado la ciudad, cubierto de heridas y tan desfigurado que pasa algún tiempo antes que lo reconozcan. Se le acercan con las más severas increpaciones y le reprochan amargamente su ambición destructora y su cruel tratamiento de los vencidos; lo cual lo ha llevado merecidamente a ese ignominioso tratamiento, tan diferente del que comúnmente reciben las personas de su rango, y que cubrirá de vergüenza a su posteridad.

Para completar el cuadro, se introduce a Dios, declarando la suerte de Babilonia, la extirpación total de la familia real y la desolación completa de la ciudad; la liberación de su pueblo y la destrucción de sus enemigos; confirmando el irreversible decreto mediante la tremenda sanción de su juramento.

1. *Profecía sobre Babilonia.* La profecía que predice su destrucción por los medos y los persas.

3. *Yo mandé a mis consagrados.* Las personas dedicadas para este mismo propósito. Nada puede ser más claro que el verbo *kadash,* "santificar," significa también "consagrar" o "designar" para un propósito determinado. El obispo Lowth traduce: "mis guerreros enrolados". Este es el significado.

4. *Para la batalla.* El ejército de Ciro estaba compuesto por muchas nacionalidades distintas. Jeremías lo llama "reunión de grandes pueblos de la tierra del norte" (50:9).

5. *De lo postrero de los cielos.* Kimchi dice: Media. En el lenguaje bíblico, "lo postrero de los cielos" significa el Este.

10. *Por lo cual las estrellas de los cielos.* "Sí, las estrellas de los cielos." Los poetas hebreos, para expresar la felicidad, la prospe-ridad, el progreso de los estados, reinos y potentados, hacen uso de imágenes tomadas de las partes más notables de la naturaleza, de los cuerpos celestes, del sol, la luna y las estrellas, a los cuales presenta brillando con esplendor creciente y sin ponerse jamás. Por el contrario, la destrucción de los reinos es representada por imágenes opuestas. Las estrellas se oscurecen, la luna retira su luz, y el sol deja de brillar. La tierra tiembla, lo mismo que los cielos; y todas las cosas parecen retornar al caos original. Véase Jl. 2:10; 3:15-16; Am. 8:9; Mt. 24:29.

Y la luna no dará su resplandor. Esto puede ser, en su referencia última, una alusión a la política judía, tanto en la iglesia como en el estado, que sería totalmente eclipsada y tal vez no volvería a brillar más distintamente.

11. *Y castigaré al mundo.* "Y visitaré al mundo." Esto es, al imperio babilónico.

12. *Haré más precioso que el oro fino al varón... que el oro de Ofir.* Los medos y persas no quedarán contentos con los despojos de los babilonios. Tratarán de destruirlos o esclavizarlos; y no aceptarán rescate por ningún hombre —ni por *enosh,* el pobre, ni por *adam,* la persona más honorable. Todos deben caer a espada, o ir juntos en cautiverio; porque los medos (v. 17) "no se ocuparán de la plata, ni codiciarán oro".

14. "Y el remanente." Aquí evidentemente hay un defecto en esta sentencia, tal como se encuentra en el texto hebreo; falta el sujeto de la proposición. ¿Qué es lo que será como gacela perseguida? Felizmente la Septuaginta salva el error: "el remanente". *Cada cual mirará.* Es decir, las fuerzas del rey de Babilonia, destituidas de su jefe, y todos sus auxiliares recogidos de Asia Menor y otros países distantes, se dispersarán y huirán a sus respectivas patrias.

15. *Cualquiera que sea hallado.* "Cualquiera que sea alcanzado." Es decir, ninguno escapará a la masacre; ni los que huyan solos, dispersos y en confusión, ni los que traten de retirarse en forma más ordenada, formando cuerpos compactos: todos serán igualmente cortados por la espada del enemigo.

17. *Que no se ocuparán de la plata.* "A quienes no les importa la plata." Es decir, que no serán inducidos mediante el ofrecimiento de grandes rescates en plata u oro, a perdonar la vida a los vencidos en la batalla; su rabia y su crueldad sólo aumentarán con todos esos motivos.

18. *Con arco tirarán.* Tanto Herodoto (1:61) como Jenofonte (Anab. 3), mencionan que los persas usaban grandes arcos y el último dice específicamente que sus arcos medían 3 codos de largo (Anab. 4). Eran célebres por sus arqueros (véase cap. 22:6; Jer. 49:35). Probablemente sus vecinos y aliados, los medos, usaban armas muy semejantes.

19. *Y Babilonia.* La gran ciudad de Babilonia estaba en ese entonces en el apogeo de su gloria, mientras el profeta Isaías estaba anunciando reiteradamente su destrucción total. Desde el comienzo de Ezequías hasta el comienzo de Nabucodonosor, bajo cuyo reinado alcanzó el más alto grado de poder y esplendor, pasaron unos ciento veinte años.

Era, según la descripción mínima de los historiadores antiguos, un cuadrado regular como de 68 kilómetros de perímetro, rodeado por una muralla de sesenta y seis metros de altura y dieciséis de espesor, en la cual había cien puertas de bronce. Sus ornamentos principales eran el templo de Belus, en medio del cual había un edificio en forma de torre de ocho pisos, sobre una base de un cuarto de milla cuadrada, y un magnífico palacio, y los famosos jardines colgantes que eran una montaña artificial, erigida sobre arcos, en la cual había plantados árboles de las especies más grandes y las más bellas.

Ciro tomó la ciudad desviando las aguas del Eufrates que la atravesaban, y entrando en la ciudad, de noche, por el canal seco. No habiendo sido vuelto a restablecer el curso natural del río, éste inundó todo el país, convirtiéndolo en poco más que una gran ciénaga; esto y la gran carnicería de los habitantes, junto con otras malas consecuencias de la toma de la ciudad, fueron el primer paso hacia la ruina de la misma. Los monarcas persas la consideraron siempre con mirada celosa; la mantuvieron sometida y cuidaron de evitar que recuperase su anterior grandeza. Darío Histaspes, no mucho después, la castigó severamente por una revuelta, despobló el lugar, derribó las murallas y demolió las puertas. Jerjes destruyó los templos.

CAPITULO 14

La liberación de Israel del cautiverio, que será seguida por la caída del gran imperio babilonio (1, 2). Oda o canto de triunfo de los hijos de Jacob, por la singular manifestación de la venganza divina contra sus opresores (3-23). Profecía contra los asirios (24, 25). Certeza de la profecía e inmutabilidad de los consejos divinos (26, 27). Palestina seriamente amenazada (28-31). Dios establecerá a Sion en estos tiempos turbulentos (32).

1. *Todavía escogerá a Israel.* Es decir, todavía considerará a Israel como su pueblo escogido, por más que parezca que los ha abandonado entregándolos a sus enemigos y dispersándolos entre las naciones. A veces Judá es llamado Israel (véase Ez. 13:16; Mal. 1:1; 2:11); pero el nombre de Jacob y el de Israel, empleados en este pasaje aparentemente adrede, cada uno de los cuales incluye a las doce tribus, y las demás circunstancias mencionadas en el versículo siguiente, que no tienen que ver en realidad con el retorno de los cautivos de Babilonia, parecerían sugerir que toda esta profecía trasciende este acontecimiento.

4. *Este proverbio.* "Esta parábola." *Mashal.* Doy por sentado que este es el nombre genérico que los hebreos daban al estilo poético, en todas sus formas, ya estuviera comprendido bajo uno u otro, o todos, los caracteres de sentencioso, figurativo y sublime; todos los cuales están comprendidos en la noción original o en el uso y aplicación de la palabra *mashal.* Las parábolas o proverbios, tales como los de Salomón, se expresan siempre en sentencias breves y agudas; frecuentemente figuradas, formadas sobre alguna comparación; generalmente vigorosas y autoritarias, tanto en el contenido como en la forma. Y tal es en general el estilo de la poesía hebrea. El verbo *mashal* significa gobernar; ejercer autoridad, igualar; comparar una cosa con otra; emitir parábolas o dichos agudos, ponderables y vigorosos, en la forma y a la manera de parábolas, aunque no precisamente tales.

¡Cómo acabó la ciudad . . . de oro! *Madhebah,* que se traduce aquí *ciudad (codiciosa) de oro,* es una palabra caldea. Probablemente se refiera a la moneda de oro que se pagaba como tributo a los babilonios. Así lo entendió la Vulgata, donde se traduce *tributum.*

9. *El Seol abajo se espantó de ti . . . saliesen a recibirte.* Es decir, a Nabucodonosor. Los reyes tiránicos que habían oprimido y despojado a la humanidad, son representados aquí entronizados en el infierno y hallando un placer satánico en ver a otros como ellos entrar en esas moradas de miseria.

12. *¡Oh Lucero, hijo de la mañana!* Las versiones, en general traducen *Heilel* por Lucifer, estrella de la mañana, ya sea Júpiter o Venus, pues ambas son portadoras de la luz matinal, o estrellas de la mañana, anualmente por turno. Y aunque el contexto habla explícitamente de Nabucodonosor, no sé por qué esto ha sido aplicado al jefe de los ángeles caídos, a quien con toda incongruencia se denomina Lucifer (¡portador de la luz!) un epíteto tan común para él como los de Satanás y Diablo. Pero la verdad es que el texto no menciona para nada a Satanás ni su caída ni la ocasión de esa caída. Además, dudo mucho de que nuestra versión sea correcta. *Heilel,* que traducimos Lucero o Lucifer, viene de *yalal,* "gritar, aullar o chillar," y debería traducirse: "Aúlla, hijo de la mañana," que es como lo entendió la Siríaca.

13. *Subiré al cielo.* Alcanzaré el imperio del mundo entero. *En lo alto, junto a las estrellas de Dios* —sobre los israelitas a quienes se denomina las estrellas de Dios. Este capítulo habla, no de la ambición y la caída de Satanás, sino del orgullo, la arrogancia y caída de Nabucodonosor.

El monte del testimonio. "El monte de la divina presencia." Resulta evidente, de Ex. 25:22 y 29:42-43 (donde Dios señala el lugar de reunión con Moisés y promete reunirse con él para hablarle delante del arca, y reunirse con los hijos de Israel en la puerta del tabernáculo), que el tabernáculo, y después la puerta del mismo, y el Monte de Sion sobre el cual estaba, fueron llamados el tabernáculo, y el monte de reunión, no porque el pueblo se reuniera allí para realizar los servicios de su religión (que es lo que nuestras versiones expresan llamándolo tabernáculo de reunión) sino porque Dios lo designó como el lugar en el cual él se encontraría con Moisés, y se comunicaría con él y se encontraría con su pueblo.

19. *Como vástago abominable.* "Como el árbol abominable." Es decir, como un objeto detestable y abominable; tal como un árbol en el que ha sido colgado un malhechor.

28. *En el año que murió el rey Acaz fue esta profecía.* Uzías había sometido a los filisteos (II Cr. 26:6-7) pero, aprovechándose de la debilidad del reinado de Acaz, éstos invadieron Judea, apoderándose y manteniéndolo en su posesión varias ciudades de la parte meridional del reino. A la muerte de Acaz, Isaías profiere esta profecía, amenazándolos con la destrucción que su hijo Ezequías, bisnieto de Uzías, descargaría sobre ellos; lo cual se cumplió, pues "hirió también a los filisteos hasta Gaza y sus fronteras" (II R. 18:8). Uzías, pues, debe ser la vara que los hería, y la culebra de cuya raíz saldría un áspid (v. 29), es decir, Ezequías, un enemigo mucho más terrible de lo que lo había sido Uzías.

31. *Humo vendrá del norte.* "Del norte viene un humo." Esto es, una nube de polvo levantada por la marcha del ejército de Ezequías contra Filistía, que queda al sudoeste de Jerusalén.

32. *Los mensajeros de las naciones.* "Los embajadores de las naciones." Los embajadores de las naciones vecinas, que fueron enviados a congratular a Ezequías por su éxito; lo cual, en su respuesta él atribuye a la protección de Dios. (Véase II Cr. 32:23). O si se prefiere, los embajadores enviados por los filisteos para pedir la paz.

CAPITULO 15

Predicción de las durísimas calamidades que están por caer sobre los moabitas (1-9).

Este capítulo y el siguiente, juntos, componen una sola profecía, muy impropiamente dividida en dos partes. La fecha de su pronunciamiento, así como la de su cumplimiento, que debía ser tres años después, son inciertas; no estando indicada la primera en la profecía misma, ni registrada en la historia la segunda. Pero lo más probable es que fuera pronunciada poco después de la ante-

rior, en el primer año de Ezequías; y que se cumpliera en el cuarto año, cuando Salmanasar invadió el reino de Israel. Este probablemente habría pasado por Moab, y para asegurar su retaguardia, se habría apoderado de todo el país, tomando sus principales plazas fuertes, Ar y Kir-hares.

Felizmente, Jeremías ha introducido gran parte de esta profecía de Isaías en su propia profecía más extensa contra el mismo pueblo, en su capítulo 48, denunciando el juicio de Dios sobre Moab, que sería ejecutado por Nabucodonosor, medios por los cuales pueden corregirse varios errores subsecuentes de los copistas del texto actual de ambos profetas.

2. *Subió a Bayit y a Dibón. Alah habbayith,* debiera traducirse "Se ha ido a la casa," es decir, a su templo principal, donde practicaban la idolatría. Dibón era el nombre de una torre donde había también un templo idólatra; allí iban a llorar y orar delante de sus ídolos, para que se interpusieran y los salvaran de sus calamidades. *Toda cabeza de ella será rapada.* Herodoto (2:36) menciona como una práctica general entre todos los pueblos, menos los egipcios, el cortarse el cabello en señal de duelo. "Corta tu cabello y arrójalo," dice Jeremías (7:29), "y levanta llanto".

4. *Los guerreros.* "Los mismos lomos." Así la Septuaginta y la Siríaca. Gritarán violentamente con todas sus fuerzas.

5. *Mi corazón dará gritos por Moab.* "El corazón de Moab gritaba dentro de él." *Como novilla de tres años,* —"Novilla joven". En la plenitud de sus fuerzas.

7. *Al torrente de los sauces.* "Al valle de los sauces." Es decir, a Babilonia.

CAPITULO 16

La desgracia de Moab descrita patéticamente por el hijo del príncipe o gobernador de la tierra, que se vio obligado a huir a través del desierto para salvar su vida, refugiándose en Judea; y las jóvenes, como aves jóvenes ahuyentadas de sus nidos, cruzarán por el vado de Arnón, el límite de su país, para buscar protección en alguna tierra extranjera (1, 2). El profeta se dirige a Sion, exhortándola a mostrar misericordia hacia sus enemigos en desgracia, para que su trono pueda establecerse en justicia (3-5). El gran orgullo de Moab (6). Las terribles calamidades que están por caer sobre Moab, comparadas con el languidecimiento de la viña, la cesación de la vendimia, el sonido de las entrañas del profeta como un arpa, etc. (7-13). Tremenda inminencia del total cumplimiento de la profecía (14).

1. *Enviad cordero.* "Yo enviaré el hijo." Tanto la lectura como el significado de este versículo son aún más dudosos que los del anterior. La Septuaginta y la Siríaca dicen: "Yo enviaré"; la Vulgata y el Talmud de Babilonia, dicen: "envía," singular, imperativo. La Siríaca, en vez de *car,* "cordero," dice *bar:* "hijo," lección que es confirmada por cinco manuscritos de Kennicoth y De Rossi. Los dos primeros versículos describen la confusión de Moab ante la invasión asiria; la cual obliga aun al hijo del príncipe de la región a huir por su vida a través del desierto, a Judea; y las jóvenes son dispersadas, como aves ahuyentadas del nido, tratando de vadear el río Arnón. Tal vez no haya en este versículo tanta dificultad como a primera vista parece. "Envía cordero al señor de la tierra" puede recibir luz de II R. 3:4-5: "Entonces Mesa rey de Moab era propietario de ganados, y pagaba al rey de Israel cien mil corderos y cien mil carneros con sus vellones. Pero muerto Acab, el rey de Moab se rebeló contra el rey de Israel." Ahora el profeta los exhorta a empezar a pagar el tributo como antes, para evitar o mitigar su castigo.

3. *Reúne consejo.* "Imparte consejo."

4. *Moren contigo mis desterrados, oh Moab.* "*Los desterrados de Moab moren contigo, oh Sion.*" *Del devastador.* Tal vez se refiera a los israelitas, quienes, cuando Acaz invadió a Judá, derrotaron su ejército, dando muerte a ciento veinte mil hombres y llevando al reino al borde de la ruina. Estando ahora Judá en mejores condiciones, se representa como capaz de recibir y proteger a los fugitivos moabitas. Y se comparan aquellas anteriores épocas de desgracia con la seguridad y el estado floreciente del reino bajo el gobierno de Ezequías.

5. *Y se dispondrá el trono en misericordia.* ¿No se referirá esto al trono de Ezequías? Aquí tenemos el carácter de un rey tal que no puede dejar de ser una bendición para el pueblo.

6. *Hemos oído la soberbia de Moab.* Sofonías (2:8-10) en su profecía contra Moab cuyo tema es el mismo de Jeremías en el cap. 48 de la suya, se explaya sobre el orgullo de Moab y su conducta insolente hacia los judíos.

7. *Por las tortas de uvas de Kir-hareset.* "Por los hombres de Kir-hares." Un error palpable en este lugar es felizmente corregido por el texto paralelo de Jer. 48:31. En el mismo lugar de Jeremías, y en el v. 36, el nombre de la ciudad es Kir-hares, no Kir-hareset.

8. *Fueron talados.* (VM. están marchitos). El significado de este versículo es que los vinos de Hesbón y Sibma eran famosos y muy apreciados por los grandes y los príncipes de ese país y los circunvecinos, quienes disfrutaban de ellos hasta la embriaguez. Y sus vides eran tan solicitadas que no sólo se propagaban por toda la región, de Moab hasta el mar de Sodoma, sino que aun se enviaban retoños de las mismas a través del mar, a países extranjeros.

9. *Con mis lágrimas.* "Como con mis lágrimas." *Sobre tus cosechas y sobre tu siega caerá el grito de guerra.* "Ha caído el destructor."

12. *Y cuando apareciere Moab.* "Cuando Moab vea."

CAPITULO 17

Juicios de Dios sobre Damasco (1-3), y sobre Israel (4-6). Buenos efectos de estos juicios sobre el pequeño remanente que escapará de ellos (7, 8). Los mismos juicios, pero representados en otros términos más enérgicos, e imputados a la irreligión y el menosprecio de Dios (9-11). Los versículos restantes son una profecía distinta, una hermosa pieza separada, trabajada con la mayor elegancia, sublimidad y propiedad, constituyendo una noble descripción de la formidable invasión y súbita derrota de Senaquerib, exactamente adecuada a los sucesos (12-14).

Según su título, esta profecía debería relacionarse únicamente con Damasco; pero concierne cabalmente, y trata más extensamente del reino de Samaria y de los israelitas confederados con Damasco y los sirios contra el reino de Judá. Fue pronunciada probablemente poco después de las profecías de los capítulos 7 y 8, al comienzo del reinado de Acaz; y fue cumplida cuando Tiglat-pileser tomó a Damasco y llevó cautivo al pueblo a Kir (II R. 16:9) e invadió gran parte del reino de Israel, llevando también una gran cantidad de israelitas cautivos a Asiria; y se aplica más completamente aún a Israel, por la conquista del reino y la cautividad del pueblo, llevadas a cabo algunos años después por Salmanasar.

1. *Profecía sobre Damasco.* Si hemos de creer en la *Midrash*, los damascenos eran los más grandes y flagrantes idólatras. "Había en Damasco trescientas sesenta y cinco calles, en cada una de las cuales había un ídolo, y cada ídolo tenía su día particular de culto; de modo que en el curso de un año se los adoraba a todos." Esta, o alguna otra como ella, era suficiente razón para la destrucción de la ciudad.

2. *Las ciudades de Aroer están desamparadas.* "Las ciudades están abandonadas para siempre."

4. *En aquel tiempo.* Es decir, comenta Kimchi, el tiempo en que las diez tribus de Israel, que eran *la gloria de Jacob*, serían llevadas en cautiverio.

5. *Como cuando el segador recoge la mies.* Es decir, el rey de Asiria barrerá todo el conjunto del pueblo, como el segador que corta toda la mies; y el remanente no será mayor que las espigas que quedan para los espigadores. El valle de Refaím, cerca de Jerusalén, era célebre por sus abundantes cosechas; aquí se lo menciona como imagen poética de cualquier región fértil.

10. *Sarmiento extraño.* "Brotes de un suelo extraño." Las plantas y retoños agradables de un suelo extranjero son expresiones alegóricas del culto extraño e idólatra; las prácticas viciosas y abominables relacionadas

con él; la confianza en la ayuda humana y
en alianzas realizadas con las naciones vecinas, especialmente con Egipto; a todo lo cual
los israelitas eran muy adictos, y en sus ex-
pectaciones de las cuales serían tremendamente desilusionados.

12. *¡Ay! multitud.* Los tres últimos versículos de este capítulo parecen no tener
relación con la profecía anterior, a la cual
están agregados. Considerados en sí mismos,
constituyen una hermosa pieza; pero como
no tienen conexión tampoco con lo que sigue, no puedo decir si están o no en su
lugar. Es una noble descripción de la formidable invasión y la súbita derrota de Senaquerib; la cual es insinuada en los términos
más fuertes y las más expresivas imágenes,
exactamente adaptadas al acontecimiento.

14. *Ya no existe.* Aunque Dios permita
que los impíos prevalezcan por un poco de
tiempo contra su pueblo, sin embargo al final serán derrotados, y la gloria del Señor
brillará esplendentemente sobre los que le
temen; porque la tierra será sojuzgada y el
universo será lleno de su gloria.

CAPITULO 18

Este capítulo contiene una profecía muy oscura;
destinada posiblemente a dar a los judíos, y tal vez a
los egipcios, a cuyo país se supone que se refiere
(1, 2) y con quienes residían muchos judíos, una insinuación de la intervención de Dios en favor de Sion
(3, 4) y de sus consejos con relación a la destrucción
de su común enemigo, Senaquerib, cuyo vasto ejército, justamente cuando él pensaba que sus proyectos estaban maduros y prontos para ser coronados
por el éxito (5), sería pasto de las bestias del campo
y de las aves del cielo (6); y que Egipto debía estar
agradecido a Dios por la liberación que le concedía
(7).

Esta es una de las profecías más oscuras de
todo el libro de Isaías. Su tema, el fin y
designio de la misma, el pueblo al cual está
dirigida, la historia a la que pertenece, la
persona que envía los mensajeros, todos son
oscuros y dudosos.

1. *¡Ay de la tierra...! ¡Hoi arets!* Esta
interjección debiera traducirse " ¡Eh! " porque es propiamente una partícula de llamada: ¡Eh, tierra! ¡Escucha! ¡Presta oído!
Que hace sombra con las alas "El címbalo
alado." Se habla del sistro egipcio mediante
una perífrasis. *Que está tras los ríos de Etiopía.* "Que linda con los ríos de Cus."

2. *En naves de juncos.* "En naves de papiro." Esta mención concuerda perfectamente
con Egipto. Es bien sabido que los egipcios
usaban comúnmente en el Nilo una especie
de botes livianos hechos con la caña del
papiro. *Andad, mensajeros veloces.* A esta nación antes mencionada que, por el Nilo y
por sus numerosos canales, tiene los medios
para difundir la nueva en la forma más expe-
dita a través de todo el país: id, mensajeros

veloces, y llevad esta noticia de los designios
de Dios acerca de ellos.

3. *Cuando se levante bandera.* Supongo
que el Agente en este versículo es Dios; y
que la bandera y la trompeta significan los
meteoros: el trueno, el rayo, la tormenta el
terremoto y la tempestad que destruirían el
ejército de Senaquerib, o por los cuales al
menos sería acompañada su destrucción, tal
como se describe en 10:16-17; 29:6 y
30:30-31.

4. *Porque Jehová me dijo así.* El tema de
la parte restante de este capítulo es que Dios
consolaría y sostendría a su pueblo, aunque
estuviera amenazado con la destrucción inmediata por los asirios, que los grandes designios y poderosos esfuerzos de Senaquerib
contra ellos serían frustrados, y que sus grandes expectativas abortarían cuando las creyera maduras y prontas a ser coronadas por el
éxito; que la parte principal de su ejército
sería pasto de las bestias del campo y las
aves del cielo; y que Egipto, libertado y
vindicado por la mano de Dios de los males
que había sufrido, debía dar gracias por la
maravillosa liberación, suya y de los judíos,
de su poderoso adversario.

5. *La flor.* "La floración."

7. *Ofrenda.* "Un regalo." Los egipcios estaban aliados con el rey de Judá, y compartían
con los judíos la invasión de su común enemigo Senaquerib; de modo que estaban muy
interesados en la grande y milagrosa liberación de este reino, por la destrucción del
ejército asirio. Después de cuyo acontecimiento se dice (II Cr. 32:23) que "muchos
trajeron a Jerusalén ofrenda a Jehová, y ricos
presentes a Ezequías rey de Judá; y fue muy
engrandecido delante de todas las naciones
después de esto". Es indudable que entre
todos, los egipcios se habrán distinguido por
su reconocimiento en esta ocasión.

CAPITULO 19

Profecía concerniente a Egipto, en la cual se señala
vigorosamente su lamentable condición bajo los babilonios, persas, etc. (1-17). La verdadera religión será
propagada en Egipto, refiriéndose en primer término
a la gran difusión del judaísmo en aquel país durante
el reinado de los Ptolomeos, y luego a su recepción
del evangelio en época posterior (18-22). Paz profunda entre Egipto, Asiria e Israel y bendita condición de los mismos bajo el evangelio (23-25).

No muchos años después de la destrucción
del ejército de Senaquerib delante de Jerusalén, por la cual los egipcios fueron liberados
del yugo con el cual los amenazaba tan poderoso enemigo, que le había hecho la guerra continuamente durante tres años, los asuntos de Egipto estaban otra vez sumidos en
confusión por pendencias entre ellos mismos, que terminaron en una anarquía total,
la cual duró varios años. Esta fue seguida por
el gobierno aristocrático, o más bien la tira-

nía de doce príncipes que se dividieron el país entre ellos, hasta que al fin reinó solo Psamético, durante cincuenta y cuatro años. No mucho después de eso siguió la invasión y conquista de Egipto por Nabucodonosor, y luego por los persas bajo Cambises, hijo de Ciro. El yugo de los persas era tan gravoso que la derrota de éstos por Alejandro bien puede ser considerada una liberación para Egipto; especialmente porque sus sucesores favorecieron mucho al pueblo y mejoraron el país. Todos estos acontecimientos parece haber tenido en vista el profeta en este capítulo, y especialmente desde el v. 18, la profecía de la propagación de la verdadera religión en Egipto parece señalar hacia el estado floreciente del judaísmo en aquel país, a consecuencia del gran favor mostrado por los Ptolomeos a los judíos. El mismo Alejandro estableció a muchos judíos en su nueva ciudad de Alejandría, concediéndoles privilegios iguales a los de los macedonios. El primer Ptolomeo, llamado Soter, llevó a Egipto a gran cantidad de ellos, y les dio tales estímulos, que muchos más, de distintas partes, se les agregaron; de modo que Filón admite que en su tiempo había en Egipto un millón de judíos. Estos adoraban al Dios de sus padres; y su ejemplo e influencia deben haber tenido gran efecto en la difusión del conocimiento y el culto del verdadero Dios en todo el país.

1. *Profecía sobre Egipto* Esto es, la declaración del profeta acerca de Egipto.

4. *Señor duro.* "Señores crueles." En primer lugar, Nabucodonosor, y después toda la serie de reyes de Persia, que en general eran señores crueles, y oprimieron duramente al pueblo.

5. *El río se agotará y secará.* El Nilo no inundará sus orillas; y si falta la inundación, la tierra se tornará estéril. Porque como en Egipto hay poca o ninguna lluvia su fertilidad depende de los desbordes del Nilo.

6. *Se alejarán los ríos.* "Se tornarán pútridos."

8. *Los pescadores también.* En Egipto había abundancia de pescado (véase Nm. 11:5).

9. *Los que labran lino fino.* Es decir, lino cardado en la carda utilizada para ese fin.

17. *Y la tierra de Judá.* La amenazadora mano de Dios será extendida y sacudida sobre Egipto, del lado de Judea, por la cual pasarán los asirios para invadirlo. Significa esa clase de terror que lo hace a uno desmayar, tambalearse como un ebrio, que lo deja aturdido de asombro.

18. *La ciudad de Herez.* "La ciudad del sol." (VM. Ciudad de Destrucción). Este es un pasaje oscuro y difícil. En primer lugar, por lo que respecta a su verdadera lectura. Es sabido que Onías lo aplicó según su propia opinión, ya para procurar el permiso del rey de Egipto para construir su templo en la Nome hieropolitana, o para conseguir reconocimiento y autoridad para el mismo una vez edificado, basándose en la noción que se había ingeniado en propagar, de que Isaías había profetizado que en ese lugar se erigiría ese templo. Pretendía que el lugar preciso en que debía ser edificado había sido mencionado expresamente por el profeta como *ir hacheres*, "la ciudad del sol". Esta posiblemente fuera la lectura original. El texto actual dice: *ir haheres*, "Ciudad de Destrucción," que algunos suponen que fue introducido en el texto más tarde, por los judíos de Palestina, para expresar su menosprecio por el lugar, sintiéndose muy ofendidos por la existencia de ese templo cismático en Egipto. Otros piensan que la última es la verdadera lectura; y que el mismo profeta le dio este sentido al nombre, por desprecio, y para intimar la demolición del templo hieropolitano; el cual fue destruido, en efecto, por orden de Vespasiano, después del de Jerusalén.

Yo considero que todo este pasaje, desde el v. 18 hasta el final del capítulo, contiene una intimación general de la futura propagación del conocimiento del verdadero Dios en Egipto y Siria, bajo los sucesores de Alejandro; y, a consecuencia de esta propagación, de la temprana recepción del evangelio en esos mismos países, cuando fuera publicado al mundo.

23. *Habrá una calzada.* Bajo los últimos reyes de Persia, y bajo Alejandro, Egipto, Judea y Asiria vivieron pacíficamente bajo el mismo gobierno, y estaban en tan amistosos términos, que había entre ellos un intercambio regular, ininterrumpido, de modo que los asirios iban a Egipto y los egipcios a Asiria, e *Israel* era el *tercero*, es decir, estaba en estrecha unión con los otros dos; y fue una *bendición* para ambos, al llevarles algo del conocimiento del Dios verdadero (v. 25).

25. *Bendito . . . Egipto y (el pueblo) asirio . . . e Israel.* Todos estos países se convertirían al Señor. Acerca de Egipto se dice (18:7) que traería ofrendas al Señor en Jerusalén. Aquí se predice (v. 19) que habrá un altar de Jehová en la propia tierra de Egipto; y que ellos, junto con los asirios, serán el pueblo de Dios junto con los israelitas. Esto queda por cumplirse. Estos pueblos serán todos, y tal vez en un tiempo no muy lejano, convertidos a la fe de nuestro Señor Jesucristo.

CAPITULO 20

El profeta Isaías como señal a Egipto y Cus, o Etiopía, de que los cautivos y exiliados de esos países serán tratados cruelmente por el rey de Asiria (1-6).

Tartán sitió a Asdod o Azoto, que probablemente en esa época perteneciera a los dominios de Ezequías (véase II R. 18:8). El pueblo esperaba contar con la ayuda de los cusitas de Arabia y los egipcios. Se le ordena a Isaías andar desnudo, es decir, despojarse de su vestimenta exterior, un manto tosco que usaban generalmente los profetas (véase Ez. 13:4), probablemente durante tres días para mostrar que dentro de tres años la ciudad sería tomada, después de la derrota de los cusitas y los egipcios por el rey de Asiria, acontecimiento que tornaría desesperada su situación y les induciría a rendirse. Azoto era una plaza fuerte; posteriormente resistió veintinueve años contra Psamético, rey de Egipto (Herod. 2:157). Tartán era uno de los generales de Senaquerib (II R. 18:17), y Tirhakah, rey de los cusitas, estaba aliado con el rey de Egipto contra Senaquerib. Esta circunstancia hace que probablemente *Sargón* sea en realidad Senaquerib. Podría ser uno de los siete nombres con que, según Jerónimo dice en este lugar, se lo conocía. La toma de Azoto debe haberse producido antes del intento de Senaquerib contra Jerusalén, cuando se jactó de sus últimas conquistas (37:25). Y la advertencia del profeta tenía que ver también especialmente con los judíos, quienes eran demasiado inclinados a depender de la ayuda de Egipto.

2. *Andando desnudo y descalzo.* No es probable que el profeta anduviera desnudo y descalzo durante tres años. Esa manera de presentarse era una señal de que dentro de tres años los egipcios y los cusitas se verían en la misma condición, siendo vencidos y cautivados por el rey de Asiria. Se indicaba tanto el tiempo como el acontecimiento; pero si hubiera andado de esa manera tres años, no hubiera sido indicación alguna en cuanto al tiempo. Es probable, pues, que le fuera ordenado andar así durante tres días para denotar el cumplimiento de la profecía dentro de tres años; un día por un año, según la regla profética (Nm. 14:34; Ez. 4:6).

CAPITULO 21

Predicción de la toma de Babilonia por los medos y los persas en el momento de una gran festividad (1-9) Breve aplicación de la profecía a los judíos, parte en nombre de Dios y parte en el suyo propio (10). Oscura profecía respecto a Duma (11, 12). Profecía acerca de los árabes, a cumplirse poco tiempo después (13-17).

Los diez primeros versículos de este capítulo contienen una predicción de la toma de Babilonia por los medos y los persas. Es un pasaje singular entre los de su índole, por su brevedad y su vigor, por la variedad y rapidez de los movimientos, y por la fuerza y energía del colorido con que se pintan la acción y el acontecimiento. Empieza con el profeta viendo a la distancia la terrible tormenta que se prepara y está por estallar

sobre Babilonia. Se insinúa en términos generales el acontecimiento, y se dan las órdenes de Dios a los medos y los persas para que se lancen a la expedición que se les ha encargado. Aquí el profeta entra en medio de la acción, y en la persona de Babilonia expresa en los términos más fuertes el asombro y el horror que se apodera de la ciudad al ser sorprendida súbitamente, precisamente en la época dedicada al placer y la festividad (vrs. 3-4). Luego, en su propia persona, describe la situación de las cosas allí, la seguridad de los babilonios, y en medio de sus fiestas la súbita alarma de la guerra (v. 5). Entonces el acontecimiento es presentado en forma muy singular. Dios ordena al Profeta que coloque una atalaya para vigilar e informar de lo que vea; y ve dos compañías que avanzan marchando, representando por su apariencia las dos naciones que habían de ejecutar las órdenes de Dios, quien declara que Babilonia ha caído (vrs. 6-9).

1. *El desierto del mar.* Evidentemente se refiere a Babilonia, que es el sujeto de la profecía. La región cercana a Babilonia y especialmente hacia abajo, en dirección al mar, era una gran planicie pantanosa, inundada por el Eufrates y el Tigris. Se la hizo habitable mediante el drenaje, construyendo muchos canales. *Como torbellino del Neguev* —"Como las tempestades del sur". Las tormentas más furiosas a que estaba sujeta Judea provenían de la región desierta situada al sur de la misma. "Del sur viene el torbellino" (Job 37:9). Porque la situación de Edom, que supongo era el país de Job (véase Lm. 4:21 comparado con Job 1:1) era la misma, en este sentido, que la de Judea.

2. *El prevaricador prevarica, y el destructor destruye.* "El saqueador es saqueado, y el destructor es destruido." *Todo su gemido hice cesar* —"Puse fin a todas sus vejaciones". Heb. "Su gemir," es decir, el gemir provocado por ella.

5. *Poned la mesa.* "La mesa está puesta." En hebreo los verbos están en infinitivo absoluto, como en Ez. 1:14: "Y los seres vivientes corrían y volvían a semejanza de relámpagos." *¡Levantaos, oh príncipes, ungid el escudo!* Kimchi observa que varios de los rabinos interpretaban esto con referencia al impío festín de Belsasar y su muerte.

7. *Y vio hombres montados,* etc. "Y vio un carro con dos jinetes: uno cabalgando en un asno y otro cabalgando en un camello." Este pasaje es sumamente oscuro dada la ambigüedad del término *recheb*, que se repite tres veces, y que significa un carruaje, o cualquier otro vehículo, o el que lo maneja; o un jinete a caballo o en cualquier otro animal; o una compañía de carros, o de jinetes. Probablemente el profeta se refiera a una caballería en dos partes, con dos clases de jinetes: jinetes en asnos o mulas, y jinetes en camellos; carros conducidos por dos jinetes, uno en un asno y uno en un camello.

Sin embargo, lo que está bien claro es que se trata de distinguir a Darío y Ciro, los medos y los persas, por dos jinetes en dos animales distintos.

8. *Y gritó como un león.* "El que vigilaba en la atalaya." La lectura actual, *aryeh, un león,* es tan inteligible, y el error tan obvio, que no me cabe duda de que la verdadera lectura es *haroeh, el vidente;* como evidentemente lo encontró el traductor siríaco en su copia, y tradujo: "un vigilante".

10. *Oh pueblo mío, trillado.* La imagen de la trilla es utilizada frecuentemente por los poetas hebreos, con gran elegancia y fuerza, para expresar el castigo de los impíos y el juicio de los buenos, o la total dispersión y destrucción de los enemigos de Dios.

11. *Profecía sobre Duma.* "Oráculo concerniente a Duma." Esta profecía, dada la incertidumbre en cuanto a la ocasión en que fue pronunciada y su brevedad, es en extremo oscura. Los edomitas lo mismo que los judíos, estaban sojuzgados por los babilonios. Preguntan al profeta cuánto ha de durar su sujeción; y él insinúa que los judíos serán libertados de su cautiverio, pero no los edomitas. Hasta aquí la interpretación parece tener alguna verosimilitud. En cuanto al significado de la última línea, no puedo pretender adivinarlo.

13. *Profecía sobre Arabia.* "Oráculo concerniente a Arabia." Esta profecía debía haberse cumplido dentro de un año de la fecha en que fue pronunciada (véase el v. 16), y probablemente fue pronunciada más o menos al mismo tiempo que el resto de esta parte del libro, esto es, poco antes o después del año catorce de Ezequías, el año de la invasión de Senaquerib. En su primera marcha por Judea, o a su regreso de la expedición egipcia, tal vez arrollara a esos pequeños clanes árabes; su desgracia en tal ocasión es el tema de esta profecía.

14. *Tierra de Tema.* "El país del sur." Ofrecer pan y agua es una acción humanitaria corriente en tales casos de necesidad; especialmente en aquellos países desiertos en los cuales las cosas comunes necesarias para la vida, muy particularmente el agua, no se consiguen fácilmente.

CAPITULO 22

Profecía concerniente a Jerusalén (1-14). Sentencia contra Sebna, el mayordomo de la casa (15-19). Profecía acerca de Eliaquim, hijo de Hilcías (20, 21). De Eliaquim, Isaías (siguiendo la moda universalmente adoptada en los escritos proféticos, de hacer de las cosas presentes, o que habían de cumplirse en breve, tipos representativos de cosas que serían cumplidas en mayor escala en un futuro distante), hace una transición al Mesías, de quien Eliaquim era un tipo, a quien se aplican mejor las palabras, y a quien únicamente deben reservarse algunos pasajes de la profecía (22-24). Se confirma nuevamente la sentencia contra Sebna (25).

Esta profecía, que termina en el v. 14 del capítulo, lleva el título de "Oráculo concerniente al valle de la visión," o sea, Jerusalén. La profecía predice la invasión de Jerusalén por los asirios, bajo Senaquerib, o por los caldeos bajo Nabucodonosor.

1. *Has subido sobre los terrados.* Las casas en el Oriente estaban construidas entonces, como por lo general lo están todavía ahora, de manera uniforme. El techo de la casa es siempre plano, recubierto de grandes lajas de piedra o un pavimento de mortero resistente y rodeados por todos lados por un parapeto bajo (véase Dt. 22:8). La terraza es una parte tan frecuentada como cualquier otra de la casa. Allí, cuando el tiempo es favorable, se pasea, se come, se duerme se atienden los negocios (I S. 9:25), se realizan las devociones (Hch. 10:9). La casa está construida alrededor de un patio interior, sobre el cual principalmente se abren las ventanas; las que se abren a la calle tienen celosías tan espesas que no dejan ver ni a los de afuera ni a los de adentro. Por consiguiente, cuando hay algo que ver u oír en las calles, algún espectáculo público, cualquier alarma de naturaleza pública, todo el mundo sube inmediatamente a la azotea para satisfacer su curiosidad. Asimismo, cuando alguien tiene ocasión de publicar alguna cosa, la manera más fácil y efectiva de hacerlo es proclamarla desde las terrazas a la gente que anda por las calles. "Lo que oís al oído, proclamadlo desde las azoteas," dijo nuestro Salvador (Mt. 10:27). La gente corriendo por todas las azoteas da una imagen vívida de una repentina alarma general.

8. *La casa de armas.* Construida por Salomón dentro de la ciudad, y llamada la casa del bosque del Líbano, probablemente por la gran cantidad de cedro del Líbano que fuera empleada en la construcción. (Véase I R. 7:2-3).

9. *Recogisteis las aguas.* "Y recogeréis las aguas." En Jerusalén o cerca de ella había dos estanques, alimentados por manantiales: el estanque de arriba, o estanque viejo, alimentado por la fuente llamada Gihón (II Cr. 32:30), hacia la parte alta de la ciudad, cerca de Sion, o la ciudad de David; y el estanque de abajo, probablemente alimentado por el Siloé, hacia la parte de abajo. Cuando Ezequías se vio amenazado por Senaquerib con un sitio, hizo detener todas las aguas de las fuentes afuera de la ciudad y las introdujo en ella por un conducto o pasaje subterráneo excavado en la roca; las del estanque viejo, a un lugar donde quedaban encerradas entre dos muros. Esto lo hizo con el fin de despistar al enemigo y poder tener agua en la ciudad durante el sitio (II R. 20:20, II Cr. 32:2, 3, 5, 30).

11. *Al que lo hizo.* "Aquel que lo había dispuesto así." Esto es, a Dios, el Autor y Dispensador de esa visitación, la invasión con que ahora os amenaza.

13. *Comamos y bebamos, porque mañana moriremos.* Este ha sido el lenguaje de los que han buscado su porción en esta vida, desde el principio del mundo. San Pablo cita el mismo sentimiento de los paganos: "Comamos y bebamos, porque mañana moriremos" (I Cor. 15:32).

14. *Fue revelado a mis oídos.* "La voz de Jehová."

15. *Vé... a Sebna.* La siguiente profecía, concerniente a Sebna, parece tener muy poca relación con la anterior, excepto que puede haber sido pronunciada por la misma época; y Sebna puede haber sido una persona principal entre aquellos cuyo lujo y mundanalidad son severamente reprendidos por el profeta en la conclusión de aquella profecía (vrs. 11-14).

Sebna el escriba, mencionado en la historia de Ezequías (cap. 36), parece haber sido otra persona con el mismo nombre que éste, el tesorero o mayordomo de la casa, con quien tiene que ver esta profecía. El Eliaquim aquí mencionado probablemente era la persona que en la época de la invasión de Senaquerib era el tesorero, el hijo de Hilcías. Si es así, esta profecía habría sido pronunciada, como evidentemente lo fue la anterior, poco tiempo antes de la invasión de Senaquerib.

16. *Sepulcro... en lo alto... en una peña.* Las personas de alto rango en Judea, y en la mayor parte del Oriente, eran sepultadas por lo general en grandes bóvedas sepulcrales excavadas en la roca, para ellos y sus familias. La vanidad de Sebna se advierte en el hecho de que estudiadamente construyera su sepulcro en lo alto —una bóveda elevada, y probablemente en un lugar alto, para que fuera más visible. Ezequías fue sepultado, según nuestras versiones, en el lugar más prominente, probablemente el más alto, de los sepulcros de los hijos de David (II Cr. 32:33).

17. *Te cubrirá el rostro.* Esta era la actitud de los dolientes en general, y particularmente de las personas condenadas. (Véase Est. 6:12; 7:8).

22. *Y pondré la llave de la casa de David sobre su hombro.* Así como las vestiduras y el talabarte, mencionados en el versículo anterior, eran las insignias de poder y autoridad, la llave es el símbolo de una función, ya sea sagrada o civil. Este signo se llevaba también entre los griegos, como aquí en Isaías, sobre el hombro.

Aludiendo a la figura de la llave como señal de poder, la extensión ilimitada de ese poder se expresa con gran claridad y fuerza por la sola y exclusiva autoridad de abrir y cerrar. Por ello, nuestro Salvador empleó en una ocasión similar una forma de expresión semejante (Mt. 16:19), y en Ap. 3:7 aplica a sí mismo las palabras del profeta.

23. *Como clavo.* En la antigüedad, y en los países orientales, las casas eran mucho más sencillas que las nuestras en la actualidad. No tenían la cantidad y variedad de muebles, ni las comodidades de toda clase en que abundan las nuestras. Les resultaba conveniente, y aun necesario, y constituía una parte esencial en la construcción de una casa, disponer en el interior de las diversas habitaciones series de clavos o largas clavijas, de las cuales se colgaban los distintos utensilios de uso común. Esos clavos o pernos se aseguraban en la pared al construirla, ya que dados los materiales empleados en la construcción no podían clavarse después; y a la vez que servían a la comodidad, servían para reforzar las paredes.

24. *Toda la honra.* Una parte considerable de la magnificencia de los príncipes orientales consistían en la gran cantidad de vasos de oro y plata que poseían, para los más diversos usos. "Todos los vasos de beber del rey Salomón eran de oro, y asimismo toda la vajilla de la casa del bosque del Líbano era de oro fino; nada de plata, porque en tiempo de Salomón no era apreciada" (I R. 10:21). "La vajilla de la casa del bosque del Líbano," como se llamaba al arsenal de Jerusalén, eran "doscientos escudos grandes" y "trescientos escudos de oro batido" (Ibid. vrs. 16, 17). Estos estaban colgados en fila en las paredes del arsenal (véase Cnt. 4:4), en perchas empotradas en la pared a propósito, como se dijo antes. Eliacim es considerado una estaca especial de esta clase, inconmoviblemente fijada en el muro para sostén de todos los vasos destinados para usos comunes o sagrados; esto es, como un principal sostén de toda la política civil y eclesiástica. Y la consecuencia de su continuo poderío será la promoción y la floreciente condición de su familia y sus dependientes, desde los más elevados hasta los inferiores.

CAPITULO 23

Profecía anunciando la destrucción de Tiro por Nabucodonosor, pronunciada más de ciento veinte años antes de su cumplimiento, en un período en que los tirios estaban en la mayor prosperidad, y los babilonios en abyecta sujeción al imperio asirio; y, consiguientemente, cuando un acontecimiento de tan grande magnitud era altamente improbable (1-14). Tiro recuperará su esplendor al final de setenta años, los días de un rey o reino, que ha de significar el tiempo calculado para la duración del imperio babilonio, ya que de otro modo la profecía no puede acomodarse al acontecimiento (15-17). Supuesta referencia a la temprana conversión de Tiro al cristianismo (18).

1. *Profecía sobre Tiro.* Había dos ciudades de este nombre: una en el continente y la otra en una isla, a media milla de la costa; la ciudad de la isla tenía unas cuatro millas de circunferencia. La vieja Tiro resistió a Nabucodonosor durante trece años, luego los habitantes trasladaron, por decirlo así, la ciudad a la isla mencionada (v. 4). Esta nueva ciudad resistió durante siete meses contra

Alejandro el Grande, el cual, a fin de tomarla, se vio obligado a rellenar el canal que la separaba de la tierra firme. En 1289 después de J. C. fue destruida por el sultán de Egipto; y ahora está reducida a unas cuantas chozas. *Aullad, naves de Tarsis.* Esta profecía anuncia la destrucción de Tiro por Nabucodonosor. Comienza con un discurso a los mercaderes de Tiro y los marinos de Tarsis (Tartesus, en España) un lugar que frecuentaban mucho en el curso de sus viajes de negocios. Se dice que la noticia de la destrucción de Tiro por Nabucodonosor les fue llevada desde Quitim, las islas y las costas del Mediterráneo; "porque los tirios," dice Jerónimo comentando el v. 6, "cuando vieron que no tenían otra manera de escapar, huyeron en sus naves y se refugiaron en Cartago y en las islas de los mares Jonio y Egeo". Desde donde la noticia ha de haberse difundido hasta llegar a Tarsis.

2. *Callad.* El silencio es una señal de pena y consternación. (Véase cap. 47:5).

3. *Las sementeras... del Nilo.* El Nilo, llamado también Sihor (véase I Cr. 13:5) recibe su nombre del color oscuro de sus aguas, cargadas del lodo que trae desde Etiopía, cuando se desborda. Egipto, con su extraordinaria fertilidad, causada por los desbordamientos del Nilo, proporcionaba trigo a las naciones vecinas, y los tirios medraban con este tráfico.

4. *Avergüénzate, Sidón.* A Tiro se le llama "hija de Sidón" (v. 12). Sidón, como la ciudad madre, se supone que debe haber sido profundamente afectada por la desgracia de su hija.

7. *Con muchos días de antigüedad.* Cuya antigüedad es de larga data." Tiro, aunque no tan antigua como Sidón, era, sin embargo, muy antigua: ya en tiempos de Josué era una plaza fuerte. Se la menciona en Jos. 19:29. *Sus pies la llevarán a morar lejos.* Esto tal vez se aplique a la nueva ciudad, insular de Tiro: *sus pies,* es decir, sus habitantes, *la llevarán* —transportarán la ciudad, del continente a la isla. *Merachok* no siempre significa una gran distancia, sino distancia o intervalo en general; pues en Jos. 3:4 *rachok* se usa para expresar el espacio entre el campamento y el arca, que sabemos era solamente de dos mil codos. Algunos refieren el "morar lejos" a la extensión de los viajes comerciales emprendidos por los tirios y sus relaciones exteriores.

10. *Oh hijas de Tarsis.* Tiro es llamada hija de Tarsis, tal vez porque, habiendo sido arruinada Tiro, Tarsis había llegado a ser la ciudad más importante y podría ser considerada como la metrópoli del pueblo tirio; o más bien porque debido a las estrechas relaciones y el constante intercambio entre ellas, según esa latitud de significado con que los hebreos usaban las palabras hijo e hija para expresar cualquier clase de conjunción y dependencia.

13. *Mira la tierra de los caldeos.* Los caldeos, *chasdim,* se supone que tuvieron origen, en Chesed, hijo de Nacor, el hermano de Abraham, de quien tomaron su nombre. Por ese nombre se los conocía en tiempo de Moisés, quien llama a Ur, el lugar de Mesopotamia de donde procedía Abraham, "Ur de los caldeos," para diferenciarlo de otros lugares del mismo nombre. Y Jeremías los califica de nación antigua. Esto no es incompatible con lo que aquí dice Isaías: *Este pueblo no existía,* esto es, no era importante (véase Dt. 32:21); no eran reconocidos entre las naciones grandes y poderosas del mundo hasta épocas posteriores; entonces eran un pueblo rudo, incivilizado, bárbaro, sin leyes, sin habitaciones estables. Tal era su situación en el tiempo de Job (cap. 1:17) y la siguió siendo hasta que Assur, algún poderoso rey de Asiria, los reunió y los estableció en la región aledaña de Babilonia.

15. *Como días de un rey.* Es decir, de un "reino"; véase Dan. 7:17, 8:20. Nabucodonosor empezó sus conquistas en el año uno de su reinado; de ahí hasta la toma de Babilonia por Ciro pasarían setenta años, al final de los cuales las naciones sojuzgadas por Nabucodonosor recobrarían su libertad. Esos setenta años limitan la duración de la monarquía babilónica. Tiro fue tomada por él hacia mediados de ese período; de modo que no sirvió al rey de Babilonia durante todo ese tiempo, sino solamente por el resto de él. Este parece ser el sentido de la expresión de Isaías; los días asignados a un rey o reino son setenta años; Tiro, con las demás naciones conquistadas, continuará en estado de sujeción y desolación hasta el final del período. No desde el principio del período y durante todo él, pues siendo una de las últimas conquistas, la duración del estado de sujeción por lo que hace a ella no sería mucho más de la mitad del mismo. "Servirán estas naciones," dice Jeremías (25:11), "al rey de Babilonia setenta años". Algunas de ellas fueron conquistadas antes, otras después; pero el final de ese período sería el término común para la liberación de todas ellas.

17. *Al fin de los setenta años.* Como aquí se predice, después de su destrucción por Nabucodonosor, Tiro recuperó su antiguo comercio, su riqueza y su grandeza; y lo mismo sucedió después de su segunda destrucción, por Alejandro. Muy pronto se convirtió en una ciudad cristiana, lo mismo que el resto de la región circunvecina. El mismo San Pablo halló allí muchos cristianos (Hch. 21:4). Sufrió mucho durante la persecución de Diocleciano. Fue un arzobispado bajo el patriarcado de Jerusalén, con catorce obispados bajo su jurisdicción. Continuó siendo cristiana hasta que la tomaron los sarracenos, en el 639; fue recuperada por los cristianos en

1124, pero en 1280 fue conquistada por los mamelucos, y luego tomada por los turcos, en 1517. Desde entonces cayó en decadencia, y actualmente está reducida a una ruina.

CAPITULO 24

Terrible juicio pendiente sobre el pueblo de Dios (1-4). Enumeración detallada de las horribles impiedades que provocaron la venganza divina (5, 6). Gran desgracia política de los transgresores (7-12). Las calamidades serán tan grandes que sólo quedará en la tierra un pequeño remanente, como si fuera el rebusco de la vendimia (13). El resto, diseminados por diferentes países, difundirán allí el conocimiento de Dios (14-16). Vigorosas figuras con las cuales se presentan la gran desventura y el largo cautiverio de los transgresores (17-22). Promesa de la redención graciosa del cautiverio; y de una extensión del reino de Dios en los últimos días, rodeadas de circunstancias tan gloriosas que eclipsarán totalmente la luz y el esplendor de la dispensación anterior (23).

Desde el capítulo 13 hasta el 23 inclusive, se denuncia la suerte de varias ciudades y naciones: de Babilonia, de los filisteos, Moab, Damasco, Egipto, Tiro. Después de haber predicho la destrucción de las naciones extranjeras, enemigas de Judá, el profeta declara los juicios pendientes sobre el mismo pueblo de Dios por su impiedad y apostasía, y la desolación que caerá sobre su propio país.

El capítulo 24 y los tres siguientes parecen datar más o menos de la misma época: antes de la destrucción de Moab por Salmanasar (véase cap. 25:10); y en consecuencia, antes de la destrucción de Samaria; probablemente al principio del reinado de Ezequías. Pero en cuanto al tema particular del capítulo 24, los intérpretes no están de acuerdo; algunos lo refieren a la desolación causada por la invasión de Salmanasar; otros a la invasión de Nabucodonosor; y otros, a la destrucción de la ciudad por los romanos. Tal vez tenga en vista las tres grandes desolaciones de la región, por Salmanasar, por Nabucodonosor y por los romanos; especialmente esta última, a la cual parecen especialmente aplicables algunas partes.

4. *Cayó el mundo.* El mundo es lo mismo que la tierra; es decir, los reinos de Judá e Israel.

5. *Las leyes.* "La ley." Torah, en singular; así en la Septuaginta, la Siríaca y la Caldea.

6. *Fueron consumidos.* "Destruidos."

9. *Sidra . . . amarga.* "Vino de palma." Todo regocijo cesará, y el más dulce de los vinos será amargo a su paladar.

11. *Todo gozo se oscureció.* "Toda alegría ha pasado."

14. *Estos alzarán su voz.* Es decir, los que hayan escapado de estas calamidades. La gran desdicha que cayó sobre Israel y Judá dispersó a sus habitantes por los pueblos circunvecinos: huyeron a Egipto, a Asia Menor, a las islas y las costas de Grecia. Se los

hallaba en gran número en la mayoría de las ciudades principales de esos países. Alejandría estaba en gran parte poblada por ellos. Tenían sinagogas para su culto en muchos lugares, y eran instrumentos para la propagación del conocimiento del Dios verdadero entre esas naciones paganas, preparándolas para la recepción del cristianismo. Esto es lo que parece indicar el profeta al decir que el nombre de Jehová será alabado desde el mar, en las costas distantes y hasta lo último de la tierra.

16. *Y yo dije.* El profeta habla en nombre de los habitantes que habían quedado en la tierra, que serían perseguidos por la venganza divina y sufrirían reiteradamente por las incursiones y las depredaciones de sus poderosos enemigos.

17. *Terror, pozo y red.* Si escapan de una calamidad, les sobrevendrá otra. Las figuras están tomadas de los diferentes métodos de caza y captura de bestias salvajes que se usaban en la antigüedad. El *terror* era una sarta de plumas de todos colores atadas en un hilo, que revoloteaban en el aire, asustando a las bestias haciéndolas caer asustadas en las redes, o en un pozo preparado para ellas. El *foso*, cavado profundamente en la tierra y cubierto con ramas verdes, pasto, etc. a fin de engañarlas, para que cayeran sin darse cuenta en él. La *red*, o lazos, era una serie de redes extendidas alrededor de un gran espacio, en el cual se sabía que estaban los animales salvajes; y que se iban acercando paulatinamente para achicar el cerco, hasta que al fin se cerraban y los encerraban en ellas.

20. *Como una choza.* "Como un albergue para una noche."

21. *En lo alto . . . sobre la tierra.* Es decir, la política eclesiástica y civil de los judíos, que será destruida. La nación continuará en un estado de depresión y decadencia durante largo tiempo. Dios al fin volverá a visitar y restaurar a su pueblo en la era final.

CAPITULO 25

La breve mirada que el profeta dio a la prometida restauración del pueblo de Dios y el reinado del Mesías, al terminar el capítulo anterior, le hace prorrumpir en un canto de alabanza en éste, donde, aunque alude a mercedes temporales, tales como la destrucción de las ciudades que habían estado en guerra con Sion, la ruina de Moab y otras destacadas intervenciones de la divina providencia en favor de los judíos, está, sin embargo, impresionado por un sentido más vívido de bendiciones futuras y muy superiores bajo la dispensación del evangelio, en la plenitud de su revelación, de las cuales las liberaciones temporales concedidas a los primitivos reinos de Israel y Judá en diversas oportunidades, eran prototipos (1-5). Estas bendiciones se describen bajo la figura de una fiesta ofrecida a todas las naciones (6); la remoción de un velo de sus rostros (7); la extinción total del imperio de la muerte por la resurrección de los muertos, la exclusión de toda pena, y la derrota final de todos los enemigos del pueblo de Dios (8-12).

1. *Tus consejos antiguos son verdad y firmeza.* Es decir, todas tus declaraciones anteriores a través de los profetas se cumplirán a su debido tiempo.

2. *La ciudad.* Nínive, Babilonia, Ar, Moab o cualquier otra de las plazas fuertes poseídas por los enemigos del pueblo de Dios. *El alcázar de los extraños.* "El palacio de los orgullosos."

4. *Como turbión contra el muro.* "Como tormenta de invierno."

5. *De los extraños.* "De los orgullosos." *Calor debajo de nube* —"Calor junto a una gruesa nube".

6. *En este monte.* Sion, en Jerusalén. En su iglesia. *Jehová de los ejércitos hará... a todos los pueblos banquete.* La salvación por Jesucristo. Un festín es una expresión natural y usual de gozo como consecuencia de una victoria o de algún otro gran éxito. El festín o banquete, de que aquí se habla ha de celebrarse en el Monte Sion; y todos los pueblos sin distinción serán invitados a él. No puede tratarse de otra cosa que de la celebración del establecimiento del reino de Cristo, que en el evangelio se representa frecuentemente bajo la figura de un banquete; "Y os digo que vendrán muchos del oriente y del occidente, y se sentarán (a la mesa) con Abraham e Isaac y Jacob, en el reino de los cielos" (Mt. 8:11. Véase también Lc. 9:16; 24:29-30). *De vinos refinados* —"De vinos viejos"; esto es, de vinos guardados mucho tiempo en reposo.

7. *La cubierta con que están cubiertos todos los pueblos.* "La cubierta que cubría el rostro de todos los pueblos." Quitará el velo de todo el ritual mosaico, y mostrará por medio de sus apóstoles que éste se refería a la ofrenda del sacrificio de Jesucristo, con lo cual se cumplió esta profecía.

8. *Destruirá a la muerte.* Como en los países árabes se ponía una *cubierta* sobre el rostro de los condenados a sufrir la pena de muerte, es probable que las palabras del v. 7 se refieran a eso. Todo el mundo estaba condenado a muerte, y cuando estaba a punto de llevarse a cabo la ejecución, el Señor se interpuso con su gracia y, mediante un glorioso sacrificio, procuró un perdón general.

10. *La mano de Jehová reposará.* "La mano de Jehová dará reposo." Es decir, "dará paz y tranquilidad a Sion, destruyendo al enemigo". *Como es hollada la paja* —"Como es trillada la paja". *En el muladar* —"Bajo las ruedas del carro".

11. *Como la extiende (la mano) el nadador para nadar.* "Como el que se hunde extiende la mano para nadar." Este pasaje es muy oscuro. Algunos entienden que el agente es Dios; otros, que Moab. Yo he escogido este último sentido, pues no puedo concebir que el nadador que extiende las manos para nadar pueda ser una ilustración de la acción de Dios al extender la mano sobre Moab para destruirlo.

CAPITULO 26

Este capítulo, como el anterior, es un canto de alabanza, en el cual se mezclan hermosamente acciones de gracias por mercedes temporales y espirituales, aunque predominan estas últimas. Aun la sublime y evangélica doctrina de la resurrección parece insinuada aquí, tipificando la liberación del pueblo de Dios de un estado de abyecta miseria; el cautiverio, la dispersión general, o ambas cosas. Este himno, además, lo mismo que el anterior, es hermosamente diversificado mediante el cambio frecuente de participantes. Comienza con un coro de la Iglesia, celebrando la protección concedida por Dios a su pueblo; y la bienaventuranza de los justos, a quienes él guarda, en contraste con la miseria de los impíos, a quienes castiga (1-7). Sigue a esto su propia piadosa resolución de obedecer a Dios y confiar y deleitarse en él (8). Aquí el profeta irrumpe, en su propia persona, recogiendo ávidamente las últimas palabras del coro, que estaban perfectamente al unísono con los sentimientos de su alma, y que repite hermosamente, como un instrumento musical que reverbere el sonido de otro en la misma clave que él. Da asimismo una respuesta adecuada a lo que se ha dicho sobre los juicios de Dios, y observa sus diferentes efectos sobre los buenos y los malos; mejorando a los unos y endureciendo a los otros (9-11). Después de esto, un coro de judíos expresa su gratitud a Dios por liberaciones pasadas, confiesa sus pecados, y suplica su fuerza, que han estado esperando durante mucho tiempo (12-18). A esto Dios responde bondadosamente, prometiendo una liberación que será como resucitar de los muertos (19). Y el profeta (aludiendo, al parecer, al mandato de Moisés a los israelitas cuando el ángel destructor iba a pasar por la tierra de Egipto) concluye exhortando a su pueblo a tener paciencia y resignación, hasta que Dios envíe la liberación que ha prometido (20, 21).

1. *Fuerte ciudad tenemos.* En oposición a la ciudad del enemigo, que Dios había destruido (cap. 25; véase 1.e. allí). *Salvación... por muros y antemuros.* O "las murallas y el foso". *Chel* significa precisamente el *foso* o *trinchera*, sin el muro; véase Kimchi. El mismo rabino dice: Este canto se refiere al tiempo de la salvación, es decir, a los días del Mesías.

2. *La gente justa.* Los gentiles convertidos tendrán las puertas abiertas —una entrada plena a todas las glorias y privilegios del evangelio, siendo coherederos con los judíos convertidos. *Verdades.* El evangelio mismo —como cumplimiento de todos los antiguos tipos, sombras y ceremonias; llamado en consecuencia la *verdad*, en oposición a todos esos ritos y ceremonias simbólicos. "Pues la ley por medio de Moisés fue dada, pero la gracia y la verdad vinieron por medio de Jesucristo" (Jn. 1:17).

3. *En completa paz. Shalom, shalom:* "paz, paz," es decir, paz sobre paz —toda clase de prosperidad— felicidad en este mundo y en el mundo venidero.

4. *La fortaleza de los siglos.* "La Roca de las edades," o, según el rabino Maimón, "la eterna Fuente, Manantial o Salto de agua". ¿No se refiere esto a los arroyos permanentes de la roca del desierto? Y esa roca era Cristo.

8. *Te hemos esperado.* "Hemos puesto nuestra confianza en ti."

9. *Luego que hay juicios tuyos.* Es raro que los hombres busquen a Dios en la prosperidad; más bien se inclinan a confiar en lo terrenal; pero Dios en su misericordia lo amarga con la adversidad; entonces hay un clamor general por El como nuestro bien principal, sólido y único permanente.

19. *Rocío de hortalizas.* "El rocío del alba." La liberación del pueblo de Dios de un estado de la mayor depresión es explicada por medio de imágenes tomadas evidentemente de la resurrección de los muertos. El profeta Ezequiel explica de la misma manera la restauración de la nación judía de un estado de total disolución, por la vuelta a la vida de los huesos secos que ve en una visión (cap. 37), la cual es aplicada y explicada directamente de esta manera (vrs. 11-13). Y esta liberación se expresa en manifiesta oposición a lo que se ha dicho antes (v. 14) de los grandes señores y tiranos bajo los cuales habían gemido: "Muertos son, no vivirán; han fallecido, y no resucitarán"; porque serían destruidos totalmente y jamás recuperarían su anterior poder y gloria. Según esto, parecería que la doctrina de la resurrección era entonces una doctrina común y popular; porque una figura que se adopta a fin de expresar o representar algo en forma de alegoría o metáfora, sea poética o profética, debe ser una figura comúnmente conocida y entendida; de otro modo no respondería al propósito con que se la adopta.

Kimchi refiere estas palabras a los días del Mesías y dice: "Entonces muchos de los santos resucitarán de los muertos." Y cita Daniel 12:2. ¿No se refieren estas palabras a la resurrección de nuestro bienaventurado Señor, y a aquella resurrección de los cuerpos de los hombres que será resultado de la resurrección de su cuerpo de los muertos? *Tus muertos vivirán; sus cadáveres resucitarán.* Esto parece muy categórico.

20. *Anda, pueblo mío, entra en tus aposentos.* Una exhortación a tener paciencia y resignación bajo la opresión, con una confiada expectación de la liberación por el poder de Dios que ha de manifestarse en la destrucción del opresor. Parece aludir al mandamiento de Moisés a los israelitas, cuando iba a pasar por Egipto el ángel destructor: "ninguno de vosotros salga de las puertas de su casa hasta la mañana" (Ex. 12:22).

21. *La tierra descubrirá la sangre derramada.* Dios traerá a juicio crímenes de crueldad y opresión que han pasado inadvertidos a los ojos de los hombres, y los castigará.

CAPITULO 27

Destrucción de los enemigos de la Iglesia (1). El cuidado que Dios tiene de su viña (2-11). Prosperidad de los descendientes de Abraham en los días postreros (12, 13).

2. *La viña del vino rojo.* Mientras más rojo el vino, más se valoraba, dice Kimchi.

3. *La guardaré de noche y de día, para que nadie la dañe.* "De noche la cuidaré, y de día montaré guardia sobre ella."

4. *No hay enojo en mí.* "Yo no tengo muro." La viña quiere un muro y una cerca de espinos —fuerza y protección humanas (pues los judíos estaban demasiado prontos a acudir por ayuda a sus vecinos poderosos y confiar en la sombra de Egipto). Jehová responde que eso no le servirá de nada ni la defenderá contra su ira. En consecuencia, le aconseja que se confíe a su protección. Ante lo cual ella le ruega que haga las paces con ella.

Este cántico recibe mucha luz relacionándolo con el del capítulo 5. En el v. 5 de aquel capítulo, Dios amenaza retirar el muro de su viña: y así se hizo; entonces la viña se queja: "No tengo muro", y quiere cualquier clase de defensa antes que estar así desnuda. *¿Quién pondrá contra mí... espinos y cardos?* —"Oh si tuviera una cerca de espinos y cardos".

11. *Sus ramas.* Esto es, las ramas de la viña.

13. *Se tocará con gran trompeta.* ¿No es ésta una referencia a la época de que habló nuestro Señor (Mt. 24:31)? "Y enviará sus ángeles" —los predicadores de su evangelio —"con gran voz de trompeta" —la ardiente invitación a ser salvos por Jesucristo—; "y juntarán a sus escogidos" —los judíos, su antiguo pueblo escogido —"de los cuatro vientos" —de todas partes del mundo habitado en el cual han estado dispersos.

CAPITULO 28

Comienza este capítulo con el anuncio de la inminente ruina de los israelitas a manos de Salmanasar, cuyo poder se compara a una tempestad o una inundación, y su perspicacia a la avidez de quien recoge y traga la fruta que madura primero (1-4). Se dirige luego a las dos tribus de Judá y Benjamín, que habrían de continuar el reino después del cautiverio final de sus hermanas; y les da primero un pronóstico favorable sobre el estado de sus asuntos bajo Ezequías (5, 6), pero pronto pasa a reprocharles y amenazarles por su intemperancia y su profanidad (7, 8). Se les muestra no sólo rechazando burlonamente las instrucciones del profeta, sino también menospreciándolas y ridiculizándolas (9, 10). A esto Dios responde inmediatamente en términos que aluden a que ellas mismas serán burladas, pero aplicados en forma diferente (11-13). El profeta se dirige entonces a esos escarnecedores (14), que se consideran completamente a salvo de cualquier mal (15), y les asegura que no hay debajo del cielo más que un solo método por el cual puedan ser salvos (16); que todo otro vano recurso fracasará en el día de la visitación (17, 18). Agrega luego que los juicios de Dios se dirigirán particularmente contra ellos, y que todos los medios de que se valieran para evitarlos serían inútiles (19, 20), pues el Todopoderoso, que por su paciencia y longanimidad es descrito como reacio a castigar, ha determinado, sin embargo, castigarlos (21, 22). El profeta concluye entonces con una hermosa parábola explicando y defendiendo el proceder de Dios para con su pueblo (23-29).

1. *¡Ay de la corona de soberbia!* Por la corona de soberbia, etc., se entiende primordialmente Samaria.

4. *La fruta, temprana, la primera del verano.* "La fruta temprana antes del verano." "No bien la *boccore* (la breva) se acerca a la perfección a mediados o fines de junio, empieza a formarse el *kermez* o higo de verano, aunque rara vez madura antes de agosto; por este tiempo el mismo árbol a menudo rinde una tercera cosecha, o el higo de invierno, como podemos llamarlo. Este es generalmente de forma mucho más alargada y complexión más oscura que el *kermez*, y pende del árbol, madurando aún después que han caído las hojas; y si el invierno es benigno y templado, se recoge como un bocado delicioso en la primavera" (Shaw, *Travels*, p. 370-371). *Apenas la ve el que la mira, se la traga.* Esta figura expresa en la forma más vigorosa la gran facilidad con que los asirios tomarían la ciudad y todo el reino, y la avidez con que se apoderarían de la rica presa sin resistencia.

5. *En aquel día.* Hasta aquí la profecía se refiere a los israelitas, y manifiestamente anuncia su inminente destrucción por Salmanasar. Ahora se vuelve a las dos tribus de Judá y Benjamín, el remanente del pueblo de Dios, que habría de continuar el reino después del cautiverio final de los israelitas. Empieza con un pronóstico favorable para sus asuntos y amenazas por su intemperancia, desobediencia y profanidad.

Es digno de notarse el texto del Targum de Jonatán en este versículo: "En aquel tiempo el Mesías, el Señor de los ejércitos será una corona de gozo y una diadema de alabanza para el residuo de su pueblo." Kimchi dice que ésta es la opinión general de los rabinos. Aquí, pues, los rabinos y su Targum más célebre, dan el nombre incomunicable, *Yehovah tsebaoth*, "el Señor de los ejércitos," a nuestro siempre bienaventurado Redentor, Jesucristo.

6. *La batalla en la puerta.* "La batalla a la puerta *del enemigo*." Es decir, que persigue al enemigo fugitivo hasta la misma puerta de su ciudad. "Bien que nosotros les hicimos retroceder hasta la entrada de la puerta" (II S. 11:23); esto es, empujamos al enemigo hasta su propia puerta. El Targum dice que el Mesías dará la victoria a aquellos que salgan a combatir, para traerlos de vuelta en paz a sus propias casas.

9. *¿A quién se enseñará ciencia?* "¿A quién, dicen, enseñará ciencia?" Aquí son introducidos los burladores que se mencionan más adelante (v. 14), profiriendo sus dichos sentenciosos; tratando con menosprecio y ridículo los métodos con que Dios los trata y sus expresiones por medio de los profetas. ¿Qué, dicen, nos trata como niñitos recién destetados? ¿Nos enseña como a niños pequeños, inculcándonos perpetuamente las mismas lecciones elementales, los mismos rudimentos del conocimiento: mandamiento tras mandamiento, línea sobre línea, un poquito aquí, otro poquito allá? —imitando y al mismo tiempo ridiculizando (v. 10) la concisa manera profética. Dios, por su profeta, les devuelve con gran severidad su jactanciosa burla, dándole un sentido muy diferente del que ellos le daban. Sí, dice, en realidad será como vosotros decís; seréis enseñados en una lengua extraña y por labios tartamudos; en un país extranjero; seréis llevados en cautiverio por un pueblo cuyo idioma os será ininteligible y que os veréis obligados a aprender como niños. Y mi trato hacia vosotros será de acuerdo con vuestras propias palabras: será mandamiento tras mandamiento para vuestro castigo; será línea sobre línea, extendidas sobre vosotros para señalar vuestra destrucción (comp. II R. 21:13); caerá sobre vosotros en diferentes ocasiones, y en diferentes grados, hasta que se cumplan cabalmente los juicios con que, de tiempo en tiempo, os he amenazado.

10. *Porque mandamiento tras mandamiento.* El original es notablemente abrupto: *latsav tsav latsav tsav ki; lakav kav lakav lav; sham zeeir sham zeeir.* "Mandamiento a mandamiento, mandamiento a mandamiento. Línea a línea, línea a línea. Un poquito allí, un poquito allí." *Tsav* significa "un pequeño precepto," tal como sería adecuado a la capacidad de un niño (véase el v. 9). *Kav* significa la "línea" que un albañil estira para colocar una hilada de piedras. Después de colocar una hilada levanta la línea y coloca otra hilada; de este modo se completa gradualmente el edificio. Este es el método para enseñar a los niños, dándole la información que con sus limitadas capacidades puede recibir; y así es como el profeta trata a los israelitas.

12. *Este es el reposo.* "Este es el verdadero reposo." El sentido de este versículo es: Dios les había advertido por sus profetas que su salvación y seguridad, la liberación de sus calamidades presentes y de las próximas aprensiones, aún mayores, dependían totalmente de su confianza en Dios, su fe y su obediencia; pero ellos habían rechazado esas advertencias con desprecio y burlas.

15. *Pacto con la muerte.* Haber hecho pacto con la muerte, es una suerte de expresión proverbial que denota perfecta seguridad contra toda clase de males y errores: "Pues aun con las piedras del campo tendrás tu pacto, y las fieras del campo estarán en paz contigo" (Job 5:23). *Pacto tenemos hecho con la muerte, e hicimos convenio con el Seol.* Hemos tenido una "visión"; hemos hecho una "entrevista," hemos dado con una oportunidad y arreglado todos los preliminares. Así habían hecho un pacto con el infierno por medio de un sacrificio diabólico: "Hemos cortado el sacrificio del pacto"; lo dividían para que las partes contratantes pudieran pasar entre la

víctima separada; porque la víctima era dividida exactamente por el medio, y colocándose uno frente al otro los contratantes entraban, uno por el lado de la cabeza y el otro por las patas y, reuniéndose en el centro, hacían el juramento del pacto. De este modo, se sugiere que aquellas malas personas habían hecho un pacto con el *seol*, con los demonios, con quienes habían tenido una entrevista, es decir, se habían encontrado en el sacrificio del pacto. ¡Tal era la altura a que había llegado la idolatría israelita en esa época!

18. *Será anulado vuestro pacto con la muerte.* "Vuestro pacto con la muerte será roto."

20. *La cama será corta.* Un *mashal* o dicho proverbial, cuyo significado es que descubrirán que todos los medios de defensa y protección resultan insuficientes para su seguridad y para encubrirlos de los males que los amenazan.

23. *Estad atentos, y oíd mi voz.* El profeta concluye el discurso anterior, en el que ha reprochado severamente a los judíos amenazándolos con tremendos e inminentes juicios, por sus vicios y su profano menosprecio de las advertencias de Dios por medio de sus mensajeros, con una explicación y defensa del método de Dios para tratar a su pueblo, en una elegante parábola o alegoría, en la cual emplea una variedad de figuras, tomadas todas de la agricultura. Así como el *labrador* emplea diferentes métodos para la preparación de su tierra y en su adaptación a las varias clases de semillas que ha de sembrar, observando debidamente los tiempos y las estaciones; y cuando ha cosechado emplea métodos diferentes para separar el grano de la paja y el tamo, por medio de distintas herramientas, según la naturaleza de las diferentes clases de granos. Así Dios, con infalible sabiduría y estricta justicia, instruye, amonesta y corrige a su pueblo; los alecciona y castiga de diversas maneras, según lo requiera cada caso: ya más moderada, ya más severamente; templando siempre la justicia con misericordia, a fin de reclamar a los impíos, mejorar a los buenos y, finalmente, separar los unos de los otros.

27, 28. Se mencionan aquí cuatro métodos para trillar, con diferentes instrumentos: el "trillo," la "rueda de carreta," el "palo" y la "vara". El palo o mayal se empleaba, dice Jerónimo, cuando se trataba de un grano demasiado tierno para usar otros métodos. El trillo consistía en una serie de fuertes tablas que llevaban debajo incrustadas piedras o trozos de hierro; era arrastrado por caballos o bueyes, y el conductor iba sentado encima. La rueda de carreta era muy semejante al anterior; pero tenía ruedas con dientes de hierro o bordes dentados como una sierra.

CAPITULO 29

Aflicción de Ariel, o Jerusalén, durante la invasión de Senaquerib, aunque con manifiesta alusión a la desgracia aún mayor que sufrió por los romanos (1-4). La desilusión y caída de Senaquerib descritas en términos tan tremendos y terribles como el acontecimiento mismo (5-8). Insensatez e hipocresía de los judíos (9-16). Rechazo de los judíos y llamamiento a los gentiles (17). El capítulo termina con un retorno a los temas favoritos del profeta, a saber, la gran extensión del reino del Mesías en los últimos días, y la futura restauración de Israel (18-24).

El tema de este capítulo y los cuatro siguientes es la invasión de Senaquerib, la gran aflicción de los judíos mientras aquélla continúa; su repentina e inesperada liberación por la inmediata intervención de Dios en su favor; el subsiguiente estado de prosperidad del reino bajo Ezequías; intercalándose severas reprimendas y amenazas de castigo, por su hipocresía, insensatez, infidelidad, falta de confianza en Dios y vana confianza en la ayuda de Egipto; y con promesas de tiempos mejores, tanto inmediatos como en la edad futura.

1. *Ariel.* Es muy cierto que aquí Jerusalén es designada con este nombre; pero la razón del mismo y su significado, al aplicarse a Jerusalén, son muy oscuros y dudosos. Por Ez. 43:15 (hebreo) sabemos que Ari-el era el nombre del altar de los holocaustos, aplicado aquí a la ciudad en la cual estaba dicho altar. En el segundo versículo se dice: "Yo pondré a Ariel en apretura... y será a mí como Ariel." El primer Ariel aquí parece referirse a Jerusalén, que sería puesta en apretura por los asirios; el segundo Ariel parece referirse al altar de los holocaustos. ¿Pero por qué se dice "Ariel me será como Ariel"? Así como el altar de los holocaustos estaba diariamente rodeado por las víctimas que allí se ofrecían, así los muros de Jerusalén estarían rodeados por los cadáveres de aquellos que se habían rebelado contra el Señor, y que serían víctimas de su justicia. La traducción del obispo Lowth parece abarcar ambos significados: "Traeré apretura sobre Ari-el; y será para mí como el hogar del gran altar."

Añadid un año a otro. Irónicamente. Id año tras año, guardad vuestras fiestas solemnes; pero sabed que Dios os castigará por vuestro culto hipócrita, consistente en meras formas desprovistas de verdadera piedad. Probablemente la profecía fuera pronunciada en el momento de alguna gran fiesta, cuando estaban así ocupados.

2. *Será desconsolada y triste.* "Habrá continuo llanto y tristeza," en lugar de vuestro gozo y festividad actual. *Y será a mí como Ariel* —"Y me será como el hogar del gran altar". Esto es, será el asiento del fuego de Dios, el cual saldrá de allí para consumir a sus enemigos. Véase el v. 1. O, tal vez, toda ella en llamas, como cuando fue tomada por los caldeos; o cubierta de cadáveres y sangre,

como cuando fue tomada por los romanos: acontecimientos remotos sobre los cuales, aunque no sean el tema inmediato de la profecía, puede que algo se insinúe en este oscuro pasaje.

4. *Hablarás desde la tierra.* "Desde el polvo emitirás un débil discurso."

5. *La muchedumbre de tus enemigos.* "La muchedumbre de los soberbios."

Los versículos 5, 6 y 7 contienen una admirable descripción de la destrucción del ejército de Senaquerib, con una hermosa variedad de las más expresivas y sublimes figuras: tal vez más propias para mostrar la grandeza, lo repentino y el horror del acontecimiento, que los medios y maneras por los que se realizó. Compárese el cap. 30:30-33.

7. *Como sueño.* Este es el comienzo de la comparación, que continúa y es aplicada en el versículo siguiente. No es que Senaquerib y su ejército sean comparados a un sueño por su repentina desaparición; sino que el desvanecimiento de sus ansiosas esperanzas se compara con lo que le sucede a un hombre hambriento y sediento cuando despierta de un sueño en el cual la fantasía le ha presentado alimentos y bebidas en abundancia, y descubre que no es más que una vana ilusión.

9. *Deteneos y maravillaos.* En un estado de indeterminación mental, hasta que el desbordante azote os arrebate.

13. *Y su temor de mí no es más que un mandamiento de hombres que les ha sido enseñado.* "Y vano es su temor de mí, enseñado mandamientos de hombres."

17. *¿No se convertirá el Líbano ... en campo fructífero?* "El Líbano será como el Carmelo." Un *mashal* o dicho proverbial, que expresa cualquier gran revolución de las cosas; y, cuando se refiere a dos sujetos, un cambio recíproco total. Algunos intérpretes lo explican aquí, y creo que con grandes probabilidades, como referencia principalmente no a las revoluciones entonces cercanas, sino al rechazo de los judíos y el llamamiento a los gentiles. Carmelo aquí se opone a Líbano, y por consiguiente debe ser tomado como nombre propio.

21. *El que reprendía en la puerta.* "El que imploraba en la puerta."

22. *Que redimió a Abraham.* Así como redimió a Abraham de entre los idólatras y obreros de iniquidad, redimirá Dios a los que oyen las palabras del Libro y se humillan delante de El (vrs. 18-19). *A la casa de Jacob* —"El Dios de la casa de Jacob". Leo *El* como nombre, no como preposición. La línea paralela favorece este sentido; y no hay allí advocación a la casa de Jacob que justifique la otra. *Ni su rostro se pondrá pálido* —"Su rostro no será más cubierto de confusión".

23. *Verá a sus hijos, obra de mis manos.* "Cuando sus hijos vean la obra de mis manos."

CAPITULO 30

Los judíos reprobados por su confianza en Egipto (1-7). Amenazados por su obstinada adhesión a esa alianza (8-17). Figuras sumamente elegantes y elevadas con que se presenta hermosamente la intensa gloria del reinado del Mesías en la época en que todo Israel será agregado a la Iglesia (18-26). Terrible caída de Senaquerib y su ejército, acontecimiento manifiestamente típico de la terrible y repentina derrota del Anticristo, ya que, a no ser que se admita esta referencia típica no se puede imaginar una posible conexión entre los estupendos acontecimientos que tuvieron lugar durante el reinado de Ezequías y los muy remotos e inconcebiblemente más gloriosos despliegues de la venganza y la misericordia divinas en los días del Mesías (27-33).

1. *Para cobijarse con cubierta.* "Que ratifican pactos." Heb., "Que vierten una libación." Sacrificios y libaciones eran ceremonias de uso corriente en los tiempos antiguos por la mayoría de las naciones, para la ratificación de pactos; por consiguiente, una libación representa un pacto.

6. *Profecía.* Aquí *massa* parece empleada en su sentido propio de "carga", no de "oráculo" o "profecía". Continúa el mismo tema, y no parece haber lugar aquí para un nuevo título de una profecía distinta. ¿No se relaciona aquí *carga de las bestias del Neguev* con los presentes enviados por el rey de Israel, Oseas, al sur, a Egipto, para comprometer la ayuda del rey de Egipto contra el rey de Asiria?

Por tierra de tribulación y de angustia. Se habla aquí de los mismos desiertos que los israelitas atravesaron cuando salieron de Egipto y que Moisés describe (Dt. 8:15) como "un desierto grande y espantoso, lleno de serpientes ardientes y de escorpiones, y de sed, donde no había agua". El cual estaba destinado a ser una especie de barrera entre ellos y Egipto, sobre lo cual había dicho el Señor: "No volváis nunca por este camino" (Dt. 17:16).

7. *Su fortaleza sería estarse quietos.* "Rahab la inactiva."

8. *Eternamente y para siempre.* "Por testimonio eterno."

13. *Grieta ... en una pared elevada.* Ya se ha observado antes que los edificios en Asia generalmente consisten en poco más que lo que llamaríamos paredes de barro.

17. *A la amenaza de cinco huiréis vosotros todos.* "A la amenaza de cinco huiréis diez mil de vosotros." En la segunda línea de este versículo se ha omitido manifiestamente una palabra que corresponda al *millar* de la primera. ¿Cómo podría perseguir uno a mil, y dos hacer huir a diez mil? (Dt. 32:30). "Cinco de vosotros perseguirán a ciento, y ciento de vosotros perseguirán a diez mil" (Lv. 26:8).

18. *Y por tanto, será exaltado.* "Aun para esto aguardará en silencio."

19. *Ciertamente el pueblo morará en Sion.* "Cuando un pueblo santo habite en Sion." La

palabra *kadosh*, perdida del texto, pero felizmente restaurada por la Septuaginta, aclara el sentido, de otro modo sumamente oscuro. Cuando el resto de las ciudades de la tierra fueron tomadas por el rey de Asiria, Sion fue preservada, junto con todo lo que había en ella. *Nunca más llorarás* —"Le implorarás llorando".

22. *Las apartarás como trapo asqueroso.* "Las tratarás como impuras." La misma prohibición de Moisés (Dt. 7:25), sólo que vertida de la prosa a la forma poética.

25. *Cuando caerán las torres.* "Cuando caerán los poderosos."

26. *Siete veces mayor.* El texto agrega "como la luz de siete días," una glosa manifiestamente tomada del margen; no se encuentra en la mayor parte de las copias de la Septuaginta. Interrumpe la construcción rítmica y oscurece el sentido con una interpretación falsa, o al menos innecesaria. *Luna, sol y luz* han de interpretarse como símbolos de la abundancia de felicidad temporal y espiritual, con la cual Dios los bendeciría en los días del Mesías, la cual sería siete veces mayor, es decir, excedería en mucho a todo lo que antes habían poseído.

28. *Para zarandear a las naciones con criba de destrucción.* Kimchi da la siguiente explicación: "*naphah* es una criba con la cual aventaban el trigo; y su utilidad es limpiarlo de la paja y el tamo; pero la criba con que Dios zarandeará al mundo será la criba de vacío o perdición; porque no quedará nada útil, sino que todo se reducirá a nada y perecerá. De la misma manera el freno está destinado a guiar al caballo por el camino correcto; pero el freno que Dios pondrá en las mandíbulas del pueblo no los dirigirá rectamente, sino que los hará errar o los llevará a la destrucción".

30. *Jehová hará oír su potente voz.* Kimchi interpreta eso como una referencia a la gran destrucción del ejército asirio por el ángel del Señor. *Que hirió con vara.* "El que estaba pronto a herir con su bastón."

32. *Con panderos y con arpas.* Con toda demostración de alegría y acción de gracias por la destrucción del enemigo en forma tan maravillosa: con himnos de alabanza, acompañados por instrumentos musicales. Véase el v. 29.

33. *Porque Tofet ... está dispuesto.* Tofet es un valle muy cerca de Jerusalén, hacia el sudeste, llamado también valle de Hinón o Gehena; allí los cananeos, y después los israelitas, sacrificaban sus hijos, haciéndolos pasar por el fuego, es decir, quemándolos en fuego en homenaje a Moloc, como algunos suponen. Se usa por consiguiente con el significado de lugar de castigo por fuego, y nuestro bendito Salvador en el evangelio lo usa para indicar el fuego del infierno, como los mismos judíos lo habían aplicado. Aquí

se llama Tofet al lugar en que fue derrotado el ejército asirio, por metonimia.

CAPITULO 31

Los judíos son nuevamente reprendidos por su confianza en Egipto, que se contrasta bellamente con su descuido del poder y la protección de Dios (1-3). No obstante, se promete liberación y restauración, expresadas por dos símiles; el primero notablemente elevado y poético, el segundo singularmente hermoso y tierno (4, 5). Exhortación al arrepentimiento, unida a la predicción de un período más reformado (6, 7). Este capítulo concluye como el anterior, con una profecía de la caída de Senaquerib (8, 9).

1. *¡Ay de los que descienden a Egipto!* Esta es una represión a los israelitas por formar alianza con los egipcios y no confiar en el Señor.

3. *Caerá el ayudador* (los egipcios) *y caerá el ayudado* (los israelitas).

5. *Salvando.* "Saltando adelante." La mayoría de los intérpretes ven en este lugar una alusión a la liberación que Dios concedió a su pueblo cuando destruyó a los primogénitos de los egipcios, y eximió a los de los israelitas que vivían entre ellos mediante una intervención particular. Aquí se usa la misma palabra que en aquella ocasión, y que dio nombre a la fiesta instituida en conmemoración de aquella liberación, *pesach*. Pero la dificultad está en reconciliar el significado comúnmente aceptado de esta palabra con las circunstancias de la similitud empleada aquí para ilustrar la liberación presentada como paralela a la liberación de Egipto.

El significado común de la palabra *pasach* en otras ocasiones es "renguear, ser cojo, saltar," como en una manera ruda de danzar (como lo hacían los profetas de Baal, I R. 18:26) todo lo cual concuerda muy bien; porque el andar de una persona coja es un perpetuo saltar hacia adelante, echándose de la pierna débil sobre la más fuerte. La noción común del paso de Dios sobre las casas de los israelitas es que al recorrer la tierra de Egipto para matar a los primogénitos, al ver la sangre en las puertas de las casas de los israelitas, pasó de largo o salteó esas casas y evitó herirlas. Pero si se consideran las palabras del historiador sagrado, en que describe explícitamente la acción, se verá claramente que no es ésa la noción precisa: "Porque Jehová pasará hiriendo a los egipcios; y cuando vea la sangre en el umbral y en los dos postes, pasará Jehová aquella puerta y no dejará entrar al heridor en vuestras casas para herir" (Ex. 12:23). Aquí hay evidentemente dos agentes, con lo cual no se concilia la noción de pasar por alto, pues ésta supone un solo agente. Los dos agentes son el ángel heridor que pasa para herir todas las casas, y Jehová, el Protector, que va a su lado, el cual, al ver la puerta de un israelita marcada con la sangre, *salta hacia adelante*. Con un movimiento repentino se lanza al paso del ángel destructor y cubre y protege esa casa contra su acción, no dejándolo que la hiera. En esta forma de considerar la acción, la hermosa similitud del ave que protege su nidada responde exactamente a la aplicación por la alusión a la liberación de Egipto. Así como el ave extiende sus alas para cubrir a sus polluelos, se arroja delante de ellos y se opone al ave de rapiña que los asalta, Jehová protege, como con un escudo, a Jerusalén del enemigo, protegiéndola y librándola, saltando adelante y rescatándola.

6. *Se rebelaron profundamente.* "Se han comprometido profundamente en rebelión."

7. *Que para vosotros han hecho vuestras manos pecadoras.* "El pecado, que sus propias manos han hecho."

8. *Entonces caerá Asiria.* Porque habría de ser derrotada por el ángel del Señor, destruyendo en su campamento, en una noche, más de ciento ochenta mil hombres; y el propio Senaquerib cayó a manos de sus príncipes, sus propios hijos. No hombres poderosos, porque no eran soldados; ni hombres insignificantes, pues eran príncipes.

CAPITULO 32

Profecía de gran prosperidad bajo Ezequías; pero, en su sentido más elevado, aplicable a Cristo (1-8). Descripción de inminentes calamidades (9-14). Rechazo de los judíos y llamamiento de los gentiles (15). La futura prosperidad de la Iglesia (16-20).

1. *He aquí que para justicia reinará un rey.* Si el rey Ezequías era un tipo de Cristo, esta profecía podría referirse a su época; por lo demás, parece tener en vista primeramente a Ezequías. Es evidente, sin embargo, que en el sentido más cabal estas palabras no pueden ser aplicadas a ningún hombre; sólo Dios puede hacer todo lo que aquí se promete.

2. *Como sombra de gran peñasco.* La sombra de un gran peñasco que se proyecta es lo más refrescante que es posible en una región cálida, no sólo porque excluye perfectamente los rayos del sol, sino también porque tiene en sí una frescura natural que se refleja y comunica a todo lo que la rodea.

3. *No se ofuscarán entonces los ojos de los que ven.* "Y lo contemplarán los ojos de los que ven."

5. *El ruin —nabal,* el tipo bien alimentado, poco inteligente, que come para vivir y vive para comer; que no se desprende de nada y cuando da algo lo da de mala gana y gruñendo. *Generoso —nadib;* el hombre liberal, dadivoso. *El tramposo —kilai;* el hombre avaro, que pasa hambre en medio de su abundancia y no utiliza lo que necesita por miedo a que disminuya su provisión. Este difiere del *nabal,* quien come hasta el hartazgo, sin pensar

en los demás; como el hombre rico del evangelio. El avaro es llamado *kilai,* de *ki,* "para" y *li,* "mí mismo"; o contracción de *col,* "todo" y *li,* "a mí mismo": todo es mío; todo lo que tengo me pertenece; y todo lo que puedo conseguir es para mí. *Espléndido —shoa,* el que es rico en abundancia; que se goza en su opulencia y trata a los desposeídos con liberalidad.

6. *El ruin hablará ruindades.* "El insensato seguirá diciendo insensateces."

7. *Las armas del tramposo son malas.* "En cuanto al ruin, sus instrumentos son malos." Sus maquinaciones, sus designios. *Para hablar en juicio contra el pobre —*"Para refutar las afirmaciones del pobre en el juicio".

9. Desde este versículo hasta el final del catorce, parece estar predicha la desolación de Judea por los caldeos.

12. *Lamentarán por los campos deleitosos.* "Lamentad por los campos deleitosos."

13. *Subirán espinos y cardos.* "El espino y el cardo subirán." La descripción de inminente ruina que empieza en el v. 13 no corresponde a la época de la invasión de Senaquerib, de la cual pronto serían liberados. Debe extenderse al menos hasta la destrucción del país y la ciudad por los caldeos. Y la promesa de bendición que sigue no sería cumplida bajo la dispensación mosaica; pertenece al reino del Mesías. Compárese el v. 15 con el cap. 29:17.

14. *Las . . . fortalezas.* "Ofel." Una parte del monte Sion, que se elevaba por encima de las demás, en el extremo oriental, cerca del templo, un poco hacia el sur de éste; en Miqueas (4:8) se la llama "fortaleza de la hija de Sion". Era naturalmente fuerte por su situación, y tenía su propia muralla, que la separaba del resto de Sion.

17. *El efecto de la justicia.* La justicia obra y produce paz.

19. *La ciudad será del todo abatida.* Probablemente Nínive o Babilonia; el sentido de este versículo es muy oscuro.

20. *Los que sembráis junto a todas las aguas.* "Los que sembráis vuestra semilla en todo lugar bien regado."

CAPITULO 33

Este capítulo contiene la continuación de la profecía referente a Senaquerib. El profeta se dirige al monarca asirio (1-4). Los judíos reconocen la misericordia y el poder de Dios (5, 6). Aflicción y desesperación de los judíos ante la aproximación de Senaquerib (7-9). Promesa de liberación (10-13). Terribles aprensiones de los impíos y seguridad de los justos (14-17). La seguridad de los judíos durante el reinado de Ezequías, y desgraciada condición de Senaquerib y su ejército (18-24).

El plan de la profecía continuada en este capítulo, que es manifiestamente diferente de lo anterior, es particularmente elegante. Para entenderlo en su verdadero sentido sería necesario señalar las transiciones de una a otra de sus partes.

En el v. 1 el profeta se dirige a Senaquerib, expresándole la injusticia de sus ambiciosos designios, y el repentino fracaso de los mismos.

En el v. 2 aparecen los judíos presentando a Dios ardientes súplicas en su presente y lamentable condición.

En los vrs. 3 y 4 el profeta en nombre de Dios, o más bien Dios mismo, se dirige a Senaquerib, amenazándolo con la derrota, a pesar del terror que ha provocado en los países invadidos.

En los vrs. 5 y 6 se introduce un coro de judíos que reconoce la misericordia y el poder de Dios que ha tomado su defensa; exaltándolo en directa oposición al jactancioso poder de sus enemigos, y celebrando la sabiduría y piedad de su rey, Ezequías, que ha puesto su confianza en el favor de Dios.

Luego sigue, en los vrs. 7, 8 y 9, una descripción de la aflicción y desesperación de los judíos, ante la marcha del rey de Asiria contra Jerusalén y el envío de sus exigencias de rendición, después de haber hecho un tratado con Ezequías por el cual éste debía pagarle, como le pagó, trescientos talentos de plata y treinta talentos de oro (II R. 18:14-16).

En el v. 10 nuevamente es introducido Dios mismo, quien declara que se interpondrá en este crítico estado de cosas, y frustrará los vanos designios de los enemigos de su pueblo, derrotándolos y consumiéndolos totalmente.

Luego sigue (vrs. 11-22) todavía en la persona de Dios, la cual finalmente se vuelca en la del profeta, una descripción de las terribles aprensiones de los impíos en esos tiempos de aflicción y peligro inminente; contrastadas finalmente con la confianza y seguridad de los justos y su confianza en las promesas de Dios que será su fortaleza y protector invariable.

Todo concluye, en la persona del profeta, con una descripción de la seguridad de los judíos bajo la protección de Dios, y del calamitoso estado de Senaquerib y su ejército, totalmente derrotado y expuesto a ser hollado aun por el más débil de los enemigos.

1. *Que haces deslealtad.* "Saqueas." *Cuando acabes de hacer deslealtad* —"Cuando estés cansado de saquear".

2. *Tú, brazo de ellos en la mañana.* "Sé nuestra fortaleza cada mañana."

3. *A la voz del estruendo.* "De tu terrible voz."

6. *Su tesoro.* "Tu tesoro."

7. *Sus embajadores darán voces afuera.* "Los hombres fuertes levantan una atroz gritería."

9. *Basán y el Carmelo fueron sacudi-*

dos. "Basán y el Carmelo son despojados de su hermosura."

11. *El soplo de vuestro fuego.* "Y mi espíritu."

14. *Los pecadores se asombraron en Sion.* Sion ha sido considerada generalmente como un tipo de la Iglesia de Dios. Todos los miembros de la Iglesia de Dios debieran ser santos, y dados a buenas obras; por consiguiente, los pecadores en Sion son seres ominosos... ¿pero dónde no los hay?

18. *¿Qué es del escriba?* La persona designada por el rey de Asiria para estimar su número y propiedades a los efectos de imponerles pesados tributos. *¿Qué del pesador del tributo?* El que tenía que cobrarlo. *¿Qué del que pone en lista las casas más insignes* (VM., *Las torres*)? Esto es, el comandante de las fuerzas enemigas, que revisaba las fortificaciones de la ciudad y tomaba nota de la altura, fuerza y situación de las murallas y torres, para saber dónde lanzar el asalto con más ventaja.

20. *Mira a Sion.* "Verás a Sion."

23. *Tus cuerdas se aflojaron.* Aquí se representa a los asirios bajo la figura de un buque que ha naufragado en una violenta tempestad; y en la orilla la gente —jóvenes, ancianos, débiles, inválidos— recogiendo los despojos sin que nadie se lo impida. *Su mástil* —"tu mástil".

24. *No dirá el morador.* Este versículo es un tanto oscuro. Su significado parece ser que el ejército de Senaquerib, por la acción fulminante de Dios, sería reducido a tal estado de desconcierto y debilidad que los judíos caerían sobre sus restos y los saquearían sin hallar resistencia; que los más achacosos y desposeídos de los habitantes de Jerusalén acudirán en busca de su parte del botín; los cojos arrebatarán el botín; aun los enfermos y los desvalidos dejarán de lado sus dolencias y recuperarán suficientes fuerzas para correr al saqueo general.

La última línea del versículo es paralela a la primera y expresa el mismo sentido con otras palabras. Siendo considerada la enfermedad como un castigo de Dios por el pecado, el perdón del pecado equivale a la eliminación de una enfermedad. "El es quien perdona todas tus iniquidades, el que sana todas tus dolencias" (Sal. 103:3).

Creo que por la historia de este gran acontecimiento que da el mismo profeta, podemos colegir que esta profecía se cumplió exactamente. Es evidente que Ezequías, por su tratado con Senaquerib en virtud del cual debió pagarle trescientos talentos de plata y treinta talentos de oro, se había despojado de todo su tesoro. No sólo le dio toda la plata y el oro que tenía en su propio tesoro y en el del templo, sino que se vio obligado a desprender de las puertas y pilares del templo el oro con que él mismo los había recamado, para satisfacer las exigencias del rey de Asiria; pero después de la destrucción del ejército asirio hallamos que tuvo "riquezas y gloria, muchas en gran manera; y adquirió tesoros de plata y oro, piedras preciosas, etc." (II Cr. 32:27). Fue tan rico, que por orgullo y vanidad exhibió su riqueza ante los embajadores de Babilonia. Esto sólo puede explicarse como resultado del prodigioso botín que se tomó cuando la destrucción del ejército asirio. De este modo, por la providencia de Dios, recuperó las riquezas de que había sido despojado.

CAPITULO 34

El profeta exhorta ardientemente a todas las naciones a atender la comunicación que ha recibido de Jehová, pues el asunto es de suma importancia y de interés universal (1). Se anuncia la ira de Dios contra todas las naciones que habían provocado al defensor de la causa de Sion (2, 3). Gran aglomeración de imágenes por medio de la cual se presentan en forma impresionante la derrota final y el completo exterminio de todo lo que se oponga a la difusión de la verdadera religión en la tierra; figuras tan atrevidas y expresivas que hacen imposible, sin hacer gran violencia al lenguaje simbólico, restringir su pertinencia a las calamidades que cayeron sobre los edomitas en el reinado de Nabucodonosor, o en el de cualquier otro potentado, o aun a las calamidades que los enemigos de la Iglesia han sufrido desde la entrega de la profecía. Edom, por consiguiente, debe ser un tipo del Anticristo, el último gran adversario del pueblo de Dios; y en consecuencia esta tremenda profecía, en su significación última, todavía no se ha cumplido (4-15). Se ordena a las iglesias de Dios, en el período de la consumación, que consulten el libro de Jehová y noten el exacto cumplimiento de estas terribles predicciones en sus más mínimos detalles. No fallará ni una jota ni un tilde, aun de las circunstancias simbolizadas por los animales impuros; porque lo que la boca del Señor haya dispuesto necesario para satisfacer la justicia divina, su Espíritu lo cumplirá (16, 17).

Este capítulo y el siguiente constituyen una profecía distinta; todo un hermoso poema regular, consistente en dos partes, la primera, conteniendo un anuncio de la venganza divina contra los enemigos del pueblo o la Iglesia de Dios; la segunda, describiendo el estado floreciente de la Iglesia a continuación de la ejecución de estos juicios. El acontecimiento que se predice se representa como de suma importancia, y de interés universal: se convoca a todas las naciones a asistir a su declaración; y se anuncia la ira de Dios contra todas las naciones, es decir, todas aquellas que han provocado a ira al Defensor de Sion. Entre éstas se especifica particularmente a Edom. La principal provocación de Edom había sido al insultar a los judíos en su desventura, y unirse contra ellos con sus enemigos, los caldeos (véase Am. 1:11; Ez. 25:12; 35:15; Sal. 137:7). En consecuencia, los edomitas fueron, junto con el resto de las naciones vecinas, saqueados y asolados por Nabucodonosor (véase Jer. 25:15-26; Mal. 1:3-4). La devastación general a que Nabucodonosor sometió a todos esos pueblos puede ser el acontecimiento que el profeta tuvo en vista en primer término en el capítulo treinta

y cuatro; pero este acontecimiento, hasta donde tenemos algún relato en la historia, parece no estar a la altura de la profecía ni justificar una descripción tan terrible y tan elaborada; y no es fácil descubrir qué relación puede tener el estado sumamente floreciente del pueblo de Dios, que se describe en el capítulo siguiente, con estos acontecimientos, y cómo lo anterior puede ser consecuencia de lo posterior, como aquí parecería ser. Mediante una figura muy común en los escritos proféticos, cualquier ciudad o pueblo especialmente señalado como enemigo de Dios, representa a esos enemigos en general. Eso parece ser lo que aquí significan Edom y Bosra. Por consiguiente, parece razonable suponer, con muchos eruditos expositores, que esta profecía tiene una proyección hacia acontecimientos aun futuros, a algunas grandes revoluciones que tendrán lugar en tiempos posteriores, precursoras e introductoras de ese estado más perfecto del reino de Dios sobre la tierra, cuya esperanza nos garantizan las Sagradas Escrituras.

En cuanto al capítulo 35, todas sus partes evidencian que tiene en vista algo más allá de lo que pudieran ser las consecuencias inmediatas de aquellos acontecimientos; especialmente su parte media, los vrs. 5-6, donde se especifican con tanta claridad las obras milagrosas realizadas por nuestro bendito Salvador, que no podemos evitar el aplicarlo a ellas; y nuestro mismo Salvador además, se refirió, claramente a este mismo pasaje, aplicándolo a El y sus obras (Mt. 11:4-5). A los discípulos de Juan les dijo que fueran e informaran a su maestro de las cosas que habían visto y oído: que los ciegos recibían la vista, los cojos caminaban y los sordos oían; para que él formara sus conclusiones en respuesta a su pregunta, si el que obraba las obras que los profetas habían predicho serían realizadas por el Mesías, no sería en realidad el propio Mesías. ¿Y dónde indica ninguno de los profetas estas cosas claramente como en este lugar? ¿Y cómo podrían ser indicadas más claramente? Y a éstas nos dirige la interpretación estrictamente literal de las palabras del profeta. Según la interpretación alegórica, puede que tuvieran un alcance más lejano: esta parte de la profecía puede ser paralela a la anterior y relacionarse con el futuro advenimiento de Cristo; con la conversión de los judíos y la restauración de su tierra; con la extensión y purificación de la fe cristiana; acontecimientos predichos en las Sagradas Escrituras como preparatorios para ello.

5. *Porque en los cielos se embriagará mi espada.* "Porque en los cielos se desnuda mi espada."

6. *Porque Jehová tiene sacrificios.* "Porque Jehová celebró un sacrificio." Ezequiel (39:16-17) evidentemente ha imitado este lugar de Isaías. Ha presentado los grandes dirigentes y príncipes de las potencias adversas bajo los mismos símbolos de cabras, toros,

carneros, cebados y ha aumentado la osadía del cuadro al presentar a Dios convocando a todas las aves del aire y las bestias del campo, y ordenándoles que participen del festín que él les ha preparado con la matanza de los enemigos de su pueblo.

El sublime autor de Ap. 19:17-18 ha tomado esta imagen de Ezequiel más bien que de Isaías.

7. *Caerán búfalos. Reemin,* que el obispo Lowth traduce "cabras salvajes".

8. *Año de retribuciones en el pleito de Sion.* "El año de la recompensa para el defensor de la causa de Sion."

13. *Patio para los pollos de los avestruces. Yaanah,* de *anah,* "gritar," debido al ruido que hacen.

CAPITULO 35

Floreciente estado de la Iglesia de Dios posteriormente a los terribles juicios predichos en el capítulo anterior. Las figuras empleadas en la descripción son tan consoladoras y sublimes que nos obligan a posponer su cumplimiento hasta aquel período de la dispensación del evangelio en que el Mesías asumirá su gran poder y su reino. Los versículos 5 y 6 fueron cumplidos literalmente por nuestro Salvador y sus apóstoles; pero el contexto permite apreciar con toda claridad que el lenguaje empleado por el profeta no se refiere solamente a los milagros obrados en el siglo I. Por lo tanto, tienen una aplicación más lejana; y son contemporáneos, o más bien consecuencia de los juicios de Dios sobre los enemigos de la Iglesia en los últimos tiempos; y por consiguiente se relacionan con la gran influencia y extensión de la fe cristiana, la conversión de los judíos, su restauración a su propia tierra, y la segunda venida de Cristo. Muchas de las imágenes de este capítulo parecen tomadas del éxodo de Egipto; pero está animado por la vida, los sentimientos y las pasiones atribuidas a los objetos inanimados; el regocijo de toda la naturaleza por la liberación del pueblo de Dios, y su aplicación en forma tan inusitada a servirlo y auxiliarlo están representados en tal forma que inducen a algunos comentaristas a extender el significado de la profecía a la bienaventuranza de los santos en el cielo (1-10).

Los diversos milagros que nuestro Señor realizó son el mejor comentario de este capítulo, que predice esas obras maravillosas y el glorioso estado de la iglesia cristiana.

2. *También se alegrará y cantará con júbilo.* "La bien regada llanura del Jordán también se alegrará."

7. *El lugar seco.* "La arena centelleante." La centelleante llanura arenosa que en los países cálidos a la distancia tiene la apariencia de agua.

9. *Para que caminen los redimidos. Geulim.* Aquellos cuya perdida herencia ha sido recuperada por el "pariente," *goel.* Esto ha sido considerado por todos los teólogos ortodoxos como una referencia a la encarnación de nuestro Señor y su ofrenda cruenta.

10. *Los redimidos. Peduyey,* de *padah,* "redimir pagando un precio". Aquellos por quienes fue pagado un precio para redimirlos de la esclavitud y de la muerte.

CAPITULO 36

Senaquerib, rey de Asiria, viene contra Judá y toma todas las ciudades fortificadas (1). Después envía un gran ejército contra Jerusalén, y su general Rabsaces envía a Ezequías un mensaje insultante y blasfemo (2-20). Ezequías y su pueblo se afligen grandemente por las palabras de Rabsaces (21, 22).

La historia de la invasión de Senaquerib y la destrucción milagrosa de su ejército, que constituye el tema de tantas de las profecías de Isaías, está acertadamente insertada aquí por proporcionar la mejor luz sobre esas profecías, y por ser casi necesaria para introducir la profecía del capítulo 37, que es la respuesta a la oración de Ezequías, que sin ella no podría ser adecuadamente entendida. Hallamos el mismo relato en II Reyes, capítulos 18, 19 y 20; estos capítulos de Isaías (36, 37, 38 y 39) son en su mayor parte (con excepción solamente del relato de la enfermedad de Ezequías) una copia diferente de esa narración.

3. *Y salió a él.* Antes de estas palabras la otra copia (II R. 18:18) agrega: "Llamaron luego al rey."

5. *Yo digo.* "Tú has dicho." *No son más que palabras vacías* —"Una palabra de los labios". Hablas de consejos, pero no tienes ninguno; acerca de fortaleza, pero careces de ella.

6. *Báculo de caña frágil.* Un aliado débil e infiel. *Se le entrará por la mano, y la atravesará.* Exigirá subsidio tras subsidio y no hará nada.

7. *Delante de este altar adoraréis.* "Delante de este sólo altar adoraréis." Véase II Cr. 32:12.

10. *¿Acaso vine . . . sin Jehová?* Probablemente algún sacerdote israelita apóstata hubiera incitado al rey de Asiria diciéndole que Jehová le había dado una misión contra Jerusalén.

17. *Y de viñas.* La otra copia (II R. 18:32) agrega: "tierra de olivas, de aceite y de miel; y viviréis, y no moriréis. No oigáis a Ezequías, porque os engaña".

CAPITULO 37

Ezequías, muy afligido, envía recado a Isaías el profeta para que ore por él (1-4). Isaías le envía una respuesta tranquilizadora y predice la destrucción del rey de Asiria y su ejército (5-7). Senaquerib, oyendo que su reino ha sido invadido por los etíopes, envía una carta terrible a Ezequías, para inducirlo a rendirse (9-13). Ezequías va al templo, extiende la carta delante del Señor, y hace una tocante oración (14-20). Isaías es enviado a asegurarle que su oración es oída; que Jerusalén será liberada y que los asirios serán destruidos (21-35). Esa misma noche un mensajero de Dios mata a ciento ochenta y cinco mil asirios (36). Senaquerib regresa a Nínive, y es muerto por sus propios hijos (37, 38).

6. *Diréis así.* "Así (explícita, ardiente y positivamente) diréis." El paragógico *nun* profundiza y acrecienta el significado.

8. *Vuelto, pues, el Rabsaces.* Por 36:2 sabemos que el rey de Asiria había enviado a Rabsaces de Laquis a Jerusalén; ahora bien, es probable que Rabsaces hubiera sitiado aquel lugar, y que el rey de Asiria se hubiera apostado delante de esa ciudad, despachando a Rabsaces contra Jerusalén. Pero, como en este versículo se dice que "se había apartado de Laquis," probablemente hubiera sido obligado a levantar el sitio, asentando delante de *Libna*, que prometía una conquista más fácil.

9. *Oyendo decir de Tirhaca rey de Etiopía.* Cuando oyó que Tirhaca, rey de Etiopía, había salido contra él, envió el blasfemo manifiesto contenido en los vrs. 10-13, para amedrentar a Ezequías y obligarlo a rendirse.

20. *Que sólo tú eres Jehová.* "Que tú, Jehová, eres el único Dios." La palabra *Elohim*, "Dios," falta aquí en el texto hebreo, pero se ha conservado en la otra copia (II R. 19:19).

25. *Las aguas.* "Aguas extrañas." La palabra *zarim*, "extrañas" se ha perdido en este lugar del texto hebreo, pero está en la otra copia. *Con las pisadas de mis pies.* Con mi "infantería". *Todos los ríos de Egipto* —"Todos los canales de los lugares fortificados". Las principales ciudades de Egipto, escenario de sus últimas hazañas, estaban defendidas principalmente por profundos fosos, canales o grandes lagos artificiales, que las rodeaban.

26. *Para reducir las ciudades fortificadas a montones de escombros.* "Devastar naciones guerreras, ciudades fortificadas."

CAPITULO 38

Relato de la grave enfermedad de Ezequías y su milagrosa curación (1-9). Tierno y hermoso cántico de acción de gracias en el cual este piadoso rey exhaló los sentimientos de un corazón agradecido, cuando su vida fue restaurada. Esta oda puede ser adaptada a otros casos; y siempre proporcionará provecho y placer a aquellos que no estén desprovistos de sentimiento y piedad (10-22).

El relato de este capítulo parece ser en algunas partes una condensación del de II Reyes 20. El condensador, después de haber terminado su extracto con el v. 11, parece haber advertido que para completar el relato faltaban los vrs. 7 y 8 de II Reyes 20; entonces los agregó al final del capítulo, después del cántico de Ezequías.

6. *A esta ciudad ampararé.* La otra copia (II R. 20:6) agrega: "por amor a mí mismo, y por amor a David mi siervo"; sin esto, la sentencia parece algo abrupta.

9. *Escritura de Ezequías.* Aquí el libro de Reyes nos abandona, pues no contiene el canto de Ezequías.

12. *Mi morada ... ha sido traspasada de mí, como tienda de pastor.* Seré removido de este estado a otro, como un pastor lleva su tienda de un lugar a otro por causa de su rebaño. *Como tejedor corté mi vida* —"Mi vida es cortada como por el tejedor".

13. *Contaba yo hasta la mañana, etc.* "Rugía yo hasta la mañana como el león."

14. *Fortaléceme.* "Contiende por mí."

15. *Andaré humildemente todos mis años, a causa de aquella amargura de mi alma* —"Por el resto de mis años reflexionaré sobre esta amargura de mi alma".

16. *Por todas estas cosas los hombres vivirán.* "Por esta causa será declarado."

17. *Amargura grande me sobrevino en la paz.* "Mi angustia se ha cambiado en tranquilidad."

21. *Tomen masa de higos.* Al efectuar esta cura milagrosa, plugo a Dios ordenar el uso de medios no impropios para ese fin.

CAPITULO 39

El monarca babilonio envía cartas de felicitación y un presente a Ezequías, por haberse recuperado de su grave enfermedad (1). El rey de Judá muestra a los mensajeros de Merodac-baladán todos los tesoros de su casa y de su reino (2). El profeta aprovecha esta ostentosa exhibición del rey para predecir la cautividad de la familia real y del pueblo, por los babilonios (3-8).

8. *Y dijo Ezequías.* La naturaleza de la falta de Ezequías y su humillación ante el mensaje de Dios que le dio el profeta, están presentados más explícitamente por el autor de Crónicas: "Mas Ezequías no correspondió al bien que le había sido hecho, sino que se enalteció su corazón, y vino la ira contra él, y contra Judá y Jerusalén. Pero Ezequías, después de haberse enaltecido su corazón, se humilló, él y los moradores de Jerusalén; y no vino sobre ellos la ira de Jehová en los días de Ezequías. Y fue prosperado Ezequías en todo lo que hizo. Mas en lo referente a los mensajeros de los príncipes de Babilonia, que enviaron a él para saber del prodigio que había acontecido en el país, Dios lo dejó, para probarle, para hacer conocer todo lo que estaba en su corazón" (II Cr. 32:25-26, 30-31).

Haya paz y seguridad en mis días. Pienso que estas palabras debieran interpretarse más bien como una humilde pregunta del rey, dirigida al profeta: "¿Habrá paz, *shalom*, y seguridad en mis días? ¿Escaparé al mal que predices?" Entendidas de otra manera, manifiestan una lamentable despreocupación tanto por su propia familia como por la nación. Esta es la opinión que he tomado del pasaje de II R. 20:19.

CAPITULO 40

En este capítulo el profeta aborda con gran fuerza y galanura el tema de la restauración de la Iglesia; declarando el mandamiento de Dios a sus mensajeros los profetas, de consolar a su pueblo en cautiverio e impartirle las gratas nuevas de que el tiempo del favor y la liberación estaba cerca (1, 2). Acto seguido es introducido un heraldo que, como era corriente en la marcha de los monarcas orientales, ordena eliminar todos los obstáculos y preparar el camino para el retorno a su propia tierra (3-5). El Nuevo Testamento, sin embargo, nos autoriza a aplicar las mismas palabras a la inauguración de la dispensación del evangelio. En consecuencia, este tema, una vez presentado, es atendido principalmente en la secuela. Esto el profeta nos lo anuncia introduciendo una voz que ordena otra proclamación, que aparta nuestra atención de todas las cosas temporales y pasajeras hacia las cosas espirituales y eternas del evangelio (6-11). Y para eliminar todo obstáculo del camino de la profecía, en cualquier sentido, se extiende sobre el poder y la sabiduría de Dios, como Creador y Dispensador de todo. Es imposible leer esta descripción de Dios, la más sublime que se ha escrito jamás, sin ser sobrecogidos por una indecible reverencia y humillación. El contraste entre el gran Jehová y todo lo que en este mundo es considerado grande, es algo admirablemente imaginado y exquisitamente terminado. ¡Qué átomos e insignificancias son todas las cosas delante de AQUEL que está sentado en el círculo inmenso de los cielos y ve a los potentados de la tierra como langostas —esos pobres insectos que vagan por los yermos matorrales en busca de sustento, pasan el día en continuos chirridos, y durante la noche se alojan humildemente en una hoja de hierba ... (12-26)! El profeta concluye con una muy confortable aplicación del total, mostrando que todo ese infinito poder e insondable sabiduría están incansable y permanentemente empeñados en fortalecer, consolar y salvar a su pueblo (27-31).

La totalidad de las profecías que siguen, desde aquí hasta el final del libro, y que tomadas en conjunto constituyen la parte más galana de los sagrados escritos del Antiguo Testamento, y en las cuales están intercalados asimismo muchos pasajes de suprema sublimidad, probablemente fue pronunciada en la parte final del reinado de Ezequías. En el capítulo anterior, el profeta había entregado una declaración muy explícita de la inminente disolución del reino, y del cautiverio de la real casa de David y del pueblo, bajo los reyes de Babilonia. Como el tema de las profecías que siguen iba a ser principalmente de índole consoladora, comienza con una promesa de restauración del reino y retorno del pueblo del cautiverio, por la misericordiosa intervención de Dios en su favor. Pero los conceptos del profeta no se limitan a este acontecimiento. Como la restauración de la familia real y de la tribu de Judá, que de otro modo pronto se habrían tornado indistintas y se habrían perdido irremediablemente, era necesaria en los designios y el orden de la Providencia, para el cumplimiento de la promesa divina del establecimiento de un reino más glorioso y perdurable, bajo el Mesías que nacería de la tribu de Judá y de la familia de David, el profeta relaciona entre sí estos dos acontecimientos, y apenas si trata el primero sin lanzar alguna insinuación del segundo; y a veces está tan totalmente poseído por las glorias del reino futuro y más remoto, que parece dejar el tema más inmediato casi fuera de la cuestión.

No tengo la menor duda de que el retorno de los judíos de la cautividad de Babilonia es la primera cosa, aunque no la principal, en la mente del profeta. La redención de Babilonia está claramente predicha, y al mismo tiempo está empleada como una figura para simbolizar una redención de naturaleza infinitamente superior y más importante.

Sin embargo, por más que este sentido literal sea obvio y claro como creo que lo es, tenemos la irrefutable autoridad de Juan el Bautista y de nuestro mismo bendito Salvador, tal como lo relatan todos los evangelistas, para aplicar este exordio de la profecía a la iniciación del evangelio con la predicación de Juan, y a la introducción del reinado del Mesías que habría de efectuar una liberación mucho más grande del pueblo de Dios, así gentiles como judíos, de la cautividad del pecado y el dominio de la muerte. Y descubriremos que tal es el caso en muchas partes subsiguientes de esta profecía en que, con buenas razones e indubitable autoridad, pasajes manifiestamente referentes a la liberación del pueblo judío por Ciro, deben ser entendidos con referencia a la redención de la humanidad obrada por Cristo.

2. *Doble ... por todos sus pecados.* "Bendiciones el doble del castigo." Parece irreconciliable con nuestro concepto de la justicia divina, que siempre castiga menos de lo que merecen nuestras iniquidades, suponer que Dios hubiera castigado doble los pecados de los judíos; y está más en concordancia con el tenor de este mensaje consolador entenderlo como una promesa de amplia compensación por los efectos del pasado desagrado, cuando Dios se reconcilie con su pueblo que retorna.

3. *Voz que clama en el desierto.* La idea está tomada de la práctica de los monarcas orientales que, cuando se lanzaban a una expedición o emprendían un viaje, especialmente a través de regiones desiertas e intransitadas enviaban adelante heraldos a prepararlo todo para su paso, y exploradores para abrir los pasos, nivelar los caminos y quitar todo impedimento.

La iglesia judía, a la cual fue enviado Juan a anunciar la venida del Mesías, se hallaba en ese entonces en condición yerma y desierta, inepta, sin reforma, para la recepción de su Rey. Fue a esta región desierta, desprovista en ese entonces de todo cultivo religioso, estéril en verdadera piedad y buenas obras, que Juan fue enviado a preparar el camino del Señor predicando el arrepentimiento.

6. *Voz que decía: Da voces.* "Una voz dijo: Proclama." Es importante entender bien este pasaje; porque parece destinado a darnos la verdadera clave del resto de las profecías de Isaías, cuyo tema general es la

restauración del pueblo y la Iglesia de Dios. El profeta encara el tema con gran claridad y galanura, declarando el mandato de Dios a sus mensajeros de consolar a su pueblo en cautiverio, impartiéndole las alegres nuevas de que su castigo ha satisfecho la justicia divina y que está cerca el tiempo de la reconciliación y el favor. Luego introduce un heraldo que da órdenes de preparar el camino para Dios, conduciendo a su pueblo de Babilonia, como antes lo hiciera desde Egipto, a través del desierto; de quitar todos los obstáculos y preparar el camino para su paso. Hasta aquí parece no tratarse de otra cosa que del retorno de la cautividad babilónica; pero las palabras siguientes parecen insinuar algo mucho más grande: "Y se manifestará la gloria de Jehová, y toda carne juntamente la verá (verá la salvación de nuestro Dios)." Introduce entonces una voz que le ordena hacer una proclamación. ¿Y en qué consiste ésta? En que el pueblo —la carne— es de naturaleza vana y transitoria; que toda su gloria se desvanece, y pronto desaparece; pero que la palabra de Dios permanece para siempre.

7. *Porque el viento de Jehová. Ruach Yehovah,* es un hebraísmo que significa un viento fuerte. (V.M. el resuello de Jehová). Es bien sabido que un viento caliente en el oriente destruye todo lo verde.

9. *Anunciadora de Sion.* "Oh hija, que traes buenas nuevas a Sion." La función de anunciar y celebrar buenas nuevas como las de que aquí se habla, corresponde particularmente a las mujeres. En ocasión de un gran suceso público, una señalada victoria u otro suceso alegre, era usual que las mujeres se reunieran y publicaran y celebraran la feliz noticia con música, danzas y canciones. Así en este lugar, habiendo anunciado Jehová por boca de su profeta las alegres nuevas de la restauración de Sion y el retorno de Dios a Jerusalén (véase cap. 3:8), las mujeres son exhortadas por el profeta a publicar la gozosa noticia, en voz alta desde las alturas, desde donde pudieran ser oídas por toda la región; y el tema y contenido de su canción habría de ser: "*¡Ved aquí al Dios vuestro!*"

10. *Su recompensa viene con él, y su paga delante de su rostro.* "Su recompensa viene con él, y la paga de su trabajo delante de él." Es decir, la paga y la recompensa que El concede, y que pagará a sus siervos fieles; ésta estaba aparejada y a la mano, y la muestra delante de Sí, para estimular a aquellos que confían en El y lo aguardan.

11. *Pastoreará suavemente a las recién paridas.* Una hermosa figura, que expresa con la mayor propiedad y galanura la tierna atención del pastor a su rebaño. Que al conducir el ganado se debía mostrar el mayor cuidado hacia las madres y sus retoños, se ve claramente en la disculpa de Jacob a su hermano Esaú (Gn. 33:13).

16. *Ni el Líbano bastará.* ¿No quiere decir aquí el profeta que todos los holocaustos y sacrificios que pudieran ofrecerse eran insuficientes para expiar el pecado? ¿Que las naciones no eran nada delante de El, no simplemente porque El es inmenso, sino porque ellas eran incapaces de expiar por medio de sus oblaciones las iniquidades que habían cometido?

19. *Le funde cadenas de plata.* "Le forja cadenas de plata."

20. *Escoge . . . madera que no se apolille.* ¿Para qué? ¡Para hacerse un dios! El rico los hacía, como vimos, de oro y plata; ¡el pobre estaba obligado a contentarse con un dios de madera!

31. *Levantarán alas como las águilas.* "Echarán plumas nuevas como el águila, en la muda." Ha sido una opinión común y popular que el águila vive y conserva su vigor hasta una edad avanzada; y que, a diferencia de la suerte común de otras aves, muda sus plumas en la vejez y recobra su juventud. "De modo que te rejuvenezcas como el águila," dice el salmista (Sal. 103:5).

CAPITULO 41

El profeta, habiendo insinuado la liberación de Babilonia, y la redención aún más grande que ella representaba, reasume el tema. Empieza con el divino llamamiento de Abraham, la raíz de la familia israelita, y sus felices proezas contra los idólatras (1-7). Recurre luego a la cautividad babilónica, y estimula a la simiente de Abraham, el amigo de Dios, a no temer, pues todos sus enemigos serán finalmente sometidos a ellos (8-16); y les serán provistas todas las cosas necesarias para refrescarlos y fortalecerlos en su viaje de vuelta a la patria a través del desierto (17-20). El profeta aprovecha entonces para celebrar la presciencia de Dios, que conoce acontecimientos tan distantes, como se ve en la predicción referente al mensajero de alegres nuevas que se darían a Jerusalén para libertarla de todos sus enemigos; y desafía a los ídolos de los paganos a presentar una prueba semejante de su pretendida divinidad (21-27). Pero ellos son pura vanidad, y malditos son los que los escogen (28, 29).

1. *Escuchadme, costas.* "Las naciones distantes acudan a mí con nuevo ánimo y fortaleza."

2. *Al justo.* Algunos aplican esto a Abraham, otros a Ciro. Yo creo más bien que se refiere al primero, pues el carácter del justo, o la justicia, concuerda más con Abraham que con Ciro. Además, inmediatamente después de la descripción del éxito dado por Dios a Abraham y su posterioridad (quienes, supongo, han de ser tenidos en cuenta), se introducen los idólatras, grandemente alarmados por este acontecimiento. Abraham fue llamado del oriente; y su posteridad fue introducida en la tierra de Canaán a fin de destruir a los idólatras del país, y fue establecida allí con el propósito de que constituyeran una barrera contra la idolatría entonces do-

minante y que amenazaba cubrir toda la faz de la tierra. *Los entregó como polvo a su espada* —"Los hizo como polvo delante de su espada."

5. *Tuvieron temor.* "Se aterrorizaron."

15. *Trillarás montes.* Montes y colinas se emplean aquí metafóricamente, para representar a los reyes y príncipes de los gentiles (Kimchi).

19. *Daré en el desierto cedros.* Los dos versículos anteriores expresan la misericordia de Dios hacia ellos en su paso a través de los desiertos áridos, al proporcionarles agua en abundancia, cuando la sed los atormentaba, aludiendo al éxodo. Este versículo expresa el alivio que les proporcionó cuando desfallecientes de calor en su viaje a través de la región cálida, desprovistos de sombra, hizo brotar árboles de sombra, de las especies más altas y hermosas, para su defensa. *Olivos.* Kimchi dice que no se trata del olivo común, pues el olivo es otro árbol distinto (Neh. 8:15); aquí significa el pino o abeto, del cual se extrae la resina.

21. *Presentad vuestras pruebas.* "Presentad vuestras poderosas fuerzas." "Que se presenten vuestros ídolos, que consideráis tan fuertes" (Jerónimo).

23. *Para que tengamos qué contar, y juntamente nos maravillemos.* "Entonces nos llenaremos a la vez de admiración y terror."

25. *Del norte levanté a uno.* "Esto es," dice Kimchi, "al Mesías".

CAPITULO 42

El profeta presenta la mansedumbre del carácter del Mesías y la extensión de las bendiciones de su reino, particularmente entre los gentiles (1-9). A consecuencia de esto llama a toda la creación a unírsele en un canto de alabanza a Dios (10-12). Después de lo cual parece volver su vista nuevamente a la liberación del cautiverio, aunque las palabras pueden aplicarse también cabalmente a la liberación concedida a la Iglesia; a la derrota de sus más poderosos enemigos y a la prevalencia de la verdadera religión sobre la idolatría y el error (13-17). El profeta reprende luego a los judíos por su ceguera e infidelidad al rechazar al Mesías, e insinúa los castigos que su culpa les acarreará (18-25).

El profeta, después de haber dado comienzo a su tema con la preparación del retorno de Babilonia, y haber insinuado que bajo el velo de ese acontecimiento se ocultaba una liberación mayor aún, procedió a vindicar el poder de Dios como Creador y Dispensador de todo; y su infinito conocimiento, manifiesto en la predicción de acontecimientos futuros, y en particular de dicha liberación. Dando un paso más, señaló el instrumento del que se valdría para efectuar la redención de su pueblo de la esclavitud, a saber, el gran conquistador que llamaría del norte y el este para ejecutar sus órdenes. Ahora, en este capítulo, pasa directamente a la gran libera-

ción y presenta inmediatamente, sin alegoría ni velo alguno, al Mesías. "He aquí mi siervo, el Mesías," dice la versión caldea. Palabras que San Mateo ha aplicado directamente a Cristo; y no hay ninguna otra persona a quien le puedan ser aplicadas con justicia y propiedad.

1. *He aquí mi siervo, yo le sostendré.* "En quien me apoyo." Aludiendo a la costumbre de los reyes de apoyarse en el brazo de su siervo más querido y fiel. Todos, tanto judíos como cristianos, concuerdan en que los siete primeros versículos de este capítulo se refieren a Cristo. Ahora bien, como esta es evidentemente la continuación de la profecía del capítulo anterior, ésta no puede referirse a Ciro, sino a Cristo. *El traerá justicia a las naciones* —"El publicará juicio a las naciones". La palabra *mishpat*, "juicio," lo mismo que *tsedakah*, "justicia," se emplea con una gran latitud de significación. Significa "gobierno, forma, orden, modelo, plan, gobierno del derecho o de la religión; una ordenanza, una institución; un proceso judicial, una causa, la vista de un juicio, una sentencia, una condenación, una absolución, una liberación, misericordia". En este pasaje indudablemente se refiere a la ley que sería publicada por el Mesías, a la institución del evangelio.

4. *No se cansará ni desmayará.* "Su fuerza no será abatida ni quebrantada."

6. *Por pacto al pueblo.* Creo que aquí la palabra *berith* no debiera ser traducida *pacto*, sino "sacrificio del pacto", significado que tiene a menudo; y sin duda alguna en este lugar. Esto le da mayor fuerza y un sentido más claro.

7. *Abras los ojos de los ciegos.* En este versículo el profeta parece presentar la redención espiritual por medio de figuras tomadas de la liberación temporal.

8. *Yo Jehová. Ani Yehovah.* Este es el famoso tetragrama, o nombre de cuatro letras, que escribimos Jehová, Yehovah, etc. Las letras son Y H U H. Los judíos nunca lo pronuncian, de modo que su verdadera pronunciación es totalmente desconocida. *Este es mi nombre.* Un nombre que me es peculiar.

11. *Alcen la voz el desierto y sus ciudades.* Las regiones más yermas, y las gentes más rudas e incivilizadas, confiesen y celebren con acciones de gracias la bendición del conocimiento de Dios que les ha sido misericordiosamente impartido. *Las aldeas donde habita Cedar.* Según el Targum, los árabes. *Los habitantes de Sela* (VM., de Petra; de la roca). Los que habitan en lugares fortificados. La Vulgata dice "los habitantes de Arabia Petrea".

14. *He callado, he guardado silencio.* "¿Guardaré silencio para siempre?"

19. *Como mi mensajero que envié.* "Como aquel a quien envié mi mensajero."

20. *Que ve muchas cosas.* "Tú has visto." *Y no oye* —"Pero no oirás".

22. *Todos ellos atrapados en cavernas.* "Todos sus mejores jóvenes están atrapados en las redes."

24. *Contra quien pecamos.* "Contra quien pecaron."

CAPITULO 43

Predicción de aquel dichoso período en que Dios reunirá a la posteridad de Abraham, con tierno cuidado, de todos los lugares donde están dispersos bajo el cielo y los traerá con seguridad a su propia tierra (1-7). Lleno de asombro ante una presentación tan clara de un acontecimiento tan remoto, el profeta vuelve a desafiar a las naciones ciegas y a sus ídolos a que den un ejemplo de semejante conocimiento (8, 9), e insinúa que los judíos han de permanecer (como hasta hoy), como un monumento singular en testimonio de la predicción, hasta que sea cumplida al fin por el irresistible poder de Dios (10-13). Vuelve entonces a la liberación más cercana —la del cautiverio de Babilonia (14, 15), con la cual, sin embargo, conecta inmediatamente otra liberación que describe mediante alusiones a la de Egipto, pero que presenta como mucho más maravillosa que ésta; un carácter que no se aplica en absoluto a la de Babilonia, y que debe interpretarse en consecuencia como la liberación de la Babilonia mística (16-18). En esta ocasión el profeta, con singular galanura y con una vigorosa figura poética, muestra el tierno cuidado de Dios al consolar y vivificar a su pueblo en su viaje a través del desierto, tan admirable que aun las bestias salvajes que merodean por esas áridas regiones se tornan tan sensibles a la bendición de los copiosos arroyos que Él ha provisto, que unen sus silbidos y aullidos en alabanza a Dios (19-21). Esto lleva a un hermoso contraste de la ingratitud de los judíos, y una vindicación de la forma en que Dios los trata (22-28).

3. *A Egipto he dado por tu rescate.* Esto se supone comúnmente que se refiere a la época de la invasión de Senaquerib, quien, precisamente cuando estaba listo para caer sobre Jerusalén, poco después de su entrada en Judea, fue providencialmente apartado de ese designio y volvió sus ejércitos contra los egipcios y sus aliados los árabes cusitas, a los cuales probablemente se unieron sus vecinos los sabeos, a las órdenes de Tirhaca. Véase caps. 20 y 37:9. Pero, como hay algunas objeciones razonables a esta opinión, tal vez signifique, en términos más generales, que Dios a menudo ha salvado a su pueblo a expensas de otras naciones a las cuales, como si fuera en lugar de ellos, entregó a la destrucción.

Kimchi refiere todo esto a la liberación de Jerusalén de la invasión de Senaquerib. Tirhaca, rey de Etiopía, había salido a luchar contra el rey de Asiria, el cual se vio obligado en consecuencia a levantar el sitio de Jerusalén. De este modo etíopes, egipcios y sabeos fueron entregados en manos de los asirios, como rescate por Israel. No puedo menos que pensar que ésta es una solución muy racional del texto.

7. *Todos los llamados de mi nombre.* Todos los que adoran al Dios verdadero y obedecen sus leyes. *Los he creado.* Los produje de la nada. *Los formé. Yetsartiv.* Les he dado la forma peculiar que mejor se adapta a su posición en la vida. *Los hice. Asithiv.* Los adapté al cumplimiento de mis consejos y designios.

8. *Sacad al pueblo ciego que tiene ojos.* "Sacad al pueblo, ciego aunque tiene ojos." Entiendo que esto se refiere a los gentiles, lo mismo que el versículo siguiente, no a los judíos. Sus facultades naturales, si hubieran hecho el uso apropiado de ellas, los habrían llevado al conocimiento del ser y los atributos del único Dios verdadero, porque "su eterno poder y deidad," si se pone atención, se ven claramente en sus obras (Rom. 1:20) y los hubieran preservado de correr a la locura y el absurdo de adorar a los ídolos. Aquí se los desafía a presentar evidencias del poder y la presciencia de sus dioses; y en seguida (v. 10) se apela a los judíos para que testifiquen en favor de Dios en esta causa, por lo cual no pueden ser ellos los aludidos como pueblo ciego que tiene ojos y sordo que tiene oídos.

10. *Vosotros* (los israelitas) *sois mis testigos . . . y mi siervo* (el profeta) *que yo escogí,* de que todo lo que antes se ha dicho acerca de Senaquerib, se ha cumplido literalmente. El profeta lo predijo, los israelitas lo vieron realizado.

12. *Yo anuncié, y salvé.* Mis profetas siempre han predicho vuestra liberación antes que se produjera; y Yo he cumplido sus palabras hasta lo sumo.

14. *Los caldeos en las naves de que se gloriaban.* Babilonia ocupaba una situación muy ventajosa con relación al comercio, como potencia naval. Tenía salida al Golfo Pérsico por el Eufrates, que era navegable por grandes naves; y que estando unido al Tigris, más arriba de Babilonia, por el canal llamado Río del Rey, proveía a la ciudad de los productos de toda la región del norte, hasta los mares Euxino y Caspio (*Herod.,* I. 194). Semíramis había sido la fundadora de esta parte de la grandeza de Babilonia. Ella mejoró la navegación del Eufrates (*Herod.* I. 184; *Estrabón,* lib. xvi) y se dice que tuvo una flota de tres mil galeras. No es extraño que posteriormente oigamos poco acerca del comercio y el poder naval de Babilonia, pues, después de la toma de la ciudad por Ciro, el Eufrates no sólo fue hecho menos apto para la navegación debido a que en esa ocasión fue totalmente desviado de su curso permitiéndosele desbordarse sobre toda la región, sino que los monarcas persas, que residían en su propio país, para impedir cualquier invasión por mar de esa parte de su imperio, obstruyeron adrede la navegación de ambos ríos haciendo en ellos cataratas (*Estrabón,* ibid), es decir, construyendo diques a través del canal, haciendo así caídas artificiales que ningún barco, cualquiera fuera su tamaño, podría remontar. Alejandro comenzó a restablecer la navegación de los ríos demoliendo los diques en el Tigris hasta Se-

leucia (*Arriano,* lib. VII), pero no vivió para terminar sus grandes designios; los del Eufrates continuaron existiendo. Con mucha razón, pues, podía hablar el profeta de que los caldeos se gloriaban en su poderío naval en aquella época; aunque después no tuvieron motivos para esa jactancia.

19. *He aquí que yo hago cosa nueva.* En el v. 16 el profeta se ha referido a la liberación de Egipto y el paso del Mar Rojo; aquí promete que el mismo poder será empleado en su redención y retorno del cautiverio babilónico. Este sería un nuevo prodigio.

20. *Las fieras del campo me honrarán.* Una imagen galana y altamente poética. Dios dará milagrosamente una provisión tan abundante de agua a su pueblo, al atravesar el desierto seco, a su retorno a su país, que hasta las bestias salvajes, las serpientes, los avestruces y otros animales que recorren esas áridas regiones, serán sensibles a la bendición y prorrumpirán en acciones de gracias y alabanzas por el inusitado refresco que recibirán de su tan abundante riego de los arenosos desiertos de Arabia Desierta, para beneficio de su pueblo al atravesarlos.

22. *Y no me invocaste a mí.* La relación es: Pero tú, Israel, a quien escogí, a quien formé para mí mismo, para que fueras mi testigo contra los falsos dioses de los pueblos; aun tú te rebelaste contra mí, descuidaste mi culto, y has estado continuamente corriendo tras dioses ajenos. El énfasis de ésta y las otras partes de la frase, que es lo que le da sentido, cae sobre las palabras *me, mí, para mí.* Los judíos eran diligentes en los servicios externos de la religión; en ofrecer oraciones, incienso, sacrificios, oblaciones; pero sus oraciones no eran presentadas con fe; y sus oblaciones eran ofrecidas más frecuentemente a los ídolos que al Dios de sus padres. *Sino que de mí te cansaste, oh Israel* —"Ni trabajaste por mí, oh Israel".

25. *Por amor de mí mismo.* Dios no puede dar razones para el perdón del pecado, más que su infinita bondad.

28. *Yo profané los príncipes del santuario.* "Tus príncipes han profanado mi santuario."

CAPITULO 44

Este capítulo, además de las promesas de redención, de la efusión del Espíritu y del éxito del evangelio (1-5), presenta de una manera sublime el poder supremo y la presciencia y la absoluta eternidad del único Dios verdadero; y expone la insensatez y el absurdo de la idolatría con admirable vigor y galanura (6-20). Y para mostrar que el conocimiento de los acontecimientos futuros pertenece solamente a Jehová, a quien llama la creación vuelve a ser llamada a adorar por la liberación y la reconciliación conferidas a su pueblo (21-23), el profeta concluye expresando en un muy fuerte punto de vista la impotencia absoluta de todo lo que a la vista de los hombres es considerado grande e insuperable, cuando esto se interpone en el camino del consejo divino; y menciona

expresamente por nombre al futuro libertador de la nación judía, casi doscientos años antes de su nacimiento (24-28).

2. *Jesurún.* Jesurún significa Israel. Este nombre le fue dado al pueblo por Moisés (Dt. 32:15; 33:5, 26). La explicación más probable de esto parece ser la que los comentaristas judíos aceptan, a saber, que se deriva de *yashar,* y significa "justo".

4. *Y brotarán entre hierba.* "Brotarán como la hierba entre las aguas."

5. *Se llamará.* "Será llamado."

7. *Anúncienles.* "Anúnciennos."

9, 10. *Para su confusión.* ¿Quién formó un dios? "Para su vergüenza, que ha formado un dios."

12. *El herrero toma las tenazas.* "El herrero corta una porción de hierro." Los escritores sagrados generalmente se extienden elocuentement sobre el tema de la idolatría; lo tratan con gran severidad, y muestran cuán absurda es, con los colores más fuertes. Pero este pasaje de Isaías, vrs. 12-20, supera todo lo que se ha escrito sobre el tema, en vigor de argumentación, energía de expresión y galanura de composición. Un autor pagano, irónicamente, le ha dado a la idolatría, en una o dos líneas, uno de los golpes más fuertes que jamás ha recibido:

"Anteriormente yo era el tronco de una higuera, un palo inservible; cuando el carpintero, después de vacilar entre hacerme un *dios* o un banco, al fin determinó hacerme un *dios.* ¡Así me convertí en dios! " Horac. *Satyr.,* lib. 1. sat. VIII.

Desde el v. 10 hasta el 17 corre un hermoso hilo de ironía contra la idolatría. Y es natural pensar que todo idólatra que lo leyera o lo oyera, tendría que avergonzarse para siempre de sus actos.

17. *Se postra delante de él.* Entre los hebreos se usaban cuatro formas de adoración: (1) La prosternación de todo el cuerpo. (2) La inclinación de la cabeza. (3) Doblar la parte superior del cuerpo hasta las rodillas. (4) Doblar la rodilla, o arrodillarse.

20. *De ceniza se alimenta.* Se alimenta de lo que no nutre; una expresión proverbial que significa emplear medios ineficaces y trabajar inútilmente. En el mismo sentido dice Oseas: "Efraín se apacienta de viento" (12:1).

27. *Que dice a las profundidades: Secaos.* Ciro tomó a Babilonia secando el lecho del Eufrates e introduciendo su ejército de noche en la ciudad, por el canal vacío del río.

El Eufrates, en mitad del verano, lo mismo que el Nilo, inunda la región, debido al deshielo de las montañas de Armenia. A fin de aminorar la inundación y desviar las aguas, Nabucodonosor hizo dos canales a unas cien millas más arriba de la ciudad; el primero, del lado este, llamado Naharmalca, o Río Real, por el cual las aguas del Eufrates eran conducidas al Tigris; el otro, del lado oeste, llamado Pallacopas, o Naharaga, por el cual las aguas sobrantes eran llevadas a un vasto lago, de cuarenta millas cuadradas, destinado no sólo a disminuir la inundación, sino como depósito para regar las tierras áridas del lado árabe, por medio de esclusas. Habiendo desviado todo el río hacia el lago, por el Pallacopas, Ciro dejó casi en seco el canal que atravesaba la ciudad; así pudo entrar con su ejército, por arriba y por abajo, marchando por el lecho del río sin que el agua les llegara más que a la mitad de los muslos. (Herod. I, 185, 190; Jenofonte, *Cyrop.* VII).

28. *Que dice de Ciro: Es mi pastor.* "Que le dice a Ciro: Tú eres mi pastor."

(1) Ciro es llamado el pastor de Dios. Pastor era un epíteto que el mismo Ciro había adoptado, y que daba a todos los buenos reyes. (2) Este Ciro diría al templo: "Serás fundado." El hecho es que en los días de Ciro sólo se colocó el fundamento; y no fue reiniciada la obra hasta el segundo año de Darío, uno de sus sucesores. A menudo hay en las expresiones del profeta una precisión que hace honor a la verdad, aunque los lectores descuidados no la noten.

CAPITULO 45

Profecía concerniente a Ciro, primer rey de los persas. Todo obstáculo será removido de su camino, y los tesoros tomados a sus enemigos serán inmensos (1-3). A quién, y en razón de qué, deberá Ciro su maravilloso éxito (4-6). El profeta refuta la absurda opinión de los persas de que había dos seres supremos, uno malo y uno bueno, representados por la luz y las tinieblas, que aquí se presentan como obra del único Dios verdadero (7); y hace una transición a la obra aún más grande de Dios manifestada en la dispensación del evangelio (8). La gran impiedad de aquellos que ponen en tela de juicio la misteriosa providencia de Dios hacia sus hijos (9-12). El resto de este capítulo, intercalado con insinuaciones de lo absurdo de la idolatría y algunas alusiones a los oscuros oráculos de los paganos, puede referirse en parte a la liberación comenzada por Ciro, pero principalmente a la salvación por el Mesías, la cual, se declara, será de alcance universal y duración permanente (13-25).

1. *Para abrir delante de él puertas.* Las puertas de Babilonia que llevaban de las calles al río quedaron providencialmente abiertas cuando las fuerzas de Ciro entraron en la ciudad por la noche, a través del canal del río, en el desorden general ocasionado por la gran fiesta que se estaba celebrando; de otro modo, dice Herodoto (I, 191), los persas hubieran quedado encerrados en el lecho del río, y apresados como en una red, hubieran sido todos destruidos. Y las puertas del palacio fueron imprudentemente abiertas por orden del rey, para averiguar la causa del tumulto de afuera; cuando las dos partidas al mando de Gobrias y Gadatas irrumpieron, tomaron posesión del palacio y asesinaron al rey (Jenof., *Cyrop.* VII. p. 528.)

2. *Los lugares torcidos.* "Las montañas." *Puertas de bronce* —"Válvulas de bronce". Herodoto, I, 179: "Alrededor de toda la muralla hay un centenar de puertas, todas de bronce; y de la misma materia son los lados y los dinteles." Asimismo las puertas interiores de la ciudad, que se abrían hacia el río en las diversas calles, eran de bronce; como lo eran también las del templo de Belus. (Herod. I, 180, 181.)

3. *Te daré los tesoros escondidos.* (VM. de las tinieblas). Sardis y Babilonia, cuando fueron capturadas por Ciro, eran las ciudades más ricas del mundo. Creso, famoso más que todos los reyes de aquella época por sus riquezas, entregó sus tesoros a Ciro, con un exacto inventario por escrito del total, detallando los artículos con que cada carro iba cargado cuando fueron llevados; y Ciro los entregó en el palacio de Babilonia. Jenof., *Cyrop.* VII, p. 503, 515, 540. *Tesoros de las tinieblas* (VM.) puede referirse a la costumbre de enterrar las joyas y el dinero debajo del piso de las casas, por miedo a los ladrones.

7. *Formo la luz y creo las tinieblas.* El gran principio de la religión mágica que prevalecía en Persia en tiempo de Ciro, y en la cual probablemente habría sido educado, era que hay dos causas supremas, coeternas e independientes que siempre actúan en oposición la una a la otra; una, el autor de todo bien, la otra, de todo mal. Al ser bueno le llamaban luz; al ser malo, tinieblas. Cuando la luz prevalecía, prevalecían entre los hombres el bien y la felicidad; cuando la superioridad era de las tinieblas, abundaban el mal y la miseria. Con referencia a esta absurda opinión, sostenida por la persona a quien va dirigida esta profecía, Dios, por medio de su profeta, afirma su omnipotencia y absoluta supremacía:

"Yo, Jehová, y ninguno más que yo,
que formo la luz y creo las tinieblas,
que hago la paz y creo la adversidad.
Yo Jehová soy el que hago todo esto."

Declarando así que aquellos poderes que según los persas eran los autores del bien y el mal de la humanidad, representándolos por la luz y las tinieblas, no son otra cosa que criaturas de Dios, instrumentos que él emplea en su gobierno del mundo. *Hago la paz y creo la adversidad.* La *adversidad* evidentemente aquí significa la guerra y su secuela de miserias. Yo procuraré la *paz* para los israelitas y destruiré a Babilonia con la guerra.

8. *Rociad, cielos.* El salmo 85 es una oda muy galana sobre el mismo tema de esta parte de las profecías de Isaías, la restauración de Judá del cautiverio; y en su parte más hermosa (vrs. 10-14) es una evidente imitación de este pasaje del profeta. *Prodúzcanse la salvación*, etc. —"Produzca la salvación sus frutos".

9. *¡Ay del que pleitea con su Hacedor!*
"¡Ay del que contiende con el poder que lo
formó!" El profeta contesta o anticipa las
objeciones de los judíos incrédulos, dispuestos a murmurar contra Dios y a poner en
tela de juicio la sabiduría y la justicia de sus
dispensaciones hacia ellos. *O tu obra: No tienes manos* —"Y al obrero: No tienes manos".

11. *Preguntadme de las cosas por venir.* El
ilustre obispo, por consiguiente, lee así este
pasaje:

"Así dice Jehová, el Santo de Israel;
Y el que formó las cosas que han de venir;
¿Me preguntáis acerca de mis hijos?
¿Y me dais instrucciones acerca de la obra
de mis manos?"

13. *Yo lo desperté en justicia.* Esto evidentemente se refiere a Ciro, y a lo que él
hizo por los judíos; y nos informa acerca de
quién lo incitó a hacerlo.

14. *El trabajo de Egipto.* "Las riquezas de
Egipto." Esto parece tener relación con la
futura admisión de los gentiles en la Iglesia
de Dios. *Los sabeos, hombres de elevada
estatura.* Que los sabeos eran de apariencia
más majestuosa que lo corriente, lo señala
particularmente Agatharchides, un antiguo
historiador griego, citado por Bochart.

15. *Verdaderamente, tú eres Dios que te
encubres.* Por el momento, de las naciones
del mundo. *Dios de Israel, que salvas.* Mientras que te revelas a los israelitas y los salvas.

16. *Avergonzados serán.* "Están avergonzados." El lector no puede dejar de observar
la transición súbita de la solemne adoración
de la naturaleza secreta y misteriosa de los
consejos de Dios con respecto a su pueblo, a
la viva denunciación de la confusión de los
idólatras, y la destrucción final de la idolatría; contrastada con la salvación de Israel,
no de la cautividad temporal, sino de la salvación eterna por el Mesías, fuertemente subra-
yada por la repetición enfática de la frase
"por todos los siglos".

19. *Yo soy Jehová que hablo justicia, que
anuncio rectitud.* "Yo soy Jehová, que hablo
verdad, que doy respuestas directas." Esto
también se afirma en oposición a las respuestas falsas y ambiguas de los oráculos paganos, de las cuales hay muchos ejemplos conocidos; ninguno más que la respuesta que
recibió Creso cuando marchó contra Ciro:
"Si Creso marcha contra Ciro, derrocará un
gran imperio." El, suponiendo que ésta era
una promesa de éxito, luchó, y perdió su
propio imperio cuando esperaba destruir el
de su enemigo.

22. *Mirad a mí, y sed salvos.* Este versículo y el siguiente contienen una clara predicción de la difusión universal del conocimiento de Dios por Jesucristo; véase Ro. 14:11;
Fil. 2:10.

24. *Y se dirá de mí: Ciertamente en Jehová está la justicia y la fuerza.* "Diciendo:
Sólo a Jehová pertenecen la salvación y el
poder."

CAPITULO 46

Los ídolos de Babilonia muestran ser tan incapaces
de llevar la carga de sus adoradores, que ellos mismos
son cargados por bestias y llevados en cautiverio
(1, 2). Esto se contrasta hermosamente con el tierno
cuidado con que Dios lleva en brazos a su pueblo, de
principio a fin, y lo libera de sus aflicciones (3, 4). El
profeta, entonces, con su habitual vigor y galanura,
pasa a mostrar la insensatez de la idolatría, y la total
incapacidad de los ídolos (5-7). De lo cual pasa con
gran facilidad a la contemplación de los atributos y
perfecciones del Dios verdadero (8-10). Particularmente esa presciencia que predijo la liberación de los
judíos de la cautividad babilónica, con todas sus
principales circunstancias; y también ese acontecimiento muy remoto, del cual es tipo, en los días del
Mesías (11-13).

2. *No pudieron escaparse de la carga.* Es
decir, sus adoradores, que debieran haber
sido llevados por ellos. Véase los dos versículos siguientes.

3. *Los que sois traídos por mí desde el
vientre.* "Vosotros que habéis sido traídos
por mí desde el nacimiento." El profeta,
muy ingeniosamente y con gran vigor, contrasta el poder de Dios y su tierna bondad,
demostrados efectivamente para con su pueblo, con la impotencia de los falsos dioses de
los paganos. El había llevado a su pueblo en
brazos, como un padre indulgente, "como
trae el hombre a su hijo" (Dt. 1:31). Los
había protegido y librado de sus aflicciones, mientras los ídolos de los paganos se
ven obligados a ser cargados ellos mismos y
llevados de un lugar a otro, con gran trabajo
y fatiga, por sus adoradores.

8. *Tened vergüenza* (VM., sed hombres).
Hithoshashu es una palabra de dudoso origen
y significado. Este es el único lugar en que
se la encuentra, y algunos de los intérpretes
antiguos parecen haber tenido algo diferente
en sus copias. La Vulgata dice *hithbosheshu*:
"avergonzaos"; la Siríaca, *hithbonenu*: "con-
sideraos a vosotros mismos"; la Septuaginta,
tal vez *hithabbelu*: "gemid o llorad, dentro
de vosotros".

11. *Que llamo desde el oriente al ave.* "Al
águila." Un emblema muy adecuado para
Ciro, particularmente porque la enseña de
éste era un águila de oro.

12. *Oídme, duros de corazón.* Dirigiéndose a los babilonios, obstinadamente entregados a la práctica de la injusticia hacia los
israelitas.

CAPITULO 47

Es anunciada la destrucción de Jerusalén mediante
una hermosa selección de circunstancias, en la cual

su situación próspera se compara con la adversa. Se la representa como una mujer tierna y delicada reducida al trabajo y a la abyecta condición de una esclava, y desprovista de todo consuelo (1-4). Y eso por causa de su crueldad, particularmente para con el pueblo de Dios, su orgullo, su voluptuosidad, hechicerías y encantamientos (5-11). La insensatez de estas últimas prácticas, expuestas con galanura por el profeta (12-15). Es digno de observación que casi toda la imaginería de este capítulo se aplica en el libro del Apocalipsis (casi con las mismas palabras), al antitipo de la ilustre capital del imperio caldeo, a saber, Babilonia la Grande.

2. *Toma el molino, y muele harina.* La molienda del trigo era trabajo de esclavos. Usaban molinos de mano: los molinos de agua no se inventaron hasta poco antes de la época de Augusto, los molinos de viento hasta mucho después. No sólo era trabajo de esclavos, sino el trabajo más duro; y a menudo se les infligía como severo castigo. Las palabras denotan el estado de cautiverio a que serían reducidos los babilonios. *Descalza los pies, descubre las piernas.* Esto se ve repetidamente en Bengala, donde hay pocos puentes, y las personas de ambos sexos, no teniendo ni calzado ni medias, recogen sus sueltas vestiduras y cruzan donde las aguas no son muy profundas. En aguas más profundas se ven obligados a recogerlos muy arriba, a lo cual parece haber una referencia en el versículo 3: "Será tu vergüenza descubierta."

3. *Y no se librará hombre alguno.* "Ni permitiré que nadie interceda ante mí."

4. *Nuestro Redentor.* "Nuestro Vengador." Aquí, en medio del tema, irrumpe un coro, con un cambio de construcción así como de sentimiento.

6. *Me enojé contra mi pueblo.* Dios, en el curso de su providencia, hace uso de grandes conquistadores y tiranos como instrumentos para ejecutar sus juicios en la tierra; emplea a una nación impía para castigar a otra. El que inflige el castigo puede ser tal vez tan culpable como el castigado; y puede aumentar su culpa dando suelta a su crueldad al ejecutar la justicia de Dios. Una vez cumplida la obra que la venganza divina le ordenara, él mismo será objeto de ella, véase el cap. 10:5-12. Dios acusa a los babilonios, aunque Él mismo los había empleado para castigar a su pueblo, de haber sido crueles con éste. Excedieron los límites de la justicia y la humanidad, al oprimirlos y destruirlos; y aunque estaban realmente ejecutando el justo decreto de Dios, sin embargo, en lo que respecta a ellos mismos, sólo estaban entregándose a su propia ambición y violencia. El profeta Zacarías presenta la misma posición: "Cuando yo estaba enojado un poco, ellos agravaron el mal" (1:15).

9. *Estas dos cosas te vendrán de repente.* Belsasar fue asesinado; de este modo la ciudad quedó metafóricamente viuda —su esposo, su gobernante, había sido asesinado. En el momento en que el rey era muerto, los medos y los persas tomaron la ciudad y dieron muerte a muchos de sus habitantes (véase Dn. 5:30-31). Cuando Darío tomó la ciudad, se dice que crucificó a tres mil de sus ciudadanos principales. *En toda su fuerza* —"Repentinamente". En lugar de "en toda su fuerza," como dice nuestra versión, la Septuaginta y la Siríaca dicen "repentinamente"; expresión paralela a "de repente" en el miembro anterior de la sentencia.

15. *Por su camino.* "Cada cual se volverá a sus negocios."

CAPITULO 48

Los judíos son reprobados por su obstinada adhesión a ídolos, a pesar de su experiencia de la divina providencia sobre ellos; y de la divina presciencia que revelaba por medio de los profetas los sucesos más notables en relación con ellos, para que no tuvieran el menor pretexto para atribuir porción alguna de su éxito a sus ídolos (1-8). El Todopoderoso, después de llevarnos al horno por su perversidad, afirma su gloriosa soberanía y repite sus misericordiosas promesas de liberación y consuelo (9-11). Profecía concerniente a ese individuo (Ciro) que será un instrumento de las manos de Dios para ejecutar su voluntad sobre Babilonia, y su poder sobre los caldeos; y nuevamente se desafía a los ídolos del pueblo a que den una prueba semejante de su presciencia (12-16). Tierna y apasionada exclamación de Jehová respecto al endurecimiento de las naciones judías, de la cual puede considerarse un notable paralelo a la muy patética exclamación del divino Salvador cuando lloró sobre Jerusalén (17-19). A pesar de las repetidas provocaciones de la casa de Israel, Jehová volverá a tener misericordia de ellos. Se les ordena huir de Babilonia y el misericordioso favor de Dios hacia ellos es hermosamente presentado con figuras tomadas del éxodo de Egipto (20, 21). Segura perdición de los finalmente impenitentes (22). Aquí sería acertado señalar que muchos pasajes de este capítulo, y en realidad la tendencia general de estas profecías, tienen un claro parecido con la restauración de la Iglesia en los últimos días en una escala mucho mayor que lo que el mundo ha visto todavía, cuando la caída violenta de Babilonia la Grande, mencionada en el Apocalipsis, de la cual la capital caldea era un expresivo tipo, se iniciará con una tremenda convulsión política (Ap. 16:17-21), esa gloriosa época del evangelio, que constituye una parte tan conspicua de las profecías del Antiguo Testamento y ha sido objeto de las oraciones de todos los santos y en todas las épocas.

1. *Los que salieron de las aguas de Judá.* "Vosotros que fluís de la fuente de Judá."

6. *Lo oíste, y lo viste todo.* "Tú lo oíste de antemano; he aquí, todo se ha cumplido."

10. *Te he purificado.* "Te he probado." *Y no como a plata. Kecheseph,* "como plata" como evidentemente lee la Vulgata, debe haber sido la lectura original, aunque ningún manuscrito de los descubiertos hasta ahora apoya este término. En la mayor parte aparece *kecheseph,* "con plata," probablemente por un antiguo error de copia debido a la semejanza entre las letras *beth* y *caph,* que fue transmitiéndose. *Cur,* que traducimos "horno" debería ser traducido "crisol," la vasija en que se funde la plata. El significado del versículo parece ser el siguiente: Yo te he purificado; pero no como se purifica la plata; porque cuando ésta es purificada no se

deja escoria de ninguna clase. Si yo hubiera hecho esto contigo, te hubiera consumido del todo; pero te he puesto en un crisol de aflicción, en el cautiverio, para que reconozcas tus pecados y te vuelvas a mí.

11. *Para que no sea amancillado mi nombre.* "Para que no sea blasfemado mi nombre."

14. *¿Quién hay entre ellos que anuncie estas cosas?* "¿Quién entre ellos ha predicho estas cosas?" *Aquel a quien Jehová amó ejecutará su voluntad en Babilonia.* Esto es, Ciro.

16. *Desde el principio.* "Antes que empezara a existir." Desde el tiempo en que se estaba planeando la expedición de Ciro, Dios estaba manipulándolo todo por la economía de su providencia. *Allí estaba yo* –"Yo lo decreté". Tomo *sham* como verbo, no como adverbio. *Y ahora me envió Jehová el Señor, y su Espíritu.* "¿Quién es el que dice en Isaías: Y ahora me envió el Señor, y su Espíritu? Siendo la expresión ambigua, ¿es que el Padre y el Espíritu Santo enviaron a Jesús, o el Padre quien envió a Cristo y al Espíritu Santo? Esta última es la verdadera interpretación." Orígenes, *Contra Celso*, lib. I. El lector puede formar su propio juicio sobre la interpretación de Orígenes.

18. *Como un río.* "Como el río." Esto es, el Eufrates.

CAPITULO 49

En este capítulo se presenta al Mesías, declarando todo el alcance de su misión, que es no sólo ser el Salvador de los judíos, sino también de los gentiles. El poder y la eficacia de su palabra son representados por acertadas imágenes; se insinúa el fracaso de su ministerio entre los judíos, y el gran éxito del evangelio entre los gentiles (1-12). Pero entonces, echando una mirada al período feliz, pero distante, de la restauración de Jerusalén, el profeta lanza un hermoso apóstrofe a toda la creación para que cante alabanzas a Dios por la perspectiva de ese notable favor (13). Las tiernas mercedes de Dios para con su pueblo, con la prosperidad de la Iglesia en general, y la derrota final de todos sus enemigos, forman el tema de los restantes versículos (14-26).

1. *Oídme costas.* "Oídme, tierras lejanas." Hasta aquí el tema de la profecía ha estado confinado principalmente a la redención de la cautividad babilónica; con ocasionales intimaciones de una liberación más importante, a la refutación de la idolatría y a la demostración del infinito poder, sabiduría y presciencia de Dios. A principios del capítulo 42 se presentó en términos generales el carácter y la función del Mesías; pero aquí se lo introduce en persona, declarando toda la extensión de su misión, que es no sólo restaurar a los israelitas y reconciliarlos con su Señor y Padre, de quien se habían apartado tan a menudo, sino ser una luz para los gentiles, llamarlos al conocimiento y la obediencia del Dios verdadero, y hacer de ellos una sola iglesia junto con los israelitas, compartiendo con ellos la misma salvación común procurada para todos por el gran Redentor y Reconciliador del hombre con Dios.

2. *Y puso mi boca como espada aguda.* "E hizo mi boca una espada aguda." El siervo de Dios que habla en la primera parte de este capítulo debe ser el Mesías. Si alguna parte de este personaje puede pertenecer en algún sentido al profeta, con todo en algunas partes debe. pertenecer exclusivamente a Cristo, a quien se representa teniendo en la boca "una espada aguda de dos filos" (Ap. 1:16); quien es, El mismo la Palabra de Dios, que es "viva y eficaz, y más cortante que toda espada de dos filos; y penetra hasta partir el alma y el espíritu, las coyunturas y los tuétanos, y discierne los pensamientos y las intenciones del corazón" (He. 4:12).

Esta persona, a quien se llama *Israel* (v. 3), no puede ser en ningún sentido Isaías. Ese nombre, en su designio original y plena importancia, sólo puede pertenecer a aquel que contendió poderosamente con Dios en favor de la humanidad y prevaleció (Gn. 32:28). Después de todo lo que Vitringa, el obispo Lowth y otros han dicho en prueba de que este capítulo habla del Mesías, y solamente de El, tengo mis dudas de si no se refiere a veces a Isaías, a veces a Ciro y a veces al Mesías; los primeros como prefigurando al último, de quien en cierto sentido pueden considerarse como tipos. Primero debiera buscarse el sentido literal; esto es de suma importancia al leer e interpretar los oráculos de Dios.

6. *Para que restaures el remanente de Israel.* "Y para restaurar las ramas de Israel."

7. *El menospreciado de alma.* "Aquel cuya persona es menospreciada."

17. *Tus edificadores vendrán aprisa.* "Los que te destruyeron serán pronto tus edificadores." *Saldrán de ti* –"Serán tus retoños." "Procederán, brotarán, resultarán de ti," como hijos tuyos. La frase se emplea frecuentemente en este sentido: (véase 11:1; Mi. 5:2; Nah. 1:11). La adición de los gentiles a la Iglesia de Dios es considerada como una adición al número de la familia y los hijos de Sion (véanse los vrs. 21, 22 y cap. 60:4).

18. *Y de ellos serás ceñida como novia.* "Cíñelos a tu alrededor, como una novia sus joyas." El final de la sentencia es manifiestamente imperfecto. ¿Se ciñe una novia sus hijos, o sus nuevos súbditos, a su alrededor?

23. *Con el rostro inclinado a tierra.* "Con sus rostros en tierra." Es bien sabido que en Oriente las expresiones de sumisión, homenaje y reverencia han sido siempre llevadas, y lo son todavía, a extremos de extravagancia. Cuando los hermanos de José fueron introducidos en su presencia "se inclinaron su rostro a tierra" (Gn. 42:6).

24. *¿Será quitado el botín al valiente?* Estos dos últimos versículos contienen una gloriosa promesa para la Iglesia de Cristo perseguida, de liberación del terrible –Satanás, y

de todos sus representantes y virreyes, los gobernantes anticristianos perseguidores.

CAPITULO 50

En este capítulo Dios vindica su proceder con su pueblo, cuyo extrañamiento se debe a ellos mismos (1). Y, mediante una alusión a la liberación temporal relacionada con el paso del Mar Rojo en seco y del Eufrates, afirma su poder para salvar (2, 3), a saber, por la obediencia y los sufrimientos del Mesías (4-6); quien al final ha de resultar victorioso sobre todos sus enemigos (7-9). Los dos últimos versículos exhortan a tener fe y confiar en Dios en las circunstancias más desconsoladoras; con un anuncio de venganza sobre aquellos que confían en sus propios artificios (10, 11).

1. *Así dijo Jehová.* Este capítulo ha sido interpretado como una referencia al profeta mismo; pero ciertamente habla con más claridad acerca de Jesús de Nazaret que de Isaías, el hijo de Amós. *¿Qué es de la carta?* "¿Dónde está esa carta?" Los esposos de genio brusco o ligero, a menudo enviaban cartas de divorcio a sus esposas por motivos leves, como se lo permitía hacer la ley de Moisés (Dt. 24:1). Y los padres oprimidos por las deudas, a menudo vendían a sus hijos, lo que podían hacer por un tiempo, hasta el año del rescate (Ex. 21:7). Muchos pasajes de las Escrituras muestran que esto se practicaba con frecuencia, y que los hijos respondían con sus personas y su libertad por las deudas del padre. La viuda (II R. 4:1) se queja de que "ha venido el acreedor para tomarse dos hijos míos por siervos". Y en la parábola (Mt. 18:25) "A éste, como no pudo pagar, ordenó su señor venderle, a su mujer, hijos, y todo lo que tenía, para que se le pagase la deuda". Pero Yo no procedo así, dice Dios; Yo no soy gobernado por semejantes motivos, ni me veo en tan urgente necesidad. En consecuencia, vuestro cautiverio y vuestras aflicciones sólo deben imputárseos a vosotros mismos, y a vuestra insensatez e impiedad.

2. *Sus peces se pudren.* "Sus peces se secan."

6. *Y mis mejillas a los que me mesaban* (VM. *me arrancaban*) *la barba.* La indignidad más grande a que se le podía someter. *No escondí mi rostro de injurias y de esputos.* Otro ejemplo del máximo desprecio y repudio. Estaba ordenado en la ley de Moisés como un castigo severo que implicaba una desgracia permanente (Dt. 25:9). Entre los medos era en extremo ofensivo escupir en presencia de alguien (*Herod.* I, 99), y lo mismo sucedía entre los persas (Jenof. *Cyrop.*, lib. I, p. 18). Pero en este pasaje significa indudablemente escupir en la cara; así se entiende en San Lucas, donde nuestro Señor evidentemente se refiere a esta profecía: "Se cumplirán todas las cosas escritas por los profetas acerca del Hijo del Hombre, pues será entregado a los gentiles, y será escarnecido y afrentado y escupido" (18:31-32), lo que en realidad se cumplió: "Y algunos comenzaron a escupirle" (Mr. 14:65; 15:19). Si escupir delante de una persona era tan grande ofensa, ¡cuánto más el escupirle en el rostro!

7. *Por eso puse mi rostro como un pedernal.* El profeta Ezequiel (2:8-9), ha expresado esto con gran vigor, en su estilo osado y vehemente.

10. *¿Quién hay entre vosotros que teme a Jehová?* Creo que este pasaje ha sido generalmente, y aun peligrosamente, mal interpretado. Se ha citado, y se ha predicado sobre él, para probar que "uno puede temer conscientemente a Dios, y ser obediente a las palabras de la ley y los profetas, obedecer la voz de su siervo –de Jesucristo mismo, esto es, obedecer sincera y normalmente la ley y los mandamientos de nuestro bienaventurado Señor, y sin embargo andar en tinieblas y no tener luz, no tener el sentido de la aprobación de Dios, ni evidencia de la seguridad de su estado". Esto es totalmente imposible, pues Jesús ha dicho: "El que me sigue no andará en tinieblas, mas tendrá la lumbre de la vida." La traducción del obispo Lowth ha aclarado bien esto. El texto contiene dos preguntas, a cada una de las cuales se da una respuesta:

P. 1. "¿Quién hay entre vosotros que teme a Jehová?

R. Oiga la voz de su siervo.

P. 2. ¿Quién anda en tinieblas y carece de luz?

R. Confíe en el nombre de Jehová; y apóyese en su Dios."

10. *Y oye la voz de su siervo.* "Oiga la voz de su siervo."

11. *Vosotros encendéis fuego.* El fuego que ellos mismos encienden, a la luz del cual andan con seguridad y satisfacción, es una imagen destinada a expresar, en general, los expedientes meramente humanos y políticas mundanas, que no cuentan con la fe y la confianza en Dios. *Os rodeáis de teas* –"Amontonáis combustible a vuestro alrededor". Sin fe, arrepentimiento, ni una vida santa, osadamente proclaman que confían en Dios –son presuntuosos en su confianza en la misericordia de Dios; y aunque desprovistos de toda preparación para el reino de los cielos y derecho a él, creerían un crimen dudar de su salvación final. Viviendo de esa manera, ¿qué pueden esperar sino un interminable lecho de pena? *En dolor seréis sepultados.*

CAPITULO 51

El profeta exhorta a los hijos de Abraham a confiar en el Señor; y describe, breve pero hermosamente, la gran bendición que será la consecuencia (1-3). Luego, volviéndose a los gentiles, los insta a buscar una parte en la misma salvación (4, 5); cuya duración eterna es majestuosamente descrita (6). Y es tan segura como eterna, para los justos, no obstante todas las maquinaciones de sus enemigos (7, 8). Los fieles, pues, con gozo y exultación, elevan sus voces, recordando a Dios sus maravillosas obras de antaño, que los estimulan para buscar ahora un cumplimiento semejante de estas promesas (9-11). En respuesta a esto, se presenta a Dios consolándolos en sus tribulaciones, y diciéndoles que ya estaba en camino el libertador que habría de salvarlos y establecerlos (12-16). Ahora el profeta se dirige a Jerusalén para consolarla y felicitarla por tan gozosa perspectiva. La ciudad es representada, en una atrevida figura, como una persona que yace en la calle, bajo los efectos embriagantes de la copa de la ira divina, sin que nadie de su propio pueblo haya sido designado para consolarla, y hollada por los pies de sus enemigos; pero, en el tiempo señalado por la divina providencia, el cáliz de aturdimiento le será quitado de la mano y puesto en la de sus opresores; y ella no beberá más de él para siempre (17-22).

1. *Los que seguís la justicia.* Los que, sintiendo la necesidad de salvación, buscan al Señor a fin de ser justificados. *La piedra.* Abraham. El *hueco de la cantera.* Sara; según se explica en el v. 2.

2. *Cuando no era más que uno solo lo llamé.* Así como de uno solo hice una gran nación, vosotros, aunque estáis abatidos, yo puedo restauraros a la felicidad y multiplicar grandemente vuestro número.

4. *Pueblo mío... nación mía.* "Vosotros, oh pueblos... Vosotras, oh naciones." La diferencia es muy material; porque en este caso a quien se dirige es a los gentiles, no a los judíos; y con mucha razón, pues en éste y los dos versículos siguientes se expresa el llamamiento de los gentiles, "los de la costa" o las tierras distantes en las costas del Mediterráneo y otros mares. *De mí saldrá la ley.* La nueva ley, el evangelio de nuestro Señor Jesús.

5. *Cercana está mi justicia.* La palabra *tsedek,* "justicia," se emplea con gran latitud para indicar justicia, verdad, fidelidad, bondad, misericordia, liberación, salvación, y a veces no es fácil dar el significado preciso sino mediante circunlocuciones; aquí significa el fiel cumplimiento de las promesas de Dios de liberar a su pueblo.

14. *El preso agobiado será libertado pronto.* "Marcha velozmente el que viene a libertar al preso." Ciro, si se aplica esto a la redención temporal del cautiverio de Babilonia; en el sentido espiritual, el Mesías, que viene a abrir la prisión de los que están cautivos.

17. *El cáliz de aturdimiento.* "El cáliz de veneno mortal." Esto puede aludir también a la antigua costumbre de eliminar a los criminales con una copa de veneno. Es bien conocido el caso de Sócrates, condenado por el Areópago a beber una copa de jugo de cicuta, que le ocasionó la muerte.

19. *Estas dos cosas... asolamiento y quebrantamiento, hambre y espada.* Es decir, asolamiento por el hambre y quebrantamiento por la espada, tomando alternadamente los términos.

CAPITULO 52

En una manifiesta alusión a la vigorosa figura empleada al final del capítulo anterior, se representa a Jerusalén dormida en el suelo, y en ese estado de impotencia, atada por sus enemigos. El profeta, con todo el ardor natural de alguien que tiene tan alegres nuevas que comunicar, la despierta y la insta a levantarse, vestir sus mejores atavíos (santidad al Señor) y ascender a su majestuoso asiento; y entonces le entrega el mensaje que le ha sido encomendado, una parte muy consoladora del cual reza que "nunca más vendrá a ti incircunciso ni inmundo" (1-6). Despertando de su letargo, Jerusalén ve al mensajero de tan alegres nuevas sobre la eminencia desde la cual espiaba la inminente liberación. Ella expresa, en hermosas palabras, su gozo ante la noticia, repitiendo con peculiar galanura las palabras del heraldo (7). El arrobador conocimiento de que Jehová está retornando para ocupar su residencia en su santo monte, se extiende inmediatamente a los demás que están en guardia, y todos se unen en la alegre aclamación (8); y en el ardor de su alegría, llaman a las propias ruinas de Jerusalén a cantar con ellos, porque Jehová ha desnudado su brazo a la vista de todas las naciones, y todos los fines de la tierra están por ver la salvación del Dios de Israel (9, 10). Para completar la liberación, se les ordena salir triunfalmente de Babilonia, se les exhorta ardientemente a no tener nada que ver con ninguna de sus abominaciones, y se les asegura que Jehová los guiará en todo su camino (11, 12). El profeta pasa entonces a señalar la causa de esa gran bendición de la casa de Israel en particular, y del mundo en general, a saber, la humillación, los sufrimientos, la muerte, sepultura, resurrección y ascensión de Jesucristo; una profecía muy clara y muy célebre, que abarca el resto de este capítulo y todo el siguiente.

2. *Siéntate, Jerusalén.* "Asciende a tu majestuoso asiento, oh Jerusalén."

5. *Lo hacen aullar.* "Se jactan de ello."

6. *Yo mismo que hablo.* "Yo soy Aquel, Jehová, que prometí."

7. *¡Cuán hermosos!* Los vigías descubren a lo lejos, en las montañas, al mensajero que trae las esperadas y muy deseadas nuevas de la liberación de la cautividad babilónica. Inmediatamente difunden las alegres nuevas (v. 8), y en voz alta proclaman que Jehová vuelve a Sion, para reasumir su residencia en su santo monte, que por algún tiempo pareció haber abandonado. Este es el sentido literal del pasaje.

"¡Cuán hermosos son sobre los montes los pies del que trae alegres nuevas!" es una expresión altamente poética por ¡Cuán bienvenida es su llegada! ¡Cuán agradables son las noticias que trae! Nahum (1:15) que se supone generalmente que vivió después de Isaías, tomó evidentemente de él esta hermosa figura. San Pablo aplicó este pasaje a la predicación del evangelio (Ro. 10:15).

8. *Ojo a ojo verán.* ¿No puede aplicarse esto a los profetas y los apóstoles; los unos predicando y los otros descubriendo en la predicción la verdad de la profecía? El significado de ambos Testamentos se entiende mejor confrontándolos. *Que Jehová vuelve a traer a Sion* –"Cuando Jehová retorna a Sion". Se consideraba que durante el cautiverio Dios había abandonado a su pueblo; y

que en la restauración, retornaba con ellos a Sion, su anterior habitación.

9. *A Jerusalén ha redimido.* "Ha redimido a Israel."

13. *Mi siervo será prosperado. Yaskil,* "prosperará" o "actuará prósperamente". Hasta aquí, el tema de la profecía de Isaías, a partir del capítulo 40 ha sido, en general, la liberación del pueblo de Dios. Esta comprende tres partes diferentes, pero íntimamente vinculadas entre sí: (1) La liberación de los judíos de la cautividad de Babilonia; (2) La liberación de los gentiles de su miserable estado de ignorancia e idolatría, y (3) La liberación de la humanidad de la cautividad del pecado y la muerte. Se menciona expresamente a Ciro como el agente inmediato de Dios para realizar la primera liberación. Como Agente de las dos últimas liberaciones se menciona a Alguien mayor, a quien se llama el "siervo," el elegido de Dios, en quien su alma se deleita; Israel, en quien Dios será glorificado. Babilonia hasta ahora ha estado siempre a la vista; y al mismo tiempo han aparecido frecuentes insinuaciones de algo mucho más grande. Pero aquí Babilonia se pierde de vista, y creo que no vuelve a aparecer más, a no ser, tal vez, en 55:12 y 57:14. Los conceptos del profeta están casi totalmente acaparados por la parte superior de su tema. Introduce al Mesías apareciendo en el más bajo estado de humillación, que antes había mencionado apenas (caps. 1, 5, 6) y evita la ofensa que ello habría supuesto, declarando la causa importante y necesaria de esa situación, y preanunciando la gloria que la seguiría.

14. *Como se asombraron de ti.* "Como se asombraron de él."

15. *Lo que nunca les fue contado.* El misterio del evangelio, oculto durante tanto tiempo. Véase Ro. 15:21; 16:25. *Verán.* Con los ojos de la fe. *Lo que jamás habían oído.* La redención del mundo por Jesucristo; la conversión de los gentiles, y su integración en un solo rebaño con los judíos convertidos.

CAPITULO 53

Este capítulo predice los sufrimientos del Mesías, el fin por el cual moriría, y los beneficios que la humanidad recibiría por ese ilustre acontecimiento. Empieza lamentando la infidelidad de los judíos (1); el hecho de que se sintieran ofendidos por su apariencia humilde y mansa (2); y el desprecio con que lo trataron (3). El profeta muestra entonces que el Mesías habría de sufrir por pecados que no eran suyos; sino que nuestras iniquidades serían colocadas sobre El, y El sufriría su castigo, que es la causa meritoria de nuestro perdón y salvación (4-6). Muestra la mansedumbre y plácida sumisión con que El sufrió una muerte violenta e injusta, con las circunstancias de que murió con los impíos y fue sepultado con los grandes (7-9); y que, como consecuencia de su expiación, muerte, resurrección e intercesión, obtendría el perdón y la salvación para las multitudes, asegurará

una creciente prosperidad a su Iglesia, y finalmente triunfaría sobre todos sus enemigos (10, 11). Este capítulo contiene un hermoso resumen de las doctrinas más peculiares y características del cristianismo.

Para el lector imparcial, que haya oído la historia de los sufrimientos y muerte de Jesús, resultará evidente que a El es a quien se refiere este capítulo. Los judíos han tratado de aplicarlo a sus sufrimientos en el cautiverio; pero, ¡ay! por su causa; de esa manera no pueden explicar nada. Admitiendo, pues, que se refiere a nuestro bendito Señor, ¿quién puede leer los versículos 4, 5, 6, 8 y 10 sin convencerse de que su muerte fue un sacrificio vicario por los pecados de la humanidad?

2. *No hay parecer en él ni hermosura.* "No tiene forma ni hermosura alguna para que lo contemplemos; ni su semblante es tal que lo deseemos" —Símaco; el único de los antiguos que lo ha traducido correctamente.

3. *Como que escondimos de él el rostro.* "Como alguien que esconde su rostro de nosotros." Los dolientes cubrían la parte inferior de su rostro y su cabeza (II S. 15:30; Ez. 29:17), y los leprosos estaban condenados por la ley (Lv. 12:45) a cubrir su labio superior (embozarse).

5. *El castigo de nuestra paz.* "El castigo por el cual se logra nuestra paz," por el cual somos introducidos en un estado de paz y favor con Dios.

8. *Y su generación, ¿quién la contará?* "¿Quién declarará su manera de vivir?" Un amigo ilustrado me ha comunicado los siguientes pasajes de la Mishna y la Gemara de Babilonia, como ayudas para una explicación satisfactoria de este difícil pasaje. En la primera se dice que antes de que alguien fuera castigado por un crimen capital, el pregonero, en presencia del acusado, gritaba: "Si alguien sabe algo sobre la inocencia de este hombre, preséntese y declárelo."

Ahora bien, por el relato de los cuatro evangelistas se ve claramente que en el juicio y condenación de Jesús no se observó esta regla. Y nuestro Salvador parece referirse a esa costumbre y reclamar el beneficio de la misma, en su respuesta al sumo sacerdote, cuando éste le preguntó acerca de sus discípulos y de su doctrina: "Yo públicamente he hablado en el mundo; siempre he enseñado en la sinagoga y en el templo, donde se reúnen todos los judíos, y nada he hablado en oculto. ¿Por qué me preguntas a mí? Pregunta a los que han oído, qué les haya yo hablado; he aquí, ellos saben lo que yo he dicho" (Jn. 18:20-21). Este fue, pues, un notable ejemplo de las pruebas e injusticias predichas por el profeta, que nuestro Salvador soportó en su proceso y sus sufrimientos.

También San Pablo, en circunstancias similares, al comparecer ante el tribunal de Festo, parece quejarse de la misma injusticia en su trato: no se llamó a nadie, ni se presentó nadie, a vindicar su carácter. "Mi vida ("mi generación"), pues, desde mi juventud, la cual desde el principio pasé en mi nación, en Jerusalén, la conocen todos los judíos; los cuales también saben que yo desde el principio, si quieren testificarlo, conforme a la más rigurosa secta de nuestra religión, viví fariseo" (Hch. 26:4-5). *Dor* significa edad, duración, el tiempo que uno o muchos hombres pasan en este mundo; en este lugar, el curso, tenor o manera de vivir. *Fue herido* —"Fue herido de muerte".

9. *Con los ricos fue en su muerte.* "Con el rico fue su tumba." Puede ser necesario introducir la traducción del obispo Lowth. Y su sepultura fue señalada con los impíos; pero con el rico estuvo su tumba.

10. *Cuando haya puesto su vida en expiación.* La palabra *nephesh*, "alma" en hebreo se usa frecuentemente con el significado "vida". En todo el Nuevo Testamento la salvación de los hombres se atribuye uniformemente a la muerte de Cristo. *Verá linaje.* Verdaderos convertidos, genuinos cristianos. *Vivirá por largos días.* O ese linaje espiritual prolongará sus días, es decir, el cristianismo perdurará hasta el fin de los tiempos. *Y la voluntad del Señor.* Que todos se salven y sean conducidos al conocimiento de la verdad. *Será en su mano prosperada.* Entrará en un estado de progresiva prosperidad; y tan completamente se ha cumplido esto hasta ahora, que cada siglo sucesivo ha visto en el mundo más cristianismo que en el precedente o en cualquiera otro anterior.

11. *Justificará mi siervo justo.* "Justificará mi siervo." Tres manuscritos (dos de ellos antiguos) omiten la palabra *tsaddik;* parece ser solamente una repetición, por error, de la palabra anterior. Aquí hay un solecismo, pues según el uso constante del idioma hebreo, en una frase de esta índole el adjetivo debiera seguir al sustantivo; y *tsaddik abdi*, en hebreo, sería tan absurdo como "mi siervo justo justificará," en nuestro idioma. Agréguese a esto que hace demasiado largo el hemistiquio.

12. *Llevado el pecado de muchos.* Las "multitudes," los muchos que fueron hechos pecadores por las faltas de uno, es decir, todo el género humano; porque todos han pecado —todos han caído; y por todos los que han pecado y caído, murió Jesucristo. *Y orado por los transgresores.* Esto se cumplió literalmente en su muerte: "Padre, perdónalos porque no saben lo que hacen" (Lc. 23:34). E interceder por los transgresores es una parte de su función mediatoria (He. 7:25 y 9:24).

CAPITULO 54

Algunos suponen que este capítulo está dirigido a los gentiles; otros, que a la iglesia judía; y otros, que a la iglesia cristiana en su primera época. Comparando sus diversas secciones, y principalmente los versículos 7 y 8, con el resto, lo evidentemente más importante de la profecía será lo que se refiere a la futura conversión de los judíos y al aumento y prosperidad de esa nación, cuando, reconciliada con Dios después de su largo rechazo, su gloria y seguridad sobrepasarán en mucho a lo que fueron anteriormente en su situación más favorecida (1-17).

1. *Regocíjate, oh estéril, la que no daba a luz.* La iglesia de Dios bajo el Antiguo Testamento, confinada dentro de los estrechos límites de la nación judía, y más reducida aún en cuanto al muy pequeño número de verdaderos creyentes, y que a veces pareció abandonada por Dios, su esposo, es la mujer estéril que no daba a luz y estaba desolada. Se la exhorta a regocijarse y expresar su gozo en la forma más vigorosa, por la reconciliación de su esposo (véase el v. 6) y por el acceso de los gentiles a su familia. Los gentiles convertidos son considerados siempre por el profeta como un nuevo acceso de hijos adoptivos, admitidos en la iglesia original de Dios, y unidos a ella. Véase 49:20-21.

4. *Olvidarás la vergüenza de tu juventud.* Esto es, "La esclavitud de Egipto: viudez, la cautividad de Babilonia" —*Secker.*

7. *Por un breve momento.* "En una pequeña ira."

11. *He aquí que yo cimentaré tus piedras.* Imágenes que expresarían, al parecer, belleza, magnificencia, pureza, fuerza y solidez, gratas a las ideas de las naciones orientales.

CAPITULO 55

Este capítulo despliega primero la plenitud, libertad, excelencia y perdurabilidad de las bendiciones del evangelio, y vuelve a predecir la expansión del reino del Mesías (1-5). Esta posición lo lleva al profeta a exhortar a todos a que aprovechen la preciosa oportunidad de participar en tales bendiciones, que, sin embargo, no eran de esperar sin previo arrepentimiento y reforma (6, 7). Y como las cosas predichas ahora y anteriormente eran tan grandes que parecían increíbles, el profeta señala la omnipotencia de Dios, quien infaliblemente cumpliría su Palabra, y realizaría esas gloriosas liberaciones que había prometido; cuyos felices resultados se presentan nuevamente con figuras hermosas y poéticas en grado sumo (8-13).

3. *Haré con vosotros pacto eterno.* Heb.: "Cortaré con vosotros el antiguo o eterno sacrificio del pacto." Ese sacrificio del pacto que fue señalado desde antiguo, desde el principio mismo, y que ha de durar hasta la consumación del tiempo; a saber, el Cordero de Dios que fue inmolado desde la fundación del mundo. *Las misericordias firmes a David.* Es decir, dice Kimchi, "el Mesías," aquí llamado *David.*

6. *Buscad a Jehová mientras puede ser hallado.* El rabino David Kimchi da el verdadero sentido de este pasaje: "Buscad al Señor

porque puede ser hallado; llamadle, porque está cercano. Arrepentíos antes de morir, porque después de lá muerte no hay conversión del alma."

12. *Los montes y los collados.* Estas son figuras altamente poéticas para expresar un estado de felicidad, lleno de alegría y exaltación.

13. *En lugar de la zarza.* También éstas son figuras poéticas, que expresan un gran cambio y mejoría. El desierto convertido en un paraíso, el Líbano en el Carmelo; el desierto de los gentiles regado con la nieve y la lluvia del cielo, que no dejan de tener el efecto debido, y convirtiéndose en fructíferos en piedad y justicia; o, como lo traduce en sentido moral la versión Caldea: "En lugar del impío se levantará el justo; y en lugar de los pecadores, los que temen al pecado." Compárese 35:1-2; 41:19.

CAPITULO 56

Se requiere de todos aquellos que hayan de participar de las bendiciones del evangelio, que sean santos en su vida y conversación. Y el que así sea es declarado acepto de acuerdo a esta graciosa dispensación, cuyas bendiciones son tan vastas como el género humano, sin distinción alguna de personas o naciones (1-8). En el versículo nueve empieza un tema diferente, o una nueva sección de la profecía. Comienza convocando a los enemigos de los judíos (los caldeos, o tal vez los romanos) como bestias de presa contra ellos, por los pecados de sus gobernantes, maestros y otras personas profanas entre ellos, cuya culpa atrajo juicios sobre la nación (9-12).

2. *Que guarda el día de reposo para no profanarlo.* Kimchi tiene aquí una nota excelente: "El día de reposo se santifica cuando se lo distingue en dignidad, y lo separa de los demás días."

6. *Los hijos de los extranjeros.* Los gentiles. *Que sigan a Jehová.* Que entren en el pacto cristiano por medio del bautismo y la fe en Cristo, como los judíos y los prosélitos lo hacían por la circuncisión. *Para servirle.* Para vivir de acuerdo con el evangelio, y hacer siempre lo que es recto a los ojos del Señor. *Y que amen el nombre de Jehová.* El nombre de Jesús el Cristo, el Salvador de los pecadores, el Ungido de Dios, y el dador del Espíritu Santo a sus seguidores. *Para ser sus siervos.* Para no adorar otro Dios que Jehová, y no confiar sino en Cristo para su salvación. *Los que guarden el día del reposo.* Observándolo como un tipo del reposo que queda para el pueblo de Dios. *Y abracen mi pacto.* "De mi sacrificio del pacto"; pues sin esto no pueden hacer ningún bien; y sin él nada puede ser aceptable para la infinita majestad del Altísimo.

9. *Todas las bestias del campo.* Aquí, manifiestamente, comienza una nueva sección. En los capítulos anteriores, el profeta, habiendo confortado a los fieles judíos con muchas grandes promesas del favor de Dios que les serían extendidas, en la restauración de su estado en ruinas, y en la ampliación de su iglesia por la admisión de los gentiles, hace aquí una súbita transición a la perspectiva más desagradable, y a una tajante reprobación de los impíos y los incrédulos; y especialmente de los gobernantes y maestros negligentes e infieles, de los idólatras e hipócritas, que todavía atraerían juicios sobre la nación. Probablemente teniendo en cuenta la destrucción de su ciudad y su política por los caldeos, y tal vez por los romanos. En el capítulo siguiente continúa este tema, y en él la acusación de corrupción y apostasía se hace más general, contra toda la iglesia judía.

11. *Perros comilones.* Que se alimentan insaciablemente con la gordura y se visten con la lana, mientras el rebaño está diseminado, saqueado y muere de hambre.

12. *Tomemos vino.* El espíritu de este sentimiento epicúreo es el siguiente: Disfrutemos al máximo en el tiempo presente, y en lugar de sombríos presentimientos para el futuro, no esperemos otra cosa que una creciente alegría cada día que vivamos.

CAPITULO 57

Después de mencionar la desaparición de las personas justas como un amenazante síntoma de la aproximación de los juicios divinos (1, 2), el profeta pasa a acusar a la nación en general de idolatría, y de cortejar la inútil alianza con reyes idólatras (3-12). En oposición a esa vana confianza, el profeta recomienda la confianza en Dios, en quien los penitentes y humildes están seguros de hallar aceptación, y de quien obtendrán liberaciones temporales y espirituales (13-19). Terrible condición de los impíos y los impenitentes inveterados (20, 21).

1. *Perece el justo.* Aquí hay un énfasis que parece señalar a una persona en particular. *Perece* —Como la raíz *abad* significa descarriarse (el ganado), pasar de un prado a otro, me siento inclinado a seguir el significado gramatical de la palabra "perece," *pereo.* Así la Vulgata: *justus periit,* de *per* "por" o "a través," y *eo,* "ir". En la muerte de un justo se puede decir que pasó "a través" de la vida, y que pasó por los hombres, es decir, que fue o pasó antes que ellos al mundo eterno.

Hay pocos pasajes en Isaías en que no se haga referencia a Jesucristo; y me inclino a pensar que aquí se hace referencia a él, el Justo; y tal vez Esteban tuviera en vista este lugar cuando acusó a los judíos: "Vosotros negasteis al Santo y al Justo" (Hch. 3:14). *Los piadosos.* Si lo anterior se refiere a Cristo, esto podría referirse a los apóstoles y otros de los cristianos primitivos que murieron, algunos como mártires y otros *fueron quitados* escapando providencialmente de la ciudad que sabían estaba destinada a la destrucción. *La aflicción.* Esa destrucción que los romanos habrían de infligir a este pueblo desobediente.

2. Entrará en la paz. "Irá en paz." *Yabo shalom;* una expresión elíptica, como las usa frecuentemente el profeta. El mismo sentido se expresa en general, y en términos más completos (Gén. 15:15): "Y tú vendrás a tus padres en paz." *Descansarán en sus lechos todos los que andan delante de Dios* —"Descansará en su lecho, aun el hombre perfecto". Para seguir mi aplicación de esto a nuestro Señor: El, el Justo, *entrará en la paz* —la pacífica y próspera posesión del glorioso reinado mediador. *Descansarán en sus lechos* —la mano del mal y la opresión ya no puede alcanzar más a estos perseguidos seguidores de Cristo. *Todos los que andan delante de Dios* (VM. cada uno que anduvo en su rectitud). Esto puede ser considerado como una declaración general. El espíritu separado, aunque desunido de su cuerpo, andando en consciente existencia en el paraíso de Dios, recogiendo los frutos de su justicia.

6. En las piedras lisas del valle. Los judíos eran muy adictos a la práctica de muchos ritos supersticiosos e idolátricos, contra los cuales el profeta arremete aquí con gran vehemencia. Hay muchos testimonios antiguos del culto a piedras consagradas. Dice Kimchi: "Cuando hallaban en un arroyo o un río una piedra hermosamente pulida, le rendían adoración divina."

8. Y tras la puerta y el umbral pusiste tu recuerdo. "Y tras la puerta y el umbral pusiste tu memoria"; es decir, la imagen de tus dioses tutelares, o algo dedicado a ellos; en directa oposición a la ley de Dios, que le ordenaba escribir sobre los postes de las puertas de sus casas y en sus dinteles, las palabras de la ley de Dios (Dt. 6:9; 11:20). Si escogían tal situación como más privada, lo hacían desafiando una maldición particular pronunciada en la ley contra el que hiciera una imagen grabada o fundida y la colocara en lugar secreto (Dt. 27:15).

9. Y fuiste al rey con ungüento. "Y visitaste al rey con un presente de aceite." Es decir, al rey de Asiria, o de Egipto. Oseas (12:1) reprocha a los israelitas la misma práctica: "Hicieron pacto con los asirios, y el aceite se lleva a Egipto."

10. Pero no dijiste: No hay remedio. "Dijiste: Hay esperanza." Si comparamos Jer. 2:25 y 18:12, descubriremos que el tema en ambos casos es el mismo que aquí trata Isaías; y el sentimiento expresado, el de una desesperada resolución de continuar a toda costa con sus prácticas idolátricas; lo mismo que precisamente podríamos esperar con toda razón aquí.

11. Ni te vino al pensamiento. (VM. ni reflexionaste en tu corazón). "Ni lo revolviste en tu mano." Desde tiempos antiguos —"Y disimulé". "Como si no viera," Vulgata. Véase el Sal. 10:1. En uno de mis manuscritos: "¿No es porque guardé silencio y disimulé?"

12. Tu justicia. "Mi justicia."

13. Que te libren tus oídos. "Que tus asociados te libren."

14. Y dirá. "Entonces diré." Son las palabras de Dios, como se ve claramente por la conclusión del versículo: "mi pueblo".

16. Porque no contenderé para siempre. Los eruditos han luchado inútilmente con la última parte de este versículo, que suponen muy oscura. Yo creo que la explicación mejor y más fácil es la que dan los dos siguientes pasajes de los Salmos, que considero exactamente paralelos a él, y evidentemente expresan el mismo sentir. Sal. 78:38-39; 103:9, 13-14. *Pues... el espíritu. Ruach*, "la vida animal". *Y las almas. Neshamoth*, "los espíritus inmortales". El Targum aplica esto a la resurrección. "Yo restauraré las almas de los muertos," es decir, a sus cuerpos.

17. Por la iniquidad de su codicia me enojé. "Por causa de su iniquidad me enojé por un breve lapso."

18. He visto sus caminos. Probablemente estos versículos se refieran a la restauración de los judíos del cautiverio.

19. Produciré fruto de labios. El "sacrificio de alabanza," dice San Pablo, es "fruto de labios" (He. 13:15). Dios crea ese fruto de los labios, dando nuevo tema y causa de acción de gracias por sus misericordias conferidas a aquellos que de entre su pueblo que reconocen y lamentan sus transgresiones, y se vuelven a El. El gran tema de acción de gracias es la paz —la reconciliación y el perdón ofrecidos a los que están cerca y a los que están lejos; no sólo a los judíos, sino también a los gentiles, como San Pablo más de una vez aplica estos términos (Ef. 2:13, 17). Véase también Hch. 2:39. *Paz al que está lejos.* "Es decir, al penitente; y al que está cerca, es decir, al justo" —Kimchi.

21. No hay paz, dijo mi Dios. Este versículo se relaciona con el 19. Los persistentemente impíos e impenitentes son excluidos de toda participación en esa paz arriba mencionada, esa reconciliación y ese perdón que se prometen solamente al penitente. El capítulo 48 termina con la misma declaración, con la exclusión expresa de los incrédulos e impenitentes de los beneficios de las promesas futuras.

CAPITULO 58

Este galano capítulo contiene una severa reprobación de los judíos por causa de sus vicios, particularmente su hipocresía en practicar y confiar en ceremonias externas, tales como ayunos y mortificaciones del cuerpo, sin verdadero arrepentimiento (1-5). Presenta luego un resumen claro y comprensivo de los deberes para con sus semejantes (6, 7). Asimismo se agregan grandes promesas de felicidad y prosperidad al cumplimiento de esos deberes, en una diversidad de bellísimas y notables imágenes (8-12). Gran bienaventuranza temporal y espiritual de aquellos que santifican el día de reposo (13, 14).

1. *Clama a voz en cuello, no te detengas.* Nunca se oyó un clamor más alto contra la hipocresía, ni una reprobación más tajante de la impiedad de un pueblo que profesara una religión nacional establecida, teniendo todas las formas de la piedad, sin una partícula de su poder.

3. *En el día de vuestro ayuno buscáis vuestro propio gusto.* Los días de ayuno son llamados generalmente *festivos*, y los días festivos son días de holganza y placer. En innumerables casos el ayuno se convierte en una fiesta. *Y oprimís a todos vuestros trabajadores.* Algunos descuidan el ayuno más sagrado, y obligan a su siervo a trabajar todo el día; otros emplean los días de ayuno para arreglar sus cuentas, acomodar sus libros y escribir sus facturas para estar listos para cobrar a sus deudores. Estos son hipócritas fluctuantes; los otros son atrevidamente irreligiosos.

4. *Herir con el puño inicuamente; no ayunéis como hoy.* "Herir con el puño al pobre. Por lo cual ayunáis ante mí de esa manera."

8. *Tu salvación se dejará ver pronto.* "Tus heridas serán sanadas."

11. *Dará vigor a tus huesos.* "Renovará tus fuerzas."

12. *Restaurador de calzadas para habitar.* "Restaurador de calzadas para ser frecuentadas por los habitantes."

13. *Si retrajeres del día de reposo tu pie.* El sentido de esto parece ser que debían tener cuidado de no entregarse a sus placeres en el día de reposo, haciendo visitas y paseos campestres; no caminando, según lo interpreta Kimchi, más que la jornada de un sábado, que era solamente de dos mil codos más allá de los suburbios de la ciudad. ¡Cuán vilmente es transgredida esta norma por los habitantes de esta tierra! ¡Parecen creer que el día de reposo ha sido hecho sólo para su recreación! *Ni hablando tus propias palabras* —"De hablar palabras vanas".

CAPITULO 59

Este capítulo contiene una reprimenda más general de la iniquidad de los judíos (1-8). Después de esto, se los presenta confesando sus pecados y deplorando sus infelices resultados (9-15). Ante este acto de humillación, Dios, siempre dispuesto a perdonar al penitente, promete que tendrá misericordia de ellos; que vendrá el Redentor, poderoso para salvar; y que El libertará a su pueblo, sojuzgado por sus enemigos, y establecerá un pacto nuevo y eterno (16-21).

El capítulo anterior contenía una severa reprimenda de los judíos, particularmente por su hipocresía al pretender hacerse aceptos ante Dios mediante ayunos y humillaciones externas, sin verdadero arrepentimiento; mientras continuaban oprimiendo al pobre y se entregaban a sus vicios y pasiones; con grandes promesas, sin embargo, del favor de Dios a condición de que se reformaran. Este capítulo contiene una reprobación más general de su impiedad, sus derramamientos de sangre, violencia, falsía e injusticia. En el v. 9 se los presenta haciendo una amplia confesión de sus pecados y deplorando el lamentable estado a que ellos los habían llevado. Ante este acto de humillación se le promete que Dios, en su misericordia y celo por su pueblo, lo rescatará de esa miserable condición; que el Redentor vendrá como un héroe poderoso para libertarlo; destruirá a sus enemigos, convertirá a judíos y gentiles a sí, y les dará un nuevo pacto, y una ley que nunca será abrogada.

4. *Conciben maldades, y dan a luz iniquidad.* Hay una curiosa propiedad en este modo de hablar; un pensamiento o propósito es comparado a la concepción; una palabra o una acción que es resultado de aquél, al nacimiento de un niño. Los versículos del 3 al 15 inclusive, pueden ser considerados como una fiel presentación del estado moral del pueblo judío en ese entonces; y eran culpables, en el sentido más propio de la palabra, de las iniquidades de que se les acusa.

10. *Tropezamos a mediodía como de noche.* "Tropezamos a mediodía como en el crepúsculo."

16. *Se maravilló que no hubiera quien se interpusiese.* Algunos de los rabinos más eminentes consideran que este versículo y los siguientes se refieren al Mesías.

18. *Para retribuir . . . y dar el pago.* "El es poderoso para recompensar; el que es poderoso para recompensar, pagará (en la misma moneda)."

19. *Vendrá el enemigo como río.* Todos los rabinos aplican esto al Mesías. Si veis una generación —dicen— que soporta muchas tribulaciones, entonces esperadlo, según lo que está escrito: "Porque vendrá el enemigo como río, mas el Espíritu de Jehová levantará bandera contra él."

20. *Y a los que se volvieren de la iniquidad en Jacob.* "Aparta de Jacob la impiedad." Así la Septuaginta y San Pablo (Ro. 11:26).

21. *El Espíritu mío que está sobre ti.* Aquí parece dirigirse al Mesías. *Y mis palabras que puse en tu boca.* Lo que Jesús decía era la palabra y la mente de Dios mismo; y, como tal, debe ser recibida implícitamente. *Ni de la boca de tus hijos.* Las mismas doctrinas que Jesús predicó, las predican todos sus ministros fieles; y su posteridad, los genuinos cristianos nacidos todos de Dios, las creen; y continuarán, y las doctrinas permanecerán en los hijos de los hijos a través de todas las generaciones, por siem-

pre jamás. Este es el pacto de Dios, ordenado en todas las cosas y seguro.

CAPITULO 60

La gloriosa perspectiva desplegada en este capítulo parece haber elevado al profeta aun por encima de su acostumbrada majestad. El tema es la condición muy floreciente de la Iglesia de Jesucristo en aquel período de la dispensación del evangelio en que judíos y gentiles llegarán a ser un solo rebaño bajo un solo Pastor. Las imágenes empleadas son de la más consoladora y magnífica descripción. Ese bienaventurado estado del mundo seguirá a un período de gran oscuridad (1, 2). La difusión universal de la piedad vital es hermosamente presentada mediante una gran variedad de figuras (3-14). La duración eterna y la inmaculada pureza de este reino de Cristo (15-21). Un momento señalado en los consejos de Jehová para el comienzo de este período feliz; y cuando llegue ese momento, los detalles de la profecía tendrán un rápido cumplimiento (22).

El tema de este capítulo es el gran aumento y el estado floreciente de la Iglesia de Dios, por la conversión y el acceso a ella de las naciones paganas, que se presenta en términos tan amplios y exaltados que muestran evidentemente que el cumplimiento cabal de esta profecía está reservado para épocas futuras. Este tema se desarrolla con los más espléndidos colores, bajo una gran variedad de figuras altamente poéticas, destinadas a dar una idea general de las glorias de aquel estado perfecto de la Iglesia de Dios que se nos enseña a esperar en los últimos tiempos; cuando entren en ella la plenitud de los gentiles y los judíos se conviertan y sean reunidos de su dispersión, y los reinos de este mundo lleguen a ser los reinos de nuestro Señor y de su Cristo.

1. *Levántate.* Pide a Dios, por Cristo, su salvación. *Resplandece. Ori,* "sé iluminado"; porque hasta que te levantes y acudas a Dios, nunca recibirás verdadera luz. *Porque ha venido tu luz.* "Porque viene tu luz." El Mesías está a la puerta; y a la vez que es luz para los gentiles, será la gloria —la efulgencia, de su pueblo Israel.

2. *Tinieblas cubrirán la tierra.* Esta es la situación de los gentiles.

3. *Y andarán las naciones a tu luz.* Esto en parte se ha cumplido ya. Los gentiles han recibido la luz del evangelio de la tierra de Judea, y los reyes gentiles han abrazado el evangelio; de modo que muchas naciones de la tierra están llenas de la doctrina de Cristo.

5. *Entonces verás.* "Entonces temerás."

8. *Y como palomas a sus ventanas.* "Y como palomas sobre el ala."

9. *Las naves de Tarsis desde el principio.* "Las naves de Tarsis entre las primeras."

13. *Y yo honraré el lugar de mis pies.* El templo de Jerusalén era llamado la casa de Dios y el lugar de su descanso o residencia. La simbólica aparición visible de Dios, llamada por los judíos la *shekinah,* estaba en el lugar santísimo, entre las alas de los querubines, encima del arca. Eso era considerado como el trono de Dios, presidiendo como Rey sobre el estado judío; y como un escabel es un apéndice necesario de un trono, el arca era considerada como el escabel de Dios, y así se la denomina (Sal. 99:5; I Cr. 28:2).

22. *Yo Jehová... haré que esto sea cumplido pronto.* Hay un tiempo establecido para el cumplimiento de esta profecía; ese tiempo debe cumplirse antes de que ella empiece a tener lugar; pero una vez que empiece, todo se realizará en breve plazo.

CAPITULO 61

Continúa en este capítulo el tema del anterior, y para darle mayor solemnidad, se presenta al Mesías describiendo su carácter y función, y confirmando las grandes promesas hechas antes (1-9). A consecuencia de esto, se presenta la iglesia judía, alabando a Dios por el honor que le hiciera restaurándole su favor, y por el acceso de los gentiles, que se describe hermosamente con alusiones a las lujosas vestiduras pontificales del sumo sacerdote; una feliz similitud para expresar los ornamentos de una nación restaurada y una mente renovada (10). La certidumbre de la profecía, ilustrada con una imagen tomada del reino vegetal (11).

1. *El Espíritu de Jehová el Señor está sobre mí.* "El Espíritu de Jehová está sobre mí." La Septuaginta, la Vulgata y San Lucas (4:18) omiten la palabra *Adonai,* "el Señor"; que probablemente fuera agregada al texto por la superstición judía, a fin de evitar la pronunciación de la palabra *Jehová.*

En la mayoría de las profecías de Isaías hay un sentido primario y uno secundario, o un asunto remoto es ilustrado por uno más cercano. La liberación de los judíos de su cautividad en Babilonia se emplea constantemente para simbolizar la salvación de los hombres por Jesucristo. El profeta mismo es una persona típica, y a veces se lo interpreta como representante del gran Salvador. Es evidente, según Lc. 4:8, que ésta es una profecía de nuestro bienaventurado Señor y su predicación; y, sin embargo, es evidente que en primer término se refiere a la predicación de las buenas nuevas de la liberación de los judíos por Isaías.

A los presos apertura de la cárcel. "Perfecta libertad." No simplemente apertura de las cárceles, sino toda clase de libertad —redención completa.

La proclamación de libertad perfecta a los cautivos y el año agradable de Jehová, es una alusión manifiesta a la proclamación del año del jubileo a son de trompeta. (Véase Lv. 25:9 y sigs.). Este era un año de cancelación de deudas y obligaciones, de liberación de esclavos y esclavas, de tierras y posesiones que hubieran sido vendidas por las familias y tribus a las que pertenecían. Nuestro Salvador, al aplicar a sí mismo (Lc. 4:18-19) este texto tan evidentemente relacionado con la institución mencionada, declara palmariamente el designio típico de esa institución.

3. *A ordenar que a los afligidos de Sion.* "A impartir alegría a los afligidos de Sion." *Gloria en lugar de ceniza* —"Una hermosa corona en lugar de cenizas". En tiempos de luto los judíos se vestían de arpillera y esparcían sobre sus cabezas polvo y ceniza, por el contrario, vestidos espléndidos y ungüentos sobre la cabeza eran señales de alegría. *Arboles de justicia* —"Arboles aprobados" Heb., "árboles de justicia o de verdad"; es decir, que con su condición floreciente mostrarían que habían sido plantados por Dios.

4. *Los escombros de muchas generaciones.* Al parecer, estas palabras no pueden referirse a los judíos cautivos en Babilonia, porque no habían pasado allí muchas generaciones; puede que se refieran a sus dispersiones y su estado ruinoso desde el advenimiento de nuestro Señor; y en consecuencia ésta podría ser una promesa de la restauración del pueblo judío.

5. *Y extranjeros apacentarán vuestras ovejas.* Los gentiles os predicarán primero la salvación de Cristo, y alimentarán con el conocimiento divino a las congregaciones judías.

8. *Aborrecedor del latrocinio para holocausto.* "Que aborrece la rapiña y la iniquidad." La diferencia reside en la puntuación: *beolah,* "en un holocausto," *beavelah,* "en iniquidad". Las letras son las mismas en ambas palabras.

9. *La descendencia de ellos será conocida entre las naciones.* Judíos y gentiles han de constituir un solo rebaño, bajo un solo pastor, Jesucristo. Pero, a pesar de ello, conservarán su peculiaridad y distinción nacionales; de modo que aunque se los conozca como cristianos, será evidente que son judíos convertidos.

10. *En gran manera me gozaré en Jehová.* Estas pueden ser palabras de los judíos ahora convertidos e introducidos en la iglesia de Cristo y hechos coherederos, junto con los gentiles, de las bendiciones del nuevo pacto. *Como a novia adornada con sus joyas* —"Como la novia se adorna con una corona sacerdotal". Una alusión a las magníficas vestiduras del sumo sacerdote, cuando realizaba sus funciones; y particularmente a la mitra y la corona de plata u oro en el frente de la misma (Ex. 29:6). También la tiara de los sacerdotes estaba hecha, como lo expresa Moisés, "para honra y hermosura" (Ex. 28: 40).

CAPITULO 62

El profeta comienza este capítulo con fervientes oraciones porque el feliz período de reconciliación que acaba de ser prometido, y aquí se reitera, se apresure (1-5). Luego llama a los fieles, particularmente a los sacerdotes y levitas, a unírsele, presentando las promesas y aun el juramento de Jehová, como fundamento de su pedido (6-9). Y, confiando

en ese juramento, pasa a hablar de la restauración general prometida, como si ya se hubiera realizado; y convoca al pueblo a avanzar, y a las diversas naciones entre las cuales están dispersos a que les preparen el camino, pues Dios ha hecho proclamar universalmente la orden de su retorno a Jerusalén (10-12).

1. *Por amor de Sion no callaré.* Estas son palabras de Jehová, declarando su propósito en cuanto a los acontecimientos predichos en el capítulo anterior.

4. *Tu tierra, Beula. Beulah,* "desposada". En los profetas, una tierra desolada se representa con la figura de una viuda; una tierra habitada, bajo la de una mujer casada, que tiene esposo e hijos.

6. *Los que os acordáis de Jehová, no reposéis.* El profeta exhorta a los fieles, en particular a los sacerdotes y los levitas, a importunar a Dios con sus ruegos por la redención de Sion. La imagen que usa aquí está tomada del servicio del templo, en el cual los levitas debían montar guardia constantemente, día y noche; y entre ellos, al parecer, particularmente los cantores (véase I Cr. 9: 33). Ahora bien, en Oriente, hasta el día de hoy, durante las guardias los centinelas dan voces, a intervalos frecuentes, para anunciar la hora y para mostrar, al mismo tiempo, que están atentos al cumplimiento de su deber. De ahí que el profeta, hablando de los atalayas (52:8), diga que alzarán la voz; y aquí se les ordena no descansar en su tarea; y el reproche mayor contra ellos es que son como perros mudos, que no pueden ladrar; echados, amantes del sueño (56:10).

9. *Los que lo cosechan lo comerán, y alabarán a Jehová.* Esta línea y la siguiente se refieren a la ley de Moisés: "Ni comerás en tus poblaciones el diezmo de tu grano, de tu vino o de tu aceite . . . sino que delante de Jehová tu Dios las comerás, en el lugar que Jehová tu Dios hubiere escogido" (Dt. 12: 17-18). "Y cuando entréis en la tierra y plantéis toda clase de árboles frutales, consideraréis como incircunciso lo primero de su fruto; tres años os será incircunciso; su fruto no se comerá . . . Mas al quinto año comeréis el fruto de él" (Lv. 19:23, 25).

11. *He aquí viene tu Salvador; he aquí su recompensa.* Véase l.e.s. 40:10-11. Trae esta recompensa como si fuera en la mano. *Delante de él su obra.* El sabe perfectamente lo que ha de hacer, y es perfectamente capaz de hacerlo.

CAPITULO 63

El profeta (o más bien la iglesia que representa) ve aparecer al gran Libertador, largamente prometido y esperado, después de haber aplastado a sus enemigos, como a uvas en el lagar. La comparación sugiere una vívida idea de la ira del Omnipotente, que sus infelices objetos no pueden resistir más que lo que la uva puede resistir al que la pisa. En realidad, en este notable pasaje hay tanto sentimiento, energía y sublimidad, que no se puede concebir nada que lo exceda. El período al cual se refiere debe ser el mismo predicho en el capítulo diecinueve del Apocalipsis, en algunas partes del cual hallamos los mismos términos que en éste, y evidentemente se refiere a la misma súbita y total derrota del Anticristo y de todos sus seguidores y auxiliares, de la cual la destrucción de Babilonia, capital de Caldea, y de Bosra, la ciudad principal de los edomitas, era el prototipo (1-6). En el v. 7 comienza una confesión y súplica de los judíos, en su actual dispersión (7-19).

1. *¿Quién es éste que viene de Edom?* Probablemente tanto Edom como Bosra son sólo expresiones figuradas, para indicar el lugar en el cual Dios habría de derrotar a sus enemigos. Edom significa "rojo," y Bosra, "una vendimia". *Yo el que hablo en justicia* —"Yo, que publico justicia".

3. *Y de los pueblos nadie había conmigo.* Me abandonaron completamente, pero un buen significado es éste: Nadie tuvo parte en la expiación; es enteramente obra del Mesías solo. Ningún ser creado podría tener parte alguna en un sacrificio que había de ser de infinitos méritos.

6. *Y me sostuvo mi ira.* "Los aplasté en mi indignación."

7. *De las misericordias de Jehová haré memoria.* El profeta relaciona las anteriores misericordias de Dios para con los judíos, con la presente perspectiva que tiene de su redención por el Mesías; haciendo así un círculo en el cual gira la eterna bondad. El resto de este capítulo, con todo el capítulo siguiente, contiene una confesión penitencial y una súplica de los israelitas en su actual estado de dispersión, en el cual haya subsistido milagrosamente tanto tiempo, y continúan subsistiendo, como pueblo; arrojados de su país; sin ninguna forma de política civil propia o culto religioso: su templo destruido, su ciudad desolada y perdida para ellos, y toda su nación esparcida sobre la faz de la tierra, aparentemente abandonada y rechazada por el Dios sus padres, no siendo ya su pueblo peculiar.

Empiezan reconociendo las grandes mercedes y favores de Dios para con su nación, y la ingratitud con que ellos, por su parte, han respondido; que por su desobediencia han perdido el derecho a la protección de Dios, y han hecho que El se convierta en su adversario. Y ahora el profeta los presenta, inducidos por el recuerdo de las grandes cosas que Dios ha hecho por ellos, dirigiéndole su humilde súplica para que renueve sus mercedes. Le ruegan que los mire de acuerdo a su anterior misericordia, lo reconocen como su Padre y Creador, confiesan su impiedad y dureza de corazón, imploran su perdón y deploran la miserable condición presente, bajo la cual han sufrido tanto tiempo. Este pasaje parece una fórmula de humillación para los israelitas, a fin de que se conviertan.

8, 9. *Y fue su Salvador. En toda angustia de ellos.* "Y fue su Salvador en todas sus angustias." *Un ángel de su faz* significa un ángel de los órdenes superiores, que sirven inmediatamente a Dios. Así el ángel del Se-

ñor le dice a Zacarías: "Yo soy Gabriel, que estoy delante de Dios" (Lc. 1:19).

11. *De Moisés y de su pueblo.* "De Moisés su siervo." *¿Dónde está el que les hizo subir del mar con el pastor de su rebaño? ¿Dónde, etc.?* " ¡Cómo los trajo del mar, con el pastor de su rebaño; cómo, etc.!" *El pastor de su rebaño,* es decir, Moisés.

13-14. *El que los condujo por los abismos... como a una bestia que desciende al valle.* En estos dos versículos hay una alusión al paso del Mar Rojo por los israelitas, que no hallaron en el lecho del mar más inconvenientes que los que un caballo hallaría al correr por el desierto, donde no hubo ni piedras ni lodo; ni una bestia en el valle, donde todo fue llano y liso.

16 *Nuestro Redentor perpetuo es tu nombre.* "Oh, líbranos por amor de tu nombre."

17. *¿Por qué... nos has hecho errar?* Simplemente un hebraísmo, que significa ¿por qué nos has dejado errar?

18. *Por poco tiempo lo poseyó tu santo pueblo.* "Hace poco que tomaron posesión de tu santo monte."

CAPITULO 64

Todo este capítulo, que es muy patético y tierno, puede ser considerado como una fórmula de oración y humillación destinada a los judíos para lograr su conversión (1-12).

1. *¡Oh, si rompieses los cielos!* Aludiendo al parecer a la maravillosa manifestación de Dios sobre el Monte Sinaí.

2. *Como fuego abrasador de fundiciones.* "Como el fuego enciende el combustible seco."

4. *Ni nunca oyeron.* Yo leería todo este versículo así: "Sí, desde tiempos antiguos no oyeron, ni escucharon, ni ojo ha visto un Dios fuera de ti. El ha obrado por aquel que espera en El." Creo que, en general, ésta es la mejor traducción del original.

5. *Saliste al encuentro del que con alegría hacía justicia.* "Saliste al encuentro con alegría del que hacía justicia."

7. *Y nos dejaste marchitar en poder de nuestras maldades.* "Y nos entregaste en manos de nuestras maldades."

CAPITULO 65

Tenemos aquí una vindicación del proceder de Dios para con los judíos (1, 2). A este fin el profeta señala la gran hipocresía de ellos y enumera en particular sus tremendas abominaciones, muchas de las cuales fueron cometidas bajo la plausible apariencia de santidad (3-5). Por sus horribles impiedades (registradas por escrito delante de Jehová), la ira de Dios ha de venir ineludiblemente sobre ellos; predicción que se cumplió exactamente en los siglos I y II, en los reinados de los emperadores romanos Vespasiano, Tito y Adriano, cuando fue disuelta la vieja nación judía, y el pueblo fue esparcido por todo el mundo (6, 7). Aunque Dios ha rechazado a los judíos y llamado a los gentiles, que no lo buscaban (Ro. 9: 24-26), se conservará un remanente de los primeros, en el cual, a su tiempo, se cumplirán todas las promesas (8-10). Anuncio de la venganza divina contra aquellos idólatras que tienden la mesa para la Fortuna, y ofrecen libaciones al Destino (Gad y Meni, antiguas idolatrías que, por el contexto y por el orden cronológico de los acontecimientos predichos, se refieren claramente a las idolatrías practicadas por el Anticristo bajo apariencia de cristianismo) (11, 12). La terrible suerte que aguarda a esos groseros idólatras es puesta hermosamente en contraste con la gran bendición reservada para los justos (13-16). La futura restauración de la posteridad de Jacob, y el feliz estado del mundo en general a partir de esa gloriosísima época, representados por la vigorosa figura de la creación de nuevos cielos y nueva tierra, en los que habita la justicia, y en los cuales no podrá entrar aflicción alguna (17-19). En este nuevo estado de cosas el término de la vida humana será prolongado y no tendrá nada de esa incertidumbre que tiene "en el cielo y la tierra de ahora". Esto se ilustra elegantemente con la longevidad de un árbol: aludiendo manifiestamente al roble o el cedro del Líbano, árboles de los que sabemos que algunos han vivido de siete a diez siglos (20-23). Hermosas figuras que preanuncian la profunda paz y armonía de la Iglesia de Jesucristo, que seguirán inmediatamente a la derrota total del Anticristo; con una benévola promesa de que todos los adversarios serán atados con la gran cadena de la omnipotencia, de modo que ya ninguno podrá dañar ni destruir en todo el santo monte de Dios (24, 25).

Este capítulo contiene una defensa del proceder de Dios en relación con los judíos, con referencia a la queja de éstos en el capítulo anterior. Dios se presenta declarando que ha llamado a los gentiles, aunque éstos no lo buscaban; y ha rechazado a su propio pueblo debido a que se ha negado repetidamente a escuchar su llamamiento; por su obstinada desobediencia, sus prácticas idolátricas y su detestable hipocresía. Que, no obstante, no los destruirá a todos, sino que conservará un remanente, al cual cumplirá sus antiguas promesas. Los apóstatas son amenazados con severos castigos, y se prometen grandes recompensas a los obedientes, en un floreciente estado futuro de la Iglesia.

1. *Fui buscado por los que no preguntaban por mí.* "Soy dado a conocer a los que no preguntaban por mí."

3. *Sacrificando en huertos, y quemando incienso sobre ladrillos.* Estos son ejemplos de supersticiones paganas y prácticas idolátricas, a las cuales los judíos eran inmoderadamente adictos antes de la cautividad babilónica. Los paganos adoraban a sus ídolos en huertos; mientras Dios, en oposición a esa especie de idolatría, ordenó a su pueblo que, cuando entraran en la tierra prometida, destruyeran todos los lugares en los que los cananeos habían servido a sus dioses, y particularmente que quemaran sus huertos (Dt. 12:2-3). Estos judíos apóstatas sacrificaban sobre altares construidos de ladrillo, en oposición al mandamiento de Dios de que sus altares debían ser de piedra bruta (Ex. 20:25).

4. *En los sepulcros.* "En las cavernas." *Que comen carne de cerdo.* Esto estaba expresamente prohibido por la ley (Lv. 11:7), pero entre los paganos era un requisito principal en sus sacrificios y sus fiestas. Antíoco Epífanes obligó a los judíos a comer carne de cerdo, como prueba cabal de que renunciaban a su religión (II Mac. 6:18; 7:1).

6. *He aquí que escrito está delante de mí.* Su pecado está registrado en el cielo, clamando por el castigo que le corresponde.

7. *Vuestras iniquidades... y las iniquidades de vuestros padres.* "Sus iniquidades y las iniquidades de sus padres."

8. *Bendición hay en él.* Los hebreos llaman *berachah,* "bendición" a todas las cosas que sirven como alimento.

9. *Heredero de mis montes.* "Heredero de mi monte."

10. *Sarón... y el valle de Acor.* Dos de las partes más fértiles de Judea, famosos por sus pastos; la primera, al oeste, no lejos de Jope; el segundo al norte de Jericó, cerca de Gilgal.

11. *Que ponéis mesa para la Fortuna.* "Que ponéis mesa para Gad." Las disquisiciones y conjeturas acerca de Gad y Meni son infinitas e inciertas; tal vez lo más probable sea que Gad significa buena fortuna y Meni la luna, o el destino.

12. *Yo también os destinaré.* Refiriéndose a *Meni,* que significa, tal vez, destino.

15. *Te matará.* "Os matará."

17. *Yo crearé nuevos cielos y nueva tierra.* Esto ha sido interpretado de diversas maneras. Algunos judíos y algunos cristianos lo entienden literalmente. Dios cambiará el estado de la atmósfera y hará más fértil la tierra. Algunos lo remiten a lo que llaman el Milenio; otros, a un estado próspero de la religión; otros, a la recreación de la tierra después que haya sido destruida por el fuego. Yo creo que se refiere a la conversión final de todos los judíos; y primariamente, a la liberación del cautiverio de Babilonia.

18. *Os... alegraréis para siempre en las cosas que yo he creado.* "Gozaos en la era venidera que yo creo."

22. *No edificarán para que otro habite.* El reverso de la maldición pronunciada sobre el desobediente (Dt. 28:30): "Edificarás casa, y no habitarás en ella; plantarás viña, y no la disfrutarás." *Porque según los días de los árboles.* Se supone generalmente que el roble, uno de los árboles de vida más larga, dura unos mil años.

23. *No trabajarán en vano.* "Mis escogidos no trabajarán en vano." *Ni darán a luz para maldición* —"Ni engendrarán una raza de vida corta".

CAPITULO 66

Este capítulo trata el mismo tema del anterior. Dios, por su profeta, les dice a los judíos, que se jactaban mucho de su templo y su culto pomposo, que el Altísimo no habita en templos hechos con las manos; y que, mientras los adoradores son idólatras e impuros, ningún rito de culto exterior puede agradar a Aquel que ve el corazón (1-3). Esto lleva a una amenaza de venganza por su culpa, aludiendo a que han hecho vana la ley de Dios con sus abominables tradiciones, su rechazo de Cristo, la persecución de sus seguidores, y la consecuente destrucción por los romanos. Pero así como el ritual y el pueblo judíos representan al sistema del cristianismo y sus seguidores, en los escritos proféticos las idolatrías de los judíos frecuentemente son figuras de las idolatrías practicadas después por aquellos que llevan el nombre de cristianos. En consecuencia, si queremos obtener de esta sección la plenitud del significado que el contexto requiere, debemos ver, a través del tipo, el antitipo, es decir, las groseras idolatrías practicadas por los miembros del Anticristo, la pomposa acumulación de invenciones y tradiciones humanas que con ellos han abrumado el sistema cristiano, sus terribles persecuciones de los verdaderos y espirituales adoradores de Cristo, y los tremendos juicios que caerán sobre ellos en el día grande y terrible del Señor (4-6). El vigoroso y súbito crecimiento de la Iglesia de Jesucristo en el período de la caída del Anticristo, representado por la vigorosa figura de Sion dando a luz antes de tiempo, el significado de cuyo símbolo el profeta subraya con una serie de preguntas que le dan más énfasis y fuerza (7-9). Maravillosa prosperidad e inefable bienaventuranza del mundo cuando la posteridad de Jacob se reúna, junto con la plenitud de los gentiles, bajo el estandarte del Mesías (10-14). Todos los impíos de la tierra se congregarán para la batalla del gran día del Dios Todopoderoso, y los muertos por Jehová serán muchos (15-18). Cómo se efectuará la futura restauración de los israelitas de sus diversas dispersiones por el mundo habitado (19-21). Perpetuidad de esta nueva economía de la gracia para con la casa de Israel (22). La justicia se extenderá universalmente en la tierra; y la memoria de aquellos que transgredieron será tenida en perpetuo aborrecimiento (23, 24). De este modo el gran profeta, después de trazar los principales acontecimientos del tiempo, parece haber terminado contemplando la eternidad, donde terminan todas las revoluciones, donde la bienaventuranza de los justos será tan invariable como los nuevos cielos, y la miseria de los impíos como el fuego que no será apagado.

Este capítulo continúa el tema del anterior. Los judíos daban mucha importancia a su templo, y al pomposo sistema de servicios que en él se realizaban, que suponían serían de duración perpetua; y se atribuían gran confianza y méritos por su estricta observancia de todos los ritos externos de su religión. Estos dos capítulos manifiestamente se relacionan con el llamamiento de los gentiles, el establecimiento de la dispensación cristiana y la reprobación de los judíos apóstatas, y su destrucción ejecutada por los romanos.

2. *Todas estas cosas fueron.* "Todas estas cosas son mías." Aquí el texto ha perdido una palabra esencial para el significado: "mías". La Septuaginta y la Siríaca la conservan.

3. *El que sacrifica buey es como si matase a un hombre.* "El que mata un buey mata a un hombre." Estos son ejemplos de impiedad mezclada con hipocresía; de los crímenes más atroces cometidos por quienes al mismo tiempo se mostraban muy estrictos en el cumplimiento de todos los servicios externos de la religión. Dios, por el profeta Ezequiel, recrimina a los judíos por las mismas prácticas: "Pues habiendo sacrificado sus hijos a

sus ídolos, entraban en mi santuario el mismo día para contaminarlo" (23:39). De la misma clase era la hipocresía de los fariseos en los días de nuestro Señor: "Devoráis las casas de las viudas, y como pretexto hacéis largas oraciones" (Mt. 23:14). *El que hace ofrenda, como si ofreciese sangre de cerdo* —"El que hace oblación *ofrece* sangre de cerdo".

5. *Vuestros hermanos que os aborrecen, dijeron.* "Decid a vuestros hermanos que os aborrecen."

6. *Voz de alboroto de la ciudad, voz del templo, voz de Jehová.* Es notable que palabras similares fueron pronunciadas por Jesús, hijo de Ananías, antes de la destrucción de Jerusalén. Véase esta conmovedora historia relatada por Josefo, *Guerras*, L. VI, cap. V.

11. *Con el resplandor de su gloria.* "Con la abundancia de sus depósitos."

12. *Como un río, y . . . como torrente que se desborda.* "Como el gran río, y como el torrente que se desborda." Es decir, el Eufrates.

15. *Jehová vendrá con fuego.* "Jehová vendrá como un fuego." En lugar de *baesh*, "en fuego", la Septuaginta dice *kaesh*, "como un fuego". *Para descargar su ira con furor* —"Para respirar su ira como un calor abrasador". En lugar de *lehashib*, como puntualizan los Masoretas, *descargar*, yo interpreto *lehashshib*, "respirar".

17. *En los huertos.* "Según los ritos de Acad." Los sirios adoraban a un dios llamado Adad, Plinio, *Hist. Nat.*, XXXVLL, 11. Sostenían que era el más grande de todos los dioses, y lo identificaban con Júpiter y el sol.

18. *Porque yo conozco sus obras.* Los versículos finales de este capítulo se refieren a la restauración completa de los judíos, y a la destrucción de todos los enemigos del evangelio de Cristo, de modo que la tierra será llena del conocimiento y la gloria del Señor. *Tiempo vendrá* —"Yo vengo".

19. *Que disparan arco.* Sospecho que las palabras "que disparan arco" son una corrupción de la palabra "Moschi," el nombre de una nación situada entre los mares Euxino y Caspio.

24. *Porque su gusano nunca morirá.* Estas palabras del profeta se aplican a nuestro bendito Salvador (Mr. 9:44) para expresar el castigo eterno de los malos en el Gehenna, o el infierno. El valle del Gehenna, o Himnon, estaba muy cerca de Jerusalén, hacia el sudeste; era el lugar en que los judíos idólatras celebraban ese horrible rito de hacer pasar por fuego a sus niños, es decir, de quemarlos en sacrificio a Moloc. Para poner fin a esa práctica abominable, Josías profanó el lugar, llenándolo de huesos humanos (II R. 23:10, 14); y probablemente era costumbre después arrojar allí esqueletos de animales, cuando se convirtió también en el lugar de sepultura de la gente más pobre de Jerusalén.

EL LIBRO DE

JEREMIAS

El profeta Jeremías, hijo de Hilcías, era de estirpe sacerdotal; nativo de Anatot, villa de la tribu de Benjamín, distante a unas pocas millas de Jerusalén, designada para los sacerdotes descendientes de Aarón: Jos. 21:18. Fue llamado al ministerio profético cuando era muy joven; probablemente contaría unos catorce años de edad, época del decimotercer año del reinado de Josías, 629 a.C. Continuó profetizando hasta después de la destrucción de Jerusalén por los caldeos y se cree que falleció en Egipto unos dos años más tarde. Parece que desempeñó los arduos deberes de su ministerio durante más de cuarenta años.

Patriota firme y fervoroso, previó, por la luz de la profecía la ruina que vendría sobre su patria. Pudo haber entrado en trato con el enemigo, salvando así no sólo su vida, sino logrando desahogos y abundancia; pero prefirió más bien quedarse con su pueblo y sufrir lo que le tocara en todos los desastres que les sobrevinieran.

Después de la destrucción de Jerusalén, cuando Nabucodonosor instaló a Gedalías como gobernador de Judea, los judíos se rebelaron contra él y lo condenaron a muerte; entonces escaparon a Egipto, llevando con ellos a Jeremías, que continuó testificando contra su perversidad e idolatría, cayendo al fin, víctima de su fidelidad. Colmaron la medida de su iniquidad (según la tradición), apedreándolo hasta la muerte. Dios señaló esta atrocidad con extraordinaria indignación, porque pocos años después, fueron casi todos destruidos miserablemente por los ejércitos caldeos que invadieron Egipto; y aun esta destrucción había sido predicha por el profeta mismo, cap. 44: "Con espada, con hambre y con pestilencia . . . hasta que perezcan del todo," excepto un pequeño remanente, vrs. 13-14, 27, 28.

A menudo se ha observado que aunque varias de las profecías de este libro tienen sus fechas claramente registradas y la mayoría del resto pueden ser averiguadas por la evidencia colateral, sin embargo hay una extraña irregularidad en su distribución.

CAPITULO 1

Título general para la totalidad del libro (1-3). Jeremías recibe la comisión de profetizar lo concerniente a naciones y reinos, obra a la cual, había sido designado antes de su nacimiento, según el propósito divino (4-10). Visión de la vara de almendro y de la olla hirviente y sus respectivos significados (11-16). Jeremías recibe la promesa de la protección divina en el desempeño de las arduas labores de su misión profética (17-19).

1-3. *Las palabras de Jeremías.* Estos tres versículos constituyen el título del libro. Probablemente fueron agregados por Esdras cuando compiló y ordenó los libros sagrados y los colocó en el orden en que por lo general se encuentran las Biblias hebreas. *Año undécimo de Sedequías.* Es decir, el último de su reinado; porque al cuarto mes de ese año, fue hecho prisionero por los caldeos, y al quinto, los habitantes de Jerusalén fueron trasladados.

4. *Vino, pues, la palabra de Jehová a mí.* Entonces sentí primero la influencia ins-

piradora del Divino Espíritu, no solamente revelándome el mensaje que debía declarar al pueblo, sino también las palabras que debía emplear en esas declaraciones.

5. *Antes que te formase.* Yo te consagré al oficio profético antes que nacieras: Yo hice mi plan y te designé para ser mi mensajero al pueblo. San Pablo se refiere a su propio llamado a predicar el evangelio a los gentiles en términos similares. Gá. 1:15-16.

6. *No sé hablar.* Siendo muy joven y completamente inexperto, me siento completamente incapaz de expresarme acertadamente o de revestir estos asuntos divinos con el lenguaje adecuado. Los que son realmente llamados por Dios al sagrado ministerio han sido conducidos a un profundo encuentro consigo mismo que les ha hecho sentir su ignorancia y conocer su propia debilidad. Saben también la tremenda responsabilidad que se relaciona con la obra y nada más que la autoridad de Dios puede inducirles a tomarla a su cargo.

7. *Todo lo que te mande.* Lo que tienes que dar son mis palabras y mis mensajes, no

los tuyos. Yo te enseñaré; por tanto, tu juventud e inexperiencia no pueden ser un obstáculo.

8. *No temas delante de ellos.* Es decir, de los judíos, quienes le perseguirían por causa del mensaje que les daría. Estar prevenido es estar medio armado. Sabía lo que tendría que esperar de los desobedientes y rebeldes y debía estar preparado para hacerles frente.

10. *Te he puesto... sobre naciones.* Dios representa a sus mensajeros los profetas haciendo lo que El mismo les ha ordenado realizar. En este sentido, ellos desarraigaron, derribaron y destruyeron —al declarar los juicios de Dios; edificaron y plantaron al anunciar las promesas de su misericordia. Así dice Dios a Isaías, en el cap. 6:10: "Engruesa el corazón de este pueblo... y ciega sus ojos." Muéstrales que son estúpidos y ciegos; y que, por haber cerrado los ojos y endurecido sus corazones, en sus juicios, Dios los abandona a su dureza u oscuridad.

11. *Una vara de almendro. Shaked,* de *shakad,* "estar listo" o "apresurarse," "estar a la expectativa por una oportunidad de alguna cosa," "despertar," porque el almendro es el primer árbol en florecer y dar fruto.

12. *Yo apresuro mi palabra.* Nos encontramos aquí con una paranomasia. ¿Qué ves? Veo *shaked,* una vara de almendro, el árbol del apresuramiento: el que despierta primero. *Bien has visto; porque (shoked) yo apresuro mi palabra.* Yo despertaré o velaré sobre mi palabra, para la primera oportunidad de infligirles los juicios con que los he amenazado.

13. *Una olla que hierve... hacia el norte.* Encontramos en Ez. 24:3 y sigs., que la olla hirviendo era emblema de guerra y las desolaciones que trae aparejadas. Algunos han creído que la olla hirviendo, aludía a Judea convulsionada por la invasión de los caldeos, cuyo territorio estaba situado al norte de esta tribu. El doctor Blayney sostiene que *mippeney tsaphonah,* debería traducirse "del lado del norte," como se encuentra en el margen; porque desde el siguiente versículo, parece que el mal sobrevendría del norte; y por lo tanto, el vapor que estaba propuesto como símbolo del mal, debía levantarse desde esa misma región. La olla, representa el imperio de los babilonios y caldeos, situado al norte de Judea y arrojando sus multitudes cual vapor para cubrir toda la tierra. Cualquiera de estas interpretaciones concuerda con el texto.

14. *Se soltará.* "Será abierto." La puerta será derribada para que estas calamidades puedan pasar libremente.

15. *Pondrá cada uno su campamento a la entrada de las puertas.* Como las puertas de las ciudades, por lo general eran los lugares corrientes de administración de la justicia, los enemigos de Jerusalén, están representados aquí como vencedores de la totalidad del país, asumiendo las riendas del gobierno y colocando a la nación bajo sus propias leyes, de modo que los judíos cesarían como entidad política; serían completamente subyugados por sus enemigos.

16. *Proferiré mis juicios.* Dios había denunciado sus juicios: la conquista de sus ciudades y la destrucción del reino, eran los acontecimientos a los cuales estos juicios hacían referencia; y los hechos, probaron que las amenazas se cumplieron. *Y las obras de sus manos adoraron.* La idolatría fue la fuente de toda su maldad y la causa de todas sus devastaciones.

17. *Ciñe tus lomos.* Ten valor y alístate, para que no seas confundido; ten coraje y sé denodado, *pen,* no sea que por su oposición seas aterrado y confundido. A menudo, se representa a Dios como el que hace o causa algo, cuando El sólo lo permite o consiente que se haga. O, no los temas; Yo no permitiré que seas confundido.

18. *Te he puesto en este día como ciudad fortificada, como columna de hierro y como muro de bronce.* Aunque estarás expuesto a persecuciones y diversos ultrajes, ellos no podrán prevalecer contra ti. Serás como muro inexpugnable ante sus ataques, tan inamovible como un pilar de hierro y tan imperecedero como un muro de bronce. Los eventos probaron la verdad de esta promesa: él sobrevivió a todos sus ultrajes; vio a Jerusalén destruida y, a sus enemigos y los del Señor, llevados en cautiverio. En lugar de *chomoth,* "muros" en muchos manuscritos y ediciones se lee *chomath,* "un muro," que tiene concordancia con los nombres singulares precedentes.

19. *Pero no te vencerán.* Porque estoy determinado a defenderte y sostenerte contra todos tus enemigos.

CAPITULO 2

Dios expresa su continua estimación por su pueblo, muy anterior a la elección (1-3). Les reconviene su retribución desagradecida y su comportamiento peor que paganos a su consideración para con ellos (4-11): aun la creación inanimada debe asombrarse de su actitud (12, 13). Después de esto se declara que su maldad era la única causante de las calamidades que les fueron infligidas por el poder de sus enemigos (14-17). Son reconvenidos por su alianza con países idólatras (18, 19); y por su fuerte inclinación a la idolatría a pesar de todo el cuidado y la tierna misericordia de Dios (20-29). Aun los castigos del Todopoderoso no habían inducido al arrepentimiento a esta gente (30). El capítulo concluye con la protesta compasiva contra su insensatez e ingratitud al revelarse tan profundamente contra Dios y notificándoles las terribles consecuencias de su actitud.

2. *Me he acordado de ti.* La *juventud,* aquí se refiere al estado de infancia política cuando salieron de Egipto; fue entonces que comenzaron como nación. Su *desposorio* alude a su recepción de la ley, que fue solemnemente aceptada en el monte de Sinaí, Ex.

24:6-8, aceptación comparada a un desposorio. *Andabas en pos de mí*. Recibisteis mi ley y la obedecisteis. La *fidelidad* les había sido demostrada por el Señor al recibirlos como pueblo; no se refiere a la fidelidad de ellos para con El.

3. *Santo era Israel a Jehová*. Completamente consagrado a su servicio. *Primicias de sus nuevos frutos*. Pertenecían tan absolutamente al Señor como los primeros frutos eran propiedad de los sacerdotes, según la ley: Nm. 18:13. *Todos lo que le devoraban eran culpables*. Como Israel estaba desposado con el Señor, eran considerados como su propiedad especial; por lo tanto, quien les perjudicaba era considerado como si echara mano violentamente sobre la posesión del Señor.

6. *Por el desierto*. Egipto fue la *tierra de su cautiverio: el desierto* que atravesaron después de la salida de ese país, era un lugar donde no había *medios de vida;* donde ninguna familia podría subsistir y, mucho menos, una compañía de seiscientos mil hombres. Dios les menciona estas cosas para mostrarles que era por la gracia de una *providencia especial* que fueron alimentados y sus vidas preservadas. Con antelación a esto, *era una tierra por la cual no pasó varón, ni allí habitó hombre. ¿Y por qué?* Precisamente por la carencia de medios de vida; era *sombra de muerte* en su apariencia y *sepulcro* para quienes se trasladaban a ella.

7. *Y os introduje en tierra de abundancia. Mi tierra*. La tierra de Canaán. La propiedad particular de Dios la cual les entregó como herencia.

8. *Los que tenían la ley*. "Sacaron la ley"; aquellos que tenían la misión de explicarla, extraer sus significados espirituales y demostrar a qué se referían sus declaraciones. *Y los pastores*. Alude a reyes, dirigentes políticos y civiles.

9. *Contenderé aún con vosotros*. "Mantendré mis promesas," vindicaré mi propia conducta y probaré la maldad de la vuestra.

10. *Las costas de Quitim*. Según Josefo, se trata de la isla de Chipre. *Enviad a Cedar*. Es el nombre de una tribu árabe: ¡Mirad si hay nación, cercana o remota, culta o incivilizada, que haya actuado tan voluble o ingratamente como vosotros! ¡Ellos han mantenido sus ídolos hacia los cuales no les ligaba agradecimiento; sin embargo, vosotros habéis abandonado a vuestro Dios, a quien debéis la vida, la respiración y todas las cosas!

12. *Espantaos, cielos*. O "los cielos están estupefactos". El original admite cualquiera de las dos interpretaciones. La conducta de este pueblo era tan enteramente mala, que ni los cielos ni la tierra habían sido testigos de cosas tan excesivamente pecadoras y relajadas entre todas las iniquidades de la humanidad.

13. *Dos males*. Primeramente, abandonaron a Dios, Fuente de la vida, luz, prosperidad y felicidad. Segundo, cavaron cisternas rotas; se unieron a los ídolos de quienes no habían recibido bienes temporales ni espirituales. Su conducta fue resultado del exceso de insensatez y ceguera. Lo que aquí se denomina *cisternas rotas*, significa más acertadamente, vasijas tan mal fabricadas, no bien hechas, mal juntadas, de modo que el agua gotea por ellas.

14. *¿Es Israel siervo?* ¿Es un esclavo adquirido por dinero, o un siervo nacido en la familia? Es un hijo. Si es así ¿por qué ha sido saqueado? No porque Dios no le haya mostrado amor y bondad, sino porque él olvidó a su Dios, apartándose de El y uniéndose a los ídolos.

15. *Los cachorros del león rugieron contra él*. Los asirios que saquearon y destruyeron al reino de Israel con ferocidad semejante a una garra sobre su presa.

16. *Los hijos de Menfis y de Tafnes*. Ambas, ciudades de Egipto. Es bien sabido que el legítimo rey fue derrotado por los egipcios y muerto en la batalla. Así fue quebrantada la corona de la cabeza de Judá.

18. *¿Qué tienes tú en el camino de Egipto?* ¿Por qué haces *alianza* con Egipto? *¿Para que bebas agua del Nilo?* Véase Is. 23:3. *El camino de Asiria*. ¿Por qué haces alianza con los asirios? Todas estas relaciones sólo acelerarán tu ruina. *¿Para que bebas aguas del Eufrates? Nahar* o *hannahar* siempre significan Eufrates; el país situado entre el Tigris y el Eufrates; se denomina hasta la fecha "el país al otro lado del río", es decir, la Mesopotamia. En lugar de tratar de unirse al Señor, hacían conexiones y alianzas con aquellas dos naciones que siempre les habían tenido celos y habían buscado su ruina. Para ellos, Egipto era una caña quebrada en lugar de un apoyo; Asiria era una cisterna resquebrajada de la cual ellos no podían extraer ninguna ayuda.

20. *Desde muy atrás rompiste tu yugo*. Críticos expertos sostienen que estos verbos deben encontrarse en la segunda persona del singular (así es en la versión española). "Has roto tu yugo y tus ataduras"; así está en la Septuaginta, la Vulgata y la Arábiga. Pero la Caldea le imprime un significado que elimina la dificultad: "Yo he roto el yugo del pueblo de tu cuello; he cortado vuestras ligaduras en pedazos." Y cuando esto se hacía, ellos prometían andar por buen camino; porque "dijiste: No serviré," pero todavía se comportaban como prostitutas . . . cometiendo actos idólatras en los lugares altos donde los paganos habían edificado sus altares.

21. *Te planté de vid escogida*. Te di las instrucciones más completas, las ordenanzas más puras, los más elevados privilegios; y tendría razones para esperar que vivieras conforme a tales ventajas; pero en lugar de esto, te has degenerado; el árbol está deteriorado y el fruto es malo.

22. *Aunque te laves con lejía*. Todavía usada para el lavado. *La mancha de tu pe-*

cado, permanecerá aún delante de mí. Ningún lavado quitará tus manchas; las marcas de tu idolatría y corrupción están demasiado arraigadas para ser extraídas por medios humanos.

23. *Mira tu proceder en el valle.* El valle de Hinnom donde ofrecieron sus hijos a Moloc, ídolo de los amonitas.

24. *Olfatea el viento.* Cuando tienen fiebre muy elevada y sienten ese calor interno, estos animales abren todo lo posible sus bocas y las ventanas de la nariz para aspirar grandes cantidades de aire fresco con el objeto de enfriarse.

26. *Como se avergüenza el ladrón.* Cuando un ratero es sorprendido en el hecho, queda confundido, así, quedaréis tú, tus reyes, príncipes, sacerdotes y profetas, cuando Dios os prenda en vuestra idolatría y os entregue en manos de vuestros enemigos.

28. *Porque según el número de tus ciudades . . . fueron tus dioses.* Entre las naciones paganas, cada ciudad tenía su divinidad tutelar. Judá, muy sumergida en la idolatría, había adoptado también esa costumbre.

31. *¿He sido yo un desierto para Israel?* ¿Acaso os he negado algunas de las bendiciones necesarias para vuestro sostén? *O tierra de tinieblas.* ¿Acaso, desde que pasasteis el desierto y salisteis de las tinieblas de Egipto, habéis sido conducidos a circunstancias similares? *Somos libres.* Queremos ser nuestros propios señores.

32. *Se olvida la virgen de su atavío.* Este pueblo no está tan apegado a mí como las muchachas a sus vestidos y adornos. *Por innumerables días.* En otras palabras, por muchos años; durante todo el reinado de Manasés, un lapso de cincuenta y cinco años, la tierra estuvo inundada por la idolatría de la que aún no la había purificado la reforma del buen rey Josías, su nieto.

33. *¿Por qué adornas tu camino?* Habéis empleado una multitud de estratagemas para lograr alianzas con las idólatras naciones vecinas. *Aun a las malvadas enseñaste tus caminos.* Habéis hecho a estos idólatras peores de lo que eran antes.

34. *La sangre de los pobres, de los inocentes.* La historia sagrada nos ilustra cómo Manasés llenó a Jerusalén con la sangre de los inocentes; véase II R. 21:16 y Ez. 34:10. *No los hallaste en ningún delito.* Tales hechos de tinieblas y desenfreno sólo se encontraron en Israel.

35. *Soy inocente.* Continuaron asegurando su inocencia y por lo tanto, ¡esperaban que los juicios de Dios les fueran quitados rápidamente! *Yo entraré en juicio contigo.* Mantendré mi procedimiento, los seguiré con convicción e infligiré el merecido castigo.

36. *¿Para qué discurres tanto, cambiando tus caminos?* Cuando se apartaron del Señor, buscaron para sostenerse alianzas extranjeras: (1) Los asirios, II Cr. 28:13-21; pero ellos los perjudicaron en lugar de ayudarlos. (2) Los egipcios: con éstos quedaron completamente desilusionados y fueron avergonzados de su confianza. Véase cap. 37:7 y 8 para el cumplimiento de esta predicción.

37. *Saldrás con tus manos sobre tu cabeza.* Esta era la evidencia de profunda tristeza ocasionada por la completa aflicción. Véase el caso de Tamar, cuando fue seducida y abandonada por su hermano Amón. II S. 13:19.

CAPITULO 3

Los primeros cinco versículos de este capítulo aluden al asunto del anterior; y contienen fervorosas exhortaciones al arrepentimiento con benignas promesas de perdón a pesar de todos sus provocativos delitos (1-5). En el sexto versículo comienza una nueva sección de profecía, iniciándose con una queja contra Judá por haber sobrepasado en su pecado a su hermana Israel, ya descartada por su idolatría (6-11). Pero no para siempre está desechada; porque al mismo Israel, cuyo sitio de cautiverio (Asiria), se encuentra al norte de Judea, se le promete perdón si se arrepiente, lo mismo que a su hermana Judá, junto con la redención de la Iglesia de Dios, en los últimos días (12-20). El profeta predice la tristeza y el arrepentimiento de los hijos de Israel bajo la dispensación del evangelio (21). Dios renueva sus graciosas promesas (22); y ellos nuevamente confiesan sus pecados. En esta confesión hay un hermoso toque de lápiz sumamente hermoso y natural, al no nombrar al ídolo Baal, causa de todas sus calamidades, sino que lo menciona como un baldón abstracto u objeto de vergüenza (23-25).

1. *Si alguno dejare a su mujer.* Quedaba entendido por la ley y la costumbre del país que si una mujer estaba divorciada de su esposo y llegaba a casarse con otro, el primero no podía volver a recibirla. Ahora bien: Israel se había casado con el Señor; en solemne pacto se había unido a Jehová para adorarle y servirle solamente a El. Israel lo había abandonado y se había hecho idólatra. Sobre esta base, considerando la idolatría como *prostitución espiritual* y el precepto y práctica de la ley para ilustrar el caso, Israel jamás podía volver a ser restaurada al favor divino; pero Dios, su primer esposo, en la plenitud de su misericordia, está dispuesto a recibir a esta esposa adúltera, si ella abandona la idolatría y vuelve a El. Este capítulo y los siguientes están llenos de protestas cariñosas y exhortaciones a este pueblo pecador, para persuadirle de sus propios pecados y de la compasiva misericordia de Dios en su oferta de recibirles nuevamente en su favor.

2. *Como árabe en el desierto.* Estaban tan enteramente dedicados a la práctica de la idolatría como el árabe en el desierto a estar en acecho, para saquear las caravanas.

3. *Faltó la lluvia tardía.* La lluvia temprana que preparaba la tierra para la labranza, caía a principios de noviembre o poco antes; y la tardía, a mediados de abril; después de lo cual, apenas llovía durante el verano.

4. *¿No me llamarás a mí, Padre mío?* ¿No me admitirás como tu Creador y Protector y dejarás así de reconocer a los ídolos?

5. *¿Guardará su enojo para siempre?* ¿Por qué no tendría que seguir mi furor contra ti, puesto que tú continúas la transgresión contra el Señor?

6. *Me dijo Jehová en días del rey Josías.* Comienza aquí un nuevo discurso, que se supone fue presentado después del decimoctavo año del reinado de Josías. Aquí el profeta muestra al pueblo de Judá, las transgresiones, idolatría, obstinación y castigo de sus hermanos, las diez tribus, a quienes ruega se vuelvan al Señor con la más benévola promesa de restablecimiento en su propio territorio, la unión con sus hermanos de Judá y, en consecuencia, todas las formas posibles de prosperidad. Aprovecha también la ocasión para demostrar a los judíos, cuánto más culpables eran ellos que los israelitas, porque practicaban las mismas iniquidades, teniendo ante sus ojos el castigo y la ruina de ellos. Por eso les exhorta a volverse a Dios con toda su alma para no caer en idéntica condenación.

7. *Y dije.* Por medio de los profetas Elías, Eliseo, Oseas, Amós; pues todos ellos profetizaron a esa gente rebelde y les exhortaron a volver al Señor.

8. *Yo la había despedido.* Los entregué en manos de los asirios.

9. *Liviana su fornicación.* La desvergüenza de su idolatría: adorando los objetos más degradantes, celebrando los ritos más impúdicos.

11. *Ha resultado justa la rebelde Israel con la desleal Judá.* Ante mis ojos era menos agresiva y más disculpable que la pérfida Judá. Al respecto nos dice Lucas 18:14, que el humilde publicano se fue a su casa justificado antes que el jactancioso fariseo.

12. *Clama estas palabras hacia el norte.* Los países donde las diez tribus se encontraban entonces en cautiverio: Mesopotamia, Asiria, Media; Véase II R. 17:6, estaban situados al norte de Judea. ¡Cuán amorosas y compasivas eran las exhortaciones de este versículo y las siguientes! ¡Podía creer esta gente que Dios les había enviado al Profeta y sin embargo preferir la tierra de su esclavitud a las bendiciones de la libertad en su propia tierra y la aprobación de Dios?

14. *Os tomaré uno de cada ciudad, y dos de cada familia.* Si hubiera quedado una ciudad o alguna estuviera dispuesta a volver y sólo dos de una tribu entera, Yo los recibiré y los volveré de la cautividad a su propio territorio.

15. *Os daré pastores según mi corazón.* Aquí el pastor bien puede referirse al rey o al profeta, o a ambos. Ellos serán según el corazón de Dios; serán de su propia elección y preparados por El mismo; en consecuencia, apacentarán al pueblo con "sabi-

duría," *deah,* esa verdad divina concerniente al Dios verdadero y el mejor beneficio del hombre, lo que era esencialmente necesario a su salvación; e "inteligencia" *haskeil,* la plena interpretación de cada punto, para que al recibir la verdad, pudieran ser sabios, santos y felices.

16. *Arca del pacto de Jehová.* Este símbolo de la presencia divina, dado a los judíos como señal y promesa de la morada de Dios entre ellos, ya no sería más necesario y dejaría de existir; porque en los días del Mesías a quien parece tener alusión la promesa, la adoración a Dios, ya no estaría limitada a un lugar o pueblo. El templo de Dios estaría entre los hombres y dondequiera que se adorara a Dios por medio de Jesucristo. *Ni se hará otra.* El arca no será más establecida, ni conducida de una a otra parte; ni los hombres la visitarán; y si se perdiera, jamás volvería a ser reconstruida.

17. *Llamarán a Jerusalén: Trono de Jehová.* La nueva Jerusalén, la iglesia universal de Cristo, será el trono de Dios; y dondequiera El sea reconocido como Cordero de Dios que quita el pecado del mundo, allí el Señor se sienta sobre su trono y mantiene su tribunal.

18. *Irán de la casa de Judá a la casa de Israel.* Es decir, en aquellos tiempos en que los judíos serán recogidos con la plenitud de los gentiles. *Del norte a la tierra.* Desde Caldea. Esta profecía tiene dos aspectos: uno, se refiere al retorno de la cautividad babilónica; el otro, a los días gloriosos del cristianismo. Pero las palabras pueden referirse a esa gran reunión de judíos, no solamente de Caldea sino de todos los países de donde hubieran sido dispersados sobre la faz de la tierra, uniéndolos a la iglesia cristiana.

19. *¿Cómo os pondré por hijos?* Es como si hubiera dicho: ¿Cómo podéis ser considerados simiente santa, si sois corrompidos? ¿Cómo podéis estar unidos al pueblo de Dios, vosotros que andáis en el camino de los pecadores? ¿Cómo podéis ser llevados al cielo si sois impuros en vuestros corazones e injustos exteriormente? *Y dije: Me llamaréis: Padre mío.* Es la respuesta a la pregunta anterior. Ellos no podían ser considerados sus hijos a menos que llegaran a ser legalmente miembros de la familia celestial; y no podían serlo si no abandonaban la idolatría y recibían al Señor como su porción. No podían continuar con los privilegios de familia celestial a menos que no volvieran a abandonar a su Padre celestial.

21. *Voz fue oída sobre las alturas.* En este lugar los israelitas están representados como si estuvieran en una asamblea para lamentar su idolatría e implorar misericordia. Y, mientras están ocupados en esto, oyen el misericordioso llamado de Jehová.

22. *Convertíos, hijos rebeldes.* Ellos lo reciben alegremente y a una voz hacen su confesión a Dios: "He aquí nosotros venimos a ti, porque tú eres Jehová nuestro Dios"; y desde aquí hasta el final del capítulo, muestran las razones por las que deben volver a Dios. (1) Porque El es el Dios verdadero. (2) Porque los ídolos no les traen ningún provecho: no pueden ayudar en el momento de tribulación. (3) Porque el salvar es solamente prerrogativa divina. (4) Porque no han tenido ninguna clase de prosperidad desde que abandonaron la adoración de su Hacedor. Y este no era solamente su caso sino también el de los antepasados que tuvieron que sufrir las consecuencias de su idolatría y desobediencia. (5) Estas razones se finalizan con una confesión sincera del pecado ante cuyo recuerdo se sienten llenos de confusión; porque la memoria de sus maldades les era dolorosa y la carga insoportable. Al terminar esta confesión, Dios aparece en el próximo capítulo con promesas benévolas e instrucciones apropiadas de cómo deben volver y comportarse en el futuro.

24. *Confusión consumió.* Se supone que la palabra *confusión,* aquí y en cap. 11:13, Os. 9:10, significa Baal, el ídolo que ellos adoraban.

CAPITULO 4

Consecuencias de las exhortaciones y promesas dirigidas a Israel en los capítulos anteriores (1, 2). El profeta entonces se dirige al pueblo de Judá y Jerusalén exhortando al arrepentimiento y cambio para desviar el terrible castigo con el cual están amenazados (3, 4). Luego proclama alarma de guerra (5, 6). En la certidumbre de esta profecía, Nabucodonosor está representado como un león feroz que avanza; y el desastroso acontecimiento ya ha sido declarado (7-9). Y, como los profetas mentirosos han ilusionado a la gente con esperanzas de paz y seguridad (ahora son presentados justificándose a sí mismos cuando sus predicciones son desmentidas por los hechos) y con sin igual desvergüenza echan la culpa de su impostura a Dios. Kennicott corrige el texto de esta manera: "Y ellos dijeron", etc., v. 10. El profeta inmediatamente reasume su tema; y, en la persona de Dios, denuncia nuevamente los juicios que en breve les infligirá Nabucodonosor (11-18). Se lamenta de la cercana destrucción de Jerusalén en un lenguaje sorprendentemente enérgico y a la vez primorosamente delicado (19-21). La única causa de estas calamidades es la incorregible maldad de la gente (22). En los versículos restantes, el profeta describe la funesta catástrofe de Jerusalén con hermosa asociación de las más sorprendentes y lastimosas circunstancias para concebir la descripción de una tierra "asolada y vacía". La tierra parece estar lista para volver a su caos original; se ha extinguido cada rayo de luz y ha sido ocupada por densa oscuridad; los montes tiemblan y los collados son sacudidos por el terrible temor de la ira de Jehová; todo es una pavorosa soledad, donde no se ve vestigio de la raza humana. Aun las aves del cielo no encontrando más cómo subsistir son obligadas a emigrar; los lugares más fértiles han llegado a ser un desierto lóbrego y árido y cada ciudad es un montón de ruinas. Completan el conjunto los dolorosos aullidos de Jerusalén, semejantes a los gritos de una mujer en angustias de alumbramiento, abriéndose camino a través de la espantosa lobreguez; y el aterrado profeta se detiene, dejando al lector reflexionar sobre los terribles resultados de la apostasía y el culto idólatra (23-31).

1. *No anduvieres de acá para allá.* Estas palabras fueron dichas antes de la cautividad babilónica; aquí hay una promesa que si ellos abandonaban la idolatría no serían llevados en cautiverio. De modo que, si ellos hubieran vuelto al Señor, hubieran desviado ese juicio positivamente amenazador.

2. *Y jurares: Vive Jehová.* No te unirás con ningún dios falso; me reconocerás a mí como Supremo. Sé ligado por mí y para mí; hazlo en verdad, en juicio y en justicia. *Las naciones serán benditas en él.* Estarán tan convencidas del poder y la bondad de Jehová al ver el cambio efectuado en ti y de las misericordias con que te ha colmado que acostumbrarán a bendecir así: "¡Que el Dios de Israel te bendiga! "

3. *Arad campo para vosotros.* El campo desmontado es aquel que una vez labrado, se ha dejado sin cultivar por mucho tiempo; también puede ser un campo superficialmente arado para volver a hacerlo antes de ser sembrado. Habéis permanecido por largo tiempo sin cultivar en justicia; haced que el verdadero arrepentimiento quebrante vuestros endurecidos y estériles corazones; y cuando la Palabra de vida se siembre en ellos, tened cuidado de que los afanes y preocupaciones mundanas no se levanten y ahoguen la buena simiente como si fueran espinas.

4. *Circuncidaos.* Apartad cada cosa que tenga la tendencia a herir al Espíritu de Dios o a hacer infructuosas vuestras santas resoluciones actuales.

5. *Sonad trompeta.* Informad plenamente a toda la tierra para que el pueblo pueda reunirse y defenderse contra sus invasores.

6. *Yo hago venir mal del aquilón.* De la Caldea.

7. *El león sube.* Nabucodonosor, rey de Babilonia. *El destruidor de gentes.* De las "naciones": de todos los pueblos que se resistan a su autoridad.

8. *Endechad y aullad. Heililu.* El irlandés aborigen tenía una canción fúnebre que aún sigue entre sus descendientes, parte de la cual se denominaba *ulaloo:* que canta alternadamente y a la vez es acompañada por un coro completo de suspiros y gemidos. Se ha creído que los irlandeses eran de origen fenicio; si así fuera, se encontraría la razón por la similaridad de muchas palabras y costumbres en ambos pueblos.

9. *Desfallecerá el corazón del rey.* Perderá todo el coraje.

10. *¡Ay, Jehová Dios! Verdaderamente en gran manera has engañado a este pueblo.* El profeta no podía conciliar esta desolación del país con las promesas anteriores y parece que él elevara la interrogación: ¿No has engañado a este pueblo, diciéndole que habría paz, es decir, prosperidad? *Pues que el cuchillo ha venido hasta el alma.* Es decir, la vida; siendo el pueblo destruido en general.

11-13. *Viento seco . . . viento más vehemente . . . como nube . . . como torbelli-*

no. Parece que todas estas expresiones se refieren a vientos pestilenciales, vapores sofocantes, nubes y pilares de arena formados por los torbellinos que son tan comunes y destructores en el oriente (v.l.e.s. Is. 21:1); aquí se emplean estas imágenes para mostrar el efecto abrumador de la invasión de la tierra por los caldeos.

13. *¡Ay de nosotros!* La gente, profundamente afectada por la amenaza de estos juicios, interrumpe al profeta con los lamentos... *¡Ay de nosotros porque somos entregados a despojo!* El profeta entonces reanuda.

14. *Lava tu corazón, oh Jerusalén.* ¿Por qué no te apartas de tu maldad y evitas estos tremendos ayes? *¿Hasta cuándo permitirás en medio de ti los pensamientos* de seguridad y prosperidad? ¡Mientras tanto continúas rebelde a Dios y le provocas diariamente con tus abominaciones!

15. *Porque una voz trae las nuevas desde Dan.* Era ésta una ciudad de la tribu de Dan, situada al norte de Jerusalén. *Calamidad desde el monte de Efraín.* Entre Dan y Jerusalén se extienden tres montes de Efraín. Serían los primeros en soportar el ataque de los caldeos; y el rumor que saldría de esos lugares sería el anuncio de que la tierra había sido invadida.

16. *Guardas vienen de tierra lejana.* Gente para asediar las posiciones fortificadas.

17. *Como guardas de campo.* En los países orientales, el grano a menudo se siembra en campo abierto; y cuando se aproxima la cosecha, se ubican guardianes alrededor a distintas distancias para evitar que sean saqueados. Semejante a uno de esos campos, Jerusalén estaba resguardada en derredor; de modo que nadie podría entrar para prestarle ayuda y si alguno hubiera querido escapar no se le habría permitido.

19. *Mis entrañas.* Desde este versículo hasta el vigésimo noveno el profeta describe la destrucción de Jerusalén y la devastación de Judea por los caldeos en un lenguaje figurado casi sin paralelo en toda la Biblia. Ante la vista de la calamidad, se afectan primero las entrañas; luego, la pena se siente en una especie de constricción en el pericardio, luego, el corazón comienza a afectarse fuertemente por palpitaciones irregulares; un borbotón de lágrimas y gemidos es el final.

20. *Quebrantamiento sobre quebrantamiento.* Ciudades incendiadas, destrucción de sus habitantes. *Destruidas mis tiendas.* Aun las moradas solitarias en campo abierto, no escaparían.

23. *Miré a la tierra y he aquí que estaba asolada y vacía. Tohu vabohu;* son las mismas palabras empleadas en Génesis para indicar el estado informe de la masa caótica antes que Dios la ordenara.

24. *Los montes... los collados.* Los príncipes y gobernantes quedaron atónitos y huyeron.

25. *Las aves del cielo se habían ido.* La tierra había quedado tan desolada que aun las aves del cielo no podían hallar alimento y por eso huyeron a otras regiones. ¡Qué descripción tan poderosamente vigorosa!

30. *Aunque pintes con antimonio tus ojos.* Probablemente se refiera a la costumbre de introducir *estibio,* un preparado de antimonio, entre el ojo y el párpado, para producir brillo, lo que ocasiona una dilatación del párpado en el momento de la operación. Para poder realzar el efecto de esto, muchas han empleado una cantidad mayor de la común llegando casi hasta partir el párpado. Aunque emplees todos los medios de cortejar, astucia e incitación para lograr ayuda de los estados vecinos, todo será en vano. Aquí ilustra particularmente con el ejemplo de las prácticas de una prostituta para seducir a los hombres.

31. *Angustia como de primeriza.* En tales casos, el miedo, el peligro y el dolor naturalmente eran los mayores. *Extiende sus manos.* Es el gesto que por naturaleza se realiza para significar desgracia e implorar socorro. Ya nos hemos encontrado con esta figura en otras partes; es frecuente entre los escritores clásicos.

CAPITULO 5

Habiendo descrito los juicios inminentes que vendrían sobre sus paisanos se extiende sobre las corrupciones prevalentes entre ellos. Su profesión de religión era falsa e hipócrita (1, 2). Aunque se les corrigió no se enmendaron sino que persistieron en sus maldades (3). No sucedía solamente con el pueblo bajo y los ignorantes (4); sino que sucedía más notablemente con aquellos de la clase más elevada de cuyo conocimiento y oportunidades se hubiera podido esperar mejores cosas (5). Por esa causa, Dios los amenaza con los más crueles enemigos (6); y apela a ellos mismos si permitirían impunemente la práctica de tales pecados (7-9). Luego ordena a los enemigos que arrasen los muros de Jerusalén (10); esa ciudad condenada cuyos habitantes agregaron a todos sus pecados el mayor menosprecio por la palabra de Dios y sus profetas (11-13). Motivo por el cual, su palabra en boca de los profetas, sería como fuego que los consumiría (14); las fuerzas caldeas los afligirían cruelmente (15-17); y, como consecuencia de su apostasía e idolatría, vendrían mayores juicios sobre ellos (18, 19). El capítulo termina con un cuadro melancólico de la condición moral del pueblo judío en ese período que precede inmediatamente a la cautividad babilónica (20-31).

1. *En sus plazas.* Mercados y aquellos lugares de mayor concurrencia. *Si halláis hombre.* Cierto filósofo anduvo por las calles de Atenas con una lámpara encendida en la mano; cuando se le preguntó qué buscaba, respondió: "Estoy buscando un hombre." Del mismo modo, en Jerusalén no se encontraba ninguno que obrara con la dignidad del carácter de un ser racional, después de la búsqueda más diligente. *Y yo la perdonaré.* Perdonaré a la ciudad por causa de esa persona justa. De la misma manera que por la

intercesión de Abraham, Dios hubiera perdonado a Sodoma si hubiera hallado diez justos en ese lugar; Gn. 18:26.

2. *Vive Jehová.* Aunque profesan estar ligados a Jehová como si le reconocieran como su único Dios y Señor, sin embargo, juraban en falso; porque no creían en El, emitían falsos juramentos; por lo que no se consideraban comprometidos al no reconocerle como su Señor.

4. *Estos son pobres.* Son ignorantes; no tienen educación; no saben camino mejor.

5. *Iré a los grandes.* Aquellos cuyas circunstancias y esfera de vida les ha proporcionado las oportunidades para ilustrarse que otros no tuvieron por las razones dadas. *Ellos también quebraron el yugo.* Echaron a un lado todo freno, actuaron al margen de la ley y pisotearon todas las obligaciones morales.

6. *Por lo tanto el león.* Nabucodonosor, según la opinión general; aquí se le llama *león* por su coraje y violencia; *lobo,* por su rapiña y *leopardo* por su actividad.

7. *En casa de rameras.* En lugares dedicados a la idolatría; en el lenguaje de los profetas la palabra adulterio, generalmente se refiere a *idolatría.*

8. *Tras la mujer de su prójimo.* Es posible que esto haya sido literalmente verdad, como las abominaciones de la idolatría, en las que estaban tan prácticos; necesariamente tenían que producir un estado de cosas como el que se menciona.

10. *Escalad sus muros.* Los caldeos recibieron permiso y autoridad para saquear a Jerusalén. *Quitad las almenas.* Algunos traducen "troncos"; otros, "vides". Destruid las ramas, derribad su tronco; pero no dañéis la raíz. Dejad el número de personas suficiente como para que el país pueda ser renovado. La Septuaginta, la Siríaca y la Arábiga, interpretan: "Dejad sus cimientos porque son del Señor"; lo que concuerda con "Destruid, pero no del todo".

12. *Negaron a Jehová.* Lo "negaron" o desconocieron al Señor. *El no es. Lo hu,* "no es"; no existe tal ser; por lo tanto, este mal no vendrá sobre nosotros. Basados en su premisa, la conclusión era correcta. No hay juez; por lo tanto, no hay juicio.

13. *Antes los profetas serán como viento.* ¿Qué son los profetas? Personas vacías. Sus palabras son viento; oímos el sonido de sus amenazas; pero, del asunto que tratan no escucharemos más. *No hay en ellos palabras.* No hay inspirador pero ¡ojalá que sus predicciones caigan sobre sus propias cabezas!

14. *Porque dijeron esta palabra.* Porque tratasteis así mi mensaje, "yo pongo mis palabras en tu boca por fuego". Ellos dijeron "serán como viento"; pero yo haré que sean fuego que los devore. El próximo versículo menciona cómo y por quién sería realizado esto.

15. *Yo traigo sobre vosotros gente.* Los babilonios, pueblo sumamente antiguo, cuyo imperio fue fundado por Nimrod. *Cuya lengua ignorarás.* La caldea, que, aunque era una dialecto del hebreo, es tan distinto en sus palabras y construcción, que al escucharlo, posiblemente no podría descifrarse el significado de lo dicho.

16. *Su aljaba como sepulcro abierto.* Eran flecheros tan exactos que jamás erraban el blanco; con toda seguridad que cada flecha mataría a un hombre.

18. *No os destruiré del todo.* Hay más castigos reservados para vosotros. No solamente seréis saqueados, y toda vuestra propiedad destruida, sino que seréis llevados en cautiverio; "serviréis a extraños en tierra ajena," v. 19.

23. *Se apartaron y se fueron.* Me abandonaron y se alejaron más y más en su transgresión.

24. *Da lluvia y temprana y tardía.* V.l.e.s. cap. 3:3. *Los tiempos establecidos de la siega.* Como la lluvia temprana cae en la región septentrional de Judea hacia el fin de septiembre, en el año civil de los hebreos, la lluvia tardía se precipitaba antes de la cosecha, durante los meses de marzo y abril. Las semanas designadas para la siega se encontraban entre la Pascua y Pentecostés. En las zonas meridionales la cosecha era más temprana que en la región septentrional. Si la palabra *tiempos,* se leyera con una letra *sin* en lugar de la *shin,* significaría "abundancia" o "suficiencia"; como lo interpretan la Vulgata y la Septuaginta. Me parece que debe preferirse la versión corriente. Dios señala un tiempo para la cosecha, y, en su buena providencia, generalmente da la temperatura necesaria.

25. *Vuestras iniquidades han estorbado estas cosas.* Cuando no llegan las semanas designadas para la cosecha, ¿no tendríamos que examinarnos para saber si no es una parte de los juicios de Dios? ¿No serán nuestras iniquidades que nos impiden estos bienes?

26. *Acechaban como quien pone lazos.* Metáfora tomada de los cazadores de aves, quienes, después de colocar sus redes, echan ocultamente, para que al llegar los pájaros, puedan tirar y enmarañarlos.

27. *Como jaula llena de pájaros.* No hay duda de que aquí alude a una trampa para pájaros; en ellas, los cazadores ponían varios pájaros domesticados, que, cuando los silvestres los veían, iban a la jaula y caían en la trampa.

28. *No juzgaron la causa . . . con todo, se hicieron prósperos.* Quizás estaríamos justificados al traducir ¿y ellos prosperarán?

31. *Los profetas profetizaron mentira.* Los falsos profetas predijeron cosas favorables, para agradar tanto a los príncipes y el pueblo. *Los sacerdotes dirigían por manos de*

ellos. Los falsos profetas les proporcionaban todo lo que su poder e influencia podían prodigarles para que pudieran conservar sus lugares; y manutención, de las riquezas de la casa de Jehová. *Y mi pueblo así lo quiso.* Perfectamente satisfechos con ese estado de cosas, porque les permitía continuar en sus pecados sin reprensión o prohibiciones. Los profetas y los sacerdotes unidos engañaban y arruinaban a la gente. Los primeros, con sus falsas predicciones y por su intermedio, los sacerdotes manejaban al pueblo; y éste estaba tan infatuado que estaban dispuestos a entregarse voluntariamente a esos guías ciegos y a no escuchar la voz de ningún reformador.

CAPITULO 6

Jeremías, viendo a los caldeos en marcha, en el espíritu de profecía, ordena que levanten los acostumbrados avisos de peligro y propalen la alarma general con el objeto de que se preparen para huir (1). Luego, con una hermosa alusión a la costumbre de los pastores de mudar sus ganados a los pastos más abundantes, Jerusalén es separada como lugar entregado para ser devorado o pisoteado por los ejércitos caldeos que han sido llamados contra ella y cuya vehemencia y apresuramiento son tan grandes, que los soldados al llegar la tarde, lamentan que no dure el día y desean comenzar el ataque sin esperar la luz de la mañana (2-5). Entonces se representa a Dios como si animara y dirigiera a los sitiadores contra esta ciudad culpable, cuyo pecado manaba tan incesantemente como el agua de una fuente (6, 7), a pesar de haber sido amonestada de sus fatales consecuencias (8). Empleando el símil del rebusque de las vides, insinúa que una invasión se llevará los restos dejados por otra hasta que su desobediencia, hipocresía y otros pecados, terminen con su derrocamiento total (9-15). Y para mostrar que Dios es indisputable cuando juzga, menciona cómo los amonestó y advirtió en vano y llama al mundo como testigo de la equidad de sus procedimientos (16-18) al castigar a este pueblo perverso e hipócrita (19, 20) con la intervención de los crueles caldeos (21-23). En esto se introduce un coro de judíos que expresan sus temores y alarma (24, 25); a los cuales el profeta da una respuesta llena de simpatía y ternura (26). Por medio de metáforas tomadas del proceso de refinamiento del oro y la plata, los versículos finales representan todos los métodos usados hasta el momento para corregirles como completamente ineficaces (27-30).

1. *Huid, hijos de Benjamín.* Como los ejércitos invasores se aproximan rápidamente, el profeta pide a los habitantes de Jerusalén que den aviso de alarma y reúnan al pueblo para que se armen en contra de los invasores. Se les llama hijos de Benjamín, porque Jerusalén se encontraba en esa tribu. *Tecoa.* Ciudad situada a unas doce millas al sur de Jerusalén. *Bet-haquerem.* Nombre de una pequeña villa situada sobre una elevación entre Jerusalén y Tecoa. Se ordenó que se levantara un faro o encendiera un gran fuego que pudiera verse desde lejos para que la gente entendiera que un enemigo estaba entrando en la tierra. *Porque del norte.* De Babilonia.

3. *Pastores y sus rebaños.* Los jefes con sus batallones. El ejército invasor está por saquear y destruir todos los fértiles campos que lindan con la ciudad mientras están empeñados en el asedio.

4. *Anunciad guerra contra ella.* Palabras de los invasores incitándose al asalto, impacientes no queriendo perder tiempo por temor a que los sitiados lo aprovechen para fortalecerse o lograr víveres.

5. *Levantaos y asaltemos de noche.* Ya que se ha ido el día, no perdamos la noche; saquemos ventajas de la oscuridad, emprendamos un poderoso ataque mientras ellos estén aterrorizados.

6. *Cortad árboles.* Para hacer maquinaria. *Levantad vallado.* Para poder vigilar la ciudad, sobre la cual colocar nuestras máquinas. *Esta es la ciudad que ha de ser castigada.* Estamos seguros del éxito porque su Dios la entregará en nuestras manos, porque está llena de crueldad y El la ha entregado a la destrucción.

7. *Como la fuente nunca cesa de manar sus aguas.* Los habitantes incesantemente cometen actos de iniquidad; no hacen nada sino pecar.

8. *Corrígete.* Todavía hay tiempo: si ellos en ese momento se volvían al Señor con todo su corazón, el avance de los caldeos sería contrarrestado y darían marcha atrás.

9. *Del todo rebuscarán como a vid el resto de Israel: vuelve tu mano.* Aquí se exhorta a los caldeos a *volverse* y rebuscar el resto de los habitantes que quedaron después de la toma de Jerusalén; porque aun los que quedaron no fueron capaces de sacar provecho de los juicios que cayeron sobre los habitantes en general.

10. *La palabra de Jehová les es cosa vergonzosa.* Es objeto de irrisión, la desprecian.

11. *Estoy lleno de la ira de Jehová.* Dios me ha dado una terrible revelación de los juicios que se propone infligir. Mi alma está sobrecargada con esta profecía. He tratado de reprimirla; pero tengo que declararla.

16. *Así dijo Jehová: Paraos en los caminos, y mirad.* Observemos la metáfora. Un viajero se dirige a cierta ciudad; llega a cierto lugar donde la ruta se divide en varios caminos y teme extraviarse; se detiene un poco . . . trata de encontrar la verdadera senda: no puede disponer su elección. Pero por fin ve a otro viandante; le pregunta, se asegura de la dirección correcta . . . emprende nuevamente el viaje . . . llega al lugar deseado . . . y descansa por fin de sus fatigas. Hay un excelente sermón sobre estas palabras en las obras de nuestro poeta Geoffrey Chaucer, está entre los *Cuentos de Canterbury* y se titula "Cuentos de Chaucer".

17. *Puse . . . atalayas.* Os envié profetas para amonestaros.

20. *Incienso de Sabá.* Sabá se encontraba en Arabia; era muy famosa por producir el mejor incienso. Estaba situada en la extre-

midad meridional de la península de Arabia; y, con respecto a Judea, era *tierra lejana*.

23. *Arco y jabalina empuñarán.* Refiriéndose todavía a los caldeos.

27. *Por fortaleza te he puesto en mi pueblo, por torre.* Las palabras se refieren al oficio de un ensayador de plata y oro. Aquí se representa a la gente bajo la noción de "aleación de plata". Está llena de impurezas; y es colocada en las manos del profeta, el ensayador, para que sea purificada. Los *fuelles* están listos, el *fuego* está encendido, pero en vano; la amalgama con la plata está tan intensamente unida que es imposible la separación.

CAPITULO 7

Aquí comienza otra sección de la profecía que termina con el capítulo noveno. Se inicia con la exhortación a la enmienda de vida, sin la cual la confianza de los judíos en su templo se declara inútil (1-11). Dios les pide que les sirva de escarmiento la destrucción de sus hermanos los israelitas que fueron llevados cautivos por sus pecados sin tener en cuenta los lugares sagrados (Silo), donde residió una vez el arca de Dios (12-15). Las iniquidades de Judá eran tan grandes a los ojos de Dios que el profeta recibió la orden de no interceder por el pueblo (16); más especialmente porque persistían en provocar a Dios con sus prácticas idólatras (17-20). Los sacrificios judíos, si no estaban acompañados con la obediencia a la ley moral, no tenían validez (21-24). A pesar de los numerosos mensajes de misericordia desde el tiempo del éxodo, la gente se revelaba más y más y, a sus otros pecados agregaron este mal terrible: el levantar sus abominaciones en el templo de Jehová; o, en otras palabras, estorbaron la economía mosaica que simbolizaba las gloriosas verdades del cristianismo, con una mixtura heterogénea de los ritos idólatras, impuros y crueles del paganismo; consecuentemente, toda la tierra sería completamente devastada (25-34).

1. *Palabra de Jehová que vino a Jeremías.* Se supone que esta profecía fue pronunciada en el primer año del reinado de Joacim, hijo de Josías, el que, lejos de seguir el ejemplo de su piadoso padre, restauró la idolatría, sostuvo a malos sacerdotes y peores profetas, llenando a Jerusalén con toda clase de abominaciones.

2. *Ponte a la puerta de la casa de Jehová.* Allí se mantenía una exhibición de la adoración pública. El templo era considerado la residencia de Dios; todavía se observaban las acostumbradas ceremonias de la religión restauradas por Josías; y la gente estaba impelida a considerar el templo y sus servicios, como cosas sagradas que les preservarían en el caso de la amenazada invasión.

4. *Templo de Jehová.* Parecen expresar la convicción popular de que ellos estarían a salvo mientras continuaran los servicios del templo; pues, suponían que Dios no lo iba a entregar en manos profanas; pero, los lugares y símbolos sagrados no tienen ningún valor a los ojos divinos cuando el corazón no anda en rectitud con El.

5. *Pero si mejorareis cumplidamente vuestros caminos.* Literalmente, "Si hacéis el bien, que vuestros caminos sean completamente buenos". Dios no admitirá por más tiempo la obra de un corazón mezquino.

12. *Andad ahora a mi lugar en Silo.* Ved lo que hice en tiempos pasados con mi tabernáculo y mi arca: después de una larga permanencia en Silo, por causa de la iniquidad de los sacerdotes y del pueblo, permití que cayeran en manos de los filisteos, y que se los llevaran a su tierra y los depositaran en el templo de sus ídolos. Y por *vuestras* maldades haré lo mismo con vosotros y con vuestro templo; porque como no perdoné a Silo, aunque mi arca estaba allí, sino que la hice víctima de mi ira, así también haré con Jerusalén y su templo.

15. *Toda la generación de Efraín.* Se menciona Efraín por las diez tribus, pues ella era la principal.

16. *Tú, pues, no ores por este pueblo.* Han llenado la copa de su iniquidad y deben ser ejemplo de mi justicia. ¡Cuán terrible sería la situación de ese lugar donde Dios rehúsa derramar el espíritu de oración sobre sus ministros y pueblo a favor de su condición!

18. *Los hijos recogen l. .eña.* Aquí tenemos la descripción del espíritu cooperativo de una familia, que actúa unida en la oración idolátrica. *La reina del cielo:* muy probablemente, la luna.

21. *Añadid vuestros holocaustos sobre vuestros sacrificios.* Yo no recibiré ni sacrificios ni oblaciones de vosotros; por lo tanto, podéis tomar los animales que habíais preparado con ese fin, matadlos y comedlos en vuestras comidas.

23. *Mas esto les mandé... Escuchad mi voz.* Yo no requerí de vuestros padres ni sacrificios ni oblaciones sino obediencia cuando ellos estaban en el desierto.

29. *Corta tu cabello.* "Rapa tu señal del nazareato." El nazareo tomaba sobre sí un voto particular y se separaba de todos los vínculos mundanos durante cierto tiempo para poder dedicarse sin interferencias al servicio de Dios; durante todo ese tiempo no debía pasar navaja sobre su cabeza. Cuando el plazo del voto había terminado, tenía que afeitarse la cabeza y barba y volver a la vida social. Véase Nm. 6:2 y sigs. En los textos que estamos estudiando se presenta a Jerusalén bajo la ficción de un nazareo dedicado por profesión al servicio de Dios; pero esa manifestación era superficial; no estaba acompañada con la práctica requerida. Dios les dice aquí que se corten el cabello, que no hagan vanas pretensiones de santidad o de religión; que se quitaran la máscara y no trataran más de imponerse sobre otros con afectaciones hipócritas.

31. *Tofet... en el valle del hijo de Hinom.* Tofet era un lugar situado en el valle del mismo nombre, donde se mantenía el

fuego continuo en y mediante el cual consagraban sus hijos a Moloc.

34. *Y haré cesar... la voz de gozo.* Ya no habría en Jerusalén ninguna causa de gozo; no se casarían ni serían dados en matrimonio porque la tierra quedaría completamente desolada. A pecados tan horribles correspondía un terrible castigo.

CAPITULO 8

Aquí se declara que los juicios amenazadores del capítulo anterior, se extenderían aún a los mismos muertos, cuyas tumbas serían profanadas y los cadáveres completamente ultrajados (1-3). Desde ese verso, el profeta vuelve a reconvenirles por su perseverancia en el pecado (4-6); y, por su estúpida irreflexión, la cual les es echada en cara con un hermoso contraste con el instinto de la creación animal (7-9). Esto conduce a ulteriores amenazas expresadas en una variedad de términos sorprendentes (10-13). Se introduce un coro de judíos, sobre esas palabras, expresando con terror las nuevas de la invasión (14, 15); lo que es sumamente avivado en el próximo verso al oír el profeta el bufido de los caballos de Nabucodonosor, aun desde Dan y luego ver la destrucción realizada por su ejército (16), cuya crueldad, según Dios mismo declara, no menguará ante ninguna súplica (17). Ante esta manifestación, el profeta lamenta con la mayor amargura el destino de la hija de su pueblo, cambiando repentinamente la perspectiva al lugar de su cautividad, donde es introducida contestando con respuestas lúgubres a la endecha del profeta (18-22). Es igualmente agradable y sorprendente la variedad de imágenes y figuras empleadas para matizar el mismo asunto. La vestidura del tema es generalmente nueva, siempre galana.

1. *Sacarán los huesos.* Este versículo y los dos siguientes son continuación de la profecía anterior y no debieron ser separados del capítulo precedente.

Para arrojar el mayor menosprecio sobre la tierra, los ejércitos victoriosos sacaron y arrastraron de sus fosas, cuevas y sepulcros, los huesos de los reyes, príncipes, profetas, sacerdotes y los principales y los expusieron al aire libre, para que, de acuerdo con los juicios de Dios, les fueran un baldón en la vana confianza que habían depositado en el *sol*, la *luna*, y el *ejército celestial*... todos los planetas y estrellas, cuyo culto de adoración habían establecido en oposición a Jehová. Esta costumbre de profanar los cuerpos de los muertos y desparramar sus huesos parece haber sido general en aquella época. Era la más elevada expresión de odio y menosprecio.

4. *Les dirás asimismo.* Correctamente, el doctor Blayney observa: "En la parte de la profecía que sigue a ésta, debe prestarse la mayor atención a la diferencia de los que hablan; la transición es rápida e imprevista, pero llena de vida y energía. Al principio, el profeta en el nombre de Dios censura la incorregibilidad del pueblo; acusa a sus labios de insensatez y los amenaza con calamidades atroces, vrs. 4-13. En los tres versículos siguientes parece apostrofar a sus compatriotas

en su propia persona, y, como si fuera uno de los que viven en campo abierto, advirtiendo a los que están en idéntica situación que se retiren con él a una de las ciudades fortificadas y con paciencia esperen allí los acontecimientos, ya que afuera, sólo hay terror y estruendo del enemigo que ya ha comenzado a saquear los campos, vrs. 14-16. En el versículo 17, habla Dios y amenaza con enviarles adversarios que no podrían resistir. El profeta otra vez alude a su propia persona, condoliéndose de la hija de su pueblo a quien oye lamentando su caso desesperado en una tierra lejana; mientras la voz de Dios, como la de la conciencia interrumpe sus quejas y les muestra que toda esa ruina les ha sobrevenido por su propia infidelidad, vrs. 18-20. Una vez más el profeta reasume su discurso; deplora que no haya remedio para sanar las heridas de su país y, patéticamente llora el número de sus muertos, v. 21; cap. 9:1."

El que cae, ¿no se levanta? El que se desvía, ¿no vuelve al camino? Es decir, es tan posible que los pecadores vuelvan de sus pecados a Dios, porque su gracia siempre está dispuesta a ayudar, como es para Dios que está derramando sus juicios, el corresponderles en su retorno. Pero éstos que "abrazaron el engaño y no han querido volverse" no hubieran sido desilusionados.

6. *Como caballo que arremete con ímpetu a la batalla.* Esta aserción señala vigorosamente la irreflexiva, descuidada desesperación de su conducta.

7. *Aun la cigüeña en el cielo.* Las aves migratorias conocen las épocas de su emigración y de su vuelta y las observan con toda exactitud; obedecen a los dictados de la naturaleza; pero mi pueblo no lo hace con mis leyes.

8. *La pluma mentirosa de los escribas.* Escribieron falsamente aunque tenían la verdad ante ellos.

10. *Por tanto, daré a otros sus mujeres.* Desde este versículo hasta el final del 15, tenemos una repetición del cap. 6:13-15.

16. *Se oyó el bufido de sus caballos.* Se repetía desde Babilonia a Jerusalén; y fue por esta ciudad, después de batalla de Carchemis, que Nabucodonosor, en persecución de los egipcios, entró a Palestina. *Al sonido de los relinchos de sus corceles tembló toda la tierra.* De sus caballos de guerra. Se trata de una hermosa figura: era tan terrible el conjunto de los relinchos de la caballería de los babilonios que su eco hacía temblar la tierra.

17. *Yo envío sobre vosotros serpientes.* Símbolo de los enemigos que avanzaban contra ellos; adversario que prefería más bien matar y destruir que lograr botín y rescate.

20. *Pasó la siega.* El asedio de Jerusalén duró dos años; porque Nabucodonosor llegó a atacarla en el noveno año de Sedequías y la ciudad fue tomada en el año undécimo; véase II R. 25:1-3.

22. *¿No hay bálsamo en Galaad?* Los israelitas están representados por un hombre moribundo a causa de una enfermedad; y se sabía que el bálsamo de Galaad era un remedio reconocido como de gran eficacia para la cura de un mal cuando lo aplicaba convenientemente un médico. Pero, aunque había bálsamo y médico, la gente no era curada, ni sus males espirituales ni los políticos eran extirpados.

CAPITULO 9

El profeta lamenta amargamente los terribles juicios que seran infligidos sobre sus paisanos y les señala algunos de los males que han provocado a la Divina Majestad (1-9). Judá será completamente devastada y sus habitantes trasplantados a tierras paganas (10-17). Aludiendo a una antigua costumbre, se llama a una banda de plañideras para lamentarse sobre las ruinas de Jerusalén (17, 18); y aun el canto funebre esta presentado en terminos llenos de belleza, buen gusto y sentimiento (19-22). Dios es la fuente de todo bien; el hombre, es un mero instrumento por el cual se distribuye una porción de sus beneficios sobre la tierra; por lo tanto, nadie debe gloriarse en su sabiduría, poder o riquezas (23, 24). Los juicios de Dios caerán, no solamente sobre Judá, sino también sobre muchas naciones paganas (25, 26).

1. *¡Oh, si mi cabeza se hiciese aguas!* "¿Quién dará aguas a mi cabeza?" Mis lamentos por los pecados y destrucción de mi pueblo han dejado exhaustas las fuentes de mis lágrimas: allí desearía tener un manantial abierto para llorar día y noche por los muertos de mi pueblo. Este ha sido el lenguaje lastimero de más de un pastor que ha predicado durante largo tiempo a un pueblo endurecido, rebelde con poco o ningún resultado. Este verso pertenece al capítulo precedente.

2. *¡Oh, quién me diese en el desierto!* Varios intérpretes suponen que estas palabras pertenecen a Dios. Yo no puedo aceptarlo. Creo que han sido habladas por el profeta y que Dios comienza en el versículo siguiente y sigue hasta el noveno inclusive.

3. *Hicieron que su lengua lanzara mentira como un arco.* Y son tales sus mentiras que son tan capaces de quitar la vida como la más aguzada flecha lanzada desde el mejor arco flechero. Los falsos profetas decían a la gente que no habría destrucción cercana: la gente los creía; no hacía preparativos para la defensa; no volvían a Dios; y la espada llegó y los destruyó.

7. *He aquí, yo los refinaré.* Yo los pondré en horno de aflicción y veré si hay manera de purificarlos de su escoria.

10. *Desde las aves del cielo hasta las bestias de la tierra huyeron.* La tierra sería tan completamente destruida que ni las bestias de la tierra ni las aves podrían vivir en ella.

12. *¿Quién es varón sabio? ¿A quién le ha revelado Dios estas cosas?* Ese es un verdadero sabio.

15. *Yo les daré a comer... ajenjo.* Tendrán la pena más profunda y la más tremenda aflicción. Tendrán veneno en lugar de alimento y bebida.

17. *Llamad plañideras.* Estas tenían por oficio lamentar en los funerales y llorar a los muertos, porque se les pagaba para eso. Esta costumbre continúa en los países asiáticos.

20. *Enseñad endechas a vuestras hijas.* No se trata de una endecha común que durará hasta que la cuerpo sea depositado en la tierra; debe durar más tiempo; enseñadla a vuestros hijos para que puedan transmitirla a las generaciones, hasta que Dios os haga volver de vuestro cautiverio.

21. *Porque la muerte ha subido por nuestras ventanas.* Aquí hay una personificación de la muerte, a la que se representa como si estuviera escalando los muros y después de haber matado a los niños de juego, a los jóvenes vigorosos empleados en las labores campestres, ahora está dispuesta a subir a los hogares para terminar con los ancianos y enfermos; y a los palacios para destruir al rey y a los príncipes.

22. *Y como manojo tras el segador.* Los segadores, habiendo cortado suficiente para llenar su mano, lo arrojan; y los atadores que los siguen, juntan los manojos y los atan en gavillas. Se representa a la muerte cortando a los habitantes de la tierra, como los segadores lo hacen con el grano; pero la matanza era tan general, que no había nadie para enterrar los muertos, para recoger esos manojos, de modo que están tirados en estado de putrefacción *como estiércol sobre la faz del campo.*

23. *No se alabe el sabio en su sabiduría.* Porque Dios es el manantial de todo bien; solamente de y por El vienen la sabiduría, poder, riquezas, prosperidad.

24. *Mas alábese en esto.* Gloriarse en algo, es depender de ello como medio o causa para lograr la felicidad.

25. *Castigaré a todo circuncidado, y a todo incircunciso.* No imaginéis que vosotros por causa de vuestros crímenes sois los únicos objetos de mi desagrado; el circuncidado y el incircunciso, el judío y el gentil, sentirán igualmente el golpe de mi justicia. En igual manera, *otras naciones* también serían entregadas en manos de Nabucodonosor; inmediatamente las enumera: Egipto y Edom; los moabitas, los amonitas y los árabes del desierto.

CAPITULO 10

Los judíos, a punto de ser llevados en cautiverio, son aquí amonestados contra la superstición y la idolatría del país al cual eran conducidos. Caldea era sumamente adicta a la astrología; por lo tanto el profeta comienza amonestándolos en contra de esta aberración (1, 2). Luego expone lo absurdo de la idolatría en una breve pero elegante sátira; en medio de la cual se vuelve en un hermoso apóstrofe al único y verdadero Dios cuyos atributos repetidas veces saltan a la vista fácilmente; esto lo guía a contrastar sus infinitas perfecciones con esas despreciables sandeces que constituyen el temor de las naciones ciegas (3-16). El profeta denuncia nuevamente los juicios divinos (17, 18); sobre los que Jerusalén lamenta su destino y suplica la compasión divina a su favor (19-25).

1. *Oíd la palabra que Jehová ha hablado sobre vosotros.* El doctor Dahler supone que este discurso fue pronunciado al cuarto año del reinado de Joacim. Contiene una invectiva contra la idolatría; muestra su despropósito y que solamente el Creador debería de ser adorado por toda la humanidad.

2. *No aprendáis el camino de las naciones.* Estas palabras se dirigen con mayor particularidad a las diez tribus esparcidas por los asirios entre los paganos, las que fueron llevadas en cautiverio; también pueden haber tenido referencia a los que permanecían en la tierra de Israel, los que todavía tenían las costumbres de los antiguos paganos establecidas ante sus ojos. *Ni de las señales del cielo tengáis temor, aunque las naciones las teman.* Tanto los caldeos como los egipcios eran notoriamente adictos a la astrología; y en este lugar se advierte a los israelitas en contra de tales cosas.

3. *Las costumbres de los pueblos son vanidad.* Los estatutos y principios de la ciencia son vanos, vacíos e ilusorios. *Porque leño del bosque cortaron.* V.l.e.s. Is. 40:19 y 44:9 y sigs., que constituyen todos lugares paralelos y donde se ridiculiza la conducta idólatra.

5. *Derechos están como palmera.* Tan derechos y tiesos como los árboles de los que fueron cortados.

7. *¿Quién no te temerá?* ¿Quién no te adorará como Autor y Dador de todo bien? El temor de Dios es a menudo tomado por el todo de la verdadera religión.

8. *Enseñanza de vanidades es el leño.* El doctor Blayney traduce: ... "El leño mismo es un increpador de vanidades." El mismo árbol del cual es labrado el dios demuestra la vanidad y la insensatez de los idólatras.

9. *Traerán ... de Tarsis.* Algunos suponen que se trata de España de los fenicios llevaban mucha plata. *Lo vestirán de azul y de púrpura.* Eran los tintes más preciosos; muy raros y de gran precio.

10. *Mas Jehová.* La palabra original estaría reservada, sin embargo estamos de acuerdo en pronunciarla: "Jehová es el verdadero Dios." No tiene principio ni fin. De ningún otro puede decirse esto con verdad. *El es Dios vivo.* Su existencia no es derivada; y El da la vida a todos.

11. *Les diréis así:* Este es el mensaje que tienes que dar a los idólatras caldeos. *Los dioses que no hicieron los cielos ni la tierra, desaparezcan.* Tanto ellos como sus adoradores serán destruidos; y la idolatría por fin será raída de sobre la faz de la tierra.

13. *A su voz se produce muchedumbre de aguas.* Es una referencia evidente a una tormenta eléctrica con su consecuencia de abundancia de agua.

Este versículo y los tres siguientes tienen el mismo contenido y casi las mismas palabras que el cap. 51:16 y sigs.

14. *Todo hombre se embrutece.* Nibar, es un patán, actúa como un bruto, quien puede suponer que un tronco de árbol al que se le ha dado la forma de hombre puede ser una persona intelectual; y por lo tanto lo trata como si tuviera vida. Véase Is. 44:10-11.

16. *No es así la porción de Jacob.* Todas las naciones tenían sus ídolos tutelares, esa era la "porción" de ellos. La porción, es decir, el Dios de Jacob no es como ellos; porque El es el Hacedor de todas las cosas y sus dioses están formados por sus necios adoradores.

17. *Recoge de las tierras tus mercaderías.* Empaquen sus bienes, o las cosas indispensables para la vida porque sus enemigos les permitirán llevarlas; porque,

18. *Arrojaré con honda los moradores de la tierra.* Yo os sacaré de vuestro país con violencia. Os enviaré al cautiverio. Se supone que este discurso a partir del versículo 17, fue predicado en el año undécimo del reinado de Joacim.

19. *Enfermedad mía es esta, y debo sufrirla.* Cruel como es, la merezco, y aun peor.

20. *Mi tienda está destruida.* La ciudad ha sido tomada, y todas nuestras villas están derruidas y desoladas.

21. *Los pastores se infatuaron.* El rey y sus consejeros, que, al negarse a pagar el tributo prometido a Nabucodonosor, encendieron una nueva guerra.

22. *Voz de rumor viene.* La simple interpretación de esto es la siguiente: "¡Voz del informe! He aquí llega; sí, gran conmoción de la tierra del norte (Caldea) para hacer de Judea una desolación y habitación de animales salvajes." Es decir, el informe que recibimos de la proyectada invasión de Judea por Nabucodonosor, se ha confirmado. El ha entrado en la tierra; los caldeos están a las puertas y su único objeto es la destrucción completa de Judá.

25. *Derrama tu enojo sobre los pueblos que no te conocen.* Aun aquellos que hoy son ejecutores de la justicia sobre nosotros, a su turno, van a sentir el castigo. Esto fue cumplido con los caldeos. Nabucodonosor fue castigado con la locura, su hijo fue muerto en su francachela y la ciudad fue tomada y saqueada por Ciro; finalmente, ¡el imperio babilonio fue destruido!

CAPITULO 11

El profeta proclama el contenido del pacto de Dios con los judíos de la antigüedad (1-5); y luego les reconviene por su desobediencia hereditaria (6-10). Como consecuencia, es introducido el Todopoderoso declarando que El no les mostrará piedad (11-13); prohibiendo a Jeremías que intercediera por ellos (14); rechazando sus sacrificios (15); y, en una palabra, condenando a este árbol hermoso, pero infructífero, al fuego (16, 17). En lo que resta del capítulo el profeta predice el mal de sus vecinos de Anatot, que habían conspirado contra él (18-23). Dijeron: "Destruyamos el árbol con su fruto," etc., aludiendo a lo que Jeremías había dicho en el versículo decimosexto.

1. *Palabra que vino de Jehová a Jeremías.* Se supone que este discurso fue dictado el primer año del reinado de Sedequías.

2. *Oíd las palabras de este pacto.* Es posible que el profeta haya hecho leer en esa ocasión, las palabras del pacto hecho con sus padres en el desierto (Ex. 24:4-8); o, por lo menos, las bendiciones y las maldiciones que Moisés dejó para que se pronunciaran al pueblo tan pronto como pusieran sus pies en la tierra de Canaán, Dt. 27, 28.

3. *Maldito el varón que no obedeciere.* Después de la lectura el profeta parece resumir el contenido de lo que se les ha leído; como si hubiera dicho: "Oís lo que el Señor os dice: recordad que el resumen de todo es: Maldito el hombre que no obedece; y bendito el que obedece."

5. *Amén, oh Jehová.* ¡Sean cumplidas tus promesas; y que los incorregibles queden advertidos de tus amenazas!

6. *Pregona todas estas palabras.* Que este pacto, con sus bendiciones y maldiciones sea leído en cada ciudad de Judá y por todas las calles de Jerusalén para que los pueblos puedan conocer su deber, su privilegio y su peligro.

10. *Se han vuelto a las maldades de sus primeros padres.* Durante el reinado de Josías se había efectuado una gran reforma, aboliendo la adoración pública de los ídolos y destruyendo la mayoría de los lugares altos; pero, durante el reinado de su hijo y sus sucesores, habían vuelto a la idolatría y estaban empeorando más que nunca. Solamente un cautiverio podía curarles de esa tendencia; y Dios les envió uno: después de ése, jamás volvió a haber idolatría entre los judíos.

14. *Tú, pues, no ores por este pueblo.* Estoy decidido a entregarlos en las manos de sus enemigos; no escucharé tu intercesión ni atenderé sus oraciones. Han colmado la medida.

15. *¿Qué derecho tiene mi amada en mi casa?* Es esta una expresión cariñosa adecuada a los israelitas. Cuando Dios hizo pacto con ellos, los desposó: por lo tanto, eran su *amada;* pero ahora que lo habían abandonado y se habían unido a otro, ¿qué tenían que ver con su casa o sus ordenanzas, pues ahora querían frecuentarla con votos y sacrificios cuando veían el mal que rápidamente se les venía encima?

16. *Olivo verde... llamó Jehová tu nombre.* Es decir, que El te hizo como un olivo verde ... hermoso, floreciente y fructífero, pero, tú te has degenerado y Dios les ha dado permiso a los caldeos para consumirte.

18. *Y Jehová me lo hizo saber.* Los hombres de Anatot habían conspirado contra su vida, porque él les reprendía por sus pecados y les denunciaba los juicios que Dios iba a mandarles. Sobre esto, Dios le había comunicado una advertencia secreta para que estuviera alerta.

19. *Y yo era como cordero inocente.* "Como el cordero familiar"... el cordero criado en casa, en compañerismo con la familia. La gente de Anatot eran sus paisanos; allí había nacido el profeta y también se había criado; eran sus amigos ¡y ahora estaban acechando su vida! *Destruyamos el árbol con su fruto.* Matemos al profeta y se acabarán sus profecías.

20. *Vea yo tu venganza de ellos.* Más bien, "yo veré el castigo que tú les inflijas".

22. *He aquí que yo los castigaré.* Y el castigo consiste en que, *los jóvenes morirán a espada* de los caldeos; y *sus hijos y sus hijas morirán de hambre,* que vendrá a la tierra por causa de las devastaciones ocasionadas por el ejército caldeo.

CAPITULO 12

Este capítulo está relacionado con el anterior. El profeta debate con Dios en cuanto a los cursos de la Providencia al permitir la prosperidad de los malvados (1-4). Se le indica que todavía debe soportar grandes pruebas (5). Acerca de sus hermanos falsos y engañadores (6); todavía aguardan castigos mayores a la nación por causa de sus maldades (7-13). Sin embargo, al fin Dios tendría misericordia de ellos, los restauraría a su tierra; y volvería sus juicios contra los que los oprimieron, a no ser que se convirtieran a la verdadera religión (14-17).

1. *Justo eres tú, oh Jehová, para que yo dispute contigo.* El profeta estaba herido ante la prosperidad de los impíos; y se pregunta cómo consistentemente con la justicia de Dios, el vicio, a menudo se encuentre en la opulencia y la piedad en el sufrimiento y la pobreza. Sabe que Dios es justo, que todo está bien hecho; pero él quiere saber el porqué de este aparente desequilibrio y el porqué de destinos tan inmerecidos. Sobre este tema, desea razonar con Dios para recibir instrucción.

2. *Cercano estás tú en sus bocas.* No tienen sinceridad: tienen algo de la forma de religión, pero nada de su poder.

3. *Pero tú, oh Jehová, me conoces.* Sé que Tú conoces los secretos más íntimos de

mi corazón; y me alegro, porque Tú sabes que mi corazón es recto y sincero contigo.

4. *¿Hasta cuándo estará desierta la tierra?* Éstos hipócritas y los pecadores públicos son una maldición para el país; arráncalos, Señor, para que la tierra se libre de la causa de su desolación.

5. *Si corriste con los de a pie.* Si los males más pequeños a los que estás expuesto te hacen proferir quejas tan amargas, ¿qué harás, entonces, cuando en el curso de tu ministerio profético estés en peligro de muchos mayores, de enemigos sumamente más poderosos? *Y si en la tierra de paz no estabas seguro.* Creo que la interpretación es la siguiente: "Si en una tierra donde ahora se disfruta de paz, apenas te sientes seguro, *¿cómo harás en la espesura del Jordán? ¿En los tiempos cuando el enemigo como torrente avasallador, inunde cada rincón de la tierra?*" La inundación del Jordán, que generalmente sucede durante la cosecha, arroja los leones y otros animales de rapiña de sus guaridas entre los arbustos que bordean sus riberas; los que, desparramándose por el territorio ocasionaban terribles estragos, matando los hombres y arrastrando el ganado.

6. *Porque aun tus hermanos y la casa de tu padre.* Solamente puedes depender de Dios: aun tus hermanos te traicionan cuando pueden hacerlo.

7. *He dejado mi casa.* He abandonado mi templo. *He entregado lo que amaba mi alma.* El pueblo que una vez estuvo en pacto conmigo y que, mientras me fue fiel, me fue indeciblemente querido. *En mano de sus enemigos.* Era una condición establecida en el pacto que hice con ellos: si me dejaban, Yo los entregaría en manos de sus enemigos y los arrojaría de la buena tierra que di a sus padres.

8. *Mi heredad fue para mí como león.* El pueblo está enfurecido conmigo; rugen como leones furiosos en contra de su Dios.

10. *Muchos pastores han destruido mi viña.* Mi pueblo tiene muchas clases de enemigos que se han alimentado de sus ricos pastos: los filisteos, los moabitas, amonitas, asirios, egipcios, y ahora los caldeos.

11. *No hubo hombre que reflexionase.* A pesar de todas esas desolaciones, que lamenta la tierra en cada rincón y que son tan claramente las consecuencias de las maldades del pueblo, no hay hombre que reflexione o considere que estos son los juicios de Dios; y que la única manera que se liberen de ellas es arrepintiéndose de sus pecados y volviéndose a Dios con todo su corazón.

12. *La espada de Jehová devorará.* Es la espada del Señor que ha devorado y devorará: es lo que ningún hombre reflexiona. Piensan que estas cosas siguen los eventos naturales.

14. *Contra todos mis malos vecinos.* Todas las naciones circunvecinas que se unieron para destruir a Judea, a su turno serán devastadas: ellas también son impías y serán castigadas.

15. *Volveré y tendré misericordia de ellos.* Esta es una promesa de restauración después de la cautividad y una insinuación de que algunos de sus enemigos retornarían con ellos al verdadero Dios; aprenderían las costumbres de su pueblo; es decir, abjurarán de sus ídolos y recibirán a Jehová como Dios; y serán edificados en medio de su pueblo, es decir, judíos y gentiles, formando una Iglesia del Altísimo.

17. *Arrancaré esa nación.* Varias de ellas no obedecieron y están destruidas. No quedan ni vestigios de los moabitas, amonitas y caldeos. Se supone que el versículo decimosexto es una promesa de la conversión de los gentiles. Véase Ef. 2:13-22.

Desde el decimotercer versículo al final, tenemos un discurso diferente; y Dahler supone que fue predicado en el séptimo u octavo año del reinado de Joacim.

CAPITULO 13

Este capítulo contiene una profecía íntegra. El símbolo del cinto de lino dejado durante un tiempo considerable hasta pudrirse era un tipo del modo en que la gloria de los judíos sería estropeada durante su larga cautividad (1-11). La escena del cinto escondido dejado cerca del Eufrates, sugería que el lugar de la calamidad de la nación sería Caldea que está bañada por ese río. Con otro emblema dedicado frecuentemente a representar los juicios de Dios, los tres versículos siguientes están dedicados a mostrar que las calamidades con las que se amenaza serían extendidas a todas las esferas y denominaciones (12-14). Esto lleva al profeta a la más amorosa exhortación al arrepentimiento (15-17). Pero Dios, sabiendo que esa feliz consecuencia no se produciría, envía con ello un terrible mensaje dedicado especialmente a representar a la familia real y a los habitantes de Jerusalén en general, declarando la proximidad de los juicios en términos claros (18-27). El ardiente deseo de la reforma de Jerusalén con el que se concluye el capítulo manifiesta hermosamente la compasión y tierna misericordia de Dios.

1. *Así me dijo Jehová.* Se supone que este discurso fue pronunciado bajo el reinado de Joaquín, hijo y sucesor de Joacim que ascendió al trono a los dieciocho años de edad, cuando los generales caldeos acamparon cerca de Jerusalén; pero no la asediaron en forma hasta que llegó Nabucodonosor con el grueso del ejército. En estas circunstancias el profeta predice la cautividad; y muestra al pueblo su estado totalmente corrupto con la representación simbólica de un cinto podrido; y con otro símil de tinajas llenas de vino, muestra la destrucción y locura de sus deliberaciones y la confusión que les va a sobrevenir.

Ve y cómprate un cinto de lino. O era una visión o Dios simplemente describe la cosa para que el profeta pueda usarla como ilustración. *Y no lo metas en agua.* Después de usarlo, que no se lave para que pueda representar mejor la inmundicia de los israelitas; pues ellos estaban representados por el cinto; "porque como el cinto se junta a los lomos del hombre, así hice juntar a mí toda la casa de Israel y toda la casa de Judá".

4. *Ve al Eufrates y escóndelo allá.* Proponiéndose señalar, con este lugar distante, al país al que serían llevados cautivos.

7. *Y he aquí que el cinto se había podrido; para ninguna cosa era bueno.* Simbólicamente se representaba la condición de los judíos: eran corruptos y abominables; y, al enviarlos a cautividad, Dios "haría podrir la soberbia de Judá, y la mucha soberbia de Jerusalén," v. 9.

13. *He aquí que yo lleno de embriaguez a todos los moradores de esta tierra.* Vosotros, vuestros reyes, sacerdotes y profetas, estáis representados por estas tinajas. El vino es la ira de Dios en contra de vosotros; la que primeramente será demostrada confundiendo vuestras deliberaciones, llenándoos de necios planes de defensa, haciendo que las opiniones divididas os hagan disputar entre vosotros mismos, de modo que, semejante a muchos borrachos, vacilaréis en lo que respecta a la situación y os daréis empujones; os defenderéis sin plan, lucharéis sin orden, hasta que caigáis como fácil presa de vuestros enemigos. El antiguo adagio, "Dios hace errar primeramente al que quiere destruir," se habrá cumplido.

16. *Dad gloria a Jehová.* Confesad vuestros pecados y volveos a El para que sean conjurados estos males. *Y esperéis luz.* Mientras esperabais prosperidad, El la tornó en sombra de muerte— os envió la más penosa y fatal adversidad. Al no tener luz ni entendimiento conveniente en el asunto, antes que os encontréis con esos grandes inconvenientes, estaréis completamente incapacitados para vencer.

18. *Di al rey y a la reina.* Probablemente se trate de Joaquín y su madre, pues es casi seguro que se encontraba bajo tutela, pues era muy joven cuando comenzó a reinar.

19. *Las ciudades del Neguev fueron cerradas.* No solamente las ciudades del norte, la cuarta parte de las cuales ya estaba ocupada por los caldeos, sino también las ciudades del sur; porque El avanzaría de un extremo al otro de la tierra, sembrando la destrucción por todas partes y transportando sus habitantes.

20. *¿Dónde está el rebaño... tu hermosa grey?* Son palabras dirigidas a Jerusalén. ¿Dónde están las prósperas multitudes de hombres, mujeres y niños? ¡Ay de mí! ¿No han sido echados ante los babilonios que se los llevaron cautivos?

21. *Cuando El ponga como cabeza sobre ti a aquellos a quienes tú enseñaste a ser tus amigos.* Se refiere a sus enemigos, hayan sido asirios o caldeos: porque desde que Acaz se había sometido al rey de Asiria, los reyes de Judá, jamás volvieron a recuperar su independencia. De esta manera sus enemigos fueron enseñados a ser sus señores y amos.

22. *Fueron descubiertas tus faltas.* Tu estado de desarme es conocido en todas partes; no sólo eres débil, sino que lo eres ignominiosamente.

23. *¿Mudará el etíope su piel?* ¿Puede un negro, a su voluntad, cambiar el color de su piel? ¿Puede el leopardo cambiar la variedad de sus manchas? Estas cosas les son naturales; no pueden alterarse; así es el pecado y especialmente vuestra atracción por la idolatría, que os ha llegado a ser como una segunda naturaleza; y tan podemos esperar que un etíope cambie su piel o un leopardo sus manchas, como que hagáis el bien, vosotros que estáis habituados a lo malo.

24. *Al viento del desierto.* Algunos potentes vientos tempestuosos, proverbialmente recios, llegaban al sur de Judea desde el desierto.

25. *Confiaste en la mentira.* En ídolos y en profetas mentirosos.

27. *Tus adulterios.* Tus distintas clases de idolatría las he visto practicadas en las maneras más diversas; no hay duda que acompañadas también con libertinaje. *¡Ay de ti, Jerusalén! ¿No serás al fin limpia?* De esto podemos ver, que aunque la cosa era difícil, sin embargo, no era imposible que estos etíopes cambiaran su piel, o esos leopardos sus manchas. Sólo su obstinado rechazo de la gracia de Dios lo hacía imposible.

CAPITULO 14

Este capítulo comienza con la predicción de una sequía que acarrearía una gran desgracia a la tierra de Judea; sus efectos son descritos en la manera más patética (1-6). Entonces, el profeta, en nombre del pueblo hace una confesión de pecados y suplica por el perdón (7-9). Pero Dios declara sus propósitos de castigar, prohibiendo a Jeremías que ore por el pueblo (10-12). Los falsos profetas, entonces son acusados y amenazados con la destrucción lo mismo que aquellos que los siguen (13-16). Por esa causa el profeta llora su miseria (17, 18); y, aunque se le ha prohibido orar por ellos, como un tierno pastor, que no puede evitar su preocupación por su bienestar cae en el feliz recurso de introducirlos a ellos como si suplicaran a su propio nombre, por la misericordia que no le había sido concedida solicitar en el suyo (19-22).

1. *Palabra... que vino... con motivo de la sequía.* Se supone que este discurso fue pronunciado después del cuarto año del reinado de Joacim.

2. *Y sus puertas se despoblaron.* Siendo las puertas lugares de reunión, se emplean esas palabras por "las gentes". *Se sentaron tristes en tierra.* Cubiertos de pies a cabeza con una vestidura negra, emblema de tristeza y de calamidad.

3. *Los nobles enviaron sus criados.* Esta calamidad era tan general que los siervos ya

no servían a sus señores sino que cada uno se interesaba solamente en sí mismo; y los nobles de la tierra se vieron obligados a emplear a sus propios hijos para recorrer la tierra con el fin. de ver si podían encontrar agua en cisternas o pozos. Durante la sequía del tiempo de Elías, el rey Acab y su consejero Abdías, se vieron obligados a recorrer la tierra para ver si encontraban agua para conservar la vida de sus ganados. El versículo que nos ocupa y los tres siguientes presentan un cuadro pequeño pero calamitoso de la sequía y sus efectos.

4. *Se resquebrajó la tierra.* En algunos lugares las grietas de la tierra antes de la caída de las lluvias llegan a un codo de ancho y a una profundidad tal como para recibir la mayor parte de un cuerpo humano.

7. *Aunque nuestras iniquidades testifican contra nosotros, oh Jehová.* Reconocemos profundamente que hemos pecado y que no merecemos más que la muerte. Sin embargo, obra por causa de tu nombre —obra a nuestro favor para que no perezcamos.

8. *Oh esperanza de Israel.* Tú eres la única esperanza de este pueblo. *Guardador suyo en el tiempo de la aflicción.* Que nunca abandonaste a los que te buscaron. *Porqué te han hecho como forastero en la tierra.* Como alguien que no tiene interés en la prosperidad y seguridad del país. *Y como caminante.* Un viajante en su itinerario. *Que se retira para pasar la noche.* El que permanece el menor tiempo posible y que se hospeda en una tienda o posada, por el rigor de la noche para proseguir su viaje al romper el día. En lugar de morar entre nosotros apenas has hecho una visita pasajera a tu tierra . . . Oh, ven una vez más y mora entre nosotros.

11. *No ruegues por este pueblo.* No intercedas por ellos. Ha llegado el tiempo para su destrucción.

13. *¡Ah, ah, Señor Jehová! He aquí que los profetas les dicen.* Verdaderamente, Señor, son excesivamente malvados; pero los falsos profetas los han engañado; esto es un mitigante de sus ofensas. Dios no admite esta súplica; ¿por qué? Porque el pueblo los creía sin tener prueba alguna de su misión divina.

14. *Falsamente profetizan los profetas.* Dicen que tienen visiones, que adivinan, pero es mentira. La gente tendría que conocerlos y evitarlos; pero ellos quieren que sea así y no se van a desengañar.

15. *Con espada y con hambre serán consumidos esos profetas.* Jeremías le había dicho a Joacim que si se revelaba contra Nabucodonosor, sería derrocado y la tierra sería consumida *por hambre y por espada*: los falsos profetas decían que éstas no vendrían sino que habría paz y prosperidad. El rey *les* creyó y dejó de pagar los tributos. Nabucodonosor se encolerizó, invadió la tierra y la devastó; y los falsos profetas, cayeron en esas calamidades. Véase II R. 25:3; Lm. 2:11-19.

17. *De gran quebrantamiento es quebrantada la virgen de mi pueblo.* Primero, la tierra fue tristemente puesta en aprieto por Faraón Necao, rey de Egipto. En segundo lugar, fue puesta bajo pesado tributo por Nabucodonosor. Y tercero, fue casi asolada por el hambre. En pocos años les cayeron todas estas calamidades; podía decirse de ellas que eran *plaga muy dolorosa.*

19. *Esperamos paz.* Esperábamos prosperidad cuando Josías limpió la tierra de los ídolos.

20. *Reconocemos, oh Jehová, nuestra impiedad.* El profeta lo hizo a favor de su pueblo; pero, ¡ay! Ellos no se le unieron.

21. *Ni deshonres tu glorioso trono.* El templo. Que este santo lugar no sea profanado por manos impías y sacrílegas. *No invalides tu pacto.* Véase Ex. 24:7-8; 19:5. Ellos ya lo quebrantaron y desean que Dios cumpla con su parte.

CAPITULO 15

Dios declara a Jeremías que ni aun Moisés ni Samuel, cuyas oraciones fueron tan poderosas podrían cambiar su propósito de castigar a esa gente impía (1). En efecto, su cautiverio es nuevamente anunciada con una variedad de imágenes tan llenas de terror (2-9), que el profeta se queja de su aciago destino de verse obligado a declarar mensajes tan ingratos (10); por lo cual él también es reprobado (11-14). Inmediatamente apela a Dios por su sinceridad y suplica perdón (15-18); y Dios templa su reconvención con la promesa de protegerle en el fiel cumplimiento de su deber (19-21).

1. *Si Moisés y Samuel. Moisés* oró a menudo por el pueblo; y como consecuencia, fue perdonado. Véase Ex. 32:11 y los versículos siguientes, Nm. 14:13. *Samuel* también oró por la gente y Dios le oyó, I S. 7:9; pero, si éstos, o los hombres más santos suplicaran ahora por ese pueblo, El no les perdonaría.

2. *¿Adónde saldremos? . . . El que a muerte, a muerte.* Algunos serían destruidos por pestilencia, aquí presentada con el nombre de *muerte.* Véase el cap. 18:21. Otros, morirían a filo de espada en la batalla y en el saqueo de las ciudades. Otros, perecerían de *hambre;* morirían de hambre por faltarles lo necesario para su subsistencia; el resto, iría al *cautiverio.*

3. *Y enviaré sobre ellos cuatro géneros de castigo.* Aparecerán cuatro instrumentos de mi justicia. (1) Espada para matar. (2) Perros para despedazar los muertos. (3) Aves del cielo para alimentarse de lo que quedaba en los cadáveres. Y, (4), *bestias* para destruir lo que dejaran las aves.

4. *Y los entregaré por terror a todos los reinos de la tierra.* Parece que esto tiene

cumplimiento en el estado futuro de los judíos en sus distintas generaciones; y jamás hubo una profecía que se cumpliera más literalmente; y todavía está en pie como monumento a la verdad divina.

6. *Estoy cansado de arrepentirme.* "Cambiando reiteradamente mi propósito."

7. *Los aventé con aventador.* No hay grano puro; todo es desperdicio. *Hasta las puertas de la tierra.* Los lugares de justicia pública. Y allí verán que los juicios que les han llegado los tenían más que merecidos. Y de estos lugares de aventamiento irán a su cautiverio.

8. *La madre y sobre los hijos.* La metrópoli o ciudad madre, Jerusalén.

9. *Languideció la que dio a luz siete.* La que había tenido numerosa descendencia; Jerusalén, origen de tantas ciudades, villas y familias en la tierra. *Siete,* significa número perfecto o pleno.

10. *Hombre de discordias para toda la tierra.* "Para todo el país," a todos sus paisanos; aunque él no había hecho nada para merecer su desagrado.

11. *De cierto haré que el enemigo te salga a recibir en el tiempo trabajoso y en el tiempo de aflicción.* (Versión 1909). Literalmente cumplido; véase cap. 39:11 y sigs. Nabucodonosor encargó estrictamente a Nabuzaradán, comandante en jefe, que cuidara bien a Jeremías; que no le hiciera daño y que le concediera todos los privilegios que deseaba.

12. *¿Puede alguno quebrar el hierro, el hierro del norte y el bronce?* ¿Podrán nuestras débiles fuerzas oponerse y vencer al poder de los caldeos? *Nechasheth,* que propiamente significa bronce o cobre unido con estaño, lo que le imparte mucha dureza y le permite aguantar un buen filo.

13. *Tus riquezas... entregará a la rapiña sin ningún precio.* Propiedad inestimable será entregada a tus adversarios. O, *sin ningún precio...* no recibirás nada por ella.

15. *Oh Jehová...; acuérdate de mí y visítame.* No permitas que me lleven en cautiverio; y no parece que él haya sido llevado a Babilonia. Después de la captura de la ciudad se fue a Egipto; y bien, o murió allí o lo mataron sus paisanos en ese país.

16. *Tu palabra me fue por gozo y por alegría de corazón.* Cuando yo recibí el mensaje profético, me regocijé por el honor que me concediste y les testifiqué fielmente cuál era tu voluntad para ellos. Han llegado a ser mis enemigos; no porque hayan hallado algún mal en mí sino porque yo te fui fiel.

21. *Y te libraré de la mano de los malos.* Del poder de esta gente mala. *Y te redimiré de la mano de los fuertes.* El poderío de los ejércitos caldeos. Todo sucedió como Dios lo había prometido, porque ninguna de sus palabras jamás podrá fracasar.

CAPITULO 16

Por motivo de los males que amenazaban al país, el profeta recibió la prohibición de casarse y tener hijos o participar en las pequeñas alegrías o contratiempos de sus vecinos que debían ser olvidados o absorbidos por esas calamidades públicas (1-9) que les habían proporcionado sus pecados (10-13). Sin embargo, se insinúa una restauración futura (14, 15) después que hubieran soportado esas calamidades (16-18); se predice la conversión de los gentiles (19-21).

1. *Vino a mí palabra de Jehová.* Dahler supone que este mensaje fue predicado en algún momento durante el reinado de Joacim.

2. *No tomarás para ti mujer.* Porque hubiera sido un gran inconveniente tener una familia cuando pesaban sobre el lugar tantas amenazas de desolación. La razón se proporciona en el versículo siguiente.

4. *De dolorosas enfermedades morirán.* Todos, prematuramente; véase el cap. 14:16. *Serán como estiércol sobre la faz de la tierra.* Véase cap. 8:2. *Servirán de comida a las aves del cielo.* Véase cap. 7:35.

5 *No entres en casa de luto.* Las calamidades públicas serían demasiado grandes para permitirse entrar en consideración con las pérdidas individuales.

6. *Ni se rasgarán.* Costumbre pagana prohibida a los judíos: Lv. 19:28, Dt. 14:1, que parece costumbre prevaleciente entre ellos en ese tiempo; por lo tanto, habiéndose hecho idólatras, se habían acomodado a todas las costumbres de los paganos.

7. *No entres en casa de banquete.* Para recordar a los muertos se realizaban banquetes funerales lo que también se hacía para consolar a los deudos; y la copa de consuelo, que consistía en vino fuertemente mezclado, se les daba a beber a los que se encontraban en grandes calamidades para distraerlos y suavizar sus tristezas.

12. *Y vosotros habéis hecho peor que vuestros padres.* Los pecados de los padres no habrían sido visitados sobre sus hijos si éstos no hubieran seguido su ejemplo y llegado a ser peores que ellos.

13. *Yo os arrojaré de esta tierra.* Véase cap. 7:15 y 9:15.

14. *Vive Jehová, que hizo subir.* Véase Is. 48:18.

15. *De la tierra del norte.* Caldea: Y su liberación de ese lugar sería tan notable como la de sus padres de la tierra de Egipto.

16. *Yo envío muchos pescadores... muchos cazadores.* Yo levantaré enemigos contra ellos, algunos de los cuales los destruirán por engaños y otros por ruina y violencia. Parece que éste fuera el significado de estos simbólicos pescadores y cazadores.

18. *Los cadáveres de sus ídolos.* O se trataba simplemente de ídolos, que meramente eran cadáveres, sin vida o se trataba de los sacrificios que se les había ofrecido.

19. *Vendrán naciones.* Llegarán días, cuando los mismos gentiles, avergonzados de su confianza renunciarán a sus ídolos y reconocerán que sus padres creyeron mentiras y adoraron vanidades. Es posible que ésta sea una predicción del llamado de los gentiles por el evangelio de Cristo.

21. *Por tanto, yo les .enseñaré esta vez.* Ahora no cambiaré mi propósito. Serán visitados y llevados en cautiverio; nada lo impedirá: y sabrán que mi nombre es Jehová. Puesto que ellos no reciben la abundancia de mi misericordia, conocerán lo que el verdadero Dios puede hacer con sus juicios.

CAPITULO 17

Este capítulo comienza señalando la fuerte predisposición de la gente de Judá hacia la idolatría con sus fatales consecuencias (1-4). La felicidad del hombre que confía en Jehová, es entonces contrastada con el carácter opuesto (5-8). Solamente Dios conoce el engaño y la perversidad del corazón del hombre (9, 10). Comparación entre el ave que cubre los huevos de otras especies, la cual pronto los olvida es una elevada expresión de la vanidad de las riquezas mal adquiridas que a menudo decepcionan a su poseedor (11). El profeta continúa con el mismo tema en su propia persona, apela a Dios por su sinceridad y ora para que el mal que sus enemigos tramaron en contra de él, se torne sobre sus propias cabezas (12-18). El resto del capítulo es una profecía distinta relativa a la verdadera observancia del día de reposo, vigorizada por medio de promesas y amenazas (19-27).

1. *El pecado de Judá.* Idolatría. *Escrito está con cincel de hierro.* Está profunda e indeleblemente escrito en sus corazones y así lo será también en su castigo.

2. *Mientras sus hijos se acuerdan.* Aun la generación que se va levantando tiene la imaginación llena de imágenes de ídolos y sus memorias de los ritos y ceremonias frenéticos que ven realizar a sus padres en este abominable culto.

3. *¡Oh montaña mía en el campo!* (Versión Moderna). El profeta aquí se dirige a la tierra de Judea que es una zona montañosa, Dt. 3:25; pero, también puede referirse a la misma Jerusalén que en parte está levantada sobre montes que la ubican sobre el resto del país.

5. *Maldito el varón que confía en el hombre.* Esto censura su vana seguridad al confiar en Egipto, que era demasiado endeble para ayudar; y, aunque hubiera sido de otra manera, era demasiado malintencionado para con ellos para favorecerlos sinceramente. La figura "un brazo de carne" representa aquí a un sostén débil e ineficaz.

6. *Será como la retama en el desierto.* O, semejante al árbol marchito, sin jugo, agostado, mustio. *Y no verá cuando viene el bien.* No tendrá sensibilidad para esto: la sequía anterior lo ha dejado incapaz de absorber más jugos vegetales. *Los sequedales.* Arido, por lo tanto impropio para ser habitado.

8. *Como el árbol plantado junto a las aguas.* Que está bien abastecido de jugo, aunque el calor sea intenso, y no llueva, porque las raíces cubiertas por el río, le absorben toda la humedad requerida para el desarrollo próspero del árbol.

9. *Engañoso el corazón. Akob halleb,* "El corazón es suplantador . . . tortuoso . . . lleno de recovecos . . . insidioso." *Y perverso.* Y es "miserable," o "enfermizo"; desgraciado sobre todas las cosas como consecuencia de la maldad que hay en él. *¿Quién lo conocerá?* Aunque pudiera esconderse de sí mismo de modo que ni aun su propietario lo conozca. Un corazón corrompido es el peor enemigo que el ser caído puede tener.

10. *Yo Jehová, que escudriño el corazón.* (Versión 1909.) En Hch. 1:24, el Señor es llamado por sus apóstoles, "Señor, que conoces los corazones". Solamente a El puede aplicársele ese epíteto; y sólo de El puede emanar la instrucción por la cual podemos llegar a conocernos a nosotros mismos hasta cierto punto.

11. *Como la perdiz. Kore.* Es muy posible que se tratara de un ave distinta de nuestra perdiz. El doctor Blayney traduce así: "(Como) la Kore que empolla los huevos que no echó (así es) el que amontona riquezas, pero no de acuerdo con lo justo." *Y en su postrimería será insensato.* Será reputado como tal. Durante toda su vida fue un necio; perdió su alma para ganar riquezas, y nunca las disfrutó.

13. *Escritos en el polvo.* Nunca recibirán el verdadero honor. Sus nombres estarán escritos en el polvo y el primer viento que sople sobre ellos los hará ilegibles.

14. *Sáname . . . y seré sano.* Es decir, quedaré completamente sano, efectivamente sano si Tú me tomas a tu cargo.

15. *¿Dónde está la palabra de Jehová?* ¿Dónde está el cumplimiento de sus amenazas? Tú has dicho que la ciudad y el templo serán destruidos. Y sin embargo, nada de esto ha sucedido todavía. Pero llegaron; y cada ápice de la amenaza se cumplió estrictamente.

16. *Mas yo no me entrometí a ser pastor en pos de ti.* (Versión 1909.) El doctor Blayney da esta traducción: "Mas yo no me apresuré para ganar tu dirección." Yo estuve obligado a proferir tu predicción; pero yo no apresuré el día del mal. Yo no he deseado que la calamidad se precipitara para el crédito de mi profecía; más bien he orado para que la detuvieras.

17. *No me seas tú por espanto.* No me ordenes a predecir calamidades y me abandones a ellas y a mis enemigos.

18. *Avergüéncense.* Serán confundidos. Estas palabras deben entenderse como simples predicciones y no como súplicas.

19. *La puerta de los hijos del pueblo.* Supongo que se refiere a la puerta más general; la que era la vía pública.

21. *Guardaos por vuestra vida de llevar carga.* Desde este versículo hasta el final encontramos la ruina de los judíos, como consecuencia de su quebrantamiento del sábado; porque esto conducía al descuido de los sacrificios, las ordenanzas de la religión y todo el culto público, lo que necesariamente tenía que conducir a la inmoralidad. Este quebrantamiento del día de reposo precipitó sobre ellos todas las aguas de la ira de Dios.

24. *Si vosotros me obedeciereis.* De modo que encontramos que aunque su destrucción era una positiva amenaza, sin embargo hay una condición no expresada de que si ellos se volvían al Señor, las calamidades serían conjuradas y la sucesión de príncipes continuaría en el trono de David, vrs. 25-26.

CAPITULO 18

El símbolo del vaso del alfarero y su significado (1-10). Se exhorta al arrepentimiento a los habitantes de Judá y Jerusalén (11); pero, ante su negativa (presentada como algo no natural, como si un hombre prefiriera el nevado Líbano o la roca estéril a la llanura fructífera, u, otras aguas a la que vierte fresca de la fuente), se predice su destrucción (12-17). De consiguiente por las claras reconvenciones y amonestaciones de Jeremías, levantan una conspiración contra él (18). Esto hace que apele a Dios por su integridad (19, 20); quien pone la más terrible maldición poderosamente indicadora del trágico destino de sus enemigos en la boca de su profeta (21-23).

1. *Palabra de Jehová que vino a Jeremías.* Se cree que este discurso fue pronunciado en alguna época durante el reinado de Joacim, probablemente dentro de los primeros tres años.

2. *Vete a casa del alfarero.* Dios muestra con este símil, el absoluto estado de dependencia de El mismo en que ha colocado a la humanidad. Los seres humanos son como el barro en las manos del alfarero; y, en todo lo que se refiere a las cosas de aquí abajo, puede modelar nuestros destinos según su beneplácito. Nuevamente; aunque mientras estaban bajo el cuidado providencial de Dios, podían extraviarse moralmente y apostatar, ellos podían ser nuevamente convertidos por el todopoderoso y omnisapiente Operador y llegar a ser vasos dignos de El. Al considerar esta parábola, debemos tener precaución de que al establecer paralelos no destruyamos la agencia libre del hombre, ni deshonremos la bondad y supremacía de Dios.

4. *Y la vasija... se echó a perder en su mano.* No se mantuvo en la operación; se salió de la forma; o quizás algún cascajo o piedrita quedó incorporada a la masa de barro, originó una rajadura en el lugar donde estaba, de modo que el alfarero se vio obligado a amasar el barro fresco, ponerlo en el molino y hacerlo de nuevo; entonces, fue un vaso tal como le pareció mejor hacerlo.

6. *¿No podré yo hacer de vosotros como este alfarero?* ¿No tengo el derecho de hacer con un pueblo al que Yo he creado lo que requieren la razón y la justicia? Si ellos no responden a mis intentos, ¿no puedo rechazarlos y destruirlos, obrando como este alfarero que hizo un nuevo vaso de aquel que al principio fracasó en sus manos?

7-10. *En un instante hablaré contra pueblos.* El contenido de estos versículos podría llamarse el decreto de Dios por la totalidad del cual debía ser regulada su conducta. Si El propone destrucción contra una persona ofensora y ésta se arrepiente y vuelve a Dios, vivirá y no morirá.

12. *Es en vano.* Véase cap. 2:25.

14. *Faltará la nieve del Líbano.* El Líbano era la montaña más alta de Judea. ¿Abandonaría un hombre en sus sentidos, una heredad que fue siempre regada por los deshielos del Líbano por una roca árida? Por eso mismo ¡qué estúpido y absurdo es mi pueblo que abandona al Eterno Dios por la adoración de los ídolos!

16. *Burla perpetua.* "Un chillido, silbido"; una expresión de contento.

18. *Venid, y maquinemos contra.* Conspiremos contra él; acusémosle de ser falso profeta y de contradecir la palabra de Dios, porque El nos ha prometido protección y Jeremías dice que seremos destruidos y que Dios abandonará a su pueblo. *Hirámoslo de lengua.* Sobre la lengua, es lo que debió traducirse. En los países orientales, la mentira y el falso testimonio son castigados hasta el presente, golpeando en la boca de la persona con un fuerte pedazo de cuero semejante a la suela del calzado.

20. *Para que hayan cavado hoyo a mi alma.* Por "mi vida". *Me puse delante de ti para hablar bien por ellos.* Fui su constante intercesor.

21. *Por lo tanto, entrega sus hijos.* Las execraciones de estos versículos tendrían que ser consideradas como simples declaraciones proféticas de los juicios que Dios iba a derramar sobre ellos.

CAPITULO 19

Por el símbolo significativo de romper la vasija de un alfarero, Jeremías recibe la orden de predecir la completa destrucción de Judá y Jerusalén (1-15). Los profetas frecuentemente enseñaron por acciones simbólicas tanto como por palabras.

1. *Ve y compra una vasija de barro del alfarero.* Este discurso también fue pronunciado en algún tiempo durante el reinado de Joacim. Bajo el símbolo de romper la vasija de un alfarero, Jeremías muestra a sus enemigos que la palabra Dios permanecería y que Jerusalén sería tomada y saqueada y todos serían llevados en cautiverio.

5. *En holocaustos al mismo Baal.* Nombre general para todos los ídolos populares; Baal, Moloc, Astarot, etc.

7. *Y desvaneceré el consejo de Judá.* Probablemente esto se refiera a alguna determinación de proclamarse independientes y no pagar más tributo a los caldeos.

9. *Y haré comer la carne de sus hijos.* Fue cumplido literalmente cuando Jerusalén fue asediada por los romanos.

11. *Así quebrantaré a este pueblo y a esta ciudad.* El quebrantamiento de la vasija fue una representación simbólica de la destrucción de la ciudad y del estado. *Que no se puede restaurar más.* Parece más bien tener referencia a la destrucción final de Jerusalén por los romanos que a la efectuada por los caldeos. Jerusalén fue reconstruida después de setenta años; pero ya han transcurrido casi mil ochocientos años (época de Clarke, N. del T.), desde que Jerusalén fue destruida por los romanos; y quedó tan totalmente devastada que no podría erigirse totalmente.

12. *Poniendo esta ciudad como Tofet.* Lugar de matanza y destrucción.

15. *Porque han endurecido su cerviz.* Metáfora tomada de los bueyes indómitos y cerriles que se resisten al yugo, rompen y disparan con sus aparejos. Así este pueblo ha roto y destruido el yugo de la ley.

CAPITULO 20

Por profetizar el mal tocante a Juda y Jerusalén, Jeremías es azotado y echado en prisión por Pasur, jefe gobernante del templo (1, 2). Al día siguiente, el profeta es soltado y denuncia terribles juicios divinos que caerán sobre el gobernador y toda su casa, tanto como sobre la totalidad de la tierra de Judea al aproximarse la cautividad babilónica (3-6). Jeremías se queja amargamente de los reproches que continuamente sus enemigos acumulan contra él; y en su precipitación resuelve no hablar más en el nombre de Jehová; pero la palabra del Señor es como un fuego ardiente dentro de su corazón que no puede soportarlo (7-10). Jeremías profesa su confianza en Dios a quien alaba por su liberación reciente (11-13). Los versículos restantes que parecen estar fuera de lugar, contienen el lamento del profeta por haber venido a una vida de tanta tristeza y dificultades (14-18). Esta queja nos recuerda la de Job; sólo que es más moderada y dolorosa. Esta, excita nuestra piedad, aquélla, nuestro horror. Las dos son muy poéticas y hermoseadas con todas las circunstancias que pueden sublimar el colorido. Pero éstas, no tienen que ser siempre entendidas o explicadas demasiado literalmente. A menudo tenemos que hacer concesiones a los brillantes tropos de la poesía oriental.

3. *Jehová no ha llamado tu nombre Pasur.* Seguridad por todas partes. *Sino Magormisabib.* —Terror por todas partes. Este es el nombre que Dios te ha dado; porque en el curso de su providencia, serás colocado en las circunstancias indicadas en tu nombre: serás un terror para ti mismo.

6. *Y tú, Pasur... iréis cautivos.* Sufrirás por las falsas profecías que has pronunciado y por tus insultos a mi profeta.

7. *Me sedujiste, oh Jehová.* Creo que nuestra versión de este pasaje es muy excepcional. La palabra original es *pittithani,* "me has persuadido," es decir, a ir y profetizar a este pueblo. Yo fui, declaré fielmente tu mensaje y ahora estoy a punto de perecer por su crueldad. Y la raíz *pathah,* significa "persuadir" y "alucinar," tanto como "seducir"; pero, el primero de estos términos, debe ser el significado en este pasaje. El que presenta nuestra versión es sumamente irreverente. Aquí está empleado en el mismo sentido que en Gn. 9:27 "Engrandezca (persuada, margen) Dios a Jafet; y habite en las tierras de Sem".

8. *Grito: violencia y destrucción.* Era la carga del mensaje que me diste.

9. *No me acordaré más de él.* Renunciaré a mi misión profética y me volveré a mi casa.

10. *Denunciad, denunciémosle.* Divulguemos calumnias contra él por todas partes; o difundamos informes de peligros que le lleguen, para acobardarlo y hacerlo desistir.

11. *Mas Jehová está conmigo como poderoso gigante.* Por su poderosa confianza en Dios, él fue librado de todos sus temores y capacitado para seguir tranquilamente con su obra.

13. *Cantad a Jehová.* Estaba tan libre de todo temor que, aunque permanecía en las mismas circunstancias, se regocijaba en la protección divina y no temía el rostro de ninguno de sus adversarios.

14. *Maldito el día en que nací.* Si tomamos literalmente estas palabras y suponemos que están en su lugar apropiado, encontramos que son completamente inconsecuentes con el estado de confianza en el cual se regocijaba pocos minutos antes. Si forman parte del lenguaje de Jeremías, deben haber sido proferidas en ocasiones anteriores cuando se entregó a precipitación apasionada. Más bien concuerdan con el estado en que se encontraba en el v. 9. Creo que estos versículos han sido sacados de su propio lugar, el que creo se encontraría entre los versículos octavo y noveno. Allí se ubicarían en su lugar apropiado; y pueden haber sido una parte de su queja en aquellos momentos cuando quiso huir de Dios como Jonás y no volver a profetizar en su nombre. Son muy frecuentes las transposiciones en este profeta, por lo tanto, colóquense estos cinco versículos después del octavo y que el capítulo termine con el decimotercero y la totalidad se convertirá en una preciosa poesía. Véase Job 3:3. Ambos pasajes son sumamente parecidos.

CAPITULO 21

Cuando Nabucodonosor lleva la guerra contra Jerusalén, Sedequías envía a Pasur y a Sofonías a pedirle al profeta que interceda con Dios a favor de su pueblo (1, 2). Pero se les declara que Dios está contra Jerusalén y todo el territorio de Juda; y que la única mitigación de su castigo procedería de su rendimiento al rey de Babilonia (3–10). Profecía concerniente a la casa del rey de Judá (11, 12). A pesar de las asombrosas fortificaciones que rodeaban a Jerusalén, en las que la gente confiaba en vano, el Señor les aseguró que los visitaría por sus iniquidades; la ciudad sería tomada por los caldeos (13, 14).

1. *Palabra de Jehová que vino a Jeremías.* En las partes restantes de esta profecía, los capítulos parecen extraordinariamente intercambiados. Este discurso fue pronunciado alrededor del noveno año del reinado de Sedequías. El doctor Blayney observa que este capítulo contiene la primera de aquellas profecías de Jeremías que fueron anunciadas después de la rebelión de Sedequías y el estallido de la guerra como consecuencia; las que siguieron a la toma de Jerusalén, relatada en el cap. XXIX, en el siguiente orden: –Capítulo XXI, XXXIV, XXXVII, XXXII, XXXIII, XXXVIII, XXXIX. *Pasur hijo de Malquías.* Poca duda puede levantarse de que este Pasur era una persona distinta de la que se identifica como hijo de Imer en el capítulo precedente.

2. *Consulta ahora.* Averigua si Dios se propone entregarnos o librarnos de las manos de los caldeos.

4. *Yo vuelvo atrás las armas.* Cada atentado que hagáis de rechazar a los caldeos, fracasará. *Yo los reuniré en medio de esta ciudad.* Entregaré la ciudad en las manos de ellos.

6. *Morirán de pestilencia grande.* La espada puede parecer que provenga del hombre, aunque Yo entregué esta comisión a los caldeos; pero la pestilencia se manifestará como la obra directa de Dios.
He aquí delante de vosotros camino de vida y camino de muerte. Significando en esta instancia, escape o destrucción. Esto se explica en el verso siguiente.

10. *La quemará a fuego.* ¡Qué tremendo mensaje para todos; y especialmente para aquellos que no tenían temor de Dios ni reverenciaban el templo y sus cultos sagrados!

12. *Haced de mañana juicio.* Probablemente los juicios se realizaban de mañana, cuando la gente se dirigía a sus labores; pero las palabras también pueden significar, apresuraos a hacer justicia, no demoréis.

13. *Moradora del valle y de la piedra de la llanura.* Se trata de la misma Jerusalén, que, aunque parcialmente ubicada sobre dos montes, también se extiende al valle; y Sion, la ciudad de David, era en realidad una roca poderosamente fortificada por la naturaleza y por la destreza humana; y sus antiguos poseedores, los jebuseos, lo habían juzgado inexpugnable. *¿Quién subirá contra nosotros?* Probablemente sean las palabras de aquellos cortesanos que persuadieron a Sedequías a rebelarse contra el rey de Babilonia.

14. *Haré encender fuego en su bosque.* Enviaré destrucción a su mismo centro, para que se propague a todas partes del círculo y consuma su totalidad.

CAPITULO 22

Esta parte de la profecía que se extiende hasta el fin del octavo versículo del capítulo siguiente, se dirige al rey de Judá y a su pueblo. Le ordena la práctica de la justicia y la equidad, pues así podrían prosperar (1-4); pero los amenaza con la más completa destrucción en caso de desobediencia (5-9). Se declara irrevocable la cautividad de Salum, hijo de Josías (10-12); se predice el fin miserable e insensible de Joaquín, despreciativamente llamado Conías (13-19). Su familia está amenazada con igual cautiverio y su simiente depuesta para siempre del trono (20-30).

1. *Desciende a la casa del rey de Judá y habla allí esta palabra.* Dahler supone que este discurso fue propalado en el primer año del reinado de Sedequías.

2. *Oh rey de Judá… tú y tus siervos.* Aquí se dirige a sus ministros porque son los que mayormente gobiernan la nación; ellos eran los que habían aconsejado a Sedequías que se rebelara.

6. *Como Galaad eres tú para mí, y como la cima del Líbano.* El *Líbano* era la montaña más elevada de Israel; y *Galaad*, la zona más rica y fértil del país; y eran por lo tanto emblemas apropiados de la familia reinante. Aunque tú eres el más rico y el más poderoso, Yo, que te levanté, puedo derribarte y hacerte un desierto.

7. *Cortarán tus cedros escogidos.* La devastación del país está expresada bajo el símbolo de la destrucción de una hermosa floresta.

8. *Muchas gentes pasarán.* Estas palabras parecen haber sido tomadas de Dt. 29:22 y sigs.

10. *No lloréis al muerto.* Josías, muerto como consecuencia de las heridas recibidas en Meguido, en una batalla con Faraón Necao, rey de Egipto; pero falleció en paz con Dios. *Llorad amargamente por el que se va.* Especialmente Joacaz, el hijo de Josías llamado más abajo Salum, a quien Faraón Necao llevó cautivo a Egipto, del cual se predijo que jamás habría de volver (I R. 23: 30-34). Fue llamado Salum antes de que ascendiera al trono y después, Joacaz; del mismo modo que su hermano Eliacim, cambió por el de Joacim y Matanías, por Sedequías.

13. *¡Ay del que edifica su casa!* Estos males cargados contra Joacim no están relatados circunstancialmente en ninguna otra parte. Sabemos por II R. 23:35-37, que impuso graves impuestos sobre sus súbditos para entregar a Faraón Necao, rey de Egipto. "Sacando la plata y el oro del pueblo de la

tierra"... E hizo lo malo ante los ojos de Jehová." Aquí se insinúa la forma de extraer los impuestos: Tomaba los jornales de los obreros y hacía que la gente trabajara de balde en su propia casa.

15. *Reinarás.* ¿Piensas que eres un gran rey porque vives en un espléndido palacio?

19. *En sepultura de asno.* Arrojado, sin enterrar, o sepultado sin solemnidad y sin las lamentaciones ya mencionadas.

20. *Sube al Líbano.* Probablemente el Anti-Líbano, que, junto con Basán y Abarim, que aquí traducimos "pasajes," estaban en el camino por el cual los cautivos debían ser llevados de su propio país.

21. *Te he hablado en tus prosperidades.* Yo te amonesté por medio de mis profetas en todos los estados y circunstancias; y solamente te avergonzarás de tu conducta, cuando hayas sido despojado de todas tus excelencias y reducido a pobreza y desgracia, v. 22.

24. *Que si Conías.* Probablemente así llamado al ascender al trono. V.l.e.s. v. 10. *Anillo en mi mano derecha.* El sello más precioso, anillo o brazalete. Aunque sea más querido para mí, que la joya más preciosa para su dueño.

26. *Te haré llevar cautivo a ti y a tu madre.* Véase que todo esto se cumplió: II R. 24:12-13. Todos juntos fueron llevados cautivos por Nabucodonosor.

28. *¿Es este hombre Conías una vasija despreciada y quebrada?* Probablemente estas sean las exclamaciones del pueblo al oír semejantes denuncias contra su rey y su país.

29. *Tierra.* Son las palabras del profeta en réplica: ¡Oh tierra, tierra infeliz! ¡Tierra desolada! Escucha el juicio del Señor.

30. *Escribid lo que sucederá a este hombre privado de descendencia.* Aunque tenía siete hijos, I Cr. 3:17, sin embargo, no tuvo sucesor; entrará en los cuadros genealógicos como alguien que no tuvo hijos, porque ninguno de su posteridad se sentará en el trono de David.

CAPITULO 23

Conclusión del discurso comenzado en el capítulo anterior. El profeta denuncia venganza contra los pastores que dispersaron y destruyeron el rebaño del Señor (1, 2). Concluye con las benignas promesas de liberación de la cautividad babilónica y de tiempos mejores bajo el Mesías; cuando los convertidos al cristianismo, que constituyen el verdadero Israel de Dios, representados por la antigua dispensación, serán librados por la gloriosa luz del evangelio de un cautiverio peor que el de los caldeos: la esclavitud del pecado y de la muerte. Pero esta profecía no tendrá su pleno cumplimiento hasta que llegue la época fijada por el designio divino para la restauración de Israel y Judá de sus diversas dispersiones, de las que es tipo, la cautividad babilónica; cuando Jesús, el Cristo, justo Renuevo, Raíz y Vástago de David y el único legítimo Heredero del trono tomará

gloriosamente en sí mismo su gran poder y reino sobre toda la casa de Jacob (3-8). En el versículo noveno comienza un nuevo discurso. Jeremías expresa su horror ante la gran maldad de los sacerdotes y profetas de Judá y declara que la venganza divina pende sobre ellos. Exhorta al pueblo a no hacer caso de sus falsas promesas (9-22) y predice la ruina completa que vendrá sobre todos los que pretenden inspiración (23-32), tanto como sobre los burladores de la verdadera profecía (33-40).

1. *¡Ay de los pastores!* Caerá una maldición sobre los reyes, príncipes, sacerdotes y profetas; los que por su conducta y ejemplo corrupto han acarreado desolación sobre el pueblo.

2. *Vosotros dispersasteis mis ovejas.* El mal gobierno en la iglesia y en el estado fue la causa principal del libertinaje de la gente.

5. *Levantaré a David renuevo justo.* Como no ha habido época desde la cautividad babilónica hasta la destrucción de Jerusalén por los romanos en la que existiera tal grado de prosperidad y ningún rey o gobernante podría responder en absoluto al carácter aquí presentado, se ha sobreentendido que se refiere a nuestro Señor Jesucristo que fue vástago del trono de Jessé; un rey justo; por el poder de su Espíritu e influencia de su religión que ha de reinar, prosperar y obrar juicio y justicia en la tierra.

6. *En sus días será salvo Judá.* El verdadero judío no es el que ha sido circuncidado en la carne sino en el espíritu. Los auténticos creyentes en Cristo Jesús, constituyen el Israel de Dios; y la verdadera Jerusalén es la iglesia de los primogénitos, hecha libre, con todos sus hijos, del cautiverio del pecado, Satanás, la muerte y el infierno. *Y éste será su nombre con el cual le llamarán:* JEHOVA, JUSTICIA NUESTRA. Parece que el doctor Blayney sigue la Septuaginta; él traduce así: "Y éste es el nombre por el cual Jehová lo llamará: Nuestra Justicia." Prefiero la versión de Blayney a las demás.

9. *A causa de los profetas mi corazón está quebrantado dentro de mí.* La primera palabra de esta cláusula es *lannebiim,* que incorporamos con una cláusula completa y traducimos: "A causa de los profetas." Pero, como aquí comienza una nueva profecía, es evidente que esa palabra es el título que le corresponde; es así como la distinguen Blayney y Dahler: Respecto a los profetas. Este mensaje fue probablemente anunciado durante el reinado de Joacim. *Todos mis huesos tiemblan.* Estaba aterrorizado de su propio mensaje y conmovido por la impiedad de los falsos profetas.

10. *La tierra está llena de adúlteros.* De idólatras. De personas que quebrantan su fe hacia mí, como una esposa impura lo hace con su marido. *Los pastizales del desierto se secaron.* Con toda probabilidad que hace alusión a la sequía. Blasfemias, juramentos falsos, mala conducta, violencia, etc., habían provocado a Dios para que enviare éste, entre otros juicios; véase v. 19.

11. *En mi casa.* ¡Aun habían introducido la idolatría en el templo de Dios!

13. *En los profetas de Samaria he visto desatinos.* No hay nada que deba extrañar en esto, porque su religión era un sistema corrupto.

14. *Y en los profetas de Jerusalén he visto torpezas.* Es decir, mientras que los profetas de Jerusalén profesaban una religión pura, habían seguido los caminos y llegado a ser tan corruptos como los de Samaria. *Me fueron todos ellos como Sodoma.* Incorregibles, pecadores sensuales, que serían destruidos con tanta seguridad como lo fueron Sodoma y Gomorra.

16. *No escuchéis las palabras de los profetas.* Es decir, de aquellos que os prometen seguridad, sin requeriros el abandono de vuestros pecados y la conversión al Señor; véase v. 17.

18. *¿Quién estuvo en el secreto de Jehová?* ¿Cuál de ellos ha recibido una palabra profética que proviniera de mí?

23. *¿Soy yo Dios de cerca . . . y no Dios desde muy lejos?* ¡Obráis como si pensarais que yo no puedo veros! ¿No soy omnipresente? "¿No lleno yo el cielo y la tierra?" v. 24.

27. *Con sus sueños.* Antiguamente los sueños eran considerados como especie de inspiración; véase Nm. 12:6; I S. 28:6; Jl. 3:1; Dn. 7:1.

28. *¿Qué tiene que ver la paja con el trigo? dice el Señor.* No mezclen estos asuntos ambiguos con las revelaciones positivas.

29. *¿No es mi palabra como fuego?* Ilumina, calienta y penetra por todas partes. Al comunicarla al verdadero profeta, es como fuego encerrado en sus huesos; no puede retenerlo, tiene que publicarlo; y al hacerlo, es como martillo que quebranta la piedra; siempre está acompañada con el poder divino que hace que tanto los pecadores como los santos sientan su peso e importancia.

33. *¿Cuál es la profecía de Jehová?* La palabra *massa*, aquí empleada, significa "carga, oráculo, mensaje profético"; y la emplean casi todos los profetas. Pero, las personas a las que se refiere este texto, aparecen como burlones. "¿Dónde está la carga del Señor? . . . ¿Cuál es ahora su carga?" A esta insolente pregunta responde el profeta en los versículos siguientes. *Os dejaré.* Castigaré al profeta, al sacerdote y al pueblo que habla así, v. 34. Aquí están las cargas.

36. *La palabra de cada uno le será por profecía.* Vosotros consideráis como carga todos los mensajes del Señor y lo serán: por cuanto si los hubierais puesto en práctica como era debido, os habrían reportado bendiciones. *Pues pervertisteis las palabras del Dios viviente.* De este modo habéis pecado contra vuestras propias almas.

39. *Yo os echaré en olvido y arrancaré de mi presencia a vosotros y a la ciudad.* El doctor Blayney traduce: "Yo os tomaré por completo y os arrojaré junto con la ciudad." Vosotros me sois una carga; pero yo os levantaré y entonces os arrojaré. Os trataré como al hombre que está cansado de llevar una carga; la suelta de sobre sus hombros y no la lleva más.

40. *Y pondré sobre vosotros afrenta perpetua.* Y este vituperio de haberse rebelado contra un Dios tan bueno, de haber rechazado a un Salvador tan poderoso, los sigue hasta hoy en todas sus dispersiones y en todo lugar habitable de la tierra. La palabra de Dios no puede fracasar.

CAPITULO 24

Con el símbolo de los buenos y los malos higos se representa el destino de los judíos que ya han ido al cautiverio con Jeconías y el de los que aún permanecían con Sedequías en su propio país. Se insinúa que Dios tendría compasión de los primeros, pero que desataría su ira sobre los últimos (1-10).

1. *Me mostró Jehová dos cestas de higos.* Sin duda, esta profecía fue pronunciada en el primer año del reinado de Sedequías.

2. Bajo el símbolo de higos buenos e higos malos, Dios representa el estado de las personas que ya habían sido llevadas al cautiverio en Babilonia con su rey Jeconías, comparándolo con el de los que serían transportados con Sedequías. Los que ya estaban fuera del país, siendo la opción del pueblo, están representados por los higos malos que no sirven para nada. También el estado de los primeros en su cautiverio era sumamente preferible al de aquellos que estaban por ser entregados en manos de los caldeos o el rey de Babilonia. Estos serían tratados como doblemente rebeldes; los primeros, siendo los habitantes más respetables, fueron bien tratados; y aun en la cautividad, se hizo distinción entre ellos, pues Dios lo dispuso así. Pero el profeta explica suficientemente su propio significado. *Puestas delante del templo.* . . . como ofrenda de los primeros frutos de esa clase.

2. *Higos muy buenos.* O, brevas. El doctor Shaw dice que en la Palestina las higueras producen fruto tres veces al año. Los primeros, llamados *boccore*, son los mencionados y están completamente maduros a mediados o a fines de junio. La segunda clase, que se denomina *Kermez*, o higos de verano, a menudo se cosechan en agosto. Y la tercera, los higos de invierno, más grandes y oscuros que los otros, penden del árbol durante todo el invierno, madurando aun cuando las hojas están marchitas; y, al principio de la primavera, ya pueden recogerse. *No se podrán comer.* El "higo de invierno" . . . estaría entonces *sin sazonar* o verde; por no haber llegado la primavera.

5. *Como a estos higos buenos, así miraré.* Considero a los que han sido llevados en cautiverio como sumamente mejores a los que aún quedan en la tierra. No han pecado tan profundamente y ahora están arrepentidos; por lo tanto, "pondré mis ojos sobre ellos para bien," v. 6. Los custodiaré con mi especial providencia y serán restaurados a su propio país.

7. *Me serán por pueblo.* Renovaré mi pacto con ellos, porque "se volverán a mí de todo su corazón".

8. *Pondré a Sedequías.* Los trataré como merecen. Serán llevados a la cautividad y esparcidos entre todas las naciones. Multitudes jamás volvieron a Judea; los otros retornaron al finalizar los setenta años.

10. *Enviaré sobre ellos espada.* Muchos de ellos cayeron por la espada y el hambre en la guerra con los caldeos y después de esto, muchos más perecieron de igual manera. Los primeros recibieron el cautiverio como una corrección y se volvieron a Dios; los últimos, endurecieron aún más sus corazones y probablemente, muchísimos de ellos nunca volvieron: quizá se amalgamaron con naciones paganas.

CAPITULO 25

Este capítulo, contiene un sumario de los juicios que Jeremías anunció contra Judá, Babilonia y muchas otras naciones. Comienza con la censura a los judíos por desobedecer los llamados de Dios al arrepentimiento (1-7); se predice una descripción de su cautividad con la de otras naciones, durante setenta años (8-11). Al terminar ese período (computándose desde la invasión de Nabucodonosor en el año cuarto de Joacim hasta el famoso edicto de Ciro), se iba a poner fin al imperio babilonio (12-14). Todo esto es nuevamente declarado por el emblema de esa copa de ira que, como si fuera una visión, afectará a todas las naciones por él mencionadas (15-29). Y para su más amplia ratificación se repite una tercera vez en un hermoso y excelso estilo poético (30-38). La capacidad para matizar las ideas, figuras y lenguaje, aun cuando el tema continúe siendo el mismo o poco más o menos, no aparece en parte alguna con tanta perfección como entre los poetas sagrados.

1. *Palabra que vino a Jeremías... en el año cuarto.* Vemos que esta profecía fue anunciada en el cuarto año de Joacim y el capítulo que la contiene está completamente fuera de lugar. Debió de haberse colocado entre los capítulos 35 y 36. La derrota de los egipcios por Nabucodonosor en Carquemis y la subsecuente toma de Jerusalén, ocurrieron ese año.

El año primero de Nabucodonosor. Este rey estuvo asociado con su padre desde dos años antes de la muerte de éste. Los judíos reconocen desde entonces su reinado, siendo éste el primero de esos dos años; pero los caldeos dan como comienzo de su mandato, dos años más tarde, es decir, al fallecer su progenitor.

7. *Para provocarme.* No me escuchasteis, sino que escogisteis el provocar mi enojo.

9. *He aquí enviaré.* En esta época todavía Nabucodonosor no había invadido la tierra, por lo que dice esta versión; pero el hebreo puede traducirse: "He aquí estoy enviando y tomando todas las familias"; es decir, todos los aliados del rey de Babilonia.

10. *Y haré que desaparezca.* Véase capítulo 7:34 y 16:9. *Ruido de molino y luz de lámpara.* Ambas están asociadas, porque generalmente se muele el grano antes de llegar el día, a la luz de la candela. *Sir J. Chardin* ha hecho notar que por la mañana, puede oírse por todas partes el ruido de los molinos; porque por lo general muelen diariamente la cantidad necesaria para la jornada. Donde no puede oírse ruido de molinos, ni verse luz, quiere decir que la tierra está desolada.

11. *Servirán estas naciones al rey de Babilonia setenta años.* Puesto que esta profecía fue anunciada en el cuarto año de Joacim y el primero de Nabucodonosor y comenzó a cumplirse el mismo año (porque fue entonces que este rey invadió a Judea y tomó a Jerusalén); setenta años a contar desde ese entonces, llegarán al primero del reinado de Ciro, cuando éste lanzó su proclama de la restauración de los judíos y la reedificación de Jerusalén.

14. *Muchas naciones y grandes reyes.* Los medos y los persas bajo Ciro; y varios príncipes, sus vasallos o aliados.

15. *Toma de mi mano la copa del vino de este furor.* Para una amplia ilustración de este pasaje y los similares, véase Is. 51:21.

17. *Y tomé la copa ... y di de beber a todas las naciones.* Esta copa de la ira de Dios es meramente simbólica; simplemente quiere decir que el profeta tendría que declarar a toda esa gente que caerían bajo el yugo de los caldeos y que éste sería el castigo que Dios les infligiría por sus iniquidades. "Entonces tomé la copa"; declaré públicamente la tribulación que Dios enviaría sobre Jerusalén, las ciudades de Judá y todas las naciones.

19. *A Faraón rey de Egipto.* Se trata de Faraón Necao que era el principal causante de instigar a los países circunvecinos a formar una coalición contra los caldeos.

20. *Y a toda la mezcla de naciones.* Desconocidos y extranjeros; abisinios y otros que se habían establecido en Egipto. *Tierra de Uz.* Parte de Arabia cercana a Idumea. Véase Job 1:1.

22. *Tiro y ... Sidón.* Las más antiguas ciudades fenicias. *A los reyes de las costas que están de ese lado del mar.* Como es lo más probable que se refiriera al Mar Mediterráneo y los fenicios tenían numerosas colonias sobre sus costas, prefiero la lectura marginal: "Los reyes de la región junto al mar."

23. *Dedán.* Hijo de Abraham y Cetura, Gn. 25:3. *Tema.* Uno de los hijos de Ismael;

situada al norte de Arabia, Gn. 36:15. *Buz*, hermano de *Uz*, descendiente de Nacor, hermano de Abraham, establecido en la Arabia desierta, Gn. 22:21.

25. *Zimri*. Descendiente de Abraham y Cetura, Gn. 25:2, 6. *Elam*. Sobre la frontera sur de Media, no lejos de Babilonia.

26. *Los reyes del norte, los de cerca y los de lejos*. El primero puede referirse a Siria; los últimos, a Hircanios y Bactrianos. *Y el rey de Babilonia beberá después de ellos.* Bien puede referirse a Babilonia o a Nabucodonosor su rey. Después de haber sido motivo de ruina para tantas naciones, Babilonia misma sería destruida por los medos y los persas.

29. *La ciudad en la cual es invocado mi nombre*. Jerusalén, la primera en ser destruida.

32. *El mal irá de nación en nación*. Una nación tras otra caería ante los caldeos.

33. *Desde un extremo de la tierra*. De un extremo al otro de la tierra. Toda la Palestina quedaría desolada.

34. *Aullad, pastores*. Vosotros, reyes y jefes de los pueblos. *Caeréis como vaso precioso*. De la misma manera que la caída rompería y arruinaría por completo un vaso precioso de cristal, ágata, etc., vuestro derrocamiento será para vosotros, ruina irreparable.

38. *Cual leoncillo*. Abandonando las márgenes del Jordán cuando desborda y avanzando con voraz ferocidad hacia el campo abierto.

CAPITULO 26

Por mandato del Señor, Jeremías se dirige al atrio de la casa de Jehová; y predice la destrucción del templo y de la ciudad si no se evitaba por el rápido arrepentimiento (1-7). Su vida se expone a gran peligro por su importuna profecía; aunque es librado por la influencia de Ahicam, hijo de Safán que hace una magistral defensa del profeta (8-19). Urías es condenado, pero escapa a Egipto; desde donde es traído por Joacim y matado (20-23). Ahicam ampara a Jeremías (24).

1. *En el principio del reinado de Joacim*. Esta profecía se encuentra totalmente fuera de lugar, ya que fue anunciada en el primero o segundo año de Joacim.

4. *Si no me oyereis*. Este y varios de los siguientes versículos son casi iguales a los del cap. 7:13 y sigs.

8. *Y todo el pueblo*. Unidos con los sacerdotes y profetas.

10. *Los príncipes de Judá*. La corte del rey; sus consejeros de gabinete.

12. *Jehová me envió a profetizar*. Estoy comisionado por El y mis palabras son suyas. Yo no busqué este ministerio tan penoso; no anduve detrás de él, fui enviado.

13. *Mejorad ahora vuestros caminos*. Si deseáis escapar a los juicios que os he preanunciado, volveos a Dios y la iniquidad no os será por ruina.

14. *En lo que a mí toca, he aquí estoy en vuestras manos*. Soy el mensajero de Dios; podéis hacer conmigo lo que os plazca; pero si me matáis, arrojaréis sangre inocente sobre vuestras cabezas.

16. *No ha incurrido este hombre en pena de muerte*. Toda la corte estuvo de acuerdo con él.

17. *Algunos de los ancianos*. Se trata de una hermosa defensa y su argumento era perfectamente decisivo. Algunos piensan que fue Ahicam quien tomó la defensa del profeta.

18. *Miqueas de Moreset*. El mismo que encontramos entre los profetas. Ahora bien; todos éstos profetizaron igualmente cosas tan tremendas contra el país como lo había hecho Jeremías; sin embargo no habían sido condenados a muerte, porque la gente se dio cuenta de que habían sido enviados por Dios.

20. *Urías... el cual profetizó*. El proceso contra Jeremías se termina en el versículo decimonono. Se trae nuevamente a colación el caso de Urías porque nuevamente estaba por ser procesado, pero huyó a Egipto. Sin embargo fue condenado a muerte durante su ausencia; el rey envió a buscarlo y una vez en su territorio, lo mató e hizo sepultar ignominiosamente, vrs. 21-23.

24. *La mano de Ahicam... estaba a favor de Jeremías*. Sin duda fue por su influencia que Jeremías no compartió la suerte de Urías. El personaje Ahicam aquí mencionado, era probablemente el padre de Gedalías, el cual, después de la captura de Jerusalén, fue designado gobernador del territorio por Nabucodonosor, cap. 49:5. Del profeta Urías sólo sabemos lo que hemos leído en los versículos precedentes. *Para que no lo entregasen en las manos del pueblo*. Aunque había sido absuelto por la Corte Suprema; el prejuicio popular estaba en contra de él y es muy probable que Ahicam se vio obligado a ocultarlo para que no lo mataran.

CAPITULO 27

Como habían sido enviados embajadores desde varios de los países circunvecinos para solicitar al rey de Judá que se uniera con ellos en una confederación en contra del rey de Babilonia, se ordena a Jeremías que se pusiera coyundas y yugos sobre su cuello, (emblema de sometimiento y esclavitud) y los enviara después con esos mismos legados a sus respectivos gobiernos; indicando por medio de este sugestivo simbolismo que Dios había decretado su sumisión al imperio babilónico y que era prudente que se doblegaran. Además se declara que todas las naciones vencidas permanecerían sujetas a los caldeos durante el reinado de Nabucodonosor, y aun durante el de su hijo y nieto hasta la llegada de aquel período en que los babilonios llenarían la medida de sus iniquidades; y que entonces, la misma monarquía caldea, en una época supremo poder del mundo habitado, sería visitada con una tremenda tormenta de la ira divina, por cuya violencia sería desmenuzada en pedazos como una vasija de alfarería, cuyos fragmentos caerían en las manos de muchas naciones y grandes reyes (1-11). Sedequías, particularmente es amones-

tado a no plegarse a la rebelión contra Nabucodonosor y en contra de confiar en las sugestiones de los
falsos profetas (12-18). El capítulo concluye con la
predicción de que el resto de los vasos sagrados del
templo serían transportados a Babilonia y no restaurados hasta la destrucción del imperio babilónico
(19-22).

1. *En el principio del reinado de Joacim.* Es sumamente claro que esta profecía
fue anunciada en el cuarto año de Sedequías
y no en el de *Joacim* como leemos en el
texto. Véase el cap. 28:1. Y esto se hace más
evidente en los versículos tercero y duodécimo donde se menciona expresamente a Sedequías. Esa es la verdadera interpretación.
2. *Hazte coyundas y yugos.* Probablemente yugos con correas con las que podía suje-
tarlo al cuello. Se trataba de una acción
simbólica para demostrar que los varios reyes
mencionados más abajo serían puestos bajo
el dominio de los caldeos.
5. *Yo hice la tierra.* Soy el Creador y Gobernador de todas las cosas y dispongo de
los diversos reinos del mundo según me parezca mejor.
6. *Y ahora yo he puesto.* Estos reinos están bajo mi soberana disposición; y en el
presente, los entregaré en manos de Nabucodonosor, rey de Babilonia, como castigo de
sus gobernantes y pueblo.
7. *Y todas las naciones le servirán.* (A Nabucodonosor) *a su hijo,* (Evil-merodac, cap.
52:31), *y al hijo de su hijo.* (Belsasar, Daniel
5:11). Todo esto fue cumplido literalmente.
9. *Y vosotros no prestéis oído a vuestros
profetas.* Que pretenden tener revelación del
cielo. *Ni a vuestros adivinos.* Personas que
barruntaban el futuro por algunas señales en
la creación animada o en la inanimada.
13. *¿Por qué moriréis?* Si resistís al rey de
Babilonia a quien he comisionado en contra
de vosotros, seréis destruidos por la espada y
por el hambre; pero si os sometéis, escaparéis
de todos estos males.
16. *Los utensilios de la casa de Jehová.*
Que habían sido llevados por Nabucodonosor
bajo los reinados de Joacim y Jeconías,
II Cr. 36:7-10. *Volverán de Babilonia ahora
pronto.* Eso es una mentira. No serán devueltos hasta que Yo lo haga, v. 22; cosa que
sucedió después de la cautividad, cuando fueron devueltos por Ciro, porque el Señor inclinó su corazón para hacerlo, Esd. 1:7 y
7:19.
19. *Acerca de aquellas columnas.* Dos columnas de bronce colocadas por Salomón en
el pórtico del templo que medían dieciocho
codos de altura y doce de circunferencia,
I R. 7:15-22; Jer. 52:11. *El estanque.* El
estanque de bronce de diez codos de diámetro. Contenía agua para los diferentes lavados
que formaban parte del culto divino; y
estaba sostenido por doce bueyes de bronce.
Quizá sería lo que aquí se llama las basas.
22. *A Babilonia serán transportados.* Muy
lejos de devolver los que ya habían sido

llevados, los que quedaban también serían
transportados a menos que se sometieran a
los caldeos. No quisieron hacerlo y la profecía se cumplió con toda fidelidad, véase el
cap. 52:17-23 y II R. 25:13.

CAPITULO 28

Uno de los pretendidos profetas de los cuales se
habla en el capítulo anterior, después de contradecir
y oponerse a Jeremías, recibe una terrible declaración como prueba al pueblo de que no había sido
enviado por la comisión divina: moriría en ese año;
lo que sucedió al séptimo mes (1-17).

1. *Aconteció en el mismo año... en el
quinto mes.* Que comenzó con la primera
luna nueva de agosto, según nuestro calendario. Este versículo proporciona la fecha exacta de la profecía del capítulo precedente, y
prueba que Sedequías, no Joacim, es el nombre que debería leerse en el primer versículo
de ese capítulo. *Hananías hijo de Azur, profeta.* Que se titulaba profeta a sí mismo;
pretendía estar en trato con Dios y recibir
sus revelaciones. Probablemente era sacerdote, porque era de Gabaón, ciudad sacerdotal en la tribu de Benjamín.
2. *Así habló Jehová.* ¡Qué terrible desfa-
chatez! cuando en su conciencia sabía que
Dios no le había dado tal comisión.
3. *Dentro de dos años.* El tiempo suficiente para que los caldeos destruyeran la ciudad
y se llevaran el resto de los vasos sagrados;
pero él no vivió para ver el fin de ese breve
período.
6. *Amén; así lo haga Jehová.* O bien,
¡ojalá que estuviera de acuerdo con tus palabras! ¡Ojalá que la gente pueda confirmarlo
como verdad!
8. *Los profetas que fueron antes de
mí.* A saber, Joel, Amós, Oseas, Miqueas, Sofonías, Nahum, Habacuc y otros; todos ellos
denunciaron males similares contra un pueblo corrupto.
9. *Cuando se cumpla la palabra del profeta.* He aquí el criterio. Es un verdadero profeta el que especifica cosas que dice van a suceder y también fija la época o fecha del
evento: las cosas suceden y en el tiempo
señalado. Tú dices que Nabucodonosor no
capturará esta ciudad, y que dentro de dos
años, no sólo los vasos sagrados sino también
Jeconías y todos los judíos cautivos serán
restaurados y roto el yugo de Babilonia;
véanse los versos 2-4. Ahora bien, yo digo
que Nabucodonosor vendrá este año, destruirá esta ciudad y llevará el resto de la gente
en cautiverio y además, todos los vasos sagrados; y que no habrá restauración de ninguna
clase hasta dentro de setenta años.
10. *Entonces el profeta Hananías, quitó el
yugo... y lo quebró.* Y por este acto simbólico se atrevió a persuadirlos de la verdad
de su predicción.

13. *Yugos de hierro.* En lugar de romperse el yugo de Nabucodonosor, esta cautividad será más dura que la anterior. Todas estas naciones llevarán yugo de hierro sobre sus cuellos. El las subyugará y tomará todos sus bienes y las bestias del campo.

15. *Ahora oye, Hananías: Jehová no te envió.* Este era un lenguaje temerario en la presencia de aquellos sacerdotes y pueblo que estaban predispuestos en favor de ese falso profeta que les predecía cosas halagüeñas.

16. *Morirás en este año.* Por esto, la gente sabría quién era el verdadero profeta. Tú has enseñado a esta gente a rebelarse contra el Señor y El te cortará de la tierra; y esto sucederá, no dentro de setenta años, o dos, sino este mismo año y dentro de dos meses a partir desde este momento.

17. *Y en el mismo año murió... en el mes séptimo.* Esta profecía fue anunciada en el quinto mes (v. 1) y Hananías murió al séptimo. Y así Dios, en su misericordia, le dio dos meses para prepararse para el encuentro con el Juez.

CAPITULO 29

Este capítulo incluye el contenido de las dos cartas enviadas por el profeta a los cautivos en Babilonia. En la primera les recomienda paciencia y compostura bajo las circunstancias imperantes que durarían setenta años (1-14); en los que sin embargo, estarían mucho mejor que sus hermanos que habían quedado en la tierra (15-19). Pero, encontrando que se le daba poco crédito a su mensaje por causa de las sugestiones de los falsos profetas Acab, hijo de Colaías y Sedequías hijo de Maasías, quienes los ilusionaban con las esperanzas del pronto fin de su cautividad, les envía una segunda carta en la que denuncia los tremendos juicios que vendrán contra los falsos profetas que los engañaban (20-23); tal como lo hizo después contra Semaías de Nehelam, quien había enviado una carta de queja en contra de Jeremías, con motivo de su mensaje (24-32).

1. *Estas son las palabras de la carta.* Esta transacción sucedió en el primer o segundo año de Sedequías. Parece que el profeta había sido informado que los judíos, que ya habían sido llevados al cautiverio, habían escuchado las instigaciones de los falsos profetas que les hacían creer que iban a ser vueltos rápidamente de su cautiverio. Jeremías temiendo que esa ilusión los indujera a dar algunos pasos precipitados comportándose mal en su estado presente, les escribe una carta que envía por manos de un embajador que Sedequías había mandado a Nabucodonosor por algún asunto político. La mencionada misiva estaba dirigida a los ancianos, sacerdotes, profetas y al pueblo que había sido transportado cautivo a Babilonia.

4. *Así ha dicho Jehová de los ejércitos.* Era el comienzo de la carta.

5. *Edificad casas.* Preparaos para una larga continuación de vuestro presente cautiverio. Haceos provisión de todas las cosas necesarias para la vida y multiplicaos en la tierra para que lleguéis a ser un pueblo poderoso.

7. *Y procurad la paz de la ciudad.* Tratad de promover, en todo lo que podáis, "la prosperidad" del lugar donde residís.

8. *Ni atendáis a los sueños.* Más bien a los "soñadores"; pues parece que había una clase de tales personas, que no solamente habían adquirido la facilidad de soñar, pero que pretendían interpretar los sueños ajenos.

10. *Porque así dijo Jehová.* Se supone que aquí ha habido una transposición de versículos muy seria y se ha propuesto leer después del versículo noveno, el decimosexto hasta el decimonono inclusive; luego el décimo; y seguir hasta el decimocuarto inclusive; entonces el vigésimo, siguiendo el decimoquinto, el vigésimo primero y el resto, regularmente hasta el final.

14. *Os reuniré de todas las naciones.* Cita de Dt. 30:8 y también de Dt. 4:7.

15. *Mas habéis dicho.* La Septuaginta, con mucha propiedad inserta este versículo entre el vigésimo y el vigésimo primero, de modo que la coherencia no se altera y se completa con lo que sigue después.

17. *He aquí envío yo contra ellos espada.* No envidiéis el estado de Sedequías que ocupa el trono de David, ni el del pueblo que habita en la tierra de la cual habéis sido transportados (v. 16) porque "envío yo contra ellos espada, hambre y pestilencia"; y después haré que sean llevados cautivos por todas las naciones (v. 18). Pero veis lo peor de vuestro propio caso y contáis con las promesas de Dios acerca de vuestra liberación cuando llegue el tiempo conveniente. El lector no debe olvidar que el profeta se está dirigiendo a los cautivos en Babilonia.

21. *Y él los matará delante de vuestros ojos.* Nabucodonosor, sería impelido por razones políticas a castigar a estos pretendidos profetas, porque sus predicciones tendían a hacer que los israelitas sometidos se sintieran intranquilos y descontentos y podían incitarlos a la rebelión. Por lo tanto, él los mató, parece que dos de ellos, fueron quemados vivos: Acab y Sedequías.

24. *Y a Semaías de Nehelam hablarás.* Sofonías era el segundo sacerdote, *sagan* o principal teniente sacerdote y Seraías el sumo sacerdote cuando fue tomada Jerusalén. Véase cap. 52:24. Semaías dirige su carta al primero y le dice que Dios lo ha designado para ocupar el lugar de sumo sacerdote que probablemente entonces estaba acéfalo. Su nombre era o bien Azarías o se trataba de Seraías su hijo, pero llamado Joiada por el notable celo y coraje de aquel pontífice. Después de la toma de Jerusalén, Sofonías fue condenado a muerte por Nabucodonosor en Ribla; véase cap. 37:3. La historia de Joiada puede verse en II R. 11:3 y sgs.

26. *Todo hombre loco que profetice.* Loco, "en éxtasis exaltado"; tal como se veía en los profetas, ya fueran verdaderos o falsos cuando estaban bajo influencia, unos, de Dios, otros de un demonio. Véase II R. 9:11; Os. 9:7.

CAPITULO 30

Este capítulo y el siguiente deben tener referencia a una futura restauración de la posteridad de Jacob de sus diversas dispersiones, porque ninguna liberación les proporcionaba hasta ese momento el acercarse al fin de ellas; porque después de volver de Babilonia fueron nuevamente sojuzgados por los griegos y los romanos, lo que sería contrario a la predicción del versículo octavo; en todos los territorios papales, ellos han trabajado bajo grandes impotencias civiles y en algunos de ellos han sido horriblemente perseguidos; sobre el pueblo antiguo, esta mística Babilonia hizo sentir su pesado yugo; y, en el presente, no hay lugar en el mundo donde ellos sean realmente dueños de sí; de modo que la profecía aún está por cumplirse durante el reinado de David, es decir, del Mesías; de acuerdo a la estructura general de los escritos proféticos, la figura está en oposición al antitipo. La profecía se revela por una natural transición de la liberación temporal de la cual ya se ha hablado y describe las poderosas revoluciones que precederán a la restauración de los descendientes de Israel (1-9), que son animados a confiar en las promesas de Dios (10, 11); sin embargo, deben esperar las correcciones; las que tendrán un feliz término en un período futuro (12-17). Son enumeradas las grandes bendiciones del reinado del Mesías (18-22); y se declara que los malvados e impenitentes no tendrán parte en ellas (23, 24).

1. *Palabra de Jehová que vino a Jeremías.* Según Dahler, esta profecía fue entregada un año después de la toma de Jerusalén.

2. *Escríbete en un libro todas las palabras que te he hablado.* Creo que el *libro* aquí recomendado está formado por los capítulos trigésimo y trigésimo primero; porque entre los judíos, cualquier porción de escritura en la cual estaba terminado su asunto, aunque pequeño, se denominaba *sepher,* "un libro," tratado o discurso.

3. *Vienen días.* Primeramente, después de los setenta años. Segundo, bajo el Mesías. *En que haré volver a los cautivos de mi pueblo Israel.* Las diez tribus conducidas al cautiverio por el rey de Asiria y dispersas entre las naciones. *Y Judá.* La gente llevada a Babilonia en diferentes épocas: primero, bajo Jeconías y segundo, bajo Sedequías por Nabucodonosor.

5. *Hemos oído voz de temblor.* Puede tener referencia al estado de los sentimientos del pueblo durante la guerra que Ciro desató contra Babilonia. No hay duda de que les produciría temor y temblor y terminaría con su paz y prosperidad; como ellos no podrían decir cuál sería el fin de esa lucha o si su estado futuro sería mejor o peor si sus actuales amos cayeran en el conflicto. Esto está bien descrito en el versículo siguiente en el que los hombres están representados por causa de su angustia y su dolor como mujeres en trance de dar a luz. Véase la misma comparación en Is. 13:6-8.

7. *¡Ah, cuán grande es aquel día!* Cuando los medos y los persas con todas sus fuerzas irrumpirán sobre los caldeos será día de tribulación para Jacob —aflicción, consternación e incertidumbre; pero será librado . . . el imperio caldeo caerá, pero los judíos serán librados por Ciro.

8. *Yo quebraré su yugo.* Es decir, el yugo de Nabucodonosor. *Lo.* Se refiere a Jacob (v. 7) es decir, los entonces cautivos judíos.

9. *Sino que servirán a Jehová su Dios y a David su rey.* Debe hacer alusión a los tiempos del Mesías y por eso dice la Caldea: "Obedecerán al Señor su Dios y al Mesías, el hijo de David." Esta es una traducción muy notable; y demuestra que era una versión no según la letra sino de acuerdo con su doctrina y expectativa.

Cristo fue prometido bajo el nombre de su progenitor, David, Is. 55:3-4; Ez. 34:23-24; 37:24-25; Os. 3:5.

11. *Y destruiré a todas las naciones.* Aunque los persas destruyan todas las naciones que conquisten, pero *a ti,* no te destruirán.

12. *Incurable es tu quebrantamiento. Anush,* "desesperado," no *incurable* porque su cura está prometida en el v. 17: "Mas yo haré venir sanidad para ti, y sanaré tus heridas."

13. *No hay quien juzgue tu causa.* Todos tus amigos y aliados te abandonaron.

15. *Incurable es tu dolor.* "Desesperado." Véase el versículo 12.

16. *Los que te consumen.* Los caldeos. *Serán consumidos.* Por los medos y los persas. *Y a todos los que hicieron presa de ti daré en presa.* Los asirios fueron destruidos por los babilonios; éstos a su vez, por los medos y los persas; los egipcios y los persas fueron destruidos por los griegos bajo Alejandro.

18. *La ciudad será edificada sobre su colina.* Véase el libro de Nehemías. *El templo será asentado.* Lo que fue verdad, porque después de la cautividad en Babilonia fue reedificado por Nehemías y otros. *Sus tiendas.* Podemos entender todas las dispersiones menores de los judíos tanto como sus numerosas sinagogas que se hallaban en las grandes ciudades.

21. *De ella saldrá su príncipe.* No serán gobernados por extranjeros; y . . . *De en medio de ella saldrá su señoreador.* Tanto Nehemías como Zorobabel, sus nobles y gobernantes después del retorno de Babilonia, eran judíos.

22. *Me seréis por pueblo.* Será renovado el antiguo pacto.

23. *La tempestad de Jehová.* Una tremenda tempestad de desolación . . . *sobre la cabeza de los impíos reposará.* Sobre Nabucodonosor y los caldeos.

24. *En el fin de los días entenderéis esto.* Generalmente entiéndese por la expresión *los últimos días,* la dispensación del evangelio; y que la restauración, que ocupa el tema central de este capítulo y del siguiente, se refiere a ese tiempo.

CAPITULO 31

Este capítulo continúa con el asunto del anterior en la representación de una hermosa visión para un período remoto. Se introduce a Dios expresando su continua estima por Israel prometiéndoles la restauración a su tierra y a la libertad (1-5). Inmediatamente aparecen heraldos que proclaman el gran año del jubileo sobre el monte de Efraín, emplazando a la gente a reunirse en el monte de Sion (6). Sobre éste, Dios reanuda su palabra; y les hace una benévola promesa de guiarles amorosamente por el camino y de hacerlos felices en su propia tierra, de modo que todas las naciones del mundo serán exhortadas a considerar con profundo cuidado esta gran salvación (7-14). Con muy afortunado ingenio se cambia la escena. Se representa a Raquel, la madre de José y Benjamín como si se hubiera levantado de la tumba en una ciudad de Benjamín cercana a Jerusalén, buscando a sus hijos y lamentando amargamente su destino porque ninguno de ellos ha de ser visto en la tierra de sus padres (15). Pero es consolada con la seguridad de que no se han perdido y que a su debido tiempo serán restaurados (16, 17). Inmediatamente sigue a ésta otra escena sensible y hermosa. Efraín (a menudo tomado por las diez tribus) se presenta a la vista. Lamenta sus pecados pasados y expresa su más profundo deseo de reconciliación; ante el cual, Dios, semejante a un tierno padre, inmediatamente le perdona (18-20). La virgen de Israel entonces es impelida a prepararse para volver a su hogar (21, 22); y la visión termina con una promesa de abundante paz y seguridad para Israel en los últimos días (23-26). Se presenta un hermoso contraste entre la feliz condición de Israel bajo el reinado del Mesías con su condición aflictiva durante la dispersión general (27, 28). En el resto del capítulo se repiten las promesas a la posteridad de Jacob, de administración imparcial de la justicia, aumento de paz y prosperidad, la difusión general de la justicia y la estabilidad en su propio territorio después de una restauración general en los tiempos del evangelio, aumentadas e ilustradas con una cantidad de hermosas figuras (29-40).

1. *En aquel tiempo.* Discurso pronunciado en la misma época del anterior y, conjuntamente con el cual, forman el libro que Dios ordenó escribir al profeta. *Yo seré por Dios a todas las familias de Israel.* Retornaré a las diez tribus tanto como a sus hermanos judíos. El principal asunto de este capítulo es la restauración de los israelitas.

2. *El pueblo que escapó de la espada.* Aquellos de las diez tribus que escaparon de la muerte por la espada de los asirios. *Halló gracia en el desierto.* El lugar de su exilio; un desierto si se le compara con su propia tierra. Véase Is. 40:3.

3. *Con amor eterno te he amado.* Todavía profeso aquel amor por los judíos que mostré a sus padres en Egipto, en el desierto y en la tierra prometida. *Por tanto te prolongué mi misericordia.* Los exiliados, que durante mucho tiempo no recibieron pruebas de la protección divina, están aquí representados como deplorando su condición; pero Dios responde que, aunque así parezca, El siempre los ha amado; y ese amor persistente será el que los hará volver de su cautiverio.

4. *Oh virgen de Israel.* Israelitas en general; ahora llamados virgen, por haber vuelto a su antigua pureza. *Con tus panderos.* Ejecu-

tados generalmente por las mujeres; se usaban en tiempos de regocijo acompañados con danzas.

5. *Aún plantarás viñas en los montes de Samaria.* Era la ciudad real de los israelitas, como Jerusalén era la de los judíos. *Y disfrutarán de ellas.* Por la ley de Moisés, nadie podía comer del fruto de su viña hasta después del quinto año de haberla plantado. Los primeros tres años era considerada incircuncisa, inmunda, no lista para consumo; al cuarto era santa para el Señor, los frutos le pertenecían; al quinto año, podía emplearla para sí mismo (Lv. 19:23-25). Pero en el tiempo que aquí se menciona, el fruto sería considerado *común* . . . vale decir, sería lícito comerlo en cualquiera de las épocas señaladas.

6. *Porque habrá día.* Literalmente, "porque este es el día," o "ha llegado el día." *Los guardas . . . los profetas. Levantaos y subamos a Sion.* Israelitas y judíos se unirían para adorar a Dios.

8. *Los hago volver de la tierra del norte.* De Babilonia. *Y los reuniré de los fines de la tierra.* Las diez tribus llevadas parcialmente a Asiria por Tiglat-Pileser y otra parte a Mesopotamia y Media por Salmanasar, II R. 15:29; 17:6. Es posible, que Asiria y Media, quedando distantes de la Palestina, hayan sido llamadas en el lenguaje profético *los fines de la tierra. Ciegos y cojos.* Removeré todas las dificultades del camino tan efectivamente para proveerles durante el viaje con tal sobrenatural sostén para sus cuerpos y ánimos que los más inválidos proseguirán y llegarán con toda felicidad al final de la jornada.

9. *Irán con lloro.* Debidamente compenetrados del sentido de sus pecados, los lamentarán profundamente; y, mientras los lloran suplicarán seriamente a Dios que tenga misericordia de ellos. *Junto a arroyos de aguas.* Los guiaré de tal modo y les proveeré en el árido desierto para que encuentren corrientes de agua siempre que sea necesario. *Efraín es mi primogénito.* Siendo el más considerable, siempre se nombra en lugar de las diez tribus.

12. *Y correrán.* Quizás haga alusión a sus asambleas en las tres grandes fiestas nacionales, la pascua, pentecostés y los tabernáculos.

14. *Y el alma del sacerdote satisfaré.* Habiéndose restablecido la adoración a Dios, ellos justamente participarán de los sacrificios que se realicen en el templo.

15. *Voz fue oída en Ramá.* La ciudad aquí mencionada (porque había varias que llevaban ese nombre) estaba situada en la tribu de Benjamín a unas seis o siete millas de Jerusalén. Cerca de este lugar había sido sepultada Raquel; la que en este lugar, en una hermosa figura poética se representa como si saliera de su tumba, y se lamentara amargamente por la pérdida de sus hijos, ninguno de los cuales se presentó ante su

vista porque todos habían sido muertos o
habían sido conducidos al exilio. San Mateo,
siempre amante de la adaptación, aplica estas
palabras, cap. 2:17-18 a la matacre de los
niños de Belén. Vale decir, que, como se
adaptaba a la ocasión, las adapto, pero no
predicen tal evento.

16. *Y volverán de la tierra del enemigo.* No podía haber sido dicho esto de los
inocentes asesinados en Belén; nunca volvieron; pero los judíos, que habían ido al cautiverio volvieron a la tierra de sus enemigos a
sus propias fronteras.

18. *He oído a Efraín que se lamenta-
ba.* Los israelitas exiliados estaban sumamente arrepentidos. *Me azotaste, y fui castigado.*
Al principio fui como novillo indómito,
cuanto más me castigaban más me rebelaba;
pero ahora he recibido los beneficios de la
corrección, *conviérteme.* Ahora estoy dispuesto a llevar tu yugo, pero no tengo poder.

19. *Porque después que me aparté.* Convertido de mi pecado, insensatez e idolatría.
Tuve arrepentimiento. A la convicción siguió
la contrición por el pecado. La primera, en
este sentido de la palabra debe preceder a la
contrición o arrepentimiento. *Herí mi muslo.* Mi pena aumentó más y más profundamente. En lo extremo de mi desesperación
herí mi muslo. Se trataba de una señal común de pena profunda. Véase Ez. 21:12.

20. *¿No es Efraín hijo precioso para
mí?* Es imposible imaginar algo más tiernamente cariñoso que estas palabras.

21. *Establécete señales.* Alude a piedras, o
pilares de piedras que los viajeros a través del
desierto levantan como guías del camino
para saber por dónde volver. Señala el camino a Babilonia; allá iréis con toda seguridad; pero también es cierto que regresaréis.

22. *La mujer rodeará al varón.* "Una mujer débil rodeará o embaucará a un hombre
fuerte." Creo que los judíos en las circunstancias que tratamos están representados por
el símil de una débil mujer indefensa; y los
caldeos, como el feroz hombre fuerte que
había prevalecido y oprimido a esa débil
mujer. Pero, a pesar de la disparidad entre
ellos, Dios haría que la *mujer...* los débiles
e indefensos judíos, *rodearan...* vencieran,
al *hombre fuerte...* los poderosos babilonios.

23. *Jehová te bendiga, oh morada de justicia.* Después de su regreso serán notablemente prósperos.

26. *En esto me desperté.* Parece que la
profecía comienza en el cap. 30:2 y concluye en el versículo 25 de este capítulo y que
le fue manifestada al profeta en un sueño.

27. *Sembraré... simiente de hombre y de
simiente de animal.* Multiplicaré los hombres
y los ganados.

29. *Los padres comieron las uvas agrias.*
Expresión proverbial por "Los hijos sufren

por los pecados de los padres". Esto se
explica en el versículo siguiente: "Cada cual
morirá por su propia maldad." Ningún hijo
sufrirá el castigo divino por el pecado de
su progenitor; sólo hasta donde él mismo
actúe en igual manera podrá decirse que lleva
el pecado de sus padres.

31. *Nuevo pacto.* La dispensación cristiana.

33. *Después de aquellos días.* Cuando la
visión y la profecía sean selladas y Jesús
haya asumido el cuerpo que le fue preparado
y haya entregado su vida por la redención
del mundo y habiendo ascendido a las alturas haya enviado el don del Espíritu Santo
para purificar los corazones; entonces la ley
de Dios será puesta en su interior y escrita
en sus corazones; de modo que tanto lo
interno como lo exterior serán santidad a
Jehová. Entonces, Jehová será realmente *su
Dios,* recibido y reconocido como su porción
y único objeto de su devoción; y ellos serán
su pueblo, llenos de su santidad, participantes de su naturaleza divina, de modo que
ellos le amarán perfectamente y serán dignos
de engrandecer su nombre.

34. *Y no enseñará más ninguno.* Será
tiempo de luz y conocimiento universal; desde el menor hasta el mayor, todos conocerán
a Dios en Cristo; los niños serán enseñados a
leer el Nuevo Pacto y a entender los términos de su salvación.

36. *Si faltaren estas leyes.* Tan seguro
como que el sol continuará alumbrando durante el día y la luna durante la noche, los
judíos seguirán siendo un pueblo peculiar.

38. *La ciudad será edificada a Jehová.* No
puede referirse a la ciudad levantada después
de su regreso de Babilonia, por dos razones:
(1) Esta debe ser mucho más extensa; (2) Será permanente, nunca va a ser derribada, v. 40,
Si se toma literalmente, debe referirse a
la ciudad que será edificada por ellos cuando
entren con la plenitud de los gentiles. *La
torre de Hananeel.* Se levantaba en la parte
noreste de la ciudad; desde allí el muro continuaba hasta la puerta de la esquina.

39. *Sobre el collado de Gareb.* Gareb y
Goa están fuera de los límites de esta ciudad. Se supone que el último se trate del
Gólgota, lugar fuera de la ciudad, donde nuestro Señor fue crucificado. Estos montes estaban algo hacia el noroeste de los antiguos muros de la ciudad; pero están destinados a quedar dentro de la ciudad nueva.

40. *Todo el valle de los cuerpos muertos.* El valle del hijo de Hinnom. *Y todas las
llanuras hasta el arroyo de Cedrón, hasta la
esquina de la puerta de los caballos al oriente.* Todos estos lugares, el campo del bata-
nero, etc., serán consagrados al Señor e incluidos como parte de esta nueva ciudad; de
modo que parecerá de mayor extensión de lo
que fue en cualquier tiempo la ciudad de
Jerusalén.

CAPITULO 32

Jeremías, que ahora se encuentra aprisionado por causa de sus fieles admoniciones predice el destino del rey y la ciudad (1-5). Siguiendo las direcciones del Señor compra un campo en Anatot a su primo Hanameel. Habiendo sido suscrito, sellado y testificado el contrato o escritura de venta junto con un duplicado no sellado se le ordena colocarlo en una vasija de barro para que pueda permanecer por muchos días (6-14). Esta transacción del profeta, registrada y rubricada en el archivo público, Dios la constituyó como señal o prenda de la vuelta de los judíos de la cautividad babilónica y de que nuevamente poseerían casas, campos y viñas en su propio país y según sus propios derechos de acuerdo a las tribus y familias (15). Oración de Jeremías en la que recuenta las obras maravillosas del Señor para los hijos de Israel y deplora profundamente el estado del país y las numerosas provocaciones que lo han llevado a esa situación (16-25). Después de lo cual, Dios es introducido declarando su propósito de entregar a su pueblo en manos de sus enemigos (26-35); sin embargo, les promete que a su debido tiempo los restaurará a sus antiguas posesiones y hará con ellos un pacto eterno (36-44).

1. *Palabra de Jehová que vino.* Esta profecía tiene su propia fecha: fue proclamada en el año décimo de Sedequías que correspondía al decimoctavo de Nabucodonosor.

2. *Entonces el ejército del rey de Babilonia tenía sitiada a Jerusalén.* El sitio había comenzado el año anterior y continuó un año más terminando al quinto mes del siguiente año; consecuentemente debe haber durado unos dieciocho meses y veintisiete días. Véase II R. 25:18.

7. *Tú tienes derecho a ella para comprarla.* La ley había establecido que el patrimonio familiar nunca debía ser enajenado. Por lo tanto, si alguien a causa de necesidad se veía obligado a vender su propiedad, el pariente más cercano tenía derecho de comprarla antes que ningún otro y aun de redimirla si había sido vendida a otro. Esto es lo que recibía el nombre de *rescate* o de "parentesco," Lv. 25:25. En el año del jubileo todo debía volver a su antiguo dueño, Lv. 25:13.

8. *Que era palabra de Jehová.* Fue por su mandato que él realizó esa compra. La totalidad del asunto fue designado como acto simbólico para mostrar al pueblo que regresarían de Babilonia, que cada familia volvería a su antigua posesión y que un hombre podía realizar con seguridad operaciones de compra con la certidumbre de este acontecimiento.

9. *Le pesé el dinero.* No parece que haya habido moneda acuñada entre los judíos antes de la cautividad; por esa causa, las Escrituras nunca hablan de contar dinero sino de pesarlo.

10. *Y escribí la carta.* Tenemos aquí todas las circunstancias de un acto legal: (1) Se hace una oferta de reversión de la tierra hasta el jubileo a aquel que por derecho entonces llegaría a la posesión. (2) Se ponen de acuerdo en cuanto al precio y se pesa el dinero en balanzas. (3) Se firma un contrato o escritura de venta estando ambas partes de acuerdo. (4) Se presentan testigos de la firma y el sello; porque el contrato fue suscrito y sellado. (5) Fue extendido un *duplicado* de la escritura que no fue sellado, pero que quedó para la inspección de aquellos a quienes pudiera concernir, en algún lugar público donde estuviera en seguridad y también siempre pudiera ser visto. (6) El original, sellado, fue colocado en una vasija de barro para ser preservado de accidentes. (7) El comprador entregó todo esto en manos de una tercera persona que debía guardarlo para el uso del comprador y fueron llamados los testigos para atestiguar esta transacción. (8) Suscribieron el libro de compras, quizás un libro de municipio, o registro, donde se registraban las adquisiciones. Baruc era escriba profesional; y las escrituras se entregaban en sus manos ante testigos para su conservación como ya se ha explicado. En este caso, quizá la ley exigía que las escrituras fueran puestas así a recaudo. Pero, en esta ocasión, tanto el acta original como el duplicado fueron colocados en una vasija de barro, porque la ciudad estaba por ser incendiada; y si se hubiera guardado como de costumbre hubiera sido destruida en la conflagración general.

15. *Aún se comprarán casas, heredades.* Es decir, esto es una evidencia de que la cautividad no durará mucho: casas, etc., volverán a ser nuevamente poseídas ya por sus propietarios actuales o por sus inmediatos descendientes.

24. *He aquí que con arietes.* Los inmensos terraplenes levantados para instalar sus máquinas encima para poder arrojar flechas, piedras, etc., a la ciudad. *A causa de la espada, del hambre y de la pestilencia.* Ahora la ciudad quedó reducida a indigencia extrema; y al continuar el sitio casi un año más, podemos sacar en conclusión que los sitiados se defendieron noblemente.

29. *Las casas sobre cuyas azoteas.* Como es sumamente probable que Baal representara al sol, es muy posible que ellos hubieran escogido la parte superior de las casas donde siempre había azoteas rodeadas de murallas para ofrecerle incienso y sacrificios durante el sol naciente y mientras aún se veía sobre el horizonte.

30. *Porque los hijos de Israel y los hijos de Judá no han hecho sino lo malo.* Todos ellos han sido transgresores desde su más temprana historia. *Porque los hijos de Israel.* Las diez tribus. *No han hecho más que provocarme con la obra de sus manos.* Han sobrepasado a otros en sus pecados, siendo sumamente idólatras. Sus manos hicieron los objetos de su adoración.

37. *He aquí que yo los reuniré de todas las tierras.* Promesa repetida a menudo. Véanse caps. 29:14 y 31:8 y sgs.

44. *Heredades comprarán por dinero.* Referencia a la compra simbólica mencionada al principio del capítulo; *la que* podía ser con-

siderada por ellos como señal de restauración no sólo a la misma tierra sino a sus respectivas heredades en ese territorio. Solamente el poder de Dios podía realizar tal cosa.

CAPITULO 33

En este capítulo el profeta predice una restauración de Israel y Judá al favor de Dios, acompañada con circunstancias tan gloriosas que asombraran a todo el mundo (1-9). Se describe entonces su prosperidad desde ese período con una hermosa enumeración de acontecimientos (10-13). Esto conduce a la promesa del Mesías, el gran tema de los escritos proféticos y la felicidad y permanencia que los hijos de Israel gozarán bajo su gobierno; promesas que, en lo que concierne a la mayoría de los judíos aguardan aún su cumplimiento (14-26).

1. *Vino palabra de Jehová.* Fue en el año undécimo del reinado de Sedequías, mientras Jeremías estaba todavía en la cárcel: pero ahora estaba *en el patio de la cárcel,* donde los jefes y oficiales del rey, etc., podían consultarle con mayor facilidad; porque continuaban preguntándole, imaginando tontamente que si les profetizaba cosas buenas, éstas sucederían; o que él tenía tanta influencia con Dios que podía inducirlo a cambiar su propósito . . . destruir a los caldeos y librar la ciudad.

2. *Así ha dicho Jehová que hizo la tierra.* "El hacedor de ella." Es decir, el que va a realizar lo que ahora va a prometer.

3. *Clama a mí, y yo te responderé.* Sólo a mí me corresponde revelar el futuro y las cosas estupendas que van a suceder, ahora nadie más que Yo las conoce.

4. *Porque así ha dicho Jehová.* Es una nueva confirmación de lo que ya ha sido dicho; es decir, que la ciudad caerá, una muchedumbre de sus habitantes perecerían y el resto sería llevado al cautiverio; pero la nación sería preservada y el pueblo volvería de su cautividad.

7. *Los cautivos de Judá y los cautivos de Israel.* Puede referirse a tiempos más futuros porque las diez tribus no regresaron con los judíos al terminar el período de setenta años.

8. *Y los limpiaré.* Estas promesas de perdón y santidad deben trasladarse a su estado bajo el evangelio, cuando recibirán a Jesús como el prometido Mesías.

11. *Voz de los que digan: Alabad a Jehová de los ejércitos.* Es decir, la voz de los levitas en el servicio sagrado: sugiriendo así que el templo sería reconstruido y restaurado el culto público.

12. *Cabañas de pastores.* Véase capítulo 31:12.

14. *He aquí vienen días.* Véanse caps. 23:5 y 31:31. *La buena palabra que he hablado.* Por intermedio de mis profetas: por los que he profetizado este cautiverio también he

predicho su conclusión, aunque no lo hayan hecho en los mismos términos de Jeremías. Véase Os. 1:10 y sgs.; 2:15 y sgs.; Am. 9:14 y sigs. y Jer 3:12 y sigs. El final de la cautividad fue predicho por Miqueas, caps. 7:9 y sgs.; Sofonías 3:10 y sgs. y por Jeremías 16:15; 23:3; 29:10; 32:37.

16. *Y se le llamará: Jehová, Justicia nuestra.* V.l.e.s. cap. 23:6 lo que se supone generalmente como pasaje estrictamente paralelo; pero son muy distintos y dudo que traten de la misma cosa. En cuanto a la presente traducción, es ignorante y casi impía; se dice que Jerusalén, porque éste es el antecedente, será llamada "Jehová, Justicia nuestra". Interpretaré el original: "Y este que la llamará es el Señor nuestra Justificación"; es decir, que la salvación de los judíos se realizaría cuando Jesucristo les fuera proclamado como su Justificador y ellos lo recibieran como tal.

18. *Ni a los sacerdotes y levitas faltará varón.* Esta es una renovación de la promesa que se le hiciera a Finees, Nm. 25:13.

22. *Así multiplicaré la descendencia de David.* Esto debe entenderse del David espiritual, Jesucristo y su linaje, constituido por los verdaderos cristianos. Las dos familias elegidas por Dios para el sacerdocio, la de Aarón y la de Finees, o, en su destitución, la de Itamar, I S. 2:35, se han extinguido. Durante casi diecinueve siglos, los judíos no han tenido ni sumo sacerdote ni sacerdotes que presentaran sacrificios de ninguna clase; por lo tanto, lo que se diga del sacerdocio debe tener referencia al sacerdocio espiritual, a cuya cabeza está el Señor Jesucristo.

CAPITULO 34

En este capítulo encontramos dos profecías: la primera, comunicada durante el asedio de Jerusalén, predice a Sedequías la toma y el incendio de la ciudad con su muerte en paz y su sepultura honorable (1-7). La segunda fue anunciada cuando los caldeos rompieron el sitio por una temporada. Reprueba a los judíos su conducta para con sus hermanos de la clase más pobre, a quienes, por un pacto solemne en el extremo de su peligro, dejaron en libertad; pero, los hicieron volver cuando creyeron que el peligro había pasado (8-11). Por eso Dios los amenaza con espada, pestilencia y hambre; con la vuelta de los caldeos que tomarían la ciudad y también a otras, destruyéndolas por el fuego y harían una completa desolación de toda la tierra de Judea (12-22).

1. *Palabra de Jehová que vino a Jeremías.* Este discurso fue pronunciado en el quinto año del reinado de Sedequías. El capítulo contiene dos discursos; uno, vrs. 1-7 que incluye la captura de la ciudad y la cautividad y muerte de Sedequías; el otro, vrs. 8-22 constituye una invectiva contra los habitantes de Jerusalén por haber esclavizado varones y mujeres hebreos. Estos, habiendo sido manumitidos a instancias del profeta, volvieron a ser esclavizados por sus antiguos amos con la misma servidumbre; por lo cual Dios los amenaza con castigos severos.

2. *Y la quemará con fuego.* Se trataba de una adición reciente.

3. *Y no escaparás tú.* Sin embargo, trató de hacerlo; pero fue capturado en su huida. Véanse cap. 39:4 y 52:7 y sgs.

5. *En paz morirás.* No morirás de muerte violenta; y, cuando suceda, tendrás todas las solemnidades funerales acostumbradas en el deceso de los reyes. Véase II Cr. 16:14.

6. *Y habló el profeta Jeremías a Sedequías.* Le entregó el mensaje con riesgo de su vida. Jeremías solamente temía a Dios.

7. *Contra Laquis y contra Azeca.* Dos ciudades de considerable importancia pertenecientes a Judá: habían sido fortificadas fuertemente por Roboam, II Cr. 11:9-11, II Cr. 32:9.

8. *Palabra de Jehová que vino a Jeremías.* Aquí comienza el segundo discurso. Quizá fue anunciado al poco tiempo, o a los pocos días del anterior. *Sedequías hizo pacto.* No encontramos relato de este convenio en otra parte: "Al cabo de siete años dejará cada uno a su hermano hebreo que le fue vendido"; es decir, lo tomamos del v. 14 sobre el año sabático; porque el séptimo año era el de la libertad. Véase Dt. 15:12.

11. *Pero después se arrepintieron.* Habían convenido en liberar a los esclavos al final del séptimo año; pero, cuando éste concluyó, exigieron sus compromisos y detuvieron a sus siervos.

17. *He aquí que yo promulgo libertad.* Habéis proclamado liberación para vuestros siervos y después volvisteis a enseñorearos de ellos; en consecuencia, Yo había retenido la espada de sobre vosotros: pero ahora, Yo le doy libertad a la espada, a la pestilencia, al hambre y a la cautividad para que os destruyan, consuman y esclavicen; porque seréis llevados *a todos los reinos de la tierra.* El profeta quiere expresar la conformidad entre el crimen y su castigo.

18. *Dividiendo en dos partes el becerro y pasando por medio de ellas.* Esta era la forma más antigua y solemne de realizar un pacto. (1) Sacrificaban un ternero a Dios para asegurarse de su aprobación y apoyo. (2) Dividían a la víctima en dos partes iguales desde la nariz hasta el anca. (3) Ambas partes se colocaban paralelamente dejando entre ellas un paso. (4) Los contratantes entraban por cada uno de los extremos del espacio dejado y se encontraban en el medio y allí expresaban su juramento: sentenciándose a muerte al que quebrantara el pacto. (5) Entonces las dos personas banqueteaban con la carne del animal. Refiriéndose a esta última circunstancia, Dios dice: "sus cuerpos muertos serán comida de las aves del cielo y de las bestias de la tierra". El profeta se deleita en expresar la conformidad entre el crimen y el castigo.

21. *Del ejército del rey de Babilonia, que se ha ido de vosotros.* Al oír Nabucodonosor, que un ejército egipcio acudía en ayuda de Jerusalén, levantó el sitio y se volvió para hacer frente y derrotar a los egipcios. En este ínterin fue declarada esta profecía.

22. *Yo... los haré volver.* Y volvieron; sitiaron nuevamente la ciudad; y, después de una obstinada defensa, la tomaron, la saquearon e incendiaron hasta el suelo, llevándose cautivos a Sedequías y a sus príncipes.

CAPITULO 35

Se ordena a Jeremías que realice una visita a los recabitas, quienes, al aproximarse el ejército caldeo se habían refugiado en Jerusalén y procuraban obedecer los mandamientos de Jonadab (II R. 10:15-16) su gran progenitor que vivía en el reino de Jehú, rey de Israel, unos doscientos cincuenta años atrás; les ofrece vino, pero ellos lo rechazan (1-11). De aquí toma la ocasión para echar en cara a los judíos su desobediencia a Dios, su Padre celestial (12-17) y se pronuncia una bendición sobre los recabitas (18,19).

1. *Palabra de Jehová que vino... en días de Joacim.* ¡Qué extraña confusión existe entre la colocación de estos capítulos! ¿Quién hubiera esperado noticias de Joacim cuando ya hacía tiempo que estaba enterrado; y ahora hemos llegado en la historia al último año del último rey judío? Este discurso probablemente fue dictado en el cuarto o quinto año del reinado de Joacim.

2. *A casa de los recabitas.* Los recabitas no eran descendientes de Jacob; eran ceneos, I Cr. 2:55, pueblo originalmente establecido en la tierra de Madián; con más seguridad descendientes de Jetro, suegro de Moisés. Compárese Nm. 10:29-32 con Jue. 1:16; 4:11. Los que aquí se mencionan parecen haber sido una tribu que alimentaban sus ganados en las zonas inhabitadas de Judea; conservaban las simples costumbres de sus antecesores, considerando la vida de los habitantes de las ciudades y los pueblos grandes como la muerte de la libertad; creían que se deshonrarían al alimentarse con las comidas que les obligaría a llevar una vida sedentaria. Jonadab, uno de sus antepasados, había pedido a sus hijos, que tanto ellos como sus descendientes fueran fieles a las costumbres de sus antecesores; que continuaran viviendo en tiendas, se alimentaran del producto de sus ganados, que se abstuvieran de cultivar la tierra en especial los viñedos y sus productos. Sus descendientes observaban religiosamente estas reglas hasta la época en que los caldeos penetraron en Judea; entonces, para preservar sus vidas, entraron en Jerusalén. Pero, aun allí, encontramos por el relato de este capítulo que ellos no abandonaron su modo frugal de vida: pero, con más escrupulosidad observaban la ley de Jonadab, su antecesor y probablemente de esta familia.

3. *Toda la familia de los recabitas.* Es decir, la familia... los jefes aquí especificados.

4. *Igdalías, varón de Dios.* Un profeta u hombre santo que había desempeñado algún servicio en el templo.

6. *No beberemos vino.* Ya ha sido mencionada la razón. La totalidad de su institución política y religiosa consistía en la obediencia a tres simples preceptos, cada uno de los cuales tiene su pertinente significado espiritual: (1) *No beberéis vino.* Conservaréis vuestros cuerpos en sobriedad. (2) *Ni edificaréis casa.* No seréis habitantes de ningún lugar; no os apegaréis a las posesiones terrenales. (3) *Sino . . . moraréis en tiendas.* Imitaréis a vuestros antepasados Abraham, Isaac y Jacob y al resto de los patriarcas, quienes vivían en tiendas, siendo extranjeros y peregrinos en la tierra, buscando una patria celestial y estando determinados a que nada poseerían aquí que indispusiera sus mentes con aquel lugar de descanso eterno.

11. *Cuando Nabucodonosor . . . subió.* Si en este momento, pareciera que obráramos en contraposición a nuestras instituciones al encontrarnos en la ciudad, solamente la *necesidad* nos ha inducido a dar este paso provisorio. Hemos buscado el refugio de la ciudad para la preservación de nuestras vidas *y en Jerusalén nos quedamos.*

14. *Fue firme la palabra de Jonadab . . . y no me habéis oído.* El Señor, que conoce la fidelidad de este pueblo, escoge probarlos de esa manera, para que, por esa consciente obediencia a los preceptos de sus antepasados, enseñen a los judíos para su vergüenza, su ingratitud para con El y el abandono de sus leyes, que si el hombre las cumplía viviría por ellas.

CAPITULO 36

Dios ordenó a Jeremías que escribiera en un rollo o volumen, todas las predicciones que había pronunciado contra Israel y Judá y las naciones circunvecinas desde el día de su llamamiento al servicio profético, a fin de que la casa de Judá tuviera abundantes amonestaciones sobre las calamidades que se desatarían sobre su país a menos que lo evitaran con arrepentimiento oportuno (1-3). El profeta emplea a Baruc el escriba, hijo de Nerías, para escribir al dictado, todas las palabras del Señor y luego leerlas en público, el día de ayuno en la casa de Jehová (4-8). Se proclama ayuno general al año siguiente, es decir, al quinto del reinado de Joacim; ocasión en la cual, Baruc, obedeciendo al mandato del profeta, lee las palabras de Jeremías a todo el pueblo a la entrada de la puerta nueva del templo (9, 10). Al saber esto, los príncipes envían a buscar a Baruc para que les lea las palabras del rollo, ante cuyo contenido se alarman y resuelven informar al rey y, a la vez aconsejan al profeta y al escriba que se escondan (11-19). En igual manera, Joacim envía por el rollo y hace que Jehudí lea una parte; entonces, a pesar de haber sido aconsejado contrariamente por algunos de sus príncipes, rasga el rollo y lo arroja al fuego (20-25) y ordena que Jeremías y Baruc fuesen apresados; pero no pudieron encontrarlos, porque los escondió una especial providencia de Dios (26). Jeremías recibe la orden de volver a escribir sus profecías y denunciar los juicios de Dios contra el rey que destruyó el primer rollo (27-31). De acuerdo con esto, Baruc vuelve a escribir el dictado de Jeremías al que se le agregan numerosas adiciones (32).

1. *Aconteció en el cuarto año.* Al final de ese año, véase el v. 9. Este discurso también está fechado y probablemente fue pronunciado en una época cuando la gente disfrutaba de paz y estaba por celebrar una de sus fiestas anuales.

2. *Toma un rollo de libro.* Toma suficiente pergamino; córtalo y une sus partes, como para hacer un rollo sobre el que escribirás las palabras que yo ya he hablado para que puedan servir de testimonio a las futuras generaciones. Los rollos judíos estaban hechos de vitela o cueros de oveja curtidos. Se cortaban de ciertas medidas y se unían por uno de sus lados y se enrollaban alrededor de un cilindro. El asunto se escribía sobre estos cueros en columnas. Algunas veces se empleaban dos rodillos, de modo que como la lectura está en el rollo sostenido por la mano izquierda, el lector pudiera ir enrollándolo en el de la derecha. En esta forma fue escrito el Pentateuco que se lee en las sinagogas.

3. *Quizás oiga la casa de Judá.* Todavía era posible impedir los juicios que tan a menudo habían sido denunciados contra ella.

4. *Y llamó Jeremías a Baruc.* Este hombre, tan útil al profeta y unido a él con tanta fidelidad, era un escriba profesional; lo que significa que no sólo era escritor, sino también un hombre en su empleo: un magistrado, secretario, etc., un experto; relacionado con las leyes y costumbres.

6. *El día del ayuno.* Un día, cuando las multitudes de gente se congregaban de todas partes para implorar la misericordia de Dios. Era tiempo favorable para leerles tan tremendas profecías.

9. *En el mes noveno.* Correspondiendo a una parte de nuestro diciembre.

10. *En el aposento de Gemarías.* Era uno de los príncipes de Judá. Véase v. 12.

17. *Cómo escribiste de boca de Jeremías todas estas palabras.* Así debieron puntuar este texto. Querían saber si las había copiado o si las había escrito mientras que Jeremías profetizaba.

19. *Ve y escóndete, tú y Jeremías.* Se dieron cuenta de que el rey se molestaría y muy probablemente buscaría sus vidas; y como ellos creían que la profecía era de Dios, deseaban salvar a ambos: al profeta y a su escriba; pero ellos estaban obligados a manifestar lo que habían oído al rey.

22. *En la casa de invierno.* Un abrigado departamento, acomodado de acuerdo a la época del año (diciembre) cuando en la Palestina nieva a menudo aunque no dura mucho. *Un bracero ardiendo. . . .* una vasija o bracero con carbones encendidos.

23. *Cuando Jehudí había leído tres o cuatro planas.* Más bien columnas; porque la ley y los libros sagrados hebreos estaban escritos en columnas de cierta amplitud. *Lo rasgó con un cortaplumas.* "El cuchillo del escriba." *Y lo echó en el fuego.* Para demostrar su menosprecio por la palabra de Dios.

25. *Elnatán, Delaía y Gemarías.* Tres de los príncipes deseaban salvar el rollo y le rogaron al rey que no lo quemara. Ellos hubieran conservado el rollo, pero el rey no se los habría permitido.

26. *Pero Jehová los escondió.* Ellos se habían escondido siguiendo el consejo de algunos príncipes (v. 19). Y ahora, aunque hubo una búsqueda diligente, el Señor no permitió que fueran hallados.

28. *Vuelve a tomar otro rollo.* No había duplicado del primero preservado, y ahora Dios inspira al profeta el mismo asunto que le había dado antes; y todavía había que agregar los tremendos castigos que vendrían sobre Joacim y sus cortesanos.

30. *No tendrá quien se siente sobre el trono de David.* No tendrá sucesor y él mismo tendrá un fin prematuro y ni aun será sepultado, sino que su cuerpo quedará expuesto al aire libre noche y día.

CAPITULO 37

Sedequías sucede a Conías, hijo de Joacim en el trono judío y hace lo malo ante los ojos de Jehová (1, 2). El rey envía un mensajero a Jeremías (3-5). Dios le sugiere una respuesta; y le predice la vuelta del ejército caldeo que seguramente tomaría e incendiaría la ciudad (6-10). Al intentar abandonar su amada ciudad y retirar sus bienes del país, Jeremías es apresado como desertor y lo echan a una mazmorra (11-15). Después de conferenciar con él, el rey disminuye el rigor de su prisión (16-21).

1. *El rey Sedequías hijo de Josías.* Con referencia al asedio y toma de Jerusalén aquí referidos y del reinado de Sedequías como sucesor de Conías, véase II R. 24:1 y sgs.

3. *Sedequías... al profeta Jeremías.* Estaba dispuesto a escuchar un mensaje del Señor, esperando que fuera de acuerdo a su conveniencia. No confiaba plenamente en sus propios profetas.

4. *Y Jeremías entraba y salía en medio del pueblo.* Cuando el sitio fue levantado, él gozó de cierta libertad; no estaba encerrado como después sucedió. Véase v. 16.

5. *Y cuando el ejército de Faraón.* Se trataba de Faraón Hofra que reinaba en Egipto después de su padre Necao. Véase Ez. 29: 6 y sgs. Al oír Nabucodonosor que el ejército egipcio que era la esperanza de los judíos, avanzaba para liberar la ciudad, repentinamente levantó el sitio y se fue para hacerles frente. En ese intervalo Sedequías envió emisarios a Jeremías para que inquiriera al Señor si podían considerarse en seguridad.

7. *El ejército de Faraón... se volvió a su tierra en Egipto.* Fueron derrotados por los caldeos; y no estando sinceramente en la causa, retornaron inmediatamente a Egipto,

dejando a Nabucodonosor para que recomenzara el sitio tranquilamente.

10. *Porque aun cuando hirieseis a todo el ejército.* Palabras enérgicas; pero muestran cuán completamente determinado estaba Dios a entregar la ciudad al fuego y a la espada y cuán perfectamente había instruido a su profeta en cuanto a ese punto.

12. *Salía Jeremías.* En el tiempo en que Nabucodonosor había levantado el asedio para ir a enfrentarse con el ejército egipcio. *Para irse a tierra de Benjamín.* A Anatot, su ciudad natal. *Para apartarse.* La Caldea: "Se fue para poder dividir la heredad que tenía allí entre el pueblo."

13. *Tú te pasas a los caldeos.* Eres un desertor, traidor a tu país. Como él siempre había declarado que los caldeos iban a apoderarse de la ciudad, etc., sus enemigos aprovecharon la ocasión para decir que él estaba de parte de los caldeos y que en ese momento quería pasarse a ellos y traicionar a los suyos.

15. *Y le azotaron.* Sin prueba por la traición de que le acusaban; sin ninguna forma de justicia. *En prisión en la casa del escriba Jonatán.* En los países asiáticos hay un departamento en las casas de los representantes de la ley donde aprisionan a los acusados que son conducidos ante ellos. Jonatán era escriba o secretario y tenía una prisión de esa clase en su casa.

16. *Entró en la casa de las cisternas y en las bóvedas.* Sin duda el primero era un pozo profundo; y las bóvedas o celdas, capilletas donde se alojaban diferentes clases de malhechores.

17. *¿Hay palabra de Jehová?* ¿Hay alguna otra revelación? *Hay... Serás entregado.* ¡Qué intrépida fidelidad! Decir esto a un rey en cuyas manos en ese instante estaba su vida.

19. *Y dónde están vuestros profetas.* Os dijeron que los caldeos no vendrían; yo os dije que vendrían. De acuerdo con mi palabra, los caldeos han llegado y sólo se han ido por un poco de tiempo.

20. *No me hagas volver a casa del escriba Jonatán.* Había sido maltratado en la prisión de ese hombre, como para poner su vida en peligro, siendo frío el lugar y probablemente insalubre.

21. *Entonces Sedequías... el patio de la cárcel.* Era contiguo a la casa del rey, donde los prisioneros prontamente podían ver a sus amigos. *Haciéndole dar una torta de pan al día, de la calle de los Panaderos.* De las provisiones públicas; lo recibió hasta que se terminaron los víveres.

CAPITULO 38

Los príncipes de Judá, ofendidos con Jeremías por causa de sus predicciones sobre la destrucción de Jerusalén y del templo por los caldeos lo hacen arrojar a una cisterna profunda y cenagosa (1-6). El etíope Ebed-melec logra permiso del rey para sacarlo de allí (7-13). El rey lo consulta privadamente y Jeremías le aconseja que se rinda a los caldeos (14-23). El rey promete al profeta que no lo matará y le pide que no revele lo acontecido a los príncipes; a quienes, estando de acuerdo con él, da una respuesta evasiva, diciéndoles solamente lo referente a la solicitud por su vida (24-28).

1. *Oyeron Sefatías.* Se trataba de la facción enemiga de Jeremías que procuraba su vida.

3. *De cierto será entregada esta ciudad.* Este era un testimonio que profesaba constantemente: tenía la autoridad de Dios para hacerlo. El sabía que era verdad y nunca titubeó ni se equivocó.

4. *Muera ahora este hombre.* Y presentaron sus razones con suficiente claridad: pero faltaba la prueba.

6. *Y se hundió Jeremías en el cieno.* Su propósito evidente era que él se ahogara en ese lugar.

7. *Ebed-melec.* "Siervo del rey" uno de los eunucos del palacio. Quizá debería leerse: "Después de esto, un siervo del rey, cusita, uno de los eunucos." *Estando sentado el rey a la puerta de Benjamín.* Para conceder audiencia y administrar justicia.

9. *Mi señor el rey, mal hicieron estos varones.* Debe de haber sido muy de confianza del rey y un hombre de espíritu humano y noble, para levantar así su voz en contra de la poderosa intriga ya mencionada.

10. *Toma en tu poder treinta hombres de aquí.* El rey estaba resuelto a rescatarlo por la fuerza si los príncipes se oponían.

22. *Todas las mujeres... serán sacadas.* Creo que esto se refiere a una clase de deserción entre las mujeres del harén; muchas de las cuales ya se habían ido en oculto a los principales oficiales del ejército caldeo e hicieron la manifestación citada al final de este versículo. Se trataba de las concubinas o mujeres de segundo rango.

23. *Sacarán, pues, todas tus mujeres y tus hijos.* Eran las de primera en dignidad, madres de los hijos del rey. Ellas no estaban tentadas a irse a los caldeos, ni hubieran sido bienvenidas; pero, las otras eran jóvenes y sin hijos y serían bien recibidas por los príncipes caldeos.

26. *Supliqué.* Era la verdad, y nada más que la verdad, pero no toda la verdad. El rey no quería violar su conciencia ni iba a proponerle cosa alguna que no fuera consecuente con la verdad.

CAPITULO 39

Este capítulo nos presenta un relato del sitio y toma de Jerusalén; la huida, captura y castigo de Sedequías; el incendio de la ciudad; transporte del pueblo (exceptuándose los más miserables) a Babilonia; la liberación de Jeremías y las ordenanzas especiales de Nabucodonosor en cuanto al profeta (11-14). Los restantes versículos se relacionan con la parte precedente y contienen promesas de seguridad personal en medio de todas esas calamidades, para Ebed-melec, el etíope, por causa de su piedad y consideración para con el profeta (15-18).

1. *En el noveno año de Sedequías... en el mes décimo.* Este mes es llamado *Tebet,* en Ester 2:16. Comienza en la primera luna nueva de enero, siendo el décimo día de este mes, cuando Nabucodonosor invadió la ciudad.

2. *Y en el undécimo año... en el mes cuarto.* Mes conocido en el calendario hebreo con el nombre de *Thammuz,* y comienza la primera luna nueva de nuestro julio. El sitio había durado dieciocho meses. *Se abrió brecha en el muro de la ciudad.* Por la que entraron los caldeos.

3. *Acamparon a la puerta de en medio.* La ciudad de Jerusalén se levantaba sobre dos montes, Sion al sur y Acra al norte, habiendo entre ellos un profundo valle. "La puerta del centro," que es lo que parece insinuar claramente el término, establecía comunicación en medio del valle, entre ambas partes de la ciudad, denominadas algunas veces, la ciudad más alta y la más baja. Los caldeos entraron por el norte por una brecha abierta en los muros, abalanzándose y apostándose en esta puerta, en el mismo corazón o centro de la ciudad, porque de este modo dominaban a su voluntad el conjunto. Al darse cuenta de esto, Sedequías y sus tropas, huyeron por la puerta posterior, es decir, la del sur. *Nergal-sarezer.* Eran los principales jefes; pero el doctor Blayney piensa que en lugar de seis personas, sólo tenemos tres en realidad, porque el nombre que sigue, corresponde al título de su jerarquía.

4. *Salieron de noche de la ciudad.* Probablemente era por un paso privado hecho debajo de tierra, que conducía a los muros que escaparon desapercibidamente Sedequías y sus seguidores hasta estar un poco lejos de la ciudad. *El camino del Arabá.* Había dos caminos desde Jerusalén a Jericó. Uno pasaba por el monte de los Olivos; pero, como por éste se hubiera retardado su huida, él escogió el de la llanura; pero fue alcanzado cerca de Jericó, quizás a unas dieciséis o dieciocho millas de Jerusalén. Quizás intentó cruzar el Jordán para escapar a Egipto ya que este país pretendía ser su aliado.

5. *A Ribla.* Esta ciudad está situada en la frontera norte de Palestina y Hamat era una ciudad grande que pertenecía a Siria. Véase Gn. 10:18.

9. *Los que se habían adherido a él.* Los que desertaron a los caldeos durante el sitio.

10. *Hizo quedar a los pobres del pueblo.* El desecho de los habitantes; los que no eran considerados de valor suficiente como para ser transportados; entre ellos dividió los campos y los viñedos de aquellos a quienes se los había arrebatado.

12. *Tómale... vela por él.* Nabucodonosor había oído que este profeta les había predicho la captura de la ciudad y que frecuentemente había empleado su influencia para inducir a Sedequías a pagar el tributo y a no rebelarse en contra de él; por esa causa, debió sentirse inclinado a mostrar especial consideración con el profeta.

CAPITULO 40

Este capítulo y los cuatro siguientes presentan una clara descripción de lo que sucedió en la tierra de Judá desde la toma de Jerusalén hasta la retirada del resto del pueblo a Egipto, junto con las profecías de Jeremías concernientes a ese lugar adonde él mismo los acompañó. En este capítulo tenemos el relato del engrandecimiento de Jeremías por Nabuzaradán el capitán de la guardia, el que le aconseja ponerse bajo la jurisdicción de Gedalías, el hijo de Ahicam, a quien el rey de Babilonia había nombrado gobernador de toda la tierra de Judea (1-5). El profeta y muchos de los judíos dispersos acudieron a Gedalías (6-12). Johanán comunica al gobernador acerca de una conspiración levantada en contra de él, pero no es creído (13-16).

1. *Palabra de Jehová que vino a Jeremías.* Este y los cuatro capítulos siguientes contienen un relato minucioso de lo que sucedió en la tierra de Judea desde la toma de la ciudad hasta la retirada del pueblo a Egipto y las profecías de Jeremías que les incumben en ese lugar.

2. *Jehová tu Dios habló este mal.* Sé que tú eres un verdadero profeta, porque lo que has predicho en el nombre de tu Dios, ha sucedido.

4. *Ven, y yo velaré por ti.* Estás en plena libertad de obrar como quieras; si quieres venir a Babilonia o quedarte en tu propia tierra.

5. *Vuélvete a Gedalías.* Si vas a quedarte en tu país, lo mejor que puedes hacer es ponerte bajo la protección de tu paisano Gedalías, a quien el rey de Babilonia ha puesto como gobernador de toda la tierra.

8. *Ismael, hijo de Netanías.* Este es el que después asesinó a Gedalías. Había sido empleado con ese objeto por Baalis, rey de los amonitas, con quien parece haberse refugiado durante el sitio. Véase v. 14.

14. *Mas Gedalías hijo de Ahicam no les creyó.* El relato comprueba que era una persona con extraña grandeza de alma. Consciente de su propia integridad y benevolencia, creyó que los demás eran semejantes a él; por lo tanto no creyó el mal en ningún hombre, puesto que él no lo abrigaba en su propio seno. Puede ser culpado de demasiado crédulo y confiado; pero, cualquiera de éstas si es una falta, sólo sirve para demostrar la nobleza de su espíritu.

CAPITULO 41

Ismael lleva a cabo su conspiración contra Gedalías el gobernador y sus compañeros y pretende llevarse los judíos cautivos a los amonitas (1-10); pero Johanán los reintegra y propone huir a Egipto (11-18).

1. *Aconteció en el mes séptimo.* Que corresponde a la primera luna nueva de nuestro mes de octubre. *Y comieron pan juntos.* Esto tenía el mismo significado que hacer un pacto solemne; porque el comer pan con otro era considerado como amistad.

2. *E hirieron a espada a Gedalías.* Véase el v. 14, del cap. anterior.

5. *Raída la barba.* Señales de profunda aflicción por la destrucción de la ciudad.

6. *Les salió al encuentro llorando.* Este hipócrita malvado pretendía que también él estaba profundamente acongojado y deseaba acompañarles en su dolor. *Venid a Gedalías.* Os señalará viñedos y campos.

7. *Los degolló.* Guardó el secreto de la muerte de Gedalías, y sin duda, tenía una banda de sus asesinos guarecida en Mizpa, y engatusó a los 80 hombres hasta tener fuerzas para matarlos. Conservó a diez con vida porque le dijeron que tenían tesoros escondidos en un campo y que se los mostrarían. No se dice si conservó su palabra de no matarlos. No podía hacer nada bueno o grande; de modo que es posible que cuando se posesionó de aquellos bienes, los terminó a ellos como lo había hecho con los demás.

9. *Y la cisterna... era la misma que había hecho el rey Asa a causa de Baasa.* Véase I R. 15:22 Asa hizo esa cisterna como depósito de agua para abastecimiento del lugar; porque él edificó y fortificó a Mizpa en la época que estaba en guerra con Baasa, rey de Israel.

10. *Llevó Ismael cautivo.* Llevó a todos los que podía vender como esclavos entre los amonitas.

14. *Fue con Johanán.* Estaban cansados de la tiranía de Ismael y se sentían contentos de tener una oportunidad de abandonarlo.

16. *Mujeres, niños y eunucos.* Muy probablemente eran todos personas que pertenecían al palacio y harén de Sedequías: algunas de ellas sus concubinas y sus hijos.

17. *Habitaron en Gerut-quimam.* La tierra que David dio a Quimam, el hijo de Barzilai. Véase II S. 19:37 y sgs. La había tomado meramente como lugar de descanso; porque se había propuesto llevar a todos a Egipto por temor a que los caldeos trataran de vengar la muerte de Gedalías.

CAPITULO 42

Johanán y el resto del pueblo desean que Jeremías consulte a Dios sobre lo que deben hacer (1-3). El profeta les asegura que están seguros en Judea, pero que encontrarán la destrucción en Egipto (4-18) y les censura su hipocresía al pedir consejos que no tienen intención de cumplir (19-22).

1. *Los oficiales de la gente de guerra.* Los distintos dirigentes de las pequeñas bandas o compañías reunidos desde los distintos puntos de la tierra. Se nombra a los principales.

3. *Para que Jehová tu Dios nos enseñe.* Ellos pensaban que no habría seguridad en Jerusalén o en Judea; por lo tanto decidieron abandonar el país: pero ignoraban cuál era el mejor rumbo que debían tomar, porque aunque se inclinaban por Egipto, sin embargo querían saber el propósito de Dios en ese asunto.

5. *Jehová sea entre nosotros testigo de la verdad.* Así es el Señor; y vosotros os habéis comprometido a obedecer su voz, El tendrá en cuenta el pacto y os bendecirá o maldecirá según os conduzcáis en el asunto.

7. *Al cabo de diez días.* Todo este tiempo él estuvo esperando en el Señor; porque es evidente que los profetas no podían predecir cuándo se le ocurría hacerlo, más que los discípulos de nuestro Señor el obrar milagros cuando lo deseaban. El don de profecía como el de obrar milagros dependía de la voluntad del Altísimo y cada uno de ellos sólo se daba en determinado momento; y, cuando la necesidad había terminado, la influencia cesaba.

10. *Porque estoy arrepentido del mal.* Este es su significado: Como yo os he castigado solamente porque habéis continuado en vuestra rebeldía, yo detendré el castigo tan pronto como obedezcáis mi palabra. Si me tenéis como vuestro Ayudador no necesitáis temer al rey de Babilonia y Yo os mostraré misericordia de modo que él la verá y cesará de afligiros porque verá que estoy de vuestra parte.

15. *Si . . . volviereis vuestros rostros para entrar en Egipto, y sgs.* Todos los males que teméis si os quedáis en vuestra tierra, os sobrevendrán en Egipto.

16. *La espada . . . y el hambre . . . os perseguirán.* Os perseguirán de cerca; os vencerán y destruirán; *y allí moriréis.*

19. *No vayáis a Egipto.* ¿Por qué? Porque Dios sabía, dada su miserable propensión a la idolatría, que se amoldarían al culto del país; y, servirían a los ídolos.

CAPITULO 43

Los líderes, desacreditando la profecía de Jeremías, llevaron al pueblo a Egipto (1-7). Por medio de un simbolismo, Jeremías predice la conquista de Egipto por Nabucodonosor (8-13). Este método de impartir instrucción por medio de actos era sumamente expresivo y lo practicaban frecuentemente los profetas. Es magnífica la imagen de Nabucodonosor guarneciéndose en Egipto como el pastor se pone sus vestiduras. En esa época, Egipto contendía con Babilonia por el imperio de oriente; sin embargo, ese poderoso reino, cuando Dios determina la revolución, cambia de dueño con tanta facilidad como un pastor muda su tienda o su vestidura que el nuevo propietario tiene solamente que echarla sobre sí.

2. *Mentira dices.* No podían excusar su rebeldía más que negando llanamente que Dios había dicho lo que el profeta les había referido.

6. *Hombres y mujeres y niños, y a las hijas del rey.* Véase cap. 41:10. ¡Es realmente sorprendente que los caldeos hayan dejado atrás alguno de la familia real de Judá! Pero (1) Quizás ignoraban que quedaba alguno. (2) Si lo sabían, era posible que pensaran que siendo hijos de concubinas no podrían heredar. O bien (3) Que siendo mujeres no merecían ir. Porque ellos habían tenido cuidado de prender a todos los hijos de Sedequías y los mataron ante sus propios ojos.

7. *Y llegaron hasta Tafnes.* Esta ciudad era llamada Dafne por los griegos y estaba situada en la extremidad del Bajo Egipto, cerca de Heliópolis. Se la denominaba Dafne Pelusiaca. Se detuvieron en este lugar probablemente con el propósito de obtener el permiso del rey para avanzar en Egipto. Según San Jerónimo, cuenta la tradición, que fue en este lugar donde los rebeldes apóstatas mataron a pedradas al fiel Jeremías; por el bienestar de ellos, él había velado, orado, soportado muchas afrentas y sufrido toda clase de penalidades. Y ahora, había sellado con su sangre la verdad de su misión divina.

9. *Toma con tu mano piedras grandes.* Parece que este discurso fue pronunciado alrededor de un año después de la destrucción de Jerusalén. Pretendían no atreverse a permanecer en Judea por temor a los caldeos. El profeta les asegura aquí que Nabucodonosor irá a Egipto, extenderá sus conquistas en ese reino y que colocaría su tienda en el mismo lugar donde estaban colocadas esas piedras y las destruiría. Para saber cómo fueron cumplidas esas profecías, véase el final del capítulo 44.

11. *Los que a muerte, a muerte.* Véase cap. 15:2.

12. *Y los quemará y a ellos los llevará cautivos.* Algunos de sus dioses eran de madera, los quemaría; los de metal, serían transportados. Otros, eran de oro. *Y limpiará la tierra de Egipto.* Llevará todas sus riquezas y grandezas; tomará todo su botín. *Como el pastor limpia su capa.* Con tanta facilidad y con tan poco impedimento y tan lleno de confianza de que ahora le pertenece. *Y saldrá de allá en paz.* No permitirá interposición, ni sufrirá ninguna desgracia a su regreso de la expedición a Egipto.

13. *Además quebrará las estatuas de Betsemes. Beith shemesh,* significa literalmente "casa o templo del sol"; que allí se adoraba y cuyas imágenes, según se dice, eran de oro

macizo. Nabucodonosor las rompería y llevaría; y *los templos de los dioses*... todos los templos de Egipto, serían incendiados. Betsemes, también llevaba el nombre de Heliópolis.

CAPITULO 44

Jeremías reconviene a los judíos en Egipto por continuar en la idolatría después de los ejemplares castigos que Dios ha infligido a la nación por causa de ese pecado (1-14); y, como se negaran a reformarse les anuncia su destrucción y la del reino donde han buscado protección (15-30).

1. *Palabra que vino a Jeremías acerca de todos los judíos.* Dahler supone que este discurso fue pronunciado al decimoséptimo o decimoctavo año después de la toma de Jerusalén. *Que vivían en Migdol.* Ciudad del Bajo Egipto no lejos de Pelusium. *En Menfis.* Célebre ciudad del Medio Oriente y capital de su distrito. *Y en tierra de Patros.* Zona del Alto Egipto, conocida con el nombre de Tebas. De esta manera encontramos que los judíos estaban dispersos por todas las principales partes de Egipto.

2. *No hay quien more en ellas.* La desolación de la tierra de Judea debe haber sido enorme, cuando podía decirse tal cosa en todo sentido.

4. *No hagáis esta cosa abominable.* Muestra poderosa de cariñoso ruego. Una de las más delicadas figuras de la poesía cuando es empleada discretamente, es decir, la atribución de las pasiones de la humanidad a Dios, es usada a menudo por el profeta: dice, por ejemplo, que Dios se apesadumbra, lamenta, se arrepiente, se enoja, etc. Aquí está representado altercando amorosamente: "no hagáis"; o "Os ruego que no hagáis esa cosa abominable que yo aborrezco".

7. *Tan grande mal contra vosotros mismos.* ¿No está en vuestro propio interés? Ved la ruina que vuestra conducta ha acarreado sobre vuestro país. Vuestros padres pecaron como vosotros lo estáis haciendo, y ¿dónde están ahora? O fueron destruidos o están en cautiverio. Y vosotros ahora estáis siguiendo el mismo camino para vuestra propia destrucción.

9. *Os habéis olvidado de las maldades de vuestros padres.* Parece que las mujeres eran los principales agentes de las prácticas idólatras; porque las reinas... esposas de jefes y del común del pueblo, quemaban incienso a la reina del cielo (la luna) v. 17 y le derramaban libaciones.

15. *Entonces todos los que... y todas las mujeres.* No habíamos visto antes a las mujeres en determinada rebelión. Aquí hacen causa común con sus maridos idólatras.

19. *Y cuando ofrecimos incienso a la reina del cielo.* Parece que a la luna se la llamaba *melecheth*, y al sol, *molech*.

22. *Por tanto, vuestra tierra fue puesta en asolamiento.* Convengo en que vosotras y vuestros maridos os unisteis en estas abominaciones; ¿y cuál es la consecuencia? "No pudo sufrirlo más Jehová, a causa de la maldad de vuestras obras; por tanto vuestra tierra fue puesta en asolamiento, en espanto y en maldición, hasta quedar sin morador como está hoy."

30. *He aquí que yo entrego a Faraón Hofra.* Es decir, Faraón Apries. Nos enteramos por los antiguos historiadores de cómo Dios cumplió estas profecías y las del capítulo precedente. El resumen de estas informaciones es el siguiente: Los súbditos de Faraón Apries se rebelaron y él envió a Amasis, uno de sus generales, para someterlos. Pero, tan pronto como Amasis comenzó su discurso, ellos le pusieron un yelmo en la cabeza y lo proclamaron rey. Amasis aceptó el título y confirmó la revolución de los egipcios; y, como la nación se declaró a su favor, él se vio obligado a retirarse al Alto Egipto; como el país estaba debilitado por las guerras intestinas fue atacado y vencido fácilmente por Nabucodonosor, quien al marcharse dejó a Amasis con el cargo de virrey. Después de la partida de Nabucodonosor, Apries atacó a Amasis, pero, fue derrotado y hecho prisionero en Menfis, conducido a Sais, y estrangulado en su propio palacio, verificando de este modo la mencionada profecía.

Fue así como Nabucodonosor obtuvo una fácil conquista de ese país. Lo dominó tan fácilmente "como el pastor limpia su capa; y salió de allí en paz," habiéndose vestido con sus despojos y dejando todo tranquilo bajo un virrey de su elección. La rebelión de los súbditos de Faraón "fue el fuego que Dios incendió en Egipto," cap. 43:12. Y de ese modo el pueblo rebelde "fue entregado en manos de sus enemigos" y en las manos de aquel que buscaba su vida, es decir, de su general Amasis. Así se cumplió totalmente al pie de la letra esta profecía.

CAPITULO 45

Este capítulo está evidentemente relacionado con el tema tratado en el trigésimo sexto. Baruc, el escritor de las profecías de Jeremías, que las había leído públicamente en el templo y después a muchos de los príncipes, se encuentra sumamente afligido por causa de los terribles castigos con que será visitada la tierra de Judá; y también por el inminente peligro a que estaba expuesta su propia vida, al anunciar nuevas tan mal acogidas (1-3). Para quitar el temor de Baruc con respecto a la última circunstancia, el profeta le asegura que aunque estaba determinada la destrucción total de Judea por causa de la gran impiedad de sus habitantes, su vida sería preservada en medio de la desolación general (4, 5).

1. *Palabra que... Jeremías habló a Baruc.* Aquí tenemos otro ejemplo de desvergonzada transposición. Este mensaje fue comunicado en el cuarto año de Joacim, varios

años antes que Jerusalén fuera tomada por los caldeos. Es un simple apéndice del capítulo 36, y debió ser colocado en ese lugar.

3. *Tú dijiste: ¡Ay de mí ahora!* Todos los enemigos de Jeremías, también lo fueron de él; y cómo necesitaba de estas promesas de sostén. *Porque ha añadido Jehová tristeza a mi dolor.* Se había lamentado por las desolaciones que vendrían sobre su país y ahora se lamenta por los peligros a los cuales siente que su vida está expuesta; porque encontramos en el capítulo 36:26, que el rey había ordenado prender a Baruc y a Jeremías para poder matarlos a instancia de sus nobles.

4. *Destruyó a los que edifiqué.* Por cierto que cumpliré con todas las amenazas contenidas en el rollo que escribiste; porque destruiré a todo el país.

5. *¿Y tú buscas para ti grandezas?* Nada mejor podía aguardarse de esta gente; todas sus esperanzas en cuanto a ellos, eran vanas. No cuentes con una enmienda hasta que el castigo público venga sobre ellos. *Pero a ti te daré tu vida por botín.* Se trata de una expresión proverbial. Ya la hemos encontrado antes en el cap. 21:9, 38:2, 39:18; y parece que tuviera este significado. Como al enemigo vencido siempre se le obtenía botín o despojo, así se conservaba con placer como prueba y recompensa del propio valor de un hombre. De igual manera la vida de Baruc le sería igualmente preciosa no solamente por causa de los peligros de los que Dios le había librado, sino también de los servicios que había procurado rendir, el consuelo que había recibido y la continua y tan evidente intervención divina a su favor. Todo esto le sería más querido al que el botín que un vencido entregaría al héroe victorioso en la batalla.

CAPITULO 46

Es muy notable la diferencia en cuanto a la composición entre las profecías precedentes y las que siguen; las últimas exceden mucho en majestad y elegancia. Este capítulo (cuyo primer versículo constituye el título general para este y los cinco capítulos siguientes) contiene dos profecías distintas relativas a Egipto. La primera, pronunciada antes del combate entre Faraón Necao, rey de Egipto y Nabucodonosor, de Babilonia; en el que, como aquí se predice, los egipcios fueron derrotados con una atroz matanza en Carquemis. El profeta ve las poderosas preparaciones; pero se denuncian como inútiles, porque Dios ha decretado su caída (1-6). Sin embargo, se representa al rey de Egipto marchando como si estuviera seguro de la victoria como río que sale de su cauce, amenazando todo con su inundación (7, 8). Pero este inmenso armamento de Faraón Necao compuesto por diversas naciones, por el justo juicio de Dios recibiría tal derrota cerca del río Eufrates, que desde ese momento las consecuencias políticas para Egipto fueron una ruina irrecuperable y su poder restante, de menosprecio ante las demás naciones (9-12). La otra profecía que comienza con el versículo decimotercero, relata la memorable derrota de los egipcios por

Nabucodonosor, después del asedio de Tiro, en el año decimonoveno después de la destrucción de Jerusalén (13-26). En la conclusión del capítulo, la promesa de preservación de los judíos (que a través de los años se habían conservado como pueblo separado, cuando fueron oprimidos por los diferentes pueblos de la antigüedad o algunos con quienes habían mantenido intercambio, hacía ya mucho que había cesado cualquier existencia separada y visible), se había cumplido de la manera más notable; y es un acto muy insigne de la providencia y es una señal de la restauración de Israel al favor divino, cuando el tiempo de los gentiles se haya cumplido (27, 28).

1. *Palabra de Jehová . . . contra las naciones.* Es el título general de la siguiente colección de profecías escritas con referencia a distintas naciones que habían tenido alguna relación con los judíos, ya fuera como enemigos, vecinos o aliados. Todas no fueron dadas al mismo tiempo; y, aunque algunas tienen fecha, es sumamente difícil ubicarlas cronológicamente.

2. *Faraón Necao.* Fue quien derrotó al ejército de Josías, en un combate en el que este rey recibió una herida mortal en Meguido, siendo sumamente lamentado. Después de esa victoria, derrotó a los babilonios y tomó a Carquemis y habiéndola fortificado volvió a su propio país. Nabo-polasar envió a su hijo Nabucodonosor con un ejército para hacerle frente, derrotándolo con una terrible carnicería cerca del río Eufrates, recapturó a Carquemis y sometió a todas las provincias rebeldes de acuerdo a las profecías que siguen.

3. *Preparad escudo.* Es un llamado a las armas al pueblo en contra de los caldeos.

6. *No huya el ligero.* Aun el más veloz, no podrá escapar. *Al norte . . . tropezaron.* Cerca del Eufrates, que está al norte de Judea. En este lugar, el ejército egipcio fue derrotado con una gran cantidad de bajas.

7. *¿Quién es éste que sube como río?* La muchedumbre de gente, está representada como un río: por ejemplo, el Jordán repentinamente crecido por las lluvias en la época de la cosecha, agitando sus aguas e inundando todo el país. Hermosa imagen para ilustrar las incursiones de inmensos ejércitos conquistando todo lo que está a su paso. Así fue el ejército de Faraón Necao en su marcha hacia Carquemis.

9. *Los etíopes.* Heb. Cus, Put y Ludim. Este ejército estaba formado por hombres de muchos países. *Cus,* traducido "etíopes," casi invariablemente significa árabes; y en este lugar, estos últimos que bordeaban Egipto, cerca del Mar Rojo. *Put,* probablemente signifique Libia; porque según Josefo, Put estaba en Libia. Put y Cus eran los dos hijos de Cam y hermanos de Mizraim, el padre de los egipcios, Gn. 10:6; y Ludim era descendiente de Mizraim; véase Gn. 10:13.

10. *Mas ese día será para Jehová Dios de los ejércitos.* El profeta lo representa como un grandioso sacrificio con innumerables víctimas ofrecidas.

11. *Sube a Galaad y toma bálsamo.* Es una ironía. Egipto está tan debilitado por su derrota que su herida política es completamente incurable. Esta figura está usada aquí con mayor propiedad, porque los egipcios habían sido famosos desde su más remota antigüedad por sus conocimientos de medicina.

12. *Las naciones oyeron tu afrenta.* Supieron de tu desgracia por esta prodigiosa matanza de tus tropas.

13. *Acerca de la venida de Nabucodonosor . . . para asolar la tierra de Egipto.* V.l.e.s. cap. 44. Esto sucedió después que Amasis había vencido a Faraón en el Alto Egipto. Véase cap. 44:30.

15. *No pudo mantenerse firme, porque Jehová la empujó.* El pánico del Señor los golpeó y los hizo retroceder.

16. *Cada uno cayó sobre su compañero.* En su terror y confusión, fila cayó sobre fila y se echaron unos sobre otros. *Volvámonos a nuestro pueblo.* Huyamos a nuestro país tan ligero como podamos. Estos eran los auxiliares.

17. *Allí gritaron.* Estos aliados enviaron su excusa a Faraón de que las desgracias con que habían tropezado les habían impedido unirse con él como se propusieran.

18. *Que como Tabor entre los montes.* Este monte se encuentra en el llano de Esdraelón, en Galilea, en los límites de las tribus de Zabulón e Isacar, Jos. 19:22. Se levanta solo, separado de las demás montañas por profundos valles y es el más elevado de todos. *Y como Carmel junto al mar.* Carmel es una montaña situada en la costa del Mar Mediterráneo, en la frontera sur de la tribu de Aser. Si los egipcios se hubieran distinguido por su valor y fortaleza, como los montes de Tabor v de Carmel por su altura entre las montañas vecinas, no habrían podido hacer frente al encontrón con el ejército caldeo.

19. *Hazte enseres de cautiverio.* La cosa es inevitable; prepárate para esta calamidad.

20. *Becerra hermosa es Egipto.* Fecundo y útil; pero la destrucción vendrá del norte, de Caldea. Es posible que aquí haya una alusión a Isis, adorada en Egipto bajo la forma de una hermosa vaca.

22. *Su voz saldrá como de serpiente.* Véase Is. 29:4.

23. *Cortarán sus bosques.* Se supone que es una referencia a sus ciudades, que en Egipto no bajaban de ciento veinte.

24. *En manos del pueblo del norte.* Los caldeos.

25. *El pueblo de Amón de No.* (Versión Valera 1909). *Amón minno.*, el Amón de No, llamado por los griegos, "la ciudad de Júpiter". Se trataba de la famosa Tebas, antiguamente notable por sus cien puertas. *Amón* era el nombre que los egipcios daban a Júpiter cuyo célebre templo estaba en Tebas.

26. *Pero después será habitado.* Es decir, a los cuarenta años, como lo predijo Ezequiel en el capítulo 29:13.

27. *Tú, siervo mío Jacob, no temas.* En medio de la ira, Dios se acuerda de la misericordia. Aunque Judá será destruida y tomada Jerusalén, el templo quemado hasta el suelo y la gente llevada en cautiverio, la nación no será destruida. Una simiente será preservada de la cual será restaurada la nación.

CAPITULO 47

Los filisteos se encuentran entre los pueblos condenados a sufrir las hostilidades de Nabucodonosor (véase cap. 25:20). Las calamidades predichas en este capítulo les sobrevinieron probablemente durante el largo asedio de Tiro, cuando su territorio quedó desolado para evitar que pudieran prestar cualquier ayuda a Tiro o a Sidón (1-5). La totalidad del capítulo es singularmente elegante. Al final, la arenga a la espada de Jehová, es especialmente una prosopopeya muy hermosa y audaz (6, 7).

1. *Palabra de Jehová . . . acerca de los filisteos.* No puede acertarse con facilidad la fecha de esta profecía. *Antes que Faraón destruyese a Gaza.* No tenemos ningún relato histórico acerca de algún rey egipcio que asolara a Gaza. Pero, no hay duda de que fue atacada por uno de ellos, aunque el asunto no aparezca ni en la historia sagrada ni en la profana.

2. *Suben aguas del norte. Aguas,* es una imagen profética común para representar a una multitud de gente. Como en otros lugares de esta profecía, el *norte,* aquí hace alusión a Caldea.

3. *El sonido de los cascos.* "Como el sonido de galope." *Los padres no cuidaron a los hijos.* Aunque los hijos quedaron atrás, ellos no tuvieron ni el coraje ni las fuerzas para volver en su búsqueda.

4. *Para destrucción de todos los filisteos.* Estos pueblos, de los cuales había cinco señoríos, ocupaban la costa del Mar Mediterráneo, al sur de los fenicios. *Tiro y Sidón.* Lugares bastante notables en el Antiguo y el Nuevo Testamento y en la historia profana. Pertenecían a los fenicios; y, en esta época dependían del socorro de sus aliados, los filisteos. Pero, su expectativa quedó truncada. *Al resto de la costa de Caftor.* Creta o Chipre. Algunos piensan que era un distrito a lo largo de la costa del Mediterráneo, perteneciente a los filisteos.

5. *Gaza fue rapada.* Cortaron su cabello como demostración de profunda pena y calamidad. *Ascalón ha perecido.* O "puesta en silencio"; otra señal de profunda angustia. Ascalón era uno de los cinco señoríos de los filisteos; Gaza era otro. *Y el resto de su valle.* O "llanura"; porque la totalidad de la

tierra de los filisteos era una inmensa planicie que se extendía a lo largo de la costa del Mediterráneo, desde Fenicia hasta los límites con Egipto. La totalidad de esta llanura, territorio de los filisteos, sería desolada.

6. *Oh espada de Jehová.* Esta es la más sublime prosopopeya ... un diálogo entre la espada del Señor y el profeta. No pudo imaginarse nada más elevado. *Vuelve a tu vaina, reposa y sosiégate.* No derrames más sangre; no destruyas más vidas, no borres más ciudades, no devastes más países.

7. *¿Cómo reposarás?* Esta es la respuesta de la espada. Yo soy oficial de los juicios de Dios y Él me ha encomendado una misión contra Ascalón y la costa del mar, todo el litoral donde los filisteos tienen su territorio. La medida de su iniquidad está llena; y Dios ha señalado esta espada para asolarlas. Los filisteos fueron siempre los enemigos implacables de los judíos y los más ruines y peores de los idólatras. Por eso, la espada de Jehová tenía su misión en contra de ellos; y la cumplió pavorosa y eficazmente por mano de los caldeos.

CAPITULO 48

Se supone que la siguiente profecía concerniente a los moabitas se cumplió durante el largo asedio de Tiro, siendo rey Nabucodonosor. La totalidad del capítulo es una poesía de primer orden. Se describe la destrucción de las ciudades de Moab, asunto con el que se inicia. El clamor de una ciudad arruinada resuena a las de las otras (1-3). Se oye el lastimero e indefenso grito de los niños (4); a cada lado de los caminos se oyen las voces de llanto (5); y los pocos que permanecen se asemejan a un árbol marchito en el inmenso desierto (6). Se representa a Quemos, el principal dios de los moabitas, y la figura principal en el triunfo, arrastrado en cadenas con todos sus sacerdotes y príncipes (7). La destrucción del país será tan general y repentina que, por medio de una poderosa imagen, se insinúa que no habrá posibilidades de escape, a no ser por el medio más veloz para huir (8, 9). Puede formarse una idea de la espantosa maldad de esta gente al considerar que el profeta bajo la inmediata inspiración del Todopoderoso, pronuncia una maldición sobre aquellos que hacen negligentemente la obra del Señor, y no continúan hasta la completa exterminación (10). El asunto entonces está matizado con una metáfora elegante y bien demostrada significando que los moabitas aumentaban su insolencia y orgullo en proporción a la duración de su prosperidad (11); pero se declara que esta prosperidad está cercana a su fin; el destructor ya ha sido comisionado contra Moab y sus vecinos y se llama a sus vecinos para entonar las lamentaciones en su funeral (13-18). El profeta, entonces representa algunas de las mujeres de Aroer y de Arnón (en el extremo límite de Moab), paradas en los caminos y preguntando a los fugitivos de Moab, ¿qué ha sucedido? Les informan sobre la completa derrota de Moab (19-24) y de la total extinción de su existencia política (25). Los castigos divinos que caerán sobre Moab están ulteriormente representados por la expresiva metáfora de una copa de licor embriagante por la que llegaría a ser objeto de escarnio por causa de su intolerable orgullo, su propia exaltación contra Jehová y su gran menosprecio por Israel en el día de su calamidad (26, 27). El profeta señala la gran desgracia de Moab con una serie de sorprendentes tropos; por ejemplo, el fracaso de las acostumbradas

alegrías al final de las cosechas; por la especie de música plañidera usada en los funerales; por las expresivas demostraciones de profunda pena empleadas por los antiguos, tales como rasurarse la cabeza, cortarse la barba, sajarse las carnes y llevar cilicio; y por los métodos de capturar bestias salvajes en trampas y por el terror y los pozos (28-46). Al fin del capítulo se declara que un resto será preservado de esta calamidad, cuyos descendientes prosperarán en lo postrero de los tiempos (47).

1. *Acerca de Moab.* Anunciada algún tiempo después de la destrucción de Jerusalén. Los moabitas eran vecinos de los amonitas y, cualquier mal que aconteciera a uno de los dos, implicaría al otro. Véase Is. 15 y 16 sobre el mismo asunto. *¡Ay de Nebo! porque fue destruida.* Era ésta una ciudad en la tribu de Rubén, que después pasó a posesión de los moabitas. Probablemente, su nombre Nebo se debía a uno de los principales ídolos de los moabitas. *Fue confundida Misgab.* No se conoce ningún lugar que lleve ese nombre; por esa razón, varios eruditos traducen *hammisgab,* literalmente, "La alta torre," o "fortaleza" que puede ser aplicado a Quiriataim o algún otro lugar alto y bien fortificado.

2. *No se alabará más Moab.* El doctor Blayney traduce: "Moab no volverá a gloriarse en Hebón; han maquinado males contra ella (su aserto)". Y con toda seguridad que ésta es la mejor traducción del original.

3. *Horonaim.* Otra ciudad de Moab, cercana a Luhit. En este último lugar comenzaba el país montañoso de Moab.

6. *Huid, salvad vuestra vida.* El enemigo está dedicado por completo a vuestra persecución. *Sed como retama.* Caaroer, "como Aroer," que algunos consideran como una ciudad, otros como un árbol marchito o seco. Se supone que hacia el norte, en la tierra de los amonitas y sobre un brazo del río Jaboc y rodeado por desiertos, había un lugar con ese nombre. Salvaos, internándoos en los desiertos, donde el perseguidor no irá tras de vosotros, creyendo que no le interesa hacerlo ya que el lugar pronto os destruirá.

7. *Quemos será llevada en cautiverio.* El majestuoso ídolo nacional de los moabitas, Nm. 21:29; Jue. 11:24. Los antiguos idólatras acostumbraban llevar los ídolos consigo a la batalla.

9. *Dad alas a Moab.* No hay esperanza en la resistencia y para escapar se necesita la mayor velocidad.

10. *Maldito el que hace indolentemente la obra de Jehová.* Moab está condenada a destrucción y el Señor profiere una maldición contra sus enemigos si éstos no la extirpan totalmente. Dios es el Autor de la vida y tiene el derecho soberano de disponer de ella según su voluntad; y éstos ya habían perdido todo el derecho a la de ellos, desde hacía mucho tiempo por su idolatría y otros crímenes.

11. *Quieto estuvo Moab.* La metáfora de este lugar está tomada del modo de preservar

los vinos. Los dejan descansar sobre su sedimento durante un tiempo considerable, pues esto los mejora en fuerza y sabor; cuando se cree suficiente se pasa a otros recipientes. Las guerras poco habían molestado a Moab desde su principio como nación; jamás había salido de su territorio. Aunque cuarenta años antes, algunos habían sido llevados por Salmanasar, ellos no habían sufrido guerra ni cautiverio. *Por tanto, quedó su sabor en él.* Continúa todavía con la metáfora de la cura de los vinos; descansando sobre su sedimento mejoran el gusto y el olor.

13. *Bet-el, su confianza.* Alusión a la vaca de oro que Jeroboam había edificado y cuya adoración había impuesto sobre todos los israelitas.

17. *Cómo se quebró la vara fuerte.* El cetro. Ha sido destruida la soberanía de Moab.

18. *Moradora hija de Dibón.* Antiguamente era una ciudad que pertenecía a los rubenitas, después fue habitada por los moabitas; estaba situada a unas dos leguas al norte del río Arnón y a seis al este del Mar Muerto.

19. *Oh moradora de Aroer.* V.l.e.s. v. 6. Se les avisa a los de este lugar por encontrarse a mayor distancia que tengan cuidado por su propia seguridad y pregunten a todos los transeúntes: *¿Qué ha acontecido?* para saber cuándo tomar sus cosas e irse.

20. *Anunciad en Arnón.* Comuniquen a los habitantes del lugar, que los territorios de Moab han sido invadidos y que el país será destruido a fin de que puedan preocuparse por su seguridad.

21. *Sobre Holón,* etc. Todas eran ciudades moabitas, pero algunas de ellas no se mencionan en ningún otro lugar.

25. *Cortado es el poder de Moab y su brazo quebrantado.* Han terminado sus poderes físicos y políticos.

27. *¿No te fue a ti Israel por motivo de escarnio?* ¿No te burlaste de mi pueblo y dijiste que su Dios no era mejor que los dioses de las otras naciones? Véase Ez. 25:8. *¿Como si lo tomaran entre ladrones?* ¿Acaso los israelitas os robaron y saquearon? ¿Por qué os burlasteis y regocijasteis ante su calamidad, cuando los enemigos prevalecían contra ellos? Esto ha ofendido muy especialmente al Señor.

28. *Habitad en peñascos.* Idos a los lugares más inaccesibles en las montañas. *La boca de la caverna.* Y a las guaridas y cuevas secretas de la tierra.

29. *La soberbia de Moab.* Véase Is. 16:1.

32. *Oh vid de Sibma.* Véase Is. 16:8.

34. *Becerra de tres años.* Que corre mugiendo de un lugar a otro buscando su ternera perdida o que le ha sido quitada.

37. *Porque toda cabeza será rapada.* Como ya lo hemos visto antes, esta era una de las señales de la más profunda pena y desolación.

40. *Como águila volará.* El enemigo lo agarrará, lo arrastrará y lo hará pedazos.

42. *Moab será destruido hasta dejar de ser pueblo.* No tendrán un rey o gobernador civil: y dudo de que haya evidencias de que hayan sido reinstalados a su carácter nacional.

45. *A la sombra de Hesbón se pararon sin fuerzas los que huían.* Como Hesbón era un lugar fortificado, los vencidos en la lucha huían hasta allá para recobrar fuerzas bajo sus muros; pero, en lugar de seguridad, se encontraban desanimados, traicionados y arruinados. Véase v. 2. *Mas salió fuego de Hesbón.* Jeremías toma esta parte de su discurso de un antiguo poeta citado por Moisés, Nm. 21:28. *Y la coronilla.* Las personas más selectas de la totalidad de la nación.

46. *El pueblo de Quemos.* Los moabitas que adoraban a Quemos como su supremo dios.

47. *Pero haré volver a los cautivos de Moab en lo postrero de los tiempos.* No pongo en duda de que muchos de ellos regresaron bajo el edicto de Ciro, en virtud del cual los judíos fueron restaurados; pero, ni los amonitas, moabitas, filisteos, ni aun los mismos judíos fueron restaurados a su importancia nacional. Quizá, la restauración aquí mencionada y que tendrá lugar en los últimos días, aluda a la conversión a la fe del evangelio del resto de esta gente.

CAPITULO 49

Este capítulo es una colección de profecías referentes a varias naciones en la vecindad de Judea; y, como las anteriores, se cree que fueron cumplidas por el ministerio de Nabucodonosor durante los trece años del sitio de Tiro. El capítulo se inicia con una profecía alusiva a los amonitas cuya ciudad principal, Rabá, sería destruida; y Milcom, el dios supremo de la gente con todos sus sacerdotes y oficiales serían llevados en cautividad (1-5). Promete que los amonitas volverán a su libertad (6). Profecía contra los edomitas (muy semejante a la más espantosa predicción contra ese mismo pueblo que se encuentra en el capítulo trigésimo cuarto de Isaías), el cual bajo la similitud de Sodoma y de Gomorra sería completamente exterminado (7-22). Profecía contra Damasco (23-27); y contra Cedar (28, 29). Predicción de la completa devastación del reino de Hazor (30-33). La forma política de los elamitas sería disuelta por completo y la gente dispersada entre las naciones (34-38). En los últimos días los elamitas serán librados de su cautiverio (39). Aquí será conveniente observar que estas predicciones no deberían ser explicadas como si meramente admitiesen una interpretación particular; porque, como hace notar el obispo Lowth sobre la profecía de Isaías concerniente a los idumeos, "por una figura común entre los escritos proféticos, cualquier ciudad o pueblo notablemente distinguido como enemigo del pueblo y reino de Dios, se considera como entre aquellos enemigos en general"; por lo tanto es bajo la dispensación del evangelio que estas profecías serán cumplidas hasta su más completa ejecución sobre todas las naciones anticristianas que han pecado según la semejanza de los antiguos enemigos del pueblo de Dios bajo la economía mosaica.

1. *Acerca de los hijos de Amón.* Esta disertación profética fue también pronunciada

después de la toma de Jerusalén. *¿No tiene hijos Israel? ¿No tiene heredero?* Parece que los amonitas aprovecharon el estado abatido de Israel e invadieron los territorios de la tribu de Gad, esperando hacerlos suyos para siempre. Pero el profeta indica que Dios reservará los descendientes de Israel y los volverá a su herencia perdida. *¿Por qué Milcom ha desposeído a Gad? Malcom o Milcom.* Es muy evidente por el versículo 3, que aquí se refiere al ídolo Milcom que era el principal de los amonitas.

3. *Corred de aquí para allá entre los vallados.* (Versión Moderna.) Se supone que esto puede tener referencia a las mujeres que se lamentaban por los muertos que generalmente eran sepultados al lado de los muros en los huertos; pero otros creen que hace alusión a las ciudades más pequeñas o villas, llamadas aquí, hijas de *Rabá,* la metrópoli, cuyos habitantes son exhortados a buscar seguridad en algún otro lugar, pues nada se podía esperar de ellos ya que el enemigo estaba a las puertas.

6. *Y después de esto haré volver.* Se supone que los amonitas volvieron con los moabitas e israelitas con el permiso concedido por el edicto de Ciro.

7. *Acerca de Edom.* Es un discurso nuevo e independiente. *Temán.* Una parte de Idumea, mencionada aquí, la parte por todo el país.

8. *Habitad en lugares profundos.* Alusión a la costumbre de los árabes, que, cuando eran atacados por un enemigo poderoso, arriaban sus tiendas, arreglaban su equipaje, cargaban sus camellos y huían hacia el inmenso desierto y de esta manera se ocultaban allí donde ningún enemigo querría ni podría perseguirlos. *Dedán.* Era una ciudad de Idumea no lejana a Temán.

9. *Si vendimiadores.* Tanto en la vendimia como en la cosecha no se recoge toda la uva ni todas las hortalizas; de aquí que los rebuscadores lograban algo para sus sufrimientos; pero vuestros enemigos no dejarán atrás a ninguno de vosotros; todos serían llevados en cautiverio.

10. *Mas yo desnudaré a Esaú.* Yo lo he despojado de toda su defensa y he descubierto sus lugares escondidos a los enemigos.

11. *Deja tus huérfanos.* No es fácil discernir la conexión de este texto con el contexto; pero es de suma importancia como máxima general. Las viudas y los huérfanos están bajo el cuidado especial de Dios. Para los unos, es el mejor Padre, para aquéllas, como el más amante esposo. Aun los huérfanos y las viudas de Esaú, que escaparán a la destrucción común serán cuidados por el Señor.

12. *¿Y serás tú absuelto del todo?* Una forma similar a ésta aparece en el cap. 25:29. Otros, menos malvados que tú, han sido castigados; y tú ¿esperas escapar? No escaparás.

13. *Asolamiento será Bozra.* Bozra, ciudad de Idumea; nombrada aquí, por la totalidad del país.

14. *La noticia oí.* El Señor me reveló lo que haría a los edomitas. *Había sido enviado mensajero.* Creo que esto solamente significa que Dios concedió permiso y excitó los corazones de estas gentes para marchar contra quienes El había condenado a la destrucción.

16. *Tú que habitas.* Toda Idumea está llena de montañas y de rocas llenas de cuevas donde la gente se refugiaba en épocas de grandes calores y en tiempos de guerra.

18. *Como sucedió en la destrucción de Sodoma.* La destrucción de Sodoma, Gomorra y las ciudades circunvecinas fue tan terrible, que cuando Dios amenaza con castigos a los pecadores impenitentes, les dice que serán destruidos como Sodoma y Gomorra. *No morará allí nadie.* Estará tan destruida que no será habitable. Los viajeros podrán parar allí una noche; pero no podrá ser morada permanente.

19. *He aquí que como león subirá.* Véase cap. 12:5. La comparación que se usa en este lugar está bien ilustrada por el doctor Blayney. "Yo promoveré en ella tal perturbación (en Idumea) como lo haría un león fuerte y feroz si se metiera en un corral de ovejas; entonces, yo haré (al hombre de quien se habla en el versículo anterior que no debiera morar en ella) huir de allí como los pastores asustados y sus rebaños escapar del león." *Y al que fuere escogido.* Nabucodonosor. Es decir, Dios eligió a este hombre y le entregó una misión en contra de Idumea.

21. *La tierra temblará.* Aquí se representa a la situación total como un inmenso edificio que se derrumba repentinamente de modo que hace temblar la tierra y el estruendo se oye a gran distancia.

22. *Como águila subirá y volará.* Nabucodonosor. Véase cap. 48:40.

23. *Acerca de Damasco.* Este es el encabezamiento o título de otra profecía. Damasco era una de las principales ciudades de Siria. Fue tomada por David, II S. 8:6, recapturada durante el reinado de Salomón I R. 11:24 y sgs., y luego recuperó su independencia. Sus reyes a menudo estuvieron en guerra con las diez tribus y una vez se juntaron con ellas para defender de estos poderosos enemigos a Judá. Para defenderse de estos poderosos enemigos Acaz hace alianza con el rey de Asiria que sitió a Damasco, la tomó y la arrasó. Desde entonces nada volvemos a saber de Damasco hasta que volvemos a encontrarla en esta profecía. Parece que fue reedificada y restaurada hasta cierto punto. Resistió obstinadamente a Nabucodonosor; pero por fin, ese rey la tomó y saqueó. En el presente es una ciudad grande y populosa y sumamente comercial. *Se confundieron Hamat.* Ciudad de Siria sobre el Orontes. *Y Arfad.* No lejos de Damasco. *Se derritieron*

en aguas de desmayo. Son como el mar revuelto que no puede descansar.

25. *¡Cómo dejaron a la ciudad tan alabada!* Damasco está tan arruinada que ya no puede llamarse loable o ciudad feliz.

27. *Las casas de Ben-adad.* Damasco era asiento de la monarquía siria y Ben-adad fue un nombre común que llevaron varios de sus reyes.

28. *Acerca de Cedar y de los reinos de Hazor.* Este es el título de una nueva profecía. *Cedar.* Era el nombre de uno de los hijos de Ismael (Gn. 25:13) que se estableció en Arabia y dio su nombre a una poderosa tribu de árabes que comerciaban ganados con los sirios. Parece, por esta profecía, que Nabucodonosor recibió el encargo de atacarlos y reducirlos a la miseria.

30. *Habitad en lugares profundos.* Retiraos al interior del desierto. V.l.e.s. v. 8.

31. *Nación pacífica.* "Nación tranquila." *Ni tiene puertas ni cerrojos.* Los árabes, que sólo tenían sus tiendas; carecían de ciudades y no tenían siquiera villas permanentes.

32. *Hasta el último rincón.* Aun en los lugares más inaccesibles los alcanzaría la espada y el saqueo.

33. *Hazor será morada de chacales.* Será tornada en desierto. *Soledad para siempre.* Para no volver a ser habitada.

34. *Palabra . . . acerca de Elam.* Otro nuevo título de profecía. Como fue pronunciada al principio del reinado de Sedequías, no puede tener vinculación natural ni histórica con las otras que se encuentran en este variado capítulo. Hay algunos que piensan que Elam siempre se refiere a Persia; pero ésto no es así en absoluto. Era parte del imperio babilonio en la época de Daniel (cap. 8:2) y es sumamente probable que fuera lo que los griegos llamaban Elymais.

35. *Yo quiebro el arco de Elam.* Eran arqueros notables; habían adquirido su poder y renombre por su destreza en el uso del arco. Véase Is. · 22:6. Estrabón, Livio y otros, cuentan de su eminencia en la ballesta.

36. *Traeré sobre Elam los cuatro vientos.* Nabucodonosor y sus ejércitos reunidos de diferentes provincias y atacando a esta gente desde todos los puntos a la vez.

38. *Y pondré mi trono en Elam.* Esto tiene referencia a Nabucodonosor o a Ciro. Es evidente que Ciro se impuso como amo de Elymais y Media que están en la tierra de Elam.

39. *Haré volver a los cautivos de Elam.* Como esto sucederá *en los últimos días,* probablemente se refiera a la libertad espiritual que este pueblo recibirá durante la dispensación evangélica. Durante la época de Ciro, los elamitas, reunidos de todas las comarcas, unidos con sus vecinos, los persas, dominaron el oriente.

CAPITULO 50

Este capítulo y el siguiente incluyen una profecía referente a la caída de Babilonia entremezclada con varias predicciones pertinentes a la restauración de Israel y Judá que sobrevivirán a sus opresores y, al arrepentirse serán perdonados y regresarán a su propio territorio. Este capítulo se inicia con una predicción de la completa destrucción de todos los ídolos de Babilonia y la absoluta desolación de Caldea mediante la agencia de una gran nación septentrional (1-3). Israel y Judá serán reinstalados en la tierra de sus antepasados después de la derrota total del gran imperio babilonio (4, 5). Esclavitud muy inhumana y cruel del pueblo judío durante su cautiverio (6, 7). El pueblo de Dios recibe la orden de salir apresuradamente de Babilonia, porque un conjunto de grandes naciones del norte se han unido para desolar la tierra en su totalidad (8-10). Babilonia, el martillo de toda la tierra, la gran devastadora de naciones, ella misma será una desolación por causa de su orgullo intolerable y porque se regocijó en poner un yugo de humillación sobre un pueblo al que una Providencia misteriosa entregó bajo su dominio (11-34). Los castigos que sobrevendrán a los caldeos, pueblo adicto a la más crasa idolatría y a toda clase de superstición, serán espantosos y generales como cuando Dios destruyó a Sodoma y Gomorra (35-40). Carácter del pueblo asignado para ejecutar los castigos divinos sobre los opresores de Israel (41-45). Gran conmoción entre las naciones ante la tremenda y repentina caída de Babilonia (46).

1. *Palabra que habló Jehová contra Babilonia.* Este es otro encabezamiento de discurso. La profecía de este capítulo y el siguiente fue enviada a los cautivos en Babilonia en el cuarto año del reinado de Sedequías. Son muy importantes; predicen la total destrucción del imperio babilonio y el retorno de los judíos de su cautiverio. Estos capítulos, probablemente fueron compuestos con varios aditamentos de fuera del libro que en aquel entonces Jeremías envió a los cautivos por intermedio de Seraías. (Véase cap. 51:59-64).

2. *Anunciad en las naciones.* La determinación de Dios con referencia al imperio . . . *Levantad también bandera.* Mostrad a la gente el punto de reunión. *Decid: Tomada es Babilonia.* Es cosa tan firmemente decidida como si ya se hubiera realizado. *Bel.* La divinidad tutelar de Babilonia, *es confundido,* porque no puede salvar a su propia ciudad. *Merodac.* Otro de sus ídolos, *es deshecho;* no pudo librarse a sí mismo, menos a todo su imperio.

3. *Porque subió contra ella una nación del norte.* Los medos, que constituían la mayor parte del ejército de Ciro, apostados al norte o noreste de Babilonia. *Pondrá su tierra en asolamiento.* Esta guerra y la consecuente toma de la ciudad, comenzaron desastres, que, con el proceso del tiempo condujeron a Babilonia a la desolación completa; de modo tal, que en la actualidad se ignora dónde en realidad estaba ubicada la totalidad del país siendo todo un desierto.

4. *En aquellos días y en aquel tiempo.* En los tiempos en que Babilonia tendría la oposición de los medos y los persas, tanto Israel como Judá, que estaban al comienzo del

cumplimiento de las profecías, comenzarían a buscar al Señor con mucha oración y corazones contritos y quebrantados. Cuando llegara el decreto de Ciro, ellos estarían listos para ponerse en marcha hacia su propio país, lamentando sus pecados, pero regocijándose en la misericordia de Dios que les habría dado esta renovación en su cautiverio.

5. *Juntémonos a Jehová con pacto eterno.* Han sido quebrantados todos nuestros pactos anteriores; ahora hagamos uno que dure para siempre. El será el Señor nuestro Dios y no adoraremos más los ídolos. Ellos han conservado este pacto hasta el presente; cualquiera sea su condición espiritual y moral, no son idólatras, en el sentido craso del término.

6. *Ovejas perdidas fueron mi pueblo.* El las compadece; porque sus pastores, reyes y profetas las han hecho errar. *Anduvieron de monte en collado.* Practicaron la idolatría en todos los lugares altos.

7. *Decían sus enemigos: No pecaremos.* Dios los ha abandonado; al atormentarlos, solamente estamos cumpliendo los propósitos divinos.

8. *Huid de en medio de Babilonia.* Ya ha salido la sentencia de destrucción en contra de ella; preparaos para huir a fin de que no os hundáis en sus ruinas. *Sed como los machos cabríos que van delante del rebaño.* Los que siempre corren al frente del ganado dando el ejemplo para que los sigan. Puede ser que estas palabras hayan sido dirigidas a los jefes y personas de autoridad entre la gente.

9. *Reunión de grandes pueblos.* El ejército de Ciro estaba compuesto por medos, persas, armenios, caducianos, etc. Aunque todos ellos no provenían del *norte;* sin embargo estaban alistados bajo los medos que eran del norte con relación a Babilonia. *Sus flechas.* Son expertos arqueros, jamás yerran el blanco.

10. *Y Caldea será para botín.* Ella ha sido saqueada, ahora le tocará el turno a la de ser despojada. Ellos destruyeron a Judea, la heredad de Dios; ahora El los hará destruir a ellos.

11. *Como novilla sobre la hierba.* Os desenfrenasteis en las desolaciones que causasteis a Judea.

12. *Vuestra madre.* Hablando a los caldeos; Babilonia, la metrópoli, o ciudad madre, será un desierto, tierra árida no apta ni para el hombre ni para el animal.

15. *Gritad contra ella en derredor.* Sitiadla con líneas y tropas; que nadie entre con relevo, que nadie salga para huir de su ruina.

16. *Destruid en Babilonia al que siembra.* Destruid los huertos y los campos, para que no haya fruto ni labranza.

17. *Israel.* Todos los descendientes de Jacob han sido vejados y saqueados; primero, por los asirios; después por los caldeos. Se comportaron con ellos como el león con la oveja que ha agarrado; primero, le devora toda la carne; luego le rompe los huesos para extraerles la médula.

18. *Como castigué al rey de Asiria.* Los asirios fueron vencidos por los medos y los caldeos. El rey, en este lugar, está tomado por todos los reyes, generales, etc. Tiglat-pileser, Salmanasar, Senaquerib, Esar-hadón, etcétera. A ellos les sucedieron los reyes caldeos o babilonios. Nabucodonosor vino varias veces contra Judea; por último tomó la ciudad y la incendió; profanó y demolió el templo, devastó la tierra y llevó a los príncipes y al pueblo en cautiverio.

19. *Volveré a traer a Israel.* Parece referirse completamente a las diez tribus, porque el Carmelo, Basán, el monte de Efraín y Galaad estaban en sus territorios.

20. *En aquellos días y en aquel tiempo.* Parece que esta frase toma en conjunto una época desde sus comienzos hasta el fin. Véase v. 4. *Perdonaré.* De modo de librarles de su cautiverio y a aquellos a quienes Yo reservo no imponerles más castigo; a saber, al resto dejado en la cautividad babilónica.

21. *Sube contra la tierra de Merataim . . . y contra los moradores de Pecod.* Estos nombres de lugares no se encuentran en ninguna otra parte; y es como si en realidad no se refiriera a eso. Las antiguas versiones concuerdan en traducir el primero como un apelativo y el último como un verbo, con excepción de la Caldea, que tiene *Pecod* como un nombre propio. El doctor Dahle traduce de la siguiente manera: "Marcha contra el país doblemente rebelde y contra sus habitantes merecedores de castigo." Las palabras están dirigidas a los medos y a los persas; el país es Caldea, doblemente rebelde por su idolatría y su insufrible orgullo. Ningún otro territorio le excedía en estos dos pecados.

23. *El martillo de toda la tierra.* Nabucodonosor despedazó las naciones contra las que estaban en guerra. El era el azote del Señor.

24. *Te puse lazos.* No fue por una tormenta que Ciro tomó la ciudad. El Eufrates corría por ella; él cavó un cauce para que el río corriera en otra dirección; esperó el momento en que los habitantes estaban entregados al libertinaje; en el silencio profundo de la noche desvió la corriente y él y su ejército entraron por el antiguo cauce, entonces desprovisto de agua. Era la trampa de la cual habla aquí el profeta. Véase Herodoto, lib. i., c. 191.

26. *Abrid sus almacenes.* En la época en que Ciro tomó la ciudad, ésta se encontraba llena de provisiones y tesoros de todas clases; los muros no habían sufrido daño; y cuando los habitantes oyeron que el enemigo estaba adentro, ¡pensaron que se habían levantado de la tierra en el centro de la ciudad!

27. *Matad a todos sus novillos.* Príncipes, magistrados.

28. *Para dar en Sion las nuevas de la retribución de Jehová.* Sion estaba devastada por Babilonia, decid a Sion que Dios ha arruinado al asolador. *La venganza de su templo.* Que Nabucodonosor había saqueado, profanado y demolido, transportando sus vasos sagrados a Babilonia y colocándolos en el templo de su dios Bel.

29. *Haced juntar contra Babilonia flecheros.* Los versículos precedentes son una predicción: aquí, Dios llama a los medos y a los persas para cumplirla.

31. *Oh soberbio.* "Soberbio" en lo abstracto; la más orgullosa de toda la gente.

32. *Y el soberbio.* Aquí se dirige a la "soberbia" personificada como si poseyera existencia y poderes racionales.

34. *El redentor de ellos es el Fuerte.* No era que El careciera de poder y que Nabucodonosor tuviera mucho, la razón por la que Jerusalén había sido destruida; sino porque el pueblo había pecado y no quisieron arrepentirse; por lo tanto, pecados nacionales exigían castigos nacionales. Ya había sucedido; ahora el Señor de los ejércitos les muestra que la potencialidad de los caldeos es fútil contra su poder.

35. *Espada.* La guerra y sus calamidades, o cualquier plaga dolorosa; y así sigue en los versículos siguientes.

38. *Sequedad sobre sus aguas.* Es posible que esto tenga referencia al desagüe del cauce del Eufrates por el que entró el ejército de Ciro en la ciudad. V.l.e.s. verso 24. Sin embargo, el original es *chereb*, "una espada," como en los versículos anteriores, lo que significa guerra o cualquier calamidad por la que aquello sobre lo cual cae queda arruinado.

40. *Como en la destrucción que Dios hizo de Sodoma.* Como el mismo suelo donde estaban estas ciudades con todas sus planicies, ahora se encuentran bajo el Mar Muerto, así Babilonia y las regiones adyacentes quedarán totalmente estériles y completamente ineptas para ser habitadas. Es exactamente lo que ha sucedido con ambas zonas.

41. *He aquí viene un pueblo del norte.* Este y los dos versículos siguientes son casi iguales al cap. 6:22-24. Pero aquí, debe entenderse los destruidores contra Babilonia; y en aquéllos, destruidores contra Jerusalén.

44. *He aquí que como león subirá.* Palabras iguales a las del cap. 49:19 y sgs.

46. *Al grito de la toma de Babilonia.* Véase el pasaje paralelo, cap. 49:21. En el capítulo cuadragésimo nono, estas palabras se refieren a Nabucodonosor; aquí, a Ciro. La toma de Babilonia fue una maravilla para las naciones circunvecinas. Se la creía inexpugnable.

CAPITULO 51

Resultado de las profecías de Jeremías contra Babilonia. La ruina espantosa, repentina y final que sobrevendrá a los caldeos, quienes forzaron a las naciones a recibir sus ritos idólatras (véase un ejemplo en el capítulo tercero de Daniel) expuesto con una diversidad de hermosas imágenes; y con un mandato al pueblo de Dios (que había intercedido continuamente por la conversión de sus mandatarios paganos) a huir de la venganza inminente (1-14). Jehová, Dios de Israel, cuyo infinito poder, sabiduría y entendimiento son visibles por doquier en todas las obras de la creación contrastado galanamente con los objetos completamente despreciables de la adoración caldea (15-19). Por causa de su tiranía con el pueblo de Dios, los caldeos serán visitados por crueles enemigos del norte, cuyas huestes innumerables llenarán la tierra y arrancarán completamente a sus habitantes originales (20-24). Es solemnemente sublime una de las figuras por las cuales se representa esta formidable invasión. "Subió el mar sobre Babilonia; de la multitud de sus olas fue cubierta." Y la relación de la desolación repentina producida por este grande equipo de una multitud de naciones (por lo que el profeta interrumpiendo el tropo inmediatamente lo retoma) es terriblemente aflictiva. "Sus ciudades fueron asoladas, la tierra será desierta, tierra en que no morará nadie ni pasará por ella hijo de hombre." El pueblo de Dios es amonestado por tercera vez a escapar de Babilonia para no ser alcanzado por sus calamidades (45, 46). Otras figuras exponen con diversas ilustraciones los horribles castigos que visitarán a los caldeos por su crasa idolatría (47-58). El significativo emblema con el cual concluye el capítulo, en el que Seraías después de leer el libro del profeta Jeremías contra Babilonia, le ata una piedra y lo arroja al río Eufrates, prefigurando de este modo la repentina caída de la ciudad y del imperio (59-64), es hermosamente esclarecido por el escritor de Apocalipsis, cap. 18:21, al hablar de Babilonia la Grande, de la cual, la antigua era su tipo más significativo; y a la que deben atribuirse muchos de los pasajes diseminados a través de las Escrituras del Antiguo Testamento en lo que se refiere a Babilonia si queremos dar una interpretación justa en todo respecto al terrible significado del lenguaje en que están concebidas estas profecías.

1. *Así ha dicho Jehová.* Este capítulo es continuación de la profecía anterior. *Un viento destruidor.* Tal como los vientos perniciosos del oriente; y aquí, símbolo de un ejército destructor que arrasa con todo lo que encuentra y consume con el fuego y la espada.

2. *Y enviaré . . . . aventadores.* Cuando el grano ha sido pisoteado por los animales o aplastado por una rueda pesada armada con hierro, con una pala lo arrojan contra el viento, para que las cáscaras y la paja rota se separen. Esta es la figura que emplea el profeta; este pueblo sería pisoteado, aplastado y aventado por sus enemigos.

5. *Porque Israel y Judá no han enviudado de su Dios.* Dios todavía seguiría con sus profetas entre ellos; nunca los había desechado por completo. Aun en medio de la ira —sumamente merecida y del castigo que les infligía, siempre recordaba su misericordia, y ahora estaba por completar lo que había hecho restaurándolos a su propia tierra. Pienso que *asham*, que traducimos ' ,ecado," más bien significa "castigo," que es el sentido que se le ha atribuido a menudo.

7. *Que embriagó a toda la tierra.* La copa de la ira de Dios es la plenitud del castigo que descarga sobre los transgresores. Se representa como embriagante y enloquecedora.

8. *En un momento cayó Babilonia y se despedazó.* Parece que fueran las palabras de algunos de los espectadores de la calamidad de Babilonia.

9. *Curamos a Babilonia.* Si hubiera estado en nuestro poder, la hubiéramos salvado; pero no pudimos impedir los castigos de Dios.

10. *Jehová sacó a luz nuestras justicias.* Esta es la respuesta de los judíos. Dios ha vengado nuestra causa.

11. *Limpiad las saetas.* Palabras del profeta dirigidas a Babilonia.

12. *Levantad bandera.* Llamado a los enemigos de Babilonia a cercar la ciudad y apretar el sitio.

13. *Tú, la que moras entre muchas aguas.* Tú, que has tenido abundante provisión de aguas. Se levantaba sobre la confluencia de los ríos Tigris y Eufrates; este último corría a través de la ciudad. Por *muchas aguas* también puede significar muchas naciones que pertenecían al imperio babilonio; frecuentemente se usa esa expresión en las Escrituras para denotar naciones y pueblos.

14. *Yo te llenaré de hombres.* Por medio de estas mismas aguas por el cauce de tu devastado río, serás llena de hombres que aparecerán repentinamente como un ejército de "langostas"; y, sin ser esperados, levantarán un grito aterrador, tan pronto como se hayan levantado del canal del río.

15. *El es el que hizo la tierra con su poder.* La omnipotencia de Dios se manifiesta particularmente en las obras de la creación. *El que afirmó al mundo con su sabiduría.* La omnisciencia divina se ve con especialidad en el gobierno de *tebel,* la superficie habitada del globo. ¡Qué profusión de sabiduría y pericia son evidentes en ese maravilloso sistema de providencia por el cual gobierna y provee para cada cosa viviente!

16. *A su voz.* Envía el trueno.

17. *Todo hombre se ha infatuado y no tiene ciencia.* Se embrutece por falta de verdadero conocimiento; y lo es, cuando piensa que un ídolo es algo en el mundo. Los versículos quince al diecinueve, son una transcripción del cap. 10:12-16.

20. *Martillo me sois.* Creo que aludía a Nabucodonosor, a quien se le llama en el cap. 1:23, el martillo de toda la tierra. Otros creen que esas palabras se refieren a Ciro.

25. *Oh monte destruidor.* Epíteto aplicado al gobierno de Babilonia; es como montaña ardiente que vomita continuamente corrientes de lava, inunda y destruye todos los pueblos, villas, campos que están en su vecindad. *Y te haré rodar de las peñas.* Te derribaré de la base rocosa sobre la cual descansas.

La materia combustible que está en tus entrañas, ya agotada, te hará aparecer como cráter apagado; y la piedra que has arrojado no será lo suficientemente consistente como para hacer una base pétrea de firmeza, o una piedra angular para adorno, v. 26. Con esta hermosa y expresiva metáfora, el profeta demuestra la naturaleza del gobierno babilonio; incendia las naciones, las inunda y destruye con sus ejércitos, hasta que por fin, exhausta, se desploma, se extingue y no deja nada como base para establecer una nueva forma de gobierno; pero, todo es completamente inútil, como lava enfriada, que, propiamente hablando no sirve para uso humano.

27. *Alzad bandera.* Otro llamado a los medos y persas para que ataquen a Babilonia. *Ararat, de Mini.* La Armenia Mayor y la Menor. *Y de Askenaz.* Parte de Frigia cercana al Helesponto.

29. *Temblará la tierra.* Aquí se la representa como temblando bajo los numerosos ejércitos que pasan por ella y las pisadas de sus caballos.

30. *Los valientes... dejaron de pelear.* El pánico los paralizó cuando encontraron que los medos y los persas estaban dentro de sus muros e inmediatamente vieron que toda resistencia era inútil.

31. *Correo se encontrará con correo.* Como la ciudad fue tomada por sorpresa, en la manera ya relatada, ahora los mensajeros eran despachados unos tras otros para informar al rey de lo sucedido; es decir, que la ciudad había sido tomada por ambos extremos a la vez. Herodoto nos cuenta que las zonas extremas de la ciudad fueron capturadas antes que la población de las zonas centrales supiera algo de la invasión. Herodoto, lib. i. c. 191.

32. *Los vados fueron tomados.* Cualquiera de los puentes o pasos que empleaban las gentes para trasladarse de un lado al otro, y también puede significar las puertas o pasos principales de la ciudad de los cuales el ejército victorioso inmediatamente se habría posesionado para impedir todo contacto entre los habitantes.

33. *La hija de Babilonia es como una era.* La trilladora está pasando sobre ella, está hollada bajo los pies.

34. *Me devoró... Nabucodonosor.* Son las palabras de Judea; él me ha despojado de todas mis riquezas. *Y me echó fuera.* El lo vomitará todo; es decir, ellos se recuperarán.

35. *Sobre Babilonia... la violencia hecha a mí... y mi sangre sobre los moradores de Caldea.* Sion comienza a hablar en el v. 34 y termina en éste. La respuesta de Jehová empieza en el siguiente verso. Aunque los caldeos habían sido el instrumento de Dios para castigar a los judíos, ellos, en cambio, siendo excesivamente malvados, sufrirían por todos los estragos que habían hecho y por toda la sangre que derramaron.

36. *Y secaré su mar.* Vaciaré sus tesoros.

37. *Sin morador.* Véase cap. 1:39.

39. *En medio de su calor les pondré banquetes.* Fue en la fuerza de un día de fiesta, mientras sus corazones estaban encendidos con el vino y la orgía, que fue tomada Babilonia; véase Dn. 5:1-3. Era una fiesta en honor de la diosa Sesac (o quizá Bel), como se menciona en el v. 41, apresada con sus adoradores. Como la ciudad fue tomada durante la noche muchos se habían entregado al descanso y jamás despertaron; fueron asesinados en sus lechos; durmieron el sueño eterno.

41. *¡Cómo ha sido tomada Sesac!* (Versión Moderna.) Quizá la ciudad lleva aquí el nombre del ídolo. *Alabada por toda la tierra.* Una de las siete maravillas del mundo, sobresaliente por su altura, anchura, la extensión de sus muros, sus jardines colgantes, el templo de Bel.

44. *Y juzgaré a Bel en Babilonia.* Bel era su suprema divinidad. *Lo que se ha tragado.* Los vasos sagrados del templo de Jerusalén, que habían sido sacados de allí por Nabucodonosor y se los había dedicado en su templo de Babilonia. *Y el muro de Babilonia caerá.* Cesará de ser una defensa; y se desmoronará hasta que con el proceso del tiempo ya no sea discernible.

45. *Salid de en medio de ella, pueblo mío.* Amonestación a todos los judíos que se encuentran en Babilonia para que abandonen la ciudad y escapen por sus vidas.

46. *Del rumor . . . en un año vendrá.* Un año antes de la captura de la ciudad se oiría rumor de guerra . . . y en ese año Belsasar fue derrotado por Ciro. Al año siguiente fue tomada la ciudad.

48. *Los cielos y la tierra . . . cantarán de gozo sobre Babilonia.* Su caída será causa de regocijo universal.

50. *Los que escapasteis de la espada.* Los judíos. *Acordaos de Jerusalén.* Orad por su restauración y aprovechad la primera oportunidad que se os ofrezca para volver allá.

51. *Extranjeros vinieron contra los santuarios.* El lamento de los judíos piadosos por causa de la profanación del templo por los caldeos.

53. *Aunque suba Babilonia hasta el cielo.* Aunque sus fortificaciones llegaran hasta el firmamento, los enemigos que Yo le enviaré la harán caer.

55. *La mucha jactancia.* Su orgullo e insoportables bravatas.

56. *Dios de las retribuciones.* La caída de Babilonia es un acto de justicia divina; cualquier cosa que tenga que sufrir es la consecuencia de sus delitos.

57. *Y embriagaré a sus príncipes.* Véase v. 39.

58. *El muro ancho de Babilonia.* Herodoto que vio esos muros, dice: "La ciudad era un cuadrado regular; cada uno de sus lados era de ciento veinte estadios y su circunferencia de cuatrocientos ochenta. Estaba rodeada por un muro de cincuenta codos de ancho y doscientos de alto; cada lado tenía veinticinco puertas de bronce." —Herodoto, lib. i. c. 178. Humanamente hablando, si Ciro no hubiese empleado su estratagema, no habría podido tomar esta ciudad. Sobre la destrucción de este muro y hasta sus rastros, véase Is. 13:19.

59. *Palabra que envió el profeta Jeremías.* A cuenta del mensaje enviado por Jeremías a los judíos cautivos en Babilonia.

60. *Escribió . . . en un libro.* Ignoramos si ese libro contenía algo más de lo que está registrado en este lugar; probablemente no contenía más de lo que se halla en los versos 62-64. *Un libro, sepher,* en hebreo significa cualquier escrito, grande o pequeño.

64. *Así se hundirá Babilonia.* Es el símbolo de su derrumbe y de su ruina irreparable. Véase Ap. 18:21, en el que encontramos que esto simboliza la ruina total de la Babilonia mística.

Hasta aquí son las palabras de Jeremías. Parece que el capítulo siguiente no es obra de este profeta; no tiene su estilo. Su autor escribe "Joaquín"; Jeremías lo llama Jeconías o Conías. Es meramente histórico y muy parecido a II R. 24:18 y 25:30. Quienquiera haya sido su autor, relata la toma de Jerusalén, el destino de Sedequías, el saqueo e incendio de la ciudad y del templo. Menciona también a ciertas personas de distinción a quienes los caldeos dieron muerte. Menciona el número de los cautivos que fueron transportados a Babilonia en tres diferentes etapas; y concluye con la liberación del rey Joaquín de la prisión en Babilonia en la que había pasado treinta y siete años.

CAPITULO 52

Este capítulo fue agregado probablemente por Esdras, pasada la época de Jeremías, después del retorno de la cautividad de la que da un corto relato, casi igual al de II R. 24:18-20 y el cap. 25. Está adecuadamente añadido a las profecías precedentes para mostrar con cuánta exactitud fueron cumplidas. Además, constituye una apropiada introducción al siguiente libro de Lamentaciones y nos proporciona el relato de los lastimeros eventos que originaron el libro. El mal reinado de Sedequías y su rebelión contra Nabucodonosor (1-3). Toma de Jerusalén por los caldeos después de un sitio de dieciocho meses (4-7). Persecución y captura de Sedequías en los llanos de Jericó y la dispersión de su ejército (8, 9). Muerte de todos los hijos del rey y los príncipes en Ribla (10). El monarca caldeo ordena quitarle los ojos a Sedequías; luego es encadenado, transportado a Babilonia y concluye sus días en la prisión (11). Nabuzaradán, el capitán de la guardia, quema y saquea la ciudad y el templo (12-19). Los dos pilares del templo con sus dimensiones y ornamentos (20-23). Oficiales del templo y otros, llevados cautivos a Babilonia, reciben la muerte por orden de Nabucodonosor (24-27). Número de judíos que Nabucodonosor llevó cautivos en el año séptimo de su reinado (28); en el deci-

moctavo (29) y en el vigésimo tercero (30). Evil-
merodac, hijo de Nabucodonosor, en el año de su
ascensión al trono de Babilonia (lo que sucedió en el
trigésimo séptimo de la cautividad y a ciento noventa
y un años de la fundación de Roma, según el cómputo de Varro), ordena que Joaquín sea librado de la
prisión y lo trata bondadosamente durante el resto
de su vida (31-34).

1. *Era Sedequías de edad de veintiún
años.* Véase II R. 24:18.

2. *E hizo lo malo.* Este versículo y el siguiente son iguales a II R. 24:19.

3. *A causa de la ira de Jehová.* Aquí hay
un rey concedido a un pueblo en la ira de
Dios y quitado en su desagrado.

4. *A los nueve años... mes décimo.* Correspondiendo casi a nuestro mes de enero.

5. *Y estuvo sitiada la ciudad.* Lo que duró
un año y seis meses.

6. *En el mes cuarto.* Véase cap. 39:1 y
sgs. Corresponde casi a nuestro mes de julio.

8. *Y el ejército de los caldeos siguió al
rey.* Véase II R. 25:5.

9. *Al rey de Babilonia, a Ribla.* Véase el
cap. 39:5.

11. *Sacó los ojos a Sedequías.* Véase capítulo 39:7.

12. *Y en el mes quinto.* Aproximadamente nuestro mes de agosto.

13. *Y quemó la casa de Jehová.* De este
modo pereció su magnífica estructura, después de haberse erguido cuatrocientos veinticuatro años, tres meses y ocho días.

15. *A los desertores.* Los que se habían
plegado a los caldeos durante el asedio.

16. *Los pobres del país.* Véase cap. 39:1.

17. *Las columnas.* Véase cap. 27:19.

24. *El segundo sacerdote.* Véase II R. 25:
18. *Y tres guardias.* Los sacerdotes que estaban a la puerta para recibir las ofrendas
del pueblo, véase II R. 20:9 y 23:4.

25. *A siete hombres... íntimos del rey.*
Sus consejeros privados.

28-30. El doctor Blayney tiene algunas observaciones razonables; extraeré la esencia.
Estos versículos no están incluidos en II R. 25.

Aquí tenemos tres destierros y en realidad
los más importantes; en el primero, octavo y
noveno años de Nabucodonosor, bastante
distinguidos de aquellos de los años séptimo,
decimoctavo y vigésimo tercero. De modo

que parece sumamente razonable deducir que
los historiadores señalan las tres últimas
como deportaciones de menor importancia
ya que no están mencionadas en otras partes
de las Escrituras en términos directos.

En la primera de éstas que sucedió en el
año séptimo del reinado de Nabucodonosor,
se recogieron en diversas partes de Judá por
partidas de caldeos, sirios y otros a quienes
el rey de Babilonia envió contra la tierra
antes de su propia venida, II R. 24:2.

La del decimoctavo año, corresponde a la
época cuando los caldeos levantaron el sitio
de Jerusalén, y marcharon para hacer frente
al ejército egipcio, en cuyo tiempo pudieron
pensar que era más conveniente enviar los
prisioneros que estaban en el campo bajo
una guardia a Babilonia.

Y por fin, fue en el vigésimo tercer año de
Nabucodonosor cuando este monarca, estando ocupado con el asedio de Tiro, envió a
Nabuzaradán contra los moabitas, amonitas y
otras naciones vecinas, y a su vez transpor-
taron los restos de los judíos que habían
quedado en su propia tierra, que entre todos
no pasaron de setecientos cuarenta y cinco.

31. *Alzó la cabeza de Joaquín.* Esta frase
está tomada de Gn. 49:13. Está cimentada
sobre la observación de que aquellos que se
encuentran en tristezas, mantienen la cabeza
baja y cuando son confortados o se quita la
causa de su pena la levantan. La frase hebrea
"alzó la cabeza," significa "consolar, alegrar,
hacer feliz".

32. *Habló con él amigablemente.* Conver-
saba liberalmente con él. *Hizo poner su trono.* Lo colocó en un puesto más respetable
que el de cualquier otro príncipe cautivo, o
quizá mejor que el que tenían sus propios
príncipes, probablemente estaba cerca de él.

33. *Le hizo mudar también los vestidos de
prisionero.* Es decir, que Joaquín cambió sus
ropas para acomodarse a su nuevo estado de
su elevación. También los reyes, como muestra de condescendencia daban vestimentas a
quienes deseaban honrar. *Y comió pan en la
mesa del rey siempre.* Fue huésped permanente de la mesa real.

34. *Y continuamente se le daba una ración.* Probablemente se tratara de una ración
permitida por el rey para sostén de la familia
de Joaquín. Para otros particulares, véase
II R. 25:30.

EL LIBRO DE

LAMENTACIONES

Este libro, como los del Pentateuco, se denomina en hebreo *eicah*, "como," por su primera palabra; y algunas veces *kinnoth*, "lamentaciones," por su tema. Es uno de los libros de *Megilloth*, o Rollo entre los judíos; y porque se relaciona con la bancarrota de sus acciones y contiene promesas de restauración es particularmente apreciado y leído con frecuencia. Los cinco Megilloth son: Eclesiastés, Cantares, Lamentaciones, Rut y Ester.

Poco han diferido los eruditos en cuanto al autor de este libro. La totalidad de escritores de la antigüedad y de los tiempos modernos ha señalado a Jeremías como su autor: el estilo ya sería suficiente prueba.

Ha habido más diferencias en lo que se refiere al argumento y a la ocasión. Algunos creen que fue para la muerte de Josías; otros, para la destrucción de Jerusalén y las diversas devastaciones relacionadas con ella. Parecen aplicarse mejor a ésta todas sus partes y la fraseología general; en el presente, éste es el sentir admitido por la generalidad. Esto tomará más evidencia después de una consideración minuciosa del libro mismo.

La composición de este poema es lo que podríamos llamar, técnico. Cada capítulo, con excepción del último, es un acróstico. Cada verso de los dos primeros comienza con una letra distinta del alfabeto hebreo según su orden; excluyendo esto, que en el segundo, tercero y cuarto capítulos, la *phe* está colocada antes que la *ain;* mientras que en los Salmos acrósticos, esta última letra precede a la anterior como lo hacen todas las gramáticas de la lengua hebrea. En los dos primeros capítulos cada verso está compuesto por tres hemistiquios o medios versos, con excepción del séptimo versículo del primero y el decimonono del segundo capítulo que tienen cuatro hemistiquios.

El capítulo tercero contiene sesenta y cuatro versos, cada uno de los cuales, como caps. 1 y 2, formado por tres hemistiquios; pero, con la diferencia de que cada uno de éstos comienza con la misma letra; de modo que la totalidad del alfabeto está repetido tres veces en este capítulo.

El cuarto capítulo está constituido por veintidós versos, según el número de las letras hebreas; pero la composición es distinta de todo el resto porque cada versículo está formado solamente por dos hemistiquios que son mucho más cortos que cualquier otro en los capítulos precedentes.

He llamado a este libro, un poema inimitable; mejores jueces, son de la misma opinión. El obispo Lowth, dice: "Jamás ha habido una variedad más elegante y rica de hermosas figuras y auxiliares coordinadas dentro de un límite tan pequeño, ni elegidas y utilizadas más afortunadamente."

CAPITULO 1

El profeta comienza lamentando el triste descalabro de la fortuna que sobrevino a su país, confesando al mismo tiempo que sus desgracias eran la consecuencia justa de sus pecados (1-6). La misma Jerusalén es entonces personificada puesta al frente para continuar con el lúgubre lamento e implorar la misericordia de Dios (7-22).

En todas las copias de la Septuaginta encontramos que las palabras que transcribiremos forman parte del texto: "Y sucedió después que Israel fue llevado cautivo y Jerusalén llegó a ser una desolación que Jeremías se sentó a llorar: y deplorando por Jerusalén con este lamento dijo."

Yo añado otras palabras tomadas de la primera edición impresa de la Biblia inglesa, la de Coverdale, 1535: "Y sucedió (después que Israel fue llevado cautivo y Jerusalén destruida) que Jeremías el profeta se sentó a llorar, lamentando y desconsolándose sobre Jerusalén; de modo que con el corazón oprimido suspiraba y lloraba diciendo."

1. *¡Cómo ha quedado sola la ciudad populosa!* Sentándose, con los codos sobre las rodillas y sosteniéndose la cabeza con las manos, sin ninguna compañía, a no ser que

tuviera algún opresor cerca... todas estas eran señales de dolor y de desgracia. La moneda que Vespasiano mandó acuñar por la captura de Jerusalén y que tiene grabada en el anverso, una palmera que era el emblema de Judea; y debajo de ella, una mujer, símbolo de Jerusalén, sentada, apoyándose en la forma ya descrita, con la leyenda *Judea capta*, ilustra las palabras del texto tanto como las de Isaías 47:1.

Se ha vuelto como viuda. Porque perdió a su rey. Comúnmente se describen las ciudades como si fueran las madres de sus habitantes, los reyes como sus esposos y los príncipes como hijos. Por lo tanto, cuando se les despojaba de ellos, se les representaba como viudas y sin hijos.

2. *De todos sus amantes.* Sus aliados, en lugar de ayudarla, cooperaron con sus enemigos. Varios de los que buscaban su amistad cuando ella estaba en su apogeo, es decir, la época de David y Salomón, ahora se cuentan entre sus enemigos.

3. *Entre las estrechuras.* Ha sido llevada a tal punto de dificultad que le es imposible escapar. ¿Tienen estas palabras alguna referencia a las circunstancias que Sedequías y algunos de los príncipes de Judá procuraron para escapar de Jerusalén "por el camino de la puerta entre los dos muros"? Jer. 52:7.

4. *Las calzadas de Sion tienen luto.* Las calzadas por las cuales la gente transitaba para asistir a las solemnidades sagradas, ahora ya nadie la frecuenta; están representadas como si derramaran lágrimas; y las mismas puertas participan de la desgracia general.

11. *Dieron por la comida todas las cosas preciosas.* Se compara a Jerusalén a una mujer que llega a tener gran estrechez, que se deshace de sus joyas y chucherías para poder comprar con lo que logra las cosas necesarias para la vida.

12. *¿No os conmueve a cuantos pasáis por el camino?* Difícilmente tengan paralelo las desolaciones y calamidades sobrevenidas a la ciudad y sus habitantes. El excesivo abuso de las misericordias acumuladas de Dios exige un castigo ejemplar y extraordinario.

14. *El yugo de mis rebeliones.* Ahora estoy atado por la cadena de mis pecados; y está tan entretejida, tan doblemente enroscada alrededor de mí que me es imposible librarme. Hermosa representación de la infelicidad de un alma arrepentida que siente que sólo la piedad de la misericordia de Dios puede librarle.

15. *Llamó contra mí compañía.* El ejército caldeo, formado por hombres de diversas naciones comisionados por Dios para destruir a Jerusalén.

17. *Sion extendió sus manos.* Se trata de una manifestación de súplica. *Jerusalén fue objeto de abominación entre ellos.* A quien nadie podía aproximarse, aun para ayuda o consuelo, según la ley (Lv. 15:19-27).

19. *Di voces a mis amantes.* Mis aliados; los egipcios y otros.

20. *Por fuera hizo estragos la espada.* La guerra a través del país; *por dentro señoreó la muerte;* la pestilencia y el hambre bramaron en la ciudad; la calamidad en todas sus formas cayó sobre mí.

21. *Oyeron que gemía.* Mi aflicción es bastante pública; pero nadie viene para consolarme. *Se alegran de lo que tú hiciste.* Por el contrario, se regocijan con mi miseria y ven que Tú has hecho lo que ellos eran incapaces de realizar. *Harás venir el día que has anunciado, y serán como yo.* A su turno, Babilonia sería visitada; y tus castigos derramados sobre ella igualarán su estado al mío. Véanse los seis últimos capítulos de la profecía anterior para el cumplimiento de esta predicción.

22. *Venga delante de ti toda su maldad.* Es decir, que Tú te acordarás de todos sus crímenes; Tú lo harás por medio del asedio, la espada, hambre y cautiverio, lo mismo que hiciste conmigo. Aunque tus castigos tarden por causa de tu misericordia, sin embargo, por tu justicia, son seguros. Las imprecaciones en los escritos sagrados generalmente deben ser comprendidas como declaraciones de los males que indican; o, en otras palabras anuncian que tales males se realizarán. Ningún profeta de Dios deseó jamás la destrucción de aquellos contra quienes se le ordenaba profetizar.

CAPITULO 2

El profeta muestra los espantosos efectos de la ira divina en las calamidades que sobrevinieron a su país; los desastres sin paralelo, de los cuales acusa en gran parte a los falsos profetas (1-14). En esta condición desesperada, el espanto y mofa de todos los que la ven, Jerusalén es guiada a suplicar seriamente la misericordia y el perdón (15-22).

1. *¡Cómo oscureció el Señor en su furor a la hija de Sion!* Las mujeres en los países orientales, llevan velos que, a menudo son muy costosos. Aquí, Sion está representada como si estuviese velada por el juicio de la mano de Dios. ¿Y qué es el velo? Una densa nube por la que está completamente oscurecido. *La hermosura de Israel.* Su templo. *Del estrado.* El arca del pacto, reconocida a menudo por ese nombre.

2. *Destruyó el Señor.* Extraña figura cuando se aplica de esta manera: pero aquí está representado el Señor como si hubiera destruido a Jerusalén, a todas las ciudades y fortificaciones de la tierra; vale decir, que permitió que las exterminaran. Véase el verso 5.

3. *El cuerno de Israel.* (Versión 1909.) Toda su potencia y fortaleza. Metáfora tomada del ganado cuya fuerza principal reside en

sus cuernos. *Retiró de él su diestra.* No nos apoyó cuando nuestros enemigos vinieron en contra de nosotros.

4. *Entesó su arco... afirmó su mano derecha.* Es la actitud del arquero. Primero, ata su arco; luego, dispone la flecha sobre la cuerda; y por fin, colocando su mano derecha sobre el extremo más bajo de la flecha en trabazón con la cuerda, toma su puntería y se prepara para dispararla.

7. *Hicieron resonar su voz en la casa de Jehová.* En lugar de las trompetas de plata del santuario, sólo se oirán los sonidos belicosos.

8. *Extendió el cordel.* Las cuerdas de la destrucción; para señalar lo que tenía que ser derribado y demolido.

9. *Sus puertas están hundidas en tierra.* (V. Moderna). Como consecuencia de haber estado echadas por tierra y descuidadas durante mucho tiempo. De esto se deduce que la cautividad ya había durado bastante. *Su rey y sus príncipes están entre las naciones.* Sedequías y muchos de los príncipes se encontraban prisioneros en Babilonia; otra prueba de que el cautiverio ya llevaba algún tiempo; a menos que se esté hablando proféticamente de lo que iría a suceder.

10. *Se sentaron en tierra.* V.l.e.s. cap. 1:1. *Callaron.* Las palabras no podían expresar su pena: los pequeños sufrimientos son elocuentes, los grandes, son mudos.

11. *En las plazas de la ciudad.* Por causa del hambre excesiva.

12. *Derramando sus almas en el regazo de sus madres.* ¡Cuando al tratar de extraer la última gota de los exhaustos senos maternos, allí lanzaban su último suspiro! ¡Cuán terriblemente angustioso era todo esto!

13. *¿Qué testigo te traeré?* O más bien como traduce el doctor Blayney "¿Qué argumentos te presentaré?" ¿Cómo te consolaré? *Porque grande como el mar es tu quebrantamiento.* Tienes un diluvio de aflicciones, un mar de perturbaciones, un océano de calamidades.

14. *Y no descubrieron tu pecado.* Ellos no les reconvinieron por sus pecados; los ilusionaban en sus maldades; y, en lugar de desviar tu cautividad convirtiéndote de tus iniquidades, pretendieron visiones de bienestar a tu favor y falsas cargas para tus enemigos.

15. *De perfecta hermosura.* Probablemente esto sólo se refiera al templo. Jerusalén nunca fue una ciudad hermosa o brillante; pero, con toda seguridad el templo era el edificio más esplendoroso del mundo.

16. *Este es el día que esperábamos.* Jerusalén era objeto de envidia de las naciones circunvecinas: deseaban su destrucción y se regocijaron cuando tal cosa sucedió.

17. *Jehová ha hecho.* Este versículo y el decimosexto están intercambiados para seguir el orden de las letras del alfabeto hebreo; como el decimosexto tiene *phe* en la letra que inicia su acróstico y la decimoséptima tiene *ain* que precede a la otra en el orden alfabético.

18. *Oh muro de la hija de Sion.* (V. 1909). Probablemente fueron dichas estas palabras por los transeúntes que parecían afectarse por la desolación de la tierra; y ellos arengan al pueblo y le urgen a clamar a Dios día y noche por su restauración. *Ni cesen las niñas de tus ojos.* Bath ayin puede significar tanto la pupila del ojo como lágrimas. Estas son productos del ojo y aquí se le llama elegantemente "la niña del ojo". Que no cesen tus lágrimas.

19. *Levántate, da voces en la noche.* Esto parece referirse a Jerusalén desolada. Vosotros que guardáis las vigilias de la noche, derramad vuestros corazones ante el Señor, en lugar de llamar la hora de la noche, etc.; o, cuando lo llame, haga una oración ferviente a Dios por la salvación y la seguridad del lugar.

20. *Considera a quién has hecho así.* Quizá la mejor versión de este difícil versículo sea ésta: "Tú eres nuestro Padre, nosotros tus hijos, ¿destruirás a tu descendencia? ¿Se oyó alguna vez que alguna madre devorara a su propio hijo, un indefenso infante de un palmo de altura?" Que se predijo que habría tales calamidades durante el asedio, que las madres se verían obligadas a comerse sus propios hijos, es bastante evidente por Lv. 26:29; Dt. 28:53, 56-57; pero la anterior visión del tema parece más natural y está más apoyada por el contexto. El sacerdote y el profeta son muertos; los jóvenes y los ancianos están tirados en las calles; las vírgenes y los jóvenes han caído por la espada. "Mataste en el día de tu furor; degollaste, no perdonaste." Véase cap. 4:10.

22. *Has convocado de todas partes mis temores, como en un día de solemnidad.* Es solamente por tu influencia que tantos enemigos han sido convocados a una vez; y nos ha encerrado de tal modo que ninguno de nosotros pudo escapar y no quedó uno que no fuera matado o llevado en cautiverio. Quizá la figura se refiera a convocar la gente en Jerusalén en uno de sus días de solemnes fiestas anuales.

CAPITULO 3

El profeta, relatando sus propias pruebas (1-20) y demostrando su confianza en Dios (21) anima al pueblo a igual resignación y confianza en la misericordia divina e infaltable (22-27). Vindica la bondad de Dios en todas sus dispensaciones y la sinrazón de murmurar en contra de ellas (28-39). Recomienda el autoexamen y el arrepentimiento, y luego, por su experiencia de anteriores liberaciones divinas, los anima a buscar el perdón de sus pecados y la retribución de sus enemigos (40-66).

1. *Yo soy el hombre que ha visto aflicción.* O el profeta habla aquí de sí mismo, o está personificando a sus desdichados paisanos. Este y otros pasajes del poema han sido aplicados a la pasión de Jesucristo; en mi opinión, no hay fundamento para esto.

2. *Me llevó en tinieblas.* En los escritos sagrados, *tinieblas,* es a menudo símbolo de calamidad; *luz,* de prosperidad.

5. *Edificó baluartes contra mí.* Quizás aquí haya una referencia a los terraplenes y baluartes levantados por los caldeos para tomar la ciudad.

7. *Me cercó por todos lados.* Esto también puede tener referencia a las cuerdas con las que rodeaban la ciudad durante el asedio. Pero éstas y otras expresiones similares que encontramos en los versículos siguientes, pueden ser puramente metafóricas para indicar su condición de estrechez, opresión y angustia.

9. *Cercó mis caminos con piedra labrada.* Puso innumerables obstáculos en mi camino; y confundió todos mis proyectos de liberación y todas mis esperanzas de prosperidad.

13. *Las saetas de su aljaba.* "Los hijos de su carcaj." *Saetas* que salen de una *aljaba,* se les denomina aquí "los hijos de la aljaba o carcaj".

16. *Mis dientes quebró con cascajo.* ¡Qué figura para expresar disgusto, pena y consecuentemente incapacidad de alimentarse para sostener la vida; un hombre, en lugar de pan, se ve obligado a comer pequeños guijarros hasta que se le rompen todos los dientes tratando de molerlos! *Me cubrió de ceniza. Hichphishani beepher.* "Me arrojó hasta el polvo." Ser arrojado a un montón o lecho de puro polvo, donde los ojos se ciegan por su causa, los oídos se tapan y la boca y los pulmones se llenan en el primer intento de respirar después de haber sido echado a tal lugar . . . ¡qué terrible idea de sofocación!

17. *Y mi alma se alejó de la paz.* La prosperidad está tan lejos de mí, que es imposible poder alcanzarla; en cuanto a la felicidad, no recuerdo haberla probado.

20. *Mi alma está abatida dentro de mí.* Es evidente que en los versículos anteriores hay una amargura de queja contra la angustia de la adversidad que no es propia del hombre que está bajo la castigadora mano de Dios; y, mientras se mima este sentimiento, toda esperanza huye; pero, aquí encontramos un sentimiento muy diferente: se humilla bajo la poderosa mano de Dios, y entonces la esperanza revive, v. 21.

22. *Por la misericordia de Jehová no hemos sido consumidos.* Así humillados, y viéndose a sí mismo y su pecaminosidad desde un correcto punto de vista, encuentra que Dios, en lugar de darle el merecido castigo, ha estado tratándolo con misericordia; y que, aunque la aflicción haya sido

excesiva, sin embargo, era menor de lo que merecía la iniquidad. De veras, si algún pecador se libra de ir al infierno, es porque no le abandonó la compasión de Dios.

23. *Nuevas son cada mañana.* Día y noche proclaman la misericordia y compasión de Dios. ¿Podríamos continuar nuestra existencia durante el día si no fuera por una Providencia continua que nos manejara? ¿Quién nos guardaría en la noche si el Guardián de Israel llegara a adormecerse o a dormirse?

26. *Bueno es esperar.* La esperanza es esencialmente necesaria a la fe; quien no espera, no puede creer; si no hay expectativa, no puede haber confianza.

27. *Llevar el yugo desde su juventud.* Quien no haya estado bajo saludables restricciones durante su juventud, jamás llegará a ser un hombre, útil, bueno, feliz.

51. *Mis ojos contristaron mi alma.* Lo que veo, lo siento. Sólo contemplo miseria; en consecuencia, no siento más que pena. *Las hijas de mi ciudad.* Las villas cercanas a Jerusalén.

52. *Mis enemigos me dieron caza.* Desde este versículo hasta el final del capítulo, el profeta se refiere a sus propios sufrimientos personales y en especial a los que soportó en la mazmorra. Véase Jer. 38:6 y sgs.

66. *Persíguelos en tu furor y quebrántalos.* Los perseguirás con destrucción. Todas estas expresiones son declarativas y no imprecatorias. *Debajo de los cielos, oh Jehová.* Este verso parece aludir a la predicción caldea, que se encuentra en Jer. 10:11. Por su conducta, ellos se acarrearán la maldición denunciada en contra de sus enemigos.

CAPITULO 4

Se contrasta ahora el deplorable estado de la nación en esa época con la antigua prosperidad (1-12); y el desdichado cambio se atribuye en sumo grado a la disolución de los sacerdotes y profetas (13-16). Las calamidades nacionales son tiernamente lamentadas (17-20). La ruina de los edomitas quienes habían insultado a los judíos en su desgracia, se predice irónicamente (21). Véase Sal. 137:7 y Abd. 10-12. El capítulo finaliza con una grata promesa de liberación de la cautividad babilónica (22).

1. *¡Cómo se ha ennegrecido el oro!* El profeta contrasta con diversos ejemplos patéticos las calamitosas circunstancias de la nación judía con el estado floreciente de sus asuntos en épocas anteriores. Aquí son comparados al oro, *zahab,* oro natural de las minas, que, contrariamente a su género, se ha *ennegrecido,* se ha oscurecido; y aun el oro *bueno,* el "refinado," *ketham* que era acuñado como moneda corriente, ha *perdido su brillo* o "adulterado" de modo que ya no puede usarse. *Las piedras del santuario.* "Las santas piedras."

2. *Los hijos de Sion, preciados.* Los sacerdotes y fieles judíos. *Estimados más que*

el oro puro. Que eran de la pura ley de la santidad; santos, porque Dios que los había llamado, es santo; pero ahora, considerados no mejores que *vasijas de barro . . .* vasos para deshonra, comparados con lo que fueron una vez.

3. *Aun los chacales dan la teta.* El mamífero amamanta su cría. *Como los avestruces en el desierto.* Por su descuido en cuanto a sus huevos y su despreocupación con los polluelos esta ave es proverbial.

4. *La lengua del niño de pecho.* Véase cap. 2:12.

5. *Se abrazaron a los estercoleros.* Se tendían sobre paja o desperdicios, en lugar de costosas alfombras y sofás a los que habían estado habituados.

6. *Así el castigo.* (Versión Moderna). Piensa que el castigo de Jerusalén es mayor que el de Sodoma. Esta fue destruida en un momento mientras que todos sus habitantes estaban en salud y prosperidad; Jerusalén cayó por las más prolongadas calamidades; sus hombres fueron destruidos, unos, por la espada, otros, por el hambre.

7. *Sus nobles fueron más puros que la nieve. Nazir,* empleado en el original, no siempre significa persona separada por un voto religioso; algunas veces se refiere a jefes o eminentes.

10. *Las manos de mujeres piadosas cocieron a sus hijos.* Véase cap. 2:20. Pero aquí tenemos una referencia a madres que comieron a sus propios hijos; y esto no fue hecho por madres crueles y brutales, sino por las madres "compasivas," las tiernas.

12. *Los reyes de la tierra.* Jerusalén estaba tan bien fortificada por naturaleza y artificio que pareció un milagro que haya sido tomada.

13. *Por causa de los pecados de sus profetas, y las maldades de sus sacerdotes.* Estos miserables, bajo la pretensión de celo por la verdadera religión, perseguían a los genuinos profetas, sacerdotes y al pueblo de Dios e hicieron que su sangre fuera derramada en medio de la ciudad en la manera más pública y evidente.

14. *Titubearon como ciegos en las calles.* Más bien, "Corrían frenéticos por las calles; estaban manchados de sangre". Sucedió en su pretendido celo por su causa.

15. *Huyeron.* Estos sacerdotes y profetas fueron tan malos, que los mismos paganos no querían permitirles permanecer entre ellos. El profeta ahora resume la historia del sitio.

17. *Aguardamos a una nación.* A saber, los egipcios, que fueron sus pretendidos aliados, y que no fueron capaces ni quisieron apoyarlos contra los caldeos.

18. *Para que no anduviésemos por nuestras calles.* Se supone que esto tenga referencia a las flechas y otros proyectiles arrojados desde los atrincheramientos que habían levantado en el exterior de los muros, de modo que los que transitaban por las calles no podían resguardarse.

19. *Sobre los montes nos persiguieron.* Perseguían a los pobres judíos como si fueran animales salvajes por todas partes del territorio, las partidas de saqueo, mientras que el grueso del ejército asediaba a Jerusalén. También, las palabras del texto pueden referirse al perseguido Sedequías. Véase lo que sigue.

20. *El aliento de nuestras vidas, el ungido de Jehová.* Se refiere al rey Sedequías, que era como la vida de la ciudad, en su huida fue capturado por los caldeos quienes le sacaron los ojos; de modo que quedó incapacitado para cualquier función gubernativa; aun cuando ellos habían esperado que si se rendían y eran conducidos en cautiverio, se les permitiría vivir bajo sus propias leyes y rey en la tierra de su servidumbre.

21. *Gózate y alégrate, hija de Edom.* Fuerte ironía. *Aun hasta ti llegará la copa.* Tú, que has triunfado en nuestros desastres, en breve apenas si tendrás algo que sea tuyo. Ellos se habían unido a los caldeos (véase Sal. 137:7) y por lo tanto tendrían que compartir la asolación de Babilonia.

CAPITULO 5

Este capítulo es como si fuese un epifonema o conclusión de los cuatro precedentes, representando a la nación como si se quejara bajo las grandes calamidades y suplicando humildemente el favor divino (1-22).

1. *Acuérdate, oh Jehová.* La Vulgata, la Siríaca y la Arábiga tienen este título: "Oración de Jeremías." Aunque este capítulo consiste exactamente en veintidós versículos, es decir el número de letras del alfabeto hebreo, sin embargo, ya no se observa la forma de acróstico. Quizás, algo tan técnico no se creyó adecuado estando en agonía y calamidad (bajo el sentimiento del desagrado de Dios por causa de sus pecados) y se postraron ante El, pidiéndole misericordia. Sea como fuera, no hay ningún intento de colocar a esos versículos en la misma forma que lo hacen los capítulos anteriores. Se trata justamente de una solemne oración de todo el pueblo, exponiendo sus sufrimientos pasados y presentes y suplicando la misericordia de Dios.

2. *Nuestra heredad ha pasado a extraños.* La mayor parte de los judíos habían sido matados o llevados en cautiverio; y aun los que habían quedado bajo Gedalías, no eran libres porque eran vasallos de los caldeos.

4. *Nuestra agua bebemos por dinero.* Supongo que el significado es el siguiente: que todas las cosas habían sido colocadas bajo

impuesto por los caldeos y que ellos lo manejaban todo, de modo que les vendían el agua, la leña, de manera que la gente no podía hacer uso de estas cosas de por sí. Estaban tan hondamente reducidos a la servidumbre, que estaban obligados a pagar caro lo que antes les era común y sin precio.

5. *Padecemos persecución sobre nosotros.* Sentimos el yugo de nuestro cautiverio; somos arrastrados a nuestros trabajos como el buey que tiene el yugo sobre su cuello.

6. *Al egipcio y al asirio extendimos la mano.* Hemos buscado la alianza de los egipcios y los asirios y hemos pactado con ellos para lograr lo necesario para la vida.

7. *Nuestros padres pecaron y han muerto.* El castigo de las naciones como entidades, no puede realizarse en la otra vida; por lo tanto, los castigos nacionales deben ser esperados solamente en esta existencia. El castigo que la nación judía había estado mereciendo por una serie de años, le había llegado al fin, porque ellos copiaron e incrementaron los pecados de sus padres y la copa de su iniquidad estaba llena.

8. *Siervos se enseñorearon de nosotros.* Quizás aquí se haga referencia a los soldados caldeos a quienes los desdichados judíos estaban obligados a obedecer.

9. *Con peligro de nuestras vidas traíamos nuestro pan.* No podían ir al desierto para alimentar su ganado o para lograr las cosas necesarias para la vida sin ser acosados y despojados por las partidas de merodeadores y por su causa estaban muchas veces expuestos a la muerte. Es lo que fue predicho por Moisés, Dt. 28:31.

10. *Nuestra piel se ennegreció . . . a causa del ardor del hambre.* A causa de los vientos penetrantes que queman cada cosa verde, destruyendo la vegetación, y, como consecuencia, produciendo el hambre.

11. *Violaron a las mujeres en Sion, a las vírgenes en las ciudades de Judá.* El mal mencionado fue predicho por Moisés, Dt. 28:30-32, y por Jeremías, cap. 6:12.

12. *A los príncipes colgaron de las ma-* *nos.* Es muy probable que haya sido una especie de castigo. Eran suspendidos por las manos con garrochas colocadas en el muro, hasta que morían por la tortura y el agotamiento. El cuerpo de Saúl fue amarrado al muro de Bet-san, probablemente en la misma manera; pero antes, le habían cortado la cabeza. Eran colgados así para que fueran devorados por las aves del cielo.

13. *Llevaron a las jóvenes a moler.* Era la labor que correspondía a las muchachas esclavas. Véase Is. 47:2.

14. *Los ancianos no se ven más en la puerta.* Porque ya no se administra justicia al pueblo; están bajo la ley militar o a disposición, en todos los sentidos, del capricho de sus amos.

16. *Cayó la corona de nuestra cabeza.* Durante las fiestas, casamientos, etc., acostumbraban a coronarse con guirnaldas de flores; toda alegría de esta clase había terminado. También puede tener referencia a la pérdida de toda su soberanía, siendo ahora meros esclavos.

18. *Zorras andan por él.* Las zorras abundan mucho en la Palestina; véase Jue. 15:4. Los hebreos acostumbraban a considerar toda tierra desierta como refugio de animales salvajes; que es lo que en realidad sucede en cualquier parte donde los habitantes hayan sido sacados del territorio.

19. *Tú, Jehová, permanecerás para siempre.* Tú no cambias. Una vez nos amaste; ¡renueva tu amor hacia nosotros!

21. *Renueva nuestros días como al principio.* Restáuranos a nuestro estado anterior. Que volvamos a tener nuestro país, nuestro templo y todos los servicios divinos de nuestra religión; pero, sobre todo, que volvamos a tener tu favor.

22. *Porque nos has desechado.* Parece como si hubieras sellado nuestra reprobación final, porque te muestras excesivamente airado en contra de nosotros. Pero, "conviértenos, oh Dios, y seremos convertidos". El oyó la oración; y al final de los setenta años fueron restaurados a su propio territorio.

EL LIBRO DE

EZEQUIEL

El profeta Ezequiel era hijo de Buzi, y, según él mismo nos informa, pertenecía a la tribu sacerdotal, cap. 1:3. Nabucodonosor lo llevó cautivo junto con Jeconías, rey de Judá y otros tres mil de los principales habitantes y fue enviado a la Mesopotamia donde recibió el don profético, que es lo que se supone por una expresión oscura de sus profecías, cap. 1:1, y que hace imaginar que contara entonces unos treinta años de edad. Había estado cautivo durante cinco años y siguió profetizando unos veintidós, es decir, hasta el decimocuarto después de la destrucción de Jerusalén.

Aproximadamente tres meses y diez días después de esta conquista de Jerusalén, Nabucodonosor hizo otra invasión y nuevamente asoló la ciudad; y Joaquín, que sucedió a su padre Joacim, fue obligado a rendirse. Los victoriosos caldeos se llevaron a todas las personas eminentes a Babilonia, dejando en la tierra solamente a los más pobres. Véase II R. 24:8-16. Estos cautivos fueron establecidos en Tel-abib y otros lugares sobre las márgenes del río Quebar que corre al oriente del Eufrates en Carquemis, casi a doscientas millas al norte de Babilonia. Allí estuvo corporalmente, aunque en las representaciones visionarias algunas veces fue transportado a Jerusalén.

El objetivo principal de este profeta fue consolar a sus compañeros de tribulación durante su cautiverio y hacerlo más llevadero por las promesas sumamente seguras de restauración a su propio país, la reedificación del templo y la reinstalación del culto divino, con la destrucción final de todos sus enemigos.

CAPITULO 1

En este capítulo encontramos la extraordinaria visión de la gloria divina con la que el profeta fue favorecido al recibir la comisión e instrucciones pertinentes al desempeño de su ministerio que están explícitas en los dos capítulos siguientes. Época en que el profeta recibió esta manifestación divina (1-3). Visión de los cuatro seres vivientes y las cuatro ruedas (4-25). Descripción del firmamento que se extendía sobre ellos y del trono sobre el que se sentaba una semejanza de hombre (26-28). Esta visión, avanzando en un torbellino desde el norte, parece indicar los espantosos juicios que llegarían sobre toda la tierra de Judá mediante la agencia de los crueles caldeos que residían al norte. Véase Jer. 1:14; 4:6; y 6:1.

1. *En el año treinta*. Ignoramos a qué se refiere esta fecha. Algunos piensan que se trata de la edad del profeta; otros, del tiempo en que Josías renovó el pacto con el pueblo, II R. 22:3. *En el mes cuarto*. Thammuz, que corresponde casi a nuestro julio. *Vi visiones de Dios*. Emblemas y símbolos de la Majestad divina. A ellos se refiere especialmente en este capítulo.

2. *La deportación del rey Joaquín*. A quien también se le conoce por los nombres de Jeconías y Conías; véase II R. 24:12. Fue transportado por Nabucodonosor; véase II R. 24:14.

3. *La mano de Jehová*. Fui lleno de su poder y del influjo del espíritu profético.

4. *Venía del norte un viento tempestuoso*. Nabucodonosor, cuya tierra, Babilonia, estaba situada al norte de Judea. Así denomina frecuentemente Jeremías a la Caldea. *Una gran nube, con un fuego envolvente*. Una masa de fuego concentrada en una inmensa nube; a fin de que pudiera ser observada con mayor claridad, el fuego no sobresalía jamás de la nube, sino que brotaba y volvía sobre sí mismo o volviendo al centro de donde parecía surgir. *Y alrededor de él un resplandor*. Un fino matiz de luz rodeaba la nube para hacer sus límites más discernibles; más allá de cuyo extremo, el fuego no avanzaba. *Como bronce refulgente*. Esto estaba en el centro de la nube; esta sustancia de color ambarino era el centro de la llama violenta. La palabra que algunas versiones traducen por *ámbar*, se refería a un metal compuesto, muy brillante, hecho de oro y bronce.

5. *Y en medio de ella ... cuatro seres vivientes*. Porque el cuerpo ambarino era el centro del fuego, y éste, a su vez, estaba en el centro de la nube; de modo que de este centro como bronce en ignición emergían las criaturas vivientes recién mencionadas.

6. *Cada una tenía cuatro caras.* Había cuatro figuras distintas de estos seres vivientes y cada una de ellas tenía cuatro caras distintas; pero, a la visión del profeta fue presentado el rostro del hombre, de modo que pudo verlo con mayor claridad que a los demás; de aquí que en el verso quinto se diga que cada una de estas figuras tenía semejanza de hombre; y la totalidad de esta imagen compuesta presentaba la semejanza de una figura humana.

7. *Y los pies de ellos eran derechos.* No parecían poder flexionar las rodillas, ni las piernas estaban separadas como indicando adelantarse para caminar. *Como planta de pie de becerro.* Primero, declara que el pie era derecho; uno que no se apoya horizontalmente como el pie humano. *Y centelleaban a manera de bronce muy bruñido.* Supongo que se refiere a la pezuña de la pata del becerro, más bien que a la totalidad del miembro. Quizá no hay nada que brille más que el bronce lustrado o bruñido. En Ap. 1:15, se representa a nuestro bendito Señor con los pies semejantes al bronce bruñido.

9. *Con las alas se juntaban el uno al otro.* Cuando sus alas estaban extendidas formaban una especie de pabellón a nivel con sus propias cabezas o los hombros; y sobre la expansión estaba el trono y sobre él, "una semejanza que parecía de hombre," v. 26. *No se volvían cuando andaban.* No aleteaban; como se deslizaban con los pies se remontaban con sus alas.

10. *Y el aspecto de sus caras.* Estos animales compuestos tenían un solo cuerpo; pero cada uno de éstos, tenía cuatro caras; la de hombre y la de león, del lado derecho y la de buey y la de águila, del izquierdo.

12. *Y cada uno caminaba derecho hacia adelante.* No por pasos progresivos sino deslizándose. *Hacia donde el espíritu les movía.* Iban hacia donde los impulsaba el torbellino pues habían sido traídos por el viento, véase el v. 4.

13. *Como de carbones de fuego encendidos.* La totalidad de la sustancia parecía ser de fuego; y entre ellos frecuentes fulgores como lámparas cimbreantes que a menudo emitían relámpagos, o más bien centellas, como hemos visto lanzarse del hierro fuertemente calentado al rojo en una fragua.

14. *Y los seres vivientes corrían y volvían.* Tenían un movimiento circular; estaban en rápida acción, pero no aumentaban su distancia del espectador.

15. *Una rueda sobre la tierra.* Es sumamente probable que la rueda interior, solamente se refiera a la masa en la que están insertados los rayos que salen del centro o masa con respecto al aro, cerco o circunferencia donde rematan.

18. *Y sus aros.* El cerco o circunferencia. *Eran altos y espantosos.* Su diámetro era sumamente grande, de modo que era terrible mirar desde la parte que posaba en el suelo al punto opuesto superior. *Y llenos de ojos.* ¿No se refiere esto a la semejanza de *clavos* que mantienen los rayos al aro?

19. *Y cuando los seres vivientes andaban, las ruedas andaban.* Las ruedas estaban asidas a los seres vivientes, de modo que, al avanzar, tenían el mismo movimiento.

20. *El espíritu de los seres vivientes estaba en las ruedas.* Es decir, que las ruedas estaban movidas por un espíritu vital. Aquí entonces está la carroza de Jehová. Hay cuatro ruedas sobre cada una de las cuales está colocado uno de los animales compuestos; éstos forman el cuerpo de la carroza, extienden sus alas horizontalmente hacia arriba, constituyendo el palio o cubierta de la carroza, sobre el remate de la cual, o sobre las alas extendidas de los cuatro seres vivientes estaba el trono, sobre el que había una apariencia de hombre, v. 26.

22. *Cristal maravilloso.* Como un cristal bien cortado e igualmente pulido, con varias caras por las que se refractaban rayos de luz, asumiendo, ya una variedad de colores prismáticos o bien una refulgencia insoportablemente deslumbrante.

23. *Y cada uno tenía dos alas que cubrían su cuerpo.* Mientras ellos empleaban dos de sus alas para formar una base sobre la cual descansar el firmamento, las otras dos estaban bajas para cubrir la parte inferior de sus cuerpos; lo que hacían solamente cuando estaban parados, v. 24.

24. *Y el sonido de sus alas.* Cuando el torbellino impulsaba las ruedas, el susurro del viento entre las alas era semejante al ruido de muchas aguas. *Como la voz del Omnipotente.* Como un trueno distante; pues así se denomina a la voz de Dios, Sal. 18:13; Ex. 9:23, 28, 29; 20:18.

26. *De zafiro.* El puro zafiro oriental, del cual una muestra bien tallada tengo ahora ante mis ojos, es de un azul de lo más esplendente y hermoso que pueda concebirse. Algunas veces he observado que los cielos asumen este conspicuo matiz. Se supone que la forma humana que está bajo este palio representa a Aquel que, en la plenitud del tiempo se manifestaría en la carne.

27. *Y vi apariencia como de bronce.* Hay diversas clases de ámbar muy puros y de hermosa transparencia. En este momento estoy sosteniendo contra la luz uno que fulgura un amarillo brillante muy hermoso. Semejante apariencia resplandeciente tenía desde los lomos para arriba el augusto Ser que estaba sobre este trono; pero en la parte inferior se asemejaba al fuego ardiendo con llama clara y brillante.

28. *Como parece el arco iris.* Sobre el pabellón en el cual está este glorioso personaje había un admirable arco iris que según la descripción presentada tenía todos sus co-

lores vívidos, claros y a la perfección –rojo, anaranjado, amarillo, verde, azul, índigo y violeta. "Este," según se describe arriba, "fue la visión de la semejanza de la gloria de Jehová". Espléndida y gloriosa como era, se trataba solamente de "semejanza de la gloria," una pálida representación de la realidad.

CAPITULO 2

El profeta, anonadado por la gloriosa visión del capítulo anterior, aquí es fortalecido y confortado (1, 2); y luego comisionado para declarar a la rebelde casa de Israel, los terribles castigos que a breve plazo sobrevendrían a toda la tierra si no se arrepentían; Dios concede a Ezequiel una benévola seguridad de que estaría constantemente con él mientras realizara los deberes de su ministerio (3-5). El profeta también recibe la orden de ser intrépido, resuelto y fiel en su desempeño (6-8), puesto que debe ser mensajero de cosas desagradables que lo expondrán a gran persecución (9, 10).

1. *Me dijo.* En el último versículo del capítulo anterior, encontramos que el profeta estaba tan conmovido por el pavor ante la visión de la gloria de Dios en su mística carroza, que "se postró sobre su rostro"; y, mientras se encontraba en esta actitud de adoración, oyó la voz que se menciona en este lugar.

2. *Entró el Espíritu en mí.* Este espíritu es distinto del que se menciona arriba, por el que las ruedas, etc., se movían. En este lugar se refiere al espíritu de la profecía, cuyo servicio no sólo era capacitarle para prever y predecir eventos futuros, sino para purificar y perfeccionar su corazón capacitándolo para ser un próspero predicador de la palabra de vida. *Y me afirmó sobre mis pies.* Para poder permanecer como siervo ante su señor, listo a recibir órdenes.

3. *Hijo de hombre.* Este apelativo, mencionado con tanta frecuencia en este libro, parece haber sido dado primeramente a este profeta; luego, a Daniel; y después de todo, al hombre Cristo Jesús. Quizá se les dio a los dos primeros, para recordarles su fragilidad y que debían cuidarse de no engrandecerse en sus propios pensamientos por las extraordinarias revelaciones que se les encomendaban; y que debían sentirse de la misma naturaleza que aquellos a quienes eran enviados. Al último puede habérsele asignado meramente para demostrar que aunque todos sus actos lo probaban como Dios, sin embargo también era realmente hombre; y que en el hombre Cristo Jesús moraba toda la plenitud de la Divinidad corporalmente. *Yo te envío a los hijos de Israel.* A aquellos que en ese momento se encontraban en cautiverio, particularmente en Caldea; y a los judíos en general, tanto a los lejanos como a los que se hallaban cerca.

4. *Y les dirás: Así ha dicho Jehová.* Hazles saber que lo que tienes que declarar es el mensaje del Señor a fin de que lo reciban con reverencia.

5. *Conocerán que hubo profeta entre ellos.* Para entonces estarán seguros de *dos* cosas: (1) Que Dios en su misericordia les ha enviado la debida amonestación. (2) Que ellos mismos quedan inexcusables por no haberla recibido.

6. *No los temas.* Van a maltratarte por causa del mensaje; pero que ninguna consideración de recelo te induzca a suprimirlo. Aunque ellos sean rebeldes, no les temas; Yo te sostendré y te guardaré.

7. *Escuchen.* Si ellos reciben el mensaje o te persiguen por su causa, decláraselos, de modo que sean inexcusables.

9. *Un rollo de libro. Megillath sepher.* Todos los libros antiguos estaban escritos de esa manera para poder ser enrollados; de aquí tenemos la palabra *volumen*, un "volumen" de *volvo*, "yo enrollo".

10. *Estaba escrito por delante y por detrás.* Contrariamente a lo que se hace con los rollos en general, que se escriben de un solo lado que es el interior. *Y había escritas en él endechas y lamentaciones y ayes.* ¡Qué terrible colección! "¡Lamentaciones, y gemidos, y ayes!"

CAPITULO 3

Este capítulo contiene más particularmente instrucciones al profeta. Comienza con la repetición de su nombramiento para el ministerio (1-3). Ezequiel es informado que en esta ocasión, su comisión concierne solamente a la casa de Israel (4-6); que sus connacionales harían poco caso de él (7); que debía perseverar en su deber a pesar de su gran desilusión; y es dotado de extraordinario coraje e intrepidez que lo habilitarían audazmente para declarar todo el consejo de Dios a un pueblo desobediente y contradictor (8-11). Después el profeta es llevado por el espíritu que animaba al querubín y las ruedas y por el que recibiera el don de profecía, a una colonia de sus hermanos en las cercanías, donde permaneció siete días atónito (12-15). Entonces es amonestado de la terrible importancia de ser fiel a su ministerio (16-21). Se le ordena a ir al campo para recibir una manifestación visible de la Presencia divina (22); nuevamente es favorecido con una visión de esos símbolos maravillosos descritos en el primer capítulo, por los cuales, la gloriosa majestad del Dios de Israel era representada en parte (23). Véase también Is. 6:1-18; Dn. 10:5-19; y Ap. 1:10-16; 4:1-11, para otras manifestaciones de la gloria divina en todas las cuales se emplean imágenes muy similares. El profeta recibe instrucciones pertinentes a su futura gestión (24-27).

1. *Come este rollo, y ve y habla.* Esto debió de haber ocurrido en visión; pero el significado es claro. Recibe mi palabra –que penetre en tu alma; digiérela– que sea tu alimento.

2. *Y fue en mi boca dulce como miel.* Me regocijé al recibir el mensaje divino y penetrar de esta manera en el secreto divino y yo me prometí mucho consuelo en esa íntima relación con la cual era favorecido por el Ser Supremo. En Ap. 10:10, encontramos a

San Juan recibiendo un librito que comió y encontró que era dulce como la miel en su boca, pero después de ingerido fue amargo en su vientre, significando que una profunda consideración del terrible asunto contenido en la palabra de Dios en contra de los pecadores, muchos de los cuales se dirigen a una confusión sin fin, debe afligir profundamente a aquellos que saben algo del valor de un espíritu inmortal.

7. *Dura de frente y obstinada de corazón.* Es la versión que da la marginal.

14. *Y fui en amargura.* Lleno de indignación ante la maldad y obstinación de mi pueblo, fui, resuelto a hablar la palabra de Dios sin embozo y echarles en cara duramente su rebelión; y no obstante me encontraba sumamente perplejo a causa del terrible mensaje que se me había encomendado predicar.

15. *Tel-abib.* "Un montón de grano."

20. *Si el justo se apartare de su justicia.* Por estos pasajes vemos que el justo puede caer de la gracia y perecer eternamente. *Y pusiere Yo tropiezo delante de él.* Es decir, Yo permito que sea probado y él cae en la prueba. Repetidamente, Dios se está representando como si hiciera cosas que El, sólo permite que sucedan. Pone un tropiezo, es decir, permite que alguien lo ponga.

22. *Levántate, y sal al campo.* A un lugar lejos de la observación y el ruido; un sitio donde la gloria de Dios tenga suficiente espacio para manifestarse, de modo que el profeta pudiera ver claramente todos sus movimientos.

24. *El Espíritu... me habló y me dijo: Entra y enciérrate dentro de tu casa.* Escóndete ahora. La razón se añade inmediatamente.

25. *Pondrán sobre ti cuerdas.* Tus compatriotas se levantarán contra ti; y, para impedirte profetizar, te encerrarán.

26. *Y haré que se pegue tu lengua a tu paladar.* No te daré ningún mensaje para ellos. Son tan rebeldes, que es inútil amonestarlos más.

CAPITULO 4

Ezequiel diseña Jerusalén y pone sitio contra ella como símbolo de la manera en la cual los ejércitos caldeos van a cercar esa ciudad (1-3). El profeta recibe la orden de acostarse sobre su lado izquierdo durante trescientos noventa días y sobre el derecho, cuarenta días, informándosele de sus respectivos significados (4-8). La limitada cantidad y lo ordinario de las provisiones permitidas al profeta durante su simbólico asedio, consistiendo especialmente en las peores clases de granos, mal cocidos, pues su combustible solamente consistía en estiércol de bueyes; propendiendo todo a anunciar la escasez de provisiones, combustibles y de todo lo necesario para la vida que los judíos sufrirían durante el sitio de Jerusalén (9-17).

1. *Tómate un adobe.* Sin duda quiere decir "un ladrillo"; con todo, aun las mayores dimensiones aquí no nos ayudarán a sortear la dificultad, a menos que apelemos al recurso de los antiguos que han hecho referencias a las dimensiones de los ladrillos empleados generalmente en la construcción. Paladius es muy detallista en ese asunto: "Que los ladrillos midan dos pies de largo por uno de ancho y cuatro pulgadas de espesor." En una superficie como la citada fácilmente podía ser representado el sitio. Pero, también aquí podría significar el barro templado del cual estaban fabricados los ladrillos; de esa sustancia, pudo preparar una cantidad suficiente para acomodar todas sus representaciones.

2. *Arietes.* Es la información más primitiva que tenemos sobre esta máquina militar. Consistía en una extensa viga con cabezal de bronce, semejante a la cabeza y cuernos de un carnero. Se suspendía por medio de cadenas o sogas, entre dos maderos, o tres patas de modo que podía ser arrastrado hacia atrás y hacia adelante algunos metros. Algunos hombres fornidos, por medio de cuerdas, tiraban hacia atrás hasta donde podían llegar, entonces, repentinamente lo soltaban, golpeando con gran violencia contra el muro que pretendían mover y derribar. Esta máquina no era conocida en los tiempos de Homero, pues en el sitio de Troya, no hay la más ligera mención de su existencia. Aquí es el primer lugar donde se la menciona, usándola Nabucodonosor en el sitio de Jerusalén.

3. *Tómate también una plancha de hierro.* "Una lámina lisa" o rebanada, pues es así que lo traduce la marginal: tal como en algunos países se emplea para hornear el pan, llamado *tartera*, que se suspende sobre el fuego y se conserva con el grado de calor requerido con ese objeto. Los caldeos tendieron una muralla semejante alrededor de Jerusalén para impedir que los sitiados recibieran socorro o escaparan de la ciudad. *Es la señal a la casa de Israel.* Es una representación simbólica de lo que realmente sucederá.

4. *Y tú te acostarás sobre tu lado izquierdo.* Parece que todo lo que aquí y en los versículos siguientes se menciona, no se trató de una idea sino que fue realizado en realidad. El profeta se acostó sobre su lado izquierdo encima de un lecho al cual estuvo atado, vrs. 5, 8, durante trescientos noventa días; y, después en igual posición sobre el lado derecho por el espacio de cuarenta días. Y de esta manera fue representada la condición de los judíos y el castigo que se les avecinaba. Los días significaban años, un día por año; durante los cuales llevarían su iniquidad o el castigo temporal merecido por sus pecados. Los *trescientos noventa días,* durante los cuales debía estar acostado sobre su lado izquierdo y llevar la iniquidad de la casa de Israel, indicaban dos cosas: La primera, la duración del sitio de Jerusalén; en segundo lugar, la duración de la cautividad de las diez tribus y la de Judá.

6. *Cuarenta días.* El arzobispo Newcome dice que contando casi quince años y me-

dio del reinado de Manasés, dos de Amón, tres meses de Joacaz, once años de Joacim, tres meses y diez días de Joaquín y once años de Sedequías, tendremos un período de cuarenta años de la peor idolatría practicada por el reino de Judá. *Cuarenta días* pueden haber sido empleados en el saqueo y devastación de la ciudad y el templo.

9. *Y tú toma para ti trigo.* En tiempos de escasez, en todos los países se acostumbra mezclar diversas clases de granos más burdos con más finos para hacerlos durar más. Esta es la razón por la que el profeta recibe la orden de tomar trigo, cebada, habas, lentejas, millo y avena, para mostrar cuán escaso sería lo necesario para la vida durante el sitio.

10. *Veinte siclos al día.* Habiéndose molido la totalidad del grano mencionado, había que transformarlo en un conjunto del que haría trescientos noventa hogazas; una para cada día; cada una de ellas tenía que pesar veinte siclos. Ahora bien; como el siclo equivalía a media onza, el alimento diario sería de diez onzas de pan; y con esto, el agua para beber era la sexta parte de un hin que equivale a medio galón de medida inglesa. Todo esto nos da una idea de lo reducidos que estarían los víveres durante el asedio y de cómo se verían obligados a alimentarse lo menos posible por peso y a beber el agua por medida.

12. *Y lo cocerás al fuego de excremento humano.* El estiércol seco de buey o de vaca es un combustible muy utilizado en el Oriente, y por falta de leña se ven obligados a cocer sus alimentos con eso. Aquí, el profeta recibe la orden de hornear su pan con excremento humano seco. Al saber que esto no entraba en contacto con el pan y que solamente se usaba para calentar la plancha sobre la que se pondría el pan al fuego, quita todo el horror y gran parte de la repugnancia. Esto era exigido para demostrar el extremo grado de ruindad a la que serían sometidos; porque al no poder salir de la ciudad para recoger el excremento seco de los animales durante el sitio, los habitantes se verían literalmente obligados a emplear la defecación humana resecada a modo de combustible. Sin embargo, encontramos que el profeta fue relevado de usar esta clase de material, porque a su solicitud, le fue sustituido por estiércol de bueyes. Véase v. 15.

16. *Quebrantaré el sustento del pan.* Estarán sitiados hasta que todo el pan sea consumido; véase II R. 25:3: "A los nueve días del cuarto mes prevaleció el hambre en la ciudad, hasta que no hubo pan para el pueblo de la tierra." Todo esto fue exactamente predicho y puntualmente cumplido.

habitantes de Jerusalén por hambre, espada y dispersión (1-4). El símbolo o alegoría entonces cesa y se introduce a Dios declarando en términos claros la venganza que sobrevendría a toda la nación que se había probado tan indigna de las misericordias con las cuales habían sido distinguidos hasta ese momento (5-17).

1-4. *Tómate un cuchillo agudo.* Parece que en este lugar solamente se hace referencia a una clase de instrumento: un *cuchillo* que sería empleado como navaja.

Tenemos aquí la expresión de un nuevo símbolo para mostrar los juicios venideros. El profeta representa la nación judía. Su cabello, la gente. Rapar el cabello era señal de duelo; V.l.e.s. Jer. 45:5; 48:37; era también síntoma de gran desgracia; véase II S. 10:4. Se le ordena dividir el cabello, v. 2, en tres partes iguales, para indicar los diferentes grados y clases de castigos que vendrían sobre el pueblo. La balanza, v. 1, tenía por objeto representar la justicia divina y la exactitud con que los juicios de Dios distribuidos entre los ofensores. Este cabello separado en tres partes debía repartirse de la siguiente manera: (1) Una tercera parte debía ser quemada en medio de la ciudad para mostrar qué tantos perecerían por el hambre y la pestilencia durante el asedio. (2) Otra tercera parte debía cortarla en secciones pequeñas alrededor de la ciudad (correspondiendo a la figura que había diseñado sobre el ladrillo), para significar que perecerían en distintas maneras, al tratar de defender los muros. (3) Y la restante tercera parte, tenía que ser arrojada al viento para indicar a aquellos que habrían de ser llevados al cautiverio. La espada que los seguía era para demostrar que las vidas de ellos estarían a merced de sus captores y que muchos al dispersarse, perecerían a *espada.* Los pocos cabellos que debía atar en la falda de su manto, v. 3, tenían como objeto representar a los judíos que quedarían en la tierra bajo el gobierno de Gedalías después de la toma de la ciudad. En el verso 4, se ordenaba arrojar algunos de éstos al fuego, para simbolizar las miserias que sufrirían en Judea, en Egipto y finalmente también en su traslado a Babilonia cuando el último país fuera conquistado por Nabucodonosor.

6. *Y ella cambió mis decretos.* Dios muestra la razón por qué trata a Jerusalén con mayor severidad que a las naciones circunvecinas; era más malvada que ellos.

9. *Y haré en ti lo que nunca hice.* La destrucción de Jerusalén por Nabucodonosor fue una de las mayores calamidades ocurridas antes a cualquier nación o lugar; y a partir de ella, excedió a todas las que realizaron los romanos bajo Tito.

CAPITULO 5

En este capítulo el profeta muestra bajo el tipo del cabello, los castigos que Dios va a ejecutar sobre los

CAPITULO 6

En este capítulo, que entra a formar parte de una sección diferente, el profeta denuncia los castigos

que Dios enviará a los judíos por su idolatría (1-7);
pero les dice que un remanente de ellos será salvo y
serán conducidos a un entendimiento de sus pecados,
por el instrumento de sus terribles aflicciones (8-14).

2. *Pon tu rostro hacia los montes de Israel.* Esta es una nueva profecía y le fue
confiada probablemente, después de haberse
cumplido los cuatrocientos treinta días que
estuvo acostado sobre uno y otro costado.
Por *Israel*, en este lugar se refiere simplemente a Judea; no a las diez tribus, porque
ya hacía mucho tiempo que estaban en cautiverio. Ezequiel emplea ese término refiriéndose solamente a los judíos. Aquí se arenga particularmente a los *montes*, porque era
sobre ellos que se exhibían las principales escenas de idolatría.

5. *Y vuestros huesos esparciré en derredor
de vuestros altares.* Esto fue cumplido literalmente por los caldeos. Según lo que dice
Baruch en su libro, cap. 2:24-25, abrieron
los sepulcros de los principales hombres y
arrojaron sus huesos por todas partes.

9. *Y los que de vosotros escaparen se
acordarán de mí.* Los que escaparan de la
espada, la pestilencia y el hambre y sean
llevados al cautiverio, claramente verán que
todo esto fue hecho por Dios y se humilla-
rán por causa de sus abominaciones, abandonarán la idolatría y solamente me adorarán a
mí. Y esto es precisamente lo que han hecho
desde la cautividad babilónica hasta nuestros
días.

11. *Palmotea con tus manos, y golpea con
tu pie.* Muéstrales las mayores expresiones
de tu espanto e indignación y miedo de los
males que les están llegando.

14. *Haré la tierra más asolada y devastada
que el desierto hacia Diblat.* Diblat está situada en la tierra de Moab. Se menciona en
Nm. 33:46 y en Jer. 48:22. Era parte del
horrible desierto mencionado por Moisés en
Dt. 8:15, "lleno de serpientes ardientes, de
escorpiones y de sed".

CAPITULO 7

Este capítulo, que también constituye una profecía distinta, predice la espantosa destrucción de la
tierra de Israel, o Judá (porque después de la cautividad de las diez tribus, esta palabra a menudo se
emplea sin discriminación para los judíos en general),
por causa de los nefandos pecados de sus habitantes
(1-15); y la gran angustia del pequeño resto que escapará (16-19). El templo mismo que ellos habían contaminado con su idolatría está entregado a la destrucción (20-22). El profeta recibe la orden de hacer
una cadena como símbolo de esa cautividad en Babilonia a la cual serían conducidos atados el rey y su
pueblo (23-27). Todo el capítulo abunda en audaces
y hermosas figuras, que fluyen en un lenguaje natural
y enérgico.

2. *El fin viene sobre los cuatro extremos
de la tierra.* No es una calamidad parcial;
cubrirá y barrerá toda la tierra. Este capítulo
es totalmente poético.

5. *Un mal, he aquí que viene un mal.* El
mal grande, supremo, el último extermina-
dor, llega: la espada, la peste, el hambre, y el
cautiverio.

6. *Viene el fin, el fin viene; se ha despertado contra ti.* Este versículo es similar al
segundo; pero aquí hay una paronomasia, o
juego de letras y palabras, que es digno de
tener en cuenta. *Kets ba, ba hakkets, hekits
elayich. Katsah* significa hacer un fin o extremidad, interceptando alguna cosa y *yakats*
quiere decir despertar del sueño. El *fin* o
destrucción final está aquí personificado y
representado como un verdugo que se ha
levantado temprano de dormir y está esperando órdenes para la ejecución de los transgresores. De aquí que dice:

7. *La mañana viene para ti.* Toda nota de
tiempo está empleada para demostrar la seguridad del asunto. *Y no de alegría sobre los
montes.* ¡Las tropas enemigas avanzan! Oíd
un ruido, un tumultuoso estruendo; no penséis que proviene de festivales que se realizan
en las montañas; del regocijo de los cose-
chadores o de los que pisan en el lagar. Es el
estruendo que proviene de aquellos por quienes vosotros y vuestro país caeréis. "Ahora
pronto derramaré mi ira," v. 8. ¡Aquí llegan!

10. *He aquí el día.* Estas mismas palabras
están repetidas, algunas veces con variantes y
presionada la atención con nuevas figuras y
circunstancias para alarmar a este pueblo infatuado. ¡He aquí el día! ¡Llegó! *Ha salido
la mañana.* No esperará más. La *vara* para
castigaros *ha florecido;* ya está lista. *Ha reverdecido la soberbia.* Vuestra insolencia, obstinación y atrevida oposición contra Dios han
producido sus correspondientes frutos.

11. *La violencia se ha levantado en vara
de maldad.* El profeta continúa su metáfora:
Ha reverdecido la soberbia. —¿Y qué ha producido? Violencia e iniquidad. Para hacerles
frente, llega la vara de Dios.

12. *El que compra, no se alegre, y el que
vende, no llore.* Tal es ahora el resultado de
los asuntos públicos, que aquel que por necesidad se ha visto obligado a vender su patrimonio, no tiene razón para lamentarse por
eso; porque de todos modos el enemigo
pronto se los hubiera quitado; y el que los
adquirió no debe regocijarse con su compra,
pues pronto se le despojará y, o bien caerá a
espada o estará contento al huir por su vida.

13. *Porque el que vende no volverá.* Entre
los judíos, cuando se vendían las heredades,
siempre quedaba entendido que debían volver a la familia en el año del jubileo que se
celebraba cada cincuenta años; pero en este
caso, el vendedor no volvería a poseerla porque no era posible que viviera hasta la llegada del próximo jubileo; y, aunque así fuera,
no podría volver a ella, porque entonces se
encontraría en la cautividad.

14. *Tocarán trompeta.* Son inútiles los esfuerzos que hacéis para reunir y armar al

pueblo y manteneros en vuestra defensa; porque todos serán desalentados y nadie irá a la batalla.

15. *De fuera espada.* La guerra a través de todo el país; la *pestilencia* y el *hambre* en la ciudad, lo destruirán todo, excepto un pequeño resto. Quien procure huir de uno caerá en el otro.

16. *Estarán sobre los montes como palomas de los valles.* Mejor dicho, "como palomas plañideras" cazadas en sus palomares y separadas de sus palomos.

19. *Arrojarán su plata en las calles.* Sus riquezas no serán de utilidad; porque en el tiempo de hambre no hay nada necesario para la vida que deba adquirirse y el oro y la plata no pueden satisfacer sus estómagos. *Porque ha sido tropiezo para su maldad.* Amaban las riquezas e hicieron que su felicidad suprema estuviera en su posesión. Ahora encuentran que una libra de oro no vale para lograr una onza de pan.

20. *La gloria de su ornamento.* Su hermoso templo era su mayor ornamento y Dios lo hizo majestuoso por su presencia. Pero ellos tomaron sus riquezas para hacer sus ídolos, y los trajeron aun a los mismos atrios de la casa de Jehová; y por lo tanto Dios lo había desechado entregándolo al pillaje.

22. *Entrarán en él invasores.* Los caldeos no sólo destruirían la ciudad, sino que entrarían en el templo, lo estropearían, saquearían y lo incendiarían completamente.

23. *Haz una cadena.* Indicando la cautividad; muéstrales que vendrá y la razón por qué. *Porque la tierra está llena de delitos de sangre,* y sgs.

24. *Los más perversos de las naciones.* Los caldeos; los más crueles e idólatras de todos los países. *Y buscarán la paz.* Ahora ven que el cesar de pagar sus tributos al rey de Babilonia les ha traído a los caldeos contra ellos; y ahora vanamente ruegan por la paz.

25. *Y buscarán la paz.* Ahora ven que el cesar de pagar sus tributos al rey de Babilonia les ha traído a los caldeos contra ellos; y ahora vanamente ruegan por la paz.

CAPITULO 8

La sección de la profecía que comienza en este lugar se extiende hasta el capítulo decimosegundo. En éste, el profeta es llevado hasta Jerusalén (1-4): y allí se le muestran los actos idólatras que aún dentro del templo cometían los líderes de los judíos. En el principio de esta visión por el más magnífico esfuerzo de una imaginación inspirada, la idolatría misma es personificada y convertida en un ídolo; y, por causa de su provocación a Dios, sublimemente se le llama imagen del celo (5). El profeta, entonces comienza a describir las supersticiones principales de este pueblo desdichado: la egipcia (6-12), la fenicia (13, 14) y la persa (15, 16); dando los rasgos llamativos de cada una de ellas y concluyendo con una declaración de la enormidad de sus pecados ante los ojos de Dios y la consecuente enormidad de su castigo (17, 18).

1. *En el sexto año, en el mes sexto, a los cinco días del mes.* Según el arzobispo Usher, era el sexto año de la cautividad de Ezequiel. El sexto día del quinto mes del año eclesiástico, que corresponde a agosto. Este capítulo y los tres siguientes tratan de una sola visión de la que juzgo necesario dar una idea general para que no se divida demasiado la atención del lector.

El profeta, en las visiones de Dios, es llevado a Jerusalén, a la puerta septentrional del templo que conduce por el norte al atrio de los sacerdotes. Allí ve la gloria del Señor en la misma manera que la había presenciado junto al río Quebar. A un lado ve la imagen del celo. Avanzando desde allí al atrio del pueblo, ve, mediante un agujero que había en la pared setenta ancianos de Israel, que adoraban toda clase de bestias y reptiles pintados en la pared. Desde allí es conducido a la puerta de la casa donde vio a las mujeres endechando a "Tamuz" o Adonis. Al volver al atrio de los sacerdotes, entre la entrada y el altar vio a veinticinco hombres que estaban de espaldas al santuario y sus rostros dirigidos al oriente adorando al sol naciente. Esta es en sustancia el contenido de la visión del capítulo *octavo*.

Casi al mismo tiempo vio a seis hombres que llegaban por una puerta más elevada, los que llevaban espadas en la mano; entre ellos había uno con un tintero. Luego, la Divina Presencia dejó al querubín y se colocó a la entrada del templo y dio órdenes al hombre que llevaba el tintero de señalar en la frente a aquellos que gemían y oraban por causa de las abominaciones de la tierra, en seguida ordenó a los hombres que portaban espadas a marchar adelante y matar a cada uno de los que no habían sido señalados. Habiendo quedado solo entre los muertos, el profeta se postró sobre su rostro e intercedió por el pueblo. El Señor le explica su conducta, el hombre con el tintero vuelve e informa al Señor lo que había hecho. Hasta aquí, el contenido del capítulo *noveno*.

El Señor manda a la misma persona que anduviera entre las ruedas de los querubines y llenara sus manos de carbones encendidos y los desparramara sobre la ciudad. Hizo como le había sido ordenado y uno de los querubines le dio los carbones, al mismo tiempo la gloria del Señor que se había parado sobre la entrada de la casa, volvió y se detuvo sobre el querubín. Este, tanto como las ruedas, alas, etc., están descritas como en el primer capítulo. Aquí tenemos la esencia del *décimo* capítulo.

El profeta entonces se encuentra a sí mismo transportado a la puerta oriental del templo, donde vio a veinticinco hombres, entre ellos a Jaazanías, hijo de Azur; y Pelatías, hijo de Benaías, príncipes del pueblo, contra quienes el Señor ordenó esta profecía y castigarles con las mayores calamidades por causa de sus delitos. Después, habla Dios mismo y muestra que los judíos que quedaran en la tierra serían transportados por sus iniquidades y que los cautivos que reconociesen sus pecados y se arrepintieran serían restaurados a su propio país. Entonces la gloria de Jehová se levantó de la ciudad y quedó por un poco de tiempo sobre una de las montañas del este de Jerusalén y el profeta fue llevado en visión por el Espíritu de Dios a Caldea, perdió de vista la carroza de la gloria divina y comenzó a hablar a los cautivos de las cosas que el Señor le había mostrado. Este es el resumen del *undécimo* capítulo.

3. *La imagen del celo.* No sabemos ciertamente cuál era la forma de esta imagen ni a qué dios representaba. Algunos dicen que era de Baal que había sido colocado en el templo por Manasés; otros, creen que era de Tamuz. El profeta, después de volver de la puerta del norte donde había visto la imagen del celo, v. 14, vio a las mujeres que endechaban a Tamuz.

4. *La visión que yo había visto en el campo.* V.l.e.s. cap. 3:23; también 1:3.

10. *Y miré... toda forma de reptiles.* Es muy posible que estas imágenes que estaban pintadas en la pared fueran los objetos de adoración de los egipcios.

11. *Jaazanías hijo de Safán.* Safán era un escriba o lo que algunos denominan sobrestante del templo, en la época de Josías, es probable que su hijo Jaazanías le haya sucedido en su oficio. El estaba al frente de esta banda de idólatras.

14. *Mujeres que estaban allí sentadas endechando a Tamuz.* Se trataba de Adonis y así lo traduce la Vulgata. El mito dice que había sido un hermoso joven amado por Venus y muerto por un jabalí en el monte Líbano. Las mujeres de Fenicia, Asiria y Judea lo adoraban con profundos lamentos porque estaba muerto. *Tamuz* significa "escondido" u "oscuro," de aquí que la adoración de esta imagen se realizara en lugares secretos.

16. *Veinticinco varones.* Es sumamente probable que éstos representaran las posturas de los veinticuatro sacerdotes y la del vigesimoquinto fuese el sumo sacerdote. Se trataba de la adoración de los persas porque volvían sus rostros hacia el Oriente, clara demostración de que estaban adorando al sol naciente.

17. *Aplican el ramo a sus narices.* Se supone que se tratara de alguna rama o ramas que llevarían en procesión en honor del ídolo, cubriendo con ellas sus rostros, inhalando un agradable perfume pues se infiere que eran ramas odoríferas.

CAPITULO 9

Parece que la visión de este capítulo trata de indicar la destrucción general de los habitantes de Jeru-

salén, exceptuando las pocas personas piadosas que estaban angustiadas por las abominaciones que se cometían en la tierra; para librarlos de la calamidad general estaban señalados, en alusión, quizás, a la costumbre de los príncipes orientales que marcaban a sus siervos en la frente, o más bien, a la usanza muy frecuente entre los adoradores paganos de marcar indeleblemente los signos de sus ídolos. Asimismo, para indicar que pronto Dios iba a abandonar el templo, la *Shekinah*, el símbolo glorioso de su presencia, se mueve del santuario interior a la entrada o puerta del templo (1-7). El profeta intercede por su pueblo, pero, por causa de la magnitud de sus pecados, Dios no le concede su clamor (8-11).

1. *Los verdugos de la ciudad han llegado.* Los caldeos están representados por aquellos seis hombres que tenían los instrumentos de destrucción de la ciudad; y cuando se menciona el norte en estos casos, generalmente están implicados Caldea y sus ejércitos. Parece que éstos fueran los seis hombres que tenían una especie de patente de matanza y uno de ellos con un tintero. Pueden representar a los siete asesores de los monarcas orientales, que siempre veían el rostro del rey y conocían todos los secretos de gobierno. La persona del tintero, podría ser llamado en nuestro lenguaje, el registrador.

2. *Se pararon junto al altar de bronce.* Para significar que, por causa de sus delitos, el pueblo contra quien eran enviados, debía ser sacrificado ante las demandas de la justicia divina.

3. *Y Jehová llamó al varón.* Quien llamaba era la persona ubicada en la carroza de la gloria divina. Véase cap. 1:26.

4. *Ponles una señal en la frente a los hombres que gimen.* Esta es una alusión a la antigua costumbre usada por doquier, de marcar a los siervos y esclavos, para distinguirlos de otros. También era común que los adoradores de determinado ídolo, llevaran su señal en la frente, brazos, etc.

6. *Comenzaréis por mi santuario.* Que los que hayan pecado más en contra de la misericordia y hayan tenido más privilegios, sean las primeras víctimas de la justicia. Los que conocen la voluntad del Señor y no la hacen, serán castigados con muchos azotes. Los miembros infieles de la iglesia de Cristo serán los primeros en ser visitados y los más castigados.

9. *Porque han dicho: Ha abandonado Jehová la tierra. Eth haarets,* "esta tierra". El no tiene más lugar en Israel, lo ha abandonado; no ve ni se preocupa, y ya no puede ser objeto de la adoración de ninguno en Israel. Parece que éste fuera el significado; y Dios es sumamente agraviado al ser puesto al mismo nivel de los ídolos y divinidades locales, quienes, de acuerdo a lo supuesto, sólo tenían dominio en su respectivo lugar.

10. *Mi ojo no perdonará.* Ellos dicen *Jehová no ve:* esto es falso; yo he visto todas sus iniquidades y veo todas sus abominaciones; traeré el juicio merecido sobre ellos y

entonces, ese ojo que ahora ve no tendrá misericordia ni perdonará.

CAPITULO 10

Se repite aquí la misma augusta visión que al principio aparecio ante el profeta; carbones de fuego estaban diseminados por la ciudad para indicar que sería incendiada. El símbolo de la Presencia divina estaba igualmente representado como apartándose más y más lejos del templo, para indicar que la protección de Dios se retiraría de ellos (1-22). No estaría fuera de lugar notar que cualquier cosa particularmente indicada por el querubín, las ruedas, el firmamento, el trono, etc., descritas en este y en el primer capítulo, el profeta varias veces nos informa (cap. 1:28; 3:25; 8:4; 10:4, 18), que su visión era una manifestación o semejanza de la gloria de Jehová, o, en otras palabras, consistía en una colección de jeroglíficos por los que esta gloria era representada en alguna medida. También es digno de observar que los rostros de los seres vivientes presentados en el capítulo cuarto de Apocalipsis son precisamente los mismos que los de los querubines de Ezequiel; y prontamente podemos captar, como lo hace notar el señor Mede, el espacio de los cielos en el cual estaba situado cada querubín con relación a los otros tres, considerando que, como Ezequiel vio la visión procediendo del norte (véase cap. 1:4, 10), el rostro humano del querubín estaría vuelto hacia él o hacia el sur; a su mano derecha, o el este, el rostro de un león; a su izquierda u oeste, la cara de un buey; y hacia el norte, la de un águila.

1. *Como una piedra de zafiro.* V.l.e.s. cap. 1:22, 26. La carroza, aquí mencionada por el profeta, es precisamente la misma que vio junto al río Quebar, como nos lo dice él mismo, v. 15; podemos leer su descripción en el cap. 1.

2. *Carbones encendidos.* Para significar el incendio de la ciudad por los caldeos. Parece que esos carbones fueron tomados del espacio que había entre las ruedas, el cual estaba lleno de fuego.

3. *A la mano derecha de la casa.* Entre los hebreos, la mano derecha siempre indicaba el sur.

4. *La gloria de Jehová se elevó.* Repetición del cap. 9:3. *La casa fue llena de la nube.* Es un hecho similar al que ocurrió con el tabernáculo en el desierto y en la dedicación del templo por Salomón. Lo que aquí se menciona es la divina Shekinah, representación simbólica de la majestad de Dios.

5. *Como la voz del Dios Omnipotente.* Es decir, como el trueno; porque a éste se le llama la voz de Dios.

9. *Y el aspecto de las ruedas era como de crisólito. Eben Tarshish,* "la piedra de Tarshish". La Vulgata traduce "crisólito"; "Symmachus," "el jacinto"; la Septuaginta, "carbunclo". El *berilo* es una piedra de color verde, pasando de un lado al otro a azul, y de otro lado a amarillo.

13. *A las ruedas . . . se les gritaba: ¡Rueda!* Jamás hubo una traducción menos afortunada y sin sentido. La palabra *haggalgal,* puede significar simplemente, "rodillo, o carroza, girar, o la rueda veloz". Cualquiera de éstas daría: "y en cuanto a las ruedas, fueron llamadas cuando oí la carroza".

20. *Y conocí que eran querubines.* Esta formación del plural es completamente incorrecta. Por lo general, los nombres hebreos del género masculino, en el plural terminan en *im.* No debe agregársele *s; querub,* es singular y *querubim,* plural.

CAPITULO 11

Este capítulo denuncia los juicios de Dios contra los malvados que permanecían en Jerusalén y se mofaban de todos los símbolos y predicciones de los profetas (1-13); compare v. 3 con Jer. 1:13. Dios promete favorecer a los que iban al cautiverio y les indica su restablecimiento del yugo babilonio (14-21). Entonces se representa a la Shekinah y símbolo de la Divina Presencia, abandonando la ciudad, como según el capítulo anterior dejara al templo (22, 23); y el profeta vuelve en visión al lugar de donde había sido sacado (cap. 8:1 y sigs.) a fin de poder comunicar sus instrucciones a sus hermanos en cautiverio (24, 25).

1. *A la entrada de la puerta veinticinco hombres.* No hay duda que se trata de las mismas personas que aparecen en el cap. 8:16, adorando al sol. *Jaazanías hijo de Azur.* En el cap. 8:16, encontramos a un Jaazanías hijo de Safán. Si este último también llevaba el nombre de Azur, entonces se refiere a la misma persona. Pero, es más probable que fueran dos personas del mismo nombre y ambas, líderes de su pueblo.

3. *No será tan pronto.* Es decir, la amenazada invasión. *Esta será la olla, y nosotros la carne.* Véase en Jer. 1:13, la visión de la olla hirviendo. Parece que los infieles dicen: "Correremos los riesgos, nos quedaremos en la ciudad. Aunque esta sea la caldera y nosotros la carne, compartiremos su destino: si perece, pereceremos nosotros con ella."

7. *Vuestros muertos . . . son la carne.* Jerusalén es la caldera, y los que han sido muertos en ella, son la carne; y aunque os proponéis quedaros y compartir su destino, no os será permitido hacerlo; seréis llevados a la cautividad.

9. *Os entregará en manos de extraños.* Esto parece referirse principalmente a Sedequías y su familia.

11. *En los límites de Israel os juzgaré.* Aunque Ribla pertenecía a Siria, sin embargo estaba sobre la misma frontera con Israel; allí fueron asesinados los hijos de Sedequías y a él le sacaron los ojos.

13. *Pelatías hijo de Benaía murió.* Es sumamente probable que haya caído muerto en el mismo momento que Ezequiel profetizaba contra él. Su muerte se parece mucho a la de Ananías y Safira, Hch. 5:1 y sgs.

15. *Alejaos de Jehová.* Estas eran las palabras de los habitantes de Jerusalén, contra

los de Israel que habían sido llevados a Babilonia con Jeconías. Alejaos del Señor; pero, en cuanto a nosotros, la tierra de Israel nos ha sido dada por posesión; nunca seremos sacados de ella y ellos jamás volverán.

16. *Con todo eso les seré por un pequeño santuario.* Aunque estuvieran exiliados de su tierra no habían sido olvidados por su Dios. Durante el cautiverio dispensaré muchas bendiciones sobre ellos; y los restauraré a su propio país, v. 17, de donde quitarían toda idolatría, v. 18.

23. *Y la gloria de Jehová se elevó de en medio de la ciudad.* Esta visión no es prueba insignificante de la paciencia de Dios. No abandonó a su pueblo repentinamente; partió poco a poco. Primero, dejó el templo. Segundo, se detuvo un poco en la puerta de la ciudad. Tercero, dejó completamente la ciudad y se fue sobre el monte de los Olivos situado al lado oriental de la ciudad. Habiendo aguardado allí por un tiempo para ver si la gente se arrepentía y volvía a El, cuarto, se fue al cielo. Ahora, concluida esta visión, el profeta es conducido por el Espíritu de Dios a Caldea donde anuncia a los cautivos israelitas lo que Dios le había mostrado en las visiones precedentes y lo bueno que había hablado en cuanto a lo que les concernía a ellos a los que al principio no pareció que ése era asunto que les reportaba provecho, por lo que el profeta les condena severamente.

CAPITULO 12

El profeta continúa, por medio de una diversidad de símbolos y parábolas, procurando convencer a los que están en cautiverio que sus hermanos que habían sido dejados para soportar las miserias del sitio y los insultos del vencedor, estaban en peor condición que aquellos que estaban ya establecidos en un país extranjero. Al comienzo de este capítulo, predice la proximidad del cautiverio de Judá por acción en lugar de palabras (1-7). Profetiza particularmente la huida, captura, cautiverio y sufrimiento de Sedequías y sus seguidores (8-16); comparando con Jer. 52:11. Debe comer su pan con temblor y señales de terror, como emblema de la consternación de los judíos cercados por sus enemigos (17-20); y entonces él responde a las objeciones y burlas de los mofadores e infieles que no creían a sus amenazas o suponían que su cumplimiento estaba muy lejano (21-28). Josefo (Antiq. 11:10) nos dice que Sedequías pensaba que la profecía de Ezequiel en el versículo decimotercero, es inconsistente con la de Jeremías (34:3); y resolvió por tanto, no creer a ninguno de los dos. Sin embargo, ambas se cumplieron literalmente; y el evento lo convenció de que no eran irreconciliables. De ese modo, cegados por el descreimiento, los pecadores se precipitan a esa destrucción contra la cual han sido suficientemente amonestados.

2. *Tienen ojos para ver, y no ven.* No es la falta de gracia que los conduce a la destrucción. Tienen ojos para ver, pero no los emplean. Ningún hombre se pierde porque no hubo la suficiente gracia a su favor para salvarlo, sino porque abusó de ella.

3. *Prepárate enseres de marcha.* Toma vehículos para transportar tus enseres a otro lugar; significando con esto, que la cautividad estaba cerca.

5. *Te abrirás paso entre la pared.* Esto tiene referencia a la manera de cómo Sedequías y su familia tratarían de escapar de la ciudad. Huyeron de noche por una brecha del muro. Véase Jer. 39:2-4 y II R. 25:4.

6. *Cubrirás tu rostro, y no mirarás la tierra.* Tiene referencia al enceguecimiento de Sedequías: aun cuando cubrirse el rostro, puede significar que en esa manera Sedequías sería transportado a Babilonia sobre los hombros de algunos hombres en alguna especie de palanquín con una venda atada sobre la cavidad orbital, por causa de las recientes heridas hechas al extraerle los ojos. Todas las profecías desde este capítulo hasta el vigésimo, se supone que fueron anunciadas en el sexto año de Sedequías, es decir, cinco años antes de la toma de Jerusalén.

10. *Esta profecía.* Por ésta quiero indicar la captura, miseria y ruina de Sedequías.

13. *Y haré llevarlo a Babilonia . . . pero no la verá.* Porque Nabucodonosor le hizo sacar los ojos en Ribla. Ciego, fue conducido a Babilonia y allí murió.

18. *Come tu pan con temblor.* Asume la modalidad de una persona que cada momento teme por su vida, y que sólo tiene un pedazo de pan para comer y un poquito de água para beber, representando el sitio y la estrechez a la que se verían reducidos.

22. *Se van prolongando los días, y desaparecerá toda visión.* Estas eran las palabras de los incrédulos y burlones, quienes porque la venganza no se ejecutaba inmediatamente sobre su obra mala, se entregaban a cometer iniquidad. "Estas predicciones no sucederán en nuestros días, o fracasarán por completo; ¿Por qué preocuparnos por ellas?" ¡Es extraño, pero los mismos instrumentos empleados por el misericordioso Dios para conducir a los pecadores al arrepentimiento sirven también como medio para su propia destrucción! Véase II P. 3:4.

23. *Se han acercado aquellos días.* Lejos de fracasar o de dilatarse, el tiempo está avanzando y la amenazada destrucción está a las puertas.

25. *En vuestros días . . . hablaré palabra y la cumpliré.* Aun estos burlones vivirán para ver y sentir esta desolación. Lo que está declarado con mayor particularidad en los siguientes versículos.

CAPITULO 13

Este capítulo amenaza juicios contra los profetas mentirosos que lisonjeaban a la gente en medio de sus pecados y peligros, con falsas esperanzas de paz y seguridad (1-9). La obra de estos engañadores es hermosamente comparada a un edificio frágil y precario, que jamás podrá soportar los embates de los elementos del cielo (las fuerzas caldeas), a quienes Dios comisiona en contra de ellos (10-16). En el resto del capítulo se pronuncian ayes contra las falsas profetisas que practicaban artes mágicas y adivinación, para su propio logro, engañando al pueblo (17-23).

4. *Como zorras en los desiertos fueron tus profetas.* Estos falsos profetas están representados por las zorras que, habiendo logrado su presa por medio de subterfugios, corren al desierto a esconderse con ellas. Así eran los falsos profetas, cuando sus predicciones no resultaban, se evadían para no ser aplastados con los reproches e indignación de la gente.

5. *No habéis subido a las brechas.* Lejos de oponeros a los pecadores, que están atrayendo la ira de Dios sobre el lugar, impedís su arrepentimiento por vuestras promesas adulonas y falsas predicciones.

9. *No estarán en la congregación de mi pueblo.* No serán considerados miembros de mi Iglesia. No serán reconocidos en la genealogía del verdadero Israel que vuelve de la cautividad; jamás tendrán una posesión en la tierra; serán desheredados y expatriados. Todos ellos perecerán en el asedio, por la espada, el hambre y la pestilencia.

10. *Uno edificaba la pared.* Un verdadero profeta es como un muro de defensa para el pueblo. Estos falsos profetas pretendían serlo; pero su muro era malo y la embarradura, peor. Uno, da una visión mentirosa, otro la apoya como verdad; y el pueblo cree lo que dicen y no confía en Dios ni abandona sus pecados.

11. *Vendrá lluvia torrencial.* Que va a lavar todo ese mal revoque; va a barrer todo el cimiento sobre el cual se apoyan esas paredes y las va a nivelar como la tierra. En los países orientales, donde los muros se construían con adobes, la destrucción se efectuaba muy a menudo por las lluvias tempestuosas.

17. *Pon tu rostro contra las hijas de tu pueblo que profetizan.* De esto deducimos que en la tierra de Israel había profetisas realmente inspiradas por el Señor: porque el que hubiera profetisas falsas implica que las había verdaderas, las que ellas trataban de falsificar.

18. *Que cosen cojines para todas las coyunturas de los brazos.* (Versión Moderna). Creo que esto se refiere a esos cojines provistos tan abundantemente en los países orientales para los departamentos de las mujeres; se sientan sobre ellos, descansan, posan la cabeza y apoyan los brazos. Tengo varias pinturas de mujeres orientales representadas sentadas en sofás, a menudo con los brazos sobre almohadas ajustados a su lado, reclinándose en ellos. Los discursos del profeta parecen indicar ese estado de ablandamiento y afeminación con el que las predicciones de esas falsas profetisas habían seducido a los habitantes de Jerusalén. Se reprende en particular una descuidada vida voluptuosa. *Y hacen velos.* Probablemente algún adorno que hacía a las mujeres más seductoras para poder atrapar o engatusar más fácilmente las almas (hombres) a la adoración de sus falsos dioses.

20. *Las almas que vosotras cazáis volando.* Estas falsas profetisas atraían a los hombres a los jardines, donde probablemente se realizaban algunos ritos impuros de adoración tales como los que se efectuaban a las Aseras o Venus.

22. *Entristecisteis con mentiras el corazón del justo.* He aquí el ministerio y sus efectos de estas falsas profetisas. Mentían: tenían que hablar y no poseían ninguna verdad para decir; por lo tanto hablaban falsedades. "Entristecían las almas de los justos y fortalecían las manos de los malvados." Les prometían vida y les impedían arrepentirse y volverse de sus pecados.

23. *No veréis más visión vana.* Pretendían tener visiones; pero estaban vacías de la realidad. *Ni practicaréis más adivinación.* Porque Dios no les hablaba, ellas empleaban demonios.

CAPITULO 14

Aquí, Dios amenaza a los hipócritas que pretendían adorarle, mientras amaban y practicaban la idolatría (1-11). Declara su irreversible propósito de condenar a una nación tan culpable, a favor de la cual la intercesión del pueblo de Dios no tendría ninguna eficacia. Los crasos idólatras de Jerusalén y Judá serían visitados con cuatro dolorosos castigos: hambre (12-14), bestias feroces (15, 16), espada (17, 18) y pestilencia (19-21). Un remanente sería liberado de la ira que estaba por desatarse en toda la nación (22, 23).

1. *Vinieron a mí algunos de los ancianos de Israel.* Probablemente, éstos vinieron a tentarle, o a tratar de sacar de él algunas palabras que lo comprometieran con el gobierno. Eran hombres malos como veremos en el versículo tercero.

3. *Estos hombres han puesto sus ídolos en su corazón.* No solamente en sus casas, en las calles; sino que los tenían en sus corazones. Eran tropezaderos de iniquidad, cayeron sobre ellos y rompieron su cerviz.

4. *Conforme a la multitud de sus ídolos.* Yo lo trataré como a un idólatra, como a un idólatra tomado in fraganti.

7. *Y viniere al profeta.* Se supone que se trataba de un falso profeta. *Yo Jehová le responderé por mí mismo.* Yo le descubriré a él por mi propio y verdadero profeta, cuáles serán los frutos de sus caminos. De modo que, mientras los falsos profetas les aseguraban paz y prosperidad, los profetas de Dios, las calamidades que les sobrevendrían. No obstante, ellos creyeron a los falsos profetas prefiriéndolos a la verdad.

9. *Yo Jehová engañé al tal profeta.* Es decir, corrió antes de ser enviado; voluntariamente llegó a ser un siervo de las ilusiones de Satanás; y Yo permití que tal cosa sucediera, porque él y sus seguidores rehusaron consultarme y servirme. A menudo, he tenido ocasión de hacer notar que es común en el lenguaje hebreo declarar que Dios ha hecho una cosa, cuando El solamente ha soportado o permitido que sucediera; porque el gobierno de Dios es tan absoluto y universal que los más pequeños acontecimientos no pueden realizarse sin su voluntad y permiso.

10. *La maldad del profeta.* Ambos son igualmente culpables; uno y otro han abandonado al Señor, por lo tanto serán igualmente castigados.

13. *Rebelándose pérfidamente.* Habiendo sido amonestados frecuentemente y negándose a abandonar sus pecados, llenaron la medida de su iniquidad.

14. *Si estuviesen... Noé, Daniel y Job.* Aun la intercesión de los más santos hombres no impediría mis juicios. Noé, aunque era un hombre justo, no pudo impedir por su mediación que el viejo mundo fuera anegado. Job, era un hombre justo, pero no logró evitar que sus hijos fueran muertos por la caída de la casa. Daniel, no obstante ser un hombre recto, no pudo eludir que su país cayera en cautiverio. Daniel debe de haber sido contemporáneo de Ezequiel. Fue llevado cautivo en el tercer año del reinado de Joacim, Dn. 1:1. Después, todavía este monarca reinó ocho años, según II R. 23:36. Y esta profecía, como surge del cap. 8:1, fue pronunciada en el sexto año de la cautividad de Joaquín que sucedió a Joacim y reinó solamente durante tres meses, II R. 24:6, 8. Por lo tanto, en esta época, ya hacía catorce años que Daniel estaba cautivo. Para entonces, ya había logrado gran renombre. De este relato también inferimos que Job había sido una persona tan real como Noé o Daniel; y que ningún hombre había pretendido dudar de su identidad. Cuando Dios, como arriba se menciona, determina castigar a una nación, no hay intercesión que la salve.

21. *Mis cuatro juicios terribles.* "Espada," la guerra. "Hambre," ocasionada por la sequía. "Pestilencia," enfermedades epidémicas que se llevan gran parte de los habitantes de un país. Las *fieras* alude a la multiplicación de los animales silvestres como consecuencia de la destrucción general de los habitantes.

22. *He aquí que ellos vendrán a vosotros.* Aunque habrá grandes desolaciones en la tierra de Judea, sin embargo, será dejado un remanente que vendrá también aquí como cautivo; y sus relatos de las abominaciones de la gente os probarán con cuánta corrección obré al abandonarlos a la destrucción general. Este discurso está dirigido a aquellos que ya estaban en la cautividad; es decir, los que habían sido trasladados a Babilonia con el rey Jeconías.

CAPITULO 15

La nación judía, casi al punto de ser destruida por los caldeos, es comparada a una vid inútil, que para nada sirve sino para ser arrojada al fuego (1-8).

2. *¿Qué es la madera de la vid más que cualquier otra madera?* Es cierto que la vid sólo se estima por causa de su fruto. En algunos países, es verdad, crece a gran tamaño y espesor; pero, aun así, no tiene suficiente densidad como para emplearla en mueblería. Pero, aunque pueda decirse cualquier cosa sobre la clase de vid, el profeta aquí se refiere a la rama; y, casi no conozco una rama de árbol en la foresta que sea de menos utilidad que la de la vid. ¿Quién podrá hacer una estaca para meter en una pared de barro o colgar cualquier vasija? Jamás se cultivaría un viñedo para obtener madera; no tiene ningún valor a no ser que lleve fruto. ¿Qué es Israel? No sirven para nada, excepto porque Dios les comunicó su gracia para que rindieran fruto para su gloria. Pero ahora, dejaron de ser fructíferos, no sirven para nada, sino como rama seca de la vid, para ser quemados.

4. *Sus dos extremos consumió el fuego, y la parte de en medio se quemó.* Judea es semejante a una rama arrojada al fuego, que ha sido tomada por éste en ambos extremos y se chamusca en el centro: de igual modo, ambos extremos de la tierra están consumidos; y el centro, Jerusalén, ahora está amenazado con un sitio y poco a poco será completamente destruida.

6. *Por tanto, así ha dicho Jehová.* Sin duda como yo he destinado a tal rama o ramas de la vid para el fuego; con la misma seguridad he decretado que los habitantes de Jerusalén sean consumidos.

7. *Aunque del fuego escaparon, fuego los consumirá.* Si escapan de la espada, perecerán de hambre; y si eluden el hambre, serán llevados cautivos. Será imposible escapar.

CAPITULO 16

En este capítulo la misericordia de Dios hacia Jerusalén (o la iglesia y nación judía), se manifiesta por medio del símbolo de una persona a la que hubiera levantado siendo un bebé abandonado, cuidado con gran ternura y después se la hubiera casado (1-14). Entonces, se le reconviene por su monstruosa ingratitud al apartarse de la adoración de Dios, contaminándose con la idolatría de las naciones circunvecinas, bajo la figura de una mujer infiel a su amoroso e indulgente esposo (15-52). Pero, a pesar de sus nefandas provocaciones, Dios promete que, después que haya sufrido la debida corrección, la restaurará nuevamente a su favor (53-63). La forma de describir la apostasía de la verdadera religión a la adoración de los ídolos bajo el símbolo del adulterio (figura muy frecuente en el canon sagrado) es proseguida con gran vigor y en considerable extensión en este capítulo y en el vigésimo tercero y excelentemente calculada para excitar el odio a toda adoración falsa en la Iglesia de Dios.

2. *Notifica a Jerusalén sus abominaciones*. Este capítulo contiene el manifiesto de Dios contra este pueblo abominable en grado sumo; y aunque hay aquí muchas metáforas, sin embargo no es todo figurativo. Donde había tanta idolatría sin duda también habría mucho adulterio, fornicación, prostitución y libertinaje de toda clase. Para su clave, V.l.e.s. el versículo decimotercero y sexagésimo tercero.

3. *Tu origen, tu nacimiento, es de la tierra de Canaán*. Sería una deshonra para Abraham identificaros como sus descendientes; porque sois más cananeos que israelitas. Los primeros, fueron malditos; también vosotros. *Tu padre fue amorreo, y tu madre hetea*. Estas tribus eran las más famosas y probablemente las más corrompidas de todos los cananeos. Tanto que Isaías llama a los príncipes de Judá "Príncipes de Sodoma," cap. 1:10; y Juan el Bautista denomina a los fariseos "Generación de víboras," Mt. 3:7.

4. *Y en cuanto a tu nacimiento*. Este versículo se refiere a lo que se hace siempre por un niño recién nacido. No siendo ya necesario el cordón umbilical, por el que recibía todo el alimento mientras estaba en el seno materno, se corta a cierta distancia del vientre: allí, es ligado uniéndose firmemente los lados de los conductos, se unen y encarnan juntos. La parte sobrante del cordón que queda fuera de la ligadura, habiendo sido cortada de la circulación por la cual se nutría originariamente, pronto se cae y la parte donde estuvo ligado se llama ombligo. En muchos lugares, después de haber sido hecho todo esto, el niño es sumergido en agua fría; en todos los casos es bañado, en ocasiones con agua salada para proporcionar mayor firmeza a la piel y cerrar los poros. El último proceso era el de fajar el cuerpo para sostener mecánicamente los tiernos músculos hasta que ellos adquirieran la suficiente fuerza para sostenerlo.

5. *Fuiste arrojada sobre la faz del campo*. Es una alusión a la costumbre de las naciones bárbaras y paganas de exponer los niños deformes o que no podían sostener en el campo abierto para que los devoraran las fieras.

6. *Te dije: ¡Vive!* Tomé al niño abandonado de la muerte que le aguardaba, mientras estaba en un estado tal que inmediatamente inspiraba horror y compasión.

8. *Era tiempo de amores*. Era casadera. *Extendí mi manto sobre ti. Te desposé*. Era una de las ceremonias iniciales del casamiento. Véase Rut 3:9. *Y entré en pacto contigo*. Te tomé en matrimonio. El desposorio precedía al matrimonio.

10. *Y te vestí de bordado*. Se efectuaban con aguja, ropas con diversas figuras y colores.

12. *Puse joyas en tu nariz*. Es uno de los adornos más comunes entre las mujeres del oriente. Algunos traductores europeos no sabiendo qué hacer con un anillo en la nariz, han traducido, una joya sobre tu frente o boca.

13. *Prosperaste hasta llegar a reinar*. En este lugar, la figura se explica por sí misma: el infante abandonado simboliza el pobre estado de la nación judía en su origen; el crecimiento de esta criatura hasta ser mujer, el crecimiento y multiplicación de la gente; su vestimenta y adorno, el servicio del tabernáculo y las ordenanzas religiosas; su compromiso y su consiguiente matrimonio, el pacto de Dios con los judíos; su fornicación y adulterio, su apostasía de Dios y el establecimiento del culto idólatra con todos sus abominables ritos; sus extravíos y prostitución con los egipcios y asirios, las pecaminosas alianzas que los judíos hicieron con esas naciones y la incorporación de su adoración idólatra a la de Jehová; por los amantes traídos en contra de ella, y el descubrimiento de su desnudez, la entrega de los judíos en manos de los egipcios, asirios y caldeos quienes la despojaron de todas sus excelencias y por fin la llevaron al cautiverio.

Esta es la clave a la totalidad de este extenso capítulo de metáforas; y el lector hará bien en olvidar las figuras y contemplar los hechos. Tanto el idioma como las figuras del lenguaje en muchos lugares pueden parecernos excepcionales: pero están absolutamente en conformidad a aquellos tiempos y lugares; y para que cada lector y oyente pueda considerarlo perfectamente apropiado no tendría que dar lugar a ningún pensamiento o pasión de naturaleza irregular o inconveniente. No se sabe que entre los salvajes desnudos predominen las pasiones y propensidades indecorosas más que entre aquellos que pertenecen a la vida civilizada. ¿Y por qué? Porque tales vistas son comunes para ellos y por lo tanto son inocentes, sí idéntica cosa puede decirse del lenguaje por el que se describen el estado y las circunstancias de dicha vida. Si Ezequiel hubiera hablado con palabras consideradas castas e inobjetables entre nosotros, para los oyentes de su tiempo, hubiera sido como un dialecto extraño y habría perdido por lo menos la mitad de su poder y efecto. Vaya esto como una apología del profeta por su aparente falta de delicadeza en su lenguaje metafórico; y mía, por no participar en discusiones particulares en cuanto a ellas.

24. *Te edificaste lugares altos*. Gab, "un lupanar".

26. *Gruesos de carnes*. La idolatría más vasta.

27. *Disminuí tu provisión ordinaria. Chukkech* significa aquí la provisión familiar para la esposa —alimento, ropa y dinero.

39. *Te despojarán de tus ropas . . . tus hermosas alhajas*. Aludiendo a un destino muy común para las prostitutas, que al final, los que las han mantenido las despojan de todo lo que les han dado.

42. *Descansaré y no me enojaré más.* Te abandonaré por completo; no tendré más nada qué hacer contigo; no pensaré más en ti. Cuando Dios en sus juicios deja de reprender, es el más severo de los castigos.

46. *Tu hermana mayor es Samaria, ella y sus hijas que habitan al norte de ti.* Se supone que al decir *Sodoma,* Ezequiel quiere referirse a los israelitas que moraban al otro lado del Jordán en la tierra de los moabitas y amonitas o más bien de estos mismos. Literalmente, Sodoma no podía ser llamada la hermana menor de Jerusalén, puesto que existió antes que esta última tuviera un nombre. Mirando al oriente desde Jerusalén, Samaria estaba a la izquierda y Sodoma a la derecha; es decir, la primera, al norte, la segunda, al sur.

52. *Más justas son que tú.* "Ellos serán justificados más que vosotros." Son menos culpables ante los ojos de Dios, porque sus delitos no estaban acompañados con tantas provocaciones.

60. *Yo tendré memoria de mi pacto.* Es decir, el pacto que hice con Abraham en el día de tu juventud, cuando en él, comenzaste a ser una nación.

61. *A tus hermanas, las mayores que tú y las menores que tú.* Los gentiles, que estaban antes de los judíos, fueron llamados; y después que los judíos fueron desechados; aquí se les denomina hermanas mayor y menor. Le fueron dadas a Jerusalén por hijas. Se convertirían a Dios por el ministerio de hombres que saldrían de la iglesia judía.

63. *Cuando yo perdone.* Esto sugiere que los judíos tendrán participación en las bendiciones del pacto evangélico y serán restaurados al favor e imagen de Dios. ¿Cuándo? En cualquier momento que ellos lo quieran.

CAPITULO 17

Este capítulo comienza con una nueva alegoría o parábola (1-10); a la cual sigue inmediatamente una explicación (11-21). En los versículos siguientes, el profeta hace una fácil y natural transición al Mesías, por medio de una hermosa metáfora y predice la seguridad, aumento de prosperidad y universalidad final de su reinado (22-24). Por la belleza de sus imágenes, la elegancia de su composición, la claridad de su lenguaje, la rica variedad de su asunto y la fácil transición de una a otra parte del tópico, este capítulo constituye una de las piezas más hermosas y perfectas de su clase que posiblemente pueda concebirse en tan pequeño ámbito; y luego, el inesperado cambio de materias que sólo presentaban ante la visión lobreguez y horror por una perspectiva de gloria y belleza, es de un efecto sumamente feliz. Cada nube amenazadora ha sido disipada, y las campiñas nuevamente sonríen con el fulgor del mediodía. El viajero, que en este momento temblaba al mirar alrededor, ahora prosigue gozoso su camino.

2. *Hijo de hombre, propón una figura.* Instrumento usado antiguamente para adivinación. La expresión no está muy dis-

tante del hebreo *chidah,* de *chad,* "penetrar," no lo que penetra la mente, sino lo que debemos profundizar para descubrir el sentido.

3. *Una gran águila.* Nabucodonosor. Véase Jer. 48:40; 49:22; Dan. 7:4. Y ver aquí el v. 12 donde se encuentra la aplicación. *De grandes alas.* Imperio dilatado. *De largos miembros.* Rápido en sus conquistas. *Llena de plumas.* Con multitud de súbditos. *De diversos colores.* Gente de diversas naciones. *Vino al Líbano.* Contra Judea. *El ramo más elevado* (Versión Moderna). Se refiere al rey Joacim que fue llevado cautivo a Babilonia. *Del cedro.* El estado judío y su rey.

4. *El principal de sus renuevos.* Los príncipes de Judá. *A tierra de mercaderes.* Caldea. *Una ciudad de comerciantes.* Babilonia; porque fue la más notable de todas las ciudades orientales. Su situación le ocasionaba innumerables ventajas; sus dos ríos, el Tigris y el Eufrates, y el golfo Pérsico le proporcionaban comunicación con las más ricas y distantes naciones.

5. *La simiente de la tierra.* Sedequías, hermano de Joaquín. *En un campo bueno para sembrar.* Lo hizo rey de Judea en lugar de su hermano. *La plantó junto a aguas abundantes.* Lo puso bajo la protección de Babilonia, situada en la confluencia del Tigris y el Eufrates. *La puso como un sauce.* Lo hizo dependiente de esta ciudad de grandes aguas, como el sauce lo es de la humedad.

6. *Se hizo una vid de mucho ramaje, de poca altura.* El estado judío que entonces no tenía elevación de dominio, debía morar bajo las alas o ramas del rey caldeo. *Sus ramas miraban al águila y sus raíces −debajo de ella.* Sedequías dependía completamente de Nabucodonosor, tanto para su elevación al trono como para sostenerlo.

7. *Otra gran águila.* Faraón −Ofra, o Apries, rey de Egipto. *De grandes alas.* Extenso dominio. *Y de muchas plumas.* Numerosos súbditos. *Juntó cerca de ella sus raíces.* Esperó en él para lograr su ayuda en su intento de rebelión contra Nabucodonosor.

8. *En un buen campo... fue plantada.* Aunque dependía de Babilonia, vivió y reinó como virrey de Nabucodonosor en la tierra de Judea.

9. *¿Será prosperada?* ¿Tendrá éxito Sedequías al pretender sacudir su yugo del rey de Babilonia a quien había jurado lealtad? *¿No arrancará sus raíces?* Nabucodonosor vendrá y lo destronará. *Destruirá su fruto.* Los hijos de Sedequías. *Sus hojas.* Todos los nobles; todos perecieron con Sedequías.

10. *¿... se secará del todo?* El gobierno real no volverá a ser restaurado. Sedequías sería el último rey y la monarquía finalizaría con él.

12. *¿No habéis entendido qué significan estas cosas?* Se explican en este versículo y en los siguientes.

15. *Enviando embajadores a Egipto.* Sedequías debió haber enviado embajadores a Egipto entre el sexto mes del sexto año de su reinado y el quinto del séptimo. Compare cap. 8:1 con el 20:1.

16. *Morirá en medio de Babilonia.* Le sacaron los ojos; fue transportado a Babilonia y jamás volvió.

18. *Menospreció el juramento.* Esto constituyó una ofensa muy grande al Señor. El se había comprometido bajo juramento en la presencia de Jehová, que sería fiel al pacto que había hecho con Nabucodonosor, pero lo quebrantó a la primera oportunidad; por lo tanto, no escaparía.

21. *Y todos sus fugitivos.* Los que procuraron huir con él y los que corrieron a Egipto caerían a espada.

22. *Tomaré yo del cogollo de aquel alto cedro.* Levantaré otra monarquía, que descenderá de la línea de David, a saber, el Mesías; que aparecerá como una tierna plantita en lo referente a su encarnación; pero El será elevado y eminente; su iglesia, la ciudad real, será la más santa y pura que se haya visto sobre la faz de la tierra.

23. *En el monte alto de Israel.* Hará su aparición en el templo y fundará su iglesia en Jerusalén. *Y alzará ramas.* Apóstoles, evangelistas y sus sucesores en el ministerio del evangelio. *Y dará fruto.* Por su predicación se convertirán multitudes de almas. *Y habitarán debajo de él todas las aves de toda especie.* Todas las naciones de la tierra recibirán su evangelio. *A la sombra de sus ramas habitarán.* Confiarán solamente en El para la salvación y serán salvos por su fe.

24. *Y sabrán todos los árboles del campo.* Todas las gentes de Israel y Caldea. *Que yo Jehová abatí el árbol sublime.* Que he destronado a Joacím. *Levanté el árbol bajo.* Puso a Sedequías, hermano de Joaquín en su lugar. *Hice secar el árbol verde.* Sedequías, que, aunque tuvo muchos hijos, ante sus ojos le fueron asesinados en Ribla. *E hice reverdecer el árbol seco.* Resucité una vara del tronco de Isaí, la familia de David que aparentemente se había secado. Se refería al Mesías prometido, al aumento y gobierno de cuyo reino y paz no habría fin; sobre el trono de David y sobre su reino, para ordenarlo y establecerlo con juicio y justicia desde entonces y para siempre jamás.

CAPITULO 18

En el tiempo de Ezequiel, los judíos se quejaban del trato duro de Dios al castigarlos por los pecados de sus antepasados (1, 2); sus calamidades temporales les habían sido amenazadas desde mucho tiempo atrás como consecuencia de los delitos nacionales (Jer. 15:4 y sgs.) y, por la naturaleza de este capítulo, parece que los judíos interpretaban que el segundo mandamiento del Decálogo y otros pasajes semejantes, implicaban que los pecados de los antece-

sores eran visitados sobre los hijos, independientemente de la conducta moral de éstos, no sólo en esta vida sino también en la futura. Para eliminar todo fundamento de una idea tan indigna del gobierno divino, Dios les asegura por un juramento, que El no hacía distinción de personas (3-4); intimando vehementemente que los grandes arcanos en la Providencia (misteriosos solamente por motivo de la limitada capacidad del hombre), son los resultados de la más imparcial administración de la justicia; y que esto sería particularmente manifestado en las recompensas y castigos de la otra vida; cuando todas las ligaduras que al presente conectan las sociedades y las naciones serán disueltas y cada persona recibirá su merecido de acuerdo a sus obras y llevará su propia carga. Esto está ilustrado con una diversidad de ejemplos: tales, como el del hombre justo (5-9); su hijo malvado (10-13); y el hijo justo de una persona perversa (14-20). Entonces, un inicuo se arrepiente y encuentra misericordia de modo que sus maldades anteriores no le serán impedimento para la salvación (21-23); y el justo que se rebela y muere en sus pecados, cuyas justicias anteriores no tendrán ningún valor (24). El gobierno de la Divina Providencia es entonces vindicado (25-29); todas las personas sin excepción son exhortadas al arrepentimiento (30, 31); porque el Señor no se complace en la muerte del pecador (32). Como la totalidad de este capítulo está ocupada con la ilustración de una doctrina estrechamente relacionada con el bienestar del hombre y el honor del gobierno divino, el profeta, con gran propiedad, deja a un lado su habitual estilo figurativo y trata su tema con la mayor sencillez y claridad.

2. *Los padres comieron las uvas agrias, y los dientes de los hijos tienen la dentera.* Ya hemos visto este proverbio en Jer. 31:29 y sgs., y hemos considerado su significado general. Pero el asunto aquí está presentado con mayor detalle, con una variedad de circunstancias, a fin de adaptarlo a todos los casos en que debe ser aplicado. Se refiere simplemente a estas preguntas: ¿Hasta qué grado los males morales de los padres se extienden hasta sus descendencias? Y, ¿son los defectos y malas tendencias de los padres, no solamente transmitidos a sus hijos sino castigados en ellos? ¿Transmiten los padres su mala índole y los hijos son castigados por sus ofensas?

3. *Vivo yo, dice Jehová el Señor, que nunca más tendréis por qué usar este refrán en Israel.* Por esta declaración, ahora voy a dejar finiquitado para siempre este asunto.

4. *Todas las almas son mías.* Imparcialmente: Yo soy el Padre de los espíritus de toda carne y trataré con ecuanimidad con todos. *El alma que pecare, esa morirá.* Nadie morirá por los delitos ajenos; ni nadie será salvo por la justicia de otro.

5. *Y el hombre que fuere justo, e hiciere según el derecho y la justicia.* El significado de esto, está inmediatamente especificado.

6. (1) *Que no comiere sobre los montes.* La adoración idólatra se realizaba generalmente sobre montañas y cerros; y los que presentaban sacrificios, luego banqueteaban con ello y así mantenían comunión con el ídolo. (2) *Ni alzare sus ojos a los ídolos.* No les ha rendido adoración; no ha confiado en ellos para nada y no ha elevado oración o súplica ante ellos. (3) *Ni violare la mujer de*

su prójimo. No ha tenido conexión adúltera con mujer alguna; a lo que siempre conducían las fiestas y culto idólatra. (4) *Ni se llegare a la mujer menstruosa.* Se ha abstenido del lecho matrimonial durante el período de indisposición de su esposa. Lv. 20:18.

7. (5) *Ni oprimiere a ninguno.* No ha abusado de su poder o influencia para oprimir, apenar o cometer injusticia. (6) *Que al deudor devolviere su prenda.* Cuidadosamente ha entregado la prenda o préstamo cuando su dueño llegó para redimirlo. Como la prenda por lo general es de más valor que lo recibido por ella, un hombre sin principios, tratará de conservarla; lo que es sumamente abominable ante los ojos de Dios (7) *Que no cometiere robo.* Sea robo o insulto personal. Porque un hombre puede ser defraudado de ambas maneras. (8) *Y que diere de su pan al hambriento.* Ha sido bondadoso y caritativo, especialmente con los que están en la más profunda necesidad. (9) *Y cubriere al desnudo con vestido.* Ha compartido su pan y su ropa con los necesitados.

8. (10) *Que no prestare a interés. Nasach* significa "morder"; así se denomina a *la usura* porque muerde y devora lo esencial. (11) *Ni tomare a usura.* Al prestar no exige más de lo que ha facilitado. (12) *Que de la maldad retrajere su mano.* Nunca se asocia con los que actúan contrariamente a la justicia y equidad. (13) *E hiciere juicio verdadero entre hombre y hombre.* No se deja influir ni por prejuicio, temor, ni favor. Estos trece puntos conciernen a las relaciones sociales y civiles.

10. *Mas si engendrare hijo.* Que sea el reverso del carácter del justo arriba mencionado según los trece artículos ya especificados y dilucidados.

17. *No morirá por la maldad de su padre.* No será más afectado por los delitos paternos, que lo que su progenitor se benefició por la justicia de su abuelo.

CAPITULO 19

Este capítulo contiene dos hermosos ejemplos del género parabólico; uno, que lamenta la triste catástrofe de Joacaz y Joacim (1-9), y el otro, describiendo la desolación y cautividad de la totalidad del pueblo (10-14). En la primera parábola, la leona se refiere a Jerusalén. El primero de los leoncillos es, Joacaz, destronado por el rey de Egipto; y el segundo león, es Joacim, cuya rebelión atrajo sobre sí la venganza del rey de Babilonia. En la segunda parábola, la vid representa a la nación judía, que prosperó durante mucho tiempo, su tierra era fértil, sus príncipes poderosos y su pueblo, floreciente; pero, los juicios de Dios, como consecuencia de la culpabilidad de ellos, en este momento habían causado la destrucción de la mayor parte de la gente y destinado al resto a la cautividad.

1. *Y tú, levanta endecha sobre los príncipes de Israel.* Declara cuál es el gran tema de angustia en Israel. Compón un canto fúnebre. Muestra el triste destino de los reyes que siguieron a Josías. El profeta deplora el infortunio de Joacaz y Joacim, bajo la figura de dos cachorros de león que fueron cazados y confinados a su jaula. Luego, indica la desolación de Jerusalén bajo Sedequías a quien compara con una hermosa vid desarraigada, secada y por fin echada al fuego.

2. *Tu madre la leona.* Judea, aquí puede ser la madre; la leona, Jerusalén. *¡Cómo se echó entre los leones!* Su confederación con los reyes circunvecinos; porque león, aquí significa rey.

3. *E hizo subir uno de sus cachorros.* Joacaz, hijo de Josías, cuyo padre fue vencido y muerto por Faraón Necao, rey de Egipto. *Aprendió a arrebatar la presa.* Ejerció un reinado de opresión y crueldad. Hizo que sus súbditos fueran su presa y les devoró su sustancia.

4. *Y las naciones oyeron de él.* El rey de Egipto, cuyos súbditos pertenecían a diversos países, marchó contra Jerusalén, tomó prisionero a Joacaz y lo trasladó a Egipto.

5. *Viendo ella que había esperado.* Muy débiles, los judíos entendieron que no podían resistir con alguna esperanza de éxito; de este modo se le permitió al rey de Egipto obrar de acuerdo a su beneplácito. *Tomó otro de sus cachorros.* Joacim. *Y lo puso por leoncillo.* Rey de Judea.

6. *Y él andaba entre los leones.* Se transformó en un perfecto pagano e hizo a Judea tan idólatra como cualquiera de las naciones que la rodeaban. Reinó once años con un monstruo de iniquidad; II R. 23:30 y sgs.

8. *Arremetieron contra él las gentes.* Los caldeos, sirios, moabitas y amonitas y el rey de Babilonia . . . rey de muchas naciones. *Fue apresado.* La ciudad fue tomada por Nabucodonosor; y Joacim fue hecho prisionero y enviado con cadenas a Babilonia.

9. *Para que su voz no se oyese más.* Continuó en la prisión durante muchos años, hasta el reinado de Evil-merodac, que lo puso en libertad, pero nunca le permitió volver a las montañas de Israel.

10. *Tu madre.* (Jerusalén). Echando *vástagos.* Muchos *príncipes.* Véase el versículo siguiente.

11. *Y ella tuvo fuertes varas.* Sedequías y sus muchos hijos. *Se elevó su estatura.* Sedequías se enorgulleció de sus muchos vástagos y prosperidad; y aunque imitó el ejemplo de Joacim, sin embargo, creyó que podría rebelarse con seguridad contra el rey de Babilonia.

12. *Pero fue arrancada con ira.* Jerusalén; tomada después de un violento y sumamente destructivo asedio; porque Nabucodonosor estaba sumamente enfurecido contra Sedequías por haberle violado el juramento. *Derribada en tierra.* Jerusalén quedó completamente en ruinas porque fue incendiada hasta

el suelo. *Sus ramas fuertes fueron quebradas.* Mataron a los hijos de Sedequías ante sus propios ojos y después, le fueron arrancados y encadenado, fue transportado a Babilonia.

13. *Y ahora está plantada en el desierto.* En la tierra de Caldea adonde la gente había sido transportada en cautiverio; que, al compararla con su país, les parecía como si fuese un lúgubre desierto.

14. *Y ha salido fuego.* Se ha apoderado una disposición de venganza criminal . . . *De la vara de sus ramas.* Ismael, hijo de Netanías, que era de la sangre real de Judá . . . , *Ha consumido su fruto.* Ha asesinado a Gedalías, matado a mucha gente y llevado a otros al territorio de los amonitas. Pero, él fue perseguido por Johanán, el hijo de Carea que mató a muchos de sus secuaces y liberó a mucha gente. *No ha quedado en ella vara fuerte.* No quedó ninguno de la sangre real de Judá. Y desde entonces, nadie de su extirpe volvió a ocupar el trono de Israel. *Endecha es esta.* Este es un asunto sumamente lamentable. *Y de endecha servirá.* Será cumplida tan puntualmente y la catástrofe será tan completa, que permanecerá siendo como un lamento; porque este estado de Jerusalén nunca será reparado.

CAPITULO 20

Una delegación de ancianos de Israel, como por lo general en su calamidad, llegó para solicitar a Ezequiel que pidiera consejo a Dios (1). Como réplica, Dios le ordena al profeta que les recuerde su rebelión e idolatría: En Egipto (2-9), en el desierto (10-27), en Canaán (28-32). A pesar de lo cual, el Señor con suma benignidad promete restaurarla a su propio país después que se hubieran purificado de sus escorias (33-44). Los últimos cinco versículos de este capítulo tendrían que ocupar el principio del siguiente, porque están relacionados con el asunto de este capítulo, siendo una profecía contra Jerusalén, situada al sur de la Caldea, que era donde estaba entonces el profeta, la que en este lugar y en cualquier otro está representada bajo el emblema de un bosque sentenciado a ser destruido por el fuego (45-49).

1. *En el año séptimo.* De la cautividad de Jeconías y el séptimo del reinado de Sedequías. *Algunos de los ancianos de Israel.* Se ignora qué fue lo que vinieron a preguntar. Sin duda eran hipócritas y engañadores, por la manera en la cual Dios ordena al profeta que los tratara. Parece que era una delegación de ancianos tal como la que se menciona en 8:1 y 14:1.

3. *No seré consultado por vosotros.* (Versión Moderna). No os escucharé. No tengo nada que ver con vosotros.

4. *¿Quieres tú juzgarlos?* La totalidad del capítulo es una historia consecutiva de infidelidad, ingratitud, rebelión e idolatría de los judíos, desde los tiempos más remotos hasta ese entonces; y justifica la sentencia que Dios ha pronunciado contra ellos y que estaba a punto de ejecutar más ampliamente al entregarlos a ellos y a la ciudad en manos de los caldeos.

5. *Escogí a Israel.* Ellos no me escogieron para que fuera su Dios sino hasta que yo los hube elegido para que fuesen mi pueblo. *Alcé mi mano.* Me obligué en un pacto con ellos que continuaría siendo su Dios si ellos fueran fieles y continuaran siendo mi pueblo. Entre los judíos, el que debía jurar lo hacía levantando su mano derecha hacia el cielo; lo que explica el Sal. 144:8: "Cuya diestra es diestra de mentira."

6. *Que los sacaría de la tierra de Egipto.* Cuando ellos ya habían permanecido por mucho tiempo en un cautiverio sumamente ignominioso y tiránico.

7. *Eche . . . las abominaciones.* Arrojad todos vuestros ídolos; los incentivos para la idolatría que habéis contemplado con deleite.

8. *No echó . . . cada uno.* Continuaron aferrados a la idolatría de Egipto, de modo que si solamente hubiera consultado a mi justicia los habría consumido en Egipto mismo. Esta es una circunstancia que Moisés no mencionó, particularmente, su provocación a Dios por su idolatría, después que les envió a Moisés y a Aarón cuando estaban en ese país.

9. *Con todo, a causa de mi nombre.* Me descubrí a ellos y no los castigué, pues de otro modo, los paganos que conocían mi promesa a ese pueblo, podían suponer que la había quebrantado por algún capricho, o que no había tenido poder para cumplirla.

10. *Los saqué.* Porque aunque estaban sumamente oprimidos y envilecidos, no estaban dispuestos a dejar su lugar de esclavitud. Me vi obligado a forzarlos.

11. *Y les di mis estatutos.* Les mostré lo que debían hacer para estar seguros, cómodos, ser sabios y felices; y que tenían que evitar para quedar intactos en cuerpo, alma y posesiones. Si ellos hubieran obedecido estas leyes, habrían vivido por ellas. Habrían sido santos, fuertes y felices.

12. *Les di también mis días de reposo.* La observancia religiosa del día de reposo fue el primer estatuto o mandamiento de Dios al hombre. Esta institución fue una seña entre Dios y ellos para conservarlos en el recuerdo de la creación del mundo, del descanso que les había destinado en Canaán y la herencia eterna entre los santos en luz.

13. *Mas se rebeló contra mí la casa de Israel.* Actuaron en el desierto, exactamente como lo habían hecho en Egipto; y El los perdonó por la misma razón. Véase el v. 9.

15. *Yo les alcé mi mano.* Sus provocaciones en el desierto fueron tan grandes que prometí que no los llevaría a la tierra prometida. No los consumí, pero los desheredé.

18. *Antes dije en el desierto a sus hijos.* A estos escojo en lugar de sus padres, y

me propuse darles la herencia que sus padres habían perdido por desobediencia.

22. *Retraje mi mano.* También juré que los aplastaría en un momento; porque también fueron idólatras y anduvieron en las pisadas de sus padres.

25. *También les di estatutos que no eran buenos.* El significado sencillo de estas palabras aquí y en otros pasajes similares, es que, cuando ellos se rebelaron en contra del Señor, despreciaron sus estatutos y profanaron sus sábados . . . en efecto, lo desecharon y se entregaron completamente a los ídolos, entonces El los abandonó y ellos se entregaron a las costumbres y ordenanzas de los paganos.

26. *Y los contaminé en sus ofrendas.* Permití que se contaminaran con las ofrendas que hicieron a los ídolos.

29. *¿Qué es ese lugar alto? ¿Para qué sirve?* El hecho de que es un lugar alto lo demuestra como sitio de idolatría.

31. *Os habéis contaminado.* Esto resuelve el sentido de lo que Dios dice en el v. 26: "Y los contaminé en sus ofrendas." Ellos resolvieron contaminarse y Yo les permití que lo hicieran.

32. *Lo que habéis pensado.* Deseáis ser naturalizados entre los idólatras. Pero, absolutamente no será así; seréis conservados como un pueblo diferente. No os será permitido mezclaros con la gente de esos países: aun ellos, idólatras como son, os despreciarán y rechazarán.

35. *Y os traeré al desierto de los pueblos.* Os sacaré de vuestro cautiverio y os volveré a vuestra propia tierra, la que encontraréis convertida en un desierto como consecuencia de vuestras maldades. *Y allí litigaré con vosotros.* Allí seré vuestro rey y os gobernaré con dominio soberano; y la dispensación de mi justicia y misericordia o terminará con vosotros u os corregirá.

37. *Os haré pasar bajo la vara.* Es una alusión a la costumbre de diezmar las ovejas. He sacado esto de los rabinos. Las ovejas estaban todas acorraladas; y el pastor se paraba a la puerta del redil, donde sólo podía pasar una a la vez. En su mano tenía una vara empapada en bermellón; como iban pasando, las contaba, una, dos, tres, cuatro, cinco, seis, siete, ocho, nueve; y cuando llegaba la décima, la marcaba con la vara y decía: "Esta es la décima"; y la apartaba para el Señor. *Y os haré entrar en los vínculos del pacto.* Seréis colocados bajo las mismas obligaciones que antes, y os reconoceréis obligados; sentiréis vuestro deber y viviréis según su carácter.

38. *Y apartaré de entre vosotros a los rebeldes.* Destruiré a los malvados incorregibles; a aquellos que no reciban a aquel a quien he designado con el propósito de ser el Salvador de Israel.

39. *Andad cada uno tras sus ídolos, y servidles.* De este modo Dios les dio estatutos que no eran buenos y juicios por los cuales no podrían vivir, permitiéndoles hacer su propia voluntad, sirviendo a sus dioses y siguiendo las máximas y ritos de esa abominable adoración.

40. *Pero en mi santo monte.* Días vendrán en que los verdaderos israelitas recibirán a aquel a quien he enviado para ser el verdadero sacrificio por la vida del mundo; y traerá a Jerusalén, a la pura iglesia cristiana, sus ofrendas que Yo aceptaré en ese lugar, porque ellos me agradecerán por mi don inefable.

42. *Y sabréis.* "Reconoceréis". *Que yo soy Jehová.*

43. *Y allí os acordaréis de vuestros caminos.* Os avergonzaréis de vuestra conducta pasada y de vuestra larga oposición al Evangelio de vuestra salvación. Estas promesas, en un cierto sentido limitado, pueden aplicarse a la restauración de la cautividad de Babilonia; pero tendrán la plenitud de su cumplimiento cuando los judíos acepten a Jesús como su Salvador y, como consecuencia, vuelvan de todas sus dispersiones a su propia tierra.

46. *Pon tu rostro hacia el sur.* Hacia Judea, la que estaba situada al sur de Babilonia, o Mesopotamia, lugar donde entonces habitaba el profeta. *El bosque del Neguev.* La ciudad de Jerusalén, tan populosa como una foresta lo es de árboles.

47. *Yo encenderé en ti fuego.* Enviaré guerra, y "consumiré en ti todo árbol verde," los más eminentes y encumbrados de los habitantes; "y todo árbol seco," los más bajos e inferiores también. *No se apagará la llama del fuego.* Las feroces hordas de Nabucodonosor y los caldeos no se detendrán hasta que toda la tierra esté destruida. *Serán quemados en ella todos los rostros, desde el sur hasta el norte.* Desde un término hasta el otro de la tierra nada habrá sino temor, desmayo, terror y confusión ocasionados por la agotadora violencia de los caldeos. Judea se conforma de norte a sur.

48. *Toda carne.* Todas las naciones se darán cuenta de que esa guerra es un juicio de Dios. *No se apagará.* Hasta que toda la tierra quede completamente arruinada.

CAPITULO 21

El profeta sigue denunciando el fin de Jerusalén y Judea; empleando señales de vehemente dolor para denotar la grandeza de la calamidad (2-7). Entonces cambia su alegoría por la de una espada afilada y reluciente todavía denotando el mismo y triste evento (8-17); y todavía para ser más explícito, representa al rey de Babilonia, a quien Dios iba a emplear en esta obra, emprendiendo venganza sobre judíos y amonitas por aliarse a Egipto en una confederación contra él. Está descrito como detenido en una encrucijada al principio de los dos caminos que conducen respectivamente a las capitales de los judíos y la de los amonitas; y, dudando a cuál de ellas atacar primero, deja su decisión a las artes de adivinanza, mezclando las saetas que llevan inscritas las ciudades que deben atacar y luego marchando sobre aquella cuyo nombre indicara la flecha que primero había salido del carcaj. En esta ocasión, el nombre de Jerusalén está en la primera; por lo tanto se dirige contra ella (18-24). La historia misma no podría ser más explícita que esta profecía. Se declara al príncipe profano Sedequías como abandonado por Dios y su reino entregado a la más completa destrucción, por el quebrantamiento del juramento; el profeta predice que él será culpable (25-27). Los restantes versículos constituyen una profecía distinta referente a la destrucción de los amonitas, lo que fue cumplido cinco años después de la devastación de Jerusalén (28-32).

2. *Pon tu rostro contra Jerusalén.* Esta es una continuación de la profecía precedente; y en este capítulo, el profeta pone ante ellos en el lenguaje más claro lo que significan las metáforas anteriores para que no puedan quejarse de sus parábolas.

3. *He aquí que yo estoy contra ti.* ¡Nuevas funestas! Cuando Dios está en contra de nosotros ¿quién puede estar a nuestro favor? *Y sacaré mi espada.* Guerra. *Y cortaré de ti.* La tierra de Judea.

4. *Desde el sur hasta el norte.* Desde un término hasta el otro, toda la tierra será asolada.

5. *No la envainaré más.* Es decir, hasta que haya terminado la obra que le fue encomendada. Y no lo hizo; porque Nabucodonosor nunca descansó hasta que hubo subyugado a todas las tierras desde el sur al norte, desde el Eufrates hasta el Nilo.

6. *Gime . . . con quebrantamiento de tus lomos.* Que tu lamento por esta angustiosa calamidad sea como el de una mujer con dolores de alumbramiento.

7. *¿Por qué gimes tú?* El profeta era una señal para ellos. Su gemido y lamento les estaba mostrando cómo actuarían ellos.

10. *Al cetro de mis hijos ha despreciado.* La espada de Nabucodonosor "ha despreciado el cetro," ha menospreciado el poder e influencia *de mi hijo . . .* Israel, el pueblo judío.

13. *Porque está probado.* Será una prueba de fuerza y pericia entre caldeos y judíos; y una prueba de fe y paciencia para los justos. *¿Y qué, si la espada* (Nabucodonosor) *desprecia aun al cetro?* ¿Sedequías destronado? Así lo hará; porque el gobierno real de Judea no existirá más. O, "está probado"; es decir, la espada. Nabucodonosor ya se había manifestado fuerte y experto.

14. *Y duplíquese y triplíquese el furor de la espada.* La espada ha sido duplicada v vendrá por tercera vez. Nabucodonosor atacó a Judea tres veces. (1) Contra Joacim, (2) contra Jeconías, (3) contra Sedequías. La espada ya había sido duplicada; ahora vendría por tercera vez, es decir, contra Sedequías. *La espada homicida.* "La espada de los soldados" de la Caldea.

15. *Preparada.* No es una espada embotada, ha sido cuidadosamente afilada y preservada para la matanza.

16. *Adondequiera que te vuelvas.* Prosperarás, oh, espada, hacia donde te vuelvas; contra Amón, Judea, o Egipto.

19. *Traza dos caminos.* Ponte en marcha desde Babilonia y traza dos caminos; puedes tomar cualquiera de los dos; el de la derecha, te conduce a Jerusalén; o el de la izquierda que lleva a Rabat de los amonitas, v. 20. Pero, ¿por qué contra los amonitas? Porque ellos y los moabitas se unieron a Sedequías contra los caldeos (véase Jer. 27:3), aunque después, lucharon en contra de Judea, cap. 12:6.

21. *Porque el rey de Babilonia se ha detenido en una encrucijada.* Dudaba cuál de los caminos debía tomar primero: si humillar a los amonitas tomándoles su metrópoli, Ribla, o dirigirse directamente contra Jerusalén. En este caso de incertidumbre, apela a la adivinación. Había de tres clases: (1) Por *saetas.* (2) Por *ídolos* o talismanes. (3) Examinando las entrañas de un animal sacrificado para la ocasión.

22. *La adivinación señaló a su mano derecha, sobre Jerusalén.* Probablemente había escrito sobre las flechas: en una, Jerusalén, en la segunda, Ribla, la tercera, dejada en blanco. Extrajo una, y la que tomó tenía escrito: Jerusalén; en consecuencia, marchó inmediatamente contra esa ciudad. Estaba madura para la destrucción; si hubiera marchado antes o después, habría caído; pero jamás se consideró tan seguro de la conquista como hasta ese momento.

23. *Ha hecho solemnes juramentos.* Se refiere a Sedequías y sus ministros que se habían ligado con el juramento del Señor que serían fieles a los caldeos y les pagarían tributo. Los juramentos también pueden extenderse a las alianzas que hicieron con los egipcios, amonitas y otros. No creían que Nabucodonosor tendría éxito contra ellos porque esperaban la poderosa ayuda de los egipcios.

25. *Y tú, profano e impío príncipe de Israel.* Sedequías, a quien aquí se le llama *profano,* por haber violado el juramento; e *impío,* por su oposición a Dios y a sus profetas.

26. *Sea exaltado lo bajo.* Dad el gobierno de Judea a Gedalías. *Y humillado lo alto.* Deponed a Sedequías . . . quitadle la diadema; arrebatadle la corona.

27. *Lo reduciré.* Completamente destruiré al gobierno judío. *Hasta que venga aquel cuyo es . . .* Es decir, hasta el advenimiento del hijo de David, el Señor Jesús, el que, en un sentido místico y espiritual, tendrá el trono de Israel y cuyo *es el derecho.* Véase la notable profecía, Gn. 49:10 y Luc. 1:32. La frase "A ruina, a ruina, a ruina" (en español) se repite tres veces; para indicar, según los rabinos, las tres conquistas de Jerusalén, en las que Joacim, Jeconías y Sedequías fueron destronados.

28. *Acerca de los hijos de Amón.* En su estado bajo, ellos habían insultado a Judea; véase cap. 25. Esta profecía contra ellos, se cumplió cinco años más tarde de la caída de Jerusalén. Consúltese Josefo, Ant. lib. x. c. 11 y Jer. 27:48, 49; Ez. 25.

30. *Te juzgaré.* Parece referirse a Nabucodonosor, que, después de su vuelta de Jerusalén, se enloqueció y vivió como una bestia durante siete años; pero después fue restaurado y reconoció al Señor.

CAPITULO 22

En este capítulo encontramos una relación de los pecados de Jerusalén (1-12); por los cuales Dios los amenaza con severos castigos (13-16); para limpiarlos de sus escorias (17-22). Porque la corrupción es general, habiendo penetrado entre los profetas, sacerdotes, príncipes y el pueblo; por eso, se declara, serán castigados (23-31).

2. *¿No juzgarás tú, a la ciudad derramadora de sangre?* Pronuncia la sentencia de muerte contra los asesinos. *¿Le mostrarás todas sus abominaciones?* Y, en consecuencia se presenta el más repugnante y espantoso catálogo.

3. *Para que venga su hora.* Hasta ahora ha sido por mi longanimidad que ha cumplido sus días . . . completado el tiempo de su prueba; no se ha corregido; cada día es peor; por lo tanto, su castigo ya no puede ser dilatado.

5. *Las que están cerca de ti.* Tanto las que están cercanas como las distantes te consideran el carácter más vicioso; y por tu causa muchas han sido envueltas en desgracia y ruina.

6. *He aquí que los príncipes.* Sois un pueblo vil y asesino y vuestros príncipes son de igual índole.

7. *Despreciaron en ti.* Los hijos no honraron a sus padres. El extranjero no es socorrido, sino explotado. Las viudas y los huérfanos son vejados por la injusticia y la extorsión.

8. *Has profanado.* Todas mis ordenanzas no solamente han sido descuidadas, sino despreciadas; y mis sábados profanados. No sólo no hay poder de piedad entre vosotros, pero ni aun la forma.

9. *Calumniadores hubo en ti.* Testigos que jurarán cualquier cosa, aun si la vida estuviera de por medio. *Sobre los montes comieron.* Sacrifican a los ídolos y celebran sus festividades.

10. *Descubrieron en ti.* Son culpables del más abominable incesto y lascivia. *En ti hicieron violencia.* En sus conexiones inmundas y contranaturaleza, no se han abstenido por

las decretadas por causas físicas. El catálogo de crímenes que sigue es demasiado claro para requerir comentario.

18. *La casa de Israel se me ha convertido en escoria.* Debéis ser arrojados al horno y sujetos al fuego más intenso hasta que os sean consumidas vuestras inmundicias.

19. *Yo os reuniré.* Jerusalén, está representada aquí como un crisol; todo su pueblo está metido en él y el fuego caldeo fundirá el todo. Y Dios aumentará tus sufrimientos: como el refinador sopla el fuego con sus bramidos, así Dios soplará sobre vosotros con el fuego de su ira, v. 21.

25. *Hay conjuración.* Los falsos profetas se han unido para decir y apoyar las mismas cosas; y han sido la causa de la perdición de almas y la muerte de muchos, de modo que por causa de ellos, las viudas se han multiplicado en medio de ti.

26. *Sus sacerdotes.* Aun aquellos cuyos labios debían preservar la sabiduría no instruyeron al pueblo: violaron mi ley, no sólo en su conducta privada sino en su descuido y forma corrupta de servir en mi templo.

27. *Sus príncipes.* Son tan malvados como sus sacerdotes; son rapaces y oprimen pesadamente al pueblo con imposiciones injustas para aumentar sus ingresos.

28. *Sus profetas.* Aun los que pretenden ser mis profetas, han sido infieles en el desempeño de su oficio; han excusado a la gente en sus pecados y pretendieron tener oráculos de paz y seguridad cuando Yo no les había hablado.

30. *Y busqué entre ellos un hombre.* Vi que se había abierto una penosa brecha en la condición moral del pueblo y busqué un hombre que se levantara en el portillo; que exhortara fielmente, reprendiera y aconsejara con toda longanimidad y doctrina. ¡Pero no pude hallarlo!

CAPITULO 23

En este capítulo las idolatrías de Samaria y Jerusalén están representadas por las malas prácticas de dos prostitutas; por lo que Dios les anuncia severos castigos (1-49). Véase el capítulo decimosexto donde la misma metáfora está amplificada con respecto a ésta, siendo el intento del profeta provocar el mayor aborrecimiento al crimen contra el cual prorrumpe en invectivas.

2. *Hijo de hombre, hubo dos mujeres.* Todos los hebreos provenían de un mismo origen: Abraham y Sara; y, hasta la división ocurrida durante el reinado de Roboam, formaron un solo pueblo: pero, al separarse las diez tribus y media de Judá y de Benjamín, se transformaron en una nación distinta bajo diferentes reyes; se llamaron el reino de Judá y el de Israel. Aquí, por su consanguinidad reciben el nombre de: dos hermanas. La mayor, Samaria era llamada *Aholah:* "una tienda". La más joven, Judá, tenía el nombre *Aholibah*, "mi tienda está en ella," porque el templo de Dios estaba en Jerusalén, asiento del reino de Judá.

5. *Y Aholah cometió fornicación.* Sin entrar en detalle en este lugar, o siguiendo las figuras, ambas se hicieron idólatras, y recibieron los impuros ritos de los egipcios, asirios y caldeos; de cuya conexión, el profeta habla aquí como lo hizo en el capítulo 16.

En este capítulo hay muchas de las que denominamos expresiones indecorosas, porque existe un paralelo entre la idolatría y la prostitución y las circunstancias de esta última ilustran las peculiaridades de la primera. En tales casos, quizá, solamente el asunto le fue dado al profeta y él quedó en libertad de emplear su propio lenguaje y amplificarlo como lo creyera conveniente. Ezequiel fue para los judíos, lo que Juvenal entre los romanos, . . . un duro censor de los vicios más abominables. Los dos hablaron de las cosas como las vieron; presentaban la verdad desnuda y la hostigaban públicamente.

6. *Vestidos de púrpura.* El teñido "púrpura" era sumamente valorizado entre los antiguos y al principio sólo era usado por los reyes; por fin, fue llevado entre los militares, particularmente por los de alta graduación en el país.

14. *Hombres pintados en la pared.* Véase cap. 8:10.

23. *Pecod, Soa y Coa.* Se cree que estos nombres designan a ciertos pueblos que limitaban con los caldeos, aunque ningún geógrafo ha podido localizarlos. En antiguas traducciones estos nombres eran considerados adjetivos . . . "gobernantes, potentados y tiranos". Otros, siguiendo el significado literal de las palabras, han traducido "visitando, aclamando y retrocediendo".

25. *Quitarte han tu nariz.* Castigo frecuente entre los persas y los caldeos, según nos dicen autores antiguos.

32. *Beberás el hondo y ancho cáliz de tu hermana.* Serás arruinada y desolada como Samaria.

38. *Contaminaron mi santuario.* Colocando ídolos en el lugar.

41. *Y te sentaste sobre suntuoso estrado.* Has levantado altar imponente a tus ídolos; probablemente aludiendo al que Acaz ordenó que se hiciera, a imitación del que había visto en Damasco. El *estrado* aquí alude a los *sofás* sobre los cuales se reclinaban durante las comidas; o a los lechos sobre los que se sentaban las antiguas desposadas asiáticas con incensarios y confituras sobre las mesas que estaban ante ellas.

42. *Voz de compañía.* Parece el relato de un festival idólatra en el que una multitud desenfrenada estaba congregada y gente de la clase más baja, con brazaletes; y llevando

guirnaldas en la cabeza realizaba los ritos religiosos.

45. *Hombres justos.* Los caldeos, que recibían ese nombre porque habían sido designados por Dios para ejecutar sus juicios sobre estos malvados.

47. *Las apedrearán.* Como hacían con las adúlteras bajo la ley. Véase Lv. 20:10; Dt. 22:22 comparando con Jn. 8:3.

48. *Y haré cesar la lujuria.* La idolatría; y desde entonces hasta el presente, los judíos jamás volvieron a caer en la idolatría.

49. *Y pagaréis los pecados de vuestra idolatría.* El castigo merecido por vuestro adulterio; vuestra apostasía de Dios y el establecimiento de la idolatría en la tierra.

CAPITULO 24

El profeta ahora informa a aquellos que están en la cautividad el mismo día en que Nabucodonosor asediará Jerusalén (compárese Jer. 52:4), y describe el destino de la ciudad y sus habitantes por medio de una figura acertada (1-14). Como otra señal de la grandeza de estas calamidades se le prohíbe al profeta hacer duelo por su esposa que había fallecido; indicando con eso que los sufrimientos de los judíos serían tan asombrosos que sobrepasarían todas las expresiones de dolor; y que la pena privada, no importa cuán amado y tierno fuera el objeto de ella debía ser absorbida por la desgracia pública (15-18). Habiendo expresado con términos claros y ampliamente esta predicción, el profeta les dice que no volverá a mencionar el tema hasta que reciban las nuevas de que estas profecías han sido cumplidas (19-27).

1. *En el año noveno.* Esta profecía fue pronunciada en el año noveno de Sedequías, el mismo día en que el rey de Babilonia comenzó el sitio de Jerusalén.

3. *Pon una olla.* La olla era Jerusalén; la carne, los habitantes en general; "todas buenas piezas, pierna y espalda," el rey Sedequías y su familia; "los huesos," los soldados; y el poner la olla, el comienzo del asedio. El profeta se encontraba entonces en Mesopotamia; y se le dijo particularmente que marcara el día, para que pudiera verse cuán preciso era el espíritu de la profecía al mostrar el día exacto en que comenzaría el sitio de la ciudad. Bajo la misma imagen de la olla en ebullición, Jeremías había representado el asedio de Jerusalén, cap. 1:13. Ezequiel era sacerdote; el acto de hervir ollas le era familiar, porque estas cosas eran muy comunes en el servicio del templo.

5. *Haz que hierva bien.* Que hierva bien, para que su propia espuma aumente el fuego, para que los huesos —los soldados— puedan ser hervidos en ella. Que sus contiendas, consejos divididos y la desunión sirvan para aumentar su miseria.

6. *Sin echar suerte sobre ella.* Saca toda carne sin hacer diferencias; que no haya trozo escogido para el rey o el sacerdote; demos-

trando de este modo que todos estarían involucrados en una ruina sin distinción.

7. *Porque su sangre está en medio de ella.* Se glorió en sus sacrificios idólatras; los presentó sobre una roca, donde la sangre permanecería como evidencia; y no derramó nada sobre la tierra para cubrirla con el polvo, ante el horror del mal moral que requería que la sangre de un ser inocente fuera derramada para obrar como sacrificio por la culpa del ofensor. "Derramará su sangre y la cubrirá con tierra" era el mandato de la ley, Lv. 17:13; Dt. 12:24.

8. *Habiendo pues, hecho subir la ira.* Esa misma sangre estará contra ellos, como la de Abel clamó contra Caín.

10. *Multiplicando la leña.* Que el sitio sea riguroso, grande la matanza y la ruina; y la catástrofe completa.

13. *En tu inmunda lujuria perecerás. Zimnah,* es una palabra que incluye las peores inmundicias: adulterio, incesto y el propósito, anhelo o intento y ardiente deseo de hacer estas cosas.

16. *He aquí que yo te quito de golpe el deleite de tus ojos.* Aquí tenemos la insinuación de que el golpe que iba a sufrir le causaría el máximo dolor; que sería tan grande que le impediría el desahogo de las lágrimas.

17. *No hagas luto.* Como sacerdote, no podía hacer duelo público, Lv. 21:1 y sgs. *Ata tu turbante sobre ti.* Parece que esto se refiera al bonete sacerdotal, o quizás alguno llevado por los sacerdotes regulares: puede haber sido un velo negro para cubrirse la cabeza. *Pon tus zapatos en tus pies.* El andar descalzo era señal de duelo. *No te cubras con rebozo.* Los deudos se cubrían la parte inferior de la cara, desde la nariz al extremo de la barbilla. *Ni comas pan de enlutados.* "El pan del hombre miserable," es decir, *enlutados;* probablemente el banquete funerario.

18. *A la tarde murió mi mujer.* La esposa del profeta era un tipo de la ciudad, a la que él amaba intensamente. La muerte de su esposa representaba la destrucción de la ciudad por los caldeos; véase v. 21 donde el templo está descrito como el deseo de sus ojos, como lo era su esposa, v. 16.

19. *No nos enseñarás.* En los versículos siguientes explica y adapta todo lo que ha hecho y hablado.

27. *En aquel día se abrirá tu boca.* Es decir, cuando alguien que haya escapado de Jerusalén, al llegar entre los cautivos, les informe de la destrucción de la ciudad y del templo, la familia real y el pueblo en general; hasta entonces debía reprimir sus lágrimas y lamentos. Y, encontramos en el cap. 33:21, que alguien huyó de la ciudad e informó al profeta y a sus hermanos en el cautiverio que la ciudad había sido destruida.

De modo que él no sólo fue profeta para predecir esos eventos, sino también una señal o presagio, actuando como símbolo por circunstancias en su propia persona y familia, y así la profecía, concordando tan perfectamente con el evento, comprobaba que la información previa provenía del Señor.

CAPITULO 25

Este capítulo contiene amenazas de grandes castigos divinos contra los amonitas (1-7); moabitas (8-11); edomitas (12-14); y filisteos (15-17): a cuenta de su odio para el pueblo judío y sus insultos en tiempos de desgracia. Nabucodonosor fue el instrumento por el que se cumplió esta profecía, cinco años después de la destrucción de Jerusalén. Otros profetas también predijeron los mismos eventos, como puede verse por las citas de textos paralelos acotados al margen.

1. *Palabra de Jehová.* El orden cronológico de este capítulo lo encontramos después del 33:21 y sgs.

2. *Pon tu rostro hacia los hijos de Amón.* Ya hemos visto, cap. 21:19 y sgs., que cuando Nabucodonosor abandonó a Babilonia, dudaba si debía sitiar primeramente a Ribla, capital de los amonitas, o a Jerusalén, capital de los judíos: y habiendo empleado la adivinación, por el resultado, decidió atacar primero a Jerusalén. Lo hizo; y los amonitas, viendo el éxito de sus armas, se hicieron amigos de él y se gozaron de la ruina de los judíos. Dios se ofendió por esta causa y predice su caída con la de Edom, Moab y los filisteos. El cumplimiento de esta predicción no está registrado en las Escrituras; pero Josefo nos cuenta que cinco años después de haber tomado Jerusalén, Nabucodonosor volvió sus armas contra los amonitas y moabitas y más tarde en contra de Egipto; y habiendo subyugado a esas naciones, volvió a Babilonia. Josefo, *Antiq.,* 1. X., c. ii.

7. *Y te destruiré.* Ya no existe el nombre de los amonitas a no ser en la historia.

8. *Por cuanto dijo Moab y Seir. Seir* significa idumeos. Parece que ambos con los amonitas hicieron alianza con Sedequías, Jer. 27:3, pero no la guardaron; se supone que aun se unieron con los caldeos.

9. *Yo abro el lado. Ketheph,* el hombro, el lugar fronterizo más fuerte. Bet-jesimot, Baal-meón y Quiriataim eran las más fuertes ciudades fronterizas de Moab.

12. *Por lo que hizo Edom.* Los edomitas fueron los más inveterados enemigos de los judíos desde tiempos sumamente primitivos; e hicieron todo lo que pudieron para molestarlos.

13. *Y la asolaré; desde Temán.* Temán y Dedán eran ciudades moabitas y, por lo que parece, estaban situadas en cada extremo de la tierra.

14. *Y pondré mi venganza contra Edom.* Dios no va a consentir que se insulte a aquellos que El ha derribado. Su castigo es

suficiente; tratar de agregar más es un insulto a Dios. *En manos de mi pueblo Israel.* Esto fue cumplido por los macabeos, quienes no sólo los derrotaron y subyugaron por completo sino que los obligaron a recibir la circuncisión; Josefo, *Antiq.* 1. XIII., c. 17: i Mac. 5:65.

15. *Por lo que hicieron los filisteos.* Eran tan enemigos de los judíos como los amonitas. Nabucodonosor los castigó porque ellos habían ayudado a los tirios cuando él sitiaba a esa ciudad.

16. *Y cortaré a los cereteos.* Los diferentes señoríos de los filisteos que habitaban la costa del Mar Mediterráneo desde Judea a Egipto. Para otros asuntos relacionados con estas profecías, vea los pasajes en el margen.

CAPITULO 26

Esta profecía, que comienza aquí y concluye en el versículo vigésimo del capítulo vigésimo octavo, es una declaración de los juicios de Dios en contra de Tiro, famosa ciudad comercial de la antigüedad, la cual fue tomada por Nabucodonosor después de un largo sitio que duró trece años. El profeta comienza introduciendo a Tiro insultando a Jerusalén y congratulándose ante la perspectiva del aumento de su comercio ya que esa ciudad había dejado de existir (1, 2). Por cuya causa Dios denuncia la destrucción completa de Tiro y las ciudades que dependían de ella (3-6). Tenemos entonces una descripción extraordinaria sobre la persona levantada en el curso de la Divina Providencia para realizar esa obra. Vemos, así cómo fue, sus poderosos ejércitos (comparados por su multitud a las ondas del mar), levantando terraplenes, estableciendo las máquinas de guerra, y sacudiendo los muros; oímos el ruido de los caballeros y el sonido de sus carros y escuchamos los gemidos de los moribundos. Sus ciudades (cuyos edificios eran espléndidos y suntuosos y cuyos muros medían ciento cincuenta pies de altura, con una amplitud proporcional), apareció inmediatamente; sus fuertes torres (que ella creía inexpugnables) fueron derribadas; y su mismo polvo es sepultado en el mar. Nada queda de ella a no ser la roca desnuda (7-14). Entonces la escena es cambiada. Una hermosa y muy enérgica figura representa a las islas y lugares adyacentes como si se sacudieran por la tremenda violencia de un temblor de tierra, ocasionado por la caída de Tiro. Los gemidos de los moribundos alcanzan los oídos de los habitantes de esas regiones. Sus príncipes, alarmados por sí mismos y afligidos por Tiro, descendieron de sus tronos, dejaron de lado sus vestiduras y se vistieron con —¿silicio?... No, pero ¡con temblor! Ataviados con esta asombrosa vestidura, el profeta los introduce como si fueran un coro de plañideros, lamentando a Tiro en un himno fúnebre como se acostumbraba a hacer con los muertos de renombre. Y prosiguiendo todavía con la misma imagen, en la persona de Dios, mediza el postrer y triste oficio para ella. Es traída desde su lugar con pompa solemne; se le cava la fosa; es sepultada, para no levantarse más (15-21). Tal es la profecía referente a Tiro que comprende tanto la ciudad que se hallaba en el continente como las islas; para ambas, cumplida con la mayor exactitud. La parte del continente fue arrasada hasta el polvo por Nabucodonosor en el año 572 a.C. y las islas, por Alejandro el Grande, en el 332 a.C. Y al presente y por las edades pasadas, esta antigua y renombrada ciudad, en otro tiempo emporio del mundo y, por su superioridad naval, el centro de una poderosa monarquía, es literalmente, lo que el profeta repetidas veces predijo, una roca desnuda, un lugar para tendedero de redes, aunque por lo que era en su tiempo, humanamente hablando, resultaba sumamente improbable.

1. *En el undécimo año.* Fue el año de la toma de Jerusalén; el undécimo de la cautividad de Jeconías y del reinado de Sedequías.

2. *Dijo Tiro.* Por estas palabras parece que Jerusalén ya había sido tomada, lo que sucedió en el cuarto mes de ese año; pero es posible que el profeta hable de antemano acerca del evento. *Quebrantada está la que era la puerta de las naciones.* Jerusalén, un emporio universal. *Yo seré llena.* El comercio que iba a Jerusalén vendrá a mí (a Tiro). Por último, fue destruida definitivamente en el siglo decimosexto de la era cristiana.

4. *Y barreré de ella hasta su polvo.* Destruiré totalmente sus fortificaciones y no dejaré de ella nada sino una roca estéril, como antes. Esto no puede referirse a la captura de Tiro por Nabucodonosor. Prosperó mucho después de ese tiempo.

5. *Tendedero de redes.* Lugar para habitación de unos pocos pescadores que pasaban en ese lugar la temporada de pesca y solían secar sus redes sobre la roca. Véase el v. 11.

6. *Y sus hijas.* Los lugares dependientes de Tiro, uno en el continente, y el otro, en una roca en el mar, en oposición al del continente; algunas veces parece referirse a uno, y otras, al otro. El que estaba en la tierra firme, pronto fue tomado; pero el de la costa marítima estuvo sitiado y bloqueado durante trece años por Nabucodonosor. Ambos formaban una sola ciudad y un estado.

7. *Nabucodonosor... rey de reyes.* Antiguo título empleado por aquellos orgullosos déspotas asiáticos.

8. *A tus hijas que están en el campo.* Parece que se refiere a Tiro continental.

12. *Y pondrán tus piedras y tu madera y tu polvo en medio de las aguas.* Esto corresponde a la captura de Tiro por Alejandro. Tomó las maderas, piedras, escombros, etc., de la antigua Tiro, conectando así este último baluarte con el continente; tenía que hacer esto para poder tomarla.

14. *Nunca más serás edificada.* Si esto alude a la captura de la ciudad por Nabucodonosor, debe interpretarse que se refiere a la antigua Tiro: fue destruida por él y jamás se reedificó. Pero dudo si la totalidad de esta profecía no se refiere a la toma de Tiro por Alejandro trescientos años después de su captura por Nabucodonosor.

15. *¿No se estremecerán las costas al estruendo de tu caída?* Todos los que habían comerciado con esta ciudad que era el gran emporio y de la cual dependían. Su ruina los involucraba a todos y causaba lamento general.

17. *Que era fuerte en el mar.* La fuerza de Tiro era tan grande, que Alejandro desesperaba de poder sojuzgarlos a menos que pudiera llenar ese brazo de mar que corría entre ellos y el continente y esta obra costó a su ejército siete meses de trabajo.

20. *Y daré gloria en la tierra de los vivientes.* La llamada Judea, tierra del Dios viviente.

CAPITULO 27

Puede considerarse a este capítulo como una segunda parte de la profecía concerniente a Tiro. El profeta prosigue con su asunto a la manera de aquellas antiguas lamentaciones o cánticos fúnebres, en los cuales, la plañidera primeramente relata las grandezas, cuán digno de alabanza era el difunto y luego lamentaban su caída. Aquí, las riquezas, glorias y el inmenso comercio de Tiro son exaltados (1-25). Se describe su derrumbe en una hermosa alegoría constituida por unas pocas palabras, con sorprendente brevedad, propiedad y lucidez (26); se representa a todo el mundo marítimo y comercial, atónito ante su destino y alarmado por el propio (27-36). Además de la visión que da este capítulo sobre los tratos de la Divina Providencia y el ejemplo que proporciona al crítico y al hombre de gusto de un trozo de composición muy elegante y elevadamente pulida, ofrece al arqueólogo una visión curiosa e interesante de la opulencia y el comercio de los tiempos antiguos. Y para la mente del que "busca una ciudad con fundamentos," ¡qué cuadro presenta de la mutabilidad y la insustancialidad de todas las cosas terrenales! Muchos de los lugares mencionados en la historia antigua, como Tiro, hace mucho que han perdido su importancia; la situación geográfica de otros ya no puede descubrirse; se han sumergido en las profundas aguas del olvido; el viento del este las ha hecho desaparecer.

2. *Levanta endecha sobre Tiro.* Este es un capítulo extraordinario y curioso. Presenta una descripción muy circunstancial del comercio de Tiro con las diferentes partes del mundo y las distintas clases de mercaderías con las que traficaba. Los lugares y los artículos importados se encuentran aquí registrados con tanta regularidad como habría podido hacerlo cualquier aduana europea.

3. *A las orillas del mar.* Tiro era una pequeña isla o más bien una roca en el mar, a poca distancia del continente. Ya hemos visto que había otra Tiro en esa zona; pero ambas se consideran una ciudad.

4. *Los que te edificaron completaron tu belleza.* Bajo la alegoría de un hermoso barco, aquí y en los versículos siguientes, el profeta pinta las glorias de esta antigua ciudad.

5. *De hayas del monte Senir.* Senir es una montaña a la que los sidonios llamaban Sirión y los hebreos "Hermón," Dt. 3:9. Estaba del otro lado del Jordán y se extendía desde el Líbano hasta los montes de Galaad.

6. *De encinas de Basán.* Algunos traducen "abeto," otros, "pinos". *Fabricaron tus bancos de pinos de las costas.* La palabra *asherim* está traducida en diversas ocasiones por madera de boj. Los "asientos" o *bancos* estaban hechos de esa madera y revestidos de *marfil. Las costas de Quitim.* Las islas italianas, las de Grecia; Chipre.

8. *De Sidón y de Arvad.* Dos poderosas ciudades de las costas fenicias, en las proximidades de Tiro; de las que esta última, marinos, y los más instruidos de sus habitantes eran sus pilotos o timoneles.

9. *Los ancianos de Gebal.* Era una ciudad de Fenicia, cercana al monte Líbano. Jos. 13:5. Los griegos la llamaban Biblos. *Calafateaban tus junturas.* Reparaban las embarcaciones.

10. *Persas.* Lud, los lidios, Fut, un pueblo de Africa; véase Gn. 10:6. De estos lugares tenía tropas auxiliares; porque como ellos traficaban con todo el mundo conocido y se podían permitir ofrecer buenos salarios, no hay duda que tenían soldados y marinos de todas partes.

11. *Y los gamadeos en sus torres.* Algunos piensan que se trataba de un pueblo de Fenicia; otros, que se refería a imágenes tutelares; algunos más, que la palabra significa "hombres fuertes" que servían como guardias.

12. *Tarsis comerciaba contigo.* Después de presentar una descripción del equipo naval y militar de esta ciudad, ahora habla de varios lugares y gentes con quienes comerciaban los tirios y las distintas mercaderías importadas desde esos lugares.

13. *Javán, Tubal y Mesec.* Los jonios, los tibarios, los de Capadocia o Moscovitas, *con hombres.* Es decir, traficaban esclavos. Los cuerpos y almas de los hombres. En aquellos días, como en nuestra degenerada edad, se vendían los cuerpos y las almas de los hombres. Con éstos, también traficaban con utensilios de bronce.

15. *Los hijos de Dedán.* Dedán era uno de los descendientes de Abraham por Cetura y moraba en Arabia. Gn. 25:3. De esa sección podrían provenir el marfil y el ébano. Por vía de distinción, el marfil, tanto en hebreo como en árabe recibe el nombre de *shen,* "el diente," porque la hermosa sustancia proviene del colmillo del elefante.

16. *Edom.* Siempre fue un pueblo comerciante. Por las piedras preciosas mencionadas aquí, véase Ex. 28:17.

17. *Judá y la tierra de Israel . . . con trigos negociaban en tus mercados.* Las palabras han sido traducidas como mercaderías diversas y no como nombres de lugares. De modo que los judíos negociaban con los tirios, el trigo, bálsamo, miel, aceite y resina.

18. *Damasco . . . vino de Helbón.* Actualmente llamada por los turcos, Haleb y por nosotros, Aleppo. *Lana blanca.* Lana muy fina: de excelente calidad.

19. *Asimismo Dan y el errante Javán.* Es probable que ambos nombres se refieran a algunas de las islas griegas. *Errante.* Importaban y exportaban: pero *meuzal* puede ser un nombre propio.

20. *Dedán.* Posiblemente descendiente de Dedán, el hijo de Raama, véase Gn. 10:7. *En*

paños preciosos para carros. Pueden haber sido finas alfombras, costosos abrigos para perros, camellos, etc., que se utilizaban en los viajes.

22. *Sabá y Raama.* Habitantes de Arabia Felix, a la entrada del golfo Pérsico que eran famosos por sus riquezas y especias.

23. *Harán.* En la Mesopotamia, bien conocida en las Escrituras. *Cane.* Se supone que es un cabo o puerto de la Arabia Felix, sobre el Océano Indico. *Edén.* Igualmente famosa: se supone que estaba situada cerca de la confluencia del Tigris y el Eufrates. *Sabá,* no es la misma que encontramos en el v. 22. Probablemente ésta se encontraba cercana al país de los edomitas. *Asiria.* Quizá los asirios.

24. *Estos mercaderes tuyos negociaban contigo en varias cosas.* Los pueblos ya mencionados comerciaban con los tirios en una gran variedad de las más valiosas mercaderías.

26. *En muchas aguas te engolfaron tus remeros.* Tiro está considerada todavía bajo la alegoría de una embarcación y las naves de las diferentes naciones que traficaban con ella están representadas como si la remolcaran en aguas profundas ... sacándola a la opulencia. Pero, cuando se encuentra en esta condición, se levanta un tormentoso viento oriental o destructivo, aludiendo con él a los caldeos y ¡la arroja en pedazos!

27. *Tus riquezas.* Esta inmensa embarcación, cargada con toda clase de mercaderías valiosas y tripulada de la mejor manera, al hundirse con todos sus tesoros, marineros, oficiales, se fue al fondo.

28. *Al estrépito de las voces de tus marineros.* Cuando el barco se estrelló contra las rocas por la violencia de los vientos y las olas y se perdió toda esperanza, un griterío general se levantó de todos los que estaban a bordo.

CAPITULO 28

La primera parte de este capítulo alude a un rey de Tiro, probablemente el mismo llamado Itóbalus en los anales fenicios. Parece haber sido un hombre vanidoso que aparentaba honores divinos. El profeta trata sus necias pretensiones con severa ironía y predice su derrumbe (1-10). Entonces comienza un cántico fúnebre sobre Tiro y contrasta su antigua pompa y su esplendor con su caída; la terminología que emplea parece aludir frecuentemente a la caída del cielo de Lucifer (Is. 14) (11-19). El derrocamiento de Sidón, ciudad madre de Tiro, sigue en el anuncio (20-23); y el capítulo concluye con una promesa de liberación de todos sus enemigos para los judíos y especialmente su restauración de la cautividad babilónica (24-26).

2. *Dí al príncipe de Tiro.* Pero, ¿quién era este príncipe de Tiro? Algunos creen que era Hiram; otros, Sin; algunos más, el diablo. *Yo soy un dios.* Es decir, soy absoluto, inde-

pendiente y no tengo que darle cuenta a nadie. Como se ve, era un hombre sumamente orgulloso y arrogante.

3. *Tú eres más sabio que Daniel.* En esa época, Daniel vivía y era considerado como hombre de gran sabiduría. Pero al rey se le dicen irónicamente esas palabras. Véase cap 14:14; 26:1.

5. *Con la grandeza de tu sabiduría.* Todas las cosas las atribuía a sí mismo; no reconocía una Providencia divina. Como todo lo había logrado él, también creía que podría conservarlo de igual manera y que no tenía necesidad de ninguna ayuda externa.

7. *Yo traigo sobre ti extranjeros.* Los caldeos.

9. *¿Hablarás delante del que te mate?* ¿Continuarás con tu orgullo y soberbia cuando te clave la espada e imaginarás todavía que eres todopoderoso e independiente?

12. *Tú eres el sello.* Esto ha sido traducido: "Tú dibujas tu propia imagen." "Has hecho un retrato de ti mismo; te has representado como la perfección de la sabiduría y la belleza." Creo que esto es lo que significa en este lugar.

13. *En Edén, en el huerto de Dios estuviste.* Esta también es una fuerte ironía. ¡Tú eres como Adán cuando en su pureza y excelencia estaba en el huerto del Edén!

14. *Tú, querubín grande, protector.* Continúa la ironía; y aquí se le compara al Querubín que guardaba las puertas del Paraíso y el camino al árbol de la vida, o a un querubín cuyas alas se extendían cubriendo el propiciatorio. *Te puse en el santo monte de Dios.* Todavía continúa la ironía; ahora se le compara a Moisés y después a uno de los principales ángeles, que andaba entre piedras de fuego; quiere decir, que sus pisos estaban pavimentados con piedras preciosas, que refulgían como fuego.

15. *Perfecto eras en todos tus caminos.* Parece que todavía la ironía sigue adelante. Has sido como un ángel, como Moisés, como querubín, como Adán, hasta que se descubrió tu iniquidad.

16. *Y pecaste; por lo que yo te eché.* Derribado de tu eminencia. *De entre las piedras del fuego.* Hay algunos que suponiendo que las piedras del fuego hace alusión a las estrellas, han pensado que la totalidad de esto se refiere a la caída de Satanás.

18. *Profanaste tu santuario.* Y sigue la ironía. Como Dios, los ángeles, los querubines, tú debes haber tenido tu santuario; pero lo has contaminado; y como Adán, has profanado tu Edén y has sido expulsado del Paraíso.

19. *Espanto serás.* En lugar de ser objeto de adoración, serás asunto de horror y por fin serás destruido junto con la ciudad, de modo que sólo tu nombre permanezca. Fue enteramente incendiada por Alejandro el

Grande, como lo había sido antes por Nabucodonosor.

22. *Yo estoy contra ti, oh Sidón.* Durante un largo tiempo, Sidón fue dueña del imperio del mar y de toda la Fenicia, siendo Tiro, una de sus colonias; pero, con el paso del tiempo, la hija se hizo más grande que la madre. Parece haber sido independiente en la época en que Tiro fue tomada; pero que fue también capturada por los caldeos, poco después que la primera.

23. *Y los muertos a cuchillo.* (Versión Moderna). Chalal, "la tropa". Les serán quitados todos sus apoyos y sus defensores serán destruidos.

24. *Y nunca más será a la casa de Israel espina desgarradora.* Cuando sea restaurada de la cautividad, no habrá nada que excite a Israel a la idolatría. Al ser destruida Sidón, ya no habrá más inspirador de idolatría de esa zona.

CAPITULO 29

Este capítulo y los tres siguientes predicen la conquista de Egipto por Nabucodonosor, lo que fue cumplido en el vigésimo séptimo año de la cautividad de Joacim. Algunos de los eventos están profetizados por Jeremías, cap. 46:13 y sgs. La profecía se inicia con la acusación de Dios al rey de Egipto (Faraón Ofra) del mismo orgullo y profanidad extravagante que en el capítulo precedente se imputara al príncipe de Tiro. Como él, aparece ostentando honores divinos; y se jactaba tanto en la fortaleza de su reino, que, según nos cuenta un antiguo historiador, declaró que Dios mismo no podía destronarlo. Por lo que el profeta, con gran majestuosidad se dirige a él bajo la imagen de uno de aquellos cocodrilos o monstruos que habitaban el río de cuyas riquezas e ingresos se jactaba; y le asegura que con tanta facilidad con que el pescador arrastra el pez que ha atrapado, Dios, arrojará a él y su pueblo al cautiverio y que sus cadáveres serán presa para los animales del campo y las aves del cielo (1-7). La figura se detiene; y se introduce a Dios que denuncia en términos claros, los más tremendos castigos contra él y su país y declara que los egipcios quedarán sujetos a Babilonia hasta la caída del imperio caldeo (8-12). Entonces, el profeta, predice que Egipto que casi había sido destruido por los babilonios y, muchas otras naciones que habían sido llevadas al cautiverio, volverían a ser reinos, pero que jamás volverían a tener la importancia política de la antigüedad; porque en el transcurso del tiempo, serían los reinos más humildes, circunstancia profética que se cumplió en la forma más exacta, especialmente bajo la dispensación cristiana en su gobierno por los esclavos mamelucos (13-16). Comenzando con el versículo decimoséptimo, está relacionada con la precedente, pues relata el mismo asunto, aunque está relatado dieciséis años más tarde. Nabucodonosor y su ejército, después del largo asedio de Tiro, en el que todos quedaron calvos por llevar continuamente los yelmos y perdieron la piel de los hombros por llevar las cargas para levantar las fortificaciones, quedaron desilusionados del botín que esperaban por el retiro de los habitantes de Cartago. Por lo tanto, Dios les promete entregarles a Egipto como recompensa (17-20). El capítulo concluye con una predicción del retorno de los judíos de la cautividad babilónica (21).

1. *En el año décimo.* De Sedequías; y también de la cautividad de Jeconías.

2. *Pon tu rostro contra Faraón rey de Egipto.* Se trataba de Faraón Ofra o Faraón Apris de quien se hacen frecuentes menciones en la profecía de Jeremías y de quien tenemos una gran parte de su historia en las notas presentadas.

3. *El gran dragón.* El original significa un animal muy grande. *En medio de sus ríos.* Se refiere a los diversos brazos del Nilo, por medio de los cuales desemboca en el Mediterráneo. El cocodrilo era el emblema de Egipto.

4. *Yo, pues, pondré garfios en tus quijadas.* Amasis, uno de los generales del rey, fue proclamado rey por una insurrección del pueblo; destronado Apris, aquél se apoderó del reino, viéndose Faraón obligado a huir por su seguridad personal al Alto Egipto.

5. *Y te dejaré en el desierto a ti.* Alusión a su necesidad de refugiarse en el Alto Egipto. Pero, más tarde fue tomado prisionero y estrangulado por Amasis. Herod. lib. II. X. 169.

6. *Fueron báculo de caña.* Un aliado inútil e infiel. Los israelitas esperaban su ayuda cuando Nabucodonosor los atacó; y ellos fingieron ayudarlos, pero se retiraron cuando el rey Nabucodonosor marchó contra ellos. De este modo los judíos fueron desilusionados y por fin arruinados; véase el v. 7.

10. *Desde Migdol hasta Sevene.* Mimmigdol seveneh, "de Migdol a Sevene". Esta es la última ciudad de Egipto, yendo hacia Etiopía. Era famosa por un pozo en el cual, al mediodía, caían perpendicularmente los rayos del sol.

12. *Estarán desoladas por cuarenta años.* Migdol, que estaba sobre el istmo entre el Mediterráneo y el Mar Rojo, fue completamente destruida; de modo que bien podría habérsele llamado un desierto; y es probable que esta desolación continuó durante todo el reinado de Amasis, que estuvo en el trono cuarenta años. Véase Herod. lib. III. c. 10.

13. *Recogeré a Egip.* Es probable que Ciro haya dado permiso a los egipcios traídos a Babilonia por Nabucodonosor, para volver a su propio país. Y si calculamos desde el comienzo de la guerra contra Faraón Ofra por Nabucodonosor, hasta el tercer año de Ciro, el período abarcará cuarenta años.

14. *A la tierra de Patros.* Se supone que se refiera al Delta, zona incluida entre las ramas del Nilo. Puede aludir a *Patrusín,* situada en el Alto Nilo, cerca de Tebas. Esto es lo más probable.

17. *En el año veintisiete.* Es decir, de la cautividad de Jeconías, quince años después de la toma de Jerusalén. La profecía anterior fue anunciada un año antes de la toma de Jerusalén; ésta, dieciséis años después; y se supone que fue lo último que escribió este profeta.

18. *Hizo a su ejército prestar un arduo servicio contra Tiro.* Estuvo empleado trece años en el asedio. Véase Josefo. *Antiq.* lib. x. c. 11. En este sitio sus soldados soportaron grandes penalidades. Estando continuamente en su deber, quedaron calvos por llevar los yelmos constantemente; y sus hombros se amorataron y pelaron de tanto cargar canastos de tierra a las fortificaciones y madera para construir las torres. *Y ni para él ni para su ejército hubo paga.* Los tirios, encontrando finalmente que les resultaba imposible defender su ciudad, pusieron todos sus bienes en los barcos, partieron del puerto y escaparon a Cartago; de esta manera, Nabucodonosor perdió todo el botín de una de las ciudades más ricas del mundo.

20. *Por su trabajo con que sirvió contra ella yo le he dado la tierra de Egipto.* Porque cumplió el propósito divino contra Tiro, Dios promete recompensarlo con el despojo de Egipto.

21. *Haré retoñar el poder de la casa de Israel.* En general, puede referirse a la restauración; pero, particularmente a Zorobabel, que llegó a ser uno de los líderes del pueblo proveniente de Babilonia.

CAPITULO 30

Este capítulo describe con gran fuerza y elegancia, la ruina de Egipto y sus aliados, causada por Nabucodonosor (1-11) amplificando la calamidad de las principales ciudades de Egipto en esa ocasión (12-19). Los versículos restantes nos dan una breve profecía en la que se relata el mismo evento, quedando por lo tanto conectada al más extenso precedente, aunque éste fue anunciado más temprano (20-26).

2. *¡Ay de aquel día!* Heylilu, *hah laiyom* "Aullad: ¡Ay de aquel día!" Esta expresión significa que una espantosa calamidad estaba por caer sobre Egipto y los países vecinos, llamado aquí, "tiempo de los paganos" o "de las naciones"; día de calamidad para ellos. Después se especifican: Etiopía, Libia, Lidia. Cub "y los aliados," probablemente gente de diversos países que siguieron el infortunio de Faraón Ofra o Faraón Apis, cuando huyó de Amasis y se estableció en el Alto Egipto.

5. *Libia.* Este lugar no es bien conocido. Los libios fueron adyacentes a Egipto. Gn. 11:13. *Cub.* (Versión Moderna.) Probablemente en lugar de *vechub*, "Y Cub," tendríamos que leer *vechol* "Y todos los hombres de la tierra," etc.

7. *Y serán asolados.* Todos estos países serán asolados y los lugares mencionados serían los objetos principales de destrucción.

9. *Saldrán mensajeros de delante de mí en naves.* Las embarcaciones podían subir el Nilo hasta Sevene y Zoán cerca de las cataratas; y cuando subieron las naves de Nabucodonosor, el terror invadió a los etíopes. Aquí se representan como "los mensajeros de Dios".

12. *Y secaré los ríos.* Como el desbordamiento del Nilo era causante de la fertilidad de Egipto, al secarse o impedir el desborde anual, era la causa de sequía, hambre, etc. Por *ríos*, debe entenderse los diversos canales que saliendo del Nilo regaban todo el país. Cuando el Nilo no alcanzaba la altura acostumbrada, esos canales se secaban.

13. *Destruiré los ídolos de Menfis.* Antes, Nof; actualmente El Cairo. Era el asiento de la idolatría egipcia; lugar donde se rendía especial culto a Apis.

14. *Asolaré a Patros.* Véase el capítulo anterior, v. 14 *Zoán.* Tanis, antigua capital de Egipto. *Tebas,* la ciudad de Júpiter.

15. *Mi ira sobre Sin.* Pelusia, fuerte ciudad egipcia sobre la costa del Mar Mediterráneo.

16. *Nof.* (Versión Moderna) *Tebas,* hoy, El Cairo; véase v. 13.

17. *Avén.* U, On, la famosa Heliópolis, o ciudad del sol.

18. *Tafnes.* Jeremías 2:16, llamada también Dafne. *Quebrante yo el poder.* Los cetros. Nabucodonosor rompió el de Egipto, cuando confirmó el reinado de Amasis que se había rebelado contra Apris.

20. *En el año undécimo, en el mes primero, a los siete días.* Era el undécimo año del cautiverio de Jeconías. Profecía anterior en varios años a la ya pronunciada. Al coleccionar los escritos de Ezequiel, se cuidó más en reunir uno lo referente a un mismo asunto que a atender al orden cronológico.

21. *He quebrantado el brazo de Faraón.* Quizá puede referirse a la derrota que le causó Nabucodonosor, cuando aquél se dirigía con el ejército egipcio para ayudar a Jerusalén.

22. *Haré que la espada se le caiga de la mano.* Si el brazo está roto, naturalmente caerá la espada. Pero estas expresiones muestran que los egipcios serían completamente inútiles para Sedequías y que jamás recobrarían su fortaleza política. Es lo que sucedió desde el tiempo de la rebelión de Amasis.

26. *Y esparciré a los egipcios.* Varios huyeron con Apris al Alto Egipto; y cuando Nabucodonosor invadió el país, llevó a muchos de ellos a Babilonia. Véase cap. 29:12.

CAPITULO 31

Este hermoso capítulo también se refiere a Egipto. El profeta describe a Faraón la caída del rey de Nínive (véase los libros de Nahum, Jonás y Sofonías) bajo la imagen de un hermoso cedro del Líbano, que una vez fuera sumamente alto, floreciente y majestuoso, pero ahora, derribado y seco, con las ramas quebradas esparcidas alrededor (1-17). Entonces concluye volviendo el asunto al rey de Egipto, diciéndole que ese era un cuadro de su cercano destino (18). El hermoso cedro del Líbano, notable por su altura y en el estado más floreciente, pero después derribado y abandonado presenta una pintura muy vívida de la gran gloria y la tremenda catástrofe sufridas por las monarquías asiria y egipcia. Es sumamente interesante la forma en la cual el Profeta ha embellecido su tema; su colorido es de tal clase que la mente siempre lo contemplará placenteramente.

1. *En el año undécimo.* Un mes antes que Jerusalén fuera tomada por los caldeos.

3. *He aquí, era el asirio cedro.* ¿Por qué se introduce aquí al asirio cuando todo el capítulo se refiere a Egipto? El obispo Lowth ha demostrado que *ashshur erez* tendría que traducirse "el alto cedro," "el muy imponente cedro"; "de aquí, esa referencia a su elevación; y todo lo que sigue pertenece a Egipto, no a Asiria". V.l.e.s. v. 11.

4. *Las aguas lo hicieron crecer.* Aludiendo a la fertilidad de Egipto, derivada de las inundaciones del Nilo. Por *aguas*, a menudo se refiere a pueblos. Por medio de las diferentes naciones que estaban bajo el poderío egipcio, ese gobierno se hizo muy opulento. Esos pueblos están representados en la figura, por las aves y las bestias, que buscaban la sombra y protección de este gran árbol político que era Egipto, v. 6.

8. *Los cedros no lo cubrieron en el huerto de Dios.* Egipto era uno de los más importantes y opulentos de todos los países circunvecinos.

11. *El poderoso de las naciones.* Nabucodonosor. Es digno de notar, que Nabucodonosor, en el primer año de su reinado se hizo a sí mismo, señor de Nínive, capital del imperio asirio. Esto sucedió como veinte años antes que Ezequiel diera esta profecía; en este relato, *Ashshur*, v. 3, puede referirse a los asirios, a quienes es posible que el profeta compare con los egipcios. Pero v.l.e.s. v. 3.

13. *Sobre sus ruinas habitarán todas las aves.* La caída de Egipto es semejante al derrumbe de un gran árbol; y, como las aves y las bestias se cobijaban bajo su sombra, v. 6, ahora pacen sobre sus ruinas.

14. *Para que se exalten en su altura.* Que esta ruina que vino sobre Egipto, enseñe a todas las naciones que lo oyeren, a ser humildes, porque no importa cuán elevadas estén, Dios puede derribarlas; y que, el orgullo y la soberbia, sea en estados o en individuos, son objetos del aborrecimiento divino.

15. *Al Líbano cubrí de tinieblas por él.* Se representa a todos los aliados de Faraón, lamentando su caída, vrs. 16, 17.

17. *También ellos descendieron con él al Seol.* A la destrucción irreparable.

18. *Este es Faraón.* Todo lo que he hablado en esta alegoría sobre el alto cedro se refiere a Faraón, rey de Egipto, sus príncipes, sus aliados y el pueblo.

CAPITULO 32

El profeta continúa prediciendo la caída del rey de Egipto, bajo la figura de un animal de presa, tal como el león o el cocodrilo, cazado, matado y su osamenta abandonada a las aves y bestias silvestres (1-6). Entonces se cambia la figura; y la grandeza de su caída (descrita por el oscurecimiento del sol, la luna y las estrellas) sobrecoge de terror a todas las naciones de alrededor (7-10). El profeta agrega que la caída de la entonces reinante dinastía egipcia, sería efectuada por la instrumentalidad del rey de Babilonia, que dejaría a Egipto tan desolado, que sus aguas (aludiendo a la metáfora empleada en el versículo segundo) correrían tan puras y suaves como el aceite, sin que el pie del hombre o la pezuña de una bestia las enturbiara (11-16). Hermosa, enérgica y concisa descripción de una tierra arruinada y abandonada completamente en desolación. En la parte restante de este capítulo el mismo evento es presentado por una de las figuras más audaces que jamás se haya ensayado en una composición y que a la vez se haya ejecutado con sorprendente claridad y fuerza. Se presenta a Dios, ordenando un lugar en las regiones más bajas para el rey de Egipto y sus secuaces (17, 18). El profeta pronuncia su mensaje, declara su destino y manda a los que sepultaran a los muertos, que lo trajeran a él y a sus multitudes a las mansiones subterráneas (19, 20). En el tumulto y la conmoción que ocasiona esta tremenda obra, se representa a las sombras infernales como si se levantaran de sus sepulturas para inquirir el motivo. Ven y congratulan al rey de Egipto por haber llegado a estar entre ellos (21). Al ser conducido Faraón a esta inmensa caverna subterránea (véase el capítulo decimocuarto de Isaías, en el que se emplea una figura similar), el profeta lo conduce por todos lados del abismo; le muestra las tenebrosas mansiones de los antiguos tiranos y como va pasando anuncia sus nombres; contrasta hermosamente su pompa anterior y ambición destructora, cuando eran el terror de los países que los rodeaban, con su actual condición tan abyecta y desesperada; declara que todos esos opresores de la humanidad, no sólo han sido cortados de la tierra de los vivientes, pero han sido precipitados al sepulcro de los incircuncisos, es decir, han muerto en sus pecados y por lo tanto no resucitarán a la vida eterna; y concluye mostrando a Faraón el lugar destinado para él en medio de los incircuncisos y de los que cayeron muertos a espada (22-32). Esta oda profética puede ser considerada como un modelo perfecto de esa clase de escritos apropiados para provocar el terror. La fantasía desde el principio al fin es sublime y pavorosa; y no habrá lector de sensibilidad y gusto que no acompañe al profeta en su procesión fúnebre y visite las mansiones del Hades sin impresionarse con un grado de miedo aproximado al horror.

1. *En el año duodécimo, en el mes duodécimo, el día primero del mes.* El duodécimo año de la cautividad de Jeconías.

2. *A leoncillo eres semejante . . . eres como el dragón en los mares.* Puedes ser comparado con los dos animales más fieros de la creación; a un león, el más feroz sobre la tierra; a un "cocodrilo," *tannim*, el más bravo en las aguas. Sin embargo, puede aludir al hipopótamo, pues parece haber una referencia a su costumbre de alimentarse. Entra deliberadamente en el agua con la cabeza en alto y prosigue su camino en la misma manera; todavía manteniéndose sobre sus pies se alimenta de las plantas que crecen en el fondo. Así ensucia el agua con los pies.

6. *La tierra donde nadas.* Egipto; llamado así porque estaba interceptado por canales inundados anualmente por el Nilo.

7. *Cubriré los cielos.* Destruiré el imperio. *Haré entenebrecer sus estrellas.* Derrotaré a todos los estados dependientes. *El sol cubriré.* El mismo rey. *Y la luna no hará resplandecer su luz.* Puede referirse a la reina o a algún estado menor que el reino.

8. *Pondré tinieblas sobre tu tierra.* Como lo hice con un rey antiguo cuando se negó a dejar salir a mi pueblo para adorarme en el desierto. Yo te envolveré a ti, a tu casa, tu pueblo y todo el país en desolación y ay.

9. *Y entristeceré el corazón.* Aun las naciones remotas que nada tienen que ver contigo, se sorprenderán de los castigos que vendrán sobre ti.

14. *Y haré correr sus ríos como aceite.* Los haré retornar al estado de quietud, al no existir ya más hipopótamos políticos que revuelvan las aguas... perturbando la paz del país.

17. *En el año duodécimo.* Esta profecía concierne al pueblo de Egipto.

18. *Y despéñalo.* Muéstrales que serán derribados.

21. *De en medio del Seol. Sheol.* El lugar de entierros, el cementerio. Aquí hay algo semejante a Isaías 14:9, donde se describe el descenso del rey de Babilonia al reino de los difuntos.

22. *Allí está Asiria.* El más poderoso de los vencedores de la tierra ha ido al sepulcro antes que tú; allí yacen juntos ellos y sus soldados, todos muertos por la espada.

23. *Sus sepulcros fueron puestos a los lados de la fosa.* Aludiendo a los nichos que estaban al lado de las cuevas subterráneas o lugares de sepultura, donde colocaban los cadáveres. Estos son muy numerosos en Egipto.

24. *Allí Elam.* Los elamitas no estaban lejos de los asirios; algunos piensan que en realidad es una referencia a los persas. Ese territorio fue invadido por las fuerzas de Cyaxares y Nabucodonosor.

26. *Allí Mesec y Tubal.* Véase cap. 27:13.

27. *Los cuales descendieron al Seol con sus armas de guerra.* Fueron sepultados con su armadura y las armas tendidas a su lado. Era costumbre antigua en todas las naciones, sepultar las armas del guerrero junto con su cadáver.

29. *Allí Edom.* Toda la gloria y pompa de los reyes idumeos, que también habían cooperado en la opresión de los israelitas, descendieron al sepulcro. Sus reyes, príncipes y poderosos yacían mezclados con los *incircuncisos*, no distinguiéndose de los muertos comunes.

30. *Allí los príncipes del norte.* Los reyes de Media y Asiria y todos los *sidonios*... los reyes de Tiro, Sidón y Damasco.

31. *A éstos verá Faraón.* Faraón también, que a sí mismo se había llamado dios, será hallado entre los muertos vulgares. *Y se consolará.* Se consolará al ver que otros orgullosos fanfarrones están en las mismas circunstancias que él. Esto es una referencia al estado consciente después de la muerte.

CAPITULO 33

Después de haberse dirigido a diferentes naciones, el profeta regresa a la suya; como en anteriores ocasiones, previamente se le han indicado sus deberes como atalaya, cuya salvación o ruina depende de la manera en que los cumpla. Verdaderamente es un pasaje terrible, lleno de importantes instrucciones tanto para el que habla como para el que oye la palabra de Dios (1-9). Se guía al profeta sobre la respuesta que debe proporcionar ante la cavilación de impiedad e infidelidad; y para vindicar la justicia del gobierno divino, declara los términos generales para ser aceptados por Dios que son (como ya se ha indicado antes, cap. 18), para todos, sin miramiento de personas; de modo que la perdición de los que finalmente son pecadores impenitentes, es enteramente por propia culpa (10-20). El profeta recibe las nuevas de la destrucción de Jerusalén por los caldeos, un año y cuatro meses después que sucedió, según la opinión de algunos que han llegado a esa conclusión por la fecha dada a esta profecía en el versículo vigésimo primero, según nuestra versión: pero algunos de los manuscritos de este profeta consultados por el doctor Kennicott, tienen en ese lugar, el año undécimo, que es probablemente la verdadera versión. Se predice la destrucción de toda Judea para contrarrestar la vana confianza de los que esperaban mantenerse apoderándose de las otras plazas fuertes (21-29). Se le informa a Ezequiel que entre los que escuchaban estas instrucciones había un gran número de hipócritas, contra quienes declara un terrible mensaje. Cuando el Señor destruya a esos hipócritas, sabrán que hubo profeta entre ellos (30-33).

2. *Hijo de hombre... y el pueblo tomare un hombre.* Los primeros diez versículos de este capítulo son iguales a los del 3:17-22; y debo remitir al lector a lo que se dice allí sobre este asunto tan importante y terrible. Aquí, el pueblo elige un atalaya; en el otro, el Señor lo selecciona. Cuando Dios elige el pueblo debería aprobar.

11. *Vivo yo, dice el Señor Jehová, que no quiero la muerte del impío.* Desde este versículo hasta el vigésimo inclusive es casi igual al capítulo 18, en el que el lector hallará las notas correspondientes.

19. *Vivirá por ello.* "La paga del pecado es la muerte"; "el don de Dios es vida eterna". Es un negocio miserable mediante el cual un hombre *no puede vivir*; así es el negocio del pecado.

21. *Un fugitivo de Jerusalén.* Después que esa ciudad fue tomada por los caldeos. *Vino a mí, diciendo: La ciudad ha sido conquistada.* Dios había prometido este mismo mensaje al profeta, cap. 24:26.

22. *Y había abierto mi boca.* Ahora ellos tenían la más completa evidencia de que yo había hablado de parte del Señor. Por lo tanto, hablé libre y completamente lo que Dios me había encomendado, cap. 24:27.

24. *Abraham era uno.* Fue llamado a heredar la tierra cuando estaba solo y todo era

para él. ¿Por qué nosotros que somos sus descendientes numerosos no podemos esperar establecernos aquí? Deseaban permanecer en la tierra y vivir felices después que los caldeos se hubieran llevado cautivo al resto.

25. *¿Comeréis con sangre?* Abraham era justo, vosotros, *injustos*. El comer la sangre, aderezada de cualquier manera, o la carne de la que no se hubiera extraído la sangre, era abominable ante los ojos divinos. Estas prácticas habían sido absolutamente prohibidas para siempre.

26. *Estuvisteis sobre vuestras espadas.* Vivís del saqueo, la rapiña y el crimen.

27. *Los que están en lugares asolados.* Parece hablar a aquellos judíos que habían huido a las rocas, cuevas y fortalezas en las montañas; predice su muerte, unos a espada, otros por las fieras y algunos de hambre.

30. *Los hijos de tu pueblo se mofan de ti. Bach.* Tendría que traducirse mejor "en cuanto a ti" porque los versículos siguientes muestran que el profeta era muy respetado.

32. *De hermosa voz y que canta bien.* Admiraban su hermosa voz y la correcta dicción del profeta; en esto consistía su religión; y este es el todo de la religión de millares en nuestros días.

CAPITULO 34

El profeta recibe la orden de declarar los tremendos juicios de Dios sobre los codiciosos pastores de Israel, que se alimentaban a sí mismo y no al rebaño; este simbolismo está aplicado a los sacerdotes y levitas que en la época de Ezequiel eran sumamente corruptos y la causa de la apostasía y ruina de Israel (1-10). De este asunto desagradable el profeta pasa a la bienaventuranza del verdadero Israel de Dios, bajo el reinado de David, el gran Pastor de las ovejas, nuestro Señor Jesucristo, siendo nombrado después este príncipe por medio de una figura sumamente frecuente en los oráculos divinos, que ponen al tipo por el antitipo (11-31).

2. *Profetiza contra los pastores de Israel.* Los *pastores*, incluye primero, a los sacerdotes y los levitas; segundo, los reyes, príncipes y magistrados. El *rebaño*, significa el pueblo. La *grosura* y la *lana*, los diezmos y ofrendas, los tributos e impuestos.

5. *Y andan errantes.* No se conservaba la disciplina; y el rebaño, la iglesia, se desorganizó, se separaron unos de otros tanto en amor como en comunión. Y la consecuencia fue, que los lobos atroces, los maestros falsos y mundanamente interesados los agarraron e hicieron presa de ellos.

6. *Anduvieron perdidas mis ovejas por todos los montes.* Se hicieron idólatras y perdieron el conocimiento del verdadero Dios.

16. *A la engordada y a la fuerte destruiré.* Destruiré a los crueles e imperiosos pastores que abusan de su autoridad y tiranizan las ovejas.

17. *Mas en cuanto a vosotras, ovejas mías.* Después de haber hablado a los pastores, ahora se dirige a las ovejas. *He aquí yo juzgo entre oveja y oveja.* Entre falsos y verdaderos profesores.

18. *Que comáis los buenos pastos.* Os arrogáis para vosotros todas las promesas de Dios y apenas permitís que el creyente sencillo reclame o se posesione de cualquier muestra del favor divino.

20. *Yo juzgaré entre la oveja engordada y la oveja flaca.* Entre el rico y el pobre. Los que viven suntuosamente todos los días y aquellos que no tienen lo necesario para la vida.

23. *Y levantaré sobre ellas a un pastor . . . a mi siervo David.* Por este texto, observado en el margen, entendemos que solamente se refiere al Señor Jesucristo, concordando con esto tanto el Antiguo como el Nuevo Testamento. Y de este único Pastor, todos los ministros cristianos deben sacar su autoridad para enseñar y su gracia para hacerlo con eficacia.

25. *Y estableceré con ellos pacto de paz.* El original es muy categórico: "Y yo partiré con ellos el pacto de paz"; es decir, un pacto de sacrificio, procurando y estableciendo la paz entre Dios y los hombres, y, entre el hombre y sus semejantes. No necesito decir al lector que el cortar se refiere al antiguo modo de hacer convenios. Se derramaba la sangre; el animal era partido desde la boca a la cola en dos partes iguales; las divisiones se colocaban en lados opuestos una a la otra; las partes contratantes se colocaban entre ambas, yendo desde el extremo y encontrándose en el centro, y allí, efectuaban su juramento. *Y quitaré de la tierra las fieras.* Los falsos y hambrientos pastores. Cristo los expulsa de su iglesia, y destruye ese poder por el cual se enseñorearon de la heredad del Señor.

26. *Y haré descender la lluvia.* La influencia del Espíritu Santo. *Lluvias de bendición serán.* Luz, vida, gozo, paz y poder se manifestarán en todas las asambleas del pueblo de Cristo.

29. *Levantaré . . . una planta de renombre.* "Una plantación al nombre"; al nombre de Cristo. Una iglesia cristiana compuesta por personas realmente cristianas, que tienen en ellos el Espíritu de Cristo y no toman su nombre en vano.

CAPITULO 35

El profeta que había predicho anteriormente la ruina de Edom y de Seir (cap. 25:12) ahora resume y prosigue su asunto con gran amplitud, indicando como lo hiciera Isaías (cap. 21:11-12), que aunque otras naciones recobrarían su liberación después de la caída de la monarquía de Babilonia, ellos continuarían en cautiverio por su tratamiento maligno para con los hijos de Israel en el día de su calamidad (1-15).

2. *Pon tu rostro hacia el monte de Seir.* Es decir, contra los edomitas. Probablemente esta profecía fue entregada casi al mismo tiempo de la anterior y antes de la destrucción de Idumea por Nabucodonosor, lo que aconteció cinco años después. Calmet supone que aquí están predichas las dos destrucciones de Idumea; una por Nabucodonosor y la otra, por los judíos después de su retorno de la cautividad.

5. *Enemistad perpetua.* Los edomitas eran descendientes de Esaú; los israelitas, de Jacob. Ambos eran hermanos; entre ellos hubo contienda aun desde el seno materno y vivieron generalmente en estado de enemistad. Sus descendientes conservaron el antiguo patrimonio: pero los edomitas fueron implacables; no sólo tuvieron un odio arraigado sino perpetuo para los israelitas hostigándolos y poniéndolos en aprieto en todas las maneras posibles; y ellos aprovechaban la oportunidad cuando los israelitas estaban más presionados por sus enemigos, para hacer incursiones entre ellos, hiriéndolos por donde los encontraran.

9. *En asolamiento perpetuo.* Tendrás desolación perpetua por tu odio incesante.

10. *Las dos naciones.* Israel y Judá. Los idumeos pensaban vencerlas y adueñarse de ambas y hubieran tenido éxito; pero solamente el Señor estuvo allí; y eso desbarató sus planes y desvaneció sus esperanzas.

12. *Destruidos son, nos han sido dados para que los devoremos.* Se regocijaron al ver la invasión de Judea; y se gloriaron ante la perspectiva de completar su ruina, cuando los caldeos los sacaron de su tierra.

13. *Y os engrandecisteis contra mí con vuestra boca.* Dijisteis que entraríais en aquellas tierras y las anexaríais a vuestro patrimonio; aunque sabíais que Dios se las había prometido a los israelitas y que jamás las tendríais para vosotros.

14. *Para que la tierra se regocije.* Cuando toda la tierra se regocije por la restauración de los judíos, os desolaré a vosotros.

15. *Así te haré a ti.* Otros se regocijarán con tu caída como tú te gozaste con la de ellos.

CAPITULO 36

Durante la cautividad babilónica, los edomitas o idumeos se apoderaron de las zonas montañosas de Judea y de las fortalezas que dominaban la región con la intención de excluir a los judíos si alguna vez regresaban del cautiverio. Por lo tanto, por medio de una hermosa personificación, el profeta se dirige a los montes de Israel; y les atribuye pasiones y sentimientos similares a los que abriga en su propio pecho y los consuela con la perspectiva de que pronto serían liberados de sus usurpadores; de ser emancipados de la deshonra de los ídolos bajo los cuales gemían; y de florecer nuevamente con el antiguo esplendor que tuvieron bajo sus verdaderos propieta-

rios (1-15). Entonces se declara que la idolatría y los pecados de los judíos fueron la causa de su cautiverio y dispersión (16-20); de los que se les promete libertad en términos de gran fuerza y belleza (21-38). Este capítulo contiene también, bajo el tipo de la feliz situación de los israelitas después de la restauración de la cautividad babilónica, una profecía gloriosa de las ricas bendiciones de la dispensación del evangelio.

1. *Profetiza a los montes de Israel.* Esta es una parte de la profecía anterior, aunque principalmente se relaciona con los judíos. Se les anima a esperar una gloriosa restauración y que ninguno de los malos deseos de sus adversarios en contra de ellos, les alcanzaría.

2. *Por cuanto el enemigo dijo.* Los idumeos pensaban que en breve tiempo se adueñarían de todos los lugares fuertes de Israel.

4. *Por lo tanto . . . Así ha dicho el Señor Jehová a los montes.* Ellos no poseerán montaña ni valle, collado ni cañada, fuente ni río; porque aunque en mi justicia os castigué, ellos no aprovecharán vuestro desastre; véanse vrs. 5, 6, 7.

8. *Porque cerca están para venir.* La restauración de los judíos está tan absolutamente determinada que podéis estar seguros de que va a suceder; y confiad en cuanto a ella como si hubierais visto a las diferentes familias entrando por las fronteras israelitas. En cuanto a la determinación de Dios estaba cercano, aunque todavía quedaban sin cumplir cincuenta y ocho de los setenta años determinados.

9. *Y seréis labrados y sembrados.* Se cultivará la tierra como se hacía antiguamente cuando todo estaba habitado y en paz.

25. *Esparciré sobre vosotros agua limpia.* La verdadera agua que limpia; la influencia del Espíritu Santo tipificada por el *agua,* cuya propiedad es la de limpiar, emblanquecer, purificar, hacer saludable y fructíferos. *Y de todos vuestros ídolos.* Dioses falsos, idéntica adoración, opiniones erróneas, mentidas esperanzas.

26. *Os daré corazón nuevo.* Cambiaré toda vuestra naturaleza infectada; os daré nuevos apetitos, nuevas pasiones; o, por lo menos, las antiguas, purificadas y refinadas. Se entiende generalmente por *corazón,* todos los afectos y pasiones.

29. *Y os guardaré de todas vuestras inmundicias.* Lo repito: "Os salvaré de todos vuestros pecados."

CAPITULO 37

Este capítulo trata del mismo tema del precedente en una hermosa y significativa visión. Bajo el simbolismo del valle densamente lleno de huesos muy resecos desparramados se representa a la desesperada condición de los judíos cuando fueron dispersados por todas las provincias del imperio caldeo. Pero Dios, contrariamente a toda probabilidad humana, restaura esos huesos a la vida, prefigurando por esto, la restauración de este pueblo de la cautividad babilónica a su morada en la tierra de sus antepasados (1-14). El profeta entonces hace una fácil y elegante transición a la bienaventuranza del pueblo de Dios bajo la dispensación del evangelio en la plenitud de su manifestación; cuando los genuinos convertidos de la cristiandad, el Israel espiritual, no estará ya bajo el gobierno de paganos y anticristianos, sino que será reunido en un reino visible y constituido como un solo rebaño, bajo un Pastor (15-28). La visión de los huesos secos revividos es también considerada como un remoto anticipo de la resurrección general.

1. *La mano de Jehová vino sobre mí.* Me fue comunicada la influencia profética. *Y me llevó en el Espíritu.* O el Señor me reveló en el espíritu; es decir, una visión espiritual, en la que sin duda, todas estas cosas se llevaron a cabo. *Un valle que estaba lleno de huesos.* Esta visión de los huesos secos fue propuesta primeramente, como símbolo del desdichado estado de los judíos; segundo, de la resurrección general del cuerpo.

3. *¿Vivirán estos huesos?* ¿Es posible que las personas a que pertenecieron estos huesos puedan volver a la vida?

4. *Profetiza sobre estos huesos.* Declara a tus desdichados paisanos los bondadosos planes del Señor; muéstrales que su estado, aunque deplorable, no es desesperado.

5. *He aquí yo hago entrar espíritu.* Ruach significa "alma, respiración, viento"; y algunas veces "el Espíritu de Dios". En esta visión le corresponde "alma," al relacionarse con los huesos: "Hago entrar espíritu en vosotros."

9. *Profetiza al espíritu. Ruach.* Dirígete al "alma" y ordénale que entre en estos cuerpos bien organizados para que vivan. *Ven de los cuatro vientos.* Almas, venid de todos los lugares adonde habéis sido esparcidas y animad los cuerpos de quienes habéis estado separadas durante mucho tiempo. Los *cuatro vientos* significan: todas partes... en cada dirección. Literalmente significa: "Almas, venid de las cuatro almas"; "Respiro, venid de los cuatro respiros". "Viento, venid de los cuatro vientos." Pero aquí *ruach* tiene sus dos significados más usuales, "viento" o "respiración" y "alma".

11. *Estos huesos son la casa de Israel.* Es decir, su situación está representada por estos huesos y la revivificación de éstos, simboliza la restauración de Israel a su propio territorio.

12. *Yo abro vuestros sepulcros.* Aquí tenemos una alusión directa a la resurrección general; doctrina debidamente acreditada y entendida por los judíos y a la cual se refiere nuestro Señor, en Jn. 5:25, 28, 29 "Vendrá hora cuando todos los que están en los sepulcros oirán su voz". *Y os haré subir de vuestras sepulturas.* Estoy resuelto a que seáis restaurados; de modo que aun cuando estéis en vuestros sepulcros, como lo hará toda la humanidad en la resurrección general, mi voz todopoderosa os llamará para salir.

13. *Cuando abra vuestros sepulcros.* Cuando Yo haya hecho lo que está más allá de vuestras esperanzas, y lo que parecía imposible, entonces sabréis que Yo soy Jehová.

14. *Y pondré mi Espíritu. Ruchi.* Aquí, *ruach*, está tomada por Espíritu Santo.

Estos tres grados o procesos han sido notados en esta visión mística. Cuando el profeta recibió la orden de profetizar... predecir, con la autoridad de Dios, que ellos serían restaurados a su propia tierra... (1) Hubo un ruido seguido por un sacudimiento general, durante el cual, los huesos volvieron a conectarse. (2) La carne y la piel vinieron sobre ellos de modo que ya no se vieron más. (3) El espíritu o alma se introdujo en ellos y se levantaron perfectamente vivificados.

Quizás esto pueda ilustrarse por tres períodos que marcan la renovación de la política judía. (1) La publicación del edicto de Ciro a favor de ese pueblo, lo que causó un sacudimiento general o conmoción entre el pueblo, de modo que varias familias se aproximaron y prepararon su retorno a Judea, Esd. 1:2-3. (2) El edicto publicado por Darío en el segundo año de su reinado, Esd. 4:23-24, el que eliminó todos los obstáculos puestos en el camino de los judíos, Esd. 6:6-7 y sgs. (3) La misión de Nehemías con órdenes de Artajerjes para completar la edificación del templo y la ciudad, Neh. 2:7 y sgs. Entonces los judíos constituyeron un gran ejército y se sintieron con fuerzas suficientes para defenderse a sí mismos y a la ciudad contra todos sus enemigos.

16. *Hijo de hombre, toma ahora un palo.* Como el texto lo declara, los dos palos mencionados en esta simbólica transacción, representaban a los dos reinos de Israel y Judá, formados en los días de Roboam y continuó como reino distinto hasta el tiempo de la cautividad. El reino de Judá, estaba formado por la tribu homónima y la de Benjamín con los levitas: todo el resto se fue en el cisma de Jeroboam para formar el reino de Israel. Algunas de esas tribus retornaron a Judá; ninguna en su totalidad volvió a reunirse con ésta.

19. *El palo de José, que está en la mano de Efraín.* Jeroboam, el primer rey de las diez tribus, pertenecía a esa tribu. José, representa a las diez tribus en general; estaban en manos de Efraín, es decir, de Jeroboam.

22. *Y los haré una nación.* No hubo distinción después de la vuelta de Babilonia.

24. *Mi siervo David será rey.* Se refiere a Jesucristo; véalo probado en cap. 34:23.

25. *La tierra que di a mi siervo Jacob.* Jacob significa aquí, las doce tribus; y la tierra que se le dio, era la Palestina en su totalidad; en consecuencia, la promesa declara que al volver, recobrarían la totalidad de la Tierra Prometida.

26. *Pacto de Paz.* V.l.e.s. 34:25.

27. *Mi tabernáculo.* Jesucristo, el verdadero tabernáculo, en quien mora toda la plenitud de la divinidad corporalmente.

CAPITULO 38

La sublime profecía que está contenida en este capítulo y en los siguientes, se refiere a la victoria de Israel sobre Gog y es sumamente oscura. Comienza representando un prodigioso armamento de muchas naciones, reunidas bajo Gog, con el propósito de aplastar a los judíos, después de haber estado por algún tiempo restablecidos en su tierra subsecuentemente a su retorno de la cautividad babilónica (1-9). Estos enemigos están representados más ampliamente como sintiéndose seguros del botín (10-13). Pero en este momento crucial, cuando Israel, según todas las apariencias humanas está a punto de ser tragado, Dios aparece bondadosamente, para ejecutar por terribles castigos, la venganza amenazada contra estos formidables adversarios de su pueblo (14-16). El profeta describe, con términos apropiados de las pasiones humanas, con terrible energía, la ira de Dios como si subiera hasta su rostro; y el efecto es tan tremendo que hace temblar a toda la creación animada e inanimada y aun convulsionar de terror la estructura de la naturaleza (17-23).

2. *Hijo de hombre, pon tu rostro contra Gog, en tierra de Magog.* Se ha concedido que esta profecía es la más difícil del Antiguo Testamento. Es difícil para nosotros, porque ignoramos a qué rey o pueblo se refiere; pero me siento persuadido de que eran bien conocidos por estos nombres en la época en que el profeta escribió. El reverendo David Martin, pastor de la iglesia Waloon, en Utrecht, saca en conclusión, después de haber examinado todas las opiniones anteriores, que aquí solamente se refiere a Antíoco Epífanes, el gran enemigo de los israelitas; y que *Gog*, que significa "cubierto," es una alusión al bien conocido carácter de Antíoco, a quien los historiadores describen como un hombre artero, astuto y encubridor. Véase Dn. 8:23, 25; 11:23, 27, 32. Cree que *Magog*, es una referencia a Siria. Parece probar esta opinión, la siguiente cita tomada de Plinio, *Historia Natural*, Lib. 5, v. e. 23; que, hablando de Coele-Siria, dice: "Coele-Siria, tiene separada Apamia de la tetrarquía de los Nazarenos por el río Marsia; y Bambice, también llamada Hierápolis; pero, por los Sirios, Magog." Examinaré el texto por esta última opinión.

Príncipe soberano de Mesec y Tubal. Probablemente se trate de fuerzas auxiliares, sobre quienes Antíoco era supremo: los moscovitas y los capadocios.

4. *Y te sacaré.* Fracasará tu empresa.

5. *Persia.* Parte de este país era tributario de Antíoco, véase I Mac. 3:31. *Etiopía y Libia.* Que éstas eran auxiliares de Antíoco lo prueba Dn. 11:43 "Y los de Libia y de Etiopía le seguirán".

9. *Subirás tú y vendrás como tempestad.* Obsérvese que así Daniel se refirió a Antíoco en el cap. 11:40: "El rey del norte" (Antío-

co) se levantará contra él "(el rey del sur es el rev de Egipto) como una tempestad".

10. *Subirán palabras en tu corazón, y concebirás mal pensamiento.* Antíoco se propuso invadir y destruir Egipto tanto como Judea; véase Dn. 11:31-32, 36.

12. *Para arrebatar despojos y para tomar botín.* Cuando Antíoco tomó a Jerusalén, entregó el botín de ésta a los soldados, saqueó las riquezas del templo que eran inmensas. Véase Josefo. *Guerra*, B. i. c. 1.

13. *Sabá y Dedán.* Los árabes eran en la antigüedad grandes saqueadores; y Tarsis, habitantes de la famosa isla de Tartesus, los más célebres comerciantes de la época. Aquí se los representa como si se presentaran a Antíoco antes de iniciar la expedición y especulando sobre el botín que tomarán a los judíos. *¿Has venido a arrebatar despojos... para tomar botín, para quitar plata y oro, para tomar ganados y posesiones?*

16. *Cuando sea santificado en ti, oh Gog.* Por la derrota de sus tropas que estaban al mando del general Lisias. 1 Mac. 3:32, 33 y sigs., y cap. 6:6.

21. *Llamaré contra él la espada.* Aludiendo a Judas Macabeo, que derrotó al ejército de Lisias, haciendo una horrible carnicería.

22. *Y piedras de granizo, fuego y azufre.* Probablemente son expresiones figurativas, para significar que toda la marea de la guerra subiría contra él y que la derrota y matanza serían tremendas.

CAPITULO 39

El profeta continúa con la denuncia de los juicios divinos contra Gog y su ejército (1-7); describe su terrible matanza (8-10), el entierro (11-16), en términos tan sublimes y comprensivos que demuestran por cierto alguna extraordinaria interposición de la Providencia a favor de los judíos. Y, para amplificar todavía más el asunto, el profeta, con arte notable y exquisito, retarda la acumulación de pájaros y bestias de presa para banquetear sobre los muertos (en alusión a la costumbre de banquetear con los restos de los sacrificios), hasta después que las grandes multitudes hayan sido sepultadas: esto, para indicar que aun el resto, como fueron los rezagados de huestes tan poderosas, sería más que suficiente para satisfacer su completa rapacidad (17-20). Los versículos que quedan contienen una predicción de la gran bienaventuranza que disfrutará el pueblo de Dios en la dispensación evangélica y la estabilidad del reinado de Cristo (21-29). Sería adecuado notar que la gran expedición septentrional contra el Israel natural, descrita en el capítulo que estudiamos y en el precedente, por la notable semejanza en las principales particularidades interpretada por el autor del Apocalipsis (cap. 20:7-10) por un ejército más formidable de una multitud de naciones en los cuatro cabos de la tierra, contra la pura Iglesia cristiana, la mística Israel, evento sumamente remoto, que precederá inmediatamente, a la destrucción del mundo por fuego y el juicio general.

3. *Y sacaré tu arco de tu mano izquierda.* Los persas, a quienes Antíoco tenía en su ejército, cap. 38:5, eran famosos como arqueros; es posible que se refiera a ellos.

6. *Y enviaré fuego sobre Magog.* Sobre Siria. Destruiré las tropas sirias. *Y sobre los que moran con seguridad en las costas.* Las tropas auxiliares que llegaron hasta Antíoco desde las orillas del Mar Euxino.

7. *En medio de mi pueblo Israel.* Esta derrota de Gog será en Israel; y sucedió de acuerdo con esta profecía, que allí fue derrotado por completo el inmenso ejército de Antíoco. *Y nunca más dejaré profanar mi santo nombre.* En 1 Mac. 1:11 y sgs., puede verse cómo él profanó el templo, insultó a Jehová y su culto, etc. Dios lo permitió como castigo a su desobediente pueblo; pero ahora, el acosador será acosado, y nunca más va a volver a profanar el santuario.

9. *Y encenderán y quemarán... lanzas.* Los israelitas harán hogueras y combustible de las armas, tiendas, etc. que los sirios derrotados dejaron tras de ellos; como expresión del gozo que sentirán por la destrucción de sus enemigos. *Y los quemarán en el fuego por siete años.* Estas pueden ser expresiones figuradas, según la costumbre asiática tan abundante en su uso con tales descripciones. Pero como la matanza fue tremenda y los arcos, flechas, aljabas, escudos, adargas y lanzas eran tan numerosas, que ha de haber pasado mucho tiempo antes de recogerlas del campo de batalla y los caminos por donde los sirios habían huido, arrojándolas mientras seguían; de modo que tuvo que transcurrir mucho tiempo antes que pudieran recogerlas y quemarlas. Mariana, en su *Historia de España,* lib. 11., c. 24, cuenta que después que los españoles propinaron aquella memorable derrota a los sarracenos, año 1212 d.C. encontraron tan enorme cantidad de lanzas, jabalinas y armas semejantes, que las emplearon como combustible durante cuatro años.

11. *El valle de los que pasan al oriente del mar.* Es decir, según la Targum, Genezaret. *Allí enterrarán a Gog y a toda su multitud.* Algunos traducen: "Allí enterrarán a Gog, es decir, a toda su multitud." No Gog, ni tampoco el mismo Antíoco, pues ellos no estaban en esta batalla; sino sus generales, capitanes y soldados que lo representaban. En cuanto a Hamón-gog no se sabe de otro valle de este nombre a no ser éste. Pero, podríamos entender estas palabras de la siguiente manera: el lugar donde sucedió esta gran matanza y donde las multitudes de muertos fueron sepultados, podría llamarse mejor *Hamón-gog,* "valle de la multitud de Dios," que "valle de los pasajeros".

12. *Por siete meses.* Se necesitará mucho tiempo para sepultar los muertos. Esta es otra expresión figurativa; la que sin embargo puede tener una buena parte de sentido literal. Muchos de los soldados sirios se escondieron en diversos lugares durante la persecución que siguió a la batalla, los cuales murieron de sus heridas o de hambre y fatiga; de modo que no fueron hallados y sepultados hasta muchos meses después de la derrota

del ejército sirio. El lento proceso de sepultar los muertos está claramente detallado en los tres siguientes versículos y se extiende aun a los huesos (v. 15); los que, al ser encontrados por algún pasajero, éste tenía que señalar el lugar, para que los sepultureros pudieran verlos y enterrarlos. Siete meses después todavía no era tiempo suficiente para esta obra; en ese país la putrefacción no era tan rápida; los vientos abrasadores secarían la carne y la preservarían de la descomposición.

17. *Reuníos... que sacrifico.* Es una alusión a una costumbre común en el oriente: cuando se ha realizado un sacrificio se invita a los amigos y vecinos al banquete del sacrificio.

19. *Comeréis grosura... y beberéis sangre.* ¿Quién comerá y beberá?, etc. No los judíos. Dios está invitando a las aves y las bestias, v. 17: "Dí a las aves de toda especie, y a toda fiera del campo, juntaos... y comeréis carne y beberéis sangre"; en todos estos versículos, 17-20 no se han cambiado las personas.

25. *Ahora volveré la cautividad de Jacob.* Tanto ellos como los paganos sabrán que fue por causa de su iniquidad que los entregué en las manos de sus enemigos; y ahora los redimiré de ellos de tal modo que les demuestre que soy un Dios misericordioso tanto como justo.

26. *Y ellos sentirán su vergüenza.* Después qué hayan llevado el castigo que les correspondía por su conducta que es su vergüenza y reproche: la idolatría.

27. *Cuando... los reúna.* Anteriormente, Antíoco había capturado a muchos judíos y los había vendido como esclavos; véase Daniel 11:33.

28. *Sin dejar allí a ninguno de ellos.* Todos tuvieron libertad para regresar; pero, muchos se quedaron. Por lo tanto, esta promesa puede referirse a una restauración mayor, cuando ni un solo judío quede afuera. Lo que nos sugiere que este verso se realizará en la dispensación evangélica.

29. *Porque habré derramado de mi Espíritu.* Es decir, derramaré mi Espíritu; v.l.e.s. cap. 36:25-29, donde este asunto es extensamente considerado. Este Espíritu, ilumina, despierta, purifica y limpia los corazones; de modo que, habiendo cambiado por completo, serán el pueblo de Dios y una alabanza en la tierra.

CAPITULO 40

La profecía o visión que comienza aquí, continúa hasta el final del libro. El templo de Jerusalén estaba en ruinas cuando Ezequiel tuvo esta visión (porque data del año decimocuarto después de la destrucción de Jerusalén por Nabucodonosor) y los judíos necesitaban consuelo. Si no hubieran tenido la promesa

de la restauración del templo, ellos no hubieran tenido tanto interés en regresar. Muchos piensan que no
quedó ningún modelo del templo de Salomón. Por
eso, sin duda Ezequiel es tan minucioso en dirigirles
dándoles las dimensiones, partes, órdenes y reglas del
nuevo templo, describiéndoles el antiguo al cual se
conformaría el nuevo aunque inferior en su magnificencia por causa de la pobreza de la nación en ese
tiempo. Todo lo que era majestuoso o ilustre en las
figuras proféticas y no cumplido literalmente en sus
propios tiempos o en los cercanos, los antiguos judíos lo consideraban propiamente como perteneciente a la época del Mesías. Según esto, al encontrar que
el último templo no era como el modelo que
describía Ezequiel, suponían que la profecía se refería, al menos en parte, al período mencionado. Y nosotros, que vivimos bajo la dispensación evangélica
tenemos autoridad para aseverar que el templo y la
adoración, eran emblemas de la Iglesia de Cristo, representada frecuentemente en el Nuevo Testamento
bajo la metáfora de un templo, en alusión a la simetría, belleza y estabilidad del que servía para su
servicio de adoración; y para las manifestaciones,
que tenía de la Presencia Divina. Este capítulo comienza con el tiempo, modo y fin de la visión (1-5).
En seguida tenemos una descripción de la puerta
oriental (6-19), la puerta norte (20-23) y la sur
(24-31). Una descripción más detallada de la puerta
oriental (32-34); de la norte (35-38). Presentación de
las ocho mesas (39-43); de las cámaras (44-47); y del
vestíbulo del templo (48, 49).

1. *En el año veinticinco de nuestro cautiverio.* En el año vigesimoquinto de la cautividad de Jeconías y el decimocuarto después de la toma de Jerusalén.

El templo aquí descrito por Ezequiel es,
con toda probabilidad, el mismo que vio
antes de su cautiverio y que fue quemado
por los caldeos catorce años antes de esta
visión. Al comparar los libros de Reyes y
Crónicas con este profeta, encontraremos las
mismas dimensiones en las partes descritas
por ambos; por ejemplo, el templo, o lugar
que comprendía el santuario, el lugar santo,
el vestíbulo o atrio delante del templo, se
encuentra que medían lo mismo en Ezequiel
que en Reyes. Compárese I R. 6:29-36; II Cr.
4:9; y Ez. 41:16-17 y 48:7-10. De modo
que hay lugar para pensar que en todo el
resto, el templo de Ezequiel se parecía al
antiguo; y que el propósito de Dios en volver
estas ideas a la mente del profeta fue preservar el recuerdo del plan, las dimensiones,
ornamentos, la estructura completa de este
divino edificio; y que al volver de la cautividad el pueblo pudiera repararlo con mayor
facilidad y de acuerdo al modelo. La misma
aplicación del profeta al describir este edificio fue un motivo de esperanza para los
judíos de que un día se verían libres del
cautiverio, el templo sería reedificado y la
nación restaurada al antiguo patrimonio. Ezequiel toca muy ligeramente la descripción del
templo o casa del Señor, que comprendía el
lugar santo o santuario que están descritos
con tanta exactitud en el libro de los Reyes.
El se detiene más en las puertas, las galerías
y departamentos del templo, cosas de las
cuales no había hablado la historia de los
reyes o apenas las había mencionado como
de paso.

Como el profeta sabía que los caldeos habían destruido completamente el templo,
pensó que era necesario preservar una descripción exacta de él, para que al ser restaurado, los judíos, pudieran construir uno sobre el mismo modelo.

2. *Me puso sobre un monte muy alto.* El
monte Moríah, sobre el que había sido construido el templo de Salomón. II Cr. 3:1.

3. *Un varón, cuyo aspecto era como...
bronce.* Como bronce brillante pulido que
reflejaba fuertemente los rayos de la luz.

4. *Cuenta todo lo que ves a la casa de
Israel.* Para que sepan cómo construir el segundo templo cuando sean restaurados del
cautiverio.

CAPITULO 41

En este capítulo el profeta nos presenta una descripción circunstancial de las medidas, partes, cámaras y adornos del templo (1-26).

1. *En el templo.* Primeramente describió
los atrios y el atrio. Véase cap. 40.

2. *El ancho de la puerta.* La puerta o entrada del santuario. Esta estaba a su vez llena
de puertas plegadizas. Sus medidas son exactamente las mismas del templo de Salomón.
Véase I R. 6:2, 17.

4. *Su longitud de veinte codos.* Esta es la
medida del Santuario o Lugar Santísimo.
También tenía las medidas del templo de Salomón, véase I R. 6:20. Esta similitud y
otras, nos prueban suficientemente que uno
y otro templo estaban construidos sobre el
mismo plan; y que se propuso que el segundo fuese una réplica del primero.

6. *Las cámaras laterales.* Encontramos en
Josefo, *Antiq.* 8, 3, 2, que en los alrededores del templo de Salomón había comparti-
mentos de tres pisos. En cada uno de éstos
había treinta cámaras. *Y entraban modillones
en la pared.* Las vigas salían a la pared exterior, pero descansaban sobre proyecciones de
la pared interna.

7. *Mayor anchura y la escalera de caracol.* Quizá se trataba de una escalera de caracol que se ampliaba arriba al disminuir el
grosor de la pared interior. Esta tenía seis
codos de espesor, tan elevada como el primer
piso, cinco desde el suelo del segundo piso
hasta el del tercero y cuatro desde el piso hasta el cielo raso del tercero; y así había
un descanso de un codo de ancho para sostener los pisos.

18. *Entre querubín y querubín una palmera.* Es decir, que la palmera y los querubines
alternaban; cada querubín tenía dos caras:
una de león, y la otra de hombre; una se
volvía hacia la palmera que estaba a la derecha y la otra hacia la de la izquierda.

22. *Del altar de madera.* Era el altar del
incienso y estaba cubierto con láminas de
oro.

CAPITULO 42

Este capítulo nos presenta una descripción de las cámaras sacerdotales y su uso con las dimensiones del monte santo sobre el que estaba el templo (1-20).

1. *Me trajo luego ál atrio exterior.* Me sacó del templo al patio de los sacerdotes. Con referencia al templo, ése recibía el nombre de atrio exterior; pero el del pueblo se encontraba al otro lado.

4. *Un corredor de diez codos de ancho.* Parece haber sido una especie de *baranda.*

14. *Allí dejarán sus vestiduras con que ministran.* No se les permitía a los sacerdotes llevar sus ropas al patio exterior. Estas vestimentas debían ser usadas solamente cuando ministraban: y al terminar, debían depositarlas en una de las cámaras mencionadas en el versículo decimotercero.

20. *Tenía un muro todo alrededor... para hacer separación entre el santuario y el lugar profano.* El lugar santo estaba consagrado al Señor: ningún pagano, ni extranjero, o en estado de impureza debía entrar en él. En "el lugar profano," hombres, mujeres, gentiles, puros o impuros eran admitidos. Josefo dice en *Guerra,* lib. 6., c. 14, que en su tiempo, había un muro de tres codos de alto, construido antes de la entrada, sobre el que había postes con inscripciones en latín y griego conteniendo las leyes de limpieza prescritas para los que entraban; impidiendo la entrada a los extranjeros, bajo pena de muerte.

CAPITULO 43

Se representa a la gloria del Señor retornando al templo (1-6); Dios promete residir en ese lugar si la gente se arrepiente y abandona aquellos pecados que ocasionaron su abandono (7-12). Medidas del altar y establecimiento de las ordenanzas pertinentes (13-27).

2. *La gloria del Dios de Israel, que venía del oriente.* Era la carroza del querubín, ruedas, etc., que había visto cerca del río Quebar. Y esta gloria que viene del oriente va a entrar por la puerta del este del templo y de allí brillará sobre toda la tierra.

7. *Hijo de hombre, este es el lugar de mi trono.* El trono se refiere a su majestad; la planta de sus pies, su condescendencia en morar entre los hombres. *En el cual habitaré entre los hijos de Israel.* El tabernáculo y el templo eran tipos de la encarnación de Cristo.

8. *Poniendo ellos su umbral.* Habían llegado hasta el punto de poner los altares de sus ídolos junto al de Jehová; de modo que sus ídolos abominables ¡se encontraron en la misma casa de Dios! Por lo tanto "los consumió en su ira".

9. *Ahora arrojarán lejos de mí sus fornicaciones.* Su idolatría. *Y los cuerpos muertos de sus reyes.* Parece que Dios se desagradaba porque llevaban sus reyes tan cerca del templo. David fue sepultado en la ciudad de David, que estaba sobre el monte de Sion cerca del templo; y lo mismo fue con casi todos los reyes de Judá; pero Dios requería que el templo y sus lugares adyacentes se conservaran sin mancha; y cuando ellos quitaran toda clase de contaminación, El moraría entre ellos.

10. *Muestra a la casa de Israel esta casa.* Muéstrales esta santa casa donde mora este Dios santo, para que se avergüencen de sus iniquidades. Su nombre, su profesión, su templo, sus servicios religiosos, todo los comprometía a una vida santa; todo lo que estaba adentro y afuera de ellos tendría que haber sido santidad al Señor. Pero ¡ay! no estuvieron comprometidos por ningún lazo y pecaron contra todas sus obligaciones; pero a pesar de eso, que vean el modelo, las leyes en las que tendrían que haber andado; que se midan por ese estandarte y anden de acuerdo con él.

11. *Y si se avergonzaren.* Si con espíritu de verdadero arrepentimiento, reconocen sus pecados pasados, y se proponen con su ayuda no volver a ofender al Señor, entonces enséñales todas las cosas concernientes a mi culto y su provecho.

12. *Esta es la ley de la casa.* Desde la cima de la montaña donde se levanta, hasta el fondo, todo alrededor, todo será santo; en ninguna parte se erigirán edificios; ni lugares ni parajes se apropiarán para uso común; todo será considerado como muy santo.

15. *El altar. Haharel.* "El monte de Dios". *Y encima del altar,* "el león de Dios". Quizás el primer nombre se refiera al altar cuando fue elevado en honor de Dios y sobre el cual se le ofrecían sacrificios; y el segundo, "el león de Dios," puede significar el fogón, que debió haber sido llamado de ese modo porque devoraba y consumía las ofrendas quemadas como un león lo hace con su presa. Véase Is. 29:1.

17. *El descanso.* La "grada" sobre la cual andaban los sacerdotes alrededor del altar, véase v. 14. Por medio de estos descansos o gradas el altar se angostaba hacia el remate.

19. *A los sacerdotes... que son del linaje de Sadoc.* Salomón puso a este Sadoc en lugar de Abiatar, I R. 2:36, en cuya familia continuó el sacerdocio.

CAPITULO 44

Este capítulo presenta una descripción de la gloria de Dios volviendo al templo (1-4). Los judíos son reprendidos por haber tolerado que sacerdotes idólatras los profanaran con sus ministerios (5-8). Ordenanzas con respecto a la conducta de los sacerdotes y el sostenimiento que se les debe (9-31).

1. *Exterior del santuario*. En oposición al templo mismo, que era el santuario interior.

2. *Esta puerta estará cerrada*. No era para abrir en ocasiones comunes; no por cïerto en los días de la semana: solamente los sábados y las lunas nuevas.

5. *Pon atención, y mira*. Toma nota de todas las cosas; registra todo con tanta perfección que puedas dar el informe más minucioso a los hijos de Israel.

7. *La grosura y la sangre*. Nunca fueron para uso comun; debían ofrecerse completamente a Dios. La *sangre* tenía que ser derramada; la *grasa*, consumida.

10. *Y los levitas que se apartaron de mí*. Se refiere al cisma de Jeroboam, quien al establecer un nuevo servicio de adoración, trató de llevarse tantos sacerdotes y levitas como pudo para unirse en su idolatría. Estos, al volver del cautiverio no tenían que ser permitidos realizar funciones sacerdotales en el nuevo templo; sino que tenían que ser como custodias de la casa... tesoreros, guarda-templo, porteros, etc., véanse vrs. 11-15. La totalidad de estos pasajes se refieren al período cuando fue edificado el segundo templo.

16. *Se acercarán a mi mesa*. A poner allí los panes de la proposición y a quemar incienso en el altar de oro en el santo de los santos.

17. *No llevarán sobre ellos cosa de lana*. La razón era evidente; la lana tiene mayor facilidad que el lino para recibir la suciedad y los insectos; el lino no cría nada; además, es vegetal; la otra sustancia, animal. Había una antigua sentencia sobre cualquier cosa que tocara un cuerpo muerto que la declaraba impura en materia de religión y por lo tanto no debía ser permitida su entrada al templo. Los sacerdotes egipcios siempre llevaban lino sobre el cuerpo y se calzaban con esteras o junco.

22. *Ni viuda ni repudiada tomará por mujer*. Moisés lo prohibió solamente al sumo sacerdote, Lv. 21:13-14.

CAPITULO 45

Diversas porciones de la tierra señaladas para el santuario (1-5), la ciudad (6) y el príncipe (7, 8). Leyes concernientes a pesas y medidas (9-12); ordenanzas respecto a las provisiones para los sacrificios ordinarios y extraordinarios (13-25).

1. *Cuando repartáis por suertes*. Es decir, cuando volváis a poseer la tierra, cada familia debe establecerse de acuerdo a la suerte que tuvo antes; porque la tierra no fue dividida nuevamente por suertes después de la cautividad en Babilonia. El sorteo mencionado y descrito aquí, regía para el servicio del templo, el empleo de los sacerdotes y el príncipe o gobernador del pueblo. No se proponía una división de *toda la tierra*.

7. *Y la parte del príncipe*. *Nasi*, el que tiene autoridad de principal magistrado; porque después de la cautividad babilónica no había rey ni príncipe entre los judíos.

8. *Nunca más mis príncipes oprimirán a mi pueblo*. Por los exorbitantes impuestos para mantener cortes relajadas o subsidiar otros poderes para ayudar a conservar un sistema de tiranía sobre la tierra. Los príncipes anteriores aun robaron al templo de Dios para pagar subsidios a otras naciones.

16. *Todo... esta ofrenda para el príncipe*. Un presente u ofrenda al príncipe.

18. *Tomarás de la vacada un becerro... y purificarás el santuario*. No hay nada de esto en la ley de Moisés; parece que se trataba de una nueva ceremonia.

20. *Por error*. El que le falta entendimiento para conducirse debidamente.

CAPITULO 46

Ordenanzas prescritas para el culto del príncipe y el pueblo (1-15); herencia que debe entregar a sus hijos y siervos (16-18). Descripción de los lugares señalados para cocer una parte de las santas oblaciones (19-24).

4. *El holocausto que el príncipe ofrecerá*. El principal magistrado estaba siempre obligado a asistir al culto público de Dios, tanto como el sacerdote para demostrar que los estados civiles y eclesiásticos estaban bajo el gobierno de Dios; y que nadie era capaz de ser príncipe o sacerdote sin reconocer a Dios en todos sus caminos.

9. *El que entrare por la puerta del norte*. Como las puertas del norte y del sur estaban opuestas la una a la otra, quien entraba por el norte debía salir por el sur; y viceversa. Ninguna persona debía entrar por la puerta oriental, porque no había puerta al occidente; y no le estaba permitido al pueblo dar vueltas para volver a salir por la puerta por la que había entrado; porque esto era como si se le volviesen las espaldas a Dios y el decoro y la reverencia que debía regir el culto público no admitía tal cosa. Además, volver por el mismo camino, hubiera causado una gran confusión donde tanta gente se hubiera empujado al encontrarse en diferentes partes de ese espacio.

10. *Y el príncipe... entrará en medio de ellos*. Aun él tendrá que actuar de idéntica manera: tendrá que marchar hacia adelante y jamás volverá sus espaldas para salir por la misma puerta por la que entró. El príncipe y el pueblo tenían que comenzar y terminar el culto al mismo tiempo.

13. *Cada mañana lo sacrificarás.* La ofrenda de la *tarde* se omite completamente, lo que hace una gran diferencia entre ésta y la antigua ley. Véase Ex. 29:31-46.

17. *El año del jubileo.* Llamado "el año de la libertad," porque entonces había una liberación general. Todos los siervos lograban su libertad, y todas las heredades enajenadas, volvían a sus primitivos dueños.

20. *La expiación.* Parte de ésta y la ofrenda por el pecado y la ofrenda de harina, era porción de los sacerdotes. Véase Nm. 18:9-10.

CAPITULO 47

Visión de las aguas santas que brotan del templo y su virtud; un símbolo del poder de la gracia de Dios bajo el evangelio, capaz de curar a todos los pecadores incorregibles, representados por la tierra cenagosa que no puede ser sanada (1-12). También es una descripción de las diversas secciones de la Tierra Santa compartida indistintamente entre judíos y prosélitos; para denotar que los privilegios que entonces gozaban los judíos también se extenderían a los gentiles (13-23).

1. *Y he aquí aguas que salían de debajo del umbral.* Después que Ezequiel hizo todo el circuito del patio del pueblo, es conducido por la puerta norte al atrio de los sacerdotes, y habiendo llegado a la entrada del templo vio aguas que vertían de debajo del umbral de esa puerta que miraba hacia el este y que pasando al sur del altar a la derecha del templo, corrían de oeste a este, para caer en el arroyo de Cedrón y de allí desembocar en el Mar Muerto. Literalmente, jamás hubo tales aguas en el templo y como no las había. Salomón hizo construir un "mar de bronce" con agua para el uso del templo. Es verdad que el agua que suplía este *mar* pudo haber sido llevada al palacio por cañerías; pero no había allí una fuente de la que brotara agua en abundancia, y tampoco podía estar allí en la cima de la montaña. Consecuentemente estas aguas, tanto como las que menciona Joel 3:18 y Zac. 14:8, deben entenderse espiritual o simbólicamente; y aun la naturaleza del lugar, muestra que así debe interpretarse. Teniendo esto en cuenta, procederé a aplicar la totalidad de esta visión a la efusión de luz y salvación por el derramamiento del Espíritu de Dios bajo la dispensación del evangelio, por lo que el conocimiento del verdadero Dios se multiplicó sobre la tierra; teniendo solamente que hacer una previa notificación que cuanto más lejos llegaban las aguas del templo, más profundas se hacían.

Con respecto a la fraseología de este capítulo, puede decirse que San Juan la tuvo en cuenta particularmente cuando escribió su célebre descripción del Paraíso de Dios en Ap. 22. Por lo tanto, el profeta puede referirse a lo mismo que el apóstol describe en la visión, es decir, la gracia del evangelio y sus efectos en el mundo.

2. *Las aguas salían.* Al principio, parece que las aguas estaban en pequeña cantidad porque las palabras implican que desaparecían.

3-5. *Y midió mil codos... pasar por las aguas hasta los tobillos otros mil... las aguas hasta las rodillas; luego, otros mil... las aguas hasta los lomos. Otros mil... y ya era un río que yo no podía pasar. Las aguas habían crecido... no se podía pasar sino a nado.*

I. Esto puede aplicarse a los descubrimientos graduales del plan de salvación... (1) En la época patriarcal. (2) En la entrega de la ley. (3) En el ministerio de Juan el Bautista. (4) En la plena manifestación de Cristo por la comunicación del Espíritu Santo.

II. Esta visión puede aplicarse también al crecimiento del creyente en la gracia y el conocimiento de Dios. Hay... (1) La simiente del reino. (2) La hoja de esa semilla. (3) La espiga de esa hoja; y (4) el grano lleno en esa espiga.

III. Puede aplicarse a los descubrimientos que un creyente arrepentido recibe de la misericordia de Dios en su salvación. El es... (1) Un niñito, nacido de Dios, nacido de arriba, comienza a gustar del pan de vida y se mantiene con el alimento celestial. (2) Crece y aumenta en estatura y fuerza y llega a ser un joven. (3) Madura en la vida divina y sus sentidos espirituales se ejercitan, y llega a ser un padre en Cristo. (4) Y así continuando en el conocimiento del Señor encuentra un aumento continuo de luz y vida hasta que por fin es llevado por las corrientes de la gracia al océano de la eterna misericordia.

IV. Estas aguas pueden ser consideradas como tipo del progreso que el cristianismo hará en el mundo. (1) Eran sólo unos pobres pescadores. (2) Después, muchos judíos. (3) Entonces los gentiles de Asia Menor y Grecia. (4) El continente y las islas de Europa. (5) Ahora divulgándose por Africa, Asia y América, al presente esas aguas ya no son un río, sino un inmenso mar; y los pescadores del evangelio, diariamente traen multitudes de almas al Señor.

9. *Toda alma viviente... dondequiera que entraren estos ríos vivirán.* La vida y la salvación continuarán acompañando la predicación del evangelio. Removida la muerte del pecado, entra la vida de la justicia. *Y habrá muchísimos peces.* Sobre el plan anterior esto debe referirse a los genuinos convertidos a la fe cristiana; verdaderos creyentes que han logrado vida y salvación por las corrientes de la gracia de Dios. Los apóstoles fueron pescadores de hombres; los convertidos, los peces que tomaron.

10. *Junto a él estarán los pescadores.* Siguiendo el plan anterior esto debe significar... (1) Los apóstoles de nuestro Señor

Jesús. (2) Predicadores del evangelio eterno. *Desde En-gadi.* La extremidad meridional del Mar Muerto *Hasta En-eglaim* extremidad septentrional del mismo.

12. *Y su hoja para medicina.* Véase Ap. 22:1-5.

13. *José tendrá dos partes.* Es decir, en Efraín y Manasés, sus dos hijos, cada uno de los cuales tuvo su herencia separada.

17. *El límite del norte desde el mar.* El límite norte está especificado en los vrs. 15-16; mostrando cuán lejos se extiende hacia el septentrión.

18. *El mar oriental.* El Mar Muerto.

19. *Tamar,* llamada Hazazob Tamar, o Engadi II Cr. 20:2. *Y el arroyo.* Besor, que corre al norte, cerca de Gaza.

20. *El Mar Grande.* El Mediterráneo. *El límite.* El límite sur, mencionado en el v. 19.

CAPITULO 48

Este capítulo contiene una descripción de las varias divisiones de la tierra pertenecientes a cada tribu, junto con la porción dedicada al santuario, la ciudad, suburbio y príncipe (1-29); también las medidas de las puertas de esa nueva ciudad (30-35).

1. *Estos son los nombres de las tribus.* Véase la división mencionada en Nm. 34:7-12, que arroja mucha luz sobre este pasaje.

9. *La porción.* Se trataba de una porción de tierra de veinticinco mil codos de longitud por diez mil de ancho; en el centro estaba el templo, lo que debió estar destinado al uso de sacerdotes, levitas y príncipes.

15. *Y las cinco mil cañas de anchura que quedan.* El territorio de los levitas era de veinticinco mil codos cuadrados, v. 20. Pero, su ciudad solamente medía cuatro mil quinientos; véanse v. 13 y 16; por lo tanto, quedaban allí diez mil codos cuadrados para ser divididos, de los que cinco mil eran de ancho y veinticinco mil de largo de los lados este y oeste que eran reservados para una especie de segunda ciudad: o para suburbios, donde podían vivir los empleados de aquellos sacerdotes y levitas que habitaban en el templo y en la ciudad, v. 18 y otro espacio de diez mil codos de ancho por veinticinco mil de largo, que se extendía solamente de norte a sur, era para los huertos y jardines dedicados al sostén de aquellos empleados. Notemos que no había tierra cultivada entre la porción de los levitas y la de los príncipes, a no ser los lados este y oeste.

21. *Y del príncipe . . . lo que quedare.* Su porción estaba junto a la de los levitas, de oeste a este; eran unos veinticinco mil codos de largo de este a oeste y doce mil quinientos de ancho de norte a sur. El espacio arriba y abajo era igual, entre las tribus de Judá y la de Benjamín al norte y sur, y la porción de los levitas que tenía Judá y Benjamín al norte y sur y la porción del príncipe al este y al oeste.

28. *Desde Tamar . . . y desde Cades.* La primera, estaba al sur del Mar Muerto, la segunda, o Cades-Barnea, más al sur y a la extremidad de la porción de Gad, que era la tribu más meridional como Dan la septentrional.

30. *Y estas son las salidas.* Cada uno de los cuatro lados de la ciudad tenía cuatro mil quinientos codos de largo. Había tres puertas de cada lado como se menciona más abajo y todo el perímetro de la ciudad era de dieciocho mil codos.

EL LIBRO DE

DANIEL

Según se dice, Daniel descendía de la familia real de David; y al parecer fue llevado a Babilonia siendo muy joven, en el año cuatro de Joacim, rey de Judá (606 a. de J.C.). El y sus tres compañeros de cautiverio: *Ananías, Misael* y *Azarías*, jóvenes como él, fueron escogidos para integrar el séquito del rey, y se los sometió a una educación adecuada para los empleos que habrían de desempeñar. Como habían sido criados cuidadosamente en las instituciones mosaicas, regulaban su conducta de acuerdo con éstas, aun en la corte de un rey pagano, donde estaban en la condición de *esclavos;* por ello, aunque se dio orden de darles la comida de la mesa real, no quisieron tocar esos alimentos, pues los caldeos comían carnes prohibidas por la ley mosaica, y probablemente aun la que hubiera podido ser considerada limpia estaba contaminada por haber sido sacrificada a los ídolos antes de ser preparada para el uso común. Ante sus fervientes ruegos, el funcionario bajo cuyo cuidado habían sido colocados les permitió comer solamente verduras; y hallando que con esa alimentación crecían fuertes y sanos, no los obligó a comer las viandas enviadas de la mesa real.

Daniel parece haber sido instruido en toda la sabiduría de los caldeos, que en esa época era muy superior a la de los antiguos egipcios; y pronto fue distinguido en la corte babilónica, tanto por su sabiduría y su vigoroso entendimiento como por su profunda y firme piedad. Su interpretación del sueño de Nabucodonosor de una estatua de diversos metales, elevó tanto su prestigio en la corte, que fue designado gobernador de la provincia de Babilonia, y constituido en jefe de todos los magos, o sabios de aquel país.

Este libro se divide en dos partes. La primera parte es histórica y ocupa los seis primeros capítulos. La segunda parte es profética, y ocupa los otros seis.

CAPITULO 1

Este capítulo comienza dando un breve relato de la conquista de Judea por Nabucodonosor, cuando hizo tributario a Joacim, comenzando así los setenta años de cautiverio y vasallaje (1, 2). El rey de Babilonia se lanzó a esta expedición (pasando por Egipto) a fines del tercer año de Joacim, pero no tomó a Jerusalén antes del noveno mes del año siguiente. De ahí la aparente discrepancia entre Daniel y Jeremías (cap. 25:1), ya que el uno computa el tiempo desde el principio de la expedición y el otro desde el momento en que ésta cumplió su propósito. Sigue luego un relato de la forma en que Daniel y sus compañeros fueron llevados a la corte del rey (3-7). Rechazan la ración diaria de carne que el rey les envía para no contaminarse, y se les permite vivir de legumbres (8-16). Su gran preparación en la sabiduría de la época (17-20). Daniel prospera hasta el reinado de Ciro de Persia (21).

1. *En el año tercero del reinado de Joacim.* Este rey fue elevado al trono de Judá en lugar de su hermano Joacaz, por Faraón Necao, rey de Egipto (II R. 23:34-36), y continuó pagándole tributo durante los primeros tres años de su reinado; pero en el cuarto, que era el primero de Nabucodonosor (Jer. 25:1), éste derrotó completamente al ejército egipcio cerca del Eufrates (Jer. 46:2), y esta victoria puso a los países

vecinos de Siria, el principal de los cuales era Judea, bajo el gobierno caldeo. De este modo Joacim, después de haber sido tributario de Egipto, se convirtió ahora en vasallo del rey de Babilonia (II R. 24:1).

Al final de los tres años, Joacim se rebeló contra Nabucodonosor, quien, ocupado entonces en otras guerras, no procedió contra Jerusalén hasta tres años después, o sea en el undécimo y último de Joacim (II R. 23:6).

Hay otras dificultades en la cronología de este pasaje. Calmet adopta una posición distinta en cuanto a estos acontecimientos. Conecta la historia de esta manera: Nabopalasar, rey de Babilonia, hallando que uno de sus señores a quien había hecho gobernador de Celesiria y Fenicia se había rebelado contra él, aliándose con el rey de Egipto, envió a su hijo Nabucodonosor, investido con la autoridad real, para reducir esas provincias, como era habitual entre los orientales cuando el presunto heredero era enviado en alguna importante expedición o embajada. Este joven príncipe, una vez reprimida la insurrección en aquellas partes, marchó contra Jerusalén a fines del tercer o principios del cuarto año del reinado de Joacim, rey de Judá. Pronto tomó cautiva a la ciudad y encadenó a Joacim con el propósito de llevarlo a Babilonia, pero cambiando de idea le permitió retomar las riendas del gobierno bajo ciertas condiciones opresivas. En ese año comienzan los setenta años de la cautividad babilónica. En el ínterin, murió Nabopolasar y Nabucodonosor se vio obligado a regresar apresuradamente a Babilonia, dejando a sus generales para que condujeran a Babilonia a los judíos cautivos, entre los cuales estaban Daniel y sus compañeros.

2. *Parte de los utensilios de la casa de Dios.* Tomó los más ricos y finos para el servicio de su Dios, Bel, dejando los que eran necesarios para la continuación del culto público de Jehová, pues al dejar a Joacim en el trono, sólo sujetó a la tierra a tributo. *Tierra de Sinar.* Este era el nombre antiguo de Babilonia. (Véase Gn. 11:2). *La casa del tesoro de su Dios.* Este era Bel, que tenía un espléndido templo en Babilonia y era el dios tutelar de la ciudad y el imperio.

3. *Jefe de sus eunucos.* La palabra *eunucos* significa funcionarios de palacio, fueran o no realmente eunucos.

4. *Muchachos.* "Jóvenes"; así debiera traducirse la palabra en todo el libro. *Enseñados en toda sabiduría.* Más bien, personas aptas para toda clase de realizaciones literarias, que podían ser colocadas bajo una adecuada instrucción.

6. *Entre éstos.* Había indudablemente jóvenes nobles de otras provincias; pero los cuatro aquí mencionados eran judíos, y se supone que todos ellos eran de estirpe real.

7. *A éstos el jefe de los eunucos puso nombres.* Este cambio de nombres era una señal de dominio y autoridad. Era costumbre que los amos impusieran nuevos nombres a sus esclavos; y a menudo los gobernantes, al ascender al trono, asumían un nombre diferente del que tenían antes.

Daniel, significa "Dios es mi juez". Le cambiaron este nombre por el de *Beltsasar:* en caldeo, "Tesoro de Bel".

Ananías, significa: "El Señor ha sido misericordioso conmigo," o "Aquel para quien el Señor es bondadoso". Este nombre le fue cambiado por *Sadrac;* caldeo, que tiene varias traducciones: "La inspiración del sol"; "Dios, autor del mal, sé propicio a nosotros"; "Líbrenos Dios del mal".

Misael, significa: "El que viene de Dios". A él lo llamaron. *Mesac,* que en caldeo significa: "El que pertenece a la diosa Seshach," una famosa deidad de los babilonios, mencionada por Jeremías (25:26).

Azarías, que significa: "El Señor es mi ayudador," fue cambiado por *Abed-nego,* que en caldeo es "siervo de Nebo," que era otra de sus divinidades.

11. *Entonces dijo Daniel a Melsar.* Melsar era un funcionario dependiente de Aspenaz, que había sido encargado de cuidar de la alimentación, el vestido, etc., de estos cautivos reales.

12. *Nos den legumbres a comer.* Semillas o granos, tales como cebada, trigo, centeno, guisantes, etc. Si bien una dieta vegetal podría haber producido esa robustez física, y especialmente del rostro, que aquí se menciona, hemos de entender que hubo en ello una bendición especial de Dios, pues se habían sometido a esa magra dieta por motivos religiosos.

21. *El año primero del rey Ciro.* Es decir, hasta el final del imperio caldeo. Y a Daniel lo hallamos vivo en el tercer año de Ciro (véase 10:1).

CAPITULO 2

Nabucodonosor, en el año segundo de su reinado (o en el cuarto, según el cómputo judío, que cuenta los dos primeros años que reinó conjuntamente con su padre), tuvo un sueño que lo perturbó mucho, y del cual a la mañana siguiente no recordaba nada, quedándole solamente una impresión de intranquilidad. De ahí que los adivinos, cuando fueron introducidos delante del rey, no pudieran interpretarlo, al no saber qué era lo que había soñado (1-13). Entonces Daniel, por el favor de Dios, descubre tanto el contenido del sueño como su interpretación (14-19), por lo cual bendice a Dios en una oda hermosa y elevada (20-23); luego revela ambas cosas al rey, diciéndole en primer término los detalles del sueño (24-35), y luego la interpretación de las cuatro grandes monarquías. La primera, el entonces existente imperio caldeo, representado por la cabeza de oro; la siguiente, es el imperio medo-persa; la tercera, el macedonio o griego; la cuarta, el imperio romano, que haría pedazos a todo otro reino, pero que, en su última etapa, sería dividido en diez reinos, representados por los diez dedos de los pies de la imagen, como lo están en otra visión (cap. 7) por los diez cuernos de la cuarta bestia. Informa asimismo que en la época de esta última monarquía, es decir, la romana, Dios establecería el reino del Mesías; el cual, aunque pequeño en sus comienzos, finalmente abarcaría toda la tierra (36-45). Daniel y sus tres amigos, Ananías, Misael y Azarías (nombrados por el príncipe de los eunucos Sadrac, Mesac y Abed-nego), son promovidos entonces por el rey a puestos muy honoríficos (46-49).

1. *En el segundo año del reinado de Nabucodonosor.* Es decir, el segundo año de su reinado solo, porque ya había reinado dos años conjuntamente con su padre, antes de la muerte de éste. Este era, pues, el quinto año de su reinado, y el cuarto del cautiverio de Daniel. *Tuvo Nabucodonosor sueños, y perturbó su espíritu.* El sueño había hecho una impresión profunda y solemne sobre su mente; y, habiéndolo olvidado todo menos las circunstancias generales, su mente estaba perturbada.

2. *Caldeos.* Es difícil establecer de quiénes se trata. Podrían ser un colegio de hombres ilustrados, donde se enseñaban y profesaban todas las artes y ciencias.

4. *Entonces hablaron los caldeos al rey en lengua aramea. Aramith,* el idioma de Aram o Siria. El que generalmente ha sido designado como caldeo. *Rey, para siempre vive.* Con estas palabras empieza la parte de Daniel

escrita en caldeo, que continúa hasta el final del capítulo siete.

5. *Seréis hechos pedazos.* Esto era arbitrario y tiránico en extremo; pero, en el orden de la providencia de Dios fue ordenado para servir al propósito más importante.

14. *Capitán de la guardia del rey.* Jefe de los ejecutores o verdugos, del rey.

19. *Entonces el secreto fue revelado ... en visión de noche.* O bien Daniel lo soñó, o su mente se lo representó por una inspiración inmediata.

20. *Suyos son el poder y la sabiduría.* El lo sabe todo y lo puede todo.

24. *No mates a los sabios.* El decreto quedó en suspenso hasta ver si Daniel podía relatar el sueño y dar su interpretación.

27. *Ni sabios ... pueden.* Tus propios sabios, ayudados por tus dioses, ¿no pueden decirte el secreto? Esta pregunta estaba necesariamente en orden, para que el rey pudiera ver la insensatez de depender de los unos o adorar a los otros.

28. *Hay un Dios en los cielos.* Para distinguirlo de esos ídolos, obra de manos de hombres; y de los falsos dioses en que confiaban los caldeos. *En los postreros días.* Una frase que, en los profetas, generalmente significa la época del Mesías.

31. *Una gran imagen.* Representando a las cuatro monarquías.

32. *La cabeza ... era de oro fino.* El imperio babilónico, el primero y más grande. *Su pecho y sus brazos, de plata.* El imperio medo-persa, bajo Ciro, etc. *Su vientre y sus muslos, de bronce.* El imperio macedonio, bajo Alejandro Magno y sus sucesores.

33. *Sus piernas, de hierro.* El gobierno romano. Sus pies, *en parte de hierro y en parte de barro cocido.* El mismo, mezclado con los pueblos bárbaros y dividido en diez reinos.

34. *Una piedra fue cortada.* La quinta monarquía: el reino espiritual del Señor Jesús, que ha de durar para siempre y extenderse sobre toda la tierra.

37. *El Dios del cielo.* No es un don de tus dioses, ni lo has adquirido por tu propia capacidad y habilidad; es un don divino. *Poder.* Para gobernar este reino. *Fuerza.* Para defenderlo contra todos los enemigos. *Y majestad.* Gran honor y dignidad.

44. *Un reino que no será jamás destruido.* El extenso y creciente imperio de Cristo. *Ni será ... dejado a otro pueblo.* Todos los imperios precedentes se habían tragado sucesivamente unos a otros; pero éste permanecerá hasta el fin del mundo.

45. *El sueño es verdadero.* Contiene una representación exacta de las cosas tal cual han de ser. *Y fiel su interpretación.* Tal como han sido explicadas las partes del mismo.

46. *El rey ... se postró sobre su rostro.* Este era el supremo acto de adoración entre los antiguos. *Se humilló ante Daniel, y mandó que le ofreciesen ... incienso.* Como a un dios o un ser divino. Seguramente Daniel se lo prohibió; porque recibir esa adoración hubiera sido idolatría.

47. *El Dios vuestro es Dios de dioses.* Es más grande que todos los otros. *Y Señor de los reyes.* Gobierna tanto en el cielo como en la tierra.

48. *Engrandeció a Daniel.* (1) Dándole muchas riquezas. (2) Haciéndolo gobernador de toda la provincia de Babilonia. Y (3) haciéndolo jefe o presidente de todos los sabios.

49. *Y Daniel solicitó del rey, y obtuvo que pusiera sobre los negocios de la provincia de Babilonia a Sadrac, Mesac y Abed-nego.* Quiso que fueran promovidos sus tres compañeros, que habían compartido su ansiedad y le habían ayudado con sus oraciones. Todos ellos tuvieron puestos de confianza, en los cuales podrían hacer mucho bien y evitar muchos males. *Y Daniel estaba en la corte del rey.* Es decir, era el funcionario principal de palacio; y el mayor confidente y consejero del rey.

CAPITULO 3

Nabucodonosor, habiendo erigido una estatua, cuya altura (probablemente incluyendo un pedestal muy alto) era de sesenta codos, por seis de ancho, ordenó a una numerosa asamblea que había convocado, que se postrase y la adorase; amenazando, al mismo tiempo, con que el que se negara a hacerlo sería arrojado en un horno encendido (1-7); castigo que no era raro en aquel país (véase Jer. 29:22). Los tres compañeros de Daniel: Sadrac, Mesac y Abed-nego, que estaban presentes, al ser descubiertos infringiendo la orden, fueron acusados ante el rey, quien, lleno de ira, les ordenó que cumplieran sus órdenes, bajo pena de muerte (8-15). Pero esos santos varones, con la mayor compostura y serenidad, expresaron su firme resolución de no adorar a sus dioses o sus imágenes, fueran cuales fueren las consecuencias (16-18). Ante lo cual el rey, no acostumbrado a que fuera resistida su voluntad, en el colmo de su ira, ordenó que el horno se calentara siete veces más de lo acostumbrado, y que aquellos hombres fueran arrojados en él, maniatados por los hombres más vigorosos de su ejército, los cuales fueron muertos por las llamas al cumplir esta acción (19-23). En esta ocasión, Dios cumplió literalmente su promesa en Isaías (43:2): "Cuando pases por el fuego, no te quemarás, ni la llama arderá en ti", pues un ángel de Dios, apareciendo en el horno, protegió a aquellos jóvenes y contrarrestó la violencia natural del fuego; el cual, consumiendo sólo las cuerdas con que estaban atados, los dejó andar en libertad, y en perfecta seguridad, en medio del horno. El rey, estupefacto ante este prodigio, los hizo salir del horno, y bendijo a Dios por haber enviado un ángel a libertar a sus siervos; y ordenó que todos sus súbditos, bajo pena de muerte, se abstuvieran de hablar irreverentemente del Dios de Sadrac, Mesac y Abed-nego, los cuales fueron promovidos a gran autoridad y honor (24-30). Un sorprendente ejemplo de la intervención de la Providencia en favor de la verdadera e inflexible piedad.

1. *El rey Nabucodonosor hizo una estatua de oro.* Se supone que la historia aquí rela-

tada no ocurrió sino hasta el final, o cerca del final, del reinado de Nabucodonosor. Pues fue después de su locura, como vemos en 4:33-36, y ésta se produjo casi al final de su reinado. Tal vez sean necesarias algunas observaciones en cuanto a esta estatua: (1) No es probable que tuviera forma humana dadas las dimensiones de la misma. (2) No es probable que fuera de oro macizo. (3) Pudo haber sido un pedestal sobre el cual se había erigido una imagen del dios *Bel*. La imagen en sí podría ser de oro, o más probablemente dorada, es decir, recubierta de finas láminas de oro, debido a lo cual se la llamaría la imagen de oro.

El campo de Dura. No se conoce exactamente la ubicación de este lugar; había un pueblo o ciudad llamado *Dura,* o *Doura,* en la Mesopotamia, cerca del Tigris.

2. *Y envió . . . a que se reuniesen los sátrapas.* No es fácil establecer en qué consistían estas distintas funciones, pues las palabras caldeas son de difícil interpretación.

4. *Y el pregonero anunciaba en alta voz.* "Y el pregonero gritaba con fuerza."

5. *El son de la bocina.* No es menor la dificultad para establecer el significado preciso de estos instrumentos musicales, que para las funciones del v. 2.

6. *Inmediatamente* (en aquella misma hora, VM). Este es el primer lugar del Antiguo Testamento en que hallamos la división del tiempo en horas. Los griegos dicen que el inventor fue Anaximandro. Probablemente éste la tomara de los caldeos, entre los cuales esta división estaba en uso mucho antes del nacimiento de Anaximandro.

8. *Acusaron . . . a los judíos.* Es decir, a Sadrac, Mesac y Abed-nego. Los otros judíos no fueron tomados en cuenta; y probablemente en esta época Daniel estaba muy alto para ser tocado; pero podemos estar seguros de que no se encontraba entre aquellos idólatras.

16. *No es necesario.* No tenemos por qué molestarte más; nuestra decisión está tomada y nuestra respuesta está lista: Sabe que no adoraremos a tus dioses. Esto era tan honrado como decisivo.

21. *Sus turbantes.* Esta palabra, "turbante," se encuentra solamente en este lugar en el Antiguo Testamento. La palabra *sarbal* significa propiamente una vestidura exterior.

28. *Bendito sea el Dios de . . . Sadrac.* He aquí un noble testimonio de un pagano. ¿Y qué fue lo que lo provocó? El comportamiento intrépidamente piadoso de aquellos tres nobles judíos.

29. *Que dijere blasfemia.* Aunque el decreto del rey no obliga a la gente a adorar al Dios verdadero, la obliga a tratarlo con reverencia.

30. *Entonces el rey engrandeció.* Les restituyó los cargos que ocupaban antes de ser acusados de desobediencia y traición.

Al final de este versículo, la Septuaginta agrega: "Y los elevó a gobernadores de todos los judíos que estaban en su reino." Puede que éste sea el significado del último versículo. Es más probable que fueran puestos sobre los judíos que sobre los caldeos.

CAPITULO 4

Nabucodonosor, después de haber sometido a todos los países vecinos y enriquecido y adornado mucho el suyo, se embriagó tanto con su prosperidad, que atrajo sobre sí un juicio muy notable, del cual este capítulo da un relato particular, en las mismas palabras del edicto o proclamación que el monarca babilónico emitió en su restauración al trono. Este documento de estado empieza con el reconocimiento de Nabucodonosor de que la mano de Dios había tenido que ver con su última enfermedad (1-3). Luego da un relato del sueño de Nabucodonosor, que presagiaba la pérdida de su reino y de su razón durante siete años, debido a su orgullo y arrogancia (4-18). Así lo explicó Daniel (19-27), y así se verificó en la realidad (28-33). Luego relata cómo, al final del período establecido por el Dios del cielo como duración de su enfermedad, el monarca caldeo se tornó sensible a su dependencia del Ser Supremo, y levantó sus ojos al cielo en devoto reconocimiento de la soberana majestad del Rey de reyes, el Gobernador de la tierra, cuyo dominio es el único universal, invariable y eterno (34-37).

1. *Nabucodonosor rey, a todos los pueblos.* Este es un decreto regular, y uno de los más antiguos que se conocen; indudablemente fue copiado de los documentos de estado de Babilonia. Daniel lo ha preservado en su idioma original.

2. *Conviene que yo declare.* Parte del decreto era un relato de las maravillas obradas por la mano del Dios verdadero en su reino y en su persona.

4. *Estaba tranquilo.* Había retornado a mi palacio en Babilonia después de haber sometido a Siria, Fenicia, Judea, Egipto y Arabia. Probablemente estas grandes conquistas fueron las que los hincharon de orgullo y atrajeron sobre él el castigo que después describe.

10. *Me parecía ver . . . un árbol.* Nabucodonosor dice que esta visión lo llenó de temor. ¡Gracias a Dios por habernos ocultado, en su misericordia, el futuro! Si fuera a mostrarle a cada hombre la suerte que le espera, la miseria de la raza humana sería completa. A menudo, en el lenguaje de los profetas, grandes hombres y príncipes son representados bajo el símil de árboles (véase Ez. 17:5-6; 31:3 y sgs.; Jer. 22:15; Sal. 1:3; 37:35).

13. *Un vigilante y santo.* Ambos son ángeles, pero, según los oráculos caldeos, de diferentes órdenes. Parecen ser, de acuerdo con sus opiniones, una suerte de jueces de las acciones humanas que tenían el poder de determinar la suerte de los hombres (véase el v. 17).

14. *Derribad el árbol.* Como el árbol tenía que ser derribado, se ordena a las bestias que huyan de debajo de sus ramas. Sus cortesanos y funcionarios, todos lo abandonaron cuando se declaró su insanía; pero él huyó pronto de la sociedad de los hombres.

15. *Mas la cepa... dejaréis.* No lo destruiréis, ni enajenaréis su reino.

16. *Su corazón de hombre sea cambiado.* Que imagine que es una bestia, y actúe como tal, uniéndose a los animales del campo. *Pasen sobre él siete tiempos.* Continúe en ese estado durante siete años.

19. *Daniel... quedó atónito casi una hora.* Vio el propósito del sueño y comprendió que su interpretación era algo delicado. No es que le preocupara la dificultad del mismo. Lo sentía por el rey y por la nación; ¡y con qué fuerza y delicadeza expresa el sentido general: "El sueño sea para tus enemigos, y su interpretación para los que mal te quieren"!

20. *El árbol que viste.* El sueño está interpretado tan completamente en los versículos siguientes, que no necesita comentario.

26. *Tu reino te quedará firme.* No se entronizó ningún otro rey; su hijo, Evil-merodac, fue regente durante la demencia de su padre.

30. *¿No es ésta la gran Babilonia?* Aquí su corazón se hinchó de orgullo, se lo atribuía todo a sí mismo, y no reconocía a Dios en nada. Las murallas, los jardines colgantes, el templo de Bel y el palacio real, todo construido por Nabucodonosor, hacían de ella la ciudad más importante del mundo.

31. *Aún estaba la palabra en la boca del rey.* ¡Qué terrible para un rey victorioso y soberbio: "El reino ha sido quitado de ti!" ¡Todos tus bienes y tus dioses han desaparecido en un momento!

36. *Mi razón me fue devuelta.* Se cumplió todo lo que había presentado el sueño y su interpretación. Es muy probable que este infortunado se escondiera de tal manera que no se encontró en el lugar de su retiro; y la providencia de Dios lo había dispuesto todo de tal manera, que, a su retorno a su palacio, encontró a sus consejeros y cortesanos, que lo recibieron alegremente y se le unieron y le sirvieron como lo hacían antes.

CAPITULO 5

Al comienzo de este capítulo se nos informa de cómo Belsasar, nieto de Nabucodonosor, estaba de jolgorio en su palacio, profanando los sagrados vasos del templo (1-4), cuando fue súbitamente aterrorizado por la aparición de los dedos de una mano de hombre, que escribieron unas cuantas palabras en la pared delante de él (5, 6). Inmediatamente fueron llamados los sabios y astrólogos para interpretar la inscripción; pero no pudieron descifrarla porque (como han conjeturado Houbigant y otros) aunque las bras pertenecen al idioma caldeo, estarían escritas en los caracteres samaritanos o hebreos antiguos, que

probablemente fueran desconocidos para los sabios de Babilonia, pues los judíos eran en ese entonces un pueblo menospreciado y no estaba de moda aprender su idioma (7-9). Daniel, que había sido tan estimado por Nabucodonosor por su sabiduría superior, parece haber sido un perfecto desconocido para Belsasar, hasta que la reina (según algunos la que había sido esposa de Nabucodonosor, y según otros la reina consorte) le informó acerca de él (10-12). Por recomendación de la reina, Daniel es llamado (13-16); y osadamente le dice a aquel rey despótico que, como de nada le había servido el juicio infligido a su abuelo, antes se había entregado a la soberbia y la impiedad y había agregado a las copias que contienen el original caldeo; pero todas las versiones antiguas, excepto la Siríaca, no contienen esa repetición. Daniel da entonces al rey y sus cortesanos la tremenda interpretación de la escritura, a saber, que había terminado el período de duración del imperio caldeo (véase Jer. 25:12-14) y que el reino estaba por ser entregado a los medos y los persas (26-28). Aunque tal interpretación debe haberle resultado muy desagradable, Belsasar, sin embargo, abrumado ante su claridad y certidumbre, ordenó que el profeta fuera honrado (29). Y esa misma noche se cumplió la predicción, pues el rey fue asesinado (30), y la ciudad fue tomada por los medos y los persas (31). Este gran acontecimiento fue predicho también por Isaías y Jeremías; y la forma en que se produjo fue registrada por Herodoto y Jenofonte.

1. *El rey Belsasar hizo un gran banquete.* Después de la muerte de Nabucodonosor, ascendió al trono de Babilonia su hijo Evilmerodac. Después de dos años de reinado, éste fue asesinado por su cuñado, Neriglisar. Este reinó durante cuatro años y le sucedió su hijo, Laborosoar-chod, que reinó solamente nueve meses. A su muerte, fue elevado al trono Belsasar, hijo de Evil-merodac, quien reinó diecisiete años, y fue asesinado, como leemos aquí, por Ciro, que tomó por sorpresa a la ciudad en la noche de esta fiesta. Pero la Escritura menciona por nombre solamente a Nabucodonosor, Evil-merodac y Belsasar; y Jeremías (27:7) dice expresamente: "Y todas las naciones le servirán a él (Nabucodonosor), a su hijo (Evil-merodac) y al hijo de su hijo (Belsasar), hasta que venga también el tiempo de su misma tierra"; es decir, hasta el tiempo en que Ciro se apoderase del imperio. No se menciona a Neriglisar ni a Laborosoar-chod; como eran usurpadores, tal vez fueron deliberadamente pasados por alto. Pero queda todavía una dificultad: la reina madre (v. 11) llama expresamente a Belsasar, hijo de Nabucodonosor. La solución de esta dificultad es que en las Escrituras el término "hijo" se aplica indiferentemente a hijos y nietos, y aun a bisnietos. *A mil de sus príncipes.* Tal vez esto signifique señores o sátrapas; unos u otros eran más de mil.

8. *No pudieron leer la escritura.* Porque estaba en caracteres hebreos puros, no caldeos.

10. *La reina... entró a la sala.* Se admite generalmente que era la viuda de Nabucodonosor.

16. *Resolver dificultades.* Desatar nudos —soltar lo que está atado. Una expresión empleada en el oriente para referirse a un juez eminente por su sabiduría y habilidad.

17. *Tus dones sean para ti.* De poco podían servirle a nadie, ya que la ciudad iba a ser tomada dentro de pocas horas.

18. *Nabucodonosor tu padre.* O "abuelo". V.l.e.s. el v. 1.

19. *A quien quería mataba.* El genuino carácter de un déspota, cuya voluntad es la única regla de su conducta.

20. *Fue depuesto del trono de su reino.* Enloqueció, y las riendas del gobierno fueron quitadas de sus manos.

22. *No has humillado tu corazón.* Estos juicios y mercedes no han tenido buen efecto sobre ti.

23. *Sino que contra el Señor del cielo te has ensoberbecido.* Y la suprema evidencia de esa rebelión era la profanación de los vasos sagrados de la casa del Señor.

24. *Entonces de su presencia fue enviada la mano.* Este fue el colmo de la copa de iniquidad; con este último acto estás maduro para la destrucción.

25. Obsérvese que cada una de las palabras representa una sentencia breve: *mene* significa "recuento"; *tekel*, "peso"; y *peres*, "división". Todas las versiones antiguas, excepto la Siríaca, dicen simplemente *Mene, Tekel, Peres,* como se explica en los versículos siguientes, sin la repetición de *Mene.*

29. *Mandó vestir a Daniel de púrpura.* La cadena de oro alrededor del cuello era un emblema de autoridad magisterial. A menudo se la menciona así en las Escrituras.

30. *La misma noche fue muerto Belsasar.* Jenofonte dice que fue despachado por dos cortesanos, Gadatas y Gobrias, que se pasaron a Ciro, para vengarse de ciertas injusticias que Belsasar les había hecho. Ya hemos visto que Ciro entró en la ciudad por el lecho del Éufrates, que había sido vaciado abriendo un canal para las aguas y dirigiéndolas hacia la región pantanosa.

31. *Y Darío de Media tomó el reino.* Se supone que éste sea el mismo Cyaxares, hijo de Astyages y tío por parte de madre de Ciro, quien le dio el trono de Babilonia después de haber tenido él mismo el honor de tomar la ciudad.

Daniel no dice nada de la guerra entre los babilonios y los medos; pero Isaías habla particularmente de ella (capítulos 13 y 14; 45, 46 y 47), y también Jeremías (capítulos 1 y 51). No necesito agregar que los autores profanos se ocupan largamente de ella. Los medos y los persas eran aliados en la guerra, los primeros bajo Darío y los segundos bajo Ciro. Ambos príncipes se supone que estuvieron presentes en la captura de esta ciudad.

CAPITULO 6

Darío de Media, que sucedió a Belsasar en el trono de Babilonia, al oír acerca de la extraordinaria sabiduría y entendimiento de Daniel, lo constituye en jefe de los tres gobernadores que estaban sobre todo el imperio, y proponiéndose hacerlo también primer ministro o virrey (1-3). Esta gran parcialidad del rey hacia un extranjero de extracción judía, que había sido llevado a Caldea como cautivo, provocó la enemistad de muchos contra Daniel; al punto de que entre los presidentes y los príncipes trazaron un plan para arruinarlo (4-15); plan que tuvo éxito hasta arrojarlo a un foso de leones, del cual fue liberado milagrosamente (16-23). Darío, que estaba muy descontento consigo mismo por haberse dejado arrastrar por los gobernadores y príncipes a perjudicar a su fiel ministro, se alegra y asombra ante esa liberación; castiga a los enemigos de Daniel con la misma muerte que habían tramado contra él; y lanza un decreto ordenando que el Dios de Daniel fuera tenido en la más alta veneración en todos sus dominios (24-38).

1. *Ciento veinte sátrapas.* Jefes o gobernadores de las provincias pertenecientes al imperio medo-persa. Después hallamos aumentado el número a ciento veintisiete provincias, a raíz de las victorias de Cambises y Darío Histaspes. (Véase Est. 1:1).

2. *Tres gobernadores.* Cada uno de los cuales supervisaba la administración de cuarenta de esos sátrapas. *Daniel era uno.* Establecido sobre la región donde estaba la sede del gobierno. Fue confirmado en su oficio por Darío.

3. *El rey pensó en ponerlo sobre todo el reino.* Se proponía hacerlo gran visir. Esta parcialidad del rey constituyó a Daniel en el blanco de los celos de los otros presidentes y los grandes del reino.

4. *Buscaban ocasión para acusar a Daniel.* Pero no hallaban falla alguna en su administración, pues él era fiel a su rey: ésta era una virtud. Pero también era fiel a su Dios: y pensaron en transformar esto en un delito, con lo cual pensaban causar su ruina.

7. *Cualquiera que . . . demande petición.* ¿Qué pretexto podían aducir para un decreto tan insensato? Probablemente para halagar la ambición del rey quisieron hacerlo dios por treinta días; de modo que todo el imperio tuviera que dirigir a él sus oraciones y súplicas, y rendirle honores divinos. Este era el pretexto; pero su verdadero propósito era destruir a Daniel.

10. *Cuando Daniel supo que el decreto había sido firmado.* Vio lo que se proponían, y sabía a quién servía. *Abiertas las ventanas de su cámara.* No se encerró para ocultarse, sino que "se arrodillaba tres veces al día y oraba, y daba gracias delante de su Dios, como lo solía hacer antes". Los judíos, cuando se encontraban en países distantes, al orar volvían su rostro hacia Jerusalén; y cuando estaban en Jerusalén, lo volvían hacia el templo. Salomón, en su oración en la dedicación del templo (I R. 8:48), había rogado a Dios que escuchara las oraciones de los que estuvieran en tierras extrañas, o en

cautiverio, cuando volvieran sus rostros hacia la tierra que Dios había dado a sus padres; y hacia la ciudad que él había escogido y el templo que estaba dedicando a su nombre. Siguiendo esta práctica, Daniel volvía el rostro hacia Jerusalén cuando oraba.

14. *Cuando el rey oyó... le pesó en gran manera.* Razón tenía, cuando en su excesiva insensatez había firmado un decreto que, por su propósito ostensible, hubiera sido una desgracia casi para un idiota. *Y resolvió librar a Daniel.* Luchó por todos los medios para anular el decreto. Sin duda habló en privado con algunos de los señores, e iría de uno a otro hasta la puesta del sol.

15. *Pero aquellos hombres rodearon al rey.* Probablemente él los convocaría, habiendo obtenido respuestas favorables; pero ahora, reunidos, lo instaron a ejecutar el decreto, no a revocarlo.

16. *El rey mandó.* Apesadumbrado, se vio obligado a llevar a cabo esa asesina conspiración. Pero al dictar sentencia, sus últimas palabras fueron: "El Dios tuyo, a quien tú continuamente sirves, él te libre."

17. *Y fue traída una piedra.* Toda esta precaución servía a los propósitos de la Divina Providencia. Aquí no podía haber engaño ni treta alguna; si Daniel era preservado, lo sería por el poder del Dios supremo. Las mismas precauciones tomaron los judíos en el caso del sepulcro de nuestro bendito Señor; y eso mismo ha proporcionado una de las pruebas más fuertes de la certidumbre de su resurrección y de la impiedad de ellos.

18. *Se acostó ayuno.* Ni comió ni bebió, no quiso música ni se solazó, ni se quemaron perfumes delante de él, y pasó la noche sin dormir. Todo esto indica su gran sinceridad, y cuando se considera que Darío no tendría menos de sesenta y dos o sesenta y tres años en esta época, se ve más plenamente la profundidad de su pena.

22. *Mi Dios envió su ángel.* Tal como el que acudiera en ayuda de Sadrac, Mesac y Abed-nego en el horno de fuego, apartando las llamas para que no los quemaran. *Porque ante él fui hallado inocente.* Por ser inocente, Dios me preservó; y ahora que estoy a salvo, mi inocencia está plenamente demostrada.

26. *De parte mía es puesta esta ordenanza: Que... todos teman y tiemblen ante el... Dios de Daniel.* Como en el caso de los tres jóvenes hebreos (3:29). El Dios verdadero era conocido por sus siervos, y por la forma en que los liberaba.

28. *Y este Daniel prosperó.* Había servido a cinco reyes: Nabucodonosor, Evil-merodac, Belsasar, Darío y Ciro. Pocos cortesanos han tenido un reinado tan largo, han servido a tantos señores sin adular a ninguno, han tenido más éxito en su manejo de la casa pública, han sido tan útiles a los estados donde han prestado servicio, o han sido más fieles a

Dios, o han dejado un ejemplo semejante a la posteridad.

CAPITULO 7

El profeta, después de haber relatado en los capítulos anteriores de este libro algunos acontecimientos notables relacionados con él y con sus hermanos de cautiverio, dando pruebas de que la ayuda divina lo había capacitado para interpretar los sueños de otros, entra ahora en el relato de sus propias visiones, volviendo a un período anterior a los acontecimientos relatados en el último capítulo. La primera de las visiones del profeta, por orden, es la de los cuatro animales que surgen de un mar tempestuoso (1-9); y de uno semejante a un hijo de hombre que aniquila el dominio del cuarto animal, debido a las palabras soberbias y blasfemas de uno de sus cuernos (9-14). Un ángel descifra los enigmas contenidos en este capítulo, declarando que las cuatro bestias, diferentes entre sí, representan los cuatro imperios supremos del mundo habitable, que se sucederían el uno al otro; y que son evidentemente los mismos que le fueron mostrados a Nabucodonosor con otro juego de enigmas (véase al cap. 2) (15-26). Pero para consuelo del pueblo de Dios, se agrega que, en el tiempo señalado en los designios de Jehová, "el reino y el dominio y la majestad de los reinos debajo del cielo," será "dado al pueblo de los santos del Altísimo"; y que ese reino jamás será destruido o transferido a otro pueblo, como ha sucedido con todas las dominaciones anteriores, sino que permanecerá para siempre (27, 28). Cabe observar que el período de "tiempo, tiempo y medio tiempo" señalado en el v. 25 como la duración del cuerno pequeño que hizo guerra contra los santos (que generalmente se supone es una representación simbólica del poder papal) comenzó más probablemente en el 755 o 756 d. de JC., cuando Pepino, rey de Francia, invistió al papa con el poder temporal. Esta hipótesis llevaría la conclusión del período aproximadamente al año del Señor 2000, una fecha fijada por judíos y cristianos por alguna revolución notable; cuando el mundo, como suponen, será renovado, los impíos dejarán de causar molestias a la Iglesia, y los santos del Altísimo dominarán todo el globo habitable. Pero todo esto es hipótesis.

1. *En el primer año de Belsasar.* Este es el mismo año en que Belsasar fue asesinado en la toma de Babilonia, como hemos visto en la terminación del cap. 5.

2. *Los cuatro vientos del cielo combatían en el gran mar.* La idea de lucha es tomada de los efectos que deberían producirse si el viento del este, el del oeste, el del norte y el del sur se levantaran tempestuosamente y chocaran sobre la superficie del mar. El *gran mar* es el Mediterráneo. El significado de este sueño es, bajo figuras diferentes, el mismo que el de la imagen metálica de Nabucodonosor; pero en el sueño de Daniel se agregan varias otras circunstancias. Se supone que Daniel tuvo este sueño unos cuarenta y ocho años después que Nabucodonosor tuviera la visión de la gran estatua.

3. *Y cuatro bestias grandes... subían del mar.* El término *mar*, en hebreo *yam*, de *hamah*, "ser tumultuoso, estar agitado," parece haber sido empleado aquí para significar el mundo entonces conocido, debido a su estado de agitación general; y los cuatro vientos en pugna señalan a aquellas guerras

predatorias que prevalecían casi universalmente entre los hombres, desde los días de Nimrod, el fundador de la monarquía asiria o babilónica, hasta ese entonces y finalmente dieron nacimiento a las cuatro grandes monarquías que son el tema de esta visión.

4. *La primera era como león, y tenía alas de águila.* La bestia como un león es el reino de Babilonia; y el rey de Babilonia es comparado con un león (Jer. 4:7; Is. 5:29), y se dice que vuela como un águila (Jer. 48:40; Ez. 17:3, 7). El león es considerado como el rey de los animales, y el águila como la reina de las aves; por consiguiente, el reino de Babilonia, que estaba representado por la cabeza de oro de la gran estatua, era el primero y el más noble de todos los reinos; y era el más grande entonces en existencia. Las alas del águila denotan la rapidez con que el león, Nabucodonosor, hizo sus conquistas; pues en pocos años, solamente con sus armas, extendió su imperio en tal forma, y lo elevó a tal grado de eminencia que era verdaderamente sorprendente; y todo tendía a mostrar con cuánta propiedad se hace aquí del león con alas de águila su emblema.

Sus alas fueron arrancadas. Lidia, Media y Persia, que habían sido provincias del imperio babilónico, sacudieron el yugo y se dieron sus propios reyes. Además, la rapidez de sus conquistas fue detenida por sus guerras con los medos y persas; por quienes al fin fue conquistado y dividido entre Darío de Media y Ciro de Persia.

En hiesta sobre los pies a manera de hombre. Esto me parece que se ha de referir al amansamiento del orgullo de Nabucodonosor. El había procedido como un león feroz y depredador. Dios lo hirió con la demencia; entonces vivió como una bestia, y tuvo corazón —disposición y hábitos— de bestia. Al fin, Dios lo restauró. *Y le fue dado corazón de hombre.* Se tornó humano, humilde y piadoso; y en este estado parece haber muerto.

5. *Otra segunda bestia, semejante a un oso.* El símbolo del oso representa aquí al imperio medo-persa, pues las mayores especies de estos animales se encontraban en *Media*, una región montañosa, fría e inhóspita, cubierta de bosques. Los medos y los persas son comparados a un *oso* debido a su *crueldad* y su *sed de sangre*, pues el oso es el animal más voraz y cruel; Aristóteles dice que es un animal que lo devora todo, y los medos y persas fueron grandes saqueadores y destructores. (Véase Jer. 51:48-56). Los persas eran notorios por la crueldad de sus castigos. *Se alzaba de un costado.* Ciro surgió en las fronteras de Caldea, y así el oso pareció colocarse en posición para atacar al león. *Y tenía en su boca tres costillas.* Las costillas entre los dientes del oso pueden significar cómo Babilonia, Lidia y Egipto fueron triturados y oprimidos por el oso —los persas—, aunque, así como las costillas refuerzan el cuerpo, eran un poderoso sostén para sus conquistadores.

6. *Otra, semejante a un leopardo ... cuatro alas ... cuatro cabezas.* Este era el imperio macedonio o griego, y Alejandro Magno su rey.

Cuatro alas de ave. El imperio babilónico era representado con dos alas; y éstas bastaban para señalar la rapidez de las conquistas de Nabucodonosor; pero el macedonio tenía cuatro alas; porque nada, en la historia del mundo, igualó a las conquistas de Alejandro, que recorrió todos los países desde Ilírico y el Mar Adriático hasta el Océano Indico y río Ganges, y en doce años subyugó parte de Europa y toda el Asia.

Tenía también esta bestia cuatro cabezas. Representando el imperio dividido después de la muerte de Alejandro, entre sus cuatro generales. Casandro reinó sobre Macedonia; Lisímaco sobre Tracia y Bitinia, Ptolomeo sobre Egipto y Seleuco sobre Siria.

Y le fue dado dominio. No fue debido a la habilidad, el coraje o el valor de Alejandro y sus tropas, que hizo tan maravillosas conquistas; las naciones le fueron dadas. Porque, como dice el obispo Newton, si no hubiera sido asistido por el poder de Dios, ¿cómo hubiera podido, con sólo treinta mil hombres, derrotar a Darío con seiscientos mil y en tan breve lapso someter a los países desde Grecia hasta la India?

7. *La cuarta bestia ... tenía unos dientes grandes de hierro.* Todos están de acuerdo en que esta bestia representa el imperio romano. Era terrible, espantosa y tremendamente fuerte: devoró e hizo pedazos y pisoteó los residuos, es decir, los restos de los reinos anteriores. Redujo a Macedonia a provincia romana unos ciento sesenta y ocho años antes de Cristo; el reino de Pérgamo unos ciento treinta y tres años, Siria unos sesenta y cinco; y Egipto unos treinta años antes de Cristo. Y además de los restos del imperio macedonio, subyugó a muchas otras provincias y reinos; de modo que se podría decir, con una imagen muy común, que devoró toda la tierra, la pisoteó y la hizo añicos; y se convirtió en efecto en lo que los escritores romanos se gloriaban en llamar "el imperio del mundo entero". *Y tenía diez cuernos.* Los diez reinos en que se dividió después el imperio romano.

8. *Otro cuerno pequeño.* Entre los escritores protestantes se considera que éste es el papado.

10. *Un río de fuego.* Esto no se refiere al juicio final, sino al que él habría de ejecutar sobre la cuarta bestia, el imperio romano; y sobre el pequeño cuerno jactancioso, que es parte de la cuarta bestia y debe caer cuando caigan los otros.

11. *Yo entonces miraba a causa del sonido (o, la bestia será destruida a causa) de las grandes palabras que hablaba el cuerno ... y su cuerpo fue destrozado.* Cuando a las otras bestias les fue arrebatado el dominio, sus cuerpos no fueron destruidos, sino que se los dejó subsistir; pero cuando sea quitado el

dominio de esta bestia, su cuerpo será totalmente destrozado; porque a aquéllas les sucedieron otros reinos, pero a esta no le sucederá ningún otro reino terrenal. —Obispo Newton.

13. *Con las nubes del cielo venía uno como un hijo de hombre.* Esto con toda seguridad señala al Señor Jesús, quien tomó nuestra naturaleza sobre Sí para poder redimirnos para El. Para probar que era el Mesías. El citó delante de los sumos sacerdotes estas palabras de Daniel, aplicándolas a Sí mismo (Mt. 24:30).

14. *Y le fue dado dominio.* También esto Jesús lo aplicó a Sí mismo, después de su resurrección (Mt. 28:18). *Su dominio es dominio eterno.* Su cristianismo aumentará y prevalecerá hasta el fin del mundo.

15 *Se me turbó el espíritu a mí, Daniel.* Las palabras del original son más enfáticas que lo común. "Mi espíritu se turbó (o enfermó) dentro de su vaina."

19. *Uñas de bronce.* Este detalle no se menciona en el v. 7 donde se da la descripción de la bestia.

21. *Este cuerno hacía guerra contra los santos, y los vencía.* Los que ven en el pequeño cuerno a Antíoco, ven en los santos al pueblo judío. Los que ven en él al papado, lo consideran como una referencia a las crueles persecuciones de los papas de Roma contra valdenses y albigenses y la iglesia protestante en general.

25. *Y hablará palabras contra el Altísimo.* "Hablará como si fuera Dios." Así cita Jerónimo de Símaco. A nadie se puede aplicar esto tan bien o tan cabalmente como a los papas de Roma. Ellos se han atribuido la infalibilidad, que sólo corresponde a Dios. Ellos pretenden perdonar pecados, lo que sólo corresponde a Dios. Ellos pretenden abrir y cerrar el cielo, lo que sólo corresponde a Dios. Ellos pretenden estar por encima de todos los reyes de la tierra, lo que sólo corresponde a Dios. ¡Y van más allá de Dios al pretender eximir a naciones enteras de sus votos de sumisión a sus reyes cuando éstos no les gustan!

Y a los santos del Altísimo quebrantará. Con guerras, cruzadas, matanzas, inquisiciones y persecuciones de toda clase. ¿Qué es lo que en este sentido no han hecho contra todos aquellos que han protestado contra sus innovaciones y se han negado a someterse a su culto idolátrico? Recuérdense las cruzadas lanzadas contra los valdenses y albigenses. Recuérdese a Juan Huss y Jerónimo de Praga.

Y pensará en cambiar los tiempos y la ley. Señalando ayunos y fiestas; canonizando a personas que decide llamar santos; concediendo perdones e indulgencias por los pecados; instituyendo nuevas formas de culto totalmente desconocidas en la iglesia cristiana, nuevos artículos de fe; nuevas reglas de conducta; y complaciéndose en invertir las leyes tanto de Dios como del hombre. —Dodd.

Hasta tiempo, y tiempo, y medio tiempo. En lenguaje profético, un *tiempo* significa un año; y un año profético está compuesto de un año por cada día. Tres años y medio (en que cada día representa un año, como en 9:24) significarían mil doscientos sesenta años, si contamos treinta días en cada mes, como hacían los judíos.

Si a lo que aquí se refiere, y es muy probable que así sea, es al poder papal, como un cuerno o poder temporal (y sabemos que ese poder le fue dado al papa Esteban II, en el 755 por *Pepino*, rey de Francia), contando doscientos sesenta años, nos llevaría al año 2015. Pero ni doy énfasis a estas fechas ni saco conclusiones de ellas. Si la iglesia de Roma se reforma, será entonces la verdadera iglesia cristiana, y jamás será destruida. Haga a un lado todo lo que es ritualmente judío; todo lo que es pagano; todo lo que pretende ser de Dios y sólo es de los hombres; todas las doctrinas que no están en la Biblia; y todos los ritos y ceremonias que no han sido establecidos por Cristo y sus apóstoles; y entonces, todos saludarán a la antes romana, pero ahora, después de semejante cambio, santa Iglesia católica. Todo verdadero protestante desearía más bien la reforma que la extinción de esa iglesia.

CAPITULO 8

Este capítulo contiene la visión de Daniel del carnero y macho cabrío (1-14) que se refiere, según la explicación del ángel, a las monarquías persa y griega (15-26). El pequeño cuerno mencionado en el v. 9 (o rey altivo, como se lo interpreta en el 23) es, según suponen algunos, Antíoco Epífanes; pero parece más propio aplicarlo al poderío romano en general, por el cual fueron destruidos la política y el templo de los judíos, debido a las grandes transgresiones de este antiguo pueblo de Dios; y particularmente debido a su muy obstinado e inexplicable rechazo de las gloriosas doctrinas del cristianismo, que habían sido predicadas entre ellos por Jesucristo y sus apóstoles, y cuya verdad Dios había atestiguado "con señales y maravillas, y con diversos milagros y dones del Espíritu Santo". Daniel es informado luego de los dos mil trescientos días proféticos (esto es, años) que debían transcurrir antes que fuera purificado el santuario; o, en otras palabras, antes que prevaleciera la justicia en toda la tierra. Período que se supone con mucha probabilidad que tuvo su comienzo cuando Alejandro Magno invadió Asia, en el año 334 a. de J.C. Esto llevaría su terminación hasta alrededor del sexto milenio del mundo; cuando, como ya hemos observado, se espera que tengan lugar algunos cambios asombrosos en la condición moral del género humano; cuando el poder del Anticristo, tanto papal como mahometano, será aniquilado, y el dominio universal será entregado a los santos del Altísimo. El capítulo termina con la aflicción de Daniel debido a los terribles juicios con que su país sería visitado en las edades venideras (27).

1. *En el año tercero del reinado del rey Belsasar.* Terminada la parte caldea del libro, volvemos al hebreo. Como los caldeos tenían

particular interes por las profecías de los capítulos 2:4 hasta el final del 7, esa sección está escrita en caldeo; pero como las restantes profecías conciernen a épocas posteriores a la monarquía caldea, y principalmente tienen que ver con la iglesia y con el pueblo de Dios en general, están escritas en idioma hebreo, siendo ésta la lengua en que Dios escogió revelar todos sus consejos dados bajo el Antiguo Testamento relativos al Nuevo.

2. *Vi en visión.* Daniel estaba en ese entonces en Susa, que parece haber sido una plaza fuerte donde los reyes de Persia tenían su residencia de verano. Era la capital de la provincia de Elam, que había sido muy probablemente añadida por Nabucodonosor al territorio caldeo (véase Jer. 49:34, 35). Allí residía Daniel habitualmente; aunque aquí se ve a sí mismo, en una visión, a orillas del río Ulai. Este es lo mismo que el río Euleo, que separaba a Susa o Susiana de Elimais.

3. *Un carnero que... tenía dos cuernos.* En la visión anterior había visto cuatro bestias, que representaban cuatro imperios; en ésta tenemos sólo dos, pues aquí sólo interesan dos imperios, a saber, el griego y el persa. No se menciona al imperio babilónico; su suerte ya había sido decidida y ahora estaba tocando a su fin.

El *carnero* representaba el imperio de los medos y los persas, como lo explica el ángel Gabriel (v. 20); y particularmente a Ciro, el fundador de dicho imperio. Un *carnero* era el símbolo de los persas; como tal, en diferentes sitios de las ruinas de Persépolis aparece una cabeza de carnero con dos cuernos, uno más largo que el otro.

Este carnero tenía dos cuernos; o sea, dos reinos, a saber, Media y Persia; pero uno era más largo que el otro, y el más largo surgió después. Media, representada por el cuerno más corto, era el más antiguo de los reinos. Persia, el cuerno más largo, había surgido posteriormente, y fue de poca importancia histórica o política hasta la época de Ciro; pero en los reinados de este príncipe y sus sucesores inmediatos, Persia alcanzó una importancia política muy superior a la que poseyera en cualquier época el reino de Media; por consiguiente se dice que el más alto creció después.

4. *Vi que el carnero hería... al poniente.* Los persas, representados por el carnero, así como su fundador, Ciro, llevaron sus conquistas hacia el oeste, el norte y el sur. Sus guerras se desarrollaron principalmente, dice Calmet, contra los escitas al norte; contra los griegos, al oeste, y contra los egipcios, al sur. *Hacia conforme a su voluntad.* No había entonces ninguna otra nación que pudiera detener el avance de los ejércitos persas.

5. *He aquí un macho cabrío.* Este era Alejandro Magno; y un macho cabrío era un símbolo adecuado del pueblo griego o macedonio. *Venía del lado del poniente.* Europa está al poniente de Asia. *Sobre la faz de toda la tierra.* Llevándose todo por delante. *Sin tocar tierra.* Parecía volar de conquista en conquista. A los treinta años de edad, Alejandro había conquistado toda el Asia; y debido a la rapidez de sus conquistas, en la visión anterior se lo representa como un leopardo con cuatro alas.

6. *Y vino hasta el carnero.* Este versículo y el siguiente relatan la derrota del imperio persa por Alejandro. *Y corrió contra él con la furia de su fuerza.* Los conflictos entre los griegos y los persas fueron sumamente graves. Alejandro derrotó primero a los generales de Darío, en el río Granicus, en Frigia, luego atacó y derrotó totalmente a Darío, en el estrecho de Isso, en Cilicia; y después en la llanura de Arbela, en Asiria.

7. *Y le quebró sus dos cuernos.* Sometió a Persia y Media; saqueó e incendió la ciudad real de Persépolis, capital del imperio persa, que, aun en ruinas es hasta hoy una de las maravillas del mundo. Hizo esto "movido por la cólera" contra Darío, que había tratado de sobornar a sus capitanes para que lo abandonaran, y había trabajado para inducir a algunos de sus amigos a que lo asesinaran. Ante esta situación, Alejandro no quiso escuchar propuestas de paz; estaba decidido a no descansar hasta haber aniquilado a Darío y todo su imperio. Darío fue hecho prisionero en Media por algunos de sus propios súbditos traidores, y luego fue miserablemente asesinado. *Lo derribó... en tierra, y lo pisoteó.* Destruyó totalmente la familia y trastornó toda la monarquía.

8. *Y el macho cabrío se engrandeció sobremanera.* Había sometido casi todo el mundo entonces conocido. *Aquel gran cuerno fue quebrado.* Alejandro murió en el apogeo de sus conquistas, cuando no tenía más que treinta y tres años. Su hermano natural, Felipe Aridaeo y sus dos hijos, Alejandro Aegus y Hércules, mantuvieron por un tiempo la imagen y el nombre del reino macedonio; pero dentro de quince años todos fueron asesinados; y así fue quebrado el gran cuerno, el reino macedonio, habiendo sido eliminada la familia de Alejandro.

Y en su lugar salieron otros cuatro cuernos notables. Muerta toda la familia real, los gobernadores de provincias usurparon el título de reyes; y habiendo sido muerto uno de ellos, Antígono, en la batalla de Ipsus, quedaron reducidos a cuatro, como ya hemos visto. (1) Seleuco, que se quedó con Siria y Babilonia, y de quien vienen los seléucidas, famosos en la historia. (2) Lisímaco, que tuvo el Asia Menor. (3) Ptolomeo, hijo de Lagus, que se quedó con Egipto. Y (4) Cassandro, que tuvo Grecia y los países vecinos. Dominaban así hacia los cuatro vientos del cielo. Cassandro, hacia occidente; Lisímaco, las regiones septentrionales, Ptolomeo los países meridionales, y Seleuco las provincias orientales.

9. *Y de uno de ellos salió un cuerno pequeño.* Algunos piensan que se refiere a An-

tíoco Epífanes. *Hacia la tierra gloriosa.* Judea, así llamada (Dn. 11:16, 41 o *deseable*, Sal. 104:24; Jer. 3:19).

10. *El ejército del cielo.* La jerarquía judía. Las estrellas, los sacerdotes y levitas. Nuestro Señor (Mt. 24:29) empleó la expresión ejército o potencias del cielo probablemente para referirse a toda la jerarquía judía.

14. *Hasta dos mil trescientas tardes y mañanas.* Aunque literalmente sea dos mil trescientas tardes y mañanas, creo que aquí debe tratarse de días proféticos, como en otras partes de este profeta, y deben significar otros tantos años. Si datamos esos años desde la visión del macho cabrío (la invasión de Asia por Alejandro) sería el año 334 a. de J.C.; y los dos mil trescientos años llegarían hasta el año 1966.

CAPITULO 9

Daniel, entendiendo por las profecías de Jeremías que los setenta años de cautiverio estaban a punto de terminar, vuelca su alma en ferviente oración a Dios, y suplica ardientemente el perdón y la restauración de su pueblo cautivo (1-19). Mientras todavía estaba en oración, es enviado el ángel Gabriel para informarle de las setenta semanas proféticas, o cuatrocientos noventa a los naturales, que transcurriría entre la fecha del edicto de reconstrucción de Jerusalén y el templo, hasta la muerte del Mesías (20-27); profecía cumplida exactamente por los acontecimientos, de acuerdo con los mejores cómputos. Prideaux establece que el comienzo de estas setenta semanas proféticas fue en el mes de Nisan, en el año 4256 del período juliano, que corresponde al 3546 A.M., 458 a. de J.C., según el cómputo de Usher. ¡Cuán tremendamente ciegos están los judíos que, en contradicción de una profecía tan clara, esperan todavía al Mesías que fue cortado y, después de sufrir, ha entrado en su gloria!

1. *En el año primero de Darío.* Este es el mismo Darío, el medo, de que se ha hablado antes, que sucedió a Belsasar, rey de los caldeos. (Véase 5:31.)

2. *Yo Daniel miré atentamente en los libros.* La profecía a que aquí se hace referencia se encuentra en Jer. 25:12; 29:10. El pueblo debe haber creído en la inspiración de Jeremías, o no hubieran reunido tan rápidamente sus profecías, guardándolas tan cuidadosamente. Según parece, Daniel tenía en su poder una copia.

3. *Y volví mi rostro a Dios . . . buscándole en oración.* Descubrió que el tiempo de la liberación no podía estar muy lejos; y como no veía nada que indicara una pronta terminación del opresivo cautiverio, se afligió mucho, e imploró fervientemente a Dios que apresurara el fin del mismo; y sus propias palabras muestran todo el fervor que puso en su ruego. Oró, suplicó, ayunó, se vistió de cilicio y derramó ceniza sobre su cabeza. Emplea la clase de oración prescrita por Salomón en su oración de dedicación del templo. (Véase I R. 8:47-48).

4. *Que guardas el pacto.* Fidelidad y verdad son características de Dios. Jamás había quebrantado sus compromisos con sus seguidores, y siempre había mostrado misericordia hacia los hombres.

7. *Todo Israel, los de cerca y los de lejos.* Ruega tanto por Judá como por Israel. Este último estaba más disperso, y había estado mucho más tiempo en cautiverio.

9. *El tener misericordia y el perdonar.* De la bondad de Dios fluyen sus misericordias; de sus misericordias, el perdón.

11. *Por lo cual ha caído sobre nosotros la maldición.* Es probable que se aluda aquí al castigo de ciertos criminales derramando sobre ellos metal fundido; por lo tanto se emplea la palabra *tittach*, "es derramado," como metal fundido.

14. *Jehová veló sobre el mal.* A consecuencia de nuestras múltiples rebeliones El ha estado alerta a la oportunidad de derramar sobre nosotros estas calamidades.

17. *Y haz que tu rostro resplandezca.* Danos prueba de que estás reconciliado con nosotros.

19. *Tu nombre es invocado sobre tu ciudad y sobre tu pueblo.* La santa ciudad, la ciudad del gran Rey. No creo posible que ningún hombre serio pueda leer estas palabras sin sentir algo de la ansiedad del profeta.

21. *El varón Gabriel.* O el ángel Gabriel que se me apareció como un "varón". *Volando con presteza.* Dios se deleita en oír oraciones tan fervientes, humildes y urgentes; y envía la más pronta respuesta. Al propio Gabriel se le ordenó en esta ocasión apresurarse más que de costumbre.

24. *Setenta semanas están determinadas.* Esta es una profecía importantísima, y ha dado lugar a una variedad de opiniones en cuanto a su correcta explicación; pero la principal dificultad, si no la única, es descubrir desde qué fecha deben datarse las setenta semanas. Lo que el ángel dice aquí no es una respuesta directa a la oración de Daniel. Este quiere saber cuándo han de terminar las setenta semanas del cautiverio. Gabriel le muestra que hay setenta semanas determinadas relativas a la redención de otra cautividad, las cuales comenzarán con la emisión del edicto de restauración y reconstrucción de Jerusalén y terminarán con la muerte del Mesías, el Príncipe, y la abolición total de los sacrificios judíos. En los cuatro versículos siguientes entra en los detalles de esta importantísima determinación, dejándoselos para su consuelo a Daniel, quien a su vez los ha dejado a la Iglesia de Dios para la confirmación de su fe, y testimonio de la verdad de la revelación divina.

De todos los escritores que he consultado sobre esta noble profecía, Prideaux me parece el más claro y satisfactorio. Seguiré, pues, su método en mi explicación, y a menudo usaré sus mismas palabras.

Setenta semanas están determinadas. Los judíos tenían años sabáticos (Lv. 25:8) que dividían sus años en semanas de años, como en esta importante profecía, conteniendo cada semana siete años. Por consiguiente, las setenta semanas que aquí se mencionan representaban cuatrocientos noventa años.

En el v. 24 se mencionan seis acontecimientos que serían consecuencia de la encarnación de nuestro Señor: (1) *Terminar* ("restringir") *la prevaricación*, lo cual se realizó mediante la predicación del evangelio y el derramamiento del Espíritu Santo sobre los hombres. (2) *Poner fin al pecado;* más bien "poner fin a las ofrendas por el pecado," lo cual cumplió nuestro Señor cuando ofreció en la cruz su cuerpo y alma inmaculados, de una vez por todas. (3) *Expiar la iniquidad.* (4) *Traer la justicia perdurable,* "la justicia, o el Justo, de las edades". (5) *Sellar la visión y la profecía;* es decir, poner fin a la necesidad de cualquier nueva revelación, completando el canon de las Escrituras y cumpliendo las profecías que se relacionan con su persona, su sacrificio y la gloria que había de seguir. (6) *Ungir al Santo de los santos, kodesh kodasim.* *Mashach,* "ungir" (de donde se deriva *mashiach,* "el Mesías," el ungido) significaba, en general, consagrar o designar para alguna función especial. Aquí significa la consagración o designación de nuestro bendito Señor, el Santo de Israel, para ser el Profeta, Sacerdote y Rey de la humanidad.

En el v. 25 las mencionadas setenta semanas, o cuatrocientos noventa años, están divididas en tres períodos distintos, a cada uno de los cuales se asignan determinados sucesos. Los tres períodos son: (1) *Siete semanas,* o sea, cuarenta y nueve años. (2) *Sesenta y dos semanas,* o sea cuatrocientos treinta y cuatro años. (3) *Una semana,* es decir, siete años.

Al primer período de siete semanas se asigna la restauración y reparación de Jerusalén; y tanto tiempo estuvieron ocupados Esdras y Nehemías en la restauración de la sagrada constitución y el establecimiento civil de los judíos, pues esta labor duró cuarenta y nueve años desde que Artajerjes se la encomendara.

Después de las citadas siete semanas empieza el segundo período de sesenta y dos semanas, o cuatrocientos treinta y cuatro años más, al final del cual, dice la profecía, vendría el Mesías Príncipe; es decir, que se darían siete semanas o cuarenta y nueve años para la restauración del estado judío; desde cuyo tiempo hasta la entrada pública del Mesías en la obra del ministerio pasarían sesenta y dos semanas o cuatrocientos treinta y cuatro años, en total cuatrocientos ochenta y tres años.

Desde la venida de nuestro Señor comienza el tercer período, pues "por otra semana confirmará el pacto con muchos," esto es, *siete* años (v. 27).

Esta confirmación del pacto debe comprender el ministerio de Juan el Bautista junto con el de nuestro Señor, abarcando en total siete años, durante cuyo lapso bien puede decirse que él confirmó o ratificó el nuevo pacto con la humanidad. Nuestro Señor dice: "La ley fue hasta Juan"; pero desde su primera predicación comenzó el reino de Dios, o la dispensación del evangelio. Prideaux piensa que el todo se refiere a la predicación de nuestro Señor conectada con la del Bautista. *Vachatsi,* dice, significa en "la mitad" de la semana; es decir, en los últimos tres años y medio en que Él ejerció el ministerio público, hizo que, por el sacrificio de Sí mismo, cesaran todos los otros sacrificios y oblaciones que simbolizaban el suyo.

En la parte final de los vrs. 26 y 27 hallamos la tercera parte de esta gran profecía, que se refiere a lo que sucedería después de la terminación de estas setenta semanas.

26. *Y el pueblo de un príncipe que ha de venir destruirá la ciudad y el santuario.* Por el "príncipe" evidentemente se ha de entender Tito, el hijo de Vespasiano; y "el pueblo" de ese príncipe no es otro que los romanos que, según la profecía, destruyeron el santuario, *hakkodesh,* "el lugar santo" o templo y, como un torrente, arrasaron todo, hasta que con la destrucción total de aquel pueblo obstinado terminó la guerra.

27. *Con la muchedumbre de las abominaciones vendrá el desolador.* Esta cláusula es muy oscura. "Y sobre las alas de las abominaciones causando asombro." Esta es una traducción literal del pasaje; pero aun así no tiene un sentido definido. Un manuscrito hebreo escrito en el siglo XIII, ha preservado aquí un texto notable, que libera al pasaje de toda confusión. En lugar del texto arriba registrado, ese valioso manuscrito dice: "Y en el templo (del Señor) habrá abominación." Esto aclara el pasaje y se ajusta estrictamente a la realidad, pues el templo fue profanado; y concuerda con la predicción de nuestro Señor, quien dijo que la abominación de asolamiento estaría en el lugar santo (Mt. 24:15) y citó las palabras del profeta Daniel. No cabe duda de que las palabras arriba citadas contienen el verdadero sentido, ya que son avaladas por las principales versiones antiguas. La Vulgata dice: "Y en el templo habrá abominación." La Septuaginta: "Y sobre el templo estará la abominación de asolamiento."

CAPITULO 10

Este y los dos capítulos siguientes dan un relato de la última visión de Daniel, en que se describe la sucesión de las monarquías persa y griega, junto con las guerras que habrían de tener lugar entre Siria y Egipto bajo la última monarquía. La última parte de la visión (desde 11:36) parece relacionarse principalmente con la persecución de la iglesia en el tiempo del Anticristo, hasta que sea purificada de sus contaminaciones; después de lo cual seguirá aquel glorioso reinado de los santos del que se habla en los capítulos 7 y 8. Este capítulo empieza con el relato del ayuno y la humillación de Daniel (1-3). Luego tenemos una descripción de la Persona divina que se le apareció al profeta, semejante a la que se le apareció al apóstol en la isla de Patmos (4-21). Véase Ap. 1:10-16.

1. *En el año tercero de Ciro.* Que corresponde al año primero de Darío de Media. *El conflicto era grande.* Habrá muchas contiendas y guerras antes que se cumplan estas cosas.

2. *Yo... estuve afligido por espacio de tres semanas.* Muy probablemente las semanas se cuenten desde el tiempo de la terminación de la última visión.

3. *No comí manjar delicado.* Este ayuno fue más bien una abstinencia general; viviendo todo el tiempo de alimentos toscos y desabridos; no bebiendo más que agua; no bañándose, y muy probablemente usando todo el tiempo un sayo de crin sobre la piel.

4. *A la orilla del... Hidekel.* Lo mismo que el Tigris, el gran río de Asiria.

5. *Vestido de lino.* La descripción pretende señalar el esplendor de las vestiduras. *Oro de Ufaz.* Lo mismo que Ofir.

6. *Su cuerpo era como de berilo.* La descripción de este personaje es muy semejante a la de nuestro Señor en Ap. 1:13-15.

7. *Y sólo yo... vi aquella visión, y no la vieron los hombres que estaban conmigo.* Un paralelo exacto de lo que ocurrió en la conversión de Saulo de Tarso (Hch. 9:7). Hubo una influencia divina que todos sintieron, pero sólo Daniel vio la aparición corpórea.

9. *Caí... en un profundo sueño.* Caí en un desmayo.

10. *Una mano me tocó.* No hubo nada visible o palpable, más que una mano. Una mano había escrito la suerte de Belsasar sobre la pared; y frecuentemente se menciona la mano como símbolo del poder o la majestad de Dios. Aquí tal vez la "mano" se refiera a Dios mismo.

12. *A causa de tus palabras yo he venido.* He sido enviado en respuesta a tus oraciones, para consolarte y darte instrucciones.

13. *Mas el príncipe del reino de Persia se me opuso.* Creo que sería ir demasiado lejos si se hiciera de este importante pasaje una leyenda o un cuento incierto, para sostener que aquí se hace referencia a un dios o un ángel. El único *príncipe de Persia* era Ciro, y Dios lo había destinado a ser el libertador de su pueblo; pero habría algunas otras cuestiones, de las cuales no estamos informados, que hicieron que vacilara por un tiempo. Temiendo, probablemente, la grandeza de la tarea, y no estando totalmente seguro de su capacidad para ejecutarla, resistió durante un tiempo las secretas inspiraciones que Dios le había enviado. La oposición puede haberse referido a la construcción del templo. *Pero he aquí Miguel.* Gabriel, que habla, no abandonó a Ciro hasta que llegó Miguel a relevarlo. Miguel, "el que es semejante a Dios," a veces parece representar al Mesías, otras veces al arcángel supremo o principal. De hecho, en toda la Escritura no se menciona a otro arcángel más que éste. Véase Jud. 9, Ap. 12:7.

14. *Los días postreros... la visión es para esos días.* Hay muchas cosas que han de ser reveladas todavía, y el momento de su cumplimiento está muy distante.

15. *Estaba yo con los ojos puestos en tierra.* Estaba de pie (v. 11) y ahora inclinó su cuerpo reverentemente y bajó la vista al suelo.

16. *Uno con semejanza de hijo de hombre.* Creo que lo que aquí quiere decir es que Gabriel se le apareció a Daniel en forma humana; y lo mismo en el v. 18 (véase también 9:21). *Tocó mis labios.* Antes de esto, no podía hablar. *Con la visión.* La visión que ya he tenido, y de la cual no tengo un conocimiento adecuado, me ha afligido mucho, porque veo que presagia tremendas calamidades para mi pueblo. Véase 9:26.

17. *No me quedó aliento.* No podía respirar libremente; estaba casi ahogado por la pena.

19. *Muy amado.* "Hombre de deleites." *Hable mi Señor.* Ahora estoy fortalecido y estimulado, para poder soportar cualquier revelación que puedas hacerme.

20. *¿Sabes por qué he venido?* Tan alto estás colocado en el favor de Dios, que El me ha enviado para darte mayores satisfacciones; aunque estaba empleado en una importantísima misión en otra parte, y debo regresar rápidamente a cumplirla, a saber: *pelear contra el príncipe de Persia.* A eliminar todos los escrúpulos de Ciro y excitarlo a hacer todo lo que Dios lo ha destinado a hacer para la restauración de mi pueblo y la reconstrucción de la ciudad y el templo de Jerusalén. Nada menos que una influencia sobrenatural en la mente de Ciro puede explicar su decreto en favor de los judíos. El no tenía inclinación natural ni política a ello; y su renuencia a obedecer las insinuaciones celestiales se representa aquí como una pelea entre él y el ángel. *El príncipe de Grecia vendrá.* Creo que esto se refiere a Alejandro Magno, que habría de destruir el imperio persa. Véanse los vrs. 2 y 3 del capítulo siguiente.

21. *Escrito en el libro de la verdad.* Esto tal vez se refiera a lo que ya había sido anotado. Véanse las visiones precedentes, que Daniel no entendió totalmente, aunque la impresión general que le produjeron había llenado de pena su corazón. *Miguel, vuestro príncipe.* El arcángel mencionado antes (v. 13) y que siempre se ha supuesto que fue designado por Dios como guardián de la nación judía. Parece que Dios escogió valerse del ministerio de los ángeles en su obra; que

los ángeles, como sólo podían estar en un lugar al mismo tiempo, no podían ejercer influencia donde no estaban; y que, para llevar adelante la operación en la mente del rey de Persia, era necesario que o Gabriel o Miguel estuvieran con él, y cuando uno de ellos se ausentaba con otra misión, el otro tomara su lugar (véase el v. 13). Pero sabemos tan poco sobre el mundo invisible, que no podemos afirmar nada con seguridad.

CAPITULO 11

Este capítulo da una explicación más particular de los acontecimientos predichos en el cap. 8. El profeta había predicho la división del reino de Alejandro en cuatro partes. Dos de ellas, en las cuales estaban incluidos Egipto y Siria, una al norte y la otra al sur, con relación a Judea, parecen reclamar especialmente la atención del profeta, puesto que su pueblo estaba particularmente interesado en la suerte de ellas, por ser aquellos los países en los cuales estaban dispersos (y lo están todavía) el número más grande de judíos. De esos países se ocupa (según las opiniones de los más ilustres comentaristas) la conquista de Macedonia (3836, A.M.) 168 a. de J.C., cuando empieza a hablar de los romanos (1-30); y luego de la caída de la iglesia bajo ese poder (31-35). Esto lo lleva a hablar del Anticristo que habría de surgir en esa región (36-39); y de aquellas potencias en la época del fin, o los últimos días de la monarquía romana (como este término es generalmente entendido), habrían de empujarla a él y trastornar a muchos países (40-43). El rey del sur (v. 40) se supone que es una referencia al dominio de los sarracenos o árabes, que fue una tremenda plaga para el imperio romano de oriente y también para varios países papistas, por un lapso de ciento cincuenta años, o sea, desde el 612 D. de J.C., cuando empezaron las depredaciones de Mahoma y sus seguidores, hasta el 762, cuando fue construida Bagdad, convirtiéndose en la capital de los califas de la casa de Abbas; época a partir de la cual los sarracenos se convirtieron en un pueblo más sedentario. En cuanto al rey del norte, en el mismo versículo, algunos suponen que el profeta designa al gran azote de la cristiandad oriental, el imperio otomano o de Othmán, que, después de ciento cincuenta años de hostilidades casi ininterrumpidas, derrocó totalmente al imperio romano de oriente, en el 1453 d. de J.C. Termina el capítulo con una predicción del derrocamiento final de esa potencia del norte y de la forma en que se produciría ese gran acontecimiento (44, 45). Habría que observar, sin embargo, que, no obstante las muy eruditas observaciones del obispo Newton y otros, sobre este capítulo, su esquema de interpretación presenta dificultades muy grandes e insuperables; entre ellas, el muy extenso detalle de sucesos de un período de menos de doscientos años de la historia de los sirios y los egipcios, y la transición bastante torpe a los acontecimientos, mucho más importantes, de la época del Anticristo, de mucha mayor duración, que son tratados con inexplicable brevedad. Sobre estas cuestiones, sin embargo, el lector debe juzgar por sí mismo. Véase el comentario.

1. *En el año primero de Darío el medo.* Esta es la continuación del discurso precedente.

2. *Aún habrá tres reyes.* Gabriel había hablado ya de Ciro, que reinaba entonces; y después de él se levantarían otros tres. Estos fueron: Cambises, hijo de Ciro; Smerdis, el Mago, un impostor que pretendió ser otro hijo de Ciro, y Darío, hijo de Histaspes, casado con Mandane, hija de Ciro.

El cuarto se hará de grandes riquezas más que todos ellos. Este fue Jerjes, hijo de Darío, de quien dice Justino: "Era tan grande la abundancia de riquezas en su reino, que aunque los ríos fueron secados por sus numerosos ejércitos, su riqueza siguió siendo inagotable."

3. *Se levantará luego un rey valiente.* Este fue Alejandro Magno. No se dice que este poderoso monarca se levantaría contra Jerjes, porque no nació hasta cien años después de éste; simplemente se dice que "se levantará," es decir, que reinaría en Grecia.

4. *Su reino será quebrantado.* Será dividido, después de su muerte, entre sus cuatro generales principales, como ya hemos visto antes. Véase 8:22. *No a sus descendientes.* La familia de Alejandro tuvo un fin tan trágico, que quince años después de su muerte no quedaba vivo uno solo de sus parientes o sus descendientes.

"La sangre llama a la sangre." Alejandro fue el más grande carnicero de hombres. El mismo fue envenenado, o se mató bebiendo inmoderadamente, cuando sólo tenía treinta y dos años y ocho meses; y una Providencia retributiva destruyó toda su descendencia, de modo que no quedó sobre el haz de la tierra ni raíz ni rama de la misma. Así terminó Alejandro, el gran carnicero; y así terminó su familia y su posteridad.

5. *El rey del sur.* Este fue Ptolomeo Lagus, uno de los generales de Alejandro, que tuvo el gobierno de Egipto, Libia, etc., que están al sur de Judea. Este fue fuerte, pues había agregado Chipre, Fenicia, Caria, etc., a su reino de Egipto. *Mas. uno de sus príncipes... se hará poderoso.* Este fue Seleuco Nicator, quien poseía Siria, Babilonia, Media y los países circunvecinos. Este era el "rey del norte," pues sus dominios estaban al norte de Judea.

6. *Al cabo de años.* Aquí se pasan por alto diversas circunstancias históricas. *La hija del rey del sur.* Berenice, hija de Ptolomeo Filadelfo, rey de Egipto, se casó con Antíoco Theos, rey de Siria. Estos dos soberanos libraron una guerra sangrienta durante algunos años; y luego acordaron ponerle fin mediante el citado matrimonio, a condición de que Antíoco repudiara a su mujer Laodice y sus hijos, lo que hizo; y habiendo Berenice aportado a su marido una considerable fortuna, pareció que todo iba bien por un tiempo. *Pero ella no podrá retener la fuerza de su brazo.* "Su posteridad" no reinará en este reino.

Porque será entregada ella. Antíoco volvió a llamar a su anterior esposa, Laodice y sus hijos; y ella, temiendo que volviera a repudiarla por Berenice, lo hizo envenenar y asesinarla a ella, y puso en el trono a su hijo Calínico. *Y los que la habían traído.* Muchas de sus mujeres egipcias, luchando por defender a su ama, perdieron la vida. *Y los que estaban de parte de ella.* Inclusive, probablemente, Ptolomeo, su padre, que estaba excesivamente prendado de ella, y que había muerto algunos años antes.

7. *Pero un renuevo de sus raíces.* Una rama de la misma raíz de la que ella había brotado. Este fue Ptolomeo Euergetes, su hermano, quien, para vengar la muerte de su hermana, marchó con un gran ejército contra Seleuco Calínico, se apoderó de algunos de sus mejores lugares, en realidad de toda el Asia, desde el Monte Tauro hasta la India, y regresó a Egipto con un inmenso botín: cuarenta mil talentos de plata, dos mil quinientos vasos preciosos e imágenes de sus dioses, sin que Calínico osara ofrecerle batalla.

8. *Por años se mantendrá.* Seleuco Calínico murió en el exilio, de una caída del caballo; y Ptolomeo Euergetes le sobrevivió cuatro o cinco años.

9. *Así... el rey del sur.* Ptolomeo Euergetes – *Entrará en el reino.* El de Seleuco Calínico. *Y volverá a su tierra.* Habiendo oído que en Egipto había tenido lugar una sedición, Ptolomeo Euergetes se vio obligado a regresar rápidamente a fin de reprimirla; de otro modo hubiera destruido totalmente el reino de Calínico.

10. *Mas los hijos de aquél se airarán.* Esto es, los hijos de Calínico, que eran Seleuco Ceraunus y Antíoco, después llamado el Grande. *Y reunirán una multitud.* Seleuco Ceraunus reunió una multitud de ejércitos a fin de recuperar los dominios de su padre; pero, no teniendo dinero para pagarles, se amotinaron y él fue envenenado por dos de sus generales. Su hermano Antíoco fue entonces proclamado rey; de modo que lo de que "vendrá apresuradamente e inundará, y pasará adelante" pudo hacerlo sólo uno de los hijos. Reconquistó a Seleucia y Siria. Luego regresó y derrotó a Nicolás, el general egipcio; y parecía dispuesto aun a invadir Egipto, pues llegó hasta su fortaleza, a las fronteras de Egipto.

11. *El rey del sur.* Ptolomeo Filopater, que sucedió a su padre, Euergetes. *Saldrá y peleará contra el rey del norte.* Salió hasta Rafia, donde se encontró con Antíoco y se desarrolló una terrible batalla entre los dos reyes. *Y pondrá en campaña multitud grande.* Unos sesenta y dos mil infantes, seis mil de a caballo y ciento dos elefantes; pero esa gran multitud fue entregada en manos del rey del sur, pues Ptolomeo obtuvo una victoria completa. Rafia y otros pueblos vecinos se declararon en favor del vencedor; y Antíoco se vio obligado a retirarse con sus huestes dispersas hasta Antioquía, desde donde envió a solicitar la paz. Véase Polibio, lib. V.

12. *Se elevará su corazón.* Si Ptolomeo hubiera perfeccionado su victoria, podría haber arrebatado a Antíoco todo su imperio; pero dando lugar al orgullo y a una vida criminalmente sensual, hizo la paz en términos deshonrosos; y aunque había obtenido una gran victoria, su reino "no fue fortalecido por ella," porque sus súbditos quedaron

descontentos y se rebelaron contra él, o al menos le retiraron considerablemente su apoyo.

13. *Y el rey del norte volverá... al cabo de algunos años.* Antíoco retornó después de unos catorce años, habiendo muerto Filopater, y siendo menor su hijo Ptolomeo Epífanes. Trajo un ejército mucho más grande y más riquezas; éstas las había recogido en una reciente expedición al oriente.

14. *Se levantarán muchos contra el rey del sur.* Antíoco y Filipo, rey de Macedonia, se unieron para invadir a Egipto. *Y hombres turbulentos de tu pueblo.* Los judíos que se rebelaron contra su religión y se unieron a Ptolomeo, a las órdenes de Scopas, –*se levantarán para cumplir la visión.* Es decir, para construir en Egipto un templo semejante al de Jerusalén, esperando cumplir con ello una predicción de Isaías (30:18-25) que parecía insinuar que judíos y egipcios llegarían a ser un solo pueblo. Ahora se rebelaron contra Ptolomeo y se unieron a Antíoco; y de esta manera contribuyeron grandemente al cumplimiento de profecías que anunciaban las calamidades que caerían sobre los judíos. *Pero ellos caerán.* Porque Scopas vino con un gran ejército de Ptolomeo; y mientras Antíoco estaba ocupado en otra parte, redujo a Celesiria y Palestina, subyugó a los judíos, colocó guardias en las costas de Jerusalén y volvió a Egipto llevando grandes despojos.

15. *Vendrá, pues, el rey del norte.* Antíoco vino a recuperar a Judea. Scopas fue enviado por Ptolomeo a resistirle; pero fue derrotado cerca de las fuentes del Jordán y tuvo que buscar refugio en Sidón, con diez mil hombres. Antíoco los persiguió y los sitió; y el hambre los obligó a rendirse a discreción, salvando solamente la vida. Luego Antíoco puso sitio a varias de las ciudades amuralladas y las tomó; en breve, se llevó todo por delante; de modo que el rey del sur, Ptolomeo, y *su pueblo escogido,* sus hábiles generales, no pudieron oponérsele.

16. *Estará en la tierra gloriosa.* Judea. Porque él redujo a Palestina; y los judíos le proporcionaron provisiones y le ayudaron a reducir la guarnición que Scopas había dejado en la ciudadela de Jerusalén. *La cual será consumida en su poder.* O, "la cual será perfeccionada en su mano". Porque Antíoco mostró gran favor hacia los judíos; hizo retornar a los que estaban dispersos y volvió a establecerlos en la tierra; exoneró de todo tributo a los sacerdotes y levitas.

17. *Afirmará luego su rostro para venir.* El propósito de Antíoco era haber marchado con su ejército contra Egipto; pero pensó que sería mejor proceder con engaño, propuso en consecuencia un tratado de matrimonio entre él y su hija Cleopatra, llamada aquí "hija de mujeres" por su gran belleza y sus triunfos. Lo que en realidad buscaba era que Cleopatra fuera una trampa para Ptolomeo, y por consiguiente se propu-

so corromperla para que traicionara a su marido. *Pero no prevalecerá.* Por el contrario, ella llegó a apreciar más los intereses de su esposo que los de su padre; y por medio de ella Ptolomeo fue puesto en guardia contra las intenciones de Antíoco.

18. *Volverá después su rostro a las costas.* Antíoco había armado una gran flota de cien barcos grandes y doscientos menores, con la cual sometió a la mayor parte de los lugares de la costa del Mar Mediterráneo y tomó muchas de las islas; Rhodas, Samos, Eubea, Colofón y otras. *Mas un príncipe.* O "un capitán". El cónsul Acilio Glabrio hizo "cesar su afrenta"; batió y aniquiló su ejército en los estrechos de las Termópilas y lo expulsó de' Grecia. De ese modo lo obligó a pagar el tributo que él esperaba imponer a otros; porque les ofrecía la paz a condición de que pagaran los gastos de la guerra, quince mil talentos. *Aun hará volver sobre él su oprobio.* Sin perder una batalla ni dar un paso en falso, Acilio hizo que el oprobio que estaba echando sobre los romanos cayera sobre él.

19. *Luego volverá su rostro a las fortalezas de su tierra.* Después de esta vergonzosa derrota, Antíoco huyó a Sardis, de allí a Apamea y el día siguiente llegó a Siria y a Antioquía, su propia fortaleza, de donde envió embajadores a negociar la paz; y fue obligado a comprometerse a pagar la enorme suma antes mencionada. *Mas tropezará y caerá.* Hallándose ⁀͡ las mayores dificultades para reunir las sumas estipuladas, marchó a sus provincias orientales para cobrar los impuestos atrasados; y al intentar saquear el templo de Júpiter Belus, en Elymais, fue atacado por el populacho y muerto él y sus ayudantes. Este es el relato que dan de su muerte Diodoro Sículus, Estrabón y Justino.

20. *Y se levantará en su lugar . . . un cobrador de tributos.* Seleuco Filopater sucedió a su padre Antíoco. Envió a Heliodoro, su tesorero, a que se apoderase del dinero depositado en el templo de Jerusalén, que aquí se llama "la gloria del reino" (véase II Mac. 9:23). Se veía en tales aprietos para pagar el tributo anual a los romanos, que estaba obligado a recargar continuamente a sus súbditos con impuestos. *Será quebrantado, aunque no en ira* —peleando contra un enemigo, *ni en batalla* —a la cabeza de sus tropas; sino vil y traicioneramente, por la mano de Heliodoro, su tesorero, que esperaba reinar en su lugar.

21. *Y le sucederá en su lugar un hombre despreciable.* Este fue Antíoco, apodado Epífanes —"el Ilustre". No le fue conferido el honor del reino; se encontraba en Atenas, en viaje a Roma, cuando su padre murió; y Heliodoro se había proclamado rey, lo mismo que habían hecho varios otros. Pero Antíoco vino pacíficamente, porque obtuvo el reino mediante la adulación. Aduló a Eumenes, rey de Pérgamo, y a Attalo, su hermano,

y consiguió que le ayudaran. Aduló a los romanos y envió embajadores para conquistar su favor, y les pagó los tributos atrasados. Aduló a los sirios, y conquistó su cooperación; y así como los aduló, ellos lo adularon a él, dándole el título de Epífanes —"el Ilustre". Pero que el profeta tenía razón cuando dijo de él que era "un hombre despreciable" es evidente por lo que dice de él Polibio (*Athenaeus,* lib. V): "Era compañero de todos: acudía a las tiendas comunes, y charlaba con los trabajadores; frecuentaba las tabernas comunes, y comía y bebía con los individuos más viles, cantando canciones procaces." Debido a esto un autor contemporáneo, y otros después de él, en lugar de *Epífanes,* lo llamaron *Epimanes* —"el Demente".

22. *Como con inundación de aguas.* Los ejércitos que estaban desbordados delante de él eran sus competidores por la corona. Fueron derrotados por las fuerzas de Eumenes y Attalo; y fueron dispersados por la llegada de Antíoco de Atenas, cuya presencia trastornó todos sus planes. *El príncipe del pacto.* Este fue Onías, el sumo sacerdote, a quien destituyó, colocando en su lugar a Jasón, que le había dado una gran suma de dinero; y luego puso en su lugar al impío Menelao, que le ofreciera una suma mayor. De este modo actuó engañosamente en el pacto hecho con Jasón.

23. *Subirá.* De Roma, donde había estado como rehén por el pago del tributo impuesto a su padre. *Saldrá vencedor con poca gente.* Al principio, cuando llegó a Antioquía, pocos abrazaron su causa, pues el pueblo estaba dividido entre los varios aspirantes a la corona; pero al ser apoyado por Eumenes y Attalo, su gente aumentó y se hizo fuerte.

24. *Estando la provincia en paz y en abundancia, entrará.* Las provincias más ricas —Celesiria y Palestina. *Y hará lo que no hicieron sus padres, ni los padres de sus padres.* Se mostró pródigo en su liberalidad y repartió entre ellos el botín de sus enemigos, el despojo de los templos y las riquezas de sus amigos, así como sus propios ingresos. Gastó mucho en demostraciones públicas y distribuyó grandes sumas entre el pueblo. En Mac. 3:30 se nos dice que "abundó en la liberalidad de sus dones por encima de todos los reyes que fueron antes que él". Palabras casi iguales a las del profeta. *Formará sus designios.* Como Euleo y Leneo, que eran los guardianes del joven rey egipcio Ptolomeo Filometer, exigían a Antíoco la restitución de Celesiria y Palestina, a lo que él se negaba, previó que podría haber una guerra con ese reino; y por consiguiente "formó designios" —estableció una cantidad de planes para impedirlo; visitó las fortalezas y los baluartes fronterizos para ver que estuvieran en condiciones de defensa. Y lo hizo *por un tiempo* —empleó algunos años en preparativos hostiles contra Egipto.

25. *Y despertará sus fuerzas.* Antíoco marchó contra Ptolomeo, *el rey del sur* (Egipto) *con gran ejército;* y los generales egipcios habían armado una fuerza poderosa. *Se empeñará en la guerra.* Los dos ejércitos se encontraron entre Pelusium y el Monte Casio; pero "no prevalecerá (el rey del sur)" —el ejército egipcio fue derrotado. En la siguiente campaña el éxito fue mayor; destrozó al ejército egipcio, se apoderó de Memfis, y se adueñó de todo Egipto, menos Alejandría (véase I Mac. 1:16-19). Y todas estas ventajas las obtuvo por haber "formado designios" anticipadamente; probablemente mediante la corrupción de sus ministros y capitanes. Ptolomeo Macrón entregó Chipre a Antíoco; y los alejandrinos se vieron obligados a renunciar a su alianza con Ptolomeo Filometer y tomar a Euergetes, o su hermano menor, Fiscón, y hacerlo rey en su lugar. Todo esto indudablemente se debió a las corrupciones de Antíoco.

26. *Aun los que coman de sus manjares.* Esta es la prueba de lo que acabamos de señalar, que las intrigas de Antíoco, corrompiendo a los ministros y oficiales de Ptolomeo, fueron la causa de todos los desastres que cayeron sobre el rey egipcio. *Los que coman de sus manjares* —aquellos que gozaban de su confianza y de su paga y poseían los secretos de estado, lo traicionaron; y fueron los medios para destruirlo a él y su ejército, siendo derrotado, como lo observamos antes.

27. *El corazón de estos dos reyes será para hacer mal.* Es decir, Antíoco y Ptolomeo Filometer, que era sobrino del primero y cuyos intereses ahora pretendía que le preocupaban mucho, puesto que los alejandrinos habían renunciado a su obediencia a él y habían puesto en el trono a su hermano menor, Euergetes. Cuando Antíoco llegó a Alejandría, él y Filometer tuvieron frecuentes conferencias en la misma mesa; y en esas oportunidades se mentían mutuamente, Antíoco profesando una gran amistad a su sobrino y preocupación por sus intereses, mientras en su corazón planeaba la ruina del reino fomentando las discordias que ya existían entre los dos hermanos. Por otro lado, Filometer profesaba mucha gratitud a su tío por el interés que éste se tomaba en sus asuntos, y culpaba de la guerra a su ministro Euleo; mientras que, al mismo tiempo, mentía, determinado a arreglar las cosas con su hermano tan pronto como pudiera y unir sus fuerzas contra su engañoso tío. *Mas no servirá de nada.* Ninguno logró su propósito; porque no había llegado aún el fin del tiempo señalado.

28. *Y volverá a su tierra con gran riqueza.* Antíoco regresó cargado de riquezas, de los despojos que tomó en Egipto (véase I Mac. 1:19-20). Y al oír que se había difundido la noticia de su muerte, ante la cual los ciudadanos de Jerusalén se habían regocijado

mucho —*su corazón será contra el pacto santo.* Estaba determinado a tomar una severa venganza, y tenía un pretexto ostensible para ello; porque Jasón, que había sido despojado del sumo sacerdocio, oyendo la noticia de la muerte de Antíoco, levantó fuerzas, marchó contra Jerusalén, la tomó y obligó a Menelao, el sumo sacerdote, a encerrarse en el castillo. Antíoco condujo un gran ejército contra Jerusalén; la tomó por sorpresa; asesinó a cuarenta mil de sus habitantes; vendió a muchos más como esclavos; coció carne de cerdo y roció el templo y el altar con el caldo; irrumpió en el lugar santísimo y se llevó los vasos de oro y otros tesoros sagrados, por valor de mil ochocientos talentos; restauró a Menelao en su puesto; y puso como gobernador de Judea a un tal Felipe, un frigio (I Mac. 1:24; II Mac. 5:21).

29. *Al tiempo señalado volverá.* Hallando que su traición había sido descubierta y que los dos hermanos habían unido su consejo y sus fuerzas para apoyarse mutuamente, se quitó la careta; y habiendo reunido un gran ejército al principio de la primavera, atravesó Celesiria, entró en Egipto y después de someter a los habitantes de Memfis, llegó en fáciles marchas a Alejandría. Pero, dice el profeta, *no sera la postrera venida como la primera:* no tuvo el mismo éxito que la primera vez, cuando derrotó a los egipcios en Pelusium, ni como cuando, después, tomó a Memfis y subyugó a todo el Egipto, menos Alejandría.

30. *Porque vendrán contra él naves de Quitim.* Como es bien sabido, *Quitim* significa el imperio romano. En plena marcha hacia Alejandría para sitiarla, y hallándose a siete millas de la ciudad, oyó que habían llegado unas naves de Roma, con legados del Senado. Fue a saludarlos y ellos le entregaron cartas del Senado en las cuales se le ordenaba, bajo pena de incurrir en el desagrado del pueblo romano, poner fin a la guerra contra sus sobrinos. Antíoco contestó que iría a consultar a sus amigos; ante lo cual Pompilio, uno de los legados, tomó su bastón y al punto trazó un círculo alrededor de Antíoco en la arena donde estaba parado, y le ordenó no trasponer ese círculo hasta que no hubiera dado una respuesta definitiva. Antíoco, intimidado, dijo que haría todo lo que el senado le ordenara; y pocos días después se puso en marcha, regresando a Siria.

El se contristará. "Quejándose y gimiendo," dice Polibio; mortificado, a la vez que humillado y desilusionado.

Se enojará contra el pacto santo. Porque descargó su rabia contra los judíos; y envió contra Jerusalén a su general, Apolonio, con veintidós mil hombres, quien saqueó y puso fuego a la ciudad, derribó las casas alrededor de ella, asesinó a muchos de sus habitantes, y construyó un castillo sobre una eminencia que dominaba el templo y asesinó a multitudes de la pobre gente que había subido a

adorar, profanó todos los lugares, de modo
que el servicio del templo fue abandonado
totalmente, y toda la gente huyó de la ciudad. Y cuando retornó a Antíoco publicó un
decreto ordenando que todos debían confor-
marse al culto griego; el culto judío fue
totalmente abolido y el templo mismo fue
consagrado a Júpiter Olímpico. ¡Cuán grande debe haber sido la impiedad del pueblo
para que Dios tolerase esto!

En el desarrollo de estas cuestiones *se
entenderá con los que abandonan el santo
pacto;* con el impío Menelao, el sumo sacerdote; y los judíos apóstatas que lo rodeaban,
que de tanto en tanto proporcionaban a Antíoco las informaciones que lo excitaron contra Jerusalén, el templo y el pueblo. Véase
I Mac. 1:41, 62; confirmado por Josefo, *Guerras,* libro I, 1, 1.

31. *Y se levantarán de su parte tropas.*
Detrás de Antíoco, *se levantarán tropas,* es
decir los romanos. En esta profecía como en
todas partes, "tropas" o "ejércitos" significa
potencia militar; y "levantarse," la potencia
en actividad y conquistando.

36. *Y el rey hará su voluntad.* Esto puede
aplicarse a Antíoco, quien se exaltó sobre
todos los dioses, llamándose dios, se mofó de
toda religión y profanó el templo. Pero otros
piensan que se refiere a un poder anticristia-
no dentro de la iglesia; porque en el lenguaje
de esta profecía, *rey* significa poder, un reino, etc. Es bien sabido que en la Iglesia
surgió un poder semejante, que actuó en
forma arbitraria contra todas las leyes, humanas y divinas. Este poder se mostró en
los emperadores griegos en el oriente y en los
obispos de Roma en occidente.

CAPITULO 12

La conclusión adecuada de las grandes revoluciones predichas en este capítulo es la resurrección general, de la cual hay algunas insinuaciones en el comienzo de éste (si se lo interpreta literalmente) (1-3).
Luego se le ordena a Daniel cerrar las palabras y
sellar el libro hasta el tiempo del fin (4); y se le
informa de los tres grandes períodos simbólicos de
un tiempo, tiempos y la mitad de un tiempo, mil
doscientos noventa días, y mil trescientos treinta y
cinco días (4-12); al final del último de los cuales
Daniel reposará y entrará en su heredad (13). Los comentaristas opinan generalmente que la terminación
del último período es la época de la primera resurrección. Véase Ap. 20:4-5.

1. *En aquel tiempo se levantará Miguel.* El
arcángel Miguel, como ya hemos observado,
siempre fue considerado como el guardián
del pueblo judío. *Todos los que se hallen
escritos en el libro.* Todos los que verdaderamente teman, amen y obedezcan al Señor.
2. *Muchos de los que duermen en el polvo
de la tierra.* Esta profecía ha sido referida a
la futura restauración de los judíos. Se puede
aplicar igualmente al estado de la humanidad
en el juicio final.

3. *Los entendidos.* Los que estén cabalmente instruidos en la palabra y la doctrina
de Cristo, *resplandecerán* —serán eminente-
mente distinguidos en la iglesia cristiana por
la santidad de sus vidas y la pureza de su
credo.

*Y los que enseñan la justicia a la multi-
tud.* Aquellos que, predicando a Cristo crucificado entre sus hermanos, sean el medio
para convertirlos —a la fe cristiana; serán *como
las estrellas* —brillantes luminarias en reino
del evangelio de Jesucristo.

4. *Cierra las palabras y sella el libro.* Cuando un profeta recibía una predicción concerniente a algo que estaba a considerable
distancia en el tiempo, cerraba su libro, no
comunicaba su revelación hasta algún tiempo
después. Esto es lo que se le ordena hacer a
Daniel (8:26). Véase también Is. 29:10-11;
Ap. 22:10. Entre los antiguos, se decía que
"sellaban" aquellos que en el curso de la
lectura señalaban los pasajes sobre los que
tenían dudas, a fin de recordarlos para poder
referirse a ellos como no entendidos totalmente. *Muchos correrán de aquí para allá.*
Muchos tratarán de descubrir el sentido; y
por este medio se acrecentarán los conocimientos; aunque el significado no será totalmente conocido hasta que tengan lugar los
acontecimientos: entonces será roto el sello,
y el sentido se aclarará. Este parece ser el
significado de este versículo, aunque se le ha
asignado otro, a saber: "Muchos correrán de
acá para allá predicando el evangelio de Cristo, y por consiguiente aumentarán el conocimiento religioso y la verdadera sabiduría."
Esta en sí es una verdad; pero no es el
significado de las palabras del profeta.

5. *Y he aquí otros dos que estaban en
pie.* Probablemente dos ángeles. No sabemos
nada más de ellos, a no ser que sean los
mismos que son llamados "santos" (véase
8:13). El *río* era muy probablemente el Tigris.

6. *Al varón vestido de lino.* Gabriel, en
forma humana. Así se lo representa en 10:5.

7. *Que estaba sobre las aguas.* Según esta
descripción, estaba parado sobre el agua.
Esta descripción es muy similar a la del ángel
en Ap. 10:5-6, y en el versículo 7 parece
haber una referencia a esta profecía: "tiempo, tiempos y la mitad de un tiempo".
V.l.e.s. el cap. 7:25.

9. *Estas palabras están cerradas.* La profecía no será entendida hasta que se cumpla; y
entonces se verá claramente la profundidad
de la sabiduría y la providencia de Dios en
estos asuntos. Véase el v. 4. Debemos aguardar "hasta el tiempo del fin".

10. *Muchos serán . . . purificados.* En el
ínterin, la gran obra de la providencia de
Dios y de su gracia será llevada a cabo en la
salvación de los hombres, los que, en medio
de pruebas, tentaciones y dificultades, serán *limpios y emblanquecidos* —salvados completamente de sus pecados. *Ninguno de los*

impíos entenderá. Porque son impíos y continuarán en sus pecados, los ojos de su entendimiento serán cerrados y sus corazones endurecidos; de modo que no verán la luz del glorioso evangelio. *Pero los entendidos.* Aquellos que abren a Dios sus corazones para que Él derrame en ellos su luz, *entenderán* las cosas que les darán paz.

12. *Bienaventurado el que espere.* El que dependa implícitamente de Dios, esperando, pues su verdad no puede fallar, que estas predicciones se cumplan a su tiempo. *Y llegue a los mil trescientos treinta y cinco días.*

Aquí tenemos setenta y cinco días más que lo que está incluido en los tres años y medio (tiempo, tiempos y la mitad de un tiempo) del versículo 7; éste es indudablemente otro de los muchos casos de días y años proféticos que hemos encontrado y como un día representa un año, esto debe significar un período de mil trescientos treinta y cinco años, al final del cual llegarán a su fin todas las maravillas (v. 6). Pero quedamos completamente a oscuras en cuanto a la fecha desde la cual se han de empezar a contar los mil trescientos treinta y cinco años.

EL LIBRO DE
OSEAS

Oseas, hijo de Beeri, es el primero de los profetas menores. Vivió este profeta en el reino de Samaria, y sus profecías se aplican, en su mayoría, a ese estado, aunque hay asimismo algunas cosas en particular que conciernen al reino de Judá.

En la introducción a su profecía leemos que profetizó bajo los reyes de *Judá:* Uzías, Jotam, Acaz y Ezequías, y bajo Jeroboam II, de *Israel.*

San Jerónimo y muchos otros creen que Oseas es el más antiguo de los profetas cuyos escritos están en nuestra posesión; y que fue testigo del primer cautiverio de las cuatro tribus llevadas por Tiglat-pileser. Los primeros versículos del cap. 1 aluden al tiempo de la muerte de Zacarías, rey de Israel, hijo de Jeroboam II. Desde el v. 6 del capítulo 1 hasta el capítulo 3, es una predicción del cautiverio de Israel; pero después de haber predicho este cautiverio, declara el retorno y el final del mismo. Arremete fuertemente contra los desórdenes que prevalecían en el reino de las diez tribus. Parece que en esa época había ídolos no sólo en Dan, Bet-el y Samaria, sino también en Gilgal, sobre el Tabor, en Siquem, Beer-seba, y sobre las montañas de Galaad. Habla de los israelitas como de un pueblo enteramente corrompido, la medida de cuyos pecados estaba colmada; predice que sus becerros de oro serían derribados, echados por tierra y llevados a Asiria.

Reflexiona con la misma severidad sobre las irregularidades que reinaban en Judá. Está contra aquellos que acudían a adorar a los dioses falsos en Gilgal. Habla de la invasión de los territorios de Judá por Senaquerib. Predice que el pueblo de Judá permanecerá todavía algún tiempo en su país después de la cautividad de las diez tribus; pero después de eso ellos también serán llevados cautivos más allá del Eufrates, de donde el Señor volverá a traerlos después de cierto número de años.

Al comienzo de la profecía de Oseas, leemos que el Señor le ordena "tomar una mujer fornicaria, e hijos de fornicación"; es decir, casarse con una mujer que, antes de su matrimonio, había vivido una vida licenciosa pero que, después de su matrimonio, se retiraría de todo trato impío, y cuyos hijos serían legítimos, aunque, en razón de la deshonra en que su madre había incurrido en su vida anterior, eran llamados "hijos de fornicación". Esta prostituta y los hijos que nacerían de ella, eran una figura y una especie de verdadera profecía que describía la idolatría y la infidelidad de Samaria y las diez tribus, anteriormente esposa del Señor, pero que despues se tornaron idólatras y corruptas.

Los hijos de esta mujer infiel son hijos de prostitución, puesto que imitan la idolatría de su madre. Dios les da los nombres de *Jezreel,* "Dios dispersará"; *Lo-ruhama,* o "No compadecida", y *Lo-ammi,* "No pueblo mío"; para mostrar: —(1) Que Dios iba a vengar sobre la casa de Jehú, rey de Israel, los pecados que él había cometido en Jezreel, cuando usurpó el reino de las diez tribus. (2) Que el Señor trataría sin misericordia a su pueblo idólatra y pecador. (3) Que los rechazaría y no los consideraría más como su pueblo.

CAPITULO 1

Bajo la figura de una mujer infiel a sus votos matrimoniales, y cuyos hijos seguirían su ejemplo, el profeta presenta la vergonzosa idolatría de las diez tribus, que provocó el rechazo de Dios. Todo el pasaje es información por medio de acción en lugar de palabras. Los nombres de los hijos son todos emblemáticos. El primero tiene el propósito de recordar a Israel su falta de arrepentimiento y los actos de crueldad cometidos en su palacio de Jezreel (I R. 21:1). El segundo y el tercero, que significa "no compadeci-

da" y "no pueblo mío," denotan que, a consecuencia de su culpa, serían rechazados por Dios (1-9). Dios promete, sin embargo, reparar las pérdidas de su Iglesia llamando a los gentiles (10); y uniendo a todos los hijos de Dios bajo un solo jefe, el Mesías, en los últimos días (11).

2. *Una mujer fornicaria.* Esto es, dice Newcome, una esposa de entre los israelitas, que eran notables por la fornicación espiritual o idolatría. Dios se llama a Sí mismo el esposo de Israel; y esta nación escogida le

debía la fidelidad de una esposa. Véase Ex. 34:15; Dt. 31:16; Jue. 2:17; Is. 54:5; Jer. 3:14; 31:32; Ez. 16:17; 33:5, 27; Os. 2:5; Ap. 17:1-2. Lleno de indignación, pues, dice: Vé, únete en matrimonio a una de aquellas que han cometido fornicación contra mí, y cría hijos que, por el poder del ejemplo, sigan la idolatría.

3. *Fue, pues, y tomó a Gomer.* Todo esto parece ser una transacción real, que tiene, sin embargo, un significado simbólico.

4. *Ponle por nombre Jezreel.* Es decir, "Dios dispersará". Esto parece indicar que tendrá lugar una dispersión de Israel; lo que sucedió bajo Salmanasar, rey de Asiria (II R. 17:5-6). Pero la palabra se refiere también al nombre de una ciudad, donde Jehú mató a Jezabel y a todos los hijos de Acab (II R. 9:10, 36; 10:6). *La sangre de Jezreel.* No la venganza de Jehú sobre la familia de Acab, sino sus actos de crueldad mientras residió en Jezreel, una ciudad de la tribu de Isacar (Jos. 19:18), donde los reyes de Israel tenían un palacio (I R. 21:1). *Haré cesar el reino.* Ya sea con referencia a la interrupción del reino por los asirios (véase el v. 6), o a la cesación del reino de Israel de la casa de Jehú (II R. 10:30) lo cual se cumplió (II R. 15:10).

5. *En el valle de Jezreel.* Esto también se supone que se refiere a alguna señalada derrota de los israelitas por los asirios, que tuvo lugar en el valle de Jezreel; o a la muerte de Zacarías, el cuarto descendiente lineal de Jehú, que puede haber ocurrido allí. Véase II R. 15:10.

6. *Ponle por nombre Lo-ruhama.* "No compadecida." Este también era un nombre profético o simbólico; e inmediatamente se da la razón para su imposición: *Porque no me compadeceré.* "Porque no volveré a tener misericordia de la casa de Israel." Esto se refiere a la destrucción total de ese reino.

7. *Mas de la casa de Judá tendré misericordia.* Los preservaré como un reino después que Israel haya sido llevado en cautiverio por los asirios. *Y los salvaré por Jehová su Dios.* Lo cual se cumplió en forma asombrosa en la derrota sobrenatural del ejército de los asirios (véase II R. 19:35); y así fueron salvados no con *arco*, ni con *espada*, ni con *batalla*, ni con *caballos* ni *jinetes*.

9. *Ponle por nombre Lo-ammi.* "No mi pueblo."

10. *Con todo, será el número de los hijos de Israel.* Dios había prometido que los hijos de Israel serían como la arena del mar. Véase Gn. 32:12; Rom. 9:25-26. Y aunque por sus iniquidades los había raleado y dispersado, sin embargo el espíritu y el designio de su promesa se han de cumplir. Habrá un Israel. En lugar del pueblo reprobado, que ya no era su pueblo, se hallará un Israel cuyos miembros serán "hijos del Dios viviente". (Véanse los pasajes citados más arriba y I Ped. 2:10). Esto debe referirse o a los israe-

litas después de su conversión al cristianismo, o aun a los gentiles convertidos a Dios, que ahora son el verdadero Israel.

11. *Los hijos de Judá y de Israel.* Después del retorno de Babilonia, la distinción entre Israel y Judá fue enteramente destruida; y los de ellos que retornaron fueron incluidos bajo una sola denominación: "judíos"; y el *un solo jefe* puede referirse a Zorobabel su caudillo, y después bajo Esdras y Nehemías. En la concepción más amplia del profeta, "un solo jefe" puede significar Jesucristo, bajo quien finalmente será reunido el verdadero Israel, judíos y gentiles por igual; de modo que habrá un rebaño y un pastor. *Y subirán de la tierra.* En particular, Asiria y Caldea; pero también de los diversos lugares de su dispersión general. *El día de Jezreel será grande.* Alude al significado del término "simiente de Dios". Dios que los había dispersado —"sembrado," en diferentes tierras, volverá a reunirlos; y ese día del poder de Dios será grande y glorioso. Fue un maravilloso tiempo de siembra en la justicia divina; será entonces una maravillosa cosecha en la misericordia divina. En su ira, los sembró entre las naciones; los cosechará y reunirá en su misericordia.

CAPITULO 2

El profeta exhorta a su pueblo a hablar y actuar como corresponde a quienes han obtenido la misericordia de Dios; y a protestar vigorosamente contra la conducta de su madre (Samaria), la cual está amenazada por el cautiverio debido a que ha abandonado a Dios, atribuyendo su prosperidad a los ídolos (1-5). Como una amplificación de esta amenaza, el profeta enumera una serie de aflicciones que han de sobrevenirle para traerla al sentido de su deber hacia Dios; y de la insensatez de buscar a los ídolos, atribuyéndoles falsamente las bendiciones de la Providencia (6-13). Después de estas correcciones, sin embargo, Dios promete conducir a salvo a Israel a su tierra; aludiendo tal vez a su restauración de la cautividad babilónica, pues esta profecía se supone que fue pronunciada alrededor de doscientos cincuenta años antes de este acontecimiento (14, 15). Se compromete, además, a tratarlos como un esposo tierno y no como un amo severo, como eran los ídolos a los cuales servían (16, 17). El resto del capítulo promete al pueblo de Dios, el verdadero Israel, seguridad de todo mal, con la posesión de toda bendición, bajo un nuevo pacto; y esto en términos llenos de belleza, energía y consuelo. El cielo y la tierra y todo lo que contienen; la naturaleza toda y el Dios de la naturaleza, se presentan unidos para hacer feliz al pueblo de Dios; de modo que con sólo suspirar un deseo, una parte de la naturaleza, animada o inanimada, lo transmite a otra y todas se unen en una suave armonía para transmitirlo a los oídos del Todopoderoso. "Responderé, dice Jehová, yo responderé a los cielos, y ellos responderán a la tierra; y la tierra responderá al trigo, al vino y al aceite, y ellos responderán a Jezreel."

1. *Decid a vuestros hermanos: Ammi.* Prefiero la interpretación de estos nombres propios. *Decid a vuestros hermanos:* "pueblo mío", y a vuestras hermanas que han "obtenido misericordia".

2. *Contended con vuestra madre.* Pueblo de Judá, acusa a tu madre (Jerusalén) que ha abandonado mi culto y se ha tornado idólatra; convéncela de su locura y su impiedad, y haz que retorne a aquel contra quien se ha rebelado tan profundamente.

3. *No sea que yo la despoje y desnude.* No sea que yo la exponga a infamia, necesidad y castigo. El castigo de una adúltera entre los antiguos germanos era éste: "Le rapaban el cabello, la desnudaban en presencia de sus parientes, y en ese estado la arrojaban de la casa de su marido." V.l.e.s. Is. 3:17; y véase también Ez. 16:39; 23:26. *La deje como tierra seca.* A los israelitas, si eran obedientes, se les había prometido una tierra de donde fluía leche y miel; pero si eran desobedientes, sería lo contrario. Y esta es la amenaza que Dios le hace aquí al desobediente Israel.

4. *Son hijos de prostitución.* Todos ellos son idólatras; y han sido consagrados a los ídolos, cuyas marcas llevan.

5. *Que me dan mi pan.* V.l.e.s. Jer. 44: 17-18, donde se encuentran casi las mismas palabras y se ilustran.

6. *Yo rodearé de espinos su camino.* Haré que os sea imposible escapar del juicio con que os he amenazado; y, a pesar de vuestra adhesión a vuestros ídolos, hallaréis que ellos no pueden daros ni pan, ni agua, ni lana, ni lino, ni aceite, ni bebida. Y seréis reducidos a una condición tal, que os será imposible proseguir con vuestra costosa idolatría. Y ella será llevada a una cautividad tan total, que jamás hallará el camino para regresar a su tierra. Y así sucedió; porque los que fueron llevados a Asiria se perdieron entre las naciones, y pocos de ellos retornaron a Judea. Y, si subsisten, es totalmente desconocido su actual paradero.

8. *Ella no reconoció que yo le daba el trigo.* ¡Cuán a menudo los dones de la directa generosidad de Dios son atribuidos a causas fortuitas —a cualquier causa, menos la verdadera! *Que ofrecían a Baal.* ¡Y cuán a menudo los dones de la generosidad de Dios son pervertidos, empleándoselos como medios para deshonrarlo! Dios nos da sabiduría, fuerza y prosperidad; y nosotros las usamos para pecar contra El con mayor habilidad, poder y eficacia.

9. *Por tanto, yo volveré y tomaré.* En el curso de mi providencia, le retiraré aquellos beneficios que ella ha prostituido en sus servicios idolátricos. Y no daré lluvia a la tierra, ni tiempos fructíferos.

10. *Delante de los ojos de sus amantes.* Sus ídolos, y sus fieles o infieles aliados.

12. *Mi salario son.* Ellos consideraban todas las bendiciones de la Providencia como recompensas recibidas de los ídolos a los que adoraban.

13. *Los días en que incensaba a los baales.* "Baalim," la multitud de dioses falsos que adoraban. *Baal* era el nombre genérico de los ídolos masculinos, así como *Astarté* lo era para los femeninos. *Baalim* eran todos los ídolos masculinos; *Astarot*, todos los femeninos. Sus *zarcillos. Nizmah* significa más bien un "aro para la nariz", tal como los que hasta hoy usan, en gran profusión, las mujeres en Oriente. *Y de sus joyeles.* Aros, pulseras, brazaletes, ajorcas para los tobillos y adornos por el estilo.

14. *Yo la atraeré y la llevaré al desierto, y hablaré a su corazón.* Después de infligirle muchos juicios, la volveré a restaurar. La trataré como lo haría un esposo muy afectuoso con una esposa infiel. En lugar de hacer de ella un escarmiento, la lleva en privado, habla y razona con ella; la encamina en la buena conducta; le promete pasar todo por alto y perdonarlo todo, si ella enmienda sus caminos. Mientras tanto, provee lo necesario para sus necesidades y su sostenimiento confortable; y de este modo, abriéndole una puerta de esperanza, ella puede ser plenamente reconciliada; regocijarse como al principio, cuando él la tomó primero por la mano y ella se convirtió en su esposa.

15. *Y allí cantará.* Allí cantará el cántico responsivo, como en las grandes festividades y en las ceremonias de matrimonio. El Libro de los Cantares es de esta índole.

16. *Me llamarás Ishi.* Es decir, "mi hombre" o "mi marido"; un título de amor y afecto; *y nunca más me llamarás Baalí,* "mi señor," un título que despertaba temor y aprensión; el que, aunque bueno en sí, ahora se había tornado impropio para ser ¹icado a Jehová, habiendo sido prostituido al aplicárselo a dioses falsos. Esto insinuaba que debía evitar escrupulosamente la idolatría; y tenía una prueba tal de la ineficacia de su culto idolátrico que, después del cautiverio, no volvieron a servir a ídolos.

18. *Haré para ti pacto.* Haré un acuerdo entre ellos y las aves, las bestias y los reptiles, a fin de que no sean dañados por éstos; sus rebaños no serán destruidos, ni perjudicadas sus cosechas. Evitaré asimismo toda clase de guerra, para que no sufran más las calamidades que surgen de esa fuente. También estarán a salvo de ladrones y alarmas nocturnas; porque "te haré dormir segura".

19. *Y te desposaré conmigo.* El pueblo es considerado siempre bajo el símbolo de una esposa infiel a su marido. *En justicia.* De acuerdo con su ley, la razón y la equidad. *Juicio.* Según lo que es adecuado y correcto. *Benignidad.* Teniendo para ti el mayor afecto y amor. *Y misericordia.* Perdonando y borrando toda tu pasada inconducta.

20. *En fidelidad.* Ya no volverás a prostituirte a los ídolos, sino que serás fiel a aquel que se llama tu marido. *Y conocerás a Jehová.* No habrá más infidelidad de tu parte ni divorcio por mi parte.

21. *Responderé, dice Jehová.* Se repite la sentencia para mostrar cuán completamente

estaban determinadas las cosas por el Todopoderoso, y cuán implícitamente debían depender de la promesa divina.

22. *Y la tierra responderá al trigo, al vino
y al aceite.* Cuando parecen expresar el de
seo de suplir las necesidades del hombre.
Y ellos responderán a Jezreel. El pueblo destituido que necesita las cosas esenciales de la
vida.

23. *Y la sembraré para mí.* Aludiendo a la
importancia del nombre *Jezreel*, "la simiente
de Dios". Entonces se verá que Dios ha mostrado misericordia hacia aquellos que no habían obtenido misericordia. Entonces será renovado el pacto de Dios, porque él llamará
su pueblo a los que no eran su pueblo; y
ellos llamarán a Jehová su Dios, los mismos
que antes no lo tenían por objeto de su
adoración.

CAPITULO 3

El hecho de que el profeta vuelva a tomar a su
esposa, por la cual todavía siente afecto, aunque ella
le haya sido infiel; el hecho de que haga un nuevo
pacto con ella, dándole esperanzas de reconciliación
después de un amante, durante un período como de viudez, demuestre la sinceridad de su arrepentimiento,
representa la manera en que Dios, misericordiosamente, restaurará a los judíos de la cautividad babilónica (1-4). Se insinúa asimismo, muy fuertemente,
que en los últimos días toda la casa de Israel será
agregada a la Iglesia de Cristo (5).

1. *Ve, ama a una mujer.* Este mandamiento es diferente del mencionado en el capítulo 1. Aquél denota la infidelidad del reino de
Israel y el divorcio de Dios de ellos. El los
entregó a sus enemigos e hizo que fueran
llevados en cautiverio. La *mujer* mencionada
aquí representa a una esposa legal que se une
a un amante; su marido entonces se divorcia
de ella; luego se arrepiente y está ansiosa por
reunirse con su esposo; dejando su adulterio,
pero todavía no reconciliada con él. Este era
el estado y la disposición de los judíos bajo
la cautividad babilónica. Aunque separados
de sus ídolos, continuaban separados de su
Dios. El tiene todavía sentimientos afectuosos hacia ellos, y espera su pleno arrepentimiento y contrición, a fin de renovar el
pacto matrimonial. Estas cosas están ejempli-
ficadas por las acciones simbólicas del Profeta.
Amada de su compañero. O, "amante del
mal". *Como el amor de Jehová.* Esta mujer,
que había sido infiel a su marido, era todavía amada por él, aunque no pudiera recono-
cerla; así como los israelitas eran amados por
el Señor, mientras estaban siguiendo a otros
dioses.

2. *Quince siclos de plata.* Alrededor de
dos libras esterlinas. *Un homer y medio* de
cebada. Como un homer contenía unos 370
litros, un homer y medio equivalía a unos
550 litros.

3. *Tú serás mía durante muchos días.* El
no la lleva a su casa, sino que hace un
convenio con ella, según el cual, si ella se
abstiene de sus malas prácticas, la llevará
consigo después de un tiempo de prueba
suficiente. Mientras tanto, le dio el dinero y
la cebada para que se mantuviera, para que
no volviera a caer en la tentación de serle
infiel. *Lo mismo haré yo contigo.* Es decir, si
tú, Israel, te mantienes apartado de la idolatría y me das pruebas, por tu total abstinencia de los ídolos, de que serás mi fiel adorador, yo te recibiré nuevamente, y entre tanto
te sostendré con las cosas necesarias para la
vida mientras estés en tierra de cautiverio.

4. *Muchos días. . . sin rey.* Hasta aquí
esta profecía se ha cumplido literalmente.
Desde la destrucción del templo por los romanos no han vuelto a tener rey ni príncipe.
Sin estatua, sin efod y sin terafines. La Septuaginta dice: "Sin sacrificio, sin altar, sin
sacerdocio y sin oráculos."

5. *Después volverán los hijos de Israel.* Se
arrepentirán de sus iniquidades, *y buscarán al
Señor;* abandonarán su falso culto, y servirán
al Dios verdadero en espíritu y en verdad.
David su rey. O, según el Targum: "Obedecerán al Mesías, el Hijo de David, su Rey"; y
de esta manera mirarán con fe a aquel a
quien traspasaron, y llorarán.

CAPITULO 4

El profeta acusa a su pueblo de enormes pecados
(1, 2), a consecuencia de los cuales están amenazados
por duros juicios (3-5). Entonces se presenta Dios
mismo, lamentándose de la ignorancia y obstinación
de Israel; y como sus sacerdotes tenían una gran participación en la culpa común, se declara que serán
visitados con una parte proporcional de la ruina común (6-11). Luego se reprueban particularmente los
pecados de idolatría y adivinación (12-14); y Judá es
amonestado a guardarse de esos pecados, que dejarían a su rebelde hermana, Israel, impotente y desolada como un cordero en el desierto (15, 16). En los
restantes versículos el estilo es variado pero el tema
es el mismo. Efraín está entregado a la idolatría, y se
advierte que la necesaria consecuencia será un tremendo ciclón. Inmediatamente lo vemos atado a las
alas de una potente tempestad y arrastrado como
paja por el viento, a la destrucción o al cautiverio
(17-19).

1. *Jehová contiende.* Se trata de lo que
llamaríamos una "demanda" judicial, en la
cual Dios es el demandante y los israelitas
los demandados. Jehová *versus* Israel y Judá.

2. *Homicidio tras homicidio.* Los asesinatos no sólo son frecuentes, sino también
mutuos.

4. *Hombre no contienda.* Todos estos males proliferan sin ser reprobados, porque todos son culpables. *Porque tu pueblo es.* El
pueblo y los *sacerdotes* son igualmente rebeldes contra el Señor; los sacerdotes se han
vuelto tan idólatras como el pueblo. El obispo Newcome traduce esta cláusula: "Y tal

como es la provocación del sacerdote, así es la del pueblo."

5. *Caerás por tanto en el día.* En la forma más pública y visible. *Y caerá... el profeta de noche.* El falso profeta, mientras está ocupado en hacer pronósticos con las estrellas. *Y a tu madre destruiré.* La metrópoli o ciudad madre. Se alude a Jerusalén o Samaria.

7. *Cambiaré su honra en afrenta.* Así como los idólatras, en Dan y Betel han cambiado mi gloria en la semejanza de un buey que come hierba (Rom. 1:23) yo cambiaré su gloria en vergüenza o ignominia.

8. *Del pecado de mi pueblo comen. Chattath,* la "ofrenda por el pecado".

12. *El leño les responde.* Adivinaban por medio de varas; véase Ez. 21.

13. *Que tuviesen buena sombra.* "Vuestras hijas fornicarán y adulterarán vuestras nueras." 1. Sus divinidades eran adoradas por medio de la prostitución. 2. En el culto de sus ídolos *bebían* mucho (v. 11) y de ese modo se inflamaban sus pasiones. Los lugares de *buena sombra* eran favorables para la prostitución y los adulterios aquí mencionados. En imitación de éstos, algunas naciones tienen sus jardines públicos.

14. *No castigaré.* ¿Por qué habríais de ser castigados más? Os rebelaríais más y más. Cuando Dios, en su justicia, aparta sus juicios, el pueblo se encuentra en situación desesperada. Mientras hay *esperanza,* hay *corrección. Ellos mismos se van.* Aquí hay una referencia a ciertas licencias que no deben ser descritas. El estado del pueblo en esta época debe haber sido abominable más allá de todo precedente; animal, sensual, bestial, diabólico: mujeres entregadas a servir a sus ídolos por la prostitución pública; muchachos castrados como los *galli* o sacerdotes de Cibeles; hombres y mujeres actuando antinaturalmente; y todos unidos para actuar diabólicamente.

15. *No peque Judá.* Israel era totalmente disoluto; Judá no lo era. Aquí se le exhorta a mantener su integridad. Si el primero va a lo que antes era *Bet-el,* la "casa de Dios", ahora *Bet-avén,* la "casa de iniquidad", que Judá no lo imite. *Gilgal* era el lugar donde fuera renovado el pacto de la circuncisión después que el pueblo atravesó el Jordán; pero había sido profanado por el culto de los ídolos, después que Jeroboam estableció su idolatría.

16. *Se apartó Israel.* Son intratables, como una novilla o un novillo indómitos, que retroceden en lugar de tirar del yugo. *¿Los apacentará... como a corderos en lugar espacioso?* Una suerte de ironía. Iréis a Asiria y seréis diseminados entre las naciones; podréis divertiros en el vasto imperio al que seréis llevados cautivos.

17. *Efraín.* Las diez tribus. *Déjalo.* Son irrecuperables, déjalos librados a las consecuencias de su viciosa conducta.

18. *Su bebida se corrompió.* O, más bien, "fue detrás de su vino". Los atractivos de la idolatría los arrastraron. *Sus príncipes amaron lo que avergüenza.* Se gloriarían en sus abominaciones.

CAPITULO 5

Este capítulo empieza amenazando a los israelitas por haber tendido el lazo de la idolatría al pueblo con sus sacrificios y otros ritos en Mizpa y Tabor (1-5). Sus sacrificios, por costosos que sean, son declarados inaceptables (6), y sus bienes son entregados a las langostas (7). Pero su juicio no termina aquí. Las ciudades de Judá son convocadas, en forma muy animada, a prepararse para el ataque de los enemigos. Benjamín será perseguido; Efraín será desolado; y todo esto se le advierte a Israel a fin de que mediante el arrepentimiento evite el juicio (8, 9). Los versículos siguientes contienen más denunciaciones (10:13), expresadas en términos tan terribles como sublimes (14). El Señor no aflige voluntariamente a los hijos de los hombres; los visita con calamidades temporales que pueden curar su enfermedad espiritual (15).

1. *Sacerdotes, oíd esto.* Se inicia un proceso contra los sacerdotes, los israelitas y la casa del rey; y se los llama a comparecer y defenderse. La acusación es que han tendido lazos al pueblo, haciéndolo practicar la idolatría, en *Mizpa* y *Tabor.* Mizpa estaba situada más allá del Jordán, en las montañas de Galaad; véase eran notorios por la caza; de ahí que naturalmente se usen las palabras *lazo* y *red* al hablar de ellos.

2. *Y haciendo víctimas han bajado hasta lo profundo.* Aquí puede haber una referencia a la práctica de los cazadores de hacer pozos profundos y cubrirlos ligeramente, para que las bestias, al no descubrirlos, cayeran de ellos y quedaran presas.

6. *Con sus ovejas... andarán buscando.* Ofrecerán muchos sacrificios, pretendiendo buscar al Señor y reconciliarse con él; pero no lo hallarán. Como ellos mantienen el espíritu de su idolatría, él se ha retirado de ellos.

7. *En un solo mes serán consumidos.* Dentro de un mes caerá sobre ellos el rey de Asiria y los obligará a comprar sus vidas y sus libertades mediante un gravoso tributo de cincuenta siclos por cabeza. Esto es lo que Mananen, rey de Israel, dio a Pul, rey de Asiria (II R. 15:16-20). En lugar de *mes,* algunos traducen el original "langosta". "Por la langosta serán consumidos."

8. *Tocad bocina en Gabba.* Gabba y Ramá eran ciudades de Judá, en la tribu de Benjamín. *Tiembla, oh Benjamín.* Un abrupto llamado de atención. "¡Huye por tu vida, Benjamín! ¡El enemigo está detrás tuyo!" Esta es una predicción de la invasión de los asirios y la cautividad de las diez tribus.

9. *En las tribus de Israel hice conocer.* Han tenido suficiente advertencia; si no han hecho caso, la culpa es de ellas.

10. *Como los que traspasan los linderos.* Tan execrables como los que remueven los mojones. Han saltado por sobre las vallas de la ley y escalado todas las murallas del derecho; han menospreciado y quebrantado todas las leyes, humanas y divinas.

11. *En pos de vanidades* (*tras el mandato del rey*, VM.). El mandato de Jeroboam de adorar sus becerros en Dan y Bet-el. Muchos de ellos no fueron obligados; lo hicieron voluntariamente.

12. *Como polilla a Efraín.* Los consumiré poco a poco, como una polilla roe un vestido.

13. *Y verá Efraín su enfermedad.* Tanto Israel como Judá, cuando sintieron su debilidad para resistir a sus enemigos, en lugar de acudir a Mí y confiar en Mí, buscaron alianzas pecaminosas, y confiaron en sus ídolos. *Rey Jareb.* Aquí y en 10:6 son los dos únicos lugares de la Escritura en que aparece este nombre. La Vulgata y el Targum traducen *yareb*, un "vengador," una persona a la que consideraban capaz de librarlos de sus enemigos. Es bien sabido que Manahen, rey de Israel, buscó aliarse con Pul y Tiglat-pileser, reyes de Asiria y con Acaz, rey de Judá. Estos eran los protectores que buscaba Efraín. Véase II R. 15 y 16. Pero lejos de curarlos haciéndolos sus tributarios, los asirios hicieron más peligrosa su herida.

15. *Andaré y volveré a mi lugar.* Los abandonaré hasta que reconozcan sus ofensas. Este había sido el efecto buscado, como veremos en el capítulo siguiente; porque ellos se arrepintieron y se volvieron a Dios, y El tuvo misericordia de ellos.

CAPITULO 6

El profeta exhorta encarecidamente al arrepentimiento (1-3). Aparece entonces Dios protestando muy tierna y patéticamente contra los deslices de Efraín y Judá (4-11).

1. *Venid y volvamos a Jehová.* Cuando Dios se había propuesto abandonarlos, y descubrieron que El había retornado a su lugar —su templo, donde únicamente podía ser buscado con éxito, ellos sintiendo su debilidad y la volubilidad, debilidad e infidelidad de sus ídolos y sus aliados, resuelven ahora "volver al Señor"; y, refiriéndose a lo que El ha dicho antes (5:14): "Yo arrebataré y me iré"; ellos dicen: "El arrebató, y nos curará"; sus aliados los habían herido, pero no los habían curado.

2. *Nos dará vida después de dos días.* Su poder es tal que en dos o tres días puede restaurarnos. Puede realizar nuestras esperanzas y nos dará la más fuerte prueba para bien. *En el tercer día* nos resucitará. En tan breve lapso puede darnos completa liberación. Se supone que estas palabras se refieren a la muerte y resurrección de nuestro Señor, y se cree que el apóstol se refiere a ellas (I Co. 15:4): "Cristo ... resucitó al tercer día, conforme a las Escrituras"; y este es el único lugar en las Escrituras, es decir, en el Antiguo Testamento, en que parece insinuarse su resurrección al tercer día. El original, *yekimenu,* ha sido traducido: "él lo resucitará".

3. *Y conoceremos.* Tendremos la más completa evidencia de que no hemos creído en vano. *Y proseguiremos en conocer a Jehová.* Continuaremos siendo tan fervorosos como ahora. *Su salida.* La manifestación de su misericordia para nuestras almas está tan cierta como la salida del sol a la hora señalada. *Y vendrá a nosotros como la lluvia.* Tan seguramente como vienen la lluvia temprana y la tardía. La primera, para preparar la tierra para la siembra; ésta caía en otoño; la segunda, para preparar la espiga llena para la cosecha, caía en primavera.

4. *¿Qué haré de ti, Efraín?* Esta es la respuesta del Señor a las anteriores piadosas resoluciones; sinceras mientras duraban, pero frecuentemente olvidadas, porque el pueblo era voluble. Su bondad era como la nube mañanera que se desvanece delante del sol naciente, o como el rocío temprano que es rápidamente evaporado por el calor.

5. *Por esta causa los corté por medio por los profetas.* Envié mis profetas para testificar contra su volubilidad. Estos los afligieron con las más solemnes y terribles amenazas; fue como si los hubieran asesinado con las palabras de mi boca. ¿Pero con qué fin? *Tus juicios serán como luz que sale.* Probablemente debiera leerse, más adecuadamente: "Y mi juicio es como la luz que sale." Será tan evidente como fulminante.

7. *Mas ellos cual Adán, traspasaron el pacto.* Habían pecado contra la luz y el conocimiento, como él lo hiciera. Había una notable similaridad en los dos casos. Adán, en el Paraíso, transgredió el mandamiento y Yo lo expulsé; Israel, en posesión de la tierra prometida, transgredió mi pacto, y Yo lo expulsé y lo envié en cautiverio.

8. *Galaad, ciudad de hacedores de iniquidad.* En este lugar Jacob y Labán hicieron su pacto, y levantaron un montón de piedras, que fue llamado *Galaad,* "el montón del testimonio"; y muy probablemente allí se había establecido la idolatría. Tal vez el mismo montón de piedras se habría convertido en objeto de adoración supersticiosa.

9. *Como ladrones.* ¡Qué triste descripción es ésta del estado del sacerdocio! El país de Galaad era famoso por sus robos y asesinatos. Los sacerdotes idólatras formaban allí compañías y tomaban posesión de los caminos y los pasos; y si hallaban alguna persona que iba a adorar a Jerusalén, le daban muerte.

10. *He visto inmundicia.* Esto es, la idolatría que prevalecía en Israel a tal grado que toda la tierra estaba profanada.

11. *Para ti también, oh Judá, está preparada una siega.* Tú también has transgredido; tu cosecha llegará, serás segado y enviado en cautiverio. *Cuando yo haga volver el cautiverio de mi pueblo.* El obispo Newcome traduce: "Entre aquellos que conducen la cautividad de mi pueblo."

CAPITULO 7

Aquí Dios se queja de que aunque ha empleado todos los medios para reformar a Israel, todavía persisten en su iniquidad, sin temer las consecuencias (1-2); que aquellos que debieran impedir sus crímenes se complacen en ellos (3); y que todos ellos ardían en adulterio, como un horno calentado al máximo, y listo para recibir la masa sobada (4). El v. 5 alude a ciertas enormidades recientes; el 6 los acusa de haber dividido su tiempo entre la inactividad y la iniquidad; el 7 alude a sus pendencias y conspiraciones políticas (véase II R. 15:10, 14, 25); el 8, a su connivencia con las naciones idólatras, y en el 9 se describen las tristes consecuencias. El v. 10 reprueba su orgullo y su franco menosprecio del culto de Dios; el 11 reprueba su conducta insensata al buscar la ayuda de sus enemigos (véase II R. 15:19; 17:4); los vrs. 12 y 13 los amenazan con castigos; el 14 los acusa de hipocresía en sus actos de humillación; el 15, de ingratitud; y la figura del arco engañoso, en el 16, es altamente expresiva de sus frecuentes apostasías; y sus duras palabras contra Dios serán castigadas convirtiéndolos en un escarnio en la tierra de sus enemigos.

1. *Mientras curaba yo a Israel.* No bien se curaba una herida, aparecía otra. No había sido borrado un pecado, cuando ya cometían otro. *Y entra el ladrón.* Sus propios príncipes los despojan. *Y el salteador despoja por fuera.* Los asirios, bajo diferentes jefes, arrasan y saquean el país.

3. *Alegran al rey.* Causaban placer a Jeroboam acatando de buena gana sus medidas y uniéndosele cordialmente en su idolatría.

4. *Como horno encendido por el hornero.* La paráfrasis de Calmet de este versículo y el siguiente, expresa bastante bien su significado: Oseas hace una doble comparación de los israelitas: con un *horno* y con la *masa*, Jeroboam encendió su propio horno —su reino— y puso la levadura en su masa; y luego se fue a descansar, para que el fuego tuviera tiempo de calentar su horno y la levadura de leudar su masa: para que los falsos principios que él introdujo pudieran infectar a toda la población. Ese fuego se extendió muy rápidamente, y la masa estuvo muy pronto impregnada por la levadura. Se vio a todo Israel correr a esta fiesta y participar en estas innovaciones. ¿Pero qué pasará con el horno —el reino; y con el pan —el pueblo? El *horno* será consumido por esas llamas; el rey, los príncipes y el pueblo serán envueltos por las llamas (v. 7). Israel fue puesto bajo las cenizas, como un pan bien amasado y leúdado; pero como no se le dio vuelta cuidadosamente, se quemó de un lado antes que los que lo habían preparado pudieran comerlo; y vinieron enemigos y extranjeros y se llevaron el pan. (Véanse los vrs. 8 y

9). Su permanente cautiverio fue consecuencia de sus impiedades y de su apostasía de la religión de sus padres.

7. *Cayeron todos sus reyes.* Hubo una lastimosa carnicería entre los reyes idólatras de Israel: cuatro de ellos habían caído en el tiempo de este profeta. Zacarías fue muerto por Salum; Salum, por Manahem, Pekaía, por Peka, y Peka por Oseas (II R. 15). Todos fueron idólatras, y todos tuvieron una muerte intempestiva.

8. *Torta no volteada.* En el Oriente, una vez caldeado el horno, barren un rincón, ponen la torta y la cubren con rescoldo, al rato la dan vuelta, la vuelven a cubrir, y hacen lo mismo varias veces, hasta que está suficientemente cocida.

9. *Aun canas le han cubierto, y él no lo supo.* El reino ha envejecido en iniquidad; el tiempo de su cautiverio está al llegar, y no se dan cuenta del peligro.

11. *Efraín fue como paloma incauta.* Un ave poco inteligente, que fácilmente cae en una trampa. *Llamarán a Egipto, acudirán a Asiria.* Se esfuerzan por hacerlos sus aliados y amigos; pero en esto muestran que no tienen seso, que carecen de un sano entendimiento; porque éstas eran naciones rivales e Israel no podía aliarse con una sin incurrir en los celos y el desagrado de la otra. Así, como una paloma torpe, estaban constantemente cayendo en trampas, a veces de los egipcios, otras veces de los asirios. Los primeros los traicionaban; los últimos los arruinaban.

12. *Cuando fueren.* A esas naciones por ayuda —*tenderé sobre ellos mi red.* Haré que caigan en manos de aquellos en quienes confiaron.

13. *Yo los redimí.* De Egipto, y les di la prueba más cabal de mi amor y mi poder. *Y ellos hablaron mentiras contra mí.* Me han representado como riguroso y cruel; y mi servicio como penoso y sin provecho.

16. *Volvieron, pero no al Altísimo.* Van a sus ídolos. *Fueron como arco engañoso.* El cual, cuando se lo flexiona para encordarlo, repentinamente vuelve a su curvatura normal. Se requiere fuerza y habilidad para doblar así el arco; y si no se hace correctamente, restalla y adquiere su posición anterior, poniendo en peligro al arquero —puede hasta quebrarle un brazo. Yo mismo he corrido este peligro al doblar un arco asiático. *Cayeron sus príncipes a espada.* Su *lengua* se ha enfurecido contra mí. Me han escarnecido (v. 5), y ahora su caída es *su escarnio en la tierra de Egipto.* Ahora cosechan lo que sembraron.

CAPITULO 8

Este capítulo empieza amenazando con alguna invasión hostil, en frases breves y entrecortadas, llenas de rapidez y expresivas de un repentino peligro y alarma: "Pon a tu boca trompeta. Como águila viene" (1); ¿y por qué? Por su hipocresía (2); iniquidad (3); traición (véase II R. 15:13, 17) e idolatría (4); particularmente la adoración de los becerros de Dan y Bet-el (5, 6). Luego se presenta en términos breves pero muy enfáticos la locura y la inutilidad de seguir malos caminos. El trabajo de los impíos es vano, como sembrar viento; y su fruto, destructor como un torbellino. Como trigo ardido en la espiga, su trabajo no tendrá recompensa; o, si tuviere un poco, lo devorarán sus enemigos (7). También ellos mismos sufrirán la misma suerte, y serán tratados por las naciones de Asiria y Egipto como los viles pedazos de un vaso quebrado (8, 9). Otra vez se declara que su incorregible idolatría es la causa de su inminente cautiverio bajo el rey de Asiria. Y ya que se deleitan en los altares idolátricos, allí los tendrán en abundancia (10-14). Las últimas palabras contienen una predicción de la destrucción de las ciudades amuralladas de Judá, debido a que el pueblo confía en ellas para su liberación, y no en el Señor su Dios.

1. *Pon a tu boca trompeta.* Haz sonar la alarma. Hazles saber que el enemigo se aproxima rápidamente. *Como águila viene contra la casa de Jehová.* Salmanasar, rey de Asiria, el cual, por su rapidez, avaricia, rapacidad y fuerza es acertadamente comparado con esa ave real. Aquí se lo representa revoloteando sobre la casa de Dios, como hace el águila sobre la presa que acaba de divisar, y sobre la cual inmediatamente se ha de abatir.

2. *A mí clamará Israel.* La rapidez del vuelo del águila está bien imitada en la rapidez de las frases en este lugar. *Dios mío, te hemos conocido.* El mismo sentimiento, de la misma clase de personas, bajo igual compulsión, que en el evangelio de San Mateo, 7:22: "Señor, Señor, ¿no profetizamos en tu nombre, y en tu nombre echamos fuera demonios . . . ? Entonces les declararé: Nunca os conocí."

4. *Establecieron reyes, pero no escogidos por mí.* En realidad, ninguno de los reyes de Israel, después de la separación de las diez tribus de la casa de David, fue ungido del Señor. *Yo no lo supe.* No tuvo mi "aprobación". En este sentido se entiende frecuentemente el término "saber". *Para ser ellos mismos destruidos.* Es decir, serán destruidos como consecuencia de su idolatría.

5. *Tu becerro, oh Samaria, te hizo alejarte.* El obispo Newcome traduce: "Aleja de ti tu becerro, oh Samaria." Abandona tu idolatría, porque mi ira está encendida contra ti.

7. *Porque sembraron viento, y torbellino segarán.* Como el labrador recoge la misma clase de grano que ha sembrado, pero en mayor abundancia, así el que siembra viento, segará un torbellino. *No tendrán mies.* Nada que pueda florecer. Y si floreciere, esa flor no dará fruto; y si diere fruto, el sembrador no lo disfrutará, porque lo comerán extraños. El significado es: los trabajos de este pueblo serán totalmente infructuosos y vanos.

8. *Pronto será entre las naciones.* Serán llevados en cautiverio, y allí serán como una vasija que no se estima, sucia, contaminada,

infecciosa, menospreciada, aborrecida, no usada. Es una alusión a una vasija de cuero podrida, corrupta.

9. *Subieron a Asiria.* Por socorro. *Como un asno montés para sí solo.* Como este animal, celoso de su libertad y que no aguanta rivales. *Efraín . . . alquiló amantes.* Ha subvencionado a los estados paganos vecinos.

10. *Por la carga del rey y de los príncipes.* Las exacciones del rey de Asiria y de los príncipes de las provincias.

11. *Multiplicó . . . altares para pecar.* Aunque no parece que en Babilonia los judíos estuvieran obligados a adorar a los ídolos del país, excepto en el caso mencionado por Daniel, otra cosa sucedía con los israelitas en Asiria y los otros países de su dispersión. Debido a que en su propio país se habían hecho muchos altares para pecar, se veían obligados a continuar en la tierra de su cautiverio un sistema similar de idolatría, aun contra su voluntad. De esta manera veían y sentían la maldad de su idolatría, sin poder evitarla.

13. *Sacrificaron carne.* El obispo Newcome traduce: "Sacrifican dones destinados a mí, y comen carne." Ofrecen a sus ídolos las cosas que pertenecen a Jehová; o, pretendiendo ofrecerlas al Señor, comen y beben idolátricamente, y por lo tanto el Señor no los acepta. *Ellos volverán a Egipto.* Muchos de ellos retornaron a Egipto después de la conquista de Palestina por Salmanasar, y mucho después de la destrucción de Jerusalén por Nabucodonosor, pero en realidad habían retornado a Egipto para establecer el culto de los becerros de oro, que era una imitación del culto egipcio de Apis.

CAPITULO 9

El profeta reprende a los israelitas por sus sacrificios y por regocijarse en sus eras de trigo, atribuyendo a los ídolos, como hacían los paganos, la alabanza por toda su abundancia (1). Por cuya razón estaban amenazados por el hambre y el exilio (2, 3) en una tierra donde serían profanados y carecerían de los medios para adorar al Dios de sus padres, u observar las solemnidades establecidas por él (4, 5). Más aún, caerán rápidamente delante del destructor, serán sepultados en Egipto, y dejarán desolados sus propios lugares placenteros (6-9). Entonces se presenta a Dios declarando el favor en que tuvo antes al pueblo y cómo se deleitaba en su obediencia; pero ahora ellos se han rebelado en tal forma que toda su gloria volará, Dios los olvidará y su descendencia estará destinada a la destrucción (10-17).

1. *No te alegres.* No imites a los paganos, ni sirvas a sus ídolos. No prostituyas tu alma y tu cuerpo practicando sus impurezas. Hasta aquí has actuado como una prostituta cualquiera, que acude aún a las eras comunes, y se relaciona con los más viles, con tal de conseguir una paga aun del grano que allí se trilla.

4. *Como pan de enlutados.* Según la ley, un cadáver y todo lo relacionado con él, la casa en que yacía y las personas que lo tocaran, estaban todos manchados e impuros, y cualquier cosa que tocaran estaba contaminada. Véase Dt. 26:14; Nm. 19:11, 13-14.

5. *¿Qué haréis en el día de la solemnidad?* Cuando seáis despojados de todo por los asirios; porque los israelitas que permanecieron en la tierra después que fue subyugada por los asirios, adoraban al Dios verdadero y le ofrecían los sacrificios ordenados por la ley, aunque en forma imperfecta y cismática; y fue una gran mortificación para ellos el verse privados de sus *solemnidades* religiosas en una tierra extraña.

6. *Porque he aquí se fueron.* Muchos de ellos huyeron a Egipto para evitar la destrucción; pero fueron allá solamente para morir. *Lo deseable de su plata.* Las hermosas propiedades o villas que habían comprado con su dinero, ahora abandonadas y deshabitadas, están cubiertas de ortigas, y aun en sus tabernáculos crecen espinos y toda clase de zarzas.

7. *Necio es el profeta.* El que pretendió pronosticar, por autoridad divina, paz y abundancia; porque he aquí todo es desolación. *Insensato es el varón de espíritu.* El que pretendía estar siempre bajo el estro divino y ahora se enfurece al ver que todo resulta contrario a sus predicciones.

8. *Atalaya es Efraín.* El verdadero profeta estaba *para con*, era fiel, a *mi Dios. El profeta.* El falso profeta es el *lazo* de un cazador; está continuamente engañando al pueblo y metiéndolo en lazos.

9. *Llegaron hasta lo más bajo en su corrupción, como en los días de Gabaa.* Esto se refiere a la repugnante violación y asesinato de la mujer del levita, relatada en Jue. 19:16 y sgs.

10. *Como uvas en el desierto hallé a Israel.* Mientras fueron fieles, eran tan aceptos para mí como lo sería para un viajero hallar uvas maduras en el desierto.

11. *La gloria de Efraín volará cual ave.* Se apartará súbitamente de ellos y no retornará.

13. *Efraín . . . semejante a Tiro.* Tiro ocupaba una fuerte posición sobre una roca en el mar; Samaria estaba sobre una montaña, ambas fuertes y agradables. Pero la fuerza y la belleza de esas ciudades no las salvará de la destrucción. *Efraín sacará sus hijos a la matanza.* El pueblo será destruido o llevado en cautiverio por los asirios.

14. *Dale, oh Jehová, lo que les has de dar.* Al profeta se le ordena anunciar que lo que Dios ha de darles son: "matriz que aborte y pechos enjutos". Es probable que los israelitas se jactaran de lo prolíficas que eran sus familias y de la numerosa población de su país. Dios les dice ahora que ya no será así; sus mujeres serán estériles, y su tierra maldita.

15. *Toda la maldad de ellos fue en Gilgal.* Aunque no tenemos información directa sobre los hechos, tenemos razones para creer que habían sido culpables de algunas escandalosas prácticas idólatras en *Gilgal.* Véase 4:15.

16. *Efraín fue herido.* Una vez decidido algo, se da como realizado. *Su raíz está seca.* Nunca más será un reino. Y nunca volvió a tener una forma política, desde su cautiverio por los asirios hasta el día de hoy. *Aunque engendren.* V.l.e.s. los vrs. 11-12.

17. *Mi Dios los desechará.* Aquí el profeta parece tratar de disculpar la severidad de estas amenazas y vindicar la justicia divina, de la cual proceden. Es *—porque ellos no le oyeron*, por lo que "mi Dios," que es fuente de misericordia y bondad, "los desechará". *Y andarán errantes entre las naciones.* ¿Quién puede decir por dónde anduvieron? Y nadie saber en qué naciones se encuentran.

CAPITULO 10

Este capítulo trata del mismo tema, pero elegantemente variado. Empieza comparando a Israel con una vid fructífera pero corrompida por la demasiada prosperidad (1). Luego los reprende y amenaza por su idolatría (2), anarquía (3) y quebrantamiento del pacto (4). Se explaya entonces sobre su idolatría, declarando sus consecuencias fatales en términos sublimes (5-8). Ahora se presenta a Dios quejándose de su excesiva culpa y amenazándolos con el cautiverio, en términos que contienen una alusión manifiesta a su idolatría favorita, la adoración de la imagen de un becerro o una novilla (9-11). Luego de lo cual el profeta, en una hermosa alegoría sugerida por las metáforas anteriores, los exhorta al arrepentimiento; y les advierte de las tremendas consecuencias de sus malos caminos, si persisten obstinadamente en ellos (12-15).

1. *Israel . . . da abundante fruto para sí mismo.* Abusaba de las bendiciones de Dios con propósitos idolátricos. Era próspero, pero su prosperidad corrompió su corazón. *Conforme a la bondad de su tierra.* Se hizo idólatra en proporción a su prosperidad; y el valor de sus imágenes y lo que gastaban en su culto idolátrico, estaban en proporción a su riqueza.

2. *Está dividido su corazón.* Quieren servir a Dios y a Mammón, a Jehová y a Baal; pero esto es imposible.

4. *Han hablado palabras.* Palabras vanas, vacías, engañosas. *Jurando en vano.* Esto se refiere a las alianzas hechas con potencias extranjeras, a las cuales prometieron fidelidad sin el propósito de cumplir.

5. *Serán atemorizados los moradores de Samaria.* Según Calmet, adorarán a las becerras de Bet-avén; las erigidas por Jeroboam, en Bet-el. A menudo el *temor* se interpreta como reverencia religiosa. *Su pueblo lamentará.* Al ver que el objeto de su adoración es llevado en cautiverio, lo mismo que ellos. *Y sus sacerdotes.* Kemarim. Los sacerdotes

de Samaria, dice Calmet, son llamados *kemarim*, es decir, "togas negras," o "gritones," porque en sus sacrificios lanzan fuertes gritos.

6. *Como presente al rey Jareb.* V.l.e.s. el cap. 5:13. Si éste es un nombre propio, se trata de una persona desconocida para la historia; pero es más probable que se trate de Pul, rey de Asiria, a quien Manahén, rey de Israel, parece haberle dado uno de los becerros de oro para conseguir su ayuda.

7. *Fue cortado su rey como espuma.* Tan ligeramente como un golpe de viento sopla la espuma que se forma debajo de una caída de agua, así serán cortados los reyes de Israel. Ya hemos visto que no menos de cuatro de ellos murieron asesinados en un breve lapso. V.l.e.s. el cap. 7:7.

8. *Los lugares altos.* Templos de los ídolos. *De Avén.* Bet-avén. *Crecerá sobre sus altares espino y cardo.* Debido al abandono de la tierra y de sus lugares de culto idolátrico, por haber sido llevado en cautiverio el pueblo.

Y dirán a los montes: Cubridnos; y a los collados: Caed sobre nosotros. "Esta sublime descripción del miedo y el desamparo estuvo en la mente de nuestro Señor (Lc. 23:30), en lo que puede ser una referencia, y no una cita. Sin embargo, la Septuaginta, en el Codex Alejandrino, tiene las palabras en el mismo orden que las da el evangelista." —Newcome.

9. *Desde los días de Gabaa has pecado.* Esta es otra referencia a la horrible violación y asesinato de la mujer del levita (Jue. 19:13-14). *Allí estuvieron.* Sólo una tribu fue casi destruida, a saber, la de Benjamín. Ellos fueron los criminales, *los inicuos;* los otros eran intachables y sólo estaban por los derechos de la justicia y la misericordia.

10. *Cuando sean atados por su doble crimen.* Es decir, los becerros de Dan y Bet-el. —Newcome. Pero esta doble iniquidad puede referirse a lo que dice Jeremías (2:13): "Porque dos males ha hecho mi pueblo." —(1) Me dejaron a mí. (2) Se unieron a los ídolos.

11. *Efraín es novilla domada.* Ya acostumbrada al yugo. *Le gusta trillar.* Anda tranquilamente bajo el yugo; y le gusta porque, no estando embozalada, come del trigo. *Yo pasaré sobre su lozana cerviz.* Puse sobre ella el yugo, para que no sólo trille el trigo, sino que tire del arado y arrastre la rastra. *Quebrará sus terrones Judá.* Pasará la rastra.

12. *Haced para vosotros barbecho.* No os conforméis con una arada ligera; arad profundamente la tierra que ha sido apenas arañada con el arado.

13. *Habéis arado impiedad.* Habéis trabajado pecaminosamente. *Segasteis iniquidad.* El castigo debido a vuestra iniquidad. *Comeréis fruto de mentira.* Vuestro culto falso y vuestros dioses falsos os han llevado al cautiverio y la miseria. *Porque confiaste en tu camino.* Confiaste en tus propios consejos, y *en la multitud de tus valientes,* y no en el Dios que te hizo.

14. *Se levantará alboroto.* Pronto caerá sobre tu pueblo el enemigo, y tomará todos tus lugares fortificados. *Como destruyó Salmán a Bet-arbel.* Algunos piensan que aquí se hace alusión a la destrucción de Arbela, una ciudad de Armenia, por Salmanasar, llamado aquí *Salmán;* cuando todavía no era rey, sino solamente general de las fuerzas asirias. Creo que la historia a que aquí se hace referencia es desconocida.

15. *Así hará a vosotros Bet-el.* Esta será la consecuencia de vuestra *gran maldad,* vuestra "idolatría". *A la mañana será del todo cortado el rey de Israel.* Repentina, inesperadamente. Oseas, el rey de Israel, será cortado por los asirios.

CAPITULO 11

En este capítulo se hace una muy patética presentación del tierno y considerado afecto de Dios por Israel, mediante metáforas tomadas principalmente del comportamiento de las madres con sus pequeñitos. Esto da ocasión para reflexionar sobre la desagradecida respuesta del pueblo a la bondad divina, y anunciarles los juicios del Todopoderoso contra ellos (1-7). Pero repentina e inesperadamente cambia la perspectiva. Entre las nubes amenazantes de venganza irrumpen rayos de misericordia. Dios, para hablar en lenguaje humano, siente el aplacamiento de un padre tierno; sus entrañas se conmueven; su misericordia triunfa; su hijo rebelde será aún perdonado. Como el león de la tribu de Judá, empleará su poder para salvar a su pueblo, llamará a sus hijos de la tierra de su cautiverio; y ellos, como palomas, volarán hacia Él, como pueblo fiel y santo (8-12).

1. *Cuando Israel era muchacho.* En la infancia de su existencia política.

3. *Yo... enseñaba a andar al mismo Efraín.* Una alusión a una madre o nodriza que enseña a caminar a un niño, ayudándole a levantar y colocar los pies, a la vez que lo sostiene de los brazos, para que pueda usar los pies con más facilidad. Este es un pasaje realmente patético.

4. *Con cuerdas humanas los atraje.* Esta es una referencia a una rienda que sostiene la nodriza, por medio de la cual el niño, sintiéndose sostenido, adquiere confianza y trata de caminar. *Como los que alzan el yugo de sobre su cerviz.* Parece haber aquí una alusión a la acción de mover y levantar la collera o el yugo de las bestias que han estado trabajando, para permitir que pase el aire fresco entre el arnés y el cuello del animal, para evitar que el calor y el sudor lo lastimen. Yo he hecho esto a menudo, cuando araba. *Y puse delante de ellos la comida.* Dándoles al mismo tiempo un poco de hierba o heno, para estimularlos a continuar de nuevo.

5. *No volverá... a Egipto.* Yo ya los he sacado de allí, con el designio de que la nación jamás retornara allá, pero como han

pecado y se han enajenado mi favor y protección, irán a Asiria; y ello pórque se han negado a volver a mí.

6. *Caerá espada sobre sus ciudades.* Desde el tiempo de Jeroboam II, Israel fue agitado por guerras externas e internas. Aunque Zacarías su hijo reinó durante doce años, tuvo continuos problemas; y al final fue asesinado por el rebelde Salum, quien, después de un mes de reinado, fue asesinado por Manahén. Este fue sucedido por su hijo Pekaía, que reinó dos años, y fue muerto por Peka, hijo de Remalía. Este se unió a Rezín, rey de Siria, e hicieron irrupción en la tierra de Judá; pero habiendo obtenido Acaz la ayuda de Tiglat-pileser, rey de Asiria, Peka fue derrotado y las tribus de Rubén, Gad y Neftalí y la media tribu de Manasés, fueron llevadas cautivas por el rey asirio; y poco tiempo después, Oseas, hijo de Ela, mató a Peka y usurpó el reino, el cual no pudo mantener en su poder sin la ayuda de Salmanasar, quien impuso al rey israelita un tributo por sus servicios. Queriendo liberarse de ese yugo, él acudió al rey de Egipto; pero, sabido esto por Salmanasar, vino contra Samaria y la tomó y destruyó después de tres años de sitio. De esta manera entró la espada en sus ciudades; y continuó en la tierra hasta que todo quedó en ruinas.

8. *¿Cómo podré abandonarte?* V.l.e.s. cap. 6:4, donde tenemos palabras similares expresando un sentimiento similar. *Mi corazón se conmueve dentro de mí.* La justicia exige tu castigo; la misericordia implora por tu vida. Al cambiar tú, la Justicia resuelve destruir, o la Misericordia salvar. Mi corazón está oprimido y estoy cansado de arrepentirme —de cambiar de propósito con tanta frecuencia. Todo esto, aunque expresado en forma humana, muestra cuán misericordioso, compasivo y renuente para castigar es el Dios del cielo.

9. *No ejecutaré.* He aquí la resolución del conflicto en la mente divina. La Misericordia triunfa sobre el Juicio; Efraín no será destruido. Dios es Dios, y no hombre. No puede ser afectado por caprichos humanos. Ellos ahora están arrepentidos e imploran misericordia; El no los castigará, como lo haría el *hombre*, por ofensas anteriores, una vez que han caído en sus manos.

10. *En pos de Jehova caminarán.* Discernirán las operaciones de su providencia, cuando *él rugirá como león.* Cuando El haga oír su majestuosa voz, Ciro emitirá su decreto. El pueblo *vendrá temblando* —estará en estado de conmoción; cada cual se apresurará a aprovechar la oportunidad para retornar a su tierra.

11. *Como ave acudirán velozmente.* Aquellos que estén en Egipto también serán llamados, y se apresurarán a venir *como ave.* Los que estén en Asiria también serán llamados, y volarán como palomas a sus ventanas.

12. *Me rodeó Efraín de mentira.* Creo que este versículo no casa bien con el anterior;

pertenece a otro tema y debiera comenzar el capítulo siguiente, como en hebreo. *Judá aún gobierna con Dios.* Hay aquí una alusión a Gn. 32:24, donde Jacob, después de luchar con el ángel vio cambiado su nombre por el de Israel, "el que gobierna con Dios". Esa gloria la habían perdido los israelitas por su idolatría; pero Judá conservaba aún el culto verdadero, y merecía él solo el nombre de Israel.

CAPITULO 12

El profeta, en términos bien definidos, describe la inutilidad y la destrucción que aguardan a los caminos de impiedad, particularmente como el que seguía Efraín, quien abandonó a Dios y cortejaba la alianza de príncipes idólatras (1). Judá también es reprendido (2). Se le recuerda el extraordinario favor de Dios para con su padre Jacob, al darle la primogenitura; y se le exhorta a imitarlo, luchando con Dios (el ángel del pacto, el mismo invariable Jehová) por una bendición; y a amar la misericordia y practicar la justicia (3-6). Efraín es acusado de prácticas engañosas, aunque pretenda ser íntegro (7, 8). Dios amenaza entonces a este pueblo con privarlo de sus posesiones (9), ya que ellos han rechazado todos los medios de reforma (10) y se han entregado a crasas impiedades (11). Y, para hacer más grave su culpa, se les recuerdan los humildes orígenes de los cuales fueron levantados (12-13). Se declara que los juicios divinos que están por caer sobre Israel son el resultado de gran provocación (14).

1. *Efraín se apacienta de viento.* Forma y sigue consejos vacíos e inestables. *Sigue al solano.* No sólo son vacíos, sino peligrosos y destructores. El *solano* era un viento abrasador, devastador y molesto. *Mentira y destrucción aumentan continuamente.* Se promete seguridad por medio de alianzas extranjeras. *Hicieron pacto con los asirios,* y enviaron un subsidio de *aceite a Egipto.* Esta última nación los abandonó; la primera los oprimió.

2. *Pleito tiene Jehová con Judá.* El resto de la profecía se aplica tanto a Judá como a Israel. A ambos les reprocha su ingratitud y los amenaza con la ira divina.

3. *Tomó por el calcañar a su hermano.* V.l.e.s. Gn. 25:26; 32:24 y sgs.

4. *Venció al ángel.* Que representaba al invisible Jehová. *Lloró y le rogó.* Suplicó con lágrimas que Dios lo bendijera, y prevaleció. En Génesis no se menciona la circunstancia de su llanto. *En Bet-el le halló.* Allí fue donde Dios hizo aquellas gloriosas promesas a Jacob acerca de su posteridad. Véase Gn. 28:13-15.

5. *Jehová es su memorial.* (VM.) Es el mismo Dios con quien Jacob luchó con tan buen éxito.

6. *Tú, pues, vuélvete a tu Dios.* Porque es el mismo, y no puede cambiar. Búscale con tanta fidelidad y tan fervientemente como lo hizo Jacob, y hallarás en El al mismo Ser misericordioso y compasivo.

7. *Mercader.* O "cananeo," refiriéndose a los fenicios, famosos por su tráfico. Efraín está tan corrompido como lo estaban esos traficantes paganos. Usaba, como lo han hecho muchos en todas las épocas, dos medidas distintas: una, pesada, para las compras y una liviana, para las ventas.

8. *He enriquecido.* Se jactaban de sus riquezas, a pesar de la forma injusta en que las habían adquirido.

9. *Yo soy Jehová tu Dios.* Yo, que te saqué de la tierra de Egipto, te haré habitar otra vez en tiendas. Esta parece una amenaza. Te reduciré a un estado tan miserable en la tierra de tu cautiverio, como a menudo lo fuiste por tus transgresiones en el desierto.

10. *Y he hablado.* He usado todos los medios y empleado todos los métodos, para instruirte y salvarte. He enviado *profetas,* que hablaron claramente, exhortando, advirtiendo y rogándote que volvieras a mí. Ellos tuvieron visiones divinas que declararon e interpretaron. Usaron similitudes, "símbolos, metáforas y alegorías" a fin de llamar tu atención, y traerte de nuevo a tu deber e interés.

11. *¿Es iniquidad Galaad?* Gilgal y Galaad son igualmente inicuos e igualmente idólatras. Galaad, que estaba más allá del Jordán, ya había sido subyugada por Tiglat-pileser; Gilgal, que estaba de este lado del Jordán, correría la misma suerte; porque ahora era tan idólatra como la otra. *Sus altares son como montones.* Los hay por todas partes. Toda la tierra será entregada a la idolatría.

12. *Sirvió para adquirir mujer.* Siete año por Raquel. *Y por adquirir mujer fue pastor.* Siete años por Lea, habiendo sido engañado por Labán, quien le dio primero a Lea en lugar de Raquel; y después lo hizo servir siete años más antes de confirmar su primer compromiso. Los críticos se quejan de que aquí hay falta de conexión. ¿Por qué se predice este hecho aislado? De este modo, en una sentencia suelta, el profeta habla del bajo nivel moral de sus antepasados, y de cuán ampliamente la providencia de Dios los había preservado y había provisto para ellos. Esta es toda la conexión que requiere el pasaje.

13. *Y por un profeta* (Moisés) *Jehová hizo subir a Israel de Egipto, y por un profeta* (Josué) *fue guardado.* Josué sucedió a Moisés e introdujo a los israelitas en la tierra prometida; y cuando pasaron el Jordán en Gilgal, recibió el pacto de la circuncisión; ¡y sin embargo, ese mismo lugar ahora lo habían convertido ellos en asiento de la idolatría!

14. *Por tanto, hará recaer sobre él la sangre.* No quitará su culpa.

CAPITULO 13

Este capítulo empieza observando que el temor de Dios conduce a la prosperidad, pero el pecado a la ruina; una verdad visiblemente ejemplificada en el pecado y el castigo de Efraín (1-3). Como agravante de su culpa, Dios les recuerda sus anteriores favores (4, 5), de los cuales habían abusado vergonzosamente (6); y que ahora los exponen a terribles castigos (7, 8). Modera, sin embargo, esas tremendas amenazas con graciosas promesas; y, si se arrepienten, se compromete a salvarlos, cuando ningún otro podría protegerlos (9-11). Pero, ¡ay! , en lugar de arrepentirse, Efraín está colmando la medida de su iniquidad (12, 13). No obstante esto, Dios promete empeñar su poder todopoderoso en beneficio de su pueblo y, por decirlo así, resucitarlos de entre los muertos (14); aunque, entretanto, ellos deban ser visitados con grandes calamidades nacionales, comparadas primero con el molesto y abrasador viento solano (15), y descritas en seguida en los términos más claros (16).

1. *Efraín... fue exaltado en Israel.* Fue grande a los ojos de Dios; se elevó en la estima divina en la proporción en que se hundió en la propia. *Pecó en Baal.* Se dio a la idolatría. *Y murió.* Cayó sobre él la sentencia de muerte de la justicia divina.

3. *Por tanto, serán como la niebla de la mañana, y como el rocío de la madrugada... como el tamo... y como el humo.* Cuatro cosas muy fáciles de ser arrastradas y disipadas, se emplean aquí para mostrar cómo serían diseminados entre las naciones, y disipados en el cautiverio.

4. *Yo soy Jehová tu Dios.* Esto es lo primero que te revelé de mí, y el primer mandamiento que te di; y te mostré que aparte de mí no había otro Salvador.

5. *Yo te conocí.* Yo "te aprobé."

7. *En el camino los acecharé.* El leopardo, el tigre y la pantera se ocultan en las espesas zarzas, cerca de donde esperan que pase alguna presa; y cuando la ven acercarse, saltan repentinamente sobre ella.

8. *Como osa que ha perdido los hijos.* Una figura que denota una ferocidad extrema. Véase II S. 17:8. *Y desgarraré las fibras de su corazón.* Todas las bestias feroces, cuando se han apoderado de su presa, buscan primero el asiento de la sangre; pues en este fluido se deleitan más que en las partes más delicadas de la carne.

10. *Dame rey y príncipes.* Refiriéndose al momento en que hicieron a un lado la teocracia divina y eligieron a Saúl en lugar de Jehová.

11. *Te di rey en mi furor.* Este fue Saúl; porque habían ofendido sobremanera a Dios cuando clamaron por un rey como tenían las naciones paganas que los rodeaban. *Y te lo quité en mi ira.* Permitió que él y los israelitas cayeran delante de los filisteos.

12. *Atada está la maldad de Efraín.* Está registrada en mi tribunal; la sentencia de muerte está guardada y será presentada a su debido tiempo.

13. *Dolores de mujer que da a luz.* Estos juicios vendrán repentina e inevitablemente.

14. *De la mano del Seol los redimiré.* En su cautiverio se los representa como muertos y sepultados, lo cual es una posición similar a la adoptada en cuanto a los judíos en la cautividad babilónica por Ezequiel, en su visión del valle de los huesos secos. *Yo seré... tu destrucción, oh Seol. Seol,* a veces traducido "sepulcro," es "el estado de los muertos". *Maveth,* que traducimos *muerte,* es el "principio de corrupción" que hace que el cuerpo no sea ya apto para ser la morada del alma, y finalmente lo descompone. El *Seol* será destruido, porque debe entregar a todos sus muertos. La *maveth* será aniquilada, porque el cuerpo resucitará incorruptible. Véase el uso que hace el apóstol de este pasaje (I Co. 15:54-55). *La compasión será escondida de mi vista.* Sobre estos puntos, "no cambiaré mi propósito"; esta es la significación de esta expresión (véase la VM.).

15. *Aunque él fructifique.* Yaphri; una paronomasia de la palabra *ephraim,* que viene de la misma raíz *parah,* "ser fructífero, brotar, germinar". *Vendrá el solano, viento de Jehová.* Así como el viento solano, o del Este, abrasa y seca toda la vegetación, Salmanasar secará y destruirá al estado israelita.

16. *Samaria será asolada.* Esta era la capital del reino israelita. Lo que sigue es una simple declaración profética de las crueldades que los asirios infligirían a ese pueblo impotente, en el saqueo de la ciudad:

CAPITULO 14

El terrible anuncio de venganza con que termina el capítulo anterior, lleva al profeta a exhortar a Israel a que se arrepienta, proporcionándole una hermosa fórmula de oración, muy adecuada para la ocasión (1-3). Luego es introducido Dios, siempre pronto a perdonar al penitente, haciendo grandes promesas de bendición, aludiendo a los copiosos rocíos que refrescan la hierba verde y que frecuentemente denotan, no sólo la salvación temporal, sino también los ricos y vivificantes consuelos del Evangelio (4-7). Se pronostica su reforma, abandonando la idolatría, y su consiguiente prosperidad, bajo el símbolo de un floreciente árbol verde (8); pero estas promesas están limitadas a aquellos que den frutos de justicia, y se declara que los impíos no tendrán parte en las mismas (9).

1. *Vuelve, oh Israel, a Jehová.* Estas palabras pueden considerarse dirigidas al pueblo ahora en cautiverio, sufriendo mucho, pero que tiene mucho más que sufrir todavía, si no se arrepiente. Pero al parecer todos esos males todavía podrían ser evitados, aunque están predichos tan positivamente, si el pueblo se arrepiente y se vuelve; y la misma exhortación a arrepentirse muestra que todavía tenían poder para hacerlo, y que Dios estaba listo para salvarlos y evitarles todos esos males.

3. *No montaremos en caballos.* —No volveremos a fijar nuestra esperanza en la orgullosa caballería egipcia, para que nos libre de la mano de los enemigos a quienes tu divina justicia nos ha entregado.

4. *Yo sanaré su rebelión.* Aquí está la respuesta de Dios a estas oraciones y resoluciones.

8. *¿Qué más tendré ya con los ídolos?* La conversión de Efraín es ahora tan completa como sincera. Dios lo oye y lo observa. *Yo seré a él como el haya verde.* Tal vez estas palabras debieran unirse a las anteriores, como lo ha hecho Newcome, como parte del discurso de Dios a Efraín. "Yo lo he oído, y lo he visto como un haya verde."

EL LIBRO DE

JOEL

Joel, hijo de Petuel, era de la tribu de Rubén y de la ciudad de Betorán, o más bien Betarán. Profetizó en el reino de Judá, y algunos críticos opinan que su aparición no tuvo lugar hasta después de la traslación de las diez tribus y la destrucción del reino de Israel. No sabemos en qué año empezó a profetizar, ni el año en que murió. Habla de una gran hambre y de una invasión de langostas, que arrasó a Judea; pero como éstos son males corrientes en aquella región, no podemos inferir nada que permita fijar el período particular de la profecía de Joel.

Los hebreos sostienen que Joel profetizó durante el reinado de Manasés, hipótesis que parece apoyada por algunas circunstancias colaterales. Bajo la idea de un ejército enemigo, el profeta representa una nube de langostas que en sus días cayó sobre Judea y causó una gran desolación. Esto, junto con las orugas y la sequía, trajo una terrible hambre sobre la tierra. Dios, conmovido por las calamidades y las oraciones del pueblo, dispersó las langostas y el viento las arrojó al mar. Estas calamidades fueron seguidas por abundancia y fertilidad. Después de esto, el profeta predijo el día del Señor y la venganza que éste ejercería en el valle de Jezreel. Habla del maestro de justicia, que Dios enviaría; y del Espíritu Santo, que descendería sobre toda carne. Dice que Jerusalén será habitada para siempre: que de allí saldrá la salvación; y que cualquiera que invocare el nombre del Señor será salvo. Todo lo cual se relaciona con el nuevo pacto y la época del Mesías.

CAPITULO 1

Este capítulo y el comienzo del siguiente contienen una doble profecía, aplicable en su sentido primario a una plaga de langostas que devoraría la tierra y sería acompañada por una severa sequía y hambre; y en su sentido secundario denota la invasión caldea. Ambos sentidos deben ser admitidos: pues algunas de las expresiones se aplicarían únicamente a la invasión de insectos; otras, a la desolación causada por la guerra. La contextura de ambos es bella y bien conducida. En este capítulo se describe vigorosamente la miseria de toda clase de personas; no sólo la faz de la naturaleza languidece cuando el Dios de la naturaleza está enfadado (1-19); las mismas bestias del campo son representadas, en una figura atrevida, suplicando a Dios en su aflicción y reprochando la insensatez del hombre (20).

2. *¿Ha acontecido esto en vuestros días?* Comienza muy abruptamente; y antes de proponer su tema, excita la atención y alarma insinuando que está por anunciar sucesos calamitosos, tales como el más anciano entre ellos no ha visto jamás, ni ninguno de ellos ha aprendido de las historias de tiempos antiguos.

3. *De esto contaréis a vuestros hijos.* Sigue ocultando el tema, para aumentar el efecto, y les informa de que la cosa es tal que será transmitida de padres a hijos a través de todas las generaciones.

4. *Lo que quedó de la oruga.* Aquí empieza a revelar el mensaje, y las palabras que escoge muestran que va a anunciar la devastación de la tierra por las langostas, y una gran hambre consecuencia de sus depredaciones. No es fácil determinar qué insectos son, precisamente, los que menciona. Daré las palabras del original, con sus etimologías.

La *oruga*, es la traducción probable de *gazam*, de la misma raíz que "cortar corto"; porque corta las hojas de los árboles para alimentarse. La *langosta*, *arbeh*, de *rabah*, "multiplicar," por la inmensa multiplicación de este insecto. *Revoltón*, *yelek*, de *lak*, "lamer". *Chasil*, de *chasal*, "consumir," "devorar": el consumidor; también "oruga". El obispo Newcome traduce el primero: "saltamontes," el segundo: "langosta"; el tercero: "langosta devoradora" y el cuarto "langosta consumidora". Después de todo lo que han dicho los intérpretes acerca de estos cuatro animales, mi opinión es que la *arbeh*, o langosta propiamente dicha, es también la *gazam*, la *yelek* y la *chasil;* y que el profeta emplea aquí estos diferentes nombres para referirse a la langosta en sus diferentes estados, desde el embrión hasta el insecto totalmente desarrollado. V.l.e.s. el cap. 2:2.

5. *Despertad, borrachos.* La destrucción general de la vegetación por estas criaturas

devoradoras ha impedido tanto la vendimia como las cosechas. Es bien sabido que los daños que causan las langostas en las vides impiden la vendimia durante varios años subsiguientes.

6. *Pueblo fuerte . . . subió a mi tierra.* No cabe duda de que se refiere a verdaderas langostas; pero se cree que ésta puede ser una profecía doble, y que también puede referirse a la destrucción llevada a cabo por los caldeos, y que las cuatro clases de langostas mencionadas podrían significar los cuatro ataques de éstos contra Judea. El primero en el último año de Nabonassar (padre de Nabucodonosor) que fue el tercero de Joacim; el segundo, cuando Joacim fue tomado prisionero en el decimoprimer año de su reinado; el tercero, en el año noveno de Sedecías; y el cuarto, tres años después, cuando Nabucodonosor destruyó a Jerusalén. Otros dicen que puede tratarse de cuatro potencias que fueron enemigas de los judíos: (1) La *oruga,* los asirios y caldeos. (2) El *saltón,* los persas y medos. (3) El *revoltón,* los griegos, y particularmente Antíoco Epífanes. (4) La *langosta,* los romanos.

7. *Asoló mi vid.* Las langostas han co.. .o las hojas y la corteza, *chasoph chasaphah,* "el campo está asolado," v. 10; y *kesod mishshaddai,* "destrucción por el Todopoderoso," v. 15; son todas paronomasias en las cuales este profeta parece deleitarse.

9. *Desapareció . . . la ofrenda y la libación.* Destruidas las mieses y las vides por la langosta, se hace referencia a la devastación total de los plantíos, los árboles, el trigo, etc., con una notable variedad de expresiones, en éste y el siguiente versículo.

14. *Convocad . a asamblea.* Esta cláusula debiera traducirse: "consagrad ayuno, proclamad un tiempo de restricción," esto es, de abstinencia total de alimentos y de toda ocupación secular. Todos los ancianos de la tierra y los representantes del pueblo debían congregarse en el templo para clamar al Señor, confesar sus pecados, y pedir misericordia. El templo aún no había sido destruido. Esta profecía fue pronunciada antes de la cautividad de Judá.

18. *¡Cómo gimieron las bestias!* ¡Cómo *relinchan* los caballos! ¡Cómo *rebuznan* los asnos!

19. *A ti, oh Jehová, clamaré.* Venga como viniere esta calamidad, hemos pecado y debemos humillarnos delante de Dios. *Fuego consumió los pastos.* Esto puede referirse o a una sequía, o a los efectos de las langostas.

20. *Las bestias del campo bramarán también a ti.* Aun el ganado, salvaje y manso, es representado suplicando a Dios que tenga misericordia de ellos y les envíe sustento. Una descripción similar de los desastrosos efectos de una sequía, se encuentra en Jer. 14:6.

CAPITULO 2

El profeta lanza la alarma de una terrible calamidad, cuya descripción está terriblemente desarrollada (1-11). Exhortación al arrepentimiento, el ayuno y la oración para que sea evitado el juicio divino (12-17). A su tiempo, Dios se vengará de todos los enemigos de la religión pura y sin mácula (18-20). Gran prosperidad de los judíos después de su retorno del cautiverio babilónico (21-27). Joel hace luego una elegante transición al derramamiento del Espíritu Santo el día de Pentecostés (28-30); porque así explica estos versículos uno de los doce apóstoles del Cordero. Véase Hch. 2:16-21. Profecía concerniente a la destrucción de Jerusalén, que habría de producirse poco después del comienzo de la dispensación del Evangelio (31). Promesas de seguridad para los fieles y penitentes; promesas cumplidas después notablemente para los cristianos en su huida a Pella de la espada desoladora del ejército romano (32).

1. *Tocad trompeta en Sion.* Este versículo también muestra que todavía existía el templo. Todas las asambleas del pueblo se reunían al son de trompetas. *Porque viene el día de Jehová.* Esta frase generalmente significa un día de juicio o castigo.

2. *Día de tinieblas,* etc. Desde el v. 2 hasta el 11 se describen los estragos de las langostas, y en el 20 su destrucción. El doctor Shaw, que vio langostas en Berbería en 1724 y 1725 las describe así: "Las que yo vi en 1724 y 1725 eran mucho más grandes que nuestro saltamontes común; tenían alas manchadas de marrón y piernas y cuerpo de un amarillo brillante. Su primera aparición fue hacia fines de marzo, después de haber soplado por algún tiempo el viento del sur. A mediados de abril su número había aumentado tan enormemente que, en el calor del día, formaban grandes y numerosos enjambres; volaban por los aires como una sucesión de nubes, y, como dice el profeta Joel (2:10), oscurecían el sol. En el mes de mayo, cuando los ovarios de esos insectos estaban maduros y turgentes, cada uno de esos enjambres empezó a desaparecer gradualmente, y se retiraron a las planicies, donde depositaron sus huevos. Ni bien habían éstos hecho eclosión en junio, cuando cada una de esas camadas se congregó en un cuerpo compacto de un estadio cuadrado o más, y, marchando inmediatamente en dirección al mar, no dejaron que se les escapara nada, comieron todo lo que era verde y jugoso, no sólo los vegetales de menor importancia, sino también la vid, la higuera, el granado, la palma y el manzano y aun todos los árboles del campo (Jl. 1:12); y lo hacían conservando sus filas como un ejército; trepaban a medida que avanzaban, cualquier árbol o pared que encontraran en el camino. Más aún, entraban en nuestras casas y nuestros dormitorios, como otros tantos ladrones. Los pobladores, para detener su avance, hacían una variedad de fosos y trincheras en sus campos y jardines, que llenaban de agua; o también amontonaban en ellos malezas, rastrojo y otros materiales combustibles, a los cuales prendían fuego al aproximarse las langostas. Pero de nada ser-

vía, pues las trincheras pronto se llenaban, y los fuegos se apagaban, al sucederse unos a otros infinitos enjambres; míentras la vanguardia no tomaba en cuenta el peligro, la retaguardia avanzaba tan cerca que hacía imposible toda retirada. Un día o dos después que se ponía en movimiento una de estas camadas, ya habían nacido otras dispuestas para marchar y espigar detrás de ellas; comiendo hasta la corteza y las ramas tiernas de los árboles que antes habían escapado perdiendo solamente su fruto y su follaje. Muy justamente han sido comparadas por el profeta Joel (2:3) a un gran ejército; quien además observa que 'como el huerto del Edén será la tierra delante de él, y detrás de él como desierto asolado'."

Día de tinieblas. A veces oscurecen el sol. *Sobre los montes se extiende como el alba.* Aparecían repentinamente: como el sol, al levantarse detrás de las montañas, lanza sus rayos sobre ellas.

3. *Delante de él devorará fuego.* Consumen como una conflagración general. "No sólo consumen el suelo por el momento, sino que abrasan los árboles por dos años." *Sir* Hans Sloane, *Nat. Hist. of Jamaica,* t. I, p. 29. *Tras de él abrasará llama.* "Dondequiera que se alimentan," dice Ludolf en su *History of Ethiopia,* "lo que dejan parece abrasado por el fuego". *Ni tampoco habrá quien de él escape.* "Después de devorar los pastos," dice Adamson, "con los frutos y las hojas de los árboles, atacaron hasta las ramas y la misma corteza, ni siquiera perdonaron a las cañas con que estaban techadas las chozas".

4. *Como aspecto de caballos.* La cabeza de la langosta se parece notablemente a la de un caballo. Por este motivo los italianos la llaman *cavaletta,* caballería.

5. *Como estruendo de carros.* Bochart observa: "Las langostas al volar hacen un ruido que se oye a seis millas de distancia, y mientras están comiendo los frutos de la tierra, el sonido parece el de un incendio impulsado por el viento."

6. *Se pondrán pálidos todos los semblantes.* La lamentación será universal, porque saben que es una plaga irresistible.

7. *Como valientes... como hombres de guerra* (y *como gente de a caballo,* v. 4). El profeta no dice que lo sean, pero se parecen a éstos. *No torcerá su rumbo.* Véase el relato del Dr. Shaw sobre el v. 2.

8. *No se herirán.* Tienen como una cota de malla, de escamas duras; pero la expresión se refiere a la inutilidad total de todos los medios para impedir sus depredaciones. Véase más arriba el relato del Dr. Shaw.

10. *Temblará la tierra... se estremecerán los cielos.* Expresiones poéticas para indicar nuestra universal consternación y zozobra. *El sol y la luna se oscurecerán.* Bochart dice que "a veces su multitud es tan inmensa que oscurecen el cielo por el espacio de doce millas".

11. *Y Jehová dará su orden.* Una fuerza tan poderosa parece conducida por el Todopoderoso, y el estruendo que hace al avanzar anuncia su aproximación, mientras todavía está lejos.

12. *Convertíos a mí.* Se recomiendan tres formas de conversión: ayuno, lloro y lamento, es decir, continua pena.

13. *Rasgad vuestro corazón.* No os limitéis meramente a rasgar vuestros vestidos, sino que vuestros corazones estén verdaderamente contritos. *Que se duele del castigo.* Está siempre dispuesto a "cambiar su propósito" de destruir, cuando halla que el culpable está dispuesto a ser salvo.

14. *Quién sabe si volverá.* El puede todavía interponerse y apartar la calamidad amenazada, y preservar la tierra de los depredadores para que haya alimento para los hombres y el ganado, y suficientes ofrendas para el servicio del templo. Por consiguiente...

15. *Tocad trompeta.* No perdáis tiempo, haced sonar la alarma.

16. *Congregad a los niños.* Participen todos en la humillación, porque todos deben sentir que debe venir el juicio. Que nadie, de ningún estado o condición, del pueblo, quede exento. Los ancianos, los jóvenes, los niños, el novio y la novia, todos salgan de sus casas y acudan al templo.

17. *Entre la entrada y el altar lloren los sacerdotes.* El altar de los holocaustos estaba delante del pórtico del templo (II Cr. 8:12) y entre ellos había un espacio abierto de quince o veinte codos. Allí era donde los sacerdotes se postraban en tales ocasiones. *Y digan.* La siguiente era la fórmula que debían usar en esta ocasión: "Perdona a tu pueblo." Y si lo hacían con corazones rasgados, "Jehová, solícito por su tierra, perdonará a su pueblo" (v. 18). Seguramente os salvará, si os volvéis seriamente a El y le buscáis penitentemente.

20. *Y haré alejar de vosotros al del norte.* "Esto es, a las *langostas;* que podían entrar en Judea por el *norte.* O que podían ser designadas de esta manera porque difundían el terror como los ejércitos *asirios,* que entraban en Judea por el *norte.* Véase Sof. 2:13." —Newcome. Siria, que estaba al norte de Judea por un viento del norte, en los días de Joel; pues Dios promete cambiar el viento y llevarlas a una tierra desierta y desolada, Arabia Desértica. "Su faz será hacia el Mar Oriental," es decir, el Mar Muerto, que está hacia el Este de Jerusalén. "Y su fin al Mar Occidental," es decir, el Mediterráneo.

Y exhalará su hedor. Después de haber sido ahogadas a millones en el Mediterráneo, el reflujo de la marea a menudo las traía de vuelta y las arrojaba en montones en la orilla, donde se podrían, de tal manera que inficionaban el aire y producían pestilencia, por la cuai habían muerto multitud de hombres y ganado. Véase Bochar, *Hieroz*, vol. II, p. 481.

Livio, y San Agustín después de él, relatan que en Africa era tal la multitud de langostas que, después de haber comido toda la vegetación, se levantó un viento que las llevó al mar, donde perecieron; pero siendo arrojadas a la orilla, se pudrieron y provocaron tal pestilencia que murieron de ella ochenta mil hombres en el reino de Massinissa y treinta mil en la guarnición de Utica, en la cual sólo quedaron vivos diez. Véase Livio, lib. XC, y Agustín, *De civitate Dei*, lib. IV, cap. 31. *Porque hizo grandes cosas.* O, *ki,* "aunque" hizo grandes cosas, o "después" que las hizo, es decir, en la destrucción casi total del país.

21. *No temas... porque Jehová hará grandes cosas.* Se repiten las palabras del versículo anterior; Jehová hará grandes cosas al expulsarlos y restaurar sobrenaturalmente la fertilidad de la tierra.

23. *La primera lluvia a su tiempo. Hammoreh litsedakah,* "la primera lluvia en justicia," es decir, en su debido tiempo y en justa proporción. Esta lluvia caía después del otoño, la otra en primavera. Véase Os. 6:3.

25. *Y os restituiré los años.* Se ha señalado ya que las langostas no sólo destruían el producto del año, sino que comían tan completamente todos los brotes y descortezaban los árboles, de modo que tardaban varios años en reponerse. Aquí Dios promete impedir o remediar ese mal; porque El restauraría los años que la oruga, el saltón, el revoltón y la langosta habían comido.

26. *Alabaréis el nombre de Jehová vuestro Dios, el cual hizo maravillas con vosotros.* Al destruir este formidable enemigo y restaurar tan milagrosamente la fertilidad de la tierra, después de tan grande devastación.

28. *Y después de esto.* "Después de esto," dice Kimchi, es lo mismo que "en los últimos días," que siempre se refiere a los "días del Mesías"; y de este modo debe ser interpretada la profecía: tenemos el testimonio de San Pedro (Hch. 2:17) de que esta profecía se refiere a esa poderosa efusión del Espíritu Santo que tuvo lugar el día de Pentecostés. *Profetizarán vuestros hijos y vuestras hijas.* "Predicarán" —exhortarán, orarán e instruirán, a fin de beneficiar a la Iglesia.

29. *Y también sobre los siervos y sobre las siervas.* Los dones de enseñar e instruir a los hombres no estarán restringidos a ninguna clase u orden de personas. Y esto Dios lo ha hecho y lo sigue haciendo todavía. Abandonó la línea de Aarón y tomó sus apóstoles, sin distinción, de cualquier tribu. Pasó por alto el orden regular de los sacerdotes, y las escuelas públicas de los doctores más celebrados, y tomó sus evangelistas de entre los pescadores, fabricantes de tiendas y aun de los cobradores de impuestos romanos. Y, finalmente, pasó por alto las tribus judías y tomó los gentiles convertidos y los hizo predicadores de la justicia a los habitantes de toda la tierra.

30. *Prodigios en el cielo y en la tierra.* Esto se refiere a aquellas terribles visiones, terribles portentos y destructiva conmoción por las cuales finalmente fue derrotada la política judía y establecida la religión cristiana en el imperio romano. Véase cómo aplica nuestro Señor esta profecía (Mt. 24:29).

31. *El sol se convertirá en tinieblas.* La política civil y eclesiástica judía será enteramente destruida. *Antes que venga el día grande y espantoso de Jehová.* En la toma y saqueo de Jerusalén y la quema del templo, por los romanos, bajo Tito, hijo de Vespasiano.

32. *Porque en el monte de Sion y en Jerusalén.* Nuestro bendito Señor empezó a predicar el Evangelio en el monte de Sion, en el templo, y en toda Jerusalén. Allí formó su Iglesia y de allí envió a sus apóstoles y evangelistas a todas partes del globo.

CAPITULO 3

Algunos piensan que la profecía de este capítulo se refiere a los últimos tiempos del mundo, cuando Dios finalmente librará a su pueblo de todos sus enemigos; y hay que confesar que las figuras empleadas son tan elevadas que hacen imposible restringir toda su importancia a cualesquiera acontecimientos anteriores al comienzo de la era cristiana. Toda la profecía está proferida en una hermosa vena poética; pero hasta ahora es muy incierto a qué acontecimientos se refiere (1-21).

1. *Porque he aquí que en aquellos días.* Según la profecía precedente, la época a que se refiere es la época del Evangelio, o la que le precedió inmediatamente. *Haré volver la cautividad de Judá y de Jerusalén.* Esto puede referirse al retorno de la cautividad babilónica.

2. *Al valle de Josafat.* No existe tal valle en la tierra de Judea, de modo que ésta debe ser una expresión simbólica. Significa "el juicio de Dios" o "Jehová juzga"; y puede referirse a algún lugar en que Nabucodonosor ganaría una gran batalla que derrotaría completamente a los antiguos enemigos de los judíos, y recuerda la victoria que Josafat obtuvo sobre los amonitas, los moabitas y los edomitas (II Cr. 20:22-26). *Y repartieron mi tierra.* Las naciones mencionadas habían entrado frecuentemente en los territorios de Israel y se habían dividido entre ellas las tierras que así habían invadido. Mientras los judíos estuvieron en el cautiverio, los filisteos y otras naciones que lindaban con Judea se habían apoderado de mucha de la tierra de Israel, ocupándola.

3. *Y dieron los niños por una ramera.* A tan desgraciadas circunstancias se habían visto reducidos los pobres judíos en su cautiverio, que sus hijos eran vendidos por sus opre-

sores; y tanto varones como mujeres, empleados para los más viles propósitos. Esto podría también referirse al resultado de la guerra de los caldeos en Judea, donde los cautivos fueron divididos entre los triunfadores. Habiéndolos reunido en grupos, echaron suertes sobre ellos, y a los que salieron sorteados los vendieron con distintos propósitos; los muchachos para ser esclavos y sodomitas, las muchachas para la prostitución; y en pago recibieron vino y cosas semejantes. Creo que es a esto a lo que se refiere el texto.

4. *¿Qué tengo yo con vosotros...?* ¿Por qué se han unido los tirios y los sidonios con sus otros enemigos, para oprimir a mi pueblo? *¿Queréis vengaros?* ¿Pensáis vengaros así del Todopoderoso, desquitaros de Dios?

5. *Habéis llevado mi plata y mi oro.* Los caldeos habían saqueado el templo, llevándose los vasos sagrados, y los habían puesto en el templo de su dios en Babilonia.

6. *Vendisteis... a los hijos de los griegos.* Estos eran los descendientes de Javán (Gn. 10:2-5). Y con ellos traficaban los tirios (Ex. 27:19). *Para alejarlos de su tierra.* Queriendo enviarlos lo más lejos posible, para que les fuera imposible volver a reclamar la tierra de la cual los habíais despojado.

7. *He aquí yo los levantaré.* Yo encontraré el medio para traerlos de vuelta al lugar de donde los vendisteis, y ellos se vengarán sobre vosotros de las penurias que han soportado. Se dice que Alejandro y sus sucesores pusieron en libertad a muchos judíos que habían sido vendidos a Grecia. Y es probable que muchos retornaran de diferentes países al publicarse el edicto de Ciro.

8. *Y venderé vuestros hijos.* Cuando Alejandro tomó a Tiro, redujo a la esclavitud a todo el pueblo bajo y a las mujeres.

9. *Proclamad guerra.* Que se unan todos los enemigos de Dios y de su pueblo; que llamen a todos los labradores en su ayuda, en lugar de trabajar en el campo; que cada paisano se convierta en un soldado. Que conviertan sus herramientas agrícolas en armas ofensivas, de modo que los débiles, al estar bien armados, digan confiadamente: *Fuerte soy;* con todo, cuando estén así reunidos y armados, "Jehová derribará a tus fuertes"; pues así es como debiera traducirse la cláusula del v. 11.

12. *Despiértense las naciones.* Las naciones "serán despertadas". *Valle de Josafat.* Cualquier lugar que Dios escoja para desplegar su juicio contra sus enemigos.

13. *Echad la hoz.* La destrucción de sus enemigos se representa aquí bajo la metáfora de la siega y de la vendimia y la molienda de la uva en el lagar.

14. *Muchos pueblos.* Hamonim, hamonim, "multitudes, multitudes," en el valle de decisión: lo mismo que el valle de Josafat, el lugar donde Dios ha de ejecutar su juicio sobre sus enemigos.

15. *El sol y la luna se oscurecerán.* Estados fuertes y poderosos serán eclipsados y reducidos a ruinas, y las *estrellas* —pequeños estados, príncipes y gobernadores— *retraerán su resplandor;* retirarán su influencia y tributo a los reinos a los que pertenecían y se establecerán como gobernadores independientes.

16. *Jehová rugirá desde Sion.* Su culto y su templo serán restablecidos allí, y desde allí El anunciará su juicio contra las naciones. *Temblarán los cielos y la tierra.* Habrá grandes conmociones en los poderosos imperios y sus dependencias; pero en todas estas cosas su pueblo no será conmovido, porque Dios será su esperanza y su fortaleza.

17. *Y conoceréis.* Por el juicio que Yo ejecute sobre vuestros enemigos, y el sostén que os dé a vosotros, que soy el triunfante Jehová; y que he vuelto a ocupar mi residencia en Jerusalén. Todo esto puede referirse, últimamente, a la restauración de los judíos a su tierra; cuando su lema será "Santidad al Señor"; y no se permitirá entrar en la ciudad ningún dios extraño, ni gente impura, ni siquiera pasar por ella. Esto, creo, debe referirse a la época del Evangelio.

18. *En aquel tiempo.* Después de su retorno del cautiverio. *Los montes destilarán mosto.* Una imagen poética de una gran fertilidad. *Y por todos los arroyos de Judá.* Lejos de estar generalmente secos en verano, sus lechos estarán llenos de agua.
Y saldrá una fuente de la casa de Jehová. Véase el relato de las aguas simbólicas en Ez. 47, al cual parece haber aquí una referencia; al menos el tema es el mismo, y parece señalar a la gracia del Evangelio, las aguas de salvación, que fluirán de Jerusalén y regarán el valle de *Sitim.* Sitim estaba en las llanuras de Moab al otro lado del Jordán (Nm. 33:49; Jos. 3:1), pero como ninguna corriente de agua podía brotar del templo, cruzar el Jordán o llegar a esta llanura, *el valle de Sitim* debe ser considerado simbólicamente, como el valle de Josafat. Pero como *Sitim* puede significar "espinas," puede representar figuradamente la recepción del Evangelio de Cristo por parte de los habitantes más salvajes y feroces de la tierra, que se civilizarían y serían salvos por él. Sabemos que las zarzas y espinas son emblemas de los hombres malos (véase Ez. 2:6). De modo que todas las figuras de este versículo señalan a los tiempos felices del Evangelio.

19. *Egipto será destruido.* Mientras la paz, la abundancia y la prosperidad de toda clase coronarán a mi pueblo, todos sus enemigos serán como un yermo; y aquellos que han usado de la violencia contra los santos de Dios y derramado la sangre de los inocentes (los santos mártires) en su tierra, cuando

tenían poder político; ésos y todos los que sean como ellos caerán bajo los justos juicios de Dios.

20. *Pero Judá será habitada para siempre.* La verdadera Iglesia de Cristo será sostenida, mientras todas las iglesias falsas y perseguidoras serán aniquiladas. La promesa puede tener que ver también con la restauración final de los judíos, cuando habitarán en Jerusalén como un pueblo distinto, profesando la fe de nuestro Señor Jesucristo.

21. *Y limpiaré la sangre.* "Yo vengaré" el martirio y la matanza de mi pueblo, al cual "todavía no he vengado".

EL LIBRO DE

AMOS

Amós era del pueblecito de Tecoa, en la tribu de Judá, a unas cuatro leguas al sur de Jerusalén. Sin embargo, no hay pruebas de que fuera nativo de ese lugar; sólo se sabe que se retiró allí cuando fue expulsado de Bet-el, que estaba en el reino de las diez tribus. Es muy probable que hubiera nacido en territorio de Israel, y que su misión estuviera dirigida principalmente a este reino.

Mientras estaba profetizando en Bet-el, donde estaban los becerros de oro, en el reino de Jeroboam II (783 antes de Jesucristo), Amasías, el sumo sacerdote de Bet-el lo acusó ante el rey Jeroboam, diciendo: "Amós se ha levantado contra ti en medio de la casa de Israel, la tierra no puede sufrir todas sus palabras. Porque así ha dicho Amós: Jeroboam morirá a espada, e Israel será llevado de su tierra en cautiverio." Y a Amós le dijo Amasías: "Vidente, vete, huye a tierra de Judá, y come allá tu pan y profetiza allá; y no profetices más en Bet-el, porque es santuario del rey y capital del reino."

La respuesta de Amós a Amasías fue: "No soy profeta, ni soy hijo de profeta, sino que soy boyero, y recojo higos silvestres. Y Jehová me tomó de detrás del ganado, y me dijo: Ve y profetiza a mi pueblo Israel."

Después de esto el profeta se retiró al reino de Judá y habitó en el pueblo de Tecoa, donde continuó profetizando. En muchos lugares se queja de la violencia que se le hizo, tratando de obligarlo a guardar silencio, y clama amargamente contra los desórdenes de Israel.

Empezó a profetizar en el segundo año antes del terremoto que se produjo en el reinado de Uzzías, y que Josefo, con la mayoría de los comentaristas antiguos y modernos, atribuye a que este príncipe usurpó la función sacerdotal al intentar ofrecer incienso al Señor.

Las primeras de sus profecías, en el tiempo, son las del capítulo 7. Las otras las pronunció en el pueblo de Tecoa, cuando se retiró allí. Sus dos primeros capítulos son contra Damasco, los filisteos, los tirios, los edomitas, amonitas y moabitas, el reino de Judá y el de las diez tribus. Los males con que los amenaza se refieren a las épocas de Salmanasar, Tiglat-pileser, Senaquerib y Nabucodonosor que causaron tanto daño a estas provincias y finalmente llevaron a los israelitas en cautiverio.

Predijo los infortunios en que caería el reino de Israel después de la muerte de Jeroboam II, que vivía entonces. Predijo la muerte de Zacarías; la invasión de las tierras pertenecientes a Israel por Pul y Tiglat-pileser, reyes de Asiria; y habla de la cautividad de las diez tribus y de su retorno a su país. Lanza agudas invectivas contra los pecados de Israel; contra su molicie y su avaricia, su dureza contra los pobres, el esplendor de sus edificios y el refinamiento de sus mesas. Reprende al pueblo de Israel por acudir a Bet-el, Dan, Gilgal y Beerseba, que eran los más famosos lugares de peregrinación de la región, y por jurar por los dioses de esos lugares.

CAPITULO 1

Este capítulo anuncia el juicio de las naciones que rodeaban a Palestina, enemigas de los judíos, a saber, los sirios (1-5); los filisteos (6-8); los tirios (9, 10); los edomitas (11, 12) y los amonitas (13-15). Los mismos juicios fueron predichos por otros profetas y cumplidos, en parte por los reyes de Asiria y en parte por los de Babilonia; aunque, como muchas otras profecías, se cumplieron gradualmente y en diferentes períodos. La profecía contra los sirios, cuya capital era Damasco, fue cumplida por Tiglat-pileser, rey de Asiria (véase II R. 16:9). La profecía contra Gaza de los filisteos fue cumplida por Ezequías (II R. 18:8); por Faraón (Jer. 47:1); y por Alejandro Magno (véase Quintius Curtius, lib. IV, cap. 6). La profecía contra Asdod fue cumplida por Uzzías (II Cr. 26:6); y la contra Ascalón, por Faraón (Jer. 47:5). Toda Siria fue también subyugada por Faraón Necao, y luego por Nabucodonosor, quien tomó también a Tiro, como después lo hizo Alejandro. Nabucodonosor subyugó también a los edomitas (Jer. 25:9, 21; 27:3, 6). Judas Macabeo descalabró a los restos de ellos (I Mac. 5:3) e Hircano los redujo a completa sumisión. Asimismo los amonitas fueron conquistados por Nabucodonosor. El terremoto que el profeta menciona en su era es tal vez el que se menciona en Zac. 14:5 y también en Is. 5:25. Josefo lo atribuye a que Uzzías invadió la función sacerdotal (véase II Cr. 26:16).

1. *Las palabras de Amós.* Esta persona y el padre de Isaías, aunque en nuestras versiones se escriben en forma semejante, eran tan diferentes en su nombre como en sus personas. El padre de Isaías, *Amoz;* el profeta que consideramos, *Amós.* El primero se deletrea: *alef, mem, vau, tsaddi;* el segundo, *ain, mem, vau, samech.* Uno de los pastores de Tecoa. Parece haber pertenecido a los niveles más bajos de la sociedad, un boyero, alguien que cuidaba el ganado de *otros* en campo abierto, y que recogía *higos silvestres.* Cualquiera fuera su especie, aunque fueran una clase de higos, es evidente que era una fruta silvestre; y probablemente la recogiera para su propia subsistencia, o por encargo de su amo, o para aumentar sus magros ingresos.

Antes del terremoto. Probablemente el mismo a que se hace referencia en Zac. 14:5.

2. *Jehová rugirá desde Sion.* Esta introducción era natural en boca de un boyero familiarizado con el rugir de los leones, el mugir de los bueyes y el bramido del ganado. El rugido del león en la selva es uno de los sonidos más terribles de la naturaleza; cuando está cerca, infunde terror tanto en los hombres como en las bestias.

El *Carmelo* era una montaña muy fértil en la tribu de Judá (Jos. 15:55; Is. 35:2).

3. *Por tres pecados de Damasco, y por el cuarto.* Estas expresiones de *tres* y *el cuarto,* repetidas tan a menudo en este capítulo, significan repetición, abundancia y cualquier cosa que se exceda. "Muy, muy en exceso"; y así era usada entre los poetas griegos y latinos. Véase la apasionada exclamación de Ulises en la tempestad (*Odisea,* lib. V, v. 306):

"¡Tres veces, felices griegos! y *cuatro veces* quienes fueron muertos, en la causa de Atreo, sobre la llanura de Troya."

Damasco. Era la capital de Siria.

4. *Ben-adad.* Era el hijo y sucesor de Hazael. Véase las crueldades a que sujetó a los israelitas (II R. 10:32; 13:7 y sgs.); y especialmente II R. 8:12, donde se predicen esas crueldades. El *fuego* con que aquí se amenaza es la guerra que Jeroboam II libró con tanto éxito contra los sirios, en la cual tomó a Damasco y Hamat y reconquistó todas las antiguas posesiones de Israel. Véase II R. 14:25, 26, 28.

5. *Los cerrojos de Damasco.* La fortaleza de las puertas de Damasco eran unas fuertes barras atravesadas de pared a pared. Yo las abriré; y las puertas fueron forzadas y la ciudad tomada, como se menciona. *El valle de Avén . . . Bet-edén.* El *valle de Avén,* o *Birkath-Avén,* dice Calmet, es una ciudad de Siria llamada actualmente Baal-Bek, y por los griegos Heliópolis, y está situada en el extremo del largo valle que se extiende de sur a norte entre el Líbano y el Ante-Líbano. Y el

pueblo de Siria será transportado a Kir. Se supone que Kir es la región de Cirene, en Albania, sobre el río Ciro que desemboca en el Mar Caspio. El cumplimiento de esta profecía puede verse en II R. 16:1-9.

6. *Porque llevó cautivo.* Es bien sabido que Gaza era uno de los cinco señoríos de los filisteos; está en la costa del Mar Mediterráneo, cerca de Egipto. La *cautividad* aquí mencionada puede referirse a las incursiones e invasiones de los filisteos en tiempos de paz. Véase II Cr. 21:16.

9. *Tiro.* Véase Ez. 26, 27 y 28. *Pacto de hermanos.* Esto posiblemente se refiera a la liga amistosa entre Salomón e Hiram, rey de Tiro (I R. 5:12); pero algunos sostienen que lo de "pacto de hermanos" tiene que ver con el hecho de que los dos pueblos descendían de los dos hermanos, Jacob y Esaú.

10. *Prenderé fuego en el muro de Tiro.* El fuego destructor o el sitio de Nabucodonosor, que duró trece años y terminó con la destrucción de la antigua ciudad; véase Ez. 26:7-14. Finalmente, Alejandro terminó de arruinarla.

11. *Por tres pecados de Edom.* Es bien sabido que los edomitas fueron siempre enemigos implacables de los judíos; pero muy probablemente lo que el profeta tiene en vista es la parte que tomaron en afligir a los judíos cuando Jerusalén fue sitiada y finalmente tomada por los caldeos. Véase Abd. 11-14; Ez. 25:12; 35:5; Sal. 137:7.

12. *Temán . . . Bosra.* Ciudades principales de Idumea o Edom.

13. *Los hijos de Amón.* El país de los amonitas está al este del Jordán, en las cercanías de Galaad. Su capital era *Rabá. Abrieron a las mujeres.* Esto se refiere a alguna acción bárbara bien conocida en los días de este profeta, pero de la cual no hay una mención distinta en los historiadores sagrados.

14. *Con estruendo en el día de la batalla.* Serán totalmente subyugados. Esto lo hizo Nabucodonosor. Véase Jer. 27:3, 6.

15. *Su rey irá en cautiverio.* Probablemente *Malcham* debiera ser Milcom, que era un dios principal de los amonitas; y las palabras siguientes, *él y todos sus príncipes,* pueden referirse al cuerpo sacerdotal. Véase I R. 11:33. Todos estos países fueron subyugados por Nabucodonosor.

CAPITULO 2

Pasa el profeta a declarar los juicios de Dios contra Moab (1-3); contra Judá (4, 5) y luego contra Israel, el objeto particular de su misión. Enumera algunos de sus pecados (6-8), agravados por la especial consideración de Dios hacia Israel (9-12); y en consecuencia se los amenaza con terribles castigos (13-16). Véase II R. 15:19; 17:6.

1. *Por tres. pecados de Moab, y por el cuarto.* Véase la explicación de esta fórmula (1:2). La tierra de los moabitas está al este del Mar Muerto. Para el origen de este pueblo véase Gn. 19:37. *Quemó los huesos del rey de Edom hasta calcinarlos.* Posiblemente una referencia a alguna brutalidad, tal como abrir la tumba de uno de los reyes idumeos y calcinar sus huesos. Algunos suponen que se trata de una referencia al hecho mencionado en II R. 3:26, cuando los reyes de Judá, Israel e Idumea se unieron para destruir a Moab. El rey moabita, desesperando de salvar la ciudad, tomó setecientos hombres e hizo una salida desesperada sobre el sector en que estaba el rey de Edom; y, aunque no tuvo éxito, tomó prisionero al hijo del rey de Edom y, al volver a la ciudad, lo ofreció en holocausto sobre la muralla, a fin de aterrorizar a los ejércitos sitiadores y hacerles abandonar el sitio. Otros entienden que el hijo que fue sacrificado fue el del propio rey de Moab.

2. *Los palacios de Queriot.* Esta era una de las ciudades principales de los moabitas. *Y morirá Moab con tumulto.* Todas estas expresiones parecen referirse a la toma por asalto de esta ciudad, que fue seguida por una matanza total de sus habitantes.

3. *Quitaré el juez. Shophet* puede significar el magistrado principal.

4. *Por tres pecados de Judá.* Aquí podemos darle a *tres* y el *cuarto* cualquier latitud, pues este pueblo vivió en continua hostilidad contra su Dios, desde los días de David hasta la época de Uzzías en que profetizaba Amós. Sus iniquidades se resumen bajo tres acápites generales: (1) Menospreciaron, o rechazaron, la ley de Jehová. (2) No guardaron sus ordenanzas. (3) Anduvieron en pos de mentiras, fueron idólatras y siguieron a falsos profetas más bien que a los enviados por Jehová.

5. *Prenderé... fuego a Judá.* Este fuego fue la guerra que Nabucodonosor hizo a los judíos, y que terminó con el saqueo y la quema de Jerusalén y su templo.

6-8. *Por tres pecados de Israel.* Para estar al tanto de la excesiva delincuencia de este pueblo, no tenemos más que abrir los libros históricos y proféticos en cualquier parte; pues toda la historia de los israelitas era un tejido de transgresiones contra Dios. Sus delitos son enumerados bajo los siguientes acápites: (1) Sus jueces eran mercenarios y corrompidos. (2) Eran despiadados en general con los pobres. "Pisotean en el polvo de la tierra las cabezas de los desvalidos." (3) "Tuercen el camino de los humildes." Son particularmente opresores con los débiles y los afligidos. (4) Eran licenciosos hasta el extremo más abominable; pues en las fiestas de sus ídolos, donde las jóvenes se prostituían públicamente en honor de Astarté, el padre y el hijo entraban en relaciones impuras con la misma mujer. (5) Oprimían cruelmente a los pobres; porque retenían contra-

riamente a la ley (Ex. 22:7-26), las prendas empeñadas por los pobres, que según aquélla debían serles devueltas antes de la puesta del sol. (6) Castigaban al pueblo con multas injustas y opresivas y servían en sus mesas vino comprado con esas multas. O puede entenderse que se trata de que se apropiaban el vino que les estaba permitido a los criminales para mitigar sus sufrimientos en artículo de muerte.

12. *Disteis de beber vino a los nazareos.* Esto estaba expresamente prohibido por las leyes de su institución. Véase Nm. 6:1-3.

13. *He aquí, yo os apretaré en vuestro lugar.* Mejor, "He aquí, yo apretaré vuestro lugar, como aprieta un carro lleno de gavillas".

15. *Ni el que cabalga en caballo salvará su vida.* Creo que todos estos dichos, desde el v. 13 al 16 inclusive, son proverbios que muestran la inutilidad de todos los intentos, aun en las mejores circunstancias, de escapar a la ruina ahora decretada, porque la copa de su iniquidad estaba colmada.

CAPITULO 3

Este capítulo empieza reprobando a las doce tribus en general (1, 2); y luego particularmente al reino de Israel, cuya capital era Samaria. El profeta les asegura que, mientras estuvieran en desacuerdo con Dios, sería fuera de razón que esperasen su presencia o su favor (3-8). Se llama entonces la atención de otras naciones vecinas sobre los juicios que están a punto de ser infligidos sobre la casa de Israel, que serán tan generales que sólo un pequeño remanente escapará de ellos (9-15). La imagen utilizada es vez por el profeta (véase el v. 12) y tomada de su anterior ocupación, es muy natural y significativa y no poco dignificada por el estilo y las maneras elevadas del escritor inspirado.

1. *Contra toda la familia.* Es decir, todos; tanto el reino de Israel como el de Judá. En esto están incluidas las doce tribus.

2. *A vosotros solamente he conocido.* No tomé ningún otro pueblo para que fuera mi pueblo propio. Os he "aprobado," amado, alimentado, sostenido y defendido; pero puesto que me habéis olvidado, os habéis vuelto idólatras y contaminados, Yo os castigaré. Y el castigo estará en proporción a los privilegios que habéis gozado y la gracia de que habéis abusado.

5. *¿Caerá el ave en lazo?* ¿Podréis, como pueblo pecador, caer en calamidades que yo no haya designado? *¿Se levantará el lazo... si no ha atrapado algo?* ¿Se levantará el lazo antes de que haya cazado la presa esperada? —¿Quitaré mis juicios antes de que hayan sido cumplidos totalmente?

6. *¿Se tocará la trompeta?* La señal de alarma e invasión. *¿Habrá algún mal en la ciudad?* ¿Habrá alguna calamidad pública sobre los impíos, que no sea el resultado de mi

desagrado? La palabra no significa mal moral, sino castigo por el pecado.

8. *Si el león ruge.* Dios ha lanzado una terrible alarma. *¿Quién no temerá? ¿Puede alguien oír tales anuncios de la ira divina y no temblar? ¿Quién no profetizará?* ¿Quién puede dejar de proclamar los juicios que amenazan a la nación? Pero· creo que aquí *naba* debe ser tomado en su significado natural e ideal, "orar, suplicar". El Señor ha hablado de castigo — ¿quién puede dejar de suplicar su misericordia, para que sean evitados sus juicios?

12. *De la manera que el pastor libra de la boca del león.* Apenas si escaparán algunos de vosotros, y los que lo logren será con extrema dificultad, así como el pastor, de una oveja entera arrebatada por un león, no puede recuperar más que dos de sus patas o un pedazo de una oreja, apenas lo suficiente para probar, por las marcas de esas partes, que pertenecían a una oveja de su propiedad. *Así escaparán los hijos de Israel.* Los que logren escapar lo harán con tanta dificultad y serán de tan poca utilidad, como las dos piernas y el pedazo de oreja que son arrancados de la boca del león. *En el rincón de una cama.* El *rincón,* en el Oriente, es el lugar de mayor honor, y un *lecho* o diván en el rincón de una habitación es el lugar de mayor distinción.

13. *Oíd.* Esto va dirigido al profeta.

14. *El día que castigue.* Cuando Josías hizo una reforma en la tierra, destruyó la idolatría, derribó los templos y altares que habían sido consagrados al culto de los ídolos y aun quemó los huesos de los sacerdotes de Baal y los becerros de oro sobre sus propios altares. Véase II R. 23:15 y sgs.

15. *Heriré la casa de invierno con la casa de verano.* No sólo destruiré las casas y aldeas pobres del campo, sino también las de la nobleza y los caballeros; tanto los soberbios palacios de las ciudades fortificadas en los cuales habitan durante la estación invernal, como las ligeras y elegantes moradas en que pasan la estación estival. *Y las casas de marfil.* Aquellas notables por su magnificencia y sus adornos; no hechas de marfil, sino en las cuales abundaban los vasos, adornos e incrustaciones de marfil.

CAPITULO 4

Israel es reprobado por su opresión (1-3), idolatría (4, 5), y por su impenitencia bajo la· mano castigadora de Dios (6-11). La omnisciencia y el poder indomable de Dios (12, 13).

1. *Oíd esta palabra, vacas de Basán.* Palabras completamente naturales para el boyero de Tecoa. *Basán* era famosa por la fertilidad de su suelo y por sus rebaños y manadas; y aquí el profeta representa a los inu-cuos, opulentos, holgazanes y perezosos zánganos, tanto hombres como mujeres, bajo la figura de bueyes engordados, que pronto serían llevados al matadero.

2. *Os llevarán con ganchos.* Se alude a dos maneras de pescar: (1) Con caña, línea y anzuelo cebado. (2) Con alguna clase de arpón. La primera usada para peces pequeños, que podrían representar aquí al pueblo común; la segunda, para los peces grandes. Algunos interpretan la segunda palabra como una clase de red.

3. *Y saldréis por las brechas.* Probablemente aquí se mantiene la metáfora. Serán pescados con anzuelos o con redes; y aunque hagan brechas en éstas con sus saltos al ser encerrados, serán atrapados al salir de esas brechas.

4. *Id a Bet-el, y prevaricad.* Una expresión irónica. Id a adorar vuestros becerros en Bet-el, y multiplicad vuestras transgresiones en Gilgal; el lugar en que precisamente quité el oprobio de vuestros padres, al admitirlos allí en mi pacto por medio de la circuncisión. Un lugar que debiera haber estado siempre consagrado a mí; pero que vosotros habéis profanado con enormes idolatrías. Ofreced todavía vuestros sacrificios matutinos y vespertinos a vuestros dioses insensibles; y continuad sosteniendo vuestro actual sacerdocio vicioso con los diezmos trienales regulares que hubieran debido ser empleados en mi servicio.

5. *Ofreced sacrificio de alabanza.* Al metal insensible, de quien nunca recibisteis ni podréis recibir ayuda alguna. Id más allá y llevad ofrendas de buena voluntad; testificad superabundante gratitud a vuestros dioses de metal, para quienes tenéis tan inmensas obligaciones imaginarias... *Proclamad y publicad* estas ofrendas, y encareced la perfección del objeto de vuestro culto; y ved qué pueden hacer por vosotros, cuando yo, Jehová, envíe sobre vosotros sequía y agostamiento y hambre y pestilencia y espada.

6. *A diente limpio.* Escasez de pan, como se explica inmediatamente. *Mas no os volvisteis a mí.* Esta reprensión se repite cinco veces en este capítulo; y en ellas están implícitas la gran paciencia de Dios, sus varias formas de castigo paternal, la ingratitud del pueblo y su obstinada impiedad.

7. *Tres meses antes de la siega.* Dice San Jerónimo que, desde fines de abril, cuando cae la última lluvia, hasta la cosecha, pasan tres meses, mayo, junio y julio en los cuales no llueve en Judea. Por consiguiente, la lluvia que Dios había detenido era la de los meses de primavera, especialmente abril. *Hice llover sobre una ciudad.* Para probarles que esa lluvia no era fortuita ni inevitable, Dios se había complacido en hacer estas distinciones tan evidentes.

12. *Por tanto, de esta manera te haré a ti.* Continuaré mis juicios, lucharé contra ti; y, puesto que estoy de este modo decidido,

prepárate para venir al encuentro de tu Dios, oh Israel. Esta es una expresión militar y debe ser entendida como un desafío para salir a la batalla. Como si el Señor hubiera dicho: Os voy a atacar en seguida. Poneos en guardia, convocad a vuestros ídolos para que os ayuden —y a ver hasta dónde os servirán vuestras fuerzas y las de vuestros dioses contra el brazo invencible del Señor de los ejércitos.

13. *El que forma los montes.* He aquí una vigorosa descripción de la majestad de Dios. El formó la tierra; creó el viento; conoce lo más recóndito del pensamiento; El es el Creador de la luz y las tinieblas; El camina sobre las montañas, y tiene todas las cosas debajo de sus pies. ¿Quién es el que ha hecho y puede hacer todas estas cosas? JEHOVA ELOHIM TSEBAOTH, este es su nombre. (1) El Ser. (2) El Dios que está en pacto con la humanidad. (3) El Comandante universal de todas las huestes de cielo y tierra. En el capítulo siguiente hay más ilustraciones de este nombre.

CAPITULO 5

Este capítulo comienza con un tierno y patético lamento al estilo de un cántico fúnebre, sobre la casa de Israel (1, 2). El profeta echa luego una mirada a las terribles amenazas pronunciadas contra ellos (3); los exhorta fervientemente a renunciar a sus ídolos y buscar a Jehová, de quien hace una magnífica descripción (4-9). Luego reprueba con gran calor e indignación su injusticia y sus opresiones; vuelve a exhortarlos al arrepentimiento; y refuerza su exhortación con las más terribles amenazas, pronunciadas con gran majestad y autoridad, y en figuras llenas de belleza y grandor (10-24). El capítulo termina observando que su idolatría es muy antigua, que ellos han aumentado la culpa nacional, agregando sus pecados a los de sus padres; y que su castigo, en consecuencia, debe ser proporcionalmente mayor (25-27). Anteriormente una cantidad de ellos fueron llevados cautivos a Damasco (II R. 10:32-33), pero ahora tendrán que ir más lejos, a Asiria (II R. 15:29; 17:6).

1. *Oíd esta palabra.* Escuchad este melancólico cántico que entono por la casa de Israel.

2. *La virgen de Israel.* El reino de Israel, o de las diez tribus, que fueron llevadas en cautiverio y ahora están totalmente perdidas entre las naciones de la tierra.

3. *La ciudad que salga con mil.* La ciudad que, en una emergencia, hubiera podido proporcionar fácilmente mil hombres, aptos para la lucha, ahora apenas sí puede proporcionar cien; y ahora apenas si de los cien quedan diez; tan reducido había quedado Israel cuando Salmanasar sitió y tomó a Samaria, y llevó el residuo en cautiverio.

4. *Buscadme, y viviréis.* Cesad en vuestra rebeldía contra mí; volveos a mí con todo vuestro corazón; y aunque estéis condenados a muerte, seréis rescatados y viviréis.

5. *Y no busquéis a Bet-el.* Allí estaba uno de los becerros de oro de Jeroboam, y en

Gilgal había imágenes esculpidas; ambos eran lugares en que la idolatría triunfaba. El profeta les muestra que toda esperanza de ayuda de esos lugares es vana; porque Gilgal será llevada en cautiverio y Bet-el será aniquilada. En esta cláusula hay un juego o paronomasia de letras y palabras: *haggilgal galoh yigleh, ubeith el yiheyeh leaven.* "Esta Gilgal irá cautiva en cautividad; y Bet-el (la casa de Dios) será para Bet-avén (casa de iniquidad)."

6. *Buscad a Jehová, y vivid.* Repetición del v. 4. *La casa de José.* Los israelitas de las diez tribus, las principales de las cuales eran las de Efraín y Manasés, hijos de José.

7. *Los que convertís en ajenjo el juicio.* Que pervertís el juicio, haciendo que el que gana el pleito tenga que lamentar amargamente los gastos en que ha incurrido para obtener justicia.

8. *Que hace las Pléyades y el Orión.* Véase Job 9:9; 38:32.

10. *Ellos aborrecieron al represor en la puerta.* No pueden soportar a un magistrado recto, no ejecutan las leyes justas.

11. *Vejáis al pobre.* Lo pisoteáis. *Y recibís de él carga de trigo.* Le quitáis su pan para hacerle justicia.

12. *Yo sé de vuestras muchas rebeliones.* Yo he anotado vuestros pequeños delitos lo mismo que vuestras grandes ofensas.

13. *El prudente . . . calla.* El hombre sabio considerará inútil quejarse. No puede obtener justicia si no paga cohecho, y no tiene dinero para dar; por consiguiente, en un tiempo así, lo mejor es guardar silencio.

16. *Al labrador llamarán a lloro.* Debido a que las cosechas han fracasado y la tierra ha sido labrada en vano.

17. *Y en todas las viñas habrá llanto.* Los lugares donde generalmente había fiestas. *Pasaré en medio de ti.* Como pasé, por el ministerio del ángel destructor, por Egipto, no para salvar, sino para destruir.

18. *¡Ay de los que desean el día de Jehová!* El profeta ha anunciado a menudo la venida del día de Dios, esto es, una época de juicio; y los incrédulos han dicho: "Dejad que venga su día, para que lo veamos." Ahora el profeta les dice que ese día será para ellos de *tinieblas*, calamidad, y *no de luz*, no de prosperidad.

19. *Como el que huye de delante del león, y se encuentra con el oso.* Los israelitas, bajo su rey Manahén, para evitar una guerra civil, buscaron la ayuda de Pul, rey de Asiria. Esto los llevó a una serie de males que les infligieron los reyes sirios y asirios, hasta que finalmente Israel fue asolado por Salmanasar y llevado en cautiverio. De este modo, por evitar un mal cayeron en otro peor.

21. *Aborrecí, abominé vuestras festividades.* Abomino aquellos festivales de sacrificios

en los que no hay piedad; y los aborrezco porque pretenden ser lo que no son.

23. *La multitud de tus cantares . . . las salmodias de tus instrumentos.* En esos festivales de sacrificios tenían musica vocal e instrumental, y Dios aborrecía el ruido de la una y cerraba sus oídos a la melodía de la otra.

24. *Corra el juicio.* Que la ejecución de la justicia sea por doquier como los aguaceros que caen sobre la tierra para fertilizarla; y la justicia sea en vuestros corazones y vidas como un río caudaloso, o como el Jordán, que corre a través de toda la nación y lleva todas las abominaciones al Mar Muerto.

25. *¿Me ofrecisteis sacrificios?* Durante los cuarenta años en el desierto, ¿me ofrecisteis los sacrificios que eran de mi agrado? No; porque vuestros corazones estaban divididos, y estabais generalmente en espíritu de insurrección y murmuración.

26. *Antes bien, llevabais.* El versículo anterior hablaba de sus padres; éste se refiere a los israelitas existentes entonces, que eran tan lastimosamente adictos a la idolatría, que no sólo adoraban en los lugares públicos a los dioses erigidos por la autoridad pública, sino que llevaban consigo sus dioses por doquiera. *El tabernáculo de vuestro Moloc.* Probablemente un pequeño santuario portátil, con una imagen de su dios en él, tal como *Moloc;* y la estrella o representación de su dios *Quiún* (véase Hch. 7:42).

27. *Os haré, pues, transportar más allá de Damasco.* Es decir, a Asiria, el camino de Judea a la cual, pasaba por Damasco.

CAPITULO 6

El profeta reprende a su pueblo por entregarse al lujo y la molicie, y hacer alianzas con sus poderosos vecinos idólatras (1). Les pregunta si éstos tienen tierras o una suerte mejores que las suyas (2), para que escojan adorar a los dioses de los paganos y abandonar a Jehová. Luego sigue una amplificación del pecado que el profeta reprueba (3-6), al cual agrega terribles amenazas, confirmadas por el juramento de Jehová (7, 8). A continuación especifica particularmente el castigo de sus pecados con pestilencia (9-11); hambre, o una sequía que endurecerá la tierra de tal manera que no podrá ser labrada (12), y por la espada de los asirios (13, 14).

1. *¡Ay de los reposados en Sion!* Se ha propuesto leer en lugar de *hashshaanannim,* "los reposados," *hashshaanannim,* "los que se apoyan confiadamente," dos palabras que difieren sólo en una letra, una *ain* en lugar de una *alef.* Se apoyaban confiadamente en Sion, suponiendo que, a pesar de sus iniquidades, serían salvos por estar en Sion. De este modo la primera cláusula concordaría mejor con la segunda: "los que se apoyan en Sion" y "los confiados en el monte de Samaria".

2. *Pasad a Calne.* Según Calmet, ésta es Ctesiphon sobre el río Tigris. *Hamat.* Una

ciudad sobre el Orontes, en Siria. *Gat.* Un pueblo bien conocido, cabeza de uno de los cinco señoríos de los filisteos. *Ved si son . . . mejores.* Vosotros no tenéis más razón que ellos para esperar ser exceptuados de las consecuencias de vuestros pecados. Ellos han sido castigados; vosotros también lo seréis.

4. *Duermen en camas de marfil.* Las camas que aquí se mencionan pueden ser o bien divanes para reclinarse a la mesa, o camas para dormir; y éstas entre los antiguos estaban adornadas con incrustaciones de marfil.

7. *A la cabeza de los que van a cautividad.* La casa de Israel será llevada en cautiverio antes que la casa de Judá.

9. *Diez hombres . . . morirán.* Todos serán talados por la espada o por el cautiverio o por el hambre.

10. *Un pariente tomará a cada uno.* El obispo Newcome dice que este oscuro versículo parece describir los efectos del hambre y la peste durante el sitio de Samaria. El cadáver será quemado; y los restos mortales sacados sin ninguna ceremonia fúnebre, y sin la asistencia del pariente más cercano. En la casa reinará la soledad; y si alguien queda, debe guardar silencio (véase 8:3) y mantenerse apartado, no sea que lo despojen de sus escasas provisiones.

11. *Herirá con hendiduras la casa mayor.* Grandes y pequeños sufrirán por igual; no se hará ninguna distinción; ricos y pobres caerán juntos; la muerte ha recibido su encargo y no perdonará a ninguno.

12. *¿Correrán los caballos por las peñas?* Primero, no podían hacerlo, porque no estaban herrados; porque las herraduras de hierro no eran conocidas entonces. Segundo, si corrían por las peñas sería inútil para su dueño y peligroso para ellos. Tercero, sería igualmente inútil arar en las peñas con bueyes, porque de nada vale sembrar allí.

13. *Vosotros que os alegráis en nada.* En vuestros ídolos, porque un ídolo es nada en el mundo.

14. *Levantaré yo sobre vosotros a una nación.* Los asirios, bajo Pul, Tiglat-pileser y Salmanasar, que subyugaron a los israelitas en varias ocasiones y al final los llevaron cautivos en los días de Oseas, el último rey de Israel en Samaria. *Desde la entrada de Hamat* (al *norte*) *hasta el arroyo del Arabá.* Que desemboca en el mar, no lejos de Gaza, y estaba en la parte sur de la tribu de Simeón.

CAPITULO 7

En este capítulo Dios presenta a Amós, en visiones, los juicios que está por traer sobre Israel. El primero es una plaga de langostas que amenaza con eliminar las esperanzas de cosecha al atacar los sembrados en la época del segundo crecimiento; después que los primeros frutos de la mies probablemente habían sido segados para los caballos del rey (1-3). La segunda visión amenaza con un juicio por fuego, que consumiría una gran parte (4-6); y la tercera una aniquilación total de Israel, que sería nivelado como con una plomada (7-9). El resto del capítulo es un anuncio de fuertes juicios contra Amasías, sacerdote de Bet-el, que había presentado una acusación al rey contra el profeta (10-17).

1. *El heno tardío.* La primera cosecha de heno ya había sido segada y almacenada. La segunda no había empezado aún. Por las *siegas del rey* debemos entender la primera cosecha, una parte de la cual probablemente era reclamada por el rey, por ser el mejor heno.

2. *¿Quién levantará a Jacob?* Las langostas, símbolo de los muchos enemigos que habían empobrecido a Jerusalén, proseguían después de haber devorado gran parte del producto de la tierra, hasta que, por la intercesión del profeta, fueron quitadas.

3. *Se arrepintió Jehová.* Cambió su propósito de destruirlos por medio de las langostas. Véase el v. 6.

4. *El Señor llamaba para juzgar con fuego.* Permitió que la tierra, después de la muerte de Jeroboam II, fuera arrasada por la guerra, tanto civil como extranjera. Estas guerras los hubieran destruido totalmente, si no hubiera sido por la intercesión del profeta.

7. *Y en su mano una plomada de albañil.* Este parece ser un símbolo de estricta justicia y una insinuación de que ahora Dios los visitaría de acuerdo con sus iniquidades.

8. *Yo pongo plomada.* Yo los visitaré con justicia, sin mezcla alguna de misericordia.

9. *Los lugares altos de Isaac serán destruidos.* Su destrucción es inminente. Los *lugares altos de Isaac,* Beerseba, donde Isaac había levantado un altar al Señor (Gn. 26:25). Este "lugar alto," que había sido profanado con usos idolátricos, fue demolido por Josías, rey de Judá, como leemos en II R. 23:8; "y profanó los lugares altos donde los sacerdotes quemaban incienso, desde Geba hasta Beerseba". *Me levantaré con espada contra la casa de Jeroboam.* El Señor había prometido a Jehú, el antepasado de Jeroboam, que su familia se sentaría en el trono de Israel hasta la cuarta generación. Zacarías, el hijo de Jeroboam, fue el cuarto en orden depués de Jehú, y sobre él cayó la amenaza de este versículo; porque fue asesinado por Salum después de reinar seis meses, y con él se extinguió la familia. Véase II R. 10:30; 15:8-10.

10. *El sacerdote Amasías de Bet-el.* El sacerdote idólatra que había sido establecido por el rey para mantener el culto de los becerros de oro que Jeroboam el mayor había erigido en ese lugar. *Amós se ha levantado contra ti.* Este era realmente un sacerdote mentiroso. En el mensaje que envió a Jeroboam no hay

una palabra de verdad. Amós no había conspirado contra el rey —no había dicho que Jeroboam debía morir por la espada— ni había dicho que Israel sería llevado cautivo, aunque esto último estaba implícito en las amenazas de Dios, y más tarde fue anunciado por el profeta (véase el v. 17).

16. *Ahora, pues, oye palabra de Jehová.* Al parecer, mientras hablaba en su propia defensa, Dios le inspiró la terrible predicción que hace inmediatamente.

17. *Tu mujer será ramera.* Como ésta era palabra del Señor, se cumplió; pero como no tenemos más noticias de este sacerdote idólatra, no podemos decir en qué circunstancias se ejecutaron estas amenazas. *Israel será llevado cautivo.* Ahora declara todo lo que no había declarado antes, aunque Amasías lo había acusado de haberlo hecho. Este detalle probablemente le fuera revelado en este instante, así como lo concerniente a Amasías y su familia.

CAPITULO 8

Este capítulo comienza con una cuarta visión que denota la certeza y proximidad de la destrucción de Israel (1-3). El profeta procede entonces a reprobar la opresión y la injusticia de ellos (4-7). Vigorosas y hermosas figuras por medio de las cuales se representa la completa disolución de la política israelita (8-10). El pueblo es amenazado con un juicio más terrible; un hambre de la palabra de Dios (11-14).

1. *Un canastillo de fruta de verano. Kelub kayits; ha venido el fin —bahakkets:* he aquí una paronomasia o juego de palabras con *kayits,* "fruta de verano" y *kets,* "el fin," ambas procedentes de raíces similares. Véase Ez. 7:2, donde hay juego similar con la misma palabra.

6. *Para comprar los pobres por dinero.* Comprando sus servicios por un tiempo tal y con tal paga que les alcanzara justamente para librarse de otros acreedores. *Y los necesitados por un par de zapatos.* Véase 2:6. *¿Y venderemos los desechos del trigo?* Vendiendo a los pobres trigo malo y harina dañada, como buenos, sabiendo que no pueden demandarlos.

7. *Por la gloria de Jacob.* Por el estado de eminencia al cual El había elevado a los descendientes de Jacob; o, por "el excelente de Jacob," es decir, El mismo. El significado es: "Tan cierto como que yo te he elevado a tal estado de eminencia, es que te castigaré en proporción a tus ventajas y a tus delitos."

12. *Irán errantes de mar a mar.* Del Mediterráneo al Mar Muerto, o de oeste a este, y de norte a sur, *buscando palabra de Jehová;* para hallar un profeta, o alguna persona autorizada por Dios para mostrarles el fin de sus calamidades. En este estado continuarán, puesto que han rechazado a Aquel que es el pan de vida.

14. *Por el pecado de Samaria.* La adoración de Baal. *Tu Dios, oh Dan.* El becerro o buey de oro, que representaba al dios Apis u Osiris, de los egipcios. *Por el camino de Beer-seba.* El culto u objeto de culto. Otro de los becerros de oro que había erigido allí Jeroboam.

CAPITULO 9

La primera parte de este capítulo contiene otra visión, en la cual se presenta a Dios declarando la ruina final del reino de Israel y la dispersión general del pueblo (1-10). El profeta pasa entonces a la gran bendición del pueblo de Dios bajo la dispensación del Evangelio (11-15). Véase Hch. 15:15-16.

1. *Vi al Señor que estaba sobre el altar.* Como ésta es continuación de la profecía anterior, el *altar* puede ser uno de los de Beer-seba o Dan. *Derriba el capitel.* O el trozo de madera que sostiene la pared encima de la puerta, o la parte superior, dintel, del marco de la puerta.

3. *Si se escondieren.* Todas éstas son expresiones metafóricas para expresar la imposibilidad de escapar.

4. *Pondré sobre ellos mis ojos para mal.* Usaré de todos los medios contra aquellos por cuyo bien antes obraba.

7. *Hijos de etíopes.* O cusitas; Cus era hijo de Ham (Gn. 10:6); y sus descendientes habitaban una parte de Arabia Petrea o Arabia Felix. Toda esta raza era universalmente menospreciada. *Los filisteos de Caftor.* La isla de Creta, cuyos habitantes eran los cereteos. Véase I S. 30:14; Ez. 25:16; Sof. 2:5. *De Kir a los arameos.* Tal vez una ciudad de los medos (Is. 22:6). Aram, de quien Siria recibe su nombre, era hijo de Sem (Gn. 10:22). El significado del versículo es éste: No os ufanéis de que os he sacado de la tierra de Egipto y casa de servidumbre, para daros una tierra en la cual fluyen leche y miel. Yo he sacado a otras naciones, algunas de ellas vecinas vuestras y que son vuestras enemigas, de regiones relativamente desiertas y las he puesto en territorios fértiles.

8. *Los ojos de Jehová el Señor están contra el reino pecador.* El reino de Israel, particularmente pecador; y que por consiguiente ha de ser señaladamente destruido por los asirios.

11. *Yo levantaré el tabernáculo caído de David.* Debe referirse a su restauración bajo el evangelio, cuando reciban al Señor Jesús como su Mesías, y sean restaurados por El a su propia tierra. Véase las palabras citadas por Jacobo (Hch. 15:17). Entonces es probable que posean "el resto de Edom" y tengan en toda su extensión la tierra de Emmanuel (v. 12).

EL LIBRO DE

ABDIAS

¿Quién fue este profeta? ¿Dónde nació? ¿En qué país? ¿En qué época profetizó? ¿Quiénes eran sus padres? ¿Cuándo y dónde murió? Son todas preguntas que se han hecho desde la más remota antigüedad y que, hasta hoy, no han recibido una respuesta digna de ser consignada. Todo lo que parece probable es que, como profetizó acerca de la destrucción de Edom, floreciera poco antes, o poco después, de la toma de Jerusalén por Nabucodonosor, la cual ocurrió unos quinientos ochenta y ocho años antes de Cristo; y de la destrucción de Idumea (Edom) por el mismo monarca, que tuvo lugar poco después; probablemente entre el 588 y el 575 a. de J. C., en el intervalo de los trece años que Nabucodonosor empleó en el sitio de Tiro, que emprendió, inmediatamente después de la captura de Jerusalén. Abdías pronostica el sojuzgamiento de los idumeos por los caldeos y finalmente por los judíos, de quienes habían abusado cruelmente cuando habían sido debilitados por otros enemigos. Estas profecías se han cumplido literalmente, pues los idumeos, como nación, están totalmente extinguidos.

Quien se tome el trabajo de comparar esta breve profecía con el capítulo cuarenta y nueve de Jeremías, hallará una notable similitud, no sólo en los sentimientos y palabras, sino también en versículos íntegros. En el capítulo mencionado, Jeremías predice la destrucción de los idumeos. Es imposible determinar si él copió a Abdías, o Abdías le copió a él; pero sería muy extraño que dos profetas, que no se conocían, hablaran del mismo acontecimiento exactamente en los mismos términos.

Aquí se presenta a Dios convocando a las naciones contra Edom y declarando que sus baluartes no lo salvarán (1-4); que no quedará de él ni un remanente, ni un rebusco (5); que el enemigo escudriñará su pueblo y lo subyugará totalmente; y que ninguno de sus aliados los defenderá (6-9). Luego se extiende sobre su ofensa en particular y los amenaza con una rápida recompensa (10-16). En consecuencia, los babilonios subyugaron a los edomitas y los expulsaron de Arabia Petrea, la que nunca pudieron recuperar. Los versículos restantes contienen una profecía de la restauración de los judíos de la cautividad babilónica y de su victoria sobre todos sus enemigos (17-21). Algunos comentaristas piensan que estos últimos versículos fueron cumplidos por la conquista de los macabeos sobre los edomitas. Véase I Mac. 5:3-5, 65 y sgs.

1. *Hemos oído el pregón.* Véase Jer. 49:14 donde se hallan las mismas expresiones. El profeta muestra que los enemigos de Idumea se han confederado contra ella, y que ahora Jehová los está convocando para marchar directamente contra ella.

3. *La soberbia de tu corazón.* San Jerónimo observa que toda la parte sur de Palestina, desde Eleuterópolis hasta Petra y Aialath, estaba llena de cavernas excavadas en la roca, y que la gente tenía habitaciones subterráneas parecidas a hornos. Aquí se dice que moraban *en las hendiduras de las peñas,* con referencia a las mencionadas cavernas. Algunos piensan que *sela,* "roca," Petra, se refiere a la capital de Idumea.

4. *Si te remontares como águila.* Aunque como esta ave te poses en el pico más alto de la roca más alta, de nada te valdrá. Véase Jer. 49:16.

5. *Si los ladrones vinieran a ti.* Es decir, si entraren *ladrones* en tus habitaciones, no lo tomarían todo; echarían mano a tus riquezas y se llevarían lo que les permitiera escapar cómodamente. Si entraran *vendimiadores* en tus viñas, no recogerían hasta el último racimo; dejarían algún rebusco. Pero los caldeos te han despojado de todo; han buscado las cosas ocultas (v. 6), no te han dejado nada.

7. *Todos tus aliados.* Se refiere a los caldeos, con quienes los idumeos estaban aliados, habiendo sido sus agentes para ejercer crueldades sobre los judíos. *Hasta los confines te hicieron llegar.* Te han acosado por todos lados, reduciéndote a la miseria. O, te han arrojado hasta tus fronteras; echándote de tu tierra en manos de tus enemigos. *Los que estaban en paz contigo.* Aquellos con quienes habías hecho pacto de alianza. *Los*

que comían tu pan. Que profesaban ser tus amigos más firmes.

8. *¿No haré que perezcan . . . los sabios?* Según Jer. 49:7, parece que los edomitas eran notables por su sabiduría, consejo y prudencia.

9. *Y tus valientes, oh Temán.* Este era uno de los lugares más fuertes de Idumea; y aquí, lo mismo que en Am. 1:2 y otros lugares, se representa a Idumea misma. *Monte de Esaú.* El monte Seir.

10. *Por la injuria a tu hermano Jacob.* Con este término se designa a los israelitas en general; pues aquí los dos hermanos —"Jacob" de quien salieron los judíos, y "Esaú," de quien salieron los idumeos o edomitas— representan a todo el pueblo o la descendencia respectivamente de cada uno.

11. *Estando tú delante.* No sólo no ayudaste a tu hermano cuando pudiste hacerlo, sino que te uniste a sus enemigos contra él. *Y echaban suertes.* Cuando los caldeos echaron suertes sobre los despojos de Jerusalén, tú acudiste a buscar una parte del botín: "tú también eres como uno de ellos".

12. *No debiste tú haber estado mirando.* Los edomitas se alegraron cuando vieron caer sobre los judíos el juicio de Dios. Por esto el Señor los reprende severamente en los vrs. 12-15.

14. *Tampoco debiste haberte parado en las encrucijadas.* Aquí se los representa como habiéndose parado en los pasos y desfiladeros para impedir que los pobres judíos escaparan de los caldeos. Cerrando esos pasos, habían arrojado de vuelta a los pobres fugitivos en los dientes de sus enemigos. Habían ido tan lejos en esta sistemática crueldad, que hasta habían entregado a los pocos que se habían refugiado entre ellos.

17. *Mas en el monte de Sion habrá un remanente.* He aquí una promesa del retorno de la cautividad babilónica. Volverán a Sion y allí hallarán seguridad; y es notable que después de su retorno fueron grandemente amparados por los reyes persas y por Alejandro Magno y sus sucesores; al punto de que, mientras saqueaban a las naciones vecinas, no molestaban a los judíos. *Y será santo.* Retornarán a Dios, separándose de sus ídolos, y llegarán a ser un pueblo mejor que cuando Dios había permitido que fueran llevados en cautiverio.

18. *La casa de Jacob será fuego.* Después de su retorno del cautiverio los judíos, llamados aquí *casa de Jacob* y *casa de José,* cayeron como una llama sobre los idumeos; los redujeron a la esclavitud y los obligaron a recibir la circuncisión y practicar los ritos de la religión judía. Véase I Mac. 5:3 y sgs; y Josefo, *Antig.,* lib. XIII, c. 17. *Ni aun resto quedará.* Serán destruidos totalmente como pueblo y como nación. Este es el significado, no que cada individuo sería destruido.

19. *Los del Neguev.* Los judíos que poseían la parte meridional de Palestina, se harían dueños de las montañas de Idumea que estaban contiguas a ellos. *Los de la Sefela.* Desde Eleuterópolis hasta el Mar Mediterráneo. En este versículo y el siguiente el profeta señala las diferentes regiones que ocuparían los israelitas después de su retorno de Babilonia. *Los campos de Samaria.* Alejandro Magno dio Samaria a los judíos; y Juan Hircano subyugó la misma región después de sus guerras con los sirios. Véase Josefo, *Contra App.* lib. II, y *Antig.* lib. XIII, c. 18. *Benjamín a Galaad.* Edom estaba al sur; los filisteos al oeste; Efraín al norte, y Galaad al este. Los que retornaban de Babilonia se extenderían por doquier. Véase el cumplimiento en I Mac. 5:9, 35, 35; 9:35, 36.

20. *Sarepta.* Una ciudad de los sidonios (I R. 17:9). Es decir, poseerían toda la ciudad de Fenicia, llamada aquí de los cananeos. *Que están en Sefarad.* Esta es una palabra difícil.

21. *Y subirán salvadores.* Ciertas personas a quienes Dios puede escoger para libertar a su pueblo, tales como Zorobabel, Esdras, Nehemías y los Macabeos.

EL LIBRO DE

JONAS

Jonás, hijo de Amitai, era un galileo, nativo de Gat-hefer, que se cree sea lo mismo que Jotapata, célebre por el sitio que el historiador Josefo sostuvo allí contra el ejército romano, poco antes de la destrucción de Jerusalén. Gat-hefer estaba situada en la tierra de Zabulón. San Jerónimo la ubica a unos tres kilómetros de Seforis, en el camino hacia Tiberias.

Lo que sabemos con certeza de Jonás es que, habiéndole ordenado Dios ir a Nínive y proclamar allí que el clamor de los pecados de sus habitantes había llegado hasta el cielo y que estaban amenazados por una ruina inminente, en lugar de obedecer la orden, resolvió huir. Con tal fin se embarcó en Jope; pero el Señor envió una violenta tempestad mientras él estaba en el barco, y los marineros, con mucho miedo, clamaron cada cual a su dios. Mientras tanto, Jonás dormía en la bodega, donde el piloto fue a despertarlo; y los que estaban en la nave echaron suertes para descubrir cómo se había ocasionado la tormenta. Habiendo caído la suerte sobre Jonás, le preguntaron quién era y qué había hecho para que se desatara semejante tempestad. El les dijo que era hebreo, que adoraba al Dios del cielo, que era uno de sus profetas y que había huido de su presencia para no ir a Nínive, adonde había sido enviado. Le preguntaron entonces qué tenían que hacer para librarse del naufragio. Y él contestó: "Arrojadme al agua y cesará la tempestad".

Dios preparó un gran pez que se tragara a Jonás. El profeta estuvo dentro del pez tres días y tres noches. Clamó al Señor, y el Señor lo oyó y ordenó al pez que lo arrojara en la orilla.

Después de esto, por segunda vez oyó Jonás la palabra del Señor que lo enviaba a Nínive. Cuando entró en la ciudad, que tenía una extensión de tres días de camino, unas veinticinco leguas de circunferencia, Jonás anduvo de arriba para abajo un día entero, gritando: "De aquí a cuarenta días Nínive será destruida." Los ninivitas creyeron en su palabra, ordenaron la observancia de un ayuno público, y, desde el más pequeño hasta el más grande, vistieron de cilicio. El rey de Nínive descendió de su trono y cubierto de cilicio se sentó sobre ceniza. Dios se dejó conmover por su arrepentimiento y no ejecutó la sentencia que había pronunciado contra ellos.

Jonás entonces se afligió, y se quejó a Dios, diciendo que eso era lo que él siempre había sospechado, que siendo un Dios de clemencia y misericordia, accedería a sus oraciones. Después de esto, con toda probabilidad Jonás regresó a Judea.

No sabemos cuándo fue que Jonás predijo que Jeroboam II, rey de Israel, restauraría el reino de Samaria a su anterior extensión, desde la entrada de Hamat en el Mar Muerto. Es imposible decir si fue antes o después de su ida a Nínive.

Nuestro Salvador menciona a Jonás en los Evangelios. Dice que un día los ninivitas se levantarán en juicio contra los judíos y los condenarán, porque ellos se arrepintieron por la predicación de Jonás, y los judíos no escucharon a Aquel que era mayor que Jonás. Y cuando los fariseos le pidieron una señal de su autoridad, les dijo que no les daría otra que la del profeta Jonás, es decir, la de su resurrección.

CAPITULO 1

Jonás, enviado a Nínive, huye a Tarsis (1-3). Es sorprendido por una gran tempestad (4-14); arrojado al mar (15, 16) y tragado por un pez, en cuyo vientre se mantuvo milagrosamente vivo durante tres días y tres noches (17).

1. *Vino palabra de Jehová a Jonás.* Era natural de Gat-hefer, en la tribu de Zabulón, en la baja Galilea (Jos. 19:13); y profetizó en el reinado de Jeroboam II y Joás, reyes de Israel. Jeroboam ascendió al trono ochocientos veintitrés años antes de la era cristiana y reinó en Samaria cuarenta y un años (II R. 14:23-25). Es probable que ésta fuera su única misión como profeta.

2. *Vé a Nínive.* Esta era la capital del imperio asirio y una de las ciudades más antiguas del mundo (Gn. 10:10); también de

las más grandes, pues tenía una circunferencia de tres días de camino. Se dice que tenía murallas de cien pies de altura, y tan anchas que sobre ellas podían correr tres carruajes de frente. Estaba situada sobre el Tigris, o un poco al oeste, o sobre el margen occidental de ese río. Estaba bien poblada, y si en esta época tenía ciento veinte mil personas de edad infantil, ello significaría una población total de seiscientas mil personas.

3. *Para huir . . . a Tarsis.* Tartessus, en España, cerca del estrecho de Gibraltar. *Descendió a Jope.* El puerto más cercano a Jerusalén en ese lado del Mediterráneo. *Y halló una nave.* Los fenicios desarrollaban un considerable comercio con Tartessus (Ez. 27: 12); y probablemente Jonás se embarcó en una de sus naves.

7. *Venid y echemos suertes.* Esta era una manera muy antigua de tratar de descubrir los designios de la divina Providencia; y en este caso prueba que ellos sospechaban que la tormenta se debía a algún delito oculto de alguno de los que estaban a bordo. *Y la suerte cayó sobre Jonás.* En este caso Dios dirigió el sorteo.

9. *Temo a Jehová.* En esto Jonás fue fiel. Dio un testimonio honrado acerca del Dios a quien servía, que lo elevó en ojos de los marineros infinitamente por encima de los objetos de su adoración.

17. *Pero Jehová tenía preparado un gran pez.* No pudo ser una ballena, porque la garganta de este animal apenas admite una pierna de hombre; pero pudo haber sido un tiburón, que abundan en el Mediterráneo y cuya boca y estómago son de gran capacidad. Se han dado casos de que tragaran un hombre arrojado por la borda. Entre los hebreos, los días y noches no significaban días y noches completas, de veinticuatro horas (véase Est. 4:16, comparado con 5:1; Jue. 14:17-18). Nuestro Señor estuvo en el sepulcro un día entero y parte de otros dos; y es muy probable que este fuera el tiempo preciso que Jonás estuvo en el vientre del pez.

CAPITULO 2

Este capítulo (excepto el primer versículo y el último, que son parte del relato) contiene una hermosa oración o himno, formado por los pensamientos piadosos que Jonás tuvo en el vientre del pez, con una acción de gracias por su maravillosa liberación.

1. *Entonces oró Jonas . . . desde el vientre del pez.* Se podría preguntar cómo pudo Jonás orar, o aun respirar, en el estómago del pez. Muy fácilmente si Dios lo quiso. Y el lector debe tener esto siempre presente: todo, desde que el pez tragó a Jonás hasta que lo devolvió en la orilla, es un milagro. Dios preparó el gran pez. Fue el Señor quien

habló al pez e hizo que vomitara a Jonás en la tierra seca. Todo es milagroso.

2. *Desde el seno del Seol.* Entre los hebreos, *seol* significa "sepulcro," cualquier foso profundo, el lugar de los espíritus separados. Aquí el profeta se representa como en el fondo del mar; porque así debe entenderse *seol* en este lugar.

3. *Todas tus ondas y tus olas pasaron sobre mí.* Esto puede ser entendido literalmente; mientras el pez en cuyo vientre estaba buscaba su placer o su alimento en los senderos de las profundidades, las ondas y las olas pasaban por encima. Esta línea parece tomada del Sal. 42:7.

4. *Desechado soy de delante de tus ojos.* Véase Sal. 31:22.

5. *Las aguas me rodearon hasta el alma.* De modo que parecieron privarme de la vida. No me quedaba esperanza alguna. *El alga se enredó a mi cabeza.* Esto también puede ser entendido literalmente. Se encontró en el estómago del pez, junto con algas y otras sustancias marinas semejantes, que el pez había ingerido como alimento.

6. *Mas tú sacaste mi vida.* La sustancia de esta poética oración fue compuesta mientras se hallaba en el vientre del pez; pero al parecer el poeta la vertió después en su forma poética actual, agregándole algunas circunstancias, tales como la que tenemos delante; porque ahora habla de su liberación de ese inminente peligro de muerte. "Tú sacaste mi vida de la sepultura."

10. *Y mandó Jehová al pez.* Es decir, por su influencia el pez se dirigió a la orilla, y arrojó a Jonás sobre la tierra seca.

CAPITULO 3

Jonás es vuelto a enviar a Nínive, una ciudad de tres días de viaje (según Diodoro Sículus, tenía sesenta millas de circunferencia) (1-4). Los habitantes, como consecuencia de la predicación del profeta, se arrepienten en polvo y ceniza (5-9). Dios, viendo que estaban profundamente humillados por causa de sus pecados, y que se apartaban de sus iniquidades, se arrepiente del mal con que los había amenazado (10).

1. *Vino palabra de Jehová.* El mismo oráculo que había sido dado antes y que, por lo que había visto y experimentado de la justicia y la misericordia del Señor, ahora estaba dispuesto a obedecer.

2. *Y proclama en ella el mensaje.* "Y grita el grito que te ordené." Sé mi heraldo y entrega fielmente mi mensaje.

3. *Era Nínive ciudad grande en extremo, de tres días de camino.* V.l.e.s. cap. 1:2. Estrabón dice (lib. xxi): "era mucho más grande que Babilonia," y Nino, su constructor, no sólo se propuso hacerla la ciudad más grande del mundo, sino la más grande que el hombre pudiera construir. Véase Diodoro,

Sic. Bib. 1. ii. Y como hemos descubierto, según el cómputo más bajo, que tenía por lo menos cincuenta y cuatro o sesenta millas de circunferencia, al profeta le llevaría tres días rodearla y proclamar el terrible mensaje: "De aquí a cuarenta días, Nínive será destruida."

8. *Cúbranse de cilicio hombres y animales.* Esto se hacía para que todo objeto que contemplaran profundizara la impresión ya hecha y los hiciera llorar piadosamente. Virgilio nos dice que el duelo por la muerte de Julio César fue tan general que el ganado ni comió ni bebió.

10. *Y vio Dios lo que hicieron.* Se arrepintieron y dieron frutos dignos de arrepentimiento; obras que demostraron que se habían arrepentido sinceramente. Por consiguiente cambió de propósito y la ciudad se salvó. El propósito era: Si los ninivitas no se vuelven de sus malos caminos y de la violencia que está en sus manos, dentro de cuarenta días, destruiré la ciudad. Los ninivitas se volvieron y por lo tanto escaparon al juicio que les amenazaba. Vemos, pues, que la amenaza era condicional.

CAPITULO 4

Jonás, temiendo ser considerado un falso profeta se enoja ante la misericordia de Dios al perdonar a los ninivitas, cuya destrucción parece haber esperado, ya que al término de los cuarenta días se retiró a un lugar fuera de la ciudad. ¡Pero cómo glorifica la misericordia a la cual pretende inculpar! ¡Y qué amable cuadro presenta de la compasión de Dios! (1-5). Este atributo de la deidad es ilustrado además por su ternura y condescendencia con el profeta mismo, quien, con todos sus dones proféticos, tenía mucho de humana debilidad (6-11).

1. *Pero Jonás se apesadumbró en extremo.* Este profeta apresurado, y por cierto inconsiderado, se apena porque su predicción no se ha cumplido. Tenía más respeto por su alto sentido de su honor del que tenía por la

bondad y la misericordia de Dios. *Y se enojó.* Porque la predicción no se cumplió literalmente; había perdido completamente de vista que era condicional.

3. *Te ruego que me quites la vida.* "Toma, te ruego, hasta mi alma."

4. *¿Haces tú bien en enojarte tanto?* "¿Te conviene la ira?" El Dr. Taylor traduce: "¿Estás muy ofendido?"

5. *Y salió Jonás de la ciudad.* Creo que esto se refiere a lo que ya había pasado; concuerdo, pues, con el obispo Newcome, que traduce: "Ahora Jonás había salido de la ciudad y se había sentado."

6. *Y preparó Jehová Dios una calabacera.* Creo que esto debería traducirse en tiempo pretérito imperfecto: el Señor había preparado esa planta.

7. *Pero ... Dios preparó un gusano.* Al ser comidas sus raíces, la planta, perdido su alimento, se secaría pronto; y esto fue lo que sucedió en este caso.

8. *Un recio viento solano.* Que era de por sí caliente, agostador; y el sol, por añadidura, lo hacía intolerable. Estos vientos en el Oriente son cálidos y sofocantes, pues al este o sudeste hay desiertos de arenas ardientes; y los vientos del este arrastran una multitud de partículas de arena, que hacen mucho mayor la molestia.

9. *Mucho me enojo, hasta la muerte.* Muchas personas suponen que los dones de profetizar y obrar milagros son los más elevados que pueden ser conferidos al hombre; pero están muy equivocados, pues los dones no cambian el corazón. Jonás tenía el don de profecía, pero no había recibido la gracia que destruye al hombre viejo.

11. *¿Y no tendré yo piedad de Nínive?* En el v. 10 se dice: *Tuviste tú lástima* de la calabacera, *attah chasta;* y aquí el Señor usa la misma palabra, *veani lo achus,* "¿Y no tendré yo lástima de Nínive?" ¿Cuánto mejor es la ciudad que la planta?

EL LIBRO DE

MIQUEAS

Miqueas el moresetita, o de Moreset, villa de la parte meridional de Judá, profetizó bajo los reinados de Jotam, Acaz y Ezequías, reyes de Judá, cubriendo un período aproximado a cincuenta años. Este profeta hizo su aparición casi al mismo tiempo que Isaías y aun tomó algunas de sus expresiones. Compare Is. 2:2 con Mi. 4:1 e Is. 41:15 con Mi. 4:13.

La profecía de Miqueas sólo abarca siete capítulos. Predice las calamidades de Samaria, que fue tomada por Salmanasar y reducida a un montón de piedras. Después profetiza contra Judá y declara las tribulaciones que el mencionado monarca le proporcionará durante el reinado de Ezequías. Entonces clama contra las iniquidades de Samaria. Predice la cautividad de las diez tribus y el retorno a su propio país. El tercer capítulo contiene una patética invectiva contra los príncipes de la casa de Jacob y los jueces de la de Israel; lo que aparece apuntado contra el jefe del gobierno de Judá, los jueces, magistrados, sacerdotes y falsos profetas. Les reconviene su avaricia, injusticia y falsedad; y les dice que serán causa de que Jerusalén sea reducida a un montón de escombros y el monte del templo se transforme en una selva. Nos enteramos, por Jer. 26:18-19, que esta profecía fue pronunciada durante el reinado de Ezequías y que fue lo que le salvó la vida.

Después de estas terribles predicciones, Miqueas habla del reinado del Mesías y del establecimiento de la Iglesia Cristiana. Se refiere particularmente al nacimiento del Mesías; que debía nacer en Belén y que su dominio se extendería hasta lo postrero de la tierra.

En los dos últimos capítulos encontramos, primeramente, una larga invectiva contra las iniquidades de Samaria: luego, la predicción de la caída de Babilonia; el restablecimiento de las ciudades de Israel; la grandeza del territorio poseído por los israelitas; su felicidad; las gracias que Dios les dispensará y todo en términos tan sublimes que concordarán principalmente con la Iglesia Cristiana.

El obispo Newcome observa que Miqueas era oriundo de Judá y que sólo hace mención de reyes que pertenecían a esa región. Se supone que profetizó durante un lapso mayor del reinado de Ezequías que Oseas; aunque el capítulo 5 fue escrito antes de la cautividad de las diez tribus, lo que sucedió en el año sexto de Ezequías. Es evidente por el cap. 1:1, 5, 9, 12-13 que fue enviado a Israel y Judá. Como Amós y Oseas, acusa y amenaza con gran espíritu y energía a un pueblo corrompido. Véanse los cap. 2:1-3, 8-10:3; 2-6, 10-16; 7:2-4. E, igual que Oseas, prorrumpe en invectivas con la más ardiente indignación contra los príncipes y profetas. Véanse los cap. 3:5-7, 9-12; 7:3. El lector observará que estos tópicos similares están tratados por cada uno de los profetas con notable variedad y abundancia de expresiones.

CAPITULO 1

El profeta comienza llamando la atención a todo el pueblo, al terrible descendimiento de Jehová para realizar sus amenazas contra los reinos de Israel y Judá (1-5); primeramente contra Samaria, cuyo destino es lamentado por el profeta desnudo y con los dolorosos aullidos de los chacales y avestruces (6-8); y, luego se dirige contra Jerusalén a quien amenaza con la invasión de Senaquerib. De igual modo son amagadas otras ciudades de Judá; y se representa su peligro como algo de tanta magnitud, que se verán obligados a buscar protección aun de sus enemigos los filisteos de quienes ellos, al principio procuraban ocultar su situación. Pero todos sus recursos son declarados inútiles; Israel y Judá deben ir al cautiverio (9-16).

1. *En días de Jotam, Acaz y Ezequías.* Estos tres monarcas reinaron durante unos sesenta años; y se supone que Miqueas profetizó como cuarenta o cincuenta años pero no más de sus profecías han logrado posteridad que las contenidas en este libro, ni tampoco existe evidencia de que se haya escrito algún otro; parece que ocupó principalmente su tiempo en predicar y exhortar; y fue guiado a escribir aquellas partes que se consideraban de provecho para las generaciones futuras.

2. *Oíd, pueblos todos.* El mismo principio de esta profecía hace suponer que le seguirían exhortaciones y vaticinios. *Está atenta,*

tierra, arets, aquí debe traducirse "país," pues solamente la nación hebrea estaba implicada.

3. *Porque he aquí, Jehová sale de su lugar.* Para esta cláusula, véase Amós 4:13. Representa a Jehová como un poderoso vencedor, saliendo de su pabellón, andando de montaña en montaña, las que se abaten y llenan los valles delante de Él; lo acompaña un fuego consumidor que derrite y mezcla todo monte y cañada y funde todo en confusión universal. *Y ¿cuál es la causa de todo este poderoso movimiento?* v. 5, "Todo esto por la rebelión de Jacob, y por los pecados de la casa de Israel".

5. *¿Cuál es la rebelión de Jacob? ¿No es sumamente grave? ¿No es Samaria?* Samaria y Jerusalén, las ciudades más importantes, estaban infectadas por la idolatría. Cada una de ellas tenía sus lugares altos y su adoración idólatra en oposición al culto del verdadero Dios. Para comprobar que la idolatría era practicada por los ancianos de Israel, aun en el templo de Jehová, véase Ez. 8:1 y sgs. Como la ciudad real de ambos reinos daba el ejemplo de la más crasa idolatría, no es extraño que ésta se expandiera por toda la tierra, tanto de Israel como de Judá.

6. *Haré, pues, de Samaria.* La llevaré a la desolación; y, en lugar de ser una ciudad real, será tierra para plantar viñas. *Y descubriré sus cimientos.* Haré que sus muros y fortificaciones sean arrasados hasta el polvo.

7. *Todos sus dones serán quemados en fuego.* Multitudes de mujeres daban el dinero que ganaban como producto de su prostitución en los templos, para el sostén de los sacerdotes, los ornamentos de las paredes, altares e imágenes. De modo que estas cosas, y posiblemente las mismas imágenes, eran literalmente el jornal de la ramera: y Dios los amenaza con entregarlos a todos en manos de enemigos que secuestrarían esta riqueza, y la derrocharían literalmente, en la manera cómo la habían adquirido; así que "a dones de rameras volverán".

9. *Están ya desahuciadas las llagas de ella.* (V. Moderna). Nada podía impedir su ruina completa, porque habían llenado la medida de su iniquidad. *Llegó . . . hasta Jerusalén.* Primero, sucederá la desolación y el cautiverio de Israel; luego, vendrá el de Judá.

10. *No lo digáis en Gat.* No permitáis que los filisteos lleguen a enterarse de esta predicción, porque se gloriarán sobre vosotros. *Bet-le-afra.* O, Bet-afra. Este lugar se menciona en Jos. 18:23, situándolo en la tribu de Benjamín. Aquí hay una paronomasia, o juego de palabras: *bebeith leaphrah aphar,* "Revuélcate en el polvo de la casa de polvo".

11. *Morador de Safir.* Sapher, "Sephoris". *Zaanán.* Otra ciudad en la tribu de Judá, Jos. 15:13. *Bet-esel.* Lugar cercano a Jerusalén, Zac. 14:5. Hay quienes creen que esta palabra se refiere a la misma Jerusalén.

12. *Los moradores de Marot.* En la tribu de Judá se encuentra una ciudad con nombre similar. Jos. 15:59.

13. *Moradores de Laquis.* Ciudad de la tribu de Judá, Jos. 15:39, que fue tomada por Senaquerib cuando se dirigía contra Jerusalén, II R. 18:13 y sgs.; y se supone que él estaba interesado en reducir primeramente a esa ciudad, porque al poseerla, podía evitar que Sedequías recibiese ayuda de Egipto. *Fuisteis principio de pecado.* Parece sugerir que Laquis fue la primera ciudad de Judá que recibió el culto idólatra de Israel.

14. *Daréis dones a Moreset-gat.* Calmet dice que Maresa o Morasti y Aczib eran ciudades no lejanas a Gat. Es muy posible que cuando Acaz se encontró presionado por Peka, rey de Israel, enviara a buscar socorro a ese lugar, para poder frustrar las esperanzas del rey de Israel; y éste puede ser el significado de "las casas de Aczib serán para engaño a los reyes de Israel". En estos versículos hay varios ejemplos de paronomasia. Véase el v. 10, *aphar,* "polvo," y *aphra,* "salir". V. 13: *lachish,* la ciudad, y *rechesh,* "bestia veloz". V. 14: *achzib,* la ciudad, y *achzab,* "una mentira". Los profetas consideraban a este tipo de figura, como ornamento. En Isaías, las encontramos produciendo gran efecto. Véase Is. 5:7.

15. *Aun os traeré nuevo poseedor, oh . . . Maresa.* Aquí tenemos otro ejemplo, *haiyeresh,* "traer un poseedor," y *Mareshah,* la ciudad, cuyo nombre significa "herencia". *La flor de Israel huirá hasta Adulam.* Esta una ciudad cercada que estaba situada al sur de Judá (véase II Cr. 11:7) hacia el Mar Muerto.

16. *Trasquílate.* El raparse el cabello era señal de suma desgracia y se practicaba a la muerte de un pariente cercano; véase Am. 8:10. La desolación sería tan grande que Israel lo sentiría hasta lo sumo; y el duelo sería como el de una madre a quien se le muere el niño más tierno. *Hazte calvo como águila.* Cuando esta ave muda sus plumas, despide las viejas y nacen nuevas, se enferma mucho y sus fuerzas quedan exhaustas por completo. *Porque en cautiverio se fueron.* Es una predicción de la cautividad a que los reduciría Salmanasar. Y Samaria, la ciudad principal, es llamada a lamentarlo por su inminente aproximación.

CAPITULO 2

Aquí, el profeta denuncia un ay contra los tramadores de impiedades, el codicioso y el opresor (1, 2). Se representa a Dios trazando su ruina (3). Se introduce entonces a un israelita como si fuera un doliente, personificando a su pueblo y lamentando su destino (4). Ahora, se amenaza con su total expulsión por causa de sus sumamente numerosas ofensas (5-10). Gran infatuación del pueblo a favor de los que presumían tener la inspiración divina y les profetizaban paz y abundancia (11). El capítulo concluye con una benévola promesa de restauración de la posteridad de Jacob del cautiverio; posiblemente alude a su liberación del yugo de los caldeos, evento que en la época de esta profecía estaba como a doscientos años en el futuro (12, 13).

1. *¡Ay de aquellos que traman la iniquidad!* (V. Mod.). Los que urden proyectos y planes de maldades; y hacen estas cosas en sus meditaciones nocturnas y habiendo realizado su plan se lanzan a la ejecución tan pronto como despunta el día.

2. *Codician las heredades.* Son los ricos y poderosos en la tierra; y, al igual que Acab, tomarán la viña o heredad de cualquier pobre Nabot sobre el que fijen sus codiciosos ojos; de ese modo, arrebatan la heredad al pobre.

3. *Contra esta familia* (los israelitas). *Yo pienso... un mal.* Habéis urdido el mal de despojar al justo; Yo proyectaré el mal para vosotros como castigo por vuestra conducta; vuestros *cuellos* serán colocados en el yugo de servidumbre. Tiglat-pileser arruinó a este reino y transportó su población a Asiria, durante el reinado de Ezequías, rey de Judá; y Miqueas vivió para ver esta catástrofe. V.l.e.s. v. 9.

4. *Levantarán sobre vosotros refrán.* Vuestra maldad y castigo serán tema de conversación común; y "una endecha de lamentación" se compondrá y cantará para vosotros como se hace con los muertos. La *lamentación* sigue de inmediato: "Del todo fuimos destruidos"; y concluye: "¿Son éstas sus obras?" v. 7.

5. *No habrá quien a suerte.* No tendréis más la heredad repartida para vosotros por la suerte, como se hizo con vuestros padres; no tendréis heredades ni posesiones de ninguna clase.

6. *No profeticéis.* No vaticinéis más males... tenemos todo lo que podemos soportar. Estamos completamente arruinados... vergüenza y confusión cubre nuestros rostros. El original es singular y expresivo de tristeza y sollozo. Literalmente: "No haga llover; ellos harán llover; no pueden hacer llover más pronto que esto; la confusión no se apartará de nosotros." "Llover," a menudo significa "predicar," "profetizar"; Ez. 25:46; 21:2; Amós 7:16; Dt. 32:2; Job 29:22; Pr. 5:3. El obispo Newcome traduce la última línea: "Porque él no quitará de sí mismo las reconvenciones"; y parafrasea: "El verdadero profeta se expondrá a la ignominia pública por cumplir su ministerio."

8. *Mi pueblo, se ha levantado como enemigo.* No sólo os habéis opuesto a mí, pero sois enemigos unos de los otros. Os robáis y despojáis unos a otros. Saqueáis al pacífico transeúnte; y le quitáis toda su ropa.

9. *A las mujeres de mi pueblo.* Es posible que estos dos versículos se refieran a la guerra que contra Acaz, hicieron Rezín, rey de Siria, y Peka, rey de Israel. Cayeron repentinamente sobre los judíos; mataron en un día ciento veinte mil y tomaron doscientos mil prisioneros; y se llevaron cuantioso botín. De esta manera se levantaron como enemigos, cuando había paz entre ambos reinos; los despojaron de sus bienes, llevaron hombres, mujeres y niños, hasta que fueron liberados por la reconvención del profeta Obed. Véase II Cr. 28:6 y sgs. Miqueas vivió en los días de Acaz y debió haber visto las barbaridades que describe en este lugar.

10. *Levantaos y andad.* Preparaos para vuestro cautiverio; aquí no tendréis lugar de reposo: la misma tierra está corrompida por vuestras iniquidades y os vomitará y será destruida; y la devastación será grande y dolorosa. Algunos creen que esta es una exhortación dirigida a los piadosos para que abandonaran la tierra que estaba por ser destruida tan rápidamente.

11. *Si alguno andando con espíritu de falsedad.* El significado es el siguiente: Si un hombre que profesa estar inspirado divinamente, miente al profetizar abundancia, será recibido por este pueblo como verdadero profeta.

12. *De cierto te juntaré todo.* Esta es una promesa de la restauración israelita del cautiverio. Los compara a una manada de ovejas precipitándose juntas a su redil; los cascos de estos animales producirán un hermoso sonido o repique.

13. *Subirá el que abre caminos.* El que les dará la libertad y los conducirá por el camino de retorno. El que derriba las vallas, o hace brechas en el muro o cerca, les permitirá pasar. Puede aplicarse a aquellos agentes humanos que les autorizarán y ordenarán su vuelta. Y como Jehová va al frente de ellos, puede tener referencia a su restauración final, cuando el Señor Jesús será su líder, pues habrán vuelto a El como pastor y obispo de sus almas; y ellos, y los gentiles, formarán un solo rebaño bajo un pastor, para no volver jamás al cautiverio.

CAPITULO 3

En este capítulo, el profeta, con gran denuedo y energía irrumpe en invectivas contra los príncipes y profetas de Judá; y predice la destrucción de Jerusalén como consecuencia de su iniquidad (1-12). El último versículo fue cumplido hasta cierto punto, por Nabucodonosor; pero, más completa y literalmente por los romanos, bajo Tito. Véase Josefo.

1. *Oíd... príncipes de Jacob.* Todavía continúa la metáfora del rebaño. Los príncipes de Jacob y los de Israel, en vez de cuidar los rebaños, defendiéndolos y alimentándolos, los oprimían en diversas maneras. Son como lobos que arrancan los cueros de las ovejas y la carne de sus huesos. Esto se

aplica a todos los gobernantes injustos y opresores. Nos relata Suetonio en su *Vida de Tiberio,* que cuando los gobernadores de las provincias le escribían al emperador rogándole aumentara los tributos, les contestó: "Es cualidad de un buen pastor, esquilar sus ovejas, no desollarlas."

4. *Entonces clamaréis a Jehová.* Cuando la calamidad venga sobre estos tiranos, clamarán por liberación: pero no serán oídos; porque en sus injustas exacciones al pueblo, avanzaron inhumanamente y no quisieron escuchar el clamor de los oprimidos.

5. *Cuando tienen algo que comer.* Que comen hasta llenarse; están bien provistos con que hacerlo y, mientras esto dura, profetizan cosas halagüeñas y claman: *¡Paz!,* vale decir, no tendréis más que paz y seguridad. Mientras que al verdadero profeta, "el que no les da de comer," que no hace provisión para sus malas inclinaciones, "proclaman guerra contra él".

6. *Se os hará noche.* No tendréis luz espiritual, ni Dios os concederá revelación alguna de su voluntad. *Y sobre los profetas se pondrá el sol.* Prosperaron durante un tiempo, haciendo que la gente errara; pero también ellos serán llevados en cautiverio y entonces, el sol de su prosperidad se ocultará para siempre.

7. *Y serán avergonzados los profetas.* Por las falsas visiones de consuelo y prosperidad que pretendieron ver. *Y se confundirán los adivinos.* Los que pretendían predecir la futura prosperidad. Porque ellos mismos están ahora esclavizados en el mismo cautiverio que predijeron los verdaderos profetas y que los falsos negaron que sucedería.

10. *Que edificáis a Sion con sangre.* Podrían clamar fuertemente contra esa matanza perpetrada por Peka, rey de Israel, y Pul coadjutor de Rezín, contra los judíos. V.l.e.s. cap. 2:9. Pero, bajo ninguna circunstancia, esto lo justificaba; porque si bien ellos habían fortificado la ciudad, o decorado el templo, era con el producto de sus exacciones y la calamidad del pueblo.

12. *Por tanto... Sion será arada como campo.* Así los romanos trataron a Jerusalén cuando fue tomada por Tito. Turnus Rufus hizo pasar el arado por todos los predios del templo para significar que jamás sería reconstruido y el lugar sólo serviría para la agricultura. Véase Mat. 24:2. Así Jerusalén llegó a ser *montón de ruinas,* y una increíble masa de ruinas y escombros; *Y el monte de la casa,* el monte Moriah, sobre el cual se levantaba el templo, llegó a abandonarse de tal modo después de la total destrucción del templo que pronto se asemejó a *cumbres de bosque.* Lo que se ha dicho aquí, también puede tener aplicación a la destrucción del templo por Nabucodonosor en el último año del reinado de Sedequías, último rey de los judíos.

CAPITULO 4

En el comienzo de este capítulo tenemos una gloriosa profecía del establecimiento y prosperidad del reinado del Mesías; su índole pacífica, el aumento de la influencia espiritual y política, universalidad final y duración eterna (1-4). Entonces, prorrumpe en un coro de su pueblo que declara su peculiar felicidad en constituir una parte de su reino (5). El profeta recobra su asunto; predice la restauración y prosperidad futura de Israel (6-8); y les exhorta a no desanimarse por su próxima cautividad, pues a su debido tiempo serán librados de ella y asimismo serán victoriosos sobre todos sus enemigos (9-13). Estos últimos versos, que evidentemente contienen una predicción del triunfo final del cristianismo sobre cada uno de sus adversarios, ha sido aplicado a la conquista de los macabeos; pero el carácter y los benéficos resultados de su proeza militar, hasta donde tenemos noticias, son apenas un pálido reflejo de lo correspondiente a la hermosa y sublime terminología de esta profecía. Los primeros tres versículos de este capítulo son muy similares al principio del segundo capítulo de Isaías; y el cuarto, por la belleza del conjunto de sus imágenes y la elegancia de su expresion, no es indigno de aquel profeta.

1-4. *Acontecerá en los postreros tiempos.* Dice el obispo Newcome que estos cuatro versículos contienen una profecía que se cumpliría con el advenimiento del Mesías, cuando los gentiles serían admitidos al pacto con Dios y los apóstoles predicarían el evangelio, comenzando en Jerusalén: Lc. 24:47; Hch. 2:14 y sgs.; cuando Cristo, Juez espiritual y Rey de muchos pueblos, convencerá a muchas naciones de sus errores y maldades y éstas hayan adquirido una religión con la más fuerte tendencia a promover la paz. Véase Is. 2:1. Este texto, es una adición a la profecía tal cual como se encuentra en Isaías.

5. *Cada uno en el nombre de su dios.* Será la condición del mundo gentil; pero, después de la cautividad, los judíos anduvieron solamente en el nombre de Jehová.

6. *Juntaré la que cojea... la descarriada... la que afligí.* Bajo estos epítetos está indicada la condición de los judíos que habrán de congregarse en la Iglesia Cristiana. Ellos *cojeaban* entre el verdadero Dios y los ídolos; fueron *descarriados* a la cautividad por causa de su idolatría; y fueron diversamente *afligidos,* porque no volvían al Señor que los había comprado.

8. *Oh torre del rebaño.* Creo que se refiere al templo o a Jerusalén; el lugar donde *el rebaño,* es decir, toda la congregación del pueblo se reunía para adorar a Dios. *El señorío primero.* La divina teocracia bajo Jesucristo; este, *el primer dominio* ha de ser restaurado.

11. *Se han juntado muchas naciones contra ti.* Los caldeos, constituidos por muchas naciones. Y, agregamos, todos los pueblos que les rodeaban eran enemigos y se regocijaron cuando los ejércitos caldeos vencieron a Jerusalén, destruyeron el templo y llevaron al pueblo al cautiverio. *Sea profanada.* Que Jerusalén sea abatida tanto como es posible,

como cosa profanada y arrojada con horror; que sus ojos puedan contemplar a Sion con menosprecio y regocijo.

12. *Mas ellos no conocieron los pensamientos de Jehová.* Ellos pensaban que Dios había desechado a su pueblo y que ya no tendrían más, un vecino para molestarles: pero no es este su propósito; los afligirá por un tiempo; pero ésos, los enemigos de su pueblo, serán juntados como *gavillas* en la era, donde serán hollados y la rueda pasará sobre ellos. Este es *su consejo*, el "propósito" de Dios, cosa que ellos no entienden. Las personas a quienes se refiere, no son solamente los caldeos que fueron aplastados por los medos y los persas; sino también los idumeos, amonitas, moabitas y filisteos, a quienes luego subyugaron los judíos.

13. *Levántate y trilla, hija de Sion.* Se refiere al asunto tratato en el versículo precedente. Cuando Dios haya juntado a todos tus enemigos, como en una era, El te dará la comisión y el poder de lograr una completa victoria sobre ellos y los reducirás a servidumbre. Y para que puedas hacerlo, estará a tu lado como un poderoso ayudador; significado aquí por las metáforas, cuerno como de hierro y uñas de bronce. Tendrás poder, autoridad y fuerza invencible. *Y consagrarás a Jehová su botín.* Lo que ellos te quitaron en el saqueo, te será devuelto y nuevamente consagrado al servicio de Aquel que ha demostrado ser *el Señor*, el Gobernador Supremo de *toda la tierra.* ¿No fue esto cumplido cuando Ciro concedió permiso a los judíos para regresar a su propia tierra, y les devolvió los vasos sagrados del templo que se había llevado Nabucodonosor?

CAPITULO 5

Según la opinión de los comentadores, este capítulo comienza con una profecía concerniente al sitio de Jerusalén por Nabucodonosor y los grandes ultrajes que los babilonios hicieron sufrir a Sedequías (1). Luego tenemos una famosa predicción sobre el lugar del nacimiento del Mesías "y sus salidas son desde el principio, desde los días de la eternidad" (2). Véase Mt. 2:6. Al persistir obstinadamente en su oposición al Mesías, Dios entregará a los judíos en manos de sus enemigos hasta que el tiempo de los gentiles sea cumplido: y entonces, toda la posteridad de Jacob, tanto Israel como Judá, será convertida a la fe de nuestro Señor Jesucristo y, junto con los gentiles, serán conducidos a los extensos y tranquilos pastos de este Gran Pastor de las ovejas (3, 4). Después de esta ínclita profecía, el profeta continúa prediciendo la caída de los asirios, que simbolizan los enemigos de la Iglesia en general; presentándose aquí, probablemente, el tipo por el prototipo del milagroso desbaratamiento del gran ejército asirio en el reinado de Senaquerib, simbolizando los no menos gloriosos y milagrosos triunfos del cristianismo en los últimos tiempos (5, 6). Véase Is. 11:16. Algunos entienden esta profecía como referente a Antíoco y los siete famosos macabeos, con sus ocho sucesores reales, desde Aristóbulo a Antígonas; y no es ningún imposible que éstos también estén dentro de la aplicación, pues a menudo hemos tenido la ocasión de hacer notar que una profecía de las Escrituras del Antiguo Testamento frecuentemente presenta más de un aspecto. El versículo séptimo fue cumplido por los judíos divulgando el conocimiento del verdadero Dios durante su cautiverio, preparando así el camino para el evangelio; pero su realización será insigne, después de su conversión y restauración. Véase Ro. 11:12-15. Los versículos restantes contienen una profecía de la derrota final de todos los enemigos de la religión pura y sin mácula y de la completa purificación de la Iglesia de Dios de las corrupciones del Anticristo (8-15).

1. *Hija de guerreros.* Los caldeos, cuyos ejércitos estaban formados por tropas de varias naciones. *El enemigo.* (V. Mod.). Nabucodonosor, *nos han sitiado.* (A Jerusalén); *con vara herirán en la mejilla al juez de Israel.* (Sedequías). Le cometerán la mayor indignidad. Degollaron sus hijos ante su presencia; le sacaron los ojos, lo encadenaron y llevaron cautivo a Babilonia.

2. *Pero tú, Belén Efrata.* Para distinguirla de otra Belén, que se encuentra en la tribu de Zabulón. Jos. 19:15. *Millares de Judá* (v. 1909). Las tribus estaban divididas en pequeñas porciones llamadas "millares". *De la eternidad,* "desde los días de todos los tiempos"; desde el tiempo como se manifestó de la eternidad. Es decir, no hubo tiempo en que no haya salido . . . venido en varias maneras a salvar a los hombres.

3. *Pero los dejará.* Jesucristo entregará a los desobedientes y rebeldes judíos en manos de todas las naciones de la tierra, hasta que "dé a luz la que ha de dar a luz"; es decir, hasta que la iglesia cristiana, representada en Ap. 12:1, por el símbolo de una mujer en el acto de alumbramiento, haya incluido la plenitud de los gentiles. *Y el resto de sus hermanos se volverá;* los judíos se convertirán al Señor; y así, según Ro. 11:26, "todo Israel será salvo".

4. *Y él estará, y apacentará.* El Mesías permanecerá con sus seguidores sosteniéndolos y dirigiéndolos en la fortaleza y majestad del Señor. *Porque ahora será engrandecido.* El Mesías será *grande,* porque traerá salvación hasta *los fines de la tierra.* Todas las naciones recibirán su religión y El será rey universal.

5. *Y éste será nuestra paz.* Esta cláusula tendría que estar unida al verso precedente y concluye la profecía concerniente a nuestro bendito Señor que es el Autor y Príncipe de Israel; finalmente dará la paz a todas las naciones sujetándoles bajo su yugo. *Cuando el asirio viniere.* Esta es una nueva profecía y se refiere a la ruina del imperio asirio. Se supone que alude a los siete Macabeos, Matatías, sus cinco hijos, e Hircano, el hijo de Simón. *Ocho hombres principales.* "Ocho príncipes de la raza asmonea; comenzando con Aristóbulo y concluyendo con Herodes que se había casado con Mariana." —Sharpe. Quizá *siete* y *ocho* son un número preciso en lugar de uno indeterminado, como en Ec. 11:2; Job 5:19.

6. *La tierra de Nimrod.* Asiria y Nínive su capital; y Babilonia que fue fundada por Nimrod, su primer monarca: Gn. 10:11-12, en el margen. *Dentro de sus mismas puertas.* (V. Mod.). En sus compuertas; pues fue porque los medos y los persas se hicieron dueños del Eufrates que pudieron tomar la ciudad, según la predicción de Jeremías, cap. 2:36.

7. *El remanente de Jacob.* "Desde el reinado de Darío Hystaspes (Asuero, marido de Ester) los judíos fueron sumamente favorecidos. Los que continuaron viviendo en Persia y Caldea fueron muy honrados bajo la protección de Mardoqueo y Ester." —Calmet. Pero otros consideran esto como una aplicación a los macabeos. *Como el rocío de Jehová.* Aun durante su cautiverio muchos de los judíos fueron instrumentos de propagación del conocimiento del verdadero Dios; véase Dn. 2:47; 3:29; 4:34; 6:26. Esto puede ser *el rocío de Jehová* mencionado en este texto. Cuando el Mesías apareció, el evangelio fue predicado por ellos; y será nuevamente propagado por su gloriosa rehabilitación futura. Rom. 11:12, 25.

Como las lluvias sobre la hierba las cuales no esperan a varón. La hierba se levanta sin la atención y el cultivo de los hombres. *Ni aguardan a hijos de hombres. Libney Adam,* por "hijos de Adán," el primer transgresor. El *rocío* y las *lluvias* descienden sobre la tierra y la riegan para que pueda producir fruto; y la *hierba* brota independientemente del mérito o maldad del hombre.

8. *Como el león.* Se supone que este versículo y los siguientes predicen las victorias de los macabeos.

9. *Todos tus adversarios serán destruidos.* Los asirios, que asolaron a Israel; y los babilonios que causaron la ruina de Judá.

10. *Haré matar tus caballos.* No tendréis necesidad de caballería en tus ejércitos; Dios peleará por vosotros.

11. *Arruinaré todas tus fortalezas.* No tendréis necesidad de ciudades fortificadas; Yo seré tu defensa.

12. *Destruiré de tu mano las hechicerías.* Buscarás ayuda solamente en Jehová tu Dios. Desde la cautividad hasta el presente, no volvieron a tener ni adivinos, imágenes, bosques, ni lugares altos.

13. *Y haré destruir tus esculturas.* No volverás a ser un pueblo idólatra.

15. *Haré venganza en las naciones.* Y lo hizo. Porque los imperios asirio, caldeo y otros, juramentados enemigos de los judíos, ya hace mucho que han sido completamente destruidos.

CAPITULO 6

Este capítulo reprende y amenaza. El modo de llamar la atención llamando a los hombres urgiendo

su alegato ante toda la naturaleza y la creación inanimada para que escuchen la reconvención de Jehová a su pueblo, es excitadora y excelsa (1, 2). Siguen las palabras de Jehová (3-5). Y las misericordias de Dios a su pueblo son manifestadas; una de ellas es introducida en forma dramática sumamente hermosa, interrogándole sobre su deber para con un Dios tan benévolo (6, 7). La respuesta sigue en las palabras del profeta (8); que continúa reconviniendo al pueblo por su injusticia e idolatría, a la que atribuye la falta de éxito en sus empresas lícitas y las tremendas calamidades que entonces eran inminentes (9-15).

1. *Levántate, contiende.* Este capítulo es una especie de diálogo entre Dios y su pueblo. Dios habla en los cinco primeros versículos, para convencer al pueblo de pecado, justicia y juicio. La gente, convencida de su iniquidad, impetra los juicios de Dios, en los versos sexto y séptimo. En el octavo, Dios indica la manera por la cual pueden ser salvos; y luego el profeta, por mandato de Dios, sigue protestando, desde el versículo noveno hasta el fin del capítulo.

2. *Oíd, montes.* Miqueas, como mediador de Dios, convoca al pueblo a juicio y hace una apelación contra ellos ante la creación inanimada.

4. *Yo te hice subir de la tierra de Egipto.* Allí, erais esclavos y terriblemente oprimidos; de todo esto os libré. *Envié delante de ti* a Moisés, mi siervo escogido y lo instruí para que fuera vuestro líder, el dador de la ley. Con él, envié a Aarón, para que fuera vuestro sacerdote. Y envié a María, a quien concedí el espíritu de profecía para que pudiera guiar a vuestras mujeres.

5. *Acuérdate ahora qué aconsejó Balac rey de Moab.* El mandó a buscar a Balaam para que maldijera a vuestros padres; pero por mi influencia, estuvo obligado a bendecirlos. Véase Nm. 22 y 23. *Desde Sitim hasta Gilgal.* Desde el campamento en Sitim, Nm. 25:1, en el camino a Gilgal, Jos. 4:19. Balaam dio diferentes respuestas en el intervalo entre estos lugares.

6. *¿Con qué me presentaré ante Jehová?* Ahora el pueblo aparece como demandado; pero en lugar de excusarse, o procurar discutir lo que se ha alegado en contra de ellos, parece que al momento, claman por misericordia; y ahora inquieren ansiosamente cómo harán para calmar la ira del Juez, y cómo harán sacrificio por los pecados que ya han cometido.

7. *¿Daré mi primogénito por mi rebelión?* Véase algunos casos de tales ofrendas, II R. 3:27; Lv. 20:27. *¿El fruto de mis entrañas por el pecado de mi alma?* ¿Haré de mi primogénito *chattah,* "ofrenda por el pecado" a favor de mi alma?

9. *La voz de Jehová clama a la ciudad.* Ningún hombre la oyó; pero *el hombre de sabiduría* (V. Mod.) oirá, *tushiyah;* palabra frecuente en los escritos de Salomón y Job, que significa sabiduría, prosperidad, bienes, razón, esencia, felicidad; cualquier cosa completa; o lo que es sustancial, en oposición a la vanidad, vacuidad, mera exterioridad, inconsistencia. Cuando Dios habla, el hombre de sentido común, que tiene algún conocimiento de Dios o su propia alma "mirará a tu nombre" (V. M.); pero en lugar de *yireh*, "verá", se lee *yirey*, "temerá" (v. 1960), en la Septuaginta, Siríaca, Vulgata y Arábiga. Dice la Vulgata: "Y serás salvación a los que temen tu nombre." La Septuaginta, "y salvará a los que temen su nombre".

13. *También te hice enflaquecer hiriéndote.* Quizá sería mejor: "También estoy cansado de herirte, de desolarte por tus pecados."

14. *Comerás, y no te saciarás.* Todas tus posesiones están malditas por causa de tus pecados; y no tienes ningún bien verdadero en todos tus placeres.

16. *Los mandamientos de Omri se han guardado.* Omri, rey de Israel, padre de Acab, fue uno de los peores reyes de los israelitas; y Acab siguió en las pisadas de su malvado padre. Los *mandamientos* de aquellos reyes eran la más grosera idolatría.

CAPITULO 7

El profeta comienza este capítulo lamentando la decadencia de la piedad y el aumento de la iniquidad, empleando una hermosa alegoría para implicar (como se explica en el v. 2) que el hombre bueno es tan difícil de encontrar, como una breva de la mejor calidad al fin de temporada, o el racimo después de la vendimia (1, 2). Entonces les reprende y amenaza en términos tan expresivos de grandes calamidades, que en el Nuevo Testamento se aplican a los tiempos de las más violentas persecuciones (3-6). Véase Mt. 10:35-36. A pesar de lo cual se introduce inmediatamente a un judío quien declara en el nombre del pueblo cautivo, la más suprema fe en la misericordia de Dios, la más sumisa resignación a su voluntad y la firme esperanza a su favor, en tiempos futuros, cuando han de triunfar sobre sus enemigos (7-10). Después el profeta reanuda su discurso y predice su gran prosperidad y acrecentamiento (11, 12); aunque la totalidad de Israel primero será asolado por causa de la gran impiedad de sus habitantes (13). El profeta intercede a favor de su pueblo (14). Después de esto, se introduce a Dios, prometiendo en amplios términos, su restauración y prosperidad futura (15-17). Y, para concluir, se presenta un coro de judíos, cantando un hermoso himno en acción de gracias, sugerido por las benévolas promesas que lo preceden (18-20).

1. *¡Ay de mí!* Continúa el discurso precedente. El profeta indica el reducido número de justos que se encontrarán en la tierra. Deseaba ver *los primeros frutos* . . . de distinguida y eminente piedad; pero no encontró nada sino una clase de religión muy imperfecta o espuria.

2. *Faltó el misericordioso de la tierra.* Sentimiento semejante encontramos en el Sal. 12:1; Is. 57:1.

3. *Para completar la maldad con sus manos.* Es decir, seria, ansiosamente, con todas

sus fuerzas. *El príncipe demanda.* En su palacio se patrocina el soborno. *El juez juzga por recompensa.* Para decidir la causa a favor del que le da más dinero; no importa si la causa es buena o mala. *El grande habla el antojo de su alma.* Los tales se consideran sobre la ley y no hacen ningún secreto de sus injustas determinaciones. *Y lo confirman . . .* Se asocian para hacer el mal en sus distintos ministerios y oprimen a los pobres.

4. *El mejor de ellos es como el espino.* Son inútiles en sí mismos y no pueden ser tocados sin herir al que entra en contacto con ellos. *El día que anunciaron tus atalayas.* El día de venganza que los profetas previeron y proclamaron, está a las puertas.

6. *Porque el hijo deshonra al padre.* Véase el empleo que nuestro Señor ha hecho de estas palabras cuando las cita, en Mt. 10:21, 25-26.

8. *Tú, enemiga mía, no te alegres de mí.* Los cautivos israelitas son introducidos en este lugar, hablando en este versículo y en el precedente. La *enemiga,* alude a asirios y caldeos; *caí,* es una referencia a su idolatría y consiguiente cautiviad; las *tinieblas,* son las calamidades que sufrieron en esa deportación; su *me levantaré* y *luz,* su restauración y lógica felicidad.

9. *La ira de Jehová soportaré.* Palabras de los arrepentidos cautivos, reconociendo sus pecados y orando por misericordia.

10. *Y mi enemiga.* Puede referirse particularmente a la ciudad de Babilonia. *Será hollada.* Literalmente cumplido en el saqueo de esa ciudad por los persas y su consiguiente ruina total.

11. *Viene el día en que se edificarán tus muros.* Alude a Jerusalén; el *mandamiento* (v. 1909), al propósito de Dios de librar al pueblo que se encontraba en cautiverio. Ciertamente, el profeta está describiendo la restauración de Jerusalén.

12. *En ese día vendrán.* Los israelitas volverían de su deportación y reocuparán su antiguo territorio desde Asiria a Egipto; es decir, desde el Eufrates al Nilo y desde el Mar Mediterráneo hasta el Océano; y desde el monte Líbano a las montañas de la Arabia Petrea o monte Seir. Esta predicción se cumplió literalmente bajo los asmoneanos. La nación judía fue sumamente extendida y poderosa, bajo Herodes, en el tiempo del nacimiento del Señor Jesús.

13. *Y será asolada la tierra.* Esto debió haber sido traducido en tiempo pretérito: "Aunque la tierra estuvo desolada"; es decir, que la tierra de Israel había estado desolada durante la cautividad.

14. *Apacienta tu pueblo con tu cayado.* La palabra *rebaño* sigue inmediatamente; por lo tanto no se refiere a vara de corrección, ni la palabra lo significa. *Solo.* Estuvieron mucho tiempo sin pastor o gobierno espiritual. *En medio del Carmelo.* (Versión 1909). Muy rico en viñedos. *Basán y Galaad.* Proverbialmente fértiles en pastoreos.

15. *Como el día.* Es la respuesta a la oración del profeta; y Dios dice que El protegerá, salvará, defenderá y obrará milagros para ellos en su restauración, como lo hizo con sus antepasados, al volver de Egipto a la Tierra Prometida.

16. *Las naciones verán y se avergonzarán.* Si las palabras de estos versículos (15, 16 y 17) se aplican a la vuelta de la cauti-vidad babilónica o a la prosperidad de los judíos bajo los macabeos, deben entenderse como pertinentes en su acepción última, a la restauración final de este pueblo y su bienandanza bajo el evangelio.

20. *Cumplirás la verdad a Jacob.* Las promesas que hizo a Jacob y su posteridad. Ninguna de ellas ha caído en vano. "Y a Abraham la misericordia, que juraste"; es decir, que "en su Simiente serán benditas todas las familias de la tierra"; porque el Mesías descendería de Abraham.

EL LIBRO DE

NAHUM

Nahum era nativo de Elcos, pequeña villa de Galilea, cuyas ruinas todavía permanecían en tiempos de San Jerónimo.

Las circunstancias particulares de la vida de Nahum son enteramente desconocidas. Su profecía consta de tres capítulos que constituyen un solo discurso en el que predice la destrucción de Nínive. La describe de una manera tan patética que parece haber estado en el lugar para declarar a los habitantes de Nínive, la destrucción de su ciudad.

Nos inclinamos a participar de la opinión de San Jerónimo, que el profeta que tratamos predijo la destrucción de Nínive en la época de Ezequías y después de la guerra de Senaquerib en Egipto. Habla claramente de la toma de No-Amón, ciudad de Egipto; de la presunción de Rabsaces; de la derrota de Senaquerib; habla de ellas como cosa del pasado. Supone que los judíos estaban todavía en su propio país y que aún celebraban sus festivales. Habla de la cautividad y de la dispersión de las diez tribus. Todas estas evidencias nos convencen de que Nahum no puede ser ubicado antes del decimoquinto año del reinado de Sedequías, porque la expedición de Senaquerib contra este príncipe se realizó en el año decimocuarto de su gobierno.

CAPITULO 1

Este capítulo inicia la profecía contra los asirios y su metrópoli con una magnífica descripción de la justicia infinita, tierna compasión e incontrolable poder de Dios (1-8). A esto sigue un discurso dirigido a los asirios, con un cuadro vívido de su repentina caída a causa de sus perversos artificios contra Jerusalén (9-11). Entonces aparece el mismo Jehová proclamando libertar a su pueblo del yugo de los asirios y la destrucción de los ídolos de este país (12-14); sobre lo cual, el profeta, con gran énfasis dirige la atención de Judá ante la aproximación del mensajero que trae alegres nuevas; y triunfalmente convida a su pueblo a celebrar sus fiestas solemnes y cumplir sus votos, porque una Providencia misericordiosa no tolerará que estos enemigos de los judíos prevalezcan contra ellos (15).

1. *Carga de Nínive* (Versión 1909). *Massa* no solamente significa *carga*, sino también una cosa "levantada, pronunciada o proclamada"; también "un mensaje". Los profetas la usan para significar la revelación que han recibido de Dios para entregar a cualquier pueblo en particular: el "oráculo" . . . la profecía. Aquí significa la declaración de Dios referente a la caída de Nínive y la comisión del profeta que debía ser entregada.

Así como los asirios bajo Pul, Tiglat-Pileser y Salmanasar, tres de sus reyes, habían sido empleados por un Dios justo para castigo de su pueblo desobediente, habiéndose ya realizado el fin por medio de ellos, Dios va a quemar la vara con que corrigió a Israel; y Nínive, capital del imperio asirio, va a ser destruida. Esta predicción parece haberse cumplido poco después por Nabucodonosor y Cyaxares, el rey asuero de las Escrituras.

Nahum significa "Consolador". Era un nombre muy apropiado, ya que era enviado a consolar al pueblo, mostrándoles que Dios estaba por destruir a sus enemigos.

3. *Las nubes son el polvo de sus pies.* Alusión a una carroza con caballos que marchan con extrema rapidez; están envueltos en una nube de polvo. De esta manera Jehová se representa como si viniera a través del circuito de los cielos con la rapidez de un rayo; las nubes lo rodean como el polvo envuelve una carroza y los caballos.

4. *El amenaza al mar.* El Mar Rojo y los ríos; probable alusión al cruce del Mar Rojo y el Jordán. Desde el verso tercero hasta el sexto, tenemos la descripción terriblemente majestuosa de la venida de Jehová.

8. *Mas con inundación impetuosa.* El obispo Newcome cree que esto puede referirse a la manera en que fue tomada Nínive. El Eufrates se desbordó, inundó una parte de la ciudad y derrumbó veinte estadios del muro; como consecuencia de lo cual, el desesperado monarca, se quemó a sí mismo, su palacio y sus tesoros. *Y tinieblas perseguirán.* Los perseguirán toda clase de calamidades hasta que sean destruidos.

9. *No tomará venganza dos veces de sus enemigos.* No habrá necesidad de repetir el castigo; con un golpe, Dios dará fin al asunto.

11. *El que imaginó mal contra Jehová.* Esos fueron, Pul, II R. 15:10; Tiglat-Pileser II R. 15:29; Salmanasar, II R. 17:6; y Senaquerib, II R. 18:17 y 19:23. *Un consejero perverso.* Senaquerib y Rabsaces.

12. *Aunque... sean tantos.* Senaquerib invadió a Judea con un ejército de cerca de doscientos mil hombres. *Aun así serán talados.* El ángel del Señor (un viento sofocante) en una noche, mató a ciento ochenta y cinco mil: II R. 19:35.

13. *Porque ahora quebraré su yugo de sobre ti.* Tiene referencia al tributo que los judíos tenían que pagar a los asirios: II R. 17:14.

14. *Que no quede ni memoria de tu nombre.* Ninguno de vosotros será llevado al cautiverio. *Allí pondré tu sepulcro, porque fuiste vil.* Creo que estas palabras están dirigidas a los asirios y muy especialmente a Senaquerib. La casa de sus dioses sería su sepulcro: y sabemos que mientras estaba adorando en el templo del dios Nisroc, sus dos hijos, Adramelec y Sarezer, lo mataron: II R. 19:37.

15. *He aquí sobre los montes.* Probablemente ha sido tomado de Is. 52:7, pero, aplicado aquí a los mensajeros que fueron portadores de las alegres nuevas de la destrucción de Nínive. Entonces, Judá podría celebrar sus fiestas solemnes, porque los malvados asirios, no volverían a pasar por la tierra, ya que serían completamente exterminados y la ciudad imperial arrasada desde sus cimientos.

CAPITULO 2

Se exhorta a Nínive a prepararse para la aproximación de sus enemigos, instrumentos de la venganza de Jehová (1). Se describen en forma vívida y patética con la sublime imaginación de la poesía hebrea, el orden de batalla y la revista, el ejército y la vestimenta de medos y babilonios durante los reinados de Cyaxares y Nabopolasar; su rápida llegada a la ciudad; el proceso del sitio y el desbordamiento del río; captura del lugar, el cautiverio, lamento y huida de sus habitantes; el saqueo de esta inmensa, rica y excesivamente populosa ciudad y sus lógicos desolación y terror (2-10). Esta descripción es seguida por una hermosa y expresiva alegoría (11, 12) que es inmediatamente explicada y aplicada a la ciudad de Nínive (13). Algunos comentaristas han pensado que también hay una alusión a la metrópoli del imperio asirio, en el versículo séptimo, bajo el símil hermoso y delicado de una gran princesa llevada cautiva ayudada por sus damas de honor, que van gimiendo por su reina y su propia condición, golpeando sus pechos y con otras expresiones de angustia.

1. *Subió destruidor.* O "desparramador". Los caldeos y los medos. *Guarda la fortaleza.* Guarda los lugares cercados. Desde aquí hasta el fin del versículo quinto se describen las preparaciones hechas en Nínive para aguardar al enemigo. La descripción es sumamente pintoresca. *Vigila el camino.* Por el que los enemigos tenían la posibilidad de acercarse. *Cíñete los lomos.* Ten valor. *Refuerza mucho tu poder.* Pasa revista a tus tropas; llama a todos tus aliados.

4. *Los carros se precipitarán.* Los de los sitiadores y los de los sitiados, encontrándose en las calles, produciendo universal confusión y matanza.

5. *Se acordará él de sus valientes.* Reunirá a sus guerreros y héroes más renombrados. *Se apresurarán a su muro.* Donde ven a sus enemigos haciendo sus más poderosos ataques para posesionarse de la ciudad.

6. *Las puertas de los ríos se abrirán.* Es muy sorprendente el relato dado por Diodoro Sicolo en el lib. II. Comienza de la siguiente manera: "Existía una predicción recibida de sus antepasados de que Nínive no sería tomada hasta que el río no fuera primero un enemigo de la ciudad. Sucedió en el tercer año del asedio, que, el Eufrates [duda, Tigris] habiéndose desbordado por las continuas lluvias, inundó parte de la ciudad y derribó veinte estadios del muro. El rey, imaginando entonces que el oráculo se había cumplido y que el río, ahora se había manifestado enemigo de la ciudad, habiendo perdido toda esperanza de salvación y temiendo caer en manos de sus enemigos, hizo una gran pira funeraria en su palacio, y reuniendo todo su oro y plata y las vestiduras reales, juntamente con sus concubinas y eunucos, se colocó con ellos en un pequeño aposento hecho en la pira y prendió fuego a ellos, a sí mismo y al palacio. Cuando la muerte del rey fue anunciada por algunos desertores, el enemigo entró por la brecha que habían hecho las aguas y tomaron la ciudad."

7. *Y Huzabah es desnudada, es llevada en cautiverio* (V. Moderna). Quizás *Huzab* se refiera a la reina de Nínive que había escapado al incendio mencionado por Diodoro. Como no se relata que la reina fuera quemada, sino solamente el rey, las concubinas y los eunucos, por tanto, podemos sacar en conclusión que la reina pudo escapar; y aquí se la representa *llevada* y entregada al conquistador; y a la vez, sus doncellas lamentando su destino.

8. *Fue Nínive desde tiempo antiguo como estanque de aguas.* El obispo Newcome traduce así: "Y las aguas de Nínive son como un estanque de aguas." *¡Deteneos, deteneos!* La consternación habrá alcanzado su máxima altura, la gente huirá en todas direcciones; y, aunque se les ofrece vivienda y se les asegura salvación si permanecen, sin embargo, ni uno lo hace.

9. *Saquead.* Aunque el rey ha quemado sus tesoros, vestiduras, no podía destruir totalmente el oro y la plata. Ni tampoco quemó las riquezas de la ciudad; éstas cayeron como botín de los vencedores; y no había fin a la abundancia de magníficas vestiduras y los más costosos menajes y muebles.

10. *Vacía, agotada y desolada está.* El original es enérgicamente categórico: Las palabras tienen el mismo sonido; un aumento de extensión al indicar grande, más grande, la

mayor desolación. *Bukah, umebukah, umebullakah.* "Vacía, agotada y desolada está."

11. *¿Qué es de la guarida de los leones?* Nínive, habitación de hombres intrépidos, fuertes y feroces. *La majada de los cachorros de leones.* Lugar al que sus victoriosos y rapaces generales volvían frecuentemente para consumir el producto de sus éxitos. Aquí, se conducían por lo general y nada los hacía temer. Hacia donde se volvían sus armas estaban victoriosas; todas las naciones les tenían miedo.

12. *El león arrebataba.* Este versículo nos presenta un cuadro sorprendente de la manera en la cual se realizaban las conquistas y saqueos asirios. ¡Cuánta gente era saqueada para enriquecer sus *cachorros* —sus hijos, príncipes y nobles! ¡Cuántas mujeres eran despojadas y muertas, cuyo botín servía para adornar a sus *leonas* —la reina, concubinas y sus mancebas. Y ellos tenían aún más de lo que podían apropiarse; sus *cavernas y guaridas* —tesorería, palacios y guardarropas... estaban llenos de *presa*, las riquezas que habían logrado por saqueo.

13. *Heme aquí contra ti.* Asiria, y Nínive su capital. Trataré contigo, como tú lo has hecho con otros. *La voz de tus mensajeros.* Anunciando tus espléndidas victorias y los inmensos bienes del saqueo.

CAPITULO 3

El profeta denuncia un ay contra Nínive por su perfidia y violencia. Exhibe ante nuestros ojos el número de sus carros de guerra y caballería; indica sus armas bruñidas y la grande e implacable matanza que siembra por todas partes (1-3). Porque Nínive es una ciudad completamente entregada a la más crasa idolatría y es instructora de otras naciones en sus abominables ritos, por eso mismo, tendrá un final ignominioso y sin compasión (3-7). Su ruina final, será similar a la de Tebas, famosa ciudad egipcia (8-11). Entonces, el profeta describe hermosamente la gran facilidad con que serán tomadas las fortalezas de Nínive (12) y su pusilanimidad judicial durante el asedio (13); declara que toda su preparación, sus números, opulencia, sus jefes, no tendrían valor alguno en el día de la venganza del Señor (14-17); y que sus tributarios la abandonarían (18). La totalidad concluye con la declaración de la condición de incurable de su mal y la terrible destrucción que le aguarda; e introduce a las naciones que ella oprimió, regocijándose por su caída (19).

1. *¡Ay de ti, ciudad sanguinaria!* Nínive: las amenazas contra la cual son continuadas en un estilo de invectiva, sorprendente por su riqueza, variedad y energía. Uno puede oír y ver el chasquido del látigo, las pisadas de los caballos, el fragor de ruedas, los carros saltando tras los corceles galopantes; el resplandor de las espadas sumamente bruñidas; las lanzas arrojadas como dardos de rayos que deslumbran los ojos; los cadáveres amontonados y los caballos y carrozas saltando sobre ellos.

4. *A causa de la multitud de las fornicaciones.* Arriba, los ninivitas están representados bajo el símbolo de un león que todo lo despedaza; aquí, bajo la alegoría de una hermosa ramera o prostituta pública, seduciendo a todos los hombres e induciendo a las naciones a la idolatría; y, al pervertirlas hacerlas también objeto de la ira divina. *Maestra en hechizos, que seduce a las naciones con sus fornicaciones.* Empleando todos los medios para excitar a la idolatría; y siendo, por amenazas o embaucamientos, próspera en todo.

8. *¿Eres tú mejor que Tebas?* No-Amón, en el Delta, sobre uno de los brazos del Nilo, la cual había sido destruida, probablemente por los caldeos. *Rodeada de aguas.* Estando situada en el Delta, tenía la confluencia de dos brazos del Nilo para resguardarla por tierra; y su valla o *muro*, era el *Mar* Mediterráneo, en el cual desembocaban estos brazos; de modo que esa ciudad y el lugar en el que estaba situada, estaba completamente rodeado por las aguas.

9. *Fut y Libia.* Una parte de Africa y Libia, que estaban dentro de la alianza con No-Amón.

10. *Sobre sus varones echaron suertes.* Todavía se refiere a la ciudad llamada "la populosa No". Aquí se refiere a la costumbre de echar *suertes* entre los jefes, por los prisioneros que habían capturado. *Sus grandes fueron aprisionados con grillos.* Eran reservados para adornar el triunfo del vencedor.

12. *Tus fortalezas.* Aquí se señalan los efectos de la consternación a la cual fueron arrojados los ninivitas por el asalto a su ciudad, por medio de una metáfora muy expresiva; *cual higueras con brevas,* que cuando están en plena madurez, caen del árbol al primer sacudión; de ese modo, ante la primera sacudida o consternación, todas las fortalezas de Nínive fueron abandonadas; y el rey, desesperado, se incendió con todo lo que era su posesión en su propio palacio.

13. *Tu pueblo ... como mujeres.* Perdieron el valor y no resistieron.

14. *Provéete de agua para el asedio.* El Tigris corría cerca de Nínive y se los exhorta a proveerse de suficiente agua fresca, pues el sitio podía durar mucho y el enemigo podía cortar el suministro. *Entra en el lodo, pisa el barro.* Puede referirse a la manera antigua de hacer ladrillos en aquellos países; hacían el barro, lo amasaban debidamente pisoteándolo, mezclándolo con paja o pasto rústico, moldeaban el ladrillo y lo secaban al sol.

16. *Multiplicaste tus mercaderes.* Como Tiro; esta ciudad era famosa como centro para los traficantes; pero las multitudes que antes del sitio estaban allí como langostas, se alarmaron y huyeron.

17. *Tus príncipes serán como langostas.* Tienes numerosos príncipes y jefes. *Que se sientan enl vallados en días de frío.* Se dice que las langostas se echan en albergues cerca de setos de lugares fértiles cuando el tiempo es fresco o durante la noche; pero tan pronto brilla el sol y hace calor, salen de su refugio, o vuelan.

18. *Durmieron tus pastores.* Es decir, tus gobernantes y príncipes tributarios, quienes, según nos informa Herodoto, huyeron de Nínive, el día de su desgracia y no se adelantaron para socorrerla.

19. *No hay medicina para tu quebradura.* Nunca serás reedificada. *Todos los que oigan tu fama.* El informe o relato. *Batirán las manos.* Se gozarán por tu caída. *¿Sobre quién no pasó continuamente tu maldad?* Has sido un tirano universal, y por lo tanto, todas las naciones se alegrarán por tu caída y completa desolación.

EL LIBRO DE

HABACUC

Poco sabemos de este profeta. Probablemente era de la tribu de Simeón y nativo de Bet-zacar. Es muy posible que haya vivido durante la destrucción de Nínive, porque habla de los caldeos, pero no hace mención de los asirios. Y parece también haber profetizado antes de la cautividad de los judíos: véase cap. 1:5; 2:1; 3:2, 16-19; por lo que el arzobispo Newcome piensa que puede ser ubicado en el reinado de Joaquín, entre los años 606 y 598 a. de J.C.

Como poeta, Habacuc mantiene un alto rango entre los profetas hebreos. La hermosa conexión entre las partes de su profecía, su distinción, imágenes, espíritu y sublimidad no pueden ser demasiado admirados; y su himno, cap. III, es reconocido por los mejores jueces como una obra maestra en su clase.

CAPITULO 1

El profeta entra muy abruptamente en su tema, pues su espíritu está muy indignado al ver el rápido progreso del vicio y la impiedad (1-4). Ante lo cual se introduce Dios amenazando con juicios terribles y repentinos que serán infligidos por medio de los caldeos (5-10). Los babilonios atribuyen sus maravillosos éxitos a sus dioses (11). El profeta, entonces, haciendo una repentina transición contiende con Dios (probablemente personificando a los judíos) por permitir una nación mucho más malvada que ellos, en su opinión los oprimiera y devorara como lo hacen los pescadores y cazadores de aves con sus presas (12-17).

1. *La profecía.* La palabra significa "un oráculo" o revelación en general; pero principalmente, uno relativo a futuras calamidades.

2. *¿Hasta cuándo, oh Jehová, clamaré?* El profeta se siente fuertemente excitado por los vicios que contempla; contra lo cual, según parece por este versículo, había clamado en contra, pero en vano; el pueblo continuaba en sus vicios y Dios en su paciencia.

3. *Me haces ver iniquidad. Amal,* trabajo, fatiga, angustia, miseria —frutos comunes del pecado.

5. *Mirad entre las naciones.* En lugar de *baggoyim,* entre las "naciones" o *paganos,* algunos críticos piensan que tendría que leerse *bogedim,* "transgresores"; y es así como lo han interpretado la Septuaginta, Siríaca y Arábiga; y así ha sido citado por San Pablo en Hch. 13:41. Newcome traduce: "Ved, vosotros transgresores, contemplad una maravilla y pereced." *Haré una obra en nuestros días.* Como está hablando de la desolación que traerían los caldeos es enteramente obvio que los *caldeos* invadieron a Judá, mientras

vivían aún aquellos a quienes el profeta había amonestado.

6. *Nación cruel y presurosa.* De disposición cruel y tiránica; y resuelta y veloz para sus asaltos y conquistas.

7. *De ella... procede su justicia.* Por levantarse contra los asirios han llegado a ser una gran nación. De modo que, su discreción y excelencia eran el resultado de su propia valentía. También se le han atribuido otros sentidos a este pasaje.

8. *Sus caballos serán más ligeros que leopardos.* La caballería caldea era famosa por su rapidez, coraje, etc. En Jeremías, cap. 4:13, dice, refiriéndose a Nabucodonosor: "Más ligeros son sus caballos que las águilas."

10. *Escarnecerá a los reyes.* Ningún poder se mantendrá ante ellos. No tendrán necesidad de construir formidables terraplenes; porque al barrer todo el *polvo* levantará terraplén y tomará la ciudad.

11. *Luego mudará su espíritu.* (Versión 1909.) Se cree que se refiere al cambio que se realizó en Nabucodonosor, cuando le fue dado "corazón de bestia" y fue "echado de entre los hombres". Y todo esto sucedió por sus ofensas —su orgullo y arrogancia; y por atribuir todo su éxito a sus ídolos.

12. *¿No eres tú desde el principio?* El ídolo cambia y sus adoradores cambian y caen: pero Tú, Jehová, eres eterno; Tú no puedes mudar y los que en ti confían, están seguros. Tú eres infinito en tu misericordia; por lo tanto, "no moriremos," no seremos exterminados. *Para juicio lo pusiste.* Levantaste a los caldeos para corregirnos y castigarnos; pero tú no les has ordenado que nos destruyan por completo.

13. *Muy limpio eres de ojos.* Viendo que Tú eres tan puro, y no puedes contemplar la iniquidad —que es tan abominable— "¿cómo puedes tolerar al menospreciador y callar cuando el impío destruye al justo?" Todos estos interrogativos pueden resolverse fácilmente si se considera la misericordia inefable de Dios que lo impulsa a ser paciente y bondadoso. El no tiene placer en la muerte del pecador.

14. *Y haces que sean los hombres como los peces del mar.* Somos tomados con facilidad y destruidos. No tenemos quien nos guíe ni poder para defendernos. Nabucodonosor está aquí representado como un pescador, que constantemente arroja sus redes al mar, recogiendo multitud de peces; y, como siempre tiene éxito, los sacrifica para su propio beneficio —atribuye todas sus conquistas a su propio poder y prudencia, no considerando que él sólo es como una red, que, después de haber sido usada por un tiempo, por fin va a ser arrojada por inútil o quemada en el fuego.

CAPITULO 2

El profeta, esperando una réplica a su reconvención, recibe la respuesta de Dios que el tiempo para la destrucción de la comunidad judía por los caldeos, no sólo está fijado en el designio divino sino que está terriblemente cercano; y que por lo tanto, se le ordena a él que escriba la visión relativa a este asunto en los caracteres más legibles posibles, en el lenguaje más claro, para que todo el que lo lea con atención (las personas justas que tienen una fe firme en las declaraciones de Dios con respecto a la violenta irrupción de los despiadados babilonios) puedan huir de la amenazante venganza (1-4). Predicción de la caída de los caldeos y su ambicioso monarca (5-10); por medio de una fuerte y ardiente prosopopeya, las mismas piedras y maderas de aquellos magníficos edificios que el rey de Babilonia había levantado con opresión y derramamiento de sangre, pronuncian su ay y en correspondientes improperios se lo echan en cara (11-12). Entonces, el profeta, hermosamente declara la absoluta impotencia de todos los esfuerzos, aunque sean bien manejados, que no estén de acuerdo con el propósito divino: porque aunque los malvados se encoléricen y amenacen con el completo exterminio del pueblo de Dios, cuando el tiempo establecido para favorecer a Sion haya llegado, los destructores de la heredad de Dios, serán a su vez, destruidos; y "la tierra será llena del conocimiento de la gloria de Jehová, como las aguas cubren el mar", (13-14). Véase Sal. 102:13-16. Por la copa de la idolatría que Babilonia ha dado a muchas naciones, ella recibirá de la mano del Señor la copa de la ira por la insurrección de poderosos enemigos (los medos y los persas) abalanzándose como bestias feroces para destruirla (15). En medio de toda esta calamidad el profeta muy oportunamente pregunta qué han ganado los babilonios por su idolatría; expone el absurdo de confiar en ella y llama a todo el mundo a temer al eterno Jehová (16-19).

1. *Sobre mi guarda estaré.* Los profetas están siempre representados como atalayas, velando constantemente por el consuelo, seguridad y bienestar del pueblo; y también están en guardia para recibir información del Señor. *Lo que se me dirá.* "En mí" —en mi entendimiento y corazón. *Y qué he de responder tocante a mi queja.* Qué diré a Dios a favor del pueblo; y qué ordenará el Señor que le diga a la gente. Algunos traducen: "Y qué responderá El por mi convicción." O "qué será respondido a mi clamor".

2. *Escribe la visión.* Toma nota cuidadosamente de todo lo que voy a decirte. *Para que corra el que leyere en ella.* Para que aquel que lee atentamente pueda apresurarse a salvar su vida de la invasión de los caldeos, por la cual muchos serán muertos. El profeta no pretende decir que las palabras van a ser tan claras, que cualquier hombre que pase corriendo pueda leerlas fácilmente y capte su significado.

3. *La visión tardará aún por un tiempo.* Los caldeos que van a asolar la Judea, después se destruirán a sí mismos: pero tienen que hacer esa obra antes que reciban su paga; por lo tanto la visión debe cumplirse para un tiempo señalado. *Mas al fin hablará.* (V. 1909.) Cuando haya efectuado su obra de devastación, llegará su día de retribución. *Aunque tardare.* No te impacientes aunque parezca que se demora. *Sin duda vendrá, no tardará.* Más de lo que está prescrito y el tiempo no está demasiado distante. Espéralo.

4. *He aquí que aquel cuya alma no es recta.* Aquel que se jacta de seguridad sin haber recibido ninguna garantía especial de parte de Dios, es un hombre orgulloso; y, no importa lo que profese o piense de sí, su espíritu no es justo. Pero, el que es "justo por su fe vivirá"— el que cree lo que Dios ha dicho con respecto a los caldeos que sitian a Jerusalén, escapará del lugar y, lógicamente salvará su vida. En el Nuevo Testamento, encontramos estas palabras aplicadas a la salvación que poseerán los creyentes en Cristo.

5. *Por cuanto peca por el vino.* (V. 1909.) Aquí tenemos una representación de Nabucodonosor en su índole habitual: orgulloso, soberbio y ambicioso; infatuado con sus éxitos y determinado a extender aún más sus conquistas; y como "el sepulcro," nunca puede saciarse: no obstante, después de haber dominado muchos pueblos y naciones, será derribado, y llegará a ser tan despreciable que servirá de proverbio o vituperio y será vilipendiado y escarnecido por todos aquellos a quienes redujo a la esclavitud.

6. *¿No han de levantar todos éstos refrán sobre él?* Su ambición, locura y la destrucción final de su poderoso imperio por los persas serán el tema de muchos dichos populares.

7. *¿No se levantarán de repente?* ¿Acaso no tiene referencia a la repentina e inesperada toma de Babilonia por Ciro, cuyas tropas penetraron en la ciudad por el lecho del Eufrates, cuyas aguas habían sido desviadas por otro cauce; de modo que los babilonios no se dieron cuenta de nada hasta que vieron a los soldados persas levantarse en un instante en el mismo corazón de su ciudad?

8. *Y robos de la tierra.* O "por la violencia hecha a la tierra" de Judea, y "a la ciudad" de Jerusalén.

9. *Injusta ganancia para su casa.* Nabucodonosor deseó engrandecer a su familia y hacer que su imperio fuera permanente; pero, tanto su familia como su imperio fueron pronto cortados por la muerte de su hijo Belsasar con la lógica destrucción del imperio caldeo.

10. *Has pecado contra tu vida.* Tu vida ha sido confiscada por tus crímenes.

11. *La piedra clamará desde el muro, y la tabla del enmaderado le responderá.* Parece una alusión a la costumbre antigua de construir los muros, dos o tres hiladas de piedra y luego una de madera. Véase I R. 6:36: de esa manera fue edificado el palacio de Salomón. Han sido universalmente famosos los magníficos y costosos edificios de Babilonia. Pero, ¿cómo fueron erigidos? Saqueando a las naciones vencidas y a expensas de la sangre de las multitudes; por lo tanto se representa a las piedras y a las maderas como si clamaran venganza contra este despiadado conquistador.

12. *¡Ay del que edifica la ciudad con sangre!* A expensas de mucha matanza. Esta es la respuesta que da la *madera* a la *piedra.*

13. *Los pueblos, pues, trabajarán para el fuego.* Todos estos soberbios edificios serán incendiados. Véase el pasaje paralelo Jer. 51:58. *Las naciones se fatigarán en vano.* Porque la gratificación de las ambiciones y en los edificios, será reducida a la nada.

14. *Porque la tierra será llena.* Este es un versículo extraordinario e importante. Primeramente, puede aplicarse a Babilonia. El poder y la providencia de Dios serán ampliamente demostrados en la destrucción de esta ciudad e imperio. Segundo. Puede aplicarse a los gloriosos días del Mesías. Tercero, a la propalación universal del evangelio sobre todo el globo habitado.

15. *¡Ay del que da de beber a su prójimo!* Se ha considerado como aplicable a Faraón —Ofra, rey de Egipto, que indujo a sus vecinos Joaquín y Sedequías a rebelarse contra Nabucodonosor, por lo cual, la falta de protección e imbecilidad de los pobres judíos, quedó pronto al descubierto; porque los caldeos tomaron en seguida a Jerusalén y se llevaron a sus reyes, príncipes y al pueblo al cautiverio.

16. *El cáliz de la mano derecha de Jehová.* Entre los antiguos, todos bebían de un mismo vaso; pasaba de una mano a otra, y, cada uno bebía lo que deseaba. Los caldeos dieron a las naciones vecinas la copa de la idolatría y de las alianzas engañosas; y, en retribución recibieron del Señor la copa de su ira.

17. *La rapiña del Líbano.* O, la violencia hecha al Líbano; a los hombres, los ganados, a Judea y a Jerusalén. Véase el pasaje paralelo, v. 8. Puede ser una amenaza contra Egipto, como la primera era para la Caldea.

18. *¿De qué sirve la escultura?* Esto es contra la idolatría en general y cada clase en particular, tanto como para los príncipes, sacerdotes, y pueblo que la practican y animan a otros a hacer lo mismo. *Imágenes mudas.* Elilim illemim, "mudos, nada". Esto concuerda exactamente con lo que dice San Pablo: I Cor. 8:4, que dice: "Un ídolo nada es en el mundo."

CAPITULO 3

El profeta informado de las calamidades que sobrevendrían a su país por medio del ministerio de los caldeos y el castigo a su vez aguardaba a estos mismos, en parte, atónito de terror y, por otro lado, revivido por la esperanza y confianza en la divina misericordia, ruega a Dios que apresure la redención de su pueblo (1, 2). Tal petición, naturalmente conduciría sus pensamientos a la sorprendente liberación que Dios concedió al mismo pueblo de la antigüedad; y, es fácil inferir de esto: que, con la misma facilidad, ahora podía librar a su posteridad. Pero, impulsado por la fogosidad e ímpetuosidad de su espíritu, desdeña esperar el proceso de conectar estas ideas y entra inmediatamente al meollo de su asunto: "Dios vendrá de Temán" y sgs. (3). Continúa describiendo la majestad y poder que Dios desplegó al conducir a su pueblo a la tierra prometida, seleccionando las circunstancias más notables y vistiéndolas con el lenguaje más sublime. Y continúa: su fantasía se hace más y más resplandeciente, hasta que, finalmente es transportado a la escena de la acción y llega a ser testigo ocular de las escenas que describe. "He visto las tiendas de Cusán en aflicción" (4-7). Después de haber tocado las principales circunstancias de su liberación que él celebra, retorna a lo que sucedió antes de ellos en Egipto; su entusiasmo lo ha conducido a comenzar en medio de su tema (8-15). Y, por fin termina el himno como lo comenzó, expresando su temor de los juicios divinos y su firme confianza en la misericordia y bondad de Dios mientras se esté bajo ellas; y eso, en términos de tal singular belleza, elegancia y grandeza, que forman una conclusión apropiada a este admirable trozo de composición divinamente inspirada (16-19). Puede verse por el título y la nota colocada al fin, que le fue puesta música y cantado en los servicios del templo.

1. *Oración de . . . Habacuc, sobre Sigionot.* V.l.e.s. el título del Sal. 7, donde se explica el significado de *Sigaión.*

2. *En medio de los tiempos.* "Como los años se acercan." Cuanto más se acerca el tiempo, la predicción se hace más clara y completa; y las señales de los tiempos muestran que su completo cumplimiento está cercano.

3. *Temán.* Era una ciudad capital de la provincia de Idumea, al sur de la tierra de Canaán. Nm. 20:21; Jer. 47:7. *Parán.* Ciudad que dio su nombre a una provincia de la Arabia Petrea, Gn. 21:21; Dt. 33:2. *Selah.* Esta palabra no es bien conocida, probablemente signifique pausa o alteración en la música. Véase en los Salmos.

4. *Rayos brillantes salían de su mano.* "Rayos." Su *mano* —su poder— fue manifestado en un lugar especial, por el repentino

brotar de rayos que divergieron en fulgores de luz de modo que se iluminó la totalidad del hemisferio. Y todavía, "allí estaba escondido su poder". Su Majestad no podía verse, ni tampoco ninguna clase de semejanza por el insoportable esplendor.

5. *Delante de su rostro iba mortandad.* Esta plaga fue infligida varias veces a los desobedientes israelitas en el desierto, véase Nm. 11:33; 14:37; 16:46; y fue siempre la prueba de que el justo Dios estaba manifestando su poder entre ellos. *A sus pies salían carbones encendidos.* Newcome traduce: "Y llamas de fuego iban detrás de él." Los israelitas desobedientes fueron consumidos por un fuego que salía de Jehová, véase Lv. 10:2; Nm. 11:1; 16:35. "Y salió fuego de delante de Jehová y consumió el holocausto." Lv. 9:24.

6. *Se levantó y midió la tierra. Erets,* "la tierra"; dividió la tierra prometida entre las doce tribus. *Miró.* Y arrojó en pedazos las naciones: los cananeos, hititas, heveos, jebuseos, etc., y a todos los que se opusieron a su pueblo. Aun su mirada los dispersó. *Los montes antiguos fueron desmenuzados.* O, "quebrantados". Puede referirse a algunas convulsiones en el Sinaí; y al terremoto que anunció el descenso del Altísimo. Véase Ex. 19:18.

7. *He visto las tiendas de Cusán en aflicción. Cus,* en Arabia. Los árabes moraban en *tiendas.* Cuando el Señor apareció en el monte Sinaí, los árabes del Mar Rojo, abandonaron sus tiendas aterrorizados, y también los madianitas quedaron sobrecogidos de temor.

8. *¿Te airaste, oh Jehová, contra los ríos? Ríos:* Esto se refiere al cruce del Mar Rojo. El Señor está representado como si encabezara las tropas, manejando su carroza y ordenando al mar que se dividiera a fin de que hubiera un paso libre para que pasara su ejército.

9. *Se descubrió enteramente tu arco.* Es decir, fue arrojado de su vaina; como las flechas tenían su aljaba, los arcos tenían su vaina. Estos versículos parecen responder a las preguntas precedentes: "¿Te airaste?" La respuesta es: Todo esto fue hecho "de acuerdo a los juramentos a las tribus"; el pacto de Dios, repetido y renovado con frecuencia a las diez tribus que les daría las tierras de los cananeos por heredad. *Hendiste la tierra con ríos.* O, "hendiste las corrientes de la tierra". O, "Abriste la tierra seca en ríos". Puede referirse al cruce del Jordán y las transacciones en Arnón y el torrente de Jacob. Véase Nm. 21:13-15.

10. *Tuvieron temor los montes.* Esta es la continuación de la respuesta en el v. 3. Estas son figuras altamente poéticas para demostrar con cuánta facilidad Dios realizó las más arduas tareas a favor de su pueblo. Tan pronto como los *montes* lo vieron, temblaron, y estuvieron en angustia. Cuando Él apareció,

el mar se apartó a la derecha y a la izquierda para abrirle paso.

11. *El sol y la luna se pararon en su lugar.* Sucedió por la oración de Josué, cuando peleó contra los amorreos. Véase Jos. 10: 11-12. *A la luz de tus saetas, anduvieron.* Creo que tendríamos que traducir: Por su luz, tus saetas se fueron; Por su esplendor, el rayo de tu lanza.

Calvino, muy acertadamente señala que de las flechas y las lanzas de los israelitas se dice que son de Dios, bajo cuyos auspicios, la gente peleaba: el significado es que, por la continuación del curso, los israelitas vieron cómo continuar la batalla, hasta que los enemigos fueron todos derrotados.

12. *Hollaste la tierra.* Se refiere a la conquista de Canaán. Se representa a Dios yendo al frente de su pueblo como general en jefe; y guiándoles de conquista en conquista —lo que era un hecho. *Con furor trillaste las naciones.* Los pisoteaste, como los bueyes lo hacen con las gavillas en la era.

13. *Saliste para socorrer a tu pueblo.* Su liberación no se hubiera efectuado a no ser por tu interferencia. *Para socorrer a tu ungido.* Es decir, con Josué, a quien Dios había ungido, o designado solemnemente para ocupar el lugar de Moisés y guiar al pueblo a la tierra prometida. *Traspasaste la cabeza de la casa del impío.* Alude a la matanza de los primogénitos en toda la tierra de Egipto.

Descubriendo el cimiento hasta la roca. El significado general de esta cláusula es suficientemente claro: el gobierno de estas tierras sería completamente destruido, los mismos cimientos serían arrasados. "Traspasaste la cabeza de la casa del impío. Desnudando el cimiento hasta el cuello." (V. 1909.) No quedó esperanza para los egipcios, porque fue matado el primogénito de cada familia, así fueron desnudados los mismos cimientos, no quedando ningún primogénito para continuar la herencia de las familias.

14. *Horadaste.* El hebreo nos da este sentido: "Perforaste en medio de sus tribus la cabeza de sus tropas"; refiriéndose a Faraón y sus generales, que se lanzaron como un torbellino para caer sobre los pobres israelitas, cuando parecía que estaban encerrados por el mar y no tenían lugar de escape.

16. *Oí, y se conmovieron mis entrañas.* Habiendo terminado su relato sobre las maravillas hechas por Jehová, al conducir a sus padres desde Egipto hasta la tierra prometida, el profeta, ahora retorna a la arruinada condición de sus paisanos, quienes, dentro de poco tiempo serían llevados al cautiverio y sufrirían las más terribles aflicciones. *Cuando suba al pueblo* (los judíos) *el* (Nabucodonosor) *que lo invadirá* (lo subyugará y llevará cautivo) *con sus tropas.*

17. *Aunque la higuera no florezca.* "No florecerá": no producirá higos, es el sentido, porque la higuera no florece.

Estos dos versículos son la más hermosa manifestación de resignación y confianza que jamás he tenido oportunidad de encontrar. Vio que el mal estaba a las puertas, que era inevitable; se sometió a la dispensación de Dios, cuyo Espíritu lo capacitó para presentar todas estas circunstancias calamitosas. Sabía que Dios era misericordioso y benévolo. Confiaba en su promesa, aunque todas las apariencias estuviesen en contra de su cumplimiento; porque sabía que la Palabra de Jehová no podía fallar y por lo tanto su confianza era inamovible.

19. *Jehová el Señor es mi fortaleza.* Se trata de una imitación a no ser que sea una cita del Sal. 18:32-33. *Y en mis alturas me hace andar.* Este último versículo está hablado en la persona del pueblo, que parece anticipar su restauración; y que volverá a regocijarse en los montes y montañas de Judea.

Al jefe de los cantores, sobre mis instrumentos de cuerda. Esta línea, que evidentemente es una adición, me hace suponer que cuando el profeta terminó su corta oda, la dobló, con la mencionada dirección para el maestro cantor, o director del coro, para que fuera cantada en el servicio del templo. Muchos de los Salmos están dirigidos en la misma manera. "Al maestro cantor": o "Al músico principal"; para ser cantados de acuerdo a su naturaleza, con diferentes clases de instrumentos o con aires o tonos particulares.

Neginot, que se traduce por "instrumentos de cuerda" que podían pulsarse con el plectro o excitados por alguna clase de fricción o pulsación, como los violines y címbalos o tamborines. No creo que esta línea forme parte de la profecía, sino que meramente es una adición o dirección de la obra cuando ha sido concluida. El final sería mucho más enaltecido si estas líneas se separaran de la profecía.

EL LIBRO DE

SOFONIAS

CAPITULO 1

Este capítulo comienza denunciando los juicios de Dios contra Judá y Jerusalén (1-3). Idólatras y pecadores de distintos nombres, son entonces amenazados particularmente y su cercana visitación es amplificada por la enumeración de distintas circunstancias que ayudarán a aumentar sus terrores (4-18).

1. *Palabra de Jehová que vino a Sofonías.* Aunque este profeta nos presenta una larga lista de sus antecesores, sin embargo, se conoce muy poco de él, porque nada sabemos acerca de las personas de su familia que aquí están presentadas. Profetizó *en días de Josías hijo de Amón, rey de Judá;* y por la descripción que hace de los desórdenes que prevalecían en Judea en ese tiempo, es evidente que debe haberlo hecho antes de la reforma realizada por Josías en el decimoctavo año de su reinado. Y como predice la destrucción de Nínive, cap. 2:13 que no pudo haber sucedido antes del decimosexto año del reinado de Josías, admitiendo con Berosus, veintiún años para el reinado de Nabopolasar sobre los caldeos; por lo tanto, debemos ubicar esta profecía, al principio del reinado de Josías, o entre el 640, y el 609 a. de J.C.

2. *Destruiré por completo todas las cosas.* Estando ya todo maduro para la destrucción traeré en breve un flagelo universal sobre la tierra. Habla particularmente de los idólatras.

3. *Destruiré los hombres y las bestias.* Por *guerra,* y por *pestilencia.* Aun las aguas serán infectadas y los peces serán destruidos; el aire estará contaminado y las aves morirán.

4. *Exterminaré de este lugar los restos de Baal.* Parcialmente, por lo menos, creo que aquí se refiere a la reforma efectuada al respecto por Josías. Véase el relato en II R. 23:5. *Los Kemarim.* (Versión Moderna.) Los sacerdotes de vestiduras negras, de los diferentes ídolos. Véase II R. 23:5. Estos fueron quitados por Josías.

5. *Al ejército del cielo.* El sol, la luna, los planetas y las estrellas. Este tipo de adoración fue uno de los más antiguos y comunes de todas las especies de idolatría; y tenía mayor vislumbre de razón para aconsejarlos. Véase II R. 23:5, 12; Jer. 19:13; 22:29. *Ju-*rando por Jehová y jurando por Milcom. Asociando el nombre de un ídolo con el del Altísimo. En lo referente a Milcom, véase Os. 4:15 y Am. 5:26.

6. *Y a los que se apartan.* Los que han abandonado al verdadero Dios y se han hecho idólatras. *Ni le consultaron.* No desearon conocer su voluntad.

7. *Calla en la presencia de Jehová el Señor.* Las reconvenciones ahora· son inútiles. *Jehová ha preparado un sacrificio.* Una matanza de gente. *Ha dispuesto a sus convidados.* Los babilonios, a quienes ha dado orden de destruirlos.

8. *Castigaré a los príncipes, y a los hijos del rey.* Después de la muerte de Josías el reino de Judá no vio florecimiento, y cada reinado terminó miserablemente; hasta que por fin, el rey Sedequías y sus hijos fueron cruelmente asesinados en Ribla, cuando Nabucodonosor tomó a Jerusalén. *Vestido extranjero.* Realmente, creo que esto se refiere más a que abrazaron las costumbres idólatras y la forma de vida de los paganos que al cambio de su vestimenta.

9. *Los que saltan a la puerta.* O, "los que saltan sobre el umbral". Es muy probable que aquí se refiera a los filisteos. Después que Dagón cayó ante el arca y sus manos fueron rotas y dejadas sobre el umbral de su templo, sus adoradores no volvieron a poner su pie sobre el umbral, sino que se detenían y lo saltaban al entrar al templo.

10. *Clamor desde la puerta del Pescado.* Esta puerta, que se menciona en Neh. 3:3, estaba en dirección opuesta a Jope, y quizá fue el camino por donde llegaron las nuevas de la irrupción del ejército caldeo, por el gran estrépito desde las montañas. *La segunda.* O segunda ciudad, quizás aquí signifique una parte de Jerusalén, mencionada en II R. 22:14; II Cr. 34:22.

11. *Mactes.* Calmet dice que significa "un mortero," o una roca en forma de mortero y era el nombre de una comarca de Jerusalén donde se descascaraba el arroz, granos, etc., según la información de San Jerónimo. Algunos piensan que se refiere a la ciudad de Jerusalén, donde los habitantes serían golpeados y molidos a muerte como el grano se bate en un mortero.

12. *Yo escudriñaré a Jerusalén con linterna.* Haré un escudriñamiento total y universal. *Reposan tranquilos.* Los descuidados, satisfechos con los bienes de esta vida.

14. *Cercano está el día grande de Jehová.* Comenzó con la muerte del piadoso rey Josías, que fue muerto por Faraón-Necao en Megido, y siguió con la destrucción de Jerusalén por Nabucodonosor.

15. *Día de ira aquel día.* Desde el versículo decimocuarto hasta el decimosexto inclusive hay una amplificación de los desastres que sobrevendrían a Jerusalén; la invasión, la incursión, el ataque, la matanza, confusión, horrible estrépito ocasionado por el sonido de la trompeta, los gritos del pueblo, los aullidos y gemidos de los moribundos, están descritos con gran energía y poderoso efecto.

17. *Andarán como ciegos.* Estarán en la duda más perpleja e incertidumbre: y mientras estén en este estado, su sangre será derramada por la espada de sus enemigos y sus carnes holladas bajo sus pies.

teos. Gaza fue arruinada por el ejército de Alejandro el Grande y los macabeos, finalmente cumplieron todo lo que los profetas habían predicho en contra de este pueblo invariablemente impío. Perdieron su autonomía y por fin, fueron obligados a recibir la circuncisión.

8. *Yo he oído las afrentas de Moab.* Dios los castigó por la cruel parte que tuvieron en la persecución de los judíos; porque cuando ellos estaban bajo el desagrado de Dios, estas naciones los insultaban en la forma más provocadora. Véase Am. 1:13.

11. *Destruirá a todos los dioses de la tierra.* No tendrán más sacrificios; su culto será destruido completamente.

12. *También vosotros los de Etiopía.* Nabucodonosor los conquistó. Véase Jer. 46:2, 9; Ez. 30:4, 10. Véase también Am. 9:17.

13. *Y destruirá... Asiria.* Derrocará al Imperio y a Nínive, su metrópoli. V.l.e.s. Jonás y Nahum.

CAPITULO 2

El profeta, habiendo declarado los juicios que van a caer sobre la gente, la exhorta encarecidamente al arrepentimiento, para que estos castigos sean desviados (1-3). Entonces predice el destino de los otros vecinos y las naciones hostiles: los filisteos (4-7); moabitas y amonitas (8-11); etíopes (12) y asirios (13). Al fin del capítulo tenemos una profecía contra Nínive. Estas predicciones se cumplieron principalmente con las conquistas de Nabucodonosor.

1. *Congregaos.* Se dirige a los israelitas.

3. *Los humildes de la tierra.* Oprimidos y humildes de la tierra. *Quizá seréis guardados.* La espada no ha sido comisionada en contra de vosotros. Pedid a Dios, y El os será refugio de la tormenta y la tempestad.

4. *Gaza será desamparada.* Se trata de una profecía en contra de los filisteos; habían sido sumamente acosados por los reyes de Egipto; pero fueron completamente destruidos por Nabucodonosor, que tomó a Fenicia de los egipcios; y en la época cuando capturó a Tiro, destruyó todos los señoríos de los filisteos.

5. *Los que moran en la costa del mar, del pueblo de los cereteos,* implica todo el territorio sobre la costa del Mediterráneo desde Egipto a Jope y Gaza. Los *cereteos... los* cretenses, que probablemente eran una colonia de fenicios. Véase I S. 30:14 y Am. 9:7.

6. *Y será la costa del mar praderas.* Newcome considera a *Keroth* como un nombre propio, no *praderas* o *corrales.* La Septuaginta dice "Creta" y lo mismo encontramos en la Siríaca.

7. *Será aquel lugar para el remanente.* Varias desolaciones tuvieron que sufrir los filis-

CAPITULO 3

El profeta reprende a Jerusalén y a todos sus directores y gobernantes por su obstinada perseverancia en la idolatría, a pesar de todas las amonestaciones y correcciones que recibieron de parte de Dios (1-7). No obstante, se les anima a que, después que hayan recibido el castigo por su idolatría y se hayan curado de ella a buscar misericordia y restauración (8-13). Y se los impulsa a entonar himnos de gozo ante la gloriosa perspectiva (14-17). Después de esto el profeta concluye con grandes promesas de favor y prosperidad en los días del Mesías (18-20). Tomamos esta extensiva vista de los versículos finales de este capítulo, porque un apóstol nos ha asegurado expresamente que en todo libro profético de las Escrituras del Antiguo Testamento están contenidas predicciones relativas a la dispensación evangélica. Véase Hch. 3:24.

1. *¡Ay de la ciudad rebelde!* Es una denuncia de los castigos divinos en contra de Jerusalén.

2. *No escuchó la voz.* De la conciencia, de Dios y de sus profetas. *Ni recibió la corrección.* No aprovechó el castigo.

3. *Sus príncipes... son leones rugientes.* Deshaciendo todo a pedazos sin sombra de ley, exceptuando su propio poder despótico... *Sus jueces, lobos nocturnos.* Temiendo de los príncipes leoninos, practican sus injusticias de la noche a la mañana y toman el día para descansar. *No dejan hueso para la mañana.* Durante la noche devoran la carne, roen los huesos y después le arrancan la médula.

4. *Sus profetas son livianos, hombres prevaricadores.* Traicionan las almas del pueblo por causa del honor, placer y provecho mundano.

5. *Jehová en medio de ella es justo.* El ve, tiene en cuenta y castigará todas estas impie-

dades. *De mañana sacará a luz su juicio.* Dice el obispo Newcome, que el sentido es el siguiente: "No pasa un solo día sin que tengamos un ejemplo de su bondad para con los justos y su venganza sobre los malvados."

6. *Hice destruir naciones.* Siria, Israel y a aquellas a las que se refiere, ver Is. 36:18, 20.

7. *Ciertamente me temerá.* Después de tantas manifestaciones de mi poder y juicios soberanos. *Mas ellos se apresuraron.* Y en lugar de volver a Dios, practicaron toda abominación. Fueron diligentes para encontrar tiempo y lugar para practicar sus iniquidades. Esta es la peor situación del hombre.

8. *Esperadme.* Aguardad el cumplimiento de todas mis promesas y castigos: Yo soy Dios, no cambio. *Toda la tierra.* La tierra de Judá.

9. *Devolveré yo a los pueblos.* Esta promesa puede referirse a la conversión de los judíos bajo el evangelio. *Pureza de labios.* Puede significar la forma de adoración religiosa. Antes, habían sido idólatras; ahora Dios promete restaurar el culto puro entre ellos.

10. *Más allá de los ríos de Etiopía.* Puede denotar el Africa y el sur de Arabia.

14. *Canta, oh hija de Sion.* Aquí, no sólo tenemos una benévola promesa profética de su restauración de la cautividad, sino de su conversión a Dios mediante Cristo.

15. *Jehová es rey de Israel en medio de ti.* No volvieron a tener rey después de la muerte de Sedequías y no volverán a tener otro hasta que el Mesías reine sobre ellos; esta promesa se refiere a ese evento.

16. *No temas.* No tendrás más cautiverios ni aflicciones nacionales. *No se debiliten tus manos.* Esto puede referirse, primero, a la reedificación del templo de Dios, después del retorno de Babilonia; y, en segundo lugar, a su diligencia y celo en la Iglesia Cristiana.

17. *Jehová tu Dios.* (V. Mod.). *Yehovah Elcheycha.* "El Ser eterno y existente por sí mismo, que está en pacto contigo"; el carácter de Dios con referencia a los judíos cuando permanecía en la más íntima relación posible con ellos. *Poderoso. Gibbor,* es "El que prevalece," "el Héroe absolutamente vencedor". Es el carácter que se le atribuye a Cristo en Is. 9:6. "Llamárase su nombre *El gibbor,* el prevaleciente Dios Todopoderoso" (Dios fuerte, Vers. esp.). *El salvará. Librará.* De todo el poder de la culpa y de la corrupción de tus pecados; y cuando seas así salvo, "se gozará sobre ti con alegría," con especial alegría. "Callará de amor" —renovará su amor. Os mostrará el mismo amor que en la antigüedad reveló a Abraham, Isaac y Jacob.

..8. *Reuniré... fastidiados.* Puede referirse a aquellos que durante la cautividad gemían por sus antiguas asambleas religiosas; y que, a la vez,. eran reprochados por sus enemigos porque no podían gozarse en sus fiestas solemnes. Véase el Sal. 137: "Junto a los ríos de Babilonia, allí nos sentábamos, y aun llorábamos, acordándonos de Sion. Y los que nos habían llevado cautivos nos pedían que cantásemos," y sgs. Es posible que aquí se refiera a esa misma circunstancia.

19. *Apremiaré a todos tus opresores.* Los que te persiguieron serán castigados. Es demostrar demasiada malignidad y bajeza de espíritu, afligir o mortificar a quienes están bajo la castigadora mano de Dios. Esta era la conducta de los edomitas, moabitas y amonitas cuando los judíos se encontraban en adversidad; ¡Y con cuánta severidad el Señor los castigó por esa causa! *Salvaré a la que cojea.* Véase en Mi. 4:6, donde encontramos n pasaje paralelo.

20. *En aquel tiempo.* Primero, cuando se hayan cumplido los setenta años de la cautividad babilónica. "Yo os traeré" a vuestra tierra; y esta restauración será un símbolo de su redención del pecado e iniquidad; y, en ese tiempo, y en ése solamente, serán puestos por renombre y para alabanza entre todos los pueblos de la tierra, no solamente entre los judíos, sino también entre los gentiles.

EL LIBRO DE
HAGEO

Desconocemos el origen de Hageo. Probablemente nació en Babilonia durante el cautiverio, y parece haber sido el primer profeta enviado a los judíos después de su retorno a su país. Fue enviado especialmente para estimularlos a proseguir la construcción del templo, que había estado interrumpida por unos catorce años. Ciro, que había publicado un edicto autorizando a los judíos a regresar a Jerusalén y reconstruir la ciudad y el templo, lo revocó en el segundo año de su reinado, mal aconsejado por sus cortesanos y otros enemigos de los judíos. Después de su muerte, Cambises renovó la prohibición, pero después de la muerte de éste, Darío, el hijo de Histaspes, renovó el permiso; y Hageo fue enviado a estimular a sus compatriotas a proseguir el trabajo. Darío ascendió al trono alrededor del 521 a. de J.C., y publicó su edicto permitiendo a los judíos reconstruir la ciudad y el templo en el segundo año de su reinado, que era el decimosexto del retorno de aquéllos de Babilonia.

CAPITULO 1

El profeta reprende al pueblo y particularmente a su gobernante y sumo sacerdote por su negligencia y demora en la reconstrucción del templo; y les dice que su negligencia había sido la causa de que hubieran sido visitados con estaciones infructíferas y otras señales del divino desagrado (1-11). Los insta a poner manos a la obra, y les promete que cuando lo hagan Dios estará con ellos (12-15).

1. *En el mes sexto.* Llamado *Elul* por los hebreos. Era el sexto mes del año eclesiástico y el último del año civil, correspondiendo a parte de nuestro setiembre. *Zorobabel hijo de Salatiel.* Que era hijo de Jeconías, rey de Judá, de la familia de David, y desempeñaba el cargo de gobernador entre el pueblo, pero no sobre él, pues tanto él como ellos estaban bajo el gobierno persa. Pero se les permitía tener a Zorobabel como gobernador y a Josué como sumo sacerdote; y éstos regulaban todas las cuestiones relativas a su peculiar gobierno político y eclesiástico. *Josué hijo de Josadac.* Y nieto de Seraías, que era sumo sacerdote en los días de Sedecías y fue llevado en cautividad por Nabucodonosor (I Cr. 6:15). Pero Seraías fue asesinado por orden de Nabucodonosor, en Ribla (II R. 25: 18-21).

4. *¿Es para vosotros tiempo?* Si no ha llegado el tiempo de reconstruir el templo, no puede haber llegado para que vosotros os construyáis casas confortables. Los cimientos del templo habían sido colocados catorce años antes y se habían hecho progresos bastante considerables en la construcción, y en ese estado de descuido, sin terminar, había permanecido hasta el momento presente.

5. *Meditad bien sobre vuestros caminos.* ¿Está bien que vosotros os estéis construyendo casas elegantes y descuidéis el lugar para el culto de aquel Dios que os sacó de la cautividad?

6. *Sembráis mucho.* Dios no os bendecirá en los trabajos de vuestras manos, a no ser que reconstruyáis su templo y restablezcáis su culto. Este versículo contiene no menos de cinco proverbios en unas pocas líneas.

8. *Subid al monte, y traed madera.* Id al Líbano a buscar madera. Al segundo año del retorno del cautiverio, habían conseguido árboles de cedro en el Líbano y los habían llevado a Jope, y habían contratado albañiles y carpinteros sirios y sidonios; pero ese trabajo casi se había perdido del todo debido a la larga suspensión de la obra (Esd. 3:7).

9. *Buscáis mucho.* Al principio teníais grandes pretensiones, pero han quedado reducidas a nada. Al principio hicisteis algo, pero tan escasamente y de mala gana, que no pude menos que rechazarlo. *Cada uno de vosotros corre a su propia casa.* A reconstruirla y adornarla; ¡y la casa de Dios está descuidada!

10. *Por eso se detuvo de los cielos sobre vosotros la lluvia.* El v. siguiente hace suponer que Dios había enviado una sequía sobre la tierra, que los amenazaba con hambre y escasez.

12. *Y oyó Zorobabel.* La amenaza de Hageo surtió efecto. El gobernador civil, el sumo sacerdote y todo el pueblo se unieron para hacer el trabajo. Cuando se reconoce la autoridad de Dios, sus palabras son obedecidas cuidadosamente.

13. *Entonces Hageo . . . habló.* El era el *mensajero del Señor*, y venía con el *mensaje del Señor*, y por consiguiente, con autoridad. *Yo estoy con vosotros, dice Jehová.* Este era un gran estímulo. ¿Qué no podrá hacer un hombre cuando Dios es su Ayudador?

15. *En el día veinticuatro.* Hageo recibió su encomienda el día primero de este mes, y para el veinticuatro había tenido un éxito tan completo que tuvo la satisfacción de ver a todo el pueblo empeñado de todo corazón en la obra del Señor; dejaron sus propias casas para construir la del Señor.

CAPITULO 2

Cuando fue pronunciada esta profecía, unos cuatro años antes de la terminación del templo y sesenta y ocho después que fuera destruido el anterior, parece que algunos de los judíos ancianos estaban muy descorazonados al ver que la magnificencia del mismo era muy inferior a la del de Salomón. Comp. Esdras 3:12. Para levantar el espíritu del pueblo y estimularlos a proseguir el trabajo, el profeta les asegura que la gloria del segundo templo sería mayor que la del primero, aludiendo tal vez a las gloriosas doctrinas que en él serían predicadas por Jesucristo y sus apóstoles (1-9). Luego les muestra que las oblaciones que presentaban sus sacerdotes no podían santificarlas mientras estuvieran contaminados por su descuido del templo; y para convencerlos de que los tiempos difíciles que habían experimentado durante ese descuido obedecían a esa causa, les promete épocas fructíferas en adelante (10-19). Los versículos finales contienen una predicción de las poderosas revoluciones que tendrían lugar para el establecimiento del reino de Cristo bajo el tipo de Zorobabel (20-23). Como en el v. 6 se señala el lapso entre la terminación de la profecía y la terrible conmoción de las naciones con la expresión "de aquí a poco", las palabras podrían referirse a alguna revolución temporal que se aproximara entonces, tal como las conmociones en Babilonia durante el reinado de Darío, la conquista macedonia de Persia o las guerras entre los sucesores de Alejandro. Pero el aspecto de la profecía se relaciona más directamente con las asombrosas victorias de los romanos, que en los días de Hageo y Zacarías estaban en vísperas del comienzo de su carrera de éxitos y en el transcurso de pocos siglos subyugarían a todo el mundo habitado; y por consiguiente, bien se puede decir que por medio de ellos Dios sacudió los cielos y la tierra, y el mar y la tierra seca, preparando así el camino para la dispensación del evangelio. Véase He. 12:25-29. Otros han referido esta profecía al período de la segunda venida de nuestro Señor, al cual sin duda es también aplicable y en el cual será cumplida en la forma más notoria. Que la convulsión de las naciones que introducirá este acontecimiento estupendo será muy grande y terrible está suficientemente claro en Is. 34-35, así como en muchos otros pasajes de la Sagrada Escritura.

1. *En el mes séptimo.* Este era un nuevo mensaje, destinado a prevenir el desaliento y excitarlos a una mayor diligencia en su trabajo.

3. *¿Quién ha quedado entre vosotros que haya visto esta casa en su gloria primera?* ¿Quién de vosotros ha visto el templo construido por Salomón? Los cimientos del edificio actual habían sido colocados unos cincuenta y tres años después de la destrucción del templo construido por Salomón, y aun-

que esta profecía fue pronunciada quince años después de la colocación de los cimientos de este segundo templo, podría haber sobrevivientes que hubieran visto el templo de Salomón. *¿No es ella como nada delante de vuestros ojos?* En esta época los judíos ciertamente no tenían ni los hombres ni los medios para hacer un edificio tan espléndido como el que había construido Salomón. El presente era como nada en comparación con el anterior.

4. *Pues ahora . . . esfuérzate.* No permitas que esto te desanime. La principal gloria del templo no es su espléndido edificio, sino mi presencia; y como hice pacto de estar con vosotros cuando salisteis de Egipto, cumpliré mi pacto, pues "mi Espíritu estará en medio de vosotros, no temáis" (v. 5).

6. *De aquí a poco yo haré temblar los cielos.* "Aquí," dice el arzobispo Newcome, "se hace referencia a las revoluciones políticas o religiosas que habían de producirse en el mundo, o a ambas; comp. los vrs. 21-22; Mt. 24:29; He. 12:26-28".

7. *Y vendrá el Deseado de todas las naciones.* Este es un pasaje difícil si se entiende como referencia a una persona; pero *chemdath*, "deseo" no concuerda bien con *bau*, "vendrán". Es verdad que algunos eruditos han supuesto que la lectura original puede haber sido *chemdoth*, "cosas deseables"; pero no tiene el apoyo de ningún manuscrito. Generalmente se interpreta como referencia a las cosas valiosas o deseables que las diferentes naciones llevarían al templo, y es cierto que a él fueron llevados muchos ricos presentes. Todos están confundidos con él. Pero la dificultad principal reside en el verbo *ubau*, "vendrán". Dios dice que él *sacudirá* o *conmoverá* a *todas las naciones;* que esas naciones traerán sus cosas deseables; que la casa será llena de la gloria de Dios; que la plata y el oro, que esas naciones aparecen llevando como ofrendas, son del Señor; y que la gloria de esta última casa será mayor que la de la primera. No veo cómo estas palabras pueden aplicarse a Jesucristo, aunque la construcción fuera menos confusa de lo que es, porque no veo cómo El puede ser llamado el Deseado de todas las naciones. El todo parece ser una descripción metafórica de la Iglesia de Cristo y de cómo El la llenará con todas las excelencias del mundo gentil, cuando sea traída a ella la plenitud de los gentiles.

9. *Y daré paz en este lugar. Shalom,* tanto la paz en sí como "una ofrenda de paz"; o Jesucristo, llamado el "Príncipe de Paz," por quien es proclamada la paz entre Dios y el hombre. Pero se dice que *la gloria postrera de esta casa será mayor que la primera,* porque debajo de ella fue expuesto el plan de la salvación del hombre y pagado el precio de la redención de un mundo perdido. Como probablemente todo se aplica a la iglesia cristiana, la verdadera casa de Dios, su gloria

fue ciertamente mayor que cualquier gloria que jamás poseyera la de los judíos.

10. *A los veinticuatro días del noveno mes.* Tres meses después de que habían empezado a reconstruir el templo, se le ordena a Hageo ir y hacerles dos preguntas a los sacerdotes. (1) "Si alguien lleva carne santificada en la falda de su ropa" y toca algo con esa falda, ¿queda santificado lo que toca? Los sacerdotes respondieron: No. (v. 12). (2) Si alguien ha tocado un cadáver, y queda así inmundo, ¿comunica su inmundicia a lo que pueda tocar? Y los sacerdotes respondieron: Sí (v. 13).

14. *Y respondió Hageo ... Así es este pueblo.* Así como un hombre inmundo comunica su inmundicia a todo lo que toca, vosotros sois inmundos y todo lo que habéis hecho hasta ahora, delante de Dios está inmundo.

16. *Antes que sucediesen estas cosas.* Yo he mostrado mi desagrado contra vosotros, enviando tizoncillo y granizo; y tan pobres han sido vuestras cosechas que un montón de trigo que hubiera tenido que producir *veinte medidas,* produjo sólo *diez,* y que una cantidad de uvas que en otros años hubiera producido *cincuenta cántaros,* por su peque-

ñez, pobreza, etc., produjo sólo *veinte.* Y esto es lo que ha sucedido desde que fue colocada la primera piedra en este templo; porque vuestros corazones no fueron sinceros para conmigo, y por consiguiente Yo os herí "en toda obra de vuestras manos; mas no os convertisteis a mí" (v. 17).

18. *Meditad, pues ... desde este día.* Ahora voy a cambiar mi conducta hacia vosotros; *desde este día* en que habéis empezado de todo corazón a restaurar mi culto, os bendeciré. Todo lo que sembréis o plantéis, será bendecido; vuestra tierra dará fruto, y tendréis abundancia de toda clase de cosechas.

20. *Vino por segunda vez palabra de Jehová.* Esta fue una segunda comunicación en el mismo día.

23. *Y te pondré como anillo de sellar.* Te exaltaré a elevada dignidad, poder y confianza, el signo o instrumento de los cuales era el sello. Estarás bajo mi particular cuidado y me serás muy precioso. Véase Jer. 22:24, Cnt. 8:6. *Porque yo te escogí.* El tenía una obra importante y difícil que realizar, y era necesario que tuviera la seguridad del especial cuidado y protección de Dios durante toda ella.

EL LIBRO DE

ZACARIAS

Zacarías era hijo de Berequías y nieto de Iddo. Volvió de Babilonia con Zorobabel y empezó a profetizar en el segundo año del reinado de Darío, hijo de Histaspes, año 516 a. de J.C.; en el mes octavo del año santo, dos meses después que Hageo empezara a profetizar. Ambos profetas, unánimemente, estimularon al mismo tiempo al pueblo a que continuara con la obra del templo, que había estado interrumpida durante varios años.

Zacarías es la más larga y oscura de todas las profecías de los doce profetas menores. Su estilo es interrumpido y sin conexión. Sus profecías relativas al Mesías son más particulares que las de los otros profetas. El profeta Zacarías predijo exactamente el sitio de Babilonia por Darío, hijo de Histaspes. Este príncipe puso sitio a la ciudad rebelde al comienzo del quinto año de su reinado, y la redujo al cabo de veinte meses. Los profetas Isaías y Jeremías habían anunciado esta calamidad, y habían amonestado a los judíos allí residentes a que huyeran cuando vieran que se aproximaba el momento. Isaías les dijo: "Huid de Babilonia, huid de los caldeos." Y Jeremías dijo: "Salid de en medio de Babilonia, y salid de la tierra de los caldeos, y sed como las cabras delante de las manadas." Y en otras partes: "Huid de en medio de Babilonia y libere cada uno su alma: no seáis cortados en su iniquidad; porque este es el tiempo de la venganza de Jehová; él le dará su recompensa." Finalmente, Zacarías, poco antes de la caída de la ciudad, escribe así a los judíos que aún estaban en la ciudad: "Eh, eh, huid de la tierra del norte, dice Jehová, pues por los cuatro vientos del cielo os esparcí, dice Jehová. Oh Sion, la que moras con la hija de Babilonia, escápate."

CAPITULO 1

El profeta exhorta ardientemente al pueblo al arrepentimiento, a fin de que puedan escapar de castigos tales como los que les fueron infligidos a sus padres (1-6). La visión de los caballos, con su significado (7-11). El ángel del Señor intercede con éxito en favor de Jerusalén (12-17). La visión de los cuatro cuernos y los cuatro carpinteros (18-21).

1. *En el octavo mes del año segundo de Darío.* Se trata de Darío Histaspes, y por esta fecha descubrimos que Zacarías empezó a profetizar justamente dos meses después que Hageo.

3. *Volveos a mí.* Esto indica que tenían poder para volverse, si sólo querían utilizarlo.

5. *Vuestros padres, ¿dónde están?* Israel ha sido destruido y arruinado en las sangrientas guerras con los asirios; y Judá, en las guerras con los caldeos. *Y los profetas, ¿han de vivir para siempre?* También ellos, que hablaron a vuestros padres, han muerto; pero sus predicciones subsisten, y los acontecimientos que han tenido lugar de acuerdo con esas predicciones muestran que eran enviados de Dios.

6. *¿No alcanzaron a vuestros padres?* Todo sucedió de acuerdo con las predicciones, y estaban obligados a reconocerlo así; sin embargo, no se apartaban de sus malos caminos.

7. *A los veinticuatro días del mes undécimo.* Esta revelación fue dada unos tres meses después de la anterior, y dos meses después que habían empezado a reedificar el templo. *Sebat* corresponde a parte de nuestro mes de febrero. Véase Hag. 2:18.

8. *Vi de noche.* El momento era simbólico de la aflicción bajo la cual gemían los judíos. *Un varón.* Un ángel en forma de hombre; que se supone sería el Señor Jesús, que parece haber aparecido a menudo de esta manera, como preludio a su encarnación; véase Jos. 5:13; Ez. 1:26; Dn. 7:13 y 10:5. Probablemente el mismo que le apareció a Josué con una espada desenvainada, como capitán del ejército del Señor (Jos. 5: 13-15). *Un caballo alazán.* Emblema de la guerra y el derramamiento de sangre. *Entre los mirtos.* Este árbol era símbolo de la paz, lo cual sugiere probablemente que pronto habría de terminar toda guerra.

9. *¿Qué son éstos, Señor mío?* El ángel aquí mencionado era distinto de los mencionados en el v. 8; es el que hablaba con el profeta (v. 13).

10. *Aquel varón que estaba entre los mirtos.* El ángel del pacto (v. 11). *Los que Jehová ha enviado.* Que están constituidos en guardianes de la tierra.

11. *Toda la tierra está reposada y tranquila.* En general, hay paz en el imperio persa y otros estados relacionados con Judea; pero los judíos están aún en aflicción; su ciudad no ha sido aún restaurada ni su templo reconstruido.

12. *El ángel de Jehová.* El que estaba entre los mirtos —el Señor Jesús. *Oh Jehová de los ejércitos, ¿hasta cuándo?* Jesucristo no sólo es el "Cordero inmolado desde la fundación del mundo," sino que fue siempre el único Mediador e Intercesor entre Dios y el hombre. *Setenta años.* El tiempo que había transcurrido desde la destrucción del templo hasta el momento en que hablaba el ángel.

13. *Y Jehová respondió... al ángel.* Y el ángel le dijo al profeta que la respuesta era buena y consoladora. Esta respuesta se da en el versículo siguiente.

14. *Celé con gran celo a Jerusalén y a Sion.* Tengo gran afecto por ellas y estoy indignado con sus enemigos.

15. *Yo estaba enojado un poco.* Yo estaba algo enojado con mi pueblo, y di a sus enemigos un encargo contra ellos; pero ellos fueron mucho más allá de mis designios, en su opresión y crueldad, y ahora ellos tendrán que sufrir a su vez.

16. *Yo me he vuelto a Jerusalén con misericordia.* Antes había ido a ellos en juicio; ahora, la principal misericordia será que la casa del Señor será reconstruida y restauradas las ordenanzas del Señor. *La plomada* (el cordel del arquitecto, VM) *será tendida sobre Jerusalén.* Será determinado el circuito y la ciudad será reconstruida de acuerdo con la línea trazada.

17. *Aún rebosarán mis ciudades.* Toda la tierra de Judea será habitada, y las ciudades en ruinas serán restauradas.

18. *Y he aquí cuatro cuernos.* Estos representan a las cuatro potencias que habían oprimido a los judíos: los asirios, los persas, los caldeos y los egipcios.

20. *Cuatro carpinteros.* Otras cuatro potencias que habrían de derrotar a las potencias representadas por los cuernos. Son las mismas que en 6:1-3, 6-7 se representan por cuatro carros. El primero fue Nabopolasar, padre de Nabucodonosor, que derrotó el imperio de los asirios. El segundo fue Ciro, que destruyó el imperio de los caldeos. El tercero fue Alejandro Magno, que destruyó el imperio de los persas. Y el cuarto fue Ptolomeo, que se adueñó de Egipto.

21. *Estos han venido para hacerlos temblar.* Para quebrantarlos y reducirlos a polvo. *Charashim* significa "carpinteros" o "herreros"; probablemente se refiera a estos últimos (VM. *artesanos*), que venían con martillos, limas y otras herramientas, a destruir los cuernos que sin duda parecían de hierro.

CAPITULO 2

La visión con que empieza este capítulo anunciaba un gran acontecimiento y prosperidad para Jerusalén. Según nos dice Josefo (*Guerras* V. IV. 2) "la ciudad, rebosante de habitantes, se extendió más allá de sus muros," como se predice en el v. 4, y adquirió mucha gloria durante la época de los Macabeos; aunque estas promesas, y particularmente la sublime imagen del v. 5, se refieren con más propiedad a la gloria y prosperidad de la iglesia cristiana en los últimos días (1-5). (Véase Apocalipsis 21, 22). A continuación de esta promesa, se insta a los judíos que aún habitaban en Babilonia y la región aledaña, a que se apresuren a regresar, a fin de que no sufran también la suerte de sus enemigos, que antes destinados a caer presa de las naciones que antes subyugaron, pues el gran amor y celo de Dios por su pueblo lo mueven a glorificarlos humillando a todos sus adversarios (6-9). Las graciosísimas promesas de la presencia de Dios con su iglesia y el constante aumento y prosperidad de ésta, presentadas en los versículos restantes (10-13), se cumplieron en cierta medida en la gran cantidad de prosélitos que hizo el judaísmo después del retorno del cautiverio; pero serán cumplidas después de la restauración de los judíos al favor de Dios bajo el evangelio. "Porque si su exclusión es la reconciliación del mundo, ¿qué será su admisión, sino vida de entre los muertos?"

1. *Un varón que tenía en su mano un cordel de medir.* Probablemente una representación de Nehemías, quien recibió de Artajerjes Longimanus el encargo de construir los muros de Jerusalén, pues hasta entonces la ciudad no había estado cercada.

4. *Corre, habla a este joven.* Nehemías debe de haber sido joven cuando era copero de Artajerjes. *Sin muros será habitada.* Sus habitantes serán tan numerosos que no podrán ser contenidos dentro de sus antiguos límites. Hablando de esta época, dice Josefo (*Guerras*, v. iv. 2): "La ciudad, rebosando de habitantes, se extendió gradualmente más allá de sus muros."

5. *Yo seré para ella... muro de fuego.* Su seguridad consistirá en mi defensa. Yo le seré como un *muro de fuego en derredor.* Ningún adversario podrá tocarla. Gran parte de esto ha de referirse a la Nueva Jerusalén.

6. *Huid de la tierra del norte.* De Caldea, Persia y Babilonia, donde aún permanecían algunos de los judíos. Véase el v. 7.

8. *Tras la gloria.* Después de vuestra gloriosa liberación de los diversos lugares de vuestra dispersión. Me ha enviado *a las naciones que os despojaron,* para que a su vez caigan bajo tremendas calamidades y sean castigadas. Sobre Babilonia cayó una gran calamidad cuando fue sitiada y tomada por los persas.

9. *Yo alzo mi mano sobre ellos.* Primero los amenazaré, y después levantaré contra ellos mi mano de juicio. *Despojo a sus siervos.* A aquellos que antes habían estado so-

metidos a su yugo. Como los babilonios a los medos y persas; y lo mismo los demás, en la subversión de los imperios.

10. *Moraré en medio de ti, ha dicho Jehová.* Esto debe referirse principalmente a la iglesia cristiana, en la cual Dios mora permanentemente por el poder de su Espíritu, como lo hiciera por el símbolo de su presencia en el primer templo judío.

11. *Y se unirán muchas naciones a Jehová.* Esto corresponde con certeza a la iglesia cristiana. Ninguna nación o pueblo se ha convertido jamás a la religión judía, pero naciones enteras han abrazado la fe de nuestro Señor Jesucristo.

12. *Y Jehova poseerá a Judá su heredad en la tierra santa.* Esta es una promesa de la restauración final de los judíos y de que serían la heredad de Dios en su propia tierra.

13. *Calle toda carne.* Asómbrense de esto todas las naciones del mundo. Dios se levantará y libertará a su antiguo pueblo, y lo llevará a la gloriosa libertad de los hijos de Dios.

CAPITULO 3

Mientras los judíos estaban reconstruyendo el templo, sus adversarios trataron de detener el trabajo (Esd. 5). Esta visión, por consiguiente, está destinada a darles el fuerte estímulo de que Dios, después de haberlos arrancado como tizones del fuego (o de la cautividad de Babilonia), no ha de abandonarlos ahora, sino que continuará prosperándolos y favoreciéndolos; y que no obstante las interrupciones que tendrán que afrontar, el trabajo será terminado bajo la graciosa supervisión de la Providencia; y pronto su sumo sacerdote, revestido con sus vestiduras pontificales, oficiará en el lugar santísimo (1-7). Luego, mediante una fácil transición, el tema se aplica a una liberación y restauración futuras mucho mayores, de las cuales Josué y sus compañeros ahora liberados son declarados figuras o tipos; para esto se manifestaría el Mesías o Renuevo, el gran Sumo Sacerdote tipificado por Josué; y, con la piedra principal representada en la visión, sería hecho piedra principal de su iglesia; la cual sería guardada constantemente por el ojo de Dios que todo lo ve; y que con su expiación El le procuraría paz y perdón (8-10).

1. *Me mostró el sumo sacerdote Josué.* El Angel del Señor es el Mesías, como hemos visto antes. Josué, el sumo sacerdote, puede representar aquí a todo el pueblo judío; y *Satanás,* el gran acusador de los hermanos. Aquí hay una paronomasia: *Satanás estaba a su mano derecha para acusarle.* Satanás significa "adversario". *Lesiteno,* "para ser su adversario" o acusador.

2. *¿No es éste un tizón arrebatado del incendio?* Los judíos habían sido casi aniquilados debido a sus pecados; pero ha quedado un remanente, y Dios está decidido a preservarlo. Ha tenido misericordia de ellos y les ha perdonado sus pecados. ¿Quieres tú destruirlos?

3. *Josué estaba vestido de vestiduras viles.* El pueblo judío estaba en una condición de abandono, destitución y, según todas las apariencias humanas, ruindad; además, eran pecadores y el sacerdocio estaba contaminado con la idolatría; nada podía salvarlos, sino la misericordia de Dios.

4. *Quitadle esas vestiduras viles.* Probablemente se entienda por vestiduras viles las de arpillera que vestían los judíos en tiempos de calamidad pública. Que cambien sus vestiduras. Yo los he vuelto del cautiverio, y los restauraré del todo, y borraré todas sus iniquidades.

5. *Pongan mitra limpia sobre su cabeza.* Significando que le había sido restaurado el oficio del sumo sacerdocio, que había sido manchado y profanado antes. La *mitra* era el bonete que el sumo sacerdote se ponía en la cabeza cuando entraba en el santuario (Ex. 28:4, etc.). *Y le vistieron las ropas.* Refiriéndose a las vestiduras del sumo sacerdote.

9. *Porque he aquí aquella piedra que puse.* Indudablemente una alusión a la piedra fundamental del templo. Pero ésta representaba a Cristo Jesús: "He aquí que yo he puesto en Sion por fundamento una piedra, piedra probada, angular, preciosa, de cimiento estable" (Is. 28:16). *Sobre esta única piedra hay siete ojos.* Esto se supone que significa la providencia de Dios, pues bajo ella sería completada toda la obra. *Yo grabaré su escultura.* Esta es una alusión al grabado de piedras preciosas en que los antiguos eran sumamente expertos. Pero ¿qué grabado era éste? ¿No eran las siguientes palabras: "Yo quitaré el pecado de la tierra en un día?" ¿Y no aconteció esto cuando Jesucristo expiró en la cruz?

10. *Cada uno de vosotros convidará a su compañero.* Véase Is. 36:16. Todos estarán invitando y estimulando a otros a creer en el Señor Jesucristo, y así gustar y ver que Dios es bueno. Véase Is. 2:2-3. Y habrá la mayor libertad para predicar, creer y profesar la fe de nuestro Señor Jesucristo.

CAPITULO 4

El profeta, sobrecogido por su última visión, es despertado por el ángel para que contemple otra (1); también destinada a asegurar a los judíos del éxito de Josué y Zorobabel en la construcción del templo, superando todos los obstáculos del camino; hasta que al fin, por la buena providencia de Dios, sería terminado en medio de las gozosas aclamaciones de los espectadores (2-10). La explicación que da el ángel del candelabro de oro y de los dos árboles de olivo (11-14).

1. *Volvió el ángel... y me despertó.* El arzobispo Newcome considera que esta visión fue presentada en la misma noche que las anteriores (1:18). Véase la última parte del v. 10 y compárese con 3:9. Después de cier-

to intervalo, el profeta, sobrecogido por la visión que había presenciado, fue despertado de su trance profético como de un sueño.

2-3. *Un candelabro todo de oro.* Este candelabro está hecho, en cierta medida, según el del santuario (Ex. 25:31-32). Los *dos olivos* debían proporcionar el aceite para el depósito; el *depósito* debía comunicarse por medio de los *siete tubos* con las *siete lámparas*. En general, el candelabro, su depósito, tubos, lámparas y olivos son emblemas del servicio puro de Dios y de la gracia y salvación que disfrutarán sus verdaderos adoradores.

6. *Esta es la palabra de Jehová a Zorobabel.* Este príncipe estaba en una situación difícil y necesitaba el estímulo especial de Dios; y aquí está: *No con ejército ni con fuerza* (tus medios propios), *sino con mi Espíritu* —la providencia, autoridad, poder y energía del Altísimo. De esta manera será edificado mi templo; de esta manera será levantada y preservada mi iglesia.

7. *Oh gran monte.* Los obstáculos que fueron puestos en el camino, la regia prohibición de continuar la construcción del templo. *Delante de Zorobabel . . . a llanura.* El poder soberano de Dios los eliminará. Avanza, Zorobabel, y delante de ti se allanará el camino. *El sacará la primera piedra.* Así como ha colocado la piedra fundamental, pondrá también la piedra principal del arco; así como ha comenzado el edificio, también lo terminará.

10. *Los que menospreciaron el día de las pequeñeces.* La pobreza, la debilidad y la situación de destitución de los judíos. *Y verán la plomada en la mano de Zorobabel.* El es el maestro constructor bajo Dios, el gran Arquitecto. *Estos siete son los ojos de Jehová.* Una referencia ya sea a su particular y especial providencia o a aquellos espíritus servidores que El ha utilizado en beneficio de los judíos, para dispensar las bendiciones de esa providencia.

14. *Estos son los dos ungidos.* Josué el sumo sacerdote, y Zorobabel, el gobernador. Estos son *ungidos* —designados por el Señor; *y están delante* de El, el uno para ministrar el estado eclesiástico y el otro el civil.

CAPITULO 5

La visión del gran rollo volador, con la explicación del ángel (1-4). La visión del efa y la mujer sentada en él, con su significado (5-11).

1. *He aquí un rollo que volaba.* Tenía éste veinte codos de largo y diez codos de ancho; el profeta lo vio desplegado y volando. Consistía en la lista de los pecados del pueblo y el castigo con que el Señor lo amenazaba. Algunos piensan que los delitos eran los de los judíos, otros que los de los caldeos. El rollo en cuestión es una alusión a los grandes rollos sobre los cuales los judíos escribían el Pentateuco. Uno que tengo ahora delante mío tiene unos 51 metros de largo por 53 centímetros de ancho; se supone que tiene una antigüedad de 400 años y fue traído de Jerusalén hace un tiempo; está hecho de una fina y oscura piel de cabra.

3. *Todo aquel que hurta . . . y todo aquel que jura.* Al parecer, el rollo estaba escrito de ambos lados. Hurtar y jurar pueden ser los títulos generales de los delitos; el primero comprendería los delitos contra los hombres; el segundo, los pecados contra Dios. Se supone que el rollo contenía los pecados y castigos de los caldeos.

4. *A la casa de.* Babilonia, la casa o ciudad de Nabucodonosor, que era un ladrón público y un rematado idólatra.

6. *Este es un efa que sale.* El efa era, entre los judíos, la medida común de granos. La mujer que estaba en el *efa* se supone que representa a Judea, que será visitada por sus pecados; la tapa de plomo del efa dentro del cual estaba sentada la mujer, la ira de Dios que abate a esa nación culpable, en la medida de sus pecados. Porque el ángel dijo: "Esta es la maldad"; es decir, la mujer representa la masa de los pecados de esta nación.

9. *Dos mujeres que salían.* Así como una mujer representaba la impiedad de la nación judía, estas dos mujeres que habrían de llevar el efa en el cual estaba encerrada la mujer "Maldad" bajo el peso de una tapa de plomo, pueden significar la desesperada incredulidad de los judíos al rechazar al Mesías; y esa impiedad o corrupción universal de las costumbres que fue consecuencia de su incredulidad y atrajo la ira de Dios sobre ellos. Las fuertes *alas* como de *cigüeña*, pueden indicar la fuerza y celeridad con que Judea fue llevada a llenar la medida de su iniquidad y a cumplir el castigo que merecía. *Entre la tierra y los cielos.* Pecados contra Dios y el hombre, pecados que el cielo y la tierra contemplan con horror. O tal vez las dos mujeres representen a los babilonios y los romanos que llevaron el efa de los judíos a su castigo final. Los caldeos arruinaron a Judea antes del advenimiento de nuestro Señor; los romanos, poco después.

11. *Para que le sea edificada casa en tierra de Sinar.* La *tierra de Sinar* significa Babilonia; y Babilonia, en el Apocalipsis, significa Roma. La construcción de la casa para la mujer encerrada en el efa puede significar que habría un largo cautiverio bajo los romanos, como lo había habido bajo Sinar o Babilonia.

CAPITULO 6

La visión de los cuatro carros tirados por varias clases de caballos (1-8). La otra visión de este capítulo puede referirse en su sentido primordial al establecimiento de la política civil y religiosa de los judíos, bajo Josué y Zorobabel; pero se relaciona, en un sentido más pleno, con el Mesías y con ese Reinado del cual El sería a la vez Rey y Sumo Sacerdote. En El se verificaron todos estos tipos y figuras; en El todas las promesas son sí y amén (9-15).

1. *He aquí cuatro carros.* Cuatro monarquías o imperios. Se supone que representan lo mismo que la visión de los cuatro cuernos del cap. 1. *Aquellos montes eran de bronce.* Las fuertes barreras de los propósitos de Dios, que reducían a esas potencias dentro de los tiempos y los límites establecidos por Jehová.

2. *En el primer carro había caballos alazanes.* El imperio de los caldeos, que derrocó al imperio de los asirios. *En el segundo carro caballos negros.* El imperio de los persas, fundado por Ciro, que destruyó al de los caldeos.

3. *En el tercer carro caballos blancos.* El imperio de los griegos, fundado por Alejandro Magno, que destruyó al de los persas. *El cuarto carro caballos overos rucios rodados.* Es decir, caballos de dos colores, o algunos caballos tordillos y otros bayos. El imperio de los romanos o de los griegos. Los griegos dividieron el imperio después de Alejandro Magno: una parte bajo los Laegidas, que atacó y sometió a Egipto; y la otra, los Seleúcidas, que subyugaron a Siria bajo Seleuco.

5. *Los cuatro vientos de los cielos.* Ministros de la ira de Dios contra las naciones pecadoras del mundo.

6. *Los caballos negros.* Esto se refiere al segundo carro; del primero no se hace mención por el ángel, debido a que el imperio representado por él había dejado de existir. Este tenía caballos alazanes (VM. rojos), para indicar la crueldad de los caldeos para con los judíos y la carnicería que habían cometido en tierra de Judá. *Los negros.* Ciro a la cabeza de los persas y los medos, sembrando devastación y muerte entre los caldeos, designados en muchas partes de la Escritura como el "norte". *Los blancos.* Alejandro, que fue espléndido en sus victorias y leve con todos los conquistados. *Los overos.* Los Laegidas o Ptolomeos que fundaron un imperio en Egipto; algunos de ellos fueron buenos, otros malos, algunos déspotas, otros moderados, algunos crueles y otros suaves, están representados por caballos de diversos colores.

7. *Y los alazanes salieron.* (VM. los bayos). Los Seleúcidas, que conquistaron Siria y las provincias superiores y quisieron extender sus conquistas *y se afanaron por ir a recorrer la tierra,* queriendo, en su ambición ilimitada, el imperio universal; tal como Antíoco el Grande. *Y recorrieron la tierra,* extendieron sus conquistas y arrasaron muchos pueblos con sus guerras casi continuas.

8. *Hicieron reposar mi espíritu en la tierra del norte.* Cumplieron mis juicios sobre Asiria y Caldea. Primero, Nabopolasar y Ciro

contra los asirios y caldeos; y luego, Alejandro contra los persas.

10. *Toma de los del cautiverio.* Los nombres que siguen probablemente sean los de aquellos a quienes les habían sido confiados los vasos de plata y oro del templo. *En casa de Josías.* Probablemente un artífice en plata, oro, etc.

12. *He aquí el varón cuyo nombre es el RENUEVO.* No puedo pensar que ésta sea una referencia a Zorobabel; en realidad, ni siquiera se lo menciona en 3:8. Josué y sus compañeros son llamados hombres "figurativos" o "típicos". Por consiguiente, esta coronación de Josué y el llamarle Renuevo, con toda probabilidad se hizo con referencia a aquella gloriosa Persona, el Mesías, de quien era tipo o figura. *El cual brotará de sus raíces.* Es decir, de la raíz, la tribu y la familia de David. *Y edificará el templo de Jehová.* Esto no puede referirse a la construcción del templo entonces en marcha, porque el constructor era Zorobabel; sino a ese templo, la iglesia cristiana, tipificada por él. Porque aquí no se menciona a Zorobabel, y sólo "Josué" o Jesús (el nombre es el mismo) es la persona que ha de ser coronada y construirá su templo espiritual.

13. *El edificará el templo.* Josué, no Zorobabel. *El llevará la gloria.* Tendrá todo el honor por hacerlo, pues nadie puede hacerlo sino él solo. Todavía se refiere al Mesías. *Y se sentará y dominará en su trono.* Porque el gobierno de la iglesia estará sobre su hombro. *Y habrá sacerdote a su lado.* Como sumo sacerdote ofrecerá la única ofrenda y expiación válidas. Será a la vez Rey y Sacerdote, de categoría real en ambos casos, pues aun el sacerdote se dice que estará *a su lado. Y consejo de paz habrá entre ambos.* El propósito de establecer la paz entre el cielo y la tierra debe estar entre el Padre y el Hijo.

15. *Y los que están lejos vendrán.* Los gentiles acudirán al Salvador del mundo, y *ayudarán a edificar* —entrarán a formar parte de este nuevo templo, porque llegarán a ser, como piedras vivas, "un templo santo . . . una morada de Dios por medio de su Espíritu". *Y conoceréis que Jehová de los ejércitos me ha enviado.* Estas predicciones relativas a los oficios real y sacerdotal del Mesías, serán cumplidas tan específicamente que vosotros, judíos, estaréis obligados a reconocer que el Señor de los ejércitos me ha enviado con este mensaje.

CAPITULO 7

Habiendo sido enviados algunos judíos por los que permanecían en Babilonia, a preguntar a los sacerdotes y profetas de Jerusalén si estaban obligados todavía a guardar los ayunos que habían sido ordenados en ocasión de la destrucción de Jerusalén, se le ordena al profeta aprovechar esa oportunidad para señalarles los puntos de más peso de la ley, el juicio y la misericordia, a fin de que no incurrieran en calamidades como las que habían sobrevenido a sus padres. También les insinúa que en sus anteriores ayunos se habían dado más importancia a sí mismos que a Dios; y que habían descansado demasiado en la realización de ritos externos, aunque los profetas anteriores habían insistido mucho en la excelencia superior de los deberes morales (1-14).

1. *El año cuarto del rey Darío.* Dos años después que empezaron la reconstrucción del templo (véase 1:1). *El mes noveno, que es Quisleu.* Este corresponde a parte de noviembre y diciembre. Los nombres de los meses aparecen sólo bajo y después del cautiverio.

2. *Cuando habían enviado... a Sarezer, con Regem-melec.* A averiguar si debían continuar con los ayunos que habían observado hasta entonces debido a que el templo estaba en ruinas; y la razón por qué lo averiguaban era que estaban reconstruyendo el templo y era probable que lo llevaran a un final feliz.

5. *Cuando ayunasteis y llorasteis en el quinto... mes.* Lo hacían en memoria del incendio del templo, el día diez de ese mes; y en el séptimo mes, en el día tres del cual observaban un ayuno en memoria del asesinato de Gedalías y la dispersión del resto del pueblo que estaba con él. Véase Jer. 41:1 y II R. 25:25.

7. *Las palabras que proclamó Jehová por medio de los profetas primeros. Nebiim harishonim* es el título que dan los judíos a Josué, Jueces, los dos libros de Samuel y los dos de Reyes. Los "profetas posteriores," *nebiim acharonim,* son Isaías, Jeremías, Ezequiel y los doce profetas menores. *El Neguev y la Sefela.* El *Neguev* es la parte montañosa y desierta al sur de Judea; la *Sefela* la llanura de Jericó.

11. *Volvieron la espalda.* A la ley, como un buey inquieto que se revuelve contra el yugo cuando ara.

14. *Los esparcí con torbellino.* Esta es una referencia a las victorias fulminantes y la conducta cruel de los caldeos con los judíos. Cayeron sobre ellos como un torbellino; fueron llevados de acá para allá, sacudidos de arriba abajo, dispersados por doquier y confundidos.

2. *Celé.* Algunos refieren esto a los judíos mismos. Ellos eran para Jehová como una esposa, pero fueron infieles y Dios los castigó como podría esperarse de un esposo ofendido. Otros lo aplican a los enemigos de los judíos. Aunque les di el encargo de afligiros, ellos se excedieron en su misión; por consiguiente los trataré con *ira* —con justicia vindicativa.

3. *Yo he restaurado a Sion.* La he restaurado de su cautividad. Habitaré en medio de ella. El templo será reconstruido y también Jerusalén; y en vez de ser falsa, contaminada y libertina, será la *ciudad de la Verdad* y el *Monte de Santidad.*

6. *Si esto parecerá maravilloso.* Podéis pensar que esto es imposible, dada vuestra actual condición de humillación. Pero porque sea imposible a vuestros ojos ha de serlo también a los míos, *dice Jehová de los ejércitos.*

7. *Yo salvo a mi pueblo de la tierra del oriente y de... donde se pone el sol.* De todas las tierras en las que pueda hallarse alguno de ellos. Pero estas promesas se refieren principalmente a la iglesia cristiana, o al ingreso de los judíos junto con la totalidad de los gentiles.

9. *De la boca de los profetas.* El día o el momento de la fundación había sido unos dos años antes, pues este discurso del profeta fue pronunciado en el cuarto año de Darío.

19. *El ayuno del cuarto mes.* Este conmemoraba la toma de Jerusalén (II R. 25:3; Jer. 39:2 y 52:6-7). *El ayuno del quinto.* En memoria de la ruina del templo (II R. 25:8; Jer. 52:12-13). *El ayuno del séptimo.* Por el asesinato de Gedalías (Jer. 41:1-17). *El ayuno del décimo.* En conmemoración del sitio de Jerusalén, que empezó el día diez del mes décimo (II R. 25:1; Jer. 52:4; Ez. 24:1-2; y véase el cap. 7:3, 5).

20. *Aún vendrán pueblos.* Promesas similares a las de Is. 2:3 y Mi. 4:1-2.

23. *Diez hombres... tomarán del manto a un judío.* Los gentiles convertidos serán, en relación a los judíos, diez a uno. Pero *diez* puede significar un número mayor, sin comparación.

CAPITULO 8

En este capítulo Dios promete la continuación de su favor a aquellos que han vuelto del cautiverio; de modo que, al levantarse sus juicios, los ayunos que habían observado durante el cautiverio pueden ahora convertirse en otras tantas ocasiones de regocijo. Asimismo les promete a su tiempo una restauración general de su pueblo, y el engrandecimiento de su iglesia mediante el acceso de los gentiles (1-20). La conclusión del capítulo insinúa que los judíos, después de su restauración, serán el instrumento para la conversión de muchas otras naciones (21-23). Compárese Ro. 11:15-16.

CAPITULO 9

Siria, Fenicia y Palestina fueron conquistadas por Nabucodonosor y posteriormente por Alejandro. Algunos aplican el comienzo de este capítulo (1-7) a uno de estos acontecimientos y otros al otro. La terminación del v. 7 se refiere al número de filisteos que se convertirían en prosélitos del judaísmo (véase Josefo, *Antiq.* xiv. 15, 4), y el 8 a la vigilante providencia de Dios sobre su templo en aquellos tiempos difíciles. De esto el profeta pasa a la máxima manifestación de la bondad de Dios hacia su iglesia y su pueblo, el envío del Mesías, con un relato de las tendencia pacífica y la gran extensión de su reino (9, 10). Dios declara entonces que ha ratificado su pacto con su pueblo, que lo ha liberado de su cautiverio y le ha restaurado su favor (11, 12). A consecuencia de esto, se le promete en términos majestuosos y elevados la victoria sobre sus enemigos y toda suerte de prosperidad (13-17). Judas Macabeo ganó varias victorias sobre las tropas de Antíoco, que era de ascendencia griega o macedonia. Pero, sin excluir estos sucesos, debe admitirse que los términos de esta profecía son demasiado fuertes para ser confinados a ellos; su cumplimiento final debe, pues, referirse a la época del evangelio.

1. *La profecía de la palabra de Jehová.* El oráculo contenido en la palabra que ahora habla Jehová. Esta es una profecía contra Siria, los filisteos, Tiro y Sidón, que habían de ser subyugados por Alejandro Magno. Después de esto el profeta habla jubilosamente acerca de la venida de Cristo y la redención que traerá.

Muchos eruditos son de opinión que este capítulo y los siguientes no son obra de Zacarías, sino más bien de Jeremías, Oseas o alguien anterior al cautiverio. Lo cierto es que 11:12-13 se cita en Mat. 27:9-10 como palabra de Jeremías, el profeta. Los ocho primeros capítulos, según sus respectivas introducciones, parecen ser las profecías de Zacarías. Tienen una conexión entre sí, son pertinentes a la época en que fueron entregadas, son de estilo y manera uniformes, y constituyen un todo normal. Pero los últimos seis capítulos no son asignados expresamente a Zacarías, ni están conectados con los anteriores. Los tres primeros en muchas partes no corresponden a la época en que vivió Zacarías; todos ellos tienen un estilo literario más adornado y poético que los ocho primeros capítulos, y rompen manifiestamente la unidad del libro profético.

En conclusión, según las señales internas, estos tres capítulos (9, 10 y 11) deben haber sido escritos mucho antes de la época de Jeremías, y antes de la cautividad de las diez tribus. Parecen adecuarse a la época y la manera de Oseas; pero sea quien fuere su autor, su autoridad divina está establecida por los dos citas de ellos (9:9 y 11:12-13).

Los capítulos doce, trece y catorce forman una profecía distinta y fueron escritos después de la muerte de Josías (12:11); pero no es seguro si antes o después del cautiverio, ni por qué profeta, aunque me inclino a pensar que el autor vivió antes de la destrucción de Jerusalén por los babilonios. V.l.e.s. el cap. 13:2-6. Se los cita dos veces en el Nuevo Testamento (12:10 y 13:7) (Newcome).

Mi propia opinión es que estos capítulos forman no sólo una obra distinta, sino que pertenecen a otro autor. Si no son de Jeremías, forman un decimotercer libro en la serie de los profetas menores, pero su inspirado autor es desconocido.

La tierra de Hadrac. El valle de Damasco o algún lugar cercano a esta ciudad. Alejandro Magno se apoderó de Damasco y de todos sus tesoros; pero sin derramamiento de sangre; la ciudad le fue entregada mediante una traición. *Y sobre Damasco.* La parte principal de esta calamidad caerá sobre esta ciudad. La ira de Dios "descansa" sobre aquellos a quienes castiga (Ez. 5:13; 16:42; 24:13). *Los ojos de los hombres.* Newcome traduce así: "Porque el ojo de Jehová está sobre el hombre, y sobre todas las tribus de Israel." Este es un sentido fácil, y es seguido por las versiones.

2. *También Hamat será comprendida en el territorio.* Hamat, sobre el río Orontes; y Tiro y Sidón, no obstante su sabiduría política, habilidad y astucia, tendrán parte en el castigo. Estas profecías convienen más a los días de Jeremías que a los de Zacarías; pues no hay evidencia —aunque Alejandro Magno tomó a Damasco, pero sin derramar sangre— de que desde la época de Zacarías hasta la de nuestro Señor fuera destruida la ciudad. Y como Tiro y Sidón fueron destruidas posteriormente por Nabucodonosor, no es probable que sufrieran pronto otra devastación.

3. *Bien que Tiro se edificó.* La roca sobre la cual estaba edificada Tiro estaba fuertemente fortificada; y ya hemos visto que la ciudad poseía ingentes riquezas (Ez. 28:1, etcétera).

4. *Herirá en el mar su poderío.* Véase Ez. 26:17. Si bien Alejandro tomó a Tiro, Sidón, Gaza, etc., parece que la predicción relativa a su destrucción fue cumplida por Nabucodonosor. Véase Am. 1:6-8; Sof. 2:4, 7.

5. *Verá Ascalón, y temerá.* Todas estas profecías parecen haber sido cumplidas antes de los días de Zacarías —otra evidencia de que estos últimos capítulos no fueron escritos por él. *Su esperanza será confundida.* La esperanza de ser socorrida por Tiro.

7. *Quitaré la sangre de su boca.* Los filisteos, cuando se incorporen a los israelitas, se abstendrán de sangre y de todo lo que es abominable. *Y Ecrón será como el jebuseo.* Como un habitante de Jerusalén. Muchos de los filisteos se hicieron prosélitos del judaísmo, y particularmente las ciudades de Gaza y Asdod. Véase Josefo, *Antiq.* lib. xiii, c. 15, s. 4.

8. *Acamparé alrededor de mi casa.* Esto puede aplicarse a las conquistas de Alejandro en Palestina. Habiendo llegado con gran furia contra Jerusalén, le salieron al encuentro el sumo sacerdote Jaddua y sus colegas revestidos con las vestiduras sagradas, e intercedieron por la ciudad y el templo; en consecuencia, Alejandro no los destruyó como tenía el propósito de hacerlo. También mostró mucha benevolencia hacia los judíos, y los eximió de los impuestos cada séptimo año, debido a que la ley les prohibía trabajar la tierra ese año. Véase este extraordinario relato en Josefo, *Antiq.*, lib. xi, c. 8, s. 5.

9. *Alégrate mucho, hija de Sion.* Véase la explicación de esta profecía en Mt. 21:5. *He aquí tu rey vendrá.* No Zorobabel, pues él nunca fue rey; ni han tenido rey alguno, excepto Jesús, el Cristo, desde los días de Sedequías hasta hoy. *Justo.* El Justo y la

Fuente de toda justicia. *Cabalgando sobre su asno.* Dios había ordenado a los reyes de Israel que no multiplicaran los caballos. Los reyes que quebrantaron este mandamiento fueron ellos mismos miserables y un azote para su pueblo. Jesús vino para cumplir la ley. Si en su entrada real hubiera cabalgado en un caballo, hubiera quebrantado un mandamiento positivo de Dios; por lo tanto, montó un asno, y cumplió así la profecía, sin quebrantar el mandamiento.

10. *Y de Efraín destruiré los carros, y los caballos de Jerusalén.* No se recurrirá a la guerra para extender el reino del Mesías; pues será fundado y establecido "no con ejército, ni con fuerza," sino con el Espíritu de Jehová de los ejércitos (4:6).

11. *Y tú también* (Jerusalén) *por la sangre de tu pacto.* El pacto hecho con Abraham, Isaac, Jacob y los israelitas en general, y ratificado por la sangre de muchas víctimas; hasta que viniera el tiempo en que el Mesías derramaría su sangre, tipificada por los sacrificios antiguos. *Yo he sacado tus presos.* Aquellos que estaban bajo arresto por el juicio de Dios; la raza humana, presa en el pecado y la miseria, y que por su tierna misericordia fue libertada, muriendo El en su lugar.

12. *Volveos a la fortaleza.* Vosotros los que sentís vuestros pecados, y estáis encerrados bajo un sentido de culpabilidad, mirad a Aquel que fue entregado por vuestras ofensas, y resucitó para vuestra justificación. *Os restauraré el doble.* Os daré abundancia de paz y salvación.

13. *He entesado... a Judá.* Judá es el arco y Efraín las flechas, las cuales han de ser disparadas contra los griegos.

14. *Y Jehová será visto sobre ellos.* Haciéndoles sombra y refrescándolos, como lo hiciera la nube en el desierto.

16. *Y los salvará en aquel día.* Ellos son su rebaño y El es su pastor; y, como a los suyos, los salvará y defenderá. *Como piedras de diadema.* "Piedras coronadas que se erigen ellas mismas," es decir, que se colocan solas como monumentos de alguna liberación, parecen estar levantándose, ofreciéndose a la atención de todo viandante.

CAPITULO 10

La promesa de prosperidad y abundancia con que termina el capítulo anterior, lleva al profeta a sugerir, luego, el medio para obtenerlas: suplicación a Jehová, y no a los ídolos, cuyo culto ya había mostrado ser una fértil fuente de calamidades (1-3). El resto del capítulo (lo mismo que el precedente) promete a los judíos la restauración a su propia tierra con sus líderes y gobernadores, la victoria sobre sus enemigos, y gran acrecentamiento y prosperidad; y esto en una forma tan milagrosa que se describe (4-12) mediante alusiones a la liberación de Egipto.

2. *Porque los terafines* (VM. los ídolos domésticos) *han dado vanos oráculos.* Esto debe referirse a la idolatría practicada por los judíos antes del cautiverio, porque después no tuvieron ídolos. *El pueblo vaga.* Eran como un rebaño sin pastor, que vaga de un lado para otro.

3. *Contra los pastores se ha encendido mi enojo.* Los malos reyes y sacerdotes. *Y castigaré a los jefes* (VM. a los machos cabríos); éstos eran los sacerdotes impíos; que eran jefes por su oficio y machos cabríos por la impureza de sus vidas.

4. *De él saldrá la piedra angular.* Esto se refiere a la tribu de Judá; de esta tribu procedía toda fuerza, consejo y excelencia. La piedra angular, el ornamento y terminación del edificio; *la clavija,* con la cual se sostenían las tiendas, y de la cual colgaban las ropas, armaduras, etc.; *el arco de guerra,* los arqueros escogidos. *Todo apremiador.* Aquellos héroes y generales por medio de los cuales, bajo Dios, serían derrotados totalmente sus enemigos. Tal vez todo esto tenga referencia al Mesías.

5. *Y serán como valientes.* Los Macabeos y sus sucesores. *Los que cabalgan en caballos.* Los macedonios, que se opusieron a los Macabeos y tenían mucha caballería; mientras que los judíos no tenían caballos y muy pocas armas de guerra; sin embargo, derrotaron a aquellos jinetes.

6. *Yo fortaleceré la casa de Judá.* Me pregunto si los versículos seis, siete, ocho y nueve no deberían entenderse como una referencia a la futura reunión de los judíos en los tiempos del evangelio. Véase Jer. 3:14; 23:6; Os. 1:2; 6:11.

7. *Y será Efraín como valiente.* Esta tribu se distinguió siempre por su valentía.

8. *Yo los llamaré con un silbido.* "Los llamaré a gritos"; los llamaré con una voz tan aguda y fuerte que me oirán, y descubrirán que es la voz de su redención.

11. *Y... pasará por el mar.* Esta es una alusión al paso del Mar Rojo a su salida de Egipto, y al cruce del Jordán cuando entraron en la Tierra Prometida. Las olas o las aguas de ambos se secaron, abriéndose a ambos lados, hasta que todo el pueblo atravesó a salvo. Cuando retornen de los diversos países en que ahora habitan, Dios obrará, si es necesario, milagros similares a los que realizó anteriormente para sus antepasados; y los pueblos se alegrarán de dejarlos ir, por mucho que puedan beneficiarlos sus operaciones en el estado. Los que se opongan, como hicieron Egipto y Asiria anteriormente, serán abatidos y su cetro será roto.

CAPITULO 11

El comienzo de este capítulo se refiere a la destrucción de Jerusalén y del estado judío, probablemente por los babilonios; al menos en el primer caso, pues en el v. 4 se le encomienda al profeta hablar a las personas así amenazadas (1-6). El profeta hace luego un relato de la manera en que cumplió su cometido, y el poco valor que se atribuyó a sus trabajos. Y lo hace por medio de acciones simbólicas, una forma común de instrucción de los antiguos profetas (7-14). Después que el profeta, debido al fracaso de su misión, hubo roto los dos cayados que eran las insignias de su oficio pastoral (para denotar la anulación del pacto de Dios con ellos, y sus consecuentes división y dispersión), se le ordena tomar instrumentos destinados a lastimar y destruir, tal vez un cayado de hierro, zurrón y piedras, para expresar con estos símbolos los juicios que Dios estaba a punto de infligirles por medio de guías y gobernantes malvados, que primero destruirían el rebaño y al final serían destruidos ellos mismos (15-17). Veamos ahora esta profecía a otra luz, como nos lo autoriza la Escritura (Mt. 27:7). Según este concepto, el profeta presenta en la persona del Mesías la conducta ingrata de los judíos cuando él emprendió la función de Pastor, guiándolos y gobernándolos; cómo lo rechazaron, y lo estimaron a El y su obra en miserable y despreciable precio de treinta piezas de plata, la vil suma por la que Judas lo traicionó. Ante lo cual, amenaza con destruir su ciudad y su templo, y entregarlos en manos de guías y gobernantes que no tendrán consideración por su bienestar.

1. *Oh Líbano, abre tus puertas.* El Líbano significa el templo, que estaba construido mayormente con materiales procedentes de ese lugar.

2. *Aúlla, oh ciprés.* Esto parece indicar la caída y destrucción de todos los poderosos.

3. *Cachorros de leones.* Príncipes y gobernantes. Por *pastores* se ha de entender reyes y sacerdotes.

4. *Apacienta las ovejas de la matanza.* Este pueblo se asemeja a un rebaño de ovejas engordadas para el matadero; *apacienta,* instruye, a este pueblo que está a punto de ser muerto.

5. *Sus compradores.* Gobernadores y falsos profetas las *matan* induciéndolas a aquellas cosas que les acarrearán destrucción. *Y el que las vende.* Las entrega a la idolatría.

6. *No tendré ya más piedad.* He decidido entregarlos en manos de los caldeos.

7. *Apacenté, pues, las ovejas de la matanza.* Les mostré lo que Dios me ha revelado acerca de los males que vendrán sobre la tierra; y lo hice más especialmente por amor a los pobres del rebaño. *Dos cayados.* Dos bastones de pastor. *Al uno puse por nombre Gracia* —probablemente el que se empleaba para marcar las ovejas, sumergiendo el extremo en vermellón o algún líquido rojo. Esto se hacía cuando tenían que marcar cada décima oveja, mientras salían del campo, cuando debían apartar el diezmo para el Señor. *Y al otro Ataduras.* Probablemente el que tenía un extremo en forma de gancho, con el cual el pastor podía agarrar por los cuernos o las patas a una oveja cuando quería atraparla. *Y apacenté las ovejas.* Estos dos cayados muestran la hermosura y la unión del pueblo cuando está bajo su Pastor, Dios.

8. *Y destruí a tres pastores en un mes.* Tal vez esto signifique tres órdenes: (1) El sacerdocio. (2) La dictadura, inclusive los escribas, fariseos, etc. (3) La magistratura, el gran Sanedrín y los pequeños consejos. Todos éstos fueron aniquilados por la conquista romana.

10. *Tomé luego mi cayado Gracia, y lo quebré.* Y de ese modo mostré que había determinado no mantenerlos más en su libre y glorioso estado. Y así rompí mi pacto con ellos, que por su parte ya lo habían roto.

11. *Los pobres del rebaño.* Los piadosos, los que atienden a mis enseñanzas, vieron que ésta era *palabra de Jehová* —el "designio" de Dios.

12. *Si os parece bien, dadme mi salario.* Y hallamos que lo tasaron despreciativamente en treinta piezas de plata, que era el precio de un esclavo (Ex. 21:32).

13. *Y me dijo Jehová: Echalo al tesoro* (VM. al alfarero). Jehová considera el precio de su profeta como su propio precio; y ordena que no sea aceptado, sino entregado a un alfarero, para prefigurar la transacción referida en Mt. 27:7.

17. *¡Ay del pastor inútil que abandona el ganado!* El pastor de nombre y oficio, pero que no cumple la misión del tal. Véase Jn. 10:11. *Hiera la espada su brazo.* El castigo será ejecutado sobre los judíos impíos, y especialmente sobre sus impíos reyes y sacerdotes. Véase el v. 16. *Brazo* —el poder secular; *ojo derecho*— el estado eclesiástico. *Del todo se secará su brazo.* El poder secular será quebrantado y se tornará totalmente ineficiente. *Su ojo derecho será enteramente oscurecido.* La profecía será restringida; y todo el estado, civil y eclesiástico, será eclipsado tan totalmente que no se realizará ninguna de sus funciones.

CAPITULO 12

La primera parte de este capítulo, junto con varios pasajes del cap. 14, se refieren a una invasión que experimentarán los habitantes de Judea y Jerusalén en las últimas edades del mundo, algún tiempo después de la restauración y el establecimiento de los judíos en su propia tierra. Describe también, en términos majestuosos, la notable interposición de Dios en su favor. Luego, en la última parte del capítulo (10-14) el profeta procede a describir las mercedes espirituales de Dios al convertir a su pueblo; y da un relato patético y conmovedor de la profunda pena de ese pueblo cuando llega a adquirir el sentido de su gran pecado al crucificar al Mesías, comparándola con el dolor de un padre por su hijo único, o con las lamentaciones que se hicieron por Josías en el valle de Meguido (II Cr. 35:24-25). Una profunda y recóndita pena que hará que los dolientes sean insensibles, durante una época, a todas las comodidades y deleites de la sociedad más pudiente.

1. *Profecía de la palabra de Jehová.* Esta es una nueva profecía. Está dirigida tanto a Israel como a Judá, aunque en este versículo sólo se menciona a Israel.

2. *Jerusalén por copa que hará temblar.* Los babilonios, que cautivaron y arruinaron

a los judíos, serán arruinados a su vez. Me inclino a pensar que lo que se dice en este capítulo sobre los judíos y Jerusalén, pertenece a "la gloria de los últimos tiempos".

5. *Los capitanes de Judá.* Esto supone una unión entre los dos reinos de Israel y Judá.

6. *Y Jerusalén será otra vez habitada.* Esto parece referirse a la futura conversión de los judíos, y su retorno a su tierra.

7. *Y librará Jehová las tiendas de Judá primero.* Esto, supongo, se refiere a lo mismo. El evangelio de Cristo llegará desde el menor hasta el mayor. Los hombres eminentes no son los primeros en ser llamados; el evangelio es predicado a los pobres. Y esto se hace, en la sabia providencia de Dios, para que *la gloria de la casa de David,* etc., es decir, para que no parezca que las influencias seculares tienen algo que ver en el asunto; y que Dios no envía el evangelio a un gran hombre porque lo sea.

10. *Y derramaré sobre la casa de David.* Esta es la forma en que los judíos serán atraídos a la iglesia cristiana.

11. *Gran llanto.* Un arrepentimiento universal. *Como el llanto de Hadad-rimón.* Llorarán tan amargamente por el Cristo crucificado como sus antepasados lo hicieron por la muerte de Josías, que fue asesinado en *Hadad-rimón en el valle de Meguido.* Véase II Cr. 35:24-25.

CAPITULO 13

Después de la humillación y conversión de los judíos predichas en el capítulo anterior, aquí se les promete el perdón total de sus pecados, y la liberación de la idolatría y los falsos profetas (1-6). Profecía concerniente a la muerte del Mesías y la persecución de sus discípulos (7). Los versículos restantes pueden referirse a aquellos judíos convertidos al cristianismo que sobrevivieron a las calamidades que su país sufrió a manos de los romanos (8, 9).

1. *En aquel día habrá un manantial abierto.* Este capítulo es una continuación del precedente, y no debiera considerarse separadamente. *Un manantial.* La fuente de misericordia en Cristo Jesús; tal vez sea una referencia a la muerte de que moriría, y a la herida en su costado, de la cual manó sangre y agua. *Para la casa de David.* Para la familia de David y todas las personas que incluía. *Habitantes de Jerusalén.* Personas tales como fueron los judíos en todas las partes de su historia. *Para la purificación del pecado y de la inmundicia.* Para quitar la culpa del pecado y purificar el alma de la inmundicia o contaminación del mismo.

2. *Quitaré... los nombres de las imágenes.* No sólo desaparecerá la idolatría, sino que ni se recordarán *los nombres* de los ídolos, o serán tenidos en tal aborrecimiento que nadie los mencionará. Esta profecía parece ser antigua, y haber sido emitida cuando en Israel y Judá prevalecía la idolatría. *Y también... a los profetas.* Todos los falsos maestros.

4. *Ni... vestirán el manto velloso.* La vestidura común de los profetas de Dios era un manto áspero hecho de piel de cabra, lana áspera o pelo de camello. Y los falsos profetas usaban lo mismo; porque pretendían tener los mismos dones y el mismo espíritu, por lo cual usaban las mismas vestiduras. Juan el Bautista tenía un vestido de esta clase.

6. *¿Qué heridas son éstas en tus manos?* Marcas que se había hecho en honor de sus ídolos. Pero él se excusará diciendo que ha recibido esas marcas en su familia; cuando, con toda probabilidad, habían sido dedicadas a algunos de esos ídolos. No creo que estas palabras tengan nada que ver con Jesucristo. Las he oído citar de esta manera, pero no puedo sino horrorizarme al oír tal aplicación. Nunca seremos demasiado cautos al citar el Antiguo Testamento con referencia al Nuevo. Podemos herir la verdad en lugar de honrarla.

7. *Levántate, oh espada, contra el pastor.* Esto se entiende generalmente con referencia a Jesucristo. La espada es la de la justicia divina, que parecía haber estado dormida mucho tiempo, y debiera haber herido tiempo ha o al hombre o a su Substituto, el Mesías. Aquí se le llama a Jesús el *pastor* de Dios, porque El lo había designado para gobernar, así como para salvar, a todo el mundo perdido. *El hombre compañero mío.* "Sobre el hombre fuerte" o "el héroe que está conmigo"; mi prójimo. *Hiere al pastor, y serán dispersadas las ovejas.* Nuestro Señor cita esto en relación con sus discípulos (Mt. 26:31), que se dispersarían al ser El crucificado. Y así fue, pues dándolo todo por perdido, todos ellos se fueron cada uno a su casa.

8. *Las dos terceras partes serán cortadas en ella.* En la guerra con los romanos. *Mas la tercera quedará en ella.* Los que crean en el Señor Jesucristo serán preservados con vida; y ninguno de ellos perecerá en el sitio, o después de él, por causa de esas guerras.

9. *Y meteré en el fuego a la tercera parte.* La iglesia cristiana soportará un gran embate de aflicciones, por medio de las cuales será refinada, no consumida. *Diré: Pueblo mío.* La iglesia que he escogido.

CAPITULO 14

El comienzo de este capítulo se relaciona con la destrucción de Jerusalén por los romanos y las calamidades que siguieron a ese acontecimiento (1, 2). De esta gran tragedia judía, el profeta pasa inmediatamente al total exterminio de los enemigos del cristianismo, en los últimos días. Dios desplegará su poder en beneficio de su pueblo en una forma tan asombrosa y milagrosa que aun ellos mismos, y mucho más sus enemigos, serán sobrecogidos de terror (3-5). La prosperidad nacional de los judíos será entonces permanente y sin mezcla (6, 7); y esas personas seran constituidas en instrumentos para la conversión de muchos a la fe del Mesías (8, 9). El gran aumento y prosperidad de la iglesia cristiana, la Nueva Jerusalén, se describen en términos acomodados a las ideas judías; y se anuncia la más definitiva venganza contra todos sus enemigos (10-19). Desde este feliz período, el nombre de Dios será honrado en todo, y observado con la mayor reverencia su culto en todas partes (20, 21).

1. *He aquí, el día de Jehová viene.* Esto parece ser una descripción de aquella guerra en la cual Jerusalén fue finalmente destruida y los judíos esparcidos por toda la faz de la tierra, y de los efectos que ella produjo.

2. *Yo reuniré a todas las naciones.* Los romanos, cuyos ejércitos se componían de todas las naciones del mundo. En este versículo se da un lastimoso relato de los horribles ultrajes que serían cometidos durante el sitio y la captura de Jerusalén. *El resto del pueblo no será cortado.* Muchos fueron conservados como esclavos y para ser exhibidos en los teatros provinciales.

3. *Después saldrá Jehová y peleará con aquellas naciones.* Contra los romanos, por medio de las naciones del norte, que destruirán todo el imperio que en un tiempo fue amo del mundo. Pero este es un pasaje oscuro.

4. *Y se afirmarán sus pies.* Aparecerá en plena posesión del lugar, como un poderoso Conquistador. *Y el Monte de los Olivos se partirá.* Dios desplegará su milagroso poder tan plenamente en la restauración final de los judíos como lo hizo cuando dividió el Mar Rojo para que sus antepasados pudieran cruzarlo en seco. Algunos refieren esto a la destrucción de la ciudad por los romanos. En el Monte de los Olivos fue donde Tito apostó su ejército para batir la ciudad. *Y la mitad del monte se apartará.* Pienso realmente que estas palabras se refieren a las trincheras, reductos, etc. que hicieron los romanos mientras tenían sitiada a la ciudad; y particularmente a las líneas de trincheras que el ejército hizo en el mismo Monte de los Olivos.

5. *Y huiréis al valle.* Algunos piensan que esto se refiere al valle a través del cual Sedequías y otros intentaron escapar cuando Nabucodonosor sitió a Jerusalén, pero parece hablar solamente de las guerras de los judíos con los romanos. *Azal,* como lugar, no es conocido. Si era un lugar, probablemente estaría cerca de Jerusalén y debería su nombre a esa circunstancia.

6. *No habrá luz clara, ni oscura.* Metafóricamente, habrá en todo esto una mezcla de justicia y misericordia.

7. *Al caer la tarde habrá luz.* Al término de esta terrible visitación, habrá luz.

8. *Saldrán . . . aguas vivas.* Habrá una amplia difusión del conocimiento divino y del plan de la salvación humana, que será llevado por apóstoles y predicadores, primero desde Jerusalén. *El mar oriental y . . . el mar occidental.* El Mar Muerto y el Mediterráneo; véase Jl. 2:20. Estas son metáforas. *En verano.* En época de sequía; o en los países donde no había conocimiento de Dios, fluirían estas aguas. La corriente nunca cesará; correrá tanto en *verano* como en *invierno*.

9. *Y Jehová será rey.* Cuando tenga lugar esta difusión universal del conocimiento divino. Adonde vaya, las leyes de Dios serán reconocidas; y, en consecuencia, El será Rey sobre toda la tierra.

10. *Toda la tierra se volverá como llanura.* O más bien: "El abarcará toda la tierra como una llanura." El la rodeará con sus defensas; desde *Geba,* en Benjamín, al norte de Jerusalén (Jos. 21:17), hasta *Rimón,* en Judá, *al sur de Jerusalén* (Jos. 15:32). *Será enaltecida.* La ciudad será exaltada. *Y habitada en su lugar.* Jerusalén será reconstruida en el mismo lugar en que estuvo antes. *Desde la puerta de Benjamín,* que probablemente estaba en el lado norte de la ciudad, *hasta el lugar de la puerta primera,* que se supone sea la que era llamada "la puerta vieja" (Neh. 3:6; 12:39, que Lightfoot coloca hacia el sudoeste. *Hasta la puerta del Angulo.* Véase II R. 14:13. *La torre de Hananeel.* Esta torre y la puerta del Angulo al parecer estarían colocadas como dos extremos de la ciudad.

16. *Subirán de año en año.* Los judíos tenían tres grandes festivales originales, que caracterizaban diferentes épocas de su historia, a saber: (1) La fiesta de la Pascua, en conmemoración de su partida de Egipto. (2) La fiesta de Pentecostés, en conmemoración de la entrega de la ley en el Monte Sinaí. (3) La fiesta de los Tabernáculos, en conmemoración de los cuarenta años que anduvieron errabundos por el desierto. Esta última fiesta es muy adecuadamente mencionada aquí para señalar la restauración final de los judíos y su establecimiento en la luz y libertad del evangelio de Cristo, después de su largo vagar en el vicio y el error.

20. *Santidad a Jehová.* Como el evangelio es un sistema santo, que predica la santidad y la produce en aquellos que creen, todo lo exterior, lo mismo que lo interior, debe llevar impresa la santidad; aun el trabajo del hombre deberá ser comenzado, continuado y terminado en el Señor; sí, y los animales que usa y los instrumentos con que trabaja, todos serán consagrados a Dios por Jesucristo.

EL LIBRO DE
MALAQUIAS

CAPITULO 1

Este capítulo empieza mostrando el grande y gratuito favor que Dios ha manifestado hacia los israelitas, además de lo que ha hecho a los edomitas, quienes son amenazados con nuevas señales del divino desagrado; tal vez una alusión a las calamidades que sufrieron de manos de Judas Macabeo y Juan Hircano (véase I Mac. 5:65 y Josefo, *Antiq.*, xiii. 9) (1-5). Dios reprocha luego a su pueblo, y especialmente a sus sacerdotes, por su ingratitud a su señalada bondad (6). Se les acusa particularmente de sacrificar animales de desecho (7-9), por lo cual Dios amenaza con rechazarlos (10) y escoger otras naciones que muestren más reverencia hacia su nombre y su culto (11-14).

1. *Profecía de la palabra de Jehová contra Israel por medio de Malaquías.* Este profeta es indudablemente el *último* de los profetas judíos. Vivió después que Zacarías y Hageo; porque hallamos que el templo, que fue empezado en la época de éstos, ya está terminado. Véase 3:10. Algunos han pensado que fue contemporáneo de Nehemías; en realidad, no falta quien suponga que Malaquías no es otro que Esdras, bajo el nombre ficticio de "ángel de Jehová" o "mi ángel". Juan el Bautista fue el eslabón que conectó a Malaquías con Cristo. Según el arzobispo Ussher, floreció en el 416 a. de J.C.; pero la versión autorizada (inglesa) que hemos seguido en el margen, indica que esto sucedió diecinueve años más tarde.

2. *¿No era Esaú hermano de Jacob?* ¿No he mostrado una parcialidad mayor hacia los israelitas que hacia los edomitas? *Y amé a Jacob.* Mi amor hacia Jacob ha sido probado dándole mayores privilegios y una herencia mejor que los que he dado a Esaú.

3. *Y a Esaú aborrecí.* Le mostré menos amor (Gn. 29:30-31). Lo odié comparativamente dándole una suerte inferior. Y ahora, no sólo he devastado la habitación de los edomitas, con las incursiones de sus enemigos, sino que (v. 4) permanecerán como el monumento perpetuo de mi venganza.

4. *Ellos edificarán, y yo destruiré.* Ya hemos visto bastante de la perversidad de los edomitas para justificar la severidad extrema de la justicia divina contra ellos. La destrucción aquí pronosticada fue hecha por Judas Macabeo (véase I Mac. 5:65) y por Juan Hircano (véase Josefo, *Antiq.*, lib. xiii, c. 9, x. 1). *Y les llamarán territorio de impiedad.* Tierra impía. Entre esas gentes no podía notarse el menor rastro de bien.

5. *Vuestros ojos.* Vosotros, israelitas, veréis en vuestras generaciones sucesivas, que Jehová será engrandecido. Por sus bondades en Israel y sus juicios fuera de él.

6. *El hijo honra al padre.* Yo soy tu padre – ¿dónde está mi honra? ¿Dónde tu obediencia filial? *Y si soy señor, ¿dónde está mi temor?* El respeto que me es debido.

7. *Ofrecéis... pan inmundo.* Los sacerdotes, probablemente para congraciarse con el pueblo, tomaban los animales de rechazo, etcétera, y los ofrecían a Dios, y de este modo hacían *despreciables* las ordenanzas de sacrificios.

11. *Desde donde el sol nace.* Aquí se predice la abolición total de los sacrificios mosaicos, y el establecimiento de un culto espiritual en toda la tierra.

12. *Y vosotros lo habéis profanado.* Habéis profanado el culto de Dios; ¿qué tiene de extraño que El os deseche, y os siga con sus juicios?

CAPITULO 2

Reprobación de los sacerdotes por su infidelidad en su oficio, por lo cual se les amenaza con privarlos de su parte del sacrificio (la paleta) y recompensarlos sólo con ignominia e inmundicia (1-3). Se lamenta luego la degeneración del orden, y se los amenaza nuevamente (4-9). El resto del capítulo reprocha al pueblo por casarse con mujeres extrañas e idólatras; y multiplicar los divorcios con todos sus consiguientes perjuicios, a fin de hacer lugar para tales ilícitas alianzas (10-17). Véase Neh. 10:30 y 13:33, etc.

2. *Y aun las he maldecido.* Esto puede referirse, en general, a las estaciones estériles; o, particularmente, a una hambruna que parece haber ocurrido alrededor de este tiempo. Véase Hag. 1:6-11.

3. *He aquí, yo os dañaré la sementera.* A fin de hacerla estéril.

4. *Este mandamiento.* El del primer versículo: de arrojar a esos sacerdotes de su presencia y su servicio. *Para que fuese mi*

411

pacto con Leví. Yo di el sacerdocio y el servicio de mi altar a esta tribu.

5. *Mi pacto con él fue de vida y de paz.* Estas son las dos grandes bendiciones dadas a los hombres por el nuevo pacto, que estaba prefigurado por el antiguo. Al hombre, excluido del favor de Dios y sentenciado a muerte por causa del pecado, Dios le dio *berith,* un "sacrificio de pacto," y éste le aseguró *vida* —exención de la muerte merecida por los transgresores; comunicación de esa vida espiritual dada por Cristo, culminando en aquella vida eterna prometida a todos sus discípulos fieles. Y, así como aseguró la vida, también dio *paz,* prosperidad y felicidad; paz entre Dios y el hombre, entre hombre y hombre, y entre el hombre y su conciencia.

8. *Mas vosotros os habéis apartado del camino.* Os habéis vuelto impuros vosotros mismos, y habéis conducido a otros a la iniquidad.

9. *Por tanto, yo también os he hecho viles.* El pueblo os despreció porque vio que actuabais contrariamente a vuestra función.

10. *¿No tenemos todos un mismo padre?* Desde aquí hasta el v. 16 el profeta censura los matrimonios de israelitas con mujeres extranjeras, que estaban prohibidos por la ley (Dt. 7:3). Y también los divorcios, que al parecer se habían multiplicado con el fin de contraer esos matrimonios prohibidos. *¿Por qué, pues, nos portamos deslealmente?* Conquistamos el afecto de la hija de un hermano judío, y luego profanamos el pacto del matrimonio, que era considerado sagrado entre nuestros padres, repudiando a esa misma esposa e hija.

11. *Hija de dios extraño.* De un hombre que adora ídolos.

13. *Haréis cubrir el altar de Jehová de lágrimas.* De las pobres mujeres que, habiendo sido repudiadas por sus maridos, acuden al sacerdote, y ruegan a Dios ante su altar; y vosotros no habláis contra esta pública injusticia.

14. *Mas diréis: ¿Por qué?* ¿Por qué está el Señor enojado con nosotros? Porque habéis sido testigos del contrato hecho entre las partes, y cuando el marido desordenado se divorció de su esposa, la esposa de su juventud, su compañera y la esposa de su pacto, no ejecutasteis en él la disciplina de la ley.

15. *¿No hizo él uno?* Uno de cada clase, Adán y Eva. *Habiendo en él abundancia de espíritu.* El pudo haber hecho millones de parejas e inspirado en cada una almas vivientes. ¿Por qué, pues, una sola? Hizo una pareja de la cual pudieran proceder todas las demás, para tener una descendencia santa; para que los hijos, siendo propiedad señalada de un hombre y una mujer, pudieran ser cuidadosamente criados en la disciplina del Señor. Tal vez *descendencia para Dios, zera Elohim,* "simiente de Dios," se refiera al Mesías.

16. *Porque Jehová... aborrece el repudio.* El abomina a tales divorcios y a aquel que los hace. *Cubre de iniquidad su vestido.* Y también ve quiénes fraguan vanas excusas para encubrir la violencia que han hecho a las esposas de su juventud, repudiándolas y tomando otras en su lugar, a quienes ahora quieren más, cuando sus esposas propias se han gastado en los servicios domésticos.

17. *Habéis hecho cansar a Jehová.* Os ha aguantado tanto tiempo y ha sido provocado tan a menudo, que ya no os soportará. No sería justo que lo hiciera.

CAPITULO 3

Aludiendo a la costumbre de enviar heraldos a preparar el camino para la marcha de un monarca oriental, se describe la venida del precursor de Cristo y luego la de Cristo mismo (1); con los terribles juicios que habrían de acompañar a ese acontecimiento, a fin de refinar y purificar a su pueblo y a sus sacerdotes (2-6). Los versículos siguientes los reprenden por retener los diezmos legales y las ofrendas, con grandes promesas en caso de arrepentimiento y enmienda (7-12). El profeta increpa al pueblo por sus dichos duros y profanos contra la conducta de la Providencia, y declara que Dios un día hará una distinción terrible y definitiva entre los justos y los impíos, cuyos diferentes caracteres se han registrado cuidadosamente en el ínterin (13-18).

1. *He aquí, yo envío mi mensajero. Malaquías,* el nombre mismo del profeta. Pero aquí se refiere a Juan el Bautista. Yo, el Mesías, la Simiente de Dios antes mencionada, *envío mi mensajero,* Juan el Bautista. *El Señor a quien vosotros buscáis.* El Mesías, a quien esperáis, según la cuenta dada por Daniel (9:24). *Y vendrá súbitamente a su templo.* Pronto será presentado delante del Señor en su templo, lo purificará de su inmundicia, y lo llenará con sus enseñanzas y su gloria. *El ángel del pacto.* El que viene a cumplir el gran designio, refiriéndose al pacto hecho con Abraham, de que en su simiente serán benditas todas las naciones de la tierra.

3. *Y se sentará para afinar.* Aludiendo al caso de un refinador de metales, sentado ante su fuego, avivándolo cuando ve que es necesario y vigilando el proceso de su trabajo. *Los hijos de Leví.* Aquellos que ministran en su lugar bajo el nuevo pacto, porque las viejas instituciones levíticas serán abolidas.

6. *Porque yo Jehová no cambio.* La nueva dispensación de gracia y bondad que está a punto de ser introducida, no es resultado de algún cambio en mis consejos. Es, por el contrario, el cumplimiento de mis propósitos eternos; también es el desechamiento del rito mosaico, que estaba destinado sólo a introducir el grande y glorioso evangelio de mi Hijo. Y debido a ese antiguo pacto, vosotros, los judíos, no sois totalmente consumidos, sino que sois y seréis preservados como un pueblo distinto —monumentos de mi justicia y misericordia.

8. *¿Robará el hombre a Dios?* He aquí un punto en el cual sois culpables; vosotros retenéis los *diezmos* y las *ofrendas* del templo de Dios, de modo que el culto divino es descuidado.

9. *Malditos sois con maldición.* Toda la nación está bajo mi desagrado. La maldición de Dios está sobre vosotros.

10. *Traed todos los diezmos.* De tal manera los habían retenido, que los sacerdotes no tenían suficientes alimentos para sostener su vida, y el servicio sagrado estaba interrumpido. Véase Neh. 13:10.

16. *Los que temían a Jehová.* Había en la tierra algunos piadosos que, al oír el lenguaje y ver el desenfreno de los rebeldes arriba mencionados, comprendían que alguna señalada venganza de Dios debía caer sobre ellos; por consiguiente, a medida que aumentaba la corrupción, ellos se aferraban más a su Hacedor. Se mencionan tres características de estas personas: (1) *Temían a Jehová.* Tenían esa reverencia por Jehová que los hacía apartarse del mal y guardar sus mandamientos. (2) *Hablaban cada uno a su compañero.* Guardaban la comunión de los santos. Exhortándose mutuamente se fortalecían unos a otros en el Señor. (3) *Pensaban en su nombre.* Su nombre era sagrado para ellos; era una fuente fructífera de profunda y edificante meditación.

17. *Y serán para mí.* Los reconoceré como mis súbditos y seguidores, especialmente en el día en que vendré a castigar a los impíos y recompensar a los justos. *Especial tesoro.* Mi peculio, mi "tesoro propio," el que le pertenece a uno y es apreciado por uno.

CAPITULO 4

El tremendo juicio de Dios sobre los impíos (1). Grandes bendiciones de los justos (2, 3). El profeta luego, con una solemnidad adecuada para el último de los profetas, cierra el canon sagrado intimando la estricta observancia de la ley hasta que aparezca el precursor ya prometido, en el espíritu de Elías, para introducir al Mesías e iniciar una nueva dispensación eterna (4-6).

1. *Porque he aquí, viene el día ardiente como un horno.* La destrucción de Jerusalén por los romanos. *Y todos los soberbios.* Esta es una referencia al v. 15 del capítulo anterior. *Aquel día que vendrá los abrasará.* Sea por hambre, por espada o por cautiverio. Todos aquellos rebeldes serán destruidos. *Y no les dejará ni raíz ni rama.* Una expresión proverbial que denota la destrucción total.

2. *Vosotros los que teméis mi nombre.* Las personas mencionadas en el v. 16 del capítulo anterior; vosotros los que buscáis la redención por medio del Mesías. *El Sol de justicia.* El Señor Jesús, el Mesías prometido, la Esperanza de Israel. *En sus alas traerá salvación.* Así como el sol, con los rayos de luz y calor, revive, alegra y hace fructificar la creación entera, dando por Dios luz y vida por doquiera, Jesucristo, por la influencia de su gracia y su espíritu, avivará, despertará, iluminará, calentará, vigorizará, sanará, purificará y refinará a toda alma que en Él crea; y, con sus alas o rayos, difunde estas bendiciones de un extremo al otro del cielo.

5. *He aquí, yo os envío el profeta Elías.* Esto se refiere solamente a Juan el Bautista, como vemos en Lucas 1:17, que vino en el espíritu y poder de Elías.

6. *El hará volver* (convertirá) *el corazón de los padres hacia los hijos.* O, junto con los hijos; viejos y jóvenes. *No sea que yo venga y, si no se han arrepentido, hiera la tierra con maldición, cherem,* "extinción total". Vemos, pues, que si los judíos se hubieran vuelto a Dios, y hubieran recibido al Mesías al oír la predicación de Juan el Bautista y la de Cristo y sus apóstoles, el terrible *cherem* de la excisión y execración finales no se hubiera ejecutado sobre ellos.

Hay en este capítulo tres notables predicciones: (1) El advenimiento de Juan el Bautista en el espíritu y con la autoridad de Elías. (2) La manifestación de Cristo en la carne, bajo el emblema del Sol de justicia. (3) La destrucción final de Jerusalén, representada bajo el símbolo de un horno ardiente que consume todo lo que en él se arroja.

En la mayoría de las Biblias masoréticas se repite el versículo quinto después del sexto —"He aquí, yo os envío el profeta Elías, antes que venga el día grande y terrible de Jehová"; porque a los judíos no les agrada que su libro sagrado termine con una *maldición;* de ahí que, al leer, inmediatamente agregan el versículo mencionado, o bien el cuarto —"Acordaos de la ley de Moisés mi siervo".

En la mayoría de los manuscritos y las Biblias masoréticas impresas esta profecía tiene sólo tres capítulos, estando el cuarto unido al tercero haciendo un conjunto de veinticuatro versículos. En las Escrituras judías los Doce Profetas Menores forman un solo libro.

Hoy he terminado este comentario, en el cual he trabajado más de treinta años, y que, cuando lo empecé, no esperaba vivir lo bastante para terminarlo. ¡Ojalá sea un medio para conseguir gloria a Dios en las alturas y paz y buena voluntad entre los hombres en la tierra! Amén, Amén.

ADAM CLARKE

Heydon Hall, Middlesex,
Lunes, 28 de marzo, A.D. 1825.